2027 교원임용 교육학 논술 대비

핵심쏙쏙

권지수 교육학
═ 핵심요약집 ═

나만 알고 싶은 핵심만 쏙! 뽑았다

- ♥ Thinking-Map을 통한 영역별 교육학 구조 제시
- ♥ 교육학 논술 시험에 필요한 교육이론 완벽 정리
- ♥ 최근 10여 년간 출제경향 반영

권지수 편저

박문각

머리말

본 서적은 최적화(最適化)를 지향한다. 최적화란 무엇엔가 가장 알맞다는 것이며, 이는 본 서적의 성격을 결정한다. 본 서적은 교육학 수험서에 가장 최적화되어 있으며 철저히 수험서를 지향한다. 따라서 교육학의 각 분과 학문 영역을 철저히 수험 적합형으로 최적화시켜 가장 효율적으로 학습할 수 있도록 하는 데 본 서적의 출간 의도가 있다. 본 서적은 이런 점을 염두에 두고 교육학의 모든 분과 학문 영역을 핵심 중심으로 간결하게 요약하고 체계적으로 정리하되 본 서적으로 끝낼 수 있도록 하였다.

필자는 교육학의 이론적 깊이와 논리적 구조를 유지하면서 다음과 같은 점에 특히 유의하여 본 서적을 집필하였다.

첫째, 교육학의 구조를 이해하고, 내용별 중요도를 파악할 수 있도록 하였다. 각 분과 학문 영역별로 Thinking Map을 만들어 교육학의 구조를 한눈에 파악할 수 있도록 하였으며, 각 쟁점별 기출사항을 표시하여 출제 비중을 살필 수 있도록 하였다. 수험생은 교육학의 구조를 한눈에 파악하면서 동시에 출제 비중을 고려하여 학습의 강약을 조절할 수 있을 것이다.

둘째, 본문의 내용을 핵심 중심으로 간결하게 요약 및 정리하였다. 이것저것 짜깁기된 장황한 줄글의 책들은 정작 핵심 내용을 파악하기 어렵게 하고, 결국 남는 것은 공허한 허상뿐이다. 본 서적은 방만한 내용의 단순 나열을 과감히 탈피하여 핵심만 철저하게 요약하고 정리하였다. 수험생은 교육학을 경제적이며 효율적으로 학습할 수 있게 될 것이다.

셋째, 교육학을 본 서적으로 끝내도록 하였다. 많은 양이 수록되어 있으면 많은 지식을 습득할 것이라는 가정은 어리석은 생각이다. 오히려 그것은 많은 시간을 투자하게 하지만 결국 정리되지 않은 내용으로 인해 심리적 부담을 주며 엉킨 실타래처럼 뒤죽박죽되게 할 뿐이다. 교육학의 내용이 아무리 많을지라도 짜임새 있게 요약하고 정리한다면 그것으로도 충분하다. 이 점에서 본 서적은 바로 탁월한 만점 교육학을 추구한다. 수험생은 핵심 내용을 정확히 파악할 수 있어 교육학의 만점을 꿈꿀 수 있을 것이다.

본 서적은 철저히 시험에서 승리하기 위해 태어났다. 그 시험이 임용시험이든 행정고시 또는 교육전문직 시험이든 대학원이나 대학의 학과시험이든 불문한다. 본 서적을 통해 시간과 노력의 비용을 절감하면서 최대의 효과를 거둘 수 있을 것이라 확신한다. 필자는 본 서적을 집필하는 데 많은 시간과 노력을 투자하였다. 모쪼록 본 서적이 교육에 헌신하고자 하는 동도제현께 탁월한 선택이 되었으면 하는 바람이다.

경재 권지수

출제 경향 분석

❶ 교육학 논술 출제 경향 분석

▶ 교육학 논술(20점) = 내용 영역(15점), 체계 영역(5점)

연도	전체 주제	출제 논점(소주제)	출제 영역	논술 유형
2013학년도 (중등 특수) [2013. 5. 25.]	IQ의 해석 ↓ 학습동기	IQ의 해석 [3점]	교육심리학	[대화문] • 설명형 • 관점 제시형 • 실질적 제시문
		기대×가치이론(학습동기 상실 원인 / 해결방안) [6점]	교육심리학	
		욕구위계이론(학습동기 상실 원인 / 해결방안) [6점]	교육심리학	
2014학년도 [2013. 12. 7.]	학습동기 유발 ↓ (수업 참여 촉진)	잠재적 교육과정(진단: 수업 소극적 참여) [3점]	교육과정	[대화문] • 설명형 • 관점 제시형 • 실질적 제시문 • 형식적 제시문
		문화실조(진단: 수업 소극적 참여) [3점]	교육사회학	
		협동학습 실행(학습동기 유발방안) [3점]	교육방법론	
		형성평가 활용(학습동기 유발방안) [3점]	교육평가	
		교사지도성 행동(학습동기 유발방안) [3점]	교육행정학	
2014학년도 (상반기 추시) [2014. 6. 28.]	학생의 학교생활 적응 향상 및 교사의 수업 효과성 증진 ↓ (학교생활 적응)	차별접촉이론 / 낙인이론(원인: 학교 부적응) [3점]	교육사회학	[성찰 일지] • 설명형 • 관점 제시형 • 관점 추론형 • 실질적 제시문 • 형식적 제시문
		행동주의 상담기법(학교생활 적응 향상) [3점]	생활지도와 상담	
		인간중심 상담기법(학교생활 적응 향상) [3점]	생활지도와 상담	
		발견학습(학문중심 교육과정에 근거한 전략) [3점]	교육방법론	
		장학 활동(교사 전문성 개발) [3점]	교육행정학	
2015학년도 [2014. 12. 6.]	교육개념에 충실한 자유교육의 이상 실현	자유교육 관점에서 교육 목적(내재적 목적) [4점]	교육철학	[워크숍] • 논증형 / 설명형 • 관점 제시형 • 관점 추론형 • 실질적 제시문 • 형식적 제시문
		백워드 교육과정 설계(특징) [4점]	교육과정	
		Keller의 ARCS(학습동기 향상 – 과제 제시 방안) [4점]	교육방법론	
		Senge의 학습조직(학습조직 구축 원리) [4점]	교육행정학	
2015학년도 (상반기 추시) [2015. 6. 27.]	교사의 과제 (학교 및 수업에 대한 이해)	학교교육의 선발·배치 기능 / 한계(기능론 관점) [4점]	교육사회학	[학교장 특강] • 설명형 • 관점 제시형 • 관점 추론형 • 형식적 제시문
		관료제 및 이완결합체제(특징) [4점]	교육행정학	
		ADDIE 모형(분석 및 설계의 주요 활동) [4점]	교육방법론	
		준거지향평가(개념 및 장점) [3점]	교육평가	
2016학년도 [2015. 12. 5.]	교사의 역량 (교과· 생활지도· 조직활동)	경험중심 교육과정(장점 및 문제점) [4점]	교육과정	[자기계발계획서] • 설명형 • 관점 추론형 • 형식적 제시문
		형성평가(기능 및 시행 전략) [4점]	교육평가	
		에릭슨(심리적 유예기) / 반두라(관찰학습) (개념) [3점]	교육심리학	
		비공식 조직(순기능 및 역기능) [4점]	교육행정학	
2017학년도 [2016. 12. 3.]	2015 개정 교육과정의 실질적 구현	교육기획(개념과 효용성) [4점]	교육행정학	[신문 기사] • 논증형/설명형 • 관점 추론형 • 실질적 제시문 • 형식적 제시문
		내용조직의 원리(통합성+2가지) [4점]	교육과정	
		조나센의 구성주의 학습환경 설계(학습지원 도구·자원과 교수활동) [4점]	교육방법론	
		타당도의 유형과 개념(내용타당도) [3점]	교육평가	
2018학년도 [2017. 11. 25.]	학생의 다양한 특성을 고려한 교육	워커 모형(명칭과 교육과정 개발에 적용 이유) [4점]	교육과정	[대화문] • 설명형 • 관점 추론형 • 실질적 제시문 • 형식적 제시문
		문제중심학습(학습자 역할, 문제 특성과 학습효과) [4점]	교육방법론	
		평가유형(준거지향·개인차 해석, 능력지향·성장지향) [4점]	교육평가	
		동료장학(명칭과 개념, 활성화 방안) [3점]	교육행정	

연도	주제	출제 내용	영역	양식
2019학년도 [2018. 11. 24.]	수업 개선을 위한 교사의 반성적 실천	다중지능이론(명칭과 개념, 개발과제와 그 이유) [4점]	교육심리학	[성찰 일지] • 설명형 • 관점 추론형 • 실질적 제시문 • 형식적 제시문
		경험선정의 원리(기회·만족 원리) / 잠재적 교육과정(개념, 결과 예시) [4점]	교육과정	
		척도법(리커트 척도) / 문항내적 합치도(신뢰도 추정방법의 명칭과 개념) [4점]	교육평가	
		변혁적 지도성(명칭, 신장방안) [3점]	교육행정	
2020학년도 [2019. 11. 23.]	토의식 수업 활성화 방안	비고츠키 이론(지식론 명칭과 지식의 성격, 교사와 학생의 역할) [4점]	교육심리학	[교사협의회] • 설명형 • 관점 추론형 • 관점 제시형 • 실질적 제시문 • 형식적 제시문
		영 교육과정(영 교육과정 시사점) / 중핵 교육과정(교육내용 조직방식의 명칭, 이 방식이 토의식 수업에서 가지는 장점과 단점) [4점]	교육과정	
		정착수업(정착수업의 원리) / 위키 활용 시 문제점 [4점]	교육방법	
		스타인호프와 오웬스의 학교문화 유형(명칭, 개선방안) [3점]	교육행정	
2021학년도 [2020. 11. 21.]	학생의 선택과 결정의 기회를 확대하는 교육	교육과정 운영 관점(충실도 관점의 장단점, 생성 관점의 운영방안) [4점]	교육과정	[이메일] • 설명형 • 관점 추론형 • 관점 제시형 • 실질적 제시문 • 형식적 제시문
		자기평가(교육적 효과, 실행 방안) [4점]	교육평가	
		온라인 수업(학생 특성과 학습 환경의 예, 토론게시판을 활용한 학생 지원 방안) [4점]	교육방법	
		의사결정 모형(명칭, 개선방안) [3점]	교육행정	
2022학년도 [2021. 11. 27.]	학교 내 교사 간 활발한 정보 공유를 통한 교육의 내실화	교육과정(수직적 연계성, 교과 내 교육과정 재구성) [4점]	교육과정	[학교 자체 특강] • 설명형 • 관점 추론형 • 관점 제시형 • 실질적 제시문 • 형식적 제시문
		교육평가(총평관에서 진단검사, 평가결과 해석기준) [4점]	교육평가	
		교수전략(딕과 캐리 모형의 교수전략, 온라인 수업에서 고립감 해소를 위한 교수·학습활동 및 테크놀로지) [4점]	교육방법	
		교원연수(학교중심연수 종류, 활성화 지원방안) [3점]	교육행정	
2023학년도 [2022. 11. 26.]	학생, 학부모, 교사의 의견을 반영한 학교 교육 개선	교육심리(자기효능감, 자기조절학습) [4점]	교육심리	[학교 운영 자체 평가 보고서] • 설명형 • 관점 추론형 • 관점 제시형 • 실질적 제시문 • 형식적 제시문
		교육평가(형성평가 활용방안, 내용타당도) [4점]	교육평가	
		교육과정(경험중심 교육과정, 학문중심 교육과정) [4점]	교육과정	
		관료제(순기능, 역기능) [3점]	교육행정	
2024학년도 [2023. 11. 25.]	학습자 맞춤형 교육 지원을 위한 교사의 역량	교육과정(잠재적 교육과정) [3점]	교육과정	[신임교사와 교육전문가 대담] • 설명형 • 관점 추론형 • 관점 제시형 • 실질적 제시문 • 형식적 제시문
		교육방법(온라인 수업 상호작용) [4점]	교육방법	
		교육평가(능력참조평가, CAT 검사) [4점]	교육평가	
		학교운영위원회(구성위원 3주체, 그 구성의 의의, 위원으로 학생 참여의 순기능과 역기능) [4점]	교육행정	
2025학년도 [2024. 11. 23.]	변화하는 환경에서 교육의 기본에 충실한 교사	교육과정(타일러 목표중심모형) [4점]	교육과정	[경력교사와 신임교사의 대화] • 설명형 • 관점 제시형 • 실질적 제시문 • 형식적 제시문
		교육방법(조나센 구성주의 학습환경) [4점]	교육방법	
		교육평가(준거참조평가, 교육평가 기본 가정) [4점]	교육평가	
		교육행정(카츠 리더십 이론) [3점]	교육행정	
2026학년도 [2025. 11. 22.]	수업의 개선을 추구하는 교사	교육과정(학교수준 교육과정, 자연주의 모형) [4점]	교육과정	[교사의 성찰 일지] • 설명형 • 관점제시형 • 실질적 제시문 • 형식적 제시문
		교육방법(학습자 특성, 라이겔루스 이론) [3점]	교육방법	
		교육평가(성장참조평가, 학생 참여 평가) [4점]	교육평가	
		교육행정(직무연수, 학교 중심 교원 전문성 개발 활동) [4점]	교육행정	

❷ 교육학 내용 영역별 출제 경향 분석

연도 \ 영역	교육과정	교육심리	교육방법	교육평가	생활지도	교육행정	교육사회	교육사 철학
2013학년도 (중등 특수)		IQ해석, 기대가치이론, 욕구위계이론						
2014학년도	잠재적 cur.		협동학습	형성평가		상황적 지도성	문화실조	
2014학년도 (상반기)			발견학습		상담기법 (행동주의, 인간중심)	장학활동	차별접촉이론, 낙인이론	
2015학년도	백워드설계		ARCS			학습조직		교육목적 (자유교육)
2015학년도 (상반기)			ADDIE	준거참조평가		관료제, 이완결합체제	기능론 (선발·배치 기능 / 한계)	
2016학년도	경험중심 cur.	에릭슨, 반두라		형성평가		비공식조직		
2017학년도	내용조직원리		조나센	내용타당도		교육기획		
2018학년도	워커 모형		PBL	준거참조평가, 자기참조평가		동료장학		
2019학년도	경험선정원리, 잠재적 cur.	다중지능이론		리커트 척도, 신뢰도 추정방법		변혁적 지도성		
2020학년도	영 교육과정, 중핵교육과정	비고츠키이론	정착수업, 위키활용			스타인호프와 오웬스의 학교문화유형		
2021학년도	교육과정 운영 관점		온라인 수업	자기평가		의사결정 모형		
2022학년도	수직적 연계성, 교육과정 재구성		딕과 캐리 모형, 온라인 수업	총평관에서 진단검사, 평가결과 해석기준		학교중심연수		
2023학년도	경험중심 cur. 학문중심 cur.	자기효능감, 자기조절학습		형성평가, 내용타당도		관료제		
2024학년도	잠재적 cur.		온라인 수업 상호작용	능력참조평가, CAT 검사		학교운영위원회		
2025학년도	타일러 모형		조나센	준거참조평가, 평가 기본 가정		카츠 리더십		
2026학년도	학교수준 교육과정, 자연주의 모형		학습자 특성, 라이겔루스 이론	성장참조평가, 학생참여평가		직무연수, 학교 중심 교원 전문성 개발 활동		

교사 10계명

1. 하루에 몇 번이든 학생들과 인사하라. 한 마디 인사가 스승과 제자 사이를 탁 트이게 만든다.

2. 학생들에게 미소를 지으라. 밝고 다정한 스승으로 호감을 줄 것이다.

3. 학생들의 이름을 부르라. 이름을 부르는 소리는 누구에게나 감미로운 음악이다.

4. 친절하고 돕는 교사가 되어라. 학생들과 우호적인 관계를 원한다면 무엇보다도 친절하라.

5. 학생들을 성의껏 대하라. 내가 하는 모든 일을 즐거이 말하고 행동하되, 다만 신중할 것을 잊지 말라.

6. 학생들에게 진심으로 관심을 가지라. 내가 노력한다면 거의 누구든지 좋아할 수 있다.

7. 칭찬을 아끼지 말라. 그리고 가능한 한 비판을 삼가라.

8. 항상 학생의 입장을 이해하라. 서로 입장이 다를 경우에는 일반적으로 세 편이 있음을 기억하라. 그것은 '나의 입장', '학생의 입장', 그리고 '올바른 입장'이다.

9. 봉사를 머뭇거리지 말라. 교사의 삶에 있어서 가장 가치로운 것은 학생을 위하여 사는 것이다.

10. 이상의 것에 깊고 넓은 실력과 멋있는 유머와 인내, 약간의 겸손을 더하라. 그러면 교사가 하루를 후회하는 경우는 별로 없을 것이다.

Part **03**

교수방법 및
교육공학

Part **04**

교육평가

권지수교육학 핵심요약집

핵심쏙쏙

교육과정학

교육과정학

1 교육과정 개발

- 교육과정 개발절차
  - 교육목표의 설정 95 중등, 10 중등
  - 교육내용의 선정과 조직
    - 교육내용 선정의 원리 99 초등, 00 초등보수, 19 중등論
    - 교육내용 조직의 원리 98~99 초등, 99~00 초등보수, 01 초등, 01 중등, 04 중등, 05~06 초등, 06 중등, 09 중등, 10~11 초등, 11 중등, 17 중등論, 22 중등論
  - 교수학습
  - 평가

- 교육과정 개발모형
  - 개발모형
    - Tyler의 목표중심 모형 98 중등, 00 초등보수, 03 초등, 07~09 중등, 12 초등, 25 중등論
    - Taba의 교사중심 모형 10 중등
    - Skilbeck의 학교중심 모형 07 초등, 11 초등, 12~13 중등
    - Wiggins & McTighe의 백워드 설계모형 10 초등, 12 중등, 15 중등論
  - 실제모형
    - Schwab의 실제적 모형 07 초등
    - Walker의 자연주의적 모형 00 초등보수, 09 초·중등, 12 초등, 18 중등論, 26 중등論
  - 이해모형
    - Eisner의 예술적 접근 모형 99 초등, 04 초등, 06~09 초등, 06 중등, 12~13 중등
    - Pinar의 실존적 재개념화 모형 98 중등, 00 중등, 01 초등, 07 중등, 12 초·중등
    - Apple의 구조적 재개념화 모형 06 중등

2 교육과정 유형

- 공식적 교육과정
  - 교과중심 교육과정 91 중등, 99 초등보수
  - 경험중심 교육과정 90 중등, 92 중등, 94 중등, 99 초등, 99 초등보수, 04 중등, 07~08 중등, 08 초등, 12~13 중등, 16 중등論, 20 중등論, 23 중등論
  - 학문중심 교육과정 92 중등, 94 초등, 99 초등보수, 00 초·중등, 04 초등, 06 중등, 13 중등, 23 중등論
  - 인간중심 교육과정 92 중등, 99 초등, 10 중등
  - 통합 교육과정
  - 역량중심 교육과정

- 잠재적 교육과정 91 중등, 93 중등, 96 중등, 99 초등, 99 초등보수, 99~00 중등, 02 초등, 06 중등, 08~09 중등, 09 초등, 14 중등論, 19 중등論, 24 중등論

- 영 교육과정 96 중등, 99 초등·초등추시, 02 중등, 03 초등, 05 중등, 09 중등, 09~10 초등, 20 중등論

3 **교육과정 실제**

─ 교육과정의 결정과 운영

　├─ 교육과정의 결정 98 초등, 02 중등, 05~06 초등
　├─ Snyder의 교육과정 실행의 관점 07 전문상담, 10 초등, 21 중등論
　├─ Hall의 교사의 관심에 기초한 교육과정 적용모형 08 초등
　├─ 학교 교육과정의 재구성 22 중등論, 26 중등論
　├─ Renzulli의 교육과정 압축
　└─ Dunkin과 Biddle의 교실 내 수업과정의 연구모형 08 초등

─ 2022 개정 교육과정 총론

권지수교육학 핵심요약집

핵심쏙쏙

교육과정 개발

Section 01 교육과정 개발절차

개념 쏙쏙

교육과정(curriculum)의 어원
– 라틴어 'currere(쿠레레)'에서 유래: 경주로, 뛰다(달리다)

1. 전통적 개념
① 결과에 초점을 둔 교육과정 : 명사적 의미, 경주에서 말들이 따라 달려야 하는 경주로(course of race)에서 유래 → 수업에서 따라야 할 학과코스(교수요목)
② 교육의 과정(process, 敎育의 過程)이란 학생이 일정한 목표를 향해 달리는 길(공부하는 과정)
③ 교육목표를 달성하기 위하여 무엇을 선정해서, 어떻게 조직하고, 어떻게 가르치고 평가할 것인지에 대한 교육의 전체적인 계획
　　예 교수요목(course of study)

2. 현대적 개념
① 과정에 초점을 둔 교육과정 : 동사적 의미, 경주에서 말들이 정해진 길을 따라 달리면서 갖는 경험과 체험의 과정 → 학생들이 살아오면서 겪는 경험, 체험, 반성, 의미 형성 그 자체
② 교육내용(contents, 敎育課程) : 학생이 일정한 목표를 향하여 학습해야 하는 내용 **예** 지식, 경험
③ 교육과정 발달사에 따른 분류 : 교과중심 교육과정 ⇨ 경험중심 교육과정 ⇨ 학문중심 교육과정 ⇨ 인간중심 교육과정
④ 교육과정 결정요소에 따른 분류 : 교과(학문), 학습자(개인), 사회

01 교육목표의 설정

❶ 교육목표의 설정

(1) 교육목표(교육목적)의 기능

① **교육활동의 방향 제시** : 교육목표는 교육활동이 나아갈 방향을 제시해 주며, 교육목표가 제시하는 방향에 맞추어 후속적인 교육활동이 전개된다.
② **교육내용의 선정 및 조직, 교수·학습지도 및 생활지도의 기준 제시** : 교육내용을 선정·조직(교수·학습지도 및 생활지도)하는 데 있어서 그 기준은 어디까지나 교육목표이다.
③ **교육평가의 기준 제시** : 수업이 끝난 뒤 학생들의 도착점행동을 확인하는 평가를 실시하는데, 이때의 평가기준은 이미 설정된 교육목표가 된다.
④ **교육활동의 통제** : 교육목표가 교육의 전 과정에 방향을 제시하므로 여기에 어긋난 교육활동은 규제됨으로써 전반적인 교육활동이 효과적으로 실천되도록 유도한다.

⑵ 교육목표 진술의 준거(기준, 일반원리) 02 초등, 08 초등

① **구체성**(명료성) : 교육목표는 교육내용의 선정·조직 및 교육평가에 실질적인 시사를 줄 수 있도록 구체적이고 명료한 행동 용어로 진술되어야 한다.

② **포괄성** : 교육의 궁극적 목적이 전인 육성인 만큼 교육목표는 학습자의 사소한 행동이 아니라 폭넓은 행동 특성의 변화를 포함하여야 한다.

③ **일관성** : 설정된 목표들은 서로 논리적 모순이 없고 철학적 일관성이 있어야 한다(교육목표는 교육이념과 교육철학에 합당해야 함).

④ **실현가능성** : 교육목표는 교육활동을 통해 실현 가능한 것이어야 한다. 학습자 개개인의 능력과 수준에 맞아야 할 뿐만 아니라 학교나 학급의 객관적 상황도 고려해야 한다.

⑤ **주체의 내면화** : 교육목표는 모든 교직원들의 행위 속에 받아들여져 내면화되어야 한다. 교육목표를 교직원의 행위 속에 내면화시키기 위한 방법으로 ㉠ 교육목표 설정의 책임을 교직원들의 협동적 작업에 맡기는 일, ㉡ 내용 선정과 조직 및 학습활동의 구상을 공동으로 연구하고 작업하는 일, ㉢ 정기적으로 혹은 수시로 교육목표의 재확인, 수정, 보완을 위한 교직원협의회를 가지는 일을 들 수 있다.

⑥ **적합성** : 학생과 사회의 요구와 맥락에 적절해야 한다. 교육목표는 인간의 기본욕구를 충족시켜야 할 뿐만 아니라 학교가 속해 있는 사회의 요구도 고려해야 한다.

⑦ **가변성** : 교육목표는 필요와 상황에 따라 변경될 수 있어야 한다(고정·불변 ×). 교육목표는 교육내용의 선정·조직과 교수·학습 및 생활지도, 교육평가 등과 역동적인 상호작용을 하므로 그 타당성이 교육의 전 과정에 걸쳐 항상 재검토되고 필요에 따라 변화되어야 한다.

⑧ **타당성** : 학습자의 현재의 삶이나 미래의 삶에 가치 있는 필수적인 것이어야 한다.

❷ 교육목표 분류(Bloom) 99 초등·중등추시, 00 초등보수·중등, 03 초등, 10 중등

영역		내용
인지적 영역	지식	사실, 개념, 원리, 방법 등 이미 배운 내용을 기억하고 재생해 내는 능력(단순 재생능력) 예 산소의 원자기호 쓰기, 삼투압의 원리 쓰기, 음식의 영양가를 판단하는 데 필요한 준거 쓰기
	이해	지식을 바탕으로 자료의 의미를 파악하는 능력 ⇨ 번역, 해석, 추리 능력을 포함 예 주어진 2차 방정식을 그래프로 그리기(번역) / 소설을 읽고 작가의 핵심사상을 파악하기(해석) / 나타난 진술로부터 직접 추론하여 작품의 결론을 내리기(추리)
	적용	개념, 원리, 방법 등의 추상 개념을 구체적 사태에 적용하여 문제를 해결할 수 있는 능력 예 삼각함수의 이론을 이용하여 지형의 거리 측정하기, 사회과학의 법칙이나 결론을 실제 사회문제에 응용하는 능력
	분석	주어진 자료를 부분으로 분해하고, 부분 간의 상호관계와 조직원리를 발견하는 능력 ⇨ 요소의 분석, 관계의 분석, 조직원리의 분석 예 사실과 가설의 식별 능력(요소의 분석)
	종합	여러 가지 요소나 부분을 새로운 의미체계가 성립되도록 하나의 전체로 묶는 능력으로 창의적인 능력(≒ 창의력)을 포함함 ⇨ 독특한 의사전달방법의 창안 능력, 조작의 계획 및 절차의 창안 능력, 추상적 관계의 도출 능력 예 자신의 고난 경험을 독특한 표현방식으로 이야기함(독특한 의사전달방법의 창안 능력) / 가을 운동회 계획수립 능력(조작의 계획 및 절차의 창안 능력) / 주어진 자료에서 잠정적인 가설을 형성하는 능력(추상적 관계의 도출 능력)

	평가	어떤 준거를 활용하여 자료의 가치를 판단하는 능력 ⇨ 내적 준거에 의한 평가(내적 일관성, 논리적 정확성, 내적 결함 유무를 판단), 외적 준거에 의한 평가(선정된 준거나 기억된 준거에 의해서 특정 신념을 비판적으로 평가)
정의적 영역	감수 (수용)	어떤 자극이나 활동에 주의를 기울이고 그것을 기꺼이 수용하는 것 ⇨ 감지(인지), 주의집중, 자진감수 **예** 모차르트 음악을 귀 기울여 듣는다.
	반응	어떤 자극이나 활동에 적극적으로 참여하여 만족감을 얻는 것(≒ 흥미, 만족) ⇨ 묵종반응, 자진반응, 만족 **예** 모차르트 음악을 적극적으로 선택해서 들으며 만족감을 느낀다.
	가치화	특정 대상이나 활동에 대해 가치를 직접 추구하고 행동으로 나타내는 것 ⇨ 가치수용, 가치채택, 가치확신 **예** 친구들에게 모차르트 음악을 듣도록 열렬히 권한다. / 한반도 비핵화에 관한 의견을 제시할 수 있다.
	조직화	서로 다른 가치들을 비교하고 종합하여 일관된 가치체계를 형성하는 것 ⇨ 가치의 개념화, 가치체계의 조직 **예** 모차르트 음악을 다른 음악과 비교하여 최고의 음악이라고 생각한다.
	인격화	가치체계(가치관)가 일관성 있게 내면화되어 인격의 일부가 된 상태. 가치관이 생활양식으로 발전하여 개인의 행동과 생활의 기준이 됨 ⇨ 일반화된 행동태세, 인격화 **예** 이제 모차르트 음악을 듣는 일은 생활(생활양식, 습관체제)이 되었고, 모차르트와 같은 음악가가 되어야겠다고 마음을 먹는다. / 문제의 대안이 분명하지 않을 때 가설을 세우고 검증하는 탐구적인 태도를 보여줄 수 있다.
심동적 영역	반사 운동	개인의 의지와는 무관한 동작(운동) **예** 무릎반사, 동공반사, 파악반사
	기초 운동	몇 개의 반사 운동이 통합되어 형성되는 단순 동작 **예** 이동운동 · 비이동운동 · 손운동 ⇨ 걷기, 달리기, 뛰기, 잡기, 밀기
	지각 능력	주변 자극을 지각하고 해석하여 환경에 대처하는 능력 **예** 근육변별, 시각 · 청각 · 촉각변별, 자기조정능력 ⇨ 교통경찰의 수신호를 따라 운전하기, 멀리 떨어지는 야구공을 잡기 위해 뛰어가는 것 등
	신체 능력	숙련된 동작을 위해 필요한 신체 기관의 기능적 능력 **예** 지구력, 힘, 유연성, 민첩성 ⇨ 멀리 던지기, 높이뛰기, 앞으로 굽히기 등
	숙련된 운동	비교적 복잡하고 숙련된 운동기능 **예** 단순 적응기능, 복합 적응기능, 혼합 적응기능 ⇨ 게임, 스포츠, 수영, 무용, 각종 구기운동 등
	동작적 의사소통	신체적 동작을 통하여 감정, 흥미, 의사 등을 표현하는 능력. 표현 자체를 창작하는 운동기능 **예** 표현운동, 설명적 운동 ⇨ 무용에서 신체동작으로 감정을 표현하는 표현운동, 축구나 야구에서 감독이 자기 팀 선수들에게 신호를 보내는 것, 심판의 판정 등

📖 인지적 영역은 복합성(복잡성)의 원리에 따라, 정의적 영역은 내면화의 원리에 따라 구분된다.

02 교육내용의 선정과 조직

❶ 교육내용 선정의 원리 99 초등, 00 초등보수, 03 중등, 07 영양특채, 19 중등論

(1) 기회의 원리(교육목표와의 일관성)

교육목표 달성에 필요한 경험의 기회를 제공하는 것이어야 한다.

예 교육목표가 '교통신호를 지킬 수 있다.'라면 실제로 웬만하면 교통신호를 지킬 수 있는 상황을 주어 어떠하든지 그 신호를 준수할 수 있는 기회를 조성해 주어야 한다.

(2) 만족의 원리(동기유발의 원리, 흥미의 원리)

학생들이 학습활동에서 만족을 느낄 수 있도록 학생들의 흥미와 관심에 기초하여야 한다.
예 독서지도를 할 때 학생의 흥미와 필요를 토대로 독서에 관한 내용을 선정한다.

(3) (학습)가능성의 원리

학습자의 현재 수준에서 학습 가능한 것이어야 한다. 즉, 학습자의 현재 학습능력, 발달수준에 맞는 것이어야
한다. 예 초등학교 3학년 학생들에게 2차방정식을 가르칠 수 없다.

(4) 일목표 다경험의 원리(동목표 다경험의 원리, 다양성의 원리)

하나의 목표달성을 위해 여러 가지 경험을 할 수 있는 것이어야 한다.
예 바람직한 가치관 형성을 위하여 독서, 여행, 대화 등의 다양한 활동을 제공한다.

(5) 일경험 다성과의 원리(동경험 다성과의 원리, 동시학습의 원리)

하나의 학습경험을 통해 여러 가지 학습결과(학습성과)를 유발하는 것(여러 가지 교육목표에 도달하는 것)이어야 한다.
예 비판적 사고력의 함양, 학교활동에의 적극적 참여 등 여러 가지 교육목표를 달성하기 위하여 '모의법정' 활동을 실시한다.

(6) 타당성의 원리

교육내용은 교육목표 달성에 도움을 주는 것이어야 한다. 즉, 교육목적에 비추어 타당성 있는 내용이어야 한다.
교육내용이 일반목표와 무관하게 선택된다면 목적 없는 교육이 된다. 예 교육내용을 교육목표에 부합되도록 선정한다.

(7) 중요성의 원리

학문을 구성하는 가장 중요한 것을 교육내용으로 삼아야 한다.

(8) 유용성의 원리

교육내용은 학습자의 사회생활에 유용한 것이어야 한다. 학생들이 살아가야 할 사회에 필요한 지식, 기능, 가
치를 제시해야 한다.

(9) 전이의 원리(파급효과의 원리)

전이가(轉移價)가 높은 학습경험을 선정해야 한다.
예 전이가 높은 지식의 구조, 기본개념, 일반원리와 같은 내용을 선정한다.

② 교육내용 조직의 원리 01 중등, 04 중등, 05~06 초등, 06 중등, 09 중등, 10~11 초등, 11 중등, 17 중등論

(1) 수평적(횡적) 조직원리

같거나 비슷한 시간대에 연관성 있는 교육내용을 나란히 배치하여 학습(수업)의 효율성을 도모하는 것
① 범위(스코프, scope) 01 초등, 04 중등, 22 중등論 : 특정 시점에 학생들이 배우게 될 내용의 폭과 깊이를 결정하
는 것이다. ⇨ 학교급, 학년, 교과의 스코프(교과 이름과 배당된 시간 수)
예 관악기의 종류 가운데 어떤 것까지 다룰 것인지 검토한다.

② **통합성(integration)** : 유사한 교육내용들을 서로 밀접히 관련(연결, 결합)지어 조직하는 것이다. ⇨ 교육내용들의 관련성을 바탕으로 이들을 하나의 교과나 단원으로 묶는 것, 또는 수업의 효과를 높이기 위하여 관련 있는 내용들을 동시에 혹은 비슷한 시간대에 배열하는 것이다. 통합성의 원리가 추구하는 근본 목표는 학습자에게 통합된 경험을 제공하는 데 있다.

　　⑩ 중학교 1학년에서 환경을 주제로 과학 교과 내용과 기술·가정 교과 내용을 서로 긴밀히 관련지어 조직한다. 수학과에서 배운 표와 그래프 개념을 과학과의 실험 결과 데이터 해석과 관련지어 구성한다.

③ **균형성** : 여러 학습경험들 간에 균형이 유지되도록 조직한다.

　　⑩ 지·덕·체의 조화로운 발달(전인교육) 도모, 일반교양교육과 전문교육의 조화

④ **건전성(보편타당성)** : 건전한 민주시민으로서 지녀야 할 공통적인 가치관, 이해, 태도, 기능 등을 기를 수 있는 건전한 학습경험을 조직한다.

⑵ 수직적(종적) 조직원리

시간적 순서에 따라 교육내용을 순차적으로 배치하여 학습(수업)의 효율성을 높이는 것

① **계속성(continuity)** : 일정 기간 동안 동일한 교육내용이 계속 반복되도록 조직하는 것이다(← 중요한 내용이므로 망각하지 않도록). ⇨ 동일한 내용의 단순반복

　　⑩ 중요 개념·원리·사실 학습, 태도 학습, 운동기능 학습 ⇨ '누적학습' / 인체의 기본 소화기관의 이름과 기능을 초등학교와 중학교에서 반복하여 가르친다.

② **계열성(sequence)** ²² **중등論**

　　㉠ **폭과 깊이의 확대·심화** : 동일한 내용을 수준을 높여 점차 폭과 깊이를 더해 가도록 조직하는 것이다. ⇨ 동일한 내용의 양적 확대·질적 심화 / Taba의 누적학습(계속성과 계열성), Bruner의 나선형 교육과정, Gagné의 위계학습, Skinner의 프로그램 학습

　　　　⑩ 고려왕조 설립 과정에 대하여 초등학교에서는 사실만을, 중·고등학교에서는 사실과 역사적 의미를 함께 가르친다. 수학에서 덧셈과 뺄셈을 가르치고 난 후 곱셈과 나눗셈을 가르친다.

　　㉡ **교육내용을 가르치는 순서(배열)** : 어떤 내용을 먼저 가르치고 어떤 내용을 나중에 가르칠 것인가를 결정하는 것을 말한다. 학교급, 학년, 학기, 월, 주, 일, 차시별로 결정된다. ※ **계열화 방법** : 단순에서 복잡, 전체에서 부분, 구체적인 것에서 추상적인 것, 논리적 선행요건에 따라, 연대순으로, 주제별로, 학생의 발달단계

③ **수직적 연계성(연속성, continuity, vertical articulation)** ⁰⁵ **초등, 22 중등論** : 특정한 학습의 종결점이 다음 학습의 출발점과 잘 맞물리도록 교육내용을 조직하는 것 ⇨ 학교급간·학년·단원의 연속성

Plus

연계성

1. **수평적 연계** : 동일 학년 내 유사한 교과 내용 간에 동일한 수준을 유지하도록 조직
　　⑩ 초등5학년 도덕과의 인권 개념과 사회과의 인권 개념을 동일한 수준으로 제시

2. **수직적 연계** : 특정 학습의 종결점이 다음 학습의 출발점과 잘 맞물리도록 조직

3. **수평적 연계와 통합의 차이(주된 초점)** : 수평적 연계 ⇨ 내용 간 '수준', 통합 ⇨ 내용 간 '연결(관련)'

교육과정 개발모형

01 개발모형

❶ 타일러(Tyler)의 교육과정 개발모형 − 목표중심 모형(합리적 모형)

98 중등, 00 초등보수, 03 초등, 07~09 중등, 12 초등, 25 중등論

(1) 개념

교육과정 개발은 교육목표를 설정하고, 학습경험을 선정하여, 이를 잘 조직하고, 적절한 평가 수단을 마련하는 과정이다.

(2) 개발절차

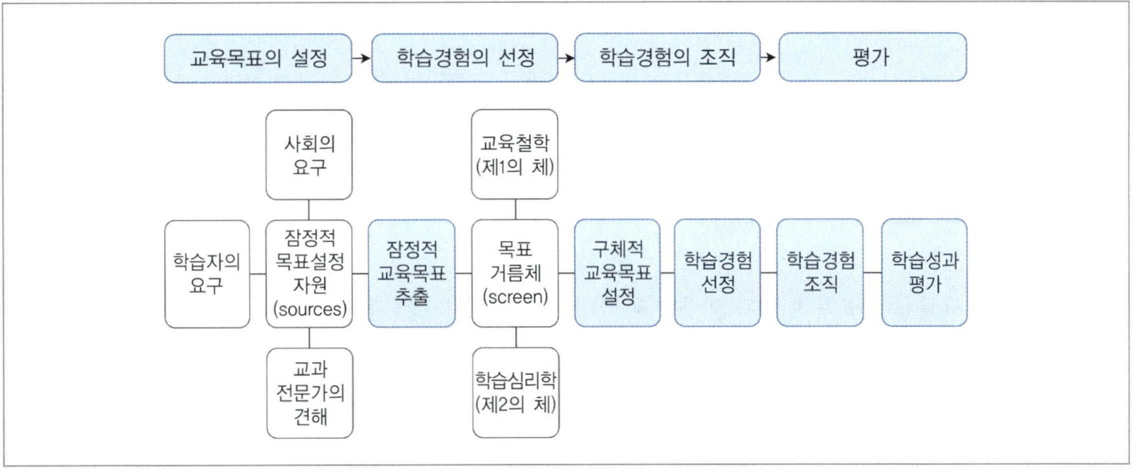

개발절차	내용
교육목표의 설정	• **잠정적 목표 설정 자원** : 교육목표의 타당성 조건 ⇨ ㉠ 학습자의 심리적 요구(학습자에의 타당성), ㉡ 사회적 요구와 가치(사회에의 타당성), ㉢ 교과 전문가의 견해(교과에의 타당성) • **목표 거름체** : ㉠ 교육철학(제1의 체) : 교육적으로 추구할 만한 가치가 있는가? ㉡ 학습심리학(제2의 체) : 학습자가 잠정적 목표를 달성할 수 있는가? • **구체적 목표 설정** : ㉠ 목표 진술 방식 : 이원목표분류 ⇨ 내용 차원과 행동 차원, ㉡ 목표 진술 원칙 : 포괄성, 일관성, 실현가능성
학습경험의 선정	학습경험의 선정 원리 : ㉠ 기회의 원리, ㉡ 만족의 원리, ㉢ 학습가능성의 원리, ㉣ 일목표 다경험의 원리, ㉤ 일경험 다성과의 원리
학습경험의 조직	학습경험의 조직 원리 : ㉠ 계속성, ㉡ 계열성, ㉢ 통합성
평가	• **객관적 평가 도구의 마련** : 지필검사에는 필요에 따라 작품의 평가, 질문지, 관찰기록, 면접 등 다양한 평가 방법을 사용할 수 있지만, 객관적으로 마련된 도구를 사용해야 한다. • **교육목표의 달성도 평가** : 평가의 준거는 교육목표이며, 평가를 통해서 밝혀야 할 사항은 교육목표의 달성도이다. • **교육목표의 수정** : 평가는 변화를 알아보는 것이므로 두 번 이상 실행되어야 하며, 평가 결과는 교육목표를 수정할 수 있도록 재투입되어야 한다.

(3) 특징

① **목표중심 모형** : 교육과정 요소 중에서 교육목표를 가장 중시하며, 교육과정의 다른 요소는 교육목표 달성의 수단이다.

② **합리적 모형** : 논리적이고 합리적인 일련의 절차를 제시하고 있어 교육과정 개발에 관심을 가진 모든 사람들이 누구나 쉽게 활용할 수 있다.

③ **결과중심 모형** : 교육의 과정을 검은 상자(black box)와 같다고 보고, 결과로서의 반응에만 관심을 가진다. 그래서 교육목표는 교육의 결과 학생이 나타내 보일 행동(도착점행동)으로 진술되기를 요구한다.

④ **평가중심 모형** : 목표 그 자체가 나중에 평가의 준거가 된다.

⑤ **가치중립적 모형** : '무엇을 가르칠 것인가'라는 교육과정학의 근본적인 질문에는 전혀 답변을 하지 않고, 교육과정을 구성하는 방식을 가치중립적인 입장에서 제시한다.

⑥ **처방적 모형** : 교육과정 개발자가 따라야 할 실제적인 절차를 제시한다.

⑦ **연역적 모형** : 전체 교과에서 단원(unit)의 개발로 진행된다.

⑧ **직선형 모형** : 목표에서 평가로 진행하는 일정한 방향을 가진다[선형적(linear) 모형].

(4) 장단점

장점	단점
• 실용성(폭넓은 유용성) : 어떤 수준이나 어떤 교과에서도 활용·적용할 수 있는 폭넓은 유용성이 있다. • 용이성 : 논리적이고 합리적인 일련의 절차를 제시하고 있어 교육과정 개발자나 수업 계획자가 이를 따라 하기가 쉽다. • 종합성 : 교육과정과 수업을 구분하지 않고 통합적으로 '목표-경험 선정-경험 조직-평가'를 포괄하는 광범위한 종합성을 띠고 있다. • 평가에 광범위한 지침 제공 : 교육목표를 명세화하고 학생의 행동과 학습경험을 강조함으로써 평가에 매우 광범위한 지침을 제공해 준다. • 경험적·실증적 연구 경향 촉발 : 경험적·실증적으로 교육성과를 연구하는 경향을 촉발하였다.	• 내용을 목표달성의 수단으로 간주 : 목표를 내용보다 우위에 두고 있으므로, 내용을 목표달성을 위한 수단으로 전락시킨다. • 실질적 내용을 제시하지 않음 : 무엇을 가르쳐야 할 것인가에 대한 대답을 회피하고, 교육과정의 실질적인 내용이 어떤 것인가를 제시하지 않는다. • 부수적·확산적 목표의 중요성 간과(수업의 역동성 간과) : 목표를 구체화하여 미리 설정하기 때문에 수업 진행 과정에서 새롭게 생겨나는 부수적·확산적 목표(예 표현적 결과)의 중요성을 간과한다. 즉, 수업의 역동성을 반영할 수 없다. • 외적 행동의 변화만 지나치게 강조 ⇨ 내적 행동 파악 곤란 : 겉으로 평가할 수 있는 행동만을 지나치게 강조함으로써 잠재적 교육과정이나 내면적 인지구조의 변화, 가치와 태도 및 감정의 변화를 확인하는 데 약하다. • 교육과정 개발의 실제적 모습을 제시하지 못함 : 교육과정 개발절차를 지나치게 절차적, 합리적, 규범적으로 처방하여 제시함으로써 실제 교육과정 개발에서 일어나는 많은 복잡한 것들에 대한 기술을 경시하였다.

Plus

내용모형(Bruner 모형)

1. **개념** : 교육목표를 교육내용이 지닌 가치에서 직접 찾고, 지식의 구조를 교육내용으로 한다.

2. **특징** : 교육을 통해 이루고자 하는 가치를 더 중시하고 이를 실현하는 데 관심을 가진다. 교육의 가치는 교육내용 속에 내재되어 있다. 따라서 교육과정의 제시는 교육내용을 진술하는 방식을 취하며, 가치 있는 교육내용으로 브루너는 '지식의 구조'를, 피터스는 '지식의 형식' 등을 제시한다.

❷ 타바(Taba)의 교육과정 개발모형 − 교사중심 모형 10 중등

(1) 개념

타바는 교육과정이 교사에 의해 개발되어야 함을 강조하면서 교육과정 개발이 교수학습 단원(unit)을 만드는 것부터 시작되어야 한다고 주장하였다.

(2) 개발절차

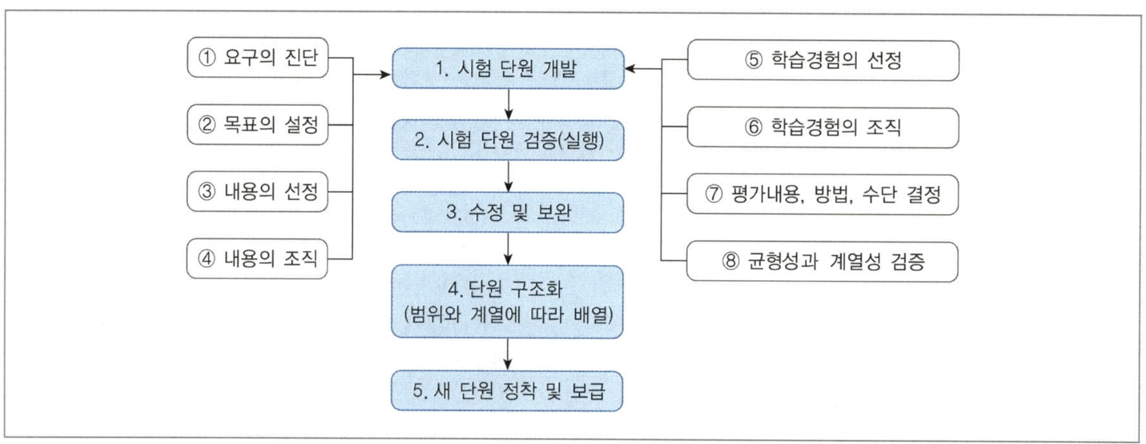

단계	내용
시험 단원 개발	• 교사가 학년별 또는 교과영역별로 시험적인 단원을 개발한다. • 여기에는 (학습자의) 요구 진단, 목표 설정, 내용 선정, 내용 조직, 학습경험 선정, 학습경험 조직, 평가내용·방법·수단 결정, 균형과 계열성 검증 등 8가지 하위단계가 순차적으로 요구된다.
시험 단원 검증 (실행)	• 이 단계의 목적은 하나 또는 그 이상의 학년 수준들과 다른 교과영역들로 확대될 수 있는 교육과정을 창출하는 데 있다. • 앞의 첫 단계에서는 시험적인 단원이 자신의 학급이나 교과영역을 대상으로 개발된 바, 이의 교수가 능성과 타당성을 검증하기 위해 다른 수준의 학년이나 교과영역에 확대 적용해 보는 것이 필요하다.
수정 및 보완	• 개발된 단원들을 수정하고 통합하여 모든 유형의 학급에도 잘 맞는 보편화된 교육과정을 개발한다. • 단원들은 서로 다른 차이를 보이는 학습자들의 요구와 능력, 서로 다른 교육자원(시설, 설비, 재정), 서로 다른 교수형태에 맞추어 수정이 거듭되어야 온갖 형태의 교실상황에서 쓰일 수 있다.
단원 구조화	• 그 여러 개의 단원을 구조화하여 전체 범위(scope)와 계열성(sequence)을 검증한다. • 여러 개의 단원들이 개발된 후에 교육과정 개발자들은 횡적 범위의 적정성과 종적 계열의 적절성을 시험해야 한다.
새 단원 정착 및 보급	새로 개발된 단원의 적용과 보급으로, 새 단원을 교실수업에 본격적으로 투입·정착시키기 위해 교사들의 현직연수를 확산해 나가는 것이 필요하다.

(3) 특징

① **교사중심 모형** : 외부 전문가에 의해 하향식으로 개발되는 것이 아니라 교사에 의해 만들어지는 현장지향적인 것이다.

② **귀납적 모형** : 교육과정 개발이 단원(unit) 개발에서 출발하여 교과 형성으로 진행된다.

③ **처방적 모형** : 교육과정 개발자들이 따라야 할 절차를 상세히 제시하고 있다.

④ **역동적 모형** : 계속적인 요구 진단을 통하여 교육과정 요소들의 상호작용을 강조한다.

⑷ 장점

① 교사가 수업을 염두에 두고 교육과정을 개발해 나가므로 실제 수업 수준에 적합한 구체적인 교육과정 개발이 가능하다.

② 계속적인 요구진단을 통해 학생의 요구를 교육과정 개발에 계속 반영해 나가므로 학생의 요구나 필요에 부합하는 교육과정 개발이 가능하다.

③ 귀납적 방식으로 교육과정을 개발해 나가므로 한 단원씩 단계적으로 교육과정을 개발하기에 좋다.

④ 교육과정 개발의 절차가 상세히 제시되어 있어 수업을 염두에 둔 교사가 이용하기 쉽다.

⑸ 문제점

특정 교과의 단원 수준의 수업계획서로서의 교육과정을 개발하는 데에는 별문제가 없으나 이보다 상위 수준인 국가나 지역 수준의 교육과정 총론 개발을 교사들에게 모두 맡기는 것은 부적절할 수도 있다. 특히 중등교사의 경우 개별 교과를 가르침으로써 개별 교과의 시야에 매몰되어 전체 교육과정을 못 본다는 점, 전반적인 철학보다 구체적인 실천에 주목한다는 점, 교육실천에 많은 관심과 경험이 있기 때문에 지나치게 실제적이고 구체적인 측면에 주목한다는 점, 자신이 가르치는 교과의 이해관계에서 벗어나기 어려운 점 등을 문제점으로 지적하고 있다.

❸ 스킬벡(Skilbeck)의 학교중심 교육과정 개발모형(SBCD) 07 초등, 11 초등, 12~13 중등

⑴ 개념

스킬벡은 전통적인 교육과정 개발모형의 경직성과 비현실성을 비판하면서, 학교 현장의 교사들이 융통성 있게 교육과정 개발에 참여할 수 있도록 허용하는 학교중심 교육과정 개발모형을 제시하였다.

⑵ 개발절차

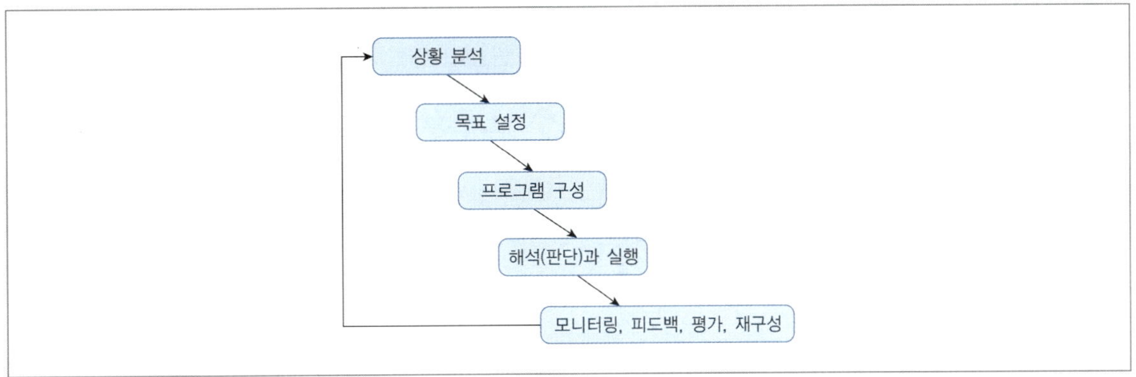

개발절차	내용

상황 분석	상황을 구성하는 내적·외적 요인들을 분석한다.
	• 내적 요인
	  – 학생의 적성·능력·교육적 요구
	  – 교사의 가치관·태도·기능·지식·경험
	  – 학교의 환경과 정치적 구조, 공작실·실험실 등과 같은 시설
	  – 교육과정 내의 문제점 등
	• 외적 요인
	  – 학부모의 기대감, 지역사회의 가치, 변화하는 인간관계, 이데올로기 등과 같은 사회문화적 변화
	  – 교육체제의 요구, 변화하는 교과의 성격, 교사 지원체제 등

목표 설정	상황 분석에 기초하여 예상되는 학습결과를 진술한다. 목표는 교사와 학생의 행동을 담고 있고, 교육활동의 방향에 대한 가치나 판단을 포함한다.
프로그램 구성 (구축)	내용·구조·방법·범위·계열성 등 교수·학습 활동의 설계, 수단–자료의 구비(예 키트, 자원, 교재 등의 상세한 목록), 적절한 시설 환경의 설계(예 실험실, 작업실, 공작실 등), 인적 구성(인사배치)과 역할 분담, 시간표 짜기 등을 한다.
해석(판단)과 실행	변화된 교육과정에 따라 야기되는 문제점을 예측·판단하고 실행한다.
모니터링, 피드백, 평가, 재구성	모니터링 및 피드백, 평가체제를 설계하고, 연속적인 과정으로 재구성한다.

(3) 특징

① **학교 현실을 반영한 교육과정 개발모형** : 학교 현실이나 상황에 기초하여 교육과정이 개발되므로 학교 현실을 가장 잘 반영하고 실행가능성이 높은 교육과정 개발모형이다.

② **학교 특성을 고려한 교육과정 개발모형** : 학교, 교사, 학생 등 학교의 개별적 특성을 고려하여 교육과정을 개발하므로 학교 특성을 고려한 교육과정 개발모형이다.

③ **역동적·상호작용적 모형** : 교사, 학생, 학부모, 지역사회의 요구와 필요에 따라 발전적으로 수정할 수 있기 때문에 역동적·상호작용적인 교육과정 개발모형이다.

(4) 장단점

장점	단점
• **학교에서 활용하기 적합** : 학교의 현실이나 특성 등을 고려하여 교육과정을 개발하므로 학교에서 활용하기 적합하다. • **자율성과 창의성 중시** : 교육과정 개발자들의 자율성과 창의성 발휘를 중시하므로 자율적이며 창의적인 교육과정 개발이 가능하다. • **행동적 목표 진술에 따른 교육과정 개발 거부** : 행동적 교육목표의 진술에 따른 교육과정 개발을 거부한다.	• **방향감 부족** : 교육과정 개발 작업이 나아가는 방향이 일정하지 않아 방향감이 부족하다. • **교육과정 개발의 혼란 야기 가능성** : 교육과정 개발의 역동성으로 인해 교육과정 개발 과정에서 혼란이 야기될 가능성이 크다. • **목표 설정 소홀** : 목표를 설정해 두는 일을 소홀히 함으로써, 어디로 나아가고 있는가를 분명하게 이해하기 곤란하다.

④ 위긴스와 맥타이(Wiggins & McTighe)의 백워드 설계모형 10 초등, 12 중등, 15 중등論

(1) 개념

'바라는 결과의 확인(교육목표 설정), 수용 가능한 증거의 결정(평가 계획), 학습경험과 수업의 계획(수업활동 계획)'의 순서로 진행되며, 학생의 이해력 신장을 강조하는 교육과정 설계(Understanding by Design) 모형이다.

(2) 개발절차

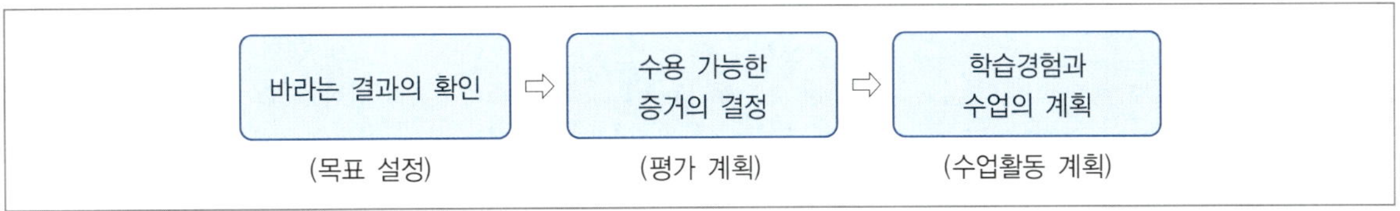

① 백워드 설계절차

개발절차	내용
바라는 결과의 확인 (목표 설정)	• 의미 : 목표 설정 단계 ⇨ 학생들이 무엇을 이해하고, 알아야 하며, 할 수 있어야 하는지를 밝히는 것이다. • 목표 설정 : 국가 수준의 성취기준을 분석하여 중요한 개념(big idea)을 확인한 다음 단원의 목표(내용기준과 학습결과 등)를 설정한다. • 영속적 이해 결정 : 중요한 개념(big idea)이 학생들에게 어떤 영속적 이해를 요구하는지 살핀다. 영속적 이해(enduring understanding)란 학습자들이 비록 상세 내용을 잊어버린 후에도 머릿속에 남아 있는 '큰 개념/중요한 개념(big idea)을 뜻한다. 이해는 6가지 종류로 구분된다. • 본질적 질문 제시 : 학생들이 이해를 향해 나아가도록 목표를 심층적 탐구 질문의 형식으로 제시한 것으로, 질문은 주요 아이디어를 가리키는 내용으로 구성된다. ⇨ 단원 목표를 설정한 후 영속적 이해를 포괄하는 본질적 질문(예 "빛이란 무엇인가?")을 통해 단원 전체를 구조화할 수 있는 방향을 설정한다. 그런 다음, 구체적인 내용 중심의 단원 질문을 진술한다(예 "고양이는 어두운 데서 어떻게 보는가?", "빛은 분자인가 파장인가?"). • 지식과 기능 구체화 : 단원의 학습결과 학생들은 무엇을 알아야 하고, 무엇을 할 수 있어야 하는지 구체화한다. ☑ **이해의 6가지 측면** <table><tr><th>이해의 종류</th><th>의미</th></tr><tr><td>설명 (explain)</td><td>사건과 개념(idea)을 '왜' 그리고 '어떻게'를 중심으로 서술하는 능력(can explain) ⇨ 일반화나 원리를 통해 현상이나 사실을 정당하고 조직적으로 설명하기, 통찰력 있게 관련짓기, 실례나 예증을 제공하기</td></tr><tr><td>해석 (interpret)</td><td>의미를 제공하는 서술이나 번역(can interpret) ⇨ 숨겨진 의미를 도출하는 능력, 의미 있는 스토리 말하기, 적절한 번역 제공하기, 자신의 말로 의미 해석하기</td></tr></table>

	적용 (apply)	지식을 새로운 상황이나 다양한 맥락에 효과적으로 사용하는 능력(can apply) ⇨ 알고 있는 것을 다양하고 실질적인 맥락에서 효율적으로 사용하고 적용하기
	관점 (perspective)	비판적이고 통찰력 있는 견해(have perspective) ⇨ 비판적인 관점으로 보고 듣기, 큰 그림을 이해하기
	공감 (empathize)	타인의 감정과 세계관을 수용할 수 있는 능력(can empathize) ⇨ 다른 사람이 이상하게 생각하고 이질적이며 믿기 어려워하는 것에서 가치를 발견하기, 이전의 직접 경험에 기초하여 민감하게 지각하기
	자기지식 (self-knowledge)	자신의 무지를 아는 지혜 혹은 자신의 사고와 행위를 반성할 수 있는 능력 (have self-knowledge) ⇨ 메타인지적 인식을 보여주기, 개인적 스타일, 편견, 투사 등 마음의 습관을 지각하기, 우리가 이해하지 못하는 것을 자각하고, 학습과 경험의 의미를 숙고하기
수용 가능한 증거의 결정 (평가 계획)		• 의미 : 목표의 성취 정도를 확인하는 평가를 계획하는 단계로서, 교사가 평가자의 입장에서 목표와 이해를 고려하여 수행과제와 평가준거를 마련하고, 그 밖의 다른 증거를 결정한다. • 수행과제와 평가준거 결정 : 바라는 학습결과인 이해의 정도를 확인하기 위한 수행과제(수행평가를 의미 예 포트폴리오, 프로젝트)와 그 평가준거인 루브릭(rubric)을 작성한다. 평가준거는 목표와 이해로부터 이끌어 낸다. • 다른 증거 결정 : 학생의 이해를 확인할 수 있는 다른 평가 증거(예 퀴즈, 시험, 관찰, 토론, 숙제)를 개발한다. 또, 학생들에게 자기의 학습을 스스로 평가하고 반성할 수 있도록 자기평가의 기회를 부여하도록 계획한다.
학습경험과 수업의 계획 (수업활동 계획)		• 의미 : 1, 2단계의 설계 내용과 일관성(일치성)을 고려하여 수업활동을 계획한다. 즉, 이해의 여부를 확인할 수 있는 증거를 가지고 학습경험과 수업을 계획하는 단계이다. • WHERETO 절차(원리) : 목표를 안내하고(W) 주의집중시키며(H) 경험하고 탐구하도록 하고(E) 재사고의 기회를 제공하며(R) 함축적 의미를 평가하도록 하고(E) 개별화하여(T) 주도적이고 지속적인 참여를 하도록 조직하도록(O) 한다.

절차(원리)	의미
W (Where and Why) 단원의 방향과 목적	학생들에게 단원이 어디(Where)로 향하는지, 왜(Why) 배우는지를 이해시켜라.
H (Hook and Hold) 주의환기 및 흥미유지	도입에서 학생들의 주의를 집중시키고(Hook), 지속적으로 흥미를 유지(Hold)시켜라.
E (Equip, Experience, Explore) 경험하고 탐구하기	학생들을 준비(Equip)시키고, 주요 개념(key ideas)을 경험(Experience)하고, 탐구(Explore)하도록 하여라.
R (Rethink, Reflect, Revise) 재고, 반성, 교정하기	학생들에게 주요 개념(key ideas)을 재고(Rethink)하고, 반성(Reflect)하며, 교정(Revise)할 수 있는 많은 기회를 제공하여라(핵심 아이디어들을 다시 생각해보고 반성하고 교정하게 한다).

	E (Evaluate) 작품과 향상도 평가하기	학생들에게 자기평가(Evaluate)의 기회를 제공하여라(학생들이 그들의 작업과 그것의 함축적인 의미를 평가하도록 허락하라).
	T (Tailor) 학습자에게 맞추기, 개별화하기	학생 개개인의 능력, 흥미, 필요를 반영할 수 있도록 개별화(Tailor)하여라.
	O (Organize) 효과적인 학습을 위한 내용 조직 및 계열화	깊이 있는 이해를 최적화할 수 있도록 조직(Organize)하여라(효과적인 학습뿐만 아니라 주도적이고 지속적인 학습참여를 최대화할 수 있도록 조직하여라).

② 백워드 설계 2.0 모형(2011)

개발절차	내용
바라는 결과의 확인 (목표 설정)	• 의미 : 바라는 결과는 단원 수준의 영속적·장기적 목표로서, 단원 목표는 설정된 목표, 전이(T : Transfer), 의미(M : Meaning), 습득(A : Acquisition)으로 나누어져 설계된다. ⇨ 설정된 목표, 전이, 의미, 습득 • 목표 설정 : 단원의 목표를 설정한다. 목표는 내용 기준과 프로그램의 목표, 학습결과 등을 말한다. • 전이(Transfer) : 학생들이 학습한 것을 전이할 수 있도록 바람직한 장기적 성취를 고려한다. • 의미(Meaning) 　- 이해 : 이 단원에서 학생들이 이해하기를 바라는 것은 구체적으로 무엇이며, 어떤 추론과정을 형성해야 하는지를 결정한다. 　- 본질적 질문 : 학생들의 탐구, 의미형성, 전이를 촉진할 수 있는 본질적 질문을 한다. • 습득(Acquisition) : 학생들은 어떤 사실과 개념을 알아야 하고, 어떤 기술과 절차를 사용할 수 있어야 하는지를 결정한다(사실과 개념의 습득, 기술과 절차의 습득).
수용 가능한 증거의 결정 (평가 계획)	• 의미 : 전이와 의미, 습득 목표에 이르렀음을 보여줄 수 있는 증거가 되는 수행과제와 다른 증거를 결정하고, 평가준거를 마련한다. ⇨ 코드, 평가준거, 수행과제, 다른 증거 • 코드 : 바라는 결과 모두가 적절하게 평가되고 있는가를 고려한다. • 평가준거 : 바라는 결과의 달성을 판단하기 위해 각각의 평가에 필요한 평가준거를 작성한다. • 수행과제와 다른 증거 : 학생들의 이해(의미 형성 및 전이)를 증명할 수행과제와 다른 증거를 결정한다.
학습경험과 수업의 계획 (수업활동 계획)	• 의미 : 1단계의 바라는 결과와 2단계의 수용 가능한 증거가 일치될 수 있도록 학습경험과 수업을 체계적으로 조직한다. ⇨ 코드, 사전평가, 학습활동, 향상도 관찰 • 코드 : 각 학습활동의 목표가 무엇인지 고려한다. • 사전평가 : 학생의 사전지식, 기능수준, 잠재적 오개념을 확인하기 위한 사전평가를 계획한다. • 학습활동 : 학생들의 전이, 의미, 습득의 성공을 위한 본격적인 학습활동을 계획한다. • 향상도 관찰 : 학습활동 중에 학생들이 의미, 습득, 전이로 나아가는지 모니터링(관찰), 피드백을 계획하여 목표에 더 잘 도달할 수 있도록 한다.

> **Plus**
>
> **이해중심 교육과정 실천을 위한 교사의 역할**
>
> 1. 교육과정 개발자로서의 교사
>
> 2. 평가전문가로서의 교사
>
> 3. 학습촉진자로서의 교사
>
> 4. 지속적인 학습자로서의 교사

(3) 특징

① **성취기준 강조** : 교과의 내용 성취기준이 목표 설정 과정에 반영되며, 이 목표를 마음속에 품고 평가와 수업활동이 계획된다.

② **영속적 이해 강조** : 백워드 설계모형은 학습자의 영속적 이해(enduring understanding)를 지향한다. 따라서 학생들에게 기본 개념이나 원리에 대한 매우 높은 수준의 이해와 수행을 요구한다.

③ **구체적인 평가 계획 강조** : 학습내용 선정에 앞서 매우 구체적인 평가계획안이 미리 마련될 것을 강조한다. 교사는 성취기준을 분석하여 목표와 이해를 고려한 수행과제와 평가준거, 그 밖의 다른 증거를 계획하여야 한다.

(4) 장단점

장점	단점
•**국가 교육과정 기준과 현장의 수업 일치** : 국가 교육과정의 성취기준이 목표 설정과 평가 계획, 수업활동 계획에 반영되므로 국가 교육과정 기준과 현장의 수업이 일치된다. •**교과서에서 교육과정 중심의 수업으로 전환** : 국가 교육과정의 성취기준을 토대로 단원을 설계하고 수업을 운영하므로 교과서 중심 수업에서 교육과정 중심의 수업으로 전환된다. •**성취평가제에 대비한 수업 운영 가능** : 성취기준을 바탕으로 평가를 계획하고 수업을 전개하기 때문에 성취평가제에 대비한 수업을 운영할 수 있다. •**목표, 내용, 평가의 일치** : 목표(standards)와 평가에 합치되는 내용 설계가 가능하여 목표, 내용, 평가가 일치하는 교육과정 설계가 가능하다. •**교과에 대한 학습자의 심오한 이해나 고등사고능력을 평가 계획에 연결시켜 신장** : 기본 개념, 원리, 핵심적 아이디어를 교수학습의 궁극적 목적으로 삼아, 교과에 대한 학습자의 심오한 이해나 고등사고능력을 평가 계획에 연결시켜 신장시킬 수 있다. •**교사의 교육에 대한 책무성 강조** : 목표 설정과 동시에 평가 계획을 고려한 통합적인 설계모형으로, 평가 계획은 학습경험과 조직을 통해 계속적으로 실행됨으로써 교사의 교육에 대한 책무성을 강조한다.	•**교육내용의 목표달성을 위한 수단** : 목표를 우위에 두고 교육과정을 설계하므로 교육내용을 목표달성의 수단 정도로 이해한다. •**평가 의존적 수업활동 가능성** : 평가 계획을 수업 계획에 앞서 수립하도록 함으로써 평가 의존적인 수업활동이 전개될 가능성이 있다. •**학생의 관심이나 흥미의 고려 문제** : 이 모형에서 설정하는 목표는 주로 학문적 지식에 기반한 내용의 이해에 있으므로 학생들의 관심사나 흥미를 고려하지 못할 수도 있다. •**목표 자체의 정당성 문제** : 목표가 후속 학습내용이나 평가에 직접적인 영향을 미치는 지침의 역할을 하는 것은 사실이지만, 목표의 중요성과 기능만을 강조하였을 뿐 목표 자체의 정당성은 비교적 가볍게 다루고 있다는 지적도 있다.

02 실제 모형

❶ 슈왑(Schwab)의 실제적 교육과정 개발모형 07 초등

(1) 개념

슈왑은 지금까지의 교육과정 연구가 교육과정 개발의 이론(theory)에만 집착해 온 경향성을 비판하고 교육과정 연구는 '실제적(practical)', '절충적(eclectic)'인 방향으로 진행될 때 교육의 질 향상이 이루어진다고 주장하였다.

(2) 실제적 교육과정의 목적과 의의

① 목적 : 실제적 교육과정의 목적은 학습자들로 하여금 지식을 추구하기보다는 어떤 결정을 할 수 있는 능력을 기르는 것이다.

② 의의

    ㉠ 구체적 교육과정에 관심 : 보편화된 일반 원리로 구성되는 교육과정의 이론을 추구하기보다는 구체적인 교육과정의 정책이라고 할 수 있는 실천의 사례에서 보다 좋은 결정과 행위를 찾도록 제안한다.

    ㉡ 유연한 변증법적 특성 : 슈왑의 견해는 타일러의 논의에 비해 조직적이거나 종합적이지는 못하지만, 오히려 보다 유연한 변증법적인 특성을 갖는다고 할 수 있다.

❷ 워커(Walker)의 자연주의적 교육과정 개발모형 – 숙의(熟議) 모형 00 초등보수, 09 초·중등, 12 초등, 18 중등論, 26 중등論

(1) 개념

워커는 교육과정을 개발할 때 따라야 할 합리적인 절차를 제시하기보다는 실제 상황에서 교육과정이 어떻게 개발되는지 자연스러운 과정을 설명하고자 하였다. 이 때문에 자신의 교육과정 개발모형을 '자연주의적 모형(naturalistic model)'이라고 하였다.

(2) 개발절차

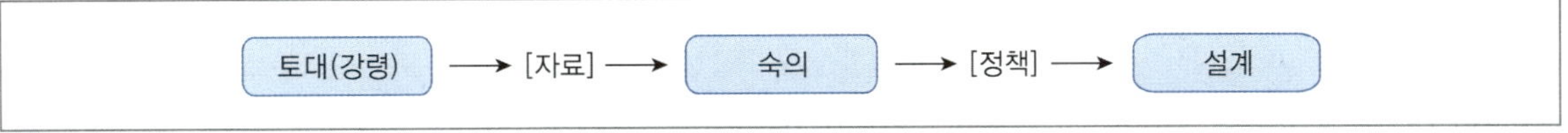

개발절차	내용
토대(강령) (Platform)	교육과정 개발 참여자들이 다양한 견해(강령, Platform)를 표방하고 공통된 기반(토대)을 모색 ⇨ 공감대 형성하기
숙의 (Deliberation)	다양한 대안들에 대한 논쟁을 거쳐 합의의 과정에 이름으로써 가장 유망한(그럴듯한) 대안을 선택 ⇨ 강령(Platform)이 행동차원의 정책으로 전환되는 과정
설계 (Design)	선택한 대안을 실천 가능한 것으로 구체화(계획된 교육과정의 창안) ⇨ 교육 프로그램의 상세화(구체적인 교과, 수업, 수업자료나 활동 등을 포함)

(3) 특징

① **서술적(descriptive) 모형** : 타일러의 처방적(prescriptive) 모형과 달리 교육과정 개발자들이 실제로 따르고 있는 절차를 서술하고 있다.

② **과정 지향적 모형** : 결과보다는 교육과정 개발에 이르는 의사결정 과정이나 절차를 중시한다.

③ **비선형적·역동적 모형** : 각 단계는 비선형적·역동적이며, 순서에 구애받지 않고 타협과 조정이 강조되는 융통적인 모형이다.

④ **대규모 교육과정 개발에 적합** : 국가 수준의 교육과정 개발과 같이 교육과정 전문가들이 참여하고, 개발을 위한 자금과 시간이 풍부한 비교적 대규모 교육과정 개발에 적합하다.

(4) 장단점

장점	단점
• 실제 교육과정 개발과정 묘사 : 교육과정을 계획하는 동안 실제로 일어나는 것을 정확하게 묘사해 준다. • 교육과정 개발에 대화가 필요함을 강조 : 계획자가 다른 강령에 반응하고 숙의하기 위해 대화에 상당한 시간을 보내야 할 필요성을 강조한다. • 특수한 상황(맥락)을 고려한 교육과정 개발 : 교육과정의 설계를 특수한 상황(맥락)에 맞추어야 할 필요성을 강조한다. • 합의가 안 된 교육과정 개발 진행 가능 : 교육과정 개발에 대한 합의를 이루지 못했을 경우에도 교육과정이 어떻게 진행될 수 있는지를 잘 진술해 주고 있다.	• 소규모의 학교 교육과정 개발에는 부적절 : 전문가, 자금, 시간이 많이 요구되기 때문에 소규모의 학교 교육과정 개발에는 적절하지 않을 수 있다. • 시간 소요가 많음 : 참여자가 강령을 설정하고 숙의하는 데 상당한 시간이 필요하다. • 교육과정 설계 완성 후의 문제 : 거의 전적으로 교육과정 계획에만 초점이 맞추어 있으므로 교육과정 설계가 완성된 뒤의 문제에 대해서는 언급하지 않는다. 즉, 계획된 교육과정을 실행하거나 평가하는 것에 대해 아무것도 말하지 않는다. • 입장을 표명하지 않는 교육과정 개발에는 부적절 : 일상적이며 논쟁적이지 않은 경우나 자신의 입장을 드러내지 않는 경우의 교육과정 계획 활동에는 적절하지 않다.

03 이해 모형

❶ 아이즈너(Eisner)의 예술적 교육과정 개발모형(예술적 접근 모형)

99 초등, 04 초등, 06~08 초등, 06 중등, 09 초등, 12~13 중등

(1) 개념

아이즈너는 교육과정 개발이란 예술가가 상상력을 발휘하듯이 교육적 상상력을 발휘하는 과정이라고 보았다. 개인마다 의미를 구성하는 방법은 다양할 수밖에 없으므로 교육과정 결정자는 실재에 대한 다양한 시각과 견해를 표현하는 예술가와 같은 존재라고 보았다.

(2) 개발절차

개발절차	내용
목표 설정	• 의미 : 명백한 교육목표(예 행동목표) 이외에 잘 정의될 수 없는 목표(예 표현적 결과)도 고려하여야 한다. 표현적 결과의 경우 반드시 사전에 목표를 설정할 필요가 없으며 사후에 설정하는 것이 바람직 ⇨ 목표의 우선순위(중요성)를 토의하는 과정에서 숙의(熟議) 과정 중시 • 행동목표 : 행동 용어로 진술된 목표, 타일러(Tyler)의 목표 • 문제해결목표 : 조건을 충족하며 문제를 해결해야 하는 목표이며, 해결책은 여러 가지이다. • 표현적 결과 : 목표를 미리 정하지 않고 어떤 활동을 하는 도중이나 끝난 후에 얻게 되는 교육적으로 바람직한 그 무엇 ☑ **교육목표의 세 가지 형태** _표 아래 참조_

<table>
<tr><th>종류</th><th>특징</th><th>평가방식</th></tr>
<tr><td>행동목표</td><td>• 학생의 입장에서 진술 ⇨ 수업 전 진술
• 행동 용어 사용
• 정답이 미리 정해져 있음</td><td>• 양적 평가
• 결과의 평가
• 준거지향검사 이용</td></tr>
<tr><td>문제해결
목표</td><td>• 일정한 조건 내에서 문제의 해결책 발견 ⇨ 수업 전 진술
• 정답이 정해져 있지 않음</td><td rowspan="2">• 질적 평가
• 결과 및 과정의 평가
• 교육적 감식안 사용</td></tr>
<tr><td>표현적 결과</td><td>• 조건 없음
• 정답 없음
• 목표가 사전에 정해지지 않고 활동하는 도중 형성 가능</td></tr>
</table>

🔔 아이즈너의 '행동목표' 비판(논문 「교육목표 : 조력자인가 아니면 방해꾼인가(1966)」)

1. 행동목표는 수업 중에 발생하는 새로운 목표를 반영하기 어려움 : 수업은 아주 복잡하고 역동적인 과정을 거치면서 진행되므로 '모든 것'을 수업 전에 미리 행동목표의 형태로 구체화하여 진술하는 것은 불가능하다.

2. 행동목표 진술은 교과의 특성을 전혀 고려하지 않고 있음 : 창의성을 중시하는 예술 영역은 행동목표 진술이 불가능하며 바람직하지도 않다.

3. 기준을 적용하는 일과 판단하는 일을 구분하지 못함 : 학교에서 가장 강조하는 호기심, 창조성, 독창성 등의 특성들은 어떤 '기준을 적용하여' 측정할 수 있는 것이 아니라, 교사들의 '질적인 눈으로' 판단할 수밖에 없는 것이다.

내용 선정	• 학습자(개인), 사회, 교과 고려 : 학습자의 흥미, 사회의 요구, 학문(교과)적 요소, 즉 개인, 사회, 교과의 세 자원으로부터 내용을 추출하여야 한다. • 영 교육과정 고려 : 영 교육과정(null curriculum, 예 대중문화)도 고려하여야 한다.
학습기회의 유형(개발)	• 교육적 상상력 필요 : 교육적 상상력이란 교사들이 학생들에게 의미 있고 만족스러운 다양한 학습기회를 제공할 수 있도록 교육목표와 교육내용을 학생들에게 적합한 형태로 변형하는 능력을 말한다. • 의미 있는 학습형태로 다양하게 변형 : 교사의 교육적 상상력을 동원하여 목표와 내용을 학생들에게 의미 있는 학습활동으로 다양하게 변형해야 한다.
학습기회의 조직	• 거미줄 모양으로 조직 : 다양한 학습결과를 유도할 수 있는 비선형적 접근방법을 강조한다. • 거미줄을 치는 작업 : 교과의 다양한 요소를 다루는 교사의 역할을 '거미줄을 치는 작업'에 비유한다.
내용영역의 조직	의미 : 다양한 교과를 꿰뚫는 내용(cross-curriculum, 범교과학습) 조직이 필요하다.

제시양식과 반응양식	• **시적 표현이나 은유적 표현양식** : 산문보다는 시적인 표현이나 은유적 표현을 강조한다. 시적 표현이나 은유적 표현양식을 통한 의사소통이 일상적 언어의 양식보다 더 강력한 의미를 포함한다. • **다양한 의사소통 양식(표현양식) 활용** : 교육과정을 제시할 때(교사가 학생과 의사소통할 때) 교과서를 매개로 한 일상적 언어양식 외에 시적 표현이나 은유적 표현 등 다양한 의사소통 양식을 활용하여 학생들에게 다양한 반응양식을 개발할 교육기회를 넓혀 주어야 한다.

평가	• **참 평가(authentic assessment)** : 실제적 과제를 중심으로 실생활의 문제해결능력을 평가하는 것 ⇨ 성격상 질적 평가
	• **학생 평가 기술(arts)**
	  – **교육적 감식안(educational connoisseurship, 심미안)** : 학생들의 수행(성취) 사이의 미묘한 차이를 감식할 수 있는 능력 ⇨ '감상하는 기술(감상의 예술)'이고 '개인적인' 성격이 강함
	  – **교육비평(educational criticism)** : 전문가가 감식한 그 미묘한 차이를 그 분야의 비전문가가 이해할 수 있도록 언어로 표현하는 일 ⇨ '남에게 전달하는 기술(표출의 예술)'이고 '공적인' 성격이 강함

(3) 특징

① **교육적 상상력 중시** : 교사들이 실제 학생들에게 의미 있고 만족스러운 다양한 학습기회를 제공할 수 있도록 교육목표와 교육내용을 학생들에게 적합한 형태로 변형하는 '교육적 상상력'을 중시한다.

② **교육적 감식안과 교육비평 중시** : 교육과정 평가자는 교육현상을 보고 교육활동의 질을 판단할 수 있는 '교육적 감식안(educational connoisseurship, 심미안)'과 '교육비평(educational criticism)'을 지녀야 한다.

③ **교육과정 개발자는 교사** : 교사는 교육과정 실제에 대한 다양한 시각을 표현하는 예술가와 같다고 본다. 따라서 교육과정과 관련된 중요한 대부분의 의사결정은 학생들의 학습경험을 관찰하는 교사에 의해서 이루어져야 한다.

④ **교육과정 개발의 순환적·비선형적 과정** : 아이즈너(Eisner)는 교육과정 개발 과정은 어떤 단계에서도 수행될 수 있고 끊임없이 계속되는 순환적·반복적 과정(open ended process)이며, 또한 참가자의 감식안에 의한 선택의 과정으로 간주한다.

(4) 장단점

장점	단점
• **융통성 강조** : 타일러(Tyler)의 합리적 모형에 비해 교육과정 개발의 융통성과 신축성을 강조하고 인정함으로써, 교육과정 개발의 과정을 보다 역동적으로 파악한다. • **영 교육과정 주목** : 교육과정 개발 과정에서 영 교육과정에 대해 주목하여 교육내용의 재점검과 수정 보완이 가능할 수 있도록 한다. • **교사의 전문성 강조** : 교육과정 개발에서 교사의 교육적 상상력이 중요하므로 교사의 전문성 발휘가 강조된다.	• **대안 제시 부족** : 합리적 모형의 문제점은 잘 파악하지만, 대안을 구체적으로 제시하지는 못한다. • **공교육 현실에 적용상 어려움** : 교육과정의 체계성과 통일성 및 사회적 합의를 강조하는 공교육 현실에 적용하는 데 어려움이 많다. • **합리적 모형에 대한 대안으로 부족** : 학습과정과 학습활동 후에 드러나는 표현적 결과 목표를 주장하지만, 이것이 목표를 먼저 설정하는 합리적 모형에 대한 대안으로는 부족하다.

2 파이너(W. Pinar)의 실존적 재개념화 98 중등, 00 중등, 07 중등, 12 초 · 중등

(1) 개관

① 기본 전제 : ㉠ 교육과정 개발의 합리적 · 실증적 접근이 인간의 구체적 경험을 추상화하여 왜곡, ㉡ 기술공학적 논리가 학교교육을 지배하여 학생을 미치게 하고, ㉢ 앎 따로 삶 따로의 무의미한 교육을 자행

② 기본적인 주제 : 인간의 실존적 해방 ⇨ ㉠ 교육과정의 목적을 인간의 실존적 해방에 두고, ㉡ 개인의 개별적 경험의 특수성을 강조

③ 학교교육의 비판(12가지 학교교육의 병폐) : ㉠ 학교교육에서는 아동들을 길들이고 훈육해야만 하는 거친 망나니들, 채워져야만 하는 빈 그릇으로 여기므로, 교육은 마땅히 아동을 통제하고 성인의 가치를 아동에게 일방적으로 주입하는 과정으로 생각, ㉡ 이러한 교육은 아동들을 반쪽 밖에 모르는 분열된 인간으로 만듦으로써 학교교육의 누적된 결과로 남는 것은 인간파괴적인 광기(狂氣, madness)뿐이다.

비판	내용
공상적 세계로의 도피와 거부	엄격하게 통제된 학교교육에서 제약을 견딜 수 없는 일부 학생들은 학교생활 중에 많은 시간을 개인적 공상의 세계로 도피한다.
타인의 모방을 통한 자아의 분열과 상실	학생들은 끊임없이 타인을 모방하도록 강요받기 때문에 자신에 대한 불만족과 거부를 학습하게 된다.
자율성의 위축과 의존성의 증대	학생들이 학교에서 가장 먼저 배우는 것은 스스로 아무것도 모른다고 생각하는 것이다. 따라서 자신의 필요나 욕구도 잊어버린 채 맹목적인 의존과 복종의 심리만을 증대시킨다.
타인으로부터 평가와 자기애의 상실	학교교육은 끊임없는 평가와 비판의 연속인데, 모든 학생이 모든 분야에서 '수'를 받을 수 없으므로 대부분의 학생들은 학교에서 실패를 경험하고, 자아존중감과 자기애를 상실한다.
인간관계 욕구의 왜곡	교사와 학생의 인간관계는 수직적 · 제한적이며, 아동 간의 관계는 협동보다 경쟁이 강조되기 때문에 자신과 동료에 대한 분노나 심리적 공격이 표출된다.
자기소외와 감각 마비 현상	학생들은 학교생활에서 신체적 · 정신적 고달픔을 받기 때문에 신체적 · 정신적 감각이 마비되고 자기 내면의 소리에 무감각해진다.
자기 기준의 상실과 타인 지향성	학교생활을 통하여 학생들은 자기 기준을 버리고 타인 지향적인 행동을 배우게 된다. 그 결과 학생은 부모나 선생님을 위해서, 점수를 얻기 위해서, 출세를 위해서 공부해야 한다고 생각한다.
참된 자아의 상실과 객관화된 자아의 수용	학교생활 속에서 학생들은 참된 '자기'가 되기보다는 '착한 학생', '공부 잘하는 학생', '문제아' 등으로 불리고 취급된다. 이러한 분류와 명명은 참된 주관적 존재로서 학생을 객관화된 사물로 전환시킨다.
지배자의 논리 수용과 거짓된 자아의 형성	학교생활 속에서 학생들은 교사와의 사이에 생기는 갈등과 마찰을 피하고 그로부터 스스로를 보호하기 위해 교사의 논리를 일방적으로 받아들이거나, 가면을 쓰고 거짓된 행동을 하지 않으면 안 된다.
학교교육의 집단성과 개인적 세계의 상실	아동들의 학교생활은 교사의 주도로 집단 속에서 이루어진다. 이러한 집단 속에서 아동들은 개인적인 세계를 가질 수 없으며, 오직 무리에서 쫓아다니는 양떼가 되어야 한다.

무관심과 존재 확인의 기회 상실	학교생활에서는 흔히 학생을 무시하고, 의심하며, 일방적으로 지시하거나 심지어 체벌을 가하는 일이 빈번히 일어난다. 학교에서는 아무도 자신을 알아주지 않기에 학생들은 심지어 벌을 받으면서 자신의 존재를 확인하기도 한다.
미적, 감각적 지각 능력의 둔화	미적 측면은 전혀 고려하지 않고 오직 효율성만 따져 지어진 학교 건축물, 딱딱한 의자와 직선돌, 획일적이고 기계적인 교과 학습 등의 지속적인 반복은 아동의 미적, 감각적 감수성을 둔화시킨다.

(2) 자아성찰을 통한 교육과정 재개념화의 방법 3가지 단계 – 자서전적 방법론

12가지 학교교육의 병폐를 극복할 수 있는 대안으로 자서전적 방법론을 제시하였다. 그는 자서전적 방법을 통해 자신의 교육적 경험에 영향을 준 요인들을 분석함으로써 오늘날 우리 교육이 갖고 있는 기본구조를 파악하고, 진정한 자신의 모습을 찾을 수 있다고 보았다. 즉, 자서전적 방법은 교수·학습 장면에서 학습자의 교육경험을 분석하여 교육상황에 대한 이해와 자아성찰을 촉진하는 방법이다.

자서전적 방법론	내용
자신의 교육경험의 표현	자신의 교육경험을 있었던 그대로 자서전적으로 표현한다. 학생들은 자신이 누구이며, 어떤 환경에서, 어떻게 살아왔는지 등 자신의 교육경험을 있었던 그대로 자서전의 방식으로 글을 작성한다.
경험의 비판적 성찰	교사 및 동료 학생들과의 대화를 통해 지난 교육경험에서 자신의 행동과 사고에 영향을 미친 가정이나 논리에 대해 비판적으로 성찰한다.
타인의 교육경험 분석	타인의 교육경험의 자서전을 분석함으로써 타인과 함께 교육의 기본 구조를 인식하고 공감한다.

(3) 쿠레레의 방법론 4단계 – "교육과정(curriculum)은 그 어원인 쿠레레(currere)에 복귀해야 한다."

① 파이너(Pinar)에 따르면, 교육과정(curriculum)은 실존적 체험과 그 반성, 개인의 인생행로에 대한 해석이다. 즉, 교육과정은 교육자나 학습자가 살아오면서 갖게 된 체험들을 자신의 존재 의미와 관련지어서 해석하고 이를 통하여 자기 반성적인 삶을 살아가도록 하는 과정이다.

② '쿠레레의 방법론'이란 우리가 갖는 교육경험의 본질을 분석하여 그 실존적 의미를 찾는 작업을 지칭한다. '쿠레레'로서의 교육과정 탐구는 그 자체의 독특한 탐구방식을 동원하여 교육경험의 본질을 규명함으로써 스스로 교육과정의 지식을 만들어가는 활동인 것이다. 즉 교육과정을 재개념화하고 재창조하는 계기가 되는 것이다.

단계	의미
회귀(소급) (regressive)	과거를 현재화하는 단계 ⇨ 자신의 실존적 경험을 회상하면서 기억을 확장하고, 과거의 경험을 최대한 생동감 있게 묘사한다.
전진 (progressive)	미래를 상상하는 단계 ⇨ 자유연상을 통해 아직 현실화되지 않은 자신의 미래 모습을 상상해 본다.
분석 (analysis)	회귀와 전진을 거친 후에 현재로 돌아오는 단계 ⇨ 과거, 미래, 현재라는 세 장의 사진을 놓고, 이들 간의 복잡한 관계를 분석한다.

종합 (synthesis)	생생한 현실로 돌아가 내면의 목소리에 귀를 기울이고, 자기에게 주어진 현재의 의미를 자문하는 단계 ⇨ 주인공이 과거, 미래, 현재라는 세 장의 사진 속에서 과거 학교교육이 자신에게 어떤 유익이 되었 는지, 지적 호기심이 자기 성장에 도움이 되었는지, 개념에 대한 정교성이나 이해가 제대로 되었는지를 자문자답한다.

Plus

교사의 역할

1. **교육과정 여행의 가이드** : 교육과정의 단순 전달자가 아니라, 교육과정 여행의 가이드로서 교육과정과 관련된 학생의 경험을 중시하고 학생들이 자신의 경험을 드러내고 공유하는 것을 돕는 자라야 한다. 또, 학생을 과거의 지평 속에서 이해하고 미래의 가능성 속에서 되어가는 존재로 이해해야 한다.

2. **쿠레레 방법의 모범자** : 또한 교사 자신이 교수·학습 과정에서 쿠레레 방법의 모범을 보여야 하며, 변증법적 운동을 통해 살아 있는 경험으로서의 교육과정이 되도록 긴장을 늦추지 않을 것이 요구된다.

💡 **쿠레레 방법론의 교육적 시사점**

1. **교육 경험의 개인화** : 쿠레레 방법론은 교육이 학습자 각자의 삶과 밀접하게 연결되어 있음을 강조한다. 교육은 단순히 지식을 전달하는 과정이 아니라, 개인의 삶 속에서 의미를 찾아가는 과정이다.
2. **반성적 실천** : 쿠레레 방법론은 자신이 겪었던 과거 경험을 반성적으로 돌아보게 하며, 자신의 삶과 실천에 깊은 통찰을 제공해 준다.
3. **교육과정의 재구성** : 교사와 학생은 자신의 경험을 바탕으로 교육과정을 재구성할 수 있으며, 이를 통해 더 의미 있는 학습 경험을 할 수 있다.
4. **미래 지향적 사고** : 쿠레레는 학습자가 미래를 상상하고 그 속에서 자신이 원하는 모습과 역할을 구체화할 수 있도록 돕는다.
5. **통합적 접근** : 쿠레레 방법론은 과거, 현재, 미래를 통합적으로 고려하여 학습 경험을 재구성한다. 이를 통해 교사와 학생들은 단편적인 지식이 아니라, 삶의 전체적인 맥락 속에서 의미를 찾고 성장할 수 있다.

3 애플(M. Apple)의 구조적 재개념화 06 중등

(1) 개관

① **기본 전제** : ㉠ 학생의 실패의 원인은 사회적·제도적 체제에 있다고 보고, ㉡ 신마르크스주의 입장에서 교육과 관련되는 지식, 이념, 경제체제, 권력관계의 문제 등에 대한 관련성을 분석함

② **기본적인 주제** : 인간의 정치적 해방 ⇨ ㉠ 학교 교육과정 속에 내재된 지배적 이데올로기(ideology, 헤게모니)와 그 재생산의 과정을 분석함으로써, ㉡ 불평등한 사회 구조 속에서 정치적·경제적·사회적으로 구속받는 인간의 삶을 해방시키고자 함

(2) 학교교육과 교육과정에 대한 비판

① **학교의 문화적 재생산 기능**

　㉠ 오늘날의 학교는 기성세대의 사회체제와 권력관계를 다음 세대에 그대로 전달하는 '문화재생산(cultural reproduction)'의 기능을 한다.

　㉡ 학교 교육과정에는 지배집단이 지닌 의미와 가치체계(이념, ideology)인 헤게모니(hegemony)가 깊숙이 잠재되어 있는데, 이를 완전히 중립적이며 객관적인 진리인 것처럼 제공함으로써 교사와 학생들은 자신도 모르게 통제된다.

　㉢ 학교는 문화적·이념적 헤게모니의 매개자로서 표면적·잠재적 교육과정을 통해 보이지 않는 가운데 사회를 통제한다.

② **표면적 교육과정을 통해 문화적 자본을 적법화** : 학교는 표면적 교육과정을 통해 지배집단의 '문화적 자본(cultural capital)'을 적법화시켜 주고 모든 학생들에게 주입함으로써 지배집단의 문화자본을 자연스럽게 유지·계승한다.

③ **잠재적 교육과정을 통해 기존의 권력관계를 유지** : 학교는 또한 '잠재적 교육과정(hidden curriculum)'을 통하여 학생들을 통제함으로써 그 사회가 갖는 기존의 권력관계를 유지시키는 데 기여하기도 한다.

(3) 기술공학적 논리의 비판과 교육과정 탐구

기술공학적 논리에서는 주어진 목표 달성을 위한 효율성과 생산성의 추구가 유일한 관심사이다.

① **교육의 가치창조적인 측면을 도외시** : 학생들에게 지식을 전달하고 학생의 학업성취도를 교육의 결과로 이해하기 때문에 학교교육이 지녀야 할 가치창조적인 측면을 도외시한다.

② **교사의 관리자 전략 및 소외 현상 발생** : 교육목표의 효율적 달성을 강조하기 때문에 교사는 외부 전문가에 의해 선정·조직된 교육내용을 학생들에게 전달하며 관리하는 일종의 관리자로 전락한다. 교육의 실천가에서 관리자로 전락한 교사는 학생이나 동료 교사들로부터 소외되고, 심지어 교육 자체로부터 점점 소외되어 간다.

③ **학생의 비판적 사고와 자율적 판단 능력의 상실** : 구체적으로 명시된 교육목표를 달성한 학생들만이 우수한 학생으로 간주되기 때문에 학생들은 비판적 사고와 자율적 판단 능력을 점차 상실하게 된다.

(4) 컴퓨터 교육에 대한 비판

애플은, 학교에서 컴퓨터를 가르쳐야 한다는 생각과 교사가 수업의 질을 향상시키기 위한 수단으로 컴퓨터를 이용하려는 시도를 비판한다.

① **교사의 단순 노동자로의 전락과 탈숙련화 현상 초래** : 교사들이 수업자료를 만드는 과정에서 분리됨으로써 '타인의 생각을 단순히 실행하는 단순 노동자'로 전락할 위험이 높아지며, 결국 교사들의 전문성이 녹슬게 되는 탈숙련화(deskilling) 현상이 발생한다.

② **교사의 관리자 전락 및 소외 현상 발생** : 교사는 외부에서 만든 교육용 소프트웨어를 단순 실행하며 수업을 관리하는 '수업의 관리자'로 전락한다. 교육의 실천가에서 관리자로 전락한 교사는 학생이나 동료 교사들로부터 소외되고, 심지어 교육 자체로부터 점점 소외되어 간다.

③ 아동들의 계층 간, 성별 간 차별 심화 : 가난한 가정의 아동들은 컴퓨터와 인터넷에의 접근가능성이 떨어질 수밖에 없고, 그 결과 컴퓨터나 인터넷을 이용한 교과의 학습에서 불리한 위치에 서게 된다.

④ 대안 : "내 주장의 핵심은 …… 컴퓨터를 당장 때려 부수도록 하려는 것이 아니다. 새로운 테크놀로지는 우리 곁에 존재한다. 교육자로서의 우리의 임무는, 그것이 교실에 들어올 때에 어떤 힘을 지닌 집단이 그들의 이미지에 따라 우리들의 주된 교육의 목적을 재정의한 결과로 들여오는 것이 아니라, 정치적·경제적으로, 교육적으로 현명한 이유를 가지고 들어오도록 하는 것이다."(Apple)

개념 쏙쏙

교육과정의 유형 – 교육과정 결정의 3요소

1. 개념 : 교과, 학습자, 사회는 교육과정을 결정하는 근원이 된다. 이들 세 요인이 단독 혹은 서로 영향을 주고받은 결과 현실의 교육과정이 탄생된다.

2. 교육과정의 유형

① 교과를 중심으로 한 교육과정

  ㉠ 교과중심 교육과정 : 전래의 문화유산 중에서 보존되어야 할 가장 중요한 내용을 다음 세대들에게 전달하면서 인간의 이성과 합리성의 발달을 목표로 삼는다.

  ㉡ 학문중심 교육과정 : 각 학문을 구성하는 소수의 기본적인 아이디어를 중심으로 한 지식의 구조를 가르침으로써 진짜 탐구활동에 참여하고 학생들로 하여금 자신들의 지적 능력에서의 자신감과 광범위한 현상에 대한 이해를 도모하는 데 중점을 둔다.

  ㉢ 행동주의 교육과정 : 학생들이 특정 교육 프로그램을 끝마쳤을 때 드러내 보이는 행동특성에 중점을 둔다.

② 학습자를 중심으로 한 교육과정

  ㉠ 경험중심 교육과정 : 사회적 존재로서의 개인 경험의 계속적 성장에 관심을 두며, 학교교육이 학생들의 흥미와 문제, 그들의 일상생활의 경험과 더욱 긴밀하게 연결될 때 학생들의 경험은 더욱 성장할 것이고 더 좋은 시민이 될 것으로 본다.

  ㉡ 인본주의 교육과정 : 사람의 온전한 자아실현을 추구하며, 학생들이 가진 인간 잠재력이 발달하는 것을 도와주도록 설계하고, 건정하고, 균형적이며, 책임감 있는 사람으로 성장하게 돕는 교육과정이다.

  ㉢ 인지주의 교육과정 : 학습을 통한 이해의 확장과 인지구조의 변화를 추구한다. 이 교육과정은 학생들이 이미 알고 있는 것을 토대로 해서 자신들의 지식을 구성하고, 의사결정, 문제해결, 판단이 필요한 유목적적인 활동에 그러한 지식을 활용할 수 있도록 하는 데 중점을 둔다.

  ㉣ 구성주의 교육과정 : 지식을 지속적으로 구성되는 것으로 보고, 학습자가 주체적이고 자기반성적으로 학습에 참여할 길을 열어 주며, 학교교육에서는 삶에서 직면하는 진짜 과제(authentic task)를 주체적으로 그리고 교사의 도움을 받아 가며 동료들과 협동적으로 탐구해 가도록 하는 데 중점을 둔다.

③ 사회를 중심으로 한 교육과정

  ㉠ 생활적응 교육과정 : 성인과 학습자가 항상 직면하고 있는 생활 장면을 분석해서 교육과정을 구성하고자 하는 이론이다. 생활적응 교육은 모든 학생들이 스스로 만족스럽게 민주적으로 생활하면서 가족의 일원으로서, 직업인으로서, 또 시민으로서 사회를 위하여 유익한 일을 할 수 있도록 준비시키는 교육을 의미한다.

  ㉡ 직업 교육과정 : 모든 학습자에게 공식적인 최종교육은 직업준비 교육이다. 교육은 미래의 일상생활뿐 아니라 직업생활에의 '준비'로 인식된다.

  ㉢ 중핵 교육과정 : 교육과정을 편성 운영함에 있어 일정한 핵심(core)을 갖는 교육과정이라고 할 수 있다. 이 교육과정은 중핵과정과 주변과정이 동심원적으로 조직되는 것을 특징으로 한다.

  ㉣ 사회개조 교육과정 : 사회유지와 발전을 위한 사회성원 양성을 목적으로 하며, 학생들을 사회적 의식이 깨인 실천가(reflective practitioner), 변화의 주체로 길러 내어 사회의 구조적 모순을 변화시켜 나가는 데 관심을 둔다.

MEMO

교육과정 유형

Section 01 공식적 교육과정

개념 쏙쏙

교육과정의 층위(層位)

1. 공식화 정도에 따른 분류 : 아이즈너(Eisner)의 교육과정 개념 모형
① 공식적(표면적) 교육과정(official/explicit curriculum) : 형식적인 공식 문서 속에 기술되어 있는 교육과정 ⇨ 잠재적 교육과정과 영 교육과정이 부산물로 발생함
② 잠재적(비공식적) 교육과정(latent/hidden/implicit curriculum) : 공식적(표면적)으로 의도하지 않았으나 학생들이 은연중에 배우는 교육과정 ⇨ 학생들이 반드시 학습함
③ 영 교육과정(null curriculum) : 배울 만한 가치가 있는데도 공식적 교육과정이나 수업에서 배제된 교육내용

2. 교육의 진행과정에 따른 분류 : 교육과정의 수준(level)

> 🔔 Glatthorn(1987) : ① 공식적 교육과정, ② 실제적 교육과정 : ㉠ 가르친 교육과정, ㉡ 학습된 교육과정, ㉢ 평가된 교육과정
> 🔔 김호권 등(1982) : ① 공약된 교육목표로서의 교육과정(의도된 교육과정), ② 수업 속에 반영된 교육과정(전개된 교육과정),
>   ③ 학습성과로서의 교육과정(실현된 교육과정)

① 계획된 교육과정(의도된 교육과정 = 공약된 교육목표로서의 교육과정, 문서화된 교육과정, 공식적 교육과정) : 공식적인 문서 속에 담긴 교육계획(지침) ⇨ 교육과정 문서에는 국가수준 교육과정, 지역수준 교육과정, 학교수준 교육과정이 있음
② 실행된 교육과정(전개된 교육과정 = 수업 속에 반영된 교육과정, 가르친 교육과정) : 교사가 학교에서 실제로 전개한 교육과정이며, 구체적으로 교사의 실천적인 수업행위를 지칭함. 교사의 수업행위 그 자체가 교육과정인 것임. 교사의 수업행위는 계획된 교육과정 문서대로 이루어질 수도 있고, 그렇지 않을 수도 있음
③ 경험된 교육과정(실현된 교육과정 = 학습성과로서의 교육과정) : 수업을 통해 실현된 교육과정 ⇨ 계획되고 전개된 교육과정이 본래 의도한 대로 학생들에게 경험되지 않는 경우가 많음. 학생의 수준이나 배경 등에 따라 천차만별의 교육과정이 있을 수 있음

3. 교육과정의 결정주체(의사결정 수준, 존립 수준)에 따른 분류
① 국가수준 교육과정 : 교육부가 공식적으로 고시하는 문서로서의 교육과정
② 지역수준 교육과정 : 국가 교육과정에 명시된 시·도 교육청의 임무에 따라 각 교육청에서 작성한 시·도 교육과정 편성·운영 지침
③ 학교수준 교육과정 : 국가 교육과정 기준과 시·도 교육과정 편성·운영 지침을 토대로 하여 단위학교에서 편성한 학교 교육과정
④ 교실수준 교육과정 : 학교의 교사들이 학생들과 함께 개인적·집단적으로 결정하여 계획하고 실천한 학년 교육과정, 교과 교육과정, 학급 교육과정

01 교과중심 교육과정(1920년대 이전) 91 중등, 99 초등보수

❶ 개관

(1) 개념

지식의 체계를 존중하는 것으로 학교의 지도하에 학생들이 배우는 모든 교과와 교재

> 예 서양의 7자유과, 동양의 6예, 교수요목(syllabus)

(2) 특징

① **근거** : 형식도야설 ⇨ 교과를 통해 인간의 정신능력을 도야할 수 있다는 형식도야설에 근거한다.

② **교육목표** : 문화유산의 체계적 전달을 목적으로 하며, 수업의 사전계획과 일률적 교재학습이 중시된다.

③ **교육내용** : 문화유산 ⇨ 교과는 문화유산을 '논리적'으로 조직한 것으로 교과의 논리에 따라 교육내용인 문화유산을 선정·조직한다(교과내용의 논리적 조직).

④ **교육방법** : 교사중심 ⇨ 교과는 교과전문가의 논리에 의해 조직되어 있으므로, 그 내용의 전달 또한 교사중심의 설명식·강의식으로 진행된다.

Plus

형식도야이론(formal discipline theory) 09 중등, 11 중등

1. **개념** : 운동을 통해 근육을 단련하듯 교과를 통해 몇 가지 마음의 능력을 단련할 수 있다는 이론이다.

2. **기본 전제** : 인간의 마음은 지각, 기억, 상상, 추리, 감정, 의지 등 여섯 가지 능력으로 구성되어 있다. 이러한 능력은 우리 두뇌(마음의 거처)의 각각 상이한 부분, 즉 부소(部所)와 관련되어 있는 부소능력(部所能力)이다.

3. **교육내용** : 우리 몸의 근육이 신체적 훈련을 통해 단련되고 강인해질 수 있는 것처럼, 부소능력은 7자유과와 같은 어렵고 딱딱한 이론적 지식 교과를 통해 단련되고 발달될 수 있다.
   > 예 3학(문법, 논리학, 수사학) 4과(대수, 기하, 음악, 천문학), 4서(대학, 논어, 맹자, 중용) 3경(시경, 서경, 주역)

4. **교육방법** : 이론적 지식 교과가 가치를 가지는 것은 그것이 지각, 기억 등 마음의 능력을 '도야'한다는 데 있다. 정신 능력을 도야하기 위해서는 지식 교과를 반복·훈련해서 학습해야 한다.

5. **교육효과** : 지식 교과를 통해 도야된 정신 능력은 다른 교과는 물론이며 모든 생활사태에 일반적으로 전이된다. 즉, 지식 교과를 통해 도야된 능력은 특정한 내용과 관련이 있지만 여러 가지 다른 내용에도 적용될 수 있는 일반적 능력이다.

② 장단점

장점	단점
• 체계적으로 조직되어 문화유산과 지식의 전달이 용이하다. • 교사가 교육활동을 주도하므로 교수·학습 활동을 통제하기가 쉽다. • 교육과정의 중앙집권적 통제가 용이하다. • 객관적 기준에 따라 평가하므로 평가 및 측정이 용이하다. • 사전에 계획되어 있으므로 교사, 학생, 학부모들에게 안정감을 준다. • 초임교사도 쉽게 운영할 수 있다.	• 논리적이고 체계적인 교과를 강조하여 학생들의 흥미와 필요가 무시된다. • 교사중심 수업 및 단편적인 지식 주입으로 수동적인 학습 태도를 형성한다. • 지식의 암기에 치중하여 비판력, 창의력 등의 고등정신능력의 함양이 어렵다. • 실제 생활문제와 동떨어진 비실용적인 지식을 전달한다. • 상대평가로 경쟁적 풍토를 조장한다. • 민주적 태도나 가치 형성이 곤란하다.

③ 유형(내용 조직, 조직 형태)

(1) 분과형 교육과정(subject matter curriculum)

의미	한 교과를 다른 교과와 완전히 독립하여 조직한 것 **예** 지리, 역사, 물리 A 교과 B 교과 C 교과
특징	• 각 교과나 과목의 종적 체계는 분명하지만 교과나 과목 간의 횡적 관련은 전혀 없다. • 해당 교과내용에 대한 교사의 심도 있는 지식을 필요로 한다. • 타 교과와 관련성이 없는 완전히 독립된 하나의 교육과정이다.
장점	• 각 교과의 논리적 체계와 전문성을 유지할 수 있다. • 각 교과의 깊이 있는 학습과 탐구가 가능하다. • 교과 교사의 전문성 발휘가 용이하다.
단점	• 교과 간 중복·단절이 발생할 수 있다. • 학생의 흥미·경험을 반영하기 어렵다. • 실제 생활과의 연계가 부족하다.

(2) 상관형(관련) 교육과정(correlated curriculum)

의미	분과 교육과정의 폐단을 시정하기 위해서 교과선(subject line, 교과의 한계선)을 유지하면서 두 개 이상의 교과나 과목을 서로 관련시켜 조직한 것 A 교과 / B 교과
조직 방법 (상관 형식)	• 사실의 상관 : 사실을 중심으로 관련시킴 예 역사적 사실을 배경으로 문학작품을 가르칠 때 역사와 문학을 관련시켜 조직함(국어의 독립선언서와 국사의 3·1운동에 대한 사실을 관련), 세계사에서 문화의 발상을 가르칠 때 지리적 조건을 관련시켜 조직함(지리과목의 지중해와 역사과의 지중해 문화의 상관) • 원리(기술)의 상관 : 한 원리가 두 개 이상의 과목에 활용될 때 예 지리의 침식 작용 원리와 화학의 산·염기 작용 원리를 관련시켜 조직함, 샤를의 법칙이 화학과 물리 과목에 동시에 연관되도록 조직함 • 규범의 상관 : (원리가 규범적이고 도덕적인 경우) 규범을 관련시킴 예 국어의 유관순의 애국심과 세계사의 잔다르크의 애국심을 규범적으로 상관시켜 조직함, 민주주의 원리가 정치나 사회 과목에 연관되도록 조직함
특징	• 교과는 세분화되어 있으나, 교육내용에 있어서는 교과 상호 간에 관련이 깊다. • 인접교과에 대한 교사의 상당한 지식을 필요로 한다.
장점	• 교과 간의 상호 관련성을 높일 수 있다. • 각 교과 간의 중복·누락을 방지할 수 있다. • 학습자에게 통합적 학습의 가능성을 증진시킬 수 있다.
단점	• 여전히 교과의 독립성이 유지되므로 통합성이 낮다(한정된 상관성만 보장하기 때문에 통합성은 부족하다). • 연계 기준이 모호할 경우 형식적 연결에 그칠 수 있다(인공적·작위적으로 무리하게 상관시키기 쉽다). • 교사 간 협력이 어렵다.

(3) 융합형 교육과정(fused curriculum)

의미	상관 교육과정에서 광역 교육과정으로 이행하는 과정에서 생긴 것으로, 각 과목의 성질을 유지하면서 (그 사이에 내용이나 성질 면에서) 공통요인을 추출하여 조직한 것이다. 예 사회과에서 일정 기간 동안에 일정한 과목, 즉 지리적 교재를 중심으로 하여 타 과목을 관련시켜서 교수하고, 일정 기간 동안에는 경제적인 교재, 그다음에는 역사적인 교재로 통합 중심을 이행하는 것. 식물학과 동물학을 합쳐서 생물학으로, 대수와 기하를 합쳐서 수학으로 조직하는 것 **융합사회** 지리 / 경제 / 사회 / 문화 / 정치
조직 방법	중심이동법을 활용하여 조직한다.
장점	• 유사 교과 간의 중복된 내용을 제거하여 학습의 효율성을 증대시킨다. • 유사 교과 간의 개념적 연계성·일관성을 강화한다. • 교사 간 협력이 비교적 용이하다(전문성 영역이 유사).
단점	• 유사 교과 외 통합이 어렵고, 통합 수준이 제한적이다. • 교과 간 통합 기준이 불명확할 경우 단순 병렬화가 우려된다. • 교과의 전문성 약화가 가능하다.

(4) 광역형 교육과정(broad fields curriculum)

의미	관련 교과들을 하나의 학습영역 속에 통합하는 것으로, 동일 교과영역에 속하는 각 과목 간의 구획화를 깨뜨리고 그 영역 내의 지식들을 포괄적으로 조직한 것이다. 서로 유사한 교과들을 한데 묶어 넓은 영역의 하나의 교과로 조직하는 것이다. ⑩ 물리, 화학, 생물, 지구과학을 통합하여 과학으로 하는 경우. 역사, 지리, 정치, 경제 등을 통합하여 사회로 하는 것 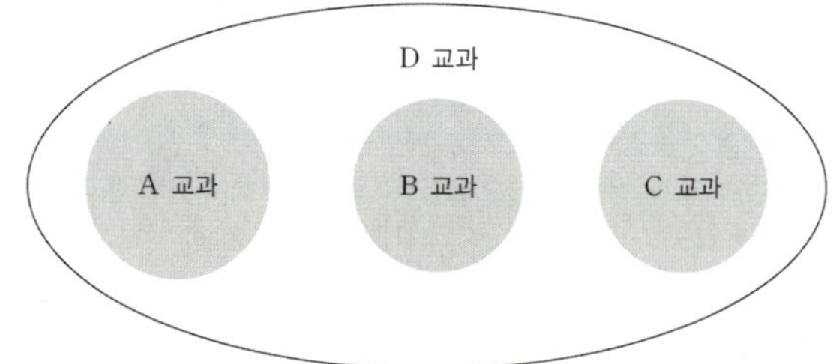
조직 방법	주제법을 활용하여 조직한다. → 과목의 체계에 따르지 않고 주요 주제나 제목을 중심으로 조직한다(세부적인 과목들을 포괄할 수 있는 주제를 설정하여 이 주제와 관련하여 지식이나 개념, 원리들을 통합하여 조직한다).
장점	• 교과 간의 경계가 붕괴되어 교과의 통합성이 촉진된다. • 주제 중심 학습으로 총체적 사고력·종합적 문제해결력·융합적 사고력을 신장시킬 수 있다. • 학생의 흥미 유발로 학습동기가 강화된다.
단점	• 교과 전문성 약화와 교과 지식의 깊이가 부족하다(교과목에 가지는 고유의 논리성과 개념 체계를 이해하지 못하게 한다). • 전문성 영역이 다를 경우 교사 간 협력과 조정이 매우 어려울 수 있다. • 수업 설계와 평가의 복잡성이 증가한다.

◉ 교과중심 교육과정의 유형 비교

구분	분과형(separated)	상관형(correlated)	융합형(fused)	광역형(broad-fields)
핵심 개념 (교과 간 관계)	각 교과를 완전 독립적으로 조직	교과의 독립성 유지하면서 관련 있는 내용만 연계	유사 교과 간 공통요소 중심 통합(유사한 성격의 교과를 하나로 통합)	교과 간 경계 허물고 주제 중심 통합
구성 원리	교과 자체 논리에 따라 분리	교과의 독립성 유지, 관련 요소 연계	유사 교과 간 공통 요소 추출·조직	주제나 문제 중심으로 여러 교과 통합
조직 방법	내용해설법	사실·원리(기술)·규범상관법	중심이동법	주제법
통합 수준	없음(×)	낮음(◆)	중간(◆◆)	높음(◆◆◆)
대표 표현 (예시)	국어, 수학, 사회, 과학 등 전통적 교과	역사적 사실을 국어·국사와 연계	• 물리·화학·생물 → 과학 • 정치·경제·지리 → 사회	통합과학(과학 전 분야 주제 중심 통합), 통합사회(사회 전 분야 삶의 주제 중심 통합), STEAM(과학·기술·공학·예술·수학 등 다교과 주제 중심 통합), 인간과 사회, 지속가능한 미래 등

장점	• 각 교과의 논리적 체계와 전문성 유지 • 각 교과의 깊이 있는 학습과 탐구 가능 • 교과 교사의 전문성 발휘 용이	• 교과 간 관련성 높임 • 각 교과의 중복·누락 방지 • 통합적 학습의 가능성 증진	• 유사 교과 간 중복 내용 제거로 학습 효율성 증대 • 유사 교과 간 개념적 연계성·일관성 강화 • 교사 간 협력이 비교적 용이(전문성 영역이 유사)	• 교과 간 경계 붕괴로 교과의 통합성 촉진 • 주제 중심 학습으로 총체적 사고력·종합적 문제해결력·융합적 사고력 신장 • 학생의 흥미 유발로 학습동기 강화
단점	• 교과 간 중복·단절 발생 • 학생의 흥미·경험 반영 어려움 • 실제 생활과의 연계 부족	• 교과 독립성 유지로 통합성 낮음 • 연계 기준이 모호할 경우 형식적 연결에 그침(무리한 상관) • 교사 간 협력이 어려움	• 유사 교과 외 통합이 어렵고, 통합 수준이 제한적 • 교과 간 통합 기준이 불명확할 경우 단순 병렬화 우려 • 교과 전문성 약화 가능	• 교과 전문성 약화와 교과 지식의 깊이가 부족 • 전문성 영역이 다를 경우 교사 간 협력과 조정이 매우 어려움 • 수업 설계·평가의 복잡성 증가

02 경험중심 교육과정(1920~1950년대)

90 중등, 92 중등, 94 중등, 99 초등 · 초등보수, 04 중등, 07~08 중등, 08 초등, 12~13 중등, 16 중등論, 20 중등論, 23 중등論

① 개관

(1) 개념

학교의 지도하에 학생들이 가지게 되는 모든 경험 ⇨ 학생의 경험을 중심으로 교육과정을 구성하고, 학생의 흥미와 요구를 토대로 운영하는 교육과정

(2) 특징

① **교육목표** : 전인교육, 문제해결능력, 생활인의 육성 ⇨ 교과 활동 못지않게 과외활동을 중시하여 전인교육과 문제해결능력을 강조하며 생활인의 육성을 목표로 한다.

② **교육내용** : 생활경험 ⇨ 실제 생활경험을 교육내용으로 삼고, 교육내용을 학생의 흥미와 관심을 토대로 '심리적'으로 조직한다(교과내용의 심리적 조직).

③ **교육방법** : 학습자 중심 ⇨ 교육과정의 중점을 교과가 아닌 학습자에 둔다. 학생의 흥미와 필요를 토대로 교육과정을 구성하며 학생의 자발적 활동을 강조한다.

② 장단점

장점	단점
• **학생의 자발적 활동을 촉진** : 학생의 흥미와 필요를 토대로 교육과정을 구성하므로 학생의 자발적 활동을 촉진한다. • **실제적 문제해결능력 함양** : 실제 생활문제를 다루므로 실제적인 문제해결능력을 함양한다. • **민주적 태도와 생활양식 함양** : 공동의 과제를 협동하여 해결하는 과정에서 협동성, 사회성, 책임감 등의 민주적 태도와 생활양식이 함양된다. • **전인 형성 가능** : 학교생활의 여러 국면을 통합시켜 주기 때문에 전인 형성을 가능하게 한다.	• **기초학력 저하 우려** : 학생의 흥미와 필요가 중심이 되면 체계적인 지식 습득이 어려워 학생의 기초학력이 저하될 수 있다. • **교육 시간의 경제성 무시** : 직접 경험에 근거한 수업 운영은 많은 시간을 소요하므로 교육 시간의 경제성이 무시된다(교육과정 운영의 효율성 저하). • **새로운 장면에 적용 어려움** : 직접 경험에서 얻은 원리나 사실은 새로운 장면에 적용하기 어렵다. • **미숙한 교사의 운영상 어려움** : 교직 소양과 지도 방법이 미숙한 교사는 경험중심 교육과정의 운영이 어렵다. • **행정적 통제의 어려움** : 사전에 계획하지 않기 때문에 행정적 통제가 어렵다.

③ 유형

유형	내용
활동중심 교육과정	• **의미** : 학습자의 활동을 중시하는 교육과정 ⇨ 학교활동에 포함되는 학습자의 모든 활동경험을 교육과정으로 보고, 학습자의 흥미나 요구에 기초하여 학습경험을 선정하고 조직 🔘 주창자 : 파커(Parker), 듀이(Dewey), 킬패트릭(Kilpatrick)−구안법(프로젝트법) • **장점** 　− 학습자의 필요, 흥미, 문제에 적합함 　− 개인의 생활경험에 직접적으로 관련되는 기능적인 학습을 마련해 줌 　− 학교가 바라는 많은 목표를 달성할 수 있도록 해줌 　− 교사·학생의 공동계획 및 문제해결법의 학습과정을 중시함 　− 새로운 학습심리에 적합함 • **단점** 　− 교육과정에서 강조되는 흥미, 필요, 문제를 결정하기가 쉽지 않음 　− 사회의 방향감과 사회적 책임을 등한시하기 쉬움 　− 기본 교재의 적절한 이수를 보장하지 못함 　− 조직적이고 체계적인 교육계획을 세우기 어려움 　− 오늘날과 같은 다인수 학급에서 실현 가능성이 적음 　− 내용의 계열성이나 발전성을 보장하기 어려움
생성 (현성)중심 교육과정	• **의미** : 사전에 계획하지 않고, 교사와 학생이 학습현장에서 함께 '만들어 가는 교육과정' • **장단점** 　− 사전에 계획된 내용이 없다는 점에서 교사와 학생에게 많은 자유와 융통성이 주어진다. 　− 자칫하면 내용의 깊이가 없는 피상적인 문제를 다룰 가능성이 매우 높기 때문에 매우 유능한 교사만이 이러한 형태의 교육과정을 운영할 수 있다.

01

광역형 (생활영역중심) 교육과정	의미 : 지식보다는 생활·흥미·경험 등을 (생활활동 중심 또는 사회기능 중심으로) 넓은 영역으로 묶어서 조직해 놓은 형태(작업단원법). 이 방법은 동일 영역의 학습내용을 학습자의 발달단계에 따른 생활경험 중심으로 단원을 조직하는 것 예 사회생활영역, 자연에 관한 영역, 수학영역, 가정영역, 휴양과 예술 영역, 언어생활영역 등
중핵 교육과정 04 중등, 08 중등, 20 중등論	• 의미 : 중심과정(중핵과정)과 주변과정이 동심원적으로 결합된 교육과정으로, 교과의 선을 없애고 학습자의 흥미나 요구, 사회문제를 중심으로 조직하는 형태 ⇨ 중핵과정은 특정 교과의 중요한 주제일 수도 있고, 사회적인 문제일 수도 있으며, 학습자들의 단순한 흥미일 수도 있다. • 특징 　- 모든 학생에게 공통적이며 필수적인 학습활동으로 구성 ⇨ 모든 학생에게 기본적으로 중요하다고 생각되는 학습활동으로 구성되므로, 어떤 학생이든 지적 흥미와 요구, 사회적 지위에 관계없이 중핵과정에 참여한다. 　- 학습활동은 교사와 학생이 상호 협력하여 계획 ⇨ 학생들의 생활주변 또는 광범위한 요구·문제·흥미 등을 고려하여 교사와 학생이 협력하여 계획한다. 이 과정에서 학생들 스스로 관련 사회문제를 발견하고 규정하고 해결하고 자료를 찾는 데 노력한다. 　- 교과의 구분을 파기 ⇨ 학습활동은 종래의 전통적인 교과의 구분을 없앤다. 더 많은 교과를 결합하는 것과 완전히 교과구분을 없애버리는 것 등이 있다. 　- 융통성 있게 학습활동을 운영 ⇨ 토의나 실험, 조사, 야외활동 등 여러 가지 학습활동으로 구성된다. 학습활동은 다른 학습에 방해되지 않도록 비교적 긴 시간을 단위로 편성된다. • 장점 　- 학생들의 개인적 필요와 능력에 적합한 학습경험을 마련하고, 의미 있고 중요한 학습경험을 촉진한다. 　- 학생들이 현실에서 부딪치는 실제적 과제를 주제로 선정함으로써 문제해결력과 비판적 사고력을 촉진한다. 　- 교과내용의 통합을 통해 지식의 상호관련성을 이해시키고, 개인의 통합적 성장을 촉진한다. • 단점 　- 여러 분야의 내용과 연결하여 중심 주제를 이해하고 문제를 해결하기 때문에 특정 교과의 지식을 체계적으로 학습하기 어렵다. 　- 교사는 자신의 담당교과뿐만 아니라 다른 교과와 연관하여 교육과정을 구성하고 수업을 준비해야 하므로 수업준비에 많은 시간이 소요된다. 　- 중핵 교육과정을 운영하는 데 필요한 교사들의 적절한 준비가 부족하다.

✅ 경험중심 교육과정의 조직 방법

조직 형태	조직 방법
활동형	구안법
생성형	현장구성법
광역형	작업단원법
중핵형	동심원법

03 학문중심 교육과정(1960~1970년대) 92 중등, 94 초등, 99 초등보수, 00 초 · 중등, 04 초등, 06 중등, 23 중등論

1 개관

(1) 개념

각 학문에 내재해 있는 '지식의 구조와 지식 탐구 과정의 조직'을 교육과정으로 본다. ⇨ Bruner의 대담한 가설 : "어떤 교과든지 지적으로 정직한 형태로 표현하면 어떤 발달단계에 있는 어떤 아동에게도 효과적으로 가르칠 수 있다."

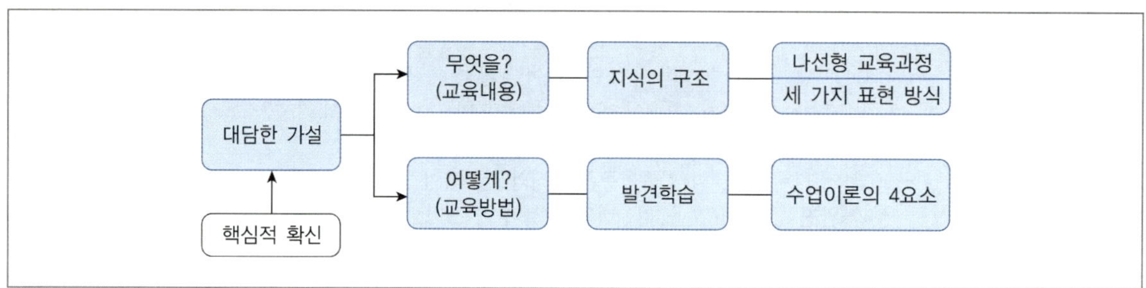

(2) 특징

① **교육목적** : 지적 수월성 확보 ⇨ 궁극적인 목적은 학생들이 탐구 능력과 지적 수월성을 배양하도록 하는 데 있다.

② **교육내용** : 지식의 구조 ⇨ 지식의 구조란 각 학문을 구성하고 있는 기본 개념과 원리들을 체계적으로 조직한 것을 말한다.

③ **교육방법** : 발견학습 ⇨ 교사의 지시(scaffolding)를 최소화하고 '학습과제의 최종적 형태(structure of knowledge)'를 '학습자 스스로 찾아내게 하는(discovery) 방법'이다.

Plus

1. 지식의 구조

① **개념** : 지식의 구조란 각 학문 분야에서 가장 중요한 기본개념과 원리, 핵심 아이디어들을 논리적 구조에 의해 체계적으로 조직한 것을 말한다. 즉, 지식의 구조란 각 학문의 기저를 이루고 있는 '일반적 개념과 원리', '기본적 아이디어'들 간의 상호 관련성을 의미한다. 지식의 구조를 학습한다는 것은 일반적 개념과 원리들 간의 상호 관련성을 학습한다는 것을 의미한다.

② **'지식의 구조를 가르친다'는 의미**

  ㉠ 학생들로 하여금 해당 분야의 학자들과 똑같은 일(교과언어 subject language, 즉 학자들의 생각이나 탐구 과정 자체)을 하도록 하는 것이다.

  ㉡ 한 가지 현상을 여러 가지 현상과 관련지어 이해하도록 하는 것이다. ⇨ 개별적인 사실이나 현상이 어떻게 관련되어 있는가를 학습하는 것

  ㉢ 각 교과를 특정 짓는 안목이나 사고방식을 이해하도록 하는 것이다. ⇨ 개별적인 사실이나 현상의 관련성을 파악하게 해 주는 틀, 사물이나 현상을 보는 안목, 탐구방법

③ 지식의 구조가 갖는 이점
 ㉠ 학습한 내용을 쉽게 이해 : 개별적인 사실이나 현상을 연결해서 '보는 안목'을 익히면 학습한 내용을 쉽게 이해할 수 있다.
 ㉡ 학습내용을 오래 기억 : 서로 연결되지 않은 개별적 사실은 파지 기간이 짧으나, 원리나 개념을 중심으로 개별적 사실이나 현상을 구조화시키면 오래 기억할 수 있다.
 ㉢ 학습 이외의 사태에 적용(일반적 전이 ⇨ 높은 전이가) : 개별적 사실들을 연결하여 얻은 일반적인 개념과 원리는 전혀 다른 새로운 사태의 문제 해결에 쉽게 적용할 수 있다.
 ㉣ 초보지식과 고등지식의 간극 좁힘 : 학문의 기본원리인 지식의 구조를 익히면 초등학생도 학자들이 하는 것과 같은 종류의 일을 하게 되므로 초보지식과 고등지식의 간극을 좁힐 수 있다.
④ 중간언어와 교과언어
 ㉠ 중간언어(middle language) : 학자들의 탐구결과(개념, 원리, 법칙 등)를 그 학문의 탐구 과정과 분리된 채로 전달하는 언어 ⇨ 학생들에게 단순한 사실을 암기하도록 하는 결과를 낳으며, 결국 지식이 학생의 내면에 들어가지 못하고 바깥에 머물게 되는 결과를 초래함. 이 경우에, 학생은 '참여자'로서 교과를 배우는 것이 아니라 '관람자'로서 교과에 '관한' 사실들을 배우게 되며, 학생에게 있어서 교과는 '할 줄 알아야 할(know how to)' 그 무엇이 아니라 그것에 '관하여 알아야 할(know about)' 그 무엇이 됨
 ㉡ 교과언어(subject language) : 학자들의 생각이나 탐구 과정 자체 ⇨ 학생들이 학자들의 탐구활동과 동일한 일을 하도록 가르치는 것 ⇨ 지식의 구조는 단순히 교육내용만을 의미하는 것이 아니라 교육방법까지도 동시에 포괄한다고 할 수 있음. 지식의 구조는 '발견학습' 또는 '탐구학습'과 불가분의 관계에 있으며, 그와 마찬가지로 종래의 잘못된 교육내용관을 규정하는 '중간언어'는 단순히 교육내용에 대한 지적이 아니라 동시에 교육방법에 대한 비판이라고 할 수 있음

2. **교육과정(교육내용) 조직** : 나선형 교육과정(spiral curriculum) ^{99 중등추시, 13 중등}
 ① 개념 : 학습자의 발달단계를 고려하여 기본개념과 원리(지식의 구조)를 반복하면서 점점 폭과 깊이를 확대·심화시켜 조직하는 것을 말한다.
 ② 조직(구성)원리
  ㉠ 계속성 : 동일한 내용을 계속 반복되도록 조직한다(계속적 반복학습).
  ㉡ 계열성 : 논리적·심리적 계열방법에 따라 교육내용의 폭과 깊이가 확대·심화되도록 조직한다.
  ㉢ 통합성 : 기본개념을 교과 간에 상호 연결하고 병합하여 조직한다.
 ③ 나선형 교육과정의 표현방법 : 작동적 표현방법, 영상적 표현방법, 상징적 표현방법

② 장단점

장점	단점
• **지식의 경제성과 단순화** : 교육내용을 논리 체계적으로 선정·조직하므로 지식의 경제성과 단순화를 기할 수 있다. ⇨ 지식과 기술의 폭발적 증가에 대처 • **높은 학습전이가 가능** : 기본개념과 원리·법칙을 학습하여 얻은 지식은 다른 사태에 잘 전이되며, 이를 기초로 새로운 지식을 생산할 수 있다. • **내재적 동기 유발** : 학문 탐구에서 얻는 희열은 내재적 동기를 유발하고 교육의 효과를 더욱 높인다. • **초보지식과 고등지식 간의 간극 좁힘** : 학문의 기본적인 내용인 지식의 구조를 학습하므로 초보지식과 고등지식 간의 간극을 좁힐 수 있다. • **탐구활동을 통한 질 높은 교육** : 탐구와 발견의 과정에서 창의적 활동이 가능하며 이는 교육의 질을 향상시킨다.	• **정의적 교육 소홀** : 지나치게 학문적이고 지적인 교육에 치중하므로 학습자의 정서적 성장에 도움을 주지 못한다. • **실생활과 유리된 비실용성** : 지식의 구조는 순수 지식만을 협소하게 강조하므로 실생활과 유리되어 실용성이 적다. • **소수 엘리트 교육** : 각 학문에 내재한 지식의 구조를 발견하도록 하는 수업은 우수한 소수 엘리트 학생에게 유리하지만, 그 외의 학생들에게는 적절하지 않다. ⇨ 비인간화, 비민주화 현상 초래 • **교사의 문제** : 교사가 지식의 구조를 충분히 이해하기 어렵다. • **교과 간의 통합성 결여** : 단절된 교과목의 수가 늘어날 가능성이 많으며, 교과 간의 통합성이 결여된다. • **기타** : 학습부진아나 학습지진아에 대한 특별한 조치가 없다.

04 인간중심 교육과정(1970년대 이후) 92 중등, 99 초등, 10 중등

1 개관

(1) 개념

학생들이 학교생활을 하는 동안에 갖게 되는 모든 경험(의도적＋비의도적) ⇨ 이런 점에서 교육과정의 의미에는 표면적(공식적) 교육과정뿐만 아니라 잠재적 교육과정도 포함됨 ⇨ 교육은 교과를 가르치는 것이 아니라 인간을 가르치는 것

(2) 특징

① 교육의 인간화 강조 : 교육의 목적을 자아실현에 두고 전인적 인간 양성을 위해 교육의 인간화를 강조한다.

② 학교 환경의 인간화 강조 : 학교 환경이 인간 중심적으로 조성될 때 인간적인 경험을 할 수 있으므로 학교 환경의 인간화를 강조한다.

③ 인간주의적 교사 요구 : 진실성, 학생에 대한 존중과 수용, 공감적 이해를 갖춘 인간주의적 교사를 요구한다.

④ 잠재적 교육과정 중시 : 학교가 의도한 교육과정(표면적 교육과정)은 주로 지식, 기능의 신장에 영향을 미치지만, 의도하지 않은 잠재적 교육과정은 학생들의 정의적·사회적 발달에 영향을 준다. 그래서 인간중심 교육과정에서는 잠재적 교육과정을 표면적 교육과정과 똑같이, 경우에 따라서는 더 중시한다.

⑤ 통합 교육과정 중시 : 교과중심, 경험중심, 학문중심 교육과정을 모두 포괄하는 통합 교육과정을 중시한다.

2 장단점

장점	단점
• 인간의 성장 가능성 조화롭게 발달 : 전인교육을 통하여 인간의 성장 가능성을 조화롭게 발전시킬 수 있다. • 학습자의 개별적인 자기 성장 조장 : 개인의 자아실현을 강조하므로 학습자의 개별적인 자기 성장을 조장할 수 있다. • 학습자의 자아개념의 긍정적 형성에 기여 : 학습자의 자아개념을 긍정적으로 형성하는 데 도움이 된다. • 교육과 교육환경의 인간화에 기여 : 교육과 교육환경의 인간화에 기여한다. • 학습과정을 통해 터득한 의미의 내면화 : 교수·학습 과정에서 개방적·자율적 분위기를 조성하여 학습과정을 통해 터득된 의미가 내면화되도록 할 수 있다.	• 교육성과의 보장 어려움 : 자유로운 환경조성과 역동적인 인간관계의 유지가 이루어지지 않으면 교육성과의 보장이 어렵다. • 실현상의 어려움 : 교사들의 투철한 교육관 확립, 과대학교와 과밀학급의 개선 및 학교교육에서의 경쟁적 교육풍토 지양 등이 선행되지 않으면 그 실현이 어렵다. 즉, 교육의 인간화가 보장되지 않으면 그 실현이 어렵다. • 교육과 사회의 관계 경시 우려 : 개인의 성장만을 중시하고 교육과 사회와의 관계를 경시할 수 있다. • 이론 체계 미흡 : 개념이 모호하고 이론 자체가 미비하다.

05 통합 교육과정

① 개관

(1) 개념

① **통합 교육과정** : 학생의 관심이나 흥미, 주제, 개념, 이슈 등을 중심으로 교육내용을 통합하여 조직하는 것
➪ 경험 내용의 통일성, 전체성, 통합성을 강조

② **교과의 통합 운영** : 국가수준 교육과정에서 명확히 구분된 교과들을 수업의 장면에서 다양한 방식으로 상호
연관을 지어서 계획하고 가르치며 평가하는 활동

> **예** 중학교 3학년 사회과의 한국사 영역(대한민국의 발전)과 일반사회 영역(정치생활과 민주주의)을 연관 짓는다든지, 중학교 1학년의 사회과 내용(개인과 사회생활)과 도덕과 내용(예절과 도덕)을 관련시켜서 수업을 계획하고 실시하며 평가하는 활동을 가리킨다.

③ **STEAM(스팀 : 융합인재교육)** : 과학(Science), 기술(Technology), 공학(Engineering), 인문예술(Arts),
수학(Mathematics) 분야의 교과 간 융합을 위한 교육을 의미한다. 스팀교육은 과학기술에 대한 학생들의
흥미와 이해를 높이고, 과학기술 기반의 융합적 사고력과 실생활 문제해결력을 함양하기 위한 교육이다.

(2) 특징

① **지식의 분절화 방지** : 지식의 분절화를 방지한다.
② **학생의 심리적 발달에 상응한 교육 가능** : 학생들의 심리적 발달에 상응한 교육이 가능하다.
③ **전인격적 성장에 관심** : 전인격적 성장에 관심을 둔다.
④ **긍정적 자아개념 형성** : 학생의 긍정적 자아개념을 형성하게 한다.
⑤ **지식의 기본원리 이해 도모** : 통합적 접근은 지식의 기본원리 이해를 도모한다.

(3) 교과 통합 운영의 일반적 원칙(Jacobs; Martinkniep, Feige & Soodak; Mason)

① **중요성의 원칙** : 학생의 흥미와 관심에도 부합되어야 하지만, 각 교과의 중요한 내용이 반영되어야 한다.
② **일관성의 원칙** : 통합 단원의 내용과 활동이 단원의 목표 달성을 위하여 고안된 수업 전략과 부합되어야
한다. 따라서 통합 단원의 얼개를 작성할 때 효과적인 수업계획안도 함께 마련해야 한다.
③ **적합성의 원칙** : 통합 단원이 학습자의 개성과 수준에 맞으며, 학습자의 전인격적 성장을 목표로 해야 한
다. 즉, 교과 통합이 궁극적으로 학습자의 과거, 현재, 미래의 삶과 연결되어야 한다.

2 **장단점**

장점	단점
• **지식의 팽창에 대비** : 통합된 내용을 학습하므로 지식의 폭발적 증가에 대비할 수 있다. • **교육과정의 효율적 운영 가능** : 중복된 내용을 줄임으로써 필수 교육내용을 배울 시간을 더 늘려주어 교육과정의 효율적 운영을 가능하게 한다. • **지식의 유용성 향상** : 통합 교육과정은 학교 밖의 실제적 문제를 중요시하므로 지식의 유용성을 높여준다(＋문제해결력 길러줌). • **학교와 사회 간의 거리 좁힘** : 교과와 사회 간의 연계성을 높여 학교와 사회 간의 거리를 좁혀준다. • **학습자의 흥미와 관심 반영** : '행함을 통한 학습'을 중요시하므로 학습자의 흥미와 관심을 반영하기 쉽다. • **정보를 관련짓는 능력 함양** : 여러 교과에 흩어져 있는 정보를 관련지을 수 있는 능력을 길러준다. • **학습자의 전인적 성장** : 학습자의 전인적 성장을 돕는다. • **교사 간, 학생 간 의사소통 통로** : 협동적 교수(team teaching)와 협동학습을 강조함으로써 교사들 간, 학생들 간의 의사소통의 통로를 제공한다.	• **통합 교육과정 구성의 어려움** : 교과목을 논리적으로 연결하여 의미 있게 통합해야 하는 통합 교육과정의 구성은 무척이나 어려운 일이다. 의미 있는 통합이란 교과목의 단순한 집합을 말하는 것이 아니라 논리적인 순서에 따라 상호 연관성을 가지고 연결되어야 함을 의미한다. • **현장 교사의 전문가적 식견 요구 어려움** : 현장 교사들에게 각 과목의 모든 내용들에 대한 충분한 이해와 전문적 식견을 요구하는 것은 현실적으로 매우 어렵다. • **교사의 부담 가중 및 교육의 질 저하 우려** : 성격이 다른 각 교과의 내용을 일반상식 수준에서 어설프게 통합할 경우 교사에게 부담은 부담대로 가중시키고, 교육의 질은 오히려 더욱 떨어뜨리는 결과를 야기할 수 있다. • **학생의 혼란 우려** : 학문적 지식의 체계를 따라서 교육과정이 구성되기보다 문제, 주제, 개념, 이슈 등을 중심으로 구성되기 때문에 학생들에게 오히려 혼란을 가져다주기 쉽다.

3 **유형** – 학문이 연결되는 방식 또는 통합의 정도에 따른 구분(Drake)

유형	내용

다학문적 통합	• **의미** : 각 학문의 독립성을 유지하면서 하나의 주제에 대해 여러 학문(교과)의 관점에서 다룰 수 있도록 교육과정을 조직하는 것. 하나의 주제를 다양한 교과의 렌즈를 통해 바라볼 수 있도록 조직함으로써 한 주제에 대한 통합적 접근을 시도한다.
	  📋 '인구 감소' 현상에 대해, 사회학, 경제학, 정치학, 심리학, 지리학 등 여러 학문들에서 관련 개념, 이론 등을 추출하여 병렬적으로 조직하는 방식
	• **학문(교과)의 독립성(정체성)** : 각 학문(교과)의 독립성(정체성) 유지
	• **주된 관심(초점, 목적)** : 각 교과의 지식과 기능의 습득(주제에 대한 학습은 부차적인 것)
	• **운영** : 주제와 관련된 교과들을 분과교과의 형태로 별도의 수업시간에 번갈아 배움(여전히 분과교과로 진행)
	• **특징** : 학문들 간의 결합의 정도가 가장 낮으며, 개별 학문의 전문지식 자체를 학습하는 데 그칠 우려가 있다.
	• **장점**
	  − 학문의 개별적 성격이 유지되면서 교과목의 통합이 촉진된다.
	  − 주제와 관련된 교과의 지식, 기능, 가치 습득이 쉽다.
	  − 사실보다는 기본개념과 원리에 보다 충실한 교육과정의 조직을 가능하게 한다.
	• **단점**
	  − 학문들 간의 결합의 정도가 낮아 개별 학문의 전문지식 자체를 학습하는 데 그칠 우려가 있다.
	  − 너무 개략적인 내용만 다루어 학습내용의 깊이가 부족하다.
	  − 추상적이어서 이해가 곤란하다.

<table>
<tr>
<td rowspan="1" valign="top">간학문적
통합</td>
<td>

- **의미** : 학문 간의 경계를 허물고 여러 학문(교과)에 공통적으로 들어 있는 주제, 개념, 기능(탐구방법) 등을 추출하여 이를 중심으로 교육과정을 조직하는 것
  - ⓔⓧ '가족'현상에 대해, 가족생활과 관련된 사회학, 경제학, 정치학, 심리학 등에서 공통된 개념, 일반화, 이론 등(지위와 역할–사회학, 희소성–경제성, 권력과 권위–정치학, 사랑과 안정–심리학)을 추출하여 통합
- **학문(교과)의 독립성(정체성)** : 학문 간의 엄격한 경계가 붕괴 ⇨ 독립성(정체성) 약화
- **주된 관심(초점, 목적)** : 주제, 개념, 기능의 습득
- **운영** : 융통성 있는 시간 운영[ⓔⓧ 모듈시간, 블록타임(묶음시간표), 팀티칭], 운영 지원과 학부모 인식 변화가 요구된다.
- **특징**
  - 여러 학문(교과)들에 공통으로 걸치는 주제를 선정함으로써 개별 학문들 간의 경계를 구분 짓기 어렵다.
  - 학문 간 연계성을 고려함으로써 개별성보다는 통합이 강조된다.
  - 각 학문 간의 독립성이 완전히 없어진 것은 아니지만 다학문적 접근에 비하여 학문의 독립성은 흐려진다.
- **장점**
  - 종합적인 인식론적 경험을 조성하여 학생의 학습동기를 유발하고 이해와 흥미를 높일 수 있다.
  - 창의·융합적인 사고력과 종합적인 문제해결능력을 배양할 수 있다.
- **단점**
  - 각 학문에 공통적으로 걸치는 주제를 선정함으로써 각 학문의 개별적 성격이 약화된다(개별 학문들 간의 경계를 구분 짓기 어렵다).
  - 각 교과별 지식을 체계적으로 학습하는 데 장애요인이 될 수 있어 자칫 기초교육이 저해될 수 있다.

</td>
</tr>
<tr>
<td valign="top">탈학문적
(초학문적)
통합</td>
<td>

- **의미** : 특정 분과학문(교과)을 초월하여 실제 생활의 주제나 문제, 쟁점을 중심으로 교육과정을 조직하는 것. 학문의 논리에서 벗어나서 학습의 논리, 사회의 요구, 철학적 숙고 등이 반영된다.
  - ⓔⓧ 중핵 교육과정, 초등 1,2학년의 '슬기로운 생활', '즐거운 생활'
- **학문(교과)의 독립성(정체성)** : 완전히 사라짐
- **주된 관심(초점, 목적)** : 주제 자체의 탐구
- **운영** : 수업 시간은 고정되어 있지 않고 학생들이 시작한 탐구에 필요한 특정 내용을 공부할 때까지 확보됨 ⇨ 학생들에게 자기주도적 학습과 많은 책임감이 부여되며, 교사는 촉진자의 역할을 함
- **특징**
  - 개별 학문에서 강조하는 지식은 특정 주제를 학습하기 위한 수단으로서 기능한다.
  - 독립된 개별 교과는 사라지고 학생의 흥미를 유발하고 사회생활과 관련된 학습 주제와 자료를 중심으로 새로운 형태의 통합교과가 형성된다.
  - 결합의 정도가 가장 높은 형태이다.
  - 내용의 깊이가 얕아질 우려가 있다.
- **장점**
  - 학생들의 개인적 필요와 능력에 적합한 학습경험을 마련하고, 의미 있고 중요한 학습경험을 촉진한다.
  - 학생들이 현실에서 부딪치는 실제적 과제를 주제로 선정함으로써 문제해결력과 비판적 사고력을 촉진한다.
  - 교과내용의 통합을 통해 지식의 상호관련성을 이해시키고, 개인의 통합적 성장을 촉진한다.
- **단점**
  - 여러 분야의 내용과 연결하여 중심 주제를 이해하고 문제를 해결하기 때문에 특정 교과의 지식을 체계적으로 학습하기 어렵다.
  - 교사는 자신의 담당교과뿐만 아니라 다른 교과와 연관하여 교육과정을 구성하고 수업을 준비해야 하므로 수업준비에 많은 시간이 소요된다.

</td>
</tr>
</table>

☑ **교육과정 통합의 세 가지 유형**

특징 \ 유형	다학문적 통합	간학문적 통합	초학문적 통합
조직의 구심점	특정 교과로부터 추출된 주제	여러 교과에 걸쳐 강조될 필요가 있는 중요한 주제나 개념, 혹은 기능	개인적·사회적 의미가 있는 문제나 쟁점 중심의 주제
내용 조직	• 개별 교과의 정체성 유지 • 개별 교과의 내용을 통해 선정된 주제를 다룸 • 교과 내용이 미리 정해진 계열에 따라 다루어짐	• 교과 간 엄격한 경계가 무너짐 • 선정된 주제/개념/기능 중심으로 여러 교과의 관련 내용을 묶음 • 교과 내용의 학습은 미리 정해진 계열을 따를 필요가 없음	• 교과 간의 경계가 사라짐 • 주제와 그 주제를 탐색하는 데 활용될 활동과 관련된 빅 아이디어나 개념 규명 • 주제 탐구에 적절한 방식으로 지식을 계열화하여 활용
학습의 주된 목적	개별 교과의 내용과 기능 습득	간학문적인 주제/개념/기능 습득	문제나 쟁점 중심의 주제 탐구
수업 시간	정해진 교과 시간	블록 타임 활용하여 교과 간 공통 수업 시간 확보	주제에 따라 다양함
교사의 역할	담당 교과 티칭	공동 계획자 팀티칭	공동 계획자 촉진자
학생의 역할	수용자/행위자	행위자	공동 계획자 탐구자

06 역량중심 교육과정(competency based curriculum)

❶ 개관

(1) 개념

① 역량중심 교육과정은 사회적 삶에서 필요한 역량을 중심으로 교육과정을 구성하는 것을 말한다.
② 역량이란 실제적 삶 속에서 무언가를 할 줄 아는 실질적인 능력, 즉, 지식, 기능, 태도 등의 총체를 의미한다.
③ 교과지식은 이러한 역량을 발달시키는 데 유용한 도구 혹은 소재로서 가치를 지닌다.

(2) 역량의 특성

① 역량은 수행능력을 강조한다. 즉, 무엇을 아는 것이 아니라 학생이 무엇을 할 수 있는가에 중점을 둔다.
② 역량은 지식, 기능, 가치, 태도 등 여러 능력들의 총체로서의 성격을 갖는다. 인지적 측면과 비인지적 측면이 복합적으로 발현되어 나타난다.
③ 역량은 사회적 맥락을 중시한다. 사회적 삶 속에서 길러지고 그 삶에 활용하므로 사회적 맥락을 중시한다.

❷ 자유교육(liberal education)의 적극적 실천으로서의 역량중심 교육

(1) 자유교육과 역량중심 교육의 관계

① 자유교육의 목적은 역량중심 교육과 동일하다. 자유교육은 지식 그 자체의 습득이 주된 목적이 아니라 인간형성, 즉 교육받은 결과 어떤 사람이 되어야 하는가에 초점을 둔 것이다. 파이데이아(paideia) 교육이나 아리스토텔레스(Aristoteles)도 자유교육을 통해 길러야 할 인간상(educated man)에 관심을 가졌다.

② 다만, 역량중심 교육은 교육받은 사람이 무엇을 할 수 있어야 하는지를 훨씬 더 적극적이고 구체적으로 말하는 데 관심을 가진다. 결국 역량중심 접근은 전통적 자유교육이 본래 관심을 가졌던 교육받은 결과로 갖추어야 할 능력이나 자질에 대한 강조를 복원하기 위한 것이라고 볼 수 있다.

(2) 자유교육과 역량중심 교육의 강조점

① 역량중심 교육에서는 이론적 지식의 중요성을 무시하지 않는다. 그러나 실제적 지식의 중요성을 더 강조한다. 자유교육의 목표가 이론적인 것의 우위에서 실제적인 것의 우위로 전환된 것이다.

② 역량중심 교육은 '무엇을 아느냐'가 아니라 특정 맥락의 수행과 관련하여 '무엇을 할 수 있느냐'를 강조한다. 자유교육이 주목하지 않은 실제의 세계에 대한 관심을 요청한 것이다.

(3) 소결 – 역량중심 교육의 자유교육적 성격과 강조점

① **자유교육적 성격** : 역량중심 교육은 교육받은 결과로 갖추어야 할 능력이나 자질에 교육의 주된 관심을 둔다는 점에서, 그리고 구체적인 직업교육보다는 인간행동의 여러 영역에서 활용될 수 있는 일반적인 능력을 강조한다는 점에서 자유교육적 성격을 가지고 있다.

② **역량중심 교육의 강조점** : 그러나 역량중심 교육은 전통적 자유교육의 이론적 측면보다는 실제적인 기능 측면을 강조한다. 즉 자유교육을 받은 사람이 실제적인 행동에서도 명확한 대안을 형성하거나 합리적인 선택을 할 수 있도록 함으로써 자유교육에서 그동안 놓치고 있었던 부분을 부각시키고 있는 것이다.

(4) 지식의 형식론 – 자유교육의 전통 계승

① **피터스와 허스트(Peters & Hirst)** : 지식의 형식(forms of knowledge) ⇨ 인간이 누적적으로 발전시켜 온 인간 경험에 대한 이해를 체계화해 놓은 것 ⇨ 지식의 형식에 입문함으로써 다양한 경험을 이해할 수 있음 ⇨ 지식의 형식론은 교과의 가치, 이론적 지식의 가치를 강조하는 '자유교육'의 정신을 현대적으로 계승한 것

② **선험적 정당화** : 실용적 가치가 없어 보이는 지식의 형식을 왜 배워야 하는가, 지식의 형식이 과연 내재적 가치를 가지고 있는가? ⇨ 선험적 정당화는 개인이 받아들이는가 아닌가와 무관하게 성립하는 정당화이다. 지식의 형식들은 인간이 오랜 세월 동안 누적적으로 발전시켜 온 경험의 상이한 측면, 우리 삶의 공적 전통(public tradition)을 개념적으로 체계화한 것이다. 따라서 우리가 이 세상을 살아가기 위해서는 좋든 싫든 간에 지식의 형식에 입문하지 않으면 안 된다. ⇨ 지식의 형식은 삶을 원만하게 살아가기 위해 요구되는 우리 삶의 선험적이고 논리적 전제 조건임

(5) 지식의 형식론에 대한 비판

① 주지교과에 대한 특권적 지위를 부여(홍은숙; 1999) : 모든 사회적 실제가 그 나름의 고유한 목적과 가치를 지니고 있으므로 주지교과만이 아니라 다른 다양한 기술이나 지식 혹은 활동도 그 자체로 학교에서 동등하게 취급될 필요가 있음 / (후기) 허스트(1992) : 이론적 학문이나 지식의 형식이 아니라 '사회적 실제(활동)' (social practice)를 추구하는 교육을 주장 ⇨ 이론적 지식은 실제로부터 추상된 것이고, 실제가 이론적 지식에 우선하므로 교육의 일차적 관심은 사회에서 필요한 다양한 사회적 실제에 관한 것이어야 함 ⇨ 학교 교육과정을 '사회적 실제'의 관점에서 조직할 것을 제안함

② 학교교육의 역동적 양상을 충분히 반영하지 못함(소경희; 1997) : 지식의 형식은 우리 삶에 구체적으로 작용하는 역동적 양상, 예컨대 사회변화, 교육여건, 학습자의 흥미 등에 관심을 기울이지 않음. 그 결과 학교의 교육내용을 특정한 형태의 교과로 고착화시키는 경향이 있음

③ 역량중심 교육과정

(1) 역량중심 교육과정 설계의 특징 – 교육내용의 선정과 조직

① 역량의 우선적 고려

㉠ 역량을 지식/내용과 구분하되, 지식을 통해 역량을 개발하도록 한다. 지식이나 내용은 그 자체로 중요하기보다는 역량을 발달시키기 위한 수단으로서 가치를 지닌다.

㉡ 즉, 교육과정 설계에서 역량을 우선적으로 고려하고, 그러한 역량의 발달을 촉진할 수 있도록 지식이나 내용을 선정·조직한다.

② 지식/내용 조직의 결정에서 교사의 자율성 보장

㉠ 역량중심 교육과정에서 지식이나 내용은 역량을 발달시키는 데 적절한가의 여부에 따라 교수자들에 의해 선정·조직된다.

㉡ 교사들은 자신의 교수맥락에서 특정 역량을 가장 잘 발달시킬 수 있는 방법이 무엇인지 고려하여 적절한 지식/내용의 조직 방식을 결정하게 된다. 이 경우 때론 분과적으로, 때론 간학문적 혹은 통합적으로 조직된 지식을 통해서 다루어질 수 있을 것이다.

(2) 교사의 역할

① 교육과정의 재구성자 : 교육과정을 재구성하여 학생들이 역량을 기를 수 있는 학습경험의 기회를 제공하는 교육과정의 재구성자로서의 역할을 수행한다.

② 학습의 조력자·촉진자 : 학습자의 학습을 위한 환경을 조성하며 학습의 과정을 조력하거나 촉진하는 역할을 수행한다.

(3) 장단점

장점	단점
• 변화하는 사회의 요구와 필요를 반영하는 교육과정 설계가 가능해짐 • 학습의 결과로 성취되어야 하는 역량을 중심으로 교육과정을 재구성할 수 있음 • 교육과정 재구성 및 교수학습 설계의 전문가로서 교사의 역할이 강화됨 • 결과물로서의 지식이 아닌 지식의 창출과 활용을 위한 능력의 함양을 강조함	• 전통적인 교과가 가지고 있는 지식 자체의 가치를 경시하는 경향이 있음 • 특정한 역량이 다른 역량들보다 왜 중요시되어야 하는지에 대한 정당화 논리를 제공하는 데 소홀히 함 • 특정 역량을 발달시키는 데 적합한 교과내용 및 교수학습 방법에 대한 구체적 대안 제시가 부족함

(4) 학교교육의 방향

① **수행중심 교육** : '~을 안다'는 인지중심의 암기위주 교육에서 '~을 할 수 있다'는 수행으로까지 나아가는 교육으로 변화 되어야 한다. 인지적 요소와 비인지적 요소가 결합되어 특정 맥락에서 학습자가 스스로 산출물을 만들어 내는 과정이 강조된다.

② **역량중심 수업** : 교과중심의 수업에서 역량중심의 수업으로 변화되어야 한다. 기존 교과의 틀을 벗어나 교과의 경계를 가로지르거나 교과의 틀을 넘어서는 수업 방식이 도입될 가능성이 높다.

③ **학생중심 수업** : 교사 주도 수업에서 학습자 개인 또는 집단 지성을 활용한 학습방법으로 변화되어야 한다.

Section 02

잠재적 교육과정

91 중등, 93 중등, 96 중등, 99 초·중등·초등보수, 00 중등, 02 초등, 08~09 중등, 09 초등,
14 중등論, 19 중등論, 24 중등論

01 개관

❶ 개념

(1) 개념

① 잠재적 교육과정은 명시적(明示的 : 눈에 보이는) 교육과정과 비교되는 개념이다.

② 잠재적 교육과정은 공식적 교육과정(공적인 문서)에 명시되어 있지 않지만 학교에서 은연중에 학습되는 경험의 총체이다. 그것은 애초에 계획되지 않은 것일 수도 있고, 의도가 숨겨져 있기 때문일 수도 있다. ⇨ 제2의 교육과정

(2) 의미 – 학교의 일상생활 속에 내재된 잠재적 교육과정, 공식적 교육과정 속에 내재된 잠재적 교육과정

① 공식적 교육과정에서 의도(계획)하지 않았으나 학생이 겪게 되는 경험(Jackson, Apple)

　㉠ 학생들은 학교생활을 하는 동안 군집성, 상찬, 권력관계 등을 통해 은연중에 학교생활에 적응하는 방식을 배운다. 학생들은 다른 학생들과 함께 지내야 하고, 여러 가지 형태의 평가를 감당해야 하며, 교사와 학생들 간의 권력관계가 존재하는 교실 문화 속에서 이에 적응하는 방식을 암암리에 배우게 된다. 잭슨(Jackson)은『교실에서의 생활』(1968)에서 공식적 교육과정에 계획되어 있지 않은 이러한 학습경험을 잠재적 교육과정이라고 명명했다.

　㉡ 이 관점에 따르면 잠재적 교육과정은 공식적 교육과정의 부산물로서 공식적인 교육내용을 가르칠 때 부수적으로 학습되는 것이다. 따라서 잠재적 교육과정은 공식적 교육과정이 있는 한 늘 존재할 수밖에 없다.

　㉢ 교사는 자신이 계획하지 않았음에도 학생들이 배우고 있는 것이 무엇인지에 대해 관심을 갖고 이에 대한 적절한 대처를 할 필요가 있다. 예컨대, 교사가 계획하지는 않았지만, 학생들이 학교생활을 통해 인종차별주의적 또는 성차별주의적 인식과 태도를 습득한 것으로 보인다면, 교사는 이를 제거하려는 시도를 해야 한다.

② 공식적 교육과정에 의도적(계획적)으로 숨긴(hidden), 숨어있는(latent) 교육과정(Apple, Illich)

　㉠ 공식적 교육과정 속에 교육과정을 만든 사람들의 가치가 의도적으로 숨겨져 있을 경우 학생들은 교육내용을 학습하면서 암암리에 그 숨겨진 가치를 습득하게 된다. 예를 들어, 노동계급의 학생들에게는 시간 엄수, 용모단정, 권위존중 등 노동자의 역할 수행에 관련된 내용을 가르치고, 상류계급의 학생들에게는 지적개방성, 문제해결력, 융통성 등 관리자나 전문가의 역할 수행에 필요한 내용을 가르친다면 학교는 학부모의 경제적 계급에 따라 학생들에게 교육내용을 차별적으로 제공하게 된다(이규환 역; 1986). 또한 학교에서 여성을 가정주부, 간호사, 유치원 교사 등으로 묘사하고, 남성을 정치지도자, 의사, 기업인 등으로 기술하는 등 직업적 수행 능력과 지위에 있어서 성차별적 내용을 담고 있는 교육용 자료를 가르친다면, 학생들은 성(사회적 성)에 대한 편향적 시각을 갖게 된다.

　㉡ 이 경우 잠재적 교육과정은 공식적 교육과정의 부산물이 아니라, 공식적 교육과정의 중요한 일부일 수 있다.

　㉢ 일리치(Illich; 1971)에 따르면, 학교의 공식적 교육과정이 은밀하고 부당한 방식으로 학생들에게 특정 가치를 주입하는 역할을 하기 때문에 '탈학교(deschooling) 사회'를 주장했다. 학교교육은 특정 가치에 입각한 지식 분배를 통해 모종의 사회적·정치적 통제를 하고 있기 때문에 폐기되어야 할 것으로 간주된다.

　㉣ 애플(Apple; 1979)은 공식적 교육과정에 내재된 잠재적 교육과정을 비판했다. 학교의 잠재적 교육과정에 의해 학생은 기존의 사회체제(즉, 자본주의 체제)의 기본구조를 당연한 것으로 받아들이고 합의와 안정을 최고의 가치로 여기게 되어 기존의 사회체제에 순응하는 태도와 사고를 기르게 된다. 학교는 학생과 지식을 사회경제적 계층에 따라 '처리'함으로써 사회의 경제자본 및 문화자본을 불평등하게 분배하는 기능을 '자연스럽게' 수행할 수 있게 된다.

(3) **잠재적 교육의 장(場)** – 잠재적 교육과정이 나타나는 원천

원천	내용	
학교 생태	• 잭슨(Jackson) : 군집성(crowd), 상찬(평가, praise), 권력관계(power)	
	군집성	다양한 계층의 아이들이 학교에 모임으로써 상호 간에 어울리는 방법을 배운다. 여기는 긍정적인 태도나 가치관도 있지만, 부정적인 내용도 혼재해 있다.
	상찬 (賞讚, 평가)	학생들은 상호 간에 또는 교사에 의해 내려지는 여러 가지 형태의 평가 속에서 살아가는 방법을 배운다. 많은 학생들은 상이나 칭찬을 받기 위해서는 어떻게 해야 하는지를 알아간다.
	권력관계	학생들은 학교 적응을 위해 교사와 학교 당국의 권위에 적응하는 것을 배운다. 교사의 권위에 대한 순종이 이후 직장에서 상사에 대한 순종으로 이어진다.

		• 김종서 : 군집성, 위계성, 목적성, 강요성
	목적성	교육의 실제적 목적과 공식적 목적 간의 괴리 **예** 학교교육은 자아실현을 목적으로 하지만, 학부모가 명문대학 진학을 목적으로 할 때 학생들은 대학 진학 준비를 위해 공부를 하게 된다.
	강요성	학생들로 하여금 학교 교칙, 교육과정, 학년제도, 시설 등에 맞춘 생활을 요구하는 과정에서 잠재적 교육과정을 경험하게 된다. **예** 쉬는 시간에만 물을 마실 수 있다.
	군집성	각기 다른 특질이나 가정배경을 가진 학생들이 함께 생활 ⇨ Jackson의 군집성
	위계성	교사와 학생 간, 학생과 학생 간 위계질서 속에서 생활 ⇨ Jackson의 권력관계
학교의 장(場)		• 물리적 조건 : 학교의 규모·위치, 교실의 공간, 책상과 의자의 치수, 조명, 기타 시설 설비 • 학교의 제도 및 행정 조직 : 학년제도, 담임제도, 직원조직, 교내 장학을 위한 여러 행정 절차 • 사회 및 심리적 상황 : 학교문화, 학교풍토
인적 구성요소		학교행정가(교장, 교감), 교사, 학생, 학부모
사회 환경		• 잠재적 교육과정의 원천이 되는 학교 내의 특성은 궁극적으로 그것이 생성·유지되는 사회문화적 조건과 밀접한 관련을 맺고 있으며, 사회와의 상호작용에 의하여 결정된다. • 잠재적 교육과정의 원천은 궁극적으로 학교 내에서보다 사회 환경에서 찾아야 한다.

(4) 교사의 역할(교사의 문제)

① 교사는 학생들의 동일시 대상이 되기 때문에 항상 그 행동이 학생들에게 모범이 되도록 해야 한다.

② 교사가 교직에 대하여 긍지와 자부심을 가지고 학생지도에 임할 때 인격적인 영향을 줄 수 있다.

③ 교사는 학생들의 가정환경에 따라 차별을 두지 않고 똑같이 인격을 존중하며 자유로운 활동을 보장해야 한다.

② 특징과 의의

(1) 특징(표면적 교육과정과의 비교)

① 표면적 교육과정은 학교에 의하여 의도적으로 조직되고 가르쳐지는 반면에, 잠재적 교육과정은 학교에 의하여 의도되지 않았지만 학교생활을 하는 동안에 은연중에 배우게 된다.

② 표면적 교육과정이 주로 지적인 것과 관련이 있다면, 잠재적 교육과정은 주로 정의적인 영역과 관련이 있다.

③ 표면적 교육과정이 주로 교과와 관련이 있다면, 잠재적 교육과정은 주로 학생의 교실생활이나 학교의 문화 풍토와 관련이 있다.

④ 표면적 교육과정은 단기적·일시적인 경향이 있는 데 반하여, 잠재적 교육과정은 장기적·반복적이며 보다 항구적이다.

⑤ 표면적 교육과정은 주로 교사의 지적·기능적인 영향을 받으나, 잠재적 교육과정은 주로 교사의 인격적인 감화를 받는다.

⑥ 표면적 교육과정이 주로 바람직한 것인 데 반하여, 잠재적 교육과정은 바람직한 것뿐만 아니라 바람직하지 못한 것도 포함한다.

⑦ 표면적 교육과정과 잠재적 교육과정이 서로 조화되고 상보적인 관계에 있을 때 학생행동에 강력한 영향을 미칠 수 있다.

⑧ 잠재적 교육과정을 찾아내어 이를 계획한다 하여도 표면적 교육과정과 잠재적 교육과정의 구조는 변하지 않는다.

⑨ 표면적 교육과정 자체에 잠재적 기능이 있다. 표면적 교육과정과 잠재적 교육과정은 마치 동전의 양면의 관계와도 흡사하며, 표면적 교육과정이 있으면 잠재적 교육과정이 뒤따른다. 이 뒤따르는 잠재적 교육과정에 대한 계획을 세워 표면화하면 이에 따라 종래와는 다른 잠재적 교육과정이 나타난다. 종래에 동시학습이라고 불러오던 개념이 바로 이에 해당한다.

☑ 표면적 교육과정과 잠재적 교육과정의 비교

구분	표면적 교육과정(제1의 교육과정)	잠재적 교육과정(제2의 교육과정)
교육방법	학교의 의도적·계획적 조직 및 지도하의 학습	학교생활에서의 무의도적 학습
학습영역	인지적 영역	정의적 영역(태도·가치관) ⇨ 인간교육
학습경험	교과, 교재	학교의 문화와 풍토, 생활 경험
학습기간	단기적·일시적·비영속적 경향	장기적·반복적·영속적인 경향
교사의 역할	지적·기능적 영향	인격적·도덕적 감화 ⇨ 학생의 동일시 대상
학습내용	가치 지향적인 내용(바람직한 내용)만 포함	가치 지향적인 것과 무가치적·반사회적인 내용(바람직하지 못한 내용) 모두 학습

(2) 의의(공헌)

① **교육과정의 개념 확장에 기여** : 교육과정 연구의 주된 패러다임이 '개발 패러다임'으로부터 '이해 패러다임'으로 전환되었고, 교육학자들의 관심이 '의도'와 '계획'보다는 '결과'와 '산출'을 중시하게 되었다. 또, '학교교육이 이러이러해야 한다.'는 당위적 진술보다는 '학교교육이 이러이러하다.'는 사실적 진술에 더 많은 관심을 갖게 하였다. 학교와 교실 안의 사실을 정확하게 이해하기 위한 목적에서 학교교육에 관한 문화기술지적 연구 방법을 중심으로 한 질적 연구를 확산시켰다.

② **교육평가의 개념 확장에 기여** : 의도한 목표를 얼마나 성취했는가를 측정하는 전통적인 '목표중심 평가'에서 벗어나 의도하지 않은 결과나 산출도 중시하는 '탈목표중심 평가'가 등장하였다.

③ **학교교육과 교육과정의 효율성 제고에 기여** : 공식적 교육과정과 잠재적 교육과정 간에 갈등이 발생할 경우 잠재적 교육과정이 공식적 교육과정보다 학생에게 더 강한 영향력을 미친다. 학교교육의 효율성을 제고하기 위해서는 공식적 교육과정뿐만 아니라 잠재적 교육과정도 활용할 수 있어야 한다. 최근에는 예를 들어 성 편향의 문제를 성평등 교육과정으로 변환하고, 문화편견의 문제를 공식적 교육과정에 다문화주의로 포함시키는 경우와 같이 잠재적 교육과정을 공식적 교육과정으로 전환하려는 노력이 이루어지고 있는데, 이는 교육과정 범람으로 이어질 수 있다는 문제가 있다.

02 잠재적 교육과정을 고려한 교육과정 개발

구분	내용
교육목표의 설정	교육목표를 수립할 때 설계된 교육과정이 의도하지 않은 결과를 낳을 수 있다는 점을 인식하고 다양한 관점에서 교육목표를 수립할 필요가 있다. 따라서 인지적 영역뿐만 아니라 정의적, 인성적 측면에서도 교육목표를 설정하려는 노력이 필요하다.
학습경험의 선정 및 조직	학습경험의 선정과 조직에 있어서 학생의 참여가 제한적인 교과서 위주의 수업이 아니라 학습경험이 학생에게 어떠한 영향을 미칠지에 대한 다각도의 분석을 통해 학습경험을 선정·조직하는 신중한 배려가 요구된다. 이를 학습자중심의 교육과정이라 한다.
평가	평가 기준을 세움에 있어서 탈목표(goal-free) 평가의 관점에서 의도하지 않은 교육적 결과에 대해서도 교육적 책임을 지는 자세가 필요하다. 의도하지 않은 교육적 부작용이 발생할 수 있으므로 교육의 결과를 종합적으로 평가하려는 자세가 요구된다.

Section 03 영 교육과정

96 중등, 99 초등 · 초등추시, 02 중등, 03 초등, 05 중등, 09 초 · 중등, 10 초등, 20 중등論

01 개관

❶ 개념

(1) 개념

영 교육과정은 배울 만한 가치가 있음에도 불구하고 공식적 교육과정(공적인 문서)이나 수업에서 배제된 교육과정(교육내용)을 말한다. ⇨ 제3의 교육과정, 배제된 교육과정(excluded curriculum) **예** 학교에서 논리적 사고만을 강조하고 심미적 사고를 경시하고, 문자나 숫자 위주의 표현양식을 강조하고 다양한 감각적 경험을 경시하는 것, 일본이 한국 역사 왜곡을 교과서에서 배제시키는 것, 생물 교과에서 창조론을 배제하는 것, 지배계급의 부도덕성을 삭제해 버리는 것 등

(2) 의미

① **공식적 교육과정에 들어 있지 않아서 학생들이 학습하지 못한 교육내용** : 공식적 교육과정에 특정 교과가 없다거나 특정 교과에 특정 주제나 사고방식이 배제되어 있다면, 이들 교과, 주제, 사고방식은 영 교육과정에 해당함

② **공식적 교육과정에는 포함되어 있지만 학습할 기회가 없었던 교육내용** : 공식적 교육과정의 내용을 교사가 의도적으로 배제하거나, 실수로 빠뜨리거나, 교재나 교구 · 시설 등의 수업 환경이 적합하지 않거나, 학교 행사 때문에 수업 시간이 부족하거나 하는 등의 다양한 이유로 가르치지 않는다면 이 부분은 영 교육과정에 해당함

③ 학교 관리자와 교사들은 영 교육과정이 발생하지 않도록 교육과정 계획에 유의하고, 운영 환경을 최적화할 필요가 있다.

❷ 영 교육과정인 채로 머물러 있는 이유

(1) 의욕 부족

교육과정 개발자나 교사의 의욕이 부족하면 중요한 것들이 교육과정에서 배제되기 때문이다.

(2) 무지(無知)

모르는 것은 교육과정에 포함될 수 없기 때문에 교육과정 개발자나 교사의 무지(無知)로 인해 발생하기도 한다.

(3) 타성(惰性)

교육과정 개발자나 교사가 갖고 있는 편견이나 경직된 신념과 같은 잘못된 타성 때문이다.

02 특징과 의의

1 특징

① 교육과정을 인본주의적 · 심미적 관점에서 접근하려는 시도 ⇨ 학교에서 소홀히 하는 예술, 철학, 심미적 측면도 중시해야 한다.

② 공식적 교육과정의 필연적 부산물로 중시

③ 영 교육과정은 공식적 교육과정이나 수업에서 배제되므로 학생의 학습기회를 박탈한다.

④ 교육과정 사회학의 접근방법 ⇨ 교육과정은 특정 계급의 이데올로기적 산물이다.

⑤ 영 교육과정은 잠재적 교육과정의 특정한 형태로 간주되기도 한다(Apple).

✔ 잠재적 교육과정과 영 교육과정의 특징 비교

구분	잠재적 교육과정	영 교육과정
의도성의 측면	학교에서 의도하지 않은 교육과정	학교에서 의도적으로 배제한 교육과정
명시성의 측면	교육과정에 명시되어 있지 않음	
초점 측면	교육환경의 잠재적 기능에 초점을 둠	학습기회의 박탈에 초점을 둠

2 의의

① 과목 선택에 대한 중요성을 환기시킴으로써 교육과정 개발에서의 실질적 문제를 제기하였다.

② 영 교육과정은 공식적인 교육과정 문서에 담긴 교육목적과 교육내용의 가치를 되묻고, 더욱 중요한 것이 빠지지는 않았는가를 살펴보도록 하였다.

③ 학교교육의 내용이 풍부해질 수 있으며, 학생들에게 더 많은 교육적 결과를 기대할 수 있게 하였다.

④ 공식적 교육과정뿐만 아니라 교재나 수업의 측면에서도 교육적으로 가치 있는 내용이 빠진 것이 없는가를 살펴보게 하였다.

교육과정 실제

Section 01 교육과정의 결정과 운영

01 교육과정의 결정 98 초등, 02 중등, 05~06 초등

① 중앙집권형

(1) 개념 – 교육부가 소수 엘리트를 중심으로 결정, 교사 참여 배제

교육부가 소수 엘리트를 중심으로 교육과정을 결정하는 것을 말한다. 국가가 소수 엘리트를 중심으로 교육과정을 주도하기 때문에 교사의 참여가 배제된다는 특징이 있다. 예 국가 수준 교육과정

(2) 장단점

장점	단점
• 전국적으로 통일된 교육과정을 가진다. ⇨ 전국 공통 교육과정(common curriculum) • 학교급 그리고 학교 간 교육과정의 연계성을 충족시킨다. • 풍부한 전문 인력을 활용하고 물적 자원을 투입하여 질 높은 수준의 교육과정을 개발할 수 있다. • 국가와 사회의 대변혁 시기에 총체적으로 대응하는 데 도움을 준다.	• 교육과정의 운영이 획일화·경직화되기 쉽다. • 권위주의적 교육풍토를 조성할 가능성이 높다. • 한번 제정된 교육과정은 법규적인 권위 때문에 즉각적인 수정이 어렵다. • 교사가 교육과정으로부터 소외되어 교사의 전문성이 저해된다. 특히 교사 배제 교육과정(teacher-proof curriculum)으로 '교육과정 사소화' 문제가 발생할 수 있다. • 지역, 학교, 학습자의 특수성에 부합하는 다양한 교육과정의 운영이 어렵다.

② 지방분권형

(1) 개념 – 시·도 교육청 단위에서 다양한 인사의 참여를 통해 결정, 교사 참여 유도

시·도 교육청 단위 또는 학교 단위에서 다양한 인사의 참여를 통해 교육과정을 결정하는 것을 말한다. 시·도 교육청이나 학교 단위에서 교육과정을 결정하기 때문에 교사의 참여를 유도할 수 있다는 특징이 있다.

예 지역 수준 교육과정, 학교 수준 교육과정

(2) 장단점

장점	단점
• 지역과 학교의 특수 상황에 부응하는 다양한 교육과정을 개발할 수 있다. • 교사들의 참여로 인해 교사들이 주인의식을 가지고 교육과정을 개발·운영하게 된다. • 주변 상황의 급속한 변화에 대응하여 교육과정을 신속하고 유연하게 수정하고 운영할 수 있다. • 교육과정의 맥락적 특성으로 인하여 학습자들의 자발적 학습기회가 촉진된다.	• 시·도 교육청 단위로 교육과정이 개발되므로 전국적으로 합의된 교육과정을 갖기 어렵다. • 전문가, 예산, 시간, 인식의 부족으로 수준 높은 교육과정의 개발이 어렵다. • 교육과정 개발의 전문성 부족으로 인하여 학교급 그리고 학교 간 교육과정의 연계가 힘들다. • 지역, 학교 간 격차가 심화될 가능성이 있다. • 지역 중심, 학교 중심, 교사 중심에 치우쳐 교육개혁의 전파가 어렵다.

3 절충형

(1) 개념 – 중앙집권형과 지방분권형의 절충을 통해 각각의 결함을 최소화

중앙집권형과 지방분권형을 절충하여 교육과정을 결정하는 것을 말한다. 국가 수준, 지역 수준, 학교 수준의 교육과정이 존재하게 된다.

(2) 우리나라 교육과정

① 우리나라의 경우는 제6차 교육과정에서 절충 형태의 교육과정 체제를 채택하고 있다.
② 중앙집권적 교육과정 체제의 기본 틀 위에서 교육과정의 분권화를 강화하고 있다.
③ 따라서, 단위학교에서는 국가 수준 교육과정 기준과 시·도 교육과정 편성·운영 지침을 근거로 지역의 특수성과 학교의 실정, 학생의 실태에 알맞게 각 학교별로 '당해 학교의 구체적인 실행 교육과정'을 마련하고 운영해야 한다.

02 학교 교육과정의 운영

1 학교 수준 교육과정 26 중등論

(1) 개념

국가 수준 교육과정 기준과 시·도 교육청의 교육과정 편성·운영 지침을 근거로 지역의 특수성과 학교의 실정, 학생의 실태에 알맞게 학교별로 마련한 의도적인 교육실천 계획이다. ⇨ 당해 학교의 구체적인 실행 교육과정

(2) 필요성

① **교육의 효율성 제고** : 국가 수준 교육과정을 학교의 실정에 맞게 재구성하여 학교의 교육과정을 탄력적으로 운영함으로써 교육의 효율성을 높일 수 있다(학교 교육과정의 탄력적 운영).

② **교육의 적합성 제고** : 지역의 특수성이나 학교의 실정, 학생·교원·학부모의 요구와 필요를 반영하여 해당 학교의 교육과정을 편성·운영함으로써 학교교육의 적합성을 높일 수 있다.

③ **교육의 다양성 추구** : 획일화된 '교과서 중심'에서 학생 개개인의 적성을 반영한 '교육과정 중심'의 학교교육으로 전환됨으로써 교육의 다양성을 실현할 수 있다('교육과정 중심'의 학교교육 추구).

④ **교원의 자율성과 전문성 신장** : 학생의 능력과 욕구, 학교의 지역적 특수성을 가장 잘 아는 그 학교의 교사들이 학교 교육과정 편성·운영 과정에 적극적으로 참여함으로써 교원의 자율성과 전문성을 신장할 수 있다.

⑤ **학습자 중심의 교육 구현** : 학생 개개인의 요구와 흥미, 적성, 능력 등을 수용함으로써 학습자 중심의 교육과정을 융통성 있고 탄력적으로 운영할 수 있다.

(3) 학교 수준 교육과정 개발의 형태

① **교육내용의 재구성** : 교육과정상에 있는 내용 요소를 중심으로 교사가 그 순서와 내용을 재조정할 수 있다.
   예 통합형 교육과정 구성, 교과서 내용 순서의 변경, 교육과정상의 필수요소를 중심으로 한 내용 엄선 등

② **교과목의 탄력적인 편성** : 여러 학년에 걸쳐 이수하는 교과목을 특정 학년이나 학기에 집중 이수하도록 편성·운영할 수 있다.
   예 중학교 1~3학년군에 편재된 '과학/기술·가정'을, 과학은 1~2학년에 몰아서 편성하고, 기술·가정은 2~3학년에 몰아서 편성하는 방식으로 운영

③ **수업 시간의 탄력적인 운영** : 학교의 특성이나 학생·교사·학부모의 요구 및 필요에 따라 교과(군)별 20% 범위 내에서 시수를 증감하여 편성·운영할 수 있다. 또한 수업 시간표를 작성할 때 특정 요일에 특정 과목의 시간을 1시간씩 고정 배당하기보다는 필요에 따라 교과목 수업 시간을 융통성 있게 운영할 수 있다.
   예 블록타임제, 전일제 등

④ **새로운 과목의 신설** : 중·고등학교는 필요에 따라 국가 교육과정에 없는 과목을 개설할 수 있다. 특히 고등학교는 지역사회의 학습장에서 이루어진 학습을 이수 과목으로 인정할 수 있으며, 대학선이수제도 과목이나 국제적으로 공인된 과목(예 AP, IB)을 개설할 수 있다.

(4) 학교 교육과정의 재구성

① **교육과정 재구성의 의미** : 교육과정 재구성이란 교사가 이미 만들어진 교육과정을 조정하여 교사 자신의 교육과정으로 재구성하는 것을 말한다. 교사는 교육과정이 요구하는 교육목표를 실현하기 위해 교육목표, 학생의 특성이나 수준 등을 고려하여 수업계획, 수업내용과 방법, 평가방법 등을 조정해 나간다.

② 교육과정 재구성의 방법

재구성	내용
교과 내 재구성 22 중등論	한 교과 내에서 교육내용을 재구성하는 방식 예 교육과정이 제시한 핵심성취기준을 중심으로 내용 압축 및 요약, 교과서 순서 변경, 교과집중, 블록타임제 등의 방식으로 교육과정을 재구성하는 경우
교과 간 재구성	특정 교과를 중심으로 다른 교과의 내용을 연계하거나 각 교과에 공통된 주제를 중심으로 교과 간의 공통내용을 추출하여 통합하는 재구성 방식 예 환경문제, 지구온난화, 다문화 등과 같은 주제를 중심으로 프로젝트 수업을 운영하는 경우
교과와 창의적 체험활동의 연계를 통한 재구성	교과와 창의적 체험활동을 연계하여 교육과정을 재구성하는 방식. 교과 활동과 창의적 체험활동의 하위영역인 자율활동, 동아리활동, 봉사활동, 진로활동 등과 연계하여 재구성 가능 예 국어 시간에 보고서 작성법을 익히고, 자율활동으로 박물관 견학 프로젝트 학습을 수행하면서 포토보고서를 작성하는 경우(국어 교과 + 창·체의 자율활동 연계)

② 스나이더(Snyder) 등의 교육과정 실행(운영)의 관점 07 전문상담, 10 초등, 21 중등論

(1) 교육과정 실행(curriculum implementation)의 의미

① 교육과정 실행(운영)이란 개발된 교육과정을 학교와 교실에서 실천에 옮기는 과정을 말한다.

② 교육과정 실행의 관점이란 교육과정의 전개과정을 어떤 시각으로 보는가의 문제를 의미한다. 스나이더(Snyder)는 교육과정 실행의 관점을 충실도 관점, 상호적응 관점, 생성(형성) 관점 등 세 가지로 제시하였다.

(2) 교육과정 실행(운영)의 관점(Snyder, Bolin & Zumwalt; 1992)

관점	내용
충실도 관점 (fidelity perspective, 충실한 운영 관점)	• 외부에서 개발된 교육과정(계획된 교육과정)이 학교 현장에 충실하게 이행되어야 한다는 입장이다. 중앙집권적 교육과정 개발방식에서 강조하는 교육과정 실행 관점이다. • 계획된 교육과정을 강조하며, 교육과정이 계획된 대로 잘 실행되었는지, 그 실행을 촉진하거나 방해하는 요소는 무엇인지를 밝혀내는 데 관심을 둔다. • 교사는 계획된 교육과정의 전달자, 소비자로서 수동적이고 소극적인 역할을 담당하며('교사배제' 교육과정, teacher proof), 교육과정 개발자의 의도에 충실하게 운영하는 역할을 맡아야 한다. | 장점	단점
• 외부에서 계획된 교육과정을 수업에 충실하게 이행할 경우 개발자의 의도가 교실현장에 잘 구현될 가능성이 높다. • 외부에서 계획된 교육과정을 고도로 구조화하고 교수방법 지침도 구체화하여 제시해 줄 수 있다(쟁점 사항별 실행 수준의 문제와 그에 따른 처방을 구체적으로 제시해 줄 수 있다). • 새로운 교육과정이 실제로 사용되기로 한 시점에서부터 그것이 의도한 대로 사용되고 있는지의 유무를 추적할 수 있다.	• 교사배제(teacher proof) 교육과정으로 설계되어 있어 교육현장의 특수한 상황을 반영하기 어렵고 교사의 능동적 관여를 경시한다(교사들이 실제로 일하고 있는 학교현장의 교육 실제는 이론과 다르다는 사실을 인식하지 못한다). • 교육과정 개발자의 의도에 맞게 충실하게 운영해야 하므로 교사의 역할을 수동적이고 소극적인 역할로 최소화시킨다(교사를 교육 상품의 피동적인 수령자로 간주하고 있다).	

상호적응 관점 (mutual adaptation perspective, 조정 또는 재구성 관점)	• 외부에서 개발된 교육과정은 학교 현장의 교사에 의해 조정될 수 있다고 보는 관점이다. 절충형 교육과정 개발방식에서 강조하는 교육과정 실행 관점이다. • 개발자와 사용자 간의 타협과 수정을 강조하며, 새 교육과정이 실제 상황적 맥락과 결부하여 어떻게 실행되었는지에 초점을 둔다. • 교사는 계획된 교육과정의 적극적인 재구성자의 역할을 담당한다. 계획된 교육과정을 전제하므로 교사의 역할을 여전히 제한적으로 본다.
생성(형성) 관점 (curriculum enactment perspective, 창조적 실행 관점)	• 교육과정을 교사와 학생에 의해 공동으로 만들어가는 교육경험으로 본다. 즉, 교실에서 교사와 학생이 함께 교육경험을 생성하는 활동 그 자체가 교육과정 실행인 것이다. • 외부에서 개발된(계획된) 교육과정은 교실에서 교육경험을 생성할 때 활용할 수 있는 도구로서의 의미만을 지닌다. 지방분권형 교육과정 개발방식에서 강조하는 교육과정 실행 관점이다. • 교사는 교육과정 개발자이자 창안자로서 주체적이고 능동적인 역할을 담당한다. • 교사와 학생은 모두 교육과정의 공동 창안자로서 교사와 학생 모두 지속적인 성장과 발달이 가능하도록 교육과정을 운영해야 한다(교육과정 생성에 참여하고 있는 교사와 학생 모두가 개인적으로 발달하고 성장해 가고 있다고 느낄 수 있도록 교육과정을 창조적으로 운영해야 한다). • 교사는 교육과정 개발자이자 창안자로서 주체적이고 능동적인 역할을 담당하며, 학생의 이익을 위하여 학교와 교실의 복잡하고 특수한 환경에 맞추어 교육과정을 운영해야 한다.

쟁점 ＼ 관점	충실도	상호적응	생성
교육과정 개념	교사가 수행해야 할 구체적인 어떤 것으로서 미리 계획된 것	• 계획된 것 • 교사에 의해 실제로 전개된 것	교사와 학생들에 의해 창안되고 경험된 것
교육과정 지식	교실 밖의 교육과정 전문가에 의해 만들어진 것	• 교실 밖의 교육과정 전문가에 의해 만들어진 것 • 교실 실행 과정에서 재구성될 수 있는 것	교실 밖의 전문가들이 만든 산물이 아니라, 교실에서 교사와 학생이 지속적으로 창안하고 있는 것
교육과정 변화	변화는 선형적인 것으로, 계획된 대로 교실에서 실행하면 일어날 수 있음	변화는 예측하기 어려운 복잡한 과정으로, 계획대로 실행이 일어나지 않을 수 있으며, 실행 과정이 변화에 중요함	교사와 학생의 사고와 실천에 있어서의 변화가 진정한 변화임
교사의 역할	계획된 교육과정의 전달자 혹은 소비자	계획된 교육과정의 적극적인 재구성자	교육과정 창안자 혹은 개발자

교육과정 실행에 대한 세 가지 관점의 비교(Snyder, Bolin, and Zumwalt; 1992)

구분	교육과정 운영의 개념	교육과정 구성방식	평가 영역
충실도 관점	계획된 교육과정	학교 외부 전문가 ⇨ 기술공학적 관점	계획과 결과 간의 일치 정도
상호적응 관점	조정된 교육과정	외부 전문가와 학교 내부의 교육과정 운영 담당자 간의 상호작용 ⇨ 정치적 관점	상호작용의 변화 과정
형성(생성) 관점	창조된 교육과정	학교 내의 교사와 학생 ⇨ 문화적 관점	교사의 이해와 해석 수준

③ 홀(Hall) 등의 교사의 관심에 기초한 교육과정 적용모형 08 초등

(1) 의미

Hall, Geore, Rutherford는 '교사의 관심에 기초한 교육과정 적용모형(CBAM : Concern-Based Adoption Model)'에서 새로 채택된 교육과정의 실행 양태는 교사의 관심 수준에 따라 달라진다고 하였다.

(2) 단계

관심의 단계		관심의 표현
결과	6. 개선단계	새 교육과정을 수정하고 보완하여 더 좋은 결과를 가져올 방법에 대해 관심이 있다.
	5. 협동단계	새 교육과정을 실행함에 있어 다른 교사들과 협동하고 조정하는 데 관심이 있다.
	4. 결과단계	새 교육과정을 실행하는 것이 학생들에게 어떤 영향을 끼치는지에 관심이 있다. 새 교육과정의 학생에 대한 적절성, 학생들의 성취에 대한 평가, 학생의 성취를 향상시키기 위한 방안 등에 관심이 있다.
업무	3. 운영단계	새 교육과정의 운영과 관리에 관심이 있으며, 정보와 자원의 활용에 관심이 높다. 효율성, 조직화, 관리방안, 시간계획, 이를 구현하기 위한 교재를 준비하는 데 관심이 높다.
교사 자신	2. 개인단계	새 교육과정을 실행하는 것이 자신과 주변에 어떤 영향을 끼칠지 알고 싶어 한다. 새 교육과정 실행에 자신의 역할, 필요한 의사결정, 기존 조직에 야기될 갈등, 재정적 소요 등을 알고 싶어 한다.
	1. 정보단계	새 교육과정에 대해 개괄적인 것을 알고 있으나 좀 더 구체적인 것을 알고 싶어 한다. 새 교육과정의 특징, 효과, 실천을 위해 반드시 해야 할 사항 등을 알고 싶어 한다.
	0. 지각단계	새 교육과정에 대해 관심이 전혀 없다.

④ 렌줄리(Renzulli)의 교육과정 압축(curriculum compacting)

(1) 개념

① 렌줄리가 제시한 개념으로, 이질적 교실에 있는 상위 학생들을 위해 이미 숙달한 학습자료의 반복을 피하고 보다 도전적인 학습기회를 마련해 주기 위한 정규 교육과정의 재구성 전략을 말한다.

② 일종의 교육과정 '재구성(modifying)' 혹은 '핵심화(streamling)' 과정으로서, 정규 교육과정에 대한 학습자의 도전 수준을 높이며, 기초학습 기술을 숙달하면서도 적절한 심화 또는 속진형 학습활동의 기회를 마련해 주기 위한 방안이다(⇨ 정상적인 학업이수기간 단축 가능 ⑩ 3년의 이수과정을 2년으로 단축).

③ 정규 교육과정의 전체 또는 일부에 대해 미리 학습하였거나 다른 정규 학생들에 비해 탁월한 성취능력을 드러내는 학생들이라면 누구에게나 적용될 수 있는 방법이다.

④ 이러한 교육과정 압축이 성공적으로 실행되기 위해서는 교사가 교육과정 압축 절차에 관하여 사전에 충분한 훈련을 받아 높은 전문성을 갖추고 있어야 한다.

(2) 교육과정 압축의 목표

① 정규 교육과정을 운영하는 중에도 도전적인 학습환경을 마련하는 것이다.

② 기본 교육과정에 대한 숙달·완숙·능숙성을 보장하는 것이다.

③ 교육과정 압축을 통해 심화와 속진 경험을 위한 시간을 '벌려는' 것이다.

Section 02

2022 개정 교육과정 총론

01 2022 개정 교육과정

❶ 인간상

가. 전인적 성장을 바탕으로 자아정체성을 확립하고 자신의 진로와 삶을 스스로 개척하는 자기주도적인 사람
나. 폭넓은 기초 능력을 바탕으로 진취적 발상과 도전을 통해 새로운 가치를 창출하는 창의적인 사람
다. 문화적 소양과 다원적 가치에 대한 이해를 바탕으로 인류 문화를 향유하고 발전시키는 교양 있는 사람
라. 공동체 의식을 바탕으로 다양성을 이해하고 서로 존중하며 세계와 소통하는 민주시민으로서 배려와 나눔, 협력을 실천하는 더불어 사는 사람

❷ 핵심역량

가. 자아정체성과 자신감을 가지고 자신의 삶과 진로를 스스로 설계하며 이에 필요한 기초 능력과 자질을 갖추어 자기주도적으로 살아갈 수 있는 자기관리 역량
나. 문제를 합리적으로 해결하기 위하여 다양한 영역의 지식과 정보를 깊이 있게 이해하고 비판적으로 탐구하며 활용할 수 있는 지식정보처리 역량
다. 폭넓은 기초 지식을 바탕으로 다양한 전문 분야의 지식, 기술, 경험을 융합적으로 활용하여 새로운 것을 창출하는 창의적 사고 역량
라. 인간에 대한 공감적 이해와 문화적 감수성을 바탕으로 삶의 의미와 가치를 성찰하고 향유하는 심미적 감성 역량
마. 다른 사람의 관점을 존중하고 경청하는 가운데 자신의 생각과 감정을 효과적으로 표현하며 상호협력적인 관계에서 공동의 목적을 구현하는 협력적 소통 역량
바. 지역·국가·세계 공동체의 구성원에게 요구되는 개방적·포용적 가치와 태도로 지속 가능한 인류 공동체 발전에 적극적이고 책임감 있게 참여하는 공동체 역량

❸ 현행 교육과정의 주요 개념

1. **학년군** : 현행 교육과정에서 초등학교는 1~2학년, 3~4학년, 5~6학년의 3개 학년군으로, 중학교와 고등학교는 3개 학년을 각각 1개 학년군으로 묶는 것을 말한다. 교육과정 편성·운영의 경직성을 탈피하고 학년 간 상호 연계와 협력을 통하여 유연성을 부여하기 위한 것이다.

2. **교과군**: 기존의 교과들을 교육목적상의 근접성, 학문 탐구대상 또는 방법상의 인접성, 실제 생활양식에서의 상호 연관성 등을 고려하여 광역군 개념으로 유목화하는 것을 말한다. 예를 들어 '사회/도덕', '과학/실과(기술·가정)', '예술(음악/미술)' 등으로 묶는 경우가 그것이다.

3. **집중이수**: 여러 학년에 걸쳐 이수하는 과목을 학년별로 집중 이수하거나, 1년 동안 이수하는 과목을 한 학기 동안 집중적으로 이수하는 것을 말한다. 집중 학습이 가능하고 수업의 효율성을 높일 수 있다.

4. **블록타임(Block-time)제**: 특정 과목의 수업을 요일별로 나누는 대신 하루에 여러 시간으로 묶어 연속수업을 진행하는 경우를 말한다. 연속수업을 진행할 경우 수업의 완성도를 높일 수 있다. 예를 들어 미술수업이 주당 1~2시간인 경우, 학생들은 주어진 시간 내에 작품을 완성하기 어려울 수 있으나 집중이수제로 3~4시간 연속 수업을 진행할 경우 학생들에게는 작품의 완성도를 높이고, 교사는 효과적인 수업을 운영할 수 있다.

02 자유학기제

❶ 개념

중학교 과정 중 한 학기 동안(중학교 1학년 1학기, 1학년 2학기, 2학년 1학기 중) 학생들이 시험 부담에서 벗어나 꿈과 끼를 찾을 수 있도록 토론·실습 등 학생 참여형으로 수업을 운영하고, 진로탐색 활동 등 다양한 체험활동이 가능하도록 교육과정을 유연하게 운영하는 제도

❷ 자유학기제 추진 목적

① 자신의 적성과 미래에 대해 탐색하고 설계하는 경험을 통해 ⇨ 꿈·끼 탐색
② 지식과 경쟁 중심 교육을 창의성, 인성, 자기주도 학습능력 등 미래 핵심역량 함양이 가능한 교육으로 전환
③ 학교 구성원 간 협력 및 신뢰 형성, 적극적 참여 및 성취 경험을 통해 학생·학부모·교원 모두가 만족 ⇨ 행복교육 실현

❸ 중학교 교육과정 편성·운영 기준('중학교 교육과정', 교육부 고시 제2015-80호)

9) 학교는 학생들이 자신의 적성과 미래에 대해 탐색하고, 학습의 즐거움을 경험하여 스스로 공부하는 자기주도적 학습 능력과 태도를 기를 수 있도록 자유학기를 운영한다.
  가) 중학교 과정 중 한 학기는 자유학기로 운영한다.
  나) 자유학기에는 해당 학기의 교과 및 창의적 체험활동을 자유학기의 취지에 부합하도록 편성·운영한다.
  다) 자유학기에는 지역사회와 연계하여 진로 탐색 활동, 주제 선택 활동, 동아리 활동, 예술·체육 활동 등 다양한 체험 중심의 자유학기 활동을 운영한다.
  라) 자유학기에는 협동 학습, 토의·토론 학습, 프로젝트 학습 등 학생 참여형 수업을 강화한다.
  마) 자유학기에는 중간·기말고사 등 일제식 지필평가는 실시하지 않으며, 학생의 학습과 성장을 지원하는 과정 중심의 평가를 실시한다.
  바) 자유학기에는 학교 내외의 다양한 자원을 활용하여 진로 탐색 및 설계를 지원한다.
  사) 학교는 자유학기의 운영 취지가 타 학기·학년에도 연계될 수 있도록 노력한다.

④ 자유학기제의 기본 방향

① 자유학기에 집중적인 진로수업과 체험을 실시 ⇨ 진로교육의 강화
② 참여·활동중심 수업 강화 및 다양한 수업방법을 마련 ⇨ 교수·학습방법 혁신
③ 중간·기말고사를 실시하지 않고, 학생의 기초성취수준 확인 및 수업지도 방안을 마련 ⇨ 학생부담 해소

⑤ 자유학기제 활동

활동	내용
진로탐색 활동	자신의 적성과 소질을 탐색해 스스로 미래를 설계할 수 있도록 하는 활동 예 진로검사, 초청강연, 직업탐방, 일터체험 등
주제선택 활동	학생의 흥미, 관심사에 맞는 체계적이고 심층적인 프로그램 운영으로 학습동기를 유발하고 깊이 있는 학습기회를 제공하고자 하는 활동 예 고전토론, 체험수학, STEAM 과학 등
동아리 활동	학생의 공통된 관심사를 기반으로 운영되며, 이를 통해 학생의 특기와 적성은 물론 자율적인 문제해결력을 키우고자 함 예 문예토론, 과학실험, 천체관측 등
예술·체육 활동	다양하고 내실 있는 예술·체육 교육으로 학생의 소질과 잠재력을 찾아주는 활동 예 연극 활동, 뮤지컬 활동, 오케스트라 활동, 디자인 활동, 축구 등

⑥ 자유학기제 진로교육 운영방안 – 체계적인 진로탐색 기회의 확대

운영방안	내용
진로학습	학생이 적성과 소질을 탐색하여 스스로 미래를 설계해 나갈 수 있도록 체계적인 진로학습 토대를 마련 ⇨ 「진로와 직업」을 개설, 학교진로교육프로그램을 보급
진로상담·검사	학생의 개인별 특성과 역량에 맞는 진로설계를 지원하기 위한 진로상담·검사 체제를 구축 ⇨ 진로진학상담교사를 확충, 학부모들을 학생의 진로 코치로 활용
진로체험	학생의 수요를 반영하여 진로학습 및 상담에서 모색한 자신의 소질과 적성을 직접적인 체험을 통해 확인하는 기회를 다양하게 제공 ⇨ '전일제 진로체험' 또는 '진로캠프' 등 실시
진로탐색 포트폴리오 구성	자유학기를 중심으로 초·중·고등학교에 걸친 학생의 진로탐색 활동 전반을 체계적으로 기록·관리 ⇨ 현행 학생부의 '진로희망사항'란 등에 학생이 희망하는 직업뿐 아니라 희망 이유 및 비전 등도 기술할 수 있도록 개선, 진로지도 및 진로탐색에 활용

⑦ 자유학기제의 기대 효과

① 맞춤형 진로탐색과 협동·협업·참여 ⇨ 적성에 맞는 자기계발 및 인성 함양
② 학생의 참여활동이 보장되고 학습동기가 유발 ⇨ 만족감 높은 행복한 학교생활
③ 공교육에 대한 불신을 불식, 학교 정상화 ⇨ 공교육의 신뢰 회복

권지수교육학 핵심요약집
핵심쏙쏙

교육심리학

PART 02 교육심리학

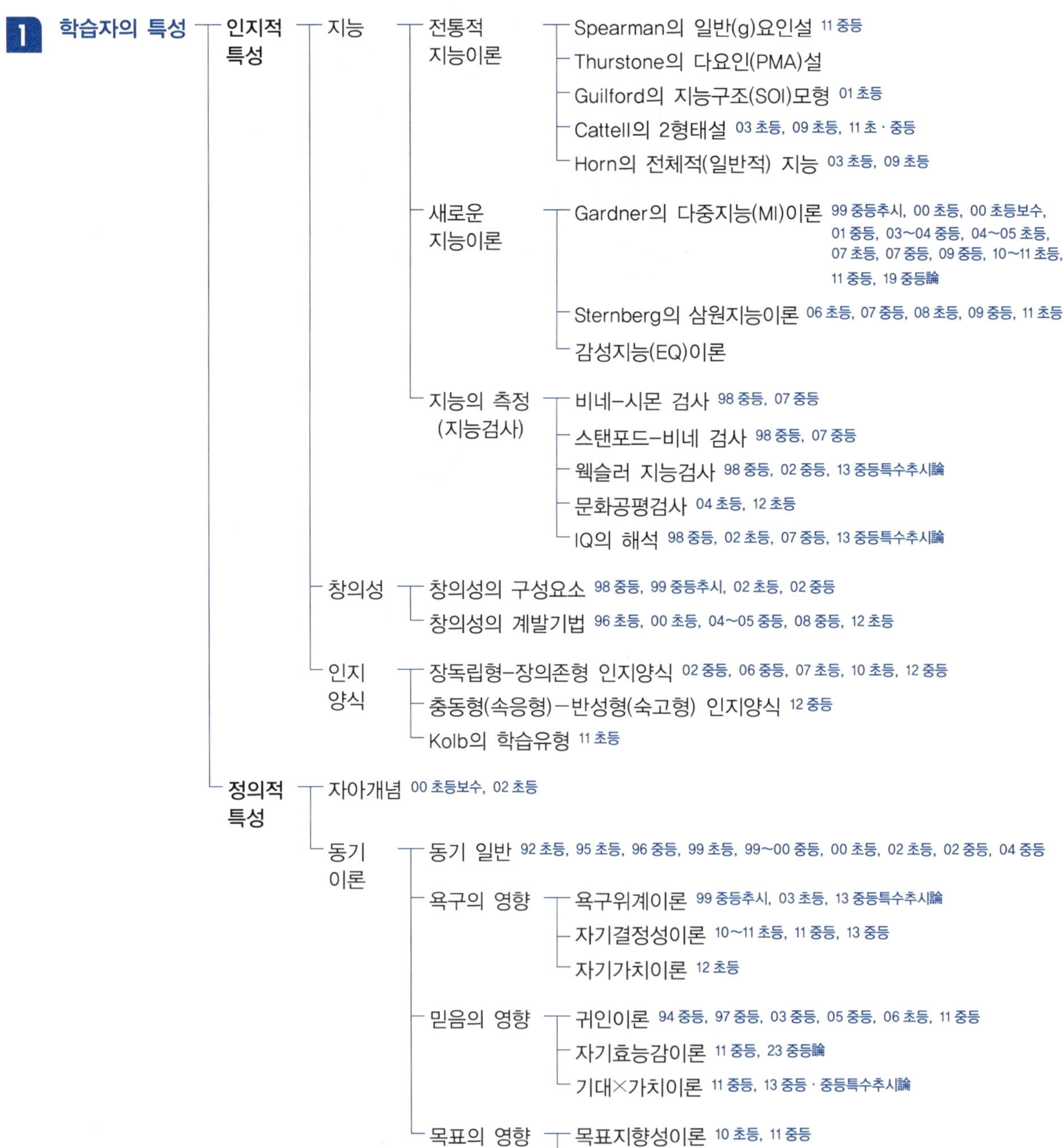

1 학습자의 특성

인지적 특성

지능

전통적 지능이론
- Spearman의 일반(g)요인설 11 중등
- Thurstone의 다요인(PMA)설
- Guilford의 지능구조(SOI)모형 01 초등
- Cattell의 2형태설 03 초등, 09 초등, 11 초 · 중등
- Horn의 전체적(일반적) 지능 03 초등, 09 초등

새로운 지능이론
- Gardner의 다중지능(MI)이론 99 중등추시, 00 초등, 00 초등보수, 01 중등, 03~04 중등, 04~05 초등, 07 초등, 07 중등, 09 중등, 10~11 초등, 11 중등, 19 중등論
- Sternberg의 삼원지능이론 06 초등, 07 중등, 08 초등, 09 중등, 11 초등
- 감성지능(EQ)이론

지능의 측정 (지능검사)
- 비네–시몬 검사 98 중등, 07 중등
- 스탠포드–비네 검사 98 중등, 07 중등
- 웩슬러 지능검사 98 중등, 02 중등, 13 중등특수추시論
- 문화공평검사 04 초등, 12 초등
- IQ의 해석 98 중등, 02 초등, 07 중등, 13 중등특수추시論

창의성
- 창의성의 구성요소 98 중등, 99 중등추시, 02 초등, 02 중등
- 창의성의 계발기법 96 초등, 00 초등, 04~05 중등, 08 중등, 12 초등

인지양식
- 장독립형–장의존형 인지양식 02 중등, 06 중등, 07 초등, 10 초등, 12 중등
- 충동형(속응형)–반성형(숙고형) 인지양식 12 중등
- Kolb의 학습유형 11 초등

정의적 특성

자아개념 00 초등보수, 02 초등

동기이론
- 동기 일반 92 초등, 95 초등, 96 중등, 99 초등, 99~00 중등, 00 초등, 02 초등, 02 중등, 04 중등
- **욕구의 영향**
  - 욕구위계이론 99 중등추시, 03 초등, 13 중등특수추시論
  - 자기결정성이론 10~11 초등, 11 중등, 13 중등
  - 자기가치이론 12 초등
- **믿음의 영향**
  - 귀인이론 94 중등, 97 중등, 03 중등, 05 중등, 06 초등, 11 중등
  - 자기효능감이론 11 중등, 23 중등論
  - 기대×가치이론 11 중등, 13 중등 · 중등특수추시論
- **목표의 영향**
  - 목표지향성이론 10 초등, 11 중등
  - 성취동기이론 99 초등 · 초등추시, 00 초등

2 학습자의 발달 (발달이론)
인지 발달이론
Piaget의 인지발달이론 95 중등, 97~99 중등, 99 초등 · 중등추시, 00 초등, 03 중등, 05 중등, 05~07 초등, 08 중등, 09~10 초등, 10~11 중등
Case의 신피아제이론 04 초등
Vygotsky의 인지발달이론 00 초 · 중등, 02~05 초등, 03~04 중등, 06~07 중등, 08 초등, 12 중등, 20 중등論
비인지 발달이론
성격 발달이론
Freud의 성격발달이론 02 중등, 03 초등, 06 초등, 07 중등
Erikson의 성격발달이론 95 초등, 00 초등, 99~04 중등, 05 초등, 09 중등, 11 초등, 16 중등論
Marcia의 정체성 지위이론 05 초등, 09 중등
도덕성 발달이론
Piaget의 도덕성 발달이론
Kohlberg의 도덕성 발달이론 98 중등, 99 초등, 02 초등, 06 중등, 07 초등, 12 중등
Gilligan의 배려의 윤리
사회성 발달이론
Selman의 사회적 조망수용이론 10 중등
Bronfenbrenner의 생태학적 발달이론 12 초등

3 학습자의 학습 (학습이론)
행동주의 학습이론
Pavlov의 고전적 조건화 91 중등, 94 중등, 06 중등, 09 초등
Thorndike의 도구적 조건화 95 초등
Skinner의 조작적 조건화 96 중등, 97~00 초등, 99 중등추시, 99~04 중등, 02~03 초등, 05~06 초등, 06~09 중등, 08 초등, 10 초등, 11 중등
사회인지 학습이론
Bandura의 사회관찰학습이론 98 중등, 99~00 초등, 05~08 중등, 08 초등, 16 중등論, 23 중등論
인지주의 학습이론
형태주의
Wertheimer의 형태이론
Köhler의 통찰학습
Lewin의 장이론
Tolman의 기호형태설 07 중등
정보처리 이론
정보처리이론 98 중등, 99~00 초등, 00 초등보수, 00~04 중등, 02~06 초등, 07~10 중등, 10~11 초등, 13 중등
대안모형 – 신경망모형
인본주의 학습이론 06 중등
전이와 망각
전이 94 초등, 99 초등, 01 중등, 04 초등, 06 중등, 08 초등
망각 99 초등

4 적응과 부적응
부적응
욕구불만(좌절), 갈등, 압박감, 불안 02 초등
적응기제
적응기제 · 방어기제 · 도피기제 · 공격기제 99~00 초등, 01 중등, 05~06 중등, 08 초등, 11 초등

권지수교육학 핵심요약집

핵심쏙쏙

CHAPTER

01

학습자의 특성

Section 01 학습자의 인지적 특성

01 지능(intelligence)

1 전통적 지능이론

(1) 스피어만(Spearman)의 일반요인설(g요인설, 2요인설) [11 중등]

① 개념 : 지능은 일반요인(g요인)과 특수요인(s요인)으로 구성된 단일능력이다. 즉, 지능은 모든 정신기능에 작용하는 일반지능에 특수한 과제 수행에 관여하는 특수능력이 덧붙여진 것이다.

② 의의 : 지능이 높은 학생은 전 교과에서 높은 성취를 보일 것으로 기대할 수 있다. **예** 팔방미인, 다재다능

(2) 써스톤(Thurstone)의 다요인(PMA)설(기본정신능력, PMA : Primary Mental Abilities)

① 개념 : 지능은 단일능력이 아니라 상호 독립적인 7개의 기본정신능력(PMA)으로 구성되어 있다. ⇨ 단어유창성 요인, 언어이해 요인, 지각속도 요인, 수 요인, 공간시각 요인, 기억 요인, 추리 요인

② 의의 : 지능의 개인차에 대한 해석을 가능하게 함 ⇨ 언어능력이 뛰어난 학생이 있는 반면, 공간능력이 더 우월한 학생이 있다는 점을 이해하는 데 도움을 준다.

(3) 길포드(Guilford)의 지능구조 모형(복합요인설, SOI : Structure of Intellect) [01 초등]

① 개념 : 써스톤(Thurstone)의 기본정신능력(PMA)을 확대 · 발전시켜, 지능은 '내용'(5), '조작'(6), '결과'(6)의 3차원 조합으로 이루어진 상호 독립적인 180개의 복합요인으로 구성되어 있다고 한다.

② 지능구조 : ㉠ 내용차원 ⇨ 조작의 대상(시각, 청각, 상징, 의미, 행동), ㉡ 조작차원 ⇨ 내용에 대한 정신적 조작활동 ⇨ 기억력(기억저장, 기억파지), 사고력(인지적 사고력, 생산적 사고력−수렴적 사고력/발산적 사고력, 평가적 사고력), ㉢ 결과차원 ⇨ 조작의 결과(단위, 유목, 관계, 체계, 변환, 함축)

(4) 카텔(Cattell)의 유동성 지능과 결정성 지능(2형태설) 03 초등, 09 초등, 11 초·중등

① **개념** : 지능은 상층부에 일반요인, 하층부에 특수요인이 위계를 이루며, 지능의 일반요인은 유동성 지능과 결정성 지능으로 구성되어 있다.

② **일반요인(일반지능)** : 유동성 지능, 결정성 지능

유동성 지능 (Gf, fluid General intelligence)	• 유전적 요인(◉ 유전, 성숙 등 생리적·신경적 요인)에 영향을 받는 지능으로, 뇌 발달과 비례하는 능력이다. • 기억력, 기계적 암기, 지각력, 일반적 추리력, 정보처리속도 등 모든 문화권에서의 보편적인 능력으로 탈문화적 내용에 해당한다. • 청소년기까지는 발달하나 그 이후부터는 점차 쇠퇴한다.
결정성 지능 (Gc, crystallized General intelligence)	• 환경적 요인(◉ 경험, 학습)에 영향을 받는 지능으로, 문화적 환경과 경험에 의해 발달하는 능력이다. • 독해력(어휘력), 일반지식, 상식, 문제해결력, 논리적 추리력 등 문화적 내용에 해당한다. • 환경적 자극이 지속되는 한(교육기회의 확대 등) 청소년기 이후에도 계속 발달할 수 있다.

③ **지능의 변화 가능성** : 연령이 증가함에 따라 유동성 지능은 감소, 결정성 지능은 불변하거나 오히려 증가

② 새로운 지능이론

(1) 가드너(H. Gardner)의 다중지능이론(MI : Theory of Multiple Intelligence)

99 중등추시, 00 초등·초등보수, 01 중등, 03 중등, 04~05 초등, 04 중등, 07 초·중등, 09 중등, 10~11 초등, 11 중등, 19 중등論

① **개념** 『마음의 틀(Frames of Mind)』(1983)

ㄱ 지능은 단일능력이 아니라 별개의 영역별로 구분되는 9개의 상호 독립적인 지능들로 구성되어 있다. 각 지능 요인들의 결합 형태에 따라 개인의 독특한 지능이 형성된다. ⇨ 지능이란 자신이 처한 문화적 상황에서 문제를 해결하거나 가치를 만들어 내는 능력 ⇨ 지능의 문화적 맥락과 시대적 맥락 강조

ㄴ 인간은 모든 영역에서 타고날 수 있으나 최소한 한 가지 이상의 우세한 지능영역이 있다. 따라서 학습자에게 약한 영역을 지도할 때 그에게 상대적으로 우세한 영역의 지능을 활용할 수 있어야 한다.

② **가드너의 기본 입장(견해)**

ㄱ 지능은 상호 독립적이며 각각의 상대적 중요성이 동일하다 : 영역별로 서로 별개로 구분되는 9개의 지능들로 구성되어 있으므로, 한 지능에 손상이 생겨도 다른 지능은 작동한다. 또, 각 지능의 상대적 중요성이 동일하다.

ㄴ 지능은 특정 영역에서 상호작용할 수 있다 : 원칙적으로 지능은 상호 독립적이지만, 특정 영역에서는 여러 개의 지능들이 복합적으로 상호작용할 수도 있다.

© 지능은 개별적이고 독특하다 : 모든 인간은 9개(8개)의 다중지능을 모두 소유하고 있지만, 개인마다 다중지능 구성(profile)이 다 다르다.

© 지능은 교육 및 훈련을 통해 계발(발달)될 수 있다 : 지능은 교육(훈련)을 통해 계발(발달)시킬 수 있으며 지능 계발이 가능한 환경이 중요하다. 다만, 사람마다 지능의 발달 속도가 다르다.

© 학교교육에서는 사회에서 중시되는 다양한 능력을 길러주어야 한다 : 학교에서 언어 지능이나 논리수학 지능만 강조할 것이 아니라, 다른 지능에 대한 교육적 배려를 통해 다양한 영역의 지능을 개발하여 학생들이 학교와 직업 분야에서 성공할 수 있도록 도와주어야 한다.

© 지능은 문화 의존적이고 상황 의존적이다 : 문화권이나 사회에 따라 중시되는 능력은 매우 다르기 때문에 지능은 문화 의존적이고 상황 의존적이다.

© 지능 측정의 대안적 평가가 필요하다 : 지능은 현실에서 당면하는 문제를 해결하는 능력이므로 기존의 객관식 검사가 아닌 수행평가와 같은 대안적 검사가 요구된다(지능측정방법의 다양성 중시).

③ 다중지능의 유형

지능 유형	핵심 성분과 사례	다중지능을 활용한 수업
언어 지능 (linguistic intelligence)	언어의 의미와 소리에 대한 민감성 / 언어의 활용과 관련된 능력 예 시인, 연설가, 교사 / Eliot	이야기 꾸며 말하기(storytelling), 브레인스토밍, 일기쓰기 · 글짓기 · 문집 · 신문 만들기 등
논리수학 지능 (logical-mathematical intelligence)	논리적 · 수학적 유형에 대한 민감성 / 논리적 사고, 수학적 계산, 관계 이해, 추론, 패턴과 유형 인지능력, 문제이해능력 예 수학자, 과학자 / Einstein	숫자 계산하기, 분류하기, 소크라테스 문답법 활용하기, 문제의 해법 추정하기, 체계적으로 생각하기 등
대인관계 지능 (interpersonal intelligence)	타인의 기분, 동기, 의도를 구분하고 대응하는 능력 / 타인에 대한 지식에 따라 행동할 수 있는 잠재능력 예 정치가, 종교인, 사업가, 행정가, 부모, 교사 / Gandhi	집단학습이나 협동학습 등
자연관찰 지능	동식물이나 주변 사물을 관찰하여 공통점과 차이점을 분석하는 능력 예 동물행동학자, 지리학자, 탐험가 / Darwin	식물이나 곤충의 특징 관찰하기, 위인의 일생이나 역사적 사건에서 어떤 것을 발견하도록 하기 등
음악 지능 (musical intelligence)	음정에 대한 민감성 / 음과 음절을 리듬이나 구조로 결합하는 방법과 음악의 정서적 측면을 이해하는 능력 예 음악가, 작곡가 / Stravinsky	학습내용과 관련된 노래하기 · 리듬치기 등
공간 지능 (spatial intelligence)	시공간 세계에 대한 예민한 지각 / 시 · 공간적 세계를 정확히 지각하고, 지각한 것을 토대로 시 · 공간적 세계를 변형 · 수정 · 재창조하는 능력 예 예술가, 항해사, 기술자, 건축가, 외과의사 / Picasso	학습내용을 그림, 그래프 또는 심상(image)으로 그려보기, 학습자료에 색칠하여 요소 구분하기 등

신체운동 지능 (bodily-kinesthetic intelligence)	신체나 사물을 능숙하게 다루는 능력 예 무용가, 운동선수, 배우 / Graham	몸동작으로 말하기, 학습내용을 연극·동작으로 표현하기, 손가락 등 신체를 활용하여 학습활동 하기 등
개인 내적 지능 (자기성찰 또는 개인이해 지능, intrapersonal intelligence)	자신에 대한 이해, 통찰, 통제능력 / 자신의 감정을 잘 알고, 감정의 차이를 식별하며, 그것을 행동하는 데 활용하는 능력(자기 자신의 강점과 약점, 기대, 능력에 대한 지식) 예 소설가, 임상가 / Freud	수업 중 잠깐(1분) 명상하기, 수업에서 자신의 목표 설정하기, 이 공부를 왜 하는지 생각해보기 등
실존 지능 (영적 지능, existentialist intelligence)	• 인간의 존재 이유, 삶과 죽음, 희로애락, 인간의 본성 및 가치에 대해 철학적·종교적 사고를 할 수 있는 능력 예 종교인, 철학자 • 뇌에 해당 부위(brain center)가 없고, 아동기에는 거의 출현× ⇨ 반쪽 지능	

④ 교육적 의의(시사점, 학습전략)

유형	내용
교육과정	교육과정(교육내용)의 다양화와 통합교육 : 9가지 다중지능을 골고루 반영하여 교육내용(교육과정)을 다양화하거나 각 지능을 통합한 통합교육을 실시하여 다양한 영역의 지능을 고루 발달시키도록 한다.
교수방법	• 강점 지능을 활용한 지도 : 인간은 최소한 한 가지 이상의 우세한 지능영역이 있으므로 학습자에게 약한 영역을 지도할 때 그의 강점 지능을 활용하여 지도한다. ⇨ 학습의 '이차적 통로(secondary route)' • 개인차를 고려한 맞춤형 교육 : 학생마다 다중지능 구성(profile)이 다르므로 학생들의 각 지능들을 적절한 수준까지 발달시키기 위해서는 학생의 개인차를 고려한 맞춤형 교육이 필요하다. • 개인차를 고려한 선택 학습 : 학생의 능력이나 학습방법이 각기 다르다는 점을 수용하여 배울 것을 선택하여 학습할 수 있도록 한다.
평가	• 지능의 강점과 약점을 파악하는 평가 : 학생 간의 개인차를 변별하는 평가보다는 학생의 지능에서 강점과 약점을 파악하여 그에 적합한 교육내용과 방법을 연결해 줄 수 있는 평가가 되어야 한다. • 수행평가 : 다양한 형태의 수행평가를 실시하여 학생의 소질과 적성을 판단하고 그 결과에 부합하는 학습경험과 학습방법을 제공해야 한다.
교사 역할	• 학생-교육과정 중개인(연계자), student-curriculum broker : 학생의 인지적 강점과 약점을 고려하여 교육과정을 구성하고 수업을 진행해야 한다. • 학교-지역사회 중개인(연계자), school-community broker : 지역사회의 다양한 자원들을 교육적 자원으로 활용할 필요가 있다. • 평가 전문가의 역할 : 9가지 지능을 모두 공정하게 측정할 수 있어야 하며, 학생이 어떤 영역에 흥미와 지적 특성이 있는지 정확하게 가려낼 수 있어야 한다.

⑵ 스턴버그(R. Sternberg)의 삼원지능이론 – 삼위일체이론, 성공지능이론(triarchic theory of intelligence)

06 초등, 07 중등, 08 초등, 09 중등, 11 초등

① 개념 『IQ를 넘어서』(1984) : 지적 행동이 일어나는 인지과정의 분석을 활용하여 지능을 파악한 정보처리적 접근 방법

  ㉠ 삼원지능이론 : 스턴버그는 요소하위이론, 경험하위이론, 상황(맥락)하위이론으로 구성된 종합적인 삼원지능이론을 주장하였다. 그는 지능의 구성요소를 성분적 요소, 경험적 요소, 상황적(맥락적) 요소로 구분하고, 이는 분석적 지능, 경험적(창조적) 지능, 실제적(실천적) 지능과 관련된다고 보았다.

  ㉡ 성공지능(SQ) : 성공지능은 분석적, 경험적(창조적), 실제적(실천적) 지능으로 구성되며, 이 세 가지 측면이 잘 연결된 것을 성공지능이라고 부른다(SQ = AI + CI + PI).

② 지능의 세 측면 : 성분적 · 경험적 요소는 문화적 보편성을, 상황적 요소는 문화적 상대성을 지닌 요소

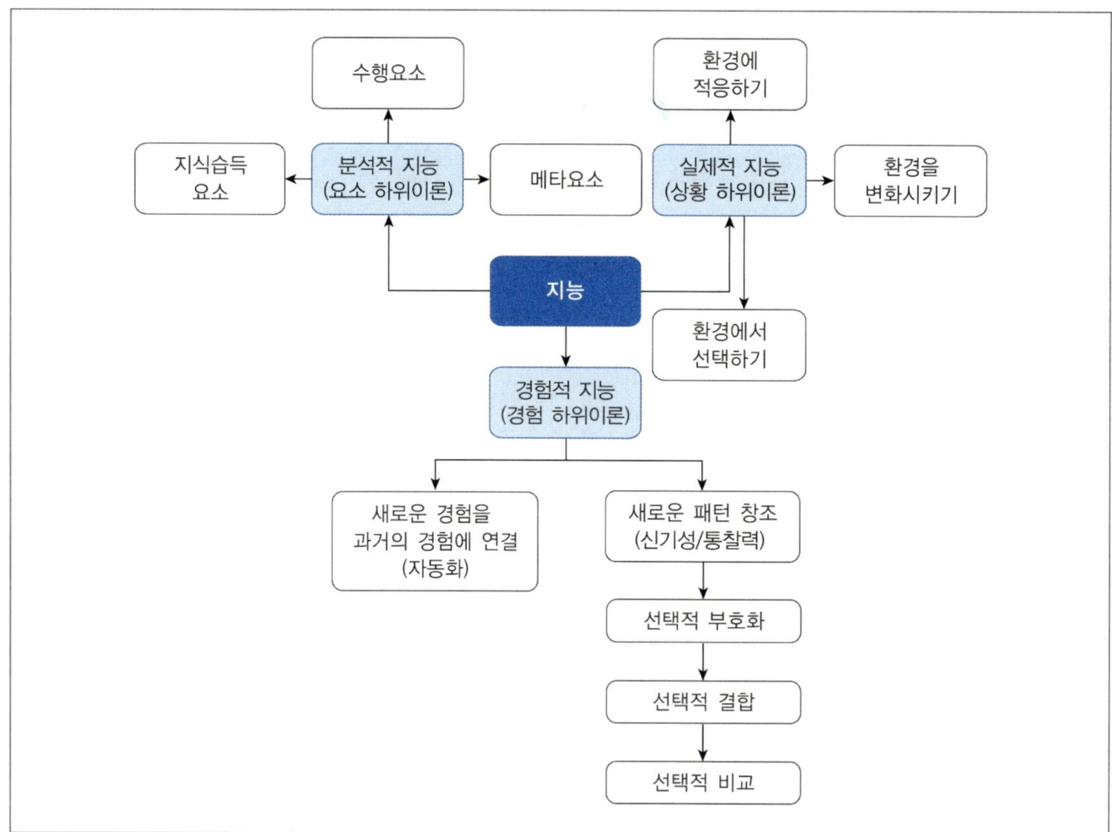

  ㉠ 분석적 지능(analytical intelligence, 성분적 요소, 요소하위이론) : 새로운 지식을 습득하고 그 지식을 논리적인 문제해결에 적용하는 능력으로, 지식습득요소 · 수행요소 · 메타요소로 구성된다. 이것은 종래의 IQ와 관련되는 것으로, 학교 학습에 영향을 준다. ⇨ 분석적 사고 : 비교, 대조, 비평, 판단, 평가 등과 관련

메타요소 (상위요소)	• 지적 행동의 여러 측면들을 계획, 점검, 평가하는 고등정신과정 ⇨ 지식획득요소와 수행요소를 실제적으로 통제함 • 무엇을 할 것인지 결정하고, 결정한 일이 진행되는 과정을 감독하여, 진행결과를 평가하는 데 사용되는 것 ⇨ 일을 계획하기, 수행과정을 점검하기, 수행결과를 평가하기 등을 포함 예 보고서 주제 정하고 보고서 작성 계획 세우기, 보고서 진척 상황 점검하기
지식습득요소	• 문제해결에 필요한 새로운 지식이나 문제해결방법을 학습하는 정신과정 • 적절한 정보와 무관한 정보를 가려내는 것, 적절한 정보를 선택해 선택적으로 기호화된 정보들을 통합된 형식으로 조합하는 것, 새로운 정보를 기존의 정보에 연결시키는 것 등이 포함 예 자료를 조직하고 쓰는 방법의 학습, 프로젝트를 수행하기 위해 자료를 탐색하는 방법을 학습하고, 보고서 작성하는 방법을 학습하는 사고과정
수행요소	• 메타요소의 지시를 받아 실제 문제를 해결(과제를 수행)하는 정신과정 • 정보를 저장하는 것, 정보들 사이의 관계를 추리하는 것, 추리된 법칙을 다른 상황에 대입하는 것, 다양한 해결책을 비교하고 최선의 해결책을 찾는 것, 정보에 대해 반응하는 것 등을 포함 예 실제 보고서 작성하기

ⓛ 경험적 지능(creative intelligence, 경험적 요소, 경험하위이론) : 인간의 경험과 밀접히 관련되어 있는 창의적 능력으로, 익숙한 과제를 자동적으로 수행하는 자동화와 새로운 과제를 처리하는 신기성(novelty), 즉 통찰력(선택적 부호화, 선택적 결합, 선택적 비교)으로 구성된다. ⇨ **창의적 사고** : 무엇인가를 발견하고 상상하며 고안하고 가정하는 것과 관련

선택적 부호화	중요하고 적절한 정보에 주의를 기울이는 과정(능력) 예 플레밍(Flemming)은 많은 학자들이 실험오류라고 간주한 사실에서 페니실린이라는 항생제를 발견함
선택적 결합	아무 관련이 없는 것을 연관시켜 새로운 것을 만들어 내는 능력 예 다윈(Darwin)은 서로 전혀 관계가 없는 자연선택론과 적자생존론을 결합시켜 진화론을 완성함
선택적 비교	기존의 것을 새로운 각도에서 파악하여 새로운 것을 유추해 내는 능력 예 케쿨레(Kekule)는 꿈에 뱀이 똬리를 트는 모양을 보고 벤젠의 분자구조를 발견함 / 케플러(Kepler)는 시계의 동작을 보고 천체의 운동을 유추함

ⓒ 실제적 지능(practical intelligence, 상황적 요소, 상황하위이론) : 실제 생활에서 환경에 잘 적응하고, 필요할 경우 환경을 변화시키거나 보다 나은 새로운 환경을 선택하는 능력을 의미하며, 적응·변화·선택으로 구성된다. 이것은 IQ나 학업성적과는 무관한 능력으로, 일상의 경험에 의해 획득되고 발달한다. ⇨ 실제적 사고 : 적절한 해결점(아이디어)을 찾아내고 적용하고 활용하는 것과 관련

③ 교육적 시사점

㉠ 3가지 지능을 반영한 수업 : 3가지 능력은 모든 교과 영역에 두루 적용될 수 있으므로 3가지 지능을 반영한 수업을 통해 학생의 지능이 증진될 수 있도록 한다.

예 미술교과에서는 작가의 작품 스타일을 비교하거나(분석적 능력), 작품을 만들거나(창의적 능력), 미술이 광고에 어떻게 활용되고 있는가(실용적 능력)를 논의할 수 있다.

㉡ 강점의 극대화와 단점의 보완 : 학생 개개인의 강점과 약점을 확인한 다음 강점을 충분히 활용하고 단점을 보완할 수 있는 교육을 실시해야 한다.

㉢ 학생의 능력에 맞는 수업과 평가 : 삼원이론에 근거하여 수업과 평가를 학생의 능력에 부합시켜야 하며, 그렇게 할 때 학습이 극대화된다.

☑ **가드너와 스턴버그 이론의 공통점과 차이점**

구분	가드너	스턴버그
공통점	• 지능은 단일한 능력이 아닌 여러 가지 복합적 지능으로 구성 • 지능을 학교교육의 범위를 벗어나 사회·문화적 맥락을 고려하여 이해 • 지능을 가변적 특징으로 보고 수업이나 훈련을 통해 지능 개발 가능 • 학교수업과 평가는 강점 지능을 활용하고 약점 지능을 교정·보완하는 데 초점을 두어야 함	
차이점	• 지능의 독립적 영역(구조)을 중시 ⇨ 지능을 구성하는 요소(영역)를 밝히려 함 • 상호 독립적인 여러 개의 지능으로 구성	• 지능의 작용과정(인지과정) 중시 ⇨ 지능 요소들의 상호작용을 밝히려는 과정이론 • 서로 관련을 맺고 있는 3개의 하위요인으로 구성

(3) 감성지능(정서지능)(EQ : Emotional Quotient, 정서지능, 감성지수, 정서지수) 99 중등, 02 중등

① 개념 : 샐로비(Salovey)와 메이어(Mayer)가 처음 소개, 골맨(Goleman)이 대중화 ⇨ 자신과 타인의 감정을 정확히 인식하고 평가하며 표현하는 능력을 말한다.

② 감성지능(정서지능)의 구성요소(Goleman)

구분		내용
개인내적 지능	(자기) 감정인식능력	자기 감정을 재빨리 인식하는 능력. 자기이해와 자기통찰의 필수적인 능력으로 정서지능의 핵심 ⇨ 주도적인 입장에서 삶을 잘 영위할 수 있다.
	(자기) 감정조절능력	감정에 대한 정확한 인식을 토대로 자신의 감정을 조절하고 전환하는 능력 ⇨ 분노, 흥분, 우울, 불안과 같은 부정적 감정을 쉽게 떨쳐버리고 좌절과 혼돈에서 빨리 벗어날 수 있다. 감정조절능력이 낮은 사람은 분노조절장애를 겪을 수 있음
	(자기) 동기화능력	목표 달성을 위해 자기 자신을 동기화시키는 능력. 목표설정능력, 인내력, 만족지연능력을 포함 ⇨ 주의집중, 자기정복, 창조에 필수적임
대인관계 지능	타인의 감정인식능력	타인의 감정을 읽을 줄 아는 공감능력, 감정이입능력 ⇨ 대인관계를 관리하는 능력의 토대가 됨
	대인관계 관리능력 (인간관계 기술능력)	타인과 효과적인 대인관계(인간관계)를 유지해 나가는 능력. 타인의 감정에 대처하고 조절할 수 있는 능력

③ 감성지능(정서지능) 발달을 위한 지도전략

㉠ 자신과 타인의 정서를 인식하고 표현해 보기 : 자신과 타인의 정서를 인식하고 표현하는 다양한 방법을 배워 봄으로써 인식능력, 표현능력, 공감능력을 기를 수 있다. 언어적 표현뿐만 아니라 예술적 표현, 신체적 표현 등과 같은 비언어적 표현을 통해서도 학습하는 것이 바람직하다.

㉡ 공감 경험 제공하기 : 타인이 처한 상황을 총체적으로 인식하고 그 속에서 타인이 가진 정서를 공감해 보는 경험을 제공해 준다. 공감능력의 향상은 이타적 행동과 친사회적 행동을 육성하는 효과가 있다.

㉢ 정서조절 경험 제공하기 : 다양한 상황에서 발생하는 부정적 정서를 인식하고 조절하는 경험을 제공해 준다. 시뮬레이션이나 역할연기 등을 통해 학습함으로써 실제성을 높일 수 있다.

③ 지능의 측정 – 지능검사 96 중등, 98 중등, 99 초등, 02 초등, 07 중등

(1) 웩슬러 지능검사(Wechsler; 1939) – 편차IQ(DIQ) 98 중등, 02 중등, 13 중등특수추시論

① 편차IQ는 한 사람의 지능을 그와 동일한 연령집단 내에서의 상대적 위치로 규정한 IQ ⇨ 평균100, 표준편차 15 ⇨ $DIQ = 100 + 15Z$ (⇨ IQ 70 이하는 정신지체의 지표, IQ 145는 영재의 지표)

> 예 7세 아동의 점수를 다른 7세 아동들의 점수와 비교하여, 그의 점수가 평균 7세 아동보다 20점 높다면 IQ 120이 됨

② 언어성 검사와 비언어성(동작성) 검사로 구성 ⇨ WAIS(성인용), WISC(아동용, 7~16세), WPPSI(취학전 아동용, 4~6세)

(2) 문화공평검사(문화평형검사, culture-fair test) 04 초등, 12 초등

종류	내용
SOMPA (다문화적 다원사정체제)	• 머서(Mercer)가 웩슬러 아동용 지능검사(WISC)를 보완하여 개발한 것으로, 5~11세 아동을 대상으로 실시 ⇨ 특정 집단에게 불리하지 않도록 다양한 평가방식을 활용하여 제작된 검사 • 아동의 의료적 요소(아동의 키, 몸무게, 시각, 청각, 예민성, 병력 등 전반적 건강상태)와 사회적 요소(문화·인종·사회경제적 배경 : 교우관계, 학교 외적 생활 측면 등 면접을 통해 파악)를 고려한 지능검사 ⇨ 학생 사정 부분과 부모 면담 부분으로 구분하여 시행
K-ABC	• 아동용(2~12세) 카우프만 지능검사, 아동의 학습잠재력과 성취도 측정을 위한 지능검사 ⇨ 언어성 검사 + 비언어성 검사 • 문화적 편향 극복 목적으로 개발 ⇨ 청각장애자나 언어장애자, 외국인 아동들에게 유용한 검사 • 검사내용의 공정성을 중시하여, 모든 문화권에 공통된 내용을 가지고 모든 피험자에게 표준화된 동일한 검사방식으로 진행 • 처리과정 중심 검사로 아동이 선호하는 정보처리 패턴이 좌뇌 지향적인지 또는 우뇌 지향적인지에 대한 비교는 물론, 인지처리과정 척도(순차처리 척도, 동시처리 척도, 종합처리 척도), 지식습득도 척도로 구성 ⇨ 평균이 100, 표준편차가 15인 편차지능지수(DIQ) 사용
UNIT (동작성 보편지능검사)	• 브래큰과 맥칼럼(Bracken & McCallum; 1998)이 5~17세 11개월 연령 범주에 있는 아동과 청소년의 일반지능과 인지능력을 측정하기 위해 개발 • 언어에 기반한 전통적 검사들로 인해 불이익을 받을 수 있는 사람들에게 사용하기 위해 고안된 검사 ⇨ 특수교육 대상자와 정신장애 진단에 유용
CPMT (색채 누진행렬 지능검사, 레이븐 검사)	• 스피어만의 지능이론(일반요인설)을 토대로 영국의 레이븐(Raven)이 제작한 지능검사 ⇨ 3세트 36문항(각 세트당 12문항씩 총 36문항)으로 구성 • 언어이해력과는 무관한 범문화적 검사로 유아와 노인의 지적능력(추론능력) 측정을 위해 개발 ⇨ 검사 수행을 위해 시각기능과 인지능력만을 필요로 하기 때문에 신체장애인, 언어발달 지체아동, 뇌성마비아동, 청각장애인에게도 적용 가능 ⇨ 언어나 학습경험의 개입을 최소화한 지능검사 • 컬러(color)로 구성된 도형검사자극에 근거하여 추론능력을 측정하는 비언어적 검사 ⇨ 비고츠키(Vygotsky)의 근접발달영역의 개념에 따라서 문제해결 양식과 생각을 진행하는 방법에 대해 쉬운 문제부터 점차 고난도 문제로 진행됨

(3) 지능지수(IQ)에 대한 올바른 해석(해석상 유의점) 98 중등, 02 초등, 07 중등, 13 중등특수추시論

① 지능지수는 지능과 동일한 것이 아니라 지능을 나타내 주는 하나의 지표일 뿐이다(⇨ 지능지수 ≠ 지능).

② 지능지수는 개인의 절대적 지적 수준이 아니라 상대적 지적 수준을 나타낸다(⇨ 지능지수 = 규준점수).

③ 지능지수를 단일점수보다 점수범위(점수대, 점수띠, 신뢰구간)로 생각하는 것이 합리적이다. ⇨ 측정의 표준오차(참값이 위치할 범위)로 이해

④ 지능지수는 고정된 점수가 아니라 개인의 일생 동안 상당한 정도로 변화된다. ⇨ 후천적 경험이나 학습을 통해 지속적으로 상승할 수 있다.

⑤ 지능지수는 학업성적과 높은 상관(r = 0.50)이 있지만 절대적인 척도는 아니다. ⇨ 지능지수 이외에 교사의 수업방법, 가정배경 등도 고려해야 한다.

⑥ 지능검사는 잠재능력을 측정하지 못하며, 인간관계 기술, 창의력, 심미적 능력 등은 측정하지 못한다. ⇨ 지능검사는 언어능력, 수리력, 유추능력 등 비교적 한정된 지적 능력을 측정할 뿐이다.

⑦ 지능지수가 동일하더라도 하위요인은 다를 수 있다. ⇨ 하위요인 간 격차가 크면 학습장애의 가능성이 있을 수 있으며, 하위요인을 알 때 지능검사의 활용도가 높아진다.

⑧ 지능지수만을 가지고 저능아·천재아 등 개개인에 대하여 중요한 결정을 내리는 것은 바람직하지 못하다.

⑨ 지능검사는 대부분 문항형식이 언어성 검사로 구성되어 있어 문화적으로 편향되어 있다. ⇨ 문화적 편향성을 극복한 검사가 문화공평검사(비언어성 검사로 제작)이다. **예** SOMPA, K-ABC, UNIT, CPMT 등

⑩ 지능지수만으로 학급을 편성하거나 부모에게 자녀의 IQ를 상세한 해설 없이 알려주는 것을 삼가야 한다.

> **Plus**
>
> **플린효과**(Flynn effect)
>
> 뉴질랜드의 정치학자 James Flynn이 발견한 것으로, 세대가 반복될수록 지능검사의 점수가 높아지는 현상을 의미한다. 그는 미국 군입대 지원자의 IQ 검사 결과를 분석하여 신병의 평균 IQ가 10년마다 약 3점씩 올라간다는 사실을 발견하였다. 또한 벨기에, 네덜란드, 이스라엘에서는 한 세대, 즉 30년 만에 평균 IQ가 20점이 올랐고, 13개국 이상의 개발도상국에서도 5~25점 증가했다고 보고하였다(Flynn; 1999). 이러한 연구결과는 IQ 점수를 이해하고 해석함에 있어서 보다 신중한 접근이 필요함을 반영해 준다.

02 창의성

1. **창의성의 개념**: 새롭고(novel) 유용하면서도(useful) 적절한(appropriate) 가치가 있는 어떤 것을 생산해 내는 능력

2. **창의성과 지능의 관계**: 지능과 창의성의 상관은 0.27로 두 특성 간 상관은 높지 않다. 창의성에 지능이 어느 정도 필요하지만 지능이 높다고 해서 반드시 창의적인 것은 아니다.

3. **창의적 사고과정**(Wallas; 1926) 『생각의 기술(The Art of Thought)』
   ① 준비 단계: 주어진 문제를 여러 각도에서 다양한 방법으로 해결책을 모색하는 단계. 문제와 관련된 기본적인 정보를 모으고 연구할 만한 가치가 있는지, 적절한 주제인지 인식함 ⇨ 주의집중과 개방적 사고, 도전적 태도가 요구됨
   ② 배양(부화) 단계: 주어진 문제에 대해 일정 기간 동안 곰곰이 생각하거나, 때로는 그 문제를 제쳐 두지만 무의식 수준에서 아이디어를 탐색하는 단계
   ③ 영감(발현) 단계: 어느 날 갑자기 기발한 아이디어가 번쩍 떠오르는 단계
   ④ 검증 단계: 영감기에서 떠오른 아이디어가 문제해결책으로 적절한지 검증하고, 그 검증결과에 따라 완전한 해결책을 정리하는 단계 ⇨ 계속적 수정, 재수정의 정교화 과정을 거침 ⇨ 검증과정에는 확산적 사고력 외에 수렴적 사고력이 중요한 역할을 함

❶ 창의성의 구성요소(특징) 98 중등, 99 중등추시, 02 초·중등

요소(특징)		내용
인지적 특성	민감성 (감수성, 지각의 개방성)	문제 상황을 민감하게 지각하는 능력 예 분명해 보이는 현상에 대해서 다시 생각해 보기, 일상적인 상황이나 사물을 그냥 지나치지 않고 유심히 관찰하기
	유창성	일정한 시간 내에 한 범주의 아이디어를 많이 산출해 내는 능력(양의 다양성) 예 특정한 주제에 대하여 떠오른 생각을 모두 말해 보기, 어떤 대상에 대해 가능한 한 많은 것을 연상해 보기
	융통성	일정한 시간 내에 다양한 범주의 아이디어를 많이 산출해 내는 능력(질의 다양성, 접근방법의 다양성) 예 바늘의 주요한 용도는 옷을 깁는 것이다. 이 용도 이외에 바늘의 다른 용도를 가능한 한 많이 써 보시오.
	독창성	참신하고 독특한 아이디어를 산출해 내는 능력 예 다른 사람과 같지 않은 생각하기, 기존의 생각을 다른 상황에 적용해 보기
	조직성(재구성력)	복잡한 문제를 보다 간결하게 재구성하며, 다양한 사물이나 사상을 서로 구조적이고 기능적으로 관련짓는 능력 예 여러 다양한 내용들을 종합하여 새로운 생각이나 산물을 만들어 내는 것
	정교성	다소 엉성하게 산출된 아이디어에 세부사항(뼈와 살)을 덧붙여 구체화하거나 의미를 명확히 하는 능력 예 잘 다듬어지지 않은 생각을 다듬어 보기, 은연중에 떠오른 막연한 것을 구체적으로 생각해 보기

정의적 특성	새롭고 복잡하고 어려운 문제를 선호하는 경향	창의적인 사람은 새롭고, 복잡하고, 어려운 문제를 선호하는 경향이 있다. 흔히 단순하고 쉬우며 명백한 문제 사태 등에서는 도전의식을 갖지 못하고 짜증을 내는 경향이 있다.
	모호성을 견디는 역량	창의적인 사람은 모호성을 참는 역량이 있다. 보통 사람들은 문제 상황이 모호할 때 참지 못하고 그 상황을 회피하지만, 창의적인 사람은 잘 참아내고 좌절하지 않으며 주어진 문제를 해결하려고 계속 노력한다.
	실패에 대한 불안이 적고 위험부담을 즐기는 경향	창의적인 사람은 실패에 대한 불안이 적으며, 약간의 위험부담을 즐기는 경향이 있다. 성공과 실패를 자기 자신에게 귀속시키는 내적 통제의 경향도 있다.
	관행에 동조하기를 거부하는 경향	창의적인 사람은 관행에 동조하기를 거부한다. 표준적 패턴에서 과감히 이탈하며, 독립적이기 때문에 때로는 비사교적이고 고립된 사람으로 인식되기도 한다.
	자신의 경험에 대한 개방성	창의적인 사람은 자신의 경험에 대하여 개방적이다. 사물, 사태, 아이디어를 이미 정해진 범주로 지각하지 않고 자기가 느끼는 그대로 받아들인다.

❷ 창의성 계발기법

(1) 브레인스토밍(brainstorming) 96 초등

① 개념: 오스본(Osborn)이 창안(1963) ⇨ 자유로운 집단사고를 통해 창의적 아이디어를 창출하는 방법

② 기본 원리

자유분방	과거의 지식, 경험, 전통 등에 구애받지 않고 어떤 아이디어라도 거리낌 없이 내놓을 수 있도록 자유분방한 분위기를 조성해야 한다.
양산(量産)	아이디어의 질에 관계없이 가능한 많은 아이디어를 산출하도록 한다. ⇨ 다다익선, 유창성
비판금지 (판단유보)	아이디어에 대한 비판은 아이디어의 산출을 억제할 수 있으므로, 일절 비판이나 평가하지 않는다.
결합과 개선	제시된 두 개 이상의 아이디어를 결합하여 새로운 아이디어를 산출한다. 어떤 특정한 아이디어의 일부를 달리 해 본다. ⇨ 독창성

(2) 시넥틱스(Synectics) 교수법(고든법, 발견적 문제해결법) 00 초등, 04 중등

① 개념: 고든(Gordon)이 창안 ⇨ 아무 관련이 없어 보이는 요소들을 '비유, 유추'로 연결하여 새로운 생각을 창출하는 방법(⇨ 비합리적·정서적 요소를 더 중시)

② 방법(비유의 유형): 무의식의 의식화 방법

직접 유추 (direct analogy)	사물이나 현상, 아이디어들을 연결시켜 직접 비교하는 방법, 사물이나 사상을 개발하려는 물건과 연결시켜서 유추하는 방법 예 신문과 인생(신문과 지하철)은 어떤 면에서 서로 비슷한가?, 우산을 통하여 낙하산의 원리를 알아낸 것, 사람의 귀의 구조를 유추해서 전화기를 만든 것, 벌레의 유충으로부터 문자 그대로 캐터필러(caterpillar)와 탱크를 만든 것
의인 유추 (대인 유추, personal analogy)	사람이 사물의 일부가 되었다고 생각해 보는 것, 사람을 특정 사물에 비유하여 생각하기 예 네가 만일 새롭게 고안된 병따개라면 어떤 모양이 되고 싶은가?, 네가 만약 자동차 엔진이라고 한다면 너는 무엇을 느끼겠는가?, 기계가 고장 났을 때 자신이 기계의 부품이 되어 가상적으로 작동해 보며 기계의 문제를 해결하는 것, 탁구공을 잃어버렸을 경우 내가 만약 탁구공이라면 작고 통통 튀고 어디든 잘 굴러가므로 가구 밑 구석에 들어가 있을 것이다.

상징적 유추 (symbolic analogy)	상징을 활용하여 대상들 간의 관계를 기술하는 것, 서로 모순된 단어를 연결하여 특정 현상을 기술하는 것 예 '파랑새 증후군'이라는 말은 동화 '파랑새'로부터 나온 발상, 피터팬 신드롬, 신데렐라 콤플렉스, 뚱뚱하고 날씬한 사람, 아군과 적군, 잔인한 친절, 친숙한 낯선 사람, 부드럽지만 강한 것
환상적 유추 (fantastic analogy)	현실을 넘어서는 상상을 통해 문제를 해결하는 것 예 하늘을 나는 자동차, 날아가는 양탄자, 전혀 공부를 하지 않고 성적을 올리는 방법 생각하기, 목적지까지 자동으로 운전해 주는 자동차

(3) 드 보노(E. de Bono)의 PMI 기법과 육색 사고 모자(Six Thinking Hats) 기법

① **PMI 기법** 08 중등, 12 초등 : 어떤 문제(아이디어)의 긍정적인 면(Plus), 부정적인 면(Minus), 흥미로운 면(Interesting)을 생각하도록 하는 방법 ⇨ 문제나 대안을 바라보는 시야를 확대해 줌

② **육색 사고 모자(Six Thinking Hats, 여섯 가지 사고 모자)** 05 중등 : 여섯 색깔의 모자를 바꾸어 쓰면서 자신의 모자가 요구하는 특정한 사고만 하도록 하는 기법 ⇨ 한 번에 한 가지씩 사고할 수 있도록 도와줌으로써 여러 측면에서 폭넓은 사고를 가능하게 함

구분	사고 유형	사고 내용
백색(white) 모자	객관적·사실적 사고	중립적이고 객관적인 사실, 자료, 정보 예 우리가 알고 있는 것은 무엇인가?
적색(red) 모자	감정적·직관적 사고	감정, 느낌, 직관 예 아이디어에 대한 직관이나 감정, 느낌
흑색(black) 모자	논리적인 부정적 사고	나쁜 점, 부정적 판단, 실행 불가능한 이유 예 아이디어의 문제 및 주의점 탐색
황색(yellow) 모자	논리적인 긍정적 사고	좋은 점, 긍정적 판단, 낙관적이고 건설적인 사고 예 아이디어의 이점 및 가치 탐색
녹색(green) 모자	창의적·측면적(수평적) 사고	새로운 아이디어, 여러 가지 해결방안 예 대안(제안) 및 아이디어 탐색
청색(blue) 모자	사고에 대한 사고	요약, 개관, 결론 통제, 메타인지 사고, 사고과정 통제 예 목표, 개관, 순서, 결론 및 요약

③ 수직적 사고와 수평적 사고

수직적 사고	수평적 사고
• 수렴적 또는 논리적 사고 : 정확한 해결방법을 찾기 위해 정보를 논리적으로 계열화하여 단계적으로 사고하는 방식 • 논리적, 계열적, 예언 가능, 관습적임	• 창의적 사고 또는 확산적 사고 : 다양성에 중점을 두고 여러 아이디어를 탐색하며 수많은 사고를 생성해 내는 사고방식 • 비논리적, 비계열적, 예언 불가능, 비관습적임

(4) 속성열거법(attributing listing)

① **개념** : 크로포드(Crawford)가 창안 ⇨ 어떤 대상이나 아이디어의 속성을 목록으로 모두 나열한 다음, 그 세분화된 속성을 변경하여 아이디어를 창출하는 기법

> **예** 벽돌을 새롭게 만드는 방법 창안 : 벽돌의 속성 나열하기(색, 크기, 모양, 무게, 가격 등) → 속성을 변경시켜 보기

② **방법** : ㉠ 대상의 주요 속성을 열거하기 → ㉡ 속성을 변경시킬 수 있는 방법을 열거하기 → ㉢ 한 대상의 속성을 다른 대상의 속성 변경에 이용하기

(5) 체크리스트(checklist)**법**

오스본이 창안 ⇨ 타인의 창의적 사고를 유발하는 질문 형태의 점검목록(checklist)을 미리 작성해 놓고 다양한 사고를 능률적으로 전개하는 기법

(6) SCAMPER 기법

오스본의 체크리스트를 보완하여 애벌리(에버를, Bob Eberle; 1971)가 고안 ⇨ 특정 대상이나 문제를 다양한 방법으로 변형하여 새로운 아이디어를 창출하는 방법, 체크리스트 기법의 한 유형

기법	내용
S : substitute (대체하기)	기존 사물의 형태, 용도, 방법 등을 다른 것으로 대체(대치)하기 **예** 석유난로 대신 전기를 사용하는 난로 만들기, 종이컵
C : combine (결합하기)	두 가지 이상의 것들을 결합하여 새로운 것 생각하기 **예** 매직 훌라후프(훌라후프 + 발포고무나 자석을 넣은 돌기), 등산칼, 복합기
A : adapt (적용하기)	어떤 형태나 원리, 방법을 다른 분야에 적용하기 **예** 사진을 조각품으로 만들기, 햄버거 모양을 따서 만든 전화기, 입술 모양의 루즈케이스
M : modify (수정하기)	기존의 상품이나 아이디어에 색, 모양, 의미 등을 수정해서 새로운 것 만들기 • M : magnify(확대하기) : 크기를 더 크게 하거나 문제를 확대하기 • M : minify(축소하기) : 크기를 더 작게 하거나 문제를 축소하기 　**예** 미니카, 휴대폰, 초미니 컴퓨터
P : put to other uses (다른 용도로 활용)	어떤 사물이나 아이디어를 다른 용도로 활용하기 **예** 기차 레스토랑
E : elimination (제거하기)	사물의 어떤 부분을 제거·삭제하기 **예** 노천극장, 오픈카
R : rearrange or reverse (거꾸로 또는 재배열하기)	위치나 속성을 바꾸기 **예** 여름에 겨울 상품 세일하기, 뒷번호부터 출석 부르기, 재택근무, 근무시간 변경하기, 교사중심수업에서 학습자중심수업으로의 변화, 아이디어를 거꾸로 뒤집기

03 **인지양식**(cognitive style) — 학습양식, 학습유형, 학습선호도 유형

인지양식(학습유형)의 교육적 시사점

1. 학습양식을 고려하여 교수양식을 다양화해야 한다. 강의식 수업뿐만 아니라 문제중심학습, 소집단토론, 협동학습 등을 활용하여 학생 개개인의 욕구를 만족시키도록 한다.
2. 학생들에게 자신이 가장 효과적으로 학습하는 방식에 대해 생각해 보도록 한다. 즉, 메타인지를 활용하여 학습양식의 효과를 검증하게 한다. 이를 통해 학생들은 자기감독과 자의식을 개발할 수 있게 된다.

1 **장독립적 – 장의존적 인지양식** — 위트킨(Witkin) 02 중등, 06 중등, 07 초등, 10 초등, 12 중등

⑴ **개념**

인지과정에서 보이는 정보나 자극에 대한 심리적 분화(psychological differentiation) 정도에 따라 인지양식을 장독립형과 장의존형으로 구분하였다.

⑵ **인지양식의 유형**

① 장독립형(field independence) : 정보를 인지할 때 주변의 장(배경)에 영향을 별로 받지 않는 인지양식 ⇨ 심리적 분화가 잘 된 유형, 내적 대상에 의존하는 성향
② 장의존형(field dependence) : 정보를 인지할 때 주변의 장(배경)에 영향을 많이 받는 인지양식 ⇨ 심리적 분화가 잘 되지 않는 유형, 외적 대상에 의존하는 성향

⑶ **학습자 특성 및 교수전략**

① 학습자의 특성 비교(Jonassen 외)

장독립형	장의존형
분석적 · 논리적임 : 세계를 보다 분화된 방식으로 경험하며, 주어진 대상을 분석적이고 논리적으로 지각함	전체적 · 직관적임 : 주어진 대상을 있는 그대로 전체적이고 직관적으로 지각하려는 경향이 있음
구조화 능력이 뛰어남 : 상황을 분석하여 재조직하고 구조화하는 데 능숙 ⇨ 비구조화된 학습자료를 선호함	기존의 구조를 수용함 : 주어진 조직을 그대로 수용하고 재조직하지 못하는 경향이 있음 ⇨ 구조화된 학습자료 선호
내적 준거체계 소유 : 자신이 설정한 목표나 강화에 영향을 받는 경향이 있음	내적 준거체계 없음 : 외부에서 설정한 목표나 강화에 영향을 받는 경향이 있음
내적 동기 유발 : 활동의 선택, 개인의 목표 추구를 통해 내적 동기가 유발되는 경향이 있음. 외부 비판에 영향을 적게 받음 ⇨ 과제가 얼마나 유용한지 보여주고, 자신이 구조를 디자인할 자유를 줌으로써 동기화시킬 수 있음	외적 동기 유발 : 언어적 칭찬, 외적 보상 등에 의해 외적 동기가 유발되는 경향이 있음. 외부 비판에 영향을 많이 받음 ⇨ 다른 사람에게 과제의 가치를 보여주고, 학습과제의 윤곽과 구조를 제시함으로써 동기화시킬 수 있음

개별학습 선호 : 개별적, 독립적으로 학습하는 것을 선호함 (발견학습, 탐구학습)	동료학습 선호 : 공동의 목표를 위해 동료와 함께 학습하는 것을 선호함(협동학습, 토의학습)
개인적 성향 : 사회적 관계에 관심이 없고 대인관계에 냉담 (비사교적)	사회적 성향 : 사회적 관계에 관심이 많고 대인관계를 중시 (사교적)
사회적 내용의 학습에 어려움 : 사회적 내용의 자료에 집중하는 데 외부의 도움을 필요로 함 ⇨ 맥락을 이용하는 방법을 학습해야 함	사회적 내용의 학습을 잘 함 : 사회적 내용을 다룬 자료를 잘 학습함
수학, 자연과학 선호 : 수학자, 물리학자, 건축가, 외과의사와 같은 직업 선호	사회 관련 분야 선호 : 사회사업가, 카운슬러, 판매원, 정치가와 같은 직업 선호
개념이나 원리 지향적 ⇨ 실험적	사실이나 경험 지향적 ⇨ 관습적·전통적
학문중심 교육과정에 유리	인간중심 교육과정에 유리
비선형적인 CAI(hyper-media) 학습에 적합	선형적인 CAI 학습에 적합

② 교수 유형(교수전략) - Garger & Guild

장독립형 교사	장의존형 교사
• 수업의 인지적 측면이 강조되는 강의법과 같은 교수상황을 선호 • 주제를 소개하기 위해 질문을 사용함 • 교사에 의해 조직된 학습상황을 이용함 • 학생들에게 원리 적용을 조장하는 사람으로 인식됨 • 정확한 피드백을 주고 부정적 평가도 사용함 • 학생들에게 학습을 조직화하고 안내하는 데 강함	• 사회적 상호작용이 강조되는 협동과 토론이 허용되는 교수상황을 선호 • 학생들이 교수에 따르고 있는지 확인하는 질문을 많이 이용함 • 학생중심의 활동을 함 • 학생들에게 사실을 가르치는 사람으로 인식됨 • 피드백을 거의 사용하지 않고 부정적 평가를 피함 • 따뜻하고 인격적인 학습환경을 형성하는 데 강함

③ 동기화 방법(동기화 전략) - Garger & Guild

장독립형 학생	장의존형 학생
• 점수를 이용함 • 경쟁을 적절히 이용함 • 활동의 선택과 개인적 목표를 줌 • 과제가 얼마나 유용한가를 보여줌 • 자신이 구조를 디자인할 자유를 줌	• 언어적 칭찬을 사용함 • 교사의 업무를 돕게 함 • 외적 보상을 함 • 다른 사람에게 과제의 가치를 보여줌 • 학습과제의 윤곽과 구조를 제시함

② 충동형(속응형) – 반성형(숙고형) 인지양식 – 케이건(Kagan) 12중등

(1) 개념

케이건은 과제 해결에 대한 반응시간과 반응오류(오답 수)를 기준으로 인지양식을 충동형과 반성형으로 구분하였다.

(2) 인지양식의 유형

① 충동형(속응형, impulsivity) : 문제에 대한 반응시간은 빠르지만, 반응오류(오답 수)가 많은 유형
② 반성형(숙고형, reflectivity) : 문제에 대한 반응시간은 느리지만, 반응오류(오답 수)가 적은 유형

(3) 학습자 특성

① 충동형 : 사고보다 행동이 앞선다. ⇨ ㉠ 문제를 해결할 때 생각나는 대로 단순하게 답하려는 경향이 있고, ㉡ 정보를 빠르게 처리하지만 실수가 많다. ㉢ 학업성취도가 낮다.
② 반성형 : 행동보다 사고가 앞선다. ⇨ ㉠ 문제를 해결할 때 여러 대안들을 탐색하고 여러 측면에서 검토하여 적절한 답을 구하는 경향이 있고, ㉡ 정보를 느리게 처리하지만 과제수행에서 실수가 적다. ㉢ 학업성취도가 높다.

(4) 교수전략

극단적 충동형과 숙고형은 모두 문제 ⇨ 극단적 충동형은 충동적으로 반응하기 때문에 능력에 비해 성적이 낮은 경향이 있고, 극단적 숙고형은 어려운 문제에 매달려 다른 문제를 풀지 못하는 경우가 많다.
① 충동형 학습자 : 신중하게 사고하도록 하는 전략
  ㉠ 인지적 자기교수(cognitive self-instruction) : 학습 중에 자신에게 혼잣말로 가르치기(Meichenbaum)
    예 "나는 이것을 좀 더 깊이 있게 봐야 해…." ⇨ 비고츠키(Vygotsky)의 사적 언어 이용
  ㉡ 훑어보기 전략(scanning strategies) : 학습과제 전체를 모두 개괄적으로 파악하기
    예 5지선다형 문제에서 5개의 보기를 모두 하나씩 살펴보도록 격려하기
② 반성형 학습자 : 어려운 문제는 건너뛰게 하는 전략 ⇨ 까다로운 문제에 부딪혔을 때 한 문제를 너무 오랫동안 생각하다가 다른 문제를 놓치는 경우가 생길 수 있으므로 과제를 시간 내에 완성할 수 있도록 어려운 문제는 건너뛰게 하는 전략을 가르쳐야 한다.

3 **콜브(Kolb)의 학습유형** 11 초등

(1) 개념

콜브는 학습자가 사용하는 정보지각방식(perception)과 정보처리방식(processing)에 따라 학습유형을 적응형(조절형), 발산형(분산형, 확산형), 수렴형, 동화형(융합형)으로 분류하였다.

(2) 콜브(Kolb)의 4가지 학습유형

① 기준

기준	내용
정보지각방식	• **구체적 경험을 통해 지각하는 유형** : 직접 경험하고 깨달은 일을 통해 학습한다. 사람들과 더불어 하기를 좋아하며 사람들과의 관계를 중시한다. • **추상적으로 개념화하는 유형** : 논리와 아이디어를 사용하여 학습하면서 문제해결에 접근한다. 체계적으로 계획을 수립하며 이론을 개발하고, 정확하고 논리적인 사고를 하며, 추상적인 생각이나 개념을 중요시 여긴다.
정보처리방식	• **활동적으로 실험하는 유형** : 문제를 지켜보기만 하는 것이 아니라, 실제로 문제에 접근하고자 하고 실험을 시도한다. 문제해결, 실제적 결론을 찾아내는 것, 기술적 과제를 좋아한다. • **반성적으로 관찰하는 유형** : 판단하기 전에 주의 깊게 관찰하며, 여러 관점에서 사물을 조망하고 아이디어를 낸다. 행동하기보다 관찰을 좋아하고, 정보를 수집하여 범주를 창출해 낸다.

② 학습유형

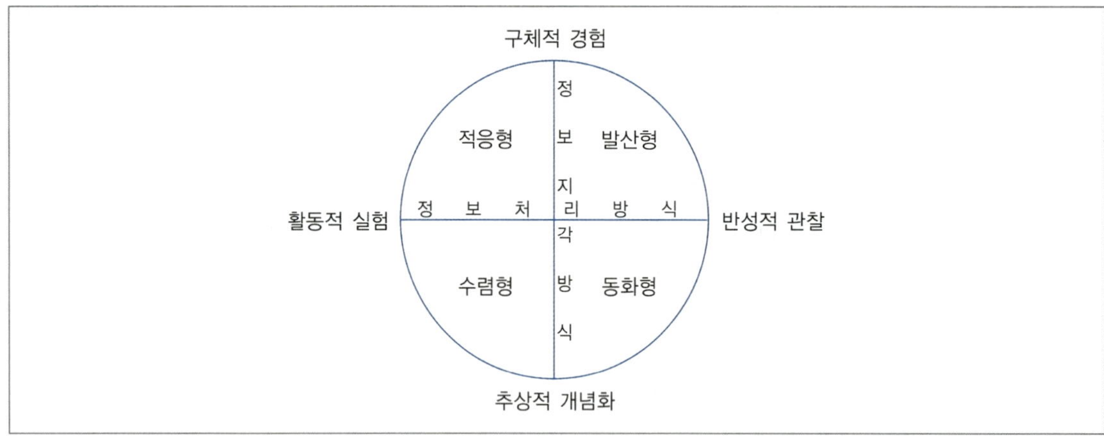

구분		정보처리방식	
		활동적 실험	반성적 관찰
정보 지각 방식	구체적 경험	적응형(accommodator, 조절형) : 구체적인 경험을 통해 지각하고, 활동적인 실험을 통해 정보를 처리하는 유형 ⇨ 계획 실행에 뛰어나고 새로운 경험을 추구하고 새로운 상황에 잘 적응하며 지도력이 탁월함. 논리적으로 분석하기보다는 감정적이며 느낌에 따라 행동하며, 모험적이고 감각적이고 실험적인 특성을 지님	발산형(diverger, 분산형) : 구체적인 경험을 통해 지각하고, 반성적으로 관찰하며 정보를 처리하는 유형 ⇨ 상상력이 뛰어나고 상황을 여러 관점에서 조망하며 많은 아이디어를 냄. 흥미 분야가 넓어 다양한 분야의 정보를 수집함. 학습과정에서 교수자나 동료학습자와 좋은 인간관계를 맺을 수 있으며, 정서적인 특징을 가짐
	추상적 개념화	수렴형(converger) : 추상적으로 개념화하여 지각하고, 활동적으로 실험하면서 정보를 처리하는 유형 ⇨ 가설 설정과 연역적 추리가 뛰어나고, 이론을 실제에 잘 적용할 수 있으므로 의사결정능력이나 문제해결능력이 뛰어남. 느낌보다는 이성에 의존하며, 사고지향적이어서 사회문제나 사람들과의 관계에 능숙하지 못한 대신 기술적인 과제와 문제를 잘 다룸	동화형(assimilator, 융합형) : 추상적으로 개념화하여 지각하고, 반성적으로 관찰하며 정보를 처리하는 유형 ⇨ 논리성과 치밀성이 뛰어나고 귀납적 추리에 익숙하므로 이론화를 잘함. 여러 아이디어를 잘 종합하고 다각적으로 이해할 수 있어 이론적 모형을 잘 만듦. 과학적이고 체계적인 사고를 하며, 분석적·추상적 사고에도 강함

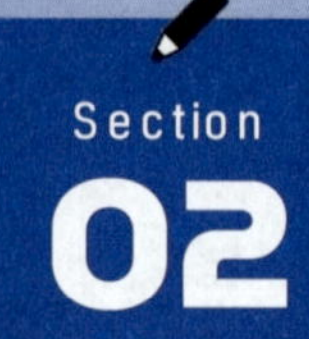

Section 02 학습자의 정의적 특성

01 동기이론

개념 쏙쏙

1. 동기(motivation)의 개념
① 개념 : 개체의 행동을 유발하는 심리적 에너지. 학업성취도와 0.45 정도의 상관을 지님
② 기능 : 행동 유발(시발적 기능), 행동 촉진 및 유지(강화적 기능), 목표 지향(지향적 기능)의 역할

2. 동기의 종류 : 내재적 동기와 외재적 동기 92 초등, 95 초등, 96 중등, 99 초·중등, 00 초등, 02 초등, 04 중등
① 내재적 동기(내적 동기, intrinsic motivation) ⇨ 인본주의 및 인지주의 학습이론에서 중시
  ㉠ 유기체 내부에서 비롯되는 동기, 즉 과제 수행의 활동 그 자체가 보상인 동기
  ㉡ 과제에 대한 흥미, 호기심, 성취감, 만족감 등에서 유발됨 ⇨ 장기적 효과
② 외재적 동기(외적 동기, extrinsic motivation) ⇨ 행동주의 학습이론에서 중시
  ㉠ 유기체 외부에서 비롯되는 동기, 즉 과제 수행의 결과가 가져다 줄 보상이나 벌에서 비롯되는 동기
  ㉡ 상벌, 경쟁심, 학습결과 제시 등에서 유발됨 ⇨ 단기적 효과
③ 학습자가 내재적으로 동기화되는 경우
  ㉠ 학습자의 자율성 촉진 : 자율적인 환경 속에서 학습자 자신이 학습에 영향을 끼칠 수 있다는 느낌을 가질 때 더욱 동기화
  ㉡ 도전적 과제 제시 : 도전은 목표가 적당히 어려워서 성공이 보장되지 않을 때 발생. 도전에 직면하면 감정적으로 만족감이 발생
  ㉢ 호기심 자극 : 새롭고, 놀랍고, 기존의 생각과 모순되는 경험이 내재적 동기를 유발
  ㉣ 창의성과 상상력 자극 : 학습자가 상상하면서 창의적 학습과제를 수행하면 자신만의 상상을 사용하여 내용을 자신의 것으로 만들 수 있게 됨

3. 내재적 동기와 외재적 동기와의 관계

개별적 작용	• 내재적 동기와 외재적 동기를 연속선상의 양극단으로 보는 경우(외재적 동기가 높으면 내재적 동기가 낮고, 외재적 동기가 낮으면 내재적 동기가 높다고 보는 경우)가 있는데, 실제로 두 동기는 학생에게 개별적으로 작용한다. ⇨ 개별적인 연속체 • 외재적 동기와 내재적 동기는 극단에서 서로 대립적인 관계로 있는 것이 아니라 서로 얽혀 있는 심리상태이다. ⇨ 학습주제에도 흥미를 가지고 수업에서 좋은 점수도 얻기 위해 공부하는 학생이 있는가 하면, 오직 좋은 점수만을 얻기 위해 공부하는 학생도 있다.
상황과 시간	• 내재적 동기와 외재적 동기는 상황과 시간에 따라 달라질 수 있다. • 어떤 수업은 내재적 동기가 강하지만 어떤 수업은 외재적 동기가 강할 수 있고(예 체육교과는 그 자체가 재미있어서 공부를 하지만, 수학교과는 단순히 점수를 받기 위해 공부를 하는 경우), 외재적 동기로 시작되었던 공부가 시간에 따라 내재적 동기로 변하기도 한다(예 스티커를 받기 위해 색칠공부를 했는데, 보상이 소멸되었는데도 색칠공부 자체에 흥미가 생겨서 이전보다 더욱 열심히 색칠공부에 열중한다면 처음의 외재적 동기가 내재적 동기로 전환된 것임).

학업성취도	• 내재적으로 동기화된 학생이 외재적으로 동기화된 학생보다 더 높은 학업성취를 보인다. 내재적 동기는 결과에 관계없이 학습이나 행동을 지속적으로 수행하며, 암기학습이 아닌 이해를 통한 개념학습을 주도한다. • 학습자가 내재적으로 동기화가 되어 있지 않았을 때 사용하는 것이 외재적 동기화라는 점을 생각해 볼 때, 우선 학습자를 외재적으로 동기화한 후 내재적 동기화로 갈 수 있도록 유도하는 것이 교사의 임무라고 볼 수 있다.
외재적 동기의 부정적 측면과 효과적 사용법	• 이미 내재적으로 동기화된 학생에게 외재적 동기인 보상을 제공하면 오히려 내재적 동기가 손상된다(Deci; 2006). 즉, 내재적 흥미를 느끼는 과제에 외적 보상을 주면 내재적 동기가 감소된다. **예** 스스로 독서를 열심히 하고 있는 아이에게 과도한 칭찬과 보상을 주면 독서에 대한 내재적 동기를 손상시키고, 독서에 필요한 내재적 동기를 발달시키는 데 장애가 된다. ⇨ 따라서 보상은 학생이 흥미를 느끼지 않는 과제에 사용되어야 한다. 흥미를 느끼지 않는 과제를 하는 학생에게 보상을 사용하는 것은 그 과제를 계속해서 하고 싶은 마음이 생기게 하는 내재적 동기를 증가시키는 데 도움을 준다. • 외적 보상은 학생들이 자신의 발전이 아니라 주어질 보상에만 관심을 갖도록 만든다. **예** 수준과 관계없이 책을 읽을 때마다 칭찬 스티커를 주면 쉬운 책을 대충 많이 읽어서 칭찬 스티커를 많이 받고자 하도록 만든다. 학생은 보상 때문에 좀 더 단순한 과제를 선호하게 되고 과제에 대한 흥미가 감소하며 보상에만 집착하게 된다. ⇨ 따라서 보상은 수행한 과제의 질에 따라 주어져야 한다(Deci & Ryan; 1991). 학생의 능력이나 공부의 질이 향상되고 있음에 대한 정보를 제공하는 차원의 보상은 과제의 흥미를 증가시키도록 도움을 줄 수 있다. 이처럼 교사는 보상이나 칭찬을 매우 신중하게 사용해야 하며, 학습자 개인의 동기 수준 및 상황에 항상 주의하여 접근해야 한다.
정리	• 외재적 보상이 내재적 동기를 감소시키는 경우 : ㉠ 내재적으로 동기화된 학생에게 외재적 보상을 제공할 경우 (⇨ 내재적 동기 손상), ㉡ 수행한 과제의 질에 관계없이 외재적 보상을 남용할 경우(⇨ 외적 보상에 집착 → 내재적 동기↓) • 외재적 보상으로 내재적 동기를 증가시키기 위한 방법 : ㉠ 내재적 흥미를 느끼지 않는 과제에 보상을 사용함, ㉡ 과제수행의 질을 고려하여 보상을 제공함, ㉢ 과제수행의 향상적 정보를 보상으로 제공함 ⇨ 활동에 대한 향상적 정보를 제공하는 정보적 피드백을 제공함(자기결정성이나 유능감의 지각)

4. 행동주의 동기이론 : 강화이론

① 의미 : 강화이론은 강화가 동기를 유발한다고 주장한다. Skinner의 강화이론에 따르면 강화는 행동의 확률 혹은 강도를 증가시키고, 처벌은 행동의 확률 혹은 강도를 감소시킨다.

② 시사점 : 동기를 높이려면 강화를 주고, 동기를 낮추려면 처벌을 해야 한다. 즉, 바람직한 반응에는 강화를 주고, 바람직하지 않은 반응에는 처벌을 하면 된다.

① 욕구위계이론 — Maslow 99 중등추시, 03 초등, 13 중등특수추시論

(1) 개념

매슬로우(Maslow)는 인간의 내적 욕구를 동기 유발 요인으로 본다. 그는 인간의 욕구를 생리적 욕구, 안전의 욕구, 사회적 욕구, 존경의 욕구, 자아실현의 욕구 등 5단계로 위계화하여 제시하였으며, 하위욕구가 충족되어야 상위욕구가 등장한다고 보았다.

(2) 욕구 5단계

욕구 위계	내용	
생리적 욕구	인간의 삶 그 자체를 유지하기 위한 가장 기초적인 욕구 예 의식주 · 성 · 수면 등의 욕구	**결핍욕구** : 부족한 것을 충족하려는 욕구로, 충족되면 더 이상 욕구(동기)로 작용 ×
안전의 욕구	신체적 위협이나 위험, 공포나 불안으로부터 벗어나고자 하는 욕구. 확실성 · 예측성 · 질서 · 안전을 보장받고 싶어 하는 욕구 예 불안 · 무질서로부터의 자유, 구조 · 법 · 질서 · 안정에 대한 욕구	
사회적 욕구 (애정 · 소속의 욕구)	사회적 존재로서 대인관계의 욕구나 애정 · 소속의 욕구 예 집단에의 소속감, 애정, 소속, 우정 등	
존경의 욕구	타인에 의한 존경의 욕구(예 인정, 지위, 명예)와 자기 존중(self-respect)의 욕구(예 자신감, 자기효능감) ⇨ 존경의 욕구가 충족되면 자신감, 권위, 권력 등이 생겨남	
자아실현의 욕구	자신의 잠재력을 최대한 실현하려는 욕구. 지적 욕구와 심미적 욕구 등을 포함 예 최대의 자기발견, 창의성, 자기표현의 욕구	**성장욕구** : 자신의 잠재력을 최대한 실현하려는 욕구로, 완전히 충족될 수 없으므로 계속 욕구(동기)로 작용

(3) 교육적 시사점

① 교사는 학생의 결핍욕구가 충분히 채워졌는지 항상 주의를 기울여야 한다. 결핍욕구가 모두 충족될 때 학생들은 비로소 성장욕구인 자아실현의 욕구를 충족하기 위해 열성을 보일 수 있다.

   예 결식 학생(생리적 욕구), 집단구타를 당하는 학생(안전의 욕구), 따돌림을 당하는 학생(사회적 욕구), 교사나 친구로부터 자존감의 상처를 입은 학생(존경의 욕구)에게 수업에 적극 참여하도록 요구하는 것은 아무런 의미가 없다.

② 교사는 학생의 자존감에 상처를 입히는 언행을 삼가야 한다. 교사가 학생의 자존감을 건드리고 상처를 입히는 언행을 하면 학생은 더 이상 학습에 흥미를 유지할 수 없게 된다. 교사는 학생의 장점을 부각시켜 주어야 한다.

③ 학생의 동기유발을 위한 사전작업으로 교사는 학생이 지니고 있는 욕구를 충분히 이해하려고 노력해야 한다. 학생이 추구하는 하위 수준의 욕구와 교사가 학생에게 요구하는 상위 수준의 욕구가 서로 갈등을 일으킬 수도 있다.

2 **자기결정성이론**(self-determination theory) ― Deci & Ryan 10~11 초등, 11 중등, 13 중등

(1) 개념

인간은 자신의 행동을 자율적으로 결정하고자 하는 욕구에 의해 동기화된다는 이론이다. 자기결정성(self-determination)은 자율성(autonomy), 유능감(competence), 관계성(relatedness)의 3가지 기본욕구로 이루어져 있다. 이 세 가지 욕구가 개인의 환경에서 지지될 때 개인의 학습, 성장, 발달에 내재적 동기를 제공한다.

(2) 세 가지 기본욕구

유형	내용
자율성 욕구 (autonomy)	외적인 보상이나 압력보다는 자신이 원하는 바에 따라 행동하려는 욕구이다. 인간은 스스로 목표를 세우고, 자신에게 중요하고 가치 있는 것을 결정하기를 원한다는 것이다. ⇨ 자기결정성이론의 핵심
유능감 욕구 (competence)	인간은 누구나 능력 있는 사람이기를 원하고 자신의 능력이 향상되기를 원한다는 것이다. 유능감 욕구는 환경과 상호작용하면서 자신의 능력을 사용하고 성취하는 경험을 할 때 충족된다. ⇨ Maslow의 욕구위계에서 지적 성취 욕구, 사회인지이론에서 자기효능감과 유사한 개념
관계성 욕구 (relatedness)	다른 사람과 긍정적이고 안정적인 관계를 형성하고자 하는 욕구이다. 관계성 욕구는 내재적 동기와 직접 관련은 없지만, 다른 사람과 함께 하는 활동에서 내재적 동기를 유지하는 데 중요하다. ⇨ Maslow의 욕구위계에서 애정·소속의 욕구와 유사

(3) 자기결정성을 높이기 위한 방안(학생이 자기결정적으로 학습하기 위한 방안)

① **자율적인 학습 환경 제공** : 자율적인 학습환경을 제공하여 자율성 욕구를 충족시켜 준다. 교사는 학생들이 스스로 학습목표를 설정하고 모니터하도록 격려하고, 학생의 자발적 학습참여를 높은 수준에서 보장함으로써 학생들이 학습활동을 내재화하도록 도와야 한다.

② **성공적인 과제 수행의 경험 제공** : 성공적인 과제 수행의 경험을 제공하여 유능감 욕구를 충족시켜 준다. 교사는 학생들에게 도전적 과제를 제시하고 과제 수행에 대해 구체적이고 긍정적인 피드백을 제공하여 학생의 능력이 향상되고 있음을 느끼게 해 주어야 한다. 또, 과제 실패 시 학생의 능력 부족에 원인을 두지 않고 노력 부족에 원인을 두는 것이 학생의 수행 의지를 강화한다.

③ **친밀한 사회관계 형성** : 친밀한 사회관계를 형성하도록 하여 관계성 욕구를 충족시켜 준다. 교사와 학생이 긍정적인 관계를 형성하고(학생의 현재 모습을 그대로 인정, 더 나은 존재로 발전할 수 있다는 믿음을 보여줌), 협동학습 전략을 사용하여 또래와 친밀한 관계를 형성하도록 도와야 한다.

Plus

평가의 역할과 자기결정성을 높이기 위한 평가의 활용 방안

1. 평가의 역할
① 평가가 자신을 처벌 또는 통제하는 수단이라고 여긴다면 평가가 학생의 내재적 동기를 손상시키는 반면, 평가가 자신의 능력을 증진한다는 정보를 제공하는 것으로 여긴다면 학생의 내재적 동기는 향상될 수 있다.
② 학습과 유능감 증진을 강조하는 환경을 조성하는 것이 학생성취를 평가하는 목표가 되어야 한다.

2. 자기결정성을 높이기 위한 평가의 활용 방안
① 학생들에게 분명한 목표수준(기대)을 제공하고 이러한 목표수준(기대)와 일치하도록 평가를 조정한다. 학생들이 평가를 예측 가능하고 도전 가능한 것으로 받아들일 수 있기 때문에 유능감 욕구를 충족할 수 있게 된다.
② 평가를 자주 실시하고 평가가 학습에 이득이 됨을 강조한다. 평가에서 성공할 경우 유능감을 확인할 수 있게 하고, 실패할 경우 교정학습을 통해 성공의 기회를 제공하면 유능감 욕구를 충족시킬 수 있다.
③ 평가 결과에 대해 자세한 피드백을 제공하고, 정답뿐만 아니라 그 정답이 나온 근거를 제시한다. 평가를 통해 내용 이해 및 학습능력 증진의 기회를 제공할 수 있으므로 유능감 욕구를 충족할 수 있다.
④ 평가 결과를 언급할 때, 학생들 간의 사회적 비교를 피한다. 유능감 욕구 충족에 도움을 준다.
⑤ 최종 등급을 매길 때, 학생들에게 시험이나 퀴즈에서 가장 낮은 점수를 한두 개 제외할 수 있도록 허용한다. 선택권을 부여함으로써 자율성 욕구를 충족시킬 수 있다.
⑥ 협동학습의 평가 시 집단보상을 실시한다. 집단의 성공을 위해 구성원 간의 협력을 유도할 수 있어 관계성 욕구를 충족시킬 수 있다.

(4) 내재적 동기의 형성 과정(동기의 변화 과정)

① 인간의 동기는 무동기에서 외재적 동기를 거쳐 내재적 동기로 발달해 나간다.
② 동기는 무동기 상태에서 적절한 통제나 외적 보상이 있을 때 외재적 동기 상태로 변화하며, 활동에 대한 정보적 피드백이 제공되면 사회적 규범과 가치를 내면화(internalization)하여 내재적 동기로 발달해 나간다.
③ 인간은 내재적 동기를 지닐 때 자기결정성이 제일 높다.

Plus

내면화(internalization)

인간은 사회적 규범, 가치, 문화를 내면화해야 심리적으로 성장할 수 있다고 본다. 내면화(internalization)는 사회적 규범과 가치를 자기 것으로 채택하는 과정으로, 외재적 동기를 내재적 동기로 바꾸어 주는 메커니즘이다. 아동이 발달해 감에 따라 사회화 과정에서 주어지는 통제, 보상 등의 외재적 동기는 내면화되고, 점차 자기조절 과정의 일부가 된다. 이 내면화의 정도에 따라 인간의 동기는 무동기, 외재적 동기, 내재적 동기로 분류되며, 내재적 동기를 지닐 때 자기결정성이 제일 높다고 본다. 인간의 동기는 무동기에서 외재적 동기를 거쳐 내재적 동기로 발달해 나간다.

> **Plus**
>
> **로저스**(Rogers)**의 실현경향**(actualizing tendency)
>
> 1. **실현경향이 동기의 원천임**
>   ① 자아실현 욕구는 선천적인 것이며, 타고난 잠재력을 완전히 계발하기 위한 지속적인 노력의 욕구, 즉 성장욕구임
>   ② 성장을 위한 노력에는 '투쟁과 고통(struggle and pain)'이 수반되며, 이러한 고통을 이겨 나가는 것을 '실현경향'이라고 함. 실현경향은 개인에게 새롭게 도전적인 경험을 하도록 하며, '타율성을 벗어나 자율성을 추구'하는 것으로 볼 수 있음
>
> 2. **타인의 역할** : 타인과의 상호작용은 개인의 '실현경향'의 과정에서 매우 중요한 역할을 하는데, 이때 타인의 역할은 '무조건적이고 긍정적 관심(unconditional positive)'을 통해 각 개인이 '충분히 기능하는 인간(fully functioning individual)'으로 성장하게 하는 데 있음

③ 자기가치이론(self-worth theory) — Covington [12 초등]

(1) 개념

인간은 누구나 자기 자신을 가치 있는 유능한 존재로 인식하기 원하며, 이러한 자기가치를 보호하려는 욕구가 인간의 행동을 결정한다는 이론이다. 자기가치는 자기존중감과 유사한 개념으로 자신의 가치에 대한 평가, 자기 자신에 대한 감정이나 정서적 반응을 의미한다.

(2) 자기장애 전략(self-handicapping strategy)

① **개념** : 자기장애(self-handicapping) 전략이란 자기존중감을 보호하기 위해 사용하는 자기보호 전략으로, 학업 실패 시 자신의 유능함을 유지하고 무능함을 보여주지 않기 위해 구사한다.

② **특징** : 자기장애 전략의 특징은 실패의 원인을 능력 부족이 아닌 노력 부족이나 통제 불가능한 외적 요인에 귀인하려고 한다는 것이다. 실패의 원인을 자신의 능력 부족으로 귀인하면 자기존중감이 손상되고 심각한 자기가치의 붕괴를 경험하기 때문이다. ⇨ 교사는 학생들이 자기장애 전략을 사용하기보다는 노력을 통해 문제를 해결하는 것이 더 좋은 것임을 가르쳐야 한다. 이를 위해 교사는 과제의 난이도를 조절하여 노력을 하면 성공할 수 있다는 것을 알려주어야 한다.

③ **예시**

  ㉠ **비현실적인 목표 설정하기** : 비현실적으로 높은 목표를 설정해 놓고 실패했을 때 능력 부족이 아니라 과제 곤란도로 귀인한다.

  ㉡ **실패의 원인을 변명하기** : 실패의 원인을 노력 부족으로 돌리거나(노력했으면 성공할 수 있었다고 생각함), 질병이나 가정 사정, 교사의 수업 등 통제 불가능한 외적 요인 때문이라고 변명하고 핑계를 댄다.

  ㉢ **자해전략 사용하기** : 공부를 하지 않거나 미루거나 꾸물거리는 등 자해(自害)전략을 사용한다.

  ㉣ **학습활동에 소극적으로 참여하기** : 교사의 눈을 피할 수 있는 뒷자리에 앉는 방법, 교사의 질문에 꾸물거리며 지연하는 방법, 시험 때 의도적으로 결석하는 방법 등 실패할 수 있는 장면을 의도적으로 회피한다.

　　ⓜ 부정행위를 하거나 매우 낮은 학습목표를 설정하기 : 자신의 유능함을 유지하기 위해서 시험시간에 부정행위를 하거나, 성공 가능성이 높은 쉬운 과목을 선택하거나, 자신의 기대수준을 낮추어 설정한다.

　　　　예 "나는 이 과목은 잘 못한다.", "수학은 과락만 면해도 다행이다." 등 자신의 기대수준을 미리 낮추어 말하는 경우, 이것은 관찰자의 기대수준을 낮추는 효과가 있기 때문에 시험결과가 보통 수준만 되더라도 그 학생은 꽤 잘하는 학생으로 인식될 수 있다.

　　ⓗ 기타 : 학습에 열중하는 척하거나 답을 알면서 질문하거나(자신을 유능하고 집중력 있는 학생으로 보이도록 하기 위한 전략), 예상되는 문제를 미리 연습해 둔다(실패를 피하고, 타인이 자신의 능력에 의심을 갖지 않도록 하기 위함).

(3) 학생의 유형

① **완숙 지향형** : 완숙 지향형 학생들은 자기의 능력에 대해 유능감과 자기가치를 유지하고, 실패를 두려워하지 않으며, 학습목표 달성을 위해 열중하는 학생들을 말한다.

② **실패 회피형** : 실패 회피 학생들은 자신의 능력에 확신이 없기 때문에 자기가치를 보호하기 위하여 여러 가지 전략(자기장애 전략)을 사용하는 학생들을 말한다.

③ **실패 수용형** : 이러한 실패회피전략들은 결국 자기 파괴적인 실패 수용 학생들을 만들고 만다. 그들은 자아존중감과 가치감을 잃어 가고 실패가 자신의 무능력 때문이라고 인식하고 무기력해지며, 더 이상 자신의 가치를 보호할 수 없게 되고 학습을 포기하고 마는 단계에 이르게 된다.

(4) 자기장애 전략의 문제점과 자기가치 증진 전략

① **문제점(실패 수용 학습자)** : 이러한 실패회피전략(failure-avoiding strategies)은 자기를 실패로 이끄는 자기 파괴적인 것이기 때문에 자기존중감을 잃어 가고 자신의 가치를 보호할 수 없게 되어 결국에는 자신의 무능력을 인정하고 학업을 포기하게 만든다.

② **자기가치 증진 전략** : 따라서 교사는 학생들이 현실적인 목표를 세우고, 위험 부담을 안고 도전할 수 있도록 격려하며, 실패에 건설적으로 적응하도록 지도해야 한다.

④ **귀인이론**(attribution theory) − Weiner　94 중등, 97 중등, 03 중등, 05 중등, 06 초등, 11 중등

(1) 개념

귀인(歸因)이론은 어떤 상황의 성공과 실패의 원인을 어디로 돌리느냐에 따라 개인의 정서와 행동(학습동기)에 영향을 미친다고 가정하는 이론이다.

(2) 귀인의 3가지 차원

원인의 차원	내용
소재 (locus)	성공과 실패의 원인을 자신의 내부에서 찾느냐, 외부에서 찾느냐의 문제이다. 능력이나 노력은 내적 요인, 과제 난이도나 운, 교사의 편견은 외적 요인이다. ⇨ 로터(Rotter)의 통제소재이론
안정성 (stability)	성공과 실패의 원인이 시간의 경과에 따라 변화될 수 있는지의 문제이다. 능력이나 과제 난이도는 안정적이지만, 노력이나 운, 타인의 도움은 불안정적이다. (※ 특정한 노력은 특별한 상황에서 어떤 목적 달성을 위해 기울이는 것이기 때문에 불안정적 요인으로 분류되나, 평소의 지속적인 노력은 안정적 요인으로 분류됨)
통제가능성 (control)	성공과 실패의 원인을 자신의 의도대로 통제할 수 있는지의 문제이다. 노력, 교사의 편견은 통제 가능하지만, 능력이나 운, 과제 난이도는 통제 불가능하다.

(3) 귀인모형

원인의 종류	원인의 차원		
	소재	안정성	통제가능성(책임감)
능력	내적	안정적	통제 불가능
노력	내적	불안정적	통제 가능
과제 난이도	외적	안정적	통제 불가능
운	외적	불안정적	통제 불가능

(4) 학습자에 대한 귀인의 영향

① 귀인과 정서 및 행동의 관계 : 바람직한 귀인과 바람직하지 않은 귀인 ⇨ 학교학습에서 성공과 실패의 원인을 무엇으로 지각하느냐에 따라 성공과 실패에 대한 정서, 성공 기대, 행동(노력, 성취) 등에 지대한 영향을 미친다.

구분	성공/실패	귀인	정서/기대	행동
바람직한 귀인 유형	성공	높은 능력	유능감, 자기존중감 / 성공 기대 증가	과제에 적극적으로 참여
	실패	노력 부족	죄책감, 수치심 / 성공 기대 유지	과제에 적극적으로 참여
바람직하지 않은 귀인 유형	성공	운	무관심 / 성공 기대 감소	과제 참여에 열의 부족해짐 (노력 안 함)
	실패	능력 부족	무능감, 낮은 자존감 / 성공 기대 감소	과제 참여에 노력 안 함

② **귀인과 학습동기의 관계**

　㉠ 학습자가 성공과 실패의 원인을 내적, 불안정적, 통제 가능한 요인인 노력으로 귀인할 때 학습동기는 가장 증가한다(Ames; 1992).

　㉡ 그러나 실패의 원인을 능력 부족으로 돌리면 실패의 과정을 변화시킬 가능성이 없고(안정적), 통제가 불가능하다고 생각하기 때문에 동기가 유발되지 않고 노력을 하지 않게 된다.

③ **귀인과 자아개념의 관계**

　㉠ 학습자가 성공을 내적 요인(**예** '머리가 좋아', '노력을 많이 했어')으로 귀인하고, 실패를 외적 요인(**예** '운이 없었어')으로 귀인할 때 학습자는 '긍정적 자아개념'을 형성한다(Johnson; 1981). 또한 성공은 자신의 능력으로, 실패는 자신의 노력 부족으로 귀인할 때 학습자의 '자기효능감'이 높아진다(Schunk; 1984).

　㉡ 그러나 학습 실패의 원인을 학습자 자신의 '능력 부족'에 귀인하면 '학습된 무기력감(learned helplessness, 부정적 자아개념)'이 형성된다('능력' ⇨ 내적, 안정적, 통제 불가능한 요인).

④ **교사의 귀인**

　㉠ 귀인은 교사에게도 영향을 미친다. 교사가 학생의 학업성취도를 자신의 교수법에 귀인하면 그 교사는 잘 가르치기 위해 더욱 노력할 것이다.

　㉡ 그러나 학생의 성취 부진을 학생의 배경지식 부족, 열악한 가정환경과 같은 교사의 통제를 넘어서는 다른 원인으로 귀인하면 그 교사는 가르치려는 노력을 감소할 것이다(Eggen & Kauchak; 2010).

Plus

귀인훈련(귀인변경, attribution training) **프로그램**(Dweck)

1. **의의** : 체계적인 귀인훈련 프로그램은 학습자의 바람직하지 못한 귀인유형을 바람직한 귀인유형으로 변경시킬 수 있으며, 자신의 능력이 부족하다는 고정관념이 있는 학습자에게 도움을 줄 수 있다. ⇨ Dweck이 학습된 무기력감을 감소시킬 수 있는 귀인훈련 프로그램 개발

2. **귀인훈련 프로그램의 단계별 시행전략** : 노력귀인 → 전략귀인 → 포기귀인
　① [1단계] '노력귀인'으로 유도하기 : 노력귀인이란 성공이나 실패의 원인을 자신의 노력으로 돌리는 것을 말한다. Weiner는 '실패 → 능력부족 귀인 → 무능감 → 성취감소'의 귀인유형을 '실패 → 노력부족 귀인 → 죄책감과 수치심 → 성취증가'의 형태로 바꾸는 것을 귀인훈련 프로그램의 목적으로 보았다.
　② [2단계] '전략귀인'으로 유도하기 : 학습자가 충분히 노력했음에도 불구하고 결과가 좋지 않을 때 '전략귀인'으로 유도한다.
　　㉠ 전략귀인이란 실패의 원인을 자신의 학습방법이나 학습전략 등으로 귀인하는 것을 말한다. 즉, 학습방법이나 습관을 스스로 점검해 보고 더욱 바람직한 방법으로 바꾸어 주는 전략이 필요하다.
　　㉡ 노력은 많은 것을 성취시키지만 실패를 무조건 노력으로 귀인한다고 해서 문제가 해결되는 것은 아니며, 실제로 적절하지 못한 경우도 있다. 최선을 다해 준비한 학생에게 충분히 노력하지 않았기 때문에 결과가 좋지 않은 것이라고 말하는 것은 '오히려 아무리 노력해도 안 된다'와 같은 좌절감만 안겨 줄 것이다.
　③ [3단계] '포기귀인'으로 변경하기 : 만약 노력귀인과 전략귀인을 다 거쳤음에도, 즉 충분한 노력과 적절한 전략을 사용했음에도 불구하고 결과가 좋지 않을 때는 '포기귀인'으로 간다. 포기하도록 유도함으로써 학습자의 기대 자체를 수정하고 새로운 길을 모색하는 것이 더 유리하다.

⑸ 귀인이론의 시사점

① 일반적으로 자신의 성공과 실패의 원인을 외적 요인보다 내적 요인에, 안정적 요인보다 불안정적 요인에, 통제 불가능한 요인보다 통제 가능한 요인에 귀인시킬 때 학습동기는 증가한다.

② 학교학습에서 성공과 실패의 원인을 무엇이라고 지각하느냐에 따라 후속되는 학업적 노력, 정의적 경험, 미래학습에서의 성공과 실패에 대한 기대 등이 달라진다.

③ 학습자의 성취결과에 대한 원인 지각 내용을 알면 미래의 학업성취도를 예측할 수 있고, 인과적 귀인을 바람직한 요인으로 변경시키면 미래의 학업성취도를 증진시킬 수 있다.

⑹ 학습된 무기력감(learned helplessness) – Seligman, Dweck

① **개념** : 계속되는 실패로 인해 무능력감이 학습된 것으로, 아무리 노력해도 성공할 수 없다는 감정이다. 거듭된 실패로 인해 자신의 실패가 당연하다고 생각하며 어떠한 시도조차 하지 않고 학업을 쉽게 포기하는 상태이다. ⇨ 셀리그만(Seligman)이 개의 회피훈련 연구에서 처음 사용

② **영향** : 학습된 무기력감은 동기, 인지, 정서에 심각한 영향을 초래한다. 무기력감을 느끼는 학생들은 동기가 전혀 유발되지 않고, 인지적 결손을 초래하며, 우울감이나 불안을 느낀다. ⇨ 결과적으로 낮은 성취를 보이고 실패할 것이라고 기대함

③ **원인**

　㉠ **계속된 학업 실패** : 계속된 학업 실패는 학습과제를 해결할 능력이 없다는 무기력감을 학습하게 한다.

　㉡ **실패의 바람직하지 못한 귀인(실패를 능력 부족에 반복적으로 귀인)** : 실패를 능력 부족에 반복적으로 귀인할 경우 학습된 무기력감을 형성한다.

　㉢ **학부모의 지나치게 높은 기대수준과 과소평가** : 학부모가 학생이 도달하기 불가능할 정도의 높은 기대수준을 갖고 있거나, 학생의 능력을 과소평가할 경우에 학생은 좌절감을 갖게 되고 스스로 무능력하다고 인식하게 되어 무기력감을 학습한다.

　㉣ **교사의 낮은 기대수준과 과소평가** : 교사가 학생에 대해 낮은 기대수준을 갖거나 학생의 능력을 과소평가할 경우 학생은 스스로 무능하다고 생각하게 되어 무기력감을 학습한다.

④ **학습된 무기력감의 극복방안**

　㉠ **귀인변경 훈련** : 성공했을 때 능력이나 노력에 귀인하고, 실패했을 때 노력이나 전략 부족에 귀인하도록 훈련한다. ⇨ Dweck(1975) : 학습된 무기력감을 감소시킬 수 있는 귀인훈련 프로그램 개발

　㉡ **자기효능감 증진** : 성공적인 과제 수행 경험 제공, 구체적인 학습전략 지도, 모델의 활용, 협동학습 전략 활용 등

　㉢ **완전학습** : 교수학습방법의 측면에서 완전학습을 통해 학습과제 해결에 성공하면 학습자는 다시 학습동기를 찾게 되어 학습된 무기력에서 벗어날 수 있다.

　㉣ **절대평가(준거지향평가, 목표지향평가)** : 남들과 비교하는 학습자의 경우 절대평가는 경쟁심을 배제하고 학습과제의 성공을 경험하게 할 수 있으므로 학습된 무기력감을 해결할 수 있다.

⑤ 자기효능감이론(self-efficacy theory) — Bandura 11 중등, 23 중등論

(1) 개념

자기효능감(self-efficacy)이란 개인이 특정한 과제를 성공적으로 수행할 수 있다는 자신의 능력에 대한 믿음을 말한다. 자기효능감은 결과에 대한 성과 기대를 매개로 하여 동기화된다. ⇨ 특정한 과제를 수행하는 데 필요한 일련의 행동을 조직하고 완성할 수 있다는 자신의 능력에 대한 믿음

(2) 자기효능감의 영향

자기효능감은 과제선택, 노력의 양, 과제에 대한 지속력, 학습전략 등에 영향을 준다.

① 자기효능감과 동기 및 학업성취와의 관계 : 자아효능감은 학습동기와 학업성취에 강력한 영향을 준다.

ㄱ 자기효능감이 높은 학습자 : 더 도전적인 과제를 선택하고, 목표달성에 어려움이 있더라도 더 많이 노력하고, 더 오랜 시간 과제를 지속하며, 더 효과적인 학습전략을 사용하여 보다 높은 학업성취를 보인다.

ㄴ 자기효능감이 낮은 학습자 : 쉬운 과제를 선택하고, 목표달성에 어려움이 있는 경우 덜 노력하고, 쉽게 포기하며, 비효과적인 학습전략을 사용하므로 학업성취가 낮다.

✅ 자기효능감이 학습자의 인지와 행동에 미치는 영향(Eggen & Kauchak; 2004)

구분	자기효능감이 높은 학생	자기효능감이 낮은 학생
믿음	• 자신이 성공할 것이라 믿음 • 목표에 도달하지 못했을 때 생기는 스트레스와 불안감을 통제하고 조절 • 자신이 환경을 통제하고 있다고 믿음	• 무능하다는 느낌에 집중 • 목표에 도달하지 못했을 때 스트레스와 불안감을 느낌 • 자신이 환경을 통제하고 있지 못한다고 믿음
과제 선택	도전감을 느낄 수 있는 과제 선택	도전감을 느낄 수 있는 과제 회피
노력	도전감을 느낄 수 있는 과제를 할 때 더 노력	도전감을 느낄 수 있는 과제를 할 때 덜 노력
인내심 (지속성)	목표에 도달하지 못했을 때 포기하지 않음	목표에 도달하지 못했을 때 쉽게 포기
전략 사용	비생산적 전략이라고 생각되면 즉시 사용하지 않음	비생산적 전략을 계속 사용함
수행	같은 능력을 가정할 때 낮은 자기효능감을 가진 학생보다 높은 수행을 보임	같은 능력을 가정할 때 높은 자기효능감을 가진 학생보다 낮은 수행을 보임

② 자기효능감과 귀인과의 관계

ㄱ 자기효능감이 높은 학습자 : 주어진 과제에 대하여 강한 자기효능감을 가진 학생(예 나는 수학에 자신이 있어)은 자신의 실패를 노력 부족에 귀인한다(예 그 과제를 좀 더 살폈어야 했는데).

ㄴ 자기효능감이 낮은 학습자 : 자기효능감이 낮은 학생(예 나는 수학에 자신이 없어)은 자신의 실패를 능력 부족에 귀인하는 경향이 있다(예 나는 머리가 나빠).

⑶ 자기효능감의 형성에 영향을 미치는 요인(자기효능감의 형성 요인)

형성 요인	내용
성공 경험 (enactive mastery experience)	과거의 성공 경험은 자기효능감을 높이는 반면, 실패 경험은 자기효능감을 낮춘다. 성공 경험은 과제 난이도가 높을수록, 투입되는 노력의 양이 많을수록 자기효능감을 더욱 높여준다.
대리 경험 (모델 관찰, vicarious experience)	자기와 유사한 사람의 성공적인 모습을 관찰하면 자기효능감이 높아진다. 유사한 사람이 강화를 받는 것을 관찰함으로써 간접적 강화인 대리 강화를 받기 때문이다. 반면, 그 모델이 실패하는 것을 관찰하면 자기효능감이 낮아진다.
언어적 설득 (verbal persuasion)	타인의 칭찬이나 격려와 같은 언어적 설득은 정도가 약하지만 자기효능감에 영향을 준다. 이때 설득하는 사람에 대한 신뢰가 중요하다. 자신이 존경하는 사람, 권위 있는 사람, 친한 사람이 설득할 때 효능감도 높아진다.
정서적 상태 (심리 상태, physiological states)	정서적 안정감이나 최상의 컨디션은 자신감을 향상시켜 자기효능감을 높여준다. 반면, 불안이나 긴장 등의 부정적 정서 상태는 자기효능감을 떨어뜨린다.

⑷ 자기효능감의 증진 방안(유발 방안)

증진 방안	내용
성공적인 경험 제공	도전적인 과제를 제시하는 등 다양한 상황에서 학습자들이 성공할 수 있는 경험의 기회를 제공해 준다.
모델의 활용 (대리 경험)	자신과 유사한 모델의 성공적인 수행을 관찰하게 함으로써 자신도 그러한 과제를 수행할 수 있다는 신념을 갖게 한다.
언어적 설득	언어적 설득은 학생이 과제 수행에 자신감을 갖게 하므로 칭찬이나 격려를 통해 자기효능감을 증진시킨다.
정서적 대처 기술 제공	학생의 긴장과 불안을 능력의 부족이 아닌 다른 긍정적인 이유로 귀인하도록 유도하고, 이와 함께 긴장이나 불안에 대처하는 기술을 훈련시키는 것이 필요하다.
귀인 변화 훈련	성공적으로 과제를 수행한 학습자에게 능력이나 노력에 귀인하도록 함으로써 학습자가 자신의 능력을 높게 자각하도록 할 수 있다.
피드백의 제공	성공했을 경우 학습 초기에는 노력과 관련한 피드백을, 학습 후기에는 능력과 관련된 피드백을 제공한다.
구체적인 학습전략 지도	구체적인 학습전략을 가르치고 이를 활용하도록 피드백하면 과제해결능력을 증진시켜 학습자의 자기효능감을 향상시킬 수 있다.
정보적 보상 제공	현재 어느 정도 잘하고 있는가에 대한 정보적 보상을 제공하면 자기효능감을 증진시킨다.
협동학습 활용	협동학습을 통한 성공적인 과제 수행은 구성원들의 자기효능감을 높여준다. 수행능력이 높은 학생은 다른 학생의 과제해결에 도움을 줄 수 있어 자기효능감을 증진하며, 수행능력이 낮은 학생은 협동을 통해 자기집단의 성공에 기여하므로 자기효능감을 증진할 수 있다.
높은 교사효능감 유지	교사 자신이 교과내용에 대한 지식, 수업 능력, 학습전략과 교수능력, 학생의 생활지도 및 도움 제공 능력 등에 대한 능력을 높게 지각한 상태에서 학생들을 대할 때 능률도 높아지며 결과적으로 학생의 효능감을 높여 줄 수 있다.

(5) 교사효능감

① 개념 : 학생들을 잘 가르칠 수 있다는 교사로서의 능력에 대한 신념, 교사가 교직 수행과 관련한 자신의 능력에 대하여 가지는 믿음 ⇨ 학생들의 학업성취를 포함한 교육결과에 긍정적인 영향을 줌

② 교사효능감이 높은 교사와 낮은 교사 : 교사효능감이 높은 교사는 스트레스를 적게 받고 학생들의 학습에 자신이 영향력이 있다고 확신하며 학생들에 대해서 개방적이고 민주적 관계를 유지하여 의사결정을 한다. 반면, 교사효능감이 낮은 교사는 가르치는 일에 대하여 좌절감을 느끼고 학생의 실패를 두려워하며 학생이 실패했을 때 학생의 가정환경이나 능력, 태도 등에서 그 이유를 설명하려 한다.

❂ 교사효능감이 높은 교사와 낮은 교사(Ashton, 1984)

구분	교사효능감이 높은 교사	교사효능감이 낮은 교사
개인적 성취에 대한 지각	가르치는 일을 긍정적으로 생각하며, 학생의 학습에 긍정적인 영향을 미칠 수 있다고 본다.	자신이 가르치는 일에 대해 자주 실망하고 좌절한다.
학생의 성취에 대한 기대	학생이 발전하기를 기대하며, 대부분의 학생들이 그 기대를 충족해 준다고 본다.	학생이 실패하는 것을 예상하지 못하며, 수업에 노력을 기울이지 않는다. 또 부정적인 행동을 많이 한다.
학생의 학습에 대한 책임감	학생이 학습에 책임감을 가지며, 학생의 실패를 자신의 책임이라 생각하고 학생에게 도움이 되는 방향으로 교수방법을 검토한다.	학생의 학습에는 책임감을 가지지만, 학생의 실패를 학생의 가정환경이나 능력, 동기, 태도 등의 관점에서 그 이유를 설명한다.
목표달성을 위한 전략	교수·학습을 계획하고 목표를 수립하고 달성하기 위한 전략을 세운다.	특별한 목표를 가지지 않으며, 목표달성에 대한 확신을 가지지 못하고 전략도 세우지 않는다.
정서	가르치는 행위와 학생의 존재 가치를 인정한다.	학생에 대하여 부정적인 태도를 갖고 실망을 자주 표현한다.
학생 통제관	자신이 학생의 학습에 영향력이 있다고 확신한다.	학생에 대해 무력감을 경험한다.
민주적 의사결정	학생의 학습전략과 목표를 정할 때 학생을 포함하여 민주적으로 결정한다.	학생의 학습전략과 목표를 강제로 부과하고 의사결정을 독단적으로 한다.

③ 교사효능감 증진 방안

㉠ 전문성과 교수기술의 향상 : 교사 스스로 학습목표를 갖고 자신의 전문성과 교수기술을 향상하려고 노력해야 한다. ⇨ 수업방법 연수프로그램 참여, 전문적 장학 활용, 동료 또는 선배 교사의 코칭과 피드백, 전문적 학습공동체의 구축 등

㉡ 자율성 부여 및 의사결정 참여 : 교사에게 자율성을 많이 부여하고 학교의 의사결정에 참여할 기회를 넓혀주어야 한다. ⇨ 학급운영과 교실환경, 교수방법, 학생지도 등에서 교사의 자율성을 강화하고 창의적으로 운영하도록 하며, 학교경영과 관련된 의사결정에 직접 참여시키도록 한다.

> **개념 쏙쏙**
>
> **교사의 기대효과**
>
> 1. **자기충족적 예언**(self-fulfilling prophecy) : 어떤 예언이나 기대가 근거가 없는 것이더라도 기대가 실현될 것이라는 믿음을 가지고 노력하면 결국 그 기대가 실현되는 것(사회학자 토마스의 상황 정의, 즉 "누군가가 어떤 상황을 진실이라고 정의하면, 그 상황은 결과적으로 진실이 된다."는 개념을 발전시킨 것) = 자성예언, 피그말리온 효과(Pygmalion effect), 플라시보 효과(placebo effect), 로젠탈 효과
>   - ♠ **피그말리온 효과**(Pygmalion effect) 교사의 기대에 따라 학습자의 성적이 향상되는 것, 긍정적인 기대나 관심이 사람에게 좋은 영향을 미치는 효과 ↔ 골렘 효과(Golem effect) : 교사가 기대하지 않은 학습자의 성적이 떨어지는 효과 / 스티그마 효과(Stigma effect) : 부정적으로 낙인찍히면 실제로 그 대상이 점점 더 나쁜 행태를 보이고, 또한 대상에 대한 부정적 인식이 지속되는 현상(= 낙인 효과)
> 2. **기대유지 효과**(sustaining expectation effect) : 학생의 향상을 인정하지 않고 항상 그 수준일 것이라는 교사의 생각이 실제로 학생의 성취를 교사의 기대수준에 머물게 하는 현상

❻ 기대×가치이론(expectancy×value theory) — Atkinson 11 중등, 13 중등 · 중등특수추시論

(1) 개념

기대×가치이론은 자신이 성공할 것이라는 기대에 그 성공에 대해 부여하는 가치를 곱한 값만큼 동기화된다는 이론이다. ⇨ '오르지 못할 나무는 쳐다보지도 마라'

(2) 동기화 요소 — 기대와 가치에 영향을 주는 요소

성공 기대에 영향을 주는 요소	• **목표** : 수행해야 할 과제 목표 ⇨ 목표가 구체적이고 단기적일수록 과제 성공에 대한 기대가 높아진다. • **과제 난이도** : 과제 난이도에 대한 지각 ⇨ 과제 난이도를 어떻게 지각하느냐에 따라 과제의 성공 가능성에 대한 기대가 달라진다. • **자기도식** : 자신의 능력에 대한 신념, 자기개념 ⇨ 자기도식이 긍정적일수록 과제 성공에 대한 기대가 높아진다. • **정서적 기억** : 과제에 대한 과거의 경험으로 인해 개인이 가지는 감정 ⇨ 이전에 성공한 경험이 있을 경우 과제에 대한 성공 기대가 높아진다.
과제 가치에 영향을 주는 요소	• **내재적 흥미(내적 가치)** : 과제 자체에 대한 흥미 ⇨ 과제 자체에 흥미를 가질 때 학습동기가 촉진된다. • **중요성(달성가치)** : 과제를 잘 수행하는 것이 삶에 중요한 의미를 가지는가의 정도 ⇨ 삶에 중요한 의미가 있다고 생각될 때 학습동기가 촉진된다. • **효용가치** : 과제가 현재나 미래의 목표(졸업, 진학, 취직 등) 달성에 얼마나 도움이 되는가(유용한가) ⇨ 과제가 효용성을 지닐 때 학습동기가 촉진된다. • **비용(비용가치)** : 과제에 참여하기 위해 포기해야 하는 것(시간, 노력, 감정 등)들을 얼마나 감내할 수 있는가 ⇨ 과제 수행 결과 얻는 가치가 비용보다 더 높다고 인식할 때 학습동기가 촉진된다.

(3) 기대×가치이론에 근거한 학습동기 향상 방안

성공 기대를 높이기	• 구체적인 장기 및 단기 목표 설정하게 하기 : 구체적인 장기 목표와 이를 달성하기 위한 단기 목표를 함께 설정하여 단계적으로 목표에 접근하도록 하면 목표달성을 위한 노력을 증진하게 되어 성공 가능성에 대한 기대를 높일 수 있다. • 도전적 과제의 제공 : 도전적 과제를 제시하여 성공하도록 하면 과제에 대한 성공 기대를 높이면서 자기 능력에 대한 긍정적인 신념도 형성해 준다. • 구체적ㆍ긍정적 피드백 제공 : 과제 수행의 성공 부분과 부족 부분에 대한 구체적이면서 긍정적 피드백을 제공하면 과제 수행에 대한 자신감이 형성되어 성공 기대감을 높일 수 있다. • 과거의 수행과 성취 제시 : 과거의 성공 경험은 미래의 성공에 대한 기대에 영향을 주므로 성공 기대감을 향상할 수 있다.
과제 가치를 높이기	• 교과 과목의 중요성 강조 : 학교에서 다루는 교과목이 우리 삶에 얼마나 중요한 의미를 지니는지 강조함으로써 과제 가치에 대한 인식을 높일 수 있다. • 교과 과목의 효용성 강조 : 학교에서 다루는 교과목이 미래의 직업 선택과 목표 성취에 얼마나 필요한지 강조함으로써 과제 가치를 높일 수 있다.

❼ 목표지향성(성취목표)이론(goal orientation theory) – Dweck 10 초등, 11 중등

(1) 개념

학생이 갖고 있는 목표지향성(goal orientation)에 따라 학습동기를 설명한다. 과제 수행의 목표를 어디에 두느냐에 따라 과제 수행의 과정과 결과가 달라진다고 본다. 목표는 크게 숙달목표(학습목표)와 수행목표로 분류된다.

(2) 목표(목표지향성)의 유형

① 숙달목표(학습목표, mastery goal, learning goal) : 과제의 숙달 및 이해의 증진 등 학습활동 그 자체에 초점을 둔 목표로서, 자신의 유능감을 향상시키는 데 관심을 둔다.
② 수행목표(performance goal) : 자신의 능력을 타인의 능력과 비교하는 데 초점을 둔 목표로서, 자신의 능력이 타인에 의해 어떻게 평가받는가에 관심을 둔다.

(3) 목표지향성의 영향

영향	숙달목표 학습자	수행목표 학습자
귀인	긍정적ㆍ적응적 귀인과 관련 ⇨ 성공과 실패를 노력으로 귀인하고, 능력은 노력에 비례한다고 생각함	부정적ㆍ비적응적 귀인과 관련 ⇨ 성공과 실패를 능력에 귀인하고, 능력은 노력과 무관하다고 생각함(능력은 변하지 ×)
인지	정교화나 조직화와 같은 심층적인 인지전략을 적극적으로 활용하고, 메타인지전략과 자기조절전략을 적절하게 적용함	피상적이고 기계적인 학습전략을 활용하는 경향이 있음

정서	• 노력으로 성공했을 때 자부심을, 실패했을 때 죄책감을 경험함 • 흥미와 즐거움 등 내재적 동기가 높고, 학습태도가 긍정적이며, 학습과제에 가치를 부여함	• 실패했을 때 공포나 시험불안과 같은 부정적 정서를 경험함 • 외재적 동기가 높고, 학습과제에 가치를 부여하지 않음
행동	• 유능감을 높이기 위해 도전적이고 새로운 과제를 선호함 • 어려운 과제에 직면했을 때 타인의 도움을 적극적으로 요청함	• 위험부담을 피하려고 하기 때문에 쉬운 과제를 선호하고 도전적인 과제를 회피함 • 타인의 도움을 받는 것은 자신의 능력이 부족하다는 것을 드러낸 것이라고 생각하여 타인의 도움을 요청하지 않음

(4) 수행목표의 유형과 과제회피목표(추가적 연구)

① **수행접근목표**(performance-approach goals) : 타인과 비교하여 상대적으로 유능하다고 평가받으려는 목표

② **수행회피목표**(performance-avoidance goals) : 상대적으로 무능하게 평가되는 것을 피하려는 목표

　㉠ **자기장애전략**

　　ⓐ 수행접근목표는 자신이 유능하게 보이는 것에 반복적으로 실패를 경험할 때 수행회피목표로 전환된다. 수행회피목표를 가진 학생은 방어적이고 실패회피전략(failure-avoiding strategies)을 쓴다. 실패회피전략이란 실패에 대한 변명으로 자기 자신만을 방어하는 전략을 의미한다.

　　　📵 "내가 공부를 하지 않아서 그런 것이지 제대로 했으면 너보다 훨씬 잘할 수 있어." 등의 말을 매번 반복하며, 마치 결과와 아무 상관이 없는 듯이 이야기하거나 시험에서 부정행위를 저지르기도 한다.

　　ⓑ **교사의 지도** : 수행회피목표가 높은 학습자는 성공에 대한 지속적인 강화가 주어지고, 실패로 인한 당황감을 방어할 수 있을 때 동기가 유발된다. 그러므로 수행회피목표의 학습자를 가르치는 교사는 그들이 외적 보상에 민감하다는 점을 이용하여, 그들이 새로운 과제에 도전했을 때 더 좋은 성적을 주고, 수행 정도와 상관없이 현재보다 더 도전감 있는 과제를 수행했을 때 칭찬을 한다.

　㉡ **학습된 무기력**(learned helplessness)

　　ⓐ 수행회피목표를 가진 학생이 실패를 반복하면 학습된 무기력 상태의 학습자가 된다. 학습된 무기력 상태의 학습자는 아무리 노력해도 성공할 수 없다고 생각하므로 목표 자체를 설정하지 않으며 쉽게 포기한다. 실패가 거듭될수록 '나는 바보야'라고 실패의 원인을 자신의 능력 부족으로 돌리며, 그로 인해 절망감과 수치감에 휩싸인다. 그리고 어느 누구도, 그 무엇도 자신에게 도움을 줄 수 없다고 생각해 도움을 구하지도 않고 과제를 수행하려는 시도조차 하지 않는다.

　　ⓑ **교사의 지도** : 교사는 이러한 학습자의 수준을 고려한 적절한 과제를 제시해 줌으로써 그들이 성공을 경험하여 자신감을 가질 수 있도록 유도해야 한다. 또한 그들이 잘하는 것을 발견하고 그것을 공개하며 그에 맞는 특정한 책임을 부여함으로써 학급에서 그들의 위상을 높여주어야 한다.

③ **과제회피목표**(work-avoidance goals) : 그저 최소한의 노력으로 과제를 대충 수행하는 것이 목표이다. 과제회피목표를 가진 학습자는 과제가 쉽거나 별다른 노력 없이 할 수 있을 때 성공적이라고 느낀다. 그들은 효과적이지 못한 전략을 사용하고, 모둠 활동에 최소한의 공헌을 하며, 도전적인 과제가 주어졌을 때 불평을 한다(Dowson & McInemey; 2001).

☑ 목표유형이 학습자의 동기와 성취에 미치는 영향(Eggen & Kauchak)

유형	의미	동기와 성취에 미치는 영향
숙달목표 (학습목표)	과제의 숙달과 이해 자체가 목표 예 은유법을 이해하고 응용하여 나만의 동시를 창작하기	• 과제에 대하여 지속적으로 노력을 기울인다. • 높은 자기효능감과 도전을 받아들이는 자세, 높은 성취를 보인다.
수행접근목표	남보다 유능해 보이려는 목표 예 우리 반에서 은유법을 활용한 동시를 가장 잘 쓰기	• 자신감 있는 학생은 계속 노력하고, 높은 자기효능감을 가지며, 높은 성취를 보일 수 있다. • 그러나 도전을 받아들이고자 하는 동기를 저해할 수 있으며, 이것은 곧 낮은 성취로 이어질 수 있다.
수행회피목표	무능해 보이려는 것을 피하려는 목표 예 교사와 다른 학생 앞에서 능력 없어 보이는 것 피하기	• 동기와 성취를 저해한다. 특히 자신감이 부족한 학생의 경우 동기와 성취가 더욱 저조하다. • 자기장애전략을 사용하는 것과 관련된다.
과제회피목표	최소한의 노력으로 과제를 대충 수행하려는 목표 예 그저 최소한의 노력으로 과제 마치기	노력하지 않고, 자기효능감이 낮다. 성취가 심각하게 저해된다.

(5) 효과적인 목표 사용의 4가지 단계 – 효과적인 목표는 어떤 과정을 거쳐서 설정되는가?

단계	내용
효과적인 목표 설정	적절한 노력으로 성취할 수 있는 구체적이고 도전적인 목표(과제)를 선택하여 지속적으로 성취경험을 갖도록 한다.
목표 점검하기	목표의 성취 여부를 학생 스스로 점검(self-monitoring)하도록 하여 성취감과 자기효능감을 높여주고 긍정적 자아개념을 느끼게 한다. 예 한 주 동안 학습지를 7장 풀기로 목표를 정하였을 때, 수요일 시점에 3장을 풀었다면 학습 진행 상황에 대해 스스로 만족감을 느낄 수 있다.
효과적인 전략 사용	목표달성에 도움이 되는 효과적인 전략을 찾아 세부 기술을 익히고 적용하도록 한다. 예 일주일 중 어느 한 요일에 집중하여 7장을 전부 푸는 것보다는 매일 한 장씩 나누어서 푸는 전략을 사용하는 것이 훨씬 효과적이다. '이야기를 읽고 10행으로 요약할 수 있다.'와 같은 독후감 쓰기 목표를 정했다면, 먼저 요약하는 기술을 익혀야 한다.
초인지(메타인지) 전략 사용	목표 수행 전 과정에서 스스로 계획, 점검, 평가할 수 있도록 한다.

(6) 숙달목표 지향성을 증진시키기 위한 방안

증진 방안	내용
도전적 과제 제시	• 적절히 도전적인 과제 제시 : 학생의 능력 범위 안에서 노력하면 해결할 수 있는 적절히 도전적인 과제를 제시하고, 그 과제의 성취 자체에 관심을 가지도록 한다. • 실제적(참) 과제 제시 : 실제적 문제 상황과 연관된 과제를 제시하여 학습과제 자체를 이해하고 학습하는 것이 중요하다는 인식을 갖게 한다. • 과제 및 학습활동에 대한 선택권 부여 : 학생들에게 과제나 학습활동에 대해 선택권을 부여하면 과제와 학습활동 자체에 대한 흥미가 증진될 수 있다.

숙달에 초점을 둔 피드백이나 보상 제공	숙달에 초점을 둔 피드백이나 보상 제공 : 학생들의 학습 진전과 능력 향상, 숙달에 초점을 맞추어 피드백이나 보상을 제공하면 숙달목표를 지향하게 된다.
자기비교평가·자기평가	• 사회적 비교평가를 피하고 자기비교평가 실시 : 개인의 진보와 숙달 정도를 기준으로 한 자기비교평가를 실시하여 타인과의 경쟁보다 과제의 숙달에 중점을 두도록 한다. • 자기평가 방법 활용 : 자신의 과제 수행에 대해 학생 스스로 평가하게 하여 과제수행을 위한 학습에 관심을 갖게 한다.
협동학습 활용	협동학습의 활용 : 협동학습은 구성원 모두의 과제 숙달과 학습수준 향상을 중요시하므로 학생들에게 숙달목표를 지향하도록 한다.

Plus

드웩(Dweck)의 지능에 대한 암묵이론

1. **개념** : 사람들은 누구나 지능에 대해 암묵적인 신념을 가지고 있는데, 그것이 동기에 영향을 미친다고 봄

2. **지능에 대한 암묵이론의 두 가지 유형**
   ① 고정적 관점 : 지능은 고정되어 있으며 불변한다는 관점
      ㉠ 지능과 능력은 변하지 않으며 노력과 무관하다고 생각함
      ㉡ 자신의 능력과 타인의 능력을 비교하는 데 초점을 두는 수행목표를 추구하는 경향이 높음
      ㉢ 실패를 지능과 능력의 부족에 귀인하기 때문에 실패 시 동기가 저하됨
      ㉣ 실패를 지능과 능력의 부족에 귀인하기 때문에 위험부담이 적은 쉬운 과제를 선호하고 도전적인 과제를 회피함
      ㉤ 피상적이고 기계적인 학습전략을 활용하는 경향이 높음
   ② 증가적 관점 : 지능은 유연하며 증진될 수 있다는 관점
      ㉠ 지능과 능력은 노력에 따라 변화될 수 있다고 생각함
      ㉡ 과제의 숙달과 이해에 초점을 두는 학습목표(숙달목표)를 추구하는 경향이 높음
      ㉢ 실패를 노력 부족으로 귀인하고 죄책감을 느끼기 때문에 실패는 동기를 촉진시킴
      ㉣ 유능감을 높이기 위해 도전적이고 새로운 과제를 선호함
      ㉤ 심층적인 인지전략을 적극적으로 활용하고, 메타인지전략을 적절히 적용함

3. **교육적 적용**
   ① 교사는 학생의 노력과 발전에 초점을 둔 피드백을 제공함
   ② 학습과정을 중시하는 과정중심평가를 활용함
   ③ 즉, 교사는 학생의 노력에 대한 피드백과 과정중심평가를 활용하여 학생이 지능에 대한 증가적 관점을 갖도록 한 후, 도전적인 과제, 효과적인 학습전략을 제공해 줌

⑧ 성취동기이론(achievement motivation theory) 99 초등추시, 99~00 초등

(1) 개념

성취동기란 도전적이고 어려운 과제를 성공적으로 수행하려는 욕구이다. 학교상황에서는 학업성취에 대한 의욕 또는 동기라 할 수 있다. 이러한 성취동기는 성취결과(보상)에 관계없이 성공 그 자체를 중시하는 것이며, 사회적으로 학습된 동기로서 학업성취와 밀접한 관계가 있다.

(2) 앳킨슨(Atkinson)의 성취동기이론

① 성취동기가 높은 학생과 낮은 학생의 특징

성공추구동기(Ms)가 높은 학생	실패회피동기(Maf)가 높은 학생
성공가능성이 높은 중간 정도 난이도의 과제 선택 : 목표가 달성 가능하면서도 자부심을 느낄 수 있는 과제를 선택하는 경향이 두드러짐	아주 쉬운 과제나 아주 어려운 과제를 선택 : 아주 쉬운 과제는 실패할 위험 부담 없이 성취할 수 있고, 아주 어려운 과제는 성공 가능성이 없더라도 실패에 대한 변명을 과제의 난이도에 귀인시킬 수 있기 때문

② 성공추구동기(성취동기)가 높은 사람과 실패회피동기가 높은 사람의 행동특성(McClelland)

성공추구동기(성취동기)가 높은 사람	실패회피동기가 높은 사람
• 과제지향성 : 과제를 성취해 나가는 과정 그 자체를 즐기고 만족스럽게 여기는 성향을 가지고 있다. • 적절한 모험성 : 자신의 능력을 발휘하여 성취할 수 있는 적절한 도전감과 성취감을 맛볼 수 있는 모험적인 과제에 흥미를 느낀다. • 높은 자신감 : 과제의 성취 가능성에 대해 높은 자신감을 갖는다. • 정열적이고 혁신적인 활동성 : 과제를 정열적으로 수행하고, 새로운 과제를 찾아 성취해 가는 활동에 열중한다. • 높은 자기 책임감 : 과제 수행에 대해 일체의 책임을 지며, 실패했더라도 책임을 회피하지 않는다. • 결과에 대한 정보 추구 경향성 : 과제 수행의 진행 상황과 예상되는 결과에 대한 정보를 계속 추구하여 정확한 예측을 하려는 경향이 있다. • 미래지향성 : 과제 수행에서 장기적인 계획을 세우고 미래에 얻게 될 성취만족을 기대하면서 끈기 있게 지속해 나간다.	• 아주 쉬운 과제나 아주 어려운 과제를 선택 : 아주 쉬운 과제는 실패할 위험 부담 없이 성취할 수 있고, 아주 어려운 과제는 성공 가능성이 없더라도 실패에 대한 변명을 과제의 난이도에 귀인시킬 수 있기 때문이다. • 과제 수행의 노력을 게을리함 : 과제를 수행할 때 최선을 다하지 않으며, 꾸물거리거나 늑장을 부린다. • 과욕을 부리거나 속임수를 사용 : 과욕을 부리거나 성공하기 위해 거짓말이나 속임수를 사용하기도 한다.

(3) 와이너(Weiner)의 성취동기 연구

① 성취동기와 귀인과의 관계 : 성취동기가 높은 학생은 성공과 실패의 원인을 내적으로 귀인시키는 반면, 성취동기가 낮은 학생은 외적으로 귀인시키는 경향이 있다.

② 성공추구동기와 실패회피동기가 동기수준에 미치는 영향 : 성공추구동기(Ms)가 높은 학생은 과제 실패 시 성취동기가 증가하고, 실패회피동기(Maf)가 높은 학생은 과제 성공 시 성취동기가 증가한다.

구분	$Ms > Maf$	$Ms < Maf$
성공	동기 감소(↓)	동기 증가(↑)
실패	동기 증가(↑)	동기 감소(↓)

학습자의 발달

Section 01 인지발달이론

01 피아제(Piaget)의 인지발달이론 – 개인적 구성주의

95 중등, 97~99 중등, 99 중등추시, 99~00 초등, 03 중등, 05~07 초등, 05 중등, 08 중등, 09~10 초등, 10~11 중등

1 개관

(1) 개념

인지발달이란 인간과 환경과의 능동적 상호작용을 통해 인지구조가 질적으로 변화되는 과정을 말한다. ⇨ 인지적 (개인적) 구성주의

(2) 주요 개념 98 중등, 99 초등 · 중등추시, 05 중등, 06 중등, 11 중등

① 인지기능 : 유기체가 환경에 적응하려는 선천적 · 불변적 경향성 ⇨ 인지기능의 작용이 있어야 인지도식이 형성되고 인지구조가 변화된다.

적응 (순응)	동화	새로운 정보(환경자극)를 자신의 기존 인지구조(도식)에 흡수 ⇨ 도식의 양적 성장 예 '개'에 대한 도식을 가진 유아가 '염소'나 '송아지'를 '개'라고 부른다.
	조절	자신의 기존 인지구조(도식)를 새로운 정보(환경자극)에 알맞게 수정 ⇨ 도식의 질적 성장 예 '개' 도식을 가진 유아가 '염소'를 '염소'라고 부른다.
	평형	동화와 조절을 통해 평형(equilibrium, 균형)을 이루는 상태 ⇨ 인지발달의 핵심기제(평형화는 개인이 스스로 자신의 인지구조를 형성하고 재구성하는 인지발달의 핵심 기능)
조직(조직화)		수용된 정보를 구조적으로 관련지어 더 높은 수준의 체계로 통합하는 것 예 '개'와 '염소'를 더 일반적인 범주인 '동물'의 하위범주로 생각하는 것

② 인지도식(schema) : 인지구조의 기본 단위 ⇨ 외부 세계에 대한 이해의 틀, 사고 체계, 정신적 표상이나 지식 체계를 의미

③ 인지적 불평형(비평형, 불균형) 11 중등 : 동화와 조절 간의 인지적 평형(균형)이 깨진 인지갈등 상태, 동화와 조절이 원활하게 일어나지 않는 인지갈등 상태 ⇨ 기존의 인지도식으로 새로운 자극이나 정보를 이해하기 어려울 때 인지적 불균형이 발생하며, 이때 인지구조의 변화, 즉 평형화가 필요하다.

2 피아제의 인지발달단계 00 초등, 10 초등

단계	내용
감각운동기 (0~2세)	감각운동을 통해 세상을 지각 · 이해하는 시기, 행동 > 사고 99 중등 • 목적 지향적 행동 : 목표에 이르는 일련의 행동을 할 줄 안다. • 대상영속성 획득(4~12개월) : 어떤 대상이 시야에서 사라져도 존재한다는 사실을 인지한다. • 지연모방 : 눈앞에 없는 모델을 모방한다.

전조작기 **(2~7세)**	지각이 아동의 사고를 지배하는 시기, 직관적 사고, 언어의 급속한 발달 05 초등, 07 초등, 09 초등 • **상징의 사용과 언어의 급속한 발달** : 사물과 생각을 개념적, 상징적으로 표현하는 능력이 발달 ⇨ 전(前)개념 (preconcept)의 수준 • **직관적 사고** : 현저한 지각적 특성으로 대상을 파악하는 사고, 인상이나 지각에 의존하는 사고. 지각(인상) 이 사고에 앞선다. ⇨ 겉모습이 곧 실재(현실)라고 생각 • **중심화(지각적 중심화)** : 가장 두드러진 한 가지 측면으로 대상을 본다. 가역적 사고나 보존성 개념을 획득 하지 못한다. • **자기중심적 사고(egocentric thought)** : 다른 사람의 감정, 생각, 관점이 자신과 동일하다고 생각(나의 생각 = 남의 생각)한다. ⇨ 주관적이고 비사회적인 사고, 사물이나 사건을 대할 때 다른 사람의 관점을 고려 ×, 조망수용능력 부족 • **자기중심적 언어** : 자기 생각만 일방적으로 전달한다. 비사회적 언어, 집단 독백 • **가상놀이** : 가상적인 상황이나 사물을 사용하여 실제 상황이나 사물을 상징화하는 놀이 • **물활론적 사고** : 세상의 모든 물질은 살아 있고 자기의 의지에 따라 움직인다고 믿는 생각 • **인공론적 사고** : 사물이나 현상이 사람의 필요와 목적에 맞도록 쓰려고 만들어진 것이라고 생각
구체적 **조작기** **(7~11세)**	구체적 사물에 대한 논리적·조작적 사고 91 중등, 99 초등·중등추시 • **탈중심화(decentration)** : 사물이나 현상의 여러 측면을 고려 ⇨ 조망 수용능력 발달, 사회화된 사고와 언 어가 발달 • **보존 개념 발달** : 물체가 위치나 모양을 달리해도 본질, 즉 수나 양은 변함이 없다는 개념 ⇨ 동일성, 가역성, 보상성 • **중다분류·중다서열(배열)** : 여러 기준을 사용하여 사물을 분류하거나(유목화 능력 발달), 차례대로 배열할 줄 안다.

형식적
조작기
(11세~)
	구체적 사물이 없이도 추상적이고 개념적인 사고가 가능한 시기 99 초등, 00 중등, 03 중등, 10 중등
	• **추상적 사고** : 추상적 개념을 사용하여 논리적으로 사고하는 능력 ⇨ 속담(격언)의 추상적·상징적 의미 이해
	• **반성적 추상화** 10 중등 : 구체적 경험과 관찰의 한계를 벗어나서, 제시된 정보에 기초해서 내적으로 추리(반 성, internal reflection)하는 메타사고(사고에 대한 사고) 과정을 의미. 반성적 추상화의 예는 대상들 간의 관계를 유추하는 사고과정임 ⇨ 논리수학적 지식을 획득
	• **가설·연역적 사고** : 가설을 설정하고 연역적으로 검증 및 결론을 추론
	• **이상주의적 사고** : 가설적 사고를 하면서 관념을 통해 이상적인 세계를 구상. 더 나은 사회를 건설하기 위해 기존의 사회를 개혁 또는 파괴하려는 성향
	• **자기중심적 사고** : 이상주의적 사고를 하면서 가상적 청중에 대한 과민반응, 개인적 신화, 불사신 신화와 같은 자기중심적 사고가 나타난다(Elkind : 청소년기 자아중심성 이론).
	  – **가상적 청중(에 대한 과민반응)** : 남들이 모두 나만을 주시하고 있다는 생각 ⇨ 청소년기의 과장된 자의 식으로 인해 자신이 타인의 집중적 관심과 주의의 대상이 된다고 믿는 자아중심성이다.
	  – **개인적 신화(우화)** : 자신의 경험·느낌·생각은 오직 자신만이 겪는 것이라는 믿음 ⇨ 자신이 특별하고 독특한 존재로 자신의 감정이나 경험은 다른 사람과는 근본적으로 다르다고 생각하는 자기 과신적인 자 아중심성이다. 자기 과신이 심해지면 자기 존재의 영속성과 불멸성을 믿게 되는 불사신 신화에 빠져들 위험이 있음
	  – **불사신 신화** : 불치병, 재난 등 불행한 사건은 남들에게만 일어난다는 생각
	• **조합적 사고** : 몇 가지 변인을 체계적으로 조합하여 문제를 해결하는 사고 ⇨ 문제해결적 사고·융합적 사고
	• **명제적 사고** : 명제를 구성하고 명제들 사이의 관계에 대해 논리적으로 추론

③ 피아제 이론의 교육적 시사점(적용)

(1) 아동의 사고능력을 키워주는 교육

피아제에 따르면, 교육의 목표는 각 발달단계에 적합한 사고능력을 키워주는 데 있다. 따라서 주입식 수업 대신 아동이 직접 사고하고 탐구하며 발견할 수 있는 환경을 조성해 주는 것이 중요하다.

(2) 인지발달 수준에 기초한 교육

피아제에 따르면, 발달이 학습에 선행한다. 개인의 발달수준이 사고의 질을 결정하므로 현재의 발달수준을 넘어선 교육내용을 제시하면 의미 있는 학습이 일어나지 못한다. 따라서 발달단계를 훌쩍 뛰어넘는 선행학습은 지양해야 한다.

(3) 인지갈등(인지불평형)을 유발하는 교육

피아제에 따르면, 상위 수준의 단계로 발달하려면 현재의 인지구조로는 해결할 수 없는 인지갈등을 경험해야 한다. 따라서 적정 수준의 곤란도를 가진 과제를 제시하여 이를 해결하도록 함으로써 인지발달을 촉진시켜 주어야 한다.

(4) 능동적 활동을 강조하는 교육

피아제에 따르면, 아동은 환경과 끊임없는 상호작용을 통해 세계에 대한 지식을 구성한다. 그러므로 아동이 스스로 개념을 구성할 수 있도록 학생의 활동을 촉진할 수 있는 환경을 조성하고, 아동 스스로 조작하고 탐색하며 문제를 해결할 수 있는 기회를 충분히 부여해 주어야 한다.

(5) 또래와의 사회적 상호작용을 촉진하는 교육

피아제에 따르면, 또래와의 사회적 상호작용은 인지발달의 중요한 원천이다. 또래와의 사회적 상호작용은 인지불균형을 쉽게 유발하고 인지발달을 효과적으로 촉진하므로 비슷한 수준의 또래와의 상호작용의 기회를 풍부하게 제공해 주어야 한다.

(6) 인지발달 수준을 고려한 교육과정의 계열화

교육과정은 학습자의 인지발달 수준을 고려하여 적절하게 계열화하여야 한다. 즉, 구체적이고 단순한 경험에서 추상적이고 일반적인 경험으로 교육내용을 계열화하여 조직하고 제시해야 한다.

02 케이즈(Case)의 신피아제 이론(명칭: 실행제어 구조이론) 04 초등

① 개관

① 정보처리적 접근을 통해 피아제의 이론을 재해석한 것으로 피아제의 인지발달이론과 정보처리이론을 결합한 것이다.

② 케이스 이론에서 인지발달 수준은 작업기억 용량(작업기억의 정보처리 용량)의 증가로 본다. 발달단계가 높아지면 작업기억 속에 담기는 정보의 개수도 많아진다. 작업기억의 용량은 3·4세 아동은 2~3항목, 5세 아동은 4항목, 7세 아동은 5항목, 성인은 7항목으로 발전한다고 주장한다.

③ 이렇게 케이스는 인지가 발달할수록 세련된 방식으로 문제를 해결할 수 있는 작업기억의 용량이 늘어나는 것으로 본다.

④ 케이스는 아동을 문제해결자로 간주하였으며, 문제해결능력을 '실행제어구조'의 사용을 가정하여 모형화하였다. 실행제어구조란 아동이 문제를 해결해 나가는 습관적 방법을 대표하는 내적 청사진이다. 실행제어구조(중심개념구조)는 아동이 새롭게 직면하는 복잡한 문제를 해결하기 위해 형성하는 내적인 개념 연결망이며, 피아제의 도식의 개념과는 달리 가르칠 수 있는 특정 과제나 영역에 적용된다. 모든 실행제어구조는 연속적인 구성요소, 즉 문제상황의 표상, 목표의 표상, 전략의 표상을 포함하고 있다.

② 케이스의 인지발달

(1) 케이스의 인지발달

① **인지발달** : 아동이 과제를 처리하는 작업기억 용량(working memory capacity)의 증가를 인지발달로 본다. 작업기억(작동기억)은 조작공간과 저장공간으로 구성되어 있으며 저장공간이 커질수록 아동의 인지능력은 발달하는 것으로 본다.

② **자동화(automatization)** : 반복적인 연습으로 과제처리능력이 향상되어 자동화되면 조작공간은 감소하고 저장공간은 증가하여 인지발달이 촉진된다고 본다.

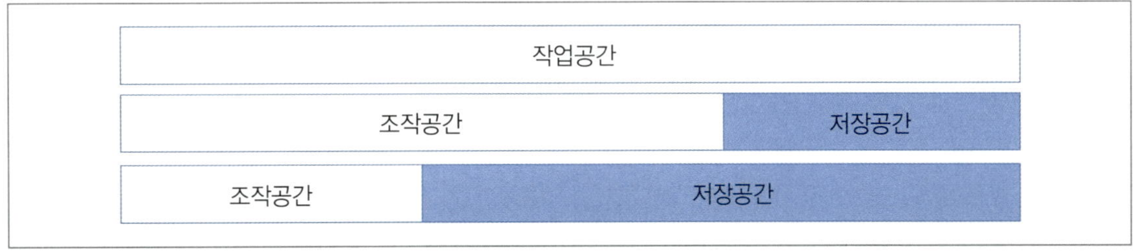

☑ **작업공간 감소모형(Case, 1984)**

(2) 작업기억의 용량을 늘리는 방법

① **자동화** : 하나의 문제해결 절차(방법)에 대해 계속적인 연습을 하여 자동화하면, 그 절차는 더 이상 작동기억에 부담을 주지 않기 때문에, 더 많은 내용들을 동시에 처리할 수 있고 다른 의식적인 작업들과 통합이 가능해진다.

② **중심개념구조의 습득** : 여러 개념들을 관련시킨 연결망인 중심(핵심)개념구조를 습득하면 작동기억에서 처리할 수 있는 정보의 양이 증가한다.

③ **신경계의 성숙(생물학적 성숙)** : 정보를 처리하는 신경계의 성숙에 따라서도 작동기억의 용량이 증가한다.

(3) 교육적 시사점

① 새로운 과제에 대한 학습의 초기 단계에서는 학습자가 이해하고 수행할 수 있도록 과제가 학습자의 작업기억에 부담이 되지 않는 수준에서 출발하여 단계적으로 과제의 수준을 높여 나가되, 그러한 과제를 자동적으로 수행할 수 있는 단계까지 연습을 해야 한다. ⇨ 교사의 역할도 새로운 과제를 학습하는 초기 단계에서는 많은 도움을 주지만, 아동의 능력이 향상되어 감에 따라 도움을 점차 감소시켜 나가야 한다.

② 학습전략을 가르치되 같은 발달단계에 있는 아동 중 성공적인 아동의 학습전략과 실패한 아동의 학습전략을 분석하여 성공적인 학생의 전략을 실패한 학생에게 가르쳐야 한다.

③ 위계적인 학습과정에서 학생들이 실패하는 이유는 가네(Gagné)가 주장하듯이 학습위계상 하위과제를 학습하지 못하는 데에 기인하기도 하지만, 학습전략이 세련되지 못한 데에도 기인한다. 따라서 교정학습에서 세련된 학습전략을 개발하여 훈련시켜야 한다.

03 비고츠키(Vygotsky)의 인지발달이론 − 사회적 구성주의

00 초·중등, 02~05 초등, 03~04 중등, 06~07 중등, 08 초등, 12 중등, 20 중등論

① 개관

(1) 개념

비고츠키는 사회문화적 맥락 속에서 타인과의 사회적 상호작용을 통해 인지발달이 일어난다고 설명한다. 특히 유능한 사람과의 상호작용은 학습 및 발달에 중요한 영향을 미친다. ⇨ 사회적 구성주의

(2) 주요 개념 − 인지발달 촉진 요인

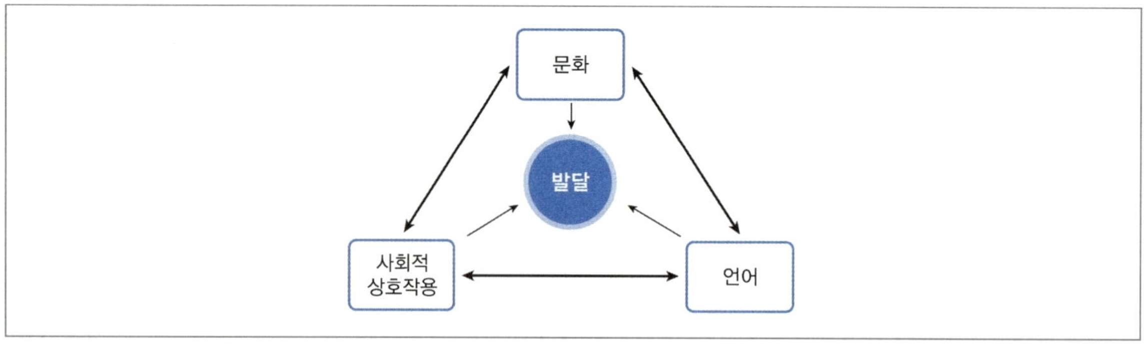

◉ 인지발달에 영향을 주는 요인

① **사회적 상호작용과 인지발달** : 사회적 상호작용이 학습과 인지발달을 가져오는 직접적 요인이다. 사회적 상호작용을 통해 수천 년에 걸쳐 축적된 외부의 지식은 내면화된다. 내면화(internalization)는 외부의 사회적 활동(mediation, 매개)이 아동의 내부에서 심리적으로 재구성되는 과정을 말한다(⇨ 외적 작용의 내적 재구성). 내면화는 아동의 내적 세계와 외부 세계를 연결하는 인지발달의 기본적인 기제가 된다.

 📵 아동이 수업을 통해 교사로부터 전달된 내용을 이해하고 자신의 사고 속으로 통합한다.

② **언어와 인지발달**

 ㉠ 정신기능이 외부에서 내부로 내면화하는 과정에서 언어가 중추 역할을 한다. 언어는 사고의 도구로서 개인의 사고와 행동을 조절하고, 사회적 상호작용을 가능하게 하는 수단이기 때문에, 학습 및 인지발달에서 핵심적인 역할을 한다.

 ㉡ 언어는 다른 이들의 지식에 접근할 수 있게 하고(다른 이들의 지식에 접근), 문제를 이해하고 세계에 대해 생각할 수 있게 하는 인식의 도구를 제공하며(인식의 도구 제공), 자신의 사고와 행동을 조절하고 반영하는 수단으로서의 역할을 한다(자신의 생각을 조절·반영하는 수단).

발달 순서	내용
사회적 언어 (social speech)	다른 사람의 행동을 통제하기 위해 감정이나 사고를 전달하는 초보적 언어 기능(3세 이전)
사적 언어 (자기중심적 언어) (private speech)	• 자신의 사고와 행동을 조절하기 위해 자기 자신에게 하는 혼잣말(3~7세) ⇨ 과제가 어렵고 복잡할 때, 중요한 목표를 달성하려고 할 때 많이 사용 • 외부의 사회적 지식을 내부의 개인적 지식으로 바꾸어 주는 기제 • 자기지시나 자기조절, 문제해결을 위한 사고의 도구
내적 언어 (inner speech)	• 머릿속으로만 하는 들리지 않는 속내말, 내적 자기대화(7세 이후) • 사적 언어는 연령 증가에 따라 사라지는 것이 아니라 내면화되어 내적 언어로 바뀜 • 내적 언어는 사고와 행동을 조절하며 모든 고등정신기능을 가능하게 하는 토대가 됨

③ **문화와 인지발달** : 문화는 발달이 일어나는 상황적 맥락을 제공한다. 그리고 한 문화의 언어는 아동이 세계를 이해하고 다른 사람과 상호작용하기 위한 인지적 도구로서 기능을 한다. 또, 문화는 사고와 의사소통에 중요한 수단을 제공한다. ⇨ 실제적 도구(📵 인쇄기, 자, 주판 등)와 상징적 도구(📵 수, 수학체계, 점자와 수화, 예술품, 기호와 부호, 언어 등)를 포함하는 문화적 도구들(cultural tools)이 인지발달에 중요한 역할을 한다. 아동은 문화적 맥락에서 활용되는 언어, 컴퓨터 등과 같은 문화적 도구를 이용해 논리적으로 사고하며 문제를 해결해 나가게 된다.

④ **학습과 인지발달** : 학습이 발달에 선행하며 발달을 주도한다. 즉, 성인이나 유능한 또래의 도움을 받으면 학습은 근접발달영역 내의 발달을 주도한다. 따라서 학습자가 학습을 통해 발달을 주도할 수 있도록 적극적으로 사회문화적 환경을 조성해야 하며, 교사-학생 간의 상호작용이나 학생-학생 간의 상호작용을 중시하는 수업을 해야 한다.

2 근접발달영역 00 초등, 04 초등

(1) 근접발달영역(ZPD : Zone of Proximal Development) 00 초등

① 근접발달영역(ZPD)이란 실제적 발달수준과 잠재적 발달수준 사이에 있는 영역으로, 혼자서는 해결할 수 없지만 성인이나 뛰어난 동료의 도움(비계설정, Scaffolding)을 받으면 문제를 성공적으로 해결할 수 있는 영역이다.

② 따라서 근접발달영역은 학습 및 발달이 가장 왕성하게 일어나는 역동적인 영역으로 '마법의 중간지대(magic middle)'이다. ⇨ 협력학습, 구성주의 학습에 이론적 근거를 제공함

(2) 비계설정(발판, scaffolding) 00 초등, 04 초등

① **개념** : 근접발달영역 내에서 제공되는 성인이나 뛰어난 동료의 도움을 말한다.

② **효과적인 비계설정(유의점)**

㉠ 효과적인 비계설정은 학습자 스스로 할 수 있도록 지원해 주는 것에 국한해야 한다. 교사나 부모는 도움을 줄 수 있을 뿐, 실제로 학습하는 주체는 학습자 자신이어야 한다.

㉡ 초기 단계에서는 많은 도움을 제공하다가 점점 지원을 줄여서(fading) 스스로 할 수 있는 단계까지 이끌어 나가야 한다.

③ **비계설정(scaffolding)의 구성요소**

구성요소	내용
공동의 문제해결	교사와 학생, 학생과 학생 간의 협동적(공동적) 문제해결 과정에 참여하도록 한다. 사람들은 다른 사람들과 함께 일함으로써 가장 잘 배울 수 있다.
상호주관성 (inter-subjectivity)	어떤 과제를 시작할 때 참여자들이 공유된 이해에 도달할 수 있도록 항상 협의하고 타협해야 한다. 공유된 이해는 교사와 학생들이 학습과제에 대해 공통된 관점을 가질 때 생기는 것을 말한다.
따뜻한 반응	성인의 따뜻한 반응, 언어적 칭찬, 적절한 자신감 유발 등을 해줄 때 아동의 집중과 도전적 태도가 최대화된다. 이렇게 스캐폴딩의 또 다른 중요한 구성요소는 상호작용의 정서적 분위기를 고려하는 것이다.
아동을 근접발달영역 안에 머물게 하기	스캐폴딩의 주요 목표는 아동이 자신의 근접발달영역 내에서 과제를 해결하도록 하는 것이다. 이를 위해 첫째, 아동에게 적합하고 도전적 수준의 과제를 제시하고, 둘째, 아동의 요구와 능력에 맞도록 성인이 개입하는 정도를 조절한다.
자기조절 증진하기	스캐폴딩의 또 다른 목표는 아동이 가능한 한 많은 공동 활동을 조정하게 함으로써 자기조절을 훈련하는 것이다. 이를 위해 아동이 곤경에 빠져 있을 때에만 개입하고, 독립적으로 할 수 있게 되면 가능한 한 빨리 조절과 도움을 멈추어야 한다.

④ 비계설정(scaffolding)의 유형(방법)

비계설정 유형	예시
모델링	• 체육 교사는 농구수업에서 슈팅 시범을 보인다. • 미술 교사가 학생들에게 새로운 화법을 사용하여 그림을 그리도록 말하기 전에 먼저 시범을 보인다.
소리 내어 생각하기	• 수학 교사는 이차방정식 풀이 과정을 칠판에 적으면서 말로도 똑같이 말한다. • 물리 교사는 칠판에 운동량 문제를 풀면서 자신의 생각을 소리 내어 말한다.
질문하기	• 수학 교사는 이차방정식 문제를 푼 후, 이차방정식에 대한 이해를 높이기 위해 일차방정식과의 공통점과 차이점에 대한 질문을 던진다. • 물리 교사가 학생들에게 중요한 시점에서 관련 질문을 던짐으로써 학생들이 문제를 보다 구체적으로 이해할 수 있게 한다.
수업자료 조정하기	• 체육 교사는 뜀틀 수업에서 처음에는 3단 뜀틀로 연습시키다가 학생들이 능숙해지면 4단 뜀틀로 높이를 올린다. • 초등학교 체육 시간에 농구 숫하는 기술을 가르치는 동안 농구대의 높이를 낮췄다가 학생들이 능숙해지면 농구대의 높이를 올린다.
조언과 단서 제시하기	• 과학 교사는 태양계의 행성들을 암기할 때 행성의 앞 글자를 딴 '수금지화목토천해'를 제시한다. • 취학 전 아동들이 신발 끈을 묶는 것을 배울 때 유치원 교사가 줄을 엇갈려 가면서 끼우도록 옆에서 필요한 힌트(단서)를 준다.

✅ 스캐폴딩의 유형과 방법

유형	역할	방법
개념적 스캐폴딩	학습자가 알고 있어야 할 주요 개념이나 수행방법에 대한 이해를 제공함	• 모델링(시범 보이기) • 소리 내어 생각하기(think aloud) • 어려운 내용 질문하기 • 힌트나 단서 제공
절차적 스캐폴딩	주어진 학습환경에서 사용 가능한 자원과 툴을 사용하는 방법을 안내함	• 절차적 촉진자 안내하기 • 학습환경을 효율적으로 활용하는 방법 안내하기
전략적 스캐폴딩	학습과제나 문제에 대해 분석하고 접근하는 전략을 안내하여 대안을 제공함	• 난이도 조절하기 • 절반쯤 해결된 예를 제공하기 • 상호교수 촉진하기
메타인지적 스캐폴딩	메타인지적 질문을 통해 학습자의 학습과정에 대한 성찰을 유도함	• 어려운 분야 예상하기 • 자기점검 체크리스트 제공하기 • 약점에 대해 지적하기

③ 비고츠키 이론의 교육적 시사점(적용) 03 중등, 04 중등

교육적 시사점	내용
교수·학습	• **수업은 발달에 선행하도록 계획** : 교사는 학생들의 근접발달영역을 확인한 다음 그 영역에 부합되는 학습과제를 제시하여야 한다. • **비계설정을 활용** : 학생들이 문제해결에 어려움을 겪을 때 교사는 부분적으로 해답을 제공하거나 적극적으로 시범을 보이는 등 적절한 비계설정(scaffolding)을 통해 도움을 제공해 주어야 한다. • **협동학습을 적극 활용** : 유능한 또래와의 상호작용이 학습자의 사고를 향상시키는 데 매우 효과적이므로, 능력 수준이 다른 이질집단의 협동학습을 통해 근접발달영역 안에서의 성장을 촉진시켜야 한다. • **문제해결을 위해 사적 언어를 활용하도록 지도** : 사적 언어는 자신의 사고와 행동을 조절하는 수단이 되며 문제해결을 위한 사고의 도구가 되므로, 교사는 학생들이 자신의 사고과정을 소리 내어 말할 수 있도록 하며 조금 소란스러운 교실환경을 허용해야 한다.
평가	**역동적 평가**(dynamic evaluation) **필요** : 역동적 평가란 다른 사람의 도움을 받아 할 수 있는 잠재적 능력에 대한 평가(동적 평가)이다. 역동적 평가에서는 명시적 또는 묵시적으로 힌트와 피드백을 제공한다(비계설정). 검사자는 피험자가 주어진 문제를 해결하기 위해 어떤 힌트와 피드백이 얼마나 필요한지를 확인하여 피험자의 학습능력을 평가한다. 검사자와 피험자 관계는 양방향적 상호작용 관계가 요구된다.
장애아 교육	**장애아 통합교육** : 장애아 분리교육을 반대하고 통합교육을 강조한다. 신체적·정신적으로 장애가 있는 아동은 비장애아동과 함께 교육받는 것이 효과적이다.

④ 피아제와 비고츠키 이론의 비교

비교	내용
공통점	• **환경과의 상호작용을 통한 발달** : 두 관점 모두 인간은 인간과 환경과의 상호작용을 통해 발달한다고 한다. 또, 언어와 사회적 상호작용의 중요성을 인정한다. • **학습자의 능동적 존재** : 두 관점 모두 지식을 수동적으로 전달받는 것이 아니라 학습자 스스로가 적극적으로 구성한다는 입장을 견지한다. • **적극적·능동적 활동 강조** : 두 관점 모두 교사가 가능한 한 강의와 설명을 지양하고 학생들이 인지적 사고를 적극적으로 사용할 수 있는 활동에 참여할 수 있게 해야 한다고 강조한다.
차이점	• **인지발달과 학습** : 피아제는 발달이 학습에 선행한다고 본다. 즉, 발달에 기초하여 학습이 이루어진다고 주장한다. 개인의 발달수준이 사고의 질을 결정하며 현재의 발달수준을 넘어선 교육을 제시한다면 학습이 일어나지 못한다고 본다. 반면, 비고츠키는 학습이 발달에 선행하며 발달을 주도한다고 주장한다. 발달과정은 학습과정에 뒤처지는 것으로 보며 아동이 혼자는 할 수 없어도 부모나 교사의 도움으로 문제를 해결할 수 있다고 본다. • **인지발달과 언어** : 피아제는 언어는 인지발달의 부산물로 본다. 즉, 인지발달의 수준에 따라 그에 맞는 언어발달이 자연스럽게 뒤따른다는 것이다. 반면, 비고츠키는 인지발달과 언어발달이 상호 독립적이며, 언어는 학습과 발달을 매개하는 중요한 요인이라고 본다. • **지식의 구성 과정** : 피아제는 스스로 지식을 구성한다고 생각한 반면, 비고츠키는 개인이 사회적 상호작용을 통해 지식을 내면화한다고 본다. • **언어와 사회적 상호작용의 역할** : 피아제는 언어와 사회적 상호작용이 평형상태를 깨뜨리고 지식을 재구성하는 기제로 작용한다고 본 반면(인지구조를 검증하고 확인하는 수단), 비고츠키는 언어와 사회적 상호작용은 사회적 환경 속에서 지식을 구성하는 직접적 역할을 담당한다고 본다.

✅ 피아제와 비고츠키 이론의 차이점

구분	피아제	비고츠키
아동관	꼬마 과학자 ⇨ 학습자가 발달에 주체적 역할	사회적 존재 ⇨ 사회적 영향이 발달에 주요한 역할
환경	물리적 환경 중시	사회적·문화적·역사적 환경 중시
지식 형성과정	개인 내적 지식이 사회적 지식으로 확대 또는 외면화된다.	사회적 지식이 개인 내적 지식으로 내면화된다.
인지발달의 형성	인지갈등을 해소하려는 평형화 과정에서 이루어진다(개인 내적 과정).	사회적 상호작용을 통한 내면화에 의해 이루어진다(외부의 개인 간 사회적 과정 → 내부의 개인 내 심리적 과정).
학습과 인지발달	발달에 기초하여 학습이 이루어진다.	학습은 발달을 주도한다.
언어와 인지발달	언어는 인지발달의 부산물이다(사고가 언어에 반영). 인지발달 후 언어발달이 이루어진다.	인지발달과 언어발달은 상호 독립적이며, 언어는 학습과 발달을 매개하는 역할을 한다.
혼잣말	미성숙하고 자기중심적인 성향을 대변하는 표상이다.	자신의 사고와 행동을 조절하기 위한 수단, 문제해결을 위한 사고의 도구이다.
발달의 양태	발달이 동심원의 확대와 같이 나타나는 발달의 표섭적(동심원적) 팽창	발달이 나선적으로 확대되는 발달의 나선적(심화·확대) 팽창
개인차	발달의 개인차에 관심 없음	발달의 개인차에 관심 있음
학습	현재 지향적 접근 ⇨ 현재 아동의 발달단계에 맞는 내용 제시(⇨ 자기주도적 학습)	미래 지향적 접근 ⇨ 현재 발달수준보다 조금 앞서는 내용 제시
교사 역할	안내자(환경조성자)	촉진자(성장조력자)
평가	정적 평가	역동적 평가
공통점	• 학습자를 능동적 존재로 파악 • 발달은 개체와 환경의 상호작용을 통해 일어남 • 발달을 급격한 변화로 구성된 역동적인 과정으로 간주함	

Section 02 성격발달이론

01 에릭슨(Frikson)의 성격발달이론 − 심리사회적 성격발달이론

95 초등, 99 중등, 00 초등, 00~01 중등, 03~04 중등, 05 초등, 09 중등, 11 초등, 16 중등論

1 개관

(1) 개념

성격발달은 심리적 성숙요인과 사회문화적 환경요인의 상호작용의 결과로 이루어진다. ⇨ '심리사회적 발달이론'

(2) 특징

① **심리사회적 발달이론(psycho-social development theory)** : 발달에는 심리사회적 환경(대인관계)이 중요하다고 본다. 발달은 개인의 정서적 욕구와 사회적 환경과의 관계에 영향을 받으며, 자아의 중요성과 인간발달의 사회적 측면을 강조하였다.

② **양극 이론(polarity)** : 각 발달단계에는 결정적 시기(critical period)가 있다고 보고, 각 발달단계에는 심리사회적 위기(psycho-social crisis, 특정 시기에 획득해야 할 사회발달 과제 = 발달과업)가 있는데, 이를 잘 극복하면 건강한 성격이 발달하지만, 그렇지 않으면 성격적 퇴행을 경험하게 된다.

③ **점진적 분화의 원리(점성의 원리, epigenetic principle)** : 발달은 선천적인 기본계획에 따라 일반적이고 포괄적인 발달이 먼저 이루어지고 점차 세부적으로 분화되면서 이 모든 부분이 통합되어 하나의 기능적 전체를 이룬다고 본다. 이처럼 발달은 이전의 발달에 기초하여 계속적·누적적으로 일어나므로, 어떤 발달이 정해진 시기에 이루어지지 못하면 결함으로 남는다.

❷ 성격발달단계

(1) 단계

단계	주요 특징	주요 덕목
신뢰감 대 불신감 (0~18개월)	• 부모로부터 지속적이고 일관성 있는 보살핌(사랑)을 받으면 신뢰감이 형성되고, 부적절하고 일관성이 없으면 불신감을 갖는다. • 유아의 신체적·심리적 욕구를 적절히 충족시켜 주는지의 여부에 따라 세상에 대한 기본적인 태도를 형성한다. ➪ 성격발달에 가장 중요한 시기로 토대를 형성함	희망
자율성 대 수치심·의심 (18개월~3세)	• 주변 환경을 자유롭게 탐색하고, 스스로 먹고, 입고, 걷고, 배변활동을 하면서 자율성을 형성하고자 한다. 이때 부모가 유아의 자발적 행동을 칭찬하면 자율성이 형성되지만, 지나치게 통제하거나 과잉보호하면 수치심을 느끼고 자신의 능력에 대해 의심을 품게 된다. • 유아의 자율성 욕구가 충족되지 못하면 성인이 되어 강박증(특정 행동·사고 반복)이나 결벽증으로 나타난다.	의지
주도성 대 죄책감 (3~6세)	• 자율성을 바탕으로 새로운 것을 추구하고 무언가 적극적으로 수행하려는 욕구가 작동된다. • 이때 아동에게 탐구·실험하는 자유가 주어지고 자기주도적인 활동을 최대한 허용하면 주도성이 발달하지만, 지나치게 통제·제한하면 자신의 행동에 대해 죄책감을 형성한다.	목적
근면성 대 열등감 (6~12세) 95 초등, 00 초등, 11 초등	• 자신이 행한 업적에 대해 인정받고 싶은 욕구가 큰 시기이다. 가정이나 학교에서 아동의 성취에 대해 인정하고 격려하면 근면성이 발달하지만, 실패가 반복되거나 노력을 비웃으면 열등감을 갖게 된다. 근면성을 발휘하게 되면 자신감을 갖게 되며, 이 시기를 잘 극복하면 긍정적 자아개념과 유능감을 갖게 된다. ➪ 자아개념 형성의 결정적 시기 • 교사는 학생이 잘하지 못하는 것을 강조하기보다 잘하는 것을 강조하는 것이 중요하다.	능력
자아정체성 대 역할혼미 (12~18세) 99~01 중등, 03~04 중등, 16 중등論	• 급격한 신체적·심리적 변화와 사회적 요구에 따라 자기 존재에 대한 새로운 탐색을 시작하는 시기이다. 또래집단과의 상호작용, 개인의 내적 동일성(자기동일성)이 확보될 때 자아정체성(자아정체감)이 형성되지만, 그렇지 않으면 역할혼미(= 정체성 혼미)를 겪게 된다. • 1단계에서 4단계를 잘 형성해 오면, 즉 신뢰감, 자율성, 주도성, 근면성이 잘 발달되면 자아정체감을 쉽게 찾을 수 있다. • **심리적 유예기(psychological moratorium)** : 사회적 책임으로부터 유예 ➪ 자신을 찾아 끊임없이 노력하는 기간, 정체감 형성을 위해 대안적 탐색을 계속 진행하는 시기(자신에 대한 결정을 잠시 보류)	충성 (충실)
친밀감 대 고립감 (19~24세, 성인 초기)	• 사회에 참여하고 자유와 책임을 가지고 자신의 삶을 영위하는 시기이다. 직업과 친구, 애인과 배우자를 선택해야 하는 시기이다. 만족스런 취업과 결혼이 중요한 발달과업이다. • 친구나 애인, 동료 간에 친밀한 인간관계를 형성하면 친밀감이 형성되지만, 그렇지 못하면 사회에 고립감을 경험한다.	사랑
생산성 대 침체감 (25~54세, 중년기)	• 타인과 사회에 무언가 공헌하기 위해 노력하는 시기이다. • 자녀 양육과 직업에서 생산성, 창조성을 나타내고자 하며, 그렇지 못하면 침체감을 느끼게 된다.	배려
자아통합 대 절망감 (54세 이상, 노년기)	• 자신의 지나온 생애를 돌아보며 성찰하는 시기이다. • 최선을 다해 자신의 삶을 살아왔고 후회가 없다고 느끼면 자아통합감(자아통정성)을 이루고, 후회와 자책감을 느끼면 절망감을 갖게 된다.	지혜

(2) **교육적 적용**(시사점) − 중·고등학교 시기

① 중·고등학교 시기의 청소년들은 자아정체감의 확립단계이므로 교사들은 열린 마음으로 솔직하게 토론의 장을 마련하여 스스로 문제해결을 할 수 있도록 격려해 주어야 하며, 사춘기의 불확실성을 공감하면서 허용 가능한 행동 범위의 한계를 확실히 규정지어 주는 확고하고 애정 어린 지원이 필요하다.

② 교사는 공평하고 중립적인 입장에서 다른 학생들 앞에서 드러나지 않게 칭찬하고 잘못된 부분을 지적해야 학생들의 긍정적 자아정체성 형성을 도울 수 있다.

③ 중·고등학교 학생들은 자아정체성 탐색이 중요하다는 것을 유념해야 한다. 학생들이 다양한 상황을 경험하도록 하고 일기 쓰기 등을 통해 그들의 행동과 태도, 믿음을 평가하는 기회를 가지도록 함으로써 자신의 정체성을 탐색하도록 독려해야 한다.

④ 교사는 학생들에게 '장래 희망은 무엇인지, 가장 영향을 미친 사람은 누구인지, 자신의 진로를 선택했다면 그 선택에 대해 얼마나 확신하는지' 등의 질문을 던지면서 교육적·직업적 관심에 관하여 이야기를 나눔으로써 학생들이 자아정체성을 형성하도록 적극적으로 도와야 한다.

⑤ 일부 학생들의 방황이 심리사회적 유예(psychological moratorium)를 나타낼 수도 있음을 유념하고, 가능하면 장기적인 목표를 계속 추구하는 과정에서 단기적인 목표에 주안을 두도록 격려하는 것이 좋다.

⑥ 부적응 행동이 부정적 정체성에서 기인했다는 의심이 들 경우에는 인내심을 가져야 한다.

⑦ 개인에 따라 정체성 지위가 다르다는 사실을 유념해야 한다.

Plus

자아정체성(자아정체감) **향상 전략**

1. 직업선택과 성인의 역할에 대한 많은 모델을 제시한다.
   ① 문학과 역사 속의 모델을 지적한다. 저명한 여성들이나, 소수 민족 지도자 또는 가르치는 과목을 통해 알려진 훌륭한 사람에 대해 안다.
   ② 강연자를 초청하여 그가 어떻게, 왜 자신의 직업을 선택했는지를 이야기하도록 한다. 여러 종류의 직업을 가진 사람들을 포함시키도록 한다.

2. 학생이 개인적 문제를 해결하도록 돕는다.
   ① 학교 상담 교사와 면담하도록 격려한다.
   ② 학교 외부에는 어떤 서비스가 있는지에 대해 토론한다.

3. 타인을 불쾌하게 하거나 학습에 방해가 되지 않는 한 십대들의 일시적인 유행에 대해 인내심을 갖는다.
   ① 지난 시대의 일시적인 유행에 대하여 토론한다.
   ② 엄격한 옷차림이나 머리 모양을 강요하지 않는다.

4. 학생들에게 실제적 피드백을 준다.

02 마샤(Marcia)의 정체성 지위(identity status)이론 05 초등, 09 중등

❶ 개념

마샤는 정체성 지위이론에서 '위기(crisis)'와 '참여(전념, commitment)'를 기준으로 정체성 지위(identity status)를 4가지 유형으로 분류하였다. '위기'란 정체성을 찾으려고 고민하고 노력하는가의 문제이며, '참여'란 무엇인가에 전념하고 있는가의 문제이다.

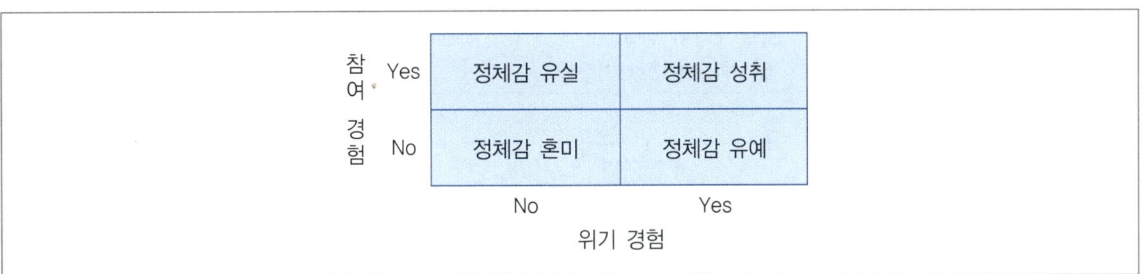

❷ 정체감(정체성) 유형

(1) 정체성 지위에 따른 의미와 특징

정체성 지위		내용
정체감 혼미 (identity diffusion)	의미	정체성을 찾으려고 노력하지도 않고 어떤 가치나 활동에 전념하지도 않는 상태, 정체성 위기를 느끼지 않는 상태 ⇨ 정체성 지위 중 가장 낮은 수준
	특징	• 삶의 방향감이나 뚜렷한 목표도 없고, 어떤 일을 하더라도 왜 하는지 모르며 충동적이다. • 자존감이 낮으며, 혼돈과 공허감에 빠져 있는 경우가 많다. • 부모에 대한 애정이 부족하다. • 이 상태가 지속되면 '부정적 정체성'에 빠질 위험이 있다. ⇨ 청소년 초기 또는 대부분의 비행청소년의 정서 상태에 해당한다. 아직 그들은 '아무 것도 아니기 때문에 무슨 짓이든' 할 수 있다.
정체감 유실 (폐쇄, identity foreclosure)	의미	정체성 위기를 경험하지 않았지만 정체성이 확립된 것처럼 행동하는 상태. 남의 정체성을 빌려 쓰면서 자신의 정체성 형성 가능성을 폐쇄하고 있는 유형
	특징	• 가장 큰 특징은 권위에 맹종한다는 것이다. 권위에 맹종하므로 정체성을 형성하기 위해 노력하지도 않고 부모가 선택해 준 인생을 그대로 수용한다. • 사회적 인정의 욕구가 강하고, 부모와 원만한 관계를 유지하며, 부모의 과업을 물려받거나, 일찍 결혼하여 안정된 가정을 꾸려 나가는 경향이 있다. • 목표의식이 뚜렷하고 안정적이지만, 목표달성이 좌절될 경우 자기 존재 자체를 송두리째 무가치한 것으로 여길 수 있다. '자살'은 이런 좌절의 극단적 표현이다. ⇨ 부모나 성인들의 기대나 가치를 너무 일찍 그대로 수용한 대부분의 모범생들이 이에 해당한다.

정체감 유예 (모라토리움, identity moratorium)	의미	정체성 위기를 경험하면서 정체성 확립을 위해 노력하는 단계, 정체성 성취에 도달하기 위한 과도기적 단계
	특징	• 여러 가지 대안을 탐색하지만 자신의 역할이나 과업에 몰두하지 못한다. • 안정감은 없으나 다양한 역할과 정체성을 실험하며 적극적으로 정체성을 탐색한다. ⇨ 정체성 성취와 함께 건강한 상태로 간주된다.
정체감 성취 (확립, identity achievement)	의미	정체성 위기를 경험한 후 개인적 정체성을 확립한 단계. 대안적 가능성을 탐색한 후 자아정체성을 성공적으로 성취해 낸 상태. 모라토리움을 극복한 상태 ⇨ 정체성 지위 중 가장 높은 수준
	특징	삶의 방향이 분명하고, 자존감이 높으며, 현실적이고 안정감 있는 대인관계를 형성하고, 스트레스에 대한 저항력도 높다.

Plus

부정적 정체성(negative identity)

1. 부정적 정체성(부정적 정체감)이란 바람직하지 못한 사회적 모델에 근거하여 형성된 정체성을 말한다. 부모의 가치관이나 사회의 가치관과 정반대의 자아개념을 보인다.

2. '불량소년', '소년 범죄자' 등으로 불리는 청소년들이 부정적 정체감을 형성하는 것으로 보인다.

3. 이들은 사회적으로 용납되는 행위를 내면화할 기회가 없어, 사회적 가치에 반대되는 태도, 행동 등을 자신의 것으로 수용하여, 그것을 암암리에 드러내는 등 악순환적 과정을 통해 부정적 정체감을 형성하게 된다.

4. 가족이나 지역사회가 바람직하다고 생각하는 역할에 대한 적대감이나 경멸로 표출되기도 한다.
   예 부모가 학교공부가 중요하다고 계속 잔소리를 할 경우 아예 학교를 그만두는 경우

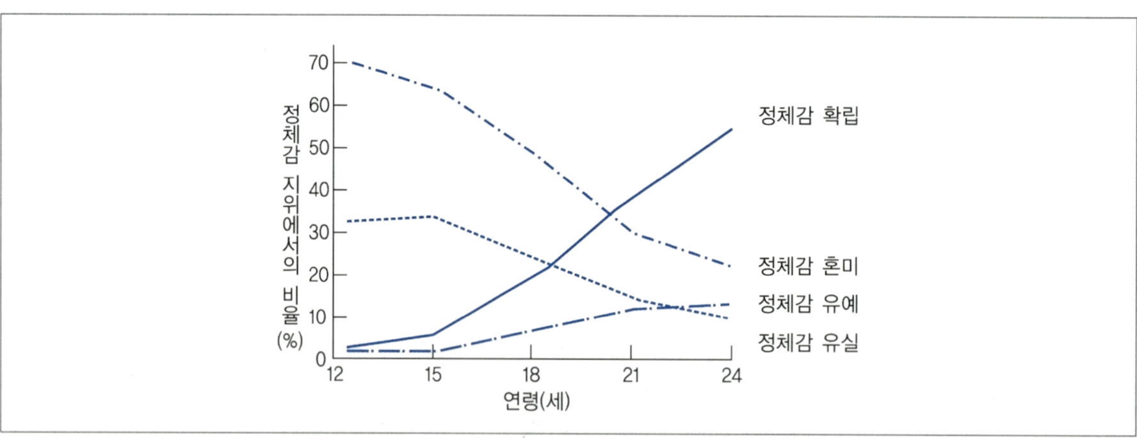

◉ 연령에 따른 자아정체감의 성취 상태(메일만, Meilman)

> **Plus**
>
> **메일만(Meilman)의 연령에 따른 정체감 발달 지위**
>
> 1. 메일만은 마샤가 구분한 정체감 지위이론을 확인하기 위해 횡단적 연구를 수행하였다. 그는 12~18세 남성들의 대다수가 정체성 혼란이나 정체성 유실 상태에 있으며, 21세 이후에야 실험대상자 대다수가 유예상태에 도달하거나 안정된 정체성을 성취하였다고 하였다.
> 2. 청소년기 초기(중학생), 중기(고등학생), 후기(대학생)를 비교한 연구들을 살펴보면, 청소년기 초기나 중기보다는 후기에 정체감 발달 수준이 더욱 높아진다. 또한 대학생보다는 사회 초년생들이 정체감 혼란을 훨씬 덜 겪고 있다. 이것은 나이가 들수록, 교육수준이 높아질수록 자아정체감이 차츰 안정적으로 형성되어 가고 있음을 말한다.
> 3. **연령에 따른 정체감 발달 지위 그래프** : 12~18세에는 대부분이 정체감 혼란이나 유실 지위에 있으나, 21세 이후에는 정체감 성취나 유예가 증가하고 있다.

⑵ 정체성 성취를 돕기 위한 방안(교육적 시사점)

① 교사는 학생들의 정체성 성취를 돕기 위해 청소년이 위기를 경험하고 자기 연령 수준에 맞는 무엇인가에 전념하도록 격려해야 한다. 대단한 것보다는 자신의 수준에 맞는 활동이 중요하며, 한 가지 일에 전념하고 스스로 정한 것을 지킬 수 있도록 돕는다.

② 각 분야에 전념하여 성공한 예를 보여주고, 교사나 다른 성인이 역할모델이 되어 주는 것도 중요하다. 다양한 인물의 사례를 통해 모델을 발견하거나 다양한 가치, 문화 등을 체험하도록 하는 것은 정체성 확립에 도움이 된다.

③ 정체성 형성이란 일생 동안 지속된다고 볼 수 있으므로, 지속적인 자기평가를 통해 정체성을 확고히 하는 노력이 필요하다.

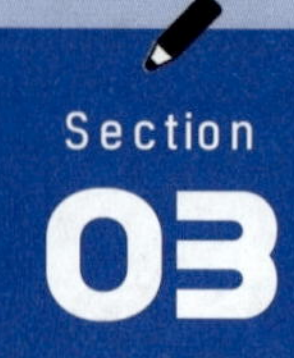

Section 03

도덕성 발달이론

01 콜버그(Kohlberg)의 도덕성 발달이론 98 중등, 99 초등, 02 초등, 06 중등, 07 초등, 12 중등

1 개관

(1) 개념

도덕성을 옳고 그름에 대한 도덕적 판단능력으로 보고, 도덕적 갈등 상황(예 Heinz의 딜레마)에서 도덕적 판단능력 (추론과정)을 바탕으로 발달과정을 설명한다.

(2) 교육적 적용(시사점)

① **도덕적 판단능력을 길러주는 교육** : 학교의 도덕교육은 학생의 도덕적 판단능력을 길러주는 교육이어야 한다. 구체적인 덕목이나 규범을 주입하기보다는 왜 그렇게 해야 하는지를 생각해 보고 스스로 판단하도록 하는 것이 바람직하다.

② **도덕성 발달 수준에 기초한 교육** : 학생에게 그들의 인지발달 수준보다 더 높은 도덕적 판단을 기대할 수 없다. 학생의 잘못된 행동에 대한 대응은 그의 도덕적 판단 수준에 기초하여 즉각적인 처벌, 사회적 제재, 보편적 도덕원리나 양심에의 호소 등을 달리해야 효과적이다.

③ **도덕적 인지갈등을 유발하는 교육(+1 전략)** : 도덕적 인지갈등을 유발하는 딜레마 상황을 제시하고, 토론을 통해 자신과 타인의 도덕적 사고를 비교하고 자신보다 상위 수준의 도덕적 사고에 노출되도록 함으로써 도덕발달을 증진하게 한다.

④ **역할극을 활용한 교육** : 역할극을 활용하여 여러 인물의 입장이 되어 보게 함으로써 다른 사람의 입장을 이해하고 더 높은 수준의 도덕적 추론을 할 수 있도록 돕는다.

⑤ **모델링을 활용한 교육** : 도덕적 귀감이 되는 모델이나 감동적인 모범 사례, 교사의 도덕적 품성 등 다양한 모델을 활용하여 도덕적 가치와 규범을 배우도록 한다.

2 **도덕성 발달단계** 99 초등, 02 초등, 06 중등, 07 초등

(1) 인습 이전 수준(pre-conventional level) – 전도덕기(힘의 원리)

1단계 처벌과 복종 지향	• 도덕적 판단 기준 : 벌의 회피와 힘의 복종 ⇨ 벌을 피하고 힘에 복종하는 것이 옳은 행위라고 판단한다. 예 '힘이 곧 정의다', '큰 물고기가 작은 물고기를 잡아먹는다', '적자생존' 등 • 특징 – 물리적(신체적) 결과 중시 : 행위자의 의도는 고려하지 않고 행위의 결과에 따라 선과 악을 판단한다. 처벌받으면 나쁜 행위, 처벌받지 않으면 옳은 행위이다. 　예 아무리 나쁜 행동을 해도 처벌받지 않으면 그 행동은 옳다. 부정행위를 해도 들키지 않아서 처벌을 받지 않으면 정당하다. – 자아중심적 사고(관점) : 타인의 입장이나 감정을 고려하지 못하며, 그래서 자신과 타인의 관점을 관련시키지 못한다.
2단계 개인적 욕구 충족 지향	• 도덕적 판단 기준 : 욕구 충족 ⇨ 자신과 타인의 욕구를 충족하는 것이 옳은 행위라고 판단한다. 우선 자신의 욕구가 충족되고 나면 다른 사람의 욕구도 고려하게 된다. 예 '네가 내 등을 긁어주면, 나도 네 등을 긁어줄게.' • 특징 – 자신의 이익과 욕구 우선시(개인적 쾌락주의) : 아무리 나쁜 행동을 해도 자신에게 이익이 되고 들키지 않으면 정당하다고 생각한다. 　예 '나한테 좋은 것이 뭐지'를 가장 먼저 고려해서 나에게 이익이 되는가를 보고 행동한다. 부정행위를 하거나 뇌물을 받고 공금을 횡령해도, 아무리 나쁜 행위라도 나에게 이익이 되고 들키지 않을 수만 있다면 정당하다. – 상호 교환관계, 도구적 상대주의 : 대인관계에서 공평성, 상호성 등이 나타나지만 그것은 어디까지나 실용적인 수준에서 이해된다(상호 이익을 주고받는 교환관계). 　예 '네가 내 등을 긁어주면, 나도 네 등을 긁어줄게.', '네가 크레파스를 빌려주면, 나는 물감을 빌려주겠다.', '남이 나에게 잘해주면 나도 남에게 그만큼 잘해줄 수 있다.', '누군가가 차를 훔치다가 들켰다면 차 값이 얼마인가에 따라 벌이 결정된다.', '아동은 자신에게는 잠을 자야 할 시간이라고 하면서 왜 어른은 더 늦은 시간까지 자지 않아도 되는지를 이해하지 못한다.' – 자기중심적(개인주의적) 사고(관점) : 타인에 대한 인도성, 즉 진정한 감정이입을 할 수 있는 능력이 없으며, 신의를 지킨다거나 감사를 느낀다거나 하는 것도 할 수 없다.

(2) 인습 수준(conventional level) – 타율적 도덕기(가정·집단·국가의 기대)

3단계 대인관계 조화 지향 (착한 소년/소녀 지향)	• 도덕적 판단 기준 : 자기 주변의 대다수의 공통된 생각 ⇨ 주변 사람으로부터 칭찬과 인정을 받는 행위가 도덕적으로 옳은 행위라고 판단한다["착한 소년·소녀(good boy-nice girl)" 지향]. 예 부모님을 기쁘게 하기 위해 열심히 공부한다. 부모님을 걱정시켜 드리지 않기 위해 일찍 귀가한다. • 특징 – 대인관계 조화(사회적 조화)가 중심이 됨 : 타인의 인정과 승인을 지향하며, 주변 사람들의 역할기대에 부합하기 위해 착한 행동을 하려고 한다(착한 소년·소녀 지향, 비난 회피). 　예 부모님을 걱정시켜 드리지 않기 위해 일찍 귀가한다. – 다른 사람의 관점과 의도를 이해할 수 있음 : 자기중심적인 사고에서 벗어나 감정이입을 할 수 있는 능력과 다른 사람을 배려하려는 의식이 강하게 나타난다. 신뢰, 충성, 의리가 대인관계를 유지하는 데 매우 중요하다고 생각한다. 행동은 의도에 의해 판단되기 시작한다. 그러나 이 단계의 도덕적 사고는 사회의 고정된 인습에 엄격하게 따르기 때문에 융통성이 없고, 독립적으로 결정을 내릴 수 있는 자율성이 없다.

4단계 **법과 질서 지향**	• **도덕적 판단 기준** : 법이나 질서(의무) ⇨ 법질서를 준수하고 유지하는 행위를 옳은 행위라고 판단한다. 법과 질서를 준수하며, 사회 속에서 개인의 의무를 다한다. 사회적 인습은 지역적이고 국지적인 것인 반면에 법과 질서는 보편적인 것으로 사회의 모든 사람들에게 적용될 수 있는 행동의 표준을 제공한다. 　**예** 질서는 아름답다. 다른 사람이 모두 교통신호를 위반하더라도 반드시 신호를 지키고 규정 속도를 준수해야 한다. • **특징** 　－ **법과 질서 유지가 절대적임** : 사회적 인습보다 법과 질서 유지가 절대적이다. 법질서는 절대적인 것이기 때문에 예외 없이 철저하게 지켜져야 한다. 　　**예** 악법도 법이다. '이것이 법이다. 만약 모든 사람이 자신이 원하는 대로 행동한다면 세상은 어떻게 될 것인가'라고 생각하면서 주어진 사회질서를 유지하려는 행동을 한다. 전기 회사나 가스 회사는 요금을 지불하지 않는 고객에게 한 겨울에도 공급을 중단해 버려도 된다. 　－ **대인관계와 구별되는 사회적 관점** : 사회체제적 관점에서 자신의 행동을 판단한다. 법과 질서를 지키는 것이 자신의 의무라고 생각한다.

(3) **인습 이후 수준**(post-conventional level) － 자율적 도덕기(도덕적 가치·원리·보편적 도덕원리)

5단계 **사회계약** **지향**	• **도덕적 판단 기준** : 사회 전체가 합의한 기준 ⇨ 사회 전체가 합의한 기준에 따르는 행위가 옳은 행위라고 판단한다. 그러므로 옳은 행위는 사회 전체의 비판적인 고려(**예** 자유·생명 등 특정한 개인의 기본권리 보호, 민주적 과정과 절차)를 통해 합의된 법규와 질서에 부합되는 행위이다. 비록 소수라고 하더라도 개인의 권리를 보호하는 것이 정의라고 생각한다. **예** 전체 법체계(헌법), 계약정신(개인의 자유와 권리 등), 십계명 • **특징** 　－ **사회 전체의 합의 중시** : 법과 제도를 중요하게 여기면서도 사회적 유용성이나 합리성에 따라 그 법과 제도는 바뀔 수 있다고 생각한다(법과 규칙은 사람들이 합의하여 만든 것이므로)(**예** 공리주의적 사고, 최대다수의 최대행복, 법의 예외성 인정). 법은 개인의 자유를 규제하기 위한 것이 아니라 극대화하기 위해 공동체가 합의한 것이다. 　　**예** 인간의 기본적 권리를 침해하는 법률이라면 민주적 절차에 의해 변경해야 한다. 　－ **사회적 관점** : 전체 법체계의 사회계약 정신을 중시한다. 문제를 하나의 법으로 해결하는 것이 아니라 전체 법체계를 통해서 해결한다. **예** 전체 법체계(헌법)
6단계 **보편적 도덕원리** **지향**	• **도덕적 판단 기준** : 자기양심·보편적 도덕원리 ⇨ 옳은 행동은 스스로 선택한 보편적 원리와 양심에 따라 결정된다. 법이나 관습을 넘어서서 정의, 평등, 생명의 가치와 같은 추상적이고 보편적인 원리를 지향한다. 　**예** 황금률('남에게 대접받고자 하는 대로 남을 대접하라'), Kant의 정언명령(무조건적이고 절대적인 도덕적 명령 : '네 의지의 준칙이 항상 보편적 입법의 원리에 타당하도록 행동하라'－그 환경에서 모든 사람이 행동할 수 있는 그러한 행동만을 하라), 소크라테스의 행위 • **특징** 　－ **보편적 도덕원리 중시** : 올바른 행동이란 스스로 선택한 도덕원리에 따른 양심의 결단이다. 도덕원리는 인간 생명의 존엄성, 정의, 평등과 같은 추상적이고 보편적인 원리를 말하며, 논리적이고 포괄적이며 일관성이 있어야 한다. 십계명처럼 구체적인 규칙이 아니다. 　－ **사회적 관점** : 사회 규칙을 초월한 보편적 도덕원리를 중시한다.

02 길리건(Gilligan)의 배려의 윤리

1 개념 『다른 목소리로(In a Different Voice), 1982』

(1) 배려의 윤리

서양의 기존 윤리관을 남성 중심의 성차별적 윤리관으로 규정하고 이에 대한 대안으로 배려의 윤리를 주장하였다.
⇨ 인간관계 속에서 배려(care)와 책임(responsibility)을 중심으로 도덕적 판단을 강조하는 배려의 윤리 제시

(2) 여성의 도덕성 발달단계

여성의 도덕성 발달단계는 세 가지 수준의 단계와 각 단계 사이의 2개의 전환기로 설명된다. 각 단계는 자신(self)과 타인(others) 간의 관계를 더 정교하게 설명하고, 각 전환기는 이기심(selfishness)과 책임감(responsibility) 간의 이해를 보여주고 있다.

(3) 인간관계 속에서의 배려와 책임

남성은 추상적 판단에 기초한 정의 관점(justice perspective)으로 도덕적 판단을 하고, 여성은 인간관계 속에서 배려(care)와 책임(responsibility)을 중심으로 판단한다.

2 여성의 도덕성 발달단계

(1) 도덕성 발달단계

1단계	자기 이익 지향 (orientation to individual survival)	생존을 위해 자신만을 보살피는 이기적 단계이다. 어떤 상황이나 사건이 자신의 욕구와 갈등을 일으킬 때에만 도덕적 사고와 추론을 시작하며, 어느 쪽이 자신에게 중요한가가 판단의 준거가 된다.
전환기1	이기심에서 책임감으로 (from selfishness to responsibility)	첫 번째 전환기에서는 타인과의 애착과 관계 형성이 중요해지면서 도덕적 판단기준이 이기적인 것에서 배려와 책임감으로 옮겨 가기 시작한다. 책임과 배려를 도덕적 판단기준으로 통합해 간다.
2단계	자기희생으로서의 선 (타인에 대한 책임으로서의 선) (goodness as self-sacrifice)	사회적 조망이 발달하면서 자신의 욕구를 억제하고 타인에 대한 배려와 책임을 지향하며 자기희생을 선(도덕적 이상)으로 간주하는 단계이다(모성적 도덕성의 단계). 그러나 이 수준에서의 타인은 사적인 관계이며, 공적인 관계를 의미하지는 않는다.
전환기2	선에서 진실로 (from goodness to truth)	두 번째 전환기에서는 왜 다른 사람을 위해서 자신을 희생해야 하는가에 대한 의문을 가진다. 두 번째 전환기는 자아개념과 관련된다.
3단계	자기와 타인의 역동 조화 (비폭력 도덕성) (the morality of nonviolence)	대인 간 도덕적 추론의 마지막 단계이다. 개인의 권리와 타인에 대한 책임이 조화를 이루는 단계이다. 타인과 함께 자기 자신도 보살핌의 대상이 되어야 함을 자각하고 자기와 타인을 평등하게 다루는 단계이다. 의사결정 과정에 적극적으로 참여하고, 다른 사람에게 상처 주는 것을 피한다. 비폭력, 평화, 박애 등은 이 시기 도덕성의 주요 지표이다.

⑵ 도덕성 발달단계의 결론

① 길리건은 여성의 도덕성이 자신의 필요에 몰두하는 이기적 단계에서 시작하여 자신의 욕구보다는 타인의 입장을 중요시하는 도덕성 단계를 거쳐 타인은 물론 자신의 책임의 중요성을 인식하고 자신과 관련된 모든 사람에게 최선의 방법을 모색하는 도덕성으로 발달해 나간다고 주장한다.

② 여성은 도덕성에서 추상적인 도덕적 원리보다는 인간에 대한 책임을 강조하며 타인의 요구에 민감하게 반응하고 타인과의 관계를 고려하는 도덕적 사고를 중시한다.

③ 여성은 자신을 희생하더라도 인간관계를 유지하고자 하는 강한 배려지향적인 성향을 가진다.

Section 04 사회성 발달이론과 생태학적 발달이론

01 셀만(Selman)의 사회적 조망수용이론(사회인지 발달이론) 10 중등

1 개념

(1) 사회적 조망수용능력(social perspective taking ability)

사회적 조망수용능력이란 사회적 관계를 인지하는 것으로, 타인의 관점, 입장, 사고, 감정 등을 추론하여 이해하는 능력을 말한다. 사회적 조망수용능력의 발달은 사회인지(social cognition)의 발달을 의미한다. 사회적 조망수용능력의 발달은 타인과 잘 지낼 수 있는 성숙한 사회행동을 가능하게 한다.

(2) 사회적 조망수용능력이 발달한 아동

사회적 조망수용능력이 발달한 아동은 다른 사람의 정서상태를 대리적으로 경험하는 감정이입(empathy) 능력과 동정심(compassion)을 가지고 있으며, 어려운 사회적 상황을 잘 처리하는 사회적 문제해결(social problem solving) 능력도 지니고 있다.

2 사회적 조망수용능력의 발달단계 10 중등

(1) 발달단계

0단계	자기중심적 관점수용 (미분화된 조망수용) (egocentric viewpoint, 3~6세: 전조작기)	자기중심적으로 타인을 보기 때문에 자신과 다른 관점(생각, 느낌)이 있을 수 있다는 것을 전혀 이해하지 못한다. 예 학교폭력의 가해자는 자신의 폭력으로 학급의 다른 아동이 괴로움을 당한다는 것을 전혀 인지하지 못한다.
1단계	사회정보적 조망수용 (주관적 조망수용) (social-information subjective perspective taking, 6~8세: 구체적 조작기 / 처벌과 복종 지향)	타인의 조망이 자신의 조망과 다를 수 있다는 것까지는 이해하지만, 아직도 자신의 입장에서 이해하려고 한다. 그러나 자신의 행동을 타인의 조망을 통해 평가하기 어렵다. 예 학교폭력의 가해자는 왜 폭력을 가했는가에 대한 질문에 대해 '피해자가 잘못을 했으니 때릴 수도 있다.'고 생각하거나, "재미있어서요.", "단순한 장난이에요." 등의 대답을 할 수 있으며, '내가 장난으로 때린 것이라는 것을 피해자도 알고 있으니 괜찮다'고 생각한다.

2단계	자기반성적 조망수용 (self-reflective perspective taking, 8~10세: 구체적 조작기 / 개인적 욕구 충족 지향)	타인의 조망과 자신의 조망을 이해하고, 타인의 입장에서 자신의 생각과 행동을 조망할 수 있다. 그러나 자신의 관점과 타인의 관점을 동시 상호적으로 고려하지는 못한다. 예 학교폭력의 가해자는 피해자가 아프고 속상해한다는 것을 알고 피해자가 자신을 미워할 것임을 안다.
3단계	제3자적 조망수용 (상호적 조망수용) (mutual perspective taking, 10~12세: 형식적 조작기 / 대인관계조화 지향)	제3자의 입장에서 객관적으로 자신과 타인의 조망을 동시에 이해할 수 있다. 다른 사람과의 관계 혹은 상호작용 속에서 발생하는 문제에 대해 제3자의 입장에서 객관적으로 생각하게 된다. 예 학교폭력의 가해자는 교사나 부모가 학교폭력에 대해 부정적으로 생각하고 있음을 알고 있으며 자신이 교사나 부모로부터 벌을 받을 수 있다는 것을 깨닫는다. 또한 자신의 폭력행위 때문에 부모가 경찰서에 불려가는 등의 피해를 입을 수 있다는 것을 인지한다.
4단계	사회적 조망수용 (social and conventional system perspective taking, 12세~성인: 형식적 조작기 / 법과 질서 지향)	사회적 가치체계(예 법, 질서, 도덕)에 근거하여 자신과 타인의 조망을 이해하고 판단한다. 이것은 사회관계를 이해하는 능력이 더욱 심층적으로 발달하게 된다는 것을 의미한다. 자기와 타인을 포함하여 개인은 물론 집단과 전체 사회체계의 조망을 이해하는 최상의 사회인지능력을 획득한다. 예 학교폭력의 가해자는 폭력이 바람직한 행동이 아니라고 사회에서 보기 때문에 교사나 친구들이 학교폭력을 중지하기 바란다는 것을 깨닫는다. 자신의 폭력행위는 사회질서를 어지럽히는 일이므로 소년원이나 감옥에 갈 수 있는 위법행위임을 인지한다. 학교폭력 행위는 학생기록부에 기록될 수 있고, 전과자가 될 수 있으므로 자신이 취직을 하거나 사회에 진출하는 데 문제가 될 것이라는 것을 알게 된다. 이 단계에서도 폭력을 행사하는 아동은 사회적 조망수용능력의 문제가 아닌 기질, 성격, 환경적 영향 등 다른 개인적 특성이 종합적으로 폭력의 원인이 된다고 해석할 수 있다.

(2) 교육적 시사점

① **조망수용능력의 지도 및 훈련** : 아동에게 조망수용능력을 지도하고 훈련하면 반사회적 행동이 감소하고 감정이입과 친사회적 행동이 증가한다고 한다. 예컨대, 교실에서 서로 돕기, 나누기, 보살피기, 위로하기, 협동하기 등이다.

② **높은 단계의 조망수용능력의 발달 조력** : 교사는 학생들이 높은 단계의 조망수용능력을 발달시킬 수 있도록 도와주어야 한다. 학교폭력의 가해자는 조망수용능력이 높은 단계로 발달함에 따라 타인, 제3자, 사회 안에서 자신의 행동이 어떻게 인식될 것인지 이해하고 생각하게 된다. 따라서 폭력을 줄이고 사회에서 바람직하다고 생각되는 행동을 함으로써 학교폭력의 문제 또는 사회 문제를 해결할 수 있게 된다.

02   브론펜브레너(Bronfenbrenner)의 생태학적 발달이론   ^{12 초등}

1 개관 『인간발달의 생태학(The Ecology of Human Development)』(1979)

다차원적인 환경 체계가 상호작용하여 발생하는 힘이 개인의 발달과 행동에 영향을 미친다. 개인을 둘러싼 환경은 미시체계, 중간체계, 외체계, 거시체계, 시간체계로 구분된다.

2 인간을 둘러싸고 있는 생태학적 환경의 구조체계

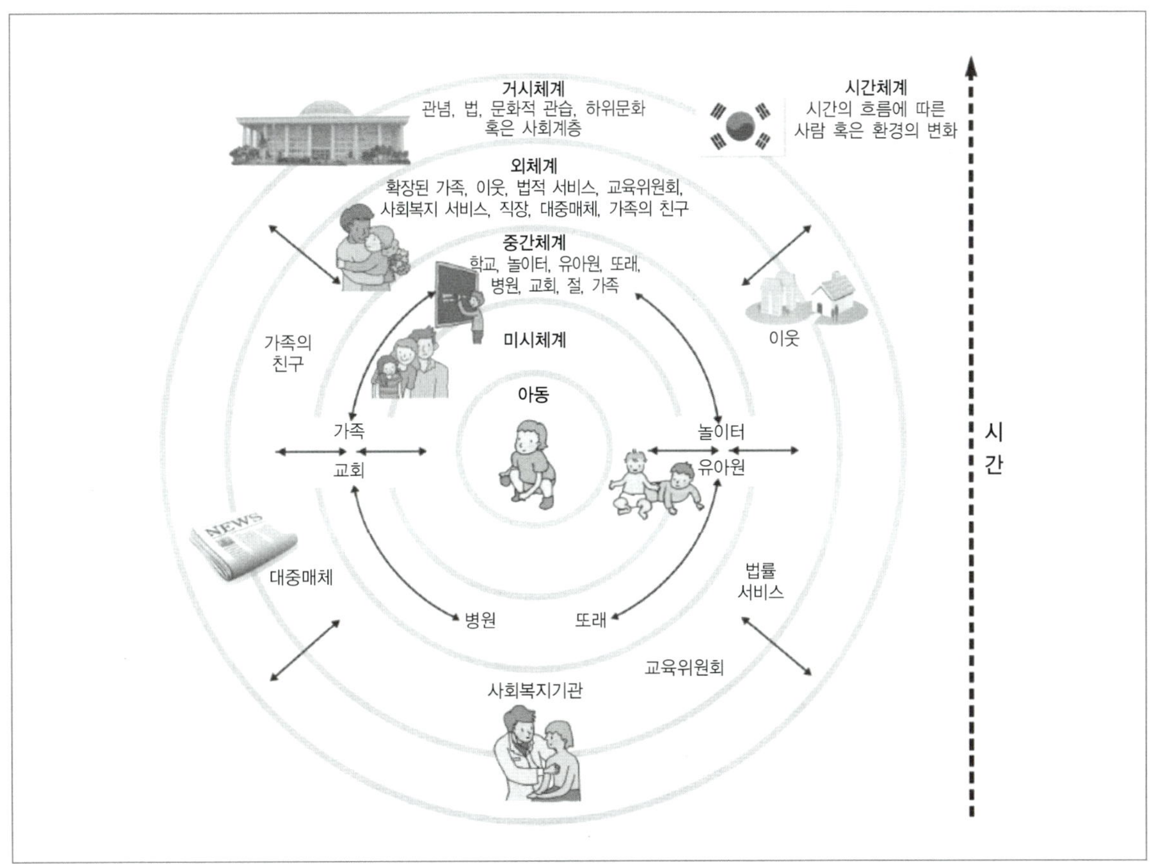

✔ 브론펜브레너 모형

단계	내용
미시체계 (microsystem)	아동이 직접 접촉하며 상호작용하는 환경이다(양방향적). 예 가정, 부모(가족), 친구, 놀이터, 학교, 교사 등 / 아동은 부모에게 영향을 주고, 부모는 아동에게 영향을 준다. / 아동의 활동은 직접적인 환경에 의해 강하게 영향을 받고, 아동의 기질, 능력, 성격과 같은 특성이 성인의 행동에 영향을 미치므로 모든 관계가 상호적이다(⇨ 친절하고 예의바른 아동은 부모에게서 긍정적이고 인내하는 반응을 유도하는 반면, 그렇지 못한 아동은 부모의 엄격한 반응을 유발시킴). / 양육방식(부모의 다툼으로 인한 불일치한 양육방식) / 부부 갈등은 아동에 대한 일관성 없는 훈육 원칙과 적대적 행동의 원인이 됨
중간체계 (mesosystem)	• 미시체계들 간의 연결(연결망)이나 상호관계를 의미한다(양방향적). 가정, 학교, 친구, 교사 등이 모두 연결되어 있고 이 줄줄이 엮어진 연결이나 상호관계가 아동 발달에 영향을 주게 된다는 것이다. 예 가정과 학교의 관계, 부모와 교사의 관계, 가정과 친구의 관계, 부모와 친구의 관계, 부모 간의 관계, 형제 관계 등 / 교사는 부모에게 영향을 주고, 부모는 교사에게 영향을 주는데, 이러한 상호작용이 아동에게 영향을 준다. • (부모, 형제, 친구, 교사 등) 각 미시체계들 간의 관계가 밀접하게 연결될수록 아동의 발달이 순조롭고 바람직하게 이루어지며, 이들 간의 잦은 충돌이나 상호 무교류는 문제 발생의 소지를 높이게 된다. 예컨대, 부모와의 관계가 원만하지 않은 아동은 친구와의 관계도 원만하지 않을 수 있는데, 이는 중간체계가 아동의 발달에 영향을 미쳤기 때문이다. 예 아동이 공부를 잘하려면 아동 혼자만의 노력으로는 부족하다. 부모는 자녀의 학교생활에 관심을 가지고, 교사가 아동의 학업을 열정적으로 가르칠 때 아동이 학업에 열중하도록 긍정적 영향을 미친다. 아동의 학업성취는 부모의 학교 참여와 가정학습에 의해 더욱 향상될 수 있다. 부모와 아동의 상호작용은 아동−교사, 부모−교사 등의 상호작용과 서로 연관되어야 한다.
외체계 (exosystem)	• 아동이 직접 접촉하지는 않지만 아동에게 간접적으로 영향을 미치는 사회적 환경이다. 예 대중매체, 부모의 직업(부모의 실직, 장기간의 빈곤), 부모의 친구, 친척, 사회복지기관, 교육기구, 정부기구 등 / 부모의 직장에서 아버지나 어머니를 먼 지방으로 전근시키거나 해고한다면 아동의 미시체계와 중간체계는 심각한 영향을 받을 수 있다. • 사회적으로 고립된 가족은 외체계의 부족으로 아동발달에 부정적인 영향을 미친다. 지역사회가 부모 역할교실을 운영하여 부모들이 다른 사람으로부터 정서적 지지를 얻고 다른 부모들을 보면서 서로 부모 역할을 학습할 수 있는 기회를 주는 것은 건강한 외체계를 형성한다. / 사회적으로 고립된 부모나 실업자인 부모의 경우 아동학대의 경향이 높다는 연구 결과는 아동발달에서 외체계가 신중하게 고려되어야 함을 보여준다.
거시체계 (macrosystem)	• 아동이 살고 있는 문화적 환경을 의미한다. 예 사회적 가치(관념), 법, 관습 등과 같은 문화적 환경 • 아동의 삶에 간접적이지만 매우 강력하고 지속적인 영향을 미친다. 예 사회적으로 유행하는 '얼짱 신드롬'은 아동의 가치관 형성에 영향을 준다. / 거시체계의 영향으로 인해 한국에서 성장한 아동과 미국에서 성장한 아동의 특성은 서로 다르다. / 사회가 가족문제나 자녀양육을 중요하다고 보는 공통된 가치를 가지고 부모가 가사노동에 참여하도록 돕는 유급휴직, 육아휴직을 할 권리를 보장하는 사회정책을 갖추는 것은 아동 발달을 바람직한 방향으로 돕는 거시체계라고 할 수 있다.
시간체계 (chronosystem)	• 일생 동안 시간의 경과에 따라 발생하는 사건이나 사회역사적 환경의 변화를 말한다. 예 부모의 이혼, 가족구조의 변화, 사회경제적 지위의 변화, 거주지역의 변화, 가족제도의 변화, 결혼관의 변화, 직업관의 변화 등 / 부모가 이혼한 시점, 동생이 태어난 시점 등이 언제이냐에 따라 아동에게 주는 영향이 다르다. / 부모의 이혼이 시간이 지남에 따라 부정적인 영향을 미치는 것이 다르며, 과거보다 더 많은 여성이 사회생활을 한다. • 환경은 외부적 사건으로 인하여 변화하며 아동이 자신의 환경과 경험을 선택하면서 환경의 변화를 만들어 가기도 한다. • 현대의 아동은 과거에 비해 완전히 다른 환경에서 생활하고 있는데, 이러한 환경의 시대적인 변화는 발달에 영향을 준다.

03

학습자의 학습

Section 01 행동주의 학습이론

구분	행동주의 학습이론	인지주의 학습이론	인본주의 학습이론
인간관	• 자극(환경)에 반응하는 수동적 존재 • 인간은 동물과 양적 차이만 존재할 뿐 질적 차이는 없음	• 인지구조를 재구성하는 능동적 존재 • 인간은 생각하는 존재로서 동물과 질적으로 다름	• 전인적 존재 • 인간은 유일하면서도 통합된 전체로서 동물과 질적으로 다름
학습목표	관찰 가능한 행동의 변화	사고과정의 비연속적 변화(통찰)	전인적 발달, 자아실현
학습관	자극과 반응의 연합을 통한 관찰 가능한 행동의 변화 예 발달 : 점진적·누가적인 행동변화의 결과	인지구조(사고)의 변화 ⇨ 인지구조(Piget), 통찰(Köhler), 장(Lewin), 인지지도(Tolman)의 변화(구조화, 재체계화) 예 발달 : 불연속적·비약적 과정	지적·정서적 측면을 포함한 전인적 변화
학습원리	학습목표의 구체적 설정, 학습과제의 세분화, 출발점행동 진단, 외적 동기 유발, 반복적 학습, 적절한 피드백과 강화, 프로그램 학습, 동일요소설	내적 동기 유발, 학습자 수준에 맞게 지식의 구조 제시, 발견학습(탐구학습), 형태이조설	인간성과 자아실현, 교육의 적합성, 정의적 측면 중시(잠재적 교육과정)

01 파블로프(Pavlov)의 고전적 조건형성이론 91 중등, 94 중등, 06 중등, 09 초등

중립자극(NS)과 무조건자극(UCS)을 결합시켜 유기체에게 제공함으로써 조건자극(CS)만으로도 조건반응(CR)을 유발하는 수동적 조건형성이론이다. 불수의적(不隨意的)인 생리반응이나 정서반응의 학습을 설명하는 데 유용하다.

1 고전적 조건형성의 과정 94 중등

(1) 고전적 조건형성의 과정

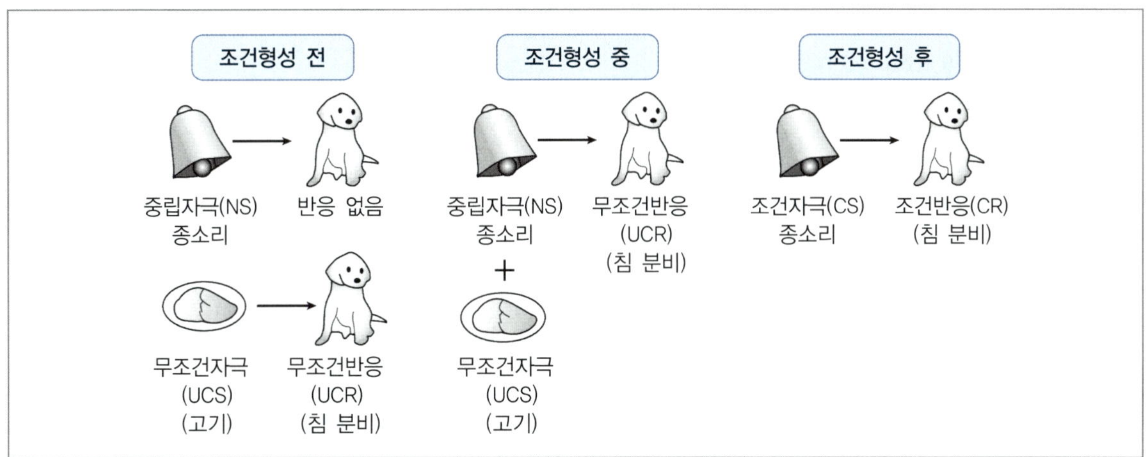

(2) 고전적 조건형성의 원리(학습의 원리) – 조건화가 잘 이루어지기 위한 원리

기본 원리	내용
시간의 원리	조건자극은 무조건자극과 동시에 또는 조금 앞서서(예 0.5초) 제시되어야 조건화가 잘 이루어진다.
일관성의 원리	조건자극이 일관성 있게 같은 자극으로 계속 제시되어야 조건화가 잘 이루어진다. 예 종소리의 음색, 음량, 음의 깊이 등이 일관성 있게 제시되어야 조건화가 잘 일어난다.
강도의 원리	후속되는 무조건자극의 강도가 처음보다 강할수록 조건화가 잘 이루어진다. 예 개가 더욱 좋아하는 먹이를 무조건자극으로 사용하면 조건화가 훨씬 쉽게 이루어진다.
계속성의 원리	자극과 반응의 결합횟수가 많을수록 조건화가 잘 이루어진다. ⇨ 연습의 법칙(Thorndike, 후에 폐기함)이나 빈도의 법칙(Sandiford)과 유사

② 고전적 조건형성이론의 교육적 적용

(1) 정서적 반응 학습

과거에 특정한 상황(예 시험, 교과수업, 교실 분위기 등)에서 부정적인 정서(예 두려움, 불안 등)를 경험한 경우 부정적 정서를 학습하며, 긍정적 정서(예 즐거움, 흥미 등)를 경험하면 긍정적 정서를 학습한다.

① **시험불안** : 시험(NS)에 실패(UCS)하여 불안(UCR)을 경험하면, 시험(CS)만 생각해도 불안(CR)해진다.

> 시험(NS) + 실패(UCS) ⇨ 불안(UCR)
> ∴ 시험(CS) ⇨ 불안(CR)

② **학습 싫증** : 학습(NS)에 실패(UCS)하여 흥미가 없거나 벌(UCR)을 경험하면, 공부(CS)에 대해 혐오감이나 부정적 감정(CR)이 생긴다.

③ **교실 분위기** : 교실(NS)에서 교사의 따뜻한 미소나 태도(UCS)를 경험하면, 교실(CS)은 즐거운 공간(CR)이 된다.

> 교실(NS) + 교사의 따뜻한 미소나 태도(UCS) ⇨ 즐거움(UCR)
> ∴ 교실(CS) ⇨ 즐거움(CR)

④ **고차적 조건화** : 교사(NS)가 학생에게 따뜻하고 존중하는 태도(UCS)를 보여주면 교사(CS)에게 좋은 감정(CR)을 가지게 되는데, 교사와 관계되는 학교, 클럽활동, 다른 수업(NS ⇨ CS)도 좋은 감정(CR)을 갖게 된다.

⑤ **광고 효과** : 어떤 상품(NS)에 유명 연예인(UCS)을 출연하여 광고하면 상품(CS)에 대한 호감(CR)이 올라간다.

> 상품(NS) + 유명연예인(UCS) ⇨ 호감(UCR)
> ∴ 상품(CS) ⇨ 호감(CR)

(2) 고전적 조건형성이론을 적용한 부적응행동의 교정

① **소거(extinction)** : 무조건자극을 제거하고 조건자극만 계속 제시함으로써 조건반응을 약화시키거나 사라지게 하는 현상 예 지나친 음주나 흡연(CR)의 경우 생리적 만족감(UCR)을 유발하는 알코올, 니코틴(UCS)을 제거한 무알코올 술이나 금연초를 제시한다.

② **체계적 둔감법(systematic desensitization)** : 역조건형성을 이용하여 불안이나 공포를 일으키는 조건자극에 이완(relaxation)반응을 결합하여 불안이나 공포를 소거하는 방법이다(윌페가 개발). 불안이나 공포를 유발하는 자극을 직접 경험하는 것이 아니라 상상하도록 한다. 1단계와 2단계의 순서는 변경 가능하다.

1단계	불안위계 목록 작성	불안을 일으키는 자극을 불안을 일으키는 정도에 따라 순서대로 배열한다. 예 비행기를 타고 여행을 간다. 비행기 좌석에 앉아 있다. 비행기 가까이 다가간다. 멀리서 비행기를 바라본다.
2단계	이완훈련	이완훈련을 통해 이완의 느낌이 어떤지 경험하도록 한다. 즐거운 장면을 상상하면서 이완훈련을 한다. 예 명상, 근육이완, 선(禪) 명상
3단계	상상하며 이완하기	환자가 완전히 이완된 상태에서 불안위계에서 가장 약한 불안을 일으키는 항목에서부터 상상하여 차츰 상위 수준의 자극과 이완을 결합시킨다.

③ 내파치료(내폭요법, implosive therapy) : 극심한 불안이나 공포를 일으키는 대상이나 장면을 상상하도록 하여 불안이나 공포를 이겨내도록 하는 방법이다. 홍수법과 유사하다.

④ 홍수법(범람법, flood method) : 공포나 불안을 일으키는 조건자극을 장시간 충분히 경험시켜 공포나 불안을 소거하는 방법이다. ⑩ 뱀에 대한 공포를 가진 아동에게 공포가 사라질 때까지 뱀을 만지도록 한다.

⑤ 역조건형성(상호제지, counter conditioning) : 바람직하지 못한 반응(⑩ 공포, 두려움)을 야기하는 (무)조건자극에 더 강력한 새로운 자극을 연합하여 이전 반응을 제거하고 새로운 반응을 조건화하는 방법이다. 역조건형성은 바람직하지 못한 조건반응(⑩ 공포, 두려움)을 바람직한 조건반응(⑩ 행복감)으로 대치하는 방법이다.
⑩ 귀신소리에 공포반응을 느끼는 경우 즐거운 게임을 하는 동안 귀신소리를 제시하면 귀신소리는 즐거운 게임과 조건화되어 공포반응을 억제하게 된다.

⑥ 혐오치료(aversion therapy) : 바람직하지 않은 반응(⑩ 알콜 중독)을 유발하는 자극과 혐오자극을 함께 제시하여 조건자극을 회피하도록 하는 방법이다.
⑩ 알콜 중독자를 치료하기 위해서 술잔 안에 죽은 거미를 몰래 넣어두는 방법, 젖을 뗄 때 빨간색의 약을 발라 아이가 젖꼭지를 회피하도록 하는 방법

02 스키너(Skinner)의 조작적 조건형성이론

96 중등, 97~00 초등, 99 중등 · 중등추시, 00~04 중등, 02~03 초등, 05~06 초등, 06~09 중등, 08 초등, 10 초등, 11 중등

유기체는 어떤 효과를 내기 위해 스스로 능동적 행동을 하고, 그 능동적 행동 뒤에 수반되는 결과에 의해 능동적 · 조작적 행동을 조건화한다는 이론이다.

① 강화(reinforcement)이론 99 중등, 03 초등, 09 중등, 10 초등, 11 중등

☑ 강화의 유형(종류)

분류		강화자(reinforcer)	
		쾌 자극	불쾌 자극
제시 방식	반응 후 제시 (수여)	정적 강화 ⑩ 프리맥의 원리, 토큰강화, 칭찬	제1유형의 벌(수여성 벌) ⑩ 처벌, 꾸중하기, 청소시키기
	반응 후 제거 (박탈)	제2유형의 벌(제거성 벌) ⑩ Time-Out, 반응대가, 자유시간 제한	부적 강화 ⑩ 회피학습, 청소 면제, 잔소리 않기

(1) 강화

① 강화(reinforcement) : 특정 행동의 발생빈도를 증가시키는 것

② 강화물(강화자, 강화인, reinforcer) : 특정 행동의 발생빈도를 증가시키는 개체(물건이나 자극)

　　예 아동에게 하는 칭찬, 학생에게 주는 상장, 교사의 웃는 표정, 자신이 하고 싶은 행동의 기회 등

③ 강화의 조건

　　㉠ 강화는 자주 주어야 한다.

　　㉡ 강화는 반드시 반응 후에 주어야 한다.

　　㉢ 강화는 반응 후 즉시 제시하여야 한다.

　　㉣ 강화는 반응에 수반되어야 한다(contingent on). 따라서 바람직한 반응을 할 때만 강화를 주어야 한다.

　　　　⇨ 유관강화(contingent reinforcement)(↔ 우연적 강화)

　　　♠ **우연적 강화(비유관강화)** 특정 행동과 관계없이 강화를 주어 바람직하지 않은 행동이 증가되는 경우. 우연적 강화에 의해 형성된 행동을 '미신적 행동'이라고 함(예 시험 보는 날 세수 안 하기)

④ 강화의 유형(종류) : 강화(reinforcement)는 강화물(reinforcer)의 제시방법에 따라 '정적 강화(positive reinforcement)'와 '부적 강화(negative reinforcement)'로 나뉜다.

강화	내용
정적(적극적) 강화 (positive reinforcement)	• 반응(행동) 후에 쾌 자극(예 정적 강화물 : 상, 칭찬)을 제시하여 바람직한 행동의 발생빈도를 증가시키는 것 예 프리맥의 원리, 토큰강화, 착한 행동 칭찬하기, 열심히 일한 직원에게 보너스 주기 • 교실에서 일어날 수 있는 정적 강화 : 학생과 교사 모두에게 일어날 수 있음 ⇨ 좋은 성적, 교사의 웃는 표정, 칭찬, 게시판에 전시된 학생의 작품 등은 학생들에게 정적 강화물로 작용함 / 학생들이 보여주는 성실한 수업태도나 질문, 학부모나 교장으로부터의 인정 등은 교사에게도 정적 강화물로 작용함
부적(소극적) 강화 (negative reinforcement) 99 중등추시, 00~01 중등	반응(행동) 후에 불쾌 자극(예 부적 강화물 : 꾸중, 벌청소)을 제거하여 바람직한 행동의 발생빈도를 증가시키는 것 예 화장실 청소 면제, 공부를 열심히 할 때 잔소리하지 않기, 자동차에 탄 후 안전벨트를 맬 때까지 귀에 거슬리는 경보음을 계속 울리게 하기 ⇨ 혐오자극으로부터 회피하는 방법을 학습하는 '회피학습(도피학습)'의 계기

(2) 벌

① 벌(punishment) : 특정 행동의 발생빈도를 감소시키는 것

② 벌의 유형(종류) : 제1유형의 벌(수여성 벌, presentation punishment)과 제2유형의 벌(제거성 벌, removal punishment)로 나뉜다.

벌	내용
제1유형의 벌 (수여성 벌, 정적 벌, presentation punishment)	• 행동(반응) 후 불쾌 자극(혐오 자극, 예 체벌, 꾸중)을 제시하여 바람직하지 못한 행동의 발생빈도를 약화시키는 것 예 교실바닥에 습관적으로 휴지를 버리는 행동을 억제시키기 위해 교사가 꾸지람을 하거나 청소를 시키는 것

	• 수여성 벌의 장단점 　- 장점 : 수여성 벌은 대부분 물리적인 경우가 많기 때문에 효과가 즉각적이라는 이점이 있다. 　- 단점 : 물리적 벌은 장기적으로나 단기적으로 학생들에게 이로울 것이 없다. 단기적으로는 학생들에게 고통이나 두려움, 그리고 모욕감, 심지어 육체적 상해를 가져올 수 있다. 장기적으로는 폭력에 대한 무감각이나 모든 문제를 물리적으로 해결하려는 습관의 형성, 심지어 정신질환성 스트레스 증상까지 야기할 수 있다.
제2유형의 벌 (제거성 벌, 부적 벌, removal punishment)	행동(반응) 후 쾌 자극(圆 자유시간, 점수)을 제거(박탈)하여 바람직하지 못한 행동의 발생빈도를 약화시키는 것 圆 타임아웃(격리, Time-Out), 반응대가(response cost), 학생들에게 주어진 자유시간을 제한하는 것, 성적이 나쁘면 장학금 지급을 정지하는 것

② 강화계획(reinforcement schedule)

(1) 강화계획

① 개념 : 강화계획이란 언제 어떻게 강화를 줄 것인가라는 강화조건의 패턴화(계획)를 말한다.

② 강화계획의 유형 02 중등 : 강화계획에는 매 행동마다 강화하는 계속적 강화(연속강화, continuous reinforcement)와 가끔씩 부분적으로 강화하는 간헐적 강화(부분강화, intermittent reinforcement)가 있다. 또, 간헐적 강화에는 일정한 시간(간격)을 기준으로 강화하는 간격강화(interval reinforcement)와 일정한 행동(반응횟수)을 기준으로 강화하는 비율강화(ratio reinforcement)가 있다.

계속적 강화			• 매 행동마다 강화하는 것 圆 교사가 돌아다니며 학생들이 방정식 문제를 푸는 단계를 보면서 각 단계에서 문제를 풀 때마다 칭찬을 함 • 행동을 빨리 변화시키므로 학습 초기단계에 효과적임. 그러나 학습한 행동에 대해서 계속 강화물을 줄 경우 강화에 대한 포만감이 생겨 학습한 행동을 지속시키는 효과가 감소함
간헐적 강화	간격 강화	고정간격 강화	• 정해진 시간마다 한 번씩 강화하는 것 圆 정기고사, 월급, 매주 금요일마다 시험을 실시함 • 강화가 주어지는 시점이 가까워지면 반응확률(행동빈도)이 높아지지만, 강화 직후에는 반응확률(행동빈도)이 급격히 떨어짐 ⇨ 강화 후 휴지
		변동간격 강화	• 강화를 주는 시간간격을 변화시켜 강화하는 것(평균 시간간격으로는 한 번씩 강화) 圆 수시고사(불시에 시험 보기), 낚시, 버스 기다리기, 축구장에서 골을 기다리는 관중의 모습, 녹음된 메시지를 확인하거나 E-mail을 확인하는 것 • 언제 강화를 받을지(강화가 주어지는 시점) 예측할 수 없기 때문에 반응확률을 항상 일정하게(꾸준하게) 유지할 수 있는 장점이 있음
	비율 강화	고정비율 강화 04 중등, 06 초등	• 정해진 행동(반응)의 횟수마다 강화하는 것 圆 성과급, 수학 3문제 풀 때마다 사탕 주기, 수학교사가 '계속해서 두 개의 문제를 맞게 풀면 수업이 끝나기 전에 숙제를 시작할 수 있어요.'라고 말함 • 강화 직후에 잠시 휴식과 같이 반응을 중단하는 일시적 중단현상이 있음 ⇨ 강화 후 휴지

	변동비율 강화 00 중등	• 강화를 주는 행동(반응)의 횟수를 변화시켜 강화하는 것(일정한 행동에 대해 강화하는 비율이 다름. 평균 횟수의 반응을 보일 때마다 한 번씩 강화) 예 도박, 무작위 출석 체크, 새로운 것을 발명하기 위한 과학자의 실험, 학생이 자진해서 손을 들어 답하고 무작위로 불림, 야구의 평균타율, 애인에게 데이트 신청하기 • 강화 후에도 반응확률을 가장 높게 유지하며, 학습 후 소거도 가장 늦게 나타남

(2) 강화계획의 효과

① 가장 이상적인 강화계획은 학습의 초기 단계에는 '계속적 강화'를, 후기 단계에서는 '간헐적 강화'를 사용하는 것이다.

② '고정간격강화'와 '고정비율강화'는 '강화 후 휴지(post-reinforcement pause)'가 나타난다. 따라서 학습자의 반응 지속성을 높이기 위해서는 고정강화계획보다 변동강화계획을 사용한다.

③ 간헐적 강화 중에서 반응확률이 높게 나타나는 순서는 '변동비율강화 > 고정비율강화 > 변동간격강화 > 고정간격강화' 순이다.

④ 일단 학습 후 소거가 가장 늦게 나타나는 것은 '변동비율강화'이다.

⑤ 학습시간(반응확률)을 계속 일정하게 유지할 수 있는 것은 '변동간격강화'이다.

❸ 행동수정기법(behavior modification theory, 응용행동분석) 96 중등, 98 초등, 03 중등, 07 중등, 14 중등추시論

(1) 바람직한 행동의 증가를 위한 행동수정기법 14 중등추시論

① 프리맥(Premack)의 원리

　㉠ 개념 : 빈도가 높은 행동(좋아하는 행동)을 이용하여 빈도가 낮은 행동(싫어하지만 바람직한 행동)을 강화하는 방법이다. ⇨ "~하면 …해 줄게.", 정적 강화 방법, 할머니의 법칙(grandma's law)

　　예 숙제를 다 하면 나가 놀게 한다. 싫어하는 독서를 하면 좋아하는 축구를 하게 해준다.

　㉡ 유의점

　　ⓐ 강화물은 개인마다 다를 수 있으며, 또 개인 내에서도 언제든지 바뀔 수 있다는 점에 유의해야 한다(⇨ 강화의 상대성 원리). 가장 효과적인 강화물이란 학생이 만족하고 흥미를 가질 수 있는 것이어야 한다.

　　ⓑ 불쾌 자극을 먼저 제시하고, 쾌 자극을 나중에 제시해야 한다.

　㉢ 문제점 : 어떤 대가가 따라야 한다는 식의 교육은 장기적으로 '노예근성' 혹은 '뇌물근성'을 기르게 할 우려가 있다.

② 토큰강화(token reinforcement)

　㉠ 개념 : 토큰(token, 상표, 쿠폰, 포인트, 스티커)을 모아 오면 자기가 좋아하는 강화물과 교환할 수 있게 하여 강화하는 방법이다. 상징적 강화는 돈처럼 교환가치가 부여될 때 강화자극으로 힘을 발휘하게 된다.

　　예 바람직한 행동을 했을 경우 스티커를 하나씩 주고 이 스티커가 30개 모이면 매점에서 간식을 사먹을 수 있는 티켓으로 교환해 준다.

ⓛ 장점

ⓐ 한 가지 강화물만 주었을 때 생길 수 있는 포화현상을 방지할 수 있다.

ⓑ 강화의 시간적 지연을 예방한다.

ⓒ 간편하고, 더 큰 강화물로 교환이 가능하다.

③ 행동조성(행동조형, shaping) 99 초등, 08 초등

㉠ 개념 : 차별적 강화를 이용하여 목표행동을 점진적으로 형성하는 기법이다.

> 김 교사는 글씨를 잘 쓰는 데 필요한 단계적 행동들을 구분한 다음, 철수가 이러한 행동 하나하나를 수행할 때마다 철수가 좋아하는 사탕을 주어서 글씨를 잘 쓰게 하였다.

㉡ 원리 : 차별강화(선택적 강화, differential reinforcement : 여러 행동 중 어느 하나만을 골라 선택적으로 강화하는 것) + 점진적 접근(연속적 접근법, successive approximation : 목표행동에 근접하는 행동에만 강화)

④ 행동계약(behavior contract) : 특정 행동에 제공될 강화인과 벌인에 관해 사전에 협약을 맺고, 그 협약에 따라 자극을 제공하면서 행동을 수정하는 기법이다.

> 만약 철수가 3일 연속 식사 후 양치질을 한다면, 철수는 하루에 30분씩 컴퓨터를 할 수 있다는 계약을 체결한다.

⑤ 용암법(단서철회, fading) : 목표행동을 스스로 할 수 있도록 도움을 점차 줄여나가는 방법이다.

> 골프 연습시키기, 정신지체아를 교육할 때 사용하는 방법

⑥ 차별강화(선택적 강화, differential reinforcement) : 여러 행동 중 어느 하나만을 골라 선택적으로 강화하는 방법이다(감소표적행동 대신 증가표적행동에 강화를 주어 행동을 수정).

> 수업 중 발표를 잘 하지 않는 학생이 발표를 할 때에는 강화하고, 그 밖의 시간에는 강화를 하지 않는 것 → 발표를 많이 하도록 해 줌

⑵ 문제행동의 교정을 위한 행동수정기법

① 소거(강화중단, extinction) : 문제행동에 주던 강화를 중단하여 문제행동을 감소시키는 방법이다. 바람직하지 못한 행동을 하면 철저하게 무시한다. 일시적으로 '소거폭발'이 발생한다.

> 울고 보채는 아이 무시하기. 수업시간에 발표하기 위해 큰소리로 외치며 열심히 손을 들어도 교사가 지명하지 않는 것

② 타임아웃(격리, 퇴장, TO : Time-Out) 99 초등, 08 초등

㉠ 개념 : 문제행동을 할 때 정적 강화의 기회(쾌 자극)를 박탈(차단)하여 문제행동을 감소시키는 방법이다. 쾌 자극이 없는 장소로 일시적으로 격리시키는 것이다.

> 수업시간에 소란을 피우면 교실 밖으로 내보낸다.

㉡ 두 가지 조건

ⓐ 문제행동을 하는 장소가 떠나기 싫을 만큼 유쾌한 곳이어야 한다.

ⓑ 일시 격리된 장소가 강화자극이 없는 불쾌한 곳이어야 한다.

③ 반응대가(response cost) : 문제행동을 할 때마다 정적 강화물을 박탈(회수)하여 문제행동을 감소시키는 방법이다.

> 수업시간에 소란을 피우면 자유시간을 박탈하기, 과제 미제출 시 감점하기 ⇨ 타임아웃은 일시적이지만 쾌 자극 모두 박탈하나, 반응대가는 쾌 자극의 일부만을 박탈하는 것이다.

> **Plus**
>
> **소거에 대한 저항과 소거폭발**
>
> 1. **소거에 대한 저항**: 강화물을 철회한 뒤에도 조작반응을 계속하려는 경향
>
> 2. **소거폭발**: 강화물의 제거 이후에 나타나는 일시적인 행동의 증가현상
>
>   예 수업 중에 질문을 하기 위해 "선생님!"하며 큰 소리로 외치는 학생이 있다고 하자. 교사는 질문을 하기 위해 조용히 손을 드는 행동을 가르치려고 일단 학생이 "선생님!" 하고 외치는 소리를 무시하기로 했다. 하지만 교사의 기대와는 달리 학생은 "선생님! 선생님! …" 하며 더 큰 소리로, 그리고 더 자주 외치는 경우가 있다.

④ **포만법**(심적 포화, 물리게 하기, satiation): 문제행동을 지칠 때까지 반복하게 하여 문제행동을 감소시키는 방법이다. 예 수업시간에 쪽지 돌리는 학생에게 수업시간 내내 쪽지를 가득 적도록 한다.

⑤ **상반행동강화**(incompatible behavior reinforcement): 문제행동과 반대되는 바람직한 행동에 강화를 주어 문제행동을 감소시키는 방법이다. → 동시에 공존 불가능한 상반행동을 강화함

예 수업시간에 돌아다니는 학생이 조용히 책상에 앉아 있으면 강화한다.

⑥ **과잉교정**(overcorrection): 문제행동을 했을 때 원상회복의 방법으로 싫어하는 행동을 하도록 하는 처벌기법이다.

예 책상에 낙서했을 때 원래보다 더 깨끗하게 지우도록 한다. 철자법이 틀린 학생에게 정확한 철자를 반복해서 쓰도록 한다.

⑦ **자극통제**(stimulus control): 문제행동을 유발할 수 있는 내·외적 조건들을 변화시켜 문제행동을 줄이고 바람직한 행동을 증가시키는 방법이다. 문제행동을 교정하기 위한 방법이면서 바람직한 행동을 증가시키기 위한 방법이다. 예 교실 뒷자리에 앉아 있는 학생을 앞자리로 옮긴다.

Section 02 사회인지 학습이론

01 반두라(Bandura)의 사회인지 학습이론 98 중등, 99~00 초등, 07~08 중등, 08 초등, 16 중등論

❶ 기본 입장

(1) 사회학습이론(사회인지 학습이론)

① **관찰학습(사회학습)이론** : 인간은 직접적인 자극이나 강화를 받지 않아도 사회적 상황 속에서 타인(모델, model)의 행동을 관찰하고 모방하는 것으로도 학습한다.

② **학습은 인지과정의 변화** : 사회인지 학습이론에 따르면, 행동을 하면 강화나 처벌을 받을 것이라는 기대(expectation)나 신념(믿음), 주의(attention), 파지(retention)와 같은 인지과정이 학습에 영향을 미친다. 따라서 행동이 변화되지 않아도 학습은 이루어진다. 학습은 인지과정의 변화이다.

③ **자기조절 학습** : 이러한 관찰학습(모델링)은 직접 강화, 대리 강화, 자기 강화 등을 통해 자기행동을 통제하고 궁극적으로는 학습자가 자기조절을 하도록 한다. 모델의 행동이 관찰자의 행동을 통제하는 것이 아니라 관찰자 자신의 내적인 인지적 규제(자기규제, 자기조절, 자기통제, self-regulation)에 의해 학습이 일어난다.

☑ **행동주의와 사회인지 학습이론의 유사점과 차이점**

유사점	• 모두 경험이 학습의 중요한 요인임에 동의한다(이 점은 피아제와 비고츠키 이론도 마찬가지). • 모두 행동에 대한 설명에서 강화와 벌의 개념을 포함한다. • 모두 학습을 촉진하는 데 피드백이 중요하다는 것에 동의한다.
차이점	• 학습에 대한 관점 – 행동주의는 자극과 반응의 연합에 의한 '관찰 가능한 행동의 변화'를 학습으로 규정한다. – 사회인지 학습이론은 이전과는 다른 행동을 보여줄 수 있는 '정신구조(정신과정, 인지과정)의 변화'를 학습으로 규정한다. 학습은 즉각적인 행동변화를 가져올 수도 있고 아닐 수도 있다. 따라서 행동이 변화되지 않아도 학습은 이루어진다. 인지과정은 학습에 중요한 역할을 한다. • 행동, 환경, 개인 내 요인 간 상호작용을 설명하는 방법 – 행동주의는 환경과 행동 사이에서 환경이 일방적으로 행동을 야기하는 '일방적' 관계를 제시함 – 사회인지 학습이론은 환경(모델의 행동과 그에 따른 결과, 상황, 물리적 배경)과 개인 내적 요인(기대, 자기효능감, 목표, 신념 등), 행동(개인의 반응적 행동)이 서로 상호작용한다고 봄 • 강화와 처벌에 대한 해석 – 행동주의는 강화인과 처벌인을 행동의 직접적인 원인으로 봄 – 사회인지 학습이론은 강화인과 처벌인을 기대를 갖게 하는 행동의 간접적인 원인으로 봄

(2) 기대 불충족의 효과(파급효과, ripple effect)

관찰이나 경험의 결과, 어떤 행동을 할 때 강화 또는 처벌을 받을 것이라는 기대가 형성되면 모델의 행동을 학습한다. 하지만 기대는 충족되지 않았을 때에도 행동에 영향을 준다.

① **기대했던 강화인의 미발생은 벌인으로 작용** : 기대했던 강화인이 발생하지 않으면 이것이 벌인으로 작용하여 다음에 특정 행동을 하지 않게 된다. 다음에도 그럴 것이라고 기대하기 때문이다.

② **기대했던 벌인의 미발생은 강화인으로 작용** : 기대했던 벌인이 발생하지 않으면 이것이 강화인으로 작용하여 다음에 문제행동을 할 가능성이 높아진다. 다음에도 그럴 것이라고 기대하기 때문이다.

❷ 주요 개념

(1) 사회인지 학습이론의 주요 개념

반두라에 따르면, 사회인지 학습이론은 크게 세 가지 주요 개념으로 설명된다.

주요 개념	내용
모델링 (modeling)	특정한 행동을 관찰하고 그대로 흉내 내는 과정이다. 모델링은 대부분 인지적 요인의 개입 없이 자동적으로 이루어진다. 가장 단순한 형태의 사회적 학습이다. 모델링은 한 명 또는 여러 사람의 모델을 관찰한 결과로 발생하는 행동, 인지, 정서 변화를 의미한다. 모델링은 직접 모델링, 상징적 모델링, 종합적 모델링 등이 있다. 📷 태연하게 주사를 맞는 친구의 모습을 보고 자신도 아무렇지 않게 주사를 맞는 아이. 폭력적인 아버지의 행동을 모방하여 친구에게 그대로 따라 하는 학생. 출생 직후 신생아는 혀를 내미는 어른을 흉내 내고, 이후 부모의 행동을 모방하며 언어, 행동, 습관 등을 학습해 감. 인간 사회의 수많은 아이디어, 습관, 유행 등도 모방을 통해 전파
대리적 조건형성 (대리학습, vicarious condition)	다른 사람의 행동의 결과(강화나 벌)를 관찰함으로써 학습이 일어나는 것이다. 다른 사람의 행동 결과(강화나 벌)가 자신에게도 동일하게 나타날 것이라는 기대와 신념이 대리적 조건형성(대리학습)을 가능하게 한다. 📷 오빠가 난로에 손을 데는 것을 목격한 동생은 난로를 함부로 만지면 안 된다는 것을 배우게 된다(대리적 조건형성은 특히 직접적인 조건형성이 어려운 위험도가 높은 학습의 경우 효과적으로 활용될 수 있다). 친구가 사용하는 학습전략이 좋은 결과를 얻는 것을 보고, 친구의 학습전략을 모방하면서 자신도 좋은 시험성적을 얻을 것이라는 기대와 신념을 가질 수 있다. 수업시간에 수업태도가 좋지 않은 학생이 벌 받는 모습을 보고 자신도 비슷한 행동을 하면 처벌을 받을 것이라는 기대를 가질 수 있다.
관찰학습 (observational learning)	사회적 상황 속에서 다른 사람의 행동을 관찰해 두었다가 유사한 행동을 나타내는 학습현상이다. 즉, 타인이나 주변에 일어나는 일에 선택 주의집중하여 정보와 기술을 획득하는 과정이다. 관찰학습에는 대개 모델링의 개념이 포함된다. 학생들은 모델의 행동을 관찰한 후 그 행동을 그대로 모방했을 때 원하는 결과를 얻을 수 있다는 기대에 의해 동기화된다. 반두라는 관찰학습에는 인지적 과정이 개입된다고 보고, 주의집중, 파지, 재생, 동기화 단계를 통해 관찰학습의 과정을 설명한다. 📷 범죄영화에 나오는 범인의 행동을 유심히 관찰해 두었다가 자신이 복수하고 싶은 상대에게 유사한 방법으로 해를 가하는 경우

(2) 학습에 영향을 주는 강화의 종류

주요 개념	내용
직접 강화 (direct reinforcement)	자기 행동의 결과로 직접 강화를 받는 경우이다. 조작적 조건화 이론에서의 강화와 동일하다. 例 아동이 단어를 정확하게 발음할 때 부모가 칭찬을 하는 경우
대리 강화 (vicarious reinforcement)	타인의 행동에 대한 결과에 간접적으로 영향을 받는 강화(모델이 특정 행동에 대해 강화나 처벌 받는 것을 관찰함으로써 간접적으로 강화를 받는 경우). 관찰자도 같은 행동을 하면 역시 강화를 받을 것이라고 기대하기 때문이다. 타인의 행동을 관찰하는 것만으로 강화된다면 간접 강화인 대리 강화이다. 例 TV광고에서 시원하게 음료수를 마시는 모델을 보고서 동일한 음료수를 사서 마시는 행동. 고속도로에서 제한속도 규정을 어기고 달리던 자동차가 순찰차에 붙잡히는 것을 보고 즉시 속도를 줄이는 경우
자기 강화 (self-reinforcement)	어떤 행동에 대해 자기 스스로 자신에게 내적 강화를 주는 경우이다. 자기 행동의 결과에 대해 아무런 외적 강화를 받지 못해도 계속해서 그 행동을 지속하는 까닭은 자기 강화 때문이다. 例 과제에 대해 높은 수준의 흥미를 느끼거나 스스로 높은 가치를 부여하는 경우, 그 행동을 지속하는 것은 외적으로 제시되는 강화와 무관하다.

Plus

대리 강화의 역할 07 전문상담

1. 개념

① 모델이 보상이나 처벌을 받는 것을 관찰함으로써 간접적으로 강화를 받는 경우

② 모델의 행위를 모방하는 것이 어떤 결과를 가져올 것인지 모델이 행한 결과를 보고 예기하는 것

2. 역할

① 정보제공 기능 : 모델이 행한 일의 결과는 자신의 행동 여부를 결정짓는 정보로 사용된다.

② 동기유발 기능 : 모델이 강화받는 것을 보고 자신도 같은 일을 하면 보상받을 것이라는 기대감을 갖게 됨으로써 동기를 유발한다.

③ 정서학습 기능 : 관찰을 통해 모델이 보이는 정서상태도 학습한다. 반응결과의 관찰을 통해 두려움과 제지를 획득시킬 수도 있고 감소시킬 수도 있으므로 이는 심리치료 과정에서도 많이 활용된다.

④ 영향가능성 기능 : 강화받는 모델의 반응을 관찰함으로써 관찰자의 직접 강화에 대한 민감성이 증가되어 그 일을 수행할 가능성을 높여준다.

⑤ 모델의 지위변화 기능 : 보상 또는 처벌의 결과에 따라 모델의 가치가 상승 또는 하락한다.

⑥ 가치평가 기능 : 관찰자의 개인적 가치관은 모델 행위의 강화에 따라 달라질 수 있다.

③ 관찰학습이론(observational learning theory)

관찰학습은 사회인지 학습이론의 핵심적인 개념으로, 모델에 대한 관찰을 통해 일어나는 인지적·정의적·행동적 변화를 지칭하는 일반적 용어이다.

(1) 모델링의 유형

유형	내용
직접 모델링	실제 모델의 행동을 단순하게 모방하려는 시도이다. 예 현수는 시험공부를 할 때 수진이를 따라 한다. 1학년 아동은 교사와 똑같은 필체로 글자를 쓴다.
상징적 모델링	책, 연극, 영화 또는 TV에 등장하는 주인공들의 행동을 모방한다. 예 10대는 10대 취향의 인기 있는 TV쇼에 나오는 연예인처럼 옷을 입기 시작한다.
종합적 모델링	관찰한 행동의 부분들을 종합하여 행동을 발전시킨다. 예 형이 책을 꺼내기 위해 의자를 사용하는 것과 엄마가 찬장문을 여는 것을 보고, 의자를 사용해 혼자 서서 찬장문을 연다.
인지적 모델링	모델이 시범을 보일 때 생각과 행동에 대한 언어적 설명과 함께 보여주는 것을 모방한다. 학습자가 전문가의 사고를 배울 수 있게 해 주는 모델링 예 교사가 자신의 생각을 소리 내어 말로 표현할 때나, 학생들에게 자신의 생각을 표현하도록 지도할 때, 교사는 문제에 대해 어떻게 생각하고 어떻게 해결하는지를 학습자에게 구체적인 예로 제시한다.
자기 모델링	자기 자신의 행동을 관찰하고 반성한 결과로 일어나는 모방이다. 예 자기장학

(2) 관찰학습의 과정 05~06 중등

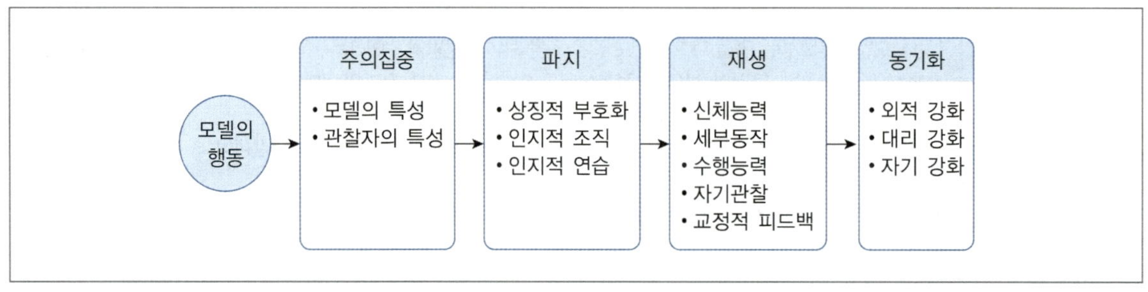

과정	내용
주의집중(attention) – 모델의 행동에 주의집중	모델의 행동에 주의를 기울이는 단계이다. 모델이 학습자와 유사성이 있거나, 능력이나 지위가 높거나, 매력적일 때 더욱 집중하는 경향이 있다. 예 수영을 배울 때 유능한 코치가 보여주는 수영 동작 시범에 집중하는 경우, 유명 탤런트나 배우들이 입는 옷, 헤어스타일 등에 끌려 모방하는 경우
파지(retention) – 모델의 행동 기억	모델의 행동을 머릿속에 기억하는 단계이다. 모델의 행동은 시각적 또는 언어적 형태의 상징적 부호로 저장된다. 관찰학습은 주로 심상과 언어라는 두 가지 표상체계에 의존한다. 예 수영 코치의 수영 동작의 순서를 차례대로 말로 되뇌거나 시각적 영상으로 생각해 내는 경우
재생(reproduction) – 기억을 행동으로 전환	기억된 모델의 행동을 능숙하게 수행할 수 있도록 연습하는 단계이다. 모방한 행동을 능숙하게 재생하려면 연습과 피드백을 통해 수행기술을 갖추어야 한다. 예 수영 코치가 보여준 수영 동작 중 자유형 동작을 기억하고 호흡, 손동작, 발동작 하나하나를 직접 해 보고 수영 코치의 수영 동작과 비교하여 수정하고 그 동작이 자연스러워질 때까지 연습하는 경우

동기화(motivation) – 강화에 의해 행동을 동기화	강화를 기대하면서 학습한 행동을 동기화하는 단계이다. 긍정적 강화가 기대되면 행동은 수행으로 나타나지만 그렇지 않으면 기대되는 행동은 수행되지 않는다. 사회인지이론에서는 학습과 수행을 구분한다. 조건화에서는 강화가 학습의 조건이 되지만, 사회인지 학습이론에서는 강화가 수행의 조건이 된다. **예** 3개월 간 수영 동작을 연습한 이후 전보다 더욱 건강해졌거나, 기대한 만큼의 효과가 있어서 주위 사람으로부터 긍정적 피드백을 받았다면, 이 사람은 계속해서 수영강습을 계획하게 된다.

(3) 관찰학습에 영향을 미치는 요인

① **결과의 일관성** : 모델의 행동을 일관되게 강화하거나 처벌하면, 비일관적일 때보다 관찰학습이 더 효과적으로 형성된다. 일관된 강화 또는 처벌이 관찰자가 이후 모델링한 행동을 실제 했을 때 발생할 결과에 대해 강한 믿음을 주기 때문이다.

> **예** 모델의 공격적 행동이 일관성 있게 강화를 받으면 관찰자는 행동을 모방하는 경향이 강해지고, 모델의 공격적 행동이 일관성 있게 처벌받으면 행동을 모방하는 경향이 줄어든다.

② **모델의 특성** : 모델이 능력 있고, 매력적이며, 높은 지위나 힘을 갖고 있을 때 관찰학습이 더욱 촉진된다. 또한 자신과 유사한 측면이 있는 또래 모델의 행동을 더 잘 따라하는 경향을 갖는다. 아이들은 자신과 성별이 같거나 성적이 비슷한 친구의 행동을 더 잘 따라한다. 이처럼 모델의 특성은 관찰자가 모델의 행동에 더욱 주의집중하도록 만들기 때문에 모델링에 영향을 미칠 수 있다.

③ **모델의 행동이 가진 기능적 가치** : 사람들은 모델의 행동이 자신에게 얼마나 유용한가에 따라 모델링 여부를 결정한다. 아이들은 부모님을 곧잘 따라하지만 헤어스타일이나 옷차림은 또래나 아이돌 스타의 것을 따라한다.

(4) 관찰학습의 효과

① **새로운 행동의 학습** : 타인(모델)의 행동을 관찰함으로써 전에는 할 수 없었던 새로운 반응을 학습할 수 있다.

> **예** 수학방정식을 해결하는 교사의 시범을 본 뒤에 문제를 해결하는 것, TV를 시청한 뒤 새로운 요리를 만드는 것, 예시를 보고 문장을 명료하게 쓰는 것 등을 학습

② **이미 학습한 행동의 촉진** : 모델의 행동은 관찰자가 이미 학습한 행동을 촉진한다(사회적 촉진). 모델의 행동은 관찰자가 적절히 행동하게 하는 사회적 자극으로서의 역할을 한다.

> **예** 콘서트장에서 다른 사람들이 박수를 치는 것을 보고 함께 박수를 치거나, 텔레비전 주인공이 담배를 피울 때 시청자가 담배를 피우며, 모든 사람이 같은 방향으로 보고 있을 때 그 방향을 보는 것 등

③ **억제 변화시키기** : 타인(모델)의 행동을 관찰함으로써 어떤 특수한 행위의 억제를 변화시킬 수 있다. 억제는 자신의 행동에 스스로 부여한 구속이다. 억제가 강화되기도 하고 약화되기도 한다.

> **예** 급우 중 하나가 학급규칙을 어겨 야단을 맞으면 다른 학생들이 학급규칙을 어길 가능성이 줄어들게 된다. 규칙을 어기는 것에 대한 억제가 강화된 것이다(⇨ 억제효과, 제지효과). 만약 야단을 맞지 않으면 다른 학생들이 학급규칙을 어길 가능성이 높아진다. 규칙을 어기는 것에 대한 억제가 약화된 것이다(⇨ 탈억제효과, 억제약화효과).

④ **정서 유발(정서적 각성 효과)** : 개인의 정서적 반응은 모델의 정서 표출을 관찰함으로써 바뀔 수 있다.

> **예** 높은 다이빙대에서 다이빙 선수가 불안해하는 것을 보고 관객도 불안해한다. 교사가 어떤 주제에 관해 토론하면서 진정으로 즐기는 것을 관찰한 학생들도 비슷한 열정을 경험할 수 있다.

> **Plus**
>
> **파급효과**(ripple effect)
>
> 1. 기대했던 강화인이 발생하지 않으면 처벌인으로 작용할 수 있다.
>   - **예** 현수는 열심히 숙제를 완성해 제출했는데, 교사는 과제물을 거둬 가지 않았다. 그 후 현수는 숙제를 열심히 하지 않았다.
> 2. 기대했던 처벌이 발생하지 않으면 강화인으로 작용할 수 있다. ⇨ 탈억제(억제 약화) 효과
>   - **예** 현아는 학급의 규칙을 어긴 민호가 처벌받지 않는 걸 보고, 자신도 앞으로 규칙을 지키지 않을 거라고 생각했다.

④ 자기조절(self-regulation) 04 초등, 11 초등, 23 중등論

(1) 개관

① 자기조절의 개념

　㉠ 자기조절이란 학습자의 기대와 신념이 행동과 환경에 영향을 줄 수 있도록 자신의 인지, 정서, 행동을 스스로 조절하고 통제하는 것을 말한다. 목표가 학습에 있을 경우 자기조절학습이라고 한다.

　㉡ 자기조절학습은 목표를 달성하기 위해 인지, 정서(동기), 행동을 스스로 조절하고 통제하는 것을 말한다 (Zimmerman; 2002). 자기조절 학습자는 인지적, 동기적, 행동적 측면에서 자신의 학습과정을 계획, 조절, 통제한다. 이들은 학습에 적극 참여하며, 높은 성취와 뛰어난 능력을 보인다.

② 자기조절 과정에 영향을 미치는 요인 : 자기평가(self-evaluation)와 자기효능감(self-efficacy)

　㉠ **자기평가** : 자기가 스스로 설정한 수행기준에 따라 자신의 행동(수행정도)을 평가하는 것을 말한다. 만족할 만하다고 평가되면 내적 강화가 수반된다.

　㉡ **자기효능감** : 자기가 무엇을 할 수 있다는 능력에 대한 신념이다.

(2) 자기조절의 구성과 전략

① 자기조절학습의 구성(Bandura, 1986) = 인지적 행동수정

　㉠ 인지적 행동수정은 보이지 않는 생각의 과정을 조작함으로써 눈에 보이는 행동을 수정하는 것을 말한다. 즉, 내재적 사고과정을 조작하여 외현적 행동을 수정하려는 기법이다.

　㉡ 외현적 행동의 변화를 목적으로 하고 강화원리를 활용한다는 점에서 스키너의 조작적 조건형성과 유사하지만, 행동을 변화시키기 위해 인지과정을 조작한다는 점에서 사회인지이론을 응용한 것이다.

구성요소	내용
목표 설정 (goal setting)	자신의 학습목표 설정하기 ⇨ 학습자 스스로 적절한 목표를 설정하고 구체적인 계획을 세운다(goal setting). 학습자가 스스로 설정한 도전적 목표가 교사에 의해 부과된 목표보다 자기조절학습에 훨씬 효과적이다. 그러나 일반적으로 학생들은 쉬운 목표를 설정하는 경향이 있기 때문에 교사의 조력이 필요하다.
자기 관찰 (진행 점검) (self monitoring)	자신의 행동 관찰하기 ⇨ 학습을 진행하면서 자신의 전략 사용, 동기수준, 행동을 스스로 관찰하며 점검한다(self monitoring). 예를 들어 최종목표를 구성하는 하위 행동요목들을 체크리스트로 만든 후, 이를 체크하면서 자신이 현재 어떤 상태에 있는지를 모니터링할 수 있다.
자기 평가 (자기 판단) (self evaluation)	자신의 행동 평가하기 ⇨ 학습자는 자신이 설정한 목표를 기준으로 자신의 수행 정도(목표달성 정도)를 평가한다(self evaluation). 메타인지를 적극적으로 활용해야 한다. 예를 들어, 바람직한 행동을 하고 있는지, 동기가 적절히 유지되고 있는지, 효과적인 인지전략을 사용하고 있는지에 대해 스스로 평가한다. 학습자가 정확한 자기 관찰에 기초하여 타당한 자기 평가를 하도록 돕는 것이 교사가 직면한 가장 중요한 과제이다.
자기 강화 (자기 반응) (self reinforcement)	자신에게 상 주기 ⇨ 자기 평가를 토대로 목표달성 여부에 따라 스스로 강화하거나 처벌을 한다. 또, 자기 평가를 토대로 새로운 자기 반응을 계획하고 실천한다. 만약 부적절한 목표 설정, 비효과적인 전략 사용으로 인해 학습에 성공하지 못했다면 성공적인 다음 학습을 위해 목표와 전략을 수정해야 한다.

② 자기조절학습 전략의 구성요소(구성변인) ^{04 초등}

전략		내용
인지 변인	인지전략	학습자가 정보를 기억하고 이해하는 데 사용하는 실제적 전략으로, ㉠ 시연(rehearsal, 암송), ㉡ 정교화(elaboration), ㉢ 조직화(organization) 전략을 말한다.
	메타인지 전략	인지에 대한 인지로서 자신의 인지과정을 계획·점검·조절·통제하는 전략으로, ㉠ 계획하기(planning), ㉡ 점검하기(모니터링, monitoring), ㉢ 조절하기(교정/revising), ㉣ 평가하기(evaluation) 등이 있다.
동기전략 (동기변인)		학습목적에 대한 동기유발 전략으로, ㉠ 과제가치(학습자가 자신의 학습과제가 가치 있다고 생각하는 것), ㉡ 숙달목표 지향성(새로운 지식과 기능을 습득하는 것에 대한 내재적 가치를 우선시하는 것), ㉢ 자기효능감(자기능력에 대한 자신의 평가), ㉣ 통제인식(perception of control : 학업성취의 성공과 실패의 책임이 자기에게 있다고 이해하는 것) 등이 있다.
행동전략 (행동변인)		학습행동(수행)과 관련된 것으로, ㉠ 행동통제(어려움이 있어도 포기하지 않고 노력하기), ㉡ 도움 구하기(동료나 선생님에게 도움을 구하는 것), ㉢ 학습시간 관리, ㉣ 물리적 환경 구조화하기 등이 있다.

⑤ 사회인지 학습이론의 교육적 시사점 및 적용

구분	내용
교육적 시사점	• **조작적 조건형성의 보완** : 관찰학습은 조작적 조건형성을 통해 학습을 유발하기 어려울 때 효과적으로 사용할 수 있다. 　**예** 학생들에게 건강 보건교육을 실시하는 경우에는 학생들이 올바른 행동을 할 때마다 강화를 제공하여 보건생활을 습관화하는 것보다는 학생들에게 건강한 생활을 하기 위해 필요한 손 씻기, 목욕하기, 양치질하기, 편식하지 않기, 규칙적인 생활하기 등의 내용이 담긴 영상을 보여주고 학생들이 이와 같은 행동을 따라 하도록 하는 것이 효과적일 것이다. • **새로운 행동의 학습과 이미 학습한 행동의 촉진** : 관찰학습을 통해 학생들은 새로운 행동을 학습하거나, 이미 학습한 행동을 촉진할 수 있다. 　**예** 학생들은 또래 친구의 학습방법을 보거나, 교사가 체육시간에 여러 가지 운동기구를 다루는 방법을 보면서 새로운 기술과 지식을 배운다. / 비디오 영상 속에서 자신과 비슷한 또래의 친구가 건강한 생활습관으로 칭찬을 받는 것을 보면 자신이 알고 있던 건강한 생활행동을 자주 수행하게 될 것이다. • **억제 변화시키기** : 그 반대로, 관찰학습을 통해 행동을 억제하거나 억제된 행동을 약화할 수 있다. 따라서 교사는 학생들이 모델링을 통해 학습한다는 사실을 항상 기억하며 모델링을 통한 학습결과에 대해서도 주의를 기울여야 한다. 때로는 교사가 의도하지 않은 학습결과가 나타날 수 있기 때문이다. 　**예** 비디오 영상 속의 또래 모델의 행동이 부정적인 결과를 초래하는 것을 보고 그와 유사한 행동을 감소시키거나, 그동안 억제된 행동을 더욱 감소시키고자 할 것이다. 그러나 어떤 학생이 규칙을 위반하고도 벌을 받지 않는 것을 보게 되면, 관찰을 통해 억제된 부정적인 행동이 다시 나타날 수도 있다. • **정서적인 면의 학습** : 관찰학습을 통해 학생들은 행동적인 측면뿐만 아니라 정서적인 면도 학습한다. 학교에서 많은 시간을 보내는 학생들은 교실에서 보여주는 교사의 여러 가지 태도를 통해 정의적인 면도 학습한다. 교사가 보여주는 지적 호기심, 학생들과의 상호작용, 교사의 감정 표출 등을 보면서 학생들은 정서를 학습해 나갈 수 있다. • **모델의 언행 일치** : 모델은 그 언행이 일치할 때 그 효과가 크다. 학생에게 항상 관찰의 대상이 되고 모델이 되는 교사나 부모는 언행의 일치를 위해 노력해야 한다. 말하는 것과 행동하는 것이 일치하지 않을 경우, 두 가지를 모두 학습함으로써 위선적인 태도까지도 학습할 수 있기 때문이다.
교육적 적용	• **교사의 모범** : 학생들은 교사의 행동과 태도를 관찰하고 모방하여 학습하므로 교사 스스로 좋은 모델링이 되어야 한다. 긍정적인 정서와 태도, 교과목에 대한 열의, 학습전략에 대한 시범 등을 보여줌으로써 학생들의 본보기가 되어야 한다. • **효과적인 모델의 활용** : 학생들의 학습에 도움이 될 수 있는 모델을 선정하고 모델의 행동을 관찰하고 모방하도록 해야 한다. 이때 모델은 유능하거나 매력적인 모델을 선정하도록 한다. 교사 자신이나 또래, 위인들을 효과적인 모델로 사용할 수 있다. 특히 교사는 교수과정에서 생각과 행동에 대한 언어적 설명과 함께 시범을 보여주는 인지적 모델링을 할 수 있다. • **잠재적 교육과정에 주의** : 학생들은 모델이 전혀 의도하지 않은 것을 모방하여 학습할 수 있기 때문에 잠재적 교육과정에 주의하여야 한다. • **학생의 기대를 충족시켜 주기** : 바람직한 행동에 대해 기대했던 강화인이 발생하지 않으면 벌인으로 작용하여 다음에 특정 행동을 하지 않게 된다. 또, 문제행동에 대해 기대했던 벌인이 발생하지 않으면 강화인으로 작용하여 다음에 문제행동을 할 가능성이 높아진다.

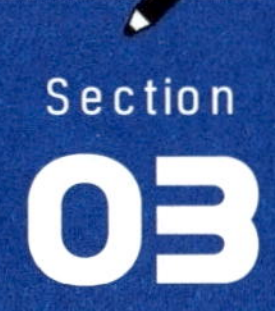

Section 03

인지주의 학습이론
96 중등, 99 초등, 01~02 중등, 04 중등

개념 쏙쏙

인지주의 학습원리

1. 인간은 생각하는 존재로서 동물과 질적으로 다르다.

2. 인간은 자신의 인지과정(인지구조)을 재구성하는 능동적 존재로서 환경에 적극적으로 반응하는 능동적 학습자이다.

3. 유기체론적 세계관을 지향한다. 전체는 부분의 합 이상이다. ⇨ 전체주의, 거시이론

4. 학습은 인지과정, 사고의 변화이다. ⇨ 학습 = 인지구조(Piaget), 통찰(Köhler), 장(Lewin), 인지지도(Tolman)의 변화

5. 학습에서 내적 동기 유발, 학습자 수준에 맞는 지식의 구조 제시, 발견학습, 형태이조설을 강조한다.

---

01 형태주의 학습이론

❶ 쾰러(Köhler)의 통찰학습

(1) 개념

통찰학습은 문제 상황을 구성하는 요소들 간의 관계를 완전한 형태(gestalt)로 파악하여(수단과 목적의 관계) 문제를 해결하는 것을 말한다. 이 순간 학습자는 '아하 현상(a-ha phenomenon)'을 경험한다. 이와 같은 통찰 (insight)을 통해 획득된 지식은 다른 상황에 쉽게 전이되며 오랫동안 기억된다.

(2) 교육적 의의

① 학습은 자극−반응의 연합(조건화)이나 시행착오의 결과처럼 점진적으로 이루어지는 것이 아니라 순간적인 통찰(insight)에 의해 이루어진다.

② 통찰은 순간적으로 일어나는 비약적 문제해결의 과정이자 비약적 사고의 과정이다. 통찰은 다른 상황에 쉽게 전이되며, 수행상 오차가 없고 원활하며, 그 효과도 상당 기간 유지된다.

③ 문제의 해결은 단순한 과거의 경험의 집적이 아니라 그의 경험적 사실을 재구성하는 인지구조의 변화 과정이다.

② 톨만(Tolman)의 기호-형태설(sign-gestalt theory) 07 중등

(1) 개념

학습은 자극-반응의 결합이 아니라, 수단과 목표의 의미관계를 파악하고 인지지도(cognitive map)를 형성하는 것이다. 즉, 기호(sign)-형태(Gestalt)-기대(expectation)를 인지구조 속에 형성하는 것이다.

(2) 학습이론

① 잠재학습(latent learning) : 잠재학습이란 유기체에 잠재되어 있지만 행동(수행)으로 나타나지 않는 학습을 말한다. 강화물에 의해 동기화될 때 잠재된 학습이 수행으로 전환된다. 따라서 강화(보상) 없이도 학습이 일어나며, '강화'는 학습변인이 아니라 수행변인이다. ⇨ 행동주의의 비판 근거, 반두라와 같은 견해

② 장소학습(place learning) : 유기체는 목표물이 어디에 있는가에 대한 장소를 학습한다. 유기체가 어떤 장소에 가면 어떤 강화를 받을 것이라는 기대가 경험을 통하여 검증되면서, 장소에 대한 인지지도를 형성하여 획득된 과정이다.

③ 보상기대(reward expectancy) : 동물은 행동할 때 특정 목표에 대해 사전 인지를 가지고 있어 '어떤 행동을 하면 어떤 결과가 나타날 것'이라는 기대를 가지며, '보상'이란 기대에 대한 확인을 말한다. 기대에 못 미치는 보상은 수행을 감소시킨다.

---

02 정보처리이론(information-processing theory)

98 중등, 99~00 초등, 00 초등보수, 00~04 중등, 02~06 초등, 07~10 중등, 10~11 초등, 13 중등

정보처리이론은 인간의 인지과정을 컴퓨터의 정보처리과정에 비유하여 새로운 정보가 투입되고 저장되며 인출되는 과정을 설명하는 이론이다.

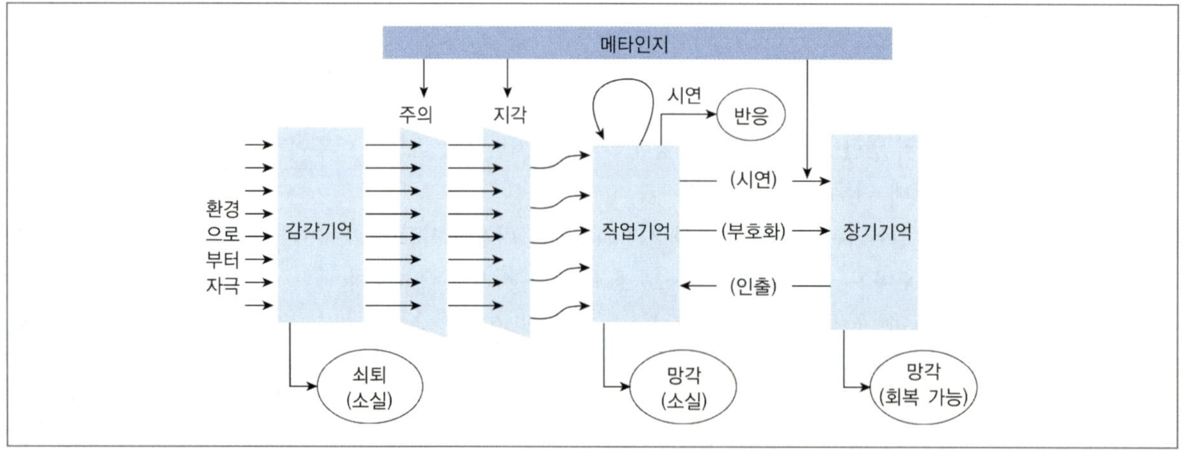

❶ 정보 저장소 99~00 초등, 01 중등, 02~03 초등, 04 중등, 07 중등, 10 중등, 13 중등

구분	감각기억	작업기억	장기기억
정보의 투입	외부자극	주의집중, 지각	시연, 부호화
저장 용량	무제한	제한(7 ± 2 unit)	무제한
기억 지속시간	순간적(1~4초 이내)	일시적(20~30초 이내)	규정할 수 없음(무제한)
정보원	외부환경	감각기억과 장기기억	단기기억에서의 전이
부호 형태	원래의 물리적 형태	이중부호(언어적, 시각적)	일화적, 의미적
정보 상실	소멸	치환 또는 소멸	인출실패
컴퓨터/두뇌활동		RAM, CPU / 의식	HARD, USB / 사고(思考)

(1) **감각기억(감각등록기, sensory register)** 02 초등

① 학습자가 감각수용기관(눈, 귀 등)을 통해 정보를 최초로 저장하는 장소이다.

② 기억용량은 무제한이나 약 1~4초(시각적 정보는 약 1초, 청각적 정보는 약 4초) 정도 순간적으로 저장되므로 투입된 정보가 즉시 처리되지 않으면 그 정보는 곧 유실(망각)된다.

③ 주의(attention)를 받은 자극과 정보만이 다음의 기억저장고인 단기기억으로 전이된다.

(2) **작업기억(작동기억, working memory) − 단기기억(short−term memory)** 00 초등, 01 중등, 04 중등

① **정보의 일시 저장소** : 정보의 재연이나 조작 등 실제적 정신활동(예 시연, 청킹)이 일어나는 정보의 일시 저장소이다. 작업기억은 작업대로 비유될 수 있다. 예 컴퓨터의 중앙연산처리(CPU), RAM에 해당

② **저장용량과 지속시간 제한** : 감각기억을 거쳐 투입된 7 ± 2unit(5~9개)의 정보가 약 20초 정도 저장된다.

③ **작업기억 속의 정보를 유지하는 방법** : 유지시연(maintenance rehearsal)은 작업기억에 들어온 정보를 변형하지 않고 반복적으로 되뇌는 과정이다(기계적 암송). 유지시연은 정보가 사용될 때까지만 그 정보를 작업기억에 유지한다.

④ **작업기억의 한계용량을 극복하는 방법** : 인지과부하 줄이기 전략 − 인지부하이론(cognitive load theory)

청킹 (chunking, 의미 덩이짓기) 06 초등	개별적인 정보를 보다 의미 있는 큰 단위로 묶는 것(예 10개의 수 '0, 4, 1, 3, 4, 5, 9, 9, 8, 7'을 041, 345, 9987로 묶는 경우, 3개의 철자 'u, r, n'을 'run'이라는 1개의 단어로 결합하는 경우) ⇨ 의미 단위로 묶인 정보들은 하나의 단위로 처리되므로 청킹화하면 보다 많은 정보를 동시에 처리할 수 있다.
자동화 (automatization)	의식적인 노력 없이도 정보를 능숙하게 처리하는 것(예 걷기, 운전하기) ⇨ 어떤 기능이 자동화되어 있으면 인지부하를 줄여주므로(작업기억의 용량 차지×) 보다 많은 정보를 처리할 수 있고, 복잡한 문제해결에도 도움을 준다.
이중처리 (dual processing) 00 초등, 13 중등	작업기억에서 시각과 청각을 함께 활용하는 방법(예 식물의 뿌리에 대해 언어로 설명하면서 동시에 실제 뿌리의 사진을 보여줌) ⇨ 시각과 청각은 각기 독립적으로 작업하는 동시에 공동으로 작업하면서 서로를 보충함. 시각적 과정은 청각적 과정을 보충하고, 역으로 청각적 과정은 시각적 과정을 보충함 ⇨ 언어적 설명과 함께 시각자료를 활용하면 인지부하를 극복할 수 있고 재생도 쉽다. ※ 파이비오(Paivio)의 이중부호화 이론

Plus

파이비오(Paivio)의 이중부호화 이론(dual-coding theory) ^{00 초등, 10 초등, 13 중등}

이중부호화 이론에 의하면, 인간은 두 가지 인지적 부호화 기능을 가지고 있다. 즉, 언어 정보는 계열적으로 부호화되고, 시각 정보는 공간적으로 부호화된다는 것이다. 이는 마치 인간에게 언어적 정보처리를 맡는 뇌의 좌반구와 비언어적·심상적 정보처리를 맡는 우반구가 있는 것과 같다. 그러므로 장기기억 속의 정보는 언어적 형태와 비언어적·심상적 형태로 저장된다고 주장한다. 즉, 언어 정보와 시각 정보는 각각 분리된 인지체제에 저장된다고 본다. 따라서 언어 정보와 시각 정보를 별도로 제시하는 것보다는 함께 제시하는 것이 효과적이며, 멀티미디어가 단일매체보다 학습에 효과적이다.

(3) **장기기억**(long-term memory) ^{99 초등, 07 중등}

① **정보의 영구 저장소** : 작업기억의 정보를 부호화 과정을 거쳐 영구적으로 저장하는 장소이다.
   예 하드디스크(HARD DISK), USB(이동식 저장장치)

② **저장용량과 지속시간 무제한** : 거의 무제한의 정보를 영구적으로 저장한다.

③ **장기기억 속의 지식** : 선언적(서술적) 지식, 절차적 지식, 조건적 지식 ⇨ 장기기억 속에 어떤 형식으로 '정신적으로 표상(기억 속에 저장되는 방식)'되느냐에 따른 구분
   예 컴퓨터에 비유하면 선언적 지식은 자료(data), 절차적 지식은 프로그램(program)에 해당

유형	내용
선언적 지식 (knowing that/what)	• 개념 : '무엇이 어떻다(knowing that)'는 것을 아는 것으로, 사실·개념·원리 등에 대한 지식(서술적·명제적 지식. 선언적 지식은 개인적 사건(경험), 사실, 법칙, 이론, 태도 등을 망라하기 때문에 일화기억과 의미기억을 포괄하는 개념 예 해는 동쪽에서 떠서 서쪽으로 진다는 것을 아는 것, 단어의 의미를 아는 것 • 저장·표상 방법 : 서로 관련 있는 정보들이 유의미한 체제로 조직화된 도식(schema)으로 저장되고 표상됨 • 획득 방법 : 새로운 정보를 기존의 지식과 통합함으로써 획득됨 ⇨ 정교화, 조직화, 심상화, 맥락화 등은 선언적 지식을 획득하는 데 가장 필수적인 전략임
절차적 지식 (knowing how)	• 개념 : '무엇을 어떻게 하는가'에 대해 아는 것으로, 방법에 관한 지식 예 자전거를 타는 방법, 수학적 증명을 하는 방법 • 저장·표상 방법 : 특정한 조건하에서 드러내야 할 행위 규칙인 산출(production)로 저장되고 표상됨. 산출은 조건−행위의 규칙이며, '만일(IF) ~, 그러면(THEN) ~'의 형식으로 표현된다. 따라서 산출은 확실한 조건들이 존재할 때만 특정 행위가 일어나도록 한다. • 획득 방법 : 절차와 규칙이 사용되는 다양한 맥락(상황) 속에서 많은 연습으로 획득되며, 많은 연습을 통해 자동화하는 것이 학습목표임
조건적 지식 (knowing why/when)	• 개념 : 선언적 지식(개념)과 절차적 지식(절차, 규칙)을 언제 어떻게 왜 적용할 것인지에 대한 지식. 학습이나 기억, 사고를 조절하고 점검하는 기능을 함 예 선다형 문제 푸는 전략과 논문형 시험 푸는 전략을 아는 것 ⇨ 학교학습에서는 선언적 지식과 절차적 지식만으로는 충분하지 않다. 조건적 지식이 부족하면 부적절한 전략을 적용할 것이고, 결국 학습에 실패할 것이다. 최근 관심의 대상이 되고 있는 자기조절학습(self-regulated learning)의 핵심을 차지한다. • 저장·표상 방법 : 인지전략으로 저장되거나 또는 선언적 지식과 절차적 지식이 서로 연결된 명제망의 형태로 저장되고 표상됨 • 획득 방법 : 절차적 지식처럼 다양한 상황 속에서 많은 연습을 해야 획득됨

④ **장기기억의 유형** : 장기기억은 저장되는 정보의 내용에 따라 일화기억(episodic memory), 의미기억(semantic memory), 절차기억(procedural memory)으로 분류된다.

유형	내용
일화기억 (episodic memory)	• 개인적 경험에 대한 기억을 말하며, 심상의 형태로 저장되고 표상된다. 🖲 지난여름 해수욕장에서 있었던 일, 크리스마스 때 있었던 일 • 사건이 일어난 시점과 장소를 중심으로 조직되기 때문에 일화기억을 인출할 때는 장소와 시간적 단서가 중요하다.
의미기억 (semantic memory)	• 사실, 개념, 원리, 법칙 등에 대한 장기기억(⇨ 선언적 지식)을 말하며, 도식(schema)이나 명제망, 심상의 형태로 저장되고 표상된다. 🖲 석굴암은 경주에 있다. 참새는 조류다. • 학교에서 배우는 대부분의 내용은 의미기억에 저장된다.
절차기억 (procedural memory)	• 무엇을 어떻게 하는 방법에 관한 기억(⇨ 절차적 지식)을 말하며, 조건-행위 규칙인 산출로 저장되고 표상된다. 🖲 자전거 타기, 수영하기, 미적분 풀기 등 • 운동기술과 인지기술을 학습하는 것으로, 많은 연습을 통해 자동화된다.

⑤ **도식이론(schema theory)** : 장기기억 속의 지식들은 조직화되어 서로 연관을 맺으면서 체계적인 네트워크를 형성하고 있는 도식들로 저장된다. **10 중등**

🔔 학교에서 학습되는 대부분의 지식은 서로 연관을 맺으면서 체계적인 네트워크를 구성한다. 이는 장기기억 속의 정보들이 분리되어 존재하는 것이 아니라 서로 관계성을 맺고 상호 연결되어 있음을 의미한다. 학습자가 학습에서 어떤 식으로 네트워크를 구성하느냐에 따라 학습의 질이 달라질 수 있다.

의미	• 도식(schema)은 인간의 기억 속에 축적된 지식의 구조 혹은 인지구조, 이해의 틀을 의미 🖲 주택의 도식 : 특징, 용도, 재료, 크기, 모양 등과 같은 속성들로 범주화하여 형성함으로써 다른 건축물과 구별한다. • 도식은 일련의 유사한 경험을 통해 형성된 공통적인 속성. 어떤 사물에 대한 세부적인 정보를 담고 있지 않고 일반화된 개념적인 정보를 담고 있음 🖲 개를 여러 번 경험하면 개의 공통된 속성(다리가 4개, 털이 있고, 짖고 등)을 추상화하는데, 이것이 개에 관한 도식이다. • 개념(concept)은 공식적·객관적인 정의를 제공하나, 도식은 주관적인 지식을 말함 • 개인이 세계를 범주화하고 지각하는 방식, 심리적인 이해의 틀이므로 도식이 다르면 동일한 현상도 서로 다르게 해석함 🖲 사람들마다 사물이나 현상에 대해 형성한 도식이 다르기 때문에 동일한 현상도 다르게 해석한다.
용어	• 바틀렛(Bartlett)이 처음 사용함. 도식을 바탕으로 유입된 정보를 학습하고 기억 ⇨ 스키마 학습 • 피아제(Piaget)는 도식을 '인지발달단계별 사고구조'의 의미로 사용 • 오수벨(Ausubel)은 도식을 '학습자의 선행 지식(관련정착의미, 기존 인지구조)'의 의미로 사용
특징	• 도식은 기억 속에 존재하는 조직화된 구조를 의미한다. • 도식은 직접적인 경험이 아니라 추상적인 표상이다. 🖲 기억 속에 저장된 '개'의 도식은 개의 세부적인 특징들을 하나하나 그대로 표상한 것이 아니라 개의 일반적인 특징(4개의 다리, 2개의 눈 등)만 표상한다. 도식의 이러한 특성은 기억용량과 인지적 자원을 효율적으로 처리하도록 해준다. • 도식은 교육이나 경험에 따라 다르게 형성되고, 성장함에 따라 더욱 발달한다. 도식이 변용되는 과정을 Piaget는 동화와 조절이라고 불렀다.
기능	• 도식은 수많은 정보 중에서 중요한 정보에 주의를 기울이도록 한다. 적절한 도식이 없으면 중요한 정보에 주의를 집중하기 어렵다. 도식은 선택적 주의집중에 영향을 주어 제한된 인지능력을 효율적으로 활용하게 한다. • 도식은 새로운 정보를 지각하고 이해하는 데 영향을 준다. 우리가 무엇을 지각하고 어떻게 이해하느냐 하는 것은 어떤 도식을 갖고 있느냐에 따라 좌우된다. 세대 갈등이나 문화 갈등의 차이도 도식의 차이에서 비롯된다. 🖲 "아는 만큼 보인다."

	• 도식은 기억 속에 저장된 정보를 회상하는 데 영향을 준다. 이는 학습하려는 정보에 대한 선행지식을 활성화시키면 학습이 향상됨을 시사한다.
	  예 공룡에 대한 지식이 많을수록 공룡 이름을 잘 회상한다. 도식을 잘 활성화하면 학습이 향상된다.
	• 도식은 문제를 적절히 표상하는 데 영향을 주어 문제해결을 촉진한다. 이에 반해 도식이 존재하지 않으면 문제를 적절하게 표상하지 못하고, 결국 문제를 해결하는 데 어려움을 겪는다.
	• 새로운 정보는 기존 도식과 연결하면 더 쉽게 이해되고, 기억되며, 또 많은 정보를 정리해서 저장하기 때문에 그 정보의 인출도 쉽게 이루어진다.
	• 도식은 어떤 사실을 추론하는 역할도 한다. 예를 들어, 친구가 아침에 전화로 밤늦도록 시험공부를 하였다는 말을 했다면 우리는 그가 아침에 피곤해할 것이고, 눈도 충혈되어 있을 것으로 추측하는 등 밤늦도록 공부해 본 경험에 의해서 형성된 도식을 가지고 추론할 것이다.
	• 도식은 지엽적인 사항의 누락, 정보 왜곡 등 인지과정에 부정적인 영향을 줄 수도 있다. 특정 도식을 갖고 있으면 지엽적인 사항들은 누락되어 기억되지 않고, 심지어 존재하지 않는 것도 인지하는 왜곡 현상이 나타나기도 한다. 고정관념의 틀로 판단하여 인지를 왜곡시킨다.
	  예 눈의 충혈은 눈의 질병이라는 도식을 갖고 있으면 밤샘하여 충혈된 사람을 잘못 판단하게 된다.

각본 (script)	도식의 한 종류, 사람들이 알고 있는 일상적인 활동에 대한 조직화된 지식 **예** 레스토랑에 대한 각본: 레스토랑에 들어가기(빈자리 찾기, 앉을 자리 정하기, 자리로 가서 앉기), 음식을 주문하기(메뉴판 보기, 음식 선택하기…), 먹기, 떠나기로 구성되며 다시 하위구성요소로 구성된다.

❷ 인지과정(인지전략, cognitive process) 00 중등, 04~05 초등, 11 초등

🔔 인지과정(인지처리과정)이란 특정 기억체계, 즉 정보저장고 속에 저장된 정보를 다른 기억체계로 전이시키기 위한 정신과정을 말한다. 인지과정은 인지전략(cognitive strategies)이라고도 한다. '주의집중 ⇨ 지각 ⇨ 시연 ⇨ 부호화 ⇨ 인출'이 있다.

(1) **주의**(attention)

① **개념**: 특정 정보자극에만 선택적으로 주의를 집중하고 다른 측면은 무시하는 것이다. 이를 '선택적 주의(selective attention)'라고 한다.

  예 칵테일파티 효과(cocktail party effect: 자신에게 의미 있는 정보에만 주의를 기울임), Broadbent의 청취 조건 실험(동시적인 정보보다 분리해서 제시되는 정보의 기억이 더 높다. 한 가지 정보만이 입력되고 나머지 정보들은 여과된다.) / 교사가 칠판에 판서를 하면서 학습 내용을 설명할 경우, 학생들은 필기에 집중하여 교사의 설명을 잘 듣지 못한다. ⇨ 감각기억의 한계

② **학습자의 주의를 유도하는 전략**

전략	내용
강조	• 시각적 자료를 제시할 때 밑줄, 별표, 색상, 진한 글씨, 큰 글자 등을 이용해서 강조한다. • 정보를 언어로 제시할 때에는 음성의 고저·강약·세기를 조절하고, 특이한 발성으로 강조하거나 시험에 반드시 출제되는 내용이라고 강조한다.
흥미 유발 자료	호기심을 자극하고 흥미를 유발할 수 있는 다양한 자료와 시청각 매체를 이용한다.
특별한 자극	학생의 관심을 끌 수 있는 특별한 자극을 사용한다. 예를 들어, 베토벤의 음악을 들려주면서 수업을 시작한다든지, 고대 그리스에 대한 토론을 시작하기 위해 한 장의 천을 걸치고 샌들을 신고 왕관을 쓰고 교실로 들어온다.

시범	과학 교사가 학생이 앉아 있는 의자를 교실에서 끌고 다니면서 힘과 일의 개념을 시범 보인다.
도표·그림·사진	• 보건 교사가 고지방 식품에 대한 도표를 보여준다. • 영어 교사가 수염이 덥수룩한 헤밍웨이의 그림을 보여주면서 헤밍웨이의 영어 소설의 주요 내용을 영어로 소개한다.
문제제기	수학 교사가 "철수는 토요일에 음악 공연장에 가고 싶지만 돈이 없어요. 공연표는 5만 원인데, 추가로 2만 원 정도 교통비와 저녁 식사비가 필요해요. 철수가 아르바이트를 해서 시간급으로 시간당 5천 원을 벌고 있는데, 공연장에 가기 위해 몇 시간을 일해야 할까요?"라고 문제를 제기한다.
사고를 자극하는 질문	역사 교사가 "일본이 제2차 세계대전에서 이겼다면 지금의 아시아는 어떻게 달라졌을까요?"라고 묻는다.
호명하기	질의응답 시간에 교사가 질문을 하고 잠시 멈춘 후 한 학생의 이름을 부르며 답변하게 한다.

(2) 지각(perception)

① 개념 : 주의집중한 자극을 해석하고 의미를 부여하는 과정이다. 예 "남자다"(감각자극), "멋지다"(지각)

② 의의

　㉠ 지각은 학습자의 배경지식에 강력한 영향을 받는다.

　㉡ 지각은 정보를 주관적으로 처리하는 과정이기 때문에 정보의 왜곡이 일어날 수 있다.

　㉢ 사람들이 동일한 자극을 왜 다르게 보는지를 설명해줄 수 있다.

　㉣ 학생들의 지각을 확인하는 효과적인 방법은 개방형 질문을 사용하여 다양한 답을 유도하는 것이다.
　　예 "이 공식을 보세요. 무엇을 알 수 있나요?"

(3) 시연(rehearsal)

① 개념 : 정보를 변형하지 않고 계속 반복하여 되뇌는 것이다.
　예 전화를 걸 때 전화번호를 머릿속으로 반복하는 것, 음악작품의 악보를 반복적으로 연주하는 것

② 기능 : 1차적으로 작업기억 속의 정보를 유지하는 기능(유지형 시연)을 하며, 2차적으로 단기기억의 정보를 장기기억으로 전달하는 기능(정교화 시연)을 한다.

③ 효과적인 시연 방략

　㉠ 시연을 반복할수록 기억이 향상된다(연습의 제1법칙, the first law of practice).

　㉡ 집중학습보다 분산학습(일정한 기간을 두고 몇 회로 나누어 학습)이 더 효과적이다(간격효과, spacing effect).

　㉢ 중요한 내용을 학습의 처음(예 초두효과)과 마지막 부분(예 최신효과 또는 신근성 효과)에 배치한다(계열위치 효과).

⑷ **부호화**(약호화, 기호화, encoding)

① **개념** : 새로운 정보를 유의미하게 전환하여 장기기억 속에 파지하는 것이다(시각적, 언어적 상징 형태로 전환함). 유의미 부호화 전략을 사용하면, 정보(학습내용)를 쉽게 이해할 수 있고, 장기기억에 잘 저장되며, 인출도 쉬워진다.

② **유의미한 부호화 전략**

전략	내용
정교화 (elaboration)	• **개념** : 새로운 정보에 의미를 추가(부여)하거나 새로운 정보를 기존 지식과 연결(연합)하는 전략. 배경지식이 많을수록 정교하게 연결되어 도식이 정교해짐 • **방법** : 구체적 사례, 유추하기(例 원자의 구조는 태양계와 같다), 논리적 결합, 기억술 활용하기, 문답법(교사가 질문하고 학생이 답하기) 등
조직화 (organization)	• **개념** : 관련 있는 정보끼리 묶어 체계화·구조화(범주화·유형화)하는 것 例 무의미한 철자 'l, e, o, l, m, a'를 "I am leo."라고 청킹(chunking, 덩어리 짓기)하여 기억하거나, '강아지배추사과망치말귤삽고구마꽹이양파고양이배'를 "(강아지 말 고양이) (배추 고구마 양파) (사과 귤 배) (망치 삽 꽹이)"로 군집화(clustering)하는 것 • **방법** : 개념도/위계도(concept mapping), 도표작성, 개요작성(outlining) 등
심상화 (visual imagery)	• **개념** : 정보를 시각적인 형태(심상형태)로 변형하는 것(⇨ Paivio의 이중부호화 이론). 심상(image)은 또 다른 기억부호를 제공하므로 한 가지 부호보다 회상률을 증가시킴. 심상은 기억술의 토대가 됨 • **방법** : 언어 정보와 시각 정보를 함께 제시(⇨ 학습내용과 관련된 그림이나 사진을 제공, 학습내용을 다이어그램이나 모형, 순서도와 같은 시각자료로 만들어 제공, 시청각자료나 멀티미디어 자료를 활용), 장소법, 핵심단어법 등
맥락화 (context)	• **개념** : 정보를 장소나 사람, 감정 등 물리적·정서적 맥락과 함께 학습하는 것 例 어제 수학 시간에 배운 공식이 집에서 생각나지 않다가 학교에 오니 생각이 났다(장소적 맥락). 슬플 때 암기한 것이 슬플 때 잘 기억난다(정서적 맥락). • **방법** : 문법과 철자법을 익히도록 할 경우 문법과 철자법이 요구되는 글을 쓰게 하는 것

⑸ **인출**(retrieval)

① **개념** : 장기기억 속의 정보를 의식 수준으로 떠올리는 것이다. 장기기억에 있는 정보가 잘 인출되려면 첫째, 부호화(encoding)가 잘 되어 있어야 하고, 둘째, 적절한 인출단서(retrieval clue)가 있어야 한다. 정보가 장기기억에 저장되어 있어도 인출단서가 없으면 접근할 수 없다.

② **설단현상**(tip of the tongue phenomenon) : 생각이 날 듯 말 듯 혀끝에서 맴도는 현상을 말한다. ⇨ 장기기억에 존재하는 특정 정보에 접근할 수 있는 인출단서가 없을 때, 장기기억에 저장된 정보가 체계적이지 못할 때 발생하는 인출실패 현상

③ 부호화 특수성(부호화 특정성, encoding specificity principle, 맥락효과) [05 초등] : 부호화 맥락이 효과적인 인출단서가 됨

　　㉠ 정보를 부호화할 때 사용된 맥락이 중요한 인출단서가 된다는 원리이다. 따라서 부호화 맥락과 인출 맥락이 일치할 수 있도록 다양한 맥락과 예시를 사용해서 학습내용을 가르쳐야 한다.

　　　　예 '연습은 실전처럼' / 잠수부에게 6미터 아래의 바다 속에서 단어들을 기억하도록 한 다음 그 단어들을 어느 정도 기억하고 있는가를 자유회상을 통해 측정한 결과 같은 조건에서 더 많은 단어들을 회상하였다. / 학교에서 본 선생님을 마트에서 만난다면 선생님의 이름이 번뜩 떠오르지 않을 수 있다. 이는 선생님의 이름이 학교 맥락에서 부호화되었기 때문이다.

　　㉡ 부호화 특수성이 작용해서 나타나는 현상으로 상황학습(장의존학습)과 상태의존학습을 들 수 있다.

상황학습 (situation learning)	• 특정 상황에서 학습한 내용은 상황이 바뀌면 잘 인출이 되지 않는다. 구성주의 학습방법 • 다양한 맥락과 예시를 사용해서 수업해야 학습내용이 효과적인 인출단서와 함께 부호화되어 잘 인출될 수 있다.
상태의존학습 (state-dependent learning)	• 특정 정서 상태에서 학습한 내용은 동일한 정서 상태에서 더 잘 회상되는 현상 　예 슬픈 상태에서 학습한 단어는 슬플 때 더 잘 회상된다. • 학습 시점과 회상 시점의 정서 상태가 동일할 경우 학습내용의 회상이 촉진된다는 것이다.

3 메타인지(상위인지, 초인지, meta-cognition) — 선구자 Flavell(1979)

99 중등, 00 초등보수, 03 중등, 06~07 초등, 09 중등, 10 초등

> **개념 쏙쏙**
>
> **메타인지전략과 인지전략과의 관계**
>
> 인지전략은 정보를 처리하는 방식(예 주의집중, 지각, 시연, 부호화, 인출 등)을 의미하고, 메타인지전략은 이러한 인지과정에 대한 지식과 인지과정을 어떻게 조절하고 통제할 것인가의 기술을 의미한다(예 어떤 정보에 주의를 기울여야 하는지, 시연을 사용할 것인지 혹은 부호화 전략을 사용할 것인지, 어떤 부호화 전략을 활용할지, 학습하는 데 얼마나 많은 시간이 필요한지, 새로운 학습정보가 장기기억에 잘 저장되었는지 확인하는 것 등). 메타인지는 인지에 관한 지식과 인지에 대한 조절 및 통제의 두 가지 범주를 포함한다.
>
> 예 수학 공부의 경우 : 먼저, 학습목표를 설정하고(메타인지), 교재에 주의를 집중해서 읽는다(인지전략). 몇 행 읽다가 개념을 제대로 이해하지 못함을 깨닫고(메타인지), 그 부분을 다시 읽는다(인지전략). 그 부분을 이해했다고 판단되면(메타인지), 다음 개념을 공부한다(인지전략). 중요한 개념은 마음속으로 반복한다(인지전략, 시연).

(1) 개념 — 인지에 대한 인지, 사고에 대한 사고

① 메타인지는 '자신의 인지과정에 대해 알고(self awareness), 그것을 토대로 자신의 인지과정을 조절하고 통제하는 것(self regulation)'을 의미한다.

② 그래서 메타인지는 '인지에 대한 인지'(cognition about cognition), '사고에 대한 사고'(thinking about thinking)라고도 한다.

(2) 구성요소

① **메타인지적 지식(metacognitive knowledge) − 인지과정에 대한 지식** : 메타인지적 지식은 자신의 인지과정에 대한 지식으로, 자신의 인지능력, 과제특성, 학습전략(과제해결전략) 등에 관해 알고 있는 것을 말한다. 자신의 능력과 약점을 알고, 과제특성을 잘 파악하여, 적절한 학습전략을 시행할 수 있어야 한다.

개인 지식 **(사람 변인)**	• 자신의 인지능력과 한계에 대한 지식 ⇨ 자신의 학습능력 및 기억능력과 그 한계를 인식하고 있어야 한다. • 어린 아동들은 기억의 한계 때문에 학습한 기억전략을 자발적으로 사용하지 못하고 중요한 정보를 빠뜨리거나 옳지 않은 전략을 사용하기도 한다.
과제 지식 **(과제 변인)**	• 과제 특성과 관련된 지식(학습해야 할 과제의 주제와 내용 등) ⇨ 학습과제에 대해 어느 정도 파악하고 있어야 하며, 학습과제가 다를 경우 전략도 달라야 한다는 것을 이해하고 있어야 한다. 어려운 내용과 쉬운 내용을 읽을 때는 각각 다른 방법으로 읽어야 한다. • 교사가 특정 학습전략을 제안하기 위해서는 학습자들이 학습내용을 어느 정도 파악하고 있는지 사전 정보를 가지고 있어야 할 것이다.
전략 지식 **(전략 변인)**	• 메타인지전략 자체에 관한 지식 ⇨ 학습과제의 성질에 따라 적절한 전략을 선택하는 지식이다. • 학습목표에 도달하기 위해서는 과제의 성질에 따라 부호화, 저장, 인출 등을 효과적으로 활용할 수 있는 지식을 갖추고 있어야 한다.

② **메타인지적 기술(metacognitive skill) − 인지과정을 조절하고 통제하는 능력**

계획 **(planning)**	과제해결에 필요한 전 과정을 계획하는 것 ⇨ 학습목표를 설정하고, 학습활동을 계획하며, 과제를 훑어보고, 적절한 인지전략을 선택하는 것
점검 **(monitoring)**	• 과제의 진행상황, 선택한 전략의 적절성, 계획과 실제 수행의 효율성 등을 점검하는 것 • 인식의 착각(illusion of knowledge) 또는 제2의 무지(secondary ignorance) : 과제 내용을 제대로 이해하지 못하고 있으면서도 이해하고 있는 것으로 착각하는 경우 ⇨ 과제 내용을 제대로 이해하고 있는지, 무엇을 알고 무엇을 모르는지 수시로 점검하는 것이 중요함. 시험공부를 열심히 했는데 시험점수가 낮게 나왔다고 불만을 터뜨리는 학생들의 대부분은 이러한 인식의 착각에 빠진 경우라고 볼 수 있음 • 이해점검(comprehension monitoring)을 위한 방안은 ㉠ 스스로 질문하고 대답해 보는 것(예 핵심내용은 무엇인가, 사례를 들어 설명할 수 있는가, 다른 내용과의 공통점과 차이점은 무엇인가, 어떤 효과와 문제점이 있는가, 원인은 무엇인가 등), ㉡ 학습자료를 그림이나 도표로 나타내 보는 것이 있음
조절 **(regulation)**	부적절한 인지전략과 학습방법을 수정함
평가 **(evaluation)**	목표달성 정도, 자신의 인지상태의 변화 정도, 사용한 인지전략의 유용성 등을 평가함

(3) 메타인지(초인지)전략(Mayer, 1975; 박성익 외, 2006) [09 중등]

정보가 장기기억 장소에 저장되기 위해서는 유의미 학습이 발생해야 한다. 유의미 학습은 정보를 장기기억에 부호화하고 저장하며, 그것을 회상하기 위해 체계적인 과정을 필요로 한다. 이를 위한 메타인지(초인지)전략을 제시하면 다음과 같다(Mayer, 1975; 박성익 외, 2006).

발췌 (abstracting)	• 발췌는 학습내용의 핵심을 추출해 내는 기법이다. 예 책을 읽고 주요 내용을 요약하는 것 • 발췌의 목적은 내용을 이해하기 쉽게 양을 줄이는 것이다.
정교화 (elaborating)	정교화는 발췌와는 달리 정보를 더 늘려가는 것으로, 정보를 더 구체적이며 실제적으로 나타내는 것을 말한다. 예 사례나 삽화 등을 추가하여 정리하거나 내용을 자신의 말로 다시 적어보는 것 등
도식화 (schematizing)	• 도식(schema)은 정보를 이해하고 장기기억에 저장하기 위해 그 정보를 구조화할 때 사용하는 기본 틀(사고 틀)을 의미한다. 예 학습자료에서 주요 개념들을 찾아 개념도를 그려보기 • 도식은 유의미한 학습을 위한 메타인지 과정의 핵심적인 요소라고 할 수 있다. 도식은 학습하고 있는 것을 이해하고 기억하도록 돕는 사고의 틀과 같다.
조직화 (organizing)	• 조직화는 정보의 내부 구조를 발견하기보다 자료에 구조를 부과하려는 노력이다. 조직화는 정보처리를 쉽게 하기 위해서 내용을 묶음으로 나누고 도식화를 하는 하나의 방법이 된다. 예 책의 목차를 훑어보면서 내용의 위계를 파악하기 • 조직화의 부수적인 특정은 장, 절, 머리말 등과 같이 위계적 관계를 가지는 것이다.
인지적 점검 (monitoring)	• 자신이 학습을 제대로 하고 있는지 계속적으로 추적하고 통제하는 활동을 말한다. 인지적 점검(감지)에는 자기질문(self-questioning), 목표설정, 자기검사(self-testing), 환경점검, 피드백 활용 등이 있다. 예 오답노트를 만들어 부족한 부분을 확인하고 그 원인을 분석하기 • 효과적인 학습이 이루어지기 위해서는 학생들이 자신의 학습상황을 정규적으로, 계속 점검(감지)하는 것이 바람직하다.

(4) 메타인지의 개인차와 학업성취도 차이 – 메타인지가 학업성취에 영향을 미치는 이유

메타인지 학습자는 그렇지 않은 학습자보다 학업성취도가 높다. 메타인지 능력은 5~7세 정도에 발달하기 시작하여 학령기에 크게 향상된다. 메타인지는 개인차가 있으며, 추리, 이해, 문제해결 등은 물론이며 학습에도 영향을 주어 학업성취도의 차이를 낳게 한다. 메타인지가 학업성취를 높이는 데 기여하는 방식은 다음과 같다.

주의집중 증진	메타인지는 학습자 스스로 주의집중에 효과적인 학습환경을 만들도록 함으로써 학습의 효율성을 높여 준다. 예 교실 앞자리에 앉는다. 공부하는 동안에는 휴대전화를 꺼 놓는다.
정확한 지각 증진	메타인지는 학습자가 필요한 정보를 찾게 하고, 자신의 이해가 정확한지를 점검하도록 함으로써 학습내용에 대한 정확한 지각과 이해를 높여준다.
유의미한 부호화 전략 사용	메타인지는 학습자가 학습과제에 맞는 효율적인 부호화 전략(인지전략)을 사용할 수 있도록 한다.
학습의 과정 통제 증진	메타인지는 목표와 학습과정을 계획, 조절, 통제, 평가하도록 하기 때문에 학습효과를 증진시켜 준다.

4 인지주의 학습이론의 교육적 시사점

인지주의 학습이론이 학습자에 대한 새로운 이해를 토대로 하여 우리의 교육 현실에 던지는 시사점은 다음과 같다(신명희 외).

학습자의 선행지식 활성화	교사는 학습자의 선행지식을 활성화해 주어야 한다. 학습자는 자신의 선행지식을 토대로 새로운 정보를 부호화한다. 교사는 학생의 선행지식 정도를 파악하고 새로운 학습을 그들의 기존 지식과 연결해 주는 장치를 만들어야 한다.
학습자의 주의를 끄는 수업 계획	학습자의 주의를 끄는 수업을 계획해야 한다. 주의를 받은 새로운 정보라야 작업기억을 거쳐 장기기억에 저장될 기회를 갖게 된다. 학습자의 주의를 유도하는 전략으로는 유머 사용하기, 학습자의 수업 참여 기회 높이기, 학생의 이름 부르기, 음악 사용하기, 그림 또는 도표 제시하기 등이 있다.
작업기억에 인지적 과부하 유의	작업기억에 인지적 과부하가 걸리지 않도록 수업을 해야 한다. 작업기억은 기능적 한계가 있다. 수업목표의 정보량이 학생의 기억 저장 용량을 넘지 않을 때, 학생은 자신이 학습한 것을 더 많이 기억하게 된다.

Section 04 인본주의 학습이론

 **개념 쏙쏙**

인본주의 학습원리

1. 인간은 전인적 존재이다. 인간은 유일하면서도 통합된 전체이다.
2. 인간은 동물과 질적으로 다른 존재이다.
3. 인간은 선천적으로 선한 존재이며, 창조적인 존재이다.
4. 인간의 심리적 건강을 강조한다.
5. 학습목표는 전인적 발달, 자아실현에 둔다.
6. 학습에서 인간성과 자아실현, 교육의 적합성, 정의적 측면을 중시한다. ⇨ 잠재적 교육과정 중시

개관	• 실존주의 철학과 인본주의 심리학에 이론적 토대를 둔 학습이론 • 학습에 대한 현상학적 접근 : 학습은 지식과 정의(情意)가 결합된 유의미한 실존적(now & here) 경험 ⇨ 특정 사태에 대한 개인의 지각·해석·의미 등 주관적 경험을 강조 • 대표자 : 올포트(Allport), 매슬로우(Maslow), 로저스(Rogers), 콤즈(Combs)
인간에 대한 기본 가정	• 인간이란 부분의 합보다 크다. 이것은 인본주의의 전체적인 관점을 나타낸다. • 인간은 인간관계의 상황에 존재한다. 인간의 실존은 다른 사람들과의 관계 속에서 나타난다. • 인간은 자기 자신과 자기의 존재를 의식한다. • 인간은 자신의 삶에서 수동적인 방관자가 아니라 스스로의 삶을 선택하는 존재이다. • 인간은 목적 지향적 존재이다.
학습이론의 특징	• 인간의 내면 세계(내적 행동, 내적 동기)에 관심을 갖는다. • 학습자는 긍정적 자기 지향성과 자유의지를 가지고 스스로 동기화되는 열정적인 존재이다. • 교육의 궁극적 목표는 성장과 자아실현에 있으며, 인간적인 환경 조성을 위해 노력한다. • 학습자 중심의 교육활동을 전개한다. • 교사의 역할은 학습자의 학습활동 안내자 또는 촉진자, 조력자, 보조자, 동료이다.
학습원리	• 자기주도적 학습, 학습방법에 대한 학습, 자기평가, 감성의 중요성, 인간적 환경 • 감수성 집단(sensitivity group)과 만남 집단(encounter group) 같은 집단과정을 교육방법으로 채택한다. • 정의적 학습과 인지적 학습을 통합하려는 융합교육(confluence education)을 중시한다. • 학습자 중심 교육과 심층적인 교사, 학습자 관계를 지향하는 열린교육(open education)을 중시한다. • 수업방법, 교육과정, 시간계획 등을 학생의 학습양식(learning style)에 맞추는 교육을 지향한다. • 개별학습보다 협동학습(cooperative learning)을 선호한다.
비판	• 인본주의 교육의 중심개념(예 자기실현, 충분히 기능하는 인간, 열린교육)이 모호하고, 결론이 매우 사변적이다. • 이론이 상식에 가깝고 과학이 아니다. • 정의적 특성을 지나치게 강조한 나머지 표준교육과정과 지식획득이나 인지발달을 경시하는 결과를 초래하였다. • 교육의 효과가 개별 교사의 개인적 자질과 기능에 따라 크게 영향을 받는다.

Section 05 전이와 망각

01 전이(transfer)

1 전이의 종류(유형)

(1) 개념

① 전이는 선행학습이 후행학습이나 문제해결에 영향을 미치는 현상을 말한다. ⇨ 파급효과, 일반화(Gagné), 적용력(Bloom)

② 전이는 어떤 상황에서 학습한 내용을 새로운 상황에 적용하거나 사용하는 것을 말한다.

(2) 종류

① 긍정적 전이(정적 전이)와 부정적 전이(부적 전이)

긍정적 전이	선행학습이 후행학습을 촉진하는 현상(선행학습이 새로운 학습의 이해를 촉진하는 현상) 예 한문 학습이 일어 학습을 촉진하는 경우, 한 가지를 배우면 열 가지를 안다.
부정적 전이 93 초등	선행학습이 후행학습을 방해하는 현상(선행학습이 새로운 학습의 이해를 방해하는 현상) ≒ 순행간섭(선행간섭), 매우 비슷하지만 전혀 다른 반응을 요구하는 과제 사이에서 발생 예 예전에 학습했던 영어 단어가 불어 단어의 학습에 혼란을 일으키는 경우, 기성세대가 개정된 맞춤법에 제대로 적응하지 못하는 경우, 문제해결과정에서 나타나는 기능적 고착(functional fixedness)의 경우
영(zero) 전이	선행학습이 후행학습에 아무런 영향을 주지 못하는 현상 예 학교교육이 일상생활과 아무런 관련이 없는 경우, 대학을 졸업한 신입사원들이 아무런 쓸모가 없는 경우

② 수평적 전이와 수직적 전이

수평적 전이	선행학습과제와 후행학습과제의 수준이 비슷한 경우에 나타나는 전이(한 분야에서 학습한 것이 다른 분야 또는 실생활에 적용되는 것). 특정 교과의 학습이 다른 교과의 학습에 영향을 미칠 때 발생 예 역사 시간에 학습한 3·1 운동에 대한 지식이 국어 시간의 독립선언문 학습에 영향을 미치는 경우
수직적 전이	내용 면이나 특성 면에 있어서 위계 관계가 분명할 때의 전이(기본 학습이 이후의 고차원적이고 복잡한 학습에 적용되는 것). 선행학습이 후행학습의 기초가 될 때 발생 예 구구단 학습이 분수 학습에 영향을 주는 경우, 교육과정을 계열화할 때 사용

③ 특수적 전이와 일반적(비특수적) 전이

특수적 전이	선행장면에서 학습한 지식·기능·법칙 등을 매우 유사한 장면에 적용할 때 발생. 학습과제의 구체적 특수성이 유사하기 때문에 발생 예 동일요소설(불어 학습이 스페인어 학습에 영향을 미치는 경우), 상황학습설
일반적 전이	선행장면에서 학습한 지식·기능·법칙을 완전히 새로운 장면에 적용할 때 발생. 선행학습과제와 후행학습과제에 동일한 인지전략을 사용하기 때문에 발생 예 형식도야설, 일반화설, 형태이조설

② 전이이론

(1) 전통적 전이이론

형식도야설 (Locke) 01 중등, 06 중등	• 교과라는 형식을 통해 일반정신능력이 잘 훈련되면 자연스럽게 전이가 발생한다. • 능력심리학에 기초, 교과중심 교육과정에서 강조 **예** 수학을 열심히 공부하면 추리력이 길러진다.
동일요소설 (Thorndike)	• 선행학습과 후행학습 간 동일한 요소가 있을 때 전이가 발생한다. • 경험중심 교육과정 ▷ 학습 상황과 실제 상황이 일치할 때 교육효과가 크다. **예** 영어를 잘하면 독일어도 잘한다.
일반화설 (동일원리설, Judd) 08 초등	• 두 학습과제 간에 원리가 동일하거나 유사할 때 전이가 발생한다. ▷ 새로운 상황에 일반화하여 적용할 수 있는 일반적인 원리를 학습하도록 한다. • 학문중심 교육과정(브루너의 지식의 구조 ▷ 기본개념과 원리를 학습해야 새로운 상황에 전이가 잘 일어난다.) **예** 수학적 원리를 잘 알면 물리나 화학도 잘한다. • Judd의 수중표적 적중 실험(물통실험) : 초등 5, 6학년 학생을 두 집단으로 나누어 한 집단(실험집단)은 빛의 굴절의 원리를 자세히 설명해 주고, 다른 집단(통제집단)은 아무 설명도 없이 4인치의 물 속에 있는 물체(목표물)를 맞히는 실험을 수행하였다. 그 결과 실험집단이 통제집단보다 표적 적중률이 높았다.
형태이조설 (Koffka)	• 두 학습과제 간에 형태(Gestalt)가 비슷할 때 전이된다. 즉, 요소와 요소의 전체적인 관계나 형태를 이해하는 것이 전이에 영향을 미친다는 것이다. ▷ 형태주의 심리학의 원리에 기초함 • 학문중심 교육과정(브루너의 발견학습 ▷ 브루너의 발견학습 또는 탐구학습은 지식의 구조를 가르치는 방법상의 원리를 나타내는 것으로 형태이조설과 관련된다.) **예** 수중 표적 적중 실험에서 목표물의 위치, 물의 깊이, 창의 사용법, 원리 간의 관계를 완전하게 이해하는 것이 전이를 촉진한다. • 퀼러(Köhler)의 닭 모이 실험 : 닭에게 명암이 다른 2개의 표적(A보다 B가 더 밝음)을 보여주고 A에 반응했을 때는 모이를 주지 않고 B를 선택했을 경우 모이를 주어 더 밝은 표적을 선택하도록 훈련시켰다. 그 후 닭에게 원래 강화를 받은 표적 B와 더 밝은 표적 C를 제시했을 때 닭은 2개의 표적 중에서 더 밝은 표적 C에 반응하였다.

(2) 정보처리이론의 전이이론

메타인지이론 (meta- cognition)	• 자신의 인지과정을 인식하고 점검하고 조절할 수 있어야 하고, 다양한 인지전략을 언제 어떻게 활용할 수 있는가를 학습해야 전이가 촉진된다. • 문제해결자가 문제의 목표를 파악하고, 이미 학습한 구체적 및 일반적 기능 중에서 새로운 문제를 해결할 수 있는 적절한 기능을 선택하며 문제를 해결하는 데 그 기능이 제대로 적용되는지 점검할 수 있을 때 전이가 잘 일어난다.
인출이론	• 선행학습에서 획득한 지식과 기능을 새로운 장면에 적용하자면 그 지식과 기능을 적절한 시점에 인출할 수 있어야 한다. • 장기기억에 저장되어 있는 관련지식의 인출 여부는 새로운 장면에 존재하는 인출단서에 따라 결정된다. • 인출단서가 장기기억에 존재하는 관련 정보와 긴밀하게 관련될수록 선행학습정보가 인출되어 새로운 장면으로 전이가 일어날 가능성이 높아진다.

(3) 구성주의이론의 전이이론 – 상황학습이론

① 상황학습이론에 따르면 대부분의 학습은 맥락의존적이어서 상황 속에 존재한다. 따라서 새로운 장면이 원래 학습장면과 다르면 전이가 잘 일어나지 않는다.

② 학교학습 활동이 실생활장면과 유사할수록 전이가 잘 일어난다.

02 망각(forgetting)

① 개념

망각이란 기억 속에 저장되어 있는 정보를 소실하거나 인출하지 못하는 현상이며, 모든 기억 저장소에서 일어난다.
> **예** 감각기억에서는 정보의 쇠퇴(decay), 작업기억에서는 쇠퇴와 치환(displacement), 장기기억에서는 간섭(interference)과 인출실패로 망각이 일어난다.

② 망각의 원인을 설명하는 학설

학설	내용
흔적쇠퇴설	• **의미** : 기억이란 학습내용이나 정보가 뇌(대뇌피질의 기억중추) 속에 기억흔적(memory trace)으로 남는 것이며, 망각은 이 기억흔적을 연습 또는 재생하지 않고 그대로 두게 될 때 나타나는 소멸현상 　**예** 비석에 새겨진 문자가 시간이 지남에 따라 소멸 • **망각의 주요 원인** : 시간의 경과이다. **예** 최근 경험보다 과거 경험을 잘 기억하지 못함 • **망각 방지 방법** : 충분한 반복 연습 • **문제점** 　− 과거 특정한 사건이 생생히 기억나는 파지개선현상이나 최신 경험이 기억나지 않는 현상을 설명하지 못한다. 　− 사용하지 않는다고 반드시 망각이 발생하는 것은 아니며, 오히려 학습 직후보다도 일정한 시간이 경과한 후에 기억이 잘 되는 '파지개선현상'을 설명할 수 없다. 　− 학습이 일어나고 잠시 지난 후에 기억이 약간 증가하는 상기효과(reminiscence effect, **예** 처음 학습한 경우보다 학습하고 나서 하루가 지난 후에 기억이 더 잘 되었다.)를 설명하지 못한다.
간섭설 (제지설) **99 초등**	• **의미** : 망각은 기억이 손실된 것이 아니고 학습 이전이나 이후의 정보에 의해 기억정보가 방해를 받았기 때문에 생기는 현상 ⇨ 기억 속에 저장된 정보들 사이의 혼동으로 인해 망각이 발생 • **종류** 　− **선행간섭**(proactive interference, 순행간섭, 순행제지) : 선행학습내용이 후행학습내용의 기억을 방해. 부정적(부적, 소극적) 전이와 유사, 선행학습과 후행학습이 유사할수록 많이 발생 　　**예** 선생님이 비슷한 이름의 학생들을 잘 기억하지 못하는 경우 　− **후행간섭**(retroactive interference, 역행간섭, 역행제지) : 후행학습내용이 선행학습내용의 기억을 방해 　　**예** 새로 사귄 친구의 전화번호는 잘 기억나는데 예전 친구의 전화번호가 잘 기억나지 않는다. unlearning(새로운 것을 학습하는 과정에서 이미 학습한 것을 잊어버리는 것)으로 발생 • **교육적 의의** : 유의미하게 학습된 정보의 망각보다 기계적으로 학습된 정보의 망각을 더 적절하게 설명한다. 혼동으로 인한 간섭이 일어나지 않도록 학습과제를 차별화하여 제시
인출실패설	• **의미** : 망각은 장기기억 속에 저장되어 있는 정보를 제대로 인출(retrieval, 장기기억 속에 저장된 정보를 탐색하여 그 정보에 접근하는 과정)할 수 없을 때 발생한다. • **망각 발생 원인** : 정보를 부호화시킬 때 조직적으로 하지 못한 경우나 저장된 정보를 인출할 때 적절한 단서가 존재하지 않는 경우에 발생한다. 단서의존적 망각(clue-dependent forgetting) • **설단현상**(tip of the tongue phenomenon) : 찾아야 할 정보가 혀끝에서 맴돌면서 바로 회상되지 않는 현상 **예** 분명히 아는 사람 이름이 잘 기억나지 않는 경우 • **교육적 시사점** : 적절한 단서[**예** 학습환경이나 맥락, 냄새, 특정 생리적 상태나 정서적 상태(상태의존학습)]가 존재하면 정보 인출이 촉진된다. 다양한 맥락에서 정보를 부호화함으로써 망각 방지

적응과 부적응

Section 01 부적응

01 부적응

① 개념

부적응이란 사회의 질서·규범에 적응하지 못하여 바람직하지 못한 상태에 놓인 것을 말한다. 부적응의 징후로 스트레스(stress)가 나타난다.

② 스트레스의 유형

(1) 욕구불만(욕구좌절, frustration)

욕구의 결핍 상태나 불균형 상태에서 오는 정신적 긴장 상태이다. 내적·외적 장애 때문에 목표로의 접근이 성취되지 않을 때 경험하는 정서적 긴장 상태

(2) 갈등(conflict)

상반되는 여러 욕구가 동시에 대립할 때 선택이 망설여지는 심리 상태이다. 두 개 이상의 장(場)의 힘이 대립된 상태

접근·접근갈등	두 개의 긍정적 욕구가 동시에 나타나 선택이 곤란한 경우. 행복한 고민 예 영화도 보고 싶고 여행도 가고 싶은 경우, 부르뎅의 나귀
회피·회피갈등	두 개의 부정적 욕구가 동시에 생겨서 겪게 되는 심리적 갈등. 딜레마, 진퇴양난, 사면초가 예 학교는 가기 싫고 부모님께 혼나는 것도 싫은 경우
접근·회피갈등	어떤 자극이 긍정적인 것(매력적인 것)과 부정적인 것(불쾌한 것)을 동시에 갖추고 있을 때의 심리적 갈등 예 시험에는 합격하고 싶으나 공부는 하기가 싫은 경우, 친구는 경쟁자이자 협력자
이중접근·회피갈등	긍정적(매력적인 것)·부정적 가치(불쾌한 것)를 동시에 포함하고 있는 두 가지 욕구 간의 갈등 예 심순애의 갈등

(3) 압박감

어떤 행동기준이나 규범에 맞추려 하거나, 급속한 환경변화에 대처해 나갈 때 경험하는 긴장 상태이다. 내부 압력과 외부 압력으로 구분된다.

(4) 불안(anxiety)

심리적인 긴장 상태를 의미하며, 인지적 측면(걱정), 정서적 측면, 행동적 측면으로 구성된다.

① 특성불안(일반불안, 성격불안)과 상태불안(특수불안, 상황불안)

특성불안	• 일반불안으로서 보다 넓은 범위에서 강하게 느끼는 불안. 선천적 불안, 광범위한 불안 • 불안을 느끼는 상황에서 손에 땀이 배며, 심장박동이 빨라지거나, 불길한 예감을 갖는 등 신체적·정서적 특징을 보임
상태불안	특수불안으로서 특수상황에서 느끼는 불안. 특수상황에서 학습된 불안 예 시험불안, 대인불안, 고소(高所)불안

② 현실적 불안(ego)과 신경증적 불안(id), 도덕적 불안(super-ego) : Freud

현실적 불안	자아(ego)가 외부에 존재하는 현실적인 위험을 인지했을 때 느끼는 불안 예 사나운 개, 어두운 골목길
신경증적 불안	본능(id)으로부터 오는 위험을 자아(ego)가 인지했을 때 느끼는 불안 예 낯선 남자에게서 성적 충동을 경험하는 여자, 사람들이 보는 자리에서 원초적 욕구를 노출할지도 모른다고 걱정하는 남자
도덕적 불안	자아(ego)와 초자아(super-ego)의 갈등에서 비롯되는 불안 예 높은 표준에 맞추어 살지 못하는 데에서 비롯되는 죄책감, 수치심으로 고통을 겪는 남자

③ 촉진적 불안(적응적 불안)과 방해적 불안(부적응적 불안) : 불안이 반드시 해로운 것은 아니다. 적응적 행동으로 나타나기도 하고 부적응 행동을 유발하기도 한다(Alpert & Haber).

촉진적 불안	적응적 기능을 하는 불안 예 높은 수준의 불안이 쉽고 자동화된 과제의 수행을 향상시키는 것 ⇨ 학습동기 및 학업성취도 증가
방해적 불안	부적응 기능을 하는 불안 예 높은 수준의 불안이 어려운 과제의 수행을 방해하는 것 ⇨ 지나친 긴장 유발, 부정적 사고 및 자신감 감소, 회피적 행동의 증가

④ 시험불안

  ㉠ 개념 : 시험이라는 특수 상황에서 발생하는 상태불안

  ㉡ 시험불안과 학업성취도와의 관계 : 역 U자 형태로 나타남 ⇨ 불안이 너무 낮거나 너무 높은 것보다는 적정수준으로 유지될 때 가장 효과적인 학업성취를 할 수 있다.

> **Plus**
>
> **예크스 – 도슨 법칙**(Yekes-Dodson law) – 시험불안과 학업성취도와의 관계
>
> 1. **개념** : 과제수행이 불안수준과 과제곤란도의 상호작용에 의해 결정된다는 법칙이다.
>
> 2. **대부분의 과제** : 대부분의 과제에서는 불안수준이 중간 수준일 때 과제수행이 높다.
>
> 3. **어렵거나 쉬운 과제** : 어려운 과제에서는 불안수준이 낮을 때 과제수행이 높고, 쉬운 과제에서는 불안수준이 높을 때 과제수행이 높다. 그러므로 어려운 시험의 경우 불안수준이 높은 학생이 불안수준이 낮은 학생보다 성적이 낮다.

ⓒ 시험불안이 높은 학생을 위한 조력 방안

에겐 (Eggen)	• 시험의 경쟁적인 측면들을 최소화하기 위해 준거참조평가(criterion-referenced evaluation)를 사용한다. • 성적이나 등급을 공개하는 것과 같은 학생 간 비교를 피한다. • 퀴즈와 시험의 횟수를 증가시킨다. • 시험 전에 시험의 내용과 절차에 대해 토의한다. • 분명한 지침서를 제공하고, 학생들이 시험의 형태와 요구조건들을 이해하고 있는지 확인한다. • 학생들에게 시험 보는 기술을 가르친다. • 대안적인 평가와 같은 다양한 측정방법을 사용해서 학생들의 이해와 기술을 측정한다. • 시험을 치를 때 충분한 시간을 준다.

울포크
(Woolfolk)
	• 경쟁을 신중하게 사용한다.
	  − 어떤 학생도 지나친 압력하에 놓이지 않도록 하기 위해 활동을 감독한다.
	  − 경쟁적인 게임 동안, 참여한 모든 학생들이 성공할 기회를 가질 수 있도록 한다.
	  − 협동학습 활동을 활용한다.
	• 고도로 불안한 학생이 많은 학생들 앞에서 수행해야 하는 상황을 피한다.
	  − 불안한 학생들에게 질문을 할 때는 예, 아니오 또는 다른 간단한 대답으로 답할 수 있는 것을 묻는다.
	  − 불안한 학생들에게 소규모 집단 앞에서 얘기하는 것을 연습할 기회를 준다.
	• 지시를 명확히 하도록 한다. 불확실성이 불안으로 이끌 수 있다.
	  − 시험 지시는 구두로 하는 대신에 칠판에 쓰거나 시험지에 써 준다.
	  − 학생들이 이해했는지 점검한다. 몇몇 학생들에게 첫 번째 질문 혹은 연습 문제를 어떻게 할 것인지를 묻는다. 잘못 이해한 것이 있으면 고쳐준다.
	  − 만약 여러분이 새로운 양식을 사용하고 있거나 혹은 새로운 유형의 과제를 시작하고 있다면, 그것을 어떻게 해야 하는지를 보여주는 예를 들거나 모델을 학생들에게 제시한다.
	• 불필요한 시간적인 압박은 피한다.
	  − 때로는 집에서 풀어오는 시험을 낸다.
	  − 주어진 시간 안에 모든 학생들이 학급 시험을 끝낼 수 있는지 분명히 한다.
	• 주요 시험에서 일부 압력 요소를 제거한다.
	  − 시험 치기 기술을 가르치고, 연습시험을 주고, 학습지침을 제공한다.
	  − 한 시험에 의존해서 성적을 주는 것을 피한다.
	  − 학기말 성적에 가산점을 받을 수 있는 가외 과제를 준다.
	  − 특정 유형의 문제에 어려움을 겪는 학생들이 있으므로 여러 유형의 문제가 섞여 있는 시험문제를 낸다.
	• 지필 검사에 대한 대안을 개발한다.
	  − 구술시험, 교과서를 보고 치는 시험(open-book test), 집단시험 등을 시도한다.
	  − 학생들에게 프로젝트를 하게 하거나 발표를 시킨다.
	• 학생들에게 자기조절전략을 가르친다.
	  − **시험 전**: 학생들이 대비할 수 있는 중요하고 도전할 만한 과제로서 시험에 임하도록 장려한다.
	  − **시험 중**: 학생들에게 그 시험이 중요한 것이라는 것을 상기시킨다(하지만 지나치게 중요한 것은 아니다). 과제에 집중하도록 돕는다. 질문에서 요점을 뽑아내고, 서두르지 말고, 편안한 마음을 갖도록 한다.
	  − **시험 후**: 무엇을 잘 했는지, 무엇을 향상시킬 수 있는지 돌이켜 본다. 통제할 수 있는 내용들, 즉, 학습전략, 노력, 질문을 주의 깊게 읽기, 이완 전략 등에 초점을 맞춘다.

Section 02 적응기제

01 적응기제 – 부적응의 대처방식

부적응 상태인 욕구불만이나 갈등을 해결해 긴장을 해소하려는 구체적인 대처전략

문제 중심 대처전략	종류	의미	문제를 정의하고 대안을 탐색하며 대안들을 평가한 다음 가장 적절한 대안을 선택하여 실천하는 전략
	환경지향적 전략		외부 환경압력·장애물·자원·절차 등을 바꾸기 위해 사용하는 전략 예 컴퓨터가 고장 났을 때 고장의 원인을 분석한 다음 고치는 것
	내부지향적 전략		포부수준을 조정하거나 자기관여를 낮추어 대안적 만족을 모색하거나 새로운 행동기준을 개발하고 새로운 기술을 익히는 것과 같이 동기적 및 인지적 변화를 지향하는 전략
정서 중심 대처전략			• 상황 자체를 변화시키기보다는 그 상황에서 경험하는 정서적 고통을 경감시키려는 전략 예 마음의 고통을 줄이기 위한 운동, 명상, 음주, 정서적인 지지 확보 등 • 회피, 최소화, 거리 두기, 선택적 주의, 긍정적 비교, 사건의 긍정적 의미 탐색, 사건의 의미 재평가 등과 같은 인지적 전략이 포함됨

02 방어기제 99~00 초등, 01 중등, 05~06 중등, 08 초등

개념 쏙쏙

방어기제

1. 개념

① 1894년 프로이트의 「방어의 신경정신학」에서 처음으로 사용. 원자아(id)의 충동과 이에 대립되는 초자아(super-ego)의 압력(불안)으로부터 자아(ego)를 보호하기 위해 사용하는 자아(ego)의 전략
② 자아(ego)가 자기 기만을 통해 불안을 감소시키기 위해 사용하는 무의식적 전략 ⇨ 정서 중심 대처전략
③ 욕구충족이 어려운 현실에서 문제의 직접적인 해결을 시도하지 않고 현실을 왜곡시켜 자아를 보호함으로써 심리적 평형을 유지하려는 기제

2. 기능 : 자아를 보호하고 불안과 위협을 최소화한다.

보상 **(compensation)**	자신의 약점을 감추기 위해 장점을 개발하는 경우(약점을 장점으로 보충하여 본래의 열등감으로부터 자아를 보호하려는 기제) 예 성적이 낮은 아이가 운동을 열심히 한다. 외모에 열등감을 느낀 학생이 공부를 열심히 한다. 자기가 지니고 있는 약점이나 결함을 극복하기 위하여 반사회적인 행동을 한다.
승화 **(sublimation)**	성적 충동이나 공격적인 충동 등 바람직하지 못한 욕구를 사회적으로 바람직한 방식으로 전환하는 경우 ⇨ 가장 바람직한(건강한) 방어기제 유형, 창의성의 원천이 되는 방어기제 예 공격적인 충동을 가진 사람이 격투기 선수가 되는 경우, 동성연애의 욕구나 에너지를 사회적으로 용인되는 음악이나 예술작품으로 표현하는 경우, 성적 충동을 예술이나 과학, 종교, 스포츠 등과 같이 사회적으로 승인된 활동으로 변형하여 충족하기, 성직자의 고행, 학생이 공부에 전념하기, 학자의 연구 몰두
합리화 **(rationalization)**	그럴듯한 변명을 들어 난처한 입장이나 실패를 정당화하려는 자기기만 전략 • 여우와 신포도형(sour grape) : 원하는 것을 얻지 못했을 경우 처음부터 그것을 원하지 않았다고 변명하는 경우 ⇨ 목표부정 또는 과소평가 전략 예 A대학에 떨어진 학생이 그 대학은 가기 싫었다고 말한다. • 달콤한 레몬형(sweet lemon) : 불만족한 현재 상태를 원래부터 원하던 것이었다고 주장하는 경우 ⇨ 불만족한 현실을 긍정 또는 과대평가하는 전략 예 지방으로 좌천된 A는 지방은 공기가 좋아 살기가 더 좋다고 말한다. "오늘의 고난은 내일의 행복을 위한 시련이다.", "팔자소관이다." 등 자기 입장을 숙명적으로 합리화시키는 행위 • 투사형(전가형, projection) : 변명거리를 들어 자신이 한 행동을 정당화 예 시험문제가 결석한 날 공부한 것에서 나왔다. 테니스 선수가 시합에 지고 나서 라켓을 집어 던진다. • 망상형 : 자기가 원하는 일이 마음대로 되지 않았을 때 완전히 허구적인 자신의 능력에 대한 생각으로 실패의 원인을 합리화시키는 경우 예 위대한 과학자나 의사가 되겠다고 한 학생이 성적이 불량할 때 자신은 충분한 자질이 있음에도 불구하고 교사가 학생의 눈부신 업적이 두려워 성적을 나쁘게 준다고 믿고 있는 경우

02

투사
(projection)
	• 자신의 잘못이나 결점을 인정하지 않고 타인이나 환경의 탓으로 돌리는 것. 즉, 자신의 결점을 다른 사람이나 사물에 전가시켜 비난함으로써 자신의 결함, 약점, 위험, 불안으로부터 벗어나 자신을 보호하려는 행위 ⇨ 주관의 객관화 현상, 남에게 뒤집어씌우기, 책임 전가, 감정 전이가 일어남
	예 "잘되면 내 탓, 못되면 조상 탓", "못난 목수 연장 나무란다.", "선무당이 장고 탓한다.", "숯이 검정 나무란다."
	• 합리화는 다른 대상을 탓하기보다는 그럴듯한 이유를 내세우지만, 투사는 문제의 원인을 다른 대상이나 관계되는 사람에게 돌린다.
	  – 책임 전가 : 원하지 않은 일의 원인과 책임이 다른 사람에게 있다고 여기는 경우
	    예 시험에 실패한 학생이 실패의 원인을 교사의 탓으로 돌린다. 컨닝하다 들킨 학생이 교사가 감독을 소홀히 하여 부정행위를 조장했다고 교사를 비난한다.
	  – 감정 전이 : 자신에게 있는 감정이나 욕구를 상대방에게 떠넘기는 경우
	    예 선생님을 싫어하는 학생이 선생님이 자기를 미워한다고 주장한다.

반동형성 (reaction formation)	• 자기 욕구와 정반대되는 감정이나 행동을 드러내 보이는 것 예 "미운 자식 떡 하나 더 준다.", 경쟁자를 지나치게 칭찬한다. 아버지를 미워하는 아들이 아버지가 자기 집에 방문했을 때 극진히 모신다. 환경파괴자가 환경운동에 앞장선다. 지나친 겸손은 오만이다. 성적 욕구가 강한 사람이 성을 혐오한다. 음주 욕구가 강한 사람이 금주운동에 참여한다. 빈 수레가 요란하다. 빛 좋은 개살구 • 청소년기는 그 민감한 자존심이나 위신 때문에 허세와 가면을 좋아하게 되며, 모르는 것도 아는 척, 없는 것도 있는 척하게 된다. 이런 경향은 성격상으로 볼 때에 외향적인 청소년보다 내향적인 청소년에게서 더 강하게 나타난다.
치환 (전위, displacement)	충동이나 욕구를 다른 대상(제3자)으로 바꿔 충족시키려는 경우 예 "종로에서 뺨 맞고 한강에서 화풀이한다.", 선생님에게 꾸중을 들은 형이 만만한 동생을 때린다. 직장 상사에게 야단맞고 집에 와서 반찬 투정한다.
대리형성 (대치, substitution)	• 목표하던 것을 가질 수 없을 때 원래 대상과 비슷한 사회적으로 용납되는 다른 대상으로 만족하는 기제이다. 즉, 성취할 수 없는 혹은 받아들여질 수 없는 소망, 충동, 감정 또는 목표 등으로 인한 좌절감에서의 불안을 줄이기 위해 원래의 것과 비슷한 것을 취해 만족을 얻는 것 예 "꿩 대신 닭", 오빠에게 매력을 느끼는 여동생이 오빠와 비슷한 외모를 가진 오빠의 친구와 사귀는 것, 어머니에 대한 애정욕구를 어머니를 닮은 여인에게서 충족시키려 하는 것 • 감정전위(displacement, 치환)와 비슷한 기제로서 전위(치환)에서보다는 좀 더 용납될 수 있는 형태로 대치된다. 예를 들면, 살인의 충동이 조그만 공격적 행동으로 대신이 되거나 다른 행위로 그 충동이 배설되는 경우이다. 대리형성과 전위(치환)는 서로 비슷하긴 하지만 대리형성은 대체물이 되는 '대상'에 중점을 두고, 전위는 '감정'에 중점을 둔다는 점에서 차이가 있다.
동일시 (identification)	• 무의식적으로 다른 사람의 특성을 내면화하는 과정, 다른 사람의 뛰어난 특성을 끌어들여 인정을 얻고자 하는 기제, 자기의 것이 아님에도 불구하고 자기의 것이 된 듯이 행동하는 것 예 "친구 따라 강남 간다.", "윗물이 맑아야 아랫물이 맑다." / 자기 친구가 현직 국회의원이라고 자랑한다. 자기 아들이 외국 명문대학을 나왔다고 자랑한다. 연예인의 사진을 벽에 붙여 놓고 그의 행동을 흉내낸다. • 오이디푸스 콤플렉스(Oedipus complex)를 겪는 남근기(phallic stage, 3~5세)의 남아는 거세불안(castration anxiety)으로부터 자아를 보호하기 위해 아버지를 동일시함으로써 아버지에 대한 적대감을 해소하고 애정을 획득한다.
지성화 (intellectualization)	• 감정이 아니라 이성이나 원칙을 따라 행함으로써 문제를 해결하거나 욕구를 해결하는 방법 • 어쩔 수 없이 불쾌한 경험을 할 수밖에 없는 전문가들이 많이 사용 예 암으로 자녀를 상실한 어머니가 학술적인 이야기만 하면서 감정을 전혀 보이지 않는다. 불법주차 단속요원이 불법주차의 이유가 있지만 불법주차된 차에 스티커를 발부한다. 은행원은 돈을 돈으로 보지 않는다. 응급실의 간호사는 환자의 고통에 태연하게 반응함으로써 스트레스를 통제한다. 검시관들은 사체(死體)를 시신(屍身)으로 보지 않고 중립적인 탐구대상으로 간주하여 사인(死因)을 규명한다.
취소 (withdrawal)	허용될 수 없는 상상이나 행동을 반증하거나 물리는 것 예 어린아이가 동생이 밉고 화가 나서 동생을 때리고 난 후 이러한 행동이 가져올 부정적 결과가 두려워 때렸던 동생에게 금방 입맞춤을 하는 경우, 엄마가 아이를 때리고 나서 금방 미안하다며 안아주는 경우, 부인과 싸운 후 저녁에 꽃을 사서 감

03 　도피기제 [11 초등]

적응이 어려운 상태에서 비현실적 세계로 도피함으로써 불안과 긴장을 해소하려는 행동양식

억압 (repression)	문제가 발생했을 때 의식적으로 표출되지 않도록 무의식의 세계로 감추려는 것. 수치스럽거나 무서운 일에 대해 내면의 세계로 은폐시켜버림 ⇨ 의도된(동기적) 망각, 현실의 문제 상황을 수용 예 다른 사람이 눈치채지 못하도록 분노를 겉으로 드러내지 않는 경우, 기억상실증 환자의 경우
부정 (거부, denial)	• 위협이 되는 현실을 부정(거부)함으로써 안정을 유지하려는 기제 　예 "나는 화가 나지 않았다.", "우리 애는 그럴 리가 없어.", 평가결과가 나쁠 때 책임을 인정하지 않고 평가 자체가 잘못되었다고 부인하는 경우, 골초가 담배는 폐암과 직접적인 관련이 있다는 증거를 부정하는 경우 • 억압(repression)이 내부적 위협에 대한 부정이라면, 부정(denial)은 외부적 위협에 대한 방어라고 할 수 있다.
고립 (isolation)	문제가 발생했을 때 숨어버림으로써 적응하려는 기제 ⇨ 자기 내부로 숨기 예 사업에 실패한 사람이 두문불출하는 경우, 자신의 견해와 일치하지 않거나 사회적으로 성공하지 못했다고 느끼는 사람이 동창회에 참석하지 않는 경우
퇴행 (regression)	문제가 발생했을 때 이전 발달단계나 유치한 행동으로 되돌아가는 것 예 부모의 관심이 갓 태어난 동생에게 집중될 때 부모의 관심을 얻기 위해 어리광을 부리는 경우, 하찮은 일에 자주 우는 경우, 부부싸움을 한 후 친정으로 달려가는 신부의 행동, 동창회에 참석해서 학생처럼 행동하는 경우
고착 (fixation)	• 다음 단계로 발달하지 못하고 현행 단계에 그대로 머물러 있는 현상 • 독립적인 행동을 학습하는 것을 불안해하는 지나치게 의존적인 아동에게 주로 발생한다.
백일몽(白日夢)	현실적으로 만족시킬 수 없는 욕구나 소원을 공상이나 상상의 세계에서 만족을 얻으려는 것. 심해지면 환상이 되고 나아가 정신분열증을 유발 예 사업에 실패한 철수가 백만장자가 되는 꿈을 꾼다.

04 　공격기제

욕구충족의 방해요인에 대한 공격으로 정서적 긴장을 해소하려는 능동적 기제. 방어기제나 도피기제처럼 수동적인 것이 아니라 능동적 태도로 정서적 긴장을 해소하려는 기제

직접 공격기제	욕구불만 시 물리적 공격으로 욕구불만을 해소하려는 유형 예 폭행, 싸움, 기물파괴
간접 공격기제	욕구불만 시 간접적 공격으로 욕구불만을 해소하려는 유형 예 욕설, 비난, 조소, 중상모략, 야유

How to
JUMP?

권지수교육학 핵심요약집

핵심쏙쏙

교수방법 및 교육공학

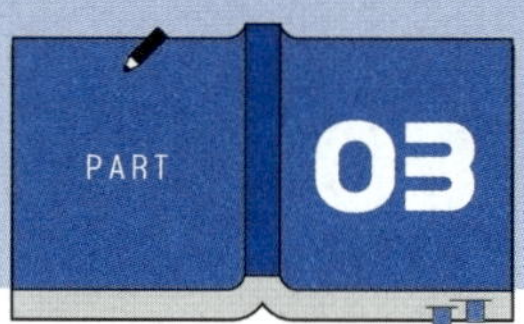

PART 03

Thinking Map

교수방법 및 교육공학

1 교육공학 ─ 교육공학 이해 ─ 교육공학의 개념 99 초등, 04 초등, 08 중등
           └ 교육공학의 역사 ┬ 시각교육
                       ├ 시청각교육 96 중등, 03 초·중등, 11 초등
                       └ 시청각통신 04 중등, 11 초등, 12 중등
      └ 교수매체 ─ 교수매체의 특성과 연구
             ├ 교수매체의 선정과 활용(ASSURE 모형) 99 중등, 01 중등, 04 중등, 05 초등, 08 중등, 09 초등
             └ 교수매체 종류 05 중등 ┬ 비투사 매체
                                └ 투사 매체 98 중등, 00 초등, 00 초등보수, 01 중등, 03~04 초등, 04 중등, 06 초등

2 교수설계(ID) ─ 교수설계 모형 ─ 객관주의 교수설계 모형 ┬ ADDIE 모형 99 초등, 00 중등, 02 중등, 06 초등, 07 중등, 15 중등추시論, 26 중등論
                           ├ Dick & Carey 모형 04 초등, 05~07 중등, 09 초등, 09~11 중등, 11 초등, 22 중등論
                           ├ 브릭스와 웨거(Briggs & Wager)의 교수체제설계모형
                           └ 켐프(Kemp)의 교수체제설계모형
              └ 구성주의 교수설계 모형 ┬ Jonassen의 구성주의 학습환경 설계모형 08 중등, 12 중등, 17 중등論, 25 중등論
                           ├ 4C/ID 모형 : 총체적 교수설계모형
                           ├ 쾌속원형(RP) 모형
                           ├ 다층협상 모형
                           └ R2D2 모형 : 순환적 교수설계모형
      └ 교수설계 이론 ─ 객관주의 교수이론 ┬ Gagné의 교수설계이론 90 중등, 92 초등, 98~99 초등, 00 중등, 01~02 초등, 03~04 중등, 06~09 중등, 07 초등, 09 초등, 12 초등, 11~13 중등
                        ├ Merrill의 내용요소제시이론 02 초등, 02 중등, 08 초·중등, 10 초등, 12 중등
                        ├ Reigeluth의 정교화이론 02 중등, 03 초등, 09 중등, 10 초등, 12 중등, 26 중등論
                        ├ Keller의 학습동기설계이론(ARCS 이론) 00 초등, 03 중등, 05 중등, 06 초등, 07 중등, 09~10 초등, 11~12 중등, 15 중등論
                        ├ 완전학습모형(Carroll, Bloom) 91 중등, 93 초등, 97 초등, 00 초등보수, 03 초등
                        ├ Bruner의 발견학습모형 95~96 중등, 99 중등, 01 중등, 05 초등, 06 중등, 14 중등추시論
                        └ Ausubel의 유의미 수용학습이론 01 초등, 03 초등, 04 중등, 05 초등, 06 중등, 08 초등, 10 중등
                  └ 구성주의 교수이론 ┬ 구성주의 개관 99 중등추시, 00 초·중등, 03 초·중등, 05~06 초등, 09 초등, 10 중등
                        ├ Schanks의 목표기반시나리오(GBS) 모형 13 중등
                        ├ Barrows의 문제중심학습(PBL) 모형 01 초등, 02 중등, 05 중등, 07 초등, 08 중등, 09 초등, 11 초등, 12 중등, 18 중등論
                        ├ 상황학습이론 02 초등, 07 중등 ┬ 설계원리/실행공동체(CoP) 07 중등
                                  ├ 인지적 도제이론 07 초등, 09 중등, 11 초등
                                ├ 인지적 유연성이론 03 중등, 06~07 초등, 09 초·중등, 11 초등
                                └ 정착학습 06~07 초등, 09 초등, 12 초등, 20 중등論
                        ├ 상보적 교수 05 중등, 08 중등, 10 중등, 11 초등
                        ├ 자원기반학습(Big6 Skills 모형) 11 중등
                        └ 웹퀘스트 수업 10 초등

3 교수방법

- **교수방법**
  - 전통적 교수법
    - 강의법 99 초등, 03 초등, 문답법 99 중등추시, 팀티칭 99 중등추시, 00 서울초보, 게임 02 초등, 사례연구 00 강원초보, 역할놀이 99 초등추시, 01 중등, 토의법 93 중등, 98 중등, 00~01 초등, 04 중등, 07 중등, 11 중등, 문제해결학습 99 중등, 프로젝트학습 99 중등, 00 초등보수, 01 중등, 자기주도학습 99 중등, 01 중등, 04 초등, 05 중등, 11 초등, 개별화학습 92 중등, 94 중등, 99 초등, 02 초등, 04~05 초등, 10 중등
    - 협동학습
      - 개관 96 중등, 99 초등, 99 초등추시, 00 초등·초등보수, 00 중등, 01 초등, 04 중등, 06 초등, 06 중등, 14 중등論
      - 직소모형(Jigsaw) 99 초등추시, 01 초등, 05 중등, 08 중등, 10~11 중등
      - 팀성취분담모형(STAD) 03 초등, 07 중등, 11 중등
      - 팀경쟁학습(TGT)
      - 자율적 협동학습(Co-op, Co-op) 02 중등, 10 중등
      - 집단조사(GI)
      - 함께 학습하기(LT)
      - 팀보조개별학습(TAI) 04 초등
    - 웹기반 협동학습
  - 교수방법의 혁신
    - 컴퓨터보조수업(CAI)
    - 멀티미디어 99 중등추시, 99~00 초등, 02~03 중등, 04~06 초등, 06 중등, 11 중등
    - 원격교육·온라인 수업 21 중등論, 22 중등論, 24 중등論
    - 액션러닝
    - 블렌디드 러닝 07 중등
    - 플립드 러닝
    - 디지털 교과서
    - 디지털 리터러시
    - 미디어 리터러시
    - 테크놀로지 활용 수업
    - 스마트 교육
    - 소셜 미디어
    - 메타버스
  - **교수실행**
    - 질문하기와 청취하기
    - 설명하기
    - 마이크로티칭

권지수교육학 핵심요약집

핵심 쏙쏙

교육공학

Section
01 교육공학의 이해

01 교육공학의 역사

❶ 시청각통신(audio–visual communication, 교육통신) – 커뮤니케이션 모델(이론) 04 중등, 11 초등, 12 중등

(1) 개념

시청각 교육에 전체적으로 접근하려는 체제이론과 교수·학습의 과정을 통신(communication)과정으로 보려는 통신이론의 결합

(2) 벌로(D. Berlo)의 SMCR 모형(1960) – 선형적 모형

① 개념 : 교수·학습의 장에 통신 개념을 도입하여 교수·학습의 과정을 이해 ⇨ 통신을 구성하는 요소로 송신자(S), 메시지(M), 채널(C), 수신자(R)를 제시

② 모형도

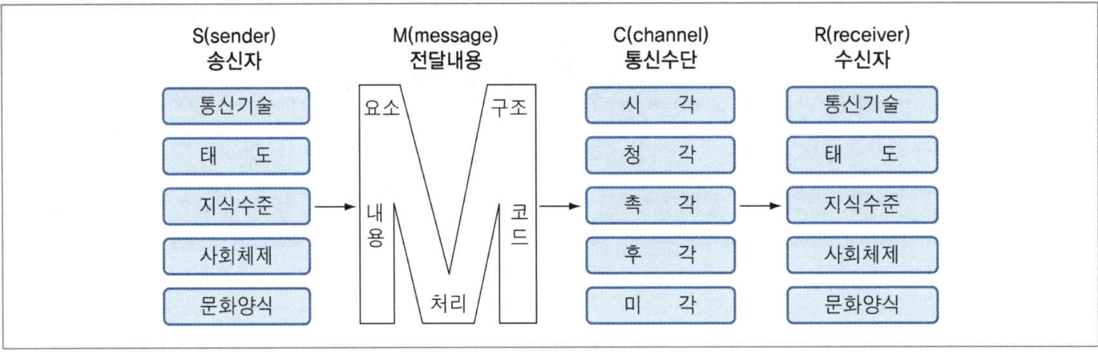

③ 통신과정 요소 : 송신자(S), 메시지(M), 채널(C), 수신자(R)

   ㉠ 송신자(sender, source, communicator) : 정보원으로서의 교사 ⇨ 송신자(교사)는 통신기술, 태도, 지식수준, 사회체제(사회체계), 문화양식에 영향을 받는다.

   ㉡ 메시지(message) : 학습자에게 전달되는 전달내용, 교육내용 ⇨ 교사에 의해 교수목표에서 선택된 기호로 고안

내용	전달하고자 하는 전달내용
요소	많은 전달내용 중에서 어떤 내용을 선택할 것인가와 관련된 것
구조	선택된 내용(요소)을 어떤 순서로, 어떻게 조직하여 전달할 것인가와 관련된 것
코드	언어적 코드와 비언어적 코드(예 몸짓, 표정, 눈 맞추기, 사진)로 이루어지는 것
처리	선택된 코드와 내용을 어떤 형식으로 전달할 것인가와 관련된 것

　　ⓒ 채널(channel) : 통신수단 ⇨ 송수신자의 오감(시각, 청각, 촉각, 후각, 미각)을 통해 통신. 커뮤니케이션
　　　　에서 채널은 주로 인간의 감각기관을 통해 이루어지지만, 매스 커뮤니케이션에서는 텔레비전, 라디오,
　　　　신문, 책, 잡지, 컴퓨터, 인터넷 등도 채널에 속한다.

　　ⓔ 수신자(receiver) : 학습자 ⇨ 수신자(학습자)는 통신기술, 태도, 지식수준, 사회체제, 문화양식에 영향을
　　　　받는다.

④ 의의(특징)

　　㉠ 송신자와 수신자의 하위영역이 일치할수록 통신(communication)이 완벽해진다(학습효과 극대화). 그
　　　　러므로 교사와 학습자 간에는 학습주제에 대한 사전준비와 사후의 반복학습을 통하여 공유하는 경험의
　　　　장을 확대하여야 한다. ⇨ 송신자는 독립변인이며, 수신자는 종속변인이므로 종속변인은 수정될 수 없고
　　　　독립변인인 송신자를 수정하여야 제대로 된 통신이 이루어진다.

　　㉡ 교육내용을 메시지로 파악한다. 메시지는 내용, 요소, 구조, 코드, 처리로 구체화하였다.

　　㉢ 통신수단을 '시청각'이라는 제한된 경험 개념에서 탈피하여 '5감각'(예 시각, 청각, 촉각, 후각, 미각)으로 확대
　　　　하였다. 따라서 송신자의 메시지는 수신자의 시각과 청각의 의해서만 전달되는 것이 아니라 5감각을 통해
　　　　전달된다.

　　㉣ 선형적 모형이다. 따라서 피드백과 그 과정이 모형에 제시되지 않았다는 점과 통신(communication)의
　　　　역동성이 모형에 잘 나타나지 않은 단점이 있다.

(3) 쉐논과 슈람(Schannon & Schramm)의 통신과정모형(1964) − 비선형적 모형

① **개념** : 통신과정의 주요 요소로 경험의 장, 잡음, 피드백의 3가지를 제시하고, 송신자와 수신자의 공통된
　　경험의 장, 잡음의 제거, 피드백의 원활한 활용 시 효과적인 학습이 가능하다고 보았다.

② **모형도**

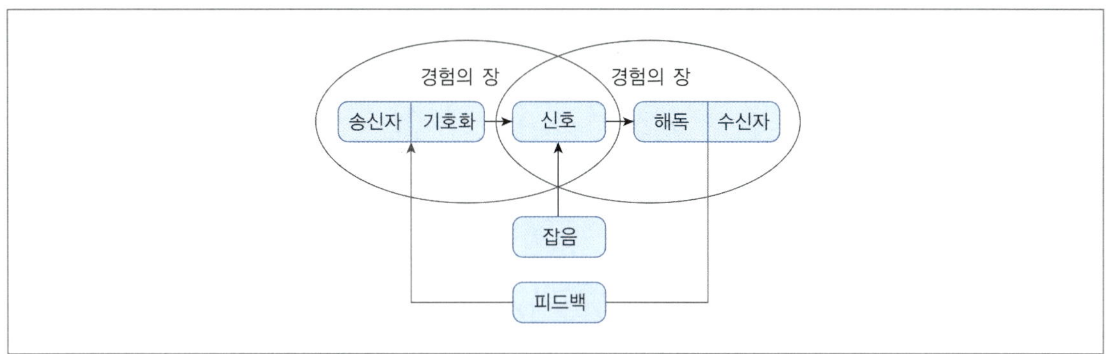

③ **통신과정의 구성요소** : 통신과정의 기본요소는 다음과 같다. 첫째, 통신이 발생하기 위해서는 송신자와 수신자의 경험의 장이 서로 공통분모를 가져야 하며, 둘째, 통신의 과정에는 필연적으로 여러 가지 수준과 다양한 형태의 잡음이 개입될 수 있으며, 셋째, 잡음과 경험의 차이에서 오는 문제나 통신 내용에 대한 피드백이 발생한다.

  ㉠ **경험의 장**(field of experience) : 송신자와 수신자의 경험의 장이 서로 중복될 때 교수 효과가 크다.
    ⇨ 벌로(Berlo)가 제시한 송신자(S)와 수신자(R)의 하위 요소와 유사

  ㉡ **기호화**(encoding) : 송신자가 수신자의 경험의 장에 알맞게 메시지를 보내는 과정

  ㉢ **신호**(sign) : 5감각(시각, 청각, 촉각, 후각, 미각)을 활용

  ㉣ **해독**(decoding) : 수신자가 송신자에게서 메시지를 수용하는 과정

  ㉤ **잡음**(noise) : 효과적인 통신을 방해하는 요소로 수업의 방해 요소(**예** 복도의 소음, 학생들의 잡담, 교실의 혼탁한 공기, 급식실에서 퍼져오는 냄새, 부적절한 조명 ⇨ 적절한 조치를 통해서 제거하거나 최소화해야 하는 요소)

  ㉥ **피드백**(feedback) : 송신자의 메시지에 대한 수신자의 반응이 다시 화자에게 전달되는 과정으로, 수신자(학습자)의 반응에 의해 송신자(교사)는 수업방법을 수정·보완할 수 있고 수업결과를 판단할 수 있다(**예** 교사와 학생의 상호작용, 학생들의 몸짓 등을 포함).

④ **효과적인 통신(커뮤니케이션)이 일어날 수 있는 조건**

  ㉠ 송신자와 수신자 사이에 공통된 경험의 장이 많을수록 통신이 잘 일어날 수 있다. 따라서 교사가 통신을 통해서 학생 경험의 장 쪽으로 메시지 영역을 넓혀야 한다.

  ㉡ 메시지의 전달과정에 잡음이 적으면 적을수록 통신이 잘 일어날 수 있다. 따라서 교사는 학습에 필요한 최적의 환경을 구축하여 잡음을 최소화해야 한다.

  ㉢ 피드백이 원활하게 많이 발생할수록 경험의 차이와 잡음에서 발생하는 문제를 잘 풀어나갈 수 있다. 따라서 피드백, 해석, 재전달(형성평가, 학생의 반응) 등이 요구된다.

⑤ **특징**

  ㉠ 교사와 학습자 간에 공유하는 경험의 중요성을 부각시켰다.

  ㉡ 통신과정에 피드백 요소를 포함시켜 과정 개념의 부각 및 평가와 수정 기능을 환기시켰다.

  ㉢ 통신과정에는 통신의 충실도를 떨어뜨리는 잡음이 있기 마련이며 이는 교수·학습 과정에도 적용되므로, 효과적인 교수·학습을 위해서는 학습에 필요한 최적 환경을 구축하여 잡음을 최소화해야 한다.

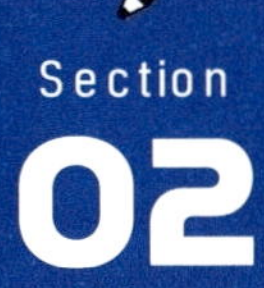

Section 02 교수매체

01 하이니히(Heinich)의 ASSURE 모형 99 중등, 01 중등, 04 중등, 05 초등, 08 중등, 09 초등

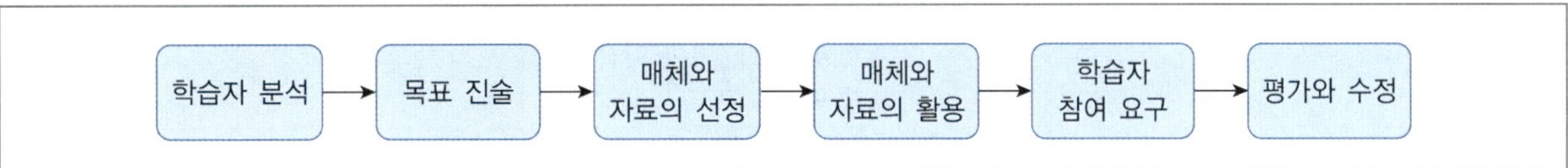

단계	의미	내용
학습자 분석 (Analyze learners)	학습자의 특성을 파악하고 분석	• **일반적 특성** : 연령, 성별, 학년, 지적 특성, 문화, 사회경제적 배경 등 ⇨ 생활기록부, 관찰, 면담, 동료교사로부터 자료 수집 • **출발점능력(행동)** : 학습자의 선수 지식, 기능, 태도 등의 정도 ⇨ 사전검사나 질문 등을 통해 선수학습정도 측정 • **학습양식** : 지각적 선호, 정보처리습관, 동기 등
목표 진술 (State objectives)	학습자가 달성해야 할 학습목표를 명세적으로 진술	• **학습목표 진술** : 학습자가 달성해야 할 학습목표를 명세적으로 진술 • **목표 진술 기법** : 수업이 끝난 후 학습자가 무엇을 할 수 있는가의 관점에서 관찰 가능한 행동동사(행위동사)로 진술 예 메이거(Mager)의 ABCD 진술기법 : 학습자(Audience), 행동(Behavior), 조건(Condition), 준거(Degree)의 4요소
매체와 자료의 선정 (Select media & materials)	학습자 특성과 목표 진술을 토대로 가장 적합한 교수방법과 매체, 자료 선정	• **교수방법 결정** : 학습목표 달성에 가장 적합한 교수방법(수업방법) 결정 • **교수매체 선정** : 교수방법을 수행하기에 가장 적합한 매체 유형 선정 • **교수자료 선정** : 선정된 매체에 사용할 교수자료를 선택, 수정, 제작
매체와 자료의 활용 (Utilize media & materials) : 5P	선택한 매체와 자료를 교사나 학생이 실제 수업에서 어떻게 사용할 것인지를 계획하는 것	• **자료의 사전 검토(preview the materials)** : 자료가 수업에 적합한지, 화질이나 음질에 이상이 없는지 등 수업자료를 미리 확인하여 그 자료를 충분히 효과적으로 활용할 수 있도록 함 • **자료의 준비(prepare the materials)** : 계획한 수업활동에 필요한 매체와 자료를 모으고 사용할 순서를 정함 • **환경의 준비(prepare the environment)** : 매체와 자료를 활용하기에 적합하도록 전원이나 전선의 길이, 조명, 교실 채광, 기자재 작동 상태 등 주변 환경을 점검하고 준비 • **학습자의 준비(prepare the learners)** : 학습자에게 학습준비를 위해 학습내용과 교수매체에 관한 정보를 제공 ⇨ 학습자에게 수업내용에 대한 전반적인 개요, 학습목표, 주의 깊게 봐야 할 부분 등을 안내함으로써 수업에 대한 기대감과 동기를 갖게 함

		• 학습경험의 제공(provide the learning experience) : 매체를 활용하여 수업을 진행함으로써 학습자에게 학습경험을 제공 ⇨ 교사 중심형이면 교사가 전문가로서 주도하며(강의와 같은 방법으로 자료를 제시), 인터넷과 같은 학습자 중심형이면 학생들이 자유롭게 경험하고 탐구하며 토론하는 것을 도움
학습자 참여 요구 (Require learners participation)	매체와 자료 활용의 효과를 높이기 위해 학습자의 능동적 참여 요구	• 학습자의 능동적인 참여 요구 : 배운 지식과 기능을 연습할 기회를 주어 학습자의 능동적인 참여를 요구 ⇨ 연습문제 연습, 토의, 과제 부여 등(예 새로운 철자나 어휘 연습, 수학문제 풀기, 운동경기 연습하기, 컴퓨터 보조수업, 게임활동 등) • 피드백을 통한 학습행동 강화 : 학습자의 반응에 즉각적인 피드백을 제공하여 올바른 학습행동을 강화(피드백 : 교사, 동료, 컴퓨터 등이 제공)
평가와 수정 (Evaluate & revise)	수업이 끝난 후 매체를 활용한 수업의 효과를 평가하고 다음 수업계획에 반영	• 학습자의 성취도 평가 : 학습자의 학습목표 달성 정도 평가 ⇨ 지필검사(인지적 영역), 수행평가(정의적, 심동적 영역) 등 • 방법과 매체, 자료의 평가 : 교수방법과 매체 및 자료의 효과성 평가 ⇨ 설문지, 관찰, 면담 등 • 수정 : 평가결과가 만족스럽지 않은 부분은 다음 수업을 위해 수정

CHAPTER
02
교수설계

Section 01 교수설계모형

01 교수설계모형 개관

❶ 교수설계(수업설계) 3대 변인(Reigeluth & Merrill) 12~13 중등

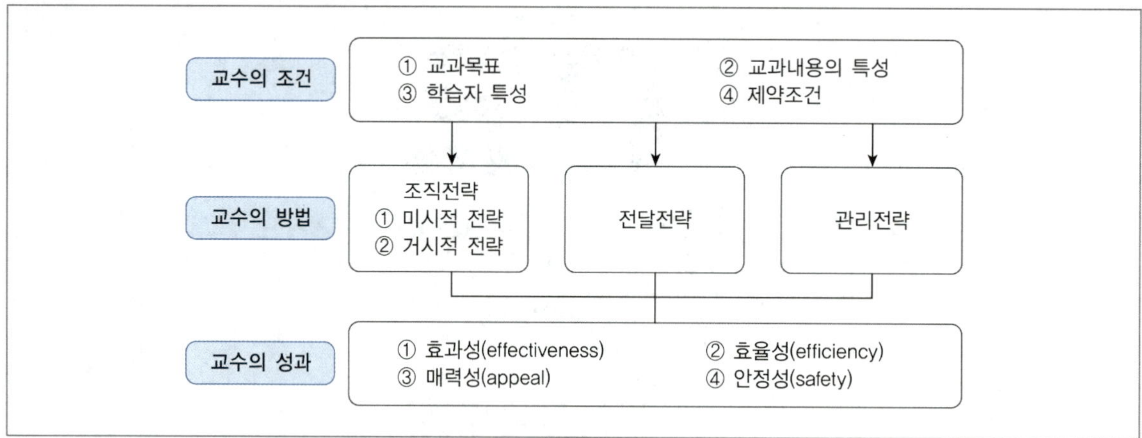

(1) 교수조건(conditions) 변인

교수방법과 상호작용을 하지만 교수설계자나 교사에 의해 통제될 수 없는 제약조건 ⇨ 교사라면 누구나 이 요소들을 완벽하게 갖추어야 할 조건

교과목표	교과를 통해서 학생을 어떻게 변화시킬 것인가에 대한 거시적인 목적의식 예 인지적 영역, 정의적 영역, 심리운동기능적 영역
교과내용 특성	교과의 내용이 어떤 지식을 다루는지와 관련된 것 예 사실, 개념, 원리 등과 같은 명제적 지식과 절차적 지식
학습자 특성	학습자의 현재 상태 예 적성, 동기, 흥미와 태도, 학습유형, 선수학습 정도 등 ⇨ 교사에게 가치가 배제된 개념(value-free concept)으로 교사가 통제할 수 있는 변인이 아니라 있는 그대로를 수용해야 하는 조건변인
제약조건	교수 상황의 여러 요인 예 시간, 교수매체, 교수자료, 인적·물적 자원, 교실환경 등 ⇨ 교사가 사전에 그 상황을 확인하여 그 범위 내에서 교수활동을 전개

(2) 교수방법(methods) 변인

서로 다른 조건하에서 의도한 성과(학습결과)를 성취하기 위하여 사용되는 다양한 교수전략(방안) ⇨ 교사가 필요에 따라 조정할 수 있으며, 교사 간의 역량 차이를 드러나게 하는 요인

조직전략	교과의 내용을 그 구조와 학습자의 수준에 적합하게 조직하는 방법 • 미시적 전략 : 단 하나의 아이디어를 가르치는 경우에 고려해야 할 전략 　예 메릴(Merrill)의 구인전시이론 • 거시적 전략 : 복잡한 여러 아이디어를 가르치고자 할 때 고려해야 할 전략 　예 라이겔루스(Reigeluth)의 정교화 이론
전달전략	조직한 내용을 효과적, 효율적으로 학생에게 전달하는 방법 예 교수과정의 전개방법, 학습자에게 학습정보를 전달하는 방법, 평가방법, 피드백을 주는 시기와 방법 등에 관한 전략
관리전략	조직전략과 전달전략을 교수과정에서 언제 어떻게 활용할 것인지를 결정하는 전략 ⇨ 교수·학습의 전체 과정을 통제하고 언제 어떤 조직전략과 전달전략을 사용할 것인지를 결정하며 수업 중에 활용하게 될 각종 교수·학습 자료를 점검하는 방법

(3) 교수성과(outcomes) 변인

서로 다른 교수 조건하에서 사용된 여러 가지 교수방법들이 어떤 면에서 어느 정도 효과가 있었는지를 나타내는 교수활동의 최종 산물

효과성 (effectiveness)	학습자가 특정 교수목표를 달성했는지의 여부 ⇨ 학습자가 교수내용을 어느 정도 획득하였는가에 의해 측정됨
효율성 (efficiency)	목표 달성을 이루는 데 가능한 최소 시간과 노력, 비용의 정도
매력성 (appeal)	학습자가 지속적으로 학습하기를 원하는 동기수준 예 켈러(Keller)의 ARCS 이론 : 교수의 매력성을 높이기 위해 주의집중, 관련성, 자신감, 만족감을 제시
안정성 (safety)	학습자가 습득한 지식이나 기능이 물리적·정서적 안정은 물론, 도덕적·정치적·지역적·종교적·신체적으로 위험이 없을 것

2 교수체제설계(ISD : Instructional Systems Design, 체계적 교수설계)

(1) 개념

① 체제(system)

　㉠ 체제는 조직화된 전체를 의미한다. 즉, 공동의 목표를 달성하기 위해 여러 구성요소들이 상호작용하는 조직체를 의미한다. ⇨ 정해진 공동의 목적을 달성하기 위해 상호작용하는 구성요소들의 집합체(Dick & Carey; 2011)

　㉡ 체제 내의 구성요소들은 상호 투입과 산출의 관계를 맺고 있고, 피드백에 의해 수정·보완되며, 체제를 둘러싼 외부 환경과 상호작용하게 된다.

② 체제적 교수설계(교수체제설계)

　　㉠ 체제적 교수설계는 학습과정에 영향을 미치는 모든 상황적 맥락을 고려하여 융통성 있게 수업활동을 설계하는 것을 의미한다.

　　㉡ 체제적 교수설계는 교수체제의 하위요소인 분석, 설계, 개발, 실행, 평가의 과정을 상호 유기적으로 관련시켜 효과적이고 효율적인 교수 프로그램을 개발하려는 것이다. ⇨ 체제의 관점을 분석, 설계, 개발, 실행, 평가의 과정에 적용하여 효과적이고 효율적인 교육 프로그램을 개발하려는 것

　　㉢ 즉, 체제직 교수설계는 문제를 해결하려는 목적하에, 교수체제의 구성요소인 학습사 특성, 교수내용, 교수방법, 실행, 평가 등을 상호 유기적으로 관련시켜 교수 프로그램을 개발한다.

⑵ 체제적 교수설계의 필요성과 특징

① 체제적 교수설계가 효과적인 이유(필요성) ― Dick & Carey(2011)

　　㉠ 교수설계 초기부터 명확한 목표 진술에 초점을 두기 때문에 후속되는 계획과 실행을 보다 효과적으로 이끌 수 있다.

　　㉡ 교수설계의 각 단계들을 연관시켜 설계하므로 목표에 가장 적합하고 효과적인 교수전략 또는 학습조건들을 고안할 수 있다.

　　㉢ 교수설계 과정에서 발생하는 오류를 지속적으로 수정·보완하여 보다 효과적인 교수 프로그램을 완성할 수 있다.

② 체제적 교수설계의 특징

　　㉠ **문제해결 지향적이다** : 교수체제설계는 교수와 관련된 문제를 포착하고 해결하는 것을 목적으로 한다. 이 문제는 '요구(needs)'로 표시되며, 이 요구에 기초하여 체제의 목적이 구체적으로 설정된다.

　　㉡ **총체적인 접근이다** : 교수체제설계는 문제의 원인을 규명하고 해결방안을 고안할 때, 교수체제의 여러 구성요소들을 총체적이며 유기체적인 관계에서 접근한다.

　　㉢ **맥락을 중시한다** : 교수체제설계는 사회문화적 혹은 역사적인 맥락을 문제분석 및 해결과정 전반에 반영한다.

　　㉣ **가치지향적이다** : 교수체제설계에서는 개발자나 관련 이해집단의 가치를 적극적으로 수용하여 교수체제개발에 통합하려고 한다.

02 객관주의 교수설계모형

❶ ADDIE 모형 − 일반적 교수체제설계모형(ISD : Instructional Systems Design)

99 초등, 00 중등, 02 중등, 06 초등, 07 중등, 15 중등추시論, 26 중등論

(1) 개관

ADDIE 모형은 교수체제설계(ISD)의 기본적인 과정인 분석, 설계, 개발, 실행, 평가라는 다섯 단계로 이루어지며, 각 단계의 두음을 따서 'ADDIE'모형이라고 불린다.

(2) 단계별 활동

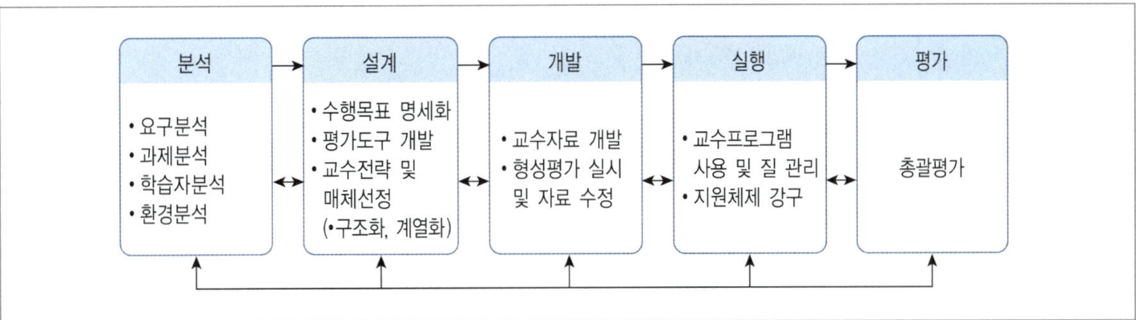

- 분석 : 목표를 설정하기 위해 학습과 관련된 요인들을 분석하는 단계
- 설계 : 분석과정에서 나온 결과를 종합하여 구체적인 교육계획서를 설계하는 단계
- 개발 : 설계단계에서 결정된 설계명세서에 따라 실제 수업에 사용할 교수자료나 교수프로그램을 제작
- 실행 : 완성된 최종 산출물인 교수자료나 교수프로그램을 실제 현장에 적용하고 관리하는 단계
- 평가 : 최종적인 총괄평가를 실시하는 단계

구분	주요 활동
분석 (Analysis)	•요구분석 : 바람직한 상태(what should be)와 현재의 상태(what is) 간의 차이(gap)를 분석 ⇨ 지식, 기능, 태도에 대한 기대되는 상태와 현재의 상태 간의 격차를 규명 ⇨ 최종 교수목적(교수목표, instructional goal)이 도출 •과제분석 : 최종 교수목적을 달성하기 위해 필요한 지식, 기능, 태도 등이 무엇인지 위계적으로 분석하는 것 ⇨ 교수목표(학습목표)의 유형과 그 목표의 하위기능을 분석 ⇨ 학습목표가 도출 •학습자분석 : 일반적 특성(성, 연령, 경험, 지능 등), 출발점행동(선수학습능력), 학습양식, 동기나 태도 등 학습자의 특성을 파악하는 것 ⇨ 학습자 특성에 적합한 교수전략 설계 가능 •환경분석 : 교수·학습에 영향을 미치는 제반 환경을 분석하는 것 ⇨ 학습공간, 매체, 시설 등

설계 (Design)	• **수행목표 명세화** : 수행목표(performance objectives)는 수업을 마쳤을 때 학습자가 할 수 있기를 기대하는 성과를 구체적인 행동 용어로 진술(수행목표 = 성취목표, 학습목표, 수업목표) 🔴 타일러(Tyler), 메이거(Mager) 등 ⇨ 과제분석, 학습자 및 환경 분석을 토대로 수행목표 도출 • **평가도구 개발** : 수행목표를 준거로 수업 후 학습자의 성취수준(목표도달 여부)을 평가할 수 있는 준거지향평가(절대평가) 문항을 개발 ⇨ 사전검사, 학습증진도검사, 사후검사 등 • **교수전략 및 매체 선정** : 수행목표를 효과적으로 달성하기 위한 교수전략과 교수매체를 선정 (• **구조화 · 계열화** : 학습내용이나 학습활동의 제시 순서를 구조화 · 계열화)
개발 (Development)	• **교수자료 개발** : 실제 수업에 활용할 교수자료(교수프로그램)를 개발(제작) • **형성평가 실시** : 개발된 교수자료에 대해 형성평가를 실시하고 수정 · 보완하여 완성된 자료를 제작 ⇨ 일대일 평가, 소집단 평가, 현장 평가, 전문가 평가 등
실행 (Implementation)	• **교수프로그램 사용 및 질 관리** : 완성된 교수자료나 교수프로그램을 실제 수업에 적용해 보고, 질을 계속적으로 유지 관리 • **지원체제 강구** : 이때 프로그램의 원활한 실행을 위해서는 행정적 · 제도적 · 재정적 지원(🔴 시설, 기자재, 예산, 인적 자원 등)이 요구
평가 (Evaluation)	**총괄평가** : 총괄평가를 실시하여 실제 수업 현장에 실행된 교수자료나 교수프로그램의 효과성과 효율성을 평가 ⇨ 이를 통해 교수자료나 프로그램의 계속적 사용 여부, 문제점 수정 등을 결정

② **딕과 캐리(Dick & Carey)의 교수체제설계모형** 04 초등, 05~07 중등, 09 초등, 09~11 중등, 11 초등, 22 중등論

(1) 개관

딕과 캐리의 모형은 체제적 교수설계의 대표적 모형이다(모두 10단계). 이 모형은 효과적인 교수프로그램을 개발하기 위해 일련의 단계들이 유기적이며 역동적으로 상호작용한다. ⇨ 수업설계자 입장에서 구안한 것이므로 일반적 교수설계모형(ADDIE)의 실행단계(I)가 생략되어 있다.

(2) 단계별 활동

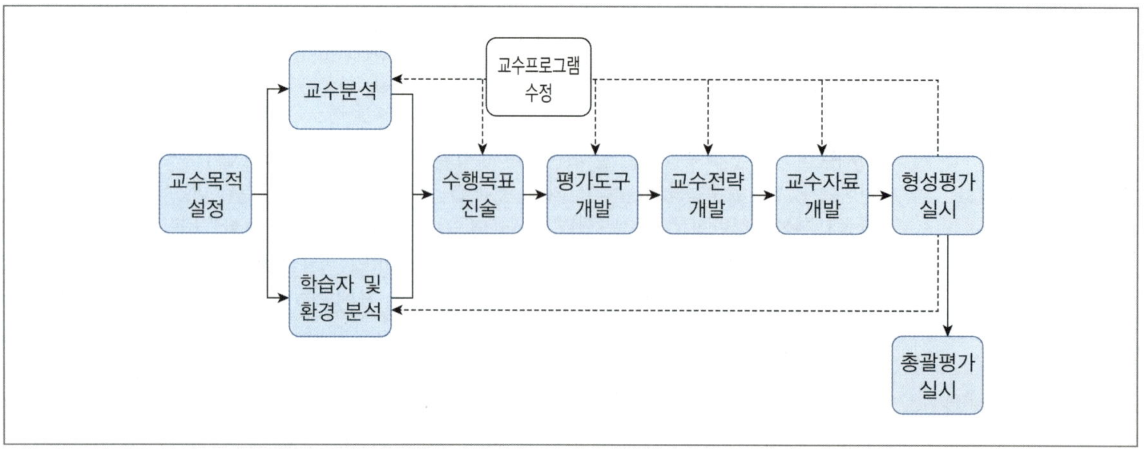

단계	내용	ADDIE 모형
① 교수목적 설정 (요구분석)	• 요구분석을 통해 최종 교수목적(goal)을 도출하는 단계(교육과정·교과학습목표의 분석을 통해 도출하기도 함) • **최종 교수목적(교수목표)** : 수업을 모두 끝마쳤을 때 학습자가 할 수 있기를 기대하는 구체적인 행동이며, 수행목표보다 포괄적인 목적임	분석(A)
② 교수분석 (과제분석)	• 최종 교수목적을 달성하기 위해 필요한 지식, 기능, 태도 등이 무엇인지 위계적으로 분석하는 것 ⇨ 교수목표(학습목표)의 유형과 그 목표의 하위기능을 분석 • **목표유형 분석** : 그 목표가 어떤 종류의 학습영역인가를 분석하는 것 • **하위기능 분석** : 목표와 관련된 기능의 관계를 분석하는 것 ⇨ 군집분석, 위계분석, 절차분석, 통합분석	
③ 학습자 및 환경분석	• 교수전략 수립에 영향을 주는 학습자 특성과 환경을 분석하는 단계 • **학습자 특성** : 출발점행동(선수학습능력), 지능, 적성, 학습양식, 동기, 태도 등 ⇨ 학습자 특성에 적합한 교수전략 설계 가능 • **환경분석** : 교수·학습에 영향을 미치는 제반 환경을 분석 ⇨ 개발환경, 전달환경, 적용환경, 학습환경 등	
④ 수행목표 진술	• 수행목표(performance objectives) 진술은 수업을 마쳤을 때 학습자가 할 수 있기를 기대하는 성과를 구체적인 행동 용어로 진술(수행목표 = 성취목표, 학습목표, 수업목표) ⇨ 과제분석, 학습자 및 환경분석을 토대로 수행목표 도출 • 수행목표는 메이거(Mager) 진술방식에 따라 도착점행동(성취행동), 조건(상황), 준거(수락기준, 성취기준)의 세 가지 요소로 구성	설계(D)
⑤ 평가도구 개발	수행목표를 준거로 수업 후 학습자의 성취수준(목표도달 여부)을 평가할 수 있는 준거지향평가(절대평가) 문항을 개발 ⇨ 사전검사, 학습증진도검사, 사후검사 등	
⑥ 교수전략 개발 (선정)	• 최종 목표를 달성하기 위한 교수전략(수업운영방법)을 개발(선정) ⇨ 동기유발 전략, 학습내용 제시 전략, 연습과 피드백 전략, 추후활동 전략 등이 고려 • **구체적인 교수전략** : 교수 전 활동(동기유발, 목표 제시, 출발점행동 확인), 정보 제시(교수계열화, 교수단위의 크기 결정, 정보와 예 제시), 학습자 참여(연습과 피드백), 검사(사전검사, 학습증진검사, 사후검사), 추후활동(교정학습, 심화학습) 등으로 구성 ⇨ Gagné의 9가지 교수사태를 요약	
⑦ 교수자료 개발	개발된 교수전략에 근거하여 실제 수업에서 활용할 교수자료(교수프로그램)를 개발(제작) ⇨ 학습자용 지침서, 교사용 지침서, 멀티미디어를 포함한 각종 교수자료를 개발	개발(D)
⑧ 형성평가 실시	개발된 교수자료와 교수프로그램에 대해 형성평가를 실시하고 프로그램의 질을 개선하는 데 필요한 자료를 수집(실제 수업에 투입하기 전에 시범적으로 적용) ⇨ 일대일 평가, 소집단 평가, 현장 평가, 전문가 평가 등 ⇨ 형성평가의 목적 : 개발된 교수 프로그램의 수정·보완	
⑨ 교수프로그램 수정	형성평가의 결과를 토대로 교수프로그램의 결점을 수정·보완 ⇨ 교수분석, 학습자 및 환경분석, 수행목표 진술, 평가도구, 교수전략 및 교수자료 등의 전반적인 수정을 하여 프로그램의 완성도를 높임	
⑩ 총괄평가 실시	교수프로그램을 수업에 실행하고 난 후 프로그램의 효과를 검증하기 위해 총괄평가를 실시 ⇨ 보통 외부평가자에게 의뢰 ⇨ 총괄평가는 외부평가자에 의해 실시되므로 엄격히 말해서 교수설계 과정에 포함시키기는 어려움	평가(E)

⑶ 교수목적 설정과 요구분석

① **교수목적(교수목표)의 설정**

㉠ 교수목적(goal)은 요구분석을 통해 규명되는 일반적 수준의 포괄적 진술 또는 여러 가지 구체적인 행동으로 나눌 수 있는 수업결과의 일반적 진술을 의미한다. ⇨ 수행목표보다 더 포괄적인 목적

> **예** 학생들은 효과적으로 작문을 할 수 있다.

㉡ 교수목적은 보다 세부적인 교수목표(학습목표, 수행목표)로 나누어져 구체적으로 기술될 수 있다. 목표(objectives)는 목적을 성취하기 위해 구체적인 수준으로 세분화되어 관찰 가능한 형태로 진술된다.

> **예** 학생들은 주장과 근거가 드러나게 글을 간추려 쓸 수 있다.

㉢ 요구분석을 통해 교육목적이 도출되면, 과제분석을 통해 학습목표(수행목표)가 도출된다. 즉, 목표는 과제분석, 학습자분석, 환경분석의 결과를 종합하여 불필요한 부분을 제외한 학습과제(learning task)를 바탕으로 도출된다.

② **요구분석(needs analysis)** 03 초등, 07 중등, 10 중등, 12 중등

㉠ **개념**

ⓐ 바람직한 상태(what should be, 최적의 수행수준, 원하는 상태)와 현재의 상태(what is, 실제 수행수준) 간의 차이(gap, discrepancy)를 분석하는 것이다. 즉, 두 수행상의 차이가 무엇인지 근본적인 문제의 원인(본질)을 규명하고 가장 적합한 해결방안을 찾는 것을 말한다.

ⓑ 교수학습 차원에서 요구분석이 필요한 상황은 현재의 학습목적이 성취되지 않고 있을 경우, 현재의 수업이 비효과적이거나 비효율적인 경우, 현재의 수업이 학습자의 흥미를 끌지 못할 경우, 새로운 학습목적이 추가될 경우, 학습 집단의 크기에 변화가 올 경우 등이다.

㉡ **요구분석이 필요한 이유(목적, 의의)**

ⓐ 최적의 수행과 현재의 수행상의 차이를 규명하면, 요구의 우선순위를 결정하고 한정된 자원을 합리적으로 배분할 수 있다.

ⓑ 불확실한 문제의 원인을 규명하고 가장 적절한 해결방안을 제안할 수 있다.

ⓒ 요구분석의 결과를 토대로 교수프로그램의 목적(goal)을 도출하고 교수프로그램을 효과적으로 개발할 수 있다.

㉢ **요구분석 기법(도구)** : 요구분석 도구는 면담, 관찰, 현존자료 분석, 그룹회의, 설문조사 등 요구분석의 목적에 따라 다양하게 활용할 수 있다. 실태를 파악할 때는 현존자료 분석(현재 가지고 있는 자료를 분석), 관찰, 설문조사가 적절하다. 문제의 원인을 파악할 때는 면담 대상자와의 밀접한 관계를 먼저 수립해야 하고 무기명 설문조사가 적절하다. 요구를 찾아낼 때는 면담이나 그룹회의가 적절하며, 느낌과 해결방법의 우선순위를 파악해야 하는 경우에는 면담이나 그룹회의, 무기명 설문조사가 적절하다.

요구분석 도구	내용
자원명세서 조사	대상 학습자 집단의 특성과 현재 어떤 유형의 교육이 가능한지 파악 ⇨ 현재의 실태 파악에 유용
관찰	학습자를 실제로 관찰함 ⇨ 실태 파악에 유용
설문조사	관련 집단의 견해 조사(우편 설문조사, 전화 설문조사 등) ⇨ 무기명 설문조사는 현재의 실태 파악이나 문제의 원인 파악에 적절
면담	언어를 사용한 대면적인 상호작용 의사소통방식 ⇨ 요구를 찾아낼 때 유용
사용분석	기존 프로그램의 사용 정도와 효율성 조사 ⇨ 유사 또는 새로운 프로그램에 대한 요구분석에 유용한 참고자료가 됨

㉣ 요구분석 절차(과정)

요구분석 단계	요구분석 활동
바람직한 상태 결정	교육과정이나 교과학습목표 등이 지향하는 학습자의 바람직한 수행 상태를 결정
현재의 상태 측정	자원명세서, 관찰, 면담, 설문조사 등을 토대로 학습자의 현재 수행 상태를 측정
요구의 크기 계산 (요구 산정)	학습자의 바람직한 상태와 현재의 상태 간의 차이를 분석
요구의 우선순위 결정	가장 중요하고 주의를 기울여야 하는 차이부터 우선순위를 결정 ⇨ 차이의 크기가 큰 사항, 목적의 중요도가 큰 사항, 영향을 받을 학생의 수가 많은 경우, 목적달성에 큰 영향을 미칠 사항, 차이를 줄일 가능성이 높은 사항을 고려
요구 발생의 원인 분석	요구가 발생하는 원인을 분석하여 교육적인 요구에 대한 해결방법과 그 외 요구에 대한 해결방법을 분리
교수프로그램 개발	교육적 요구를 해결하기 위해 적절한 교수프로그램을 개발

(4) 교수분석(과제분석, task analysis)

① **개념** : 최종 교수목적을 달성하기 위해 필요한 지식, 기능, 태도 등을 위계적으로 분석하는 것 ⇨ '교수목표(학습목표)의 유형 분석'과 그 목표를 구성하는 '하위기능 분석'의 두 단계로 구성

  ㉠ **목표유형 분석** : 그 목표가 어떤 종류의 학습영역인가를 분석하는 것

  ㉡ **하위기능 분석** : 목표와 관련된 기능의 관계를 분석하는 것 ⇨ 군집분석, 위계분석, 절차분석, 통합분석

② **필요성**(교수설계에 주는 도움)

  ㉠ **성취목표 확인** : 과제분석을 통해 교육에서 성취하고자 하는 지식, 기능, 태도 등 모든 성취목표를 확인할 수 있다. ⇨ 학습요소(학습내용)의 확인

  ㉡ **계열화와 조직화** : 학습내용을 논리적으로 계열화하고 조직화함으로써 학습과 파지의 효율성을 증가시킬 수 있다. ⇨ 학습의 순서를 밝힘, 학습요소의 중복이나 누락 방지

  ㉢ **의사소통 원활화** : 교육 프로그램을 개발하는 전문가들이나 수업 관련자들 간의 의사소통이 원활해진다.

  ㉣ **교육비용 절감** : 부적절한 수행을 방지해 주어 교육비용을 절감할 수 있다.

  ㉤ **기타** : 수업 중에 실시하는 형성평가의 기준을 설정, 본시학습에 필요한 선수학습요소를 확인

③ 학습목표 유형

✓ 목표 영역 비교

타일러 (이원목표 분류)	블룸 (교육목표 분류학)		가네		메릴			
					사실	개념	절차	원리
내용								
행동 (수행)	인지적 영역	(복잡성/복합성의 원리) 지식-이해-적용-분석-종합-평가	언어 정보	기억				
			지적 기능	활용	×			
			인지 전략	발견	×			
	정의적 영역	(내면화의 원리) 감수-반응-가치화-조직화-인격화	태도					
	심동적 영역	반사동작-기본동작-지각능력-신체 능력-숙련된 동작-동작적 의사소통	운동 기능					

㉠ 블룸(Bloom)의 교육목표 분류

인지적 영역	• 지식 : 이미 배운 내용(사실, 개념, 원리, 방법 등)을 기억하고 재생해 내는 능력 • 이해 : 지식을 바탕으로 자료의 의미를 파악하는 능력으로, 번역, 해석, 추리 능력이 포함됨 • 적용 : 개념, 원리, 방법, 이론 등의 추상 개념을 구체적 사태에 적용할 수 있는 능력 • 분석 : 주어진 자료를 부분으로 분해하고, 부분 간의 상호관계와 조직원리를 발견하는 능력 • 종합 : 여러 가지 요소나 부분을 하나의 전체로 묶는 능력으로 창의적인 능력 • 평가 : 어떤 준거를 활용하여 자료의 가치를 판단하는 능력
정의적 영역	• 감수 : 어떤 자극이나 활동을 기꺼이 수용하고 주의를 집중하는 것 • 반응 : 어떤 자극이나 활동에 적극 참여하여 만족감을 얻는 것 • 가치화 : 특정 대상이나 활동에 대해 의의와 가치를 직접 추구하고 행동으로 나타내는 것 • 조직화 : 서로 다른 가치들을 비교하고 연관시켜 통합하는 것 • 인격화 : 가치관이 일관성 있게 내면화된 것
심동적 영역	• 반사 운동 : 개인의 의지와는 무관한 단순 반사동작 • 기초 운동 : 몇 개의 반사 운동과 통합되어 형성되는 단순동작 • 지각 능력 : 주변 자극을 지각하고 해석하여 환경에 대처하는 능력 • 신체 능력 : 숙련된 동작을 위해 필요한 신체 기관의 기능적 능력 • 숙련된 운동 : 비교적 복잡하고 숙련된 운동 기능 • 동작적 의사소통 : 신체적 동작을 통하여 감정, 흥미, 의사 등을 표현하는 능력

㉡ 가네(Gagné)의 학습목표 분류 : 학습유형을 학습된 결과에 따라 5가지 학습영역으로 분류

언어 정보	사실, 개념, 원리 등을 기억하여 언어로 표현할 수 있는 능력 ⇨ 명제적(선언적) 지식, 다른 학습을 위한 기본이 됨
지적 기능	언어, 숫자, 부호 등 상징적 기호를 사용하여 환경과 상호작용할 수 있는 능력 ⇨ 방법적(절차적) 지식, 학교학습에서 가장 중요하게 다루는 능력 ⇨ 지적 조작의 복잡성 수준에 따라 변별학습, 개념학습, 원리학습(규칙학습), 문제해결학습(고차적 규칙학습)으로 위계화(계열화)되어 있음
인지 전략	학습자가 기억하고 사고하며 학습하는 방법에 대한 능력

태도	어떤 대상이나 활동을 선택하는 학습자의 내적·정신적 경향성
운동 기능	신체의 근육을 활용하여 특정한 동작을 수행하는 능력

© 메릴(Merrill)의 내용×수행 매트릭스

내용차원	• 사실 : 사물, 사건, 장소의 이름과 같은 단편적인 정보 • 개념 : 공통적인 속성을 지닌 사물, 사건, 기호들의 집합 • 절차 : 문제를 해결하는 데 필요한 단계들을 순서화한 계열 • 원리 : 어떤 현상을 설명하고 예측하기 위해 사용하는 인과관계나 상호관련성
수행차원	• 기억 : 이미 저장된 언어 정보(예 사실, 개념, 절차, 원리)를 재생하는 것 • 활용 : 추상성(예 개념, 절차, 원리)을 구체적인 상황에 적용하는 것 • 발견 : 새로운 추상성(예 개념, 절차, 원리)을 찾아내는 것 ⇨ '인지 전략'의 수준

④ 과제분석의 주요 기법(하위기능 분석) − Gagné(1974)

군집분석	• 학습과제를 군집별(범주별)로 묶는 기법 ⇨ 언어 정보와 같이 상하의 위계관계가 없는 과제분석에 사용하는 분석법 • 예를 들어, 인간의 신체부위의 이름을 학습하는 과제는 신체 각 부위별로 묶는 방법이 있고, 주요 사찰의 소재지를 학습하는 과제는 지역과 도시를 군으로 묶는 방법이 사용될 수 있음
위계분석	• 과제 달성에 필요한 기능을 상위기능과 하위기능으로 분석하는 기법 ⇨ 지적 기능과 같이 학습과제가 위계적 조직을 이루고 있을 때 사용하는 분석법 • 지적 기능의 지식은 위에서부터 문제해결, 원리, 개념, 변별학습의 순서로 분석
절차분석	먼저 수행해야 할 과제와 나중에 수행해야 할 과제의 순서를 분석하는 기법 ⇨ 운동 기능의 목표와 같이 학습과제가 절차적 순서로 구성된 경우에 사용하는 분석법
통합분석 (혼합분석)	• 군집분석, 위계분석, 절차분석을 혼합하여 분석하는 기법 ⇨ 학습과제가 태도 영역일 때 주로 사용하는 분석법 • 태도 학습은 언어 정보, 지적 기능, 운동 기능을 통해서 어떤 행동을 선택하는 능력이므로 통합분석이 사용

⑸ **수행목표**(학습목표) **진술** 90 중등, 92 중등, 95 중등, 96 초등, 99 초등추시, 00 초등보수, 01~02 초등

① 학습목표 진술방식

타일러 (Tyler)	내용(학습내용)과 행동(도착점행동)으로 나누어 진술 ⇨ 총괄평가, 절대평가에 활용 예 학습자는(주어) 삼각형의 합동조건을(내용) 열거할 수 있다(행동). / 포유류의 특징을(내용) 말할 수 있다(행동).
메이거 (Mager)	• 학습자의 도착점행동(behavior), 조건(상황, condition), 준거(수락기준, criterion)로 진술 ⇨ 형성평가, 절대평가, 실기평가에 주로 활용 • 메이거(Mager)의 ABCD 진술기법 : 수업 대상인 학습자(Audience), 수업 후 기대되는 행동(Behavior : 성취행동−관찰 가능한 행위동사로 진술), 행동이 나타날 수 있는 조건(Condition), 목표의 달성 여부를 판단할 수 있는 준거(정도/Degree, criterion : 성취기준) ⇨ 필요에 따라 학습자나 조건, 준거를 생략할 수 있지만, 고도의 기술 습득을 요할 때는 엄격한 것이 바람직함 예 운동장에서 100m를(조건) 17초 이내에(준거) 달릴 수 있다(도착점행동). 　　2차방정식 30문제를 제시했을 때(조건), 60분 이내에 20문제를(준거) 풀 수 있다(도착점행동).

그론룬드 (Gronlund)	• 일반적 수업목표와 명세적 수업목표를 구분하여 먼저 일반적 수업목표를 진술한 후 명세적 수업목표를 진술 • **일반적 수업목표** : 일반적이고 포괄적이며, 장기적인 목표를 말하는 것으로 학습성과를 진술하되 내재적 행동을 나타내는 동사(안다, 이해한다)를 사용한다. 📵 형용사를 이해할 수 있다. • **명세적 수업목표** : 관찰 가능한 도착점행동으로 표현된 구체적인 학습성과 목록을 진술하며 관찰 가능한 행위동사(확인하다, 기술하다)를 사용한다. 📵 형용사의 '예'를 제시할 수 있다. 형용사와 명사를 구분할 수 있다. 형용사를 자신의 말로 설명할 수 있다.
가네 (Gagné)	📵 <u>한 장의 이력서를 주었을 때(상황) 컴퓨터를 이용하여(도구) 한 장의 이력서를(내용) 타자를 쳐서(행동) 만들 수 있다(학습능력).</u> • **학습된 능력** : 가네의 학습목표 유형(언어정보, 지적기능, 인지전략, 태도, 운동기능)을 말함 📵 언어정보학습은 '말한다', 지적기능학습 중에서 변별학습은 '구별한다', 개념학습은 '분류한다', 원리학습은 '예증한다', 문제해결학습은 '창안한다', 태도학습은 '선택한다', 운동기능학습은 '실행한다'라는 동사를 주로 사용 • **성취상황** : 학습행동을 수행하게 될 환경적 조건을 의미 ⇨ 메이거식 목표 진술에서 '조건'에 해당 📵 '운동장에서', '계산기를 가지고', '10개의 사과와 5개의 바나나를 주면' 등 • **성취도구나 제한점, 조건** : 성취행동이 수행될 상황에서의 성취정도와 범위를 더욱 명확하게 만든다. 📵 '줄자를 사용해서(도구)', '14초 이내에(제한점)', '지도를 주면(조건)' 등 • **성취내용** : 학생이 학습하게 되는 내용으로서, 정보나 지식, 기능을 모두 포함 📵 '민주주의의 이념을 열거할 수 있다'에서 '민주주의의 이념'이나, '삼국시대의 영토를 지도 위에 표시하여 설명할 수 있다'에서 '삼국시대의 영토'가 성취내용에 해당 • **성취행동** : 학습된 능력을 관찰할 수 있는 행위동사 ⇨ 성취행동은 학습유형에 상관없이 다양한 동사를 사용할 수 있지만, 학습된 능력을 나타내는 동사는 중복해서 사용하지 않는 것이 좋다. 📵 '민주주의의 이념을 열거할 수 있다'에서 '열거', '삼국시대의 영토를 지도 위에 표시하여 설명할 수 있다'에서 '표시'가 성취행동에 해당함
메릴 (Merrill)	내용차원과 수행차원으로 이원화하여 행렬식, 즉 〈내용×수행〉의 조합으로 제시 📵 대한민국의 수도는 서울이다(사실×기억), 환경오염의 개념을 말할 수 있다(개념×기억), 환경오염의 예를 제시할 수 있다(개념×활용), 환경오염이 생활에 미치는 피해를 찾을 수 있다(개념×발견).

② 목표 진술의 유의점

㉠ 교사의 입장에서 수업목표를 진술하지 않는다. 📵 소리의 원리를 설명해 준다.

㉡ 학습과정을 수업목표로 진술하지 않는다. 📵 로마의 멸망에 대해 토론한다.

㉢ 주요 제목이나 학습내용을 수업목표로 나열하지 않는다. 📵 루소의 자연주의 교육

㉣ 하나의 수업목표에 두 개 이상의 학습결과를 포함시키지 않는다.

📵 낙하의 법칙을 이해하고 이를 효과적으로 적용한다. ⇨ '이해한다'와 '적용한다'의 두 가지 학습결과를 포함함

③ 행동적 목표 진술의 장단점

장점	• 수업의 방향을 분명히 제시하므로 교사의 수업 전개를 보다 구체화할 수 있다. • 수업 내용과 방법을 계열화하여 조직할 수 있으므로 교수설계에 기초 정보를 제공해 준다. • 학습자의 목표 행동을 행동 용어로 진술하면 교육 효과를 정확히 측정할 수 있다. • 교사, 학생, 전문가 등 교육 참여자들 간에 의사소통의 정확성을 기할 수 있게 된다.
단점	• 수업 중에 발생하는 새로운 목표를 반영하기 어렵다. 수업은 아주 복잡하고 역동적인 과정을 거치면서 진행되므로 모든 것을 수업 전에 미리 행동목표로 구체화하여 진술하는 것은 불가능하다. • 교과의 특성을 전혀 고려하지 않고 있다. 창의성을 중시하는 예술영역은 구체적인 행동 용어로 진술하기가 불가능하며 바람직하지도 않다. • 수업실제에서 낱개의 목표를 중심으로 수업이 진행될 가능성이 높으므로 총체적인 지식의 통합성을 기하기 어렵다.

03 구성주의 교수설계모형

❶ 조나센(Jonassen)의 구성주의 학습환경 설계모형(CLEs) 08 중등, 12 중등, 17 중등論, 25 중등論

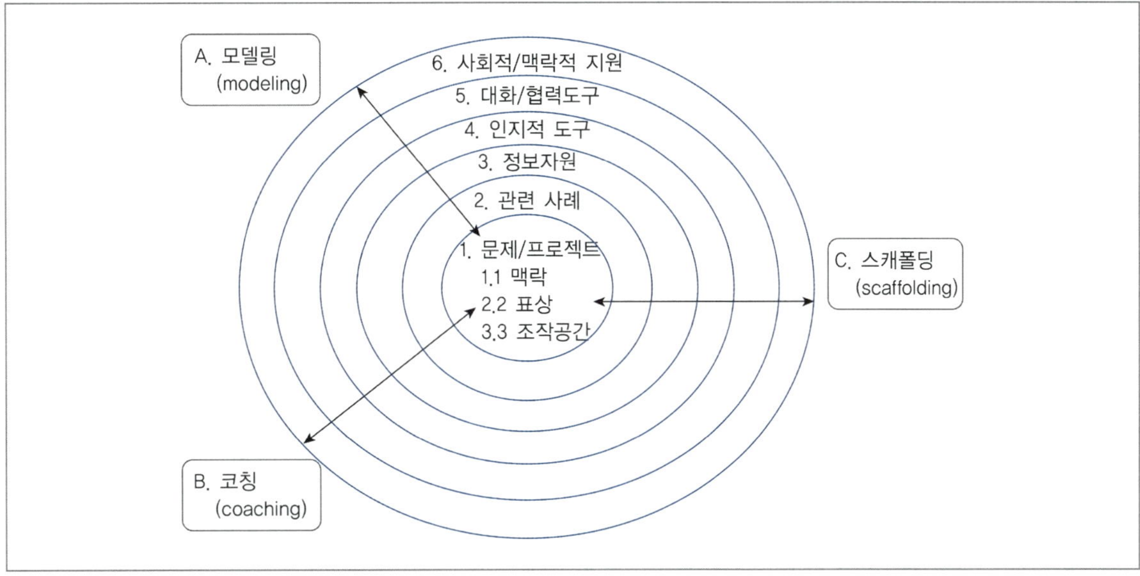

(1) 개념

조나센은 구성주의 학습환경(CLEs : Constructive Learning Environments)을 설계하는 데 고려해야 할 6개의 설계요소와 학습자의 학습활동을 지원하는 3개의 교수활동을 제안한다.

(2) 설계요소

> **개념 쏙쏙**
>
> **학습목표**
>
> 조나센의 구성주의 학습환경 설계에서 학습자의 목표는 문제를 해석하고 해결하거나 프로젝트를 완성하는 것이다. 이를 위해 ㉠ 문제/프로젝트를 제시하고, ㉡ 관련 사례를 통해 문제를 보다 명확히 이해하도록 하며, ㉢ 정보자원을 통해 문제 해결에 필요한 정보를 제공하고, ㉣ 인지도구를 통해 문제를 원활하게 해결할 수 있도록 하며, ㉤ 학습자 상호 간에 대화/협력을 통해 의미를 협상하고 지식을 재구성하도록 하는데, ㉥ 이 모든 활동이 성공적으로 실행되도록 사회적/맥락적 지원을 통해 학습환경을 갖추도록 한다.

① 문제/프로젝트(problem/project)

㉠ '문제(problem)'가 학습을 주도할 수 있도록 '문제, 프로젝트'를 가장 우선적으로 고려해야 한다. 문제를 해결하는 과정에서 그 문제와 관련된 영역의 새로운 지식을 학습한다.

   ⓛ 문제는 복잡하고 비구조적(ill-structured)이어서 정답이 한정적이지(ill-defined) 않고 다양한 관점을 통해 해결될 수 있는 것이라야 한다.

      ⓐ **문제의 맥락(context)** : 문제는 맥락과 함께 제시되어서 학습자가 문제의 원인이 되는 배경을 폭넓게 이해할 수 있어야 한다. 맥락에는 문제를 둘러싼 물리적, 사회문화적, 조직적 맥락(⇨ 수행환경에 대한 맥락)과 문제와 관련된 사람들의 가치, 믿음, 사회적 기대, 관행 등(⇨ 수행자와 관련된 맥락)이 있다.

      ⓑ **문제의 표상(representation)** : 문제는 학습자의 실제적(authentic) 관심을 끌고 매력적이며 몰입할 수 있게 표현되어야 한다(문제 제시방법). 효과적인 방법은 이야기 형식으로 제시하는 것이다.

      ⓒ **문제의 조작공간(manipulation space)** : 의미 있는 학습이 되도록 학습자가 활동에 참여하여 문제를 조작하고 그 결과가 나타나도록 해야 한다. 문제 조작공간은 시뮬레이션이나 논증의 형태로 제시될 수 있다.

② **관련 사례(related cases)** : '관련 사례'를 충분히 제공하여 학습자가 문제를 보다 명확히 이해하고 인지적 융통성을 높일 수 있도록 한다. 사례는 학습자가 문제를 다른 시각과 해석을 통해 이해하도록 돕는다.

③ **정보자원(information resources)** : 문제해결에 필요한 '정보자원'을 충분히 제공해 주어야 한다. 학습자는 정보를 활용하여 문제해결을 위한 가설을 설정하고 검증하면서 자신의 지식구조를 정교화해 나간다.

④ **인지도구(cognitive tool)** : '인지도구'는 학습자가 문제를 원활하게 해결할 수 있도록 학습자의 인지활동을 지원하고 촉진하는 것을 말한다. 인지도구로는 시각화 도구, 조직화 도구, 수행지원 도구(예 멀티미디어 저작도구, 프리젠테이션 프로그램), 정보수집 도구(검색 도구) 등이 유용하게 활용될 수 있다.

⑤ **대화/협력도구(conversation/collaboration tool)** : '대화/협력도구'를 제공하여 학습자들이 사회적으로 공유된 지식을 협력하여 구성할 수 있도록 도와야 한다. 학습커뮤니티, 전자게시판, 이메일, SNS, 채팅 등을 통해 학습공동체를 형성해 상호작용을 증진할 수 있도록 설계한다.

⑥ **사회적/맥락적 지원(social/contextual support)** : '사회적/맥락적 지원'은 CLEs 모형을 성공적으로 실행하려고 할 때 고려해야 할 요소로서, 교수자와 학습자가 구성주의 학습환경이 실행될 맥락적 요인을 이해하고 수용할 수 있도록 지원한다(예 사전 오리엔테이션과 워크숍 등).

(3) 교수활동(학습지원)

조나센의 구성주의 학습환경은 학습자가 수행하는 학습활동과 이를 지원하는 교수활동으로 이루어진다.

학습활동	교수활동
탐색(exploration)	모델링(modeling)
명료화(articulation)	코칭(coaching)
반성(성찰, 반추, reflection)	스캐폴딩(scaffolding)

① **모델링(modeling)** : 전문가가 과제수행의 시범을 보여주는 것을 말한다. 모델링은 바람직한 수행을 시연하는 외현적 행동 모델링(⑩ 바람직한 수행의 시연 또는 사례 제시)과 능숙한 추론과정이나 의사결정방법 등 내재적 인지과정을 명료화해 주는 내재적 인지 모델링(⑩ 소리 내어 생각하기 제공, 중요한 과정에 대한 단서 제시, 다른 표상으로 다시 설명하기 등)이 있다. '모델링'은 전문가의 수행에 초점을 맞춘다.

② **코칭(coaching)** : 학습자의 과제수행을 관찰하고 돕는 것을 말한다. 코칭은 학습자를 동기화하고, 수행을 분석하여 피드백을 제공하고, 학습한 내용에 대해 반성적 사고를 유발한다. '코칭'은 학습자의 수행에 초점을 맞춘다.

③ **스캐폴딩(scaffolding)** : 학습자가 자신의 능력 수준을 넘어서는 수행을 할 수 있도록 임시 발판(지지대)을 제공하는 것이다. 과제 난이도 조정하기, 과제 재구성하기, 점차 스캐폴딩 제거하기, 대안적 평가 제공하기 등이 있다. '스캐폴딩'은 학습자가 수행하는 과제(task)에 초점을 맞춘다.

❷ 4C/ID 모형 – 총체적 교수설계모형

(1) 개념

4C/ID(Four Component Instructional Design) 모형은 반 메리엔보어(Van Merriënboer)가 인지부하이론을 기반으로 복합적 인지과제(복잡한 인지기능, complex cognitive tasks)의 학습을 위해 제시한 교수설계모형이다(⑩ 화학산업에서의 오류관리 기능, 항공관제 기능 등). ⇨ 학습자들이 과제를 진행하는 동안 복잡한 인지기능 및 메타인지 기능을 습득할 수 있게 한다.

(2) 특징

4C/ID 모형의 핵심적인 특징은 첫째, 유의미하고 전체적인 학습과제(meaningful, whole learning tasks)에 초점을 맞추고, 둘째, 학습자들이 전체적 과제의 다양한 측면들을 조합하도록 도와주기 위해 스캐폴딩(scaffolding)을 사용하며, 셋째, 학습의 전이를 지원하기 위해 학습을 유도하기 위한 방법(mathemagenic methods)을 사용하는 것이다.

① **분석과 설계에 초점** : 모든 교수 단계를 다루지 않고 분석과 설계에 초점을 둔다.

② **미시적 수준의 설계** : 교육과정이나 기관수준의 거시적 수준보다 코스나 모듈의 미시적 수준의 설계를 대상으로 한다.

③ **객관주의적 관점과 구성주의적 관점** : 객관주의적 관점과 구성주의적 관점을 함께 적용하고 있고, 기술적 교수설계와 처방적 교수설계모형을 포함한다.

⑶ 4C/ID 모형의 4가지 구성요소(four component)

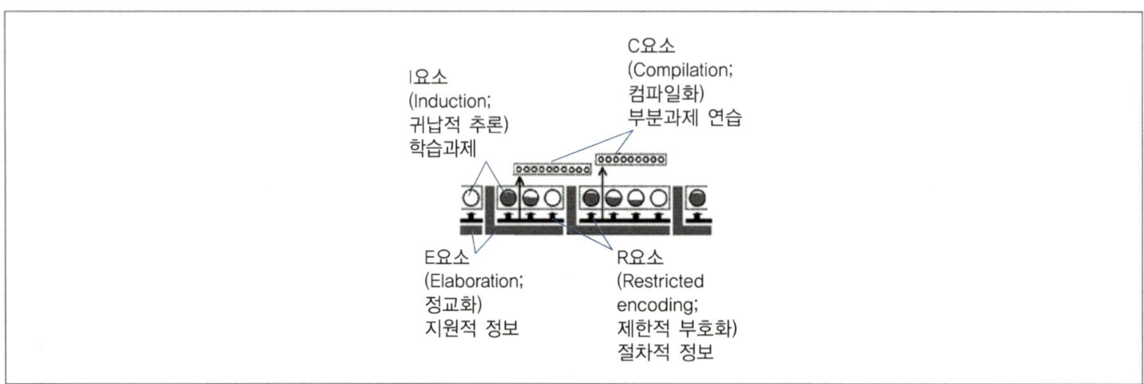

① 4C/ID 모형의 4가지 구성요소는 ㉠ 비순환적 지식인 선언적 지식을 습득하게 되는 I요소(Induction : 귀납적 추론)와 ㉡ E요소(Elaboration : 정교화), 그리고 순환적 지식인 절차적 지식을 습득하게 되는 ㉢ C요소(Compilation : 컴파일화)와 ㉣ R요소(Restricted encoding : 제한적 부호화)이다.

② 비순환적 지식은 전체과제 연습을 귀납적 추론방식으로 해결하게 되며 이때 다양한 실제적 지원정보를 통해 인지적 쉐마를 획득하게 된다. 한편, 순환적 지식은 부분과제 연습의 반복적인 컴파일화에 필수적인 절차적 지식을 통해 연역적으로 규칙 자동화한다.

구성요소	내용
학습과제 (I요소)	• 학습과제는 문제나 프로젝트 등의 형태로 실제적(authentic)인 전체과제로 제공한다. • 과제는 간단한 것에서 복잡한 순으로 계열화하여 조직하고, 각 과제 해결에 대한 안내와 지원(스캐폴딩)을 점진적으로 줄이도록 설계하여야 한다. • 실제로 접할 수 있는 구체적인 문제나 사례로부터 귀납적 추론을 통하여 인지적 쉐마를 획득하도록 설계한다.
지원적 정보 (E요소)	• 문제해결에 필요한 비순환적·선언적 지식의 학습을 지원하는 정보이다. • 학습자가 과제 계열별로 언제나 활용할 수 있도록 풍부하고 구체적으로 설계하여야 한다. • 지원적 정보는 일반적, 추상적인 지식의 발달을 유도하게 되며, 정보의 정교화를 통해 인지적 쉐마를 획득할 수 있도록 설계한다.
부분과제 연습 (C요소)	• 높은 자동화 수준으로 숙달되어야 할 부분과제의 반복연습이다. • 절차적 지식의 특성상 알고리즘적인 과제분석이 요구되며, 매우 많은 반복연습이 제공되도록 설계하여야 한다.
절차적 정보 (R요소)	• 문제해결에 필요한 순환적·절차적 지식의 학습을 지원하는 정보이다. • 학습과제별로 구체화하여 학습자가 필요로 할 때 가능하면 적시에 제시될 수 있도록 설계하여야 한다. • 절차적 정보는 인지적 규칙의 발달을 유도하며, 절차적 기능의 습득을 돕기 위한 정보를 분석하여 설계한다.

⑷ 4C/ID의 구조(단계별 설계의 특성)

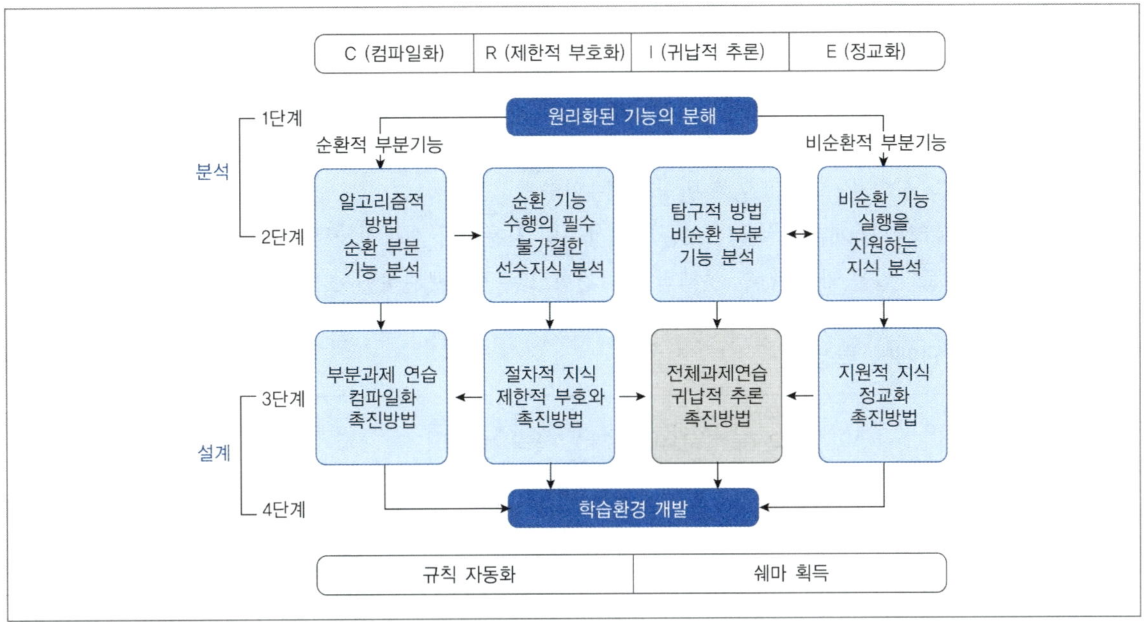

	단계	내용
분석	1단계 원리화된 기능의 분해	복합적 인지기능을 부분기능의 위계, 목표행동, 학습유형에 따라 분류한다.
	2단계 부분기능과 관련된 지식의 분석	복합적 인지기능과 그 기능의 부분기능의 수행에 포함되어 있는 부분기능과 부분기능 상호 간의 관련성을 분석한다.
설계	3단계 교수방법의 선택	전체과제와 부분과제 연습 설계, 연습 전과 연습 중의 정보 제시 등을 위한 교수방법을 선택하고 구체화한다.
	4단계 학습환경 개발	전체적인 훈련 전략 및 학습환경의 청사진을 제시하고 개발한다.

❸ 쾌속원형(속성원형, rapid prototyping) 모형

⑴ 개관

① 교수설계 의뢰인이나 학습자의 요구를 적극적으로 반영하여 교수설계 초기에 빠르게(rapid) 최종 결과물의 형태를 가진 프로토타입(prototype : 원형, 최종 산출물의 초기 형태)을 개발하는 교수개발방법론이다(비선형적인 교수설계방식).

② 즉, 교수설계 과정에서 신속하게 프로토타입을 만들어 이를 중심으로 교수설계, 개발, 평가의 과정을 반복함으로써 개발과정의 모든 단계를 거치지 않고도 최종 결과물의 프로토타입과 학습자의 사용상황을 미리 파악하고 설계 결과물을 수정, 보완할 수 있도록 하는 모형이다.

(2) 특징 또는 장점

① **순환적·반복적 과정**: 전통적인 객관주의 교수설계모형처럼 각 단계가 끝난 후 다음 단계로 진행되는 것이 아니라, 각 단계가 동시적·순환적·반복적으로 이루어짐으로써 탄력적으로 교수 프로그램을 개발할 수 있다.

② **학습자의 요구와 사용성 반영**: 프로토타입의 사전 실험을 통해 학습자의 요구와 사용성(교수설계모형이 사용되는 현장 상황)을 역동적으로 반영할 수 있다.

③ **신속한 프로토타입의 개발과 수정·보완**: 설계자와 사용자가 신속한 커뮤니케이션을 통해 협력적으로 참여하며, 프로토타입을 개발한 후 문제점을 발견하고 수정·보완하면서 최종 단계에 이를 수 있다.

(3) 진행절차와 각 단계별 특징

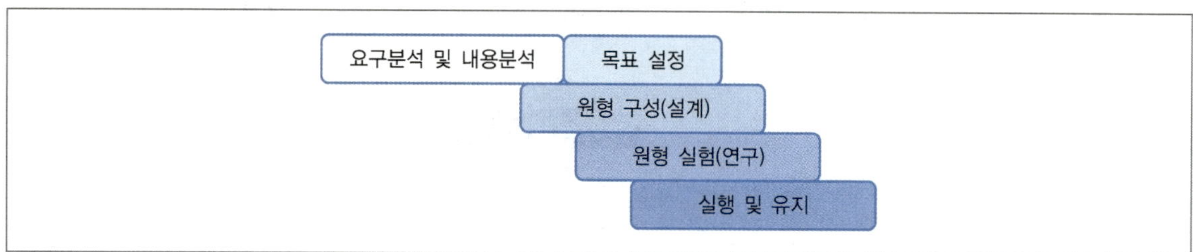

쾌속원형(rapid prototyping) 모형 (1)

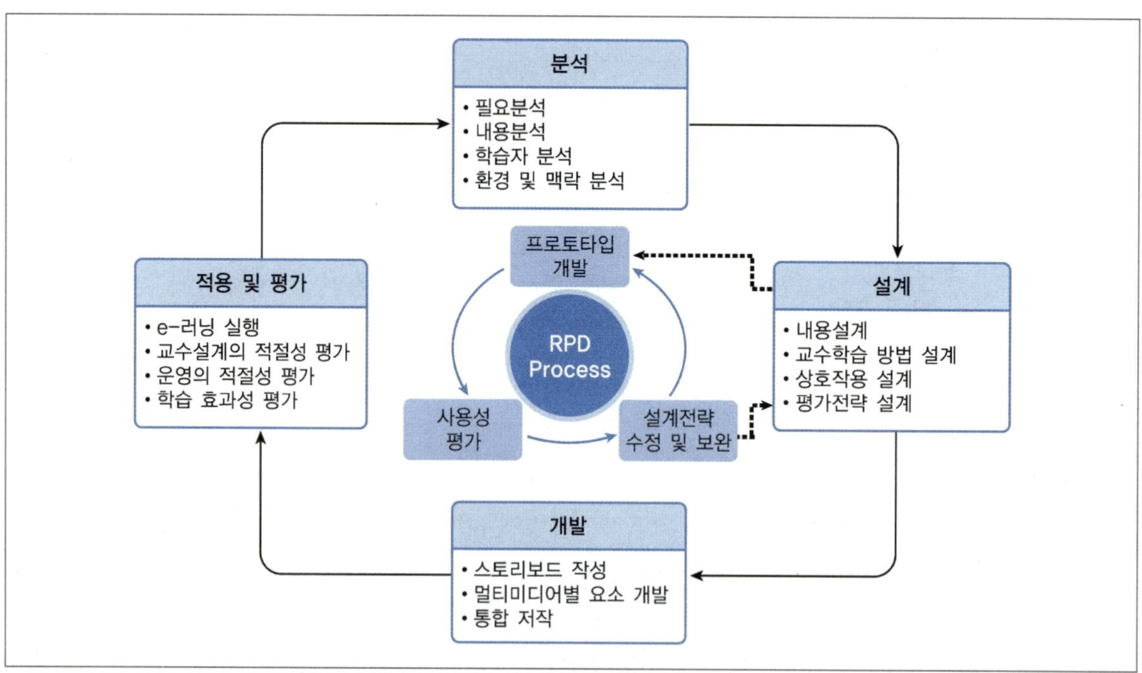

쾌속원형(rapid prototyping) 모형 (2)

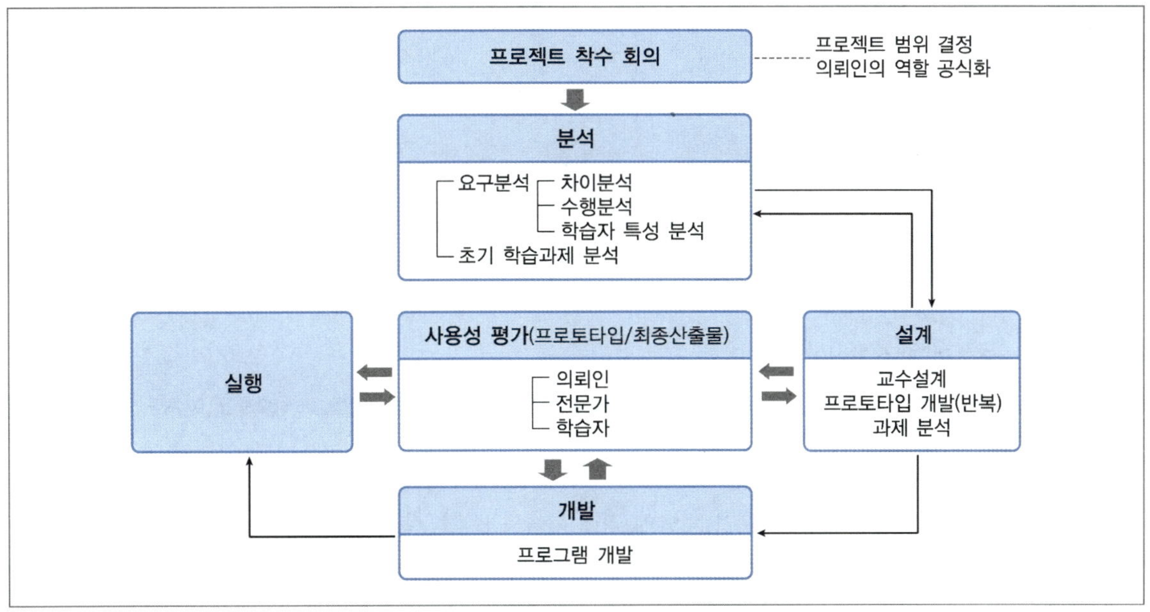

☑ 교육과정 설계를 위한 rapid prototyping 방법론(임철일)

단계	활동
분석	학습과 관련된 여러 가지 요인들에 대한 분석 활동을 한다. 필요분석, 내용분석, 학습자분석, 학습환경 및 교수학습 맥락 분석 등이 이루어지며, 이 과정을 통해 이러닝 콘텐츠를 설계하기 위한 각종 요구조건과 필요조건을 파악하게 된다.
설계	분석단계에서 확인한 분석 자료들을 바탕으로 이러닝 콘텐츠를 구성하고 있는 각종 설계 요소들인 내용 설계, 교수학습 방법 설계, 상호작용 설계, 평가전략 설계 등의 활동이 이루어진다. 교수학습 방법 및 전략 설계 시 효과적으로 동기를 유발·유지시킬 수 있는 방안도 함께 고려될 필요가 있다.
쾌속원형 설계	가장 핵심적인 단계로서, 프로토타입 개발, 사용성 평가, 설계전략 수정 및 보완 등 세 가지 단계를 거친다. 먼저, 프로토타입 개발 단계는 단위 수업을 표준으로 교육목표를 달성하기 위한 교육내용과 교수학습 요소들을 신속하게 원형, 즉 프로토타입 형태로 개발하는 활동이 이루어진다. 다음, 프로토타입에 대한 사용성 평가를 실시한다. 사용성 평가란 개발된 프로토타입을 활용하면서 사용자로서 학습자와 교사의 의견을 수집하고 분석하는 활동을 말한다. 마지막으로, 프로토타입에 대한 사용성 평가결과를 체계적으로 분석한 뒤 수정 및 보완을 한다. 프로토타입에 대한 설계전략 수정은 물론 필요한 경우 전반적인 설계전략의 방향을 바꾸거나 보완할 필요가 있을 수도 있다.
개발	설계전략을 스토리보드로 상세하게 옮기고 텍스트, 그래픽, 이미지, 애니메이션, 동영상 등 멀티미디어 요소들을 개발하고 이들을 통합하여 페이지 단위로 저작하는 활동이 진행된다. 프로토타입의 특성을 최대한 고려하여 체계적으로 개발활동을 수행하는 것이 바람직하다.
적용 및 평가	이러닝 콘텐츠를 실천적으로 적용하며, 그 후 이러닝 교수설계의 적절성, 운영의 적절성, 이러닝을 통한 학습의 효과성 등을 평가한다.

Section 02 교수설계이론(교수이론)

01 객관주의 교수설계이론(교수이론)

❶ 가네(Gagné)의 교수설계이론

90 중등, 92 초등, 98~99 초등, 00 중등, 01~02 초등, 03~04 중등, 06~09 중등, 07 초등, 09 초등, 11~13 중등

(1) **개관** 『학습의 조건(The Conditions of Learning(1965)』 02 초등, 04 중등

① **교수이론 영역**: 가네의 교수이론은 학습에 의해 획득되는 '학습결과의 유형', 학습결과를 획득하는 데 요구되는 '학습의 조건', 학습자의 내적 학습과정을 지원하기 위한 '9가지 수업사태' 등 3가지 영역으로 구성되어 있다.

② **목표별 수업이론**: 수업목표(학습결과, 5가지 학습능력)에 따라 수업방법(학습조건)을 다르게 설계해야 한다.

③ **9가지 수업사태**: 실제 수업사태(수업의 절차)를 학습자의 내부에서 일어나는 정보처리과정으로 설명한다. 학습자의 학습을 촉진하기 위해서는 학습자 내부의 내적 과정을 촉진하도록 수업사태를 제공해야 한다.

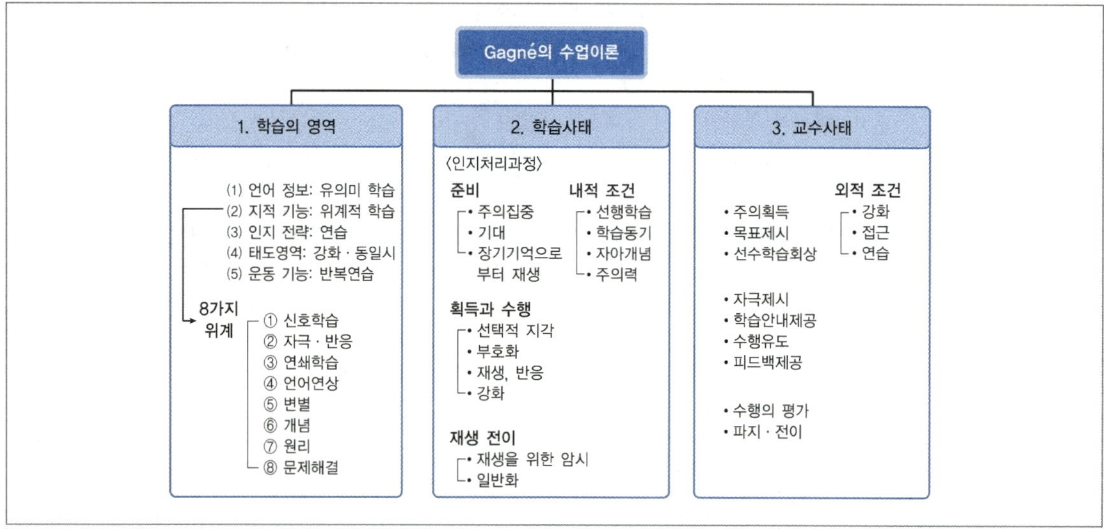

(2) **학습결과**(학습영역, learning outcomes)**의 유형** 90 중등, 92 초등, 07 초·중등, 09 초등, 11 중등

① **개념**: 가네는 학습결과인 학습된 능력 범주를 언어 정보, 지적 기능, 인지 전략, 태도, 운동 기능의 5가지 영역으로 분류하였다. 이 5가지 학습결과(학습영역)는 각기 다른 수업방법(학습조건)을 필요로 한다. ⇨ 목표별 수업이론

② 5가지 학습결과(학습영역)의 유형

학습결과 (학습영역)	내용
언어 정보 (verbal information)	• 개념 : 사실, 개념, 원리 등을 기억하여 언어로 표현할 수 있는 능력 ⇨ 명제적(선언적) 지식, 다른 학습을 위한 기본이 됨 예 국가의 수도 기억하기, 사물의 이름 기억하기, 음식의 재료 열거하기 등 • 학습방법 : 언어 정보는 오수벨(Ausubel)의 선행조직자를 제공하여 유의미 수용학습을 통해 학습

지적 기능(intellectual skills)

• 개념 : 언어, 숫자, 부호 등 상징적 기호를 사용하여 환경과 상호작용할 수 있는 능력 ⇨ 방법적(절차적) 지식, 학교학습에서 가장 중요하게 다루는 능력

   예 빨간색과 파란색을 구별하기, 수동태를 능동태로 바꾸기

• 학습방법 : 지적 기능은 위계학습을 통해 학습

• 지적 기능의 하위범주 ⇨ 지적 조작의 복잡성 수준에 따라 위계화(계열화)되어 있음

지적 기능	내용
변별학습	대상들 간의 속성(차이)을 구별하는 능력. 개념학습을 위한 바탕이 됨 예 여러 모양의 다각형 중에서 삼각형 구별하기, 식물·동물 구별하기
개념학습	• 의미 : 사물들의 공통적인 속성에 의해 사물들을 분류하는 능력, 사물들의 공통점에 주목함 • 구체적 개념학습 : 사물, 형태 등 지각적인 외형적 특성에 따라 분류하는 개념 예 나무, 바위, 포유류, 사각형 등 • 정의된 개념학습 : 단순히 지각적으로 구분하는 것이 아니라, 합의된 정의에 따라 분류된 개념 예 민주주의, 평화, 자유 등
원리학습 (규칙학습)	두 개 이상의 개념을 사용하여 어떤 현상에 내재된 규칙과 법칙을 설명하는 능력(개념들 간의 관계에 대한 진술). 원리학습은 문제해결을 위한 조건이 됨 예 그림자가 생기는 현상을 통해 빛의 직진 원리를 이해하기, 기단의 생성 원리를 알기
문제해결학습 (고차적 규칙학습)	한 가지 이상의 원리(규칙)를 적용하여 문제를 해결하는 능력 ⇨ 적용력, 전이력과 관계 예 삼각형과 사각형의 넓이를 구하는 방법을 통해 사다리꼴의 넓이 계산하기, 동위각의 원리와 각에 따른 호의 길이가 비례한다는 원리를 알아 지구 둘레를 측정하기

인지 전략 (cognitive strategies)	• 개념 : 학습자가 기억하고 사고하며 학습하는 방법에 대한 능력 ⇨ 학습자 개인의 학습, 기억, 사고 행동을 조정·통제하는 능력, 학교학습의 가장 큰 목표 영역 예 암기방법, 효과적인 노트정리, 조직화 전략, 정교화 전략, 인지 리허설 전략 등 • 학습방법 : 비교적 장시간에 걸친 연습을 통해 발달
태도 (attitude)	• 개념 : 어떤 대상이나 활동을 선택하는 학습자의 내적·정신적 경향성 예 미술관에 가지 않고 대신 콘서트에 가는 것을 선택하기, 무단횡단하지 않는 행동, 노인에게 자리를 양보하는 행동 등 • 학습방법 : 강화, 대리 강화(관찰학습), 동일시 등을 통해 학습
운동 기능 (motor skills)	• 개념 : 신체의 근육을 활용하여 특정한 동작을 수행하는 능력 ⇨ 블룸의 심동적 영역과 동일한 학습능력 예 수영하기, 그림 그리기, 컴퓨터 문서 작성하기, 라디오 조립하기 등 • 학습방법 : 장기간에 걸친 반복연습을 통해 학습

(3) 학습의 조건(condition of learning)

① **개관** : 학습의 조건에는 내적 조건과 외적 조건이 있다. 내적 조건은 효과적인 학습을 위해 필요한 학습자의 내적 상태(인지적, 정의적 요소)를 말하며(⇨ 9가지 학습사태와 관련), 외적 조건은 학습자의 내적 학습과정을 활성화하고 지원하는 데 필요한 환경자극(⇨ 교수사태와 관련)을 말한다. ⇨ 목표유형(학습유형)별로 학습이 일어나기 위한 내적 조건과 외적 조건은 달라진다.

② **학습의 조건**

학습 조건	내용
내적 조건	• **선행학습능력** : 학습이 성공하기 위해서는 이전에 학습한 내적 능력이 있어야 함 • **학습동기** : 학습이 성공하기 위해서는 학습하려는 능동적 자세인 동기가 있어야 함(내재적 동기) • **자아개념** : 학습에 대한 자신감, 즉 긍정적 자아개념이 있어야 함 • **주의집중** : 학습에 주의를 집중할 수 있어야 함
외적 조건	• **강화** : 새로운 행동의 학습은 그 행동에 대해 보상이 주어질 때 잘 일어난다. • **접근** : 자극과 반응이 시간적으로 근접할 때 학습이 더 잘 일어난다(자극과 반응의 시간적 근접성). • **연습** : 반복 연습을 하면 학습이 증진되고 파지가 확실해진다.

(4) 9가지 수업사태(학습사태, event of instruction) – 학습의 인지처리과정 9단계

00 중등, 01 초등, 08~09 중등, 12 초등, 13 중등

① **개관** : 9가지 수업사태는 정보처리과정에 근거하여 학습자의 내적 학습과정을 지원하는 일련의 외적 교수활동을 말한다. ⇨ 학습자의 학습을 촉진하기 위해서는 학습자 내부에서 발생하는 내적 과정을 이해하고, 이를 촉진하기 위한 외적 조건인 수업사태를 제공해야 한다.

② **9가지 수업사태**(학습사태)

구분	학습과정(학습사태)	수업사태	기능
학습 준비	① 주의집중	주의집중시키기	학습자의 주의를 집중시킨다. ⇨ 학습자는 감각등록기의 선택적 주의를 통해 정보에 주의를 기울인다. 예 흥미나 호기심 유발의 질문, 시청각자료의 활용, 주의집중의 말 등
	② 기대(동기화)	수업목표 제시 (학습목표 제시)	학습자에게 학습목표를 알려주도록 한다. ⇨ 학습자는 학습이 끝났을 때 성취할 수 있는 능력이 무엇인지에 대해 기대감을 갖게 된다. 예 학습이 끝났을 때 수행할 수 있는 결과 알려줌
	③ 인출 (장기기억에서 단기기억으로 정보 인출)	선수학습 회상 (선수학습 확인)	새로운 정보를 학습하는 데 필요한 선수학습 내용을 확인한다. ⇨ 학습자는 선행학습 내용을 장기기억에서 단기기억으로 불러오게 된다. 예 선수학습요소 확인(Ausubel의 포섭자에 해당)

정보 획득과 수행	④ 선택적 지각	자극 제시 (학습내용 제시)	• 학습자에게 학습할 새로운 내용을 제시한다. → 학습자는 자극 제시에 따라 선택적 지각을 한다. ⇨ 학습과제를 다루는 구체적 활동이 시작되는 첫 단계 • 새로운 정보가 적절한 자극의 형태로 제시되는 것이 매우 중요하다. 학습영역에 따른 적합한 자극의 형태를 결정하는 것이 요구된다. 예 학습내용의 핵심요소를 설명하기(개념이나 명칭 제시), 학습내용의 예를 설명하기(개념의 사례 제시), 학습내용과 관련된 영상자료 보여주기, 하이라이트 표시나 밑줄 사용, 운동 기능의 시범 등
	⑤ 의미론적 부호화	학습안내 제시	이전 정보와 새로운 정보를 적절히 통합시키고 그 결과를 장기기억에 저장할 수 있도록 '통합교수(integrating instruction)'를 한다. → 학습자는 통합된 정보를 유의미하게 부호화하고 장기기억에 저장한다. ⇨ 학습안내는 스캐폴딩이라고 할 수 있어서 학습자의 인지적 구성활동을 지원한다. 예 도표, 규칙, 모형, 순서도, 조직화, 연결된 사례, 암시나 단서 제시 등
	⑥ 반응 (재생과 반응)	수행 유도 (연습 유도)	• 연습기회를 제공하여 학습자가 실제로 학습했는지 확인한다. ⇨ 학습의 진척상황 확인 단계 • 수행 유도는 단기기억의 내용이 장기기억에 저장되었는지 확인할 수 있어야 하며, 충분하게 학습되었는지를 확인할 수 있어야 한다. 예 질문을 통해 반응(답변)을 유도하거나, 실험 또는 실습의 연습기회 제공 등
	⑦ 강화 (피드백을 통해 강화받기)	피드백 제공	• 수행이 얼마나 성공적이었고 정확했는지에 대해 정보적 피드백을 제공한다. • 성공적인 수행에는 긍정적 피드백을 제공하여 수행을 강화하고, 개선이 필요할 때는 정확한 구체적 피드백을 제공한다.
재생과 전이 (학습 전이)	⑧ 단서에 의한 인출 (재생을 위한 암시)	수행평가 (성취행동 평가 / 형성평가)	성취행동을 평가하여 학습목표의 도달정도를 측정한다. ⇨ 수업의 마무리 단계
	⑨ 일반화	파지와 전이 증진	새로운 상황에 적용하게 하여 파지와 전이력을 높이고 일반화하게 한다.

❷ 메릴(Merrill)의 교수설계이론 – 내용요소제시이론(CDT : Component Display Theory)

02 초·중등, 08 초·중등, 10 초등, 12 중등

(1) 개관

① **미시적 교수설계이론** : 인지적 영역 내에서 특히 하나의 아이디어를 효과적으로 가르치는 데 초점을 두고 있는 미시적 교수설계이론 ⇨ 사실, 개념, 절차, 원리와 같은 인지적 영역의 내용요소를 하나씩 교수하고자 할 때 적용할 수 있는 미시적 교수설계이론

② **내용요소제시이론** : 학습결과의 범주를 내용×수행 행렬표(matrix)로 나눈 다음, 각각에 적절한 교수방법을 제시(display)하는 이론

(2) 특징

① **내용×수행 행렬표(matrix)** : 내용차원에는 사실, 개념, 절차, 원리의 4가지, 수행차원에는 기억, 활용, 발견의 3가지가 있다. '사실에 대한 활용'과 '사실에 대한 발견'은 이론적으로 존재하지 않으므로 총 10개가 된다. 즉, E, I는 존재하지 않는다.

수행차원		사실	개념	절차	원리
	발견	I	• 포유류의 특성을 고려하여 동물을 분류하는 방법을 고안할 수 있다. • 교실 학생들을 몇 개의 모둠으로 나누는 방법을 고안할 수 있다.	• 다양한 물질을 현미경으로 관찰하는 방법을 찾을 수 있다. • 피험자들을 실험처치 그룹에 우선적으로 배치하는 방법을 고안할 수 있다.	• 지하수의 생성원리를 설명할 수 있는 모형을 만들어 제시할 수 있다. • 담배 연기가 식물의 성장에 미치는 효과를 측정하기 위한 실험을 설계하고 결과를 보고할 수 있다.
	활용	E	• 환경오염의 사례를 생활 속에서 찾을 수 있다. • 소설에서 절정을 이루는 내용을 가장 잘 표현한 문단을 찾을 수 있다.	• 현미경을 조작하여 양파를 관찰할 수 있다. • 논설문 작성 방법을 사용하여 자신의 의견을 주장하는 글을 쓸 수 있다.	• 피타고라스의 정리를 이용하여 건물의 높이를 잴 수 있다. • 피타고라스의 정리를 이용하여 직각삼각형의 빗변의 길이를 계산할 수 있다.
	기억	• 대한민국은 민주공화국임을 말할 수 있다. • 원주율 π값을 말할 수 있다.	• 포유류의 특성을 말할 수 있다. • 환경오염의 개념을 말할 수 있다.	현미경을 조작하는 단계를 말할 수 있다.	• 피타고라스의 정리를 말할 수 있다. • 세계지도를 만드는 데 이용되는 3가지 투사기술을 말할 수 있다.

내용차원

내용차원	• 사실 : 사물, 사건, 장소의 이름과 같은 단편적인 정보 ⇨ 임의적·단편적 정보 • 개념 : 공통적인 속성을 지닌 사물, 사건, 기호들의 집합 ⇨ 공통적 속성을 지닌 집합 • 절차 : 문제를 해결하는 데 필요한 단계들을 순서화한 계열 ⇨ 순서화한 계열 • 원리 : 어떤 현상을 설명하고 예측하기 위해 사용하는 인과관계나 상호관련성 ⇨ 인과관계, 현상설명, 예측
수행차원	• 기억 : 이미 저장된 언어 정보(예 사실, 개념, 절차, 원리)를 재생하는 것 ⇨ '언어 정보'의 습득 수준 • 활용 : 추상성(예 개념, 절차, 원리)을 구체적인 상황에 적용하는 것 ⇨ '지적 기능'의 수준 • 발견 : 새로운 추상성(예 개념, 절차, 원리)을 찾아내는 것 ⇨ '인지 전략'의 수준

② 자료제시형태(교수방법, display) : 교수목표를 도달하기 위해 학습자에게 제시되는 수업의 형태나 방법

	설명식 [Expository(E)]	탐구식 [Inquisitory(I)]
일반성 [Generality(G)]	**EG(법칙)** 법칙 혹은 일반성을 말하고, 보여주고, 설명하고, 시범을 보여줌	**IG(회상)** 일반적 진술문을 완성하게 함으로써 일반성의 이해를 연습하고, 평가함
사례 [Instance(eg)]	**Eeg(예시)** 특정 사례나 예를 말하고, 보여주고, 설명하고, 시범을 보여줌	**Ieg(연습)** 특정 사례에 일반성을 적용함으로써 사례의 이해를 연습하고, 평가함

㉠ 1차 자료제시형(primary presentation forms) : 학습목표 도달을 위한 가장 최소한의 기본적인 자료제시 형태, 수업의 뼈대 역할 ⇨ 일반성 설명식(EG), 사례 설명식(Eeg), 일반성 탐구식(IG), 사례 탐구식(Ieg)

　　예 일반성(Generality)이나 사례(Instance)를 설명식으로 제시하거나(설명식 1차 제시형), 탐구식(질문식)으로 제시함(탐구식 1차 제시형)

일반성(G)	개념, 절차, 원리를 추상적으로 진술한 것 ⇨ 사실은 특수한 사례이므로 '사실의 일반성'은 없음
사례(eg)	개념, 절차, 원리를 특정한 예를 들어 구체적으로 진술한 것
설명식(E)	학습내용을 설명식으로 제시하는 것 ⇨ 말하고(tell), 보여주고(show), 설명하고(illustrate), 시범을 하는 것(demonstrate)을 말함 • EG(일반성 설명식 : 법칙) : 교사가 개념, 절차, 원리 등 일반적인 내용을 설명해 주는 것 • Eeg(사례 설명식 : 예시) : 교사가 일반성이 적용된 특정 사례를 설명해 주는 것
탐구식(I)	학습내용을 탐구·질문식으로 제시하는 것 ⇨ 질문을 완성형으로 하거나, 일반성을 특정 사례에 적용하는 문제를 내는 것 등 연습(practice)하고 평가(test)하는 것을 말함 • IG(일반성 탐구식 : 회상) : 일반적인 내용을 완성형으로 질문(일반성에 대해 질문하는 것) → 일반성의 이해를 연습·평가 • Ieg(사례 탐구식 : 연습) : 일반성이 적용된 특정 사례를 찾도록 요구(예를 들어보라고 요구) → 사례의 이해를 연습·평가

ⓛ **2차 자료제시형** : 필수적인 요소는 아니지만 학습을 보다 쉽게 지원해 주는 부가적인 자료 제시 형태, 1차 제시형을 보다 정교화시켜 줌 ⇨ 맥락(context), 선수학습(prerequisite), 기억술(암기법, mnemonic), 도움말(help), 표현법(representation), 피드백(feedback) 등 6가지의 정교화를 포함함 ⇨ 메릴은 EG(법칙), Eeg(예시)의 설명식 1차 제시형에서는 맥락, 선수학습, 암기법, 도움말, 표현법의 5가지 정교화 유형만이 타당성을 가지며, IG(회상), leg(연습)의 탐구질문식 1차 제시형에서는 맥락, 도움말, 표현법, 피드백의 4가지 정교화 유형만이 타당성을 갖는다고 함

맥락	교수내용에 맥락이나 역사적 배경을 제시하여 정교화하는 방식
선수학습	새로운 학습을 위해 알아야 할 선수지식을 같이 제시하는 전략
기억술	법칙이나 공식 등을 암기할 수 있는 방법을 같이 제시하여 기억을 촉진시키는 전략
도움	학습자의 학습을 돕기 위해 화살표, 다양한 색상, 굵은 활자 등을 같이 제시하여 주의를 집중시키는 전략 ⇨ 학습촉진 도움말
표현법	일반적인 내용을 공식, 표, 그림, 다이어그램, 차트 등으로 표현하여 학습을 정교화하는 방식
피드백	학습자가 수행한 내용에 대해 도움을 주거나, 정답에 대한 정보를 제공하거나, 활용에 대한 정보를 주어 학습을 정교화하는 방식

EG(법칙) 정교화	설명식으로 일반적 정보를 제시한 뒤에 있을 수 있는 2차 제시형의 형태들 ⇨ 맥락, 선수학습, 암기법, 도움말, 표현법의 5가지 정교화 유형이 있음 예 EG(법칙) : '힘은 질량과 가속도를 곱과 같다'라고 말하거나 쓴다. ⇨ EG'c(맥락) : 이 법칙이 나오게 된 배경이나 뉴턴의 생애를 이야기 함, EG'p(선수학습) : 법칙을 설명하는 개념인 질량과 가속도에 대해 부연 설명함, EG'mn(기억) : 법칙을 쉽게 기억하도록 '힘질가'라고 머리글자만 외우는 방법을 알려줌, EG'h(도움) : 학생의 주의를 집중시키기 위해 화살표, 밑줄, 색깔을 달리하는 등 학습촉진에 도움을 줌, EG'r(표현) : F = ma처럼 법칙을 말 대신 그림, 공식, 표로 나타냄
Eeg(예시) 정교화	예를 설명한 뒤에 있을 수 있는 2차 제시형의 형태들로, 정교화 방식은 EG 정교화와 같다.
IG(회상) 정교화	일반적 내용을 탐구(질문)한 뒤에 있을 수 있는 2차 제시형으로 피드백이 가장 중요한 2차 제시형 ⇨ 맥락, 도움말, 표현법, 피드백의 4가지 정교화 유형이 있음 예 IG'c(맥락) : 탐구(질문)의 맥락을 알려줌, IG'h(도움) : 탐구(질문)을 하고 힌트를 줌, IG'r(표현) : 질문을 도표나 그림의 형태로 변형하여 함, FB/ca(피드백) : 옳은 답을 줌, FB/h(도움) : 약간의 정보를 주면서 다시 한 번 해보라는 도움을 줌, FB/u : 지금까지의 모든 것을 다시 한 번 해보라고 함(※ ca : correct answer, h : help, u : use)
leg(연습) 정교화	예를 들도록 질문한 뒤에 나오는 2차 제시형으로 IG 정교화와 같은 맥락이다.

(3) 시사점

① 학습활동을 구조화할 때 제일 먼저 일반성을 제시하고, 예를 제시하고, 연습활동을 제시하는 순서로 진행해야 한다.
   예 '녹색 소비'의 개념을 가르칠 때, 제일 먼저 그 정의를 제시한 뒤, 녹색 소비의 구체적 예를 제공하고, 마지막으로 여러 보기 중 녹색 소비에 해당하는 사례를 찾는 연습활동을 진행한다.
② 교사가 수업현장에서 특정 학습과제 유형을 가르칠 때 보다 쉽게 10가지 범주로 학습유형을 분류하고, 이에 적합한 교수전략을 1차 제시형과 2차 제시형의 결합으로 적절히 선택할 수 있다.

❸ 라이겔루스(Reigeluth)의 교수설계이론 - 정교화이론(elaboration theory)

02 중등, 03 초등, 09 중등, 10 초등, 12 중등, 26 중등論

(1) 개관

① **미시적 전략** : 미시적 전략은 단일 아이디어(개념학습, 원리학습, 절차학습)를 가르치는 교수설계전략이며, 미시적 전략의 하위전술에는 제시, 연습, 피드백과 같은 일상적 방식과 각각의 일상적 방식을 다시 다른 형태로 나타낸 심화방식이 있다.

② **거시적 전략** : 라이겔루스(Reigeluth)의 정교화이론은 여러 아이디어들을 어떤 순서로 가르칠 것인가와 관련된 거시적 조직전략 이론이다. 즉, 복잡한 수업내용을 선택(selecting), 계열화(sequencing), 종합(synthesizing), 요약(summarizing)하기 위한 효율적 교수 처방기법을 제시하고 있는 거시적 교수설계이론이다.

③ **단순화 조건법(SCM : Simplifying Conditions Method)** : 교육내용을 계열화하기 위한 가장 중요한 원리로 단순-복잡의 순서로 학습내용을 조직할 것을 제시하였다. 학습내용의 가장 핵심이 되는 정수(epitome)를 확인하고, 이후 이를 정교화하는 방법을 제시한다.

(2) 미시적 조직전략 - 개념학습을 중심으로

단계	내용
제시	• 개념의 전형 형성(prototype formation) : 개념의 전형적인 사례 제시(⑩ 곤충의 전형적 사례 : 나비) ⇨ 일반적이며 다수의 사례를 대표할 수 있는 것이어야 함 • 변별(discrimination) : 개념 정의, 개념의 결정적 속성 검토(⑩ 곤충의 공통적 속성 : 몸이 머리, 가슴, 배의 세 부분), 개념의 예인 것과 예가 아닌 것 제시(사례와 비사례 제시 ⑩ 곤충과 거미) • 일반화(generalization) : 무시하여도 좋은 가변적 속성을 반영한 다양한 사례 제시
연습	개념을 정확히 이해했는지 확인하기 위해 다양한 새로운 사례에 개념을 적용(⇨ 개념의 이해도 검증) ⇨ 연습은 매우 발산적 성격을 띠어야 함
피드백	• 동기화(칭찬/격려) : 옳은 응답에 대해 칭찬과 격려 • 유도 : 옳지 않은 응답에 대해 힌트를 제공하여 재시도하게 하거나, 정답과 설명 제공. 이때 부드러운 표정과 함께 격려를 함

(3) 정교화이론이 적용된 수업 - 줌(zoom)렌즈의 비유

① **전체개요 제시(zoom-out)** : 수업의 정수(epitome)라고 불리는 수업의 '전체개요(overview)'를 먼저 제시한다. '개요'는 교과내용 중 가장 단순하고 기본적인 사상들로 구성된 내용을 발췌한 것으로, 내용 전체를 정리한 '요약'과는 다르다. ⑩ 수요공급의 법칙

② **상세한 내용 설명(zoom-in)** : '개요'를 부분별로 세분화한 좀 더 상세한 내용을 점진적으로 정교화하여 제시한다.

③ **요약과 종합(zoom-out)** : 학습내용의 요약과 종합을 통해 전체개요를 정교화시킨다.

⑷ **거시적 조직전략**(정교화 전략) - 정교화이론의 7가지 교수전략

전략	내용
(단순-복잡의) 정교화된 계열화	학습내용을 단순에서 복잡, 일반적인 것에서 세부적인 것으로 계열화(순서화)하여 조직하는 원리 (단순 → 복잡, 일반 → 세부) ⇨ 줌렌즈의 방법 • **개념적 정교화** : 가장 일반적이고 포괄적인 개념으로부터 점차 상세하고 세부적인 개념의 순서로 교수내용을 계열화하는 방법 • **이론적 정교화** : 가장 기초적이고 명백한 원리로부터 점차 세부적이고 복잡한 원리의 순으로 계열화하는 방법 • **절차적 정교화** : 특정의 학습목표 또는 학습내용을 습득하기 위해 거쳐야 할 일련의 과정이나 절차를 최적으로 계열화하는 방법
선수학습요소의 계열화	새로운 내용을 학습하기에 앞서 반드시 학습해야 하는 선수학습요소를 순서화하여 가르치는 원리 예 2차방정식을 학습하기 위해서는 '2제곱'과 '미지수 변인'을 먼저 학습함 ⇨ 학습의 구조 혹은 학습 위계에 기초를 둔 것
요약자(summarizer)의 사용	이미 학습한 내용을 망각하지 않도록 복습하는 데 사용되는 전략. 학습단원 요약자와 교과전체 요약자 ⇨ 교수에서 다룬 각 아이디어나 사실에 대한 간결한 설명, 사례, 자기평가적인 연습문제를 제공함
종합자(synthesis)의 사용	학습한 내용요소들을 서로 연결하여 통합시키기 위하여 사용하는 전략. 학습단원 종합자와 교과전체 종합자 ⇨ 한 가지 혹은 그 이상의 지식구조의 유형으로 일반성 제시, 학습한 아이디어들의 관계를 나타내는 통합적 사례 제시, 자기평가적인 연습문제를 제공함 ⇨ 장점 : 학습자에게 필수적이고 가치 있는 지식 제공, 이미 학습한 개개의 아이디어들에 대한 깊이 있는 이해를 제공, 개개의 아이디어들을 수업의 전체적 윤곽 속에서 상호 연관성 있게 제시함으로써 학습의 의미와 동기를 제고
비유(analogy)의 활용	새로운 학습내용을 친숙한 아이디어(내용)에 연결시켜 좀 더 쉽게 이해할 수 있도록 도와주는 전략 예 인간의 두뇌는 컴퓨터이다. ⇨ 학습자에게 사전에 경험한 구체적인 지식을 회상시킴으로써 학습자가 추상적이고 복잡한 아이디어를 받아들일 수 있도록 준비시킴
인지전략 촉진자 (cognitive-strategy activator)	학습내용을 이해하고 처리할 수 있도록 학습자의 인지전략을 자극하고 도와주는 촉진자(인지전략 자극자·활성자) ⇨ 그림이나 도표, 도식, 기억술, 비유 등 활용
학습자 통제 (learner control)	학습내용, 학습전략, 인지전략 등을 학습자 스스로 선택하고 통제할 수 있도록 하는 전략 ⇨ 메타인지전략

❹ 켈러(Keller)의 학습동기설계이론(ARCS 이론) 00 초등, 03 중등, 05 중등, 06 초등, 07 중등, 09~10 초등, 11~12 중등, 15 중등論

⑴ **개관**

ARCS 모형은 학생의 학습동기를 유발하고 유지시키기 위한 체계적이고 구체적인 지침을 제공하고자 하는 모형이다.

(2) ARCS 이론(모형)

동기유발요소	의미	하위 전략	구체적 적용 방법 예시
주의집중 (Attention)	주의와 호기심을 유발·유지시킨다.	지각적 주의환기 전략 (perceptual arousal) ⇨ 주의를 유발·유지하는 전략	• 시청각 매체의 활용(단순한 그림, 그래프, 도표에서부터 각종 애니메이션이나 소리, 반짝거림, 다양한 글씨체 등을 사용) • 비일상적인 내용이나 사건의 제시(사건, 역설, 학습자의 경험과는 다른 사실, 괴상한 사실, 믿기 어려운 통계 등을 제시) • 주의분산의 자극 지양(너무 많은 자극의 남용 ×)
		탐구적 주의환기 전략 (inquiry arousal) ⇨ 호기심·탐구심을 자극하여 학습에 대한 기대감을 갖게 하는 전략	• 능동적 반응 유도(질문과 응답을 통해 적극적인 사고를 유도하거나, 흔치 않은 비유를 해보라고 요구하거나, 내용과 관련된 연상을 만들어 보도록 요구) • 문제해결 활동의 구상 장려(학습자 스스로 문제를 내어서 풀어보게 한 후, 적절한 피드백이나 결과를 제시해 줌으로써 지적 호기심을 계속 유지) • 신비감 있는 문제 제시(탐색과정에서 문제상황을 제시하면서 필요한 지식을 부분적으로만 제공) • 과제를 문젯거리로 만들어 제시
		다양성 전략 (variability) ⇨ 수업의 요소를 변화시켜 학습자의 흥미·주의를 계속 유지시키는 전략	• 간결하고 다양한 교수형태의 사용(교수의 한 단위를 간결하고 짧게 구성하되, 정보 제시, 연습, 평가 등의 다양한 형태를 적절히 사용) • 일방적 교수와 상호작용적 교수의 혼합(강의식과 토론식 수업의 혼합) • 교수자료의 다양한 변화 추구(여백 두기, 글자 크기, 밑줄, 그림, 표 등 활용)
관련성 (Relevance)	교수를 주요한 필요와 가치에 관련시킨다.	친밀성 전략 (familarity) ⇨ 수업과 학습자의 경험을 친밀하게 관련시키는 전략	• 친밀한 인물이나 사건 활용 • 친밀한 예문이나 배경지식 활용(뺄셈 개념을 가르칠 때 상점에 가서 과자를 사는 상황을 예로 사용) • 구체적이고 친숙한 그림 활용(추상적인 개념을 가르칠 경우)
		목적지향성 전략 (goal orientation) ⇨ 수업에서 학습자의 목적을 충족시키는 전략	• 실용성에 중점을 둔 목표 제시(학습목표가 미래의 실용성과 연관되어 있음을 인식시킴) • 목적지향적인 학습형태 활용(실용성을 제시하기 어려운 학습과제일 경우, 게임, 시뮬레이션 등과 같이 그 자체로 어떤 목적을 지향하는 학습형태 이용) • 목적의 선택 가능성 부여(다양하게 제시된 목적 중에서 자신에게 적합한 목적을 선택하도록 함)

		필요나 동기와의 부합 전략 (motive matching) ⇨ 수업을 학습자의 동기와 관련시키는 전략 : 성취 욕구와 소속감 욕구 중시	• 어렵고 쉬운 다양한 수준의 목표 제시(자신의 능력이나 특성에 따라 적절한 수준의 목표를 선택하도록 하여 성취욕구 자극함) • 협동적 학습상황 제시(비경쟁적 학습상황에서 학습과정에 몰두하며 소속감의 욕구가 충족) • 비경쟁적 학습상황의 선택가능(높은 수준의 과제를 성취할 때, 비경쟁적 학습환경을 선택할 수 있도록 수업을 설계하면 학습자의 필요나 동기에 부합될 수 있으므로 수업의 관련성을 높일 수 있음) • 학업성취 여부의 기록체제 활용(학업성취 여부를 계속적으로 기록하고 그에 따라 적절한 피드백을 제공함으로써 성취욕구 자극)
자신감 (Confidence)	성공에 대한 자신감과 긍정적 기대를 갖도록 한다.	학습의 필요조건 제시 전략 (성공기대 증가 전략, learning requirement) ⇨ 학습의 필요조건과 평가 기준을 제시하여 성공기 대감을 높여주는 전략	• 수업의 목표와 구조 제시(수업목표를 분명하게 제시, 어려운 목표는 작은 단계로 나누어 제시) • 명확한 평가기준 및 피드백의 제시(평가기준을 분명히 제시하고 또 수업목표를 달성할 수 있도록 연습의 기회와 반응에 따른 적절한 피드백을 제공) • 선수학습 능력의 판단(학습자의 성공을 돕기 위해 미리 선수지식, 기술이나 태도 등을 진술해 줌) • 시험의 조건 알려줌(시험문제 수나 그 성격, 시간제한 등을 미리 알려줌으로써 학업수행의 필수요건이 무엇인지를 인식하도록 도와줌)
		성공 기회 제시 전략 (성공체험 전략, success opportunities) ⇨ 성공을 경험할 수 있도록 적절한 수준의 도전감을 제공하는 전략	• 쉬운 것에서 어려운 것으로 과제 제시(다양한 수준의 난이도로 계열화하여 제시) • 적정수준의 난이도 유지(지나친 도전이나 권태를 방지하도록 학습자의 수준에 맞는 적절한 정도의 난이도 유지) • 다양한 수준의 시작점 제시(학습자의 능력수준을 평가하여 그 능력수준에 맞는 내용을 선택적으로 제시) • 어려운 과제에 대해 충분한 도움 제공
		개인적 조절감 증대 전략 (자기책임, personal responsibility) ⇨ 학습자 스스로 자신을 조절·통제하도록 하는 전략	• 학습속도를 적절히 조절할 수 있는 기회 제공(학습자에게 다음 내용으로 스스로 진행하도록 조절의 기회를 줌) • 학습의 끝을 조절할 수 있는 기회 제시(언제든지 학습상황에서 빠져나갈 수 있고, 돌아오고 싶을 때 다시 돌아올 수 있도록 함. 컴퓨터나 기타 시청각매체 사용의 학습에서 더욱 필요) • 원하는 부분으로의 재빠른 회귀 가능(학습하고 싶은 부분으로 쉽사리 가도록 허락함) • 노력이나 능력에 성공 귀착(성공의 이유를 자신의 노력이나 능력에서 찾도록 유도함)

만족감 (Satisfaction)	강화를 관리하고 자기통제가 가능하도록 한다.	자연적 결과 강조 전략 (내재적 강화 전략, intrinsic reinforcement) ⇨ 학습자의 내적 동기를 유지시키기 위해 학습의 내재적 즐거움을 제공하 는 전략	• 연습 문제를 통한 적용 기회 제공 • 모의 상황을 통한 적용 기회 제공 • 후속 학습 상황을 통한 적용 기회 제공
		긍정적 결과 강조 전략 (외재적 보상 전략, extrinsic rewards) ⇨ 바람직한 행동을 계속 유지시키기 위해 강화와 피드백(외적 보상)을 제공하는 전략	• 적절한 강화계획의 활용(학습시작 단계에서는 학습자 의 반응 뒤에 매번 긍정적 피드백이나 보상을 제공하고, 적용해보는 연습단계에서는 간헐적 강화를 사용) • 수준에 알맞고 의미 있는 강화의 제공(너무 쉬운 과 제에 대해 긍정적 보상을 자주 하는 것은 피드백의 긍 정적 동기효과를 저하시킬 우려) • 정답에 대한 보상 강조(옳은 반응에만 긍정적 외적 보 상을 주고, 틀린 반응에는 어떤 보상도 주지 않아야 함) • 외적 보상의 사려 깊은 사용(외적 보상이 실제 수업 상황보다 더 흥미를 끄는 것이어서는 안 됨) • 선택적 보상체제 활용(보상의 종류를 선택하게 함)
		공정성 강조 전략 (equity) ⇨ 공정하게 대우받고 있다 고 느끼게 하는 전략	• 수업목표와 내용의 일관성 유지 • 수업내용과 시험내용의 일치 • 학업수행에 대한 공정한 판단

⑤ 완전학습모형 – Carroll, Bloom

(1) 캐롤(Carroll)의 학교학습모형 91 중등, 93 초등, 97 초등, 03 초등

① **개념**: 학교학습의 완전학습모형으로, 학교학습의 여러 형태 중 지적 학습에 작용하는 주요 변인들을 추출한 후 그 변인들 간의 상호관계를 토대로 체계화한 것이다. ⇨ 정의적 학습에는 적용 곤란

② **학교학습의 모형도**: 학습자가 성취한 학습의 정도는 학습에 필요한 시간에 대한 학습에 사용한 시간의 비율로 결정된다.

$$\text{학습의 정도} = f\left\{\frac{\text{학습에 사용한 시간}}{\text{학습에 필요한 시간}}\right\} = f\left\{\frac{\text{학습기회, 학습지속력}}{\text{교수의 질, 적성, 교수이해력}}\right\}$$

③ 학습의 정도를 결정하는 변인(학습시간의 결정변인)

　㉠ 개인차 변인(학생 변인)

적성 (aptitude)	• 최적의 학습조건에서 주어진 과제를 완전히 학습하는 데 필요한 시간 ⇨ 특정한 과제수행과 관련되는 특수능력 **예** 수학 적성, 과학 적성 • 적성이 높으면 과제를 빨리 학습하고, 적성이 낮으면 학습에 소요되는 시간이 길어진다.
교수이해력 (수업이해력)	• 수업내용이나 교사의 설명을 이해하는 학습자의 능력 ⇨ 학습자의 일반지능과 언어능력에 의해 결정 • 적성이 과제의 종류와 성질에 따라 변화하는 특수한 능력임에 반해, 교수이해력은 여러 과제에 공통적으로 적용되는 일반적인 능력임
학습지속력 (지구력)	학습자가 인내를 발휘하여 실제로 노력한 시간(적극적으로 참여한 시간) ⇨ 학습동기와 밀접

　㉡ 수업 변인(교사 변인)

교수의 질 (수업의 질)	• 교사의 학습과제 제시나 수업방법에서의 적절성 ⇨ '교수이해력'을 보완할 수 있는 변인 　**예** 교수방법, 교수매체의 사용 • 수업의 질을 높이기 위해서는 학습목표와 학습방법을 사전에 알려주어 학습과제의 가치를 인식하게 함으로써 학습동기를 유발시키고, 학습과제를 적절하게 계열화하여 제시 • 또한 학습자의 능동적 참여를 유도하기 위하여 가능하면 개개 학습자의 흥미와 욕구를 충족시킬 수 있도록 수업을 계획하고 실행해야 하며, 수업결과에 대해 적절한 피드백을 제공
학습 기회	• 학습과제를 학습할 수 있도록 학습자에게 허용된 시간 ⇨ 개인의 학업적성에 차이가 있기 때문에 학습자들에게 주어지는 학습기회는 달라져야 함 • 지구력이 학습자 스스로의 의지에 따라 학습에 투입한 시간이라면, 학습기회는 학습자의 의사와 관계없이 외부에서 학습자에게 주어진 학습시간을 말함

④ 시사점

　㉠ 학교학습의 효과를 극대화하기 위해서는 학교학습의 5가지 변인들 사이의 상호관계를 잘 조절해야 한다.

　㉡ 학습에 필요한 시간은 줄이고, 학습에 사용한 시간을 늘리면 학습의 정도가 최대치가 된다.

　㉢ 학습에 필요한 시간인 교수의 질을 높이면 학생들의 교수이해력이 높아지고, 학습지속력도 높일 수 있기 때문에 학습의 정도를 높일 수 있다.

　㉣ 학습에 사용한 시간을 늘려 학습기회를 충분히 허용하면 적성이 낮은 학생일지라도 완전학습에 이를 수 있다.

　㉤ 한편, 학습지속력이 다소 낮더라도 적성이 높으면 학습과제를 일정한 시간 내에 달성할 수 있다. 그러나 적성이 낮은 학생이 다른 학생과 동일한 시간 내에 주어진 과제를 달성하려면 교수의 질을 적절히 재구성하여 교수이해력을 높여주고, 학습지속력과 학습기회도 증대시켜야 한다.

(2) 블룸(Bloom)의 완전학습모형 ^{00 대구 · 경북초보}

① 개념 : 블룸은 학급의 95% 학생들이 학습과제의 90% 이상 학습하는 것을 완전학습이라고 보고, 이를 달성할 수 있는 수업전략을 제시하였다.

② 완전학습모형

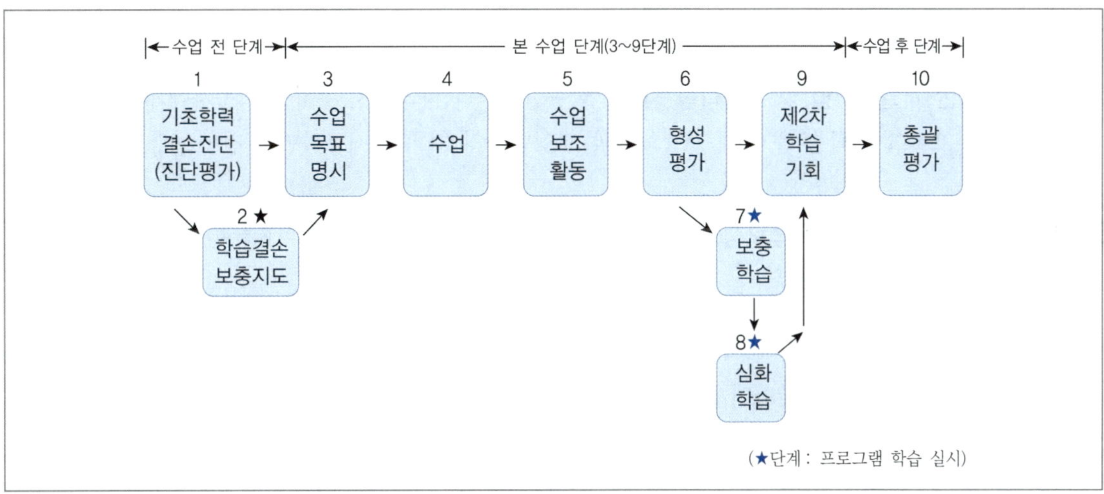

단계		내용
수업 전	1단계 : 학습결손진단	진단평가를 실시하여 기초학력을 진단함
	2단계 : 학습결손 보충지도	프로그램 학습을 사용하여 결손학습을 보충함
본 수업 (수업 중)	3단계 : 수업목표 명시	구체적인 수업목표를 명시함
	4단계 : 수업	실제적인 교수·학습활동을 전개함 ⇨ 학생의 수업이해력 수준에 기초하여 체계적인 학습내용 제시, 학습시간의 효율성 증대, 학생의 적성에 따른 학습기회 제공이 있어야 함
	5단계 : 수업보조활동	학습자의 흥미와 동기를 유발하기 위해 여러 가지 자료를 제시함 ⇨ 실험, 실습, 연습, 시청각교재 사용 등
	6단계 : 형성평가	형성평가를 통해 보충학습군과 심화학습군으로 구분함 ⇨ 평가의 목적은 학생의 학습 진전 상황을 스스로 확인하도록 돕고, 교사의 수업 개선을 위한 정보를 제공함
	7단계 : 보충학습	학습부진아를 대상으로 보충학습 시행(프로그램 학습 사용)
	8단계 : 심화학습	학습정상아를 대상으로 심화학습 시행(프로그램 학습 사용)
	9단계 : 제2차 학습기회	자율학습, 협력학습의 기회를 마련해 줌
수업 후	10단계 : 총괄평가	수업 종결 후 학업성취도를 평가함

③ 특징(완전학습 전략) ^{99 초등보수}

ㄱ 학습시간(학습기회) 가장 중시 : 교수의 질, 적성과 교수이해력을 높여 학습에 필요한 시간을 줄이고, 보충학습을 포함한 학습기회를 충분히 제공하여 학습에 사용한 시간을 늘리면 완전학습에 이를 수 있다.

ㄴ 형성평가와 보충·심화학습 강조 : 교수·학습에서 가장 중요하게 다루어져야 할 것은 형성평가와 이에 따른 계속적인 보충과 심화이다. 형성평가를 통해 보충학습군과 심화학습군으로 구분하고 계속적인 보충학습과 심화학습의 기회를 제공한다.

ㄷ 철저한 개별화수업 및 교정학습 강조 : 학습단계마다 따라가지 못하는 학습자에게 철저한 개별화수업(즉, 프로그램 학습)을 통해 보충학습과 교정학습의 기회를 제공하면 완전학습에 이를 수 있다.

❻ 브루너(Bruner)의 발견학습모형(discovery learning) ^{95~96 중등, 99 중등, 01 중등, 05 초등, 06 중등, 14 중등추시論}

(1) 개념

교사의 지시(scaffolding)를 최소화하고 '학습과제의 최종적 형태(structure of knowledge)'를 관찰, 토론, 실험 등을 통해 '학습자 스스로 찾아내게 하는(discovery) 방법'이다. ⇨ 문제인식, 가설설정, 가설검증, 결론도출

(2) 발견학습의 특징

① '지식의 구조'에 대한 철저한 학습 강조 : 교과의 중간언어나 단편적인 지식을 가르치는 것이 아니라 각 학문을 구성하는 핵심 아이디어나 기본개념과 원리를 강조한다.

② 학습자의 능동적 학습 강조 : 학습자 스스로 개념이나 원리를 발견해 내는 능동적이고 주체적인 학습을 강조한다. 이 과정에서 교사는 학습자의 발견과정을 촉진하고 안내하는 역할을 한다.

③ 학습의 결과보다 학습의 과정 강조 : 교과의 최종형태를 학습자가 스스로 발견하도록 한다는 점에서 학습의 결과보다 학습의 과정이나 학습방법을 강조한다.

④ 학습효과의 전이 중시 : 요소와 요소의 관련성을 파악할 수 있도록 함으로써 기본원리에 의한 학습의 전이를 강조한다.

(3) 발견학습의 요소(수업이론의 구성요소)

① 지식의 구조(structure of knowledge)

ㄱ 의미 : 지식의 구조란 각 학문을 구성하고 있는 기본 개념과 원리들을 체계적으로 조직한 것을 말한다. 지식은 학습자가 쉽게 이해할 수 있도록 구조화하여 제시하여야 한다.

ㄴ 표상방식 : 지식의 구조를 표현하는 방식은 작동적(enactive), 영상적(iconic), 상징적(symbolic) 표현방식이 있다.

　　예 대담한 가설: "어떤 교과든지 아동의 발달단계에 맞게 적절한 형태로 제시하면 어떤 학생에게도 효과적으로 가르칠 수 있다."

ㄷ 조직방법 : 나선형 교육과정(spiral curriculum) ⇨ 동일한 내용을 학년이 올라갈수록 점점 폭과 깊이를 더해가도록 조직하는 것이다. 나선형 교육과정은 동일한 내용을 학년이 올라갈수록 쉬운 것에서 어려운 것으로, 구체적인 것에서 추상적인 것으로 조직하는 것이다.

② 계열화(서열, sequence)

    ㉠ 의미 : 학습과제를 순서대로 조직하여 제시하는 것을 말한다. 학습과제는 학습자가 이해, 변형, 전이할 수 있도록 순서대로 조직하여 제시되어야 한다.

    ㉡ 유의점 : 학습계열을 결정할 때 고려해야 할 사항은 ⓐ 학습자의 학습경험, 발달단계, 학습자료의 성격, 개인차 등에 따라 다르게 조직해야 한다는 점, ⓑ 학습과제는 작동적 표현, 영상적 표현, 상징적 표현 순으로 표현해야 한다는 점, ⓒ 적절한 수준의 불확실성과 긴장감을 유지할 수 있는 학습계열을 조직해야 한다는 점 등이다.

③ 학습경향성(predisposition to learn)

    ㉠ 의미 : 학습하고자 하는 의욕, 경향, 동기를 의미한다. 학습에 필요한 조건을 갖추고 있는 상태인 준비성(Thorndike), 출발점행동(Glaser)과 유사하다. 학습자의 학습 의욕을 불러일으키는 구체적인 경험을 명백히 제시해 주어야 한다.

    ㉡ 유의점 : 학습 의욕을 극대화하기 위해서는 ⓐ 적절한 수준의 불확실성을 가진 문제를 제시해야 하며, ⓑ 실패에 대한 불안감이 없어야 하며, ⓒ 현재의 학습활동이 수업목표의 달성과 관련되어 있다는 것을 명확하게 인식시켜야 한다(Bruner; 1968).

④ 강화(reinforcement)

    ㉠ 의미 : 학습결과에 대해 보상을 주는 것을 말한다.

    ㉡ 유의점 : 강화는 내적 보상과 외적 보상이 있는데, 효과적이고 지속적인 학습을 위해서는 내적 보상이 매우 중요하다.

⑤ 학습자의 사고 자극

    ㉠ 의미 : 수업활동에서 학습자 스스로 발견하는 발견자가 될 수 있도록 학습자의 사고과정을 자극하여야 한다.

    ㉡ 유의점 : 교사는 ⓐ 학습자의 사고를 자극할 수 있는 문제를 제시하고, 학습자는 이에 대해 의문을 갖고 탐구하고 실험할 수 있도록 수업을 조직해야 한다. ⓑ 또, 학습자들이 예감을 사용하고, 심지어 대담하고 돌발적이며 비현실적인 아이디어까지도 제안할 수 있도록 격려해야 한다.

⑷ 발견학습의 조건

① 학습태세(set) : 학습자가 학습상황에서 정보들 간의 관계를 찾으려는 내적 경향성을 말한다. 발견학습을 촉진하기 위해서는 발견하도록 하는 지시를 자주 하며, 학생 스스로 발견할 기회를 충분히 제공해야 한다.

② 요구상태(need state) : 학습자의 동기수준을 가리킨다. 브루너는 너무 높거나 너무 낮은 동기수준보다 보통의 동기수준이 분류체계의 발견에 도움을 준다고 한다.

③ 관련정보의 학습(mastery of specifies) : 학습자가 관련된 구체적 정보를 알고 있는 정도를 말한다. 학습자가 관련된 구체적인 정보를 많이 가지고 있을 때 발견이 잘 일어난다.

④ 연습의 다양성(diversity of training) : 같은 정보라 하더라도 그 정보에 접촉하는 사태가 다양하면 할수록 그 정보를 조직할 수 있는 분류체계의 개발이 용이해진다는 것이다.

(5) 교사의 역할

① **탐구자료 제시** : 교사는 학습과제를 나선형 교육과정에 따라 조직하고, 지식의 구조인 교과의 기본개념과 원리가 내재된 다양한 탐구자료를 제시한다.

② **해답을 발견하도록 단서 제공** : 학생 스스로 탐구하여 교과의 기본개념과 원리를 발견할 수 있도록 적절한 단서를 제공하면서 안내한다.

③ **학습자와 함께 탐구하는 동료로서의 역할** : 교사는 최종적인 답변을 주지 않으면서 학습자와 함께 탐구하는 동료로서의 역할을 한다.

④ **적절한 강화 제공** : 수업은 강화에 관한 계획을 명시해야 한다. 강화는 내적 보상과 외적 보상이 있는데, 효과적이고 지속적인 학습을 위해서는 내적 보상이 매우 중요하다.

⑤ **비계설정** : 근접발달영역(ZPD)에서 학습자는 처음에는 교사의 도움을 받아 학습하면서 점차 스스로 문제를 해결하고 새로운 개념과 이론을 터득할 수 있도록 해야 한다.

(6) 발견학습의 장단점

장점	단점
• **내재적 동기 유발** : 발견 그 자체가 하나의 보상이 되어 내적 만족감과 유능감을 높이므로 내재적 동기를 유발한다. • **고등정신능력 함양** : 학습자의 자발적인 수업참여를 유도하고, 탐구능력, 유추능력, 문제해결능력 등과 같은 고등정신능력을 증진시켜 준다. • **학습의 전이효과 증가** : 발견학습을 통해 획득된 지식은 더 오래 기억(파지)되고, 다양한 장면으로 전이된다.	• **방만한 수업** : 발견학습은 학습자의 능동적 학습과정을 중요시한 나머지 방만한 수업이 될 위험이 높다. • **학습노력의 비경제성** : 개념과 원리를 발견하는 데 많은 시간이 소요되어 학습노력의 경제성이 낮다. • **학습자 능력의 한계** : 또 모든 지식을 학생 스스로 발견할 수 없다는 문제가 있고, 특히 지적 능력이 낮은 학생들은 학습에서 소외될 가능성이 높다.

7 오수벨(Ausubel)의 유의미 수용학습이론(meaningful reception learning)

01 초등, 03 초등, 04 중등, 05 초등, 06 중등, 08 초등, 10 중등

(1) 개념

유의미 수용학습은 새로운 지식을 학습자의 기존 인지구조에 의미 있게 연결하는 학습을 말한다. ⇨ 교사 중심의 설명식 수업 형태

(2) 유의미 학습의 조건

유의미 학습이 가장 효과적으로 일어나기 위해서는 학습과제, 인지구조, 학습태세의 3가지 조건을 충족시켜야 한다.

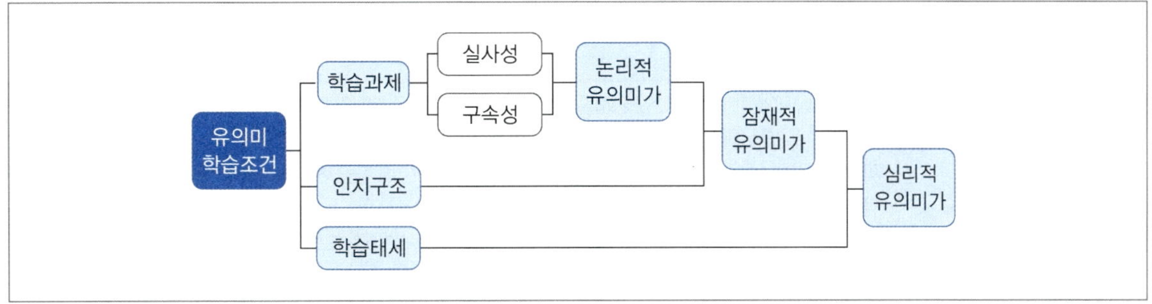

① 유의미 학습과제(learning task) : 논리적 유의미가
  ㉠ 학습과제가 논리적 유의미가, 즉 실사성과 구속성을 지녀야 한다. 실사성은 명제가 어떻게 표현되더라도 그 의미가 불변한다는 것이며, 구속성은 임의적으로 연결된 관계가 변하지 않는 것을 의미한다.
  ㉡ 학습과제가 실사성과 구속성을 모두 지닐 때 학습과제는 '논리적 유의미가'(logical meaningfulness)를 갖는다. 유의미 학습과제는 주로 개념, 원리, 명제로 구성된다는 점에서 명제학습이라 한다.
② 인지구조(cognitive structure) 속 관련정착지식 : 잠재적 유의미가
  ㉠ 학습자의 인지구조 속에 관련정착지식(relevant anchoring ideas)이 있어야 한다. 관련정착지식은 논리적 유의미가를 갖는 학습과제를 포섭하는 포섭자(subsumer) 역할을 한다.
  ㉡ 인지구조 속에 관련정착지식이 있을 때 그 학습과제는 '잠재적 유의미가'(potential meaningfulness)를 갖는다.
③ 유의미 학습태세(meaningful learning set) : 심리적 유의미가
  ㉠ 학습자는 유의미 학습태세를 갖고 있어야 한다. 학습태세란 학습과제를 인지구조에 포섭(包攝, 연결)하려는 학습자의 성향 또는 의도이다.
  ㉡ 학습과제가 잠재적 유의미가를 갖고, 학습자가 학습태세를 갖추고 있을 때, 그 학습과제는 학습자에 대하여 '심리적 유의미가'(psychological meaningfulness)를 갖는다.

(3) 유의미 학습의 과정(명제학습의 종류) 08 초등

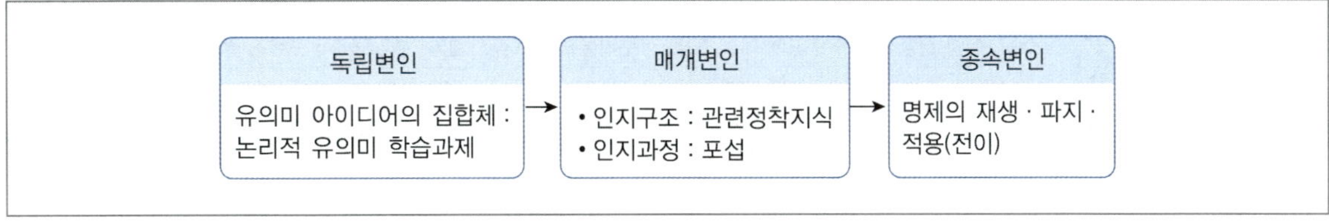

✔ 유의미 학습의 과정

① 개념 : 오수벨은 유의미 학습이 일어나는 현상을 포섭(subsumption)이라는 개념으로 설명한다. 포섭이란 새로운 학습내용을 기존 인지구조(포섭자, 관련정착지식)에 통합·일체화하는 과정으로, 포섭은 곧 학습을 의미한다.

② 포섭의 유형

유형	내용
종속적 포섭 (하위적 포섭)	새로운 학습내용이 기존 인지구조의 하위에 포섭되는 것(기존 인지구조가 새로운 학습내용보다 포괄적인 경우에 발생하는 포섭) ⇨ 연역적 학습 • 파생적 포섭 : 새로운 학습내용이 기존 인지구조(이미 학습한 개념이나 명제)의 특수 사례이거나 파생적인 내용일 때 발생하는 포섭 ⇨ 피아제(Piaget)의 '동화'에 해당 예 채소의 개념: 무·파·배추 등 뿌리·줄기·잎을 채소로 알았던 학생이 '뿌리'를 먹는 당근도 채소로 아는 과정 • 상관적 포섭 : 새로운 학습내용이 기존 인지구조(이미 학습한 개념이나 명제)를 수정·확장·정교화하는 포섭 ⇨ 피아제(Piaget)의 '조절'에 해당 예 채소의 개념: 뿌리·줄기·잎을 채소로 알았던 학생이 '열매'를 먹는 토마토도 채소의 한 종류로 아는 과정
상위적 포섭	새로운 학습내용이 기존의 인지구조보다 포괄적인 경우에 발생하는 포섭(새로운 학습내용이 관련정착지식의 상위에 포섭되는 경우) ⇨ 귀납적 학습 예 개·토끼·고양이·소 등을 아는 학생에게 '포유동물'이라는 새로운 개념을 제시할 경우
병위적 포섭 (병렬적 포섭)	새 학습내용이 기존의 인지구조(이미 학습한 내용)와 동일한 수평적(병렬적) 관계에 있을 때 발생하는 포섭 예 기독교 학습 후에 불교 학습할 경우, 민주주의 학습 후에 독재정치나 전제정치 등을 학습할 경우, 전기의 저항과 전류를 제시한 다음 전압을 제시할 때

⑷ 유의미 학습의 수업 원리

① 선행조직자(advance organizer)의 원리 : 수업의 도입단계에서 추상성, 일반성, 포괄성의 정도가 높은 입문적 자료를 새로운 학습과제에 앞서 제시해야 한다. 선행조직자는 인지구조 내에서 관련정착지식(relevant anchoring ideas)의 역할을 수행하며 유의미 학습을 촉진한다.

예 개념도, 산문체의 문장, 시각적 자료(사진·그림·지도·도표·삽화·모형 등), 질문서, 실물, 시범실험 등

종류	내용
설명 선행조직자 (expository organizer)	• 학습자의 인지구조 속에 새로운 학습과제와 관련된 선행지식이 전혀 없을 때, 즉 생소한 학습과제를 학습할 때 사용하는 조직자이며, 새로운 학습과제를 학습자의 인지구조 속에 끌어들이기 위한 발판으로 사용된다. ⇨ 정착지, 개념적 부착지(ideational scaffolding) 역할 • 설명 선행조직자는 인지구조의 포섭자로서 기존의 관련 있는 인지구조와 결합하여 점진적으로 분화한다(progressive differentiation)(점진적 분화의 원리). 예 (설명 선행조직자) 주기에 대한 개념 → 주기율표 가르침 / (설명 선행조직자) 포유동물에 대한 토의 → 박쥐 가르침
비교 선행조직자 (comparative organizer)	• 학습자의 인지구조 속에 새로운 학습과제와 유사한 선행지식이 있을 때, 즉 친숙한 학습과제를 학습할 때 사용하는 조직자이며, 기존 개념과의 유사성과 차이점을 비교하여 파악하도록 하기 위해 제공된다. ⇨ 인지적 다리(cognitive bridge) 역할 • 새로운 학습과제와 기존의 인지구조를 통합적으로 조정한다(통합적 조정의 원리). 예 (비교 선행조직자) 카메라 눈의 구조 → 눈의 구조 도입 / (비교 선행조직자) 울타리, 건물, 교장 → 세포(세포막, 세포질, 핵) 개념 / (비교 선행조직자) $2 \times 3 = 3 \times 2 / 8 \div 2 \neq 2 \div 8$ → 곱셈과 나눗셈의 유사점·차이점

② 점진적 분화(progressive differentiation)의 원리 : 가장 일반적이고 포괄적인 개념을 먼저 제시하고 그 다음에 구체적이고 세분화된 자료를 제시하여야 한다.

③ 통합적 조정(integrative reconciliation)의 원리 : 새로운 개념은 이전에 학습한 내용과 긴밀한 관련성을 맺으며 통합되도록 제시되어야 한다.

④ 선행학습의 요약·정리의 원리 : 새로운 학습을 시작할 때 지금까지 학습한 내용을 요약·정리해 주면 학습이 촉진된다.

⑤ 내용의 체계적 조직의 원리 : 학습내용이 계열적·체계적으로 조직되어 있으면 학습효과를 극대화시킬 수 있다.

⑥ 학습 준비도의 원리 : 학습과제는 학습자의 인지구조를 포함한 발달수준에 맞게 제공되어야 한다.

(5) **오수벨의 선행조직자 교수모형**(교수 3단계, 수업의 과정) − Joyce & Weil(2004) [12 중등]

① 선행조직자 교수모형

1단계 선행조직자 제시	2단계 학습과제와 학습자료 제시	3단계 인지조직(인지구조) 강화
• 수업목표를 명료화한다. • 선행조직자를 제시한다. 　− 정의적 특성을 확인한다. 　− 예시를 제시한다. 　− 배경을 제공한다. 　− 반복 제시한다. • 학습자의 관련 지식과 경험을 의식하도록 자극한다.	• 학습과제의 실사성과 구속성, 즉 조직을 분명히 한다. • 학습자료를 계열화하여 논리적으로 조직한다. • 주의를 집중시키며 학습자료를 제시한다. • 점진적 분화의 원리를 적용한다.	• 통합적 조정을 유도한다. • 능동적 수용학습을 촉진한다. • 학습내용에 대한 비판적 접근을 유도한다. • 학습내용을 명료화하고 요점을 정리한다.

② 선행조직자 교수모형의 단계별 활동 개관

㉠ 1단계 선행조직자 제시 : 수업목표를 명료화하고 선행조직자를 제시하면서 학습자의 관련 지식과 경험을 상기하도록 자극한다.

㉡ 2단계 학습과제와 학습자료 제시 : 학습과제와 자료는 실사성과 구속성을 갖추고 계열화하여 조직한 후 점진적 분화의 원리에 따라 포괄적인 것에서 구체적인 것으로 제시한다.

㉢ 3단계 인지조직(인지구조)의 강화 : 새로운 내용을 기존의 인지구조에 통합할 수 있도록 통합적 조정을 유도하면서 수용학습을 촉진하고, 학습내용의 요점을 정리해 주어 학습자의 인지구조를 굳힌다.

(6) 교육적 의의와 장단점

① 교육적 의의

    ㉠ 유의미 수용학습 : 설명식 교수법이라고 해도 학습과제를 학생들의 인지구조와 잘 일치시켜주기만 하면 기계적 암기학습이 아닌 유의미한 능동적 정보처리가 가능하다.

    ㉡ 학습자의 인지구조의 중요성 : 학습자 개인의 기존 인지구조가 새로운 학습과제를 조직하고 제시하는 방법을 결정하는 첫 번째 요인이다. 교사는 새로운 자료를 제시하기 전에 학생들의 인지구조의 안정성과 명확성을 증가시켜야 한다.

    ㉢ 선행조직자의 중요성 : 구체적인 학습과제의 제시에 앞서 그 과제보다 포괄적인 수준의 선행조직자를 제시하는 것이 학습에 효과적이다. 선행조직자는 새로운 학습과제를 인지구조 내에 포섭하는 발판 역할을 하며, 주어진 과제들을 보다 친숙하게 해 주고 학습과 파지를 촉진한다.

    ㉣ 선행학습의 중요성 : 선행학습의 중요성에 대한 이론적 근거를 제공한다. 새로운 학습과제가 기존의 인지구조와 너무 상충하거나 무관할 때 학습은 불가능하다.

② 장단점

    ㉠ 발견학습의 단점 보완과 학습노력의 경제성 향상 : 유의미 학습은 발견학습의 단점 중 하나인 발견하느라 쓸데없이 많은 시간을 낭비하는 것과 같은 폐단을 줄여줌으로써 학습에 기울이는 노력의 경제성을 높여준다.

    ㉡ 안정된 파지와 높은 학습전이 : 유의미 학습은 학습과제가 학습자의 인지구조 속에 있는 기존의 지식과 연결되어 유의미하게 파지되도록 하기 때문에 학습한 내용을 새로운 문제해결에 쉽게 전이할 수 있게 한다.

③ 문제점

    ㉠ 무비판적인 기계적 수용학습의 가능성 존재 : 학습자에게 비판적 능력이 없을 경우 지식의 의미와 본질을 따져보지 못하고 그대로 수용하는 기계적 수용학습이 발생할 수 있다. 이 경우 학습자가 주어진 학습과제를 나름대로 의미를 부여하여 학습한 것처럼 보일 뿐이다.

    ㉡ 보완책 − 소크라테스식 문답법의 활용 : ⓐ 다양한 구체적 사례를 제시하여 학습자가 가지고 있는 개념이 정확한지를 확인하도록 하는 반어법과 ⓑ 질문과 답변의 과정을 통해 정확한 개념 정의에 도달하도록 하는 산파술로 이루어진다.

02 **구성주의 교수설계이론**(교수이론)

개념 쏙쏙

구성주의 개관

1. **구성주의의 인식론적 특징**
   ① 지식의 상대성 : 개인의 인지적, 사회문화적 상황을 바탕으로 지식을 구성하기 때문에 지식은 상대적일 수밖에 없다.
   ② 지식의 맥락 의존성 : 지식의 구성행위가 항상 상황 안에서 이루어지므로 지식은 상황 맥락과 필연적으로 관련되어 있다.
   ③ 지식의 잠정성(변화가능성) : 지식은 우리의 인지 한계를 반영하는 것이므로 끊임없이 수정되고 변화된다고 본다.
   ④ 사회적 협상을 통한 지식 형성 가능 : 지식 구조의 형성 및 변화는 주로 중다관점을 검토하고, 그에 대한 사회적 협상을 통해 이루어진다.

2. **구성주의의 교육적 적용** : 구성주의 교수 · 학습(수업설계)의 원리
   ① 학습자 중심의 학습환경 설계 : 구성주의에서 학습의 주체는 학습자이므로 학습자가 학습의 주체로서 주도권을 가질 수 있도록 학습자 중심의 학습환경을 설계해야 한다. 교사는 학습자 중심의 자율적인 학습환경을 조성하고, 조력자(조언자) · 코치 · 촉진자 · 동료학습자(co-learner)의 역할을 수행해야 한다.
   ② 복잡하고 비구조화된 실제적 과제와 맥락 강조 : 구성주의에서 학습은 실제적 상황에서 일어나므로 복잡하고 비구조화된 실제적인 상황과 맥락이 반영된 학습과제를 제시하여야 한다.
   ③ 협동학습(collaborative learning) 강조 : 지식은 개인의 인지적 활동은 물론 사회적 상호작용을 통해서도 구성되므로 사회적 협동과 상호작용을 강조하는 협동학습을 중시한다.
   ④ 자기성찰(self-reflection) : 학습자는 모든 경험, 사건, 현상의 의미와 중요성에 대해 질문하고, 분석하고, 대안을 강구해 보아야 한다.
   ⑤ 중다관점(multiple perspectives) : 학습자료를 다양한 관점에서 조망하고 다양한 방식으로 표현해야 한다.

✅ 객관주의와 구성주의 비교

구분	객관주의	구성주의
지식의 정의	인식주체와 독립하여 객관적이고 절대적으로 존재하는 진리 ⇨ 지식의 객관성, 절대성, 고정성	개인의 개인적 · 사회적 경험에 바탕을 둔 개별적 의미의 구성 ⇨ 지식의 상대성, 상황성(맥락의존성), 잠정성(가변성)
교육 목표	진리와 일치되는 보편타당한 지식 습득	• 개인의 개별적 의미 구성 • 개인이 구성한 의미의 사회적 적합성과 융화성
주요 용어	발견, 습득	구성, 창조
지식의 특성	초역사적, 범사회적, 범문화적	상황적, 사회적, 문화적, 역사적
학습자관	지식의 수동적 수용자	지식의 능동적 창조자
교사 역할	지식의 전달자	지식 구성의 촉진자, 안내자, 조력자, 동료학습자
교육 방법	강의, 암기, 반복, 대집단 학습	협동학습, 소집단 활동, 문제 해결 학습, 비판적 사고 학습
교육 평가	준거지향평가, 총괄평가, 양적 평가 강조	과정중심의 성찰적 평가, 질적 평가, 형성평가 강조

❶ 목표기반시나리오 모형(GBS : Goal-Based Scenarios) – Schanks 13 중등

(1) 개관

목표기반시나리오 모형은 섕크(R. Schanks)에 의해 개발된 것으로 정해진(구조화된) 목표를 중심으로 시나리오에 따른 역할을 실제 수행하는 과정에서 자신도 모르게 정해진 목표를 성취하도록 하는 교수학습모형이다.

⇨ 실제적인 맥락에서 자신도 모르게 행함으로써 배우는(learning by doing) 자연스러운 학습(natural learning)

🔵 대통령의 역할을 학습하기 위해 실제 대통령이 되어 그 역할을 수행해 보도록 한다.

(2) 목표기반시나리오(GBS)의 구성요소

① 목표(goal) : GBS를 통하여 학습자들이 획득하기를 원하는 지식과 기능(skill)이다. 목표에는 과정지식(process knowledge : 절차적 지식)과 내용지식(content knowledge : 선언적 지식)이 있다.

🔵 학습목표 : 조선시대 말기 운양호 사건을 둘러싸고 이루어진 정치적 의사결정 과정에 가상적으로 참여하는 경험을 통해 비판적·합리적 사고능력을 기른다.

② 미션(임무, mission) : 미션은 학습자들이 설정된 목표를 성취하기 위해 수행해야 하는 과제이다. 미션은 목표와 밀접하게 관련되어야 하며, 실제 상황과 유사하고 흥미롭게 설정되어야 한다.

🔵 미션 : 운양호 사건 당시에 고종의 조정 대신으로 중요한 직책을 맡아 조선의 운명을 긍정적으로 변화시킨다.

③ 표지 이야기(cover story) : 표지 이야기는 미션과 관련된 상황 맥락과 장면을 이야기 형식으로 설명하고 구체화한 것이다. 표지 이야기는 미션과 마찬가지로 실제적이고도 흥미롭게 구성되어야 한다.

🔵 표지 이야기 : 운양호 사건 발생 당시의 국내외 정치 상황과 주요 인물들을 소개하고, 조정 대신들이 그 사건에 대해 의논하는 장면을 제시한다.

④ 역할(role) : 역할은 학습자들이 표지 이야기 속에서 맡게 되는 인물이다. 학습자는 표지 이야기 내의 역할에 따라 미션을 수행한다. 학습자의 역할은 목표를 성취하는 데 최선의 것이라야 하며, 실제적이고 흥미롭게 설정되어야 한다. 🔵 역할 : 운양호 사건에 대해 의논하기 위해 고종의 조정 대신으로 중요한 직책을 맡는다.

⑤ 시나리오 운영(scenario operation) : 시나리오 운영은 학습자들이 임무를 수행하는 모든 구체적인 활동을 의미한다. 시나리오 운영은 목표와 미션에 긴밀하게 관련되도록 설계하여야 한다.

🔵 시나리오 운영 : 학습자가 정책 제안을 할 때마다 고종과 대신들의 반응, 그리고 그로 인한 국내외 정세의 변화를 제시한다.

⑥ 자원(resources) : 학습자원은 학습자가 미션을 수행할 때 필요한 정보를 말한다. 정보는 잘 조직되어 있어야 하며, 어렵지 않게 접근할 수 있도록 준비되어야 한다.

🔵 자원 : 학습자가 자신에게 부여된 직책을 수행할 때 참고할 수 있는 각종 정보와 문서를 제공한다.

⑦ 피드백(feedback) : 피드백은 학습자들이 미션 수행 과정에서 겪는 어려움을 해결하는 데 필요한 교수자의 도움이다. 피드백은 학습자의 미션 수행의 맥락에서 이루어져야 하며, 적절한 시기에 제공될 수 있어야 한다.

🔵 피드백 : 학습자의 정책 제안이 조선의 운명을 긍정적으로 이끄는 데 도움이 되고 있는지에 대한 피드백을 수시로 제공한다.

(3) 목표기반시나리오(GBS)의 주요 특징

① 학습은 목적 지향적(goal-directed)이다 : 학습자들은 실제 상황들이 부여하는 목적 지향성으로 인해 그 상황에 주목하고 추론하면서, 결국 학습하게 된다는 것이다.

② 목적 지향적 학습은 기대 실패(expectation failure)라는 계기를 통해 촉진된다 : 현재의 지식이 부족하여 발생한 기대 실패를 분석하고, 부족한 지식을 채우는 과정 속에서 효과적인 학습이 이루어진다.

③ 문제 해결은 사례 기반(case-based)으로 이루어진다 : 기대 실패를 촉발한 문제 상황을 해결하는 과정에서 축적된 해결 사례는 추후 유사한 문제에 보다 효과적인 답을 찾을 수 있도록 해 준다.

(4) 목표기반시나리오(GBS) 설계 시 유의사항

① 학습목표를 정의할 때 내용지식(선언적 지식)의 목표와 과정지식(절차적 지식)의 목표를 구분하여 제시한다.

② 내용지식과 과정지식이 모두 포함된 실제적인 사례를 바탕으로 가상의 시나리오를 만든다.

③ 학습자들이 목표지식과 기술의 사용을 요구하도록 미션을 만들기 위해 실제 사례 현장에서 발생했던 이슈들을 분석한다.

④ 학습자들이 수행해야 할 활동과 주요 절차를 설계한다.

⑤ 학습자들이 수행하는 절차별 코치의 활동(주요 활동별 중간 피드백/최종 피드백 등)을 설계한다.

⑥ 학습자들이 절차마다의 주요 활동을 기록하고 색인화하여 향후 업무에 적용할 수 있도록 지원한다.

⑦ 학습자들이 공개적, 양적으로 평가받기 보다는 개별적, 주관적, 질적으로 평가받을 수 있도록 한다.

② 문제중심학습(PBL : Problem-Based Learning) — Barrows

01 초등, 02 중등, 05 중등, 07 초등, 08 중등, 09 초등, 11 초등, 12 중등, 18 중등論

(1) 개관

① 실제 생활과 관련된 비구조화된(ill-structured) 문제를 중심으로 이를 해결해 나가는 과정에서 문제해결력 및 관련 지식과 기능을 학습하도록 하는 방법을 말한다.

② 문제중심학습에서 추구하는 주요 기능(학습목표)은 문제해결을 위한 추론기능과 지식의 습득, 자기주도적 학습기능이다.

(2) 문제중심학습(PBL)의 주요 기능(학습목표)

① 문제해결을 위한 추론기능(reasoning process skill) : 실제 상황과 관련된 복잡한 문제에 직면하여 가설을 설정하고, 자료를 수집 · 분석 · 종합하여 복잡한 문제를 해결한다(가설-연역적 방법). 이때 추론기능은 지식 기반과 연계되어야 한다.

② **자기주도적 학습기능(self-directed learning skill)** : 학습자는 자신이 경험하지 못한 독특한 문제에 적응해야 하며, 학습자 스스로 문제해결에 필요한 새로운 지식을 끊임없이 익혀 나가야 하므로 자기주도적 학습기능이 필수적으로 요구된다.

(3) 문제중심학습(PBL)의 특징

① **비구조화된 실제적인 문제로 시작한다** : 문제중심학습에서 사용하는 문제는 복잡하고 비구조화된 실제적인 문제이며, 다양한 접근과 해결이 가능한 문제이다.

② **학습자 중심 학습환경이다(협동학습 + 자기주도적 학습)** : 전체적인 학습과정은 소그룹을 통한 협동학습(cooperative learning)과 자기주도적 학습(self-directed learning)을 병행하며, 그 학습과정에서 학습자들은 주인의식을 갖고 학습활동을 주도한다.

③ **교사는 교육과정 설계자, 학습 진행자, 촉진자의 역할을 수행한다** : 교사는 교육과정 설계자로서 문제상황을 설계하고, 학습자원을 준비하고, 그룹의 학습과정을 지원하고 촉진하며, 지속적인 모니터링을 통해 학습과정을 관찰하고 평가한다.

④ **맥락 중심적이다** : 문제중심학습은 맥락 중심적이다. 학생이 졸업 후에 현실 세계에서 만날 수 있는 문제와 매우 유사한 문제를 제시하여 학생의 동기를 유발한다.

⑤ **과정 중심의 성찰적 평가도 강조한다** : 학습결과에 대한 평가는 물론 학습과정에 대한 성찰적 평가도 중시한다. 또 교사 평가는 물론 학생 자신의 평가와 동료 학생들의 평가도 포함한다.

(4) 문제중심학습(PBL)의 구성요소

① **문제** : 문제는 실제 생활과 관련된 복잡하고 비구조화된(ill-structured) 것이어야 하며, 다양한 접근과 해결이 가능한 것이어야 한다. 그래서 학습자의 내적 동기를 유발하고, 학습자의 사고를 촉진시킬 수 있는 것이어야 한다.

② **학습자** : 문제중심학습에서 학습자들은 협동학습(소그룹활동)과 자기주도적 학습(개별활동)을 통해 문제를 해결함으로써 학습목표에 도달한다. ㉠ 문제가 제시되면 소그룹별로 협동학습(그룹활동)을 통해 문제와 관련된 가설을 설정하고, 사실을 확인하며, 문제를 해결하기 위해 알아야 할 학습과제를 설정한 후, 문제해결에 필요한 구체적인 실천계획을 수립한다. ㉡ 문제 확인을 위한 그룹활동이 끝나면, 학생들은 자기주도적 학습을 통해 여러 자원으로부터 효과적인 정보를 수집하고 분석한다. ⇨ 학습자들은 협동학습을 통해 문제를 확인하고, 각자 개별적으로 여러 자원으로부터 정보를 수집·분석하며, 그 후 소그룹에 모여 모든 정보를 통합하고 의견일치를 통해 문제해결책을 모색한다.

③ **교사** : 문제중심학습에서 교사는 지식 전달자가 아니다. 교사는 문제상황을 설계하고, 그룹의 학습과정을 지원하고 촉진하는 학습의 지원자·촉진자이며, 지속적인 모니터링을 통해 학습과정을 관찰하고 평가한다.

④ **학습자원** : 문제중심학습에서는 학습자가 교재, 저널, 인터넷, 비디오, 교사, 친구 등 가능한 많고 다양한 자원을 지식의 습득에 활용한다.

(5) 문제중심학습(PBL)의 절차

① **강좌 소개** : 학생들을 5명 정도의 소집단으로 구성하고, 각 소집단마다 그들의 학습을 도와줄 튜터를 배당한다. 이 단계에서 학생들과 튜터를 대상으로 PBL에 대한 오리엔테이션을 실시하여 PBL의 배경과 목적, 절차, 역할 등을 충분히 이해하도록 한다.

② **문제 제시**

　　㉠ **문제 제시** : 이 단계는 해결해야 할 문제를 제시하는 것이다. PBL에서의 문제는 텍스트뿐만 아니라 비디오, 모의실험, 역할극, 컴퓨터 시뮬레이션 등 다양한 형태로 제시될 수 있다. 문제는 실세계에서 경험할 수 있는 것과 같은 방법으로 제시되어야 한다.

　　㉡ **문제 확인** : 문제가 제시되면 소그룹별로 협동학습(그룹활동)을 통해 문제와 관련된 가설을 설정하고, 사실을 확인하며, 문제를 해결하기 위해 알아야 할 학습과제를 설정한 후, 문제해결에 필요한 구체적인 실천계획을 수립한다. 이때 학생들에게 학습목표를 제시하지 않는다. 대신 학생들은 자신의 문제에 대한 분석에 기초하여 학습문제(목표)를 생성한다.

　　㉢ **문제해결을 위한 자료수집** : 문제 확인을 위한 그룹활동이 끝나면, 학생들은 자기주도적 학습을 통해 여러 자료로부터 효과적인 정보를 수집하고 분석한다. 개별학습에서 학생들이 사용하는 자료는 전공서적, 인터넷, 학술지 논문과 같은 매체뿐만 아니라 동료, 선배, 전문가와의 면담 등 인적 자료를 사용할 수도 있다.

③ **문제 재확인** : '문제 재확인 및 해결안 도출' 단계로서, 이 단계에서는 문제 제시 단계에서 확인된 자료를 중심으로 문제에 대한 재평가를 실시한다. 학생들은 개별학습 후 다시 팀별로 모여 학습결과를 발표하고 종합하여 가설(아이디어), 사실, 학습과제, 실천계획을 재조정한다. 이 단계는 확인된 자료를 중심으로 문제를 재평가함으로써 최적의 진단과 해결안을 도출하게 된다.

④ **결과물 발표** : 문제가 해결되면 최종적인 학습결과인 '문제해결안'을 발표하고 다른 팀의 대안적 아이디어와 비교해 본다.

⑤ **문제 결론** : 마지막 단계에서는 학습자 스스로 자신의 탐구능력과 사고과정을 반성(reflection)해 보도록 하며, 학습결과를 정리하고 평가를 실시한다. 문제해결적 추론능력, 자기주도적 학습, 협동학습 능력, 새로운 지식의 습득이라는 4가지 영역에서 자기평가와 동료평가, 튜터평가를 실시하며 마친다.

☑ 문제중심학습(PBL)의 수업 절차(Barrows & Myers; 1993)

강좌 소개(수업 전개)

1. 수업 소개
2. 수업 분위기 조성(교사·튜터의 역할 소개)

문제 제시

1. 문제 제시(텍스트, 비디오, 모의실험, 역할극, 컴퓨터 시뮬레이션 등 다양한 형태로 제시)
2. 문제의 내면화(문제에 대한 주인의식을 느끼도록 한다.)
3. 최종 과제물 소개(마지막에 제출할 과제물에 대한 소개를 한다.)
4. 그룹 내 각자의 역할 분담(그룹 내 각자의 역할을 분담시킨다. 어느 학생은 칠판에 적고, 다른 학생은 그것을 노트에 옮겨 적고, 또 다른 학생은 그 그룹의 연락망을 맡는다.)

아이디어(가설)	사실	학습과제	실천계획
주어진 문제에 대한 학생의 생각 기록 : 원인과 결과, 가능한 해결책 등을 추측한다.	생성된 가설을 뒷받침할 지식과 정보를 종합한다.	주어진 과제를 해결하기 위해 더 알거나 이해해야 할 사항을 기록한다.	주어진 과제를 해결하기 위해 취해야 할 구체적인 실천 계획을 수립한다.

5. 주어진 문제의 해결안에 대해 깊이 사고한다 : 칠판에 적힌 다음 사항에 대해 과연 나는 무엇을 할 것인가를 생각한다.

아이디어(가설)	사실	학습과제	실천계획
확대/집중시킨다.	종합/재종합한다.	규명/정당화한다.	계획을 공식화한다.

6. 가능할 법한 해결안에 대한 생각을 정비한다(비록 학습해야 할 것이 많이 남아 있는 상태지만).
7. 학습과제를 규명하고 분담한다.
8. 학습자료를 선정, 선택한다.
9. 다음 번 토론시간을 결정한다.

문제 재확인(문제 후속 단계)

1. 활용된 학습자료를 종합하고 그에 대한 의견교환을 한다.
2. 주어진 문제에 대하여 다시 새롭게 접근을 시도한다. 다음 사항에 대하여 나는 무엇을 할 것인지를 생각해 본다.

아이디어(가설)	사실	학습과제	실천계획
수정한다.	새로 얻은 지식을 활용하여 재종합한다.	(만일 필요하다면) 새로운 과제 규명과 분담을 한다.	앞서 세웠던 실천안에 대한 재설계

결과물 제시 및 발표

문제 결론과 해결 이후

1. 배운 지식의 추상화(일반화)와 정리(정의, 도표, 목록, 개념, 일반화, 원칙을 만들어 본다.)
2. 자기평가(그룹원들로부터 의견을 들은 후에), 동료평가 및 튜터평가
   - 문제해결과정에서 논리적으로 사고하였는가? (문제해결적 추론능력)
   - 적합한 자료를 사용하여 필요한 정보를 찾아내었는가? (자기주도적 학습)
   - 자신의 과제 수행이 그룹에 도움이 되었는가? (협동학습 능력)
   - 문제해결을 통해 새로운 지식습득과 심화학습이 되었는가? (지식의 습득)

⑹ 문제중심학습(PBL)의 교육적 가치

① **창의적 문제해결력 신장** : 실생활의 맥락 속에서 비구조화된 문제를 해결하는 과정에서 학습자는 창의적 문제해결력을 기를 수 있다.

② **자기주도적 학습능력의 신장** : 문제중심학습에서는 학습자가 주인의식을 가지고 끝까지 문제를 해결해 가도록 함으로써 자기주도적 학습능력을 신장시킬 수 있다.

③ **협동심 함양** : 문제중심학습에서는 소집단별로 탐구할 문제를 선정하고, 함께 자료를 찾아 문제해결책을 생각해 나가기 때문에 협동심을 함양할 수 있다.

④ **학습자의 흥미 유발** : 문제중심학습은 실제적이고 맥락적인 문제를 접하게 하기 때문에 학습자의 흥미를 유발하기에 적합하다. 또, 문제해결에 필요한 방법과 자료를 발견하거나, 문제해결 과정에서 느끼는 희열도 학습에 대한 흥미를 유발시킨다.

⑤ **지식의 습득과 전이의 활용** : 문제중심학습에서는 지식을 배워야 하는 동기를 자연스럽게 부여함으로써 지식의 습득뿐만 아니라 장기간의 파지와 적용까지의 효과를 기대할 수 있다.

❸ 상황학습이론(situated learning theory, 상황인지이론) — Lave 02 초등, 07 중등

⑴ 개관

상황학습은 실생활에서 다루어지는 실제적인 과제(authentic tasks)를 실제 사용되는 맥락(context)과 함께 제시하여 지식이 일상생활에 적용되고 전이될 수 있도록 하는 방법이다.

> **예** 수학학습은 은행이나 쇼핑 상황에서 이루어지도록 한다.

⑵ 상황학습의 설계 원리

학습내용	교수방법
• 실제적인 과제 사용 • 지식이나 기능이 사용되는 맥락 제공 • 전문가의 수행과 사고과정 반영 • 구체적이고 다양한 사례 활용 • 실제적인 평가 설계	• 인지적 전략 시연 • 학습 촉진자로서의 교사 • 협동, 반성, 명료화의 기회 제공

① **학습내용 및 과제 설계**

㉠ **실제 생활에서 사용되는 실제적인 과제(authentic tasks)를 제시해야 한다** : 실제적인 과제는 현실 세계에서 사용되는 과제이며, 지식을 '활용'하여 문제를 해결해야 하는 과제이다(**예** 돈을 이용하여 물건을 사는 것). 실제적인 과제는 학습자의 지식과 경험에 근접한 범위 내에서의 사실성과 복잡성에 기초하여 설계한다.

⇨ 이러한 상황에서 학습한 지식은 학습자의 경험과 연결되므로, 학습자의 학습 동기를 유발하게 되며, 실제 상황에 쉽게 전이될 수 있다.

ⓒ 지식이나 기능은 그것이 사용되는 상황이나 맥락(context)과 함께 제시해야 한다 : 상황을 제공하는 방법은 주제에 대한 다양한 작은 사례나 맥락을 제공하는 미시적 수준과 여러 관점에서 해석될 수 있는 충분히 풍부하고 복잡한 맥락을 제공하는 거시적 수준으로 나눌 수 있다.

ⓒ 전문가처럼 실제 문제해결 상황에 참여할 수 있도록 전문가의 수행과 사고과정을 반영해야 한다 : 실제적인 과제는 학습자들이 전문가처럼 실제 문제해결 상황에 참여할 수 있도록 그 분야의 전문가들이 사용하는 체계적인 문제해결 방법과 사고과정을 반영해야 한다(예 수학 또는 과학 지식은 수학자들이나 과학자들이 사용하는 사고방법과 같은 방법으로 활용되어야 한다).

ⓔ 특정한 맥락과 관련된 구체적이고 다양한 사례(cases)를 활용해야 한다 : 특정한 맥락에서 구체적이고 다양한 사례를 활용할 때 지식의 전이가 촉진될 수 있고 다양한 상황에서 지식을 사용할 수 있게 된다(예 덧셈과 뺄셈을 활용하는 사례는 가게에서 물건을 사는 경우도 있겠지만, 수학여행 경비를 계산한다든지, 상자를 만들기 위해 수치를 계산하는 경우에도 사용될 수 있다).

ⓜ 실제적인 과제를 제시하여 실제적인 지식과 기능을 평가하는 실제적인 평가를 설계해야 한다 : 평가는 실생활의 과제에 더 근접하고, 보다 복잡하고, 도전적인 정신과정을 유도할 필요가 있다.

Plus

상황학습에서 평가의 원리

상황학습 상황에서 평가는 다음의 세 가지의 원리를 포함해야 한다.

1. **평가는 학습에 통합되어야 하고 실제적이어야 한다** : 평가가 최종적인 활동이 아니라 학습의 과정에 통합되도록 학습자들이 학습한 방법과 동일하게 이루어져야 한다(예 가게에서 한정된 돈의 범위 내에서 물건을 사는 행동에는 학습과 함께 평가의 기준이 포함된다. 즉, 한정된 돈의 범위를 넘지 않고 물건을 사고, 정확한 거스름돈을 받는다면, 그 학생은 원하는 목적을 달성하는 것이고, 만약 구입한 물건의 액수가 돈의 범위를 넘거나 거스름돈을 잘못 받았다면, 그것은 학습목적 달성에 실패한 것이 된다). 또, 평가가 실제적이도록 지식과 기능이 사용되는 실제적인 과제를 제공해야 한다(예 학습목표가 문법에 맞게 작문을 할 수 있는 능력을 기르는 것이라면, 실제적인 평가 과제는 편지 쓰기나 일기 쓰기와 같이 실생활에 활용될 수 있는 작문 과제이어야 한다).

2. **측정 기준은 문제해결의 다양성과 다양한 시각을 반영해야 한다** : 복잡한 실제 과제를 제시하여 학습자들이 문제에 대해 가능한 다양한 해결책을 만들어 내는지, 한 문제에 대해 다양한 시각을 제시하는지 등을 관찰함으로써 평가가 이루어져야 한다.

3. **평가는 아이디어의 생성과 계획, 수행, 수정과 같은 문제해결 과정의 표현을 강조해야 한다** : 학습자들이 내용을 이해한 정도를 평가하고 학습자들이 전문가처럼 실제적인 경험에 참여하도록 하기 위해서는 학습자 스스로 평가 문제를 만들어 내도록 요구할 필요가 있다.

---

② 교수방법 설계

㉠ 인지적 전략의 시연과 관찰의 기회를 제공해야 한다 : 학습자는 스승이 과제를 수행하는 것을 관찰하고, 그것을 모방하는 모델링을 한다.

㉡ 교사는 학습 촉진자의 역할을 담당해야 한다 : 교사는 학습자들이 문제를 해결하는 과정을 관찰하여 코칭(coaching)하고, 어려움을 겪을 때 스캐폴딩(인지적 발판, scaffolding)을 제공해 주어야 한다.

㉢ 협동, 반성, 명료화의 기회를 제공해야 한다 : 학습자들은 협동학습을 통해 다른 사람들과 의미를 공유하고, 자신의 생각을 발표하고 토론하는 과정을 통해 자신의 아이디어를 반성하고 명료화하도록 한다.

⑶ **실행**(실천)**공동체**(학습공동체)**와 정당한**(합법적) **주변적 참여** – 레이브와 웬거(Lave & Wenger; 1991) ^{07 중등}

① 개관

㉠ 상황학습에서 학습은 실행공동체(communities of practice)의 정당한 주변적 참여(LPP : Legitimate Peripheral Participation)로부터 핵심적인 구성원이 되어가는 과정에서 이루어진다. 학습자는 학습의 주변 참여자로서 전체 과정을 관찰하고, 경험 있는 구성원들에게 지속적인 피드백을 받으면서 점차 공동체의 중심 구성원으로 활동할 수 있게 된다.

㉡ 레이브와 웬거(Lave & Wenger; 1991)는 실천공동체에 새로 들어오는 사람이 합법적 주변 참여를 통해 정식 참여자로 점차 발전하는 과정에서 학습이 발생한다고 보았다.

㉢ 실행공동체란 공동의 목적을 가진 사람들이 서로 간의 신뢰를 바탕으로 상호작용하면서 배우고 성장하는 공동체를 말한다. 정당한 주변적 참여란 학습의 주변 참여자로서 주로 관찰을 통해 학습을 시작하는 것을 말한다. 이들이 전체 과정을 관찰하고 전체 그림을 이해하게 되면 기존의 경험 있는 구성원들에게 지속적인 피드백을 받으면서 점차 공동체의 중심 구성원으로 활동할 수 있게 된다.

② 실행(실천)공동체의 교육을 위한 시사점(Smith, 1999)

㉠ 학습은 사람들과의 관계에서 발생한다. 사람들과의 관계 속에서 관련된 정보를 공유하고 대화하는 상황 속에서 학습이 존재한다.

㉡ 학습자들이 실천공동체의 참여자가 될 수 있도록 교육해야 한다. 교육자는 학생들이 공동체에 온전히 참여할 수 있도록 학생들의 관심과 흥미를 높이고 학습을 촉진해 나가야 한다.

㉢ 지식과 활동 간에 밀접한 관계가 있음을 인식해야 한다. 학습은 매일 삶의 일부분이다. 교사는 무엇이 지식과 실천을 구성하는지에 대한 자신의 이해를 숙고해 볼 필요가 있다.

⑷ **인지적 도제이론**(cognitive apprenticeship theory) – Collins, Brown & Holum ^{07 초등, 09 중등, 11 초등}

① **전문가–초보자 이론** : 인지적 도제이론은 학생이 실천공동체에 참여할 수 있는 하나의 수단으로 제시하였다. 인지적 도제학습은 초보적인 학습자가 전문가인 교사의 과제수행을 관찰하고 모방함으로써 전문가의 문제해결능력과 사고과정을 습득하도록 하는 것을 말한다. ⇨ 인지적 도제이론의 핵심원리 : 학습자와 전문가의 사회적 상호작용이다.

② **인지적 도제학습의 과정**(수업절차) : MCSARE

모델링 (Modeling)	전문가인 교수자가 과제수행의 시범을 보여주는 것을 말한다. 전문가의 수행에 초점을 맞추어 외현적 행동을 시연하거나 내재적 인지과정을 명료화해 준다(외현적 행동 모델링 : 바람직한 수행의 시연 또는 사례 제시 / 내재적 인지 모델링 : 소리 내어 생각하기 제공, 중요한 과정에 대한 단서 제시, 다른 표상으로 다시 설명하기 등).
코칭 (Coaching)	학습자의 과제 수행을 관찰하고 돕는 것을 말한다. 학습자의 수행에 초점을 맞추어 학습자를 동기화하고, 수행을 분석하며, 피드백을 제공하고, 배운 내용에 대해 반성적 사고를 유도한다.

스캐폴딩 **(Scaffolding)**	학습자가 자신의 능력 수준을 넘어설 수 있도록 임시 발판(도움)을 제공해 주는 것을 말한다. 이때 교사는 직접적인 도움을 제공해서는 안 되며 암시나 힌트 등 간접적인 도움을 제공하는 것이 중요하다. 학습자의 과제 수행이 익숙해지면 점차 도움을 감소시켜(fading) 나가면서 더 이상 도움을 받지 않고 과제를 수행할 수 있도록 한다. 스캐폴딩은 학습자가 수행하는 과제에 초점을 두고 체계적으로 지원한다.
명료화 **(Articulation)**	학습자가 자신의 지식, 기능, 태도, 사고 등을 명백하게 설명하도록 한다. 학생들에게 자신의 생각을 명확히 표현하도록 질문하거나, 문제해결과정에서 자신의 생각을 말하게 함으로써 명료화를 유도할 수 있다. 또한 협동학습에서 비판자나 감독자의 역할을 하게 함으로써 다른 학생들에 대한 자신의 생각을 명료화할 수도 있다.
반성(성찰) **(Reflection)**	학습자는 자신이 수행하고 있는 문제해결과정을 전문가인 교수자의 방법과 비교하여 성찰한다. 전문가와 초보자를 비교하기 위해 수행을 다시 보여주거나 재생산을 위한 다양한 기법을 사용한다. 이를 통해 학습자는 자신의 문제점을 찾고 수정한다.
탐색(탐구) **(Exploration)**	학생들에게 새로운 문제 상황을 제공하여 자기 나름의 지식과 문제해결전략을 적용하고 전이할 수 있도록 함으로써 학생들이 전문가다운 자율성을 획득하도록 한다.

(5) 인지적 유연성(융통성) 이론(cognitive flexibility theory) – Spiro, Coulson

03 중등, 06~07 초등, 09 초 · 중등, 11 초등

① 개관

  ㉠ 인지적 유연성 이론은 실제 세계와 같이 복잡하고 비구조화된 과제와 학습환경을 제공하여 복잡하고 다차원적인 개념의 지식을 재현하도록 함으로써 인지적 유연성을 획득하도록 하는 방법이다.

  ㉡ 복잡하고 다차원적인 개념으로 형성된 지식을 제대로 재현하기 위해서는 '상황의존적인 스키마의 연합체(situation-dependent schema assembly)'를 형성해야 한다.

  ㉢ 인지적 유연성 이론은 학습자들이 여러 지식의 범주를 넘나들고 연결지으면서 새로운 상황에 맞게 자신의 지식을 융통성 있게 재구성할 수 있도록 '상황의존적인 스키마의 연합체'의 형성을 목적으로 한다.

② 교수방법

  ㉠ 교수설계를 위한 기본원리

    ⓐ 상위 수준의 지식을 지나치게 단순화하거나 규칙적으로 구성하는 것을 피하라.

    ⓑ 다양한 지적 표상들을 활용하라.

    ⓒ 다루고 있는 지식을 사례들 속에서 추상적인 개념들로 연결시키도록 하라.

    ⓓ 개념 간의 상호 관련성이나 혹은 거미줄 같은 복잡한 지식의 본질을 입증하라.

    ⓔ 재생산적인 기억보다는 지식의 총체를 강조하라.

    ⓕ 비구조화된 상위 수준의 지식에 대한 초기 단계의 학습에서도 개념과 그 지식 영역의 복잡성을 도입하라.

    ⓖ 학습자에 의한 능동적이고 적극적인 참여가 이루어지는 학습이 되도록 하라.

ⓒ 교수원칙

주제중심의 학습 (theme-based search)	'상황의존적인 스키마의 연합체'를 형성할 수 있도록 주제중심의 학습을 한다.
복잡성을 지닌 과제를 세분화하여 제시 (bite-sized chunk)	학생들이 충분히 다룰 수 있는 정도의 복잡성을 지닌 과제를 작게 세분화하여 제시함으로써 상황과 맥락에 따라 효율적이고 유동적으로 대처할 수 있도록 한다.
다양한 소규모 사례 제시 (mini-cases)	지식을 실제 상황에 맥락적으로 적용하기 위해서는 다양한 소규모 사례(mini-cases)의 경험이 필요하다.

ⓒ 교수 · 학습방법 : 임의적 접근 학습(무선적 접근, 십자형 접근, random access instruction)
  ⓐ 특정 과제가 주어졌을 때 그것을 다양한 맥락과 관점에서 접근해 보며, 가르치는 순서도 비순차적으로 재배치해 보고, 특정 과제와 연결하여 가능한 한 많은 사례들을 다루어 보는 방법이다.
  ⓑ 컴퓨터를 통한 다차원적, 비선형적인 하이퍼텍스트 시스템을 활용한다[예 인지적 유연성 하이퍼미디어 프로그램(CFH : Cognitive Flexibility Hypermedia)]. 컴퓨터상에서 다양한 유형의 매체를 넘나들며 학습할 수 있도록 하는 하이퍼미디어를 활용할 경우 임의적 접근 학습전략을 잘 구현할 수 있기 때문이다.

③ 교육적 의의와 한계

교육적 의의	• 복잡하고 다원적이며 비구조적인 특성을 지닌 고차원적 지식 형성에 유용하다. • 교사는 지식의 지나친 단순화를 피하고, 주제에 대한 다양한 사고를 할 수 있도록 해 주어야 한다. • 교수−학습환경의 설계에 있어서 지식을 다양하게 표현할 수 있는 환경을 마련해 주어야 한다.
한계	• 인간 두뇌의 인지적 작용과 과정에만 초점을 두기 때문에, 지식 구성의 사회적 측면을 무시할 수 있다. • 비구조적인 지식(예 인문사회 계통)이나 특정 학문의 고급단계에만 적용될 수 있기 때문에 잘 짜인 구조적인 지식(예 자연과학 계통)이나 특정 학문의 초보단계의 지식을 가르칠 때는 적합하지 않다. ⇨ 다양한 학습상황에 적용될 수 없다. • CFH(인지적 유연성 하이퍼미디어) 프로그램은 주로 개별적 학습을 위해 사용된다는 한계를 지닌다.

⑥ **정착학습**(정착수업, 상황정착 수업이론, 맥락정착적 교수, 정황교수, anchored instruction theory)

06~07 초등, 09 초등, 12 초등, 20 중등論

① 개관
  ㉠ 정착학습은 실제 문제상황을 영상매체의 이야기로 학생들에게 제시하고 이를 해결하도록 하는 방법을 말한다. 문제해결과정에서 학생들은 현실 상황에서 활용할 수 있는 유용한 지식을 학습하게 된다.
  ㉡ 정착학습은 그룹 구성원들이 협동학습을 통해 문제를 해결하도록 한다. 문제해결에 필요한 모든 단서들은 비디오 안에 내재되어 있다.

② 과제의 성격

　　㉠ 과제는 학습자들에게 친숙한 이야기 형태로 구성된다.

　　㉡ 과제 속에는 학습자들이 과제를 해결하는 데 필요한 모든 단서들이 함축되어 있다.

　　㉢ 과제는 문자보다 실제를 더욱 생동감 있게 전달해 주는 시각적 형태의 자료(예 비디오디스크)로 제시한다.

　　㉣ 교사의 개입 없이 학습자들이 과제를 해결할 수 있는 환경이 조성된다.

③ 정착학습의 특징

　　㉠ 정황중심으로 학습이 전개된다. 학생들에게 관심의 대상이 되는 문제나 쟁점이 들어 있는 이야기, 모험담, 상황 등과 같은 정황(anchor)이 학습과정의 중심이 된다.

　　㉡ 테크놀로지 중심적이다. 학습은 실제 상황을 모사한 영상매체의 이야기를 통해 전개된다.

　　㉢ 과제는 학습자들에게 친숙한 이야기 형태로 구성된다. 친숙한 이야기 속에는 과제를 해결하는 데 필요한 모든 정보와 단서들이 함축되어 있다.

❹ 상보적 교수(reciprocal teaching theory) – Palincsar & Brown 05 중등, 08 중등, 10 중등, 11 초등

(1) 개관

① 상보적 교수는 사회적 구성주의에 기초한 사회적 학습의 하나로, 교사와 학생, 학생들 간의 대화를 통해 독해전략을 배우는 방법을 말한다. 주어진 교재의 의미를 보다 정확히 이해하려는 독해(읽기이해) 능력 향상을 목적으로 한다. 요약, 질문, 명료화, 예측의 네 단계로 이루어진다.

② 요약, 질문, 명료화, 예측 등 교사가 사용하는 전략을 초기에 시범을 보여주면 학습자는 연습을 통해 점차 교사를 모방하며 전략을 내면화한다. 점차적으로 책임이 교사에게서 학습자에게로 옮겨가도록 구성되어 있다.

(2) 수업전략

요약하기 (summarizing)	읽은 글의 내용을 학생 각자가 자신의 용어로 요약하기 ⇨ 주어진 교재를 읽고 안에 들어 있는 가장 중요한 단어를 찾아내고 단어와 단어 사이, 문장과 문장 사이, 문단과 문단 사이의 관계를 정립할 수 있는 기회를 제공한다. 학생들이 내용을 이해한 그대로를 자신들만의 용어로 표현한다.
질문 만들기 (questioning)	• 교사와 학생, 학생과 학생이 번갈아가며 질문을 만들고 대답하기 ⇨ 단순 사실의 확인부터 이해, 적용, 분석, 종합, 평가에 이르기까지 다양한 수준의 질문을 직접 만들어보기 • 질문 만들기는 학습자가 주어진 내용을 확실히 이해하고 있는지 알 수 있는 전략이다. 질문을 만들려면 우선 질문의 핵심이 되는 가장 중요한 단어를 찾아야 하고, 이를 바탕으로 내용에 맞는 질문을 해야 한다.
명료화하기 (clarifying)	대답에 근거하여 요약을 명료화하기 ⇨ 학생들이 내용을 이해하지 못하는 주요 원인은 주어진 어휘의 뜻을 잘못 이해하고 있거나 새롭고 어려운 개념일 때가 많다. 다시 읽어보게 하거나 어휘의 정확한 뜻을 사전이나 질문을 통해 명확히 파악할 수 있도록 해야 한다.
예측하기 (predicting)	다음에 이어질 내용을 예측하기 ⇨ 주어진 교재를 읽고 말하는 이가 다음에 무엇을 논의하고자 하는지 예측하도록 한다.

5 자원기반학습(resources-based learning) 11 중등

(1) 개관

① 자원기반학습은 학습자 스스로 다양한 학습자원과 직접적인 상호작용을 함으로써 이루어지는 학습형태를 의미한다. 즉, 학습자 스스로 다양한 학습자원과 직접 상호작용하며 자료를 수집, 분석한 후, 과제해결에 필요한 최종 결과물을 만들어 내는 학습자 중심의 학습방법이다.

② 자원기반학습은 다양한 정보자원을 활용함으로써 문제해결력, 비판적 사고력, 정보활용능력을 향상시키는 것을 목적으로 한다.

☑ **재래식 학습모델과 자원기반 학습모델의 비교**(Rakes; 1996)

구분	재래식 학습모델	자원기반 학습모델
교사의 역할	내용전문가	과정촉진자 및 안내자
주요 학습자원	교과서	다양한 자원(매체)
주안점	사실적 내용	현장성 있는 문제 상황
정보의 형태	포장된 정보	탐구 및 발견대상으로서의 정보
학습의 초점	결과	과정
평가	양적 평가	질적·양적 평가

(2) 특징

① 다양한 학습양식에 따른 융통성과 학습자의 능동성을 촉진한다. 즉, 학습양식에 따라 다양한 자원을 선택할 수 있는 기회를 제공하므로 학습자가 자신이 선호하는 학습환경을 선택할 수 있다.

② 학습자가 필요한 자원을 적절히 활용할 수 있도록 자원을 관리하고 제공한다. 자원기반학습은 교실수업뿐만 아니라 인터넷 웹 등을 활용한 원격자료 활용, 전문가와의 협의, 실제현장 학습 등 생생한 자원들을 활용할 수 있다.

③ 학습자에게 학습하는 방법과 필요한 기술을 개발할 수 있도록 적절한 기회를 제공한다. 자원기반학습은 다양한 자원과의 상호작용 과정에서 정보 수집과 성찰 활동이 수반되며, 이를 통해 학습의 심화와 탐구능력을 신장시킬 수 있다.

(3) 자원기반 학습환경 설계(방법) – Hannafin & Hill(2008)

구성주의 관점에서 자원기반학습은 자원이 적용되는 문제상황, 자원기반학습을 위해 활용되는 학습도구, 자원을 활용하는 교수전략들을 상황에 따라 적절히 고려하여 설계할 필요가 있다.

① **상황맥락적 문제상황**(context) : 상황맥락적 문제상황을 제시해야 한다. 학습자 개개인이 다양한 관점에서 문제상황을 조사할 수 있도록 상황맥락적 관점에서 문제상황을 제시해야 한다.

② **자원**(resource) : 학습자가 필요로 하는 다양한 자원을 제공해 주어야 한다. 자원은 학습을 지원하는 자료로서, 인쇄매체, 전자매체, 인간자원 등에 이르기까지 다양할 수 있다.

③ 학습도구(tool) : 학습도구를 제공해 주어야 한다. 학습도구는 정보가 있는 장소를 찾아내고, 접근하고, 조작하고, 정보의 효용성을 해석하고 평가하는 것을 지원해 준다.

유형	내용	예
탐색도구(조사도구, searching tools)	다양한 학습자원들을 탐색하고 접근하도록 돕는 도구	구글과 같은 웹기반 검색엔진, 도서관의 카드 카탈로그 등
처리도구 (processing tools)	정보를 수집하고 조직하고 통합하고 생성하는 것을 돕는 도구(수집도구, 조직도구, 통합도구, 생성도구)	워드프로세서, 스프레드시트, 인지맵, 차트 등 ⇨ 스프레드시트를 시뮬레이션 도구로 활용하여 서로 다른 시나리오의 영향을 조사해 보는 것
조작도구 (manipulating tools)	신념이나 가설, 이론을 검증하도록 돕는 도구	시뮬레이션 생성 프로그램 ⇨ 롤러코스터의 변수를 조작함으로써 움직임, 힘, 속력, 에너지, 중력 간의 관계를 확인하기
의사소통도구 (커뮤니케이션도구, communication tools)	정보와 아이디어의 교환을 돕는 도구 ⇨ 비실시간 의사소통을 지원하는 비동시적 의사소통도구와 실시간 의사소통을 지원하는 동시적 의사소통도구가 있다.	• 비동시적 의사소통도구 : 이메일, 게시판 등 • 동시적 의사소통도구 : 문자, 메신저 등

④ 스캐폴딩(scaffolding) : 스캐폴딩을 적절히 제공해 주어야 한다. 학습자들이 자신의 학습을 주도해 나갈 수 있도록 스캐폴딩을 제공하여 학생의 학습을 체계적으로 지원해 주어야 한다.

유형	내용	예
개념적 스캐폴딩	• (문제에 관련된 지식을 확인하도록 지원함으로써) 무엇을 고려해야 하는지를 안내하는 것 • 학습과제와 관련된 주요 개념의 이해를 돕기 위해 안내하는 것	개념설명, 개념사전, 관련자료 등의 제공
절차적 스캐폴딩	• 어떻게 학습해야 하는지를 안내하는 것 • 주어진 자원과 도구의 활용 방법에 대한 안내 • 정보처리과정에서 받게 되는 인지적 부하를 줄여줌으로써 과제 자체에 집중할 수 있게 해줌	각종 도구의 기능(예 온라인 화면에 표시되는 메뉴의 기능)에 대한 도움말이나 학습경로 안내 등
전략적 스캐폴딩	과제해결에 필요한 전략과 접근방법, 대안적 방법 등을 안내함으로써 다른 관점과 방향을 고려할 수 있도록 안내하는 것	질문 프롬프트, 전문가 모델링, 과제해결을 위한 전략적 조언, 다른 사람의 해결방법 예시 등 제공하기
메타인지적 스캐폴딩	학습이 잘 진행되도록 지속적으로 계획, 점검, 조절하며 진행결과를 평가하도록 안내하는 것	학습과정을 성찰하도록 돕는 체크리스트, 개념화 지도, 팀활동 기록노트 등의 제공, 학습자 자신의 이해 상태 점검하기, 자신의 사고과정 되돌아보기, 문제해결의 방법과 전략 검토 등

(4) 대표적인 학습모형 – Big6 Skills 모형(정보리터러시 모형, information literacy model) [11 중등]

① 개념 : 아이젠버그와 베르코비츠(Eisenburg & Berkowitz; 1990)가 개발한 교수설계모형이다. 정보활용기술을 블룸의 인지적 영역의 단계를 적용하여 제시한 것이다.

② 단계 : 지식 단계에서 과제를 인식하고 정의하며, 이해 단계에서 정보원을 이해하고 선택한다. 적용 단계에서는 정보원의 소재를 파악하여 정보를 찾고, 분석 단계에서 찾아낸 정보를 분석하여 적합한 정보를 가려낸다. 종합 단계에서 가려낸 정보들을 체계적으로 정리하여 최종 결과물을 만들고, 마지막 평가 단계에서 결과물의 유효성과 과정의 효율성을 평가하도록 한다.

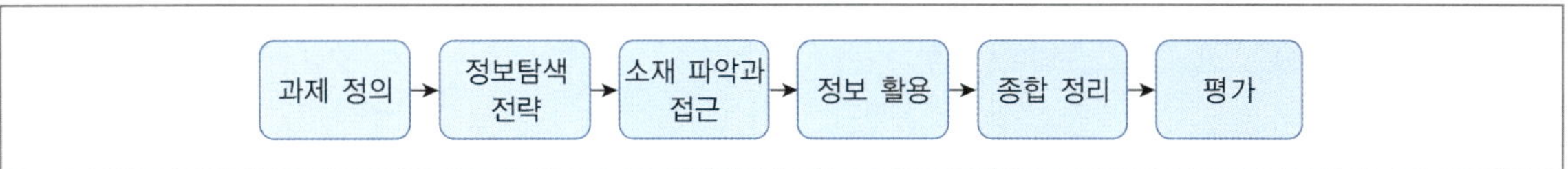

블룸의 인지적 영역 단계	단계	내용
지식	과제 정의 (task definition)	• 해결할 과제의 요점 파악 • 과제해결에 필요한 정보의 유형 파악
이해	정보탐색 전략 (information seeking strategy)	• 사용 가능한 정보원(source) 파악 • 최적의 정보원 선택
적용	소재 파악과 접근 (source location & access)	• 정보원의 소재 파악 • 정보원을 이용해 정보 찾기
분석	정보 활용 (use of information)	• 찾아낸 정보를 읽고, 보고, 듣기 • 적합한 정보 가려내기
종합	종합 정리 (synthesis)	• 가려낸 정보들을 체계적으로 정리 • 최종 결과물 만들기
평가	평가 (evaluation)	• 결과의 유효성 평가 • 과정의 효율성 평가

6 웹퀘스트 수업(웹기반 탐구학습, web-quest instrution) [10 초등]

(1) 개념

① 인터넷 정보를 활용한 과제해결 활동이다. 인터넷을 사용하여 진행하는 일종의 프로젝트로, 학생들에게 특정 과제가 부여되고, 학생들은 이 과제를 해결하기 위해 인터넷 탐색을 한 뒤 최종 리포트를 작성해야 하는 방식으로 진행된다. ⇨ 닷지 등(Bernie Dodge와 Tom March)에 의해 제안

② 웹기반 탐구수업은 교실 안으로 테크놀로지를 통합시키는 획기적 방법이다. 교사는 학생들이 적합한 자료를 탐색할 수 있도록 과제와 관련된 인터넷 자료나 인쇄자료로의 접근방법을 제공한다.

③ 학생들에게 학습동기를 부여하고 흥미로운 수업을 이끌 수 있는 점이 웹퀘스트의 가장 큰 장점이다.

(2) 특징

① **교사의 지시와 안내에 기초한 수업** : 웹퀘스트는 교사가 학습과제, 활동과정, 정보자원 등을 제공하고 안내하는 방법으로 진행된다. 이는 학생들에게 시간과 노력을 줄여주어서 주어진 다양한 정보들을 분석하고 종합하여 학습과제를 해결해 나가도록 하는 데 더 집중하도록 하기 위한 것이다.

② **실생활과 관련된 과제를 제공** : 웹퀘스트에서는 학생들이 실생활과 관련된 주제에 대해 적합한 자료를 탐색하고 문제를 해결하도록 한다. 이를 통해 학습동기를 유발하고 현실적으로 의미 있는 학습이 이루어지도록 한다.

③ **협동학습으로 진행** : 웹퀘스트는 학습자들이 역할분담을 통해 과제를 해결할 수 있도록 협동학습의 방식으로 진행된다.

(3) 교수과정(단계)

단계	내용
소개 (도입, instruction)	• 학습자들에게 무엇을 학습하게 될지를 소개하며 다양한 방식으로 학습자들의 흥미를 야기시킨다. • 학습내용과 관련된 배경을 제시하되, 학습자들을 대상으로 학습활동이나 학습내용에 관해 간략하게 제시한다. • 학습자에게 특정 역할을 부여하거나 시나리오의 형태로 제시하여 학습동기를 유발할 수 있거나 또는 학습의 핵심적인 질문을 던져주어 웹기반 탐구활동이 이를 중심으로 진행될 수 있음을 알린다.
과제 (task)	• 학습자들이 학습이 끝난 후 제출해야 하는 과제를 자세히 설명한다. 즉, 개별 학생들 또는 각 그룹원이 해야 하는 과제를 상세히 설명한다. 그룹으로 진행될 경우, 각 그룹원의 역할에 대해서도 설명한다. • 학습과제로 제시된 문제에 대한 해결책, 설득력 있는 신문기사, 예술작품 등 학습자들이 수집한 정보를 이용해 만들어 낼 수 있는 다양한 형태의 학습과제를 제시할 수 있다. • 만약, 특정 소프트웨어를 이용하여 학습과제를 완성해야 하면, 어떤 프로그램으로 어떤 형태로 제출해야 하는지 알려주도록 한다.
과정 (process)	• 학습과제를 완수하기 위해 필요한 학습과정을 단계적으로 제시한다. 과제를 다시 세세하게 나누거나 각 학습자가 맡아야 할 역할이나 취해야 할 관점에 대한 설명일 수 있다. • 교수자는 내용에 대한 자문이나 협력학습에 대한 도움, 필요하다면 문제해결의 실마리 등을 제공한다.
자원 (resource)	• 학습자가 과제를 해결하는 데 필요한 자료를 교수자가 찾아 모아 놓은 부분이다. 자원은 학습자들이 자원이나 자료를 찾아 헤매는 것보다는 해결하려는 주제에 집중할 수 있도록 도와준다. • 관련된 학습사이트들을 연결시켜 주며, 사진, 동영상, 또는 학습자용 연습문제 파일 등 디지털화된 학습자료들을 제공한다.
평가 (evaluation)	• 학습자들이 학습한 결과를 측정, 평가하는 부분이다. • 단순한 지필시험이나 선다형 문제가 아니라 평가기준표(rubrics)를 이용하여 측정한다.
결론 (conclusion)	• 제공된 학습활동을 마친 후 학습자들이 배운 내용에 대해 요약하여 설명한다. • 이론적인 질문이나 부가적인 학습링크를 제공함으로써 심화학습이나 다른 학습으로 관심을 확장시킬 수도 있다.

03

교수방법

Section 01 전통적 교수법

01 강의법(lecture method) 99 초등, 03 초등

1 개념

① 강의법은 가장 오래된 전통적 교수방법으로 교사의 언어적 설명에 의해 이루어지는 수업방식이다. 강의법은 지식이나 정보의 체계적인 전달을 주목적으로 하는 수업이다.

② 19세기에 헤르바르트(Herbart)가 체계적이고 과학적인 교수 5단계설을 제시하면서 강의법의 과학화가 고취되었다. 교수 5단계는 준비 → 제시(명료) → 연합 → 체계(계통) → 방법(적용)의 단계를 일컫는다. 흔히 4단계 교수법을 칭할 때에는 명료 → 연합 → 계통(체계) → 방법을 말한다.

2 강의법의 적용

적절한 상황	적절하지 못한 상황
• 지식의 전수가 주목적인 경우 • 교과서에 없는 사실이나 이해하기 어려운 내용의 전달 시 • 수업시작 전 학습과제에 대한 전반적인 방향이나 정보를 제시할 때 • 단기적 파지가 우선 필요한 학습과제인 경우 • 특정한 성격의 학습자들에게 효과적 　⑩ 내성적인 학습자, 모호함을 참지 못하는 학습자, 심리적으로 경직되어 있고 근심·걱정이 많은 학습자, 맹종이나 순응형의 학습자	• 지식 습득 이외의 다른 수업목표(⑩ 사회성)가 강조될 때 • 고차적인 학습과제일 때 • 수업목표 달성에 학생의 참여가 필수적일 때 • 장기적인 파지를 요구하는 학습과제인 경우 • 학생의 지적 능력이 평균 또는 그 이하인 경우

3 장단점

장점	단점
• **지식의 체계적 전달** : 교사가 지닌 지식을 체계적이고 논리적으로 전달할 수 있다. • **수업의 경제성** : 정해진 시간 내에 다양한 지식을 많은 학생들에게 동시에 전달할 수 있다. • **교사의 자유로운 수업 운영 가능** : 학습량, 수업시간 등을 교사가 자유롭게 조정할 수 있다.	• **수동적인 학습태도 형성** : 교사의 설명 중심으로 수업이 진행되기 때문에 학습자가 능동적으로 수업에 참여하기 어렵고 수동적이다. • **개인차를 고려한 학습 곤란** : 학생의 개인차를 고려한 학습이 불가능하고, 학생의 개성과 능력을 무시하게 된다.

• **다인수 학급에 유리** : 학생 수가 많은 경우에도 별 어려움 없이 실행할 수 있다. • **전체내용의 개괄 시 용이한 이해** : 전체내용을 개괄하거나 요약하고자 할 때 교사의 언어적 표현능력에 따라 학습자를 용이하게 이해시킬 수 있다. • **순응형 학습자에게 효과적** : 심리적으로 경직되어 있거나 융통성이 없는 순응형 학습자에게는 심리적으로 편안함을 느낄 수 있는 교수방법이 되므로 효과적이다.	• **고등정신능력의 함양에 미흡** : 문제해결능력, 창의력 등의 고등정신능력을 기르기에 미흡하다. • **교사의 능력에 전적으로 의존** : 교사의 능력에 전적으로 의존하게 되므로 사전에 충분한 수업계획이 없거나 설명력이 부족한 경우에는 그 영향이 직접적으로 학습자에게 미치게 된다.

---

02 문답법 _{99 초등추시}

① 개념

① 교사와 학생 간의 질문과 대답에 의해 학습활동이 전개되는 수업형태이다.

② 강의법과 함께 오랜 역사를 지닌 수업방법으로, 사고력·비판적 태도·표현력 신장에 도움이 된다.

② 문답법 사용 시 유의점 _{99 초등추시}

① 질문은 문제의 답을 선택하게 하는 형태처럼 지나치게 구조화되는 것은 좋지 않다. 질문의 구조화 정도는 너무 약하거나 너무 강하지 않고 적절한 정도일 때 학업성취에 효과적이다.

② 질문은 학습자가 스스로 답을 얻어 나가도록 계획되어야 하며, 간결하고 명확해야 한다.

③ 수업의 단계(4단계) ─ Bellack

구조화	교사가 수업에서 논의될 내용을 간단히 정리해 주는 것, 중간 정도일 때 최적의 학업성취 가능
질의	교사의 질문
반응	학생의 응답
대응	학생의 반응에 대한 교사의 평이나 수정

④ 장단점

장점	단점
• 교사와 학생 간의 의사소통이 잘 이루어진다. • 학생의 사고력, 비판적 태도, 표현력 등이 길러지며, 적극적인 참여로 인해 수업에 생기가 있고, 교사가 학생의 능력이나 정도 등 실태를 파악하기 쉽다. • 적극적인 흥미와 동기를 유발하여 적극적인 학습이 된다. • 이미 학습한 사항의 정리 및 정착에 효과적이다.	• 학생들의 능력이 떨어질 경우, 교사 중심으로 되기 쉽다. • 질문에 한정되기 때문에 사고의 영역을 한정시키기 쉽다. • 질문에 대답을 잘하는 우수아를 중심으로 학습이 진행되기 쉽다. • 학습속도가 지연된다.

발문

1. 발문의 개념

① 발문(發問)은 교사가 학생의 후속 행동을 유도하기 위해서 의도적으로 하는 질문을 의미하며, 질문(質問)은 실제로 모르거나 의문이 생겨 묻는 것을 의미한다.

② 발문에서 묻고 답하는 자의 관계는 상호의존적이고 쌍방적이며, 발문은 응답자의 성장이나 학습을 돕기 위한 목적으로 이루어진다.

③ 교사가 학생에게 질문하는 것뿐만 아니라 학생이 대답하는 것도 발문에 포함된다.

2. 발문의 유형

① 재생적 발문
　㉠ 학습했던 내용이나 경험한 사항을 알아보기 위한 발문으로 대개 도입 단계에 사용
　㉡ 단순한 지식과 사실, 방법과 열거, 계산 등에 대한 발문으로 문답 형태

② 추론적 발문
　㉠ 학생들의 지식, 정보 등을 사용하여 비교, 대조, 구분, 분석, 종합하여 응답하게 하는 발문
　㉡ 학생들로 하여금 생각하게 하는 발문
　㉢ 문제해결 수준의 발문

③ 적용적 발문
　㉠ 학생들의 확산적 사고를 계발하기 위하여 새로운 사태에 적용, 예언 또는 가설을 설정하도록 하는 발문
　㉡ 학습과 결과를 토대로 보다 확산적 사고를 촉진하는 발문

3. 효과적인 발문의 조건

① 명확하고 간결한 발문 : 막연하고 모호하거나 너무 길지 않게 한다.

② 구체적인 발문 : 막연하지 않도록 '누가', '무엇을', '어떻게'라고 자세히 발문한다.

③ 학생의 사고를 자극하는 개방적 발문 : 발문의 답이 즉석에서 '예, 아니오'로 나오게 되거나, 단순 기억 재생 발문을 피한다.

④ 개인차를 고려한 발문 : 학생의 발달 정도나 학습 수준에 맞는 발문을 한다.

4. 학생의 반응 처리 요령

① 교사의 진지한 자세가 필요하다 : 학생들의 반응이 실망적인 것일 때도 진지하고 적극적으로 반응해 주어야 한다.

② 성급한 처리를 하지 않는다 : 학생들의 반응이나 질문을 교사가 일단 반복하고 그에 대한 자신의 반응을 보이는 것은 항상 필요한 것만은 아니다.

③ 인격을 존중해 주어야 한다 : 학생의 반응이 분명히 쓸모없는 것일 때 조소하거나 면박을 주거나 또는 무시해서는 안 된다. 스스로 그것이 의미 있는 반응임을 알도록 도와주어야 한다.

④ 다수의 반응을 유도해야 한다 : 항상 한 학생 이상의 반응을 구하는 것이 좋다.

⑤ 정답 이후의 처리가 중요하다 : 정답이 제기되었을 때 긍정적인 반응을 보이는 데서 그치지 말고 다른 정답도 생각해 보도록 격려하고 필요에 따라 즉석에서 다른 정답을 같이 찾아본다.

⑥ 여유와 아량을 보여 주어야 한다 : 오답의 경우에는 생각하는 입장, 자료의 조건, 변인의 성질 등을 달리했을 때는 정답이 될 수 있다고 합의하는 아량을 베푼다.

⑦ 단답(短答)을 피해야 한다 : '맞았어요', '틀렸어요'라고만 반응해서는 안 된다.

⑧ 참신한 아이디어를 칭찬해 줄 필요가 있다 : 개성 있는 참신한 반응을 환영한다는 것을 학생들이 알게 한다.

⑨ 교사의 편견을 배제한다 : 정답인지 아닌지, 그리고 좋은 의견인지 아닌지를 항상 교사인 당신이 판정하는 것은 아닌가를 생각해야 한다.

03 팀티칭(협동교수, team teaching) 99 중등추시, 00 서울초보

1 개념

① 2명 이상의 교사들이 협력하여 함께 가르치는 교수방법이다.
② 교사들은 하나의 팀으로 수업목표를 정하고, 교수과정을 계획하며, 실제로 학생들을 함께 가르치고 그 결과를 함께 평가하여 더 좋은 교수·학습 환경을 구성해 간다.

2 장단점

장점	단점
• 교사는 자신의 전문성을 최대한 살려 학생들에게 풍부한 경험을 제공할 수 있다. • 교사들이 교육과정 계획과 준비에 적극적으로 참여할 수 있어 수업자료의 중복을 피하고 새로운 자료를 개발할 수 있다. • 교사들은 학생들의 개별 능력에 맞추어 다양한 학습집단을 편성하고 다양한 교수방법을 제공할 수 있다. • 학생들은 다양한 교사들의 다양한 교수·학습 전략이 실행되는 역동적인 수업에 참여할 수 있게 된다.	• 교사들 간의 의견이 일치하지 않는 경우 교사와 학습자 모두 혼동이 생기기 쉽다(교사들 간의 기준이나 가치관의 차이는 학습자들에게 혼란을 줄 수 있다). • 학생들이 다양한 교사들의 특성에 적응하려면 적응할 수 있는 시간이 요구될 수 있다. • 자료의 제작이나 사전 협의를 하기 위해 충분한 시간이 필요하다. • 교사들 간에 개인적인 충돌이나 팀워크에 문제가 발생할 수 있다.

3 성공적인 팀티칭 수업을 위한 고려사항

① 팀티칭에서는 교수자들 간의 팀워크가 중요하다. 그러므로 교수자가 자신의 대인관계 스타일을 알고 단점을 보완하려는 노력을 해야 한다.
② 교수자들 간의 의사소통이 원활해야 한다. 이를 위해 효율적인 열린 의사소통이 가능한 조직문화를 구축하도록 노력한다.
③ 다른 교수자의 수업을 참관하고 건설적인 피드백을 주고받음으로써 팀티칭의 효과를 극대화한다.

04 게임(game) 02 초등

1 개념

① 게임은 게임의 속성, 즉 규칙과 경쟁적 요소를 이용하여 흥미롭게 학습내용을 습득하도록 구성한 방법이다.
② 게임은 학습자가 규칙에 따라 행동하며 승패가 분명하게 결정되기에 학습자들 간 경쟁심리가 높게 작용한다.
③ 학습자는 게임을 통하여 학습목표뿐만 아니라 타인과의 의사소통기술, 규칙준수, 호기심 등을 함께 배울 수 있다.

2 장단점

장점	단점
• 교육환경이 흥미롭게 구성되어 학습자의 동기를 높일 수 있다. • 학습자가 학습한다는 느낌을 받지 않고 게임에 열중하면서 자연스럽게 교육이 이루어질 수 있다.	학습자가 경쟁에만 초점을 맞출 경우 불필요한 에너지를 소모할 수 있다.

05 사례연구(case study) 00 강원초보

1 개념

① 사례연구는 학습자가 실제적인 사례를 다각적으로 검토하고 분석하여 문제를 해결하는 방법이다.
② 주로 판례나 임상경험이 중요시되는 법학이나 의학 분야에서 그 유래를 찾아볼 수 있다.

2 장단점

장점	단점
• 현장감 있는 사례를 통해 실제적이고 실무적인 과제와의 연계성을 높일 수 있다. • 학습자의 능동적·적극적 참여를 요구하는 참여학습의 형태이므로 지속적인 흥미 유발이 가능하다. • 원리와 원칙을 확인하고 응용하며 분석력, 판단력을 획득할 수 있다. • 종합적인 문제해결능력과 의사결정능력을 높일 수 있다. • 그룹토론을 통해 의사소통능력이 향상될 수 있다.	• 사례분석을 위한 기초자료와 관련 자료들을 준비하고, 시나리오를 작성하는 데에 많은 시간과 노력이 필요하다. • 적합한 사례를 작성하기가 어렵다. • 능동적 참여를 이끌어내지 못할 경우 기대하는 성과를 달성하기 어렵다. • 의견을 강하게 주장하는 사람에게 이끌려갈 위험이 있다.

06 역할놀이 99 초등추시, 01 중등

1 개념

① 역할놀이는 어떤 가상적인 역할을 수행하게 함으로써 태도와 행동을 변화시키려는 수업방법이다.

② 역할놀이를 통해 학생들은 자신이 지닌 가치나 의견을 좀 더 분명히 깨닫고, 사람들이 어떻게 타인의 행동에 영향을 미치는지 이해할 수 있게 된다.

③ 역할놀이의 절차는 '집단분위기 조성 → 역할연기 참가자 선정 → 무대설치 및 역할연기 준비시키기 → 청중 준비시키기 → 역할연기의 실연 → 역할연기에 대한 토론과 평가 → 재실연하기 → 경험의 공유와 일반화'이다.

2 장단점

장점	단점
• 타인의 역할을 경험해 봄으로써 타인을 이해하는 데 도움을 준다. • 의사결정능력, 문제해결능력, 의사소통기술, 분석력과 종합력 등 고등정신능력을 기를 수 있다. • 자신과 타인의 가치와 행동을 이해할 수 있어 사회적 규범을 가르치는 데 적합하다.	• 제시된 상황이 학생들에게 흥미를 불러일으키지 못하면 수업효과는 크게 떨어진다. • 학습자의 경험세계와 역할놀이의 학습 사이에 괴리가 생기면 학습자는 무엇을 배우는 것인지 이해하지 못하는 상황이 될 수 있다.

07 토의법 93 중등, 98 중등, 00~01 초등, 04 중등, 07 중등, 11 중등, 12 초등

1 개념 93 중등, 98 중등, 00 초등

① 공동학습의 한 형태로, 교사와 학습자, 학습자와 학습자 간의 언어적 상호작용을 통해 결론을 이끌어내는 방법이다.

② 토의는 일종의 민주적 원리를 바탕으로 한 민주적인 방법이 되며, 민주시민으로서 필요한 사회적 태도와 기능을 키울 수 있는 학습형태로서의 가치를 지닌다.

❷ 장단점

장점	단점
• 민주적 태도와 가치관 함양 : 타인의 의견을 존중하고, 협력하고 타협하는 사회적 기능과 태도를 형성함으로써 민주적 태도와 가치관을 함양할 수 있다. • 고등정신능력의 습득 : 문제해결과정에서 비판적 사고력, 문제해결력 등 고등정신능력을 습득할 수 있다. • 학습동기와 흥미 유발 및 자율성 향상 : 학습자가 자발적이고 적극적으로 참여하게 되므로 학습동기와 흥미를 유발하고 자율성을 향상시킬 수 있다. • 사고능력과 의사표현능력의 함양 : 스스로 사고하는 능력과 의사표현능력을 길러준다.	• 많은 시간이 소요 : 토의 준비와 계획, 진행과정에서 많은 시간이 소요된다. • 소수에 의한 토론의 주도 : 소수의 토론자에 의해 토의가 주도될 우려가 있다. 이 경우 나머지 학습자들은 토의과정에 방관하거나 무관심한 상태에 빠질 위험이 있다. • 평가불안이나 사회적 태만의 문제 : 일부 학습자의 경우 평가불안이나 사회적 태만을 보일 수 있다. 평가불안은 자신의 생각에 대해 '다른 사람들이 부정적인 반응을 보이면 어쩌나' 하는 두려움을 말하며, 사회적 태만은 '내가 아니어도 남들이 하겠지'라는 방관적인 태도로 개입하지 않으려는 행동을 말한다. • 산만하고 초점을 잃을 가능성 : 토의가 원래 목적에서 벗어나 산만하고 초점을 잃은 채 무의미한 것으로 전락할 수 있다.

❸ 토의법의 유형

원탁토의 (round table discussion) 04 중등	• 참가자 전원의 대등한 관계 : 5~10명 정도의 참가자 전원이 상호 대등한 관계 속에서 둥글게 둘러앉아 정해진 주제에 대해 자유롭게 서로의 의견을 교환하는 좌담 형식이다. • 상호 협력적인 태도로 문제해결방안 모색 : 민주적인 토론 기법으로서 상호 협력적인 태도로 문제해결을 위한 방안을 모색하고 최선의 해결방안을 선택한다. • 장점 : 타인의 의견을 존중하고 합의를 모색하는 과정에서 민주적인 태도를 학습할 수 있다. 모두에게 만족하는 효율적인 학습효과를 기대할 수 있다. 귀속감, 집단의식, 공동체 의식이 고양된다. 집단학습 효과가 증대된다. • 단점 : 토론이 지나친 사견으로 흐르지 않도록 해야 한다. 의사소통의 문제가 생기면 갈등의 여지가 있다. 결론 없는 탁상공론으로 그칠 우려가 있다.
배심토의 (panel discussion)	• 상반된 견해를 가진 패널들 간의 토론 : 특정 주제에 대해 상반된 견해를 가진 패널(배심원, panel)들이 다수의 청중 앞에서 사회자의 진행에 따라 토의하는 형태이다. 패널토의, 찬반토의라고도 한다. 청중의 의견 개진이나 토론은 원칙적으로 허용되지 않는다. 단, 경우에 따라 사회자의 재량으로 청중에게도 질문과 발언권이 제공되기도 한다. • 장점 : 특정 문제나 쟁점에 대해 이해를 증진시키고 다양한 의견을 광범위하게 수렴하는 데 효과적이다. 또, 전문지식이 없는 학습자에게도 최적의 학습효과를 기대할 수 있다. • 단점 : 패널의 선정이 학습효과에 결정적 영향을 미친다. 비공식적 대화를 중심으로 이루어지므로 논리정연한 지식이나 정보의 제시는 어렵다. 자칫하면 토론의 방향이 패널들의 관심과 흥미로만 진행될 수 있다.

공개토의 **(forum** **discussion)** 07 중등	• 전문가의 공개 연설 후 청중과 질의 응답하는 방식의 토의 : 1~3인 정도의 전문가가 10~20분간 공개 연설을 한 후, 이를 중심으로 청중과 질의 응답하는 방식의 토의 형태이다. • 장점 : 모든 청중(학습자)이 직접 토의에 참여할 수 있다는 점에서 직접적이고 효과적인 학습 성과를 기대할 수 있다. 청중(학습자)의 다양한 의견 수렴을 통해 집단지혜를 수렴할 수 있다. 전문가의 의견 개진과 청중(학습자)의 질의 응답을 통해 체계적이고 깊이 있는 학습이 가능하다. 청중(학습자)의 욕구와 필요를 충족시켜줄 수 있다. • 단점 : 주제선정 과정에서 청중의 흥미와 욕구를 충분히 검토하지 않으면 학습효과는 없다. 청중이 다수이다 보니 토의가 산만하거나 비체계적으로 흐를 위험이 있다.
대담토의 **(colloquy)**	• 청중 대표와 전문가 대표 간의 토의 : 특정 주제에 대해 청중 대표(3~4명)와 전문가 대표(3~4명)가 청중 앞에서 사회자의 진행으로 토의하는 형태이다. 사회자의 진행에 따라 청중들도 질문하거나 의견을 개진할 수 있다. • 장점 : 적극적이고 능동적인 학습자의 참여가 가능하다. 자유로운 의사소통이 가능하여 학습효과가 크다. • 단점 : 각 구성원의 역할이 충분히 숙지되지 않으면 학습효과가 떨어진다. 학습자 집단의 참여가 적극적이지 않으면 배심토론과 차이가 없다.
단상토의 **(symposium)** 01 초등	• 특정 주제에 대한 전문가의 강연식 토의 : 특정 주제에 대해 다양한 의견을 가진 전문가들(3~4인)이 각각 강연식으로 의견을 발표한 후 발표자 간 좌담식 토론을 하는 방식이다. 원칙적으로 발표자 간 대화나 상호토론, 발표자와 청중 간의 상호의견교환은 허용되지 않으나, 경우에 따라 짧은 시간이 제공되기도 한다. • 장점 : 짧은 시간에 특정 주제에 관한 체계적이고 전문적인 지식과 정보를 학습할 수 있다. 하나의 특정 주제에 대해 다양한 관점에서의 해석과 논의가 가능하다. 특정 주제에 대해 다양한 관점을 이해함으로써 총체적 안목 형성이 가능하다. 청중은 간접적인 참여를 통해서도 학습효과를 증대할 수 있다. 자신의 지식과 견해 등을 비판적으로 검토·수정할 수 있다. • 단점 : 준비된 자료의 연속적인 발표 형식으로 인해 발표 내용이 중복될 가능성이 있다. 청중의 직접 토론 참여가 허용되지 않으므로 학습자가 수동적이 되기 쉽다. 의견교환 기회가 거의 없어 자신의 발표 내용의 수정·보완·재검토의 기회가 없다.
세미나 **(seminar)**	• 전문가 간의 토의 : 해당 주제 분야에 전문적 식견을 갖춘 5~30명 정도의 권위 있는 전문가나 연구가들로 구성된 소수집단 토의이다. 해당 주제 분야에 대한 전문적 연수나 훈련의 기회를 제공하고자 할 때 자주 활용된다. 발제, 의견 개진, 질의·응답의 순으로 진행된다. • 장점 : 해당 분야에 대한 전문적 연구나 훈련의 기회를 제공한다. 전 구성원의 적극적이고 능동적 참여가 가능하다. • 단점 : 일반 대중은 이해하기 어렵다. 동일 분야가 아닌 다양한 전공분야 구성원들은 세미나로 학습효과를 얻기 힘들다.
버즈토의 **(buzz group)** 11 중등, 12 초등	• 소집단 분과 토론 : 전체집단을 몇 개의 소집단으로 나누어 분과토의를 진행하고, 최종적으로 집단구성원 전체가 모여 전체토의에서 소집단토의 결과를 종합·정리하고 결론을 도출해 내는 방식이다. 📌 Phillips의 6·6법(6명씩 한 그룹을 구성하여 6분간 토의한 결과를 다시 전체가 모여 토의함) • 장점 : 집단구성원 모두에게 직접 토의에 참여할 기회가 제공되어 집단구성원의 참여의식과 공동체의식을 높일 수 있다. 학급 내의 인간관계와 사회적 협동심을 높일 수 있다. 대주제가 여러 개의 하위주제로 분화·토의됨으로써 보다 심층적이고 다양한 논의가 가능하다. 다양한 의견을 폭넓게 수렴할 수 있다. • 단점 : 소집단별로 분과토의가 진행되기 때문에 복잡한 주제를 토의하기에는 적합하지 않다. 또, 토론 주제를 잘못 이해하여 소집단의 토론 주제가 대토론 주제와 직결되지 않을 경우 토론이 불분명해진다. 수많은 소집단을 다 통제하기가 어렵다.

개념 쏙쏙

하브루타(Chavruta)

1. 개념
① 유대인의 전통적인 토론 수업 방식으로, 문자적 의미는 함께(together), 친구·동료, 우정 등을 뜻한다.
② 두 명이 짝을 이루어 공부한 것에 대해 질문을 주고받으며 대화와 논쟁을 통해 진리와 지식을 찾아 나가는 방식이다.
③ 교사는 학생이 마음껏 질문하고 스스로 답을 찾을 수 있도록 유도하는(도와주는) 역할을 한다.

2. 장점
① 대화를 하며 답을 찾아 가는 과정에서 다층적으로 지식을 이해하고 문제를 해결할 수 있다.
② 하나의 주제에 대한 찬반양론을 동시에 경험하게 되므로 이를 통해 새로운 아이디어와 해결법을 이끌어 낼 수도 있다.
③ 학생들이 서로 대화함으로써 자기주도 학습능력, 고차적 사고력, 창의력 등을 함양할 수 있다.

---

08 문제해결학습(problem method) — Dewey 99 중등

1 개념

① 문제해결학습은 학생이 생활의 장면에서 당면하는 여러 문제들을 해결해 나가면서 지식, 기술, 태도 등을 획득하는 학습방법이다. 주요 목적은 문제해결을 위한 반성적 사고를 함양하는 데 있다.
② 학습자는 자신이 배운 지식을 사용하여 문제를 인식, 분석, 종합하여 해결책을 도출하며 학습한다. 교사는 학습자가 문제를 명확히 인식할 수 있도록 지도해야 하며, 문제 상황을 분석하여 명료한 가설을 설정하고 검증할 수 있는 법칙이나 원리를 제공해야 한다.
③ 문제해결학습의 특징은 학습자의 자발적인 활동에 의해 스스로의 힘으로 문제를 해결하여 자율성과 능동적 능력을 기를 수 있다는 것이다.

2 절차

1단계 문제 인식	학습자가 당면한 문제를 자세히 검토하고 정확히 인식한다.
2단계 문제해결의 계획	문제를 어떻게 해결할 것인지 방법이나 절차를 연구한다.
3단계 자료의 수집 및 연구	문제해결을 위해 필요한 자료를 수집하여 연구한다.
4단계 문제해결의 시도	수집된 자료를 조사, 관찰, 비교하여 문제해결을 시도한다.
5단계 결과 발표 및 검토	결과를 정리하여 발표하고 검토한다.

③ 문제해결학습 사용 시 유의사항

① 학습자의 능력, 경험, 흥미 등을 고려하여 문제 상황을 설정해야 한다.
② 문제해결의 결과보다는 문제해결 과정을 더 중시하여 지도할 필요가 있다.
③ 문제를 정확히 이해하기 위해서는 학습자 스스로 주어진 문제를 재조직하도록 요구한다.
④ 문제해결 과정에서 대안적 해결방법을 모색하는 기회를 제공해야 한다.

④ 장단점

장점	단점
• 학습자의 자발적 학습이 이루어진다(학습자의 자발적인 활동에 의해 자율성과 능동성을 기를 수 있다). • 학습자의 구체적 행동과 경험을 토대로 한 교육으로, 사회적 생활화 과정이 이루어진다. • 문제해결력, 비판적 사고력, 창의력 등 고등정신기능이 길러진다. • 통합된 지식경험을 형성할 수 있으며, 협동적인 학습으로 민주적 생활태도를 배양한다.	• 문제를 중심으로 학습을 진행하다 보니 교과 지식을 체계적으로 습득할 수 없다. • 학습의 노력과 시간에 비해 능률이 낮다.

09 프로젝트학습(구안법, project method) — Kilpatrick 99 중등, 00 초등보수, 01 중등

① 개념

① 실제 생활과 직결될 수 있는 주제를 학습자 스스로 선정하여 수행하면서 구체적인 결과물을 만들어 내는 교수방법이다. 현실적·실천적 문제해결과 구체적인 결과물 산출에 중점을 둔다.
② 듀이의 문제해결학습법을 이어받아 더 실천적으로 발전시킨 것으로, 문제해결학습법이 반성적 사고를 통해 지식을 획득하고자 한다면, 프로젝트학습법은 구체적인 결과물을 만들어 내는 데 중점을 둔다.

② 특징

(1) 학습자가 선정한 실제적 주제나 문제를 중심으로 진행

프로젝트법은 교사가 부과한 활동이 아니라 학습자 자신이 선정한 실제적 주제나 문제를 중심으로 진행된다.

⑵ 실제적 주제나 문제에 대한 자율적인 계획과 실행 강조

프로젝트법은 실제적 주제나 문제에 대해 학습자가 스스로 계획을 세워 실행할 것을 강조한다.

⑶ 학습에 대한 학습자의 책임 강조

학습자는 학습의 전 과정을 스스로 결정하며, 학습에 대한 책임도 동시에 지닌다.

③ 프로젝트학습의 단계(학습과정)

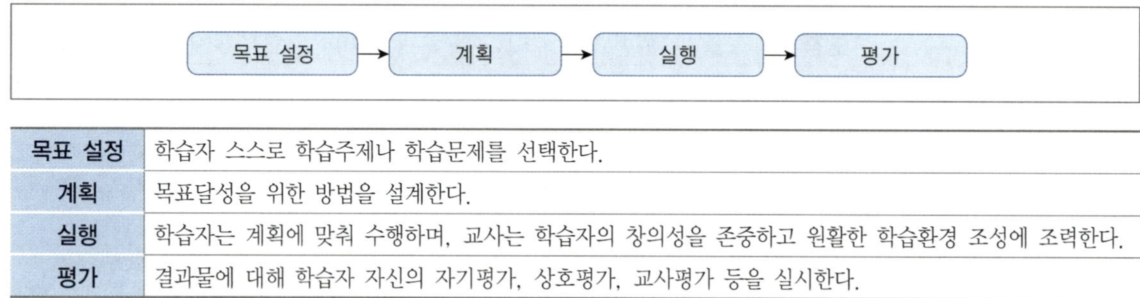

목표 설정	학습자 스스로 학습주제나 학습문제를 선택한다.
계획	목표달성을 위한 방법을 설계한다.
실행	학습자는 계획에 맞춰 수행하며, 교사는 학습자의 창의성을 존중하고 원활한 학습환경 조성에 조력한다.
평가	결과물에 대해 학습자 자신의 자기평가, 상호평가, 교사평가 등을 실시한다.

④ 장단점

장점	단점
• **학교생활과 실생활의 연계** : 현실 생활에서 부딪치는 문제를 실천적으로 해결함으로써 학교생활과 실생활을 연결시킬 수 있다. 예 학교 '기술가정'시간에서 배운 감자재배법을 집에서 실행한 후 보고서 제출 • **학습자의 자발적이고 능동적 학습활동 촉구** : 학습자가 계획하고 실천하는 것이므로 학습자의 자발적이고 능동적인 학습활동을 촉구할 수 있다. • **창조적·구성적 태도 함양** : 구체적 결과를 만들어 내는 실천적 측면을 중시함으로써 창조적·구성적 태도를 기를 수 있다. • **사회성 및 민주적 생활태도 함양** : 협동심, 지도성, 봉사성 등 사회성과 민주생활태도를 기를 수 있다.	• **수업의 무질서 우려** : 학습자의 자율적 활동이 보장되므로 수업이 무질서하게 될 우려가 있다. • **논리적 지식 습득의 어려움** : 문제 중심의 학습이므로 논리적 지식 습득이 어렵다. • **비경제적 가능성** : 자기 구성 및 실천력이 부족한 학생에게는 시간과 노력을 낭비하며 비경제적이다.

10 자기주도적 학습(SDL : Self-Directed Learning) 99 중등, 01 중등, 04 초등, 05 중등, 11 초등

1 개념 01 중등, 05 중등

① 학습자가 스스로 자신의 학습요구를 진단하고 학습목표를 설정하며, 학습에 필요한 인적·물적 자원을 파악하고 적절한 학습전략을 선택·실행하며, 자신이 성취한 학습결과를 스스로 평가하는 과정을 말한다.
② 학습목표, 학습수준, 학습내용, 학습방법, 학습평가 등 학습의 전 과정을 학습자 스스로 결정하고, 그 결정의 기초는 학습자 개인의 가치, 욕구, 선호 등에 둔다.
③ 노울즈(Knowles)가 성인학습의 한 형태로 주장했다.

2 특징 99 중등

(1) 학습의 자기주도성(self-directedness)

학습자가 학습의 주도권을 갖고 학습을 능동적이고 적극적으로 수행한다.

(2) 학습자의 자기관리(self-management)

학습자가 학습과정을 스스로 관리한다. 학습목표 설정, 학습에 필요한 자원 선택, 학습과정 계획, 실천, 학습평가를 자율적으로 책임감 있게 해 나가는 과정이다.

(3) 학습자의 자기통제(self-monitoring)·자기조절(self-regulated : 반두라)

학습과정을 스스로 비판 및 반성·성찰하고 자기 행동과 사고를 통제하면서 의미 있고 가치 있는 학습을 만들어 간다. 학습하는 방법을 배우는(learn how to learn) 과정이다.

(4) 학습의 개인차 중시

학습자는 자신의 능력에 따라 학습속도를 조절할 수 있다.

(5) 자기평가 중시

학습결과에 대한 책임은 학습자에게 부여되므로 학습자의 자기평가가 중시된다.

③ 자기주도적 학습의 필요성

(1) 인간 본성의 존중

인간은 자아실현의 욕구 성향을 갖고 있고 이것이 자기주도적 성향으로 전환되므로 자기주도적 학습은 인간주의 교육의 본령이다.

(2) 교육 본연의 임무

자기주도적 학습능력은 인간 성장과 발달에 가장 기본적인 능력이고, 교육의 본질적·핵심적 목표이며, 교육에 부여된 고유한 임무와 역할이다.

(3) 사회 변화에 따른 교육기회의 확대

지식정보화 사회에서는 학생들이 새로운 지식·기술·태도 등을 언제 어디서나 지속적으로 습득할 수 있는 자기주도적인 평생학습 능력을 필요로 한다.

(4) 교육 조건의 변화

새로운 커리큘럼, 개방교실, 무학년제, 학습자원센터, 독학, 학외학위제, 비전통적 학습프로그램, 벽없는 대학 등 교육의 새로운 발전은 학습자 개인에게 학습에 대한 주도권을 갖도록 촉구한다.

④ 자기주도적 학습능력을 기르기 위한 방안

교수·학습과정의 개선	• 학생 참여형 수업 활성화(학생 중심 교육으로 전환) : 교사의 가르치는 활동보다 학생의 학습 활동을 더 중시하는 학생 중심의 교육으로 전환해야 한다. • 교육과정의 탄력적 운영 : 정규교과시간이나 창의적 체험활동, 방과 후 교육활동 시간을 최대한 활용하여 자기주도적 학습을 할 수 있는 기회를 제공한다. • 교육과정 및 교과서의 구조 개선 : 교과목 수나 교육내용을 축소하여 다양한 방식의 자기주도적 학습이 가능하도록 하고, 교과배당 수업시간의 일정비율을 자기주도적 학습에 배정하며, 교과서가 자기주도적 학습에 활용될 수 있도록 토픽(topic) 중심의 교과서로 개편한다.
평가방법의 개선	• 평가의 개별화 : 자기주도적 학습은 개별 학생들의 학습내용과 수준, 진도가 다름을 전제로 하므로 평가도 개별적으로 시행되어야 한다. • 평가의 다양화 : 개별 학생의 수만큼 다양한 방식의 평가를 시행한다. • 평가의 자율화 : 학습자가 자신의 속도와 진도에 맞춰 학습과정이나 성취결과를 자발적으로 평가하도록 한다.

11　개별화학습(individualized instruction) 92 중등, 94 중등, 98~99 초등, 02 초등, 04~05 초등, 10 중등

무학년제 **(non-graded system)** 98 초등	• **학년의 구별 없음** : 학년의 구분 없이 개별 학생의 능력에 맞게 학습이 이루어지는 교수법으로, 굿래드(Goodlad)와 앤더슨(Anderson)이 창안 • **수준별 교육과정 운영** : 학년으로 수준을 표시하는 것이 아니라 교육과정을 수준별로 편성·운영한다. • **학습목표 달성 극대화** : 학생 개인의 능력에 적합한 학습을 통해 학습목표 달성을 극대화하고자 한다.
달톤 플랜 **(자율계약학습법,** **Dalton plan)** 99 초등	• **학습 계약 중심** : 교수자와 학습자 간의 학습 계약을 중심으로 이루어지는 개별화 교수법. 파커스트(Parkhurst)가 창안(1920년)한 것으로 매사추세츠주 달톤시에서 실시 • **사전 계약** : 학습자가 학습목표, 학습내용, 학습방법, 학습진도, 평가기준 등을 스스로 정한 다음 교수와 계약을 맺는다. 사전에 합의된 내용이 준거가 되어 학생의 성취도가 평가된다. • **자기주도적 학습과 능력에 따른 학습** : 학생은 독립적, 자기주도적으로 학습을 이끌어 가며, 학생 능력의 차이에 따른 학습이 가능하다.
프로그램 학습 **(PI : Programmed** **Instruction)** 92 중등, 94 중등, 99 초등	• **개념** : 스키너(Skinner)의 조작적 조건형성이론(행동조형, shaping)과 학습내용조직의 계열화 원리, 강화이론에 기초하여 학습부진아의 완전학습을 위해 고안된 수업방법이다. 학습자가 자신의 능력과 속도에 따라 스스로 학습하면서 점진적으로 학습목표에 도달하도록 하는 학습방법이다. 교수프로그램(교수기계 : teaching machine ⒞ 인쇄자료, 소프트웨어)을 이용하여 학습을 진행한다. ⇨ 교육공학 : CAI 수업 • **프로그램 학습의 원리** 　– small step(점진적 접근, 단계적 학습)의 원리 : 학습내용을 세분화하여, 쉬운 것에서 어려운 것으로 점진적으로 나아가게 한다. ⇨ 계열성의 원리 　– 자기 속도(pace)의 원리 : 학습자의 능력에 맞는 속도로 학습을 진행한다. 　– 적극적(능동적) 반응의 원리 : 학습자의 수준에 맞는 문제에 적극적으로 참여하여 활동(반응)한다. 　– 즉각적 강화(즉시확인, feedback)의 원리 : 학습결과(맞는지, 틀린지)에 대해 즉각적인 피드백을 주면서 즉각적인 강화를 제공한다. 반응이 올바를 때 정반응임을 곧 알려주어 즉시 강화하면 그 반응은 잘 정착되며 오반응일 때 곧 알려주면 쉽게 교정된다. 　– 자기검증의 원리 : 무엇이 어떤 이유로 맞고 틀렸는지 확인하여 스스로 검증할 수 있도록 한다. • **특징** 　– 학습목표가 명확한 행동적 용어로 진술되어 있다. 　– 학습자료는 학습목표를 일정한 계열에 따라 순서대로 세분화된 문제의 형식으로 구성되어 있다. 문제형식은 학습자가 능동적으로 빠르게 반응할 수 있도록 주로 선다형 또는 단답형으로 제시한다. 　– 학습자는 문제형식으로 제시된 학습자료에 직접 반응하게 된다. 　– 학습자가 답한 것이 맞는지 틀린지를 학습지 형식에 따라 즉시 알려준다. 　– 학습자는 자기의 학습능력에 맞는 문제부터 시작하여 점진적으로 학습목표에 접근한다. • **유형** 　– 직선형 프로그램(Skinner) : 단지 한 개의 경로를 통해 목표에 도달할 수 있도록 설계된 프로그램. 전 단계를 성공적으로 거치지 않고서는 다음 단계로의 진행이 불가능함

	− 분지형 프로그램(Crowder) : 목표에 도달하는 경로가 여러 개 있는 프로그램. 오답에 반응하면 보충학습 경로를 통해 목표에 도달하도록 안내함. 우수한 경우엔 주 계열을 건너뛰어 빨리 진행할 수 있는 방법도 있음. 학습자의 능력에 따른 상이한 경로를 설정함 ⇨ 교육공학 : CAI 수업의 기초가 됨
개별처방식 수업 (IPI : Individually Prescribed Instruction)	• **개별 처방** : 학생들의 개인차에 적합한 학습 프로그램을 제시함으로써 학습의 개별화를 통해 학습효과를 극대화시키려는 것이다. 교사는 학생의 성취도 수준에 따라 적합한 수업을 처방하는 것이다. • **스키너의 프로그램 학습에 기초한 교수법** : 미국 피츠버그 대학의 쿨리(Cooley)와 글레이저(Glaser)가 창안(1964)한 것으로, 스키너의 프로그램 학습에 기초한 교수법이다. • **절차** : 계속적 진단 → 처방 → 평가를 통한 완전학습을 지향한다. 정치(배치)검사(진단평가) → 개별화학습(PI) → 정착검사(목표달성 여부 확인, 보충학습) → 사후검사(성취수준 85% 이상이면 새로운 프로그램 실시)
개별화 교수체제 (PSI : Personalized System of Instruction) 10 중등	• **스키너의 프로그램 학습법의 다인수 학급에의 적용** : 1968년 미국 콜롬비아 대학의 켈러(Keller)에 의해 개발된 개별화된 수업체제이다(일명 Keller plan). 스키너의 조작적 조건형성의 원리에 기초한 프로그램 학습법을 발전시켜 다인수 학급에 적용하고자 한 것이다. 학습자 각자의 역량에 따라 수업목표에 달성하도록 하는 미시적 접근의 수업체제이다. • **절차** − 자기 진도에 따른 개별학습(⇨ 스스로 공부할 수 있는 몇 개의 단원으로 나누어진 분철된 학습과제와 학습지침을 바탕으로 학습자는 자기의 속도에 맞추어 자율적으로 학습한다.) − 한 단원 학습 후 평가(⇨ 한 단원을 학습하면 평가를 보고 이를 통과하면 다음 단계로 나아가며, 그렇지 않을 경우 보충학습을 한 후 다시 평가를 보고 통과해야 다음 단계의 학습으로 나아간다.) − 학습보조원(proctor, 보조관리자) 활용(⇨ 동료학습자 중 우수한 학습자나 지원자를 이용하여 다른 학습자의 개별학습을 돕고 강화하며, 결과를 평가하고 오답을 교정해 준다.) − 필요 시 강의 실시(⇨ 학습자들의 동기를 강화시켜 주고, 학습자들의 개별학습을 풍요롭게 하기 위해 강의도 실시한다.) • **특징** − 자기 진도대로 학습한다. − 완전학습을 지향한다. − 학습보조원을 활용한다.
적성처치 상호작용모형 [ATI, TTI : Aptitude(Trait) Treatment Interaction] 94 중등, 99 초등, 02 초등, 04~05 초등	• **학습자의 적성에 따른 수업처치를 달리함** : 학습자의 적성과 교수방법인 처치 간에는 상호작용이 존재하므로, 학습자의 적성(특성)에 따라 수업처치(수업방법)도 달리해야 한다는 것이다. 학습의 결과는 학습자의 적성과 그에 따른 교사의 수업처치의 상호작용의 결과이다. 학생 개개인의 적성은 모두 다르기 때문에 학생 개인이 갖고 있는 적성에 따라 투입되는 교수방법을 달리해야 학생의 학업성취도를 극대화할 수 있다는 것이다. 크론바흐와 스노우(Cronbach & Snow)가 창안 • **기본 개념** − **적성(Aptitude)** : 학생 개인이 가지고 있는 모든 능력 　예 일반지능, 특수지능, 성적, 포부수준, 인지양식, 성격유형, 자아개념, 학습유형, 성취동기, 학습불안, 자신감, 사회계층, 인종, 성별 등 − **처치(Treatment)** : 학생들에게 투입되는 교수 프로그램이나 교수방법 　예 수용학습−발견학습, 프로그램 수업−전통적 수업, 학생 중심−교사 중심, 개별적 수업−협동적 수업, 연역적 교수−귀납적 교수, 구조화된 학습−비구조화된 학습

03

- 상호작용(Interaction) : 적성과 처치가 나타내는 상승적 효과 또는 상쇄적 효과
  예 학습자의 적성에 따라 최적의 수업방법이 적용될 때, 학습자의 적성과 수업방법 간에 상호작용 효과가 있다.
- 적용 방법
  - 이상적인 형태(교차적 상호작용모형) : 학습적성이 높은 학생과 낮은 학생에게 똑같은 교수방법을 적용시킬 수 없으므로 각 개인이 지닌 특성에 따라 그에 알맞은 교수방법을 이용하는 것이 효과적이다.

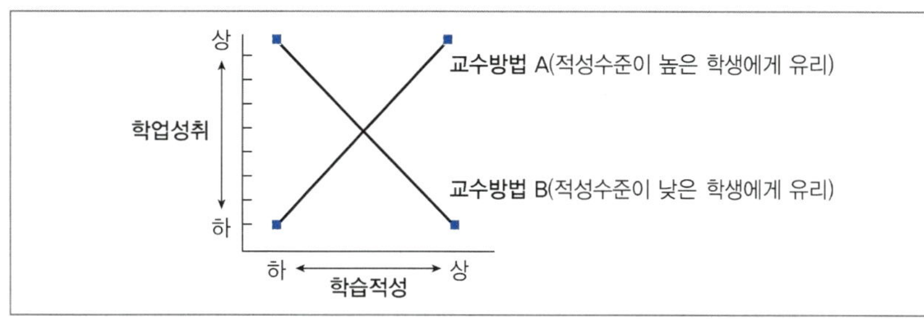

  - 현실적인 형태(비교차적 상호작용모형) : 사실상 학습적성이 낮은 학생에게 효과가 있는 교수방법이 학습적성이 높은 학생에게 효과가 없다는 것은 현실적으로는 존재하기 어렵다. 따라서 교수방법 A처럼 다양한 교수변인을 투입하여 학생들 간의 개인차를 줄인 교수방법이 보다 현실적이다. ⇨ 적성과 수업처치 간 상호작용이 없다. 교수방법 A가 적성수준과 상관없이 언제나 교수방법 B보다 더 효과적이다.

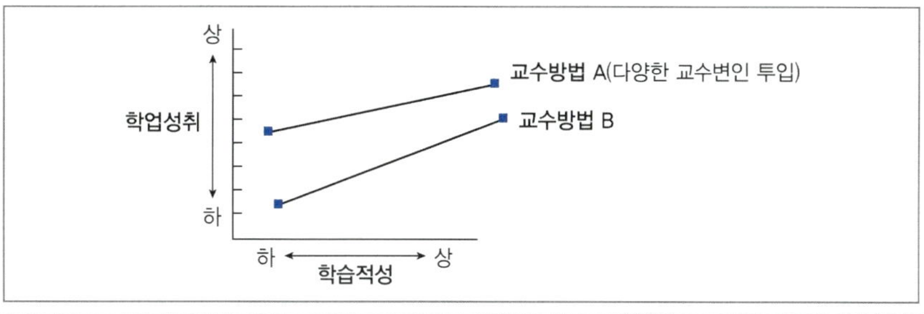

팀티칭(협동교수, team teaching)

- **2인 이상 협동교수** : 2명 이상의 교사들이 동일한 학습집단을 대상으로 협동적으로 계획·지도·평가하는 교수 형태이다. ⇨ 교사 인원의 재조직을 통해 교수 효과를 극대화
- **목적** : 교사의 전문성을 살려 학생들의 개인차를 존중하는 교육 실시, 우수한 교사의 혜택을 많은 학생들에게 제공, 우수교사에게 가장 적합한 근무조건 마련
- **장점**
  - 교사의 전문성을 최대한 살려 학생들에게 풍부한 경험을 제공할 수 있다.
  - 교사들이 교과과정 계획과 준비에 적극적으로 참여할 수 있어 수업자료의 중복을 피하고 새로운 자료를 개발할 수 있다.
  - 교사들이 반복적 집단수업에서 해방되어 학생 개개인에게 보다 많은 시간을 투자하고 주의를 기울일 수 있다.
  - 교사들은 학생들의 개별능력에 맞추어 다양한 학습집단을 편성하고 다양한 교수방법을 제공할 수 있다.
  - 교사차등제를 활용할 수 있어 인력자원을 효율적으로 활용할 수 있다.

12 협동학습(cooperative learning)

96 중등, 99 초등 · 초등추시, 00 초등 · 초등보수 · 중등, 01 초등, 04 중등, 06 초등 · 중등, 14 중등論

❶ 개념

학습능력이 다른 학습자들로 소집단을 구성하여 공동의 학습목표 달성을 위해 협동하는 수업 방법이다.

❷ 협동학습의 특성 – 전통적 소집단학습과의 비교

전통적 소집단학습	협동학습
• 구성원의 동질성	• 구성원의 이질성
• 책무성이 없음	• 개별 책무성 중시
• 구성원 간의 긍정적인 상호의존성이 없음	• 구성원 간의 긍정적인 상호의존성
• 자기 자신에 대해서만 책임을 짐	• 상호 간의 책임 공유
• 한 사람이 지도력을 지님	• 구성원 간 지도력 공유
• 과제만 강조	• 과제와 구성원과의 관계 지속성
• 교사는 집단의 기능을 무시	• 교사의 관찰과 개입
• 집단과정이 없음	• 집단과정의 구조화
• 사회적 기능의 학습이 이루어지지 않음	• 사회적 기능(리더십, 의사소통기술)의 학습

(1) 이질적인 학생들로 구성

협동학습은 구성원의 개인적 특성(학습능력, 지능, 흥미 등)이 있으므로 이질적으로 구성된다.

(2) 개별 책무성 존재

과제를 숙달해야 할 책임이 학생 개개인에게 있다. '무임승객 효과'와 '봉 효과'를 방지할 수 있다.

(3) 구성원 간의 긍정적 상호의존성에 기초

협동학습은 구성원 간의 상호의존성에 기초하여 공동의 목표를 달성한다.

(4) 구성원 간 지도력 공유

개개인이 책무를 지니므로 능력이 뛰어난 일부 학생에게 지도력이 주어지는 것이 아니라 구성원 모두가 리더가 될 수 있다.

(5) 교사의 적극적 개입

구성원 간의 상호작용을 통해 집단의 목표를 최대한 달성할 수 있도록 교사가 학습활동을 관찰하고 적절한 피드백을 제공하는 등 적극적으로 개입한다.

③ 전통적 소집단 학습 및 협동학습의 문제점과 극복방안

종류	문제점	극복방안
부익부 현상 (rich-get-richer effect)	학습능력이 높은 학습자가 더 많은 활동을 통해 소집단을 장악하는 현상	각본협동(소집단구성원들의 역할을 각본으로 규정해 놓음), 집단보상을 통해 극복
무임승객 효과 (free-rider effect)	• 학습능력이 낮은 학습자가 적극적으로 학습에 참여하지 않고도 높은 학습 성과를 공유하는 현상 • 링겔만 효과(Ringelmann effect) : 집단에 참여하는 사람의 수가 늘수록 '나 하나쯤은 대충 해도 되겠지'라는 인식을 갖고 전력투구하지 않는 현상 예 줄다리기 게임	집단보상과 개별보상을 함께 실시해 극복
봉 효과 (sucker effect)	학습능력이 높은 학습자가 자기의 노력이 다른 학습자에게 돌아갈까봐 소극적으로 학습에 참여하려는 현상	집단보상과 개별보상을 함께 실시해 극복
집단 간 편파 현상	외집단의 차별과 내집단의 편애현상으로 외집단의 구성원에게는 적대감을, 내집단의 구성원에게는 호감을 가지는 현상	주기적인 소집단 재편성, 과목별로 소집단을 다르게 편성
사회적 태만	사회적 빈둥거림 현상	개별책무성 인식, 협동학습기술 습득
자아존중감 손상	다른 학습자로 인해 자기가치(자아존중감)가 상처를 받는 현상	협동학습기술 습득

④ 협동학습의 원리(기본요소, Johnson & Johnson)

협동학습의 효과를 극대화하기 위해 협동학습에 반드시 포함되어야 할 기본 요인은 다음과 같다.

(1) 개별 책무성(individual accountability)

집단구성원 각자의 수행이 집단 전체의 수행 결과에 영향을 주므로, 집단 목표의 성공적 성취를 위해 과제를 숙달해야 하는 책임이 학생 개개인에게 있다는 것을 의미한다. '무임승객 효과'와 '봉 효과'를 방지할 수 있다.

(2) 긍정적 상호의존성(positive inter-dependence)

'우리들이 성공하기 위해서는 너와 나 모두 성공해야 한다.'는 관점으로, 학생들 개개인이 집단의 성공을 위해 자신뿐만 아니라 동료들도 성취할 수 있도록 서로 도움을 주는 관계를 의미한다.

(3) 사회적 기술(social skill)

집단구성원들이 서로 배려하고 존중하면서 상호작용할 수 있도록 사회적 기술을 발달시켜야 한다는 것을 의미한다. 집단 내 갈등 관리, 의사결정, 효과적 리더십, 능동적 청취 등을 의미한다.

⑷ **대면적 상호작용**(face-to-face interaction)

집단구성원 각자가 집단의 목표를 성취하기 위해 다른 구성원들과 얼굴을 맞대고 서로 격려하고 촉진시켜 주는 것을 의미한다.

⑸ **집단 과정**(group processing)

특정한 집단이 의도한 목표를 성취하기 위해서는 집단구성원의 노력과 행위에 대한 토론과 평가가 필요하다.

❺ 협동학습의 효과

⑴ **학업성취도 향상**

집단구성원 전체가 서로 협력하여 교과 지식을 습득하므로 혼자 학습할 때보다 학업성취도를 향상시킬 수 있다. 집단 구성원의 상호작용을 통해 수행능력이 낮은 학생은 우수한 학습자로부터 학습전략을 배우게 되고, 수행능력이 높은 학생은 타 구성원들에게 설명하는 과정에서 학습내용을 보다 정교화할 수 있어 학업성취도를 향상시킬 수 있다.

⑵ **사회적 관계 기술의 발달**

집단구성원들이 서로 배려하고 존중하면서 협동하는 등 학생들의 사회적 관계 기술을 발달시킬 수 있다.

⑶ **자신감과 자존감의 향상**

집단의 과제 해결에 적극 참여함으로써 모든 구성원들이 자기 집단을 위해 공헌할 수 있다는 자신감과 자아존중감을 높일 수 있다.

❻ 협동학습의 문제점

⑴ **과정보다 결과 중시 버릇 발생**

집단의 목표 달성이 강조되다 보면 일의 과정보다 결과를 중시하는 버릇이 생길 수도 있다.

⑵ **잘못된 이해 가능성**

집단구성원 전체가 잘못 이해한 내용을 마치 옳은 것인 양 오해할 우려가 있다.

⑶ **능력이 부족한 학생의 소외나 수치심 문제**

소집단 내에서 능력이 떨어지는 학생은 자신이 집단에서 불필요한 존재라고 느끼게 되어 소외되거나 수치심을 느낄 수 있다.

⑷ **기타**

무임승차 효과, 봉 효과, 링겔만 효과 등이 나타날 수 있다.

❼ 협동학습의 접근방법 - 이론적 근거

사회응집성 관점	팀의 응집성을 강조함으로써 협동기술에 초점을 두는 형태 • 협동기술(사회적 기술)은 대인관계 기술, 사회적 기술, 의사소통 기술 등을 의미하는 것으로, 청취기술, 번갈아 하기, 도움 주고받기, 칭찬하기, 정중하게 기다리기 등이 있다. • 과제분담학습 I(Jigsaw I), 집단조사(GI), 함께 학습하기(어깨동무학습, LT), 자율적 협동학습(도우미학습, Co-op Co-op) 등이 있다. • 사회적 태만, 자아존중감 손상 등의 문제가 발생할 수 있다.
동기론적 관점	협력적인 상호작용을 촉진하는 집단보상에 초점을 두는 형태 • 집단보상, 개별 책무성, 학습참여의 균등한 기회 등의 요소를 중시한다. • 성취과제 분담모형(STAD), 팀경쟁학습(TGT), 팀보조 개별학습(TAI) 등이 있다. • 무임승객 효과, 봉 효과 등 사회적 태만(빈둥거림)의 문제가 발생할 수 있다.

❽ 협동학습의 유형

	1. 직소모형(Jigsaw) 99 초등추시, 01 초등, 05 중등, 08 중등, 10 중등, 11 중등
개관	• 집단 내 동료들로부터 배우고, 또 동료들을 가르치는 모형(⇨ 모집단이 전문가 집단으로 갈라져서 학습한 후 다시 모집단으로 돌아와서 가르치는 형태의 학습모형) • 집단 간 상호의존성과 협동성을 유발함 • 전문가 집단(expert team) 활동이 있으며, 학업성취도 향상은 물론 정의적 태도(상이한 인종과 문화에 대한 긍정적 태도) 형성에 기여함
직소 I 모형	• 1978년 미국 텍사스 대학교의 애론슨(Aronson)과 그의 동료들이 학교의 인종차별문제 해결방안으로 개발한 모형 • 절차 : 5~6명의 학습능력이 이질적인 학생들로 소집단(모집단)을 구성한 후 집단 구성원의 수에 맞게 학습과제를 소주제로 분할하여 할당 → 같은 과제를 맡은 학생들끼리 전문가 집단을 형성한 후 학습 → 모집단으로 돌아와 학습한 내용을 구성원들에게 설명 ⇨ 개별시험(퀴즈)을 보고 개별성적 처리(개별보상) • 집단보상이 없으므로 과제해결의 상호의존성은 높으나 보상의 상호의존성은 낮다.
직소 II 모형	• 1983년 슬래빈(Slavin)이 개발한 모형. 직소 I 모형에서 집단보상(팀 점수)을 추가한 모형 ⇨ 집단구성원 개개인의 기준점수에 비해 향상된 점수를 합산하여 팀 점수를 산정하고(개인별 향상점수를 팀 점수에 반영), 이를 토대로 개별보상과 집단보상을 제공(⇨ STAD 평가방식 도입) • 집단보상으로 인해 집단구성원들의 보상의 상호의존성을 높일 수 있는 방법
직소 III 모형	• 스타인브링크와 스탤(Steinbrink & Stahl)이 개발한 모형 • 절차 : 직소 I, II 모형과 같이 모집단(과제분담) → 전문가 집단(소주제학습) → 모집단(상호교수·동료학습)의 방식은 같다. 그러나 학습한 것을 정리할 수 있도록 일정한 평가유예기간을 두어 평가를 잘 치를 수 있도록 모집단에서 서로 도와주는 소집단 활동을 하도록 함(소집단 협동학습). 평가방식은 STAD 방식을 도입하여 개별보상과 집단보상을 실시함 • 집단보상으로 인해 보상의 상호의존성이 높다.

직소Ⅳ모형	• 홀리데이(Holliday, 1995)가 개발한 모형 • 모집단(과제분담) → 전문가 집단(소주제학습) → 모집단(상호교수·동료학습)의 방식으로 진행되는 점은 이전 직소모형과 같다. 그러나 직소Ⅳ모형의 특징은 다음과 같다. '전체 수업내용에 대한 소개'라는 도입 단계 설정(⇨ 수업내용에 대한 학생 흥미 올림), 전문가 집단에서 '전문과제에 대한 평가' 단계 설정(⇨ 각 전문가 집단의 정확성과 이해도 점검하기 위해), 개별평가에 앞서 모집단 구성원의 '전체 학습과제에 대한 평가' 단계 설정(⇨ 전체 학습과제에 대한 정확성과 이해도 점검하기 위해 퀴즈 제시), 개별평가에서 어떤 문항을 놓치게 되어 전체 학습과제에 대한 재교수가 필요할 때 '선택적으로 재교수' 실시(⇨ 새로운 학습자료로 넘어가기 전에 이전 학습과제에 대해 학생들이 확실하게 이해하도록 함)

2. 성취과제분담모형(STAD : Student Team Achievement Division) 03 초등, 07 중등, 11 중등	
개관	• 성취과제분담모형(STAD)은 개인의 성취가 팀의 성취로 연결(분담)되도록 하여 협동학습을 촉진시키는 모형이다. 1986년 미국 존스 홉킨스 대학의 슬래빈(Slavin)이 수학교과와 같은 지식의 이해와 기본기능의 습득을 촉진시킬 목적으로 개발한 것이다. • STAD 모형은 집단구성원의 역할이 분담되지 않은 공동학습구조이면서 동시에 개별보상과 더불어 집단보상(팀 점수가 가장 높은 팀에게 보상)이 추가되는 구조이다. • 이질적인 학생들로 팀을 구성하여 과제를 공동학습한 후 형성평가를 실시하고, 개인별 향상점수를 계산하여 팀 점수를 산출하며, 이를 토대로 개별보상과 집단보상을 제공하는 방식이다. • '개별 책무성, 집단보상, 성취 결과의 균등분배'라는 협동전략 사용 • 팀경쟁학습(TGT)와 함께 가장 성공적인 모형이다.
절차	• **교사의 수업내용 소개(학습안내)** : 새로운 단원의 전체 개요 안내 • **팀 구성(소집단 조직)** : 학습능력의 수준에 따라 이질적인 학생들로 소집단 구성 • **팀 학습(소집단 학습)** : 퀴즈에 대비하여, 팀별로 나누어 준 학습지의 문제를 협동학습을 통해 해결함 • **개별 평가** : 개별시험(퀴즈) → 개인 점수 부여 → 개인별 향상점수 부여(과거 점수와 비교하여 향상점수 계산) • **팀 점수(소집단 점수) 산출** : 개인별 향상점수를 평균 내서 팀 점수로 산출 • **팀 점수(소집단 점수) 게시** : 팀 점수(소집단 점수)를 근거로 우수 팀 선정 • **보상** : 우수한 개인과 집단에게 보상(개별보상, 집단보상)

3. 팀경쟁학습(TGT : Team Games Tournaments)	
개관	• STAD와 유사하게 소집단별 보상을 실시하나, 개인별 시험(퀴즈)을 실시하지 않고 토너먼트식 퀴즈게임을 이용하여 각 팀 간의 경쟁을 유도하는 학습모형이다. ⇨ 집단 내 협력학습, 집단 간 경쟁 유도. 1973년 드바이스와 에드워드(Devices & Edward)가 개발 • 이 모형은 공동작업구조이고, 보상구조는 집단 내 협동과 집단 외 경쟁구조이다. • 학습능력이 다른 학습자들로 팀 구성 ⇨ 학습자들은 학습지를 개별적으로 학습한 후 팀원끼리 협력하여 학습을 마무리 ⇨ 매주 각 팀별로 비슷한 수준의 학생들을 모아 토너먼트 퀴즈게임 ⇨ 매주 최우수팀 선정 보상
절차	• **교사의 수업내용 소개** : 교사가 학습지를 각 소집단에게 나누어 주고 해당 학습단원에 대해 강의중심으로 수업을 함 • **소집단 학습** : 강의가 끝나면 학습자들은 소집단별로 배포한 학습지에 나와 있는 문제를 풀면서, 소집단 구성원들과 서로 맞추어 보고 필요하면 도움을 주고받음 • **토너먼트 게임 선수 배정** : 각 학습자들은 토너먼트 테이블로 가서 게임에 참여하며, 각 테이블은 각기 다른 소집단에서 나온 학업성취도가 비슷한 구성원들로 구성함 • **퀴즈** : 각 토너먼트 참여자들은 테이블 위에 있는 문제 카드를 뽑아 읽고 이에 답하는 활동을 교대로 해 나감. 정답을 말한 횟수에 따라 참여자들에게 점수를 부여함 • **팀 점수 산출 및 보상** : 모든 테이블의 토너먼트가 종료되면 각 참여자들은 원래의 소집단에 모여 각자가 받은 점수를 합한 후, 구성원의 수로 나누어 평균을 구해서 팀 점수를 산출함

	4. 자율적 협동학습(Co-op, Co-op) 02 중등, 10 중등
개념	• 학급의 전체 학습과제를 여러 팀(소집단)으로 구성된 학급 전체가 협동해서 해결하는 모형 ⇨ 케이건(Kagan)이 개발 • 학급의 전체 학습과제를 소주제로 나누고 같은 소주제를 선택한 학생들끼리 팀을 구성하여 팀별로 학습한 후 동료 및 교사에 의한 다면적 평가를 실시하는 모형 • 고차적 인지과정의 학습을 위해 개발되었으나 기본기능의 학습에도 적용이 가능하며, 교과내용뿐만 아니라 개념, 사고기술의 발달, 의사소통의 형성, 공동체 의식의 형성을 위해서도 활용함 • 교사와 학생이 토의를 통해 학습과제 선정 → 학습과제를 소주제로 분류 → 팀 구성(각자 하고 싶은 소주제를 선택하고, 같은 소주제를 선택한 학생들끼리 팀 구성) → 팀 활동(소주제를 하위 미니주제로 분담, 개별적으로 정보수집, 개별활동 종합, 팀 보고서 작성 후 학급 전체에 발표) → 다면적 평가(팀 동료에 의한 팀 기여도 평가, 교사에 의한 소주제 학습기여도 평가, 전체 학급동료들에 의한 팀 보고서 평가)
특징	• 팀 구성원 개인의 노력과 팀의 결과물을 다른 팀과 공유하여 학급 전체의 결과물을 산출하는 협동을 위한 협동에 초점을 둠(소집단 경쟁 체제가 아닌 소집단 협력 체제를 지향함) • 분업의 원리를 활용하여, 전체 학습과제를 각 팀(소집단)별로 나누어 학습함으로써 학급 전체에 공헌하는 구조 • 팀(소집단) 내의 협동과 팀(소집단) 간의 협동으로 얻은 이익을 학급 전체가 공유하는 경험을 함 • 무임승객 효과와 봉 효과를 최소화시킬 수 있으며 협동기술을 기르는 데 유용함
절차	• 교사의 학습 안내 : 강의나 강연, 인쇄물, 비디오 등을 이용한 학습동기 유발 • 학생중심 학급 토론 : 교사와 학생이 토의를 통해서 학습과제를 선정함. 학습과제를 소주제로 분류함(주제에 대해 알게 된 것, 더 알고 싶은 것에 대해 '브레인스토밍'을 하고 교실 전체 토론을 함. 학생들의 토론과정에서 다양한 소주제들이 만들어짐) • 소집단 구성을 위한 하위주제 선택 : 학생들은 학습주제 중에서 자신이 학습하고자 하는 주제를 선택 • 하위주제별 소집단 구성 : 학생들이 선택한 주제를 중심으로 소집단을 편성하고 소집단별로 효과적인 집단활동을 위해 팀워크를 다짐 • 하위주제의 정교화 : 하위주제별로 모인 소집단은 소집단 내의 토의를 통해서 자신들이 맡은 하위주제를 보다 정교한 형태로 구체화하고 연구 범주를 정함 • 소주제 선택과 분업 : 소집단 구성원들은 하위주제(subtopic)를 몇 개의 소주제(minitopic)로 나누고 이를 구성원 모두가 자신이 원하는 소주제를 분담 • 개별학습 및 준비 : 각 학생들은 자신이 맡은 소주제를 개별학습하고 소집단 내에서 발표할 준비를 함 • 소주제 발표 및 보고서 작성과 발표 : 소집단 내에서 자신이 맡은 소주제에 대한 학습 및 조사결과를 발표하고, 전체 학급에서 발표할 보고서를 준비하여 발표하고 전체 토의를 진행함 • 평가와 반성 : 다면적 평가(팀 동료에 의한 팀 기여도 평가, 교사에 의한 소주제 학습기여도 평가, 전체 학급동료들에 의한 팀 보고서 평가)
장점	• 학생들이 관심(흥미) 있는 주제를 선택하여 학습하기 때문에 과제 가치가 증진되고 자율성이 증대됨 • 자료를 수집, 분석하고 해석하면서 다양한 사고기술과 고차적 인지기능이 발달함 • 협동을 위한 협동을 통해 관계성 욕구가 충족되고 과제 자체를 추구하는 숙달목표를 지향하므로 학습동기를 자극할 수 있음 • 혼자서는 해결하기 힘든 학습과제를 성취함으로써 유능감이 증진되어 학습동기를 높일 수 있음

	5. 집단조사(GI : Group Investigation)
개념	• 1976년 이스라엘 텔아비브(Tel Aviv) 대학의 샤란(Sharan)이 개발한 모형 • 전체 학습과제를 주제별로 나누어 소집단별로 조사학습을 한 후 평가하는 방식
특징	• 학습과제의 선정에서부터 학습계획, 집단의 조직, 집단과제의 분담, 집단보고에 이르기까지 학생들 스스로의 자발적 협동과 논의로 학습이 진행되는 개방적인 협동학습모형(학생들에게 과제 선택의 기회를 부여했다는 점이 기존 조별 발표 수업과 가장 차별되는 지점임) • 작업구조는 작업분담구조와 공동작업구조가 혼합되어 있고, 보상구조는 개별보상과 집단보상을 자유로이 선택할 수 있는 구조
절차	• 소주제 범주화와 소집단 구성 : 교사가 탐구주제를 제시하면, 학생들은 그 주제와 관련된 보다 구체적인 질문들을 제기하며, 이러한 질문들을 토대로 소주제를 범주화하여 설정함. 학생들은 각자 소주제를 선택하고 그 소주제를 중심으로 소집단을 구성함 • 탐구 계획 수립 및 역할 분담 : 각 모둠별로 자신들이 선택한 소주제에 대해 누가, 무엇을, 어떻게 탐구할 것인지 구체적인 연구 계획을 세우고 세부적인 역할 분담을 함 • 모둠별 탐구 실행 및 발표 준비 : 학생들은 각자의 역할에 따라 정보를 모으고 조직한 뒤에, 정보를 공유하고 토의를 함. 모둠별로 조사한 탐구주제를 정리하고 구체적인 발표 방법을 정한 뒤 발표를 준비함 • 발표 : 각 모둠은 조사한 내용을 학급 전체를 대상으로 발표함(전시, 구두보고, 비디오 상영 등). 발표가 끝나면 각 모둠의 보고서를 종합하여 학습보고서를 작성함 • 평가 : 교사와 학생은 각 집단의 전체 학습에 대한 기여도를 평가함. 최종 성적에 대한 평가는 개별평가나 집단평가를 함

	6. 함께 학습하기(어깨동무학습; LT : Learning Together)
개관	• 1975년 미국 미네소타 대학의 존슨과 존슨(Johnson & Johnson)이 개발한 모형 • 주어진 과제를 집단별로 공동으로 수행하고 보상도 집단별로 부여하는 방식 • 협동과제구조와 협동보상구조를 사용함 • 시험은 개별적으로 시행하나, 성적은 소속된 집단의 평균점수를 받게 되므로 자기 집단 내 다른 학생의 성취 정도가 개인 성적에 영향을 줌
한계	하나의 집단 보고서에 집단보상을 함으로써 무임승차 효과나 봉 효과가 나타나 다른 협동학습 모형에 비해 덜 효과적일 수 있음

	7. 팀보조개별학습(TAI : Team Assisted Individualization) 04 초등
개관	• 미국 존스 홉킨스 대학의 슬래빈(Slavin)이 수학교과 학습을 위해 개발한 것으로 개별학습과 협동학습이 결합(혼합)된 모형 • 작업구조는 개별작업과 작업분담의 혼합구조이고, 보상구조도 개별보상과 협동보상의 혼합구조
절차	• 프로그램화된 학습자료를 이용하여 개별 진단검사를 실시한 후, 각자의 수준에 맞는 단원을 개별적으로 학습함(개별학습). 과제 해결과정에서 곤란을 느낄 때 동료의 도움을 받아 문제를 해결함(협동학습). • 단원이 끝나면 그 단원의 최종적인 개별 시험을 보고, 이 개별 시험 점수를 합산하여 평균을 내고 이것을 팀 점수로 규정함. 미리 설정해 놓은 팀 점수를 초과하면 팀이 보상을 받게 됨

13 웹기반 협동학습

1 개념

① 웹기반 협동학습은 인터넷과 소집단 협동학습을 결합한 수업의 형태로서, 학생들은 웹을 기반으로 팀원과 상호협력하며 공동의 목표를 달성하게 된다. ⇨ SNS기반 협동학습

② 웹기반 협동학습은 웹페이지에 개설된 게시판, 채팅, 이메일, 화상대화 등을 통해 협동학습을 진행하는 방법이다.

2 장단점

장점	단점
• 학습기회의 확대 : 웹(SNS)기반 협동학습은 시공간의 제약을 극복하여 언제, 어디서나 협동학습이 가능하므로 학생들의 학습기회가 확대된다. • 학습수준의 향상과 학습효과의 극대화 : 웹(SNS)이 가지는 편의성과 접근성에 기초해 볼 때 반복적이며 집중적인 협동학습이 가능하므로 학생들의 학습수준의 향상과 학습효과의 극대화에 크게 기여한다. • 능동적이면서 균등한 학습참여 보장 : 웹기반 협동학습은 팀원들의 목소리나 얼굴 표정, 분위기 등에 영향을 받지 않고 자신의 의견을 쉽게 제시할 수 있으므로 능동적이며 균등한 학습참여를 보장한다. • 학습자의 선택에 기초한 자율학습 가능 : 웹기반 협동학습에서는 학습자들이 학습내용, 시간, 자원, 매체들을 직접 선택할 수 있기 때문에 학습자의 선택에 기초한 자율적 학습을 가능하게 해준다.	• 팀원 간 의견 조율에 많은 시간 소요 : 웹(SNS)기반 협동학습은 학습활동이 전자우편, 게시판, 채팅 등 온라인을 통해 진행되므로 팀원 간의 의견 조율에 많은 시간이 소요될 수 있다. • 정보의 과부하 초래 : 웹(SNS)기반 협동학습에서는 인터넷을 이용하여 다양한 자원에 접근할 수 있으므로 학습자가 처리해야 하는 정보에 과부하가 발생할 수 있다. • 학습동기가 낮은 학습자의 학습 참여 저조 : 웹기반 협동학습은 시간과 공간의 제약을 받지 않고 학습자가 자율적으로 학습활동을 해야 하기 때문에 학습동기가 낮을 경우 학습 참여가 저조할 수 있다. • 쓰기 능력이 부족한 학생에게 거부감 유발 : 웹기반 협동학습은 게시판, 채팅, 전자우편 등을 이용하여 학습활동이 진행되므로 쓰기 능력이 부족한 학습자들에게 거부감을 줄 수 있다.

Section

02 교수방법의 혁신

01 멀티미디어

❶ 인지부하이론(CLT : Cognitive Load Theory) — Sweller(2010)

(1) 개관

① **개념** : 작업기억의 한계 용량으로 인해 인지부하가 발생하기 때문에 인지부하를 효율적으로 조절할 수 있는 교수처방을 제시하는 이론이다.

② **인지부하(cognitive load)의 개념** : 과제를 수행할 때 학습자의 인지체계에 부과되는 정신적인 노력(인지적 노력)을 의미한다.

③ **인지과부하(cognitive overload)의 개념** : 과제해결에 요구되는 인지부하의 총량(내재적 인지부하 + 본질적 인지부하 + 외생적 인지부하)이 학습자의 작업기억의 용량을 초과할 때 인지과부하가 발생한다.

④ **인지부하이론의 목적** : 인지부하이론에서는 인지과부하(cognitive overload)를 학습부진의 주요 원인으로 보고, 불필요한 인지부하를 초래하는 변인을 밝혀 효과적인 학습을 유도하는 교수전략을 개발하는 데 그 목적을 둔다.

(2) 인지부하이론의 가정

① **사람의 작업기억 용량은 제한되어 있다** : 따라서 제한된 용량이 넘치지 않도록 유의하면서 학습해야 한다.

② **시각 및 청각의 이중처리 과정을 갖고 있다** : 그렇기 때문에 어느 한쪽으로만 치우친 정보가 입력되지 않도록 정보의 입력 채널을 적절하게 분산해야 한다.

③ **학습의 목적은 스키마의 획득이다** : 따라서 효율적인 학습을 하기 위해서는 스키마 획득과 관련된 인지부하는 늘리고 불필요한 인지부하는 줄이는 것이 가장 중요하다.

⑶ 인지부하의 종류 – 인지부하의 발생 원인에 따라

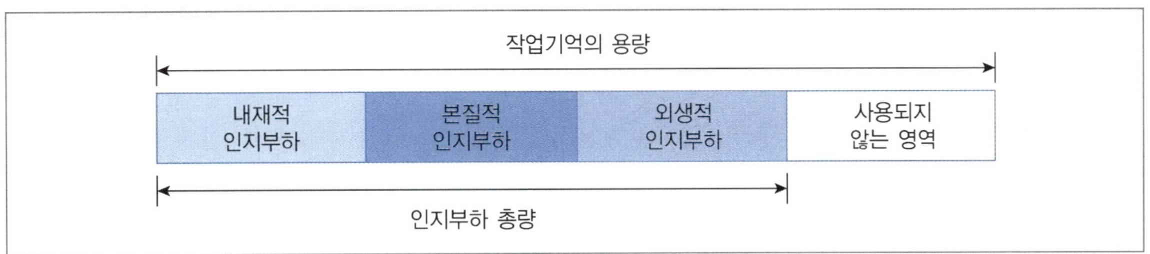

✅ 학습과정에서 작업기억 용량의 활용

내재적 인지부하 (intrinsic cognitive load)	• 학습과제 자체의 난이도에 의해 결정되는 인지부하이다. 이것은 학습 난이도에 따라 내재적 인지부하의 수준이 비례한다. • 내재적 인지부하는 일반적으로 과제에 의해 결정되기 때문에 인지부하의 수준을 조절하기는 쉽지 않다.
본질적 인지부하 (germane cognitive load)	• 학습내용을 이해하거나 적용하기 위해 새로운 스키마(지식체계)를 생성하거나 새로운 지식을 기존의 스키마(지식체계)에 통합시키려는 인지적 노력이다. 본질적 인지부하는 양을 늘리는 것이 좋은 긍정적 인지부하이다. • 이것은 학습자의 학습주제에 대한 집중·몰입 정도에 따라 인지부하의 수준이 비례한다.
외생적 인지부하 (extraneous cognitive load)	• 학습과정에서 불필요하게 투입된 인지적 노력이다. 외생적 인지부하는 양을 줄이는 것이 좋은 부정적 인지부하이다. • 외생적 인지부하는 부적절한 학습자료나 자료제시 방식 등으로 인해 발생한다.

② 멀티미디어 설계 원리 10 초등

(1) 외생적 인지부하를 줄이기 위한 설계 원리 – 학습과정에서 발생하는 불필요한 인지과정을 줄이는 방법

근접성 원리 (contiguity principle)	글(텍스트)과 그림(그래픽), 시각과 청각은 시공간적으로 서로 가깝게 제시해야 한다는 원리이다. 만약 이 둘을 서로 분리해서 제시하면 학습자의 주의가 분산되고 부가적인 정신적 노력을 투입해야 하기 때문이다.
양식 원리 (modality principle)	시각 채널과 청각 채널을 모두 활용할 수 있도록 제시해야 한다. 시각적인 글(텍스트)과 그림만 제시하면 시각처리에 의한 인지부하만 높아지므로 그림과 그에 상응하는 내용의 나레이션을 동시에 제공하면 인지부하를 적절하게 관리할 수 있다. 예 애니메이션 + 자막(×), 애니메이션 + 나레이션(○) 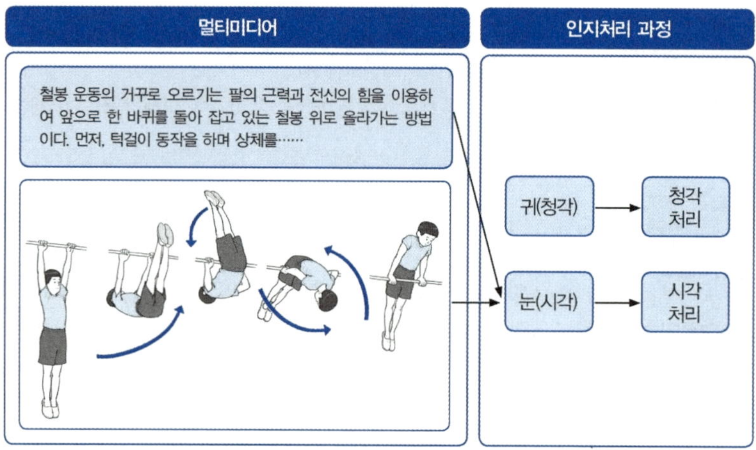 ✅ 양식 원리를 적용하지 않은 비효율적 설계 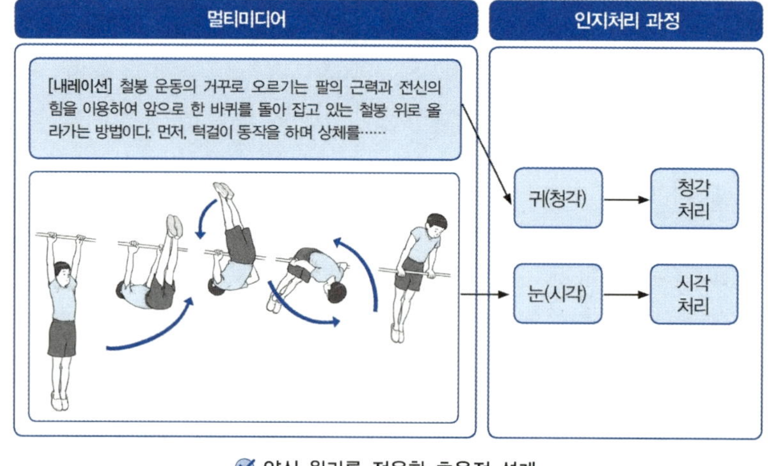 ✅ 양식 원리를 적용한 효율적 설계

동일한 내용을 담고 있는 시각(텍스트)과 청각(나레이션)의 중복을 피해야 한다(⬟ 화면에 제시된 그림 (그래픽)을 설명하기 위해 텍스트를 음성으로 읽어주는 것). 이들을 동시에 제공하면 주의집중이 분산되어 인지 부하를 효율적으로 관리할 수 없다. 중복적인 정보를 제거하여 주의분산과 인지부하를 줄여야 한다.

⬟ 그림, 텍스트, 텍스트의 나레이션을 함께 제공하면 텍스트와 동일한 나레이션이 중복되어 학습자의 주의집중이 분산될 수 있다. 이 경우 그림과 텍스트 중 하나를 제거하든지, 시각 채널을 활용하는 그림과 텍스트를 제공하고 그와 다른 내용의 나레이션을 제공한다.

중복 원리
(redundancy principle)

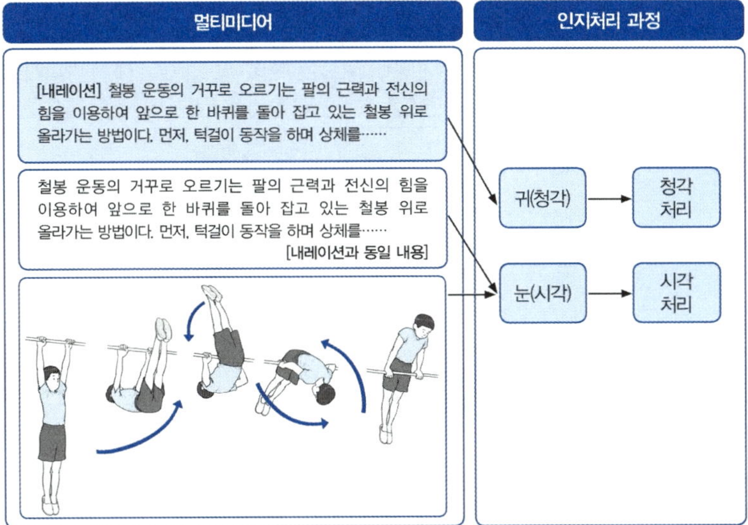

✅ 중복 원리에 의한 비효율적 설계

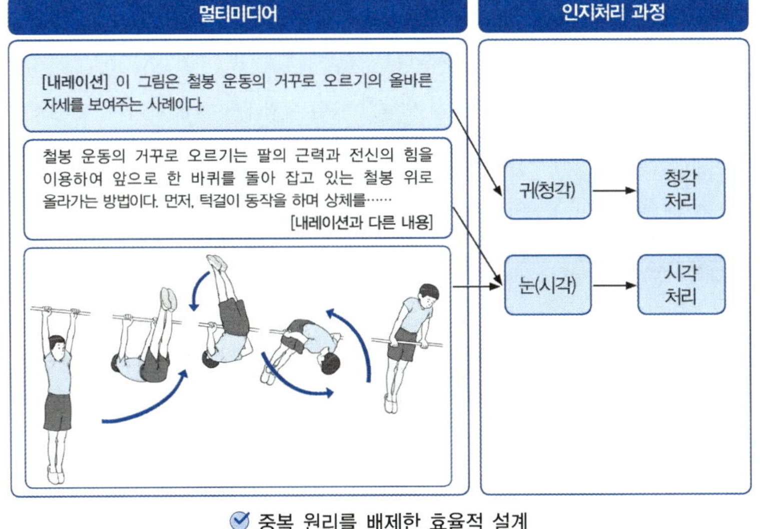

✅ 중복 원리를 배제한 효율적 설계

일관성 원리 (coherence principle)	학습내용에 관련된 내용만으로 구성해야 한다. 학습과 관련 없는 불필요한 배경음악, 그림, 텍스트 정보 등을 추가해서는 안 된다. 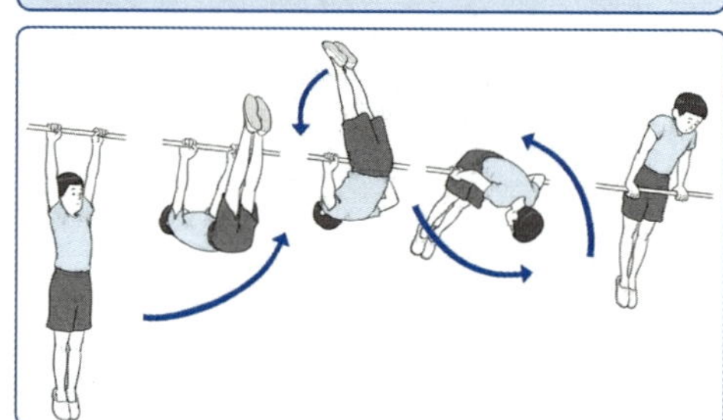 ✔ 일관성 원리에 위배된 비효율적 설계

⑵ 본질적 인지부하를 촉진하기 위한 설계 원리 − 스키마 획득을 촉진시키기 위한 방법

개인화 원리 (personalization principle)	• 학습자와 대화하듯이 내용을 전달하는 방법이다(문어체보다 구어체). 예 학습내용을 설명할 때 학습자의 이름을 불러주는 것도 개인화의 적용 사례이다. • 이처럼 직접 대화를 하듯이 정보를 제공하면 학습자는 동기 수준이 더 높아지고 학습에 더욱 집중하게 된다.
자기설명 및 인지 리허설 원리 (self−explanation & cognitive rehearsal principle)	• 학습내용을 학습자 스스로 점검하도록(메타인지) 유도하는 방법이다. 학습내용이나 학습과정을 스스로 설명해 보게 하거나, 과제수행의 절차와 순서를 스스로 따져 보도록 하는 인지 리허설을 하게 한다. • 이런 방법을 적용하면 학습자는 학습과정을 스스로 점검함으로써 학습내용에 대한 이해를 높이게 된다.

⑶ **내재적 인지부하를 조절하기 위한 설계 원리** – 학습과정을 조절함으로써 내재적 인지부하 관리

완성된 예제의 활용 (worked-out example)	• 문제해결 과정을 단계별로 명료하게 제시해 주는 완성된 예제를 활용하여 수업을 진행한다. 　📘 3단계로 구성된 학습내용이 있을 때, 완성된 예제(1, 2, 3 단계)를 가장 먼저 제시하고, 어느 정도 이해가 되었으면 맨 마지막 단계부터 그다음 단계의 순서로 학습자가 과제를 스스로 완성하도록 한다(단계 3 → 단계 2 → 단계 1). 이를 후방 페이딩(backward fading)이라고 한다. • 완성된 예제를 활용하면 두 가지 장점이 있다. 첫째, 과제 완성에 필요한 절차를 쉽게 이해할 수 있다. 둘째, 점진적으로 학습과정을 완성할 수 있기 때문에 내재적 인지부하를 조절하기 쉽다. ☑ 완성된 예제의 적용 예
사전 훈련 (pretraining principle)	학습내용을 이해하기 위해서 알고 있어야 하는 구성을 먼저 이해하도록 하는 방법이다. 각 구성 부분을 이미 이해하고 있다면 학습내용에 대한 종합적인 이해가 빨라질 수 있다. 　📘 카약의 각 구성 부분에 대한 명칭을 먼저 설명하고, 복잡한 조작 방법에 대해 설명한다. 심장의 기능을 설명하기에 앞서 심장의 위치와 구성요소의 역할을 강의한다.

02　원격교육(distance education) · 온라인 수업　21 중등論, 22 중등論, 24 중등論

❶ 원격교육

⑴ **개념**

① 교수자와 학습자가 직접 대면하지 않고 방송교재나 오디오 · 비디오 교재 등을 매개로 하여 교수 · 학습 활동을 전개하는 교수전략

② 비면대면(non-face to face) 수업형태 : 모든 종류의 교육공학적 매체들을 종합적으로 사용하는 '다중매체 접근방식(multimedia approach)'의 장점을 최대한 활용, 평생교육에서 중시

	같은 시간	다른 시간
같은 장소	전통적 교실교육	미디어센터(학습센터)
다른 장소	동시적 원격교육	비동시적 원격교육

☑ 콜드웨이(Coldway)의 교육실천 형태 분류

(2) 원격교육을 위한 매체선정 준거 – 베이츠(A. W. T. Bates)의 ACTIONS 모형

ACTIONS 모형에서는 A와 C를 우선적으로 중요시한다. ACTIONS 모형은 SECTIONS 모형으로 불리기도 하는데, 이때 S는 Student(학습자), E는 Ease of use and reliability(사용의 용이성과 신뢰성, 즉 접근성)를 말한다.

기준	내용
A(Access, 접근, 수신, 접속)	• 학습자에게 얼마나 접근성이 좋은가? 학습자가 얼마나 접근하기 쉬운가? • 학습자가 특정 매체에 어느 정도 접근 가능한지를 파악함 • 그 매체가 목표집단에게 얼마나 융통성이 있는지를 파악함
C(Costs, 비용)	• 비용이 얼마나 효율적인가? • 학생 수, 강좌 수, 초기 투자비용과 운영비용 등에 관한 고려가 필요함
T(Teaching and learning, 교수와 학습)	• 교수·학습 지원성이 있는가? 하고자 하는 교수·학습에 맞는 매체인가? • 매체가 가지는 교육적 특성, 제시형태뿐만 아니라 학습목표에 대한 분석을 통해 매체를 선정해야 함
I(Interactivity and user-friendliness, 상호작용과 학습자 친화)	• 상호작용을 원활하게 하는가? 학습자가 사용하기 쉬운가? • 특정 매체로 가능한 상호작용의 형태와 그 사용이 용이한지에 대한 고려
O(Organizational issue, 조직의 문제)	• 이 매체를 적용하기 위해 조직에 어떤 변화가 필요한가? • 매체가 성공적으로 활용되기 위해 사전에 조직이 갖추어야 할 필요요건은 무엇이며, 제거되어야 할 장애요소는 무엇인가? ⇨ 매체가 성공적으로 활용되기 위해 고려해야 할 조직의 특성 ⇨ 조직 내의 장애요소 제거, 즉 조직개편과 인적 자원의 확충 등을 말함
N(Novelty, 참신성)	• 얼마나 새로운 매체인가? • 학습자에게 얼마나 새롭게 인식되는가의 고려
S(Speed, 신속성)	• 얼마나 빨리 매체가 작동하는가? • 얼마나 빠르게 학습내용을 전달하는가의 고려

(3) 특성

① 교수자와 학습자 간의 물리적 격리 : 비접촉성 커뮤니케이션

② 교수매체의 활용 : 인쇄자료, TV, 라디오, 컴퓨터 코스웨어 등

③ 교수자와 학습자 간의 상호작용(쌍방향 의사소통) : 학습자-내용, 학습자-교수자, 학습자-학습자 간의 상호작용

④ 다수 대상의 개별학습 가능

⑤ 학습자의 책임감 및 지원 조직이 필요

⑥ 평생학습 체제 구현에 기여 : 융통성의 이념 구현을 통해 교육기회 확대에 기여

⑷ 장단점

장점	단점
• 학습자들이 원하는 시간과 장소에서 원하는 내용을 학습할 수 있다. ⇨ 적시훈련(just-in-time training) 상황에 유용 • 각 지역에 있는 학습자원을 공유할 수 있다. • 서로 다른 장소에 있는 다수의 학습자를 대상으로 동시에 교육할 수 있다. • 온라인 멀티미디어 코스웨어를 제공한다. • 최신 정보를 입수할 수 있고, 원거리에 있는 교사나 전문가의 도움을 얻을 수 있다. • 학습자 간의 상호작용을 통해 학습을 할 수 있다.	• 원격지의 학습자를 직접적으로 통제할 수 없기 때문에 학습의 질(質)이나 평가관리가 어렵다. ⇨ 혼합교육(blended learning)으로 보완 • 시스템 환경 구축에 필요한 초기 비용 부담이 크며, 계속적인 투자가 요구된다. • 교수매체에 의존하는 의사소통으로 인해 교수자와 학습자 간에 심리적인 거리감이 생기고, 상호작용이 감소될 수 있다.

② 온라인 수업 24 중등論

⑴ 온라인 수업에서 학습자 상호작용의 어려운 점

① 온라인상에서의 상호작용을 위한 활용도구 및 전략에 대한 정보가 부족하거나, 플랫폼, 앱 등의 테크놀로지에 대한 지식과 활용능력이 부족하다.

② 온라인 수업 상황에서 어떤 유형의 상호작용이 가능하고, 어떤 방식으로 상호작용 활동을 수행해야 하는지에 대한 경험이 거의 없기 때문에, 수업의 유형이나 학습상황 등을 고려한 상호작용 활동을 제대로 수행하지 못하고 있는 것이 현실이다.

③ 실시간 온라인 학습에서 학습자가 비디오 화면을 끄면 목소리만으로 학습자의 심리를 추측해야 하는 것처럼 제스처, 몸짓, 목소리 크기, 억양 등을 통한 비언어적 상호작용이 제한적으로 이루어진다.

④ 비실시간 온라인 학습에서는 학습자의 질문에 교수자가 응답을 하는 데 많은 시간이 소요되고 즉각적인 상호작용이 어렵다.

⑵ 온라인 수업 상호작용 유형과 그 기능

① 교수자-학습자 간 상호작용 : 수업내용에 질의응답, 과제에 대한 피드백 제공 등 지식과 정보를 공유 → 학생의 학습이해력 점검, 학생의 학습동기 유발, 교수자와 학습자 간의 심리적 거리를 줄이는 기능

② 학습자-학습자 간 상호작용 : 학습내용에 대한 의견교환, 토론수행, 협동학습 등을 공동으로 수행 → 친밀감과 소속감을 높이고 협력적으로 지식을 구성하는 데 도움

③ 학습자-내용 간 상호작용 : 콘텐츠 요구에 반응하고 몰입하며 학습 → 학습내용을 이해, 조직, 정교화하며 고차적 사고를 촉진

④ 학습자 내적 상호작용 : 학습자 스스로 자신의 학습수행과 학습내용 이해 정도를 점검, 성찰, 개선 → 자기조절학습 능력, 자기주도학습 능력 신장

03 액션러닝(action learning)

1 개념

① '행함으로써 배운다(learning by doing)'라는 학습원리를 기반으로 팀원들과 함께 실제적인 문제를 해결하는 과정에서 학습이 이루어지는 역량개발의 교육방식이다.
② 개인 또는 팀워크를 기반으로 실제적인 문제를 해결하는 과정에서 동료와 촉진자의 도움을 받아 아이디어를 도출하고 적용하는 실천학습이다.

2 교육에 대한 기본 가정

전통적인 가정	액션러닝에서의 가정
학생들은 가르쳐야 이해한다.	학생들은 스스로 학습할 수 있다.
교수는 문제를 내고, 학생은 답을 구한다.	학생이 문제를 내고, 학생이 답을 구한다.
지식은 읽기와 듣기 중심으로 습득한다.	지식은 참여와 경험으로 습득한다.
교수자는 지식 전달자의 역할을 한다.	교수자는 학습 조력자의 역할을 한다.

3 액션러닝의 특징(박수홍 외; 2010)

① 액션러닝에서 해결하는 문제는 학습팀이 실제로 겪고 있는 어려움이나 주변의 문제들이기 때문에 학습경험이 실시간이고 현재진행형이다.
② 액션러닝 학습자 개인의 학습 역량뿐만 아니라 학습팀과 소속된 집단 전체의 역량을 향상시킨다.
③ 액션러닝은 교수자가 학습자를 의도적으로 조직하여 권위적으로 운영하는 것이 아니라 학습자의 자발적이고 민주적인 참여로 진행된다.
④ 서로 다른 경험과 학습을 수행하는 동료 팀으로부터 다양한 관점을 공유함으로써 최적의 해결방안을 도출할 수 있다.

4 액션러닝의 효과

① 조직구성원의 문제해결력을 향상시킬 수 있다. 액션러닝은 현업과 밀접한 관련이 있는 실제적 문제를 해결하는 과정에서 학습이 일어나므로 그를 통해 자연스럽게 문제해결력이 커진다.
② 리더십을 발휘할 수 있다. 액션러닝은 교수자가 일방적으로 진행하는 수업방식이 아니라 학습자에 대한 임파워먼트를 통한 자기주도학습 방식이기 때문에 미래지향적 리더십이 함양될 수 있다.
③ 뛰어난 성과를 내는 고성과 팀을 만들 수 있다. 학습자들은 협업과 팀워크를 통해 강한 결속력으로 뛰어난 성과를 낼 수 있기 때문이다.
④ 학습조직을 구축해 갈 수 있다. 향상된 학습스킬 및 능력, 변화된 조직문화 및 구조, 전 직원의 참여, 지식관리 능력 향상을 통해 액션러닝 학습팀은 자생적인 학습조직으로 지속할 수 있기 때문이다.

5 액션러닝의 구성요소(Marquardt; 1999)

실제적 문제 (과제)	• 개인 또는 팀이 해결해야 할 실제적인 문제(과제)를 발견하거나 선택한다. 문제(과제)는 가상으로 만든 것이 아니라 실제적인 문제이다. 실제적 문제는 과제, 프로젝트, 문제, 이슈 등으로 불린다. • 문제(과제) 선정기준 　- 중요성(개인 또는 팀에게 중요한 문제여야 한다) 　- 실제성(개인 또는 팀에게 실제적인 문제여야 한다) 　- 복잡성(다각적인 관점에서 해결될 수 있는 복잡하고 비구조적인 문제여야 한다) 　- 학습기회(학습목표가 충분히 달성될 수 있는 학습기회가 제공되어야 한다) 　- 해결가능성(해결 가능한 결과물들이 도출될 수 있는 문제여야 한다)
학습팀 (실행팀)	4~8명 정도로 학습팀(실행팀)을 구성하며, 문제해결에 대한 창의적 접근이 가능하도록 다양한 시각과 경험을 가진 이질적인 집단으로 구성한다(성별, 연령, 국적, 전공, 학습스타일, 성격유형 등). 다만, 한두 사람이 팀 활동을 주도하는 것을 방지하고, 토론과 비판을 자유롭게 하기 위해 구성원의 능력 수준이 비슷하도록 팀을 구성할 필요가 있다.
실행의지 (실천행위)	문제해결을 위한 실행의지와 실천행위가 필요하다. 실천행위는 문제해결을 위한 자료조사, 설문조사, 인터뷰 등 현장활동을 할 수도 있고, 해결안을 제시하여 직접 실천하는 행위를 하기도 한다.
질문과 성찰	문제해결 과정에서 문제의 본질과 효과적인 문제해결 방법에 대해 팀 구성원의 상호 질문과 성찰, 피드백이 이루어져야 한다. 성찰방법은 대화, 성찰일지 쓰기, 성찰시간 갖기 등으로 이루어질 수 있다.
지식획득	• 문제해결 과정에서 문제 내용 관련 지식과 문제해결 과정 관련 지식을 획득한다. • 내용 관련 지식은 과제의 성격, 내용에 따라 천차만별이다. 과제해결 과정 관련 지식은 다양한 문제해결 기술과 방법, 의사소통 기술, 보고 및 발표 기술, 팀 리더십, 팀원 간의 갈등관리 기술, 토론 및 회의 운영 기술, 실행 기술, 경청·질문·상호작용 기술, 신념·가치·관점의 변화 등이 있다.
러닝코치	• 학습팀이 문제(과제)를 명확히 정의하고 타당한 해결방법을 탐색해서 올바른 의사결정을 할 수 있도록 조력하는 역할을 한다. • 러닝코치는 중립적인 입장을 취해야 하며, 반드시 질문을 통해 팀 활동을 조장하거나 최종 목표달성의 방향으로 유도해야 한다.

6 액션러닝의 절차

시작 단계	팀 빌딩 (team building)	• **팀원 구성** : 4~8명 정도로 학습팀을 구성한다. 학습양식, 성격유형 등을 토대로 다양한 시각과 경험을 가진 이질적인 집단으로 구성한다. • **팀 명, 팀 구호, 팀 규칙 정하기** : 팀이 구성되면 팀 명, 팀 구호, 팀 규칙을 정하여 전체 학습자 앞에서 발표한다.
	실제 문제 발굴 및 선정	• 주변에 존재하는 실제 문제에 관심을 갖고 찾아보는 단계이다. • 팀원 각자가 실제 문제를 한 가지씩 발굴해 와서 팀 회의 시 토의활동을 통해 해결하고자 하는 문제를 선정한다. • 문제 선정 시 문제 선정기준을 활용하여 적절성을 따져본다. • 팀원들이 발굴한 문제를 선정할 때는 의사결정 그리드나 의사결정 매트릭스, PMI 기법 등의 학습도구를 사용할 수 있다.

진행 단계 (process)	문제(과제) 정의		• 해결해야 할 문제를 구체적으로 정의하는 단계이다. • 팀에서 선정한 문제의 근본원인 및 구조를 파악하고, 문제를 명료하게 정의(규정)한다. • 근본원인 파악 시 가설설정, 자료조사 결과물 활용, 조사활동이 수행된다. • 파악된 근본원인을 유목화하여 어골도를 그려본다. • 어골도를 통해 나타난 문제의 근본원인에 따라 해결해야 할 문제가 무엇인지 목록화한다.
	문제(과제) 연구	정보수집 및 분석	• 문제를 해결하기 위한 다양한 정보를 수집하고 분석하는 단계이다. • 정보수집은 문제와 관련된 문헌조사, 연구조사, 인터뷰, 현장조사 등을 통해 이루어진다. • 역할분담표나 자료수집 계획서, 방문조사 및 연구조사 계획서를 활용한다. • 수집된 정보들을 다각적인 관점에서 분석하여 문제해결의 실마리를 찾는다.
		아이디어 개발과 의사결정	• 아이디어 개발과 의사결정은 활동이 진행될 때마다 필요한 단계이다. • 아이디어 개발 시 브레인스토밍, 브레인라이팅, 디딤돌 등의 학습도구를 사용한다. • 의사결정 시 의사결정 그리드, PMI기법, 의사결정 매트릭스, 어골도 등의 학습도구를 사용한다. • 도출된 아이디어들을 해결안 탐색안에 기술해 둔다. • 해결안 탐색안에서 선정된 아이디어를 수정·보완·추가할 수 있다.
	해결안 도출		문제해결을 위한 다양한 해결방법을 찾아 선택하는 단계이다.
	실행하기		문제해결을 위한 다양한 해결방법을 현장에 적용할 계획을 세우고, 계획에 따라 직접 현장에서 실천하는 단계이다.
	발표 및 피드백		• 문제해결을 위한 전 과정을 전체적으로 볼 수 있도록 발표자료 및 보고서를 제작하여 피드백을 주고받는 단계이다. • 문제 발굴에서부터 실행까지 일련의 과정을 발표하며, 새로 알게 된 사실, 느낀 점, 실천할 점 등의 성찰 과정을 거친다. • 피드백 시 액션러닝의 과정평가, 내용 및 결과 평가, 발표평가, 팀평가, 팀원평가 등이 이루어진다.
결과 단계	창의적 문제해결		

Plus

1. 박수홍 등(2010)이 제시한 액션러닝의 절차

문제 탐색하기	폭넓은 정보수집 및 분석을 통해 문제해결의 실마리를 찾는다.
문제 명료화하기	문제의 근본원인 및 구조를 파악하고, 문제를 명료하게 규정한다.
가능한 해결책 도출하기	문제의 원인이 도출되었다면 원인에 대한 다양한 해결책을 찾는다. 실현 가능한 해결책을 마련하기 위해 다양한 아이디어 도출 기법을 활용하고 토론을 통해 나온 아이디어를 재점검한다.
우선순위 결정하기	도출된 해결책에 대해 시급성, 중요성, 파급성, 실현 가능성, 경제성 및 자원 등을 토대로 실행 우선순위를 결정한다.
액션플랜 작성하기	문제의 해결책을 현장에 적용해 보기 위한 실천계획서인 액션플랜을 작성한다.
실행하기	액션플랜을 기반으로 현장에서 실제 문제를 해결한다.
평가하기	액션러닝의 과정을 성찰하고 수정 및 보완할 점을 파악한다.

2. 액션러닝 프로세스의 예

과제 정의 (과제 명확화)	• 마을회의를 통해 '마을에 공동화장실을 설치해야 한다'는 명확한 과제를 도출함 • 새로운 쇼핑카트를 만들어야 한다는 과제를 받은 후 브레인스토밍, 현장 방문 등을 거쳐 '어린이에게 좀 더 친근하고, 효율적인 쇼핑을 가능하게 하며, 안전성이 확보될 수 있는 쇼핑카트 디자인하기'로 결정
과제 연구	• 마을마다 화장실 건축에 사용할 수 있는 재료들이 무엇이며, 건축방식은 무엇인지 탐색함 • 브레인스토밍으로 다양한 아이디어 도출 후 시제품이 가져야 할 주요 개념으로 쇼핑 편의, 안전, 계산, 물건 찾기를 도출함 / 각각의 개념에 부합하는 시제품을 만들기 위해 노력
해결안 모색	• 마을에 어떤 재료를 활용하여 누가 언제 어떻게 화장실을 건축할 것인지 방안을 도출함 • 각 개념별 시제품을 만들고, 이에 대한 장단점을 논의
실행	• 계획된 대로 화장실 건축 / 마을대표들이 모여 홍수를 예방할 수 있는 대책에 대해 논의 / 배설하지 않아 생긴 토지에 토종감자를 재배 • 4개의 시제품과 추가 아이디어 등을 통합하여 새로운 쇼핑카트 프로토타입 제작

❼ 액션러닝에 사용되는 학습도구

(1) 아이디어 도출 도구 – 문제해결을 위한 다양한 아이디어를 도출하는 방법

브레인스토밍 (brainstorming)	• 오스본(Osborn)이 창안한 것으로, 3인 이상이 모여 하나의 주제에 대해 자유롭게 의견을 제시하며 최대한 많은 아이디어를 생성하는 기법(Osborn; 1963) • 4가지 규칙 : 자유분방(Silly), 양산(Speed), 비판금지(Support), 결합과 개선(Synergy)
브레인라이팅 (brainwriting)	• 집단별로 모여서(6명 1팀) 정해진 용지에 다양한 아이디어를 적고 다른 사람이 추가하도록 하는 기법(아이디어 릴레이) • 유의점 : 팀원들이 생성한 아이디어를 읽고 보다 발전된 아이디어를 결합하거나 개선함, 자유로운 분위기 속에서 진행되도록 함, 팀원들 중 한 명도 빠짐없이 참여해야 함
디딤돌	주제와 관련된 단어를 전지 한가운데 붙이고, 그 단어와 관련된 아이디어들을 디딤돌로 삼으면서 새로운 아이디어를 확장시켜 나가는 방법

스캠퍼(SCAMPER) 기법	• 오스본(Alex Osborn)의 체크리스트를 보완하여 에벌리(Bob Eberle; 1971)가 고안한 창의적 기법으로, 기존의 것을 다양한 방법으로 변형하고 개선하여 새로운 아이디어를 생성하는 기법 • S(Substitute, 대체하기), C(Combine, 결합하기), A(Adapt, 적용하기), M(Modify, 수정하기), P(Put to other uses, 다른 용도로 활용), E(Elimination, 제거하기), R(Rearrange or Reverse, 거꾸로 또는 재배열하기)

⑵ 의사결정 도구

여러 가지 대안이나 아이디어들 중에서 가장 적절하거나 효과적인 것을 선택하기 위한 도구. 주로 평가나 분석, 분류의 역할을 함

의사결정 그리드 (decision grid)	• 표를 가로, 세로 각각 세 칸으로 그리고(낮음−보통−높음), 자기 팀의 의사결정 기준에 따라 제안된 의견들을 분류하여 가장 합리적인 최종 의견을 선택하는 것. 여러 의견들 중에서 한 개를 선택해야 할 때 사용하면 보다 효과적임 • 의사결정 기준은 중요도, 긴급도, 실행가능성, 기대효과, 빈도, 강도, 재미 등으로 주제나 아이디어에 따라 취사선택함 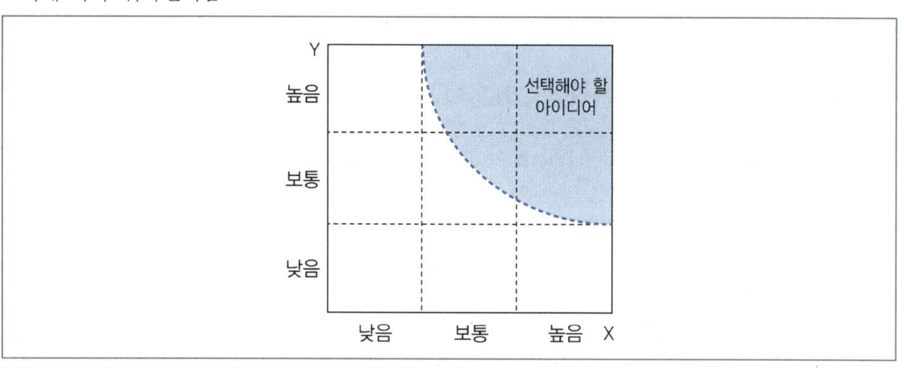

의사결정 매트릭스 (decision matrix)	• 중요성, 시급성, 효과성, 자원활용성 등의 기준을 정해놓고, 가장 적절한 아이디어나 대안을 기준별로 점수를 부여하는 방법 • 가장 높은 합계 점수를 부여받은 아이디어를 우선으로 선정한다.				

아이디어 (해결안)	평가요소				
	중요성 (25%)	시급성 (25%)	효과성 (25%)	자원활용성 (25%)	합계 (100%)
금연스티커 부착	25	25	20	20	90

PMI 기법	• 긍정적인 면(plus), 부정적인 면(minus), 흥미로운 면(interesting)을 고려하여 의사결정을 하는 방법 • 5점 척도로 산정하여 최대 15점까지 획득할 수 있으며, 가장 점수가 높은 아이디어를 선정한다.

아이디어	긍정적인 면	부정적인 면	흥미로운 점	합계
길거리 흡연부스 설치	거리 청결	경비 소요 큼	간접흡연 피해 감소	13
	5	4	4	

어골도 (fish bone diagram)

• 물고기 모양을 본떠서 피시본 다이어그램(fish bone diagram)이라고 부르며, 처음에 이시가와 다이어그램(Ishikawa diagram)으로 제시되었다가 근래 인과분석법, 특성요인도 분석법이라고도 부른다.
• 문제의 원인을 찾아나가는 과정을 물고기 그림으로 표시한 것이다. 해결하고자 하는 문제를 생선의 머리뼈 부분에 기록하고, 그 문제의 직접적인 원인(주요 원인)이나 범주를 몸통의 큰 뼈에, 세부적인 원인을 잔뼈에 적는다.
• 어골도는 해결해야 할 문제의 원인을 밝혀내고, 인과관계를 전체적인 측면에서 이해하는 데 매우 유용한 도구이다.

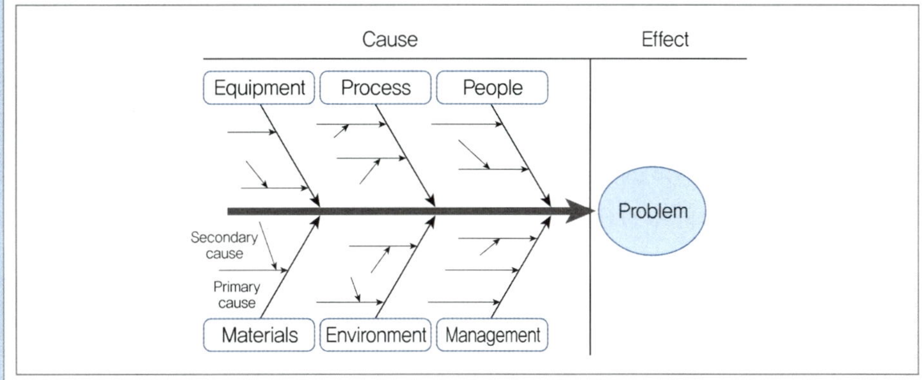

04 디지털 시대의 학습방법

① 블렌디드 러닝(blended learning, 혼합교육, 혼합형학습) 07 중등

(1) 개념

① 학습효과를 극대화하기 위해 두 가지 이상의 학습방법을 결합한 것으로, 일반적으로 온라인 학습과 오프라인 학습이 혼합된 교육방식을 가리킨다. 주로 e-러닝 방식에 전통적인 면대면 교육이 갖는 교육적 장점을 결합·활용함으로써 학습효과를 증진시키기 위한 전략이다.

② 블렌디드 러닝의 방법은 집합교육을 중심으로 온라인 교육을 보완하거나 자율학습 방식에 온라인 협동학습을 접목하는 방식, 다양한 온라인 학습전략에 오프라인으로 보조하는 방법 등 각 교육 주체마다 다양한 전략의 사용이 가능하다. 그리고 블렌디드 러닝은 온라인상에서 강좌신청, 학습하기, 과제하기, 토론하기, 평가하기 등도 가능하며, 오프라인에서는 콘텐츠를 활용하여 수업을 할 수도 있다.

(2) 블렌디드 러닝의 실시 목적

① **학습효과를 극대화하기 위함이다** : 다양한 학습자들이 학습내용을 최대한 효율적으로 습득하게 하기 위해서는 학습자의 관심을 이끌어내야 하며, 이를 위해서 그들의 학습스타일에 적합한 다양한 방법을 혼합해 제공하는 것이다.

② **학습기회를 확대하기 위함이다** : 한 가지 방식으로는 내용을 전달할 수 있는 범위가 한정될 수밖에 없으며 자칫 원하는 결과를 달성치 못할 수 있기 때문이다.

③ **비용과 시간을 절약하기 위함이다** : 블렌디드 러닝은 학습 프로그램의 개발이나 과정실행에 있어 적절한 방법을 혼합함으로써 시간과 비용을 최적화할 수 있다.

(3) 블렌디드 러닝의 장단점(특징)

① 장점

　㉠ **학습 효과의 극대화** : 온·오프라인의 다양한 방법이 결합되므로 학습 효과를 극대화할 수 있다.

　㉡ **학습 기회와 학습 공간의 확대** : 온라인 학습을 통해 시간과 장소에 구애받지 않고 학습할 수 있어 학습 기회와 학습 공간이 확대된다.

　㉢ **학습자 중심의 학습 가능(개별화 학습/자기주도적 학습 촉진)** : 학습자의 수준과 필요에 맞게 온라인 학습 자료를 조정할 수 있어 개별화 학습을 촉진하고 자기주도적 학습 능력을 신장시킬 수 있다.

　㉣ **다양한 의사소통 채널을 통한 교수·학습활동 가능** : 면대면 강의식 수업과 온라인 수업을 결합하므로 다양한 커뮤니케이션 채널을 통한 교수-학습 활동이 가능하다.

② 단점

　㉠ **자기 관리 필요** : 온라인 학습의 비중이 높아지면서 학습자 스스로 시간을 관리하고 학습 동기를 유지하는 것이 중요해지며, 이 부분에서 어려움을 겪을 수 있다.

ⓛ **사회적 상호작용 부족** : 전통적인 교실 환경에서 자연스럽게 이루어지는 사회적 상호작용이 부족해질 수 있으며, 학습자들이 고립감을 느낄 수 있다.

ⓒ **교사 부담 증가** : 교사가 온라인 콘텐츠를 제작하고 학습자들과의 온라인 상호작용을 관리하는 데 추가적인 시간이 필요할 수 있다.

ⓔ **기술적 문제** : 인터넷 접속, 전자기기 등에 기술적인 문제가 발생하면 학습에 차질이 생길 수 있다.

ⓜ **디지털 격차** : 모든 학생이 디지털 기기와 인터넷에 동등하게 접근할 수 있는 것은 아니며, 이로 인해 학습 격차가 발생할 수 있다.

ⓗ **학습의 질 차이** : 온라인 학습 콘텐츠의 질이 교실 수업에 비해 낮을 수 있으며, 모든 학습자가 동일한 수준의 학습 경험을 얻지 못할 수 있다.

(4) 블렌디드 러닝의 혼합방식

① 블렌디드 러닝에서 온라인과 오프라인을 통합할 때는 5가지 혼합 방식이 있을 수 있다.

② 오프라인 학습과 온라인 학습이 만나는 '학습공간의 통합', 자기조절학습과 협동학습이 만나는 '학습형태의 통합', 구조화된 학습과 비구조화된 학습이 만나는 '학습유형의 통합', 기성형 콘텐츠와 주문형 콘텐츠가 만나는 '학습내용의 통합', 학습과 업무가 만나는 '교육과 훈련의 통합'으로 나뉜다.

③ 이처럼 블렌디드 러닝은 접근방식도 다양하다. 학습개체 간의 모듈 통합, 각종 전통적인 교육방법 내에서의 통합, 다양한 기술의 통합, 교육 참가자 간의 통합(학습자-강사, 학습자-학습자, 학습자-Tool)을 활용하여 효과를 획득할 수 있다.

(5) 블렌디드 러닝의 학습 효과성을 높이기 위한 온라인 학습의 활용방법

- 온라인 학습이 다른 학습과 통합하여 그 효과성을 높이려면 어떻게 해야 할까?

① 주 학습을 사전에 맛보거나 주 학습 관련 정보를 알려줄 때 온라인 학습을 제공한다.

② 주 학습을 한 후 실제적인 의사결정에 대한 연습을 하거나 배운 내용을 회상하는 용도로 온라인 학습을 이용한다.

③ 토론을 통하여 학습자 간 상호작용을 활성화시키거나 학습의 보조수단으로 학습 중이나 이후에 온라인 교육을 활용하는 경우에도 효과가 크다.

④ 학습자가 온라인 교육방법을 통해서 교수자 혹은 전문가에게 질문과 피드백할 수 있는 기회를 주는 경우다.

⑤ 이 외에도 사전 테스트로 온라인 교육을 활용하는 경우, 학습자가 이전에 배웠던 내용을 회상하고 최신 관련 자료 등과 같은 참고자료를 제공하는 틀로 온라인 수업을 활용하는 경우, 학습자들의 사후 검사도구로서 사용하는 경우 등에 온라인 학습이 다른 학습과 통합되어 효과성을 높일 수 있다.

❷ 플립드 러닝(플립 러닝; flipped learning)

(1) 개념

① 기존 방식을 '뒤집는(flip)' 학습으로, 교실 수업 이전에 동영상으로 미리 학습하고, 수업시간에는 토의, 토론, 실습, 프로젝트, 문제해결 등의 다양한 활동을 하는 방식을 말한다.

② 전통적 강의식 수업에서는 교사 주도의 설명이 교실에서 진행되고, 집에서 보충학습이나 심화학습을 위해 과제가 주어진다. 그러나 플립드 러닝에서는 수업 전에 동영상이나 오디오 자료를 통해 사전학습을 하고, 수업시간에는 습득한 지식을 활용하여 협력학습, 토론학습, 프로젝트학습, 문제해결학습 등의 보충학습, 심화학습을 진행한다.

(2) 플립드 러닝의 특징(Bergman & Sams; 2012) – 전통적 교실수업 환경과 비교한 특징

① 학생들이 단순히 수업을 듣는 수동적인 수강자에서 선행학습을 수행하는 능동적이며 활발한 학습자로 바뀐다.

② 배울 내용에 대해 스스로 학습하는 것이 선행되고, 실제 수업시간에는 본인이 학습한 내용 및 수준을 바탕으로 개별화된 수업을 진행할 수 있는 형태로 바뀐다. ⇨ 수업시간과 과제를 하는 시간의 개념이 바뀐다.

③ 수업시간은 학생들이 도전적인 개념에 접근하거나, 고차원적인 문제해결을 위한 시간으로 활용될 수 있다. ⇨ 학습한 내용이 부족할 경우 수업시간을 통하여 본인의 학습에 대한 보충학습을 수행할 수 있지만, 그와 반대로 본인의 학습 수준이 일반적인 학생들에 비해 뛰어날 경우 수업시간을 통하여 교사의 도움을 받아 심화학습을 수행할 수 있다.

(3) 플립드 러닝의 장단점

① 장점

  ㉠ **학습자 중심의 수업 확대** : 교실 수업 전에 미리 학습 내용을 익히고 참여하므로 교실에서는 프로젝트 학습, 토론학습, 협동학습 등 다양한 학습자 중심의 수업을 운영할 수 있다. / 학생들에게 스스로 학습할 수 있는 기회를 제공하여 자기주도적 학습 능력을 향상시킨다.

  ㉡ **학습의 효과 극대화** : 수업 시간에 토론, 문제해결, 협력 활동 등 더 많은 상호작용과 활동적 학습을 할 수 있어 더 깊이 있는 학습이 가능하며 학습 효과가 극대화된다.

  ㉢ **학습의 자신감 고취** : 이미 학습한 내용을 수업에서 다루므로 학습에 대한 자신감을 고취시킬 수 있다.

② 단점

  ㉠ **사전 학습 의존성** : 학생들이 사전 학습을 하지 않을 경우 수업에서 소외될 수 있으며, 이는 학습 효과를 저해할 수 있다.

  ㉡ **교사 준비 시간** : 효과적인 수업 자료 제작과 수업 계획에 많은 시간이 소요될 수 있다.

  ㉢ **기술적 문제** : 학생이 상황에 따라 컴퓨터, 인터넷 등 필요한 기술과 자료에 접근할 수 없는 경우가 발생할 수 있다.

⑷ **플립드 러닝 설계 시 주요 고려사항**(주요 특징, 플립드 러닝의 요소, 플립드 러닝의 성공적 실현을 위한 4가지 핵심요소 : F-L-I-P)

― Hamdan, McKnight, McKnight, & Arfstrom

① **유연한 환경(Flexible Environments)** : 플립드 러닝에서는 학생들의 학습시간이나 학습공간에 대해서 유연하고 탄력적인 환경을 허용해야 한다. 이를 위해서 교사는 기존의 정형화된 강의식 수업에 비해 매우 혼돈스럽고 시끄러운 교실 수업 환경에 대해서도 받아들일 수 있어야 한다.

② **학습 문화의 변화(Shift in Learning Culture)** : 플립드 러닝에서는 교사 중심의 수업에서 학생 중심의 수업으로의 변화가 나타난다. 특히 수업시간은 학생들의 수업내용에 대한 준비도를 바탕으로 보충학습이나 심화학습과 같은 보다 의미 있는 시간으로 변화한다.

③ **의도된 내용(Intentional Content)** : 플립드 러닝을 수행하는 교사는 수업시간에 어떤 내용을 가르칠 것인지와 학생들에게 사전에 어떤 내용을 학습해 오게 할 것인지에 대한 의도적이고 분명한 계획이 있어야 한다.

④ **전문성을 갖춘 교사(Professional Educators)** : 플립드 러닝에서 교사는 기존의 전통적인 수업에서의 단순한 지식 전달자에 비해 다양한 전문성을 갖추고 더욱 중요한 역할을 수행해야 한다(안내자, 조력자, 발판 제공자). 플립드 러닝에서 교사는 학습자에게 피드백을 제공하고, 학습자 중심의 교수법을 효과적으로 활용할 수 있어야 한다.

⑸ **플립드 러닝을 처음 실시하는 교수자가 직면할 어려움**

① **불충분한 사전 학습** : 학생들이 사전에 충분히 학습하지 않을 경우, 수업 참여에 어려움을 겪을 수 있고 교실 수업이 원활하게 진행되지 못할 수 있다.

② **학생 참여 유도의 어려움** : 학생들이 사전 학습에 적극적으로 참여하도록 유도하는 것이 어려울 수 있다. 특히 동기 부여가 부족한 학생들에게는 더욱 힘들 수 있다.

③ **수동적 참여의 문제** : 학습자가 수동적으로 동영상 강의를 시청할 경우 깊이 있는 학습이 이루어지지 않는다.

④ **온·오프라인의 연계성 문제** : 온라인 학습은 전통적인 방식으로 지식 획득에 초점을 두고 교실 수업은 학습자 중심의 그룹 활동으로 이루어질 경우, 온라인과 면대면 활동의 연계성이 부족할 수 있다.

⑤ **학습량 증가 문제** : 학습자 입장에서는 가정에서 이루어지는 사전 학습으로 인해서 전체적으로 학습량이 증가되었다고 느낄 수 있다.

⑥ **기술적 문제** : 교사가 비디오 제작, 온라인 플랫폼 활용 등의 기술적 요소에 어려움을 느낄 수 있으며, 학생들 또한 기술에 대한 접근성 문제가 발생할 수 있다.

⑦ **교사의 추가적인 업무 부담** : 수업 전 자료 제작과 수업 중 활동 관리 등 많은 시간이 소요되므로 교사가 추가적인 업무 부담을 느낄 수 있다.

③ 디지털 교과서 / AI 디지털 교과서(AIDT)

(1) 디지털 교과서

① 개관

ㄱ 서책형 교과서를 디지털 형태로 바꾼 뒤 유무선 통신망을 이용하여 그 내용을 읽고, 보고 들을 수 있도록 한 교과서를 말한다.

ㄴ 디지털 교과서는 기존의 서책형 교과서를 디지털화하여 서책이 가지는 장점과 아울러 검색, 내비게이션 등의 부가편의 기능과 멀티미디어, 학습지원 기능을 구비하여 편의성과 학습효과성을 극대화한 디지털 학습교재이다.

ㄷ 디지털 교과서는 이동의 편리함을 추구하고, 서책형 교과서와 같은 사용 편의성을 도모하기 위하여 현재는 태블릿 PC 환경에서 개발되고 있다.

② 장단점

장점	단점
• **접근성 향상** : 인터넷만 있으면 언제 어디서나 학습할 수 있어 장소와 시간에 구애받지 않음 • **다양한 멀티미디어 활용** : 텍스트, 이미지, 영상, 음성 등 다양한 멀티미디어 자료를 활용해 학습 효과를 극대화할 수 있음 • **업데이트 용이성** : 수정과 업데이트가 쉽기 때문에 최신 정보나 변경 사항을 빠르게 반영할 수 있음 • **상호작용적 학습 지원** : 퀴즈, 문제풀이 등을 통해 학습자가 능동적으로 참여할 수 있음 • **실시간 피드백** : 실시간 피드백을 통해 학습 성과를 즉시 확인하고 개선할 수 있음 • **환경 보호** : 종이를 사용하지 않기 때문에 환경에 미치는 영향을 줄일 수 있음	• **기기 의존성** : 전자기기와 인터넷 접속이 필요해 접근에 제약이 있을 수 있고, 기술적인 문제나 기기의 고장 등이 발생할 경우 학습에 방해가 될 수 있음 • **눈의 피로** : 오랜 시간 화면을 보면 눈의 피로를 유발할 수 있음 • **집중력 저하** : 다양한 콘텐츠와 알림 등이 오히려 방해요소가 되어 학습 집중도를 떨어뜨릴 수 있음 • **디지털 기기 과의존** : 디지털 교과서 사용으로 인해 스마트폰이나 게임 등 다른 디지털 기기에 과도하게 의존할 수 있음 • **기술 격차 문제** : 모든 학생이 동일한 기술적 접근을 갖는 것은 아니므로 디지털 교과서 도입이 학생의 학습 격차를 더 벌릴 수 있음

(2) AI 디지털 교과서(AIDT)

① 도입 배경

ㄱ **기술 발전** : 인공지능(AI)과 디지털 기술의 발전은 교육 콘텐츠를 보다 혁신적이고 접근 가능하게 만들고 있다. AI는 학습자의 개인적 필요에 맞춰 맞춤형 학습을 제공할 수 있다.

ㄴ **교육의 디지털화** : 전 세계적으로 교육의 디지털화가 진행되면서, 종이 교과서에서 디지털 교과서로의 전환이 가속화되고 있다.

ㄷ **효율성 및 접근성** : 디지털 교과서는 물리적 공간을 절약하고, 학습 자료를 언제 어디서든 접근할 수 있도록 한다. AI는 이러한 교과서에 인터랙티브(interactive : 상호활동적인, 쌍방향)한 요소를 추가하여 학습의 효율성을 높인다.

② 장단점

장점	단점
• **맞춤형 학습** : AI는 학습자의 학습 스타일, 진도, 이해도 등을 분석하여 개인화된 학습경로를 제공할 수 있다. • **즉각적인 피드백** : 학습자가 문제를 해결하는 과정에서 즉각적인 피드백을 받을 수 있어 학습 효과를 높일 수 있다. • **학습의 흥미 제고** : AI 기반의 교과서는 퀴즈, 게임, 시뮬레이션 등 다양한 상호작용적 학습 도구를 제공하여 학습의 흥미를 높일 수 있다. • **효율적인 학습 관리** : 교사들은 AI의 데이터를 통해 각 학생의 학습 상태를 더 쉽게 파악하고, 개인별로 필요한 지원을 제공할 수 있다. 또한, AI는 반복적인 관리 업무를 자동화하여 교사의 부담을 줄여준다. • **적응형 학습** : 학습자의 성과와 이해도에 따라 난이도를 조정하는 적응형 학습이 가능해지며, 이는 학습자가 포기하지 않고 지속적으로 도전할 수 있도록 동기를 부여한다. • **업데이트 용이성** : 디지털 교과서는 최신 정보와 자료로 신속하게 업데이트할 수 있다. • **비용 절감** : 종이 교과서에 비해 제작 및 배포 비용이 절감될 수 있다.	• **문해력 및 사고력 저하** : 학생들이 AI 시스템에 지나치게 의존하게 될 경우, 스스로 문제를 해결하거나 비판적으로 사고하는 능력이 저하될 위험이 있다. • **디지털 피로** : 화면을 오래 보는 것이 눈의 피로를 유발할 수 있으며, 장시간의 디지털 장치 사용이 학습과 건강에 부정적인 영향을 미칠 수 있다. • **기술 의존성** : 디지털 기기에 대한 의존도가 높아질 수 있으며, 기술적 문제나 오류가 발생할 경우 학습에 지장이 생길 수 있다. • **프라이버시 및 보안 문제** : AI 시스템이 학생들의 데이터를 수집하고 분석하기 때문에 개인정보 보호와 데이터 보안 문제가 발생할 수 있다. • **정보 과부하** : 너무 많은 정보와 기능이 제공될 경우 학습자가 오히려 혼란을 느낄 수 있다. • **접근성 문제** : 모든 학생이 고품질의 디지털 기기나 안정적인 인터넷 연결을 갖추고 있지 않을 수 있다. • **비용 문제** : AI 디지털 교과서를 도입하고 유지하는 데드는 초기 비용이 높을 수 있으며, 일부 학교나 가정에서 경제적 부담이 될 수 있다.

④ 디지털 리터러시(digital literacy)

(1) 개념

디지털 리터러시(digital literacy)는 디지털 기술을 활용하여 정보를 찾고, 평가하고, 활용하는 능력을 의미한다. 현대 사회는 디지털 기술과 정보가 넘쳐나는 만큼, 디지털 리터러시는 개인의 학습과 사회적 참여에 필수적인 역량으로 자리 잡고 있다.

(2) 디지털 리터러시의 필요성

① **정보의 홍수** : 다양한 정보가 넘쳐나는 시대에 정확하고 신뢰할 수 있는 정보를 찾는 것이 중요하다.

② **사회적 참여** : 디지털 기술이 사회 전반에 깊숙이 자리 잡고 있어 이를 이해하고 활용하는 것이 시민으로서의 역할에 필수적이다.

③ **학습 효과 향상** : 디지털 도구와 리터러시 능력은 학생들이 효과적으로 학습하고 협력할 수 있는 기반이 된다.

④ **직업적 요구** : 많은 직업에서 디지털 기술과 정보 활용 능력이 기본 요구사항이 되고 있다.

(3) 디지털 리터러시의 구성 요소

① **정보 검색 능력** : 필요할 때 적절한 정보를 효과적으로 찾고, 검색 엔진과 데이터베이스를 활용하는 능력

② **정보 평가 능력** : 정보를 비판적으로 분석하고, 출처의 신뢰성과 정확성을 판단하는 능력

③ **정보 활용 능력** : 찾은 정보를 적절하게 활용하고, 이를 바탕으로 문제를 해결하거나 의사 결정을 내리는 능력

④ **디지털 도구 사용 능력** : 워드 프로세서, 스프레드시트, 프레젠테이션 소프트웨어 등의 디지털 도구를 사용하는 능력

⑤ **온라인 커뮤니케이션 능력** : 이메일, 소셜 미디어 등을 통해 효과적으로 소통하고 협력하는 능력

⑥ **사이버 보안 및 윤리적 사용** : 개인정보 보호, 저작권 이해, 안전한 온라인 행동 등 디지털 환경에서의 윤리적 책임을 인식하는 능력

(4) 디지털 리터러시 함양 방안

① **디지털 도구 활용 교육** : 검색 기술, 데이터 분석, 미디어 제작 등의 실습을 통해 학생들이 다양한 디지털 도구를 능숙하고 효과적으로 활용할 수 있도록 교육해야 한다.

② **비판적 사고 교육 강화** : 학생들이 디지털 환경에서 접하는 정보의 출처, 신뢰성(진위 여부), 편향성 등을 판단할 수 있도록 비판적 사고 능력을 키우는 교육이 중요하다.

③ **실습과 경험 제공** : 학생들이 스스로 디지털 도구를 활용하여 프로젝트를 계획하고 실행하는 기회를 풍부하게 제공하고, 디지털 리터러시를 실생활에 적용할 수 있는 경험(⑩ 인턴십, 자원봉사 등)을 제공한다.

④ **교육과정 통합** : 모든 교과의 교육과정에 디지털 리터러시 관련 내용을 통합하여 모든 학생이 이를 배우도록 한다. 예를 들어, 정보 검색, 데이터 분석, 소셜 미디어 활용 등을 포함시킨다.

⑤ **온라인 안전 및 윤리 교육** : 개인정보 보호, 저작권, 사이버 보안 등의 온라인 안전 교육을 강화하고, 온라인에서의 올바른 행동과 윤리에 대한 교육을 통해 건전한 디지털 시민으로 성장할 수 있도록 한다.

⑥ **디지털 리터러시 평가 및 피드백** : 학생들의 장점과 약점을 파악하고 필요한 부분을 보완하는 학습 기회를 제공할 수 있도록 디지털 리터러시 능력을 체계적으로 평가하고 피드백을 제공하는 시스템을 구축한다.

(5) 디지털 리터러시 향상을 위한 수업방법

– 영국의 Becta(British Educational Communication and Technology Agency)의 권장

① **정의하기** : 디지털 테크놀로지를 활용하여 과제나 문제를 정의한다. 학생들은 자기주도적으로 과제를 분석하고 디지털 환경에서 어떤 정보와 자료를 찾을 것인지 계획을 세우도록 한다.

② **발견하기** : 디지털 테크놀로지를 활용하여 문제해결에 필요한 정보와 자료를 찾도록 한다. 사전에 어떤 정보를 검색할지 목적을 분명히 하고, 검색한 정보의 신뢰성과 타당성, 저작권 등에 유의하도록 한다.

③ **평가하기** : 발견한 정보를 서로 비판적으로 비교·분석하고 평가한다. 디지털 정보와 자료에 대해서 비판적으로 사고할 수 있도록 지원한다.

④ **창작하기**: 다양한 정보를 종합하여 새로운 해결안을 만든다. 테크놀로지를 활용하여 창작물을 만들도록 함으로써 창의적 사고와 컴퓨팅 사고를 촉진한다.

⑤ **의사소통하기**: 디지털 환경에서 아이디어나 창작물(결과물)을 다른 학습자와 공유하고 의견을 주고받는다.

⑤ 미디어 리터러시(media literacy)

(1) 등장 배경

미디어 리터러시는 20세기 중반부터 정보통신 기술의 급속한 발전과 함께 주목받기 시작하였으며, 다음과 같은 사회적 변화가 그 배경이 되었다.

① **정보의 양 증가**: 인터넷과 디지털 매체의 발전으로 정보의 양이 폭발적으로 증가하면서, 소비자는 신뢰할 수 있는 정보를 찾는 데 어려움을 겪고 있다.

② **가짜 뉴스와 정보의 왜곡**: 소셜 미디어의 확산으로 인해 허위 정보가 쉽게 퍼질 수 있게 되었고, 이는 비판적 사고의 필요성을 더욱 강조한다.

③ **미디어 환경의 변화**: 전통적인 매체에서 디지털 매체로의 전환이 이루어지면서 사람들이 접하는 정보의 형식과 내용이 다양해졌다.

(2) 개념

미디어 리터러시는 단순히 정보를 소비하는 능력을 넘어서 정보를 이해하고, 해석하며, 비판적으로 분석하고, 평가하는 능력이며, 이는 자신의 생각을 효과적으로 표현하는 능력을 포함한다. 이는 개인이 정보 사회에서 능동적이고 책임 있는 시민으로 살아가는 데 필수적인 역량이다.

(3) 주요 구성 요소

① **메시지 해석**: 다양한 미디어에서 전달되는 메시지를 이해하고, 그 의미를 해석하는 능력

② **비판적 사고**: 미디어 메시지를 분석하고, 그 이면의 의도나 이데올로기, 편향성을 이해하는 능력

③ **정보 평가**: 미디어에 담긴 정보의 출처, 정보의 정확성과 신뢰성을 평가하는 능력

④ **생산 및 창작**: 자신의 의견이나 아이디어를 다양한 미디어 형식으로 표현하는 능력

⑤ **소통 능력**: 타인과의 상호작용에서 효과적으로 의견을 전달하고 논의할 수 있는 능력

(4) 미디어 리터러시 교육의 필요성

① **메시지 해석 능력**: 다양한 미디어 형식과 콘텐츠에 대한 이해가 필수적이다. 디지털 매체의 다양화로 인해 사람들은 다양한 장르와 형식의 정보를 접하게 되며, 이를 효과적으로 해석하는 능력이 필요하다.

② **비판적 분석 능력**: 정보의 홍수 속에서 신뢰할 수 있는 정보를 선택하는 능력이 중요하다. 인터넷과 소셜 미디어의 발달로 가짜 뉴스와 정보의 왜곡이 빈번하게 발생하고 있으며, 이에 대한 비판적 분석 능력이 요구된다.

(5) 미디어 리터러시 함양 방안

① **교육과정 통합** : 학교 교육과정에 미디어 리터러시 관련 내용을 포함하여 학생들이 자연스럽게 이 능력을 기를 수 있도록 한다. / 언어, 사회, 과학 등 다양한 과목에 미디어 리터러시 요소를 통합하여 가르친다. 예를 들어, 사회 과목에서 뉴스 분석, 과학 과목에서 연구 결과의 출처 검증 등을 다룬다.

② **프로젝트 기반 학습** : 실제 미디어 콘텐츠를 제작하거나 분석하는 프로젝트를 통해 비판적 사고와 창의성을 키울 수 있도록 한다.

③ **미디어 제작 경험 제공(프로젝트 기반 학습)** : 학생들이 직접 블로그, 팟캐스트(포드캐스트), 동영상 등을 제작하게 한다. 미디어 콘텐츠 제작 과정에서 윤리적 고려와 사실 확인의 중요성을 배우게 된다.

④ **토론 및 논의** : 다양한 미디어 콘텐츠에 대한 토론을 통해 학생들이 서로 다른 시각을 이해하고 비판적으로 사고할 기회를 제공한다.

⑤ **비판적 사고 훈련** : 학생들이 정보를 평가하고 분석할 수 있도록 유도하는 질문을 제공하는 질문 중심 학습을 통해 비판적 사고 훈련을 한다. 예를 들어, "이 기사는 어떤 관점을 가지고 있는가?", "출처는 신뢰할 수 있는가?" 등의 질문을 던진다.

⑥ **실제 사례 연구(사례 분석)** : 최신 뉴스 기사, 광고, 소셜 미디어 포스트 등을 활용해 학생들이 직접 사례를 분석하게 한다. 학생들은 사례를 통해 미디어의 영향력과 비판적 분석 기술을 기른다.

⑦ **디지털 시민 교육(온라인 행동 규범 교육)** : 학생들에게 사이버 안전, 개인정보 보호, 디지털 커뮤니케이션의 윤리와 안전한 온라인 행동을 교육한다.

⑧ **미디어 리터러시 워크숍** : 외부 전문가를 초청하거나 워크숍을 통해 심층적으로 미디어 리터러시를 교육한다. 다양한 미디어 형식과 플랫폼에 대한 이해를 넓힐 수 있다.

⑨ **정보 검증 툴(도구) 사용** : 학생들에게 사실 확인 사이트(예 Snopes, FactCheck.org)나 이미지 검증 도구(예 TinEye)를 사용하여 정보의 신뢰성을 평가하는 방법을 가르친다.

⑩ **디지털 플랫폼 활용** : 디지털 도구와 플랫폼을 활용하여 정보 검색, 평가, 생산 능력을 향상시킨다.

⑪ **부모와 커뮤니티의 참여(가정 연계 프로그램)** : 부모를 대상으로 한 워크숍이나 정보 세션을 개최하여 가정에서도 미디어 리터러시의 중요성을 강조하고, 자녀와 함께 미디어 콘텐츠를 분석하는 등 학생들이 배운 내용을 일상생활에서 적용할 수 있도록 지원한다.

6 테크놀로지 활용 수업

(1) **모바일 러닝**(mobile learning)

① **개념**

ㄱ 모바일 테크놀로지(◉ 태블릿 PC, 스마트폰)를 활용한 이러닝의 한 형태. 이러닝은 인터넷 네트워크 기술을 바탕으로 다양한 매체를 활용하여, 시간과 장소의 제약 없이 학습자가 다른 학습자, 교수자, 학습내용과 활발한 상호작용을 하면서, 다양한 학습경험을 할 수 있도록 지원하는 체제

ㄴ 모바일 러닝은 언제 어디서나 학습이 이루어지는 교육적 이상을 달성하려는 목적에서 등장하였다. 예컨 대, 소크라티브(Socrative)라는 애플리케이션을 활용하여 교수자는 수업 중에 간단한 질문을 올릴 수 있고, 개별 학습자가 태블릿 PC 혹은 스마트폰을 활용하여 답을 하게 되면 이 전체 과정을 교수자가 관리할 수 있다. 또한 스마트폰을 활용하여 교실 밖에서 다양한 형태의 협동 및 탐구 학습을 할 수 있다. 예컨대, 자신의 집 주변에 살고 있는 동식물 사진을 찍어서 다른 학습자와 공유하고 수업 시간에 학습자 가 찍은 사진을 이용해서 과학 탐구를 할 수 있다.

② **모바일 러닝의 특성**

ㄱ **맥락성** : 맥락적(context-sensitive, context aware)이다. 실제적인 맥락 속에서 학습이 이루어지도록 돕는다. 예컨대, 미술관을 관람할 때 특정 작품에 다가가면 그 작품과 관련된 정보나 학습활동(◉ 퀴즈, 게임)을 자동으로 스마트폰에 전달함으로써 실제적인 학습을 촉진할 수 있다.

ㄴ **개별성** : 학습자의 개별성을 지원해 준다. 모바일 기기를 휴대하면서 언제 어디서나 필요한 정보를 검색 하고 중요한 내용을 메모하거나 사진 및 동영상으로 기록할 수 있다. 이는 학습자의 관심과 요구를 반영 한 개별화 학습을 촉진하며, 학습자가 자신의 학습을 주도하도록 하여 궁극적으로 효과적인 학습을 돕 는다.

ㄷ **공유성** : 개별 학습의 결과를 학습자 간의 사회적 상호작용을 통해 공유하도록 하는 공유성의 특성을 가진다. 페이스북, 엑스(X), 네이버 밴드 등의 SNS를 이용해서 모바일 러닝 활동과 결과물을 교수자 및 다른 학습자와 쉽게 공유할 수 있다.

(2) **게임화**(gamification)

① **개념**

ㄱ 게임화는 게임이 아닌 것에 게임의 요소나 원리를 적용하는 것을 의미한다(◉ 계단을 피아노 건반처럼 흰색과 검은색으로 칠하고 발을 디딜 때마다 특정 음이 들리도록 설계하면 평소 계단을 싫어하는 사람도 건반을 밟는 재미에 더 자주 계단을 오르내릴 것이다). 이처럼 게임의 피드백과 보상 요소를 활용하면 사람들이 자발적으로 하지 않는 일을 더 많이 하도록 동기를 부여할 수 있다.

ㄴ 게임화를 위해서는 수업에 게임 요소를 효과적으로 통합하는 것이 필요하다. 게임을 구성하는 요소에는 목표, 규칙, 피드백, 보상, 레벨, 이야기 등이 있다.

ⓒ 수업에 게임 요소를 적용하기 위해 테크놀로지를 효과적으로 활용할 수 있다. 카훗(Kahoot!)이라는 학습 플랫폼은 수업 중에 학습자가 스마트 기기를 활용하여 게임처럼 퀴즈 활동에 참여하도록 돕는다. 교수자는 퀴즈 문제에 이미지나 동영상을 삽입할 수 있고 학습자가 사지선다형 답안 중에 하나를 제한된 시간 안에 선택할 수 있도록 설계할 수 있다. 학습자는 자신의 스마트 기기에서 카훗 앱을 이용하여 응답을 한다. 한 문제에 응답을 할 때마다 즉각적으로 학습자의 응답 결과가 교수자 화면에 막대그래프 형태로 제시되고, 리더보드(leader board)에 지금까지 문제를 가장 빠르게 많이 맞힌 학습자의 이름이 점수와 함께 제시된다. 이처럼 카훗은 게임의 설계 요소 중에서 피드백과 보상 체계를 잘 반영하고 있다.

② 게임의 요소를 수업에 적용할 때 고려해야 할 여섯 가지 원리
  ㉠ 수업 초기에 게임의 규칙을 명확하게 설명한다.
  ㉡ 게임화 전략이 수업목표 및 학습 활동과 일치하도록 수업을 설계한다.
  ㉢ 학습자가 과제를 수행했을 때 성취감을 느끼도록 수업을 설계한다.
  ㉣ 학습자가 쉬운 과제에서 시작하여 점차 어려운 과제를 수행할 수 있도록 레벨을 설정한다.
  ㉤ 과제를 수행할 때 모든 학습자가 동등한 기회를 가질 수 있도록 한다.
  ㉥ 게임화가 지나친 경쟁을 유도하지 않도록 학습자 간의 상호의존성을 높인다.

(3) 인공지능 활용 수업

① 개념
  ㉠ 인공지능은 인간처럼 지적으로 행동하는 컴퓨터 시스템을 의미한다.
  ㉡ 인공지능 기술이 급격히 발달하면서 우리 생활 주변에서 인공지능 스피커, 챗봇을 쉽게 발견할 수 있다.

② 인공지능을 수업에 활용하는 방법
  ㉠ 지능형 튜터링 시스템(ITS : intelligent tutoring system)
    ⓐ 언어, 수학, 과학 등의 교과에서 학습자의 문제해결 과정을 점검하고 오답을 분석하여 학습자에게 필요한 지원과 피드백을 제공한다. ⇨ ITS는 맞춤형 콘텐츠와 문제를 제공한다.
    ⓑ 카네기멜론 대학교의 연구에 기반하여 개발된 매시(MATHia)는 학습자가 수학문제를 해결하는 동안 학습자의 지식과 기술 수준을 평가해서 학습자에게 최적화된 문제를 추천하고, 학습자가 문제해결에 어려움을 겪으면 적응적으로 피드백과 힌트를 제공한다.
    ⓒ 우리나라에서 개발한 수학교육 플랫폼인 노리(Knowre)도 학습 데이터를 분석하여 학업 성취도를 높이기 위한 다양한 지원을 제공하고 동일한 실수를 반복하지 않도록 맞춤형 콘텐츠를 제공한다.
  ㉡ 챗봇(chatbot) 활용 수업
    ⓐ 챗봇은 채팅(chatting)과 로봇(robot)의 합성어로서 문자와 음성을 통해 학습자와 상호작용을 할 수 있다.
    ⓑ 챗봇은 사용자의 요청에 자동화된 응답을 제공할 뿐만 아니라 사용자와 대화를 나눌 수 있다.
    ⓒ 사용자는 스마트폰이나 컴퓨터와 같은 장치를 통해 챗봇과 상호작용을 할 수 있을 뿐만 아니라 아마존의 알렉사(Alexa), 카카오 미니, 네이버 클로바 등의 인공지능 스피커를 이용해서 음성으로 챗봇과 대화를 할 수도 있다.

ⓓ 챗봇은 시간과 장소의 제약 없이 문자와 음성을 통해 학습자를 개별적으로 지원하는 데 활용할 수 있다. 챗봇은 학습자의 반응에 따라서 맞춤형 질문과 응답을 하고 각 학습자의 특성에 맞게 개별화된 학습 안내와 도움을 제공함으로써 개별 학습자를 맞춤형으로 지원해 줄 수 있다.

ⓒ 지능형 학습환경

　　ⓐ 인공지능 기반의 지능형 학습환경은 학습자가 스스로 지식을 구성하고, 원리를 탐구하고, 자기주도적으로 학습하도록 돕는다. ITS가 학습자에게 지식을 효과적으로 전달하는 데 초점을 두고 있는 반면에 지능형 학습환경은 구성주의에 기반하여 학습자 중심 학습을 지원한다. 지능형 학습환경에서는 인공지능은 교수자를 도와서 모델링, 코칭, 스캐폴딩과 같은 학습 지원을 실제적인 과제와 함께 제공할 수 있다.

　　ⓑ 베티의 두뇌(Betty's Brain)라는 인공지능 프로그램은 학습자가 베티라는 가상 에이전트를 가르치면서 배우도록(learning by teaching) 지원한다.

　　ⓒ 인공지능은 자기주도학습 능력이 부족한 학습자를 위해 학습과정을 지속적으로 점검하고 학습자의 능동적 참여를 촉진할 수 있다.

7 스마트 교육(smart learning)

(1) 개념

① 일반적으로 스마트 기기, 즉 스마트폰, 태블릿, PC, e-Book, 단말기 등을 활용하는 모든 형태의 학습을 지칭한다.

② 학습자들의 다양한 학습 형태와 능력을 고려하고 학습자의 사고력, 소통능력, 문제해결능력 등의 개발을 높이며 협력학습과 개별학습을 위한 기회를 창출하여 학습을 보다 즐겁게 만드는 학습으로서 장치보다 사람과 콘텐츠에 기반을 둔 발전된 ICT 기반의 효과적인 학습자 중심의 지능형 맞춤 학습(곽덕훈, 2010)

③ 스마트 기기와 정보통신기술을 활용하여 지식과 정보, 각종 네트워크에의 상시적 접근을 통하여 협력적 상호작용, 지능적 맞춤화, 자기주도적 지식 구성이 가능한 교수학습체계(김성렬, 2015)

④ 자기주도적으로 내 수준과 적성에 맞는 풍부한 자료와 ICT를 활용하여 재미있게 공부하는 지능형 맞춤 교수－학습 지원체제(김영애, 2011)

⑤ 자기주도적 학습(S), 동기가 부여되는 학습(M), 자신의 수준과 적성에 맞는 학습(A), 풍부한 자료에 기반한 학습(R), 정보기술을 활용한 학습(T)(교육부, 2011)

✔ 스마트 교육의 개념(교육부, 2011)

용어		의미
S	Self-directed (자기주도적)	• (지식생산자) 학생은 지식 수용자에서 지식의 주요 생산자로, 교사는 지식 전달자에서 학습의 조력자(멘토)로 그 역할의 변화 • (지능화) 온라인 성취도 진단 및 처방을 통해 스스로 학습하는 체제

M	Motivated (흥미)	• (체험 중심) 정형화된 교과 지식 중심에서 체험을 기반으로 지식을 재구성할 수 있는 교수·학습 방법 강조 • (문제해결 중심) 창의적 문제해결과 과정 중심의 개별화된 평가 지향
A	Adaptive (수준과 적성)	• (유연화) 교육체제의 유연성이 강화되고 개인의 선호 및 미래의 직업과 연계된 맞춤형 학습 구현 • (개별화) 학교가 지식을 대량으로 전달하는 장소에서 수준과 적성에 맞는 개별화된 학습을 지원하는 장소로 진화
R	Resource Enriched (풍부한 자료)	• (오픈마켓) 클라우드 교육서비스를 기반으로 공공기관, 민간 및 개인이 개발한 풍부한 콘텐츠를 교육에 자유롭게 활용 • (소셜네트워킹) 집단지성, 소셜러닝 등을 활용한 국내외 학습자원의 공동 활용과 협력학습 확대
T	Technology Embedded (정보기술 활용)	• (개방화) 정보기술을 통해 언제, 어디서나 원하는 학습을 할 수 있고, 수업 방식이 다양해져 학습 선택권이 최대한 보장되는 교육환경

(2) 기존의 제한된 교육 영역의 확장

① **공간의 확장** : 교실이라는 물리적 공간이 디지털교과서, 온라인 수업의 활성화 등을 통해 박물관, 지하철 등 교실 밖, 학교 밖, 이동하는 공간 등 어디서나 배움이 이루어지는 공간으로 확대된다. 즉, ICT를 통해 언제 어디서나 원하는 학습을 할 수 있고, 학습선택권이 최대한 보장되는 교육 환경이 마련된다.

② **시간의 확장** : 특정 시간에 학교로 등교하여 하교할 때까지 이루어지던 기존의 교육활동은 이제 온라인 수업으로, 클라우드 교육서비스를 통해 언제나 원할 때 학습의 기회를 제공받게 된다.

③ **교육내용의 확장** : 기존의 제한된 내용을 다루는 서책형교과서와 참고서, 문제집 대신, 디지털교과서를 통해 언제 어디서나 개개인의 수준과 적성에 맞는 풍부한 학습자료에 접근하고 공부할 수 있게 된다. 스마트 교육 추진전략에서는 클라우드 교육서비스를 기반으로 공공 기관, 민간 및 개인이 개발한 풍부한 콘텐츠를 교육에서 자유롭게 활용할 수 있도록 하는 오픈마켓 조성을 기획하고 있다. 또한, 소셜네트워킹을 통한 집단지성, 소셜러닝 등을 활용한 국내외 학습자원의 공동 활용과 협력학습 기반이 확대된다.

④ **교육방법의 확장** : 기존의 지식을 전달하는 교사주도의 강의식 수업에서 학교의 무선인터넷 환경 구축 등 ICT가 내재화되어 모든 정보의 흐름이 원활하게 이루어지는 교육 환경에서 협력학습, 체험학습, 개별학습 등 다양한 교수-학습 방법이 적용된다.

⑤ **교육 역량의 확장** : 과거 산업사회에서 요구되어 왔던 3R(Read, wRite, aRithmetic)을 넘어서 이제는 미래 사회에 필요한 역량(7C : Critical thinking and problem solving, Creativity and innovation, Collaboration and leadership, Cross-cultural understanding, Communication, ICT literacy, Career and life skills)을 스마트 교육을 통해 기르게 된다.

(3) 스마트 교육의 특징

① **자기주도적 학습** : 학습자 스스로 학습목표를 세우고, 개인의 능력에 따라 학습속도를 조절하며, 필요에 따라 콘텐츠를 검색, 저장, 활용 및 재가공하는 등 자기주도적 학습이 가능하다.

② **개인별 맞춤학습** : 학습자의 수준, 능력, 선수학습의 정도 및 학습양식 등을 고려하여 개인에게 알맞은 맞춤형 학습을 제공한다.

③ **협력적 학습** : 스마트 학습은 교실뿐만 아니라 온라인으로 연결된 공간에서 교수자와 학습자, 학습자와 학습자 간의 협력적 학습이 광범위하게 이루어지도록 돕는다. 또, 서로 다른 공간의 교수자와 학습자 간의 협력학습을 가능하게 한다.

④ **상호작용적 학습** : 클라우드 컴퓨팅과 소셜 네트워크 서비스(SNS)는 정보의 개방과 공유를 통해 교수자와 학습자, 학습자와 학습자 간의 쌍방향 상호작용을 촉진한다.

8 소셜 미디어(social media)

(1) 소셜 미디어(social media)

소셜 미디어란 사용자가 직접 만드는 정보, 콘텐츠를 말한다(사용자가 그림, 음악, 동영상 등을 직접 만든 사용자 콘텐츠). ⇨ 소셜 미디어는 쌍방향테크놀로지를 통해서 텍스트, 이미지, 오디오, 비디오 등을 전송하거나 제작할 수 있는 다양한 멀티미디어의 구성요소와 사회적 상호작용을 통해 참여자들이 정보와 지식, 의견을 공유하고 통합하는 다양한 활동이다. 소셜 미디어는 웹 2.0이 강조하는 참여, 공유, 개방의 개념이 기술적으로 발전되어 사용자들 스스로 제작한 콘텐츠를 통한 커뮤니케이션으로 인하여 자신들의 경험, 정보, 지식 그리고 다양한 의견의 공유와 상호작용이 가능하도록 도와주는 온라인 서비스이다. ⓔ X(트위터), 페이스북, 유튜브 등

> **Plus**
>
> **웹 3.0(world wide web 3.0)**
>
> 웹 2.0은 참여, 공유, 개방을 특징으로 하며 사용자들이 적극 참여하여 정보를 만들고 공유하는 사회적인 연결성을 중시했다면, 웹 3.0은 데이터의 의미를 중심으로 서비스되는 시대를 말한다. 즉, 웹 3.0이란 컴퓨터가 시맨틱 웹 기술을 이용하여 웹페이지에 담긴 내용을 이해하고 개인 맞춤형 정보를 제공할 수 있는 지능형 웹 기술을 말한다. 한 마디로 개인화, 지능화된 맞춤형 웹을 일컫는다. 웹 3.0은 인터넷에서의 엄청난 양의 정보 중에 내가 지금 필요한 정보와 지식만을 추출해서 보여 주는 맞춤형 웹의 시대인 것이다. 컴퓨터가 사람을 대신해서 정보를 모으고 필요한 정보만을 편집하여 새로운 정보를 만들어 내는 웹으로 인공지능 웹인 것이다. 예를 들어, 웹 3.0에서는 우리가 여행을 가고 싶을 때 그 여행지에 대한 정보를 찾기 위해 여러 웹사이트를 일일이 들어가서 정보를 모으고 예약하는 과정 대신에 우리의 휴가 일정과 좋아하는 여행 스타일 등을 입력하면 컴퓨터가 정보를 다 찾아보고 그것에 맞게 알려 주는 것을 말한다. 사물인터넷 기술, 클라우드 기술 등이 이 웹 3.0으로 가능하게 되었다. 이처럼 개인화, 지능화된 웹 3.0은 개인에 맞는 정보를 알아서 찾아주는 인공지능형 웹을 말한다.

(2) 엑스(X)

① **개념**

㉠ 엑스(X)는 간단한 글을 손쉽게 쓸 수 있는 단문 전용 사이트이다.

㉡ 140자의 단문으로 이루어지며 글을 작성하면 글쓴이의 페이지와 글쓴이의 팔로워들에게 글이 보내진다. 팔로워들은 다시 그 글을 친구들에게 보내거나, 볼 수 있도록 허용할 수 있다.

② 특징

   ⊙ 엑스(X)는 메신저와 같은 신속성을 가지고 있다. 엑스(X) 웹사이트나 스마트폰의 애플리케이션을 이용해서 글을 실시간으로 빠르게 보내거나 받을 수 있다.

   ⓒ 언론을 통해서만 전달되던 연예인이나 정치인, 기업인의 발언, 공지들도 여과 없이 빠르게 들을 수 있다는 점에서 기존의 인터넷보다 한층 발전된 소통을 보여 준다.

③ 엑스(X)의 교육적 활용 방법

   ⊙ 교실 안에서나 교실 밖에서 지속적인 대화가 가능하며 이를 통해 교사와 학생 간, 학생 상호 간에 교류가 활발해진다.

   ⓒ 교사와 학생 간, 학생 상호 간에 질문과 답변이 오갈 수 있고, 스마트폰의 푸시기능을 이용하면 즉각적인 피드백이 가능하다.

   ⓒ 수업 전에 준비사항에 대해 학생들에게 공지할 수도 있고, 학습내용과 관련된 질문이나 과제 등을 부여할 수 있다.

   ⓔ 학생들이 과제를 하다가 의문사항을 물어볼 수도 있고, 이를 교사나 다른 학생들이 답변할 수도 있다.

   ⓜ 팔로워들에게 자신의 글이 전달되기 때문에 교수자나 학습자를 팔로잉할 수 있을 뿐만 아니라 전문가들을 팔로잉해서 그들의 글을 실시간으로 확인할 수 있으며, 교수자 외에 다양한 전문가가 간접적으로 교실상황에 투입될 수 있다.

   ⓗ 학습자들 간에 협력학습을 통해 협동심을 배양하고 학습내용에 대한 이해를 도울 수 있다.

✅ 엑스(X)의 교육적 활용 방법(조민경, 2011)

활용형태	세부내용
채팅 (class chatter)	교실 안과 밖에서 지속적인 대화가 가능하고 학습의 경험이 교실 밖에서도 연결되어 이어진다.
커뮤니티 (class community)	학생들의 대화는 이어지며 발전하고 생산적이게 되며, 교수자는 더불어 학생들의 성향을 파악할 수 있다.
즉각적인 피드백 (ilnstant feedback)	교수자의 즉각적인 피드백이 가능하며(특히 스마트폰이 있다면 푸시기능을 이용), 학생들 간에 질문과 답변이 오갈 수도 있다.
전문가 팔로잉 (follow a professional)	전문가들을 팔로잉해서 그들의 글을 실시간으로 확인할 수 있으며, 교수자 외에 다양한 전문가가 간접적으로 교실상황에 투입될 수 있다.
현실 인식 (get a sense of the world)	퍼블릭 타임라임(public timeline)을 통해 지구상에 일어나는 다양한 일들과 관심사, 주목하고 있는 사건들을 알 수 있다.
학습의 극대화 (maximization the teachable moment)	엑스(X)라는 공간에서 벌어지는 실제적인 일들을 통해 맥락적인 학습이 가능하다.
공공의 메모장 (public notepad)	영감이나 생각을 짧게 공유하기에 좋으며 다른 사람의 생각들도 좋은 정보가 된다.
트랙 기능 (track a world)	관심 있는 단어를 트랙기능을 통해 포스팅하거나 정보를 얻을 수 있다.

⑶ **유튜브**(YouTube)

① **개념** : 사용자가 영상 클립을 업로드하거나 보거나 공유할 수 있는 무료 동영상 공유 사이트 ⇨ 유튜브의 다양한 동영상 자료는 수업 자료나 동기 부여 자료로 쓰일 수도 있고, 실제 제작해서 업로드하는 활동을 통해서 적극적이고 활동적인 수업을 구성할 수도 있다. 또, 복사를 위한 소스코드와 링크 주소가 있어 이를 자신의 블로그나 엑스(X) 등으로 옮겨 갈 수도 있다. 또, 회원 가입을 하면 자신의 기호에 맞게 목록에 저장시켜 놓을 수도 있다.

② **유튜브의 장단점**

  ㉠ **장점**

   ⓐ 동영상은 강력한 동기 부여의 도구이기 때문에 유튜브의 다양한 동영상 자료는 학생들의 학습동기 유발의 자료로 활용할 수 있다.

   ⓑ 유튜브의 콘텐츠를 중심으로 학생들 자신의 경험, 정보, 지식 그리고 다양한 의견의 공유와 상호작용이 가능해진다.

   ⓒ 학생들이 자신의 경험과 지식 등을 유튜브 동영상으로 직접 제작하여 업로드함으로써 학습활동에 대한 참여의식을 높일 수 있다.

  ㉡ **문제점**

   ⓐ 모티브를 찾기 위해 자료를 검색할 경우 특히 영상이나 이미지에서 음란물, 폭력물을 비롯한 비교육적인 정보에 접촉할 수 있다.

   ⓑ 기존의 자료를 패러디하거나 편집하는 과정에서 원 저작자의 권리를 침해할 수 있다.

③ **유튜브의 교육적 활용 방법**

  ✅ **유튜브의 교육적 활용 방법**(조민경, 2011)

활용형태	세부내용
학습 커뮤니티 (learning community)	전원이 참여하여 의견을 내고, 공통의 창조물을 만들고 공유할 수 있다.
과제 (assessment item)	전통적인 과제에서 벗어나 짧은 영상물이 과제를 대신할 수 있다.
미디어에 대한 경험 (experiment in new media)	새로운 미디어를 경험하면서 정보와 지식을 습득할 수 있다.
토론을 위한 도구 (discussion tool)	자신의 콘텐츠에 대한 코멘트들이나 서로 다른 관점의 2-3개의 영상물을 비교함으로써 토론을 촉진시킬 수 있다.
가상 도서관 (virtual library)	기존의 텍스트가 갖고 있지 못하는 다양한 요소들이 유튜브 영상물에는 포함되어 있으므로 학생들에게 강의를 비롯하여 다양한 정보를 제공해 줄 수 있다.

⑨ 메타버스(Metaverse)

(1) 개념

① 유래 : 1992년 닐 스티븐슨(Neal Stephenson)의 소설 『Snow Crash』에서 처음 등장한 용어로서, 가상의 세계 메타버스에 진입하기 위해서 사람들이 아바타(Avatar)로 구현되어 활동한다는 내용이 담겨 있다.

② 개념 : 가상, 초월을 뜻하는 메타(Meta)와 현실, 세계를 뜻하는 유니버스(Universe)의 합성어로 온라인상에서 인간의 경제, 문화, 사회 활동이 가능하도록 구현한 가상세계를 의미한다. 학생들이 직접 만나지 않고도 교육을 받을 수 있는 온라인 플랫폼은 많이 존재하지만, 메타버스는 기존의 일반적인 프로그램과 달리 학생들이 아바타를 통해 '같은 공간'으로 함께 접속을 한다는 큰 차이점을 가지고 있다.

(2) 메타버스(Metaverse)의 유형(기술; tech)과 특징

① 메타버스의 유형 : 미국의 미래 가속화 연구재단(ASF : Acceleration Studies Foundation, 2007)은 메타버스의 기술을 크게 4가지, 증강현실(Augmented Reality), 라이프로깅(Lifelogging), 거울세계(Mirror World), 가상세계(Virtual World)로 제안하였다.

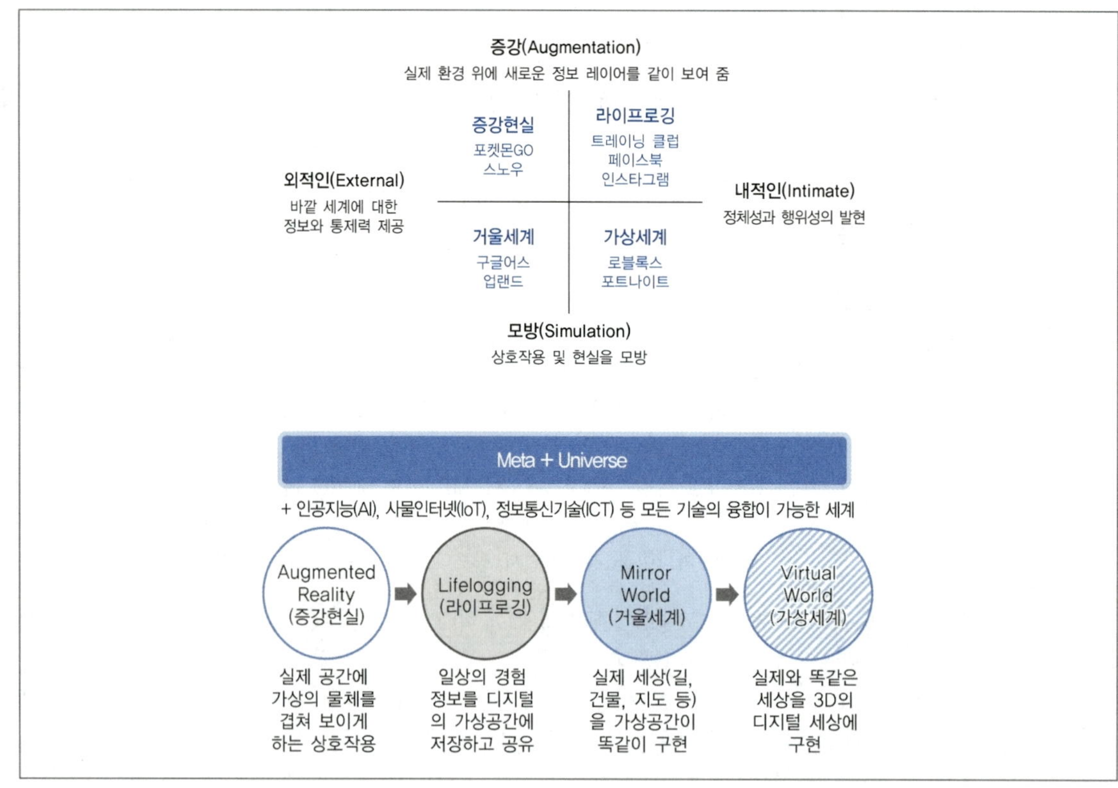

✔ 메타버스 기술의 종류 및 특징

구분	정의 및 특징	활용 서비스 예
증강현실 (Augmented Reality)	현실 공간인 일상에서 인식하는 물리적 환경에 가상의 사물 및 인터페이스 등을 겹쳐 놓아 현실을 증강시키는 기술	포켓몬GO, 디지털교과서, HUD(Heads Up Display)
라이프로깅 (Lifelogging)	'삶의 기록'이라는 뜻의 라이프로깅은 취미, 건강 등 개인생활 전반을 기록하는 것으로 인간의 신체, 감정, 경험, 움직임과 같은 정보를 기기를 통해 기록하고 가상의 공간에 재현하는 기술/활동	페이스북·인스타그램 등 SNS 공간, 싸이월드, 블로그, 나이키 트레이닝클럽, 삼성헬스, 스마트워치
거울세계 (Mirror World)	실제 세계의 모습이나 정보, 구조 등을 복사하듯이 만들어 낸 세계로, 물리적 세계를 사실적으로 재현하고, 외부 환경 정보를 통합하여 제공하는 기술	구글어스, 구글맵, 네이버 지도
가상세계 (Virtual World)	디지털 기술을 통해 현실의 경제·사회·정치적 세계를 확장시켜 현실과 매우 유사하거나 혹은 대안적으로 구축한 세계	제페토, 로블록스, 마인크래프트, 포트나이트, 세컨라이프

② 메타버스의 특징

  ㉠ 가상공간에서 사용자는 자기 모습과 성격을 투영한 아바타를 통해 '사회적 상호작용'이 가능하다.

  ㉡ 사용자는 가상공간을 자유롭게 이동하면서 가상의 상황에 '몰입'하게 된다.

  ㉢ 자신의 아바타와 타인의 아바타가 함께 같은 공간에 있으면서 학습자들이 서로가 함께 학습 활동하며, 이를 지각하는 '사회적 실재감(social presence)'이 높아진다.

  ㉣ 현실세계와 가상공간을 연결하여 현실세계와 유사한 실재감을 제공할 수 있다.

  ㉤ 메타버스 내에서 디지털통화(가상화폐)가 통용되어 생산과 소비가 가능하다.

  ㉥ 메타버스 환경에서의 몰입과 상호작용은 학습자의 학습동기 내면화 과정에 긍정적인 영향을 미치며, 학습자에게 흥미감을 제공하므로 학습동기 촉진 또한 가능하다는 이점을 지닌다. 이에 따라 메타버스를 교육 현장에서 적용한다면 학생들의 수업 참여에 대한 흥미를 제공하고, 동기 부여를 제공할 것이며, 가상세계이지만 실제 현장에서 이루어지는 수업에 참여하듯이 사회적 상호 작용 측면에서도 이점이 있을 것이다.

(3) 교육적 효과 및 문제점

① 교육적 효과

  ㉠ 현실과 가상이 자연스럽게 연결되면서 학습상황에 대한 학생의 몰입감과 흥미도를 높인다.

  ㉡ 메타버스가 새로운 사회적 소통의 공간이 되어 아바타를 중심으로 사회적 상호작용이 활발하게 일어나며 수업 참여도를 높인다.

  ㉢ 학습내용과 관련된 다양한 간접적인 경험과 체험을 하며 즐겁게 학습함으로써 학습의 효과를 높인다.

  ㉣ 개인의 존재를 대신하는 '아바타'를 통해 가상세계 속 학습 활동에 보다 주체적으로 참여할 수 있다.

  ㉤ 학생의 수준과 능력에 맞게 개별화 학습과정이나 수준별 수업을 구현할 수 있다.

② 문제점

　　㉠ 가상과 현실의 경계가 사라진 세계에서 현실의 정체성과 다른 정체성으로 타인과 상호작용하면서 정체성의 혼란이나 가상과 현실의 혼동을 불러올 수 있다.

　　㉡ 메타버스는 가상의 세계에서 익명성을 띠고 활동하므로 타인을 속이거나, 사생활을 침해하는 등 윤리적인 문제가 발생할 수 있다.

　　㉢ 학생의 스마트 기기 활용 능력이 미숙할 경우 메타버스 활용 수업을 더 어렵게 느끼게 되며 교사의 수업을 잘 따라갈 수 없게 된다. 또, 교사의 메타버스 플랫폼 활용을 위한 테크놀로지 역량이 부족할 경우 수업 준비에 대한 부담감이 크고 메타버스의 효과적 활용도 어렵게 된다.

　　㉣ 메타버스 세계에서는 자유로운 공간 이동이 가능하므로 학생들이 수업과 무관한 다른 공간을 탐색하거나 배회하는 등의 문제가 발생할 수 있다(학생 통제의 어려움).

　　㉤ 교육적으로 활용 가능한 메타버스 플랫폼이 부족하고, 교사들마다 적용하는 플랫폼도 제각각이며, 교육과정과 연계된 내용으로 구축된 플랫폼도 없다. 또 VR을 사용하기 위해 헤드마운트 디스플레이를 구입할 경우 가격이 너무 비싸서 많이 구비하지도 못한다(교육적으로 활용 가능한 플랫폼의 부족 및 비싼 장비).

　　㉥ 메타버스에 포함된 상업적 요소로 인해 학생들이 무분별한 아이템을 구매하는 문제도 있다.

(4) 교육적 활용 방안

① **동기유발 도구로 활용** : 메타버스 안에서 재미와 연대를 경험하게 하고 지속적으로 참여하고 싶은 공간을 마련해 줌으로써 학습욕구와 동기유발의 도구로 활용한다.

② **수업의 참여와 성취향상 도구로 활용** : 메타버스 플랫폼에 가상 강의실을 구현하여 학생의 참여도를 높이고, 아바타(Avatar)를 통한 실시간 상호작용으로 수업을 듣는 것과 같은 실재감을 제공한다면 학습효과 및 성취감을 향상시키는 데 일조할 수 있다.

③ **가상 도서관의 도구로 활용** : 메타버스 플랫폼에 가상 도서관을 구축하여 제공하면 학생들이 실제 도서관을 방문한 듯한 몰입감으로 인해 흥미로운 독서 환경을 제공해 줄 수 있다.

④ **소속감 제고와 친밀감 형성 수단으로 활용** : 메타버스 플랫폼에 가상 학교와 교실 공간을 구축하고 아바타를 중심으로 상호 교류하며 다양한 학교활동을 하도록 하면 학생들이 소속감과 친밀감을 형성할 수 있다.

⑤ **학습자 중심의 학습 환경으로 활용** : 메타버스에서는 학생이 자신을 대표하는 아바타를 통해 수업에 참여하므로 적극적인 참여가 가능하고 학습자 간의 상호작용이 활발하게 전개되므로 문제해결형 수업이나 토론 수업 등 학습자 중심의 학습이 가능할 수 있다.

MEMO

How to
JUMP?

권지수교육학 핵심요약집
핵심쏙쏙

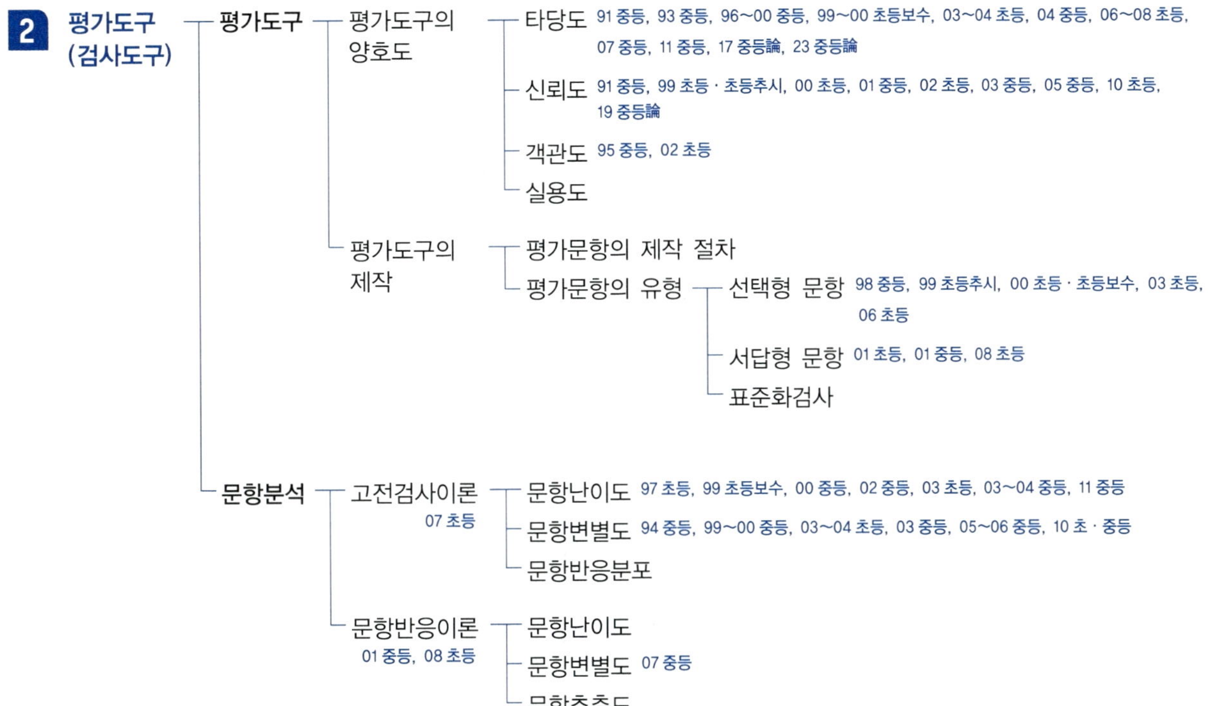

2 평가도구 (검사도구)
평가도구
평가도구의 양호도
타당도 91 중등, 93 중등, 96~00 중등, 99~00 초등보수, 03~04 초등, 04 중등, 06~08 초등, 07 중등, 11 중등, 17 중등論, 23 중등論
신뢰도 91 중등, 99 초등·초등추시, 00 초등, 01 중등, 02 초등, 03 중등, 05 중등, 10 초등, 19 중등論
객관도 95 중등, 02 초등
실용도
평가도구의 제작
평가문항의 제작 절차
평가문항의 유형
선택형 문항 98 중등, 99 초등추시, 00 초등·초등보수, 03 초등, 06 초등
서답형 문항 01 초등, 01 중등, 08 초등
표준화검사
문항분석
고전검사이론 07 초등
문항난이도 97 초등, 99 초등보수, 00 중등, 02 중등, 03 초등, 03~04 중등, 11 중등
문항변별도 94 중등, 99~00 중등, 03~04 초등, 03 중등, 05~06 중등, 10 초·중등
문항반응분포
문항반응이론 01 중등, 08 초등
문항난이도
문항변별도 07 중등
문항추측도

권지수교육학 핵심요약집
핵심 쏙쏙

교육평가

Section 01

교육평가의 이해

01 평가관

1 교육평가의 기본 가정 25 중등論

(1) 인간의 잠재능력 개발 가능성

교육평가는 인간의 무한한 잠재능력의 개발 가능성을 전제한다. 교육이 인간 발달의 가능성을 제한하면 교육평가의 기능은 극대화될 수 없다.

(2) 계속성

교육평가는 계속적이어야 한다. 시험, 수업, 대화 등 언제나 모든 장면에서 평가가 이루어져야 한다.

(3) 종합성

교육평가는 종합적이어야 한다. 평가대상의 모든 자료를 종합적으로 수집하여 평가하여야 한다. 지필검사에서 벗어나 관찰, 면접, 수행평가 등 다양한 평가방법을 동원하여 평가를 실시하여야 한다.

(4) 자료의 다양성

교육평가의 자료는 다양하다. 그림 한 장, 일기 한 줄, 대화 한마디 등이 모두 평가 자료가 될 수 있다.

(5) 교육활동에 도움

교육평가는 교육활동에 도움을 주어야 한다. 교육평가의 결과가 다시 교육활동과 연결되어야 한다. 교육평가의 결과 학생의 학습 개선, 교사의 교수 개선 등에 기여해야 한다.

2 교육평가관(검사관) 97 초등, 22 중등論

구분		측정관(measurement)	평가관(evaluation)	총평관(assessment)
의미		일정한 규칙에 따라 어떤 대상의 속성에 수치를 부여하는 것 ⇨ 학습자의 특성을 양적으로 표현하는 과정으로 보는 관점	학습자의 변화를 알아보는 것 ⇨ 교육목표에 비추어 학습자의 성취도를 알아보는 것이라는 관점	인간의 특성을 여러 다양한 방법을 동원하여 종합적·전체적으로 평가하는 것(전인적 평가)
관련 교육관		선발적 교육관	발달적 교육관	인본주의적 교육관
특징	기본 전제 (가정)	모든 실재나 인간행동 특성은 안정성이 있고 불변한다고 전제함 (⇨ 어떤 현상이든 정확하게 측정이 가능함)	모든 실재나 인간행동 특성은 안정성이 없고 변한다고 전제하며, 이 변화를 교육적으로 가치 있게 생각함	인간행동 특성은 환경과의 역동적 상호작용을 통해 변화함
	환경 변인	측정의 정확성을 저해하는 오차변인으로 간주 ⇨ 환경의 영향을 통제하거나 극소화하려 함	행동변화의 중요한 자원으로 간주 ⇨ 환경 변인의 적극적 이용	행동변화를 강요하는 압력으로 간주(행동변화의 한 변인으로 간주) ⇨ 환경과 개인의 상호작용을 이용
	검사의 강조점	• 신뢰도와 객관도 중시 ⇨ 실재의 안정성을 가정하므로 얼마나 오차 없이 정확히 측정하느냐가 가장 중요 • 규준집단에 기초한 개인의 양적 기술(상대평가에서 중시)	• 내용타당도 중시 ⇨ 학습자의 변화 정도를 목표에 비추어 평가해야 하기 때문 • 교육목표에 기초한 양적·질적 기술(절대평가에서 중시)	• 구인타당도 중시 ⇨ 인간의 행동 특성의 구성요인을 얼마나 충실하게 측정하느냐가 중요 • 전인적 기능 또는 전체 적합도에 기초한 질적 기술
	증거 수집 방법	• 표준화 검사(지필검사) • 양적(객관적) 방법	• 변화의 증거를 얻을 수 있는 모든 방법 • 양적·질적(주관적·객관적) 방법	• 상황에 비춘 변화의 증거를 얻을 수 있는 모든 방법 • 양적·질적(주관적·객관적) 방법
	검사 결과의 활용	• 선발, 분류, 예언, 실험 • 진단에는 관심이 없음	• 평점, 자격수여, 배치, 진급 • 교육목표 달성도의 진단	• 예언, 실험, 분류 • 준거상태에 비춘 진단
	장점	능률성 ⇨ 어떤 준거의 정보를 손쉽고 간편하게 경제적으로 수집 가능	교육목표의 달성과 관련하여 개인에게 영향을 준 정보를 파악하는데 도움을 줌	개인과 환경 양 측면에서 증거를 탐색함

③ 교육관과 평가

구분		선발적 교육관	발달적 교육관	인본주의적 교육관
기본 입장		유전론에 입각하여 인간의 지적 능력은 타고났으며 변하지 않는다고 전제하며, 소수 학습자만 교육을 받을 수 있다. ⇨ 개인차는 극복 불가능, 인간행동의 변화 가능성에 대해 매우 부정적	환경론에 입각하여 모든 학습자에게 적절한 교수·학습 환경만 제공하면 누구나 의도한 교육목표에 도달할 수 있다. ⇨ 개인차는 극복 가능, 인간행동의 변화 가능성에 대해 매우 긍정적	인간은 환경과 능동적으로 상호작용하는 존재로, 교육을 자아실현의 과정이라고 믿는다(전인형성). ⇨ 학습자의 자율적이고 적극적인 학습 참여를 중시
관련 검사관 (testing)		측정관(measurement)	평가관(evaluation)	총평관(査定, assessment)
특징	평가 목적	개인차 변별에 중점을 두며, 교육목표에 도달 가능한 소수의 우수자를 선발하는 것을 평가의 목적으로 삼는다.	수업목표 달성도에 중점을 두며, 가장 적절한 교수방법을 제공하여 완전학습에 이르는 데 평가의 목적이 있다.	학습자의 전체적 특성 이해에 중점을 두며, 전인형성(자아실현)에 평가의 목적을 둔다.
	연관된 평가 유형	규준지향평가 ⇦ 우수자 선발을 위한 개인차 변별에 중점을 두므로	목표지향평가 ⇦ 수업목표 달성도에 중점을 두므로	수행평가 ⇦ 종합적·전인적 특성에 중점을 두므로
	학업 실패의 책임	학업 실패의 책임은 학생에게 있다. ⇦ 유전론	학업 실패의 책임은 교사에게 있다. ⇦ 환경론	학업 실패의 책임은 학습자와 교사 모두에게 있다. ⇦ 상호작용론
	강조되는 평가관	학습자의 개별 특성 평가	교수·학습 방법 평가	전인적 특성 평가
	학업성취도	상대평가에 의한 정상분포를 이룬다.	절대평가에 의한 부적편포를 이룬다.	

02 평가(평정)의 오류(오차) 08 중등, 11 초등

1 평가(평정)의 오류

유형	내용	극복방안
인상의 오류 (후광효과, error of halo effect) 08 중등, 11 초등	• 평가대상의 인상이 평정에 영향을 주어 좋게 또는 나쁘게 평가하는 오류('선입견에 따른 오차') • 하나의 특성(예 학생의 인상)이 관련 없는 다른 특성(예 측정하고자 하는 특성)에 영향을 미치는 오류 • 선입견에 따른 오차로서 평가요소보다 피평가자의 인상이나 품성에 의해 평가하는 데서 발생 예 '성적이 좋은 아동, 말썽꾸러기 아동' 등 교사의 자아가 관여된 아동을 좋게 또는 나쁘게 평가하는 오류 ⇨ 인상이 좋은 학생에게 평가결과에 관계없이 면접점수를 좋게 주는 경우	• 채점기준에 따른 평가 • 여러 사람이 공동으로 평가 • 모든 피험자를 한 번에 한 가지 특성만 평정 • 강제선택 평정척도의 활용
논리적 오류 (logical error) 08 중등	• 논리적으로 관련이 없는 두 가지 행동특성을 관련이 있는 것으로 판단하여 평가하는 오류('관련의 착각') • 전혀 다른 두 가지 행동특성을 비슷한 것으로 생각해서 평정하는 오류 예 적용력을 측정해야 하는데 분석력을 측정하고 있는 경우, 지능지수가 높으면 창의력이 높다고 평가하는 경우, 지능지수가 낮으면 학업성적이 낮을 것이라고 평가하는 경우, 공부를 잘하면 성격도 좋다고 보는 경우, 사회성이 높으면 협동성도 높다고 보는 경우 • 두 특성이 논리적으로 관련된다고 가정하는 데서 기인함 ⇨ 객관적인 자료 및 관찰을 통하거나 특성의 의미론적 변별을 명확히 함으로써 오류를 줄일 수 있음	• 객관적 사실과 자료에 기초한 평가 • 특성의 의미론적 변별을 명확히 함 • 평가요소에 대한 명확한 정의 • 평가요소 간에 시간차 평가
집중경향의 오류 (error of central tendency) 08 중등	• 극단적인 점수를 피하고 평가결과가 중간 부분에 모이는 경향 • 평정하려는 특성의 수준을 정확히 변별하지 못하는 데서 기인함. 평가자의 훈련이 부족할 때 주로 발생	• 평가기준의 명확화 • 중간 평정의 간격을 넓게 잡음 • 평가자의 교육·훈련과 소양 함양
관용의 오류 (generosity error) 와 엄격의 오류 (severity error)	• 관용의 오류 : 전반적으로 높은 점수를 주는 오류 ⇨ 평가자의 평가기준이 후하여 발생 • 엄격의 오류 : 전반적으로 낮은 점수를 주는 오류(인색의 오류) ⇨ 평가자의 평가기준이 인색하여 발생 🔔 개인적 편향성 오차(personal bias error) 모든 피평가자들에게 비슷한 점수를 주려는 경향 ⇨ 관용의 오류, 엄격의 오류, 집중경향의 오류	• 채점기준의 구체화 • 평가자의 교육·훈련과 소양 함양 • 절삭평균값 활용하여 극단 값 처리
대비의 오류 (contrast error)	• 평가자 자신의 특성과 비교하여 과대 혹은 과소 평가하는 오류 • 평가자가 피평가자에게 자신을 투사시켜 평가하기 때문에 발생(평가자가 지닌 특성이 평가에 영향을 미치는 데서 발생) 예 평가자에게 없는 특성이 학생에게 있으면 좋게 평가하고, 평가자에게 있는 특성이 학생에게 있으면 나쁘게 평가하는 경우	• 채점기준의 명확화 • 평가자의 교육·훈련과 소양 함양

근접의 오류 (approximate error)	• 비교적 유사한 항목들이 시간적으로나 공간적으로 가까이 있을 때 비슷하게 평가하는 오류 • 여러 속성을 근접하여 연속적으로 평정하는 경우 이전의 평정이 이후의 평정에 영향을 미치는 현상 **예** 학생의 정직성, 타인 배려, 준법성을 연속적으로 평정하는 경우 정직성에 높은 점수를 준다면 이후 타인 배려와 준법성 평정에도 높은 점수를 주는 경향성이 발생할 수 있음 • 누가적 관찰기록에 의지하지 않고 학년 말에 급하게 평가할 때 나타남	비슷한 성질을 가진 평가요소에 대한 평정은 시간적으로나 공간적으로 간격을 두어 평가
표준의 오류 (standard error)	• 점수를 주는 표준이 평가자마다 달라서 발생하는 오류 • 평정자가 표준을 어디에 두느냐에 따라 생기는 오류 • 7점 척도를 이용한 평정의 경우 어떤 채점자는 평균의 기준을 3점으로 할 수 있고, 어떤 채점자는 기준을 4로 할 수 있다. 이때 채점자가 가지고 있는 기준의 차이로 인해 나타나는 평정결과의 차이를 표준의 오류라 함 • 어떤 평가자는 표준이 높고, 어떤 평가자는 표준이 낮기 때문에 발생 ⇨ 평가 기준을 구체적으로 명시함으로써 오류를 줄일 수 있음	• 평가기준의 구체화 • 평가자 교육·훈련 및 소양 함양 • 척도에 대한 개념을 새로 정립시키고 평정항목에 관한 오차를 줄임
의도적 오류	특정 학생에게 특정한 상을 주기 위해 관찰결과와 다르게 과장하여 평가하는 오류	• 평가기준의 객관화 • 평가자의 소양 함양
무관심의 오류	• 평가자가 무관심하여 피평가자의 행동을 면밀하게 관찰하지 못할 때 발생하는 오류 • 다인수 학급에서 교사가 학생의 행동에 무관심한 경우에 나타남	• 평가기준의 구체화 • 평가자의 소양 함양

❷ 평가(평정)의 오류 최소화 방안

(1) 채점기준 구체화(명확화)

평가대상이 되는 행동 특성에 대한 명확한 정의를 내리고 관찰 가능한 구체적인 채점기준을 명시함. 명확한 채점기준으로 구성된 루브릭(rubric)을 활용하고 채점기준의 객관성을 확보함

(2) 채점자 훈련 및 소양 함양

평가목적, 평가도구, 평가대상, 평가내용, 평가기준, 평정 시 범할 수 있는 오류 등에 관해 충분한 정보를 제공하여 채점자를 훈련시키고 채점자의 소양을 높임

(3) 채점자 신뢰도 검증

채점자 내 신뢰도, 채점자 간 신뢰도 등을 산출하여 평가결과의 신뢰도·객관도를 확인하고, 불일치 정도가 높은 자료는 분석에서 배제하거나 결과해석에 신중을 기함

Section 02 교육평가의 모형

01 목표중심모형(objective-oriented model)

❶ 타일러(Tyler)의 목표중심 평가모형(objective-oriented evaluation) 05 중등, 11 초등, 13 중등

(1) 개념

평가를 미리 설정된 프로그램의 목표달성 정도를 확인하는 것이라고 보고, 명세적으로 진술된 행동목표를 기준으로 교육성과(📵 학생의 학업성취도로 평가)를 평가한다(⇨ 이원목표 분류).

(2) 특징(김석우)

① 교육목표의 달성 정도를 평가하는 것이므로 교육목표가 평가에서 핵심적인 역할을 한다.
② 행동적 용어로 진술된 교육목표는 측정 및 평가를 용이하게 해 주며, 평가의 효율성을 증대시켜 준다.
③ 목표중심모형을 활용하면 교육목표와 학생 성취 간의 합치 여부를 체계적이고 논리적으로 검증할 수 있으므로 학교 현장에서 널리 사용될 수 있다.

(3) 장단점

장점	단점
• 교육목표를 행동적 용어로 진술하여 명확한 평가기준을 제시한다. 명확한 평가기준에 근거하여 평가함으로써 평가를 과학적으로 접근할 수 있다. • 교육목표를 기준으로 교육성과를 평가하므로 평가를 통해 교육목표의 실현 정도를 명확히 파악할 수 있다. • 교육목표를 기준으로 교육내용을 구성하고 교육내용에 대한 평가가 뒤따르므로 교육목표, 교육내용, 교육평가 간의 논리적 일관성을 유지해 준다. • 교육목표를 중시함으로써 교사들이나 교육프로그램 개발자들에게 목표 달성 여부의 확인을 통해 교육활동에 대한 책무성을 가지도록 자극한다.	• 행동적 용어로 진술하기 어려운 교육목표에 대한 평가가 어렵다. • 사전에 목표로 설정되지 않은 부수적·잠재적 교육효과에 대한 평가가 불가능하다. 📵 잠재적 교육과정 • 교육성과에만 관심을 가지므로 교육의 과정 자체에 대한 평가를 소홀히 하며, 교육과정의 본질적인 개선에도 한계가 있다. • 교육이 이루어지는 과정에 대한 평가는 하지 않기 때문에 수단과 방법을 가리지 않고 목표성취라는 결과만 좋으면 그만이라는 비교육적 사태를 초래한다.

② **프로버스**(Provus)**의 괴리**(격차, 불일치)**모형**(discrepancy model)

(1) 개념

프로그램이 달성하고자 하는 표준(Standards, 목표)과 실제 수행(Performance) 사이의 괴리(Discrepancy)를 분석하는 데 주안점을 두는 모형이다. 괴리정보는 프로그램의 개선·유지·종결을 위한 정보로 활용된다.

(2) 평가절차

① 정의 또는 설계(definition or design) : 프로그램에 투입되는 투입(input), 과정(process), 성과(산출, output) 변인을 기술하고 각각의 표준을 설정한다.
② 설치(installation) : 프로그램의 표준(S)과 실제 프로그램 설계(계획)의 일치 여부를 확인한다.
③ 과정(process) : 학생의 행동이 계획한 대로 변화하였는지를 확인할 자료를 수집한다.
④ 성과(product) : 목표(도착점행동)의 달성 여부 및 표준과의 괴리(불일치) 정도를 확인한다.
⑤ 비용－효과(편익) 분석(cost－benefit analysis) : 비용－효과 측면에서 프로그램과 대안적 프로그램을 비교·분석한다.

(3) 특징

① 목표를 평가의 준거로 삼고 있다는 점에서 타일러(Tyler)의 목표달성모형에 속하지만, 목표달성 정도의 측정을 강조한 타일러와 달리 목표와 수행성과 사이의 불일치 정도의 확인을 강조한다.
② 프로그램 개발 단계별(투입, 과정, 산출)로 평가를 강조하고 있기 때문에 CIPP 모형과 유사하다.
③ 요컨대, 괴리모형은 타일러의 목표달성모형에 근원을 두고 있으면서도 의사결정을 촉진하는 평가의 기능을 강조한다.
④ 프로그램 개발과 시행담당팀과 평가담당팀 간의 지속적인 의사소통을 가능하게 한다.
⑤ 프로그램을 사정하는 동시에 프로그램의 개선에 직접적으로 기여할 수 있는 평가모형이다.

04

02 판단중심모형(judgement-oriented evaluation)

❶ 스크리븐(Scriven)의 탈목표 평가모형(goal-free evaluation) 07 중등, 11 초등

(1) 개념

평가를 프로그램의 가치를 판단하는 과정이라고 보고, 프로그램이 의도한 효과뿐만 아니라 부수적 효과까지 포함하여 실제 효과를 판단하고자 한다(➪ 목표달성모형의 약점 보완). 탈목표 평가모형은 목표와 관계없이 표적집단, 즉 교육관계자의 요구를 기준으로 프로그램의 실제 효과나 가치를 판단한다. 이 때문에 '요구근거평가 (need based evaluation)'라고도 한다.

(2) 평가방안(특징)

① **목표중심평가와 탈목표평가** : 의도한 효과를 평가하는 목표중심평가뿐만 아니라 목표 이외의 부수적 효과를 평가하는 탈목표평가를 중시한다.

② **비교평가와 비(非)비교평가** : 프로그램의 자체의 가치나 장단점, 효과 등을 따지는 비(非)비교평가뿐만 아니라, 다른 프로그램의 가치나 장점, 효과 등을 비교하는 비교평가도 중시한다.

③ **내재적 준거와 외재적 준거에 의한 평가** : 프로그램에 내재된 기본적 속성(◉ 목표, 내용선정과 조직 등)인 내재적 준거에 의한 평가뿐만 아니라 프로그램이 발휘하는 기능적 속성(◉ 실제 운영 상황, 프로그램의 효과 등)인 외재적 준거에 의한 평가도 실시한다.

④ **형성평가와 총괄평가(총합평가)** : 진행 중인 수업을 개선하기 위하여 실시하는 형성평가와 이미 완성된 수업의 가치를 총합적으로 판단하는 총합평가를 구별하여 판단한다.

⑤ **목표 자체의 가치 평가** : 정해진 목표의 성취정도(목표달성 정도)뿐만 아니라 '목표 그 자체의 가치'도 판단한다. 제시된 목표의 질과 가치가 낮다고 판단될 때에는 거부하는 태도도 가져야 한다.

(3) 장단점

장점	단점
• 교육의 과정 중에 발생하는 잠재적 결과까지 포함하여 교육의 실제 효과를 평가한다. • 교육의 결과를 총체적으로 판단하는 전문적 평가를 중시한다.	• 각기 다른 판단 준거를 사용하여 내린 성과를 같게 생각하는 문제를 낳을 수 있다. • 판단의 타당성을 평가하는 방법이 없다.

❷ 아이즈너(Eisner)의 예술적 비평모형(connoisseurship and criticism model)

(I) 개념 『교실생활 평가 시 교육적 감식안과 교육비평의 사용에 대하여(1977)』

예술작품을 감정하고 비평할 때 그 분야의 전문가가 사용하는 방법과 절차를 교육평가에 원용(援用)하려는 접근이다. ⇨ '감식안(감정술) 및 교육비평 모형'

(2) 특징

① 평가대상을 전문가의 입장에서 비판적으로 기술·사정·조명한다. 평가자의 전문성과 자질을 무엇보다 중시한다.

② 자료에 대한 통계적 분석을 지양하고, 평가자의 전문성에 입각한 질적 평가를 중시한다. 즉, 평가자의 지각적 민감성, 풍부한 경험, 세련된 통찰, 전문적 판단을 토대로 하는 평가활동을 강조한다.

③ 평가자는 평가대상의 질을 판단할 수 있는 '교육적 감식안'과 그 미묘한 질적 차이를 표현할 수 있는 '교육비평' 능력이 요구된다.

④ 전문가의 판단결과는 평가대상의 미묘하고 섬세한 측면을 감상하고 이해할 수 있는 방식으로 일반인에게 생생하게 전달된다.

(3) 구성요소

① **교육적 감식안**(감정술, connoisseurship) : 평가대상의 미묘하면서도 중요한 자질을 인식하는 능력이다(전문가의 주관적 능력에 해당). 감식안은 사적인 성격이 강한 감상의 예술이다.

② **교육비평**(educational criticism) : 전문가의 인식을 글로 표현하는 일을 의미한다. 교육비평은 공적인 성격이 강한 표출의 예술(art of disclosure)이다. 대상의 속성을 언어적으로 생생하게 조명해 주기 위해 비평에는 은유, 비유, 제안, 암시 등의 방법이 사용된다.

  ㉠ **교육비평의 구성** : 기술(description), 해석(interpretation), 평가(evaluation) ⇨ 기술(기술적 측면의 비평)은 교육현상을 사진을 보듯이 생생하게 사실 그대로 묘사하는 것이고, 해석(해석적 측면의 비평)은 교육현상이 지닌 의미와 중요성을 설명하는 것이며, 평가(평가적 측면의 비평)는 기술하고 해석한 현상에 대해 교육적 가치를 판단하는 것을 의미한다.

  ㉡ **교육비평의 궁극적 목적** : 교육비평의 궁극적 목적은 평가적 판단에 있으므로 비평가는 중립적인 관찰이나 공정한 해석에 머무르지 말고, 관찰하고 해석한 사실에 기초하여 교육현상과 그것을 개선할 수 있는 결론에 도달해야 한다.

  ㉢ **감식안과 비평의 관계** : 효과적인 비평은 감식안을 토대로 하므로 감식안은 비평의 재료를 제공한다. 감식안은 비평 없이 이루어질 수 있으나, 비평은 감식안 없이 이루어질 수 없다.

(4) 장점과 한계

① **장점** : 평가과정에서 전문가의 자질과 통찰력을 충분히 활용한다. 그 결과 일반인들이 자칫 간과할 수 있는 교육현상의 특성과 질을 인식하는 데 도움을 준다.

② **한계** : 평가활동을 어떻게 수행해야 하는가에 대한 구체적인 지침을 제공하지 못한다. 또, 평가과정이 전문가의 자질에 전적으로 좌우되므로 주관성을 배제하기 어렵고, 편견과 부정이 개입될 소지가 있으며, 엘리트주의에 빠질 우려가 있다.

03 의사결정모형

❶ 스터플빔(Stufflebeam)의 CIPP 평가모형 99 초등보수, 08 중등, 11 초등

(1) 개념

① 평가를 의사결정자에게 유용한 정보를 제공하여 의사결정을 돕는 과정으로 보고, 상황, 투입, 과정, 산출의 측면에서 4가지 평가 유형을 제시하였다. 例 의사결정자 : 교장, 교사, 학생, 학부모, 지역 인사 등

② 스터플빔은 조직 내에서 이루어지는 의사결정 유형을 '계획 의사결정, 구조화 의사결정, 실행 의사결정, 재순환 의사결정'으로 구분하고, 각 단계의 의사결정을 도와주기 위해 상황, 투입, 과정, 산출의 측면에서 4가지 평가 유형을 제시하였다.

③ 평가자의 중요한 역할은 평가정보를 제공하여 의사결정자의 의사결정을 촉진하고 돕는 데 있다.

(2) 의사결정 유형과 그에 따른 평가 유형

의사결정 유형	평가 유형	특징
계획 의사결정 (planning decisions) – 목표를 설정하려는 의사결정	상황평가 (맥락/요구평가, context evaluation)	• 목표 설정을 위한 계획 의사결정에 도움을 주기 위한 평가 ⇨ 목표 • 내외적 상황(맥락), 대상 집단의 요구를 분석함 例 체제분석, 조사, 문헌연구, 면접, 진단검사, 델파이 기법 등 • 의사결정자에게 교육목표를 결정하는 합리적 기초나 이유를 제공함
구조화 의사결정 (structuring decisions) – 설정된 목표 달성에 적합한 전략과 절차를 설계	투입평가 (input evaluation)	• 구조화 의사결정에 도움을 주기 위한 평가 ⇨ 계획 • 목표 달성에 적합한 전략과 절차, 인적·물적 자원, 예산, 시기 등에 관한 정보를 수집하여 제공함

| 실행 의사결정
(implementing decisions)
- 수립된 전략과 절차를 실행 | 과정평가
(process evaluation) | • 실행 의사결정에 도움을 주기 위한 평가 ⇨ 실행
• 프로그램이 계획한 대로 실행되고 있는지 정보를 수집하여 피드백을 제공함 예 참여관찰, 토의, 설문조사 |
| 재순환 의사결정
(recycling decisions)
- 목표 달성 정도의 판단 및 프로그램의 존속·변경 여부 판단 | 산출평가
(product evaluation) | • 재순환 의사결정에 도움을 주기 위한 평가 ⇨ 결과
• 프로그램의 목표달성 정도를 정확히 판단하여 프로그램의 계속 사용 여부를 결정하도록 도와줌(의도한 효과와 의도하지 않은 효과, 긍정적 효과와 부정적 효과 모두를 점검) |

(3) 장단점

장점	단점
• 프로그램의 여러 상황 및 국면을 평가할 수 있고, 프로그램의 어떤 단계에서도 평가가 가능하다. • 피드백에 민감하여 의사결정과 평가 간에 체계적 접근이 가능하다. • 의사결정권자에게 유용한 정보를 제공해 주므로 의사결정 과정에서 평가가 중요한 역할을 한다. 올바른 의사결정을 도와주는 평가모형이므로 학교현장에서도 중요한 의사결정을 내릴 때 필요한 모형이다. • CIPP평가와 책무성 간의 관계를 정립하는 데 기여할 수 있다.	• 의사결정자에게 필요한 정보를 수집하여 제공해줄 뿐 평가대상의 가치에 대해 평가하지 않는다. • 의사결정 과정이 명확하지 않고, 의사결정 방법도 정의되지 않았다. • 전체 과정을 모두 이용할 경우 비용이 많이 들고 복잡해진다.

Section 03 교육평가의 유형

01 평가기준에 따른 유형

❶ 준거참조평가(준거지향평가, 절대평가, criterion-referenced evaluation)

90 중등, 94 초등, 97 중등, 99~00 중등, 99 초등보수, 00 초등, 02 초등, 04 초등, 06 초·중등, 15 중등추시論, 18 중등論, 22 중등論, 25 중등論

(1) 개념

① 평가기준을 절대적 기준인 학습목표(수업목표)에 두고 학습목표를 얼마나 달성하였는지 성취수준을 확인하는 평가방법이다. ⇨ 절대적 기준인 학습목표에 비추어 개인의 성취수준을 해석하는 평가
② 준거참조평가는 학생의 성취수준을 확인하고 교수·학습 방법을 개선하는 데 목적이 있다.

(2) 특징

① 발달적 교육관에 토대 : 준거참조평가는 적절한 교수·학습 환경(충분한 학습시간과 학습조건)만 제공하면 거의 모든 학습자가 의도한 학습목표에 도달할 수 있다는 발달적 교육관에 근거한다.
② 검사의 타당도를 중시 : 준거참조평가에서는 평가도구가 교육목표를 얼마나 충실히 측정하고 있는가가 중요한 과제가 되므로 검사의 타당도를 중시한다.
③ 부적편포를 전제 : 준거참조평가는 거의 모든 학생들이 학습목표(성취기준)에 도달할 수 있다고 기대하므로 검사 점수의 부적편포를 전제한다.

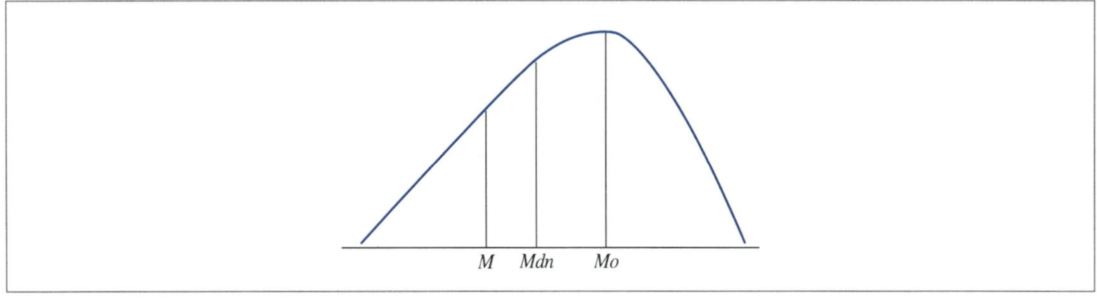

☑ 부적편포

④ 기타

　㉠ 절대평가의 결과로 얻어진 점수(원점수)는 점수 그 자체로 중요한 의미를 지닌다.

　㉡ 교수기능을 강화하고 수업개선의 촉진을 도모한다.

　㉢ 학생들 간의 경쟁심을 제거하고 협동적 학습을 가능하게 해준다.

　㉣ 인간의 무한한 가능성과 교육의 효과에 대한 신념을 기초로 한다.

　㉤ 학생들에게 보다 많은 성취감과 성공감을 갖게 하므로 내재적 동기가 촉진된다.

(3) 장단점

장점	단점
• 교수 · 학습이론에 적합 : 무엇을 알고 무엇을 모르는지에 대한 직접적인 정보를 제공해 주므로 교수 · 학습이론에 적합하다. • 교수 · 학습 개선에 공헌 : 교수 · 학습 프로그램이 어느 정도 효과가 있었는지에 대한 정보를 제공해 주므로 교수 · 학습 개선에 유용하다. • 경쟁보다는 협동적 학습 조성 : 과제의 숙달과 이해, 목표의 성취 그 자체를 중시하므로 학생들 간의 경쟁심을 제거하고 협동적 학습을 가능하게 한다.	• 개인차 변별이 어려움 : 준거참조평가에서는 각 학생의 집단 내에서의 상대적 위치를 알 수 없으므로 개인차 변별이 어렵다. • 준거 설정이 어려움 : 절대적 기준인 교육목표를 누가, 어떻게 정하느냐는 고도의 전문성이 요구되기 때문에 준거 설정이 어렵다. • 점수의 통계적 활용이 불가능 : 정상분포를 부정하므로 (평가결과에 대한 통계적 처리가 곤란하여) 점수를 통계적으로 활용할 수 없다.

(4) 준거참조평가의 활용방안

① 수업을 시작하기 전 또는 새로운 프로그램을 투입하기 전에 선수학습의 정도나 제반 특성 등 학생의 현 상태를 진단하는 데 활용한다(진단평가).

② 학습부진아의 학습장애 및 결손, 학습실패의 교육 외적 요인을 진단하는 데 활용한다(진단평가).

③ 수업 진행 중에 학생들이 무엇을 얼마나 잘 알고 있는지 학습목표의 달성 정도를 점검하는 데 활용한다(형성평가). 학생들의 단위 학습과제나 수업에서의 성공 여부를 판단하는 데 활용한다.

④ 시간의 경과에 따른 학생의 학업성장 정도를 파악하는 데 활용한다.

⑤ 자격증 수여를 위한 자격시험의 형태로 활용한다.

(5) 준거참조평가가 학습동기를 촉진하는 이유

① 자기효능감 증진 : 준거참조평가는 학습목표 도달에 성공한 학생에게는 직접적인 성공감을, 목표 도달에 실패한 학생에게는 교정의 기회를 제공해 주므로 학생의 자기효능감을 높여 학습동기를 촉진한다.

② 숙달목표 지향 : 준거참조평가는 학생들에게 '무엇을 알고 무엇을 모르는지'에 대한 직접적인 정보를 제공해 주므로 숙달목표를 지향하게 함으로써 학습동기를 촉진한다.

③ 자기결정성 증진 : 준거참조평가는 또래와의 비교나 경쟁보다는 목표의 성취 그 자체를 강조하므로 학생의 자기결정성을 높여 학습동기를 촉진한다.

(6) 준거설정방법 ^{25 중등論}

① **규준적 준거설정방법** : 피험자의 상대적 서열이나 피험자 집단의 일정 비율로 준거를 설정하는 방법이다. 예컨대, 어떤 검사에서 피험자 집단의 상위 20% 학생들에게 자격증을 부여한다면 20%가 준거가 된다.

② **피험자의 집단 특성평가에 의한 절대적 준거설정방법**

  ㉠ **집단비교방법** : 피험자 집단 개개인을 주관적으로 완전학습자 혹은 불완전학습자로 구분하여 검사를 실시한 후 완전학습자의 점수분포와 불완전학습자의 점수분포가 교차되는 점을 준거로 설정하는 방법이다.

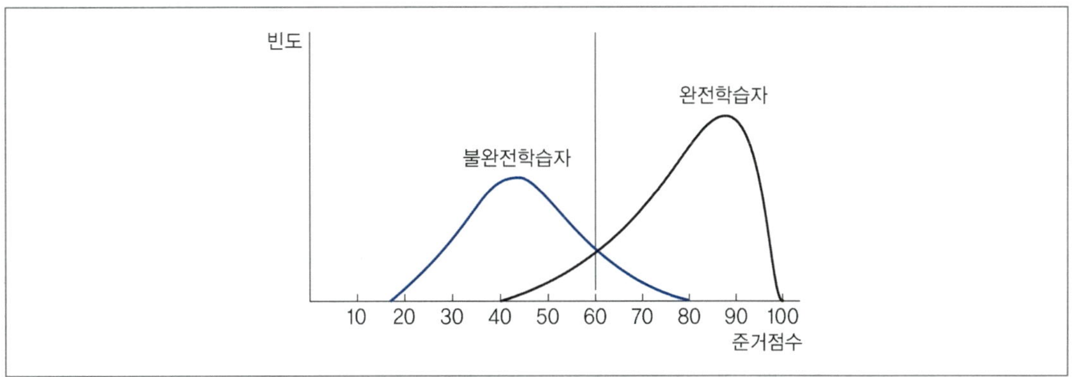

☑ **두 집단 비교에 의한 준거점수 설정방법**

  ㉡ **경계선 방법** : 완전학습자로 분류되는 최저점수(예 100점 만점에 80점 이상)와 불완전학습자로 분류되는 최고점수(예 100점 만점에 60점 미만)를 설정하고, 두 점수 사이에 있는 피험자들의 검사점수의 중앙값을 준거점수로 설정한다.

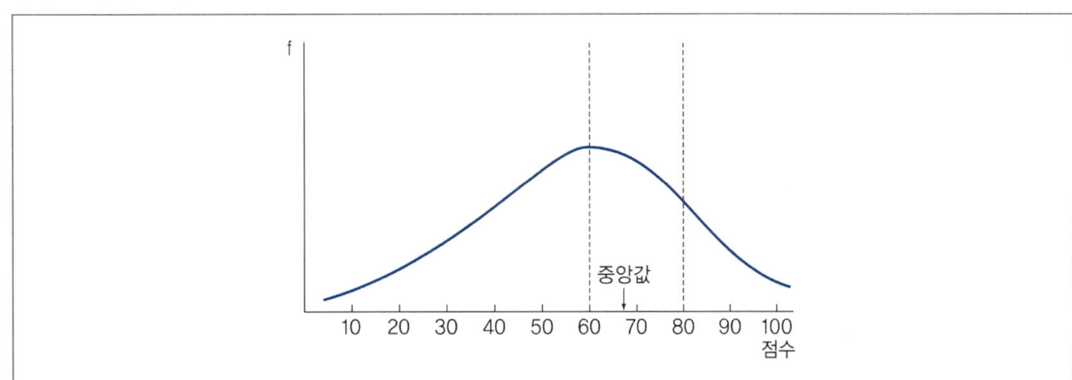

☑ **Mills에 의한 경계선 방법**

ⓒ 검사도구 내용분석평가에 의한 절대적 준거설정방법

ⓐ Angoff 방법 : 최소능력 보유 피험자들로 구성된 가상 집단에서 어느 정도 비율로 피험자가 문항의 정답을 맞힐 수 있는가를 판정한 다음, 각 문항의 답을 맞힐 피험자 비율의 합을 준거점수로 설정하는 방법이다.

Angoff 방법에 의한 준거설정방법

문항	P
1	.5
2	.8
3	.7
4	.9
5	.1
	C = 3.0

ⓑ Jaeger 방법 : 최소능력을 보유한 피험자가 각 문항을 맞힐 수 있는지 없는지를 판정한 후, 맞힐 수 있는 문항의 수를 합한 것이 준거점수가 된다.

Jaeger 방법에 의한 준거설정방법

문항 \ 방법	Angoff	Jaeger
1	.5	0
2	.8	1
3	.7	1
4	.9	1
5	.1	0
		C = 3

ⓒ 북마크(bookmark) 방법 : 문항난이도에 따라 문항을 배열한 문항순서집에 의해 준거를 설정한다. 북마크한 문제들을 기준으로, 최소능력 보유자가 몇 개의 문제를 풀 수 있는지에 따라 준거점수를 설정한다.

❷ 규준참조평가(규준지향평가, 상대평가, norm–referenced evaluation)

99 중등, 04 중등, 06 중등, 07 초등, 10 초등, 12 초·중등

(1) 개념

① 평가기준을 집단 내부에 두고 개인의 성취수준을 집단 내에서의 상대적 위치로 나타내는 평가방법이다. 상대적 비교를 위해 규준점수(예 연령점수, 석차점수, 백분위점수, 표준점수)를 사용한다.

② 규준참조평가는 개인차 변별(집단 내에서의 각 점수의 개인별 비교)에 목적이 있다.

(2) 특징

① **선발적 교육관에 토대** : 규준참조평가에서는 학생의 개인차를 당연시하며, 우수한 학생을 선발하고자 하는 선발적 교육관에 근거한다.

② **검사의 신뢰도를 중시** : 규준참조평가에서는 학생들의 개인차를 오차 없이 얼마나 정확하게 측정하는가가 중요한 과제가 되므로 검사의 신뢰도를 중시한다.

③ **정상분포를 전제** : 규준참조평가는 개인차의 변별에 관심을 두기 때문에 평균을 중심으로 좌우대칭형인 정상분포(정규분포)를 전제한다.

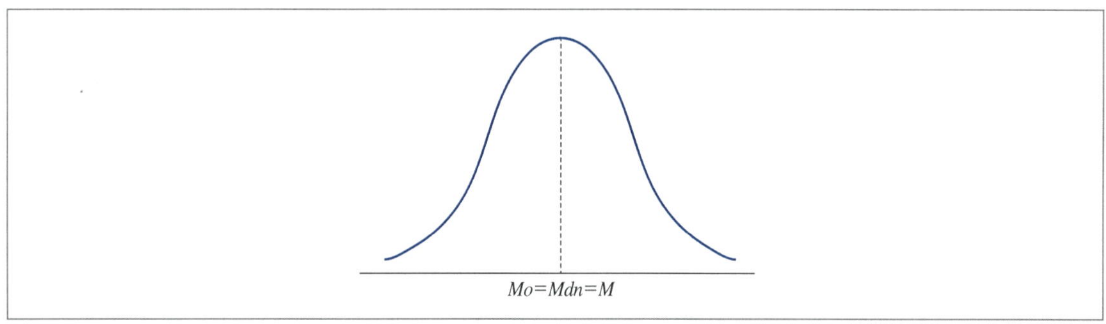

✔ 정상분포(정규분포)

④ **기타** : 원점수 자체보다는 순위나 서열 등 상대적 비교가 가능한 규준점수(예 연령점수, 석차점수, 백분위점수, 표준점수)를 중시한다.

(3) 장단점

장점	단점
• **개인차의 변별이 가능** : 규준참조평가에서는 각 학생의 집단 내에서의 상대적 위치를 명확히 파악할 수 있으므로 개인차를 변별할 수 있다. • **교사의 주관적 편견을 배제** : 규준참조평가는 신뢰도가 높은 객관적 평가를 사용하게 되므로 교사의 편견을 배제할 수 있다. • **경쟁을 통해 외재적 동기를 유발** : 규준참조평가는 학생들을 비교하기 때문에 경쟁을 통해 외재적 동기를 유발할 수 있다.	• **교수·학습이론에 부적절** : 무엇을 알고 무엇을 모르는지에 관심을 두지 않으므로 교수·학습이론에 맞지 않는다. • **교수·학습 개선이 곤란** : 규준참조평가는 학생의 상대적 위치에 대한 정보만 제공해 줄 뿐 교수·학습 개선에 대한 구체적인 정보를 제공해 주지 못한다. • **경쟁으로 인한 정서적 불안과 비인간화를 초래** : 규준참조평가에서는 학생들 간의 상대적 비교와 우열을 강조하기 때문에 경쟁심리가 조장되며 정서적 불안과 비인간화를 초래할 수 있다.

(4) 규준참조평가가 학습동기에 미치는 부정적 영향

① **자기효능감 저하** : 규준참조평가는 소수의 우수한 학생을 제외한 대다수의 학생들에게 실패자라는 인식을 갖게 하므로 학생의 자기효능감을 저하시켜 학습동기에 부정적인 영향을 미친다.

② **수행회피목표 지향** : 규준참조평가에서는 대다수가 소수에게 질 수밖에 없는 구조이므로 학생들은 자신이 무능해 보이는 것을 피하고자 수행회피목표를 지향하게 되어 학습동기가 저하된다.

③ **자기결정성 저하** : 규준참조평가에서는 성적이 압력요소로 작용하므로 학생의 자기결정성 욕구를 떨어뜨려 학습동기가 저하된다.

☑ 준거참조평가와 규준참조평가의 비교

구분	준거참조평가	규준참조평가
지향점	**목표지향** : 주어진 교육목표를 학생이 어느 정도 달성하였는가 하는 교육목표의 달성도에 의해 평가가 이루어진다.	**규준지향** : 평가의 기준이 한 집단의 내부에서 결정된다. 한 집단 속의 여러 개인이 보여 주는 점수들의 평균치를 기준으로 삼고, 이 기준으로부터 각 개인의 점수가 얼마나 이탈되었느냐에 따라 새로운 점수, 즉 등위점수나 석차점수를 부여한다.
학업성취	학생의 학업성취는 교육목표의 달성도에 의해 평가된다. ➾ 학생이 '무엇을' 성취했느냐에 관심	학생의 학업성취는 그가 속한 집단결과에 비추어 상대적으로 평가된다. ➾ 학생이 '어느 위치'에 있느냐에 관심
가정	**부적편포** : 학습자들은 효과적인 교육활동에 의해 거의 목표를 성공적으로 달성할 수 있다.	**정상분포** : 학습자의 능력이나 학업성취는 정상분포를 이룬다.
인간관	인간은 누구나 목표를 추구하고 그것을 향해 지향해 나가는 적극적인 존재이다. 따라서 인간에 대한 평가는 그가 선택한 목표를 정복한 그 성취의 수준 및 질에 의해 판단되어야 한다.	인간은 생물학적 유기체이다. 선천적으로 능력 있는 유기체는 성공하게 되고, 그렇지 못한 유기체는 실패하게 된다. / 인간을 수동적으로 길러가는 자극−반응의 기계로 본다.
교육관	**발달적 교육관** : 인간의 무한한 발달가능성과 교육효과에 대한 신념을 강조한다.	**선발적 교육관** : 학생들의 개인차를 밝혀내고 능력 판정을 위주로 한다.

신념	적어도 대부분의 학생이 기대하는 성취수준에 비추어 성공할 수 있다는 신념을 갖고 있다.	어차피 성공하는 자와 실패하는 자가 존재하기 마련이라는 신념이 밑받침이 되고 있다.
관심사	각 학습자가 의도하여 설정한 교육목표를 성취 혹은 달성하였느냐가 최대의 관심사이다.	특정의 학습자가 다른 학습자에 비해 얼마나 더 성취하였는가의 상대적 우세에 최대의 관심이 있다.
개인차	개인차는 교육의 누적적 실패에서 생기는 것이며, 이 개인차는 교육적 노력에 의해서 해소될 수 있다고 본다.	집단을 대전제로 하기 때문에 개인차는 필연적으로 생기는 것이며, 개인차가 클수록 교육평가가 성공적인 것으로 본다.
평가의 기능	교육평가의 기능 자체를 교수·학습 과정과 밀접하고 유기적인 관련 속에서 보며, 그것을 교수·학습 과정에 도움을 주는 중요한 한 개의 변수로 간주한다.	평가의 기능이 교수·학습 과정과 밀접히 관련된 것으로 보지 않으며, 비록 그것이 관련되는 경우에도 그것은 극히 자연적·우발적·임의적인 것에 지나지 않는 것으로 간주한다.
평가도구	타당도 중시 : 학생의 목표달성 정도를 충실히 측정해야 하므로 신뢰도보다는 타당도를 중시한다.	신뢰도 중시 : 개인차를 오차 없이 정확히 측정해야 하므로 평가도구의 신뢰도에 우선적 가치를 부여한다.
이용도	진단적 기능과 형성적 기능이 강조되어 교수의 의사결정에 보다 중요하다. / 자격인정시험에 유리	대개 수업이 시작되기 전과 후에 학생의 상대적 위치에 관한 정보를 알아보기 위해 사용된다. / 선발상황에 유리

❸ 자기참조평가

(1) 성장지향평가(성장참조평가, growth-referenced evaluation) 09~10 초등, 12 중등, 18 중등論, 22 중등論, 26 중등論

① 개념 : 현재 성취도와 과거 성취도 간의 차이
   ㉠ 초기 성취수준에 비추어 얼마나 성장하였느냐(얼마나 능력의 향상을 보였느냐)에 관심을 두는 평가이다.
   ㉡ 이 평가에서는 학생의 현재 성취수준(X)이 과거 성취수준(Y)보다 더 높으면 좋은 성적을 부여한다.
      예 '진보상', 포트폴리오 평가
② 장단점

장점	단점
• 개인의 능력 향상 정도를 중시하므로 학생들에게 학업증진의 기회를 부여하고, 개별화학습을 촉진할 수 있다. ⇨ 개인을 위주로 하는 개별화평가, 개별화학습 • 능력의 변화과정(성장 정도)에 대한 정보를 얻을 수 있으므로 평가의 교수적 기능을 촉진할 수 있다. ⇨ 평가의 교수적 기능	• 일반적으로 성적을 성취수준과 동일시하므로 진보나 성장 정도를 기준으로 성적을 줄 경우 성적의 의미를 왜곡시킬 가능성이 있다. • 학생들이 좋은 성적을 받기 위해 사전검사에서 일부러 틀릴 가능성도 있다. • 일반적으로 성취도 검사는 신뢰도가 낮고, 과거 점수와 현재 점수는 상관이 높기 때문에 차이점수의 신뢰도는 낮은 경향이 있다. • 이상과 같은 문제점으로 인해 능력지향평가와 마찬가지로 영향력이 큰 고부담평가에서는 공정성 문제가 제기되어 적용하기 어렵다.

(2) 능력지향평가(능력참조평가, ability-referenced evaluation) 09 초등, 18 중등論, 22 중등論, 24 중등論

① 개념 : 능력에 비추어 본 성취(수행)수준

　㉠ 학생 자신의 능력을 기준으로 얼마나 최선을 다했느냐(얼마나 능력을 발휘하였느냐)에 관심을 두는 평가이다. 개인의 능력과 수행결과를 비교하여 성적을 판정하는 평가방식이다.

　　📌 우수한 능력을 지녔지만 최선을 다하지 않은 A와 능력은 없지만 최선을 다한 B가 있을 때 B를 더 높이 평가한다.

　㉡ 이 평가에서는 시험 성적이 같더라도 능력이 낮은 학생이 능력이 높은 학생보다 더 높은 성적을 받게 된다.

② 장단점

장점	단점
• 개인의 능력 발휘 정도에 관심을 두므로 개인을 위주로 하는 개별적 평가이다. ⇨ 개별화평가, 개별화학습 • 능력의 발휘 정도에 대한 정보를 얻을 수 있으므로 평가의 교수적 기능을 촉진할 수 있다. ⇨ 평가의 교수적 기능 • 능력이 낮은 학생이라도 자신의 능력에 비추어 최선을 다하면 더 좋은 점수를 받을 수 있어 학습동기가 유발된다. • 능력이 탁월함에도 불구하고 많은 노력을 하지 않은 학생에게는 낮은 평가를 함으로써 경각심을 주어 최대한 노력을 이끌어 낼 수 있다.	• 능력지향평가를 실시하려면 능력을 정확히 측정해야 하는데, 능력을 정확하게 측정하기가 매우 어렵다(⇨ 학생의 능력수준을 막연히 짐작할 뿐 이를 정확하게 추정하기가 매우 어렵다). • 능력지향평가는 학습자의 능력이 변하지 않는다고 가정하고 있으나, 이 가정에도 오류가 있다. • 학생의 능력에 대한 정확한 정보가 없을 경우 평가자가 알고 있는 능력에만 국한하여 학생의 수행을 해석하게 되는 한계가 있다. • 학습과제에 관련된 필수적인 능력이 무엇인지 명확하게 규정할 수 없다.

(3) 노력지향평가(노력참조평가, effort-referenced evaluation) 22 중등論

① 개념

　㉠ 학생이 기울인 노력의 정도를 기준으로 얼마나 노력을 하였는가에 관심을 두는 평가이다.

　㉡ 이 평가에서는 점수에 관계없이 열심히 노력한 학생이 높은 성적을 받게 된다.

② 문제점

　㉠ 이 방식으로 부여한 성적은 노력의 정도만 나타낼 뿐 성취도를 나타내지 못하므로 성적의 의미를 왜곡시킬 가능성이 있다(일반적으로 성적은 성취도를 나타낸다).

　㉡ 따라서 노력지향평가를 할 경우 성취도와 노력에 대해 각각 별도의 성적을 주는 것이 합리적이다.

✔ **규준지향평가, 준거지향평가, 성장지향평가, 능력지향평가의 비교**

구분	규준지향평가	준거지향평가	성장지향평가	능력지향평가
강조점	상대적 서열	특정 영역의 성취	능력의 변화	능력의 최대 발휘
교육신념	개인차 인정	완전학습	개별학습	개별학습
비교대상	개인과 개인	준거와 수행	개인의 성장 및 변화의 정도	개인의 소유 능력과 수행 정도
개인차	극대화	극대화하지 않음	고려하지 않음	고려하지 않음
이용도	분류, 선발, 배치	자격 부여	학습 향상	능력의 최대 발휘
평가기능	평가의 행정적 기능	평가의 교수적 기능		

02 **평가시기에 따른 유형**

① 진단평가(diagnostic evaluation) – 투입(input)평가 93 초등, 02 초등, 06 중등, 12 초등

(I) 개념

일반적으로 교수·학습(수업) 전에 학생의 수준과 특성을 진단하기 위해 실시하는 평가이다. 학습자의 특성에 적절한 교육내용과 교수전략을 투입함으로써 교수·학습의 효과를 극대화하기 위해 실시한다.

> 📌 수업 전 쪽지시험·질문·퀴즈, 전학년도 성적표나 생활기록부를 토대로 교사가 간단히 제작한 질문이나 시험 등 ⇨ 진단요소 : 선수학습능력, 사전학습능력, 정의적 특성 등

(2) 기능(목적, 특징)

① **선수학습의 정도(출발점행동) 진단** : 진단평가는 수업목표 달성에 필요한 선수학습의 정도를 확인하기 위해 실시한다.

② **교과목표의 사전 성취수준 진단** : 진단평가는 앞으로 가르치려는 교과목표를 어느 정도 성취했는지 파악하여 학생 수준에 맞는 교과목표나 교수프로그램을 제공하기 위해 실시한다.

③ **학습실패의 교육 외적 원인 진단** : 학생이 학습과정(수업장면)에서 계속적인 결함을 보일 경우 교육 외적 원인, 즉 신체적·정서적·환경적 요인의 결함을 확인하기 위해 실시한다.

④ **학습자의 전반적 특성 확인** : 진단평가는 학생의 전반적 특성, 즉 지능, 적성, 흥미, 동기, 태도, 자아개념, 기초기능(언어능력, 논리적 사고력 등) 등을 확인하고 그것에 적합한 교수전략이나 교수프로그램을 제공하기 위해 실시한다.

(3) 효과적인 시행 전략

① **준거지향평가 활용** : 학습자의 선수학습의 정도나 교과목표의 사전 성취수준을 파악하기 위해서 준거지향평가를 실시한다.

② **다양한 평가도구 활용** : 표준화 학력검사나 표준화 진단검사, 교사제작검사, 관찰법, 체크리스트 등 다양한 평가도구를 활용하여 진단평가를 시행한다.

③ **종합적인 진단** : 지적 영역뿐만 아니라 정의적 영역, 심동적 영역도 진단하고, 신체적·심리적·환경적 요인도 확인하도록 한다.

❷ 형성평가(formative evaluation) − 과정(process)평가

91 중등, 94 중등, 96 초등, 97 중등, 99~00 초등보수, 02 중등, 03 초등, 14 중등論, 16 중등論, 23 중등論

(1) 개념

교수·학습(수업) 진행 중에 학생들이 학습목표를 제대로 달성하고 있는지(학습내용을 얼마나 잘 이해하고 있는지) 수시로 점검하기 위해 실시하는 평가이다. 수업 중 학생에게 피드백을 제공함으로써 학생의 학습을 촉진하고, 수업을 개선할 목적으로 실시한다. ⓓ 수업 중 쪽지시험, 질문, 퀴즈, 관찰 등

(2) 기능(목적, 특징)

① **학생의 학습활동 촉진** : 학생들에게 시기적절한 피드백을 수시로 제공함으로써 학생의 학습활동을 강화하고 촉진해 준다.

② **교사의 교수방법 개선** : 학습 진전 상황에 대한 정보를 수집·분석하여 교사의 교수·학습 방법을 개선한다.

③ **학생의 학습곤란 진단과 교정** : 학생의 학습 성공과 실패 등을 확인하여 학생의 학습곤란 지점을 진단(발견)하고 교정해 준다.

④ **학생의 학습진행 속도 조절** : 교과내용이 분량이 많거나 일정한 앞뒤 관계에 의해 조직되어 있을 때 적절한 횟수로 평가를 실시함으로써 학습진행 속도를 조절할 수 있다.

(3) 효과적인 시행전략 및 동기유발방안

① **준거지향평가 실시** : 형성평가는 학습목표 달성 정도를 수시로 점검하는 활동이므로 학습목표에 기초하여 준거지향평가(목표지향평가)를 실시한다. 준거지향평가를 통해 학생의 목표달성 정도나 학습결손 지점을 정확히 확인하고 목표수준을 성취하도록 한다.

② **수시로 평가 실시** : 수시로 평가를 실시하여 학생의 능력이 향상되고 있음을 확인하도록 함으로써 학생의 유능감과 자기효능감을 증진시킨다.

③ **적절한 피드백 제공** : 학생의 오류를 분명히 밝혀주고 그 오류를 교정할 수 있도록 구체적인 피드백을 제공함으로써 학습활동을 강화하고 촉진한다.

④ **교정학습의 기회 제공** : 학생이 학습목표에 미달되었을 때에는 교정학습의 기회를 제공하여 학습목표를 성취할 수 있도록 안내한다.

⑤ **교사 제작 검사 실시** : 학생 상황과 수업 전략을 가장 잘 알고 있는 수업담당 교사가 직접 평가문항을 제작하여 시행함으로써 교수·학습 방법을 개선할 수 있도록 한다.

⑥ **평가결과의 최종 성적에 미반영** : 학생에게 평가 부담을 줄여주면서 평가와 학습에 능동적으로 반응할 수 있도록 형성평가의 결과는 최종 성적에 반영하지 않도록 한다.

⑷ 형성평가의 피드백 기능

형성평가에서의 피드백(feedback)은 학생의 학습 향상과 교사의 수업 개선에 도움을 준다.

① **학생의 학습 개선** : 학생의 학습 개선에 도움을 준다. 피드백은 학생이 자신의 학습을 수정·개선하는 데 필요한 구체적인 정보를 제공해 주고, 학생의 개념화와 수정에 대한 의견이나 제안을 제시해 준다. 또, 학습목표를 명확히 이해하도록 하며, 학생 자신의 학습 수준과 목표 수준의 차이를 파악할 수 있게 함으로써 자기조절학습 능력의 개발에도 기여한다.

- ㉠ **직접적 피드백(directive feedback)** : 학생이 자신의 학습을 수정·개선하는 데 필요한 구체적인 정보를 제공해 주는 피드백
- ㉡ **촉진적 피드백(facilitative feedback)** : 학생의 개념화와 수정에 대해 의견이나 제안을 제시해 주면서 안내자의 역할을 하는 형태 ⇨ 촉진적 피드백은 학생들이 주체적으로 지식을 습득하고 이해하면서 다양한 통찰력을 기르도록 유도하기 때문에 촉진적 피드백의 효과적 활용은 학생들의 초인지 발달까지 기대할 수 있음
- ㉢ **내재적 피드백(internal feedback)** : 학생이 피드백 제공자가 되어 자신의 학습을 성찰하고 모니터링하면서 자신의 학습을 개선하고 조절하는 피드백 ⇨ 학생의 자기조절학습 능력 개발에 영향을 미치는 피드백
- ㉣ **외재적 피드백(external feedback)** : 교사가 학생들의 실수와 오개념을 발견하고 지적하는 피드백

② **학생의 학습동기 유발** : 행동주의 학습관에 따를 때 피드백이 보상 또는 강화의 기능을 함으로써 학생들의 학습동기를 향상시키는 데 효과적이다. 또한 피드백은 학생의 수행에 대해 정보 제공의 역할을 한다는 점에서도 내재적 동기 유발에 도움이 된다.

③ **교사의 교수 개선** : 교사의 교수 개선에도 기여한다. 교사는 피드백을 통해 수업 개선에 필요한 정보를 얻고 자신의 수업을 개선할 수 있다. 교사가 피드백을 수행하면서 학생들의 학습에 대한 이해를 바탕으로 학습목표 자체를 보다 적절하고 의미 있게 수정할 수 있다.

⑸ 바람직한 피드백의 수행전략

① 학생에 대한 의견이 아니라, 학생이 수행한 과제(결과)에 대해 의견을 제공해야 한다.
② 결과 확인 형태보다 주어진 문제의 무엇, 어떻게, 왜에 대해 피드백을 주는 것이 좋다.
③ 학생의 잘못을 고치기에 적절하도록 구체적이며 적정량의 피드백을 주는 것이 좋다.
④ 너무 복잡한 피드백 대신에 간결한 형태로 피드백을 제공하는 것이 학생에게 더 도움이 된다.
⑤ 학생의 수행과 학습목표를 잘 연계하여 학생이 무엇을 학습해야 하는지에 대한 불확실성을 줄여주어야 한다.
⑥ 피드백은 반드시 학생이 과제를 수행한 후에 제공되어야 한다.

⑹ 형성평가를 통한 진단(성태제; 2014) – 학생의 학습을 정확히 진단하기 위한 자료수집 방법

① **관찰을 통한 진단** : 수업 도중 관찰을 통해 학생의 행동을 파악한다. 몸짓, 표정, 자세, 눈맞춤 등 비언어적 행동이나 목소리의 높낮이, 어조 등은 학생의 학습 정보를 얻을 수 있는 중요한 자료이다.

② **평가도구를 활용한 진단** : 시험, 질문, 퀴즈뿐만 아니라 스마트폰, 클리커(clicker), 응답카드 등 다양한 평가도구를 활용하여 학생의 학습수준을 진단한다.

⑺ **형성평가를 통한 피드백**(성태제; 2014) — 수집된 정보(형성평가 결과)를 토대로 한 피드백 방법

① **교사의 교수방법 개선을 위한 피드백** : 형성평가 결과를 바탕으로 교수방법을 개선하고자 피드백할 때에는 학생의 특성 및 수준을 고려해야 한다.

　㉠ **학습수준(성취수준)이 낮은 학생을 위한 대안적 교수방법** : 동료와의 공동수행 허락, 오픈 북 허용, 대표 답안이나 예 제공, 과제해결 단계마다 힌트나 답 제공, 능력에 따른 과제 수행시간 차별화 등

　㉡ **학습수준(성취수준)이 높은 학생을 위한 대안적 교수방법** : 고난이도 과제 제시, 다양한 정답 요구, 사고의 연계성 요구, 다양한 관점 제시, 문항이나 과제 제작, 해설서 제작 등

② **학생의 학습향상을 위한 피드백** : 학생에게 어떤 종류의 피드백을 언제 제공해야 하는지는 학습목표와 학생의 특성(수준)에 따라 다르다.

　㉠ **목표참조 피드백** : 학생에게 도전적이지만 달성 가능한 목표를 설정하고 이를 기준으로 피드백을 제공한다(학생의 능력에 따라 달리하는 목표). 너무 높은 목표는 실패, 사기 저하를 초래하며, 너무 낮은 목표는 효능감 향상에 도움을 주지 않는다.

　㉡ **비계식 피드백** : 학생이 학습목표를 달성할 수 있도록 교사가 과제를 단계적으로 제시하거나 학생이 해결하기 어려워할 때 힌트나 관련 정보를 제공한다. 여기서 교사는 조력자 역할을 하는 것이 중요하다.

　㉢ **자기참조 피드백** : 과거에 비해 얼마나 향상되었고 앞으로 어떻게 나아가야 할지에 대한 피드백을 제공한다. 자신의 약점을 개선할 수 있고, 노력과 관심도 함께 피드백으로 제공할 수 있으므로 학습동기 유발에 효과적이다.

　㉣ **성취기준 참조 피드백** : 해당 학년이 해당 학기에 달성해야 할 성취기준에 비추어 피드백을 제공한다. 이는 학생이 교수·학습과 평가를 연계할 수 있고 스스로 자기평가를 할 수 있게 한다.

⑻ **형성평가의 도구 제작 시 고려할 사항**

① **중요한 학습요소와 행동요소 모두 포함** : 형성평가는 학습목표의 달성 정도를 확인하기 위해 실시하는 만큼 학습단원 중 중요한 학습요소와 각각의 행동수준(행동목표)을 모두 포함하여 제작해야 한다.

② **다양한 형식의 문항 혼용** : 선다형과 서답형은 물론이며 쪽지시험, 퀴즈, 질문 등 다양한 형식의 문항을 적절히 혼용하여 각종 정보를 수집하도록 한다. 다만, 논문형 문항은 종합적 사고력을 요하기 때문에 총괄평가에 적합한 것으로 형성평가의 문항으로는 부적절하다.

③ **학습위계에 따른 문항 제작** : 학습단원을 하위 단계로 분할하여 각 단계의 학습이 끝나면 형성평가를 실시하도록 한다. 하위 단계의 문항에 정답을 맞히는 것이 상위 단계의 문항을 학습하는 필요조건이 될 수 있도록 문항 위계가 형성되어 있어야 한다.

④ **최소성취기준(minimum criterion)에 근거한 문항 출제** : 학습목표를 달성했는가의 여부를 판단할 수 있는 최소성취기준(minimum criterion : 교육목표)에 근거하여 문항을 출제한다.

③ 총괄평가(summative evaluation) − 산출(output)·성과(outcome)평가 04 초등, 06 중등

(1) 개념

일정한 교수·학습이 끝난 후에 교육목표의 달성 여부(성취수준)를 종합적으로 판정하는 평가이다. 학생이 의도된 교육목표를 어느 정도 성취하였는지에 주된 관심이 있다.

(2) 기능(목적, 특징)

① 학생의 학업성적 판정 : 총괄평가는 학생의 학업성적을 판정하는 역할을 한다. 점수는 수치나 기호, 등급 등으로 표시된다.
② 학생의 미래 학업성적 예언 : 총괄평가의 결과는 다음 학습에서 학생의 성공 여부를 예언하는 데 중요한 역할을 한다.
③ 집단 간의 학업성적 비교 : 총괄평가의 결과는 집단 간의 성적을 비교할 수 있는 정보를 제공해 준다.
④ 학생의 자격 부여 : 총괄평가는 학생이 어느 정도의 지식, 능력, 기능을 갖추고 있는지 평가함으로써 관련된 자격을 인정하는 데 사용된다.

◎ 진단평가, 형성평가, 총괄평가의 비교

구분	평가의 유형		
	진단평가	형성평가	총괄(종합)평가
시기	교수·학습 활동이 시작되기 전 또는 학습의 초기 단계에 학생의 수준과 특성을 확인하는 평가	교수·학습 활동 진행 중 학생의 학습목표 도달도를 확인하는 평가	교수·학습 활동이 끝난 후 학생의 학습성취도(교수목표 달성 여부)를 종합적으로 확인하는 평가
목적	학생의 특성 파악, 출발점행동 진단, 수업방법 선정	교수·학습 지도방법 개선	학업성취도(성적) 결정
기능	• 선행학습의 결손 진단·교정 • 출발점행동의 진단 • 학습 실패의 교육 외적/장기적 원인 파악 • 학생기초자료에 맞는 교수전략 구안 • 교수의 중복 회피	• 학습 진행 속도 조절 • 보상으로 학습동기 유발 • 학습 곤란의 진단 및 교정(학습 실패의 교육 내적/단기적 원인 파악) • 교수·학습 지도방법 개선	• 학생의 성적 판정 및 자격 부여 ⇨ 고부담 평가로 인식되기도 함 • 학생의 장래 학업성적 예언 • 집단 간 학업효과 비교 • 학습지도의 장기적 질 관리에 도움
대상	학습준비도(선행학습 및 기초 능력 전반)	수업의 일부	수업의 결과
방법(채점)	상대평가 + 절대평가	절대평가	일반적으로 절대평가(필요에 따라 상대평가)
중점	• 지적 + 정의적 + 심리운동적 영역 • 신체적·심리적·환경적 요인	지적 영역	일반적으로 지적 + (교과에 따라 정의적 + 심리운동적 영역)

| 문항 난이도
(곤란도) | 선수기능 및 능력의 진단 : 대부분 쉬운 문항으로 65% 이상의 난이도 | 미리 구체화할 수 없음 | 대체로 다양한 수준의 난이도를 갖는 문항의 표본, 미리 구체화할 수 없음(평균난이도 35~70%) |
| 검사 형태 | 표준화 학력검사, 표준화 진단 검사, 교사제작검사도구, 관찰법, 체크리스트 | 학습목적에 맞게 고안한 교사제작검사(예 쪽지시험, 구두 문답) | 교사제작검사(예 중간고사, 학기말 검사, 종합평가 검사), 표준화 학력검사 |

03 평가방법에 따른 유형 – 수집된 자료의 특성과 분석방법에 따라

❶ 양적 평가

(1) 개념

① 수량화된 자료를 수집하여 통계적 분석을 통해 평가하는 방법이다.
② 평가대상을 어떤 형태로든지 수량화하며, 평가결과는 대개 수치로 제시된다.

(2) 장단점

장점	단점
• 과학적이고 체계적이어서 신뢰성을 보장받을 수 있다. • 주관성을 배제하고 객관성을 확보할 수 있다. • 간결 · 명료하고 분명하다.	• 평가대상을 전체적으로 조망하거나 심층적으로 평가하지 못한다. • 결과중심의 평가에 관심을 기울인다.

❷ 질적 평가

(1) 개념

① 질적 자료를 수집하여 분석 · 이해 · 판단하는 평가방법이다.
② 평가대상을 있는 그대로 기술하고 해석하며, 평가결과는 평가자의 주관적 판단에 의존하며 언어로 서술된다.

(2) 특징

① 전체적 관점(holistic view)을 갖는다. 어떤 현상을 구성요소로 분석하지 않고 전체로서 이해하고자 한다.

② 자연 상황적 탐구(natural inquiry)를 한다. 평가대상에 어떤 조작을 가하지 않고 있는 그대로 평가한다.

③ 귀납적(inductive) 방법을 사용한다. 개방적 태도로 개별적 자료를 수집하고 이를 분석 종합하여 의미를 찾아내고자 한다.

(3) 장단점

장점	단점
• 평가대상에 대해 전체적이며 종합적인 평가가 가능하다. • 결과뿐만 아니라 과정에도 관심을 기울인다.	• 평가자의 주관이 개입될 소지가 많고, 객관성을 확보하기 어렵다. • 평가결과를 일반화하기가 어렵다.

✅ 양적 평가와 질적 평가의 비교

구분	양적 평가	질적 평가
탐구방법	경험적 · 실증적 탐구	현상적 · 해석적 탐구
평가도구	신뢰도 강조 ⇨ 측정을 통한 수량화에 관심	타당도 강조 ⇨ 수집된 자료의 의미 이해에 관심
객관성 여부	객관성 강조 ⇨ 양적 정확성을 기하기 위해 주관성을 배제하고 객관성을 확보하고자 함	상호주관성 강조 ⇨ 필연적으로 가치판단이 개입되므로 다수가 공감할 수 있는 상호주관성과 상호주관적 이해를 강조함
평가목적	일반성 강조 ⇨ 법칙 발견을 위한 노력으로 일반성 강조 ⇨ 더 큰 표집, 더 많은 연구사례, 연구대상과의 일정한 거리 유지, 자료의 수량화 등을 강조	특수성 강조 ⇨ 이해증진을 위한 노력으로 특수성 강조 ⇨ 평가대상이나 프로그램이 지니고 있는 독특성과 개인차를 중시
탐구논리	연역법 ⇨ 자료수집 전에 특정 이론적 틀에 근거하여 연역적으로 평가	귀납법 ⇨ 개방적 태도로 개별적 자료를 수집하고 이를 분석 종합하여 의미를 찾아냄
결과분석	통계분석	해석적 분석
부분과 전체	부분 중심 ⇨ 평가대상을 여러 구성요소로 분석하고자 노력 ⇨ 각 부분 간의 관계나 상호관련성에 대한 이해 어려움	전체 중심 ⇨ 구성요소로 분석하지 않고 있는 그대로 전체로서 이해하고자 노력
과정과 결과	결과 중심 ⇨ 결과평가가 관심의 대상이 됨	과정 중심 ⇨ 결과뿐만 아니라 그러한 결과에 도달하기까지의 과정평가에도 많은 관심을 기울임
자료수집 방법	실험적 방법, 질문지 등	참여관찰, 심층면접

04 표준화 유무에 따른 유형

❶ 표준화검사(standardized test)

(1) 개념

① 전문가들이 제작하고 표준화된 절차에 따라 실시·채점·해석하는 검사를 말한다.
    예 표준화 학력검사, 표준화 지능검사, 표준화 성격검사, 표준화 흥미검사 등
② 그래서 누가 언제 어디서 사용하더라도 동일한 방식으로 실시되고 해석된다.

(2) 특징

① 관계 분야의 전문가에 의해 제작되고, 그 제작규모와 절차가 대규모로 전문적·체계적이다.
② 검사 목적에 따라 엄격한 절차를 거쳐 검사문항이 제작되고, 피검자가 일정한 방향으로 반응할 수 있도록 엄격하게 규정된 일련의 검사문항을 제시한다.
③ 일정한 지시사항, 검사시간, 검사환경 등 표준화된 조건하에서 실시된다(실시·조건의 표준화).
④ 검사결과를 누구나 동일하게 해석할 수 있도록 표준화된 해석절차와 방법을 규정한다(해석의 표준화). 해석의 균일성을 유지하기 위해 백분위, 표준점수 등으로 나타낸다.

(3) 기능

① 예측 기능 : 현재의 검사결과로 장래의 행동특성을 잠정적으로 추정할 수 있다. 예컨대, 어떤 사람이 성격검사에서 정서적 안정감 점수가 낮게 나왔다면, 특별한 조치가 없는 한 장래에도 정서적 불안 상태를 보일 것이라고 예측할 수 있다.
② 진단 기능 : 인간의 성격, 흥미, 지능 등을 진단할 수 있다. 특히 진단을 목적으로 만든 검사를 진단검사라고 한다.
③ 조사 기능 : 검사를 이용해서 어떤 집단의 일반적 경향을 알아볼 수 있다. 예컨대, 학급이나 학교의 상태를 전국적인 경향과 비교한다든지, 지역차·민족차를 비교하는 경우가 여기에 해당된다.
④ 개성 또는 적성의 발견 : 개성이나 적성을 발견해서 거기에 맞는 지도와 적성 배치를 할 목적으로 검사를 이용하는 것이다. 예컨대, 군대에서 인원의 배치나 병과를 결정하는 데 적성검사·특수조사를 실시한다.
⑤ 프로그램 평가 기능 : 프로그램 평가에 대한 정보도 제공할 수 있다. 각종 프로그램의 효과를 평가하고 그 결과에 따라 정책 결정을 할 때 검사를 통해 좀 더 체계적인 자료를 얻을 수 있다.

(4) 유형

① 표준화 학력검사 : 일정 연령 또는 학년에 도달한 학생이 그 시기에 배웠거나 배워야 할 교육목표를 어느 정도 달성하고 있는가의 정도를 표준점수로 산출하는 검사이다.
    예 기초학습기능검사(3R능력 측정), 학년별·교과목별 성취도 검사, 종합학력검사(예 대입시험) 등

② 표준화 지능검사 : 인간의 인지적 능력을 측정하는 표준화검사이다.

　　예 일반지능검사와 특수지능검사, 언어검사와 비언어검사, 동작검사와 지필검사, 개인용 지능검사와 집단용 지능검사 등

③ 표준화 적성검사 : 인간의 다양한 종류의 적성을 체계적으로 측정하는 표준화검사이다.

　　예 종합적성검사와 특수적성검사, 진학적성검사와 직업적성검사 등

④ 표준화 성격검사 : 인간의 성격 유형을 측정하고 진단하는 표준화검사이다. 예 MMPI, 잉크반점검사 등

⑤ 표준화 흥미검사 : 학업에 대한 흥미나 직업에 대한 흥미를 측정하는 표준화검사이다.

　　예 SII(Strong Interest Inventory), 직업흥미검사 등

⑥ 표준화 창의성검사 : 개인의 창의성 수준을 측정하는 표준화검사이다.

　　예 K-CCTYC 유아 종합 창의성검사, K-FCTES 초등 도형 창의성검사, K-ICT 통합 창의성검사 등

(5) 표준화검사 선정·실시·해석상의 유의사항(이은혜, 1995; 이정환, 박은혜, 1996)

① 표준화검사의 선택은 연구자의 목적과 대상에 알맞은 것이어야 한다.

② 신뢰도와 타당도가 높은 검사도구를 사용해야 한다.

③ 검사 실시상의 특별한 훈련이나 전문지식이 필요한지의 여부를 확인해야 한다.

④ 검사의 소요시간 및 비용이 적절한지를 고려해야 한다.

⑤ 검사 실시 장소는 조용해야 하며, 책상 간격, 실내 온도와 광선, 통풍 상태 등 물리적 조건이 점검되어야 한다.

⑥ 표준화된 검사절차를 준수해야 한다.

② 교사제작검사(teacher-made test)

(1) 개념

① 교사가 비공식적으로 제작한 검사를 말한다. 비표준화검사 혹은 학급검사라고도 한다.

　　예 교사가 출제한 중간·기말고사, 수업만족도 설문지, 교우관계 설문지 등

② 출제범위, 문항형식, 배점, 검사실시조건, 채점기준 및 방식이 교사마다 다르다.

③ 일반적으로 규준이 없고, 신뢰도나 타당도와 같은 정보를 제공하지 않으므로 검사의 질을 판단하기 어렵다.

✅ 표준화검사와 교사제작검사의 비교

구분	표준화검사	교사제작검사
제작자	전문가	교사
출제범위	모든 학생이 공통으로 학습한 내용	특정 학급에서 학습한 내용
문항	고정되어 있어 임의로 추가·삭제·수정 불가능	필요시 추가·삭제·수정 가능
실시 및 채점	전문가가 결정하며, 검사요강에 제시된 방식을 엄격히 준수해야 함	교사가 결정하며, 필요할 경우 조정할 수 있음

규준	전문가가 제작한 규준이 있음	규준이 없음, 교사가 학급 내에서 규준을 작성할 수는 있음
규준의 단위	지역단위, 국가단위	학급단위, 학교단위
검사의 질	신뢰도나 타당도와 같은 검사의 질을 판단할 수 있는 정보가 있음	교사가 검사의 질을 판단함
사용과 목적	개인의 상대적 서열뿐만 아니라 학교, 지역, 국가 간 비교 가능	개인의 상대적 서열에 초점 맞춤, 어떤 준거(목표)에 대한 성취여부

05 수행평가(performance assessment)

1 개관

(1) 개념

① 학생이 자신의 지식이나 기능을 산출물이나 행동 또는 답으로 나타내도록 요구하는 평가방식이다. ⇨ 지식과 기능을 실제 활용할 수 있는 능력에 대한 평가

> **예** 과학교과에서 실험을 하거나, 역사교과에서 연구보고서를 작성하거나, 영어교과에서 수필을 작성하도록 한 다음, 그 과정이나 결과를 관찰해서 판단하는 평가

② 교사가 학생이 학습과제를 수행하는 과정이나 결과를 보고, 그 학생의 지식이나 기능, 태도 등을 전문적으로 판단하는 평가방식을 의미한다.

Plus

수행평가에 포함된 용어(교육인적자원부)

1. **학습과제**: 학생들에게 성취하기를 기대하는 교육과정상 각 교과 교육목표와 관련되는 것으로, 가능한 한 실제 생활에서 보다 의미 있고 중요하고 유용한 과제를 의미한다.

2. **수행**: 학생이 단순히 답을 선택하는 것이 아니라 학생 스스로 답을 구성하는 것, 산출물이나 작품을 만들어 내는 것, 태도나 가치관을 행동으로 드러내는 것 등을 모두 포함하는 것을 뜻한다.

3. **관찰**: 학생이 수행하는 과정이나 그 결과를 평가자가 읽거나, 듣거나, 보거나, 느끼거나 하는 활동을 모두 포함하는 것을 뜻한다.

4. **판단**: 평가자가 관찰한 것을 객관성, 합리성, 타당성, 신뢰성 등이 있는 기준을 준거로 하여 점수화하거나 문장화하는 것을 의미한다.

---

(2) 필요성

① 사고의 다양성과 창의성 신장을 위하여 : 수행평가는 21세기 지식정보화 사회가 요구하는 사고의 다양성과 창의성을 신장하고 조장하기 위하여 필요하다.

② 인지하는 것과 동시에 적용하는 것을 파악하기 위하여 : 수행평가는 학생이 인지적으로 아는 것뿐만 아니라 아는 것을 실제로 적용할 수 있는지 여부를 파악하기 위해서 필요하다.

③ 의미 있는 학습활동이 이루어지기 위하여 : 수행평가는 학습자 개개인에게 의미 있는 학습활동이 이루어지도록 하기 위해서 필요하다. 수행평가는 학생이 지식이나 기능을 만들어 가는 과정이나 결과를 산출해 나가면서 자신만의 의미를 가질 수 있도록 학습하는 것을 가능하게 한다.

④ 지속적인 평가와 교수·학습의 개선을 위하여 : 수행평가는 여러 측면의 지식이나 능력을 지속적으로 평가함과 아울러 교수·학습 활동을 개선하기 위해서 필요하다.

⑤ 교수·학습과 평가를 통합시키기 위하여 : 수행평가는 교수·학습 목표와 평가내용을 보다 직접적으로 관련시키기 위해서 필요하다.

② 수행평가의 특징 98 중등, 99 초등보수·중등, 00 초·중등, 03~04 중등, 05 초등, 07 중등

전문적·주관적 평가	수행평가는 채점이 주로 관찰과 판단을 통해 이루어지므로 교사의 전문적 판단에 의거하여 주관적으로 평가한다.
정답을 구성하거나 행동으로 나타내는 평가	수행평가는 학생이 문제의 정답을 선택하게 하는 것이 아니라, 자기 스스로 답을 작성하거나 행동으로 나타내도록 하는 요구한다.
실제 상황에서의 수행능력평가	수행평가는 추구하고자 하는 교육목표를 가능한 한 실제 상황하에서 수행(달성)할 수 있는지를 파악하고자 한다.
종합적이고 전인적인 평가	수행평가는 학생의 인지적 영역뿐만 아니라 정의적인 영역, 심동적 영역에 대한 종합적이고 전인적인 평가를 중시한다.
과정과 결과를 모두 중시하는 평가	수행평가는 교육의 결과뿐만 아니라, 교육의 과정도 함께 중시하는 평가방식이다.
전체적이면서 지속적인 평가	수행평가는 단편적인 영역에 대해 일회적으로 평가하기보다는 학생 개개인의 변화·발달과정을 종합적으로 평가하기 위해 전체적이면서도 지속적으로 평가하는 것을 강조한다.
개인과 집단평가	수행평가는 개개인을 단위로 해서 평가하기도 하지만, 집단에 대한 평가를 중시한다.
학생의 개별학습을 촉진하는 평가	수행평가는 학생의 학습 과정을 진단하고 개별학습을 촉진하려고 실시하는 평가방식이다.
수업과 평가의 통합	수업과 평가를 통합함으로써 유의미한 학습을 촉진한다.

❸ 수행평가의 유형과 방법 99 초등 · 초등보수, 01~02 중등

서술형 및 논술형 검사, 구술시험, 토론법, 실기시험, 실험실습법, 면접법, 관찰법, 자기평가 및 동료평가 보고서, 연구보고서, 포트폴리오 등 매우 다양하다. 단, 객관식 선택형 평가(지필평가)와 표준화검사는 제외한다.

서술형 및 논술형 검사	문제의 답을 선택하는 것이 아니라 직접 서술하는 검사이다.
구술시험	특정 내용이나 주제에 대해 자신의 의견(생각)을 발표하도록 하여 학생의 준비도, 이해력, 표현력, 판단력, 의사소통능력 등을 직접 평가하는 방법이다.
토론법	서로 다른 의견을 제시할 수 있는 주제에 대해 개인별 또는 집단별로 찬·반 토론을 하도록 한 다음, 토론하기 위해 준비한 자료의 다양성이나 충실성, 그리고 토론 내용의 충실성과 논리성, 반대의견을 존중하는 태도, 토론진행방법 등을 총체적으로 평가하는 방법이다.
실기시험	실제 상황에서 학생들에게 지식이나 기능을 직접 행동으로 나타내도록 요구하는 평가방법이다. 수행평가에서 말하는 실기시험은 종래의 실기시험과 달리 시험을 치르는 상황이 통제되거나 강요된 상황이 아니라 자연스러운 실제 상황이다.
실험 · 실습법	자연과학분야에서 많이 활용되는 것으로 어떤 과제에 대해 직접 실험·실습을 한 다음 결과보고서를 제출하게 하는 방법이다.
면접법	평가자가 학생과 대화를 통해 정보를 수집하는 방법이다. 구술시험이 주로 인지적 영역을 평가대상으로 한다면, 면접법은 주로 정의적 영역이나 심동적 영역을 평가대상으로 한다는 점에서 구분된다.
관찰법	개별 학생단위나 집단단위로 학생들을 직접 관찰하고 그 결과를 평가하는 방법이다. 예를 들어, 학생들 간의 사회적 관계구조를 파악하기 위해 한 집단 내에서 개인 간 또는 소집단의 역동적 관계를 집중적으로 관찰할 수 있다.
자기평가 및 동료평가 보고서법	자기평가 보고서법은 특정 주제나 교수·학습 영역에 대하여 자기 스스로 학습과정이나 학습결과에 대한 자세한 평가보고서를 작성·제출하도록 평가하는 방식이다. 또, 동료평가 보고서법은 이와 유사하게 학습과정에 대해 동료학생들이 상대방을 서로 평가하도록 하는 방법이다.
연구보고서법	학생의 능력이나 흥미에 적합한 주제를 선택하고, 그 주제에 관한 자료를 수집·분석·종합하여 작성한 연구보고서를 평가하는 방식이다.
프로젝트법	학생들에게 특정한 연구과제나 개별과제 등을 수행하도록 한 다음, 그 과제를 수행하기 위한 계획서 작성 단계부터 결과물 완성단계에 이르기까지 전 과정과 결과물을 함께 평가하는 방법이다.
포트폴리오법 (portfolio)	지속적이면서도 체계적으로 모아 둔 개인별 작품집 혹은 서류철을 이용한 평가방법이다. 포트폴리오는 하나 이상의 분야에서 학생의 노력, 진보, 성취 정도를 보여주는 학생과제 수집물, 개인별 작품집을 의미한다.

❹ 수행평가의 조건 및 고려사항

(1) 수행평가(수행평가과제)가 갖추어야 할 조건(요건)

① 실제성 : 수행평가과제는 학생의 지식과 능력을 실제 상황에서 평가할 수 있도록 실제적이어야 한다.

② 다양한 학습성과 : 수행평가과제는 채점에 시간과 노력이 많이 소요되므로 다양한 학습성과를 평가할 수 있는 것이어야 한다.

③ **공정성** : 수행평가과제는 성별이나 계층과 같은 학생의 배경특성에 따라 편향되지 않고 공정해야 한다.

④ **채점 가능성** : 수행평가과제는 채점 가능해서 신뢰할 수 있고 정확하게 채점할 수 있어야 하며, 채점준거를 명시해야 한다.

⑵ 수행평가의 고려사항

① **비용 및 시간** : 수행평가는 전통적인 지필검사보다 검사의 개발·실시·채점에 비용과 시간이 많이 소요되므로 채점의 공정성을 위해 많은 교사가 필요하며 비용과 시간을 확보할 수 있어야 한다.

② **채점기준** : 수행평가는 다양한 평가방법으로 점수를 부여하므로 채점기준에 대한 전체적인 틀과 구체적인 채점기준을 마련해 놓아야 한다.

③ **신뢰도** : 수행평가는 주관적 평가이므로 오차가 개입될 소지가 많으므로 신뢰도를 확보할 수 있도록 다수의 채점자 확보, 명확한 채점기준, 채점자 훈련 등이 요구된다. 또, 학생에 의한 자기평가, 동료에 의한 상호평가도 활용할 필요가 있다.

④ **타당도** : 수행평가는 학생들의 능력과 기술을 직접 측정하므로 전통적 검사도구에 비해 타당도가 중시된다. 수행평가는 내용타당도와 결과타당도를 확보하는 일이 중요하다. 내용타당도를 확보하기 위해서는 수행과제가 교육목표 및 교육내용과의 관련성이 있어야 하고, 학생의 능력과 기술을 충분히 나타낼 수 있는 것이어야 한다. 또, 결과타당도를 확보하기 위해서는 수행평가를 실시하고 난 후에 원래 의도한 학생 행동 변화의 교육효과가 잘 나타나도록 시행하여야 한다.

⑤ 수행평가의 장단점 09 초등

장점	단점
• **종합적·전인적 평가** : 수행평가는 학생의 인지적 영역뿐만 아니라 정의적 영역, 심동적 영역까지 모두 평가할 수 있는 종합적이며 전인적 평가이다. • **과정과 결과의 동시 평가** : 수행평가는 학생 자신의 지식과 기능을 이용하여 과제를 수행하는 과정과 그 결과를 평가하는 것이므로 수행과정과 결과를 모두 평가할 수 있다. 이런 점에서 수행평가는 평가와 교수·학습이 통합된 형태로 운영될 수 있으며, 평가 과정에서도 학습이 이루어진다. • **학습동기와 흥미 유발** : 수행평가는 실제 상황에서 학생의 실생활과 밀접한 과제를 수행하도록 요구하므로 학습동기와 흥미를 유발할 수 있다. • **자기주도적 학습능력의 신장** : 수행평가는 학생들이 과제를 스스로 선택할 수 있고 수행과정과 결과에 대해 스스로 평가하며 자신의 학습을 개선할 수 있는 기회를 제공하므로 학생들의 자기주도적 학습능력을 신장시킬 수 있다.	• **평가도구 개발의 어려움** : 수행평가는 교과내용은 물론 학습자의 인지구조, 학습과제의 실생활 적용범위까지 고려해야 하므로 전통적 방법에 의한 평가문항의 개발보다 수행평가 도구의 개발이 더 어렵다. • **시간과 노력이 많이 소요** : 수행평가는 평가도구 개발, 평가 실시, 채점(점수부여) 등에 이르기까지 매우 많은 시간과 노력이 소요된다. • **채점과 평가의 어려움** : 수행평가는 수행 과정과 결과 모두 평가해야 하므로 평가항목이 많으며, 그 각 항목에 어느 정도의 점수를 부여해야 할지 채점과 평가에 어려움이 많다. • **신뢰도가 낮음** : 수행평가는 채점자의 주관이 개입될 소지가 많아 평가결과의 신뢰도가 낮고 불공정할 소지가 많다.

- **협동학습 유도** : 수행평가는 개인 평가뿐만 아니라 집단 평가도 중시하며 수행과제의 성격상 협동학습을 유도하므로 학생들의 협동과 배려, 의사소통능력 등 사회기술 능력을 함양하고 전인교육을 도모할 수 있다.
- **고등사고능력 증진** : 수행평가는 실제적 과제 수행에서 정보의 탐색, 분석력, 종합력, 평가력과 같은 고등사고능력이 요구되므로 21세기 정보화 사회가 요구하는 고등정신능력의 증진에 도움을 준다.

수행평가의 신뢰도 추정

1. 채점자(평가자) 내 신뢰도
2. 채점자(평가자) 간 신뢰도

Plus

수행평가의 평가방식 − 채점규정(루브릭, rubric)

1. **루브릭의 개념**
   ① 루브릭은 학생들의 수행과정과 결과를 측정하기 위해 고안된 평가척도이다(Batzle; 1992).
   ② 교육기준을 토대로 과제를 평가하는 준거와 다양한 수행의 질이나 수준의 단계(scales)(예 4단계, 5단계 등)가 상세하게 제시된 평가도구를 의미한다(Montgomery; 2000).
   ③ 보통 항목별·수준별 표로 구성되며, 표의 각 칸에는 어떤 경우에 그 수준에 해당되는지가 상세히 기술되어 있다.
   ④ 평가준거가 표로 만들어졌을 때, 표의 왼쪽 칸에 기준을 제시하고, 오른쪽에 그 기준에 속한 점수별 성취수준을 제시한다.

2. **예시** : 문단구조에 관한 채점규정

기준 (요소)	성취수준(전체 점수 : 9점)		
	1점	2점	3점
주제문	주제문이 없음. 내용이 무엇인지 명확하지 않음	주제문은 있으나 무엇에 관한 내용인지 불명확함	논술에 관한 전체적인 개관이 제시되어 있음
지원하는 문장	두서가 없고 주제문과 관련이 없음	추가정보가 있지만 모두가 주제문에 초점을 두고 있는 것은 아님	주제문과 관련된 지지문장들이 자세히 제시되어 있음
요약문	요약문이 없거나 이전 문장들과 관련이 없음	주제문과 관련이 있으나 논술의 내용을 요약하고 있지 않음	논술의 내용을 정확히 요약하고 주제문과 관련이 있음

3. **개발절차** : 채점준거 결정 → 수행수준을 구체적으로 명시한 표준기술 → 채점방식 결정

4. **루브릭의 특징**(Wiggins; 1995)
   ① 시간이 지난 뒤 다시 판단하거나 또는 한 번에 여러 사람이 판단할 경우에도 결과가 일관적이고 신뢰도가 높다.
   ② 가장 높은 점수부터 낮은 점수까지 수준별로 제시되어 학생이 수행한 현재 상태를 진단하고, 발전의 가능성을 제공해 준다.
   ③ 학생 수행의 양적 정보보다는 질적 정보를 제공하여 학생의 강점과 약점을 파악할 수 있다. 따라서 학생에게 더 필요할 것이 무엇인지와 그 단점을 수정하는 데 도움이 된다.
   ④ 각 차원별로 기술되는 내용은 어떤 수준의 수행을 요구하는지 최대한 모두 기술하고 핵심적인 특성을 반영한 용어로 기술해야 한다.
   ⑤ 루브릭이 간단하고 구체적일수록 타당성과 신뢰성이 더 높게 나타난다.

5. 루브릭의 장점
  ① 루브릭은 학생의 수행 특성을 여러 단계의 수준으로 세분화하여 제시해 주기 때문에 학생이 도달한 수행의 현재 상태를 진단하고, 발전의 가능성과 방향감을 제공해 준다.
  ② 루브릭은 학생이 목표에 맞추어 어떻게 학습해 나가야 하는지를 구체적으로 안내해 주므로 자기조절 학습태도를 증진시킨다.
  ③ 루브릭은 구체적인 채점기준을 제시해 주므로 기존 수행평가의 약점인 객관도와 신뢰도를 높여줄 수 있다.

6 포트폴리오(portfolio) 평가 99 초등 · 초등보수, 01~02 중등

(1) 개념

① 포트폴리오 평가는 지속적이면서도 체계적으로 모아 둔 개인별 작품집 혹은 서류철을 이용한 평가방법이다.
② 포트폴리오 평가는 하나 이상의 분야에서 학생의 노력, 진보, 성취 정도를 보여주는 학생과제 수집물, 개인별 작품집을 평가하는 방법을 의미한다.

(2) 포트폴리오 평가의 특징(조한무)

① 장시간에 걸친 학생의 성장과 학습의 성과 표현 : 포트폴리오는 장시간에 걸친 학생의 성장과 학습의 성과를 나타내며, 하나 또는 그 이상의 항목을 가지고 있다.
② 교수 · 학습 목적에 의하여 만들어지며 교수 · 학습의 정리와 반성의 기회 제공 : 포트폴리오는 교수 · 학습의 목적에 따라 만들어지며, 학생들에게 자신의 학습에 대한 정리나 반성의 기회를 제공해 준다.
③ 학생들에게 구성의 방법 등을 정할 기회 제공 : 포트폴리오는 학생들에게 포트폴리오에 포함될 항목과 구성방법 등을 정할 수 있는 선택의 기회를 제공한다.
④ 학생들이 학습을 지배하고 몰두할 수 있는 기회 제공 : 포트폴리오는 학생들에게 실제적인 학습을 하게 하고, 학생들이 학습을 지배하며 몰두할 수 있는 기회를 제공한다.
⑤ 학생들에게 학습의 목표와 과정 · 결과를 점검하고 비교할 기회 제공 : 포트폴리오는 학생들이 자신의 학습을 점검하고, 더 나은 목표를 세우기 위해 반성을 하게 한다.

(3) 포트폴리오 평가의 특징(권대훈)

① 포트폴리오 평가는 수업과 평가를 유기적으로 관련짓는다 : 포트폴리오는 평가도구인 동시에 수업도구이기도 하다. 평가가 수업의 일부분이 되어야 한다는 것은 포트폴리오 평가를 지지하는 사람들이 견지하고 있는 중심명제다.
② 포트폴리오는 개별화수업에 적절하다 : 그 이유는 학생마다 별도의 포트폴리오를 구성하기 때문이다. 지필검사는 같은 문항을 학생집단에 동시에 실시하기 때문에 개별화가 불가능하지만, 포트폴리오는 특정 학생의 고유한 학습목표에 부합되고 있으므로 완전히 개별화할 수 있다.

③ 포트폴리오는 작품 또는 성과물로 구성되므로 과정보다 성과를 평가하는 데 주안점을 둔다 : 포트폴리오에 포함된 작품을 평가할 때는 작품을 제작하는 절차와 과정을 직접 관찰할 수 없고 추론할 수밖에 없다. 과정은 다른 평가방법(비형식 관찰, 면담)을 통해 관찰할 수 있다.

④ 포트폴리오 평가는 학생의 약점이 아니라 강점을 확인하는 데 주안점을 둔다 : 포트폴리오 평가는 학생의 잘할 수 있는 부분에 주안을 두므로 학생은 가장 우수한 작품을 선정하여 제출한다.

⑤ 포트폴리오 평가는 평가과정에 학생을 적극적으로 참여시켜 스스로 강점과 약점을 평가하도록 한다 : 포트폴리오 평가는 궁극적으로 학생 주도적이므로 학생들이 자율적으로 학습하고 평가하도록 조력한다.

⑥ 포트폴리오는 학생의 성취도를 다른 사람들에게 효과적으로 전달한다 : 포트폴리오의 목적은 학생이 무엇을 잘할 수 있는가를 다른 사람들에게 전달하기 위한 것이다. 그렇기 때문에 교사가 학생의 진보상황을 학부모나 행정가에게 효과적으로 전달하는 수단이 된다.

(4) 포트폴리오 평가의 장단점

장점	단점
• 수업과 평가가 연계 : 포트폴리오 평가는 수업과 관련된 내용을 선정하여 스스로 수행하고 성취한 결과물을 평가하기 때문에 수업과 평가가 자연스러운 상황에서 실제적으로 연계된다. • 성장과 발달과정의 파악 : 포트폴리오는 장시간에 걸친 학생의 성장과 발달을 나타내므로 포트폴리오를 통해 학생의 성장과 발달과정을 자연스럽게 파악할 수 있다. • 자신의 강점과 약점의 파악 : 포트폴리오의 수행과정에서 지속적인 자기평가가 이루어지므로 학생 스스로 자신의 강점과 약점을 평가할 수 있으며, 자기평가능력을 신장시킬 수 있다. • 자기주도적 학습 능력의 신장 : 포트폴리오를 위한 목적 설정부터 계획 작성, 내용(작품 선정), 점검 및 평가에 이르기까지 모두 학생에게 주어져 있으므로 학생의 자기주도적 학습 및 자기조절 능력의 신장에 도움을 줄 수 있다.	• 시간과 노력이 많이 소요 : 평가도구 개발, 채점 기준표 작성, 평가 실시, 채점 등에 이르기까지 매우 많은 시간과 노력이 소요된다. • 채점과 평가의 어려움 : 장시간에 걸친 포트폴리오를 모두 평가해야 하므로 평가항목이 많고, 그 각 항목에 어느 정도의 점수를 부여해야 할지 채점과 평가에 어려움이 많다. • 신뢰도가 낮음 : 채점자의 주관이 개입될 소지가 많아 평가결과의 신뢰도가 낮고 불공정할 소지가 많다.

◎ 포트폴리오 평가와 전통적 평가의 특성

포트폴리오 평가	전통적 평가
• 주어진 내용영역에서 학생들의 활동을 다양하게 표현한다. • 자신의 평가와 자신의 목표 설정으로 학생들로 하여금 참여를 높인다. • 학생들의 개인차를 고려한다. • 협력하는 평가이다. • 향상, 노력 및 성취에 초점을 맞춘다. • 학습에 평가와 교수를 연결시킨다.	• 한정된 내용영역을 나타내며 학생들이 배운 것을 실제적으로 나타내지 못한다. • 교사의 채점 또는 학생들의 투입이 거의 없는 기계적 채점 결과에 의존한다. • 같은 범위 내에서 모든 학생들을 검사한다. • 교사와 학생 간의 공동협력체제가 부족하다. • 단지 부분적인 수행을 표현한다. • 평가와 교사와 학생을 분리시킨다.

⑸ 포트폴리오 평가방법

구분	내용
분석적 평가방법 (analytic scoring)	학생의 작품이 지니고 있는 여러 가지 특성이나 차원에 따라 각각 점수를 할당하는 방법이다(분석적 채점 : 답안을 구성요소로 나눈 다음 구성요소별로 채점하여 합산하는 채점방식).
총체적 평가방법 (holistic scoring)	학생의 포트폴리오를 전체로서 이해하고 전반적인 것에 대해 점수를 부과한다(총체적 채점 : 답안의 전반적인 질을 전체적으로 판단하여 단일점수를 주는 채점방식).

⑹ 포트폴리오 평가의 유의점(권대훈)

① 학생에게 포트폴리오가 '자기 자신의 작품'이라는 사실을 확신시켜야 한다. 그럴 때 포트폴리오가 학생 자신의 성장과정을 정확하게 나타내고 자기평가능력을 신장시키는 데 기여할 수 있다.

② 포트폴리오는 다양한 작품을 포함해야 한다. 포트폴리오에 어떤 작품을 포함시킬 것인지는 교사와 학생이 협의하는 것이 좋다.

③ 학생은 소정의 작품을 선정하고 적당한 노트나 폴더에 담아 파일함이나 상자와 같은 안전한 장소에 보관해야 한다. 교사는 학생이 작품을 적절하게 보관하도록 도와주어야 한다.

④ 포트폴리오에 포함된 작품의 질을 판단하기 위한 채점준거를 학생과 공동으로 설정해야 한다. 일단 채점준거를 설정한 다음에는 그것을 매우 구체적으로 기술해야 한다.

⑤ 학생에게 자신의 포트폴리오를 지속적으로 평가하도록 권장해야 한다. 또, 학생에게 특정 작품의 강점과 약점을 기록하고, 앞으로 작품을 어떻게 보완할 것인가에 대해 서술하도록 할 수도 있다. 포트폴리오 평가표에 날짜를 정확하게 기입하도록 해야 한다. 완성된 평가표는 해당 작품에 부착해 두어야 한다.

⑥ 포트폴리오 협의회를 계획·실행하는 것이 좋다. 교사-학생 협의회는 학생의 작품을 평가할 뿐만 아니라 학생의 자기평가능력을 신장시킨다. 가능하면 협의회는 자주 갖는 것이 좋다.

⑦ 포트폴리오 평가과정에 학부모를 포함시키는 것이 좋다. 가능하면 보호자에게 학생의 작품과 그 작품에 대한 자기평가결과를 정기적으로 검토하도록 하는 것이 좋다.

Plus

과정 중심의 평가 – 학생의 학습과 성장을 지원하는 과정 중심의 평가

1. 유형
① 형성평가 : 형성평가는 교수ㆍ학습의 진행 과정에서 학생 및 교사 자신에게 수시로 피드백을 제공하여 교육과정 및 수업을 개선하기 위한 평가이다(자유학기제에서는 중간ㆍ기말고사와 같이 지필시험 위주의 총괄평가 기능이 약화되었기 때문에, 상대적으로 학생의 학습발달에 대한 이해를 높일 수 있는 형성평가의 기능을 강화할 필요가 있다).

② 협력기반 수행평가 : 2인 이상의 학생들이 서로 협력하여 수행하면서 그들의 지식과 기능을 산출물로 나타내도록 하는 평가이다. 협력기반 수행평가는 기존의 방식에 비해 학생들이 협력하여 수행할 수 있는 기회를 더 확대하고, 학생의 발달과정을 이해할 수 있도록 하는 것이 특징이다. 2명 또는 그 이상의 학생들이 문제 해결을 위해 요구되는 이해와 노력을 서로 공유하며 그들의 지식과 기술, 그리고 그 해결책에 도달하기 위한 노력을 통합하면서 수행하는 절차 및 성과가 평가 대상이 되는 것이다.

③ 포트폴리오 평가 : 포트폴리오는 일정 기간 동안 구체적인 목적에 따라 계획적으로 학생들의 수행 정도와 성취 정도, 그리고 향상 정도를 표현하는 산출물들의 축적이라고 할 수 있다.

④ 자기평가(자기성찰 평가) : 자기평가(자기성찰 평가)는 학생 스스로 자신의 학습과정이나 수행수준을 모니터링하고 평가하는 활동을 총칭한다. 학생들은 스스로 자기평가를 해봄으로써 자신의 학습상의 강약점을 이해할 수 있으며, 학습전략을 수립할 수 있고, 더 나아가 자신의 학습에 대한 책임을 가질 수 있다.

⑤ 동료평가(상호평가) : 동료평가(상호평가)는 동료 학습자가 평가자가 되어 상대 학습자의 학습과정이나 결과물을 평가하는 것(동료끼리 서로의 학습에 대해 점검하는 평가)으로서, 이를 통해 서로 협력하고 함께 성장하는 경험을 키울 수 있다. 과다한 학생 인원과 교사의 시간 부족으로 인한 평가의 어려움을 극복할 수 있고 학생의 자기평가가 가지는 주관성의 문제점을 동료평가를 통해서 객관성을 확보할 수 있는 장점이 있다.

2. 자기평가가 학생에게 제공할 수 있는 장점 [21 중등論]
① 자기성찰적 평가활동을 통해 자신의 인지수준이나 학습전략을 돌아보는 과정에서 메타인지를 향상시킬 수 있다.

② 학생이 스스로 학습목표를 세우고 학습달성에 대한 계획을 수립하고 스스로 점검해볼 수 있는 기회를 제공할 수 있다.

③ 학생의 자기성찰을 통한 학습과정의 일부로 인식하게 된다.

④ 학생이 스스로 자신의 수행 결과를 평가하면서 학습과정을 이해할 수 있는 대안적 평가방식이다.

⑤ 학습에 대한 인지적 능력과 함께 학습동기 및 태도와 같은 정의적 능력을 통합적으로 개선할 수 있다.

⑥ 자신의 학습 및 평가를 통제함으로써, 보다 독립적으로 자신의 학습 및 발달을 관리할 수 있는 기회를 주는 등 궁극적으로 학생의 자기조절학습 역량 개발에 유용하다.

⑦ 자기평가는 교사의 평가 부담을 분담하는 하나의 방법이 될 수 있다.

3. 자기평가 방법을 학교 장면에서 적용할 때, 교사들이 겪을 수 있는 어려움
① 자기평가에 대한 학생대상 사전교육의 필요성과 평가준비를 위한 많은 시간 소모 가능성 : 대체로 성취도가 낮거나 자기평가에 대한 경험이 낮은 학생들은 자신의 성취도를 과대추정하는 경향이 있다. 따라서 교사들은 자기평가 방법이 개별 학생들에게 익숙해질 수 있도록 충분한 교육을 제공해야 한다.

② 학생의 평가권 거부 : 평가는 교사의 업무라고 생각하거나, 자신의 평가능력에 대한 자신감 부족으로 일부 학생들의 경우는 자기평가자의 역할을 거부할 수도 있다.

③ 평가결과의 신뢰성 : 자기평가에 의한 평가결과와 기타 다른 평가 방법(예 지필검사, 동료나 교사평가 등)의 평가결과가 일치하지 않을 때, 혼란이 야기될 수 있다.

4. 학생 자기평가 실시 원리
① 개별 학생들을 위한 교사의 지원과 훈련이 필요하며, 자기평가 경험이 없는 학생들에게는 자기평가에 대한 자료를 제공하고 적절한 교육을 실시해야 한다.

② 학습목표와 평가기준을 분명하게 설정하고, 학생들이 충분히 이해하고 내면화할 수 있도록 교사들은 충분한 설명과 예시를 제공해야 한다.

③ 학생들이 자기성찰을 통해 자신이 무엇을 알고, 무엇을 배웠는지 생각해볼 수 있는 기회를 제공해야 한다.

④ 학생의 반성, 학습태도, 학습전략, 학습내용 등으로 구성되지만 평가의 목적에 따라 자기평가의 내용이 달라질 수 있다.

⑤ 평가내용과 학생수준에 따라 구조화/비구조화된 평가지를 사용할 수 있다.

5. 동료평가(상호평가)의 장단점

① 장점

    ㉠ 자기주도적 학습 촉진 : 동료평가는 학생들이 평가 과정의 주체로서 스스로 학습 과정에 적극적으로 참여하도록 유도하므로 자기주도적 학습을 촉진한다.

    ㉡ 책임감과 협력 증진 : 동료평가를 통해 학생들은 서로에게 책임감을 느끼고, 서로 협력하고 함께 성장하는 경험을 키울 수 있다.

    ㉢ 자신의 학습 성찰과 개선 : 여러 동료로부터 다양한 피드백을 받을 수 있어, 학생들은 다각적인 시각에서 자신의 학습을 성찰하며 개선할 수 있다.

    ㉣ 비판적 사고력 향상 : 학생들이 동료의 학습을 평가하면서 비판적 사고와 분석 능력을 기를 수 있다.

    ㉤ 학습에 대한 긍정적 효과 : 동료평가에서 학생들은 평가자와 피평가자로 활동하여 학습에 대한 긍정적 효과를 얻을 수 있다(동료평가는 학습자가 평가 과정의 주체가 되고, 학습 과정에 대한 평가를 수행한다는 측면에서 자기주도적 학습자가 되는 것으로 학습에 긍정적인 영향을 미친다./ 피드백 과정에서 동료 간 활발한 상호작용을 유도하여 학습에 도움을 준다.) / 동료 학습자의 학습 행동을 평가하여 학습에 대한 관심과 흥미가 높아지고 긍정적 학습태도를 기를 수 있다.

    ㉥ 평가에 대한 긍정적 태도 : 평가에 대한 긍정적인 태도를 가질 가능성이 크며, 학급의 분위기가 협조적이고 우호적일 수 있다.

    ㉦ 교사의 업무 부담 경감 : 동료평가는 교사의 입장에서 평가 업무에 대한 부담을 줄여주는 긍정적인 효과가 있다.

② 단점

    ㉠ 객관성 부족 : 학생 간의 관계나 감정이 평가에 영향을 미칠 수 있어 객관적인 평가가 어려울 수 있다.

    ㉡ 전문성 부족 : 모든 학생이 동일한 평가 능력을 가지고 있지 않기 때문에 평가 결과의 신뢰성이 떨어질 수 있다.

    ㉢ 경쟁과 갈등 심화 : 동료평가가 학생 간의 불필요한 경쟁을 유발하거나, 오히려 갈등을 촉발할 수 있다.

    ㉣ 피드백의 질 : 평가자가 피드백을 제공하는 데 익숙하지 않거나 비판을 꺼리는 경우, 피드백의 질이 낮거나 유용하지 않은 피드백을 줄 수 있다.

06 **성취평가제**

❶ 개관

(1) 성취평가제의 의미

① 국가 교육과정에 근거하여 개발된 교과목별 성취기준과 성취수준에 따라 학생의 학업성취 수준을 평가하는 준거지향평가를 가리킨다. ⇨ 성취기준에 도달한 정도에 비추어 성적(성취수준)을 평가하는 준거지향평가

② 성취평가제 도입은 학생들 간 상대적 서열 중심의 규준참조평가에서, 학생들이 성취해야 할 목표중심의 준거참조평가로의 전환을 의미한다.

(2) 성취평가(준거참조평가)의 특징

① 미리 선정된 수행 준거(교육목표)에 따라 평가하고 그 결과를 해석한다.

② 학생이 무엇을 알고 무엇을 할 수 있는지에 대한 정보를 제공해 준다.

③ 내용과 과정에 대한 심층적 분석으로 교수·학습 개선이 용이하다.

(3) 성취평가와 상대평가의 비교

	성취평가(준거참조평가)	상대평가(규준참조평가)
평가방식	사전에 잘 정의된 준거에 비추어 특정 영역의 성취 여부나 정도에 따라 평가	개인이 얻은 점수를 비교집단의 규준에 맞추어 상대적인 서열에 의해 판단하는 평가
목적	학생이 무엇을 알고 무엇을 할 수 있는지에 대한 정보 제공	개인차 변별 및 상대적인 위치 파악
비교 대상	준거와 수행	개인과 개인
점수 기록	A-B-C-D-E 등	석차 9등급, 과목별 석차
장점 및 단점	• 내용과 과정에 대한 심층적 분석으로 교수·학습 개선 용이 • 협동학습 분위기 조성 • 탐구정신의 발휘와 지적 성취 유발 통한 창의·인성 위한 수업 방식 활성화 • 경쟁을 통한 외적 동기 유발 부족	• 상호경쟁으로 발전 유도 • 학습결과 중심으로 평가함에 따라 학습 촉진 곤란 및 교수·학습 이론 부적절 • 집단 내 지나친 배타적 경쟁 유발하여 인성교육에 부적절 • 학생들 간의 협동학습 통한 나눔과 배려 학습경험 저해 • 교육의 질적 수준 분석이 어려움

② 성취평가의 기록 방식

(1) 성취수준의 표기(성적 표기 방식)

① 교과의 특성에 따라 성취수준을 '성취도'란에 A−B−C−D−E, A−B−C, P 등으로 표기한다.

② 석차 등급 또는 석차 등 서열 정보는 중·고등학교 모두 삭제되고, 원점수/과목평균(표준편차)을 성취도(수강자 수)와 함께 입력한다.

(2) 학교생활기록부 기재

① 성취수준(성적)을 'A, B, C, D, E'로 표기하고 원점수/과목평균(표준편차)을 병기한다. 석차는 기재하지 않는다.

개정 전			개정 후		
	1학기			1학기	
과목	성취도	석차(동석차 수)/ 수강자 수	과목	성취도 (수강자 수)	원점수/ 과목평균(표준편차)
국어	수	4(15)/406	국어	A(406)	97/75.2(11.3)

② 체육·예술교과는 성취수준(성적)만 'A, B, C'로 표기한다.

개정 전		개정 후	
	1학기		1학기
과목	성취도	과목	성취도
체육	우수	체육	A

07 기타 평가 유형

① 정적 평가와 역동적 평가

(1) 정적 평가(static assessment)

① 전통적 평가(실제적 발달수준의 평가, 혼자 수행하는 평가)로서, 학생의 완료된 발달 정도를 평가하는 것 ⇨ 피아제(Piaget) 이론에 기초

② 평가자(교사)와 학생 간의 표준적인 상호작용을 제외하고는 거의 상호작용 없이 이루어지는 평가

(2) 역동적 평가(dynamic assessment)

① 평가자(교사)와 학생 간의 역동적 상호작용을 중시하는 평가 ⇨ 비고츠키(Vygotsky)의 '근접발달영역(ZPD)'이론에 기초하여 전개된 평가

② 역동적 평가에서는 명시적 또는 묵시적으로 힌트와 피드백을 제공하면서(비계설정) 미래에 나타날 발달 가능성(잠재적 능력)을 평가한다.

③ 역동적 평가의 예

   ㉠ **표준적 접근** : 학생이 정확한 문제해결에 이르지 못했을 때 가장 일반적인 힌트로부터 매우 구체적인 힌트에 이르기까지 점진적인 연속성을 지닌 힌트를 제시하면서 학생이 문제를 정확히 해결하기까지 어느 정도의 힌트를 필요로 하는지를 평가하는 것

   ㉡ **임상적 접근** : 문제해결의 과정에서 학생의 동기·인지양식·인지기능·인지전략 등을 관찰하고 이를 조정함으로써, 문제해결이 가능하도록 이끌어주면서 학생의 수행을 평가하는 것

✅ 고정적 평가와 역동적 평가

구분	고정적 평가(Piaget)	역동적 평가(Vygotsky)
평가목적	교육목표 달성도 평가	향상도 평가
평가내용	학습결과 중시	학습결과 및 학습과정 중시
평가방법	• 정답한 반응 수 중시 • 일회적·부분적 평가	• 응답의 과정이나 이유도 중시 • 지속적·종합적 평가(준거지향 평가)
평가상황	• 획일적이고 표준화된 상황 • 탈맥락적인 상황	• 다양하고 융통성 있는 상황 • 맥락적인 상황
평가시기	특정 시점(주로 도착점행동)	출발점 및 도착점을 포함한 교수·학습 전 과정
평가결과 활용	선발·분류·배치	학습활동 개선 및 교육적 지도·조언
교수·학습활동	교수·학습과 평가활동 분리	교수·학습과 평가활동 통합

❷ 정의적 특성의 평가

(1) 개관

① **개념** : 학습자의 태도, 자아개념, 학습동기, 자기효능감, 대인관계, 성격, 도덕성 등 정의적 특성을 평가하는 것을 말한다. 정의적 특성의 평가는 학생들을 한 줄로 서열화하는 것이 아니라, 인간으로서의 학생에게 관심을 가지고, 그들의 성질을 이해하고 돕고자 하는 것이 주된 목적이다.

② **중요성(필요성)**

    ㉠ **전인교육의 이상 실현** : 정의적 특성은 학생의 전인적 발달을 꾀하는 핵심적 구성요소의 하나로서 전인교육의 이상을 실현할 수 있는 중요한 교육적 영역이다.

    ㉡ **학업성취의 중요한 요인** : 정의적 특성은 학습의 촉진제 역할을 수행하므로 지적 학업성취의 성공과 실패를 결정짓는 중요한 요인으로 작용한다.

    ㉢ **교육 프로그램의 개선** : 정의적 영역의 평가는 교육과정과 교수방법 등 교육 프로그램의 개선에 중요한 정보를 제공해 준다.

    ㉣ **학생지도의 중요한 역할** : 정의적 영역의 평가는 학생의 학습을 진단하고 도와주며, 문제행동을 교정하고 치료하는 데 중요한 역할을 한다.

③ **정의적 평가의 방향** : 정의적 특성의 평가는 학습자의 정의적 특성의 강점과 약점을 파악하여 이를 바람직한 방향으로 성장시킬 수 있도록 피드백을 제공하는 데 초점을 두어야 한다.

(2) 정의적 특성의 평가방법

① **관찰법**

    ㉠ **개념** : 학생의 행동을 관찰하고 해석하여 학생의 정의적 특성을 평가하는 방법이다. 인간의 외현적 행동이나 생리적 반응으로부터 정의적 특성을 추론할 수 있다는 전제에 기초하고 있다.

    ㉡ **관찰 시 유의점**

        ⓐ 우발된 관찰이 아니라 계획된 관찰이어야 한다. 관찰행동 단위의 분석, 관찰내용의 분석, 관찰기록 기준의 설정 등 가능한 한 분석적 관찰을 하되, 전체 상황이나 흐름도 파악한다.

        ⓑ 객관적인 태도로 관찰에 임해야 하며, 타당도, 신뢰도, 객관도가 높아야 한다.

        ⓒ 관찰결과는 반드시 기록되고 분석되어야 한다. 사전에 기록방법(📌 일화기록법, 체크리스트, 평정기록법 등)을 치밀하게 정해 놓아야 한다.

    ㉢ **관찰결과의 기록방법**

        ⓐ **일화기록** : 학생의 특성을 이해하기 위해 자연스러운 장면에서 유의미한 행동사례를 구체적으로 기록하는 방법이다.

        ⓑ **체크리스트(checklist)** : 관찰하려는 행동이나 특성을 열거한 목록(list)을 보고 행동이나 특성의 존재 여부를 체크하도록 하는 방법이다.

        ⓒ **평정척도(rating scale)** : 행동이나 특성의 정도·수준·빈도를 평가할 수 있는 방법이다. 평정척도는 양식에 따라 숫자평정척도, 도식평정척도, 기술식 평정척도로 나눌 수 있다.

② **면접법** : 언어적 상호작용을 매개로 학생으로부터 정보를 수집하는 방법이다. 직접 대면 여부에 따라 면대면 면접, 전화면접, 화상면접이 있고, 피면접자의 수의 따라 개별면접, 집단면접이 있으며, 면접의 구조화 정도에 따라 구조화된 면접, 비구조화된 면접, 반구조화된 면접이 있다.

③ **자기보고법** : 자신의 감정·태도·신념·가치·신체 상태를 스스로 표현하거나 기술하도록 하는 방법이다.

    ㉠ **질문지(설문지, questionnaire)** : 일련의 질문에 응답하도록 하는 자기보고식 방법이다. 구조화 정도에 따라 주어진 질문에 자유롭게 진술하는 자유반응형(개방형, 비구조화 질문지)과 선택지를 고르는 구조화 질문지(폐쇄형, 선택형)가 있다. 질문지(설문지)를 작성할 때에는 ⓐ 간단명료하게 진술해야 하며, ⓑ 내용이나 범위가 중복되지 않아야 하고, ⓒ 특정 응답이 바람직하다는 것을 시사하는 유도질문을 포함하지 않아야 하며, ⓓ 한 문항에 여러 내용이 포함되지 않도록 해야 하고, ⓔ 생략된 표현을 사용하지 말고 완전한 문장을 사용해야 하며, ⓕ 가급적이면 부정문을 사용하지 않아야 하고(논리적 사고를 요하기 때문에 과도한 부담을 주며 실수를 유발할 개연성이 높기 때문), 특히 이중부정문은 사용하지 말아야 한다.

    ㉡ **척도법(scale)** : 척도는 일련의 상호관련된 진술문이나 형용사쌍으로 구성된다. 태도와 같은 정의적 특성을 측정하기 위한 척도로는 리커트(Likert) 척도, 써스톤(Thurstone) 척도, 구트만(Guttman) 척도, 의미변별척도(semantic differential scale)가 많이 사용된다.

        ⓐ **리커트(Likert) 척도** [19 중등論] : 모든 진술문에 반응하도록 한 다음 모든 진술문의 평정점수를 합산하여 정의적 특성 점수로 간주하는 종합평정법이다(연속선상의 양극단에 해당하는 긍정–부정의 진술문으로 구성 ⇨ 종합평정법). 리커트 척도는 특정 대상에 대해 긍정적 태도를 나타내는 긍정적 진술문과 부정적 태도를 나타내는 부정적 진술문으로 구성되며, 중립적 진술문은 포함하지 않는다.

        ⓑ **의미변별척도(의미분석법)** : 연속선상의 양극단에 해당하는 형용사쌍의 진술문으로 구성하는 방법이다.

④ **사회성 측정법**

    ㉠ **개념** : 학생이 자기 동료에게 어떻게 수용되고 있는가를 평가하는 방법이다.

    ㉡ **교육적 가치**

        ⓐ 개인의 사회적 적응력을 향상할 수 있다.

        ⓑ 집단의 사회구조를 개선할 수 있다. 학교 또는 학급 내에 존재하는 비형식적 여러 집단을 파악하여 집단의 사회적 구조를 개선하는 데 도움을 준다.

        ⓒ 집단을 새로이 조직하거나 재조직(예 좌석배치, 위원회 조직, 모둠편성 등)하는 데 도움을 준다.

        ⓓ 특수한 교육문제(예 집단 따돌림, 왕따 등)의 해결에 이용할 수 있다.

(3) 관찰과 면접을 활용할 때 발생할 수 있는 평가(평정)의 오류

① **개관** : 교사가 관찰과 면접을 활용하여 학생의 정의적 특성을 해석하고 판단할 때 범하기 쉬운 오류는 다음과 같다.

② **오류의 종류** : 집중경향의 오류, 인상의 오류, 논리적 오류, 대비의 오류, 근접의 오류, 무관심의 오류, 의도적 오류, 표준의 오류

(4) 정의적 영역의 평가 시 고려사항

① 행동이 발생하는 환경적 조건과 결부시켜 평가되어야 한다.
② 행동특성의 이해는 단일한 환경조건이나 우연적 상황에 의존해서는 안 된다.
③ 행동의 평가는, 바람직한 행동은 발전시키고 잘못된 행동은 수정함을 전제로 진행한다.
④ 행동특성에 대해 미리부터 가치개념과 척도를 전제해서는 안 된다.
⑤ 평가영역에 따라 적절한 평가방법을 선택하여야 한다.

3 창의 · 인성 교육을 위한 평가

(1) 개관

21세기가 요구하는 창의성과 바른 인성을 개발하기 위해서는 학습을 극대화하기 위한 평가뿐만 아니라 평가 과정에서도 학습이 이루어지는 '학습으로서의 평가'가 필요하다.

(2) 창의 · 인성 교육을 위한 평가방안

① **수행평가의 내실화** : 수행평가 과제는 정답이 하나로 정해져 있지 않은 비구조적인 실제적 과제이므로 이를 협력적으로 해결하는 과정에서 창의성과 인성을 신장시킬 수 있다.
② **실생활과 연계한 평가** : 실생활과 연계한 평가를 실시하면 지식정보처리 역량, 창의적 사고 역량, 의사소통 역량 등이 요구되므로 창의성과 바른 인성을 증진할 수 있다.
③ **수업과 연계한 평가** : 수업 중간에 학생의 성취수준을 점검하기 위한 평가를 실시하면 평가가 학습의 연장이 되며, 평가 과정에서도 학습이 이루어질 수 있다.
④ **형성평가의 활용** : 형성평가를 통해 학생의 성취수준과 강·약점, 학습결손 및 오류 등에 대해 구체적인 피드백을 제공하면 올바른 학습태도와 창의적이며 자율적인 사고 역량 형성에 이바지할 수 있다.

4 메타평가(meta evaluation) 00 교대편입, 12 초등

(1) 개념

메타평가는 평가에 대한 평가(evaluation about evaluation), 평가의 평가(evaluation of evaluation)를 의미하며, 평가의 질적 수준을 향상시킬 목적으로 실시한다.

(2) 유형

① **진단적 메타평가** : 평가가 실시되기 전 단계에서 이루어지는 평가이다. 평가를 어떻게 준비하고 계획했는가를 평가 관련 변인들과의 관련성을 중시하면서 평가해 보는 것이다.

② **형성적 메타평가** : 평가를 실시하는 과정에서 이루어지는 평가이다. 평가의 실행 과정에서 평가자에게 피드백을 제공함으로써 평가활동을 개선하는 데 목적을 둔다. 형성적 메타평가에 포함되어야 할 요소는 평가의 수행 여부, 평가문제에 대한 규정, 평가고객에 대한 명료화, 평가목적에 대한 명시화, 평가를 위한 계약, 예산, 연구진, 자료수집과 분석의 절차, 평가결과와 제안점의 보고형식 등에 대한 의사결정에 도움을 주는 안내지침이다.

③ **총괄적 메타평가** : 평가활동이 종료된 후 그 평가의 가치와 장단점을 총체적으로 판단하는 평가이다. 관련 당사자들에게 평가의 질에 대한 정보를 제공하기 위한 목적으로 실시한다.

(3) 기능

① 의사결정을 내리는 데 유용하다.

② 평가과정에서 지켜야 할 윤리가 준수될 수 있다.

③ 평가에 사용된 이론과 기술이 적합한지 판단할 수 있다.

④ 관련 정보 또는 자원을 사용할 때 실용성을 높일 수 있다.

(4) 평가에 대한 판단기준

① **실현성**(feasibility) : 평가가 실현 가능하였는지 여부

② **실용성**(utility) : 평가가 실제로 필요하였는지 여부(평가의 필요성에 얼마나 부합하였는지)

③ **적합성**(propriety) : 평가가 도덕적으로 적합하게 실시되었는지 여부(도덕적으로 실시되었는지)

④ **정확성**(accuracy) : 정확한 정보를 전달하였는지 여부(정확하게 실시되었는지)

❺ 컴퓨터화 검사(Computerized Testing)

(1) 컴퓨터 이용검사(CBT : Computer Based Testing)

① 개념

㉠ 컴퓨터를 이용하여 실시하는 지필검사이다.

㉡ 컴퓨터의 신속하고 정확한 자료처리능력을 이용하여 검사 답안지를 채점하거나 그 결과를 분석하여 해석하는 데 활용하는 방식이다.

㉢ CBT를 실시하기 위해서는 기본적으로 검사에 필요한 컴퓨터 하드웨어 및 소프트웨어를 갖추고 있어야 하며, 실시하고자 하는 검사와 관련된 문제은행이 사전에 구축되어 있어야 한다. 또한 피험자는 컴퓨터 문해력(computer literacy)을 갖추고 있어야 한다.

② 장점

㉠ 응답결과나 검사결과에 대한 즉각적인 피드백이 이루어지기 때문에, 학습능력에 대한 신속한 진단이나 교정이 용이하다(학습능력 향상을 촉진할 수 있다). 또한 채점과 결과 통보에 걸리는 인력과 시간, 경비를 절약할 수 있다.

ⓛ 사진, 동영상, 음성, 그래프 등 다양한 형태의 문항을 제시하여 지금까지 지필검사로는 측정하지 못했던 능력들을 측정할 수 있다.

ⓒ 컴퓨터만 있으면 시기와 장소를 불문하고 언제, 어디서든지 검사를 실시할 수 있다.

ⓔ 문항과 피험자에 대한 다양한 정보가 지속적으로 제공, 저장, 관리되기 때문에 문항의 적절성을 평가하거나 학습자의 능력을 정확하게 파악하는 데에도 유용한 정보를 제공해 줄 수 있다. 지필검사에서는 피험자의 응답 자료만을 얻을 수 있지만, CBT에서는 피험자의 응답결과뿐만 아니라 학생의 전체 검사 소요시간 및 문항별 응답시간, 문항의 재검토나 수정 여부 등 피험자와 관련된 다양한 정보들이 제공되므로 피험자의 능력에 대한 정확한 추정이 가능할 수 있다.

ⓜ 지필검사보다 인쇄, 시험감독, 채점 등 전체적인 평가 시스템을 관리하기가 훨씬 간편하며, 검사내용에 대한 비밀보장도 용이하다.

ⓗ 실시상의 어려움이 따르던 수행평가도 컴퓨터를 이용한 모의실험(simulation)을 통하여 다양하고 편리한 방법으로 실시할 수 있다. 예컨대, 환자의 증상을 컴퓨터로 보고 그 증상에 대한 진단과 치료 방법을 서술하기, 키보드나 마우스와 같은 컴퓨터의 입력장치를 치료도구로 하여 환부의 치료를 시행하기 등이 가능하다.

ⓢ 제시문을 읽지 못하는 시각장애자나 유아에게도 음성을 이용하여 검사를 실시할 수 있는 등 장애 정도에 따라 적절한 평가환경을 제공하는 것이 가능하다.

③ **한계**

㉠ 지필검사와의 동등성이 완전히 검증되지 않았다. 특정 문항의 경우에는 양식효과(mode effect)가 있을 수 있다.

　🔔 **양식효과** 지필이나 컴퓨터와 같이 검사를 제시하는 방식이 검사 자체에 미치는 영향을 의미한다.

㉡ 컴퓨터의 조작 능력이 검사 결과에 영향을 미칠 수 있으며, 이에 따라 새로운 측정오차가 발생할 수 있다.

㉢ 컴퓨터의 시스템이 시행 가능한 문항의 형태를 제한하는 경우가 있으며, 교과에 따라 적합하지 않을 수도 있다. 예를 들어, 복잡한 계산 과정이 요구되는 문항이나 집중적인 독해를 요구하는 문항의 경우 컴퓨터로 제시할 경우 가시성이 떨어질 수 있다.

⑵ 컴퓨터 능력적응검사(CAT : Computer Adaptive Testing) [24 중등論]

① **개념**

㉠ 컴퓨터를 이용하여 피험자의 능력수준에 맞는 문항이 자동으로 출제되는 방식의 검사이다. 즉, 모든 피험자에게 동일한 검사를 실시하는 것이 아니라, 사전에 만들어진 문제은행으로부터 개별 피험자의 능력에 맞는 문항을 제시하여 문항을 맞히면 더 어려운 문항을, 틀리면 더 쉬운 문항을 제시하여 피험자의 응답결과에 적응하는 방식으로 실시하는 검사이다.

㉡ 문항반응이론과 컴퓨터공학이 서로 긴밀하게 연결되면서 발전된 하나의 검사방법이다. 컴퓨터의 연산 기능을 충분히 활용하는 CAT는 되도록 짧은 시간 내에 적은 수의 평가문항을 사용하면서도 학습자의 능력에 대한 측정오차가 최소가 되도록 정확하게 측정할 수 있으며, 필요에 따라 측정오차의 크기나 검사의 길이 그리고 검사의 신뢰도 등과 같은 변인들을 개별적으로 조정할 수 있다.

② 특징

　㉠ 능력수준을 고려한 검사 : 모든 피험자에게 동일한 문항을 제시하는 것이 아니라 피험자의 능력 수준에 따라 각기 다른 문항이 제시된다.

　㉡ 개별적인 검사 : CAT의 실현을 위해서는 즉각적인 채점과 다음 문항 선택을 위한 컴퓨터의 빠른 실시간 계산능력이 필수적이며, 이를 통해서 피험자 능력수준에 적합한 보다 효율적이고 개별적인 검사가 가능하다.

③ 장점

　㉠ 정확하고 공정한 검사 : 피험자 개인의 능력 수준에 맞는 문제가 자동 출제되므로 피험자의 능력을 정확하게 측정할 수 있다.

　㉡ 측정 오차 감소 : 피험자의 능력에 맞는 문제를 제시함으로써 동기를 유발하고 사기를 진작시켜, 검사 상황에서 유발되는 측정오차를 감소시킬 수 있다.

　㉢ 검사 시간 단축 : 피험자의 능력 수준에 적합한 효율적인 검사이므로 검사 시간을 단축할 수 있으며, 검사 실시에 따르는 경비절감에도 기여한다.

　㉣ 부정행위 방지 : 개인마다 다른 형태의 검사를 시행함으로써 검사 도중에 발생하는 부정행위를 방지할 수 있다.

　㉤ 정보 유출 최소화 : 검사문항 내용에 대한 정보 유출의 가능성을 최소화할 수 있다.

　㉥ 개별 평가 가능 : CAT 도입으로 인해 개인의 학습능력이나 진도에 따른 개별 평가가 가능해졌다는 점도 컴퓨터 이용검사의 장점이 될 수 있다.

④ 문제점

　㉠ 비전공자 활용상 어려움 : CAT의 기본원리가 되는 이론적 배경이 수학과 통계학에서 시작되었기 때문에 일반 실무자들이나 비전공자들이 접하기가 어려워서 쉽게 활용할 수 없다.

　㉡ 좋은 CAT 모형 판단이 어려움 : 현재 연구된 CAT 모형들이 아주 다양해서 어떤 모형이 좋은지 현장의 교사와 활용자들이 구별하여 사용하기 힘들다.

　㉢ 장시간 체계적인 연구가 요구됨 : 문항반응이론에 의하여 출제 문항의 모수들을 계량해야 하는 CAT 모형은 사전에 많은 양의 데이터를 모으고 분석하여 정리할 것을 요구하고 있어 장시간 체계적인 연구를 할 수 없는 일반 실무자들의 경우에는 활용의 제한이 많다.

　㉣ 실제 개발에 많은 제한이 존재 : 대부분의 CAT 모형이 구체적으로 어떻게 검사를 개발해야 하며 컴퓨터 프로그램으로 어떻게 구현해야 되는지에 대한 지침을 제공하지 못하고 있으므로, 설계를 위해 표준화된 자료의 부족으로 실제 개발에 많은 제한이 있다.

평가도구

Section 01 평가도구

01 평가도구의 양호도

1 타당도(validity) 91 중등, 93 중등, 96~00 중등, 99~00 초등보수, 03~04 초등, 04 중등, 06~08 초등, 07 중등, 11 중등, 17 중등論, 23 중등論

(1) 개념

① '무엇(what)'을 재고 있느냐의 문제이다.
② 검사가 본래 재고자 하는 것을 얼마나 충실하게 측정하고 있는가의 정도를 말한다. ⇨ 검사대상(what)의 충실성·정직성

(2) 종류 – 증거의 종류

내용타당도		• 내용의 충실성 정도 ⇨ 표집타당도, 주관적 타당도 • '이원목표 분류표'를 활용
준거 타당도	공인타당도	• 현 시점에서 관련된 두 검사와의 일치(공인) 정도 • 상관계수(correlation coefficients)로 나타냄
	예언타당도	• 미래의 행동특성을 예언하는 정도 • 기대표(expectancy table)로 활용 • 회귀분석을 활용
구인타당도		• 조작적으로 정의한 구인(construct)을 재는 충실성의 정도 • 요인분석, 상관계수법, 실험설계법 등을 사용
결과타당도		• 검사결과의 교육효과 달성 정도 • 검사나 평가를 실시하고 난 결과에 대한 가치판단

🔔 **준거타당도(외적 준거타당도)** 어떤 평가도구에 의해 밝혀진 행동특성과 그러한 행동특성을 포함하는 제3의 평가도구(준거)를 비교함으로써 타당도를 밝히는 것

내용타당도	표집타당도, 주관적 타당도, 논리적(내적 준거) 타당도, 목표타당도, 교과타당도 • 평가도구가 그것이 평가하려는 내용, 즉 교육목표를 얼마나 충실히 측정하고 있는가와 관련된 타당도이다. • 검사문항들이 측정하고자 하는 전체 내용(전집 : population)을 잘 대표할 수 있도록 표집되어 있는 정도이다. ⇨ '표집타당도'

	• 내용타당도의 판단(즉, 검사가 측정하고자 하는 내용을 골고루 측정할 수 있도록 문항을 얼마나 잘 표집했느냐의 판단)은 검사가 측정하고자 하는 분야의 전문가(예 담당교사)에 의해 이루어진다. ⇨ '주관적 타당도' • 통계적 절차(예 상관계수)나 실제 학생의 검사 점수보다는 내용 전문가가 지닌 전문적 지식 및 주관적 경험을 활용하거나 이원목표 분류표에 근거하여 검사내용의 적절성과 대표성에 대해 판단한다. • **내용타당도를 높이는 방법** 　－ 교육목표가 준거가 되기 때문에 '이원목표 분류표'를 사용하여 교육목표를 세분화하고, 그에 따라 문항이 제작되었는지를 확인함으로써 타당도를 높일 수 있다. 　－ 전체내용(전집 : population)을 잘 대표할 수 있도록 표집하여 검사가 측정하고자 하는 내용을 골고루 측정한다.
공인타당도 **(동시타당도)**	• 현 시점에서 관련된 두 검사와의 공인(일치) 정도를 밝히는 타당도이다. 동일한 능력 혹은 특성을 재고 있는 두 평가도구(즉, 검사와 준거)가 동일한 시기(예 같은 날)에 치러졌을 때 사용하는 타당도의 증거를 말한다. • 새로이 제작된 검사도구로 기존의 검사도구를 대체하고자 할 때 사용한다. • 준거(Y)의 기준은 현재이고, 동시에 측정되는 검사 X와 준거 Y의 상관계수(γ)로 나타내며, 현재의 준거와 '공통된 요인'에 관심을 갖는다. 　예 새로 만든 수학학력고사 X와 현재 사용하고 있는 수학학력고사 Y와의 상관관계를 따진다. / 흥미검사에서 음악 부문에 흥미가 높은 학생이 실제로 음악 성적이 우수한가를 밝힌다.
예언타당도 **(예측타당도)**	• 어떤 검사결과가 피험자의 미래 행동특성을 얼마나 정확히 예언하느냐와 관련된 타당도이다. 준거는 미래의 행동특성(예 학업 또는 직업에서의 성공, 사회적 적응력 등)이다. • 선행검사성적(X)과 준거(Y : 미래검사성적)의 상관계수(γ)로 나타낸다. 　예 교원임용시험 성적이 높은 교사가 채용된 후에도 근무 성적이 높으면 이 시험의 예언타당도는 높다. • 많은 경우 상관계수보다는 통계적으로 복잡한 회귀분석을 사용한다. 　예 대학교 신입생 선발 시험에서 대입수능시험 성적, 고등학교 내신 성적, 면접시험 점수를 고려한다면, 위의 세 결과 점수를 독립변인으로 하고 대학교에서의 학업성적을 종속변인으로 하는 회귀분석을 통하여 검사 점수가 어느 정도 예측력을 가지는지를 분석한다.
구인타당도	구성타당도, 심리적 타당도, 이론적 타당도 • 어떤 검사가 조작적으로 정의한 구인(construct)을 얼마나 충실히 재고 있는가와 관련된 타당도이다. ⇨ '검사의 결과로 산출된 점수의 의미를 심리학적 개념으로 분석하는 것'(Cronbach) 　예 '창의력'이라는 개념의 구인은 유창성, 민감성, 융통성 … 등이 있다. 이러한 하위요소(구인)를 분석하였을 때 우수하게 평가되었다면 창의력이 높을 것이다. • 구인(construct)은 구성요인(구성개념)을 의미하는 것으로, 직접 측정하거나 관찰하는 것이 불가능한 인간의 인지적, 심리적 특성(예 지능, 문장독해력, 수학 문제해결력, 도덕성, 불안감 등)을 말하며, 많은 경험적 또는 통계적 증거자료를 필요로 한다. • 요인분석적 방법(중다특성기법), 상관계수법, 실험설계법, 공변량 구조 방정식 모형 방법, 수렴－변별타당도 방법 등을 사용하여 추정한다.
결과타당도 **(영향타당도)**	• 검사를 실시하고 난 뒤 검사결과에 대한 가치판단으로, 검사가 체제(system) 전체에 어떤 교육효과나 결과를 가져왔는지를 교육적·사회적 파급효과를 검토하는 것을 말한다. ⇨ 평가결과를 가지고 평가도구의 타당도를 검증하는 타당도이다. 　예 학교교육에 새로운 평가나 검사도구가 도입·적용될 때, 그러한 평가나 검사가 학생, 교사 측면에서 학습동기, 학습방법, 교수방법 등에서 긍정적인 변화와 결과를 가져왔는지의 여부는 결과타당도를 분석하여 알 수 있다. • 검사가 원래 의도한 것을 측정했는가, 검사가 학생들의 표현력·탐구정신을 얼마나 잘 측정했는가, 학생들이 평가를 준비하기 위해서 얼마나 노력했는가를 파악할 때 사용한다.

> **Plus**
>
> **안면타당도**(face validity)
>
> 검사문항들이 피험자에게 친숙한 정도를 의미한다. 피험자가 자주 접해 본 문항들이 많으면 안면타당도가 높다. 안면타당도는 피험자의 입장에서 판단하는 타당도이다. 따라서 검사문항의 타당도를 전문가가 판단한다면 내용타당도가 되지만, 피험자가 판단한다면 안면타당도가 된다.
>
> 📗 운전면허시험이 운전을 하는 데 필요한 지식을 재는 것 같다고 운전면허 응시자들이 생각하면 안면타당도가 높다.

② 신뢰도(reliability) 91 중등, 99 초등 · 초등추시, 00 초등, 01 중등, 02 초등, 03 중등, 05 중등, 10 초등, 19 중등論

(1) 개념

① '어떻게'(how) 재고 있느냐의 문제이다.

② 검사가 얼마나 오차 없이 정확하게 측정하고 있는가의 정도를 말한다. ⇨ 검사점수의 일관성 · 안정성

(2) 신뢰도 추정방법

① 재검사 신뢰도(안정성 계수, retest reliability) : 전후검사 신뢰도

　㉠ 개념 : 한 검사를 같은 집단에 일정한 시간간격(📗 2주 내지 4주)을 두고 두 번 실시하여 그 두 검사점수 간의 상관계수를 산출하는 방법이다.

　㉡ 장단점 : 신뢰도 추정방법이 간단하다는 장점이 있지만, 검사를 두 번 실시해야 한다는 점과, 시간간격에 따라 신뢰도 계수가 달리 추정되는 근본적인 문제(시간간격이 너무 짧으면 기억효과나 연습효과로 인해 신뢰도가 과대추정되고, 시간간격이 너무 길면 피험자의 능력이나 성숙의 효과로 인해 신뢰도가 과소추정)가 있으며, 동일한 검사환경 · 검사동기 · 검사태도를 만들기 어렵다.

② 동형검사 신뢰도(동형성 계수, equivalent-form reliability) : 유사검사 신뢰도, 평형검사 신뢰도

　㉠ 개념 : 두 개의 동형검사를 미리 제작하여 같은 집단에 두 번 실시하여 두 검사점수 간의 상관계수를 산출하는 방법이다. 동형검사란 문항의 표현은 다르지만 문항내용, 문항난이도, 문항변별도가 사실상 같은 동질적인 검사를 뜻한다.

　㉡ 장단점 : 시험간격이 문제되지 않고, 기억 및 연습효과를 통제할 수 있으며, 신뢰도 계수의 추정이 쉽다는 장점이 있다. 그러나 동형검사를 제작하기 어렵고, 동형성 여부에 따라서 신뢰도가 달리 추정되며, 검사를 두 번 시행해야 하고, 동일한 검사환경 · 검사동기 · 검사태도를 만들기 어렵다.

③ 반분 신뢰도(split-half reliability, 동질성 계수)

　㉠ 개념 : 한 개의 검사를 특정 집단에게 실시한 후 이를 적절히 두 부분으로 나눈 하위검사 점수 간의 상관계수를 산출하는 방법이다. 상관계수를 계산한 후 Spearman-Brown 공식에 의하여 신뢰도를 추정한다.

기우법	홀수 문항과 짝수 문항으로 나누는 방법 ⇨ 속도검사에는 신뢰도가 과대추정되는 경향이 있음
전후법	전체 검사를 문항 순서에 따라 전과 후로 나누는 방법 ⇨ 속도검사에는 사용하지 말아야 함
단순무작위법	무작위로(random) 분할하는 방법
문항특성법	문항특성(문항 난이도와 문항 변별도)에 의하여 나누는 방법 ⇨ 가장 바람직한 방법

  ⓛ 장단점 : 하나의 검사로 신뢰도를 추정할 수 있다(기억효과나 연습효과 통제)는 장점이 있지만, 검사를 양분하는 방법에 따라 신뢰도 계수가 달리 추정되는 단점이 있다.

④ 문항 내적 합치도(동질성 계수, 문항 내적 일관성 신뢰도)

  ㉠ 개념 : 검사 속의 문항을 각각 독립된 한 개의 검사 단위로 생각하고 그 합치성·동질성·일치성을 종합하여 상관계수로 나타내는 방법이다. 문항내적 합치도(문항내적 신뢰도)의 추정방법에는 KR-20, KR-21, Hoyt 신뢰도, Cronbach α계수 등이 있다.

  ⓛ 장단점 : 하나의 검사로 신뢰도를 추정할 수 있고(기억 및 연습효과 통제), 단일한 신뢰도 추정 결과를 얻을 수 있다(검사를 반으로 나누는 방식에 영향 받지 않음)는 장점이 있다.

Plus

내적 합치도(내적 일관성) **신뢰도**(internal consistency reliability)

1. 하나의 검사를 구성하는 하위요소들로 측정한 결과들이 일관성이 있는 정도를 말한다.

2. 반분 신뢰도와 문항 내적 합치도를 말한다.

3. 재검사 신뢰도와 동형검사 신뢰도 적용이 어려운 학력검사의 신뢰도 추정에 많이 사용한다. 즉, 학력검사는 검사를 한번 치르고 그 검사 자체 내의 정보를 이용하여 검사점수의 신뢰도를 추정한다.

✅ 신뢰도 추정방식 비교

추정방식	검사 지수	검사실시 횟수	주된 오차요인	통계방법
재검사 신뢰도	1	2	시간간격	적률상관계수(안정성 계수)
동형검사 신뢰도	2	2(각 1)	문항의 동형성(문항차이)	적률상관계수
반분 신뢰도	1	1	반분검사의 동질성	스피어만-브라운 공식
문항 내적 합치도	1	1	문항의 동질성	KR(이분문항), Cronbach-α계수(다분적 문항)
평정자 간 신뢰도	1	1	평가자의 차이	적률상관계수, 백분율

(3) 신뢰도에 영향을 주는 요인

검사에 관련된 요인	• 검사의 길이(문항 수) : 검사의 길이가 증가함에 따라 신뢰도가 높다. 문항의 수가 늘어남에 따라 신뢰도가 높아진다(단, 문항의 질이 동등하게 유지되어야 함). • 문항표집의 적부성 : 학습한 내용 중에서 골고루 출제될 때 신뢰도가 높다. • 문항의 동질성 : 검사문항이 동질적일 때 신뢰도가 높다. • 검사내용의 범위 : 시험범위가 좁을수록 문항의 동질성이 유지되므로 신뢰도가 높다. • 문항난이도 : 문항난이도가 적절할수록(30%~80%) 신뢰도가 높다(50%일 때 신뢰도는 +1). • 문항변별도 : 문항변별도가 높을 때 신뢰도가 높다. • 가능점수 범위 : 반응점수 범위(상이한 점수가 나올 수 있는 범위)가 클수록, 답지 수(선택문항 수)가 많을수록 신뢰도가 높다.
검사집단(혹은 치른 집단)에 관련된 요인	• 집단의 동질성 : 동질집단은 이질집단보다 신뢰도가 낮다. • 검사 요령 : 모든 학생들이 일정 수준 이상으로 검사 요령을 숙지하고 있을 때 신뢰도에 도움이 된다. 즉, 검사 요령을 터득하고 있을 때 신뢰도가 높다. • 동기 유발 : 모든 학생들이 일정 정도의 성취동기를 가지고 검사를 치를 때 신뢰도에 도움이 된다.
검사 실시와 관련된 요인	• 시간의 안정성 : 시간의 변화에 따라 검사 점수가 달라진다. 검사 시간이 충분히 주어져야 한다. • 부정행위 : 부정행위의 유발은 신뢰도를 떨어뜨린다.
신뢰도와 타당도의 관계	• 타당도는 측정하려는 것을 얼마나 충실하게 측정하고 있는가와 관계가 있다. • 신뢰도는 무엇을 측정하든 측정의 정확성과 관계가 있다. • 신뢰도는 타당도의 필요조건이지 충분조건은 아니며, 타당도는 신뢰도의 충분조건이다. 신뢰도 구간 → 타당도 구간 → • 타당도가 높으면 신뢰도도 높으나, 신뢰도가 높다고 타당도가 높은 것은 아니다. • 타당도가 낮아도 신뢰도는 높을 수 있으나, 신뢰도가 낮으면 타당도도 낮다. • 높은 신뢰도는 높은 타당도의 선행조건이다. 신뢰도는 타당도의 중요한 선행 요건으로서 타당도가 높기 위해서는 신뢰도가 높아야 한다. 진변량(T : 신뢰도 구간) 타당한 변량(A) / 타당하지 않은 변량(B) / 오차 변량(E) 타당도 구간 전체 변량(X) • 전체 변량(X) = 진변량(T) + 오차 변량(E) • 신뢰도 계수(R) $= \dfrac{T}{X} = \dfrac{A+B}{X}$ • 타당도 계수(V) $= \dfrac{A}{X}$

(4) 신뢰도를 높이는 방법

① 시험의 문항 수를 많이 출제한다.

② 객관식 문제에서 답지 수(선택문항 수)를 많이 한다.

③ 학습내용 중에서 골고루 출제한다.

④ 검사문항을 동질적으로 구성한다.

⑤ 문항난이도를 적절하게(50% 내외) 유지한다.

⑥ 문항의 변별도를 높인다. 문항이 공부를 잘하는 학생과 못하는 학생을 구분할 수 있어야 한다.

⑦ 시험을 실시하는 상황이 적합해야 한다. 시험문항의 지시문이나 설명이 명확해야 하고, 부정행위 방지 및 시험환경의 부적절성으로 인한 오답 가능성을 배제해야 한다.

⑧ 객관적인 채점방법(예 컴퓨터 채점)을 사용한다.

⑨ 시험시간이 충분히 주어져야 한다(문항반응의 안정성이 보장되어야 하기 때문에). ⇨ 신뢰도는 속도검사에는 적용되지 못한다.

⑩ 시험범위가 좁아야 한다(문항의 동질성이 커지기 때문에).

⑪ 집단의 점수분포의 변산도, 즉 표준편차가 커야 한다(능력의 범위가 넓으면 전체 점수 변량에 대한 진점수 변량 부분이 상대적으로 커지기 때문에).

③ 객관도(objectivity) 95 중등, 02 초등

(1) 개념

① 채점자(평정자) 신뢰도로서, 채점자가 주관적 편견을 얼마나 배제하였느냐의 문제이다. ⇨ 채점의 일관성

② 객관도는 채점자 내 신뢰도와 채점자 간 신뢰도가 있다. 채점자 내 신뢰도는 채점자 간 신뢰도를 추정하기 위한 전제조건이다.

　㉠ 채점자 내 신뢰도 : 한 채점자가 모든 측정대상을 계속해서 일관성 있게 측정하였느냐의 문제이다. 동일한 평가자가 얼마나 일관성 있게 평가하는지의 문제이다.

　　예 어떤 교사가 특정 학생의 논술형 검사를 채점할 경우 처음 채점한 점수와 어느 정도 시간이 경과한 후 채점한 결과가 다르다면 채점자 내 신뢰도가 낮다.

　㉡ 채점자 간 신뢰도 : 여러 채점자들이 얼마나 일치되게 채점하였느냐의 문제이다. 한 채점자가 다른 채점자와 얼마나 유사하게 평가하였느냐의 문제이다.

　　예 여러 명의 교사가 특정 학생의 논술형 검사를 채점할 경우에 서로의 채점결과가 크게 다르다면 채점자 간 신뢰도가 낮다.

③ 신뢰도와 객관도의 관계 : 신뢰도 ⊃ 객관도 ⇨ 신뢰도가 평가대상자들이 평가도구의 각 문항에 보인 반응과 관련된 개념이라면, 객관도는 평가자가 평가대상에 보인 반응과 관련된 개념이라는 점에서 구분할 수 있다.

(2) 객관도 향상방법

① 평가도구를 객관화시켜야 한다. ⇨ 주관식 검사의 경우 검사자의 개인적 편견이나 감정이 작용될 가능성이 높다.

② 평가자의 소양을 높여야 한다.

③ 명확한 평가기준(예 루브릭)이 마련되어야 한다. ⇨ 검사자의 인상, 편견, 감정, 어림짐작, 착오 등 주관적 요소를 최소한으로 줄여야 한다.

④ 가능하면 여러 사람이 공동으로 평가해서 그 결과를 종합하는 것이 좋다.

⑤ 반응 내용에만 충실한 채점을 한다. ⇨ 논술답안을 채점할 때 수험생의 이름을 가리고 채점한다.

⑥ 답안지는 학생단위로 채점하지 말고 문항단위로 채점한다.

④ 실용도(usability)

(1) 개념

① 검사의 경제성 정도를 의미하며, 하나의 평가도구가 문항제작, 평가실시, 채점에서 비용, 시간, 노력 등을 적게 들여 소기의 목적을 달성하는 정도이다.

② 실용도를 지나치게 강조하다 보면 타당도가 낮아질 수 있다.

(2) 실용도의 조건

① 검사실시와 채점방법이 쉬워야 한다.

② 비용·시간·노력 등이 절약되어야 한다.

③ 해석과 활용이 용이해야 한다.

02 평가도구의 제작

❶ 평가문항(검사문항)의 제작

(1) 평가문항의 제작 절차

평가목표의 설정 → 이원목표 분류표 작성 → 출제문항의 제작 → 지시문의 작성 → 문항의 편집 → 예비 실시 및 수정·보완 → 개발된 문항의 검토 → 최종 문항의 편집·인쇄

(2) 평가문항의 유형

채점방식(채점자의 주관성 개입 여부)에 따른 구분	주관식 검사	논문형(서술형)
	객관식 검사	진위형, 배합형(연결형), 선다형(선택형, 예 정답형, 최선답형, 다답형, 불완전문장형, 합답형, 부정형, 대체형), 단답형, 완성형
학생의 반응양식에 따른 구분	선택형 검사	진위형, 배합형, 선다형 ⇨ 재인능력 과제(recognition task) 평가에 적합
	서답형 검사	단답형, 완성형, 논문형 ⇨ 회상능력 과제(recall task) 평가에 적합

(3) 객관식 검사와 주관식 검사의 비교

구분	객관식 검사	주관식 검사
반응의 특징	문항이 요구하는 관련 지식에만 반응	문항이 요구하는 관련 지식, 문장구성력, 표현력, 창의력 등 포함
반응의 강조점	정확한 지식	종합적 이해
반응의 자유도	작음	큼
채점의 객관도	상당히 높음	비교적 낮음
문항의 타당도	유지할 수 있음	유지가 어려움
추측의 작용	상당히 큼	거의 없음
출제 소요시간	많음	적음
채점 소요시간	적음	많음
중시하는 인지능력	재인(recognition) 능력	회상(recall) 능력

❷ 평가문항의 유의점

(1) 객관식 선택형(선다형) 문항 제작 시 유의할 점

① 정답은 분명하게, 오답은 그럴 듯하게 만든다.
② 답지 사이의 중복을 피한다.
③ 답지의 길이는 비슷해야 한다. ⇨ 추측요인의 제거

④ '모두 정답' 또는 '정답 없음'이 정답이 되는 답지도 사용하되, 제한적으로 한다. '모두 정답' 또는 '정답 없음'과 같은 답지는 계산이나 철자문제 등 필요한 경우에만 사용해야 하고, 정답형의 문항에서 '정답 없음'과 최선답형에서 '모두 정답'의 답지는 논리적으로 모순이므로 사용할 수 없다.

⑤ 문항은 자세하게, 답지는 간결하게 표현한다.

⑥ 정답에 대한 단서를 주지 말아야 한다.

⑦ 문항은 가급적 긍정문으로 진술한다.

⑧ 정답의 위치는 다양성이 있어야 한다.

⑨ 문항과 답지는 내용상 관련이 있어야 한다.

⑩ 한 문항 내의 답지는 상호 독립적이어야 하고, 다른 문항의 답지와도 상호 독립적이어야 한다.

⑪ 전문적인 용어 사용을 피한다. 전문적인 용어의 사용은 문항의 적절한 난이도 유지를 곤란하게 할 수 있다.

⑫ 형용사, 부사의 질적 표현을 많이 사용하지 않는다. 형용사나 부사의 사용은 그 의미나 해석이 다를 수 있으므로 질문의 내용이 모호해질 수 있다.

(2) 주관식 논문형(서술형) 문항의 채점 시 유의점

① 채점기준을 미리 정한다(예 모범 답안지를 만들어 본다). ⇨ 내용불확정성 효과 방지

② 채점 시에 편견이나 착오가 작용하지 않도록 한다. ⇨ 후광효과 방지

③ 가급적 여러 사람이 공동으로 채점한다. ⇨ 내용불확정성 효과 방지 또는 답안과장 효과 방지

④ 충분한 시간을 갖고 채점한다. ⇨ 피로효과 방지

⑤ 답안 작성자 단위별로 채점하지 말고 평가문항별로 채점한다. ⇨ 순서효과 방지

내용불확정성 효과 (content indeterminancy effect)	채점자가 논술형 문항이 요구하는 반응을 정확하게 이해하지 못하거나 여러 채점자가 바람직한 반응에 대한 의견이 다를 경우 채점결과에 영향을 주는 현상 ⇨ 채점기준을 명확히 제시함으로써 예방
후광효과 (halo effect)	채점자가 학생에 대해 갖고 있는 인상이 채점결과에 영향을 주는 현상 ⇨ 학생의 인적 사항을 모르는 상태에서 채점
순서효과 (order effect)	답안지를 채점하는 순서가 채점에 영향을 주는 현상으로, 일반적으로 먼저 채점되는 답안지가 뒤에 채점되는 답안지보다 더 높은 점수를 받는 경향이 있다. ⇨ 학생별로 채점하지 말고 문항별로 채점하여 예방
피로효과 (fatigue effect)	채점자의 육체적, 심리적 피로가 채점결과에 영향을 주는 현상 ⇨ 충분한 시간을 갖고 채점하여 예방
답안과장 (bluffing)	논술형 문항이 측정하는 지식이나 기능을 갖고 있지 않은 학생이 지식이나 기능을 갖고 있는 것처럼 보이기 위해 허세를 부리거나 의도적으로 답안을 조작하는 현상(예 작문능력, 일반지식, 시험책략 등)으로 부분점수 또는 채점자가 주의하지 않으면 고득점을 받기도 한다. ⇨ 가능하면 같은 답안지를 최소 2회 이상 채점하거나 두 사람 이상이 채점한 결과를 평균하여 산출함으로써 예방

Section
02 문항분석

---

01 **고전검사이론**(classical test theory) ⁰⁷ 초등

❶ 문항난이도(문항곤란도, P) 97 초등, 99 초등보수, 00 중등, 02 중등, 03 초등, 03~04 중등, 11 중등

(1) 개념

한 문항의 쉽고 어려운 정도 ⇨ 전체 사례 수 중에서 정답을 한 학생의 비율(정답자의 비율)로 나타냄 ⇨ 그 문항의 정답률

(2) 공식

① 추측요인 배제

$$P = \frac{R}{N} \times 100$$

- P : 문항난이도
- R : 정답 학생 수
- N : 전체 사례 수

예 응시자 100명의 학생 중 A문항에는 30명이 정답을 했고, B문항에는 40명이 정답을 했다면 어느 문항이 더 쉬운 문항인가?

A문항 : $P = \frac{30}{100} \times 100 = 30\%$, B문항 : $P = \frac{40}{100} \times 100 = 40\%$ ∴ B문항이 더 쉬운 문항이다.

② 추측요인 고려

$$P = \frac{R - \left(\dfrac{W}{n-1}\right)}{N} \times 100$$

- W : 오답 학생 수
- n : 문항의 답지 수

📘 $S = R - \dfrac{W}{n-1}$ 를 교정점수라고 한다.

(3) 변산범위

① 변산범위 : $0\% \leq P \leq 100\%$ (0% : 정답자 없음, 100% 모두 정답) ⇨ 30~70%이면 양호, 50%가 이상적

② 상대평가의 경우 : $P = 100\%$이거나 $P = 0\%$일 때 문항이 잘못되어 있음을 뜻함

③ 절대평가의 경우 : $P = 100\%$이면 교수·학습이 성공한 증거로 보나, $P = 0\%$이면 교수·학습이 실패한 증거로 보아 교수·학습 개선이 요구됨

(4) 해석

한 문항에 정답한 학생 수가 많을수록 문항난이도는 높고, 문항난이도가 높을수록 쉬운 문항

(5) 문항난이도의 이용

① 문항난이도는 문항변별도의 준거가 된다.
② 문항난이도의 정도에 따라 문항배열의 순서를 정한다(문항의 배열 순서 결정 시 사용 : 쉬운 문항 → 어려운 문항).
③ 검사문항의 수준을 조절할 때 사용한다. 문항난이도가 큰 문항은 능력이 낮은 학생의 동기 유발을 위해, 문항난이도가 작은 문항은 상위능력 학생의 성취감 향상을 위해 필요하다.

❷ 문항변별도(문항타당도, DI) 94 중등, 99 중등, 00 중등, 03~04 초등, 03 중등, 05~06 중등, 10 초등, 10 중등

(1) 개념

문항 하나하나가 피험자의 상하능력을 변별해 주는 정도(상위집단과 하위집단을 구별해 주는 정도) ⇨ 상위집단의 학생이 하위집단의 학생보다 정답 확률이 높을 때 그 문항의 변별도가 높다.

(2) 공식

① 정답비율 차(정답률 편차)에 의한 문항변별도 계산방법(Johnson) : (상위집단의 정답률) − (하위집단의 정답률)

$$DI = \frac{RH - RL}{\frac{N}{2}}$$

- RH : 상위집단 정답자 수
- RL : 하위집단 정답자 수
- N : 전체 사례 수

A문항에 대한 검사결과가 다음과 같이 나왔다. 문항변별도 지수는?

구분	오답	정답
상위집단	20명	80명
하위집단	60명	40명

$$DI = \frac{RH - RL}{\frac{N}{2}} = \frac{80 - 40}{\frac{200}{2}} = +0.4$$

(상위집단의 정답률) − (하위집단의 정답률) = 80% − 40% = 40% = +0.4

② 상관계수에 의한 문항변별도 계산방법 : 문항점수와 검사점수 총점 간의 상관계수에 의한 방법

    ㉠ 정답지의 상관계수는 높으며 정적이고, 오답지의 경우는 상관이 매우 낮거나 부적 상관계수를 나타낸다.

    ㉡ 이는 각 답지의 선택 여부와 총점과의 상관계수이므로 정답지의 경우 정답지 선택 여부와 총점의 상관계수 추정에서 정답지를 선택한 피험자의 경우 일반적으로 총점이 높으므로 상관계수가 양수이다. 그러나 각 오답지의 선택 여부와 총점의 상관계수는 오답지를 선택한 피험자들의 총점이 낮고 오답지를 선택하지 않은 피험자들의 총점이 높으므로 음수이거나 0에 가깝다.

(3) 변산범위

① 변산범위 : $-1 \leq DI \leq +1$ ⇨ $+0.3 \sim +0.7$이면 양호한 문항(변별도가 있다)

② 참고 : 0일 경우 : 변별력 없음, $+1$에 가까울수록 : 변별력이 큼, '$-$'일 경우 : 역변별(부적 변별) 문항

(4) 해석

① 상위집단 정답자 수 = 하위집단 정답자 수 : DI(변별도) $= 0$

② 상위집단이 모두 정답, 하위집단이 모두 오답 : DI(변별도) $= +1$

③ 상위집단이 모두 오답, 하위집단이 모두 정답 : DI(변별도) $= -1$ ($-$값을 가지면 '역변별 문항'에 해당)

④ 변별도가 0 이하인 경우 : 나쁜 문항(양호하지 못한 문항)

⑤ 변별도가 '$-$'일 경우 : 하위집단의 정답자 수가 많음을 의미('역변별 문항'에 해당) ⇨ 양호하지 못한 문항

⑥ '$+$'값을 가지면서 그 값이 크게 나와야 바람직한 것이다.

⑦ 문항난이도가 50%일 때 변별도는 $+1$에 가깝다.

(5) 문항변별도의 이용

① 상대평가나 절대평가에 모두 유용하게 사용된다.

② 상대평가에서는 총점에서 성적이 좋은 사람과 나쁜 사람을 분명히 가려낼 수 있는 문항으로 구성되어야 한다.

③ 절대평가에서는 성공 학생과 실패 학생을 잘 변별할 수 있는 문항으로 구성되어야 한다.

④ 절대평가에서는 어떤 문항이 학습에서의 성공자와 실패자를 잘 구별하느냐를 알아보기 위해 사용한다.

③ 문항반응분포

(1) 개념

문항별 학생들의 반응분포를 말함, 정답과 오답이 제구실을 하고 있는가를 알아보는 것 ⇨ 오답의 매력도 분석

(2) 문항반응분포의 분석

문항 1		문항 2		문항 3	
답지	반응자 수	답지	반응자 수	답지	반응자 수
① 정답	50	①	24	①	5
②	16	②	26	②	0
③	18	③ 정답	25	③	20
④	16	④	25	④ 정답	75
N	100	N	100	N	100

① 문항 1: 좋은 분포이다. 정답에 많은 수가 분포되어 있고, 나머지 오답은 비슷한 분포를 가지고 있다.

② 문항 2: 정답이 제 기능을 하지 못하고 있다. 각각의 오답과 정답의 반응 수가 비슷하기 때문에 이런 문항은 정답이나 오답을 수정해야 한다.

③ 문항 3: 정답에만 몰려 있고, 답지 ①과 ②는 제 기능을 못하고 있다. 이런 문항은 오답을 수정하거나 대치해야 한다.

(3) 바람직한 분포

① 정답지에 50%가 반응하고, 나머지 오답지에 골고루 반응할 때 바람직하다.

② 정답지에는 하위집단 학생 수보다 상위집단 학생 수가 많을 때 바람직하다.

02 문항반응이론(item response theory) 01 중등, 08 초등

① 문항특성곡선(ICC : Item Characteristic Curve)

(1) 개관

① 개념: 학생(피험자)의 능력수준에 따라 문항을 맞힐 확률을 나타내는 S자형 곡선

② 피험자의 능력(가로축): θ(theta)로 표기 ⇨ -3.0에서 $+3.0$ 사이에 위치(인간의 능력평균을 0, 표준편차를 1로 하기 때문에 인간의 능력이 음수로 표기될 수 있음)

③ (각 능력수준에서 그 능력을 가진) 피험자가 각 문항에 정답을 할 확률(세로축) : P(Θ)로 표기 ⇨ 0에서 1 사이에 위치

④ 문항난이도와 문항변별도 : 문항특성곡선에 의해 규정됨

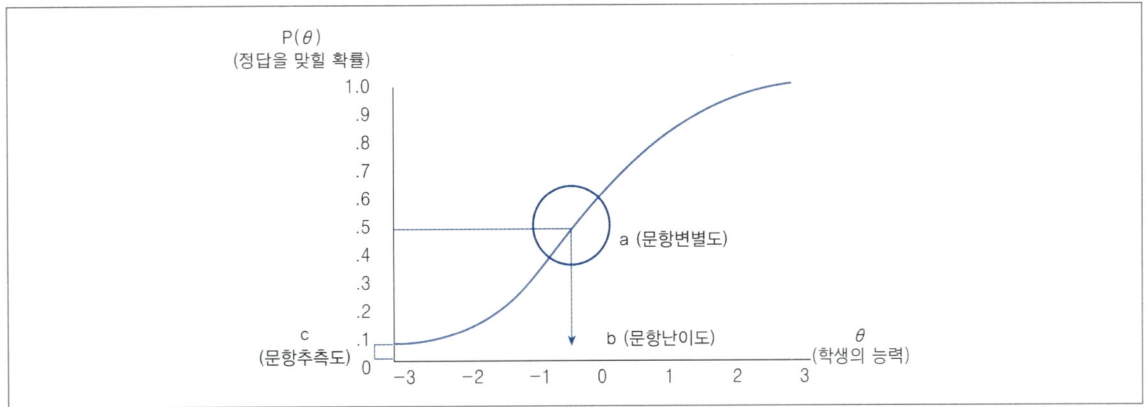

(2) 문항특성곡선의 해석

문항특성곡선은 문항난이도, 문항변별도, 문항추측도에 따라 다양한 곡선이 만들어짐

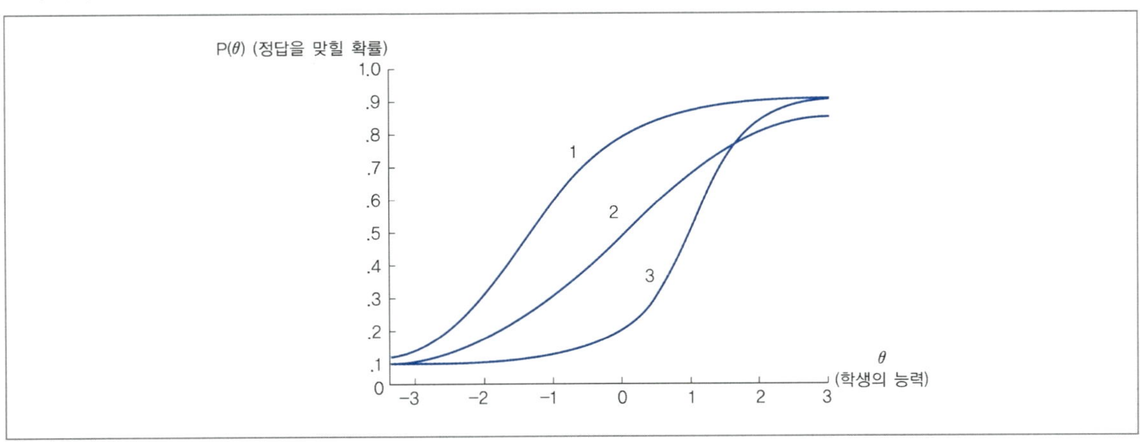

세 문항의 문항특성곡선

① 1번 문항과 3번 문항의 비교 : 3번 문항은 1번 문항보다 오른쪽에 위치하여 능력이 높은 피험자들에게 기능하고, 1번 문항은 능력이 낮은 피험자들에게 기능한다. 3번 문항이 1번 문항보다 더 어렵다. ⇨ 문항난이도

② 2번 문항과 3번 문항의 비교 : 피험자 능력이 증가할 때 3번 문항은 2번 문항보다 피험자가 문항의 답을 맞힐 확률의 변화가 심하므로, 피험자의 능력을 더 잘 변별할 수 있다. ⇨ 문항변별도

② **문항난이도와 문항변별도, 문항추측도 − 문항특성곡선에 의해 규정**

⑴ **문항난이도**(b 또는 β) − 문항의 답을 맞힐 확률이 0.5에 대응하는 능력수준

① 문항특성곡선이 존재하는 위치가 문항의 어려운 정도를 설명한다.

② 문항특성곡선이 오른쪽으로 위치할수록 어려운 문항이다. (∵ 문항특성곡선의 능력 수준이 보다 높은 피험자 집단에서 가능하기 때문)

③ 문항난이도는 일반적으로 −2에서 +2 사이에 위치하며 값이 커질수록 어려운 문항이다.

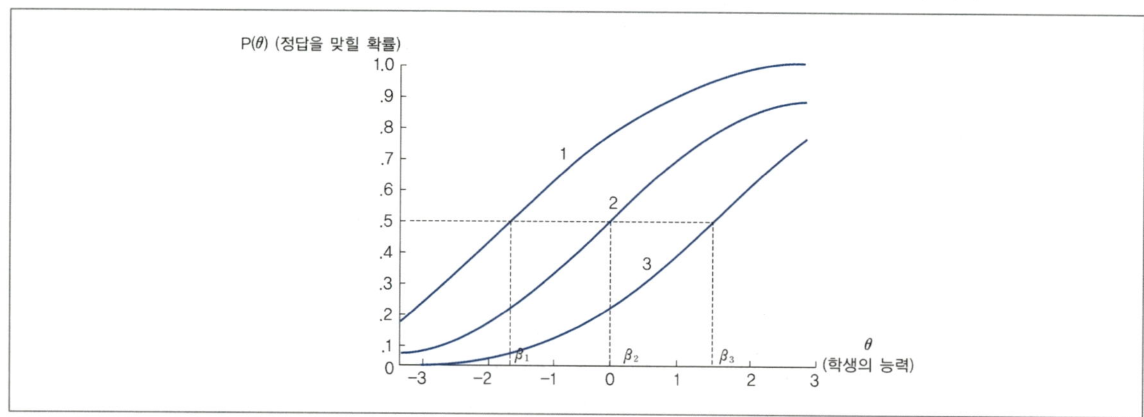

☑ **문항난이도가 다른 세 문항의 문항특선곡선**

㉠ 정답을 맞힐 확률이 0.5에 해당하는 학생의 능력 수준 : 1번 문항(−1.5), 2번 문항(0), 3번 문항(+1.5)
⇨ 3번 문항이 제일 어렵다.

㉡ 문항난이도의 범위

문항난이도 지수	언어적 표현
−2.0 미만	매우 쉽다.
−2.0 이상 −0.5 미만	쉽다.
−0.5 이상 +0.5 미만	중간이다.
+0.5 이상 +2.0 미만	어렵다.
+2.0 이상	매우 어렵다.

⑵ **문항변별도(a 또는 α)** – 문항특성곡선상의 '문항난이도를 표시하는 인접 지점(b±0.5인 지점)'에서 문항특성곡선의 기울기 ^{07 중등}

① 문항특성곡선의 기울기가 가파르면 문항변별도가 높아지는 반면에 기울기가 완만하면 낮아지게 된다.

② 문항변별도는 일반적으로 0에서 +2의 값을 가지며 높을수록 좋은 문항이다.

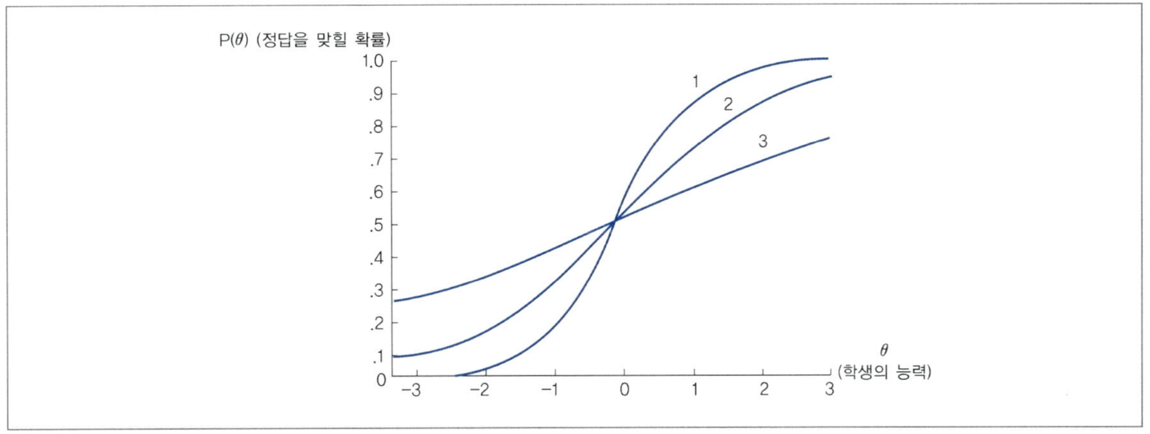

☑ **문항변별도가 다른 세 문항의 문항특성곡선**

㉠ 문항난이도(b) : 1번, 2번, 3번 문항이 모두 같다(b=0).

㉡ 문항변별도(a) : 문항 기울기로 계산한다. 3번 문항은 피험자의 능력 수준이 증가하여도 문항의 답을 맞힐 확률의 변화가 심하지 않은 데 비해, 1번 문항은 심하게 변하고 있다. 그러므로 1번 문항이 3번 문항보다 문항변별도가 높다.

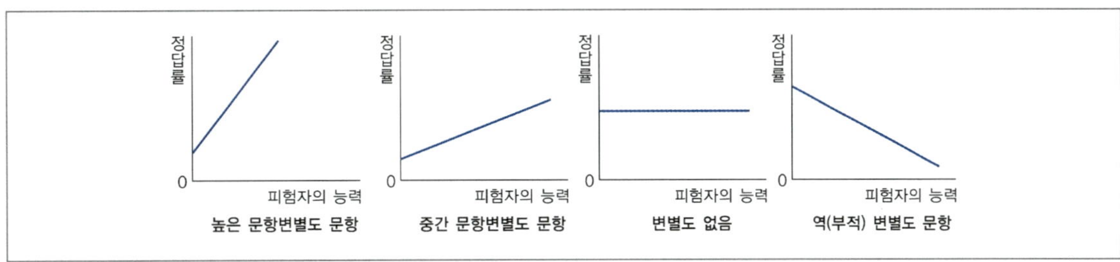

(3) 문항추측도(c) – 능력이 전혀 없음에도 불구하고 문항의 답을 맞히는 확률

높을수록 좋지 않은 문항이며, 4지 선다형 문항에서 일반적으로 문항추측도는 0.2를 넘지 않는다.

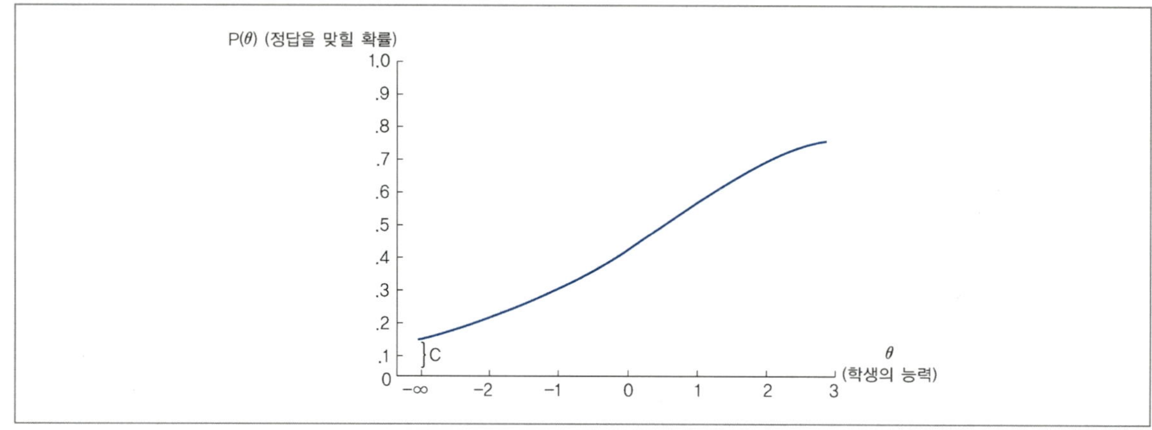

☑ 문항특성곡선상의 문항추측도

③ 고전검사이론과 문항반응이론의 비교

구분	고전검사이론	문항반응이론
문항난이도	• 총 피험자 중 정답을 맞힌 피험자의 비율 • $0 \leq P \leq 100$ • 값이 커질수록 쉬운 문항	• 문항의 답을 맞힐 확률이 0.5에 대응하는 능력수준 • $-2 \leq b \leq +2$ • 값이 커질수록 어려운 문항
문항변별도	• 문항점수와 피험자의 총점 간 상관계수에 의해 추정 • $-1.00 \leq DI \leq +1.00$ • '+'부호이며 값이 클수록 좋은 문항	• 문항특성 곡선상의 '문항난이도를 표시하는 인접지점(b±0.5인 지점)'에서 문항특성곡선의 기울기 • $0 \leq a \leq +2$ • 기울기가 가파를수록 좋은 문항

MEMO

How to
JUMP?

권지수교육학 핵심요약집
핵심쏙쏙

교육행정학

교육행정학

1 교육행정의 이론

- **교육행정 이해**
  - **교육행정의 개념**
    - 개념 02 초등, 04 초등, 07 중등, 12 중등, 성격 99 초등추시, 02 초등, 07 중등, 원리 99 초등추시, 04 중등
  - **교육행정학의 발달과정**
    - 고전이론
      - 과학적 관리론 03 중등, 06 중등, 09 초등
      - 행정관리론 04 초등
      - 관료제론 98 중등, 99 초등보수, 03 초등, 04 중등
    - 인간관계론 99 중등추시, 00~01 중등, 07 중등, 10 중등
    - 행동과학론
    - 체제이론 96 중등, 97 초등, 99 초등추시, 02 중등, 04 중등, 09 중등
    - 대안적 관점 03 초등

- **조직론**
  - **조직이해**
    - 조직의 구조
      - 공식조직과 비공식조직 99 초등추시, 16 중등論
      - 계선조직과 참모조직
    - 조직의 유형(Parsons 10 중등, Katz & Kahn, Blau & Scott, Carlson 03 중등, 05 초등, 11 중등, Etzioni 10 중등, Hall 08 초등, Minzberg 02 중등, 07 초등, 10 중등)
    - 학교조직의 특성 04 초등
      - 전문적 관료제 96 초등, 99 초등보수, 01 초등, 02~04 중등, 07 초등, 15 중등추시論, 23 중등論
      - 이완결합체제 99 중등추시, 00 중등, 04 초등, 07 중등, 10 중등, 15 중등추시論
      - 이중조직
      - 조직화된 무질서 03 중등, 04 초등, 06 초등, 10 중등
      - 학습조직 09 초등, 15 중등論
      - 전문적 학습공동체 22 중등論, 26 중등論
  - **조직문화**
    - 조직문화의 수준
    - McGregor의 X-Y이론 95 중등, 98 중등, 06 초등
    - Ouchi의 Z이론
    - Argyris의 미성숙-성숙이론 95 중등
    - Steinhoff & Owens의 학교문화 유형론 07 전문상담, 20 중등論
    - Sethia와 Glinow의 문화유형론
  - **조직풍토**
    - Likert의 관리체제 91 중등, 07 초등
    - Halpin & Croft의 학교조직 풍토론 02 초등, 07 중등
    - Hoy & Miskel의 학교조직 풍토론 11 초등
  - **조직갈등**
    - 갈등의 순기능과 역기능
    - Thomas의 갈등관리전략 99 중등추시, 00 초등, 02~03 초등, 06 초등

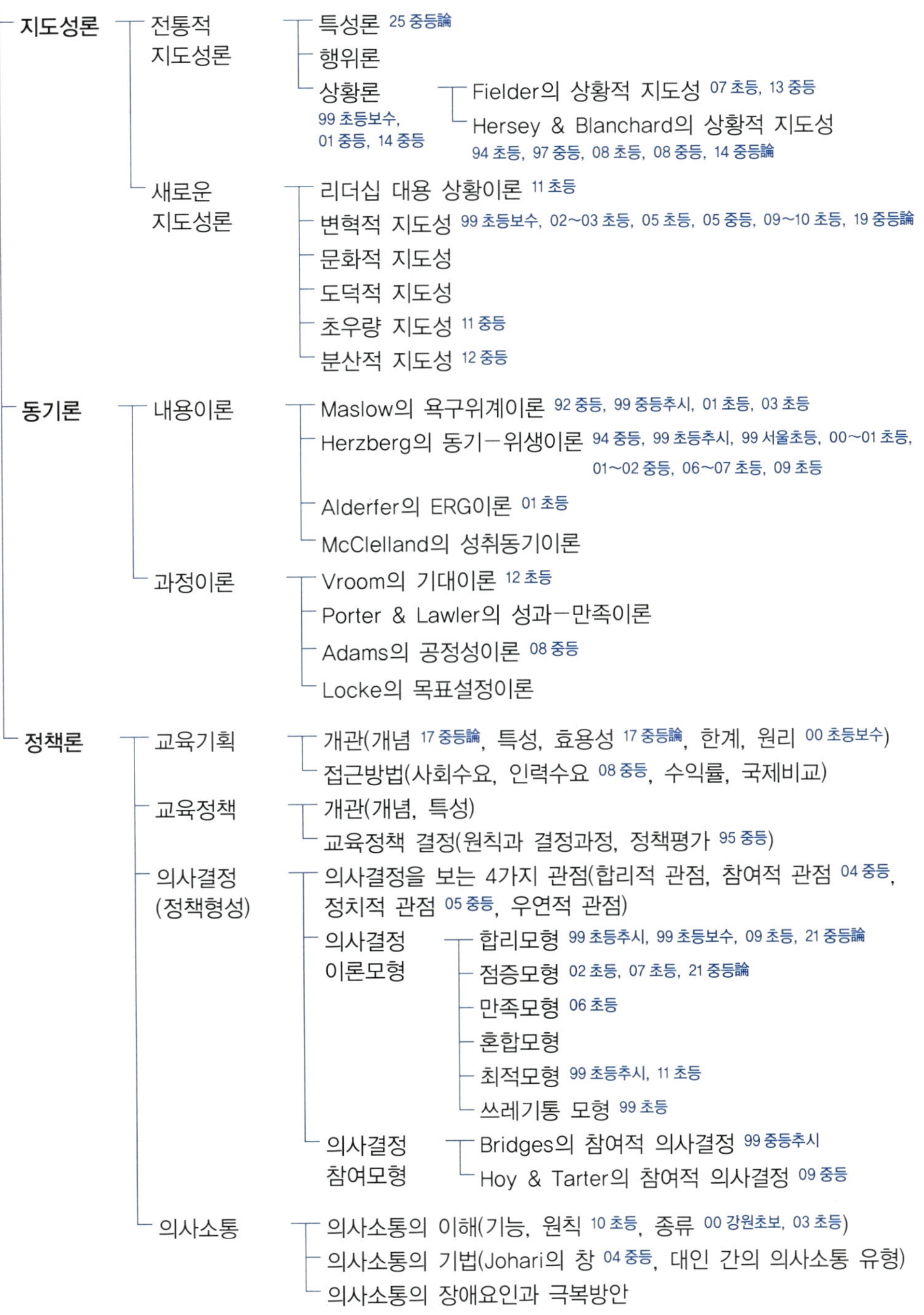

지도성론

전통적 지도성론
특성론 25 중등論
행위론
상황론 99 초등보수, 01 중등, 14 중등
Fielder의 상황적 지도성 07 초등, 13 중등
Hersey & Blanchard의 상황적 지도성 94 초등, 97 중등, 08 초등, 08 중등, 14 중등論

새로운 지도성론
리더십 대용 상황이론 11 초등
변혁적 지도성 99 초등보수, 02~03 초등, 05 초등, 05 중등, 09~10 초등, 19 중등論
문화적 지도성
도덕적 지도성
초우량 지도성 11 중등
분산적 지도성 12 중등

동기론

내용이론
Maslow의 욕구위계이론 92 중등, 99 중등추시, 01 초등, 03 초등
Herzberg의 동기-위생이론 94 중등, 99 초등추시, 99 서울초등, 00~01 초등, 01~02 중등, 06~07 초등, 09 초등
Alderfer의 ERG이론 01 초등
McClelland의 성취동기이론

과정이론
Vroom의 기대이론 12 초등
Porter & Lawler의 성과-만족이론
Adams의 공정성이론 08 중등
Locke의 목표설정이론

정책론

교육기획
개관(개념 17 중등論, 특성, 효용성 17 중등論, 한계, 원리 00 초등보수)
접근방법(사회수요, 인력수요 08 중등, 수익률, 국제비교)

교육정책
개관(개념, 특성)
교육정책 결정(원칙과 결정과정, 정책평가 95 중등)

의사결정 (정책형성)
의사결정을 보는 4가지 관점(합리적 관점, 참여적 관점 04 중등, 정치적 관점 05 중등, 우연적 관점)
의사결정 이론모형
합리모형 99 초등추시, 99 초등보수, 09 초등, 21 중등論
점증모형 02 초등, 07 초등, 21 중등論
만족모형 06 초등
혼합모형
최적모형 99 초등추시, 11 초등
쓰레기통 모형 99 초등
의사결정 참여모형
Bridges의 참여적 의사결정 99 중등추시
Hoy & Tarter의 참여적 의사결정 09 중등

의사소통
의사소통의 이해(기능, 원칙 10 초등, 종류 00 강원초보, 03 초등)
의사소통의 기법(Johari의 창 04 중등, 대인 간의 의사소통 유형)
의사소통의 장애요인과 극복방안

PART 05

Thinking Map

교육행정학

2 교육행정의 실제

- **교육제도**
  - 교육제도, 학교제도 04 초등, 06 초등
  - 교육자치제도 92 중등, 07 영양, 08 중등
- **장학행정**
  - 장학의 이해
    - 장학의 개념
    - 장학의 발전과정 05 중등 (관리장학, 협동장학, 수업장학, 발달장학 01 초등, 09 초등)
  - 장학의 유형
    - 중앙장학
    - 지방장학
    - 지구별 자율장학 98 중등
    - 교내 자율장학 14 중등추시論, 22 중등論
      - 임상장학 99 서울초보, 00 초등, 04 중등, 06 초등
      - 동료장학 07 초등, 18 중등論
      - 자기장학
      - 약식장학 98 중등, 05 초등, 07 중등
    - 컨설팅 장학 08 초등, 12 초등
    - 기타 장학 — 인간자원장학 01 초등, 09 초등, 선택장학 99 초보, 04 중등, 발달장학, 책임장학
- **인사행정**
  - 교육인사행정의 이해(개념과 원리, 교육직원의 분류, 교직원의 임용)
  - 교원의 능력개발(현직교육, 승진 12 초등, 전직 10 중등 · 전보 · 휴직, 교원능력개발평가 12 초등, 학습연구년제 12 초등)
  - 교원의 사기(권리와 의무 12 초등, 보수와 근무조건, 단체교섭)
- **재무행정**
  - 교육재정(성격, 운영원리 02 중등, 05 중등, 13 중등, 지방교육재정 10 중등)
  - 교육비(종류 06~07 중등, 11 중등, 교육비 관리기법 98 중등, 01 초등)
  - 교육예산 편성기법
    - 품목별 예산제도 11 중등
    - 성과주의 예산제도
    - 기획 예산제도
    - 영기준 예산제도 05 초등, 09 중등
  - 단위학교 예산제도 : 학교회계제도 03 중등, 04 초 · 중등, 10 초등
- **학교 · 학급경영**
  - 학교경영 04 초등
    - 학교경영혁신
      - 단위학교 책임경영제 96 중등, 99 중등, 09 중등
      - 학교운영위원회 99 초등추시 · 중등추시, 00 초등, 05 초등, 06 중등, 07 초등, 08 중등, 12 초등, 24 중등論
      - 학부모의 교육참여
      - 혁신학교
    - 학교경영기법
      - 목표관리기법(MBO) 10 중등
      - 총체적 질관리(TQM) 02 초등
      - 조직개발기법(OD) 01 초등
      - 과업평가검토기법(PERT) 04 초등, 07 초등
      - 정보관리체제(MIS)
  - 학급경영
    - 학급경영의 이해
    - 학급경영의 원리와 원칙
      - 학급경영의 원리
      - 학급경영의 원칙 05 중등, 10 초등

교육행정의 이론

Section 01 교육행정의 이해

01 교육행정의 개념

① 교육행정의 개념 02 초등, 04 초등, 07 중등, 12 중등

(1) 국가통치권설(국가공권설, 행정영역구분설, 법규행정설)

교육행정을 행정의 일부로서 '교육에 관한 행정'으로 정의한다(⇨ 행정 우위). '위에서 아래로(from the top down)'의 중앙집권적이고 권위주의적 성격이 강하며, 법규에 따라 교육활동을 감독하고 통제한다.

(2) 조건정비설(기능주의설)

교육행정을 '교육을 위한 행정'으로 보는 입장이다. 즉, 교육행정은 교육목적을 효율적으로 달성하기 위해 필요한 인적·물적·재정적 제반 조건을 정비하는 수단적·봉사적 활동이라고 본다(⇨ 교육 우위). '아래에서 위로(from the bottom up)'의 민주적 교육행정을 중시하는 입장이다.

(3) 행정과정설

교육행정을 행정이 이루어지는 과정이나 단계로 보는 입장이다.
① 패욜(Fayol, POCCoCon; 1916) : 기획(Planning) − 조직(Organizing) − 명령(Commanding) − 조정(Coordinating) − 통제(Controlling)
② 굴릭과 어윅(Gulick & Urwick, POSDCoRB; 1937) : 기획(Planning) − 조직(Organizing) − 인사(Staffing) − 지시(지휘, Directing) − 조정(Coordinating) − 보고(Reporting) − 예산(Budgeting)
③ 시어즈(Sears, PODCoCon; 1950) : 기획(Planning) − 조직(Organizing) − 지시(Directing) − 조정(Coordinating) − 통제(Controlling)
④ 그레그(Gregg; 1957) : 의사결정(Decision making) − 기획(Planning) − 조직(Organizing) − 의사소통(Communicating) − 영향(Influencing) − 조정(Coordinating) − 평가(Evaluating)
⑤ 캠벨(Campbell) : 의사결정 − 프로그램 작성 − 자극 − 조정 − 평가

⑷ 협동행위설(행정행위설, 경영설)

교육행정을 교육목적을 최대한 효과적으로 달성하기 위해 제반 조직과 조건을 합리적으로 조정하는 협동적 행위
(예 어떠한 인간을 기를 것인가에 목표를 두고 교육목표, 교육조건, 교육활동 등을 적절히 조정함)로 정의한다.

⑸ 교육지도성설(교육리더십설)

교육행정을 교육의 목적을 효과적으로 달성하기 위해 교육지도성을 발휘하는 것으로 정의한다. 즉, 행정의 핵심요소인 3M, 인간(Man)·물자(Materials)·재정(Money) 등을 효과적으로 확보, 배분, 활용하는 일이다. 조건정비설을 보다 확대·발전시킨 것이다.

❷ 교육행정의 원리 99 초등추시, 04 중등

⑴ 민주성의 원리

국민의 의사를 행정에 반영하고 국민을 위한 행정을 해야 한다.
예 각종 위원회, 심의회제도, 교직원회·협의회·협의회·연구회

⑵ 효율성의 원리

효율성이란 효과성(effectiveness)과 능률성(efficiency)을 동시에 추구하는 원리이다. 효과성은 투입과 산출의 비율을 따지지 않고 목표 달성의 정도를 따지는 질적 개념이고, 능률성은 최소한 자원과 시간을 들여 최대의 성과를 거두는 양적 개념이다.

⑶ 합법성의 원리(법치행정의 원리)

모든 교육행정은 법률에 근거해서 법이 정하는 범위 내에서 이루어져야 한다.
예 헌법 제31조의 규정, '교육기본법', '초·중등교육법', '고등교육법', '지방교육자치에 관한 법률', '교육공무원법', '사립학교법', 각종 대통령령·교육부령 및 교육자치법규 등

⑷ 기회균등의 원리

모든 국민은 능력에 따라 균등하게 교육받을 권리를 가진다는 것이다. 따라서 성별·종교·신념·인종·사회적 신분·경제적 지위나 신체적 조건 등을 이유로 차별받지 않아야 한다.
예 의무교육실시, 장학금제도, 특수교육의 확대, 방송통신교육의 확대, 야간제·계절제·시간제, 남녀공학 실시

⑸ 지방분권의 원리

교육은 지역주민의 적극적인 참여와 공정한 통제에 의해 실시되어야 한다. 예 교육자치제
🔔 **적도집권(適度集權)의 원리** 행정의 능률성을 강조하는 중앙집권주의와 행정의 민주성을 강조하는 지방분권주의가 적절한 균형을 유지해야 한다.

(6) 자주성의 원리

교육이 그 본질을 추구하기 위하여 일반행정에서 분리·독립되고 정치와 종교로부터 중립성을 유지해야 한다.

  예 교육자치제, 국·공립학교에서 특정 종교교육의 금지

(7) 안정성의 원리

교육정책이나 프로그램은 장기적인 안목에서 계속성과 일관성을 유지해야 한다.

(8) 전문성 보장의 원리

교육활동은 전문적 활동이므로 전문적 지식과 기술을 습득한 전문가가 담당해야 한다.

  예 교육감을 일정한 교육경력 혹은 교육행정경력을 가진 사람만이 될 수 있도록 한 것, 교장·교감 등 학교행정가를 교장·교감 자격
  증을 가진 사람만이 될 수 있도록 한 것

02 교육행정학의 발달과정

교육행정이론의 전개과정

이론 범주		세부 이론	주도 시기	교육행정 실제 / 패러다임
교육행정 실무시대	고전이론 (고전적 관리론)	• 과학적 관리론 • 행정관리론 • 관료제론	1900~1930년대 (과학적 관리론)	학교조사를 통한 실제 개선 ⇨ 교육행정의 효율화 (능률화)
	인간관계론	인간관계론	1930~1950년대	민주적 행정원리 도입 ⇨ 교육행정의 민주화, 민주적 행정처방
교육행정학 이론시대	행동과학론	• 조직행동론 • 상황적합론	1950년대~현재	구조기능적 패러다임 ⇨ 교육행정의 이론화(실증 주의적 관점)
	체제이론	체제이론	1960년대~현재	학교조직의 이해 ⇨ 계량적·분석적 도구와 기법의 활용
	대안적 관점	• 해석론 • 비판이론 • 신마르크스주의 • 포스트모더니즘 • 페미니즘	1970년대~현재	해석적, 비판적 패러다임

❶ 과학적 관리론 03 중등, 06 중등, 09 초등

(1) 개관

① 개념

    ㉠ 인간의 작업과정을 표준화하여 과학적으로 관리하면 조직의 능률과 생산성을 극대화할 수 있다는 이론이다. ⇨ 생산과정의 표준화(시간연구와 동작연구) → 1일의 공정한 표준작업량 설정 → 작업관리의 과학화 → 생산성 향상 도모

    ㉡ 작업에서 노동자의 경제적 동기를 중시하고(X이론에 기초), 인간을 효율적인 기계와 같이 프로그램화하면 낭비와 비능률을 제거하고 최고의 생산성을 올릴 수 있다.

② 주요 원리(내용) : ㉠ 1일 최대 작업량, ㉡ 표준화된 조건, ㉢ 성과급의 원리, ㉣ 실패에 대한 책임, ㉤ 과업의 전문화, ㉥ 계획(경영자)과 작업수행(노동자)의 분리

(2) 교육행정에의 적용

① 보비트(Bobbitt) : 「교육에서의 낭비 제거」(1912) 논문 발표, 『The Curriculum』 ⇨ 과학적 관리론을 학교관리 및 장학행정 등 교육행정에 최초로 도입 ⇨ 학교를 '공장'에 비유하여 학생은 가공되어야 할 '원료'이고 교사는 '노동자'이며, 학교행정가는 그 활동을 감독하는 '관리자'로서 역할을 수행해야 한다고 주장

> - 가능한 모든 시간에 학교시설을 최대로 활용한다.
> - 교직원의 작업능률을 최대한 유지하고, 교직원 수를 최소로 감축한다.
> - 교육활동 중의 낭비를 최대한 제거한다.
> - 교원은 학생을 가르치는 일에만 전념하고, 행정은 별도의 행정가가 책임을 진다.

② 과학적 관리가 교육에 적용된 예

> - 표준화된 교육과정의 개발과 운영
> - 수업목표의 명세적 설정
> - 학급편성과 시험제도의 도입
> - 교원의 자격 명시, 과학적 선발과 체계적인 훈련
> - 교과, 업무 조직의 분화와 분담
> - 학교회계의 발전을 통한 낭비의 제거
> - 관리직과 교수직의 분화

(3) 과학적 관리론의 교육적 적용상의 문제점 - '공장제 모델'의 적용

가능성	• 학교조직과 인간관리가 과학화되고 교육활동에서의 낭비가 최대한 제거되기 때문에 교육의 능률성을 높일 수 있다. • 학교업무가 보다 분업화·전문화됨으로써 교사의 숙련된 기술과 전문성을 향상시킬 수 있다. • 과업수행의 정도에 따라 성과급이 부여됨으로써 구성원의 동기를 유발할 수 있다.
문제점	• 교육목표와 교육내용, 교육방법 등이 규격화·획일화됨으로써 학생의 개성과 다양성이 상실될 수 있다. • 학교교육에 공장제 모델이 적용되므로 전인형성을 목적으로 하는 교육의 특성이 무시되고 장기적으로는 교육의 발전을 저해할 수 있다. • 교장, 교사, 학생 간의 상하 위계관계가 강조됨으로써 학교관료제를 심화시키고 교육의 비인간화를 촉진할 수 있다. • 교육은 공장의 생산라인과 다르므로 학생의 학업성취도를 공장의 생산품처럼 주기적으로 평가하여 능률을 측정하는 것은 부적절하다.

❷ 인간관계론 99 중등추시, 00~01 중등, 07 중등, 10 중등

(1) 개념

경제적 보상보다 인간의 정서적·사회적·심리적인 측면을 중시하여 작업능률의 향상을 도모하고자 하는 관리법이다. ⇨ 하버드 대학 연구팀인 메이요(Mayo)와 뢰슬리스버거(Roethlisberger)의 호손(Hawthorne)실험에 그 기원을 둠

(2) 인간관계론의 내용

① **경제적 측면보다 인간의 사회적·심리적 측면 중시**: 인간은 경제적 보상보다 사회적·심리적 욕구에 의해 동기가 유발된다. 따라서 개인의 사회·심리적 욕구를 충족시켜 줌으로써 안정감과 만족감을 갖게 하는 것이 중요하다.

② **비공식조직의 중요성 강조**: 조직 내의 인간관계 및 비공식조직의 사회 규범이 생산성에 중요한 영향을 미친다. 비공식조직이 관리자와 일체감을 가지고 있을 때 생산성이 향상된다.

③ **교육행정의 민주화에 크게 공헌**: 민주적 지도성의 발휘, 의사소통의 원활화, 각종 인사제도의 창안(예 인사상담, 고충처리, 제안제도 등), 참여적 의사결정, 사기, 비경제적 보상에 의한 동기부여 등이 능률 향상에 기여한다고 강조한다.

(3) 인간관계론의 시사점(교육적 적용)

① **구성원의 사회·심리적 측면 중시**: 경제적 보상보다 개인의 사회·심리적 욕구가 구성원의 동기를 유발하고 조직의 생산성에 더 큰 영향을 미친다. 따라서 개인의 사회·심리적 욕구를 충족시켜 줌으로써 안정감과 만족감을 갖도록 해야 한다.

② 비공식조직 중시 : 조직 내의 인간관계 및 비공식조직의 사회 규범이 생산성에 중요한 영향을 미친다. 따라서 비공식조직의 의견을 의사결정과정에 반영하고, 비공식조직이 관리자와 일체감을 갖도록 한다.

③ 민주적 교육행정 실시 : 학교의 의사결정과정에 구성원들을 적극적으로 참여시키고, 각종 인사제도(예 인사상담제도, 고충처리제도, 제안제도 등)를 창안하여 구성원들의 욕구를 충족시키고 사기를 진작해야 한다.

③ 체제이론 96 중등, 97 초등, 99 초등추시, 02 중등, 04 중등, 09 중등

(1) 개관

학교사회를 하나의 체제(system)로 보고 학교사회를 구성하고 있는 요소들과 그것의 구조와 기능을 파악하여 학교를 체계적으로 이해하려는 접근방법이다.

(2) 체제이론의 기본모형 – 투입–산출 모형

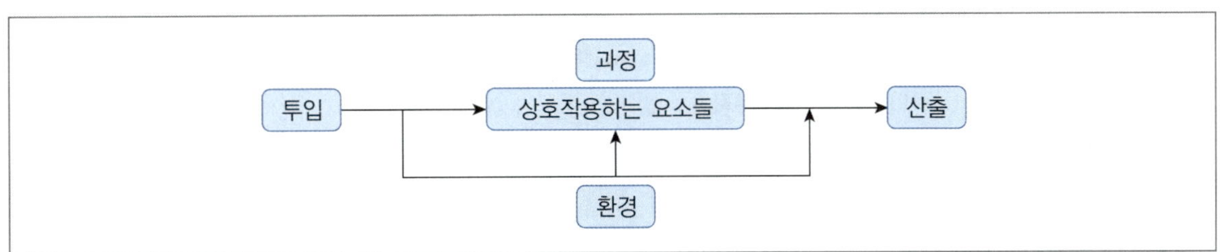

☑ 체제이론의 기본모형

① 투입(input) : 체제의 목적을 달성할 수 있도록 체제의 밖에서 안으로 들어가는 모든 요소

② 과정(process) : 체제가 목적 달성을 위해 여러 자원과 정보를 활용하여 산출을 만들고 가치를 창조하는 과정

③ 산출(output) : 체제가 환경이나 인접한 체제로 내보내는 자원과 정보로서, 체제가 의도적이거나 무의도적으로 생산해 내는 모든 것

④ 환경(environment) : 체제와 일정한 접촉을 유지하고 그것에 일정한 영향을 주는 경계 밖의 주변 조건이나 상태

(3) 카우프만(Kaufman)의 체제접근모형

① 개관

㉠ 체제를 구성하고 있는 모든 요소(변인)들을 유기적으로 연결, 기능화하면 생산성이 향상된다고 전제한다.

㉡ 문제해결을 위해 여러 가지 대안으로부터 최적의 해결방안을 얻어내고 이를 실천·평가하는 일련의 과정을 제시하였다.

② 모형도

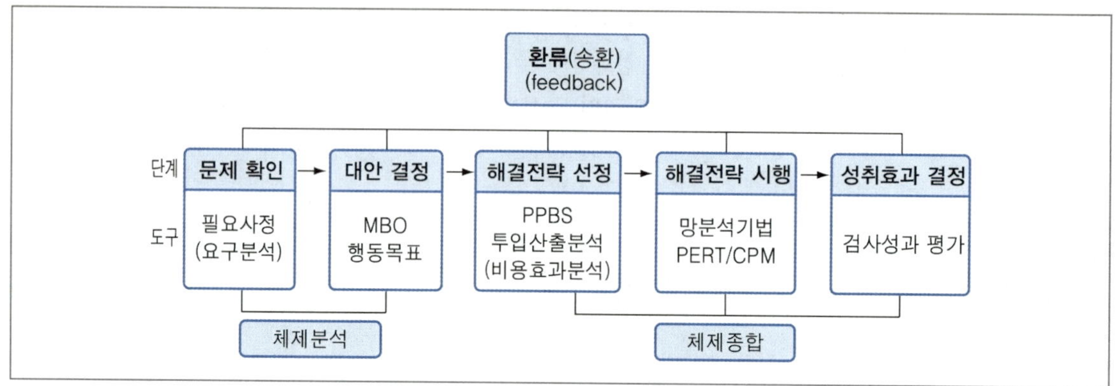

㉠ 문제 확인 : 요구분석을 통해 문제를 확인하고 문제해결을 위한 요건을 구체적으로 서술한다. 요구분석이란 현재의 상태와 원하는 상태 간의 차이를 분석하는 것이다.

㉡ 대안 결정 : 현 상태에서 요구되는 상태에 이르기까지 필요한 자세한 요건을 결정하는 분석을 시행하여, 문제를 해결할 수 있는 목표를 설정한다. 목표관리기법(MBO)을 사용하여 목표를 결정한다.

㉢ 해결전략 선정 : 앞 단계에서 결정된 대안(목표)을 실현할 수 있는 해결전략을 선택한다. 투입−산출 분석, 기획예산제도(PPBS) 등을 활용한다.

㉣ 해결전략 시행 : 실제 해결전략과 도구를 실행하고, 적절한 실행자료를 수집한다. 과업평가검토기법(PERT), 비판적 경로분석기법(CPM) 등과 같은 망 분석기법을 활용한다.

㉤ 성취효과 결정 : 문제해결 과정의 성과가 어느 정도 성취되었는지를 평가한다.

㉥ 수정 : 5단계에서 성과가 있는 것으로 평가되면 체제접근의 단계가 일단 끝나지만, 실행대로 이루어지지 않았을 경우 언제든지 필요한 수정을 한다.

(4) 겟젤스와 구바(Getzels & Guba)의 사회과정모형

① 개관 : 겟젤스와 구바는 교육행정을 사회과정으로, 학교조직을 사회체제로 보고 그 사회체제 속에서 이루어지는 인간의 사회적 행동에 관한 일반적인 개념모형을 제시하였다.

② 역할과 인성의 상호작용모형

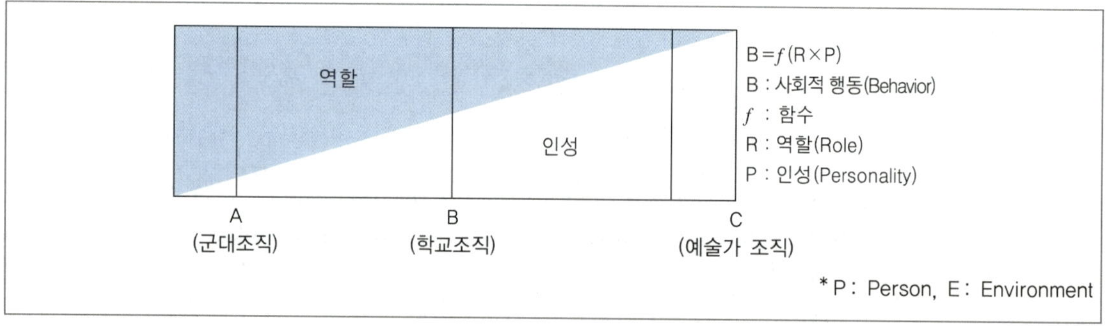

㉠ 겟젤스와 구바는 사회체제 내에서의 인간의 행동을 역할과 인성의 상호작용으로 본다. ⇨ $B = f(R \times P)$

㉡ 역할과 인성의 상호작용은 집단의 성격에 따라 다르다. 군대조직은 역할이, 예술가조직은 인성이 더 큰 영향을 미친다. 반면, 대체로 학교는 관료제적 특성과 전문적 특성을 다 갖고 있어 역할과 인성이 골고루 영향을 미친다고 볼 수 있다.

③ 겟젤스와 구바(Getzels & Guba)의 사회과정모형

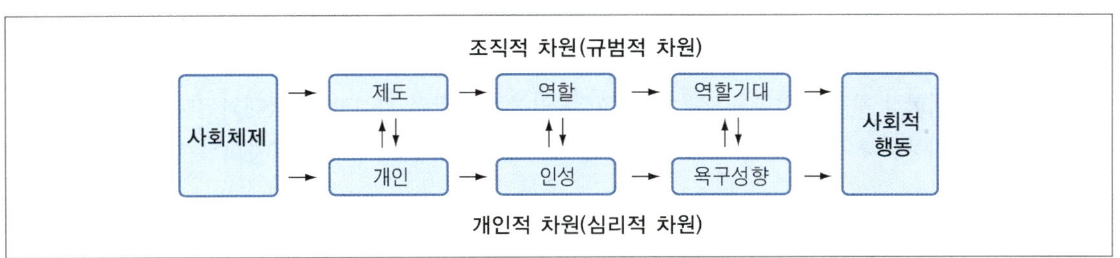

㉠ 겟젤스와 구바는 (역할과 인성의 상호작용을 기반으로) 사회체제 속에서 인간의 행동은 조직의 규범적 차원과 개인의 심리적 차원의 상호작용의 결과로 나타난다고 보았다.

㉡ 조직의 규범적 차원은 제도, 역할, 역할기대로 구성되며, 개인의 심리적 차원은 개인, 인성(성격), 욕구성향으로 구성된다.

㉢ 사회체제 속에서 개인의 사회적 행동은 이 두 차원의 동시적 상호작용의 결과로 나타난다는 것이다. 가장 이상적인 것은 양 차원의 균형, 즉 조직의 목표달성과 개인의 욕구충족이 적절히 조화를 이루는 것이다.

(5) 겟젤스와 셀렌(Getzels & Thelen)의 수정모형

① 개관

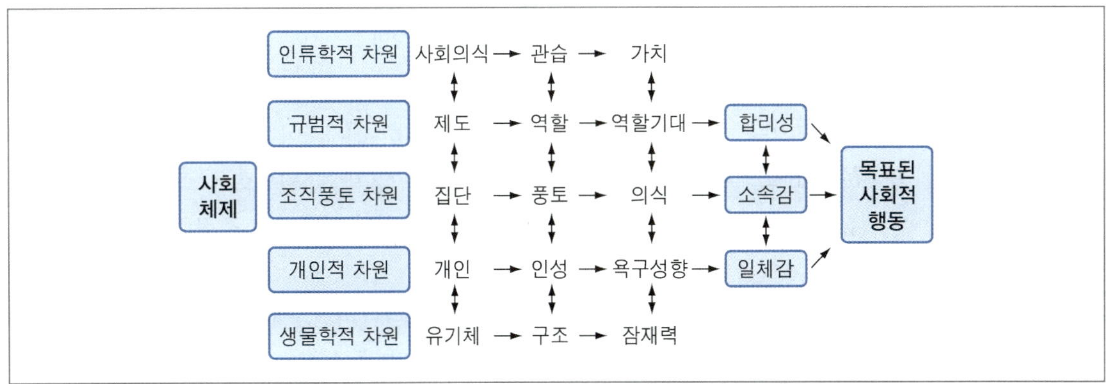

㉠ 겟젤스와 구바 모형을 보완하여 발전시킨 모형이다. 조직과 환경과의 상호관련성을 고려하지 않은 폐쇄체제로 한정하였다는 비판을 받으면서 수정모형(확대모형)을 제시하게 된 것이다.

㉡ 겟젤스와 셀렌의 수정모형은 겟젤스와 구바 모형에 인류학적·조직풍토적·생물학적 차원을 추가하여 보다 다양한 사회적 행동을 설명하고 있다.

ⓐ **인류학적 차원** : 사회의식에 내재된 관습과 가치 ⇨ 한 조직에서 개인의 행동은 보다 큰 차원의 사회의식에 영향을 받는다. 사회의식(ethos)은 다른 조직의 집단문화에서부터 전체 사회의 시대정신에 이르기까지 한 개인이 소속한 집단을 둘러싸고 있는 사회체제의 문화를 의미한다.

ⓑ **생물학적 차원** : 유기체로서 인간의 신체구조와 잠재력 ⇨ 유기체로서 인간의 신체구조와 내적 잠재력이 개인의 인성과 욕구성향에 영향을 주고, 사회적 행동까지 영향을 미친다는 것이다.

  예 인간의 행동은 체력, 정력, 인내력, 성차 등의 한계를 넘어설 수 없다.

ⓒ **조직풍토 차원** : 집단의 풍토(분위기)와 의식(의도) ⇨ 인간은 집단의 풍토와 의식으로 구성된 사회·심리학적 차원에 영향을 받는다. 역할과 인성은 상황이 적절할 때 극대화된다. 어떤 조직이든 특수한 조직풍토나 집단의식(intentions)이 존재하며, 이들에 의해 개인의 사회적 행동은 아주 다양하게 나타나게 된다.

  예 A중학교 3학년 담임인 김 교사는 3학년 담임으로서의 역할기대에 따라, 그리고 독자적 인성(성격)과 욕구를 소유한 개인으로서 행동할 뿐만 아니라, A중학교 교직원의 한 사람으로서, 어떤 부서(공식집단)의 일원으로서 또는 그 직원들 간에 형성된 비공식조직의 일원으로서 행동할 것이다.

② 한 개인의 행위가 목표로 하는 사회적 행동으로 나타나기 위한 조건(구성원의 사기 진작 요인)

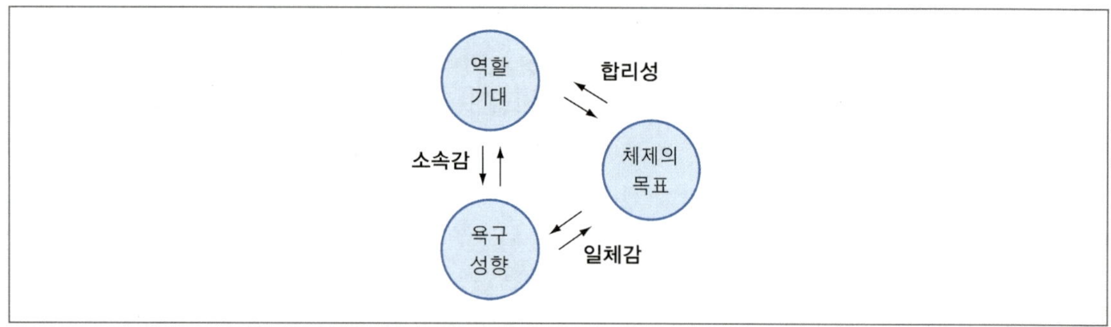

✅ **구성원의 사기진작 요인**

㉠ 역할기대(기대)와 체제의 목표가 논리적으로 일치하면 '합리성(rationality)'이 생기고, 개인의 욕구성향(욕구)과 조직의 목표가 일치하면 체제와의 '일체감(identification)'이 형성되며, 개인의 욕구성향과 역할기대가 일치하여 조직의 목표달성에 의식적으로 참여하면 집단의 일원으로서 '소속감(belongingness)'이 생긴다. 이와 같이 역할수행자는 개인적 차원과 제도적 차원이 일치하면 조직의 목표를 고도로 성취할 수 있게 된다.

㉡ 따라서 한 개인의 행위가 목표로 하는 사회적 행동으로 나타나려면, 제도적 목표 행위에 역할기대가 논리적으로 부합되어야 하며(합리성), 제도적 목표에 자신의 욕구성향을 만족시켜야 하며(일체감), 집단의 제도적 목표 달성에 의식적으로 참여함으로써 공동체 의식을 가져야 한다(소속감).

🔔 **합리성** 역할기대와 제도적 목표가 논리적으로 일치
🔔 **일체감** 개인의 욕구성향과 제도적 목표가 일치
🔔 **소속감** 개인의 욕구성향과 역할기대가 일치하여 제도적 목표 달성에 의식적으로 참여하는 것

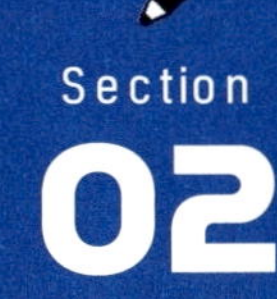

Section

02

조직론

01 조직이해

❶ 조직의 구조

(1) 공식조직과 비공식조직  99 초등추시, 16 중등論

① 공식조직(formal organization) : 일정한 목적을 달성하기 위해 인위적으로 구성한 조직으로, 공식적인 조직표에 나타나는 조직이다. 권위의 계층화, 명확한 책임분담, 표준화된 업무수행, 비정의적 인간관계 등을 특징으로 한다. ⇨ 고전이론(고전적 관리론) 시대에 강조한 내용

② 비공식조직(informal organization) : 공식조직 속에서 현실의 인간관계를 중심으로 형성되는 자연발생적 조직(자생조직)이다. ⇨ 인간관계론 시대에 강조한 내용

③ 비공식조직의 순기능과 역기능

순기능	• 직무집단의 안정화에 기여 : 구성원들의 누적된 심리적 욕구불만의 해소처가 되므로 귀속감과 안정감을 부여한다. • 의사전달의 원활화에 기여 : 공식적 구조만으로는 불충분한 의사전달을 비공식적 통로를 통하여 보충해 준다. • 공식조직의 경직성 완화에 기여 : 법규에 의해 운영되는 공식조직에 융통성을 부여하고 자유로운 대인관계로 인해 개방적 풍토가 형성된다. • 직무의 능률적 수행에 기여 : 구성원 간의 협조와 지식 및 경험의 공유가 자유로워 직무의 능률적 수행에 기여한다. • 구성원 간의 행동기준 확립에 기여 : 구성원 간에 서로 권하고 조언함으로써 상호 통제기능을 갖고 있으므로 어떤 행동기준을 제공한다. • 공식조직의 책임자에 대한 능력보완에 기여 : 공식조직의 책임자에 대한 자문기관이나 협조자의 역할을 한다.
역기능	• 정실행위의 우려 : 비공식 조직관계로 파벌이 조성되면 정실인사의 계기가 되고, 구성원 간의 갈등과 소외가 초래될 수 있다. • 적대감정 유발 우려 : 비공식조직 간에 적대감정이 야기될 경우 공식조직의 기능이 마비될 수 있다. • 비공식적 의사전달의 역기능 우려 : 왜곡된 정보 및 가십(gossip), 소문 등 비공식적 의사전달의 역기능이 나타날 수 있고, 이로 인해 구성원의 사기가 저하될 수 있다.

(2) 계선조직과 참모조직

① **계선조직**(직계조직, line organization) : 조직의 목표달성을 위해 상하위계의 지휘명령계통에 따라 움직이는 수직적인 조직(예 교장－교감－부장－교사, 장관－실·국장－과장·계장－계원) ⇨ 실제 집행하는 기능

장점	단점
• 권한과 책임의 한계가 명확하여 업무수행의 효율성을 제고할 수 있다. • 단일기관으로 구성되어 의사결정(정책결정)이 신속하게 이루어질 수 있다. • 상하위계가 엄격하여 강력한 통솔력을 발휘할 수 있다. • 업무처리가 간편하여 조직 운영비가 적게 든다.	• 조직이 대규모화되는 현대조직에서는 관리자의 업무량이 과중될 수 있다. • 전문가의 지식과 경험을 활용할 수 없어 관리자의 독단적인 의사결정이 이루어질 수 있다. • 명령계통을 주축으로 한 수직적 조직이므로 조직의 경직성을 초래할 수 있다.

② **참모조직**(막료조직, staff organization) : 계선조직이 원활하게 목적을 달성할 수 있도록 기획·연구·자문·정보제공 등 지원·보조해 주는 수평적인 조직(예 교육부 기획관리실, 교육정책실, 장학편수실, 감사공보담당관) ⇨ 지원·보조하는 기능(명령·결정·집행 ✕)

장점	단점
• 전문적인 지식과 경험을 활용함으로써 합리적인 의사결정을 할 수 있다. • 수평적 업무의 조정과 협조를 가능하게 한다. • 계선조직의 업무를 지원해 줌으로써 조직의 신축성을 기할 수 있다. • 기관장의 통솔범위를 확대시켜 준다.	• 조직의 복잡성으로 조직 구성원이나 부서 간의 갈등·불화가 생길 수 있다. • 계선과 참모 간에 책임전가의 사태를 빚을 우려가 있다. • 조직 운영을 위한 경비지출이 많이 든다. • 의사전달과 명령계통에 혼란을 일으킬 수 있다.

③ **보조조직**(auxiliary organization) : 계선조직과는 별도로 그 내외부에서 계선조직의 기능을 부분적으로 심화·보조하는 조직(예 학교의 행정실, 중앙교육연수원, 교원소청심사위원회, 국립특수교육원, 국립국제교육원, 국사편찬위원회 등) ⇨ 간접적인 보조활동(계선조직의 주요 시책에 관여 ✕)

❷ 조직의 유형

(1) 파슨스(Parsons)의 사회적 기능 유형 – 사회적 기능을 기준으로 분류 10 중등

① **생산조직**(production organization) : 사회의 적응기능(adaptation)을 수행하는 조직
  예 사회를 유지하기 위해 물품을 제조하는 회사, 기업 등의 경제체제
② **정치적 목표지향조직**(political organization) : 사회 공동의 목표달성기능(goal-attainment)을 수행하는 조직 예 목표달성을 위해 권력을 할당하는 정부, 정당 등의 정치체제
③ **통합조직**(integrative organization) : 사회 구성원 간의 통합기능(integration)을 수행하는 조직
  예 사회체제의 내적 활동을 조정·통합하는 법원, 경찰 등의 사회체제
④ **유형유지조직**(pattern maintenance organization) : 사회의 문화를 유지·존속하는 잠재적 유형유지기능(latent pattern maintenance)을 수행하는 조직 예 학교, 가정, 종교 등의 문화체제

⑵ **카츠와 칸**(Katz & Kahn)**의 분류** − 조직의 본질적 기능을 기준으로 한 분류 ➪ 파슨스(Parsons)의 AGIL이론에 토대

① **생산·경제조직**(productive or economic organizations) : 사회를 유지하기 위해 물자와 서비스를 제공하는 조직 **예** 1차 산업, 2차 산업, 3차 산업으로 분류

② **적응조직**(adaptive organizations) : 사회 변화에 적응할 수 있도록 새로운 지식을 창출하고 이론을 개발하고 문제해결의 정보를 제공하는 조직 **예** 대학, 연구소, 조사기관

③ **관리·정치조직**(managerial or political organizations) : 인적·물적 자원의 배분과 여러 하위체제의 조정·통제를 통해 사회를 관리·통합하는 기능을 수행하는 조직 **예** 정부, 정당, 노동조합, 압력단체

④ **유지조직**(maintenance organizations) : 사회의 현상을 유지하고 개인의 사회화 기능을 수행하는 조직
예 학교, 가정, 종교단체, 문화기관

⑶ **블라우와 스콧**(Blau & Scott)**의 1차 수혜자 유형** − 조직의 1차 수혜자를 기준으로 분류

① **호혜조직**(mutual benefit associations) : 조직의 구성원이 조직의 1차 수혜자인 조직
예 정당, 노동조합, 종교단체, 교원단체, 전문가 단체, 학생회

② **사업조직**(business concerns) : 조직의 소유자가 조직의 1차 수혜자인 조직. 이 조직의 주된 목표는 이윤의 획득
예 기업체, 금융기관

③ **공공조직**(commonwealth organizations) : 일반대중 전체가 조직의 1차 수혜자인 조직
예 군대, 경찰, 소방서

④ **봉사조직**(service organizations) : 조직을 이용하는 고객(client)이 조직의 1차 수혜자인 조직. 이 조직의 기본적인 기능은 고객에게 서비스를 제공하는 것
예 학교, 병원, 사회사업기관, 법률상담소

⑷ **칼슨**(Carlson)**의 봉사조직 유형** 03 중등, 05 초등, 11 중등

조직과 고객의 선택 여부를 기준으로 '봉사조직'의 유형을 4가지로 분류하였다.

		고객의 조직 선택권	
		유	무
조직의 고객 선택권	유	유형 1(야생조직) **예** 사립학교, 사립대학, 특목고, 자율형사립고 ➪ 시장원리 지배, 생존경쟁 치열	유형 3(강압조직) **예** 군대 ➪ 이론적으로는 가능하지만, 실제로는 존재하지 않음
	무	유형 2(적응조직) **예** 미국의 주립대학, 자유등록제의 학교	유형 4(온상조직, 사육조직) **예** 공립학교, 정신병원, 형무소, 고교평준화 지역고교 ➪ 법에 의해 조직이 고객을 선발하고, 고객도 의무적으로 참여해야 함

유형	내용
유형 1 (야생조직)	• 조직과 고객이 독자적인 선택권을 갖고 있는 조직 • 이 조직은 살아남기 위해 경쟁하지 않으면 안 되기 때문에 야생조직이라고 함 • 사립학교, 사립대학, 특목고, 자율형사립고, 개인병원 등
유형 2 (적응조직)	• 조직이 고객을 선발할 권리는 없고 고객이 조직을 선택할 권리만 있는 조직 • 미국의 주립대학, 자유등록제의 학교
유형 3 (강압조직)	• 조직은 고객선발권을 가지나 고객은 조직선택권이 없는 조직 ⑩ 군대 • 봉사조직으로 존재하기 어려우므로, 이론적으로는 가능하나 실제로는 존재하지 않음
유형 4 (온상조직)	• 조직과 고객 모두 선택권을 갖지 못하는 조직 • 이 조직은 법적으로 존립을 보장받고 있어 온상조직(사육조직)이라고 함 • 공립학교, 정신병원, 고교평준화지역 고교, 형무소 등

(5) 에치오니(Etzioni)의 분류 – 권력 유형과 참여 유형을 기준으로 한 분류 [10 중등]

		참여 유형		
		소외적	타산적	도덕적(헌신적)
권력 유형	강제적	강제조직		
	보상적		공리조직	
	규범적			규범조직

① **강제조직** : 물리적 제재나 위협 등 강제적인 통제수단을 사용하며, 구성원들은 소외감을 가지고 참여
　⑩ 교도소, 정신병원

② **공리조직** : 보수, 성과급 등 물질적 보상체제를 이용하여 구성원들을 통제하며, 구성원들은 타산적으로 참여
　⑩ 회사, 기업

③ **규범조직** : 사명감, 신념, 존경 등 규범적 권력을 사용하여 구성원들의 높은 도덕적·헌신적 참여를 유도
　⑩ 학교, 종교단체, 대학, 자원단체, 종합병원

(6) 민츠버그(H. Minzberg)**의 조직이론** 02 중등, 07 초등, 10 중등

조직의 기본적 요소를 조정하는 방법에 따라 민츠버그는 조직의 5가지 구성요소(핵심부분)와 조정기제(조정방법)를 기준으로 조직유형을 5가지로 구분하였다.

① 조직의 구성요소

구성요소	내용
최고관리층 (전략 부문, strategic apex)	조직을 전반적으로 책임지고 관리하는 최고경영층 예 교장
중간관리층 (중간라인 부문, middle line)	전략 부문과 핵심운영 부문을 연결시키는 중간관리층(중간계선) 예 부장교사
핵심운영층 (핵심작업계층, operating core)	현장에서 실제로 제품이나 서비스를 생산해 내는 곳 예 교사
기술구조층 (기술구조 부문, technostructure)	조직 내의 기술적인 문제를 전문적으로 다루는 부문으로, 조직 내의 과업과정과 산출물의 표준화를 담당하는 분석가들이 있는 곳 예 학교 교육과정 담당자나 수업담당 장학사
지원부서층 (지원스태프, support staff)	조직의 기본적인 과업 외에 발생하는 문제에 대해 간접적인 지원을 하는 스태프 (교육의 목적을 간접적으로 지원) 예 교사(校舍)와 교지의 유지·관리 담당자, 시설·재정·서무 담당자

② 조정기제(coordinating mechanism)

조정기제	내용
직접감독	상사가 부하에게 지시를 내리고 그들의 행동을 감시하여 조정해 나가는 방법이며, 작업과정의 종류와 양을 표준화함으로써 조정이 이루어지게 하는 방법
산출의 표준화	일의 결과, 즉 산출의 종류와 양을 표준화함으로써 조정이 이루어지게 하는 방법
기술의 표준화	직무에 대한 교육, 연수, 훈련 등을 통한 직무 통제의 간접적 방법으로 조정하고자 하는 방법
작업과정의 표준화	직무의 내용을 명세화하거나 프로그램화함으로써 조정해 나가는 방법
상호조절	조직구성원들이 비공식적 의사소통을 통하여 지속적으로 행동을 서로 조절하는 방법

③ **조직구조의 유형** : 5가지 기본부문과 조정기제가 결합하여 구체적인 조직구조 형태가 나타남

조직 형태	내용
단순구조 (simple structure)	• 최고경영자가 조직의 핵심부분이며, 직접감독을 주요 조정기제로 하는 소규모 조직(조직의 핵심부분 : 최고경영자, 조정기제 : 직접감독) 예 도서벽지 소규모 학교, 영세 소규모 기업 ⇨ 집권화되고 유기적인 소규모 조직(소규모 학교), 최고관리층과 핵심운영층의 2계층으로 구성 ⇨ 중간관리자, 기술구조층, 지원부서층이 거의 없음, 분업과 전문화도 거의 없음 • 단순하고 동태적인 환경에 적합하며, 대부분의 의사소통은 비공식적이다. • 학교 운영이 집권화되어 학교장이 규칙이나 규정에 얽매이지 않고 강력한 지도성을 발휘
사업부제 (divisionalized form)	• 중간관리층이 조직의 핵심부분이며, 산출의 표준화를 주요 조정기제로 하는 대규모 조직(조직의 핵심부분 : 중간관리층, 조정기제 : 산출의 표준화) 예 종합대학교(각 단과대학), 종합병원(각 전공분과), 대기업(각 사업부) • 각 사업부는 자율적으로 활동하지만, 각 부문 간 영업영역의 마찰이 일어날 수 있음

전문적 관료제 (professional bureaucracy)	• 핵심운영층이 조직의 핵심부분이며, 기술의 표준화를 주요 조정기제로 하는 전문적인 조직(조직의 핵심부분 : 핵심운영층, 조정기제 : 기술의 표준화) 예 체계화된 학교나 전문가 조직 ⇨ 기능에 따라 조직이 형성된 것은 기계적 관료제와 유사하나 업무핵심층이 전문직이라는 것이 특징 • 복잡하고 안정적인 환경에 적합한 전문가 조직 • 수평·수직적으로 분권화된 조직형태로서 분권화와 표준화가 동시에 허용되는 구조 • 높은 분화와 전문성을 바탕으로 전문가에게 많은 자율성이 보장되며, 핵심작업층 간의 관계가 느슨하게 결합되어 있음 • 학교의 운영이 분권화되어 교사들 간의 민주적인 관계가 형성됨
기계적 관료제 (machine bureaucracy)	• 기술구조층이 조직의 핵심부분이며, 작업과정의 표준화를 주요 조정기제로 하는 대규모 조직(조직의 핵심부분 : 기술구조층, 조정기제 : 작업과정의 표준화) 예 Weber의 관료제 • 단순하고 안정적인 환경에 적절한 대규모 조직으로서 Weber의 관료제와 가장 유사 ⇨ 높은 집권화, 과업의 세분화(분업화), 규칙과 규정의 강조, 위계적인 의사결정 등이 이루어짐 • 기술구조층에서 학교의 업무를 표준화하여 교사들의 업무 내용이 표준화 • 대량생산에 적합하고 기술합리성을 추구하지만, 비인간적, 유연성이 떨어진다는 단점 ⇨ 높은 경직성으로 인해 환경변화에 부적함
임시체제 (adhocracy)	• 지원부서층이 조직의 핵심부분이며, 상호조절이 주요 조정기제인 수평적인 전문 조직 예 광고회사, 컨설팅 회사 • 평상시에는 조직이 일정한 형태로 움직이다가 특별한 사건이 발생하면 그것을 담당할 수 있도록 조직을 재빨리 구성하여 업무처리가 이루어지는 형태 • 고도의 수평적 직무전문화가 이루어지며, 빠르게 변화하는 환경에 신속히 대응할 수 있다는 장점 • 최고관리층과 중간관리층, 핵심운영층이 혼합되어 책임소재가 불분명하여 갈등과 혼동의 유발 가능

조직 형태	의의	환경	규모	권한 소유, 분화 기타
단순구조	최고관리층(핵심부분), 직접감독(업무조정)	단순하고 동태적 환경에 적합	소규모 영세 조직	높은 집권화 / 낮은 분화, 낮은 공식화, 높은 융통성
사업부제	중간관리층(핵심부분), 산출표준화(업무조정)	상대적으로 안정적 환경에서 운영	대규모 조직	각 사업부는 자율적으로 활동 / 부문 간 영역 사이의 마찰 발생 가능
전문적 관료제	핵심운영층(핵심부분), 기술표준화(업무조정)	복잡하고 안정적 환경에 적합	중·소규모 조직	• 높은 수평·수직적 분권화 ⇨ 분권화와 표준화가 동시에 허용 • 높은 분화(전문화), 낮은 공식화 ⇨ 전문가에게 많은 자율성 보장·민주적 관계 형성
기계적 관료제	기술구조층(핵심부분), 작업과정표준화(업무조정)	단순하고 안정적 환경에 적합	대규모 조직	• 높은 집권화 / 높은 분화(전문화), 높은 공식화 • 높은 경직성 ⇨ 환경변화에 부적함
임시체제 (애도호크라시)	지원부서층(핵심부분), 상호조절(업무조정)	빠르게 변화하는 환경(복잡·동태적 환경)	소규모 조직	• 분권화된 유기적 구조 / 높은 수평적 분화·전문화, 낮은 공식화, 높은 융통성 • 최고관리층과 중간관리층, 핵심운영층이 혼합되어 책임소재가 불분명하여 갈등과 혼동의 유발 가능

③ 학교조직의 특성

(1) 전문적 관료제 – Hoy & Miskel 96 초등, 99 초등보수, 01 초등, 02~04 중등, 07 초등, 15 중등추시論, 23 중등論

① 관료적 특성

　㉠ 학교관료제의 특성

　　ⓐ 분업과 전문화 : 학교의 업무처리를 위하여 교무, 연구, 학생업무 등과 같은 업무를 분화해서 전문적으로 처리한다.

　　ⓑ 권위의 위계화(계층화) : 학교조직의 업무 분화에 따라 이를 조정하기 위하여 교장－교감－보직교사－교사 등 상하의 위계에 따라 권한과 직위를 배분하고 있다.

　　ⓒ 경력 지향성 : 조직의 안정성을 위해 승진은 경력과 같은 연공 서열주의가 기본이 된다.

　　ⓓ 규칙과 규정의 강조 : 교직원의 행동을 규제하고 업무 수행의 통일성을 확보하기 위해 복무지침, 내규, 업무편람 등의 규칙과 규정을 제정·활용한다.

　　ⓔ 몰인정성(공평무사성) : 개인적인 감정이나 편견에 치우치지 않고 합리적으로 직무를 수행한다.

　㉡ 학교관료제의 순기능과 역기능

　　ⓐ 분업과 전문화 : 구성원들이 하나의 맡은 업무에 전념함으로써 전문성을 향상할 수 있다. 그러나 맡은 업무만 계속 반복하다 보면 피로감이나 권태감이 누적될 수 있다.

　　ⓑ 권위의 위계화(계층화) : 상하의 지휘체계가 확립되어 있어 업무의 원활한 조정과 통제가 용이하다. 그러나 지나치게 위계화가 강조되면 상하 간의 의사소통에 장애가 생길 수 있다(상향식·상호적인 의사소통 ×).

　　ⓒ 경력 지향성 : 경력을 위주로 인사를 하면 구성원들이 조직에 충성하도록 유인할 수 있다. 그러나 능력이 있어도 경력에 막혀 진급할 수 없으므로 무사안일주의에 빠지거나 업적과 연공제 간의 갈등이 생길 수 있다.

　　ⓓ 규칙과 규정의 강조 : 모든 업무를 규칙과 규정에 의해 처리함으로써 업무의 통일성과 안정성을 이룰 수 있다. 그러나 규칙과 규정을 지나치게 강조하면 조직 운영이 경직되거나 목표전도 현상이 나타날 수 있다.

　　ⓔ 몰인정성(공평무사성) : 개인적 감정이나 편견에 치우치지 않으므로 의사결정의 합리성을 높일 수 있다. 그러나 개인적인 감정이나 개인 간의 편차 등을 전혀 고려하지 않고 지나치게 합리성만을 강조하다 보면 심리적·정서적인 면이 무시되어 구성원의 사기를 저하시킬 수도 있다.

　　☑ Weber 관료제 모형의 순기능과 역기능(Hoy & Miskel)

학교관료제의 특징	순기능	역기능
분업과 전문화	숙련된 기술과 전문성 향상	피로, 권태감 누적
권위의 계층화	원활한 순응과 조정	의사소통의 장애
경력 지향성	동기 유발, 유인가	업적(실적)과 연공제 간의 갈등
규칙과 규정	계속성, 통일성, 안정성 확보	목표전도(동조과잉) 현상, 조직의 경직성
몰인정성	의사결정의 합리성 증대	구성원의 사기 저하

② 전문적 특성

　　㉠ **자유재량권 부여** : 교사들은 독립적인 교실에서 상당한 자유재량권을 가지고 학생들을 가르친다.

　　㉡ **직무수행의 통일된 표준과 엄격한 감독 없음** : 교사들은 직무수행의 통일된 표준을 갖기 어렵고 엄격한 감독을 받지도 않는다.

　　㉢ **의사결정의 참여 보장** : 학교는 교사들이 전문가임을 인정하고 의사결정에 보다 많은 참여를 보장한다.

> **Plus**
>
> **교직의 전문성**
>
> 1. **장기간의 교육** : 교사가 되기 위해서는 장기간의 직전교육이 있고, 교사가 된 이후에도 현직교육을 계속 받아야 한다.
>
> 2. **고도의 지식과 이론체계(심오한 학문의 이론적 배경)** : 교사는 담당할 전공교과는 물론이며, 교수·학습, 생활지도 등 교육학에 대한 이론적 배경, 그리고 넓고 깊은 교양지식도 갖추고 있어야 한다.
>
> 3. **고도의 자율성·윤리성·봉사성 필요** : 교사는 직무수행에 있어 높은 자율성이 보장되며, 도덕적 윤리성을 갖추고, 국가·사회 발전에 무한한 봉사기능을 수행한다. 사도강령과 사도헌장 등 윤리강령을 마련하고 있다.
>
> 4. **전문적 단체** : 교직의 전문성을 제고하고 교직의 사회경제적 지위와 교권을 신장하기 위한 전문적인 교원단체도 존재한다.

(2) **이완조직**(이완결합체제, loosely coupled system) – Weick 99 중등추시, 00 중등, 04 초등, 07 중등, 10 중등, 15 중등추시論

① 개념

　　㉠ 부서들 간에 상호 관련성은 있지만 구조적으로 느슨하게 결합되어 있어 각각 독립성을 유지하고 있는 조직을 말한다. 학교조직은 특성상 자율성과 자유재량권을 가지고 있으며, 때로는 교사도 형식적인 교장의 지시와 통제를 받을 뿐이다.

　　㉡ 이완결합성은 모든 참여 주체들 간에 상호 신뢰를 전제로 한다. 결국 신뢰의 논리(logic of confidence)가 통제의 기제가 된다(Meyer & Rowan).

② 이완조직의 특성(Campbell, Corbally & Nystrand)

　　㉠ 학교 구성원들에게 보다 많은 자유재량권과 자기결정권을 부여한다. 교사는 전문가로서 자율권을 행사하며, 상부나 상사의 권위에 순종하지 않는다.

　　㉡ 각 부서 및 학년 조직의 국지적(局地的) 적응을 허용한다. 한 부분의 성공이나 실패가 다른 부분의 성공이나 실패와 별로 연결되지 않는다.

　　㉢ 환경변화에 적응하기 위해 학교조직에서 이질적인 요소들이 공존하는 것을 허용한다.

　　㉣ 기발한 해결책의 개발을 장려한다.

　　㉤ 광범한 환경변화에 대해 민감하여야 한다.

　　㉥ 다른 부분에 영향을 주지 않는 한 체제의 일부분이 분리되는 것을 용납한다.

　　㉦ 부분 간의 조정을 위하여 비교적 소액의 경비가 요구된다.

③ 이완조직의 장점과 제한점

　㉠ 장점 : 교사의 역할 수행상의 안정성과 자율성, 전문성을 존중할 수 있고, 신뢰의 논리를 충족시키고, 어떤 한 부분의 문제나 결손이 다른 부분에 확산되지 않고 국지화하여 위험부담을 줄이는 데 기여한다.

　㉡ 제한점 : 교사들의 본질적 과업인 교수활동의 자율성과 전문성만을 지나치게 강조한다는 데 문제점이 있다. 비교수 분야의 활동, 즉 출결관리, 학급편성, 입·퇴학 등은 엄격하게 통제되며, 교사의 자격, 채용, 전보, 승진, 시간표 운영, 회계관리와 물품 및 시설관리 등은 엄격한 법적·행정적 규제를 받아야 하는 것을 무시해서는 안 된다.

(3) **이중조직** – 느슨한 결합 + 엄격한 관료제 ⇨ Meyer & Rowan

① 학교는 교수활동의 측면에서는 느슨한 결합구조를 가지고 있으나, 행정관리의 측면에서는(예 수업시간운영, 인사관리, 학생관리, 시설관리, 사무관리, 재무관리 등) 엄격한 결합구조(엄격한 관료제적 특성)를 가지고 있다.

② 때때로 지나친 독립성이 조직의 생산성과 효율성을 떨어뜨릴 수 있는 반면, 엄격한 경직성도 교사의 사기를 떨어뜨려 과업수행의 효과를 감소시킬 수 있다. 그러한 점에서 교육행정가는 느슨한 결합과 엄격한 결합의 단점을 극복하고 양자의 순기능을 최대한 확보할 수 있는 안목과 전략수립능력을 갖추어야 한다.

(4) **조직화된 무질서**(조직화된 무정부, organized anarchy) – Cohen, March, Olsen 　03 중등, 04 초등, 06 초등

① 개념 : 조직화된 무질서란 조직화는 되어 있지만 구조화되어 있지 않거나 합리적·과학적·논리적으로 파악될 수 없는 조직을 말한다.

② 특징

　㉠ 불분명한 목표(목표의 모호성) : 교육조직의 목표가 분명하지 않다. 목표는 추상적인 단어로 진술되어 있으며 교육주체들마다 다르게 규정한다.

　㉡ 불확실한 기술(불분명한 과학적 기법) : 목표를 달성하기 위해 사용하는 방법도 분명하지 않다. 교사들마다 각기 상이한 교수방법과 기술을 사용하고 있지만, 그 어느 것이 효과적인 것인가를 분명하게 말할 수 없다.

　㉢ 구성원의 유동적 참여 : 학교조직의 구성원인 학생, 교사, 행정가 등이 고정적이지 못하고 유동적이다. 학생들은 일정기간이 지나면 졸업하고, 교사와 행정가도 이동한다.

(5) **학습조직**(learning organization) – Senge 　09 초등, 15 중등論

① 개념 : 학습조직은 교사들이 학교 내외의 지식과 정보를 공유하고, 협력적인 학습활동을 전개하며, 지속적으로 새로운 지식을 창출하여 학교의 환경변화에 적응해 나가는 조직이다.

② 학습조직의 원리(Senge) 『The Fifth Discipline』

　㉠ 개인적 숙련(전문적 소양, personal mastery) : 개인적 숙련은 개인이 추구하는 지식, 기술, 태도를 형성하기 위해 개인적 역량을 지속적으로 키워 가는 행위를 의미한다. 교사는 개인의 비전을 달성하기 위해 끊임없이 학습활동을 전개해야 한다.

    ⓒ **정신 모델(정신 모형, mental model)** : 정신 모델은 주변에서 발생하는 현상들을 이해하는 인식체계를 의미한다. 교사는 성찰과 탐구를 통해 자신의 사고의 틀을 새롭게 하는 훈련을 해야 한다.

    ⓒ **공유 비전(비전 공유, shared vision)** : 공유 비전은 조직이 추구하는 방향과 그 중요성에 대해 모든 구성원들이 공감대를 형성하는 것이다. 공유 비전은 조직 구성원들이 함께 만들기 원하는 미래에 대한 이미지를 개발하는 것이다.

    ⓔ **팀 학습(team learning)** : 팀 학습은 구성원들이 팀을 이루어 학습하는 것으로, 개인 학습을 증진시키고 조직 학습을 유도하게 한다. 교사는 팀 학습을 통해 개인이 해결할 수 없는 복잡한 문제를 해결하며, 서로의 학습을 촉진해야 한다.

    ⓜ **시스템 사고(체제 사고, system thinking)** : 시스템 사고는 조직에서 일어나는 여러 가지 사건들을 부분적으로 이해하고 해결하기보다는 전체적으로 역동적인 상호작용 관계로 이해하고 사고하는 접근 방식이다. 시스템 사고는 교사들이 학교교육의 문제를 전체적 관점에서 볼 수 있도록 유도한다.

(6) 전문적 학습공동체(교사학습공동체, professional learning community) 22 중등論, 26 중등論

① **개념** : 교사의 전문성 신장과 학생의 학습 증진을 위해 협력적으로 배우고 탐구하며 실천하는 교육전문가 집단이다(서경혜; 2009 : 244). ⇨ 공동연구, 공동실천, 집단성장

② **필요성**

    ㉠ **학생의 학업성취도 향상** : 교사 학습공동체는 학생의 학습증진에 중점을 두고 협력하여 공부하고 새로운 아이디어를 적용해 나가기 때문에 학생들의 성취도를 향상시키는 데 효과적이다.

    ㉡ **교사의 전문성 신장** : 교사들이 협력하여 학습하고, 배운 것을 현장에서 실천함으로써 교사의 수업개선 및 전문성 신장에 효과적이다.

    ㉢ **학교 조직문화 개선** : 교사들이 전문적 학습공동체의 협력적 학습활동에 자발적으로 참여함으로써 협력적 학교 조직문화를 형성하고, 이로 인해 교육의 상향식 개혁이 가능하다.

③ **특징**

    ㉠ **가치와 비전의 공유(shared values & visions)** : 모든 구성원들이 조직이 추구하는 방향과 목적에 대해 합의나 공감대를 형성한다.

    ㉡ **협력적 학습 및 적용(collective learning & application of learning)** : 교사들은 학생의 학습 증진을 위해 함께 협력하여 공부하고, 새로운 아이디어와 정보를 적용하여 문제를 해결하고자 한다.

    ㉢ **개인적 경험의 공유(shared personal practice) 및 반성적 대화** : 교사들은 서로의 교실을 방문하거나 각자 적용한 결과를 공유하고 토론하면서 자신의 실천을 반성한다.

    ㉣ **지원적ㆍ공유적인 리더십(supportive & shared leadership)** : 전문적 학습공동체 구성원들은 리더십을 공유하고 지원적 리더십을 발휘한다. 교사는 학교 문제에 대해 토의하고 결정을 내리는 데 지속적으로 참여하며 민주적인 결정을 내리게 된다.

    ㉤ **지원적 상황(supportive conditions)** : 전문적 학습공동체에서는 교사가 학교의 문제를 연구하고 동료들과 토론할 수 있도록 교사의 활동을 지원하는 인적ㆍ물적 환경을 제공한다.

02 **조직문화**(organizational culture)

1 **조직문화의 수준** – Hoy & Miskel

조직문화는 구체적·표면적 수준에서 추상적·심층적 수준에 이르기까지 다양한 형태로 분류할 수 있다(Hoy & Miskel; 1996).

조직문화 유형	문화수준	특징
공유된 규범으로서의 문화	표면수준 구체수준	• 공유된 규범은 문화의 가장 구체적이고 표면적이며 가시적인 수준이다. • 규범은 조직 구성원들이 마땅히 따르도록 할 원리나 법칙을 의미하며, 구성원들의 행동을 규제한다. ⬛예 수업시간에 떠들어서 수업을 방해해서는 안 된다. 동료를 지원하라. 학생들에게 교과 외 도움을 주어라. 교장을 비판하지 마라. ⇨ 학칙이나 규정에는 성문화되어 있지 않지만 모든 구성원은 이런 기대 속에서 행동한다. • 규범은 구성원들의 행동이나 조직생활의 측면을 이해하는 데 중요한 수단이 된다.
공유된 가치로서의 문화	중간수준	• 공유된 가치는 문화의 중간수준으로서 구성원이 공유하는 가치관이며 바람직한 것을 의미한다. • 공유된 가치는 조직을 바로 그 조직으로 만드는 조직의 기본적 특성이다. 이를 공유함으로써 구성원들은 조직의 일원으로서 자부심을 느끼고, 조직생활의 참 의미를 알게 된다. ⬛예 개방성, 협력, 친밀감 ⇨ 오우치(Ouchi)가 중시한 문화
묵시적 가정으로서의 문화	심층수준 추상수준	• 묵시적 가정은 문화의 가장 추상적이고 심층적 수준에 해당한다. • 묵시적 가정이란 조직 구성원들이 아주 당연시하는 가정을 의미한다. 가정을 해독하고 구체적인 문화의 형태로 실현한 것이 가치관과 규범이다. ⬛예 인간·인간관계·진리·환경 등에 대한 관점

2 **맥그리거(McGregor)의 X–Y이론** 95 중등, 98 중등, 06 초등

(1) 개관

① 맥그리거(McGregor)는 두 가지 인간관과 그에 따른 경영전략의 차이를 X–Y이론으로 제시하였다. X이론은 성악설에, Y이론은 성선설에 근거한다.

② X이론적 문화는 타율적인 통제 문화를 만들어 내며, Y이론적 문화는 자율적인 통제의 문화를 만들어 낸다. 이러한 차이는 인간을 어린이로 취급하는 문화와 성숙한 어른으로 보는 문화 간의 차이이다.

(2) X이론과 Y이론의 차이점 비교

구분		X이론	Y이론
기본 가정		성악설(性惡說)의 인간관	성선설(性善說)의 인간관
		• 인간은 선천적으로 일을 싫어하며, 가능한 한 일을 피하려고 한다. • 인간은 지시받기를 좋아하고, 책임을 회피하려고 하며, 야망이 없고, 무엇보다도 안전을 원한다. • 인간에게 동기를 부여할 수 있는 유일한 수단은 돈이다. 일에 대한 만족감이나 보람이 돈보다 우선되는 경우는 없다.	• 인간은 본래 일을 싫어하지 않고, 자연스럽게 받아들인다. • 인간은 맡은 일을 수행하기 위하여 자기지시와 자기통제를 할 수 있다. • 인간은 책임을 맡아 일하기를 좋아하고, 최상의 보상을 자기만족과 자기실현에 둔다.
경영 전략		과학적 관리론적 접근	인간관계론적 접근
		• X이론의 행정가(경영자)는 인간은 적극적인 개입이 없으면 저항하거나 수동적이게 된다고 믿는다. • 그래서 행정가(경영자)는 구성원을 설득하고 경제적 보상을 주거나(온건한 방법), 강압과 처벌, 통제 등 권위주의적이고 강압적인 지도성을 발휘한다(적극적 방법). ⇨ 당근과 채찍	• Y이론의 행정가(경영자)는 인간을 동기와 잠재력, 책임감, 목표성취의지 등을 가진 자아실현적 존재로 본다. • 따라서 행정가(경영자)는 구성원의 사회·심리적 욕구를 충족하여 자발적 근무의욕과 동기를 유발시켜 주거나, 조직의 제반 여건과 운영방법을 정비하여 구성원의 노력을 촉진하고 지원한다.

③ 아지리스(Argyris)의 미성숙 – 성숙이론 95 중등

(1) 개관

① 아지리스는 관료적 가치체제(X이론에 근거한 조직)과 인간적 가치체제(Y이론에 근거한 조직)를 비교 연구하여 미성숙 – 성숙의 연속선(continuum)을 제시하였다.

② 미성숙한 인간과 조직은 성숙한 인간과 조직으로 연속적으로 발전해 간다고 가정하였다.

⊙ 미성숙 – 성숙의 연속선

미성숙	성숙
수동적 태도 ⟶	능동적 태도
의존적 성향 ⟶	독립적 성향
몇 가지 행동방식 ⟶	다양한 행동방식
피상적인 흥미 ⟶	심층적 흥미
단기적 전망 ⟶	장기적 전망
종속적 지위 ⟶	대등하거나 우월한 지위
자아의식의 결여 ⟶	자아의식과 자기통제

⑵ 내용

① **관료적 가치체제를 따르는 조직(미성숙 조직풍토)**
 ㉠ X이론에 근거하여 인간을 부정적이고 미성숙한 존재로 취급한다.
 ㉡ 이러한 조직에서는 의심 많은 인간관계가 형성되어 대인관계 능력을 저하시키고 집단 간 갈등을 야기하며, 결국 조직의 문제해결력을 저하시킨다.

② **인간적 가치체제를 따르는 조직(성숙 조직풍토)**
 ㉠ Y이론에 근거하여 인간을 긍정적이고 성숙한 인간으로 취급한다.
 ㉡ 이러한 조직에서는 신뢰하는 인간관계가 형성되어 대인관계 능력을 증가시키고 집단 간 협동, 융통성이 증가되어, 결과적으로 조직의 효과성이 증대된다.

③ **개인의 성숙이 곧 조직의 성장을 촉진시킨다** : 개인(자아실현)과 조직(목적달성)이 서로 상생하는 방법 추구
 ㉠ 따라서 조직 관리자는 구성원을 성숙한 인간으로 취급하고 그러한 문화풍토를 조성하는 데 최선의 노력을 기울여야 한다.
 ㉡ 조직 내의 구성원에게 자율성과 책임의 폭을 넓혀 주고 믿음으로 대해 주며, 직장에서 성숙할 수 있는 기회를 부여하면, 구성원의 자아실현욕구와 함께 조직의 목표도 달성된다.

④ 스타인호프와 오웬스(Steinhoff & Owens)의 학교문화 유형론 07 전문상담, 20 중등論

⑴ 개관

스타인호프와 오웬스는 공립학교에서 발견될 수 있는 4가지 특유한 문화형질을 통해 학교문화를 분류하였다.

⑵ 학교문화 유형

① **가족문화(family culture)** : 이 학교는 '가정(home)'이나 '팀(team)'에 비유된다. 학교는 가족으로서 애정적이고 우정적이며, 협동적이고 보호적이다. 구성원은 의무 이상의 헌신과 서로에 대한 관심을 갖고, 제 몫을 다하고자 한다. ⓔ 교장은 부모, 코치로 묘사

② **기계문화(machine culture)** : 이 학교는 '기계(machine)'에 비유된다. 이 학교에서는 모든 것을 기계적인 관계로 파악하며, 학교의 목표달성을 위해 교사를 기계와 같이 취급하며 이용한다.
 ⓔ 교장은 일벌레로부터 느림보에 이르기까지 기계공으로 묘사

③ **공연문화(cabaret culture)** : 이 학교는 쇼를 시연하는 '공연장(cabaret)'에 비유된다. 학교는 청중으로서 학생의 반응을 중시하며, 훌륭한 교장의 지도하에 탁월하고 멋진 가르침을 추구한다.
 ⓔ 교장은 곡마단 단장, 공연 사회자, 연기 주임으로 간주

④ **공포문화(horrors culture)** : 이 학교는 '전쟁터, 악몽'에 비유된다. 학교 구성원들은 서로 비난하고 적대적이며 고립된 생활을 한다. 교장은 자기 자리를 유지하기 위해 무엇이든지 희생의 제물로 삼을 준비가 되어 있다.

5 Sethia와 Glinow의 문화유형론

(1) 개관

① 조직의 주된 관심이 인간과 성과 중 어디에 있느냐에 따라 조직문화의 유형을 네 가지로 분류하였다.
② 인간에 대한 관심(concern for people)은 조직이 구성원의 만족과 복지를 위해 노력하는 것을 나타내며, 성과에 대한 관심(concern for performance)은 구성원이 최선을 다해 직무를 수행하도록 하려는 조직의 기대를 나타낸다.

		성과에 대한 관심	
		낮음	높음
인간에 대한 관심	높음	보호문화	통합문화
	낮음	냉담문화	실적문화

Sethia와 Glinow의 조직문화 유형

(2) 학교문화 유형

① **보호문화** : 구성원의 복지를 강조하지만 높은 성과를 요구하지 않는다. 구성원은 조직의 지도자에게 순응하는 경향을 보이고, 충성심과 애정이 있어 조직이 생존하고 번영한다. 팀워크와 협동, 상사에 대한 복종 등이 중요한 가치로 여겨진다.
② **냉담문화** : 인간과 성과 모두에 무관심한 조직이다. 음모, 파당, 분열로 사기저하와 냉소주의가 만연하여 특별한 상황과 환경의 보호 없이는 생존이 어려운 조직이다. 이는 지도자의 방임적 리더십에 의해 조장되며, 조직의 효과성과 능률성에 대한 관심보다는 기득권과 이해관계에 의해 조직이 운영된다.
③ **실적문화** : 구성원의 복지는 소홀히 하면서도 높은 성과를 요구한다. 인간은 소모품으로 간주되며, 높은 성과를 낼 때만 보상을 준다. 성공, 경쟁, 적극성, 혁신 등이 중요한 가치다.
④ **통합문화** : 성과와 인간 모두에 높은 관심을 나타내는 조직이다. 구성원 스스로 잠재력을 최대한 계발하고, 조직발전에 크게 공헌하기를 기대한다. 협동, 자율성, 창의성, 모험 등이 주요 가치다.

03 조직풍토(organizational climate)

❶ 리커트(Likert)의 관리체제 91 중등, 07 초등

(1) 개관

① 리커트는 상·하급자 간의 관계가 어떠하냐에 따라 조직관리유형(조직풍토)을 체제 1(system 1)에서 체제 4(system 4)에 이르기까지 하나의 연속선(continuum)으로 표시하였다.

② 행동과학적 연구를 통해 조직변화 계획을 실행하였는데, 조직이 X이론에서 Y이론으로, 미성숙한 행동이 성숙한 행동의 격려로, 위생요인의 강조에서 동기부여요인의 만족으로 나아가도록 의도하고 있다.

③ 체제 1은 과업 지향적이며 고도로 구조화된 권위적 관리유형(X이론)인데 비하여, 체제 4는 팀워크·상호 신뢰·상호작용 등에 기반을 둔 관계성 지향적 관리유형(Y이론)이다. 체제 2, 3은 두 개의 양극단의 중간관계에 해당한다.

(2) 관리(경영)체제

체제 1: 수탈적 관리체제 (착취적 권위주의적 풍토·관리)	체제 2: 자비적 관리체제 (자선적 권위주의적 풍토·관리)
관리자는 부하를 신뢰하지 않음 • 의사결정은 하향적이고 일방적임 • 부하의 동기유발은 공포, 위협, 처벌에 의함 • 통제는 최고 관리자에게 집중됨 • 상사와 부하 간의 상호관계는 별로 없음 • 비공식적으로 관리자의 목적에 반대함	관리자는 부하에게 자비를 베풀 듯 신뢰함 • 의사결정에 부하는 별로 관여하지 않음 • 부하의 동기유발은 보상과 처벌임 • 상사와 부하 간의 관계는 자비를 베풀 듯함 • 부하는 두려움과 경계를 나타냄 • 통제는 최고 관리자에게 집중, 더러 위임도 함
체제 3: 자문적 관리체제 (협의적 풍토: 자문적 관리·경영)	체제 4: 참여적 관리체제 (참여적 풍토: 참여적 관리·경영)
관리자는 부하를 중요한 존재로 인식하나 완전히 신뢰하지는 않음 • 부하가 낮은 수준의 한정된 의사결정을 함 • 의사소통은 상하로 이루어짐 • 동기유발은 보상, 때로는 처벌 및 약간의 참여에 의함 • 상사와 부하 간에는 온건한 관계와 상당한 신뢰가 있음 • 통제는 하향적으로 위임됨	관리자는 부하를 전적으로 신뢰함 • 의사결정이 널리 확산됨 • 의사소통은 상하, 좌우로 됨 • 동기유발은 참여와 보상에 의함 • 상사와 부하 간의 관계는 광범위하고 우호적임 • 고도의 신임과 신뢰가 있음 • 통제과정에는 광범위한 책임이 존재함

① 수탈적 관리체제(이기적 권위주의적 풍토) : 관리자는 부하를 신뢰하지 않음

② 자비적 관리체제(자선적 권위주의적 풍토) : 관리자는 부하에게 자비를 베풀 듯이 신뢰함

③ 자문적 관리체제(협의적 풍토) : 관리자는 부하를 상당히 중요한 존재로 인식하나 완전히 신뢰하지 않음

④ 참여적 관리체제(참여적 풍토) : 관리자는 부하를 전적으로 신뢰함

체제 1과 체제 2를 채택하는 교장이나 교사는 학교의 목적 달성을 위해 고도의 통제와 지위를 이용한 압력과 권한을 행사한다. 리더와 부하 관계는 1대1의 관계를 강조한다. 체제 3은 부하와 개인적으로 상의하여 의사결정을 하는 참여적 리더십을 보인다. 그러나 학교 목적의 극대화, 학생의 자아실현, 교사의 자아충족에는 못 미친다. 체제 4는 중요한 조직의 모든 과정에 팀워크를 강조한다. 교장이나 교사는 자아통제적 방법으로 커다란 집단 충성심과 높은 목표완수, 고도의 협동을 이룬다. 요컨대, 효과적인 학교일수록 참여적 분위기인 체제 4에 더 접근하고 덜 효과적인 학교일수록 체제 1의 관리형태(경영형태)에 접근한다.

맥그리거	아지리스	리커트	허즈버그	동기
X이론	미성숙	체제 1	위생요인	외재적 동기
↕	↕	체제 2	↕	↕
		체제 3		
Y이론	성숙	체제 4	동기요인	내재적 동기

❷ 핼핀과 크로프트(Halpin & Croft)의 학교조직 풍토론 02 초등, 07 중등

(1) 개관

핼핀과 크로프트는 교사의 행동 특성과 교장의 행동 특성에 대한 교사들의 '지각'을 토대로 학교조직 풍토를 6가지 유형으로 분류하였다. ⇨ 조직풍토기술척도(OCDQ : Organizational Climate Description Questionnaire)를 개발하여 조사

① 교사의 행동 특성

　㉠ 사기(esprit) : 교사들이 자신의 업무에서 욕구충족과 성취감을 느끼는 정도

　㉡ 장애(방해, hindrance) : 교사들이 교장을 자기 일을 방해하는 사람으로 지각하는 정도

　㉢ 친밀(intimacy) : 교사들이 업무 외에 상호 간에 친밀하고 우호적인 인간관계를 유지하면서 사회적 욕구를 충족시키는 정도

　㉣ 일탈(방임, disengagement) : 교사들이 주어진 업무에 헌신하지 않고 이탈하려는 정도

② 교장의 행동 특성

　㉠ 추진(솔선수범, thrust) : 교장이 솔선수범하며 학교를 역동적으로 잘 운영해 나가는 정도

　㉡ 인화(배려성, consideration) : 교장이 배려하고 친절한 행동을 보이는 정도

　㉢ 냉담(초연성, 원리원칙, aloofness) : 교장이 공식적이며 규칙과 규정을 강조하는 정도

　㉣ 과업(생산성 강조, production emphasis) : 교장이 과업달성을 강조하며 철저히 지시·감독하는 정도

⑵ **학교조직풍토 유형** – 개방–폐쇄 연속선상의 학교풍토

☑ **개방 – 폐쇄의 연속선상에서 조직풍토를 위한 원형 프로필(M = 50, SD = 10)**

하위요인 조직풍토	교사의 행동특성				교장의 행동특성			
	사기	방해	친밀	일탈	추진	배려	냉담	과업
개방적	63 (높음)	43 (낮음)	50 (중간)	43 (낮음)	61 (높음)	55 (중간)	42 (낮음)	43 (낮음)
자율적	55 (높음)	41 (낮음)	62 (높음)	40 (낮음)	53 (중간)	50 (중간)	61 (높음)	39 (낮음)
통제적	54 (높음)	59 (높음)	40 (낮음)	38 (낮음)	51 (중간)	45 (낮음)	55 (높음)	63 (높음)
친교적	50 (중간)	42 (낮음)	58 (높음)	60 (높음)	52 (중간)	59 (높음)	44 (낮음)	37 (낮음)
간섭적	45 (낮음)	46 (낮음)	46 (낮음)	65 (높음)	51 (중간)	55 (높음)	38 (낮음)	55 (높음)
폐쇄적	38 (낮음)	58 (높음)	54 (중간)	62 (높음)	41 (낮음)	44 (낮음)	55 (높음)	54 (높음)

개방적 풍토 (open climate)	교사의 사기와 교장의 추진성이 매우 높아 아주 활기차고 생기 있는 조직풍토. (교장이 과업을 강조하지 않아도) 교사들이 학교의 목표달성에 헌신하며 개인의 사회적 욕구도 충족 ⇨ 가장 바람직한 풍토
자율적 풍토 (autonomous climate)	교장은 냉담하지만 과업을 강조하지 않고, 교사들은 (높은 사기와 친밀성을 바탕으로) 매우 자유롭게 업무를 수행하며 사회적 욕구를 충족하는 자유보장적 풍토
통제적 풍토 (controlled climate)	교장은 냉담하며 과업을 강조하지만, 교사는 방해로 느끼며 (친밀성이 낮아) 사회적 욕구 충족이 소홀히 되는 지시적인 풍토. (하지만 목적달성에서 오는 성취감이 높아 친교적 풍토보다 사기가 더 높게 나타난다.) ⇨ 과업수행이 강조되는 반면 교사의 사회적 욕구 충족은 소홀히 되는 지시적 풍토
친교적 풍토 (familiar climate)	(교장은 극히 배려적이고 과업을 강조하지 않으며, 교사도 친밀성을 추구하며 업무에는 일탈적이다.) 교장과 교사들 간에 우호적 태도가 형성되고 사회적 욕구는 잘 충족되나, 조직의 목표달성을 위한 집단 활동이 부족한 사교적인 풍토
간섭적 풍토 (paternal climate)	교장은 (배려적이면서) 과업을 강조하지만(공정성 결여), 교사는 (업무에 무관심하고 친밀성도 낮아) 과업성취나 사회적 욕구 충족 모두에 부적합한 풍토
폐쇄적 풍토 (closed climate)	교사는 (사기가 극도로 떨어져 있고) 업무에는 무관심한데, 교장은 (극히 냉담하며) 불필요한 일과 과업만 지나치게 강조하는 비효율적인 풍토 ⇨ 가장 바람직하지 못한 풍토

❸ 호이와 미스켈(Hoy & Miskel)의 학교조직 풍토론 11 초등

(1) 개관

호이와 미스켈은 개정된 조직문화풍토척도(OCDQ-RE)를 사용하여 학교조직 풍토를 4가지로 구분하고 개방-폐쇄의 연속선상에서 설명하였다.

① 교사의 행동특성

ⓘ 협동적 행동(단체적, collegial behavior) : 교사들 상호 간에 지원적이고 전문적인 상호작용의 정도

ⓛ 친밀적 행동(intimate behavior) : 학교 안팎에서 교사들 간에 형성된 개인적 관계의 정도

ⓒ 일탈적 행동(disengaged behavior) : 교사들 간에 조성된 소외감과 격리감의 정도

② 교장의 행동특성

ⓘ 지원적 행동(supportive behavior) : 교사들에게 진실한 관심을 보이고 지원하는 정도

ⓛ 지시적 행동(directive behavior) : 교사들의 개인적 욕구에 전혀 관심을 두지 않는 엄격한 과업지향의 정도

ⓒ 제한적 행동(restrictive behavior) : 교사들이 업무를 수행할 때 장애를 주는 정도

(2) 학교조직풍토 유형 − 개방−폐쇄 연속선상의 학교풍토

행동특성		풍토 유형			
		개방풍토	몰입풍토	일탈풍토	폐쇄풍토
교사 행동	협동적	고	고	저	저
	친밀적	고	고	저	저
	일탈적	저	저	고	고
교장 행동	지원적	고	저	고	저
	지시적	저	고	저	고
	제한적	저	고	저	고

개방풍토 (open climate)	교사와 교장이 모두 개방성을 나타내는 풍토 ⇨ 교장은 교사의 제안과 전문성을 존중하며, 교사는 높은 협동성과 친밀성을 유지하며 과업에 헌신하는 풍토 ⇨ 학교 구성원 간 협동, 존경, 신뢰가 형성되어 있는 풍토
몰입풍토(참여풍토, engaged climate)	교사는 개방적이나 교장은 폐쇄성을 나타내는 풍토 ⇨ 교장은 비효과적인 통제를 하며 교사의 업무를 방해하지만, 교사는 높은 협동성과 친밀성을 바탕으로 높은 전문적인 업무수행을 하는 풍토
일탈풍토 (disengaged climate)	교사는 폐쇄적이나 교장은 개방성을 나타내는 풍토 ⇨ 교장은 교사들에게 관심이 많으며 지원인데 반하여, 교사는 교장을 무시하거나 협조하지 않을 뿐만 아니라, 교사 간에도 불화와 분열을 보이며 헌신적이지 않은 풍토
폐쇄풍토 (closed climate)	교사와 교장 모두가 폐쇄성을 나타내는 풍토 ⇨ 교장은 일상적이거나 불필요한 잡무만을 강조하고 엄격한 통제를 하고, 교사는 교장과 불화하고 업무에 관심과 책임감이 없으며 헌신적이지 않은 풍토

04 조직갈등(organization conflict)

❶ 갈등의 순기능과 역기능

(1) 갈등의 순기능

① 조직의 변화와 혁신을 촉진하여 새로운 화합의 계기가 될 수 있다.
② 조직 내 문제에 대한 정보와 자기반성의 기회를 제공한다.
③ 조직 내의 갈등을 관리하고 방지할 수 있는 방법을 학습할 수 있는 기회를 제공한다.
④ 갈등을 극복하려고 노력하는 가운데 구성원의 재능과 능력이 발휘된다.
⑤ 침체된 조직을 거기에서 벗어나 더욱 생동하게 하는 계기가 될 수 있다.
⑥ 구성원들의 다양한 심리적 욕구를 충족시키는 계기가 될 수 있다.

(2) 갈등의 역기능

① 목표달성에 필요한 시간과 자원을 낭비할 수 있다.
② 구성원에게 정신적·육체적·정서적으로 긴장과 불안, 고통, 스트레스 등을 유발한다.
③ 조직이나 타인에 대해 부정적인 태도와 적개심, 불만, 참여 기피 등을 야기한다.
④ 조직의 안정성, 조화성, 통일성을 깨뜨릴 수 있다.

❷ 토마스(Thomas)의 갈등관리전략 − 조직 상황에 따른 갈등관리방식 99 중등추시, 00 초등, 02~03 초등, 06 초등

(1) 개관

조직의 목표달성과 조직구성원의 필요를 충족시키는 갈등을 다루는 갈등관리방식을 다섯 가지로 분류하여 제시하였다. 한쪽 당사자가 타인의 관심사(이익)를 충족시키려는 정도인 '협조성(협동성, cooperativeness)'과 자신의 관심사(이익)를 충족시키려는 정도인 '독단성(적극성, assertiveness)'의 두 가지 독립적 차원에 의한 갈등관리 전략을 경쟁, 회피, 수용, 협력, 타협의 형으로 나누고 있다.

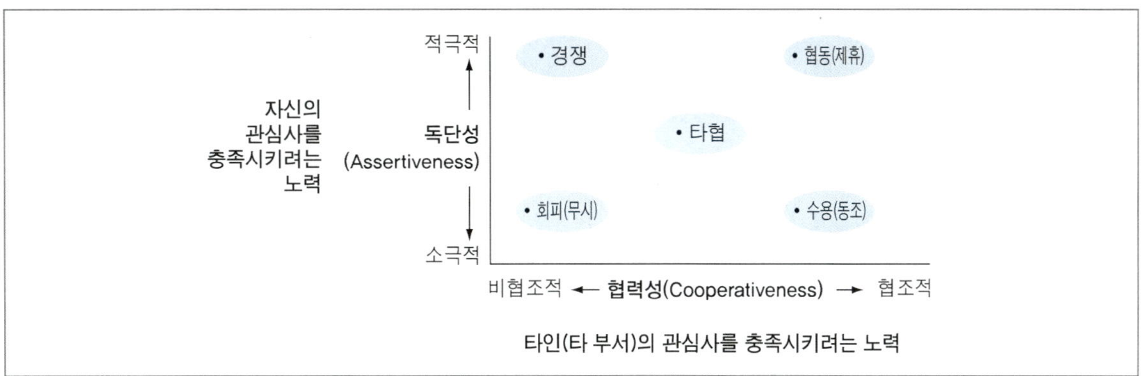

⑵ 갈등관리 방법(전략, 유형)

경쟁형 (competing)	• **관리방법** : 상대방을 희생시키고 자신의 이익이나 관심사를 충족하려는 전략으로, 한쪽이 이익을 얻는 반면 다른 쪽이 손해를 보는 승패(勝敗, win-lose) 전략 ⇨ 행정가는 조직의 목표달성을 강조하며 구성원들의 개인적 필요에 대해서 협력하지 않는 방식 • **적절한 상황** : ㉠ 신속한 결정이 요구되는 긴급한 상황일 때, ㉡ 조직의 성장에 매우 중요한 문제일 때, ㉢ 중요한 사항이지만 인기 없는 조치를 실행할 때, ㉣ 타인을 부당하게 이용하는 사람에게 대항할 때
회피형 (avoiding)	• **관리방법** : 자신과 상대방의 관심사 모두를 무시함으로써 갈등으로부터 탈피하고자 하는 방식. 갈등이 없었던 것처럼 행동하여 가능한 한 갈등을 무시하고 의도적으로 피하는 유형. 어떠한 행태로든 갈등을 해결하려고 하지 않는 접근 ⇨ 조직의 목표를 강조하지도 않고 구성원들의 필요에 대해서 협력하지도 않는다. • **적절한 상황** : ㉠ 쟁점이 사소한 것일 때, ㉡ 해결책의 비용이 효과보다 훨씬 클 때, ㉢ 다른 문제가 해결되면 자연스럽게 해결될 수 있는 하위갈등일 때, ㉣ 사태를 진정시키고자 할 때, ㉤ 다른 사람들이 문제해결을 더 효과적으로 해결할 수 있을 때
수용형 (순응, 동조, 조정, accomodating)	• **관리방법** : 좋은 인간관계를 유지하기 위해서 자신의 욕구충족은 포기하고 상대방의 주장에 따름으로써 갈등을 해소하는 방법 ⇨ 행정가는 구성원의 필요에 양보하고 자기를 희생 • **적절한 상황** : ㉠ 자기가 잘못한 것을 알았을 때, ㉡ 보다 중요한 문제를 위해 좋은 관계를 유지해야 할 때, ㉢ 조화와 안정이 특히 중요할 때, ㉣ 패배가 불가피하여 손실을 최소화할 때, ㉤ 다른 사람에게 더 중요한 사항일 때
협력형 (협동형, collaborating)	• **관리방법** : 양쪽의 관심사를 모두 만족시키려는 접근으로, 양자 모두에게 이익을 주는 승승(勝勝, win-win) 전략 ⇨ 양쪽이 다 만족할 수 있는 갈등해결책을 적극적으로 찾는 최선의 방법 • **적절한 상황** : ㉠ 목표가 학습하는 것일 때, ㉡ 합의와 헌신이 중요할 때(양쪽의 협력이 필요한 경우), ㉢ 양자의 관심사가 매우 중요하여 통합적인 해결책만이 수용될 때, ㉣ 관계증진에 장애가 되는 감정을 다루고자 할 때, ㉤ 관점이 다른 사람들로부터 통찰력을 통합하기 위하여
타협형 (compromising)	• **관리방법** : 양쪽이 조금씩 상호 양보하여 절충안을 찾으려는 방법 ⇨ 다수의 이익을 위해 조직의 목표와 개인의 필요 간에 균형을 찾아 수용 가능한 해결책을 찾는 방법 ⇨ 양쪽이 다 손해를 보기 때문에 앙금이 남아 다른 갈등의 원인이 될 수 있다. ⇨ 현실적으로 가장 많이 활용 • **적절한 상황** : ㉠ 복잡한 문제에 대한 일시적인 해결책을 얻고자 할 때, ㉡ 당사자들의 주장이 서로 대치되어 있을 때, ㉢ 목표가 중요하지만 목표 달성에 따른 잠재적인 문제가 클 때, ㉣ 협력이나 경쟁의 방법이 실패할 때, ㉤ 시간부족으로 신속한 행동이 요구될 때

지도성론

01 전통적 지도성론

❶ 특성론(trait theory) — 과거~1950년 25 중등論

(1) 개관

① 지도자로서 선천적으로 타고난 특성이 있다고 보고 지도자의 특성과 자질을 분석하려는 접근이다.

② 그러나 리더만이 관심의 대상이 되었으며 그 구성원에 대한 관심은 없었다는 점에서 한계가 있다.

(2) 대표자

스톡딜(Stogdill)	카츠와 칸(katz & Kahn) 25 중등論
• 재능(capacity) : 지능, 기민성, 언어의 유창성, 독창력, 판단력 • 성취(achievement) : 학문, 지식, 운동경기의 성취 • 책임감(responsibility) : 신뢰, 솔선, 인내력, 적극성, 자신감, 성취욕 • 참여(participation) : 활동성, 사교성, 협동성, 적응성, 유머 • 지위(status) : 사회경제적 위치와 인기	• 실무적 기술(사무적 기술) : 어떤 일을 수행하는 데 필요한 지식과 기술. 어떤 활동의 방법, 과정, 절차, 기법 등을 이해하고 활용할 수 있는 능력 예 작업관리층(하위계층), 교사, 서무과장 등 하위직 행정가에게 필요한 기술 • 인간적 기술(인화적 기술) : 구성원들과 인화를 조성하고 협동적으로 일할 수 있는 기술 예 중간관리층(중간계층), 교감, 장학사에게 필요 • 종합적 기술(전체파악 기술, 통합적·구상적 기술) : 조직을 하나의 전체로 파악할 수 있는 능력. 조직 전체의 복합성을 이해하고 자기활동이 전체로서의 조직 어디에 관련되는가를 파악하는 능력 ⇨ 교육활동 전반을 통합적·대국적·장기적 견지에서 일관하여 선견지명을 가지고 사업을 구상 예 상위관리층(상위행정가), 교육감, 교장에게 필요

② **행위론**(behavior theory) － 1950~1970년

(1) 개관

① 지도자가 어떤 행동을 하느냐를 분석하여 지도자가 나타내는 행동을 기술하였다.
② 효과적인 지도자와 비효과적인 지도자의 행위를 비교하여 지도자의 행위양식을 유형화하였다.

(2) 레빈(Lewin) **등의 지도성 연구**(아이오와 대학의 연구)

① **연구**

㉠ Lewin, Lippitt, White은 지도자의 행동 유형을 권위적 지도자, 민주적 지도자, 자유방임적 지도자로 구분하고 각 유형이 집단의 태도와 생산성에 미치는 영향을 분석하였다.

㉡ 권위적 지도자는 명령적이고 참여를 허용하지 않으며 칭찬이나 비판을 개인적으로 행하되 중립적인 태도를 취하였으며, 민주적 지도자는 집단의 결정을 권장하고 칭찬이나 비판 시에는 객관적 입장을 취하였으며, 자유방임적 지도자는 집단에게 완전한 자유를 주었다(권위적 ⇨ 과업지향적, 과학적 관리론 / 민주적 ⇨ 관계지향적, 인간관계론).

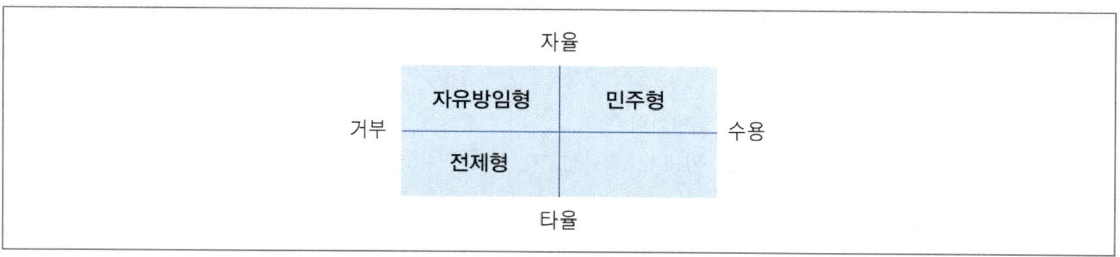

② **결과**

㉠ 민주적 지도자를 가장 선호하고, 권위적 지도자를 가장 싫어한다는 결과가 나왔다.

㉡ 권위적 지도자는 공격적인 행동이나 냉담한 행동을 유발하였고, 자유방임적 지도자는 좌절과 방향감각의 상실, 우유부단한 행동이 관찰되었다.

(3) 핼핀과 위너(Halpin & Winer)**의 지도성 연구**(오하이오 주립대학의 연구)

① **연구**

㉠ '구조성(과업 중심, task-oriented)'과 '배려성(인간관계 중심, relationship-oriented)' 차원을 기준으로 지도자의 행동을 인화형, 효율형, 비효율형, 과업형으로 분류하였다. 지도자행동기술척도(LBDQ : Leader Behavior Description Questionnaire)를 사용하였다.

㉡ 구조성을 중시하는 지도자는 구성원 각자에게 기대되는 역할을 분명히 하고, 업무를 배정하고, 사전에 계획을 세우고, 일처리 방법과 절차의 확립을 중시하며, 결실을 보기 위해 일을 추진한다(구조성 ⇨ 과학적 관리론).

ⓒ 배려성을 중시하는 지도자는 구성원의 아이디어를 청취하고, 친절하고, 사람들과 자주 만나며, 모든 직원을 공평하게 취급하고, 피고용자의 아이디어를 자주 활용한다(배려성 ⇨ 인간관계론).

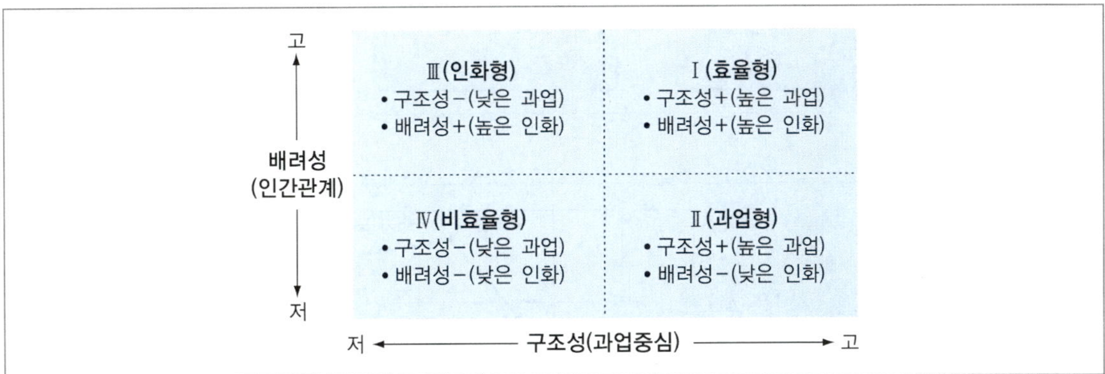

② 결과 : Ⅰ형(높은 구조성·높은 배려성 : 효율형)이 가장 효과적인 지도자 유형이다.

③ 상황론(situation theory) − 1970~1980년 99 초등보수, 01 중등, 14 중등

(1) 개관

'모든 상황에 적용할 수 있는 하나의 지도성은 없다.'는 전제에서 지도성은 '상황적 조건'(상황변인)에 의해서 결정된다는 입장이다.

(2) 피들러(Fiedler)**의 상황적 지도성 이론** 07 초등, 13 중등

① 개념 : '상황의 호의성(situation's favorableness)'에 따라 지도성 유형을 달리해야 한다. ⇨ 지도자의 '가장 싫어하는 동료 척도(LPC : Least Preferred Co-worker scale)' 개발

ⓐ 상황의 호의성 : 상황이 지도자로 하여금 집단에 대하여 영향력을 행사할 수 있는 정도

ⓐ 지도자와 구성원의 관계(leader-member relation) : 지도자와 구성원 간 관계의 질 ⇨ 지도자의 구성원에 대한 신뢰, 구성원의 지도자에 대한 존경 등 예 지도자와 구성원 간의 분위기가 좋고 나쁨

ⓑ 과업구조(task structure) : 과업의 특성 ⇨ 과업이 명확하게 규정되고 수행방법이 체계화·구조화되어 있는 정도로, 목표의 명료도, 목표달성의 복잡성, 수행에 대한 평가의 용이도, 해결책의 다양성에 따라 구분됨 예 과업이 분명하면 지도자의 통제는 증가하고, 그렇지 않으면 지도자의 통제는 감소

ⓒ 지도자의 지위권력(power) : 조직이 지도자의 지위에 부여한 권력의 정도
예 지도자의 보상(승진, 월급·상여금 인상) 및 처벌권 등

ⓑ 최상의 상황통제의 예

ⓐ 집단의 구성원들이 모두 지도자를 좋아한다(양호한 지도자-구성원 관계).

ⓑ 명확하게 정의된 직무를 제시할 수 있다(높은 과업구조).

ⓒ 지도자가 강력한 직위를 점하고 있다(강력한 지위권력).

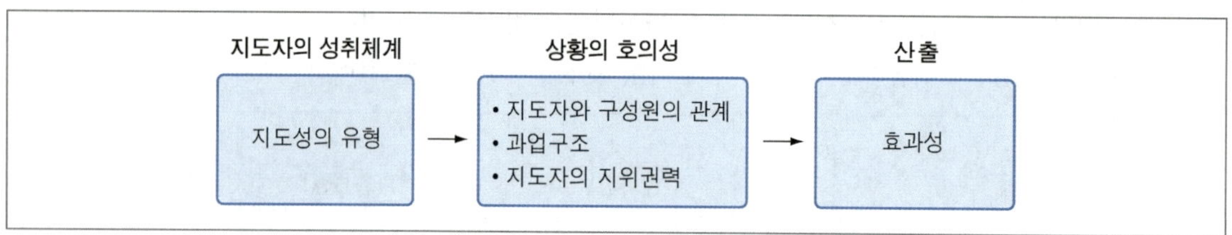

② 지도성 유형

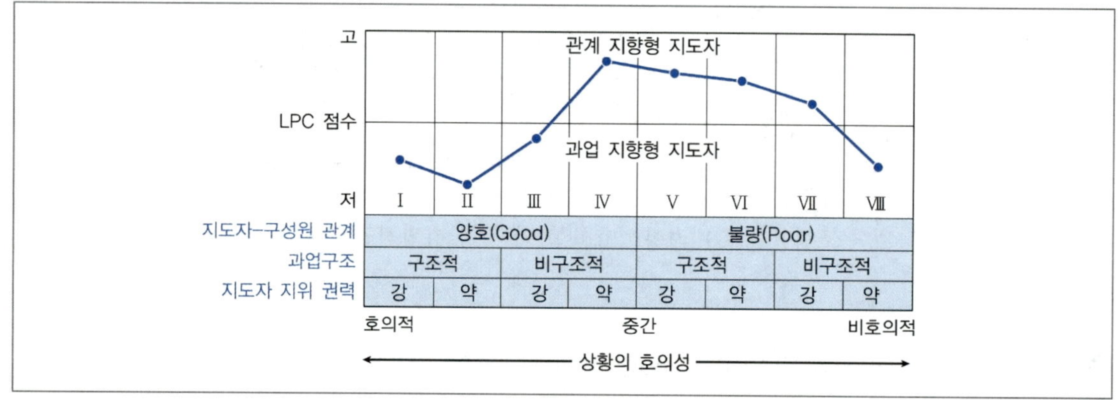

☑ 피들러의 상황에 따른 효과적인 리더십 유형(윤정일)·

- ㉠ 상황이 호의적이거나, 비호의적일 때는 과업지향적 지도자가 가장 효과적이다(지도자의 영향력이 대단히 크거나 작은 극단적인 상황).
- ㉡ 상황의 호의성이 중간 정도일 때는 관계지향적 지도자가 가장 효과적이다(지도자의 영향력이 중간 정도인 상황).

(3) 허시와 블랜차드(Hersey & Blanchard)의 상황적 지도성 이론 94 초등, 97 중등, 08 초 · 중등, 14 중등論

- ① 개념 : '구성원의 성숙도'에 따라 지도성 유형을 달리해야 한다.
  - ㉠ 구성원의 성숙도 : 개인적 직무수행능력인 '직무성숙도(job maturity)'와 개인적 동기수준인 '심리적 성숙도(psychological maturity)'를 의미
  - ㉡ 지도성 행위 : 과업 행위란 지도자가 구성원에게 무슨 과업을 언제, 어디서, 어떻게 수행해야 하는지를 일방적으로 설명하는 것을 말하며, 관계성 행위란 지도자가 심리적 위로를 제공하고 일을 촉진할 수 있도록 여건을 조성해 주는 것을 의미
- ② 지도성 유형 : 구성원의 성숙도와 지도성 행위를 조합하여 4가지 지도성 유형 제시

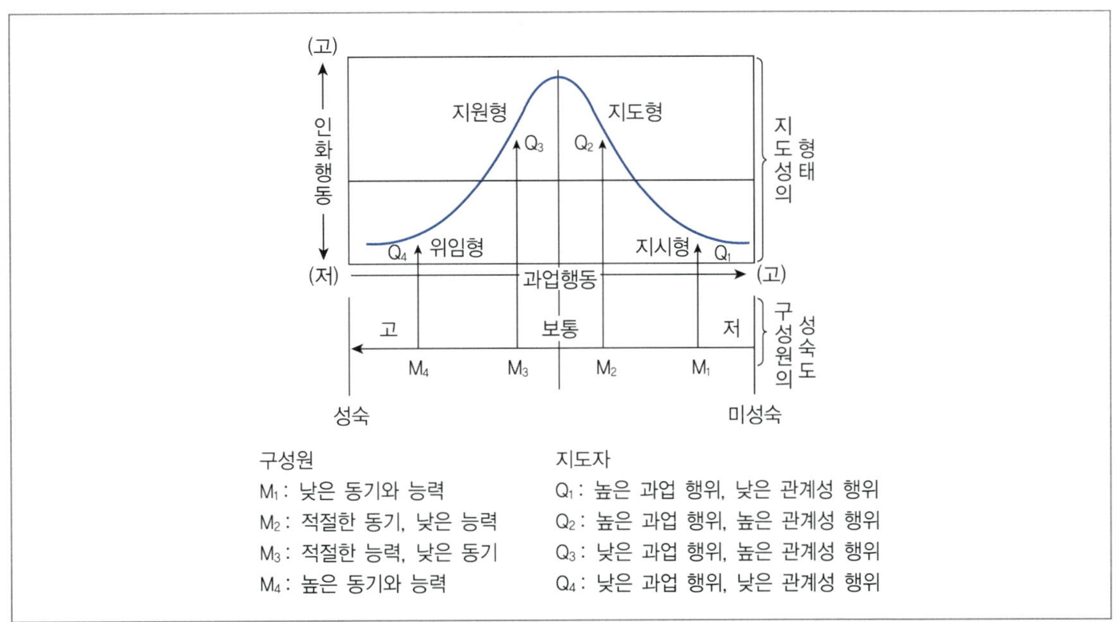

구성원의 성숙도	낮다(M_1)	중간이다		높다(M_4)
		M_2(중간 이하)	M_3(중간 이상)	
직무성숙도(능력 or 전문성)	저	저	고(적절)	고
심리적 성숙도(동기)	저	고(적절)	저	고
효과적 지도성 유형	지시형(설명형)	지도형(설득형)	지원형(참여형)	위임형
과업	고	고	저	저
관계	저	고	고	저
특징	구성원의 성숙도 수준이 낮을수록 과업지향성을 높이고, 성숙도 수준이 높을수록 과업지향성을 낮추는 방향으로 지도성을 발휘한다.			

㉠ **지시형(directing)** : 구성원의 능력과 동기가 모두 낮을 경우(M_1), 일방적인 과업설명이 요구되는 상황이어서 높은 과업 행위와 낮은 관계성 행위가 효과적이다(Q_1).

　　⑩ 지도자가 구성원들의 역할을 규정하고, 행동을 지시해야(어떤 과업을 언제, 어디서, 어떻게 수행해야 하는가를) 한다. 따라서 의사소통은 일방적이다.

㉡ **지도형(coaching)** : 구성원이 능력은 낮으나 적절한 동기를 가지고 있는 경우(M_2), 능력을 높여주기 위한 높은 과업 행위와 고양된 동기를 계속 유지하기 위한 높은 관계성 행위가 효과적이다(Q_2).

　　⑩ 지도자가 구성원에게 대부분의 지시적 행동을 가하지만 쌍방향 의사소통을 통해 사회정서적 지원을 함으로써 구성원들의 의견을 의사결정에 받아들여 구성원들의 심리적 참가를 유도하는 행동 등이 포함된다.

㉢ **지원형(supporting)** : 구성원이 적절한 능력을 갖되 낮은 동기를 가지고 있는 경우(M_3), 일방적인 지시인 과업 행위는 낮추고 동기를 높여 줄 수 있는 높은 관계성 행위가 효과적이다(Q_3).

　　⑩ 지도자 주도의 방향 제시는 불필요하되 구성원들이 동기화될 수 있도록 의사결정에 참여시켜야 한다. / 의사결정과정에서 지도자와 구성원이 쌍방적 의사소통을 통해서 서로 의견을 교환하고, 구성원들은 과업수행의 능력과 지식을 가지고 있기 때문에 지도자는 구성원들의 자발적인 행동을 조장한다.

ⓔ 위임형(delegating) : 구성원의 능력과 동기가 모두 높을 때(M_4), 과업과 관계성 행위를 모두 줄이고 권한을 대폭 위임하는 것이 효과적이다(Q_4).

   예 구성원들이 과제에서나 관계성에서 심리적으로 높은 수준의 성숙도를 나타내기 때문에 집단 구성원에게 과업을 위임함으로써 집단에 대한 신뢰를 나타내어야 한다.

02 새로운 지도성론

❶ 리더십 대용 상황이론(substitutes for leadership model) — Kerr & Jermier 11 초등

(1) 개념

지도자의 리더십이 상황에 따라 대체되거나 억제될 수 있다는 이론(⇨ 리더십 대체이론)

① 두 가지 상황

   ㉠ 대용(substitute) 상황 : 지도자의 능력을 대신하거나 감소시키는 상황적 측면(⇨ 지도자의 행동을 대체하거나 불필요하게 만드는 상황)

      예 구성원의 높은 수준의 능력과 전문성, 구조화된 과업 특성, 공식적인 역할과 절차 등으로 인해 지도자의 지도성이 필요하지 않은 상황

   ㉡ 억제(neutralizer) 상황 : 지도자가 특정한 방식으로 행동하지 못하게 하거나 지도자 행동의 영향력을 무력화시키는 상황적 측면(⇨ 지도자의 행동을 억제하거나 무력화시키는 상황적 측면).

      예 학교장이 우수한 교사를 보상할 수 있는 권력을 가지고 있지 않은 경우(⇨ 학교장의 지도자 행동을 제약하는 상황적 조건), 학교장이 제공하는 인센티브에 교사들이 무관심한 경우(⇨ 학교장의 행동을 무력화시키는 상황적 조건)

② 리더십 대용 상황으로 작용할 수 있는 상황 변인 : 구성원 특성, 과업 특성, 조직 특성

   ㉠ 구성원 특성 : 구성원의 능력, 훈련, 경험과 지식, 전문성 여부, 보상에 대한 무관심 등

   ㉡ 과업 특성 : 구조화된 일상적 과업, 내재적 만족을 주는 과업, 과업에 의해 제공되는 피드백 등

   ㉢ 조직 특성 : 역할과 절차의 공식화, 규정과 정책의 신축성, 구성원의 응집력, 지도자와 구성원의 공간적 거리, 지도자의 권력 강약, 조직의 목표나 계획의 분명성 등

(2) 의의와 한계(시사점)

① 리더십 대용 상황이론은 과업수행이 지도자가 가지고 있는 그 어떤 것에 의존하지 않고 구성원, 과업, 조직 특성에 달려 있다는 점을 강조한다.

   예 구성원이 높은 능력과 경험, 식견을 가지고 있고, 수행절차가 분명하며 일상적으로 수행하는 과업일 경우 지도자의 리더십이 거의 필요가 없을 것이다.

② 리더십 대용 상황이론은 지도자의 어떤 행동이 어떤 상황에서는 중요한 영향을 주는 데 반해, 다른 상황에서는 왜 아무런 영향을 주지 못하는지를 이해하는 데 많은 도움을 준다.

③ 그러나 이 이론은 리더십 행동에 조정 효과를 미치는 상황변인들을 목록화했을 뿐 이들의 인과관계를 설명하기 어렵고 이에 대한 실증적 분석도 부족하다는 한계도 있다.

② **변혁적 지도성 이론**(transformation leadership theory) ― Burns, Bass

99 초등보수, 02~03 초등, 05 초 · 중등, 09~10 초등, 19 중등論

(1) 개관

① 개념 : 변혁적 지도성은 구성원의 성장욕구를 자극하여 동기화시킴으로써 구성원의 태도와 신념을 변화시키고 기대 이상의 성과를 달성하게 하는 지도성을 의미한다. 특히 지도자의 특성과 행동 스타일에 맞도록 상황 자체와 조직을 변혁하고 개선해 나가는 것을 중시한다.

② 거래적 지도성과 변혁적 지도성의 차이(Bass; 1990) 00 서울초보 : 거래적 지도성이 지도자가 구성원에게 순종을 요구하고 노력에 대한 대가로 보상을 제공하여 구성원을 동기화시키는 반면(상호교환적 관계), 변혁적 지도성은 지도자가 구성원에게 잠재능력을 일깨우고 의식과 능력 향상을 격려함으로써 조직을 변혁하고 높은 성취를 이루도록 유도한다.

거래적 지도자(교환적 지도자)	변혁적 지도자
• 조건부 보상 : 노력에 대해 보상을 한다는 교환적 계약. 업적이 높으면 많은 보상을 약속함 • 적극적 예외관리 : 규칙과 기준으로부터의 이탈을 감시하고 찾아내어 올바른 행동을 취하도록 함 • 소극적 예외관리 : 규정과 표준에 맞지 않을 때만 개입 • 자유방임 : 책임을 포기하고 의사결정을 회피함	• 이상적 영향력(카리스마) : 구성원에게 비전과 사명감을 제공하고 자부심을 부여하여 존경과 신뢰를 얻음 • 영감적 동기화(감화력) : 구성원에게 높은 기대를 전달하고 노력에 초점을 두는 상징을 사용하며, 중요한 목적을 단순한 방법으로 표현함 • 지적 자극 : 지식, 합리성 및 문제해결능력을 증진함 • 개별적 배려 : 개인적인 관심(능력, 배경, 상황 등)을 보이며, 각자를 개인적으로 상대하고 지도 · 충고함

(2) 변혁적 지도성의 특징(핵심요소) ― 4I(Bass)

① 이상적인 완전한 영향력(idealized influence) : 지도자가 구성원들에게 비전을 제시하고 신뢰와 존경을 받으며 동일시와 모방의 대상이 되어 이상적인 영향력을 행사한다.

② 영감적 동기화(감화력, inspirational motivation) : 지도자는 구성원들에게 비전을 공유하도록 하고, 조직의 과업이 달성되고 조직이 발전할 수 있다는 기대와 도전감을 주어 구성원들을 동기화한다.

③ 지적 자극(intellectual stimulation) : 지도자는 구성원들이 기존 상황에 대해 새로운 방식으로 혁신적이며 창의적으로 사고하도록 자극한다.

④ 개별적 배려(individualized consideration) : 지도자는 구성원들의 개인적 성장 욕구에 관심을 보이고 새로운 학습기회를 제공하여 구성원들이 자신의 잠재력을 계발하도록 배려한다.

(3) 의의와 한계

① 의의 : 학교를 재구조화(restructuring)하고 변화시키는 데 긍정적 효과가 큰 것으로 보인다. ⇨ 오늘날과 같이 학교의 재구조화(restructuring)가 요청되는 시대에 급격한 사회변화에 적극적으로 대응하며 교육의 질을 높이기 위해서는 학교장도 교사와 상호 신뢰를 바탕으로 변혁적 지도성의 발휘가 요청된다.

② 한계 : 변혁적 지도성은 지도자의 강력한 지도성을 강조하여 지도자의 특성과 행동 유형(스타일)에 적합하도록 상황을 변혁한다는 점에서 오히려 상황의 중요성을 경시하였다는 비판을 받고 있다. 또, 지도자와 구성원의 관계에만 초점을 둔 것은 너무 협소하므로 조직 차원의 영향력 과정을 좀 더 광범위하게 고려해야 한다는 지적도 있다. 또, 리더십을 제한하고 촉진하는 상황적 변인을 좀 더 강화하는 방향으로 개선이 필요하다는 점을 약점으로 지적하고 있다.

❸ 문화적 지도성 이론(cultural leadership theory) − Sergiovanni, Cunningham & Gresso

(1) 개관

① 문화적 지도성은 구성원의 의미추구 욕구를 만족시킴으로써 그 구성원을 학교의 주인으로 만들고, 조직의 제도적 통합을 가능하게 하는 지도성을 의미한다(주삼환 외). 문화적 지도성은 독특한 학교문화를 창출하고, 독특한 학교 정체성의 확립과 전통 수립에 기여한다.

② 문화적 지도성은 지도자가 조직문화에 관심을 갖고 조직문화에 변화를 꾀하여 조직의 효과성을 개선해 나가려는 지도성이다. 학교 차원에서 문화적 지도성은 독특한 학교문화를 창출하는 데에서 나오는 지도성이다(신현석 외).

(2) 서지오바니(Sergiovanni)의 학교지도성 유형 − 문화적 지도성을 가장 중시

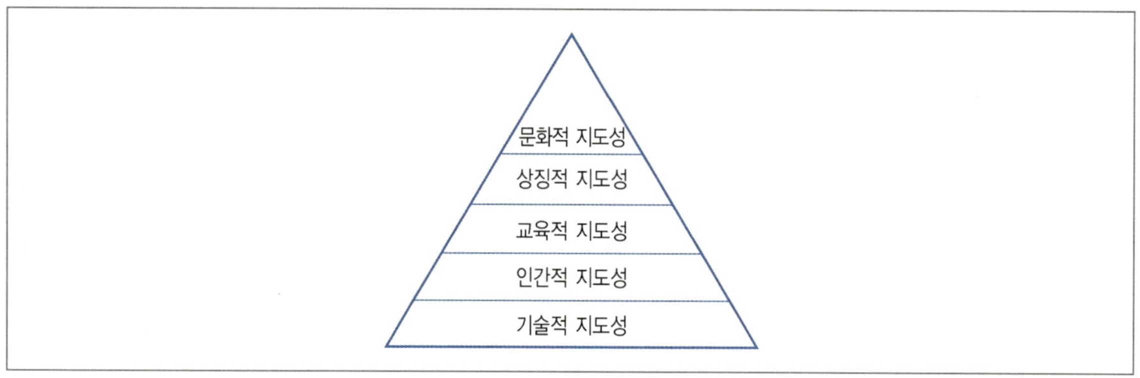

☑ 리더십 영향력 위계

① 기술적 지도성(사무적 지도성, technical leadership) : 견고한 경영관리기술을 구비한 지도성. 계획, 조직, 조정, 시간관리 등을 강조하고 그에 대한 우수한 능력을 가지고 있음 ⇨ 전문경영자(management engineer)로 간주

② 인간적 지도성(human leadership) : 유용한 사회적·인간적 자원을 활용하는 인간관리자의 역할을 구비한 지도성. 인간관계, 사교능력, 동기화 능력, 지원, 격려, 참여적 의사결정 등을 통해 사람들의 사기를 높이고 조직의 성장을 도모함 ⇨ 인간공학 전문가(human engineer)

③ 교육적 지도성(educational leadership) : 교육에 대한 전문적 지식과 능력을 구비한 지도성. 효과적인 교수·학습, 교육 프로그램 개발, 교육과정 개발, 장학, 평가 등을 효율적으로 수행함 ⇨ 현장교육 전문가(clinical engineer)

④ 상징적 지도성(symbolic leadership) : 학교의 중대사에 대해 주의를 환기시키고 '무엇이 중요한 가치인가'를 알려주는 지도성. 학교 견학, 교실 방문, 학생과의 간담회, 행사나 의식 관장 등 상징적 행사와 언사를 통해 학교의 비전과 목표에 주의를 환기시키고 특별한 행동을 유도함 ⇨ 대장(chief)의 역할

⑤ 문화적 지도성(cultural leadership) : 학교가 추구하는 '영속적인 가치와 신념'을 규정하고, 독특한 학교문화를 창출하는 지도성. 독특한 학교 정체성의 확립 및 전통 수립에 기여함 ⇨ 성직자(priest)의 역할

> **Plus**
>
> 1. **어느 조직에서나 나타나는 지도성** : 사무적·인간적 지도자
>
> 2. **교육조직에 독자적 지도성** : 교육적·상징적·문화적 지도자
>
> 3. **유능한 지도성** : 사무적·인간적·교육적 지도자
>
> 4. **우수한 지도성** : 상징적 지도자와 문화적 지도자

(3) 의의와 한계

① 결국, 문화적 지도성은 인간정신의 실체를 수용하고 의미와 의의의 중요성을 강조하며, 도덕적 질서를 만드는 가치와 규범에 관계된 전문직업적 자유의 개념을 인정함으로써 지도성의 핵심에 상당히 접근하고 있다.

② 그러나 거시적 관점의 문화에 의한 지도성 접근은 일단 확립된 문화가 조직 구성원들을 수동적 행위자로 만들고 능동적인 조직 행위자의 가능성을 제한할 수 있다. 따라서 조직 구성원들의 잠재가능성을 계발할 수 있는 미시적 관점을 포함하는 새로운 지도성이 요구된다.

④ 도덕적 지도성 이론(moral leadership theory) — Sergiovanni, Owens

(1) 개념

① 도덕적 지도성이란 지도자의 도덕성과 구성원의 자율성을 바탕으로, 구성원 각자를 '셀프리더(self-leader)'가 되도록 자극하여 '도덕적이고 효과적인 조직'이 될 수 있도록 하는 지도성을 말한다(주삼환 외).

② 지도자의 개인적 자질에 기반을 둔 영향력으로 타인으로부터 존경이나 동일시 대상으로서 구성원에게 영향을 미치게 되는 지도성이다(신현석 외).

(2) 서지오바니(Sergiovanni)의 학교 유형 분류

① 개념

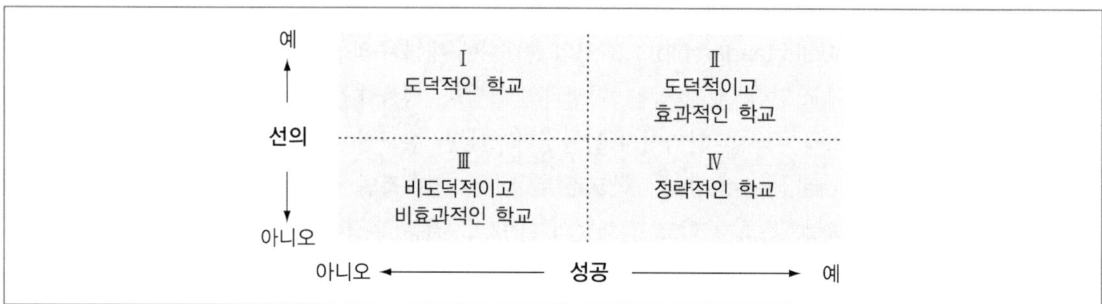

- ㉠ 서지오바니는 학교를 도덕적 측면의 선의(good-will)와 관리적 측면의 성공(success)이라는 두 차원을 조합하여 4가지 유형으로 제시하였다.
- ㉡ 선의는 높으나 성공이 낮은 도덕적인 학교(I유형), 선의와 성공이 두루 높은 도덕적이고 효과적인 학교(II유형), 선의도 성공도 낮은 비도덕적이고 비효과적인 학교(III유형), 선의는 낮으나 성공이 높은 정략적인 학교(IV유형)가 그것이다.
- ㉢ I유형의 도덕적인 학교에서 교직원들은 선의에 의해 동기가 유발되지만, 목적의 성취에 있어서는 성공적이지 못하다. 그러나 I유형의 도덕적인 학교는 교직원들이 선의에 기초한 교장의 지도성을 이해하게 되면서, 성공할 가능성이 증대될 수 있다.
- ㉣ 학교는 바람직한 가치를 전수하는 곳이고 행정이란 도덕적 기술이므로 I과 II유형만이 본질적인 의미에서의 학교라고 할 수 있다.
- ㉤ 결국, 도덕적 지도성은 성공보다는 선의를 중시하는 I의 학교와 II의 학교를 만드는 지도성이라 할 수 있다.

② 학교행정가의 리더십

- ㉠ 결국 학교행정가가 지향해야 할 도덕적 지도성은 성공보다는 선의를 중시하는 I유형과 II유형의 학교를 만드는 리더십이라 할 수 있다.
- ㉡ 따라서 학교행정가의 리더십은 높은 가치와 윤리에 바탕을 둔 도덕적 리더십에 의존해야 하며, 그럴 때에만 학생의 복지와 학교의 발전에 기여할 수 있는 참다운 리더십을 발휘할 수 있게 된다.

③ I유형과 II유형의 학교를 만들기 위한 전략

- ㉠ 서지오바니는 전문직업적 사회화, 목적설정과 공유가치, 동료의식과 상호의존성을 제시한다.
- ㉡ 이러한 전략은 이완구조를 가진 학교에서 교사들이 일에 헌신하도록 하는 데 필요한 규범적 권력을 제공함으로써 교사들을 구성원(추종자)에서 자기관리자로 변혁시킬 수 있다.
- ㉢ 뿐만 아니라 이것들은 리더십을 대신하면서 리더의 지도력은 필요 없게 된다. 수업이 교사들 자신의 지혜와 동료들에 의존하여 자율적으로 해결되기 때문이다.

㉣ 행정가들은 교사들이 리더가 되도록 자극하고 조건을 확립하는 데 노력해야 한다. 결국 학교 지도자는 교사들을 셀프리더(self-leader)로 변혁시킬 수 있는 지도력을 발휘해야 할 것이다. 도덕적 리더십은 이러한 조직 운영을 효율적으로 달성할 수 있는 전략이다.

5 초우량 지도성 이론(슈퍼리더십, super-leadership theory) — Manz & Sims 11 중등

(1) 개념

① 초우량 지도성은 지도자가 구성원 각자를 지도자로 성장시켜 스스로를 자율적으로 지도할 수 있도록 만드는 지도성이다. 즉, 지도자가 조직 구성원 개개인을 지도자로 성장시킴으로써 지도자가 '구성원들(추종자들)의 지도자'가 아니라 '지도자들의 지도자'가 되게 하여 구성원(추종자)을 지도자로 변혁시키는 지도성이다(주삼환 외).

② 초우량 지도성은 조직 구성원 각자가 스스로를 통제하고 자신의 삶에 진정한 주인이 될 수 있도록 자율적 리더십(셀프 리더십, self-leadership)을 개발하는 데 중점을 두는 리더십 개념이다.

(2) 특징

슈퍼리더십은 도덕적 리더십이 지향하는 바와 상당히 유사하다.

① **구성원의 자율적인 통제와 동기 강조** : 초우량 지도성은 외적인 통제보다는 구성원들의 자기지도적(self-leading)이고 자율적인 내적 통제와 동기를 무엇보다 중시한다.

② **구성원 스스로 지도자로서의 능력 개발 강조** : 초우량 지도성은 지도자만의 능력이나 특성보다는 구성원들이 스스로 지도자로서의 능력을 개발하도록 하는 데 초점을 둔다.

③ **지도자는 지도자들의 지도자** : 초우량 지도성은 지도자가 '구성원들의 지도자'가 아니라 '지도자들의 지도자'로서 모든 구성원들을 지도자로 변혁시키는 리더십이다.

(3) 유용성과 한계

① 학교와 같이 전문직 종사자들이 많은 조직의 경영에 매우 의미 있는 시사점과 유용성을 준다. 전문직 종사자들은 직무수행 과정에서 독립적으로 일하고, 과업의 특성상 자율성과 책임이 그 기반이 될 수밖에 없기 때문에 각자의 자율적 지도성이 매우 필요하기 때문이다.

② 모든 사람이 자율적 지도성을 실천할 수는 있지만 모두가 효과적인 지도자가 될 수 있는 것은 아니다. 특히 지도자의 특별한 능력이나 행위보다는 구성원의 능력과 행위에 지도성의 초점이 맞추어져 있기 때문에 지도자의 지도성 프로그램이나 역량 개발 등에 시사하는 바가 약하다는 문제점을 지닌다.

6 **분산적 지도성 이론**(distributed leadership theory) − Elmore, Spillane, Harris, Gronn 12 중등

(1) 개념

① 분산적 지도성이란 지도자(leaders), 구성원(followers), 상황(situation) 간의 상호작용에 의해 지도성이 분산되어 실행되는 것(리더십 실행, leadership practice)을 의미한다.

② 분산적 지도성은 학교장과 학교 구성원 모두가 공동의 지도성을 실행하며, 그에 대한 공동 책임을 수행하면서 조직의 효과성과 개인적 전문성 및 역량을 극대화하는 것을 목표로 한다. 특히 공동의 지도성 실행을 통한 '교수·학습의 개선', '전문가학습공동체의 구현'을 구체적인 목표로 한다.

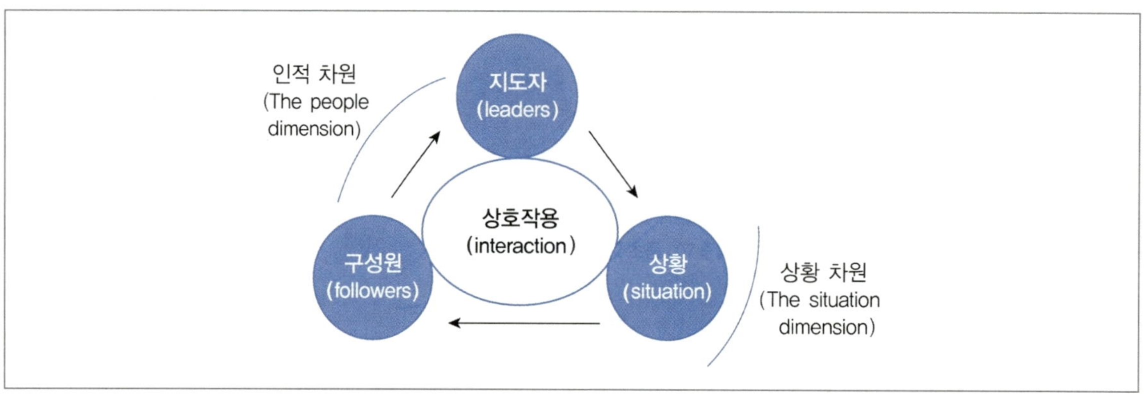

⊘ Spillane의 상호작용

(2) 분산적 지도성의 특징

① **집단 지도성 강조** : 분산적 지도성은 조직 내 다수의 공식적·비공식적 지도자들의 집단 지도성을 강조한다. 이들은 공통의 목표를 위해 서로 상호작용하면서 지도성을 실행한다.

② **네트워크 형성을 통한 공동 실행 촉진** : 분산적 지도성은 다수의 지도자들이 네트워크를 형성하여 상호의존 및 신뢰와 협력을 기반으로 지도성이 공동 실행된다.

③ **학교 개선과 책무성 도모** : 분산적 지도성은 학교 구성원 간의 전문적 지식의 공유, 상호의존, 신뢰를 바탕으로 조직학습(팀 학습)을 하며 학교개선과 책무성을 도모한다.

(3) 분산적 지도성의 구성요소(분산적 지도성 실행을 위한 필수조건) — Spillane(2006)

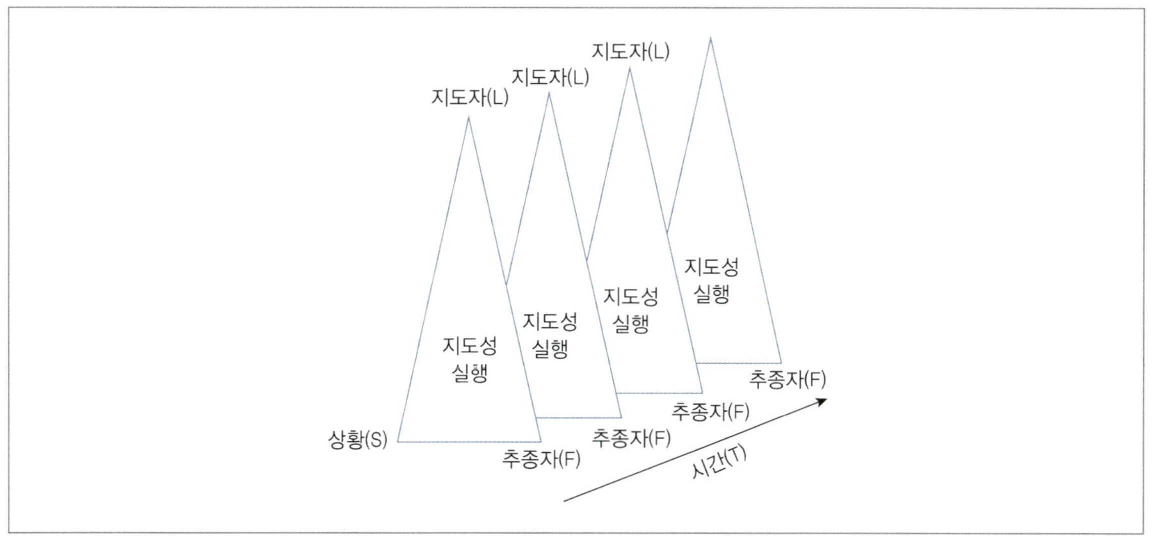

✔ Spillane의 분산적 지도성의 실행

① **지도자** : 분산적 지도성에서는 공식적·비공식적 지도자를 포함한 다수의 지도자들에 의해 지도성이 실행된다. 지도자들은 공통의 목표를 위해 서로 상호작용한다.

② **구성원** : 분산적 지도성에서 구성원은 구성원인 동시에 지도성 실행의 주체로서 서로에게 영향력을 행사하면서 상호의존 및 신뢰와 협력의 조직문화를 만들어 낸다.

③ **상황** : 분산적 지도성에서 지도자들은 상황과 상호작용한다. 상황은 정례화된 활동(routine : ❸ 주·월 단위 조직활동, 정기적 회의 등), 도구(❸ 학생시험 성적, 생활기록부, 교사평가도구), 제도(❸ 비전, 목표, 학교(조직) 규칙, 학교운영계획서), 구조(❸ 학년 담임회의, 교사회의, 위원회 등 공식적 또는 임의적 형태) 등을 포함하는 요소이다. 지도자는 구성원들과 상호작용할 뿐만 아니라 상황과도 상호작용한다.

(4) 분산적 지도성의 의의와 한계

① **의의** : 학교 운영과 교수·학습의 개선, 학생의 학업성취도 향상에 기여할 수 있으며, 새로운 방식으로 학교 지도성 실행을 개선할 수 있는 강력한 도구를 제공해 줄 수 있다(신현석 외; 2016).

② **한계** : 분산적 지도성 개념의 정체성이 시급하다는 점, 누구의 관심이 분산되고 어떠한 특정 목표를 위해 활용되는가에 대한 고려가 필요하다는 점, 민주적 의사결정 과정이 오히려 교사들에게 스트레스를 줄 수 있을 뿐만 아니라 더 좋은 티칭 실행 및 조직의 혜택을 도모하지 못할 수 있다는 점, 이와 관련하여 책임과 권력 분산이 조직경영의 효과성을 오히려 저해할 수 있다는 점 등이다(주영효 외; 2009).

동기론

01 내용이론(content theory)

1 욕구위계이론(need hierarchy theory) — Maslow 92 중등, 99 중등추시, 01 초등, 03 초등

(1) 개관

① 인간의 욕구를 생리적 욕구, 안전의 욕구, 사회적 욕구, 존경의 욕구, 자아실현의 욕구 등 5단계로 위계화하여 제시하였다.

② 하위욕구가 충족되어야 상위욕구가 등장한다.

(2) 욕구 5단계

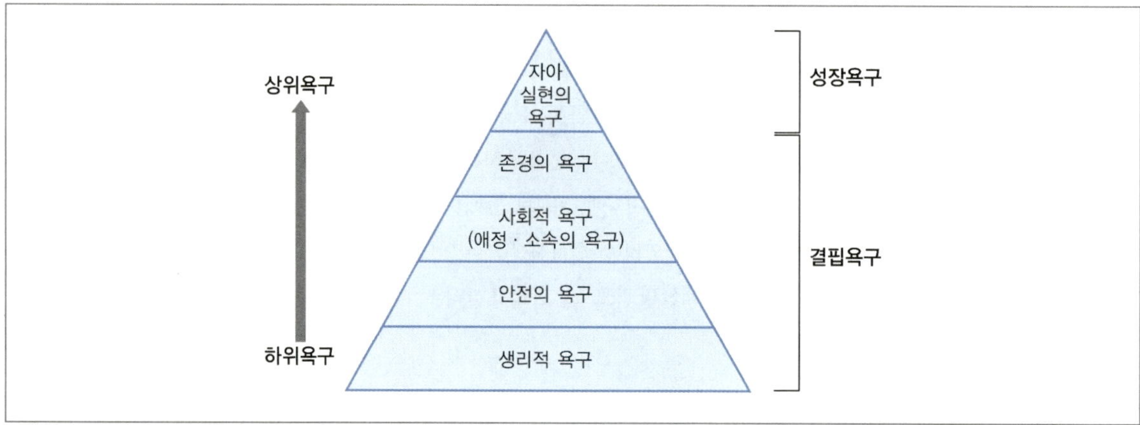

① 생리적 욕구(physiological needs) : 인간의 삶 그 자체를 유지하기 위한 가장 기초적인 욕구이다.

　예 의식주 · 성욕 등(⇨ 조직요인 : 기본급여, 근무조건, 작업환경(냉난방 시설) 등)

② 안전의 욕구(safety needs) : 신체적 위협이나 위험, 공포나 불안으로부터 벗어나고자 하는 욕구이다.

　예 불안 · 무질서로부터의 자유, 구조 · 법 · 질서 · 안정에 대한 욕구(⇨ 조직요인 : 신분보장, 직업안정, 안전한 근무조건, 의료혜택, 연금제도, 보험, 종교 등)

③ 사회적 욕구(애정·소속의 욕구, social needs) : 사회적 존재로서 대인관계의 욕구나 애정·소속의 욕구이다. **예** 집단에의 소속감, 애정, 소속, 우정 등(⇨ 조직요인 : 전문적 친선, 경쟁적 작업집단, 감독의 질 등)

④ 존경의 욕구(esteem needs) : 타인에 의한 존경의 욕구(**예** 인정, 지위, 명예)와 자기 존중의 욕구(**예** 자신감, 자기효능감)이다. 존경의 욕구가 충족되면 자신감, 권위, 권력 등이 생겨나게 된다.

    예 조직요인 : 승진, 지위상징, 직책 등

⑤ 자아실현의 욕구(self-actualization needs) : 자신의 잠재력을 최대한 실현하려는 욕구이다. 지적 욕구(지식욕구 + 이해욕구)와 심미적 욕구 등을 포함한다.

    예 최대의 자기발견, 창의성, 교직을 천직으로 알고 가르치는 일에서 삶의 보람을 찾는 경우, 자기표현의 욕구(⇨ 조직요인 : 일의 성취, 조직 내에서의 발전, 도전적인 직무 등)

(3) 비판점

① 인간의 욕구가 반드시 위계적으로 나타나는 것은 아니다(욕구의 '순차적 계층성'이 항상 고정적인 것은 아니다). 어떤 사람은 생리적 욕구나 안정의 욕구가 충족되지 않은 가운데에서도 자아실현을 위한 활동에 에너지를 쏟기도 한다.

② 인간의 행동은 여러 욕구요인이 상호 복합적으로 작용하여 결정되기도 한다. 교사들이 방학 중에도 쉬지 않고 자발적으로 연수를 받는 이유는 자신을 계발하기 위한 자아실현이 욕구와 함께 승진(존경의 욕구)을 위한 욕구를 충족하기 위한 노력일 수 있다.

③ 인간의 욕구와 동기를 너무 정태적으로 파악하였다. 욕구요인의 상대적 중요성은 사람에 따라 다를 뿐 아니라, 개인적으로도 상황에 따라 상대적 선호나 강도가 다르다.

④ 자율 욕구를 강조하지 않은 한계가 있다. 교사들은 교직을 수행하는 과정에서 전문적인 판단기준과 양심에 비추어 자유롭게 학생들을 가르치기 원하는 경우가 있다.

(4) 시사점

① '인간중심 경영'의 학교문화와 조직풍토가 필요하다. 학생의 자아실현을 돕기 위해서는 교사들이 직무를 통해 자아실현의 욕구를 충족할 수 있어야 한다.

② 교사들의 동기유발을 위한 단계적·복합적인 접근이 필요하다. 경제적 지원(생리적 욕구)이나 교권을 세우는 일(존경의 욕구), 가르치는 일에 긍지와 보람을 가질 수 있도록(자아실현 욕구) 사회적·제도적 장치를 마련하는 일 등 종합적인 접근이 필요하다.

③ 교사들이 긍정적 자아개념을 갖고 고차적 욕구를 충족할 수 있도록 배려해야 한다. 교사가 긍정적 자아개념과 발전하려는 욕구를 가질 때 학생들에게도 역할 모델이 될 수 있다.

④ 학교경영자들은 교사들이 바라는 욕구가 무엇인지 체계적으로 알아야 한다. 그럴 때만이 교사들이 가르치는 일에 만족하며 학교조직의 목적달성에 더 헌신할 수 있도록 지원할 수 있다.

❷ 동기 – 위생이론(motivation–hygiene theory) — Herzberg

94 중등, 99 초등추시 · 서울초등, 00~01 초등, 01~02 중등, 06~07 초등, 09 초등

(1) 개관

① **인간의 욕구는 이원적 구조** : Maslow의 욕구위계이론에 기초하여 인간의 욕구를 동기요인과 위생요인의 이원적 구조로 설명한다.

② **동기요인과 위생요인은 별개의 차원** : 직무만족에 기여하는 동기요인과 직무불만족에 기여하는 위생요인은 서로 별개의 차원으로 존재한다. 불만족(dissatisfaction)의 반대는 불만족이 없는 것(no dissatisfaction)이며, 만족(satisfaction)의 반대는 만족이 없는 것(no satisfaction)이다.

(2) 내용 – 동기요인과 위생요인

① **동기요인**(motivators)

㉠ '직무 그 자체'와 관련된 것으로, 직무만족에 기여하는 요인

　　⑩ 성취, 인정, 책임, 직무 자체, 승진, 성장 가능성(발전감) 등

㉡ 동기요인은 충족되지 않아도 불만은 없으나, 충족되면 강력한 동기를 부여하며 직무만족에 긍정적인 영향을 준다.

② **위생요인**(hygiene factors)

㉠ '직무 환경'과 관련된 것으로, 직무불만족에 기여하는 요인

　　⑩ 정책과 행정, 감독, 보수, 대인관계(상사 · 하급자 · 동료와의 관계), 근무조건, 지위, 직업 안정성(직무 안정성), 개인생활에의 영향 등

㉡ 위생요인은 충족되지 않으면 직무에 불만족을 가져오지만, 충족되더라도 강력한 동기를 부여하거나 직무만족에 기여하지는 못한다.

🔔 **동기추구자**(motivation seekers) 주로 성취, 인정, 책임, 발전 등의 측면에서 생각함

🔔 **위생추구자**(hygiene seekers) 주로 보수, 근무조건, 감독, 지위, 직업안정, 사회적 관계 등의 측면에서 생각함

(3) 학교조직에의 시사점

① **직무재설계**(job redesign) : 일 그 자체와 관련된 동기화 전략

㉠ **직무 풍요화**(job enrichment) : 교사들에게 직무 수행상의 권한을 대폭 이양하고, 자율성과 책임감을 많이 부여하여, 자신의 능력을 발휘하며 성장할 기회를 갖도록 직무내용을 재편성하는 것을 말한다.

㉡ **자율성 증대** : 직무수행에 관련된 의사결정과정에 구성원을 적극적으로 참여시켜 구성원의 자율성을 증대시켜 주는 것이다.

㉢ **경력단계 프로그램**(인사행정 확대) : 교사 → 교감 → 교장으로 이어지는 단순한 교직의 직위를 다단계(다층구조)로 재설계하는 것을 말한다. 그 대표적인 예가 '수석교사제'이다. 직무의 다양성과 책임을 증가시켜 궁극적으로 교직의 보람과 만족을 경험하게 하려는 것이다.

② 수석교사제

　㉠ **추진배경** : 교사 본연의 가르치는 업무가 존중되고, 수업 전문성을 가진 교사가 우대 받는 교직풍토를 조성하기 위한 제도

　㉡ **수석교사의 지위** : 교장의 지도·감독을 받되, 최고의 수업전문가로서 교사들의 교수 및 연구활동 지원, 학생교육

　㉢ **수석교사의 역할**

　　ⓐ 학생을 직접 가르치는 일(학생교육 담당 : 주당 수업시수 50% 경감) 이외에 수업을 연구하고, 교육과정·교수학습·평가방법을 개발하고 보급한다.

　　ⓑ 동료교사들의 교수 및 연구 활동을 지원하며, 신임교사를 지도하는 멘토 등의 역할을 수행한다.

　　ⓒ 학교·교육청 단위에서 수업 컨설팅(코칭)을 하거나 생활지도 컨설팅을 실시한다.

　　ⓓ 학교 내 학습 조직 구축을 위한 구심점 역할을 한다.

　㉣ **수석교사제의 목표** : 교사들이 한정되어 있는 교감이나 교장직으로의 진출을 최종 목적으로 삼지 않고, 계속적인 자기연마와 전문성 개발을 통해 교직수행 능력을 증진하고, 그 결과 교직의 보람과 만족을 얻을 수 있도록 하는 데에 목표가 있다.

③ 생존 – 관계 – 성장이론(ERG이론) – Alderfer 01 초등

(1) 개관

매슬로우(Maslow)의 욕구위계이론을 개선하여 인간의 욕구를 생존욕구(E), 관계욕구(R), 성장욕구(G)로 구분하였다.

(2) 내용 – 생존욕구(E)－관계욕구(R)－성장욕구(G)

매슬로우(Maslow)의 욕구계층이론	앨더퍼(Alderfer)의 ERG이론
⑤ 자아실현 ④ 존경(자기 자신)의 욕구	성장욕구(G)
④ 존경(대인관계)의 욕구 ③ 애정·소속·사회적 욕구 ② 안전(대인관계)의 욕구	관계욕구(R)
② 안전(물리적) 욕구 ① 생리적 욕구	생존욕구(E)

① **생존욕구(Existence)** : 인간의 생존에 필요한 욕구 ⇨ 매슬로우의 생리적 욕구(1단계), 안전의 욕구 중 일부(2단계) 예 보수, 작업환경, 직업안정, 근무조건 등

② **관계욕구(Relatedness)** : 사회적 존재로서 타인과 인간관계를 맺고자 하는 욕구 ⇨ 매슬로우의 안전한 대인관계의 욕구(2단계), 사회적 욕구(3단계), 타인의 존경을 받고 싶은 욕구(4단계)

③ **성장욕구(Growth)** : 인간이 성장하고 잠재력을 최대한 발휘하고자 하는 욕구 ⇨ 매슬로우의 자존의 욕구(4단계), 자아실현의 욕구(5단계)

(3) 매슬로우 이론과의 비교

① **공통점** : 하위 수준의 욕구가 충족되면 상위 수준의 욕구가 동기유발의 힘을 얻게 된다. 존재욕구가 충족될수록 관계욕구가 동기유발의 힘을 얻게 되고, 관계욕구가 충족되면 성장욕구의 충족이 기다리고 있다는 것이다.

② **차이점**

   ⊙ 매슬로우는 하위 수준의 욕구가 충족되면 그 다음 단계의 욕구로 진행된다고 하여 '만족-진행 접근법'을 주장한 반면(충족된 욕구는 더 이상 동기요인이 될 수 없다), 앨더퍼는 상위 수준의 욕구가 충족되지 않거나 좌절될 경우 그보다 낮은 하위 수준의 욕구로 이행한다는 '좌절-퇴행 접근법'을 주장하였다.

   ⓒ 매슬로우는 강도가 큰 하나의 욕구만이 동기요인으로 작용한다고 주장한 반면, 앨더퍼는 두 가지 이상의 욕구가 동시에 나타날 수 있다고 주장하였다.

   ⓒ 매슬로우는 하위 수준의 욕구가 충족되어야 상위 수준의 욕구가 나타난다고 보는 반면, 앨더퍼는 하위 수준의 욕구가 충족되지 않더라도 상위 수준의 욕구가 발생할 수 있다고 주장하였다.

   ⓔ 앨더퍼는 자기존경의 욕구(매슬로우-결핍욕구)를 '성장욕구'에 포함시켰다.

(4) 시사점

① 앨더퍼는 두 가지 이상의 욕구가 동시에 작용할 수 있다고 주장한다.

② 따라서 교사들이 직무수행의 과정에서 생존욕구가 완전히 충족되지 않더라도 자율성을 부여하고 일 자체를 흥미롭고 도전감 있게 제시해 주면 성장욕구를 자극하게 되어 동기부여가 될 수 있다.

④ 맥클리랜드(McClelland)의 성취동기이론

(1) 개념

① 성취동기는 어떤 어려운 일을 수행하는 것, 장애를 극복하고 높은 수준에 도달하려는 것, 자기 자신을 초월하는 것, 과업 혹은 과제 수행에 있어 다른 사람과의 경쟁에서 이겨 성공을 추구하려는 인간의 심리특성으로 정의된다(Murray). ← Henry Murray가 처음 소개

② 맥클리랜드(McClelland)의 성취동기이론에 따르면, 어려운 과정을 달성하거나 난관과 장애를 극복하거나 혹은 뛰어나려 하는 것은 모두 성취를 향한 욕구에서 기인한다.

(2) 성취동기가 높은 사람의 주요 특성 3가지

① 중간 정도 난이도의 목표나 과업 : 성취동기가 높은 사람은 적절히 어려운 목표와 중간 정도의 위험수준을 설정하는 경향이 있다. 과업이 너무 어려우면 성공의 기회가 낮은 반면, 쉬운 과업은 누구나 할 수 있는 것이기 때문에 지나치지 않지만 다소 도전감을 주는 상황을 선택하는 경향이 있다.

② 과업 수행에 대한 개인적 책임감 : 성취동기가 높은 사람은 어떤 과업을 수행하거나 문제를 해결하는 데 있어서 개인적으로 책임을 지려는 강한 바람을 가지고 있다. 높은 성취동기를 가지고 있는 사람들은 개인적인 책임이 부여되고 그 결과로서 평가받는 상황을 더 선호한다.

③ 과업 수행에 대한 강한 피드백 : 성취동기가 높은 사람은 과업 수행에 대한 강력한 피드백을 원한다. 이들은 자신들이 수행한 과업의 성공 여부에 관계없이, 그들이 얼마나 일을 잘했는지를 알고 싶어 하며 또한 결과에 대한 정보를 받고 싶어 한다.

(3) 성취동기를 함양하기 위한 시도(성취동기를 높이는 상황·조건)

첫째, 개인이 성공할 수 있는 상황을 조성하고, 둘째, 합리적이고 성취 가능한 목표를 설정하도록 강조하며, 셋째, 과업 수행에 대한 개인적인 책임감을 부여하여 수용하도록 하고, 넷째, 과업 수행에 대한 분명한 피드백을 제공한다.

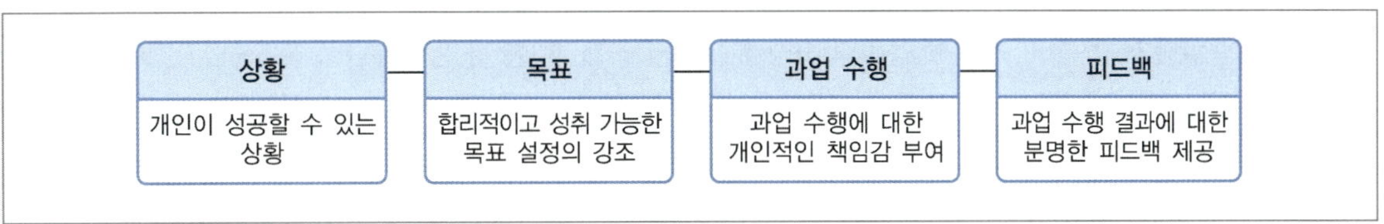

성취동기를 키우기 위한 구성요소와 활동

02 과정이론(process theory)

1 기대이론(expectancy theory, VIE이론) — Vroom 12초등

(1) 개관

$$동기부여 = \Sigma \, 유인가 \times 기대$$

① 인간의 동기는 ⊙ 노력을 하면 성과를 얻을 것이라는 성과기대와 ⓒ 성과로 인해 얻게 될 보상에 대한 보상기대 간의 함수관계이며, ⓒ 이 양자는 개인이 느끼고 있는 유인가에 의하여 조정된다.
② 가장 강력한 동기를 유발할 수 있는 세 가지 요인의 조합은 ⊙ 높은 성과기대, ⓒ 높은 보상기대, ⓒ 높은 긍정적 유인가다.

(2) 동기요인

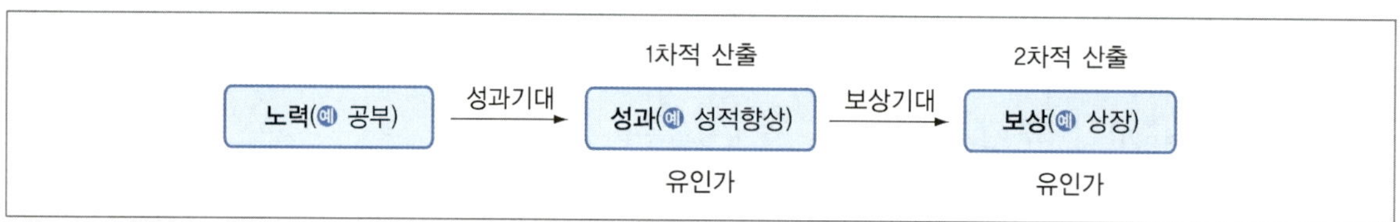

☑ 기대이론의 기본모형

① 성과기대(expectancy) : 노력과 성과의 관계 ⇨ 일정한 노력을 하면 어떤 성과가 나올 것이라는 주관적 믿음(지각된 확률) ⇨ 0~1의 값을 갖는다. 예 열심히 노력하면 A학점을 받을 수 있다는 믿음의 정도
② 보상기대(instrumentality, 수단성) : 성과와 보상의 관계 ⇨ 일정한 성과(1차 산출)를 내면 어떤 보상(2차 산출)을 받을 것이라는 주관적 믿음(지각된 확률) ⇨ −1~+1의 값을 갖는다.
예 열심히 공부하면 좋은 학점(1차 산출)을 받고 그렇게 되면 반드시 장학금(2차 산출)을 받을 수 있다는 믿음의 정도
③ 유인가(valence) : 목표 매력성 ⇨ 어떤 결과나 보상이 주는 매력성 혹은 선호의 정도. ⇨ 특정 보상에 대한 개인적 열망의 강도이기 때문에 동일한 보상에 대해서도 개인마다 유인가가 다르다. −, 0, +의 값을 갖는다.
예 능력감, 자율, 인정, 성취, 창의성 등 ⇨ 교사가 열심히 노력한 결과 승진이라는 보상이 주어진다고 할 때 교사의 승진하고자 하는 열망이 강하면 동기도 강해진다.

(3) 교육적 시사점 − 동기유발

① 높은 성과기대 : 학교경영자는 교사들이 노력만 하면 성과를 얻을 수 있다는 큰 믿음을 심어 주어야 한다. 이를 위해 교사를 위한 훈련 프로그램이나 멘토링, 안내, 지원, 후원 그리고 결정에 참여하는 것 등이 중요하다.
② 높은 보상기대 : 학교경영자는 교사들이 노력을 하여 성과를 내면 성과가 보상으로 이어질 수 있다는 보상기대를 분명히 하고 구체화하여야 한다. 또, 보상체계의 공정성을 증진시켜야 한다.

③ 높은 유인가 : 학교경영자는 교사들이 생각하는 보상에 대한 유의성, 즉 보상이 주는 매력의 정도를 증진하여야 한다. 이를 위해 교사들이 더 매력적으로 생각하는 보상내용이 무엇인가를 생각해야 한다.

❷ 성과 – 만족이론(performance–satisfaction theory) — Porter & Lawler

(1) 개관

포터(Porter)와 로울러(Lawler)는 브룸(Vroom)의 기대이론을 발전시켜 성과와 만족에 영향을 주는 요인을 다룬 성과-만족이론을 제시하였다. ⇨ 아래 그림에서 1~3번은 브룸의 기대이론을 기초로 한 것이고, 4~9번은 포터와 로울러 모델의 독자적인 특징을 보여준다.

(2) 내용(특징)

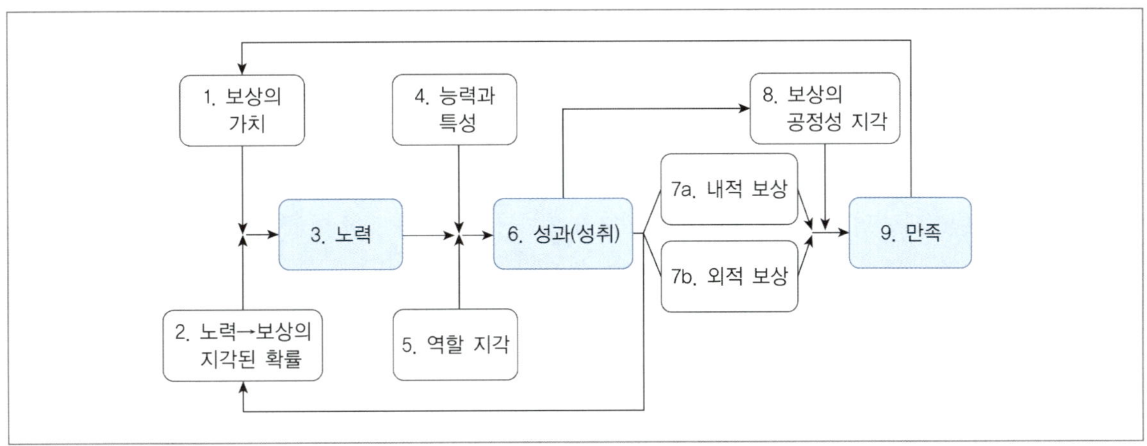

✅ 성과 – 만족이론 모델

1. 보상의 가치	기대이론에서의 유의성과 같은 개념으로, 어떤 결과가 어느 정도 매력적인가 하는 것
2. 노력 대 보상의 확률에 대한 지각	기대이론에서의 성과기대와 보상기대의 개념을 합한 것. 이는 노력–성과(성과기대), 성과–보상(보상기대) 요소로 구분될 수 있음
3. 노력	과업수행에 얼마만큼 열심히 하느냐(에너지, 힘)를 말하는데, 보상의 가치와 노력 대 보상의 확률에 대한 지각의 곱이 노력의 강도를 결정함
4. 능력과 특성	한 개인이 가지는 장기적이고 안정된 특성
5. 역할 지각	효과적인 직무수행을 위해 요구되는 자신의 역할에 대한 인식
6. 성과	과업에 대한 개인적 성취
7. 보상	직무성과를 통해 얻을 수 있는 바람직한 것으로, 내적 보상과 외적 보상으로 구분됨
8. 보상의 공정성 지각	공정하다고 생각하는 보상의 양(정도)
9. 만족	받을 보상이 지각된 공정성 수준에 부합되거나 아니면 이를 초과하는 정도

① 노력(3)은 보상의 가치(1)와 노력 대 보상의 지각된 확률(2)에 의해 결정된다. 그렇다고 노력이 성과에 직접적으로 연결되는 것은 아니다.

② 성과(6)에는 노력(3)뿐 아니라 능력과 특성(4), 역할지각(5)이라는 변인이 영향을 미친다.

> 예 직무수행에 필요한 능력을 구비하지 않았거나 자신의 역할에 대한 정확한 지각(이해)가 부족하면 그 노력은 충분한 성과를 낼 수 없다.

③ 성과(6)는 내적 보상(7a)과 외적 보상(7b)을 수반하는데, 그 보상에 대해 공정하다고 지각하는 정도에 의해 만족이 결정된다. ⇨ 지각된 공정한 보상이 만족의 요인

④ 성과−만족이론의 모델은 두 가지 중요한 피드백이 있다.

  ㉠ 만족이 보상의 가치에 연결된다는 것

> 예 만족의 내용이 결핍욕구에 해당하는 것이라면 보상의 가치는 하락할 것이고, 그 내용이 자아실현과 같은 성장욕구에 해당하는 것이라면 보상의 가치는 더 크게 지각될 것이다.

  ㉡ 성과에 따라 보상이 제대로 주어졌는가는 차후의 노력에 대한 보상의 확률의 지각에 영향을 미치게 된다.

(3) 시사점 − 동기유발

① **높은 성과기대** : 기대이론과 동일

② **높은 보상기대** : 기대이론과 동일

③ **높은 유인가** : 기대이론과 동일

④ **분명한 역할기대** : 역할기대를 분명히 할 필요가 있다. 자신이 해야 할 역할이 분명하면 노력을 집중할 수 있고, 성과가 높아져 보다 나은 보상을 받을 수 있다.

❸ 공정성이론(equity theory) − Adams 08 중등

(1) 개관

① 사람들은 자신의 투입과 성과의 비율을 타인의 그것과 비교하여 동일하면 직무에 만족을 느끼지만, 불공정하다고 느끼면 공정성을 회복하는 방향으로 어떤 행동을 동기화한다. ⇦ 사회적 비교이론

② 투입(inputs)이란 특정인이 과업수행에 기여하는 모든 것(예 교육, 경험, 훈련, 개인의 특성, 노력, 태도 등)을 말하며, 성과(outcomes)는 특정인이 과업수행의 결과로 받게 되는 것(예 보수, 승진, 직업안정, 부가적 혜택, 근무조건, 인정 등)을 말한다.

(2) 내용 − 공정성 회복(불공정성 감소)을 위한 6가지 행동유형

① **투입 변경(조정)** : 불공정성이 유리한 것이냐 불리한 것이냐에 따라 투입을 증가시키거나 감소시킨다. 과소보상의 경우 개인은 노력을 감소시킬 것이고, 과대보상의 경우 노력을 증가시킬 것이다.

② **성과 변경(조정)** : 투입의 증가 없이 임금인상이나 근무조건의 개선을 요구한다(예 노조의 압력 등). 특히 이것은 다른 산업이나 조직과의 불공정성을 없앨 때 나타난다.

③ 투입이나 성과의 인지적 왜곡 : 실제로 투입이나 성과를 변경시키지 않고, 자신 또는 타인의 투입이나 결과를 인지적으로 왜곡시켜 공정성을 회복한다.

> ⓔ 그가 월급이 더 많아도 내가 승진의 기회는 더 많다, 그가 나보다 더 열심히 일했으니 더 많은 보상을 받는다.

④ 비교 대상의 투입과 성과의 변경(비교 대상의 투입과 성과에 대한 영향력 행사) : 비교 대상이 되는 타인에게 투입이나 산출을 감소 또는 증가하도록 압력을 가하거나 조직을 떠나도록 압력을 넣을 수 있다.

⑤ 비교 대상의 변경 : 비교 대상을 다른 대상으로 변경하여 불공정성을 줄일 수 있다.

> ⓔ 자기의 전문지식 수준을 어느 석학이나 동료 전문가들의 지식수준과 비교한다.

⑥ 조직 이탈 : 전보를 요청하여 부서를 옮기거나 조직을 완전히 떠날 수 있다.

(3) 교육적 시사점

① 교사들은 사회적 비교 과정을 통해 만족, 불만족을 경험한다. 따라서 학교경영자나 정책집행자는 교사들을 공정하게 대우하도록 노력해야 할 것이다.

> ⓔ 성과급을 결정할 때 교직의 특성상 그 성과를 객관적으로 정하기 곤란하다는 사실을 염두에 두고, 교사들이 최대한 합의할 수 있는 안을 만든다.

② 학교경영자는 교사의 동기부여에 있어서 지각의 중요성을 고려하여 건설적인 조직풍토나 문화를 구축해야 한다.

> ⓔ 냉소적이거나 적대적인 학교풍토가 형성되면, 그에 속한 교사들은 서로에 대해 부정적으로 지각하며, 이것이 동료의 성과를 왜곡되게 지각하도록 하는 요인이 될 수 있다.

③ 교사들은 자신들이 받는 보상을 교직 이외의 직종에 종사하는 사람들과도 비교한다. 이런 점에서 호봉이 올라갈수록 타 직종에 비해 상대적으로 급여수준이 떨어지는 교사들의 보수체계는 교사들의 직무만족과 사기진작을 위해 국가적인 차원에서 정책적인 배려가 필요하다.

④ 목표설정이론(goal setting theory) – Locke

(1) 개관

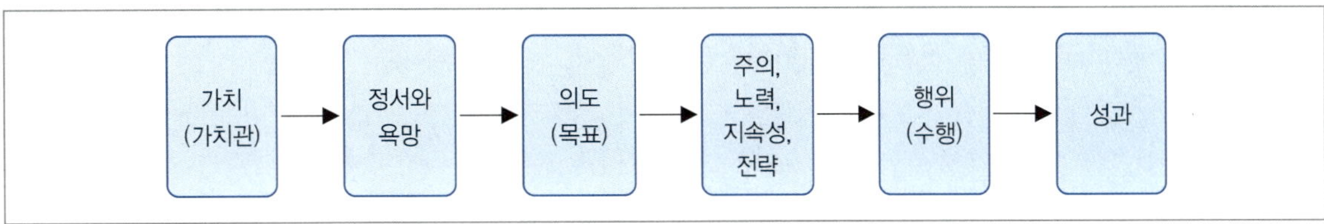

✅ **목표설정이론의 일반모델**

① 목표가 실제 행위나 성과를 결정하므로 목표가 동기를 형성하는 가장 중요한 요인이다.

② 인간은 자신의 가치가 바탕이 되어 정서와 욕망을 형성하고, 이를 토대로 의도나 목표를 설정한다. 목표는 인간의 주의와 노력, 지속성을 증가시키고 과업수행전략을 개발하도록 함으로써 실제 행위나 성과를 결정한다(그림 참조).

(2) 목표가 지녀야 할 속성 – Steers

① **구체성** : 막연한 목표보다는 구체적인 목표가 성과를 더 높여준다. 구체적인 목표는 모호성을 감소시켜 주고 행동방향을 명확히 제시해 주기 때문이다.

② **곤란성** : 쉬운 목표보다는 다소 어려운 목표가 성과를 높이는 데 유리하다. 도전감을 주고 많은 노력을 집중하도록 자극하기 때문이다.

③ **참여** : 구성원들이 목표설정 과정에 참여하면 직무만족도를 높여 주므로 성과를 높일 수 있다.

④ **수용성** : 일방적으로 강요된 목표보다는 구성원이 자발적으로 수용한 목표가 더 큰 동기를 유발시킬 수 있다.

⑤ **피드백** : 노력에 대해 구체적이고 긍정적인 피드백을 주면 성과를 높일 수 있다.

⑥ **동료 간 경쟁** : 동료들 간의 경쟁이 성과를 높일 수 있다. 그러나 지나친 경쟁은 해가 될 수도 있다.

(3) 결론(시사점)

① 목표달성이론은 구체적이고 도전적이지만 달성 가능한 목표가 구체적인 과업수행전략의 개발뿐만 아니라 집중력, 노력 및 지속성을 증가시키기 때문에 동기를 증가시킬 수 있고, 실제로 증가시키고 있다는 것을 시사한다.

② 목표달성과정에서 제공하는 피드백은 주의력, 노력, 지속성을 강화시키고, 나아가 목표달성 전략을 재정립하고 변경할 수 있는 정보를 제공해 준다.

(4) 영향

① **목표관리기법(MBO : Management By Objectives)** : 조직의 구성원들이 조직의 목표설정에 공동으로 참여하고, 각 구성원의 활동 성과에 대해 평가하고 보상하는 경영기법이다.

② **조직개발기법(OD : Organizational Development)** : 행동과학적인 지식과 기술을 활용하여 조직의 목적과 개인의 욕구를 결부시켜서 조직 전체의 변화와 발전을 도모하려는 노력이다.

③ **정보관리체제(MIS : Management Information System, 경영정보관리, 경영정보시스템)** : 조직의 계획, 운영 및 통제를 위한 정보를 수집−저장−검색−처리하여 적절한 시기에 적절한 형태로 구성원에게 제공해 줌으로써 조직의 목표를 보다 효율적 및 효과적으로 달성할 수 있도록 조직화된 통합적 인간−기계시스템(man-machine system)·컴퓨터 기반시스템을 말한다.

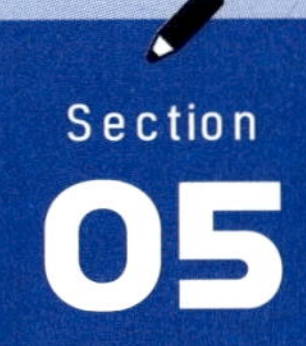

Section 05 정책론

01 교육기획(educational planning)

1 개관

(1) 개념 17 중등論

① 미래의 교육활동에 대한 사전준비 과정이다.

② 즉, 미래의 교육활동에 대비하여 교육목표를 효율적이고 안정적으로 달성하기 위해 교육활동의 방향과 효과적인 수단 및 방법을 제시하는 지적·합리적인 사전준비 과정이다.

(2) 교육기획의 특성

① 미래 지향적인 행정 과정 : 기획은 미래를 구상하는 것으로, 앞으로의 활동을 준비하는 과정이다. 주간계획, 월간계획, 연간계획, 장기계획 등과 같이 모든 계획을 실제로 시행하기 전에 이를 준비하고 구상하는 과정이다.

② 지적인 활동 : 기획은 어떠한 일을 구체적으로 시행하기 전에 그 목표와 내용, 절차와 방법, 기대되는 성과에 대해 미리 생각해 보는 것이기 때문에 고도의 지성과 전문성을 요구하는 계획 과정이다.

③ 합리적인 활동 : 기획은 목표와 수단 및 방법을 합리적으로 연결하고 이를 통해 목표 달성을 효율화하는 활동이기 때문에 합리적인 정보수집과 판단, 그리고 문제해결 능력을 필요로 한다.

④ 사전의 준비 과정 : 기획은 사전의 준비 과정이지 실제적인 시행이나 집행이 아니기 때문에 상황의 변화에 따라 언제든지 수정하거나 보완할 수 있는 특징을 가지고 있다.

(3) 교육기획의 효용성(긍정적 역할) 17 중등論

① 교육행정의 안정화에 기여 : 교육정책 수행과 교육행정의 안정화에 기여한다. 뚜렷한 목표와 방향을 설정하고 장기적인 교육기획에 따라 일관성 있게 교육체제를 운영한다면 조령모개식의 정책 변경이나 방침 변경은 일어나지 않게 된다.

② 교육행정의 효율성과 타당성 제고 : 교육행정 혹은 교육경영의 효율성과 타당성을 제고할 수 있다. 설정된 교육목표를 가장 효율적으로 달성할 수 있는 최적의 대안을 선택함으로써 효율성을 높일 수 있고, 교육목표와 이를 달성하기 위한 수단을 합리적으로 연결함으로써 교육행정 활동의 합목적성과 타당성을 제고할 수 있다.

③ **한정된 재원의 합리적 배분** : 한정된 재원을 합리적으로 배분할 수 있도록 해 준다. 교육기획은 교육투자 지출의 우선순위를 합리적으로 설정하고 그 효과를 극대화하도록 배분함으로써 투자의 효율성을 제고할 수 있게 한다.

④ **교육변화의 촉진** : 교육개혁과 교육적 변화를 촉진하는 역할을 수행한다. 상황과 여건의 변화를 미리 예견하여 그에 기민하게 대처하고, 소망스런 개혁과 변화를 계획·추진함으로써 교육발전을 촉진할 수 있다.

⑤ **합리적 통제** : 합리적인 통제를 가능하게 한다. 조직의 제 활동이 미리 짜인 계획과 일치하는지 확인할 수 있기 때문에 교육기획은 조직을 효과적으로 통제하는 수단이 된다.

⑷ 교육기획의 한계(난점)

① **미래 예측의 어려움** : 인간의 예측 능력은 불완전하기 때문에 그 효용에도 한계가 있다.

② **정보와 자료의 부족** : 정확하고 적절한 정보와 자료의 취득에 한계가 있기 때문에 합리적인 교육계획을 작성하는 데 늘 어려움이 상존한다.

③ **전제 설정의 불확실성** : 급변하는 현대에 있어서는 각종 예측과 추정을 위한 여러 가지 상황을 전제하기가 매우 어렵다. 📵 취학 아동의 수, 경제성장의 지속성 등

④ **시간과 비용 및 노력의 제약** : 시간과 경비, 전문적 역량이 항상 한정되어 있기 때문에 교육계획의 효율적 수립과 추진이 저해를 받는다.

⑤ **정치적·사회적 압력** : 교육전문가에 의해 합리적으로 수립된 교육계획의 경우에도 정치적·사회적 압력에 의해 변경되거나 실현되지 못하는 경우가 종종 발생한다.

⑥ **계량화의 곤란성** : 교육계획의 목표는 추상적인 경우가 많아 명확하게 계량화하기가 어렵고 목표 달성 여부를 평가하기도 대단히 어렵다.

⑦ **교육운영의 경직성으로 인한 개인의 창의성 위축** : 지나치게 세부적인 교육계획은 교육의 자율성을 침해하고 창의성을 위축시킬 수 있다.

② 교육기획의 원리와 접근방법

⑴ 교육기획의 원리(학교교육계획 수립 시 고려요소) 00 초등보수

① **민주성의 원리** : 국민이나 이해관계 집단 등의 광범위한 참여를 통해 민주적인 방식으로 이루어져야 한다.

② **중립성의 원리** : 교육 자체의 타당성과 효율성에 따라 수립되어야 하며, 어떠한 정치적·종교적·당파적 이해와 압력에 좌우되어서는 안 된다.

③ **효율성의 원리** : 의도하는 교육목표를 달성할 수 있는 능률적이고 효과적인 수단과 방법을 동원할 수 있도록 수립되어야 한다.

④ **전문성의 원리** : 교육전문가들의 적극적인 참여와 지속적인 검토 과정을 거쳐서 수립되어야 한다.

⑤ **타당성의 원리** : 의도하는 교육목표를 달성할 수 있는 타당한 수단과 방법을 통해 수립되어야 한다.

⑥ **적응성(융통성)의 원리** : 상황 변화에 신축적(탄력적)으로 적응(대응)할 수 있도록 수립되어야 한다(신축성).

⑦ **안정성의 원리** : 정책의 일관성과 안정성을 유지할 수 있도록 수립되어야 하며, 지나치게 가변적인 계획으로 이루어져서는 안 된다.

⑧ **균형성의 원리** : 안정성과 적응성, 민주성과 전문성 등을 적절하게 유지하는 방식으로 이루어져야 한다.

⑨ **통합성의 원리** : 국가의 타 부문 기획과 통합되도록 이루어져야 하며, 하위 부문을 종합적으로 고려하여야 한다.

⑩ **계속성의 원리** : 의도한 교육목적을 실현하기 위해 계속적인 연구와 평가를 통해 수립되어야 한다.

(2) 교육기획의 접근방법

사회수요에 의한 접근법	• **개념** : 교육을 받고자 하는 모든 사람에게 교육의 기회를 부여해야 한다는 원칙하에 교육에 대한 개인적·사회적 수요를 기초로 교육계획을 수립하는 방법 **예** 대표적 지표 : 인구성장률, 취학률 • **장점** 　－ 사회의 교육적 수요에 부응함으로써 적어도 단기적으로는 사회적·정치적 안정에 기여할 수 있다. 　－ 인구성장률을 활용하여 비교적 손쉽게 교육계획을 세울 수 있다. 　－ 균등한 교육의 기회를 보장할 수 있다. • **단점** 　－ 사회수요라는 개개인의 심리적 욕구 충족에 주안점을 두기 때문에 교육에 대한 사회적 필요와는 동떨어진 교육계획을 수립할 가능성이 있다. 사회의 경제적 인력 수요와 상충되는 경우 실업 문제 등을 야기할 수 있다(⇨ 산업체의 인력수요를 고려하지 못한다 : 인력의 공급과잉, 과부족 현상 초래). 　－ 재정적 제약 등을 고려하지 않은 사회수요의 충족은 교육의 질적 수준을 하락시키는 요인이 되기도 한다. 　－ 특히 투자의 우선순위 등을 상세화하지 않고, 모든 교육수요를 충족시킬 만큼 자원의 여유가 없을 때 어떻게 해야 되는가에 대한 방안을 제시하지 못한다는 치명적인 약점을 가지고 있다.
인력수요에 의한 접근법 **08 중등**	• **개념** : 경제성장에 필요한 인력의 수요를 예측하여 교육(인력)의 공급을 조절하는 방법. 산업사회의 필요와 요구를 반영하고, 교육투자 간의 우선순위를 제시하는 교육기획 방법 • **기획수립 절차** : 기준연도와 추정연도의 산업부문별, 직종별 인력변화 추정 → 인력수요 자료의 교육수요 자료로의 전환 → 교육자격별 노동력의 부족분 계산 → 학교수준 및 학교종류(학과)별 적정 양성규모 추정 • **장점** 　－ 교육과 취업, 나아가 교육과 경제성장을 보다 긴밀하게 연결하여 교육에 대한 계획을 수립할 수 있다 (⇨ 경제인력의 안정적 공급). 　－ 교육운영에 낭비를 줄여 효율성을 높일 수 있다. • **단점** 　－ 교육과 취업이 반드시 1 : 1 대응관계를 갖지는 않는다. 　－ 급변하는 사회에서는 교육수요나 인력수요의 구조도 역시 급변하기 때문에 추정 자체가 대단히 어렵다. 　－ 교육과 취업 간의 시차 때문에 수급에 차질을 빚기 쉽다. 　－ 교육의 기획이 교육의 본래 목표와는 다른 경제성장을 위한 인력공급이라는 외적 목적에 초점을 맞춤으로써 기본적으로 교육의 본질을 훼손할 수 있다.

**수익률에
의한 접근법**
	• 개념 : 교육 투자에 대한 경제적 효과를 분석하는 방법. 교육투입(교육에 투입되는 비용)에 대한 교육산출
	(교육받은 후 기대되는 수입), 즉 수익률을 추정하여 이루어지기 때문에 비용−수익(편익) 접근방법 혹은
	비용−효과 분석이라고도 함
	• 장점
	 − 교육운영의 경제적 효율성을 제고시킬 수 있다.
	 − 비용−수익 분석을 통해 교육투자의 합리성을 제고할 수 있다.
	• 단점
	 − 교육투입과 교육산출을 계산하는 방식이 너무 다양하고 학자 간에도 합의된 것이 없기 때문에 그 측
	  정이 용이하지 않다.
	 − 수익률 계산에 따르는 어려움과 과거의 소득을 가지고 미래의 소득을 추정하는 기법 자체의 문제 등
	  기술적 한계를 가지고 있다.

**국제비교에
의한 접근법**
	• 개념 : 선진국이나 유사한 다른 국가의 교육정책을 비교하여 교육기획하는 방법
	• 장점 : 유사한 외국의 경험을 모방하여 교육기획을 수립하기 때문에 일차적으로 그 과정을 단순화할 수
	있다. 즉, 외국의 선행경험을 간접적으로 활용하기 때문에 계획수립 자체가 쉽고 문제 예측이나 처치를
	효율적으로 할 수 있다.
	• 단점
	 − 국가마다 교육제도나 운영방식이 다르기 때문에 한 국가에서 효과적인 방법이었다고 하더라도 자국
	  에서는 비효과적인 방법이 될 수도 있다.
	 − 각 나라의 전통과 사회문화적 배경이 다르고, 삶의 양식과 가치체계 등도 다르기 때문에 모방의 장점을
	  거의 활용하지 못하는 경우도 발생할 수 있다.
	 − 과거에 선진국에서 성공한 발전모형을 미래에 후발국에서 채택할 때, 그것이 타당하다 할지라도 시차에
	  따른 변화와 조건의 차이에 의해 그 효과가 반감될 수 있다.

02 교육정책(educational policy)

❶ 개관

(1) 개념

① **국가의 교육활동에 대한 기본지침** : 교육정책은 교육목적의 달성을 위해 정부가 공익(公益)과 국민의 동의를
바탕으로 결정한 교육에 관한 기본적인 지침 혹은 의사결정을 말한다.

 예 정부 주도로 이루어지는 교육과정, 교원의 수급계획, 교육재정 등

② 의사결정과 정책결정을 명확히 구분하기는 어렵지만 일반적으로 공익성 여부를 근거로 구분한다. 의사결정은
개인(사적 기관)에 의하여 주도되기 때문에 공익성에 근거하지 않을 수도 있지만, 정책결정은 정부(공적
기관)에 의하여 주도되기 때문에 공익성에 근거한다.

(2) 교육정책의 특성

① **행위의 측면(의사결정)** : 교육정책은 정책 행위라는 측면에서 정부가 수행하는 교육에 관한 공적인 의사결정이라는 특징을 가진다.

② **형성 과정의 측면(정치적 과정)** : 교육정책은 그 형성 과정에서 정치적 과정을 통해 이루어지므로 본질적으로 권력의 문제와 깊은 관련을 맺는다.

③ **효과의 측면(교육목적의 실현)** : 교육정책은 효과의 측면에서 교육활동에 대한 기본 지침을 제시하여 교육목적을 실현하고자 하는 데 근본적인 목적을 가진다.

② 교육정책 결정의 원칙과 결정과정

(1) 교육정책 결정의 원칙

① **민주성의 원리** : 국민의 참여와 민주적 절차에 의하여 수립되어야 한다.

② **중립성의 원리** : 정치적·종교적·사회적 압력에 좌우되지 않고, 교육정책 자체의 타당성과 효율성에 기초하여 수립되어야 한다.

③ **효율성의 원리** : 형성과정·집행·결과에 있어서 능률적이고 효과적이어야 한다.

④ **합리성의 원리** : 가치지향적인 정책에 객관성과 과학성을 부여하고 현실에 입각한 합리적 원리에 기초해야 한다.

(2) 캠벨(Campbell)의 교육정책 결정론(교육정책의 결정과정)

1단계	기본적 힘의 작용단계 (basic force)	• 지역적·전국적·전세계적 범위에서 발생하는 중요한 정치적·경제적·사회적·기술공학적 힘(영향력)이 교육정책 결정에 작용 • 국민의 교육에 대한 열망 정도, 국민의 경제력 수준, 국제적 긴장상태, 인구동태, 기술공학의 발전, 새로운 지식의 발전 등 제 요인에 의해 교육정책이 영향을 받음 예 미국에서 Sputnik 발사의 영향으로 수학·과학교육 강화
2단계	선행운동단계 (antecedent movement)	• 기본적 힘에 대해 반응하는 단계로, 건의서, 연구보고서 등 교육에 대하여 상당한 주의를 끄는 각종의 운동이 선행적으로 전개 • 사회적으로 저명한 개인이나 또는 전문기관이 작성하는 교육개혁에 관한 건의서, 연구보고서 등은 교육정책 형성의 분위기를 조성 예 교육에 관한 백악관 회의와 교육에 관한 대통령 자문위원회, 한국교육개발원이 작성한 보고서
3단계	정치적 활동단계 (political action)	• 정책결정에 선행되는 공공의제에 관한 토의나 논쟁이 이루어짐 • 매스컴을 통하여 일반시민의 여론을 조직화하고 정당의 정책으로 채택되거나 공식적인 입법의 준거로서 작용하기도 함
4단계	공식적인 입법단계 (formal enactment)	• 행정부나 입법부에 의해 정책형성이 이루어지는 최종단계 • 지금까지의 기본적인 사회적 조건의 변화나 전국적인 선행운동의 조직 및 정부 내외의 정치적 활동과 같은 단계들은 입법단계에 이르러 비로소 정점을 이루게 됨

(3) 교육정책의 평가 95 중등

① 개념 : 정책평가(policy evaluation)는 주로 정책집행이 일어난 이후에 집행과정이나 정책결과를 사후적으로 검토하는 지적 활동을 말한다.

② 교육정책의 평가

  ㉠ 교육정책평가의 종류 : 교육정책평가는 대상에 따라 크게 집행과정을 대상으로 하는 과정평가(process evaluation)와 정책결과, 즉 정책이 집행된 후에 과연 의도했던 정책효과가 발생했는지를 평가하는 총괄평가(summative evaluation)가 있다. 총괄평가는 정책효과뿐만 아니라 부수효과나 부작용까지 포함하여 정책이 사회에 끼친 영향이나 충격을 확인하려는 사실판단 활동이라고 할 수 있다.

  ㉡ 평가기준(Dunn; 1994) : Dunn(1994)은 6가지 평가기준을 제시했다.

효과성 (effectiveness)	정책 목표의 달성 정도 ⇨ 정책의 성공여부를 판단하는 가장 중요한 기준이 됨
능률성 (efficiency)	정책 효과 대비 투입 비용의 비율 ⇨ 비용과 효과가 화폐적으로 측정되지 않으면 능률성 자체가 의미 없게 되는 경우가 많음
적합성 (적절성, appropriateness)	정책 목표가 어느 정도 바람직한가의 정도 ⇨ 사회 전체의 입장에서 가장 바람직하다고 판단되는 것을 정책목표로 결정하면 그 목표는 적합하다고 할 수 있음
대응성 (responsiveness)	특정 정책이 정책수혜집단의 요구와 필요를 만족시키는 정도 ⇨ 대응성은 정책성과가 특정 정책 대상집단들의 욕구와 선호, 가치를 만족시키고 있는가에 관한 기준으로 이것은 대상집단들에 대한 조사결과와 일치되어야 함
공평성 (형평성, equity)	사회집단 간 정책효과와 정책비용 배분 등에서의 형평성 ⇨ 정책의 집행에 따르는 비용(cost)과 편익(benefit)이 여러 집단에 평등하게 배분되어 있는 정도
적정성 (충족성, adequacy)	특정 정책이 정책문제를 해결한 정도 ⇨ 정책목표의 달성이 문제해결에 얼마나 공헌했는가를 측정하는 것

---

03 **의사결정**(정책결정, decision-making)

❶ 의사결정을 보는 관점 – 선택을 보는 관점에 따라

(1) 합리적 관점 – 합리적 판단으로서의 의사결정

  ① 의사결정은 목표달성을 위한 수많은 대안 중에서 합리적인 최선의 대안을 선택하는 것이라고 본다.

  ② 문제 확인 → 목표설정 → 가능한 모든 대안 탐색 → 각 대안에 대한 결과 평가(계량적 기법) → 목표를 극대화하는 대안 선택

  ③ 관료제 조직, 중앙집권적 조직에 적합한 의사결정모형

(2) 참여적 관점 – 합의로서의 의사결정 ^{04 중등}

① 의사결정은 관련 당사자 간의 논의를 통한 합의의 결과라고 본다.

② 관련자의 능력과 자율이 보장되는 전문적 조직에 적합한 의사결정방식

(3) 정치적 관점 – 타협으로서의 의사결정 ^{05 중등}

① 의사결정은 이해집단 간의 타협의 결과라고 본다.

② 폐쇄체제가 아닌 개방체제를 전제한다.

③ 갈등이 항상 존재하고 협상과 타협이 기본적 규칙으로 되어 있는 조직에 적합한 의사결정모형

(4) 우연적 관점 – 우연적 선택으로서의 의사결정

① 의사결정은 필연적 결과와는 무관한 수많은 요소(예 문제, 해결책, 선택기회, 참여자)가 우연히 동시에 한곳에 모일 때 이루어진다고 본다.

② 조직화된 무질서로 비유되는 조직에 적합한 의사결정모형

☑ **의사결정을 보는 네 가지 관점의 비교**

구분	합리적 관점	참여적 관점	정치적 관점	우연적 관점
중심개념	목표달성을 극대화하는 선택	합의에 의한 선택	협상에 의한 선택	우연에 의한 선택
목적	조직목표 달성	조직목표 달성	이해집단의 목표 달성	상징적 의미
적합한 조직형태	관료제, 중앙집권적 조직	전문적 조직	다수의 이익집단이 존재하고 협상이 용이한 조직	조직화된 무질서 조직
조직환경	폐쇄체제	폐쇄체제	개방체제	개방체제
특징	규범적	규범적	기술적	기술적

② 의사결정모형(의사결정 이론모형, 정책형성 기본모형)

(1) 합리모형(rational model) – Reitz ^{99 초등추시 · 초등보수, 09 초등, 21 중등論}

① 개념

　㉠ 의사결정을 위해 필요한 모든 지식과 정보를 수집하고, 이를 객관적으로 분석·종합하여 최적의 대안을 선택하는 모형이다.

　㉡ 목표달성을 위해 모든 대안을 탐색 후 최선의 대안을 찾는 모형이다. ⇨ 인간의 전지전능함, 합리적 경제인, 최적 대안의 합리적 선택, 목표의 극대화를 전제로 한 이상적·낙관적 모형

② 비판

　㉠ 의사결정자의 전지전능함을 전제로 하고 있으나 인간능력의 한계로 인해 비현실적임

　㉡ 이성적 판단과 감성적 심리 사이에 불일치가 생길 수도 있어 오히려 구성원들이 수용하기 어려운 최종 대안을 선택하는 경우도 발생

ⓒ 대안을 과학적으로 비교 평가하는 데 요구되는 정보를 충분히 구하지 못하는 경우가 많음

ⓔ 일상적이고 반복적인 정형적 문제해결에는 적용될 수 있지만, 전례가 없는 새롭고 비구조적인 비정형적 문제해결에는 적용 가능성이 매우 희박함

ⓜ 지나치게 이상적이고 규범적이기 때문에 사실세계의 정책결정 상황에는 잘 부합하지 않음

(2) 점증모형(incremental model) – Lindbloom, Snyder, Wildavsky 02 초등, 07 초등, 21 중등論

① 개념 : 기존의 틀 속에서, 기존 정책보다 약간 개선된 대안을 선택하는 모형이다. ⇨ 정치적 합리성, 문제가 불확실하고 구성원 간의 갈등이 커 대안의 개발이 어렵고 결과 예측이 어려운 경우

② 장점 : 안정적인 정책결정과 집행이 가능하고, 정책에 대한 폭넓은 지지를 받기 쉽고, 실현 가능성이 높은 대안을 선택할 수 있음

③ 비판

ⓐ 문제나 불만의 해소에만 주력함으로써 적극적인 선(善)의 추구보다는 소극적인 악(惡)의 제거에만 관심을 쏟음

ⓑ 점진적인 개선을 도모하기 때문에 지나치게 보수적이고 대증적(對症的)인 정책결정모형

ⓒ 점진적·보수적 성격을 띠어 개혁적이거나 혁신적인 의사결정에는 부적합함

(3) 만족모형(satisfying model) – Simon & March 06 초등

① 개념 : 객관적 자료를 바탕으로 여러 대안을 모색하지만, 의사결정자의 주관적 입장에서 만족스러운 대안을 선택하는 모형이다. ⇨ 제한적 합리성, 주관적 합리성, 행정적 합리성을 전제로 한 모형

② 장점 : 합리모형이 지닌 현실적 한계를 극복할 수 있는 가능성을 제시함

③ 비판

ⓐ 만족의 정도가 주관적이기 때문에 보편타당성이 부족함

ⓑ 의사결정자(정책결정자)의 개인적 차원의 문제이기 때문에 조직 차원의 거시적 정책결정(의사결정)을 설명하는 데는 상당한 무리가 있음

(4) 혼합모형(mixed-scanning model) – Etzioni

① 개념 : 기본방향의 설정은 합리모형을 적용하고, 방향 설정 후 세부적인 문제해결은 점증모형을 적용하는 방식 ⇨ 합리모형(합리성)과 점증모형(실용성)의 장점을 결합한 모형

② 장점

ⓐ 합리모형과 점증모형의 장점을 결합하여 나름대로 현실적이고 바람직한 방향을 제시함

ⓑ 장기적 전략과 단기적 변화를 동시에 이룰 수 있음

ⓒ 복잡하고 불확실한 상황에 실용적으로 접근할 수 있음

③ 비판

ⓐ 의사결정 과정이 다소 불분명함

ⓑ 기본방향에 대한 결정을 제외하면 점증모형과 크게 다를 것이 없음

ⓒ 기존의 모형을 절충·혼합한 것에 불과하므로 이론적 독자성이 떨어짐

(5) 최적모형(optimal model) – Dror 99 초등추시, 11 초등

① 개념

  ㉠ 합리성과 초합리성(직관적 판단, 창의력, 상상력 등)을 동시에 고려하여 최적치(optimality)를 추구하는 규범적인 모형이다.

  ㉡ 최적치란 '모든 것이 고려된' 것이라는 의미에서 최선의 것이지만, 그것이 '지고지선' 그 자체가 아니라 '주어진 목표에 도움이 되는 가장 바람직한 상태'를 의미한다. ⇨ Dror가 점증모형의 타성적이고 현실 안주적인 성격을 비판하면서 그 대안으로 제시

② 장점 : 초합리적 요인을 의사결정에 포함함으로써 창의적이고 혁신적인 의사결정이 가능함

③ 비판

  ㉠ 불분명한 초합리성에 의존하고 있어 다소간 비현실적이고 이상적이라는 비판을 받기도 함

  ㉡ 의사결정에 비합리적 요소를 고려해야 한다는 것 외에는 합리모형의 범위를 크게 벗어나지 못하고 있음

(6) 쓰레기통 모형(garbage can model, 비합리적 의사결정) – Cohen, March, Olsen 99 초등

① 개념 : 의사결정이 합리적인 과정에 따라 이루어지는 것이 아니라, 의사결정의 4가지 요소인 문제, 해결책, 참여자, 선택 기회가 어떤 계기로 서로 우연히 만나게 될 때 이루어진다고 보는 모형이다. ⇨ '조직화된 무질서' 조직에서 일어나는 의사결정모형

② 특징

  ㉠ 의사결정은 합리성보다는 우연성에 기초한다.

  ㉡ 문제와 해결책이 조화를 이룰 때 좋은 의사결정이 이루어진다.

  ㉢ 의사결정자들은 조화를 이루기 위해 문제, 해결책, 참여자, 선택 기회를 탐색한다.

③ 장점 : 존재하지도 않은 문제에 대해 해결책이 제안될 수 있는 이유(문제와는 별개로 해결책이 먼저 제시될 수 있는 이유), 해결되는 문제가 거의 없는 이유를 설명하는 데 도움을 줌

④ 비판 : '조직화된 무질서' 조직에서 일어나는 의사결정모형이라는 점에서 모든 조직에서 일어나는 보편적인 의사결정의 행태를 설명하기에는 한계성을 보임

③ 의사결정 참여모형

(1) 브리지스(Bridges)**의 참여적 의사결정** 99 중등추시

① 개념

  ㉠ '적절성'(개인적 이해관계)과 '전문성'(전문적 지식)을 기준으로 구성원들이 수용영역 안에 있느냐, 밖에 있느냐에 따라 의사결정에의 참여여부를 검토한다.

  ㉡ '수용영역'(zone of acceptance)이란 구성원이 상급자의 의사결정을 기꺼이 받아들이는 영역이며, 구성원들의 참여여부 결정의 준거는 '적절성'(개인적 이해관계)과 '전문성'(전문적 지식)이다.

② 4가지 상황에 따른 참여적 의사결정의 형태

상황		참여적 의사결정의 유형
수용영역 밖	적절성 ○, 전문성 ○	초기단계부터 자주 적극적으로 참여시킨다. ⇨ 의회주의형 의사결정 (리더의 역할은 소수의 의견까지 보장하여 의회주의형으로 의사결정이 이루어지도록 하는 것임)
수용영역의 한계 영역 (marginal conditions)	적절성 ○, 전문성 ×	최종 대안을 선택할 때 가끔 제한적으로 참여시킨다(참여시키는 목적은 이해를 구하거나, 설득·합의를 도출하여 저항을 최소화하기 위함이다). ⇨ 민주적 접근형 의사결정(리더는 구성원의 부분적인 참여를 통해 의사결정에 감정적 반항을 감소시켜 민주적으로 커다란 마찰 없이 문제를 해결해야 함)
	적절성 ×, 전문성 ○	대안제시나 결과평가 단계에서 가끔 제한적으로 참여시킨다(참여시키는 목적은 질 높은 아이디어나 정보를 얻기 위함이다). ⇨ 민주적 접근형 의사결정
수용영역 안	적절성 ×, 전문성 ×	수용영역 안에 있으므로 구성원을 참여시킬 필요가 없다.

㉠ **상황 Ⅰ** : 구성원이 개인적 이해관계(적절성)와 전문적 지식(전문성)을 모두 가지고 있어 '수용영역 밖'에 있는 경우 ⇨ 초기단계(문제의 인지)부터 자주 적극적으로 참여시킴 ⇨ 의회주의형 의사결정 방식(소수의 의견까지 보장)

㉡ **상황 Ⅱ** : 구성원이 개인적 이해관계(적절성)는 있으나 전문적 지식(전문성)이 없어 '수용영역 한계조건' (marginal conditions)에 있는 경우 ⇨ 최종 대안을 선택할 때 가끔 제한적으로 참여시킴(참여시키는 목적은 구성원에게 이해를 구하거나 설득·합의를 도출하여 저항을 최소화하기 위해서) ⇨ 민주적 접근형 의사결정 방식

㉢ **상황 Ⅲ** : 구성원이 전문적 지식(전문성)은 있으나 개인적 이해관계(적절성)가 없어 '수용영역 한계조건' (marginal conditions)에 있는 경우 ⇨ 대안제시나 결과평가 단계에서 가끔 제한적으로 참여시킴(참여시키는 목적은 질 높은 아이디어나 정보를 얻기 위해서) ⇨ 민주적 접근형 의사결정 방식

㉣ **상황 Ⅳ** : 구성원이 이해관계도 없고 전문성도 없어 '수용영역 안'에 있는 경우 ⇨ 구성원을 참여시킬 필요가 없음

(2) 호이와 타터(Hoy & Tarter)의 참여적 의사결정 [09 중등]

① 개념

㉠ 브리지스의 참여적 의사결정 모형을 발전시켜 관련성과 전문성, 구성원의 신뢰(헌신)에 따라 참여적 의사결정의 유형을 제시하였다.

㉡ 구성원이 수용영역 밖(완전참여)에 있는 경우 구성원의 신뢰(헌신)를 고려하여 의사결정의 참여 정도를 다르게 결정한다.

② 5가지 상황에 따른 참여적 의사결정의 형태

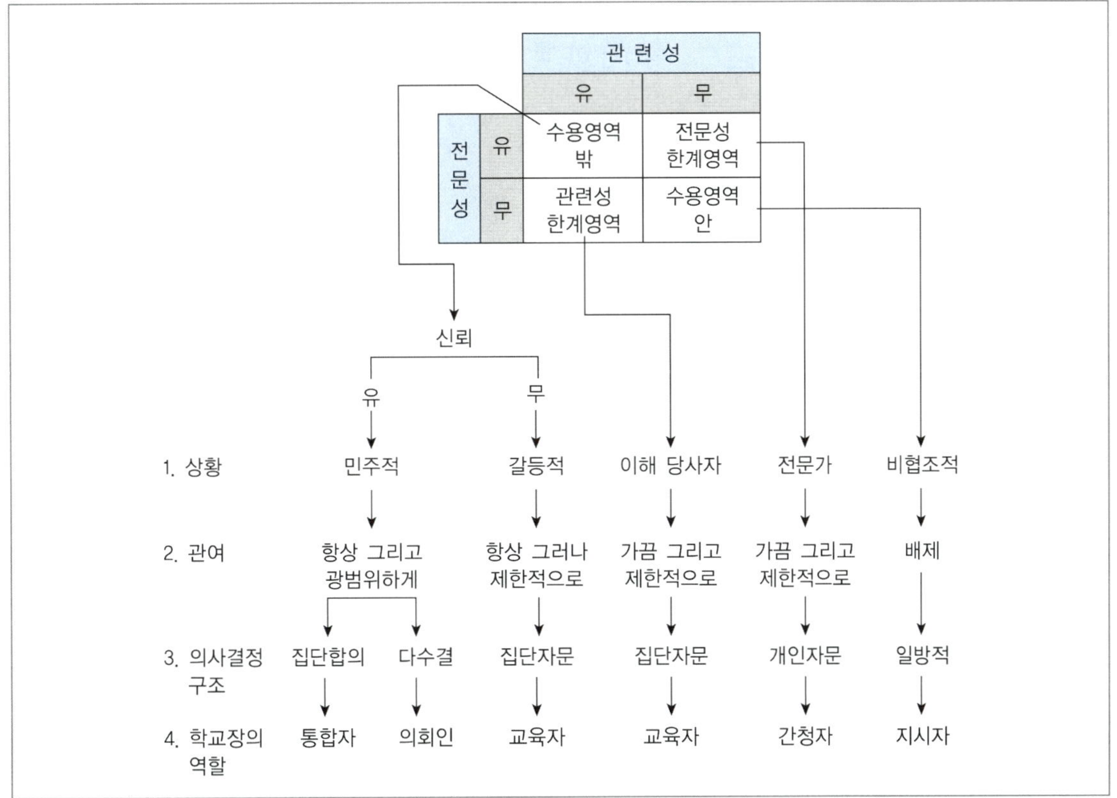

☑ Hoy & Tarter의 참여적 의사결정 모형

구분	참여허용 기준	상황	관여(참여)	의사결정 구조	학교장의 역할	기능	목표
수용영역 밖 (관련성 ○, 전문성 ○)	신뢰 ○	민주적	항상 그리고 광범위하게	집단 합의	통합자	각기 다른 입장을 통합	일치된 의견을 얻는다.
				다수결	의회인	공개토론을 조성	집단결정을 이끌어낸다 (소수의견 보호).
	신뢰 ×	갈등적	항상 그러나 제한적으로	집단 자문	교육자	쟁점을 설명하고 논의	저항을 줄이고 결정을 수용하도록 한다.
관련성 한계영역	관련성 ○, 전문성 ×	이해 당사자	가끔 그리고 제한적으로	집단 자문	교육자		
전문성 한계영역	관련성 ×, 전문성 ○	전문가	가끔 그리고 제한적으로	개인 자문	간청자	조언·충고를 구함	결정의 질을 향상한다.
수용영역 안	관련성 ×, 전문성 ×	비협조적	배제	일방적	지시자	단독적 결정을 행함	효율성을 성취한다.

㉠ 민주적 상황 : 의사결정이 수용영역 밖에 있고 구성원의 신뢰(헌신)가 있다면(민주적 상황), 항상 광범위하게 참여시킨다. ⇨ 이 상황에서 유일한 쟁점은 의사결정을 합의로 할 것인가, 다수결로 할 것인가의 문제다. ⇨ 통합자(intergrator, 집단합의) 또는 의회인(paliamentarian, 다수결)

㉡ 갈등적 상황 : 의사결정이 수용영역 밖에 있고 구성원의 신뢰(헌신)가 없다면(갈등적 상황), 조직의 복지와 일치하는 방향으로도 나아가야 하기 때문에 참여가 제한되어야 한다. ⇨ 집단자문 ⇨ 교육자(educator)

㉢ 이해당사자(이해관계자)상황 : 구성원이 쟁점에 대해 개인적 이해관계가 있지만 전문성이 부족하면(이해당사자 상황), 가끔씩 제한적으로 참여시킨다. ⇨ 집단자문 ⇨ 교육자(educator)

㉣ 전문가 상황 : 구성원이 의사결정에 대해 이해관계는 없지만 전문성이 있으면(전문가 상황), 가끔 제한적으로 참여시킨다. ⇨ 개별(개인)자문 ⇨ 간청자(solicitor)

㉤ 비협조적(비협력적) 상황 : 구성원이 관련성도 없고 전문성도 없다면(비협조적 상황), 의사결정은 수용영역 안에 있으므로 참여를 배제한다. ⇨ 일방적(단독) 결정 ⇨ 지시자(director)

04 의사소통(communication)

❶ 의사소통의 이해

(1) 의사소통의 기능

① 조정 및 통제를 위한 수단 : 구성원의 행동을 일사분란하게 하고, 직무와 관련된 책임과 권한의 소재를 명확하게 규정할 수 있다.

② 합리적 의사결정의 수단 : 구성원이 의사결정 과정에 참여할 수 있고, 의사결정의 내용이 정확하고 우수할 경우 의사결정의 수준을 높일 수 있다.

③ 조직통솔과 리더십의 발휘 : 구성원을 통솔하고 조직목표에의 공헌과 추종을 유도할 수 있다.

④ 사기앙양 및 동기유발 : 구성원을 자극하고 격려함으로써 구성원의 사기를 앙양하고 동기를 유발할 수 있다.

(2) 의사소통의 원칙(C. E. Redfield) [10 초등]

① 명료성 : 의사전달 내용이 명확해야 한다. ⇨ 피전달자가 분명하고 정확하게 이해할 수 있도록 간결한 문장과 쉬운 용어를 사용한다.

② 일관성(일치성) : 의사소통 내용의 전후가 일치되어 모순이 없어야 한다.

③ 적응성(융통성) : 의사소통의 내용이 구체적인 상황에 맞아 현실 적합성을 갖는 것이어야 한다.

④ 분포성(배포성) : 의사소통의 내용이 모든 대상에게 골고루 전달되어야 한다.

⑤ **적시성** : 의사소통은 적시에 이루어져야 한다. 의사전달이 가장 효율적으로 이루어질 수 있는 적정한 시기를 놓쳐서는 안 된다.

⑥ **적량성(적정성)** : 과다하지도 과소하지도 않은 적당량의 정보를 전달해야 한다. 과다할 경우에는 의사소통에 혼란이 생길 수 있고, 과소할 경우에는 의사소통에 영향을 미칠 수 없다.

⑦ **통일성** : 조직 전체의 입장에서 동일하게 수용되는 표현이어야 한다.

⑧ **관심과 수용** : 전달자가 피전달자의 주의와 관심을 끌 수 있어야 하고, 피전달자가 정보를 수용할 수 있어야 한다.

(3) 의사소통의 종류 00 강원초보, 03 초등

의사소통의 형식에 따른 구분	공식적 의사소통	• 공식조직 내에서 공식적인 통로와 채널을 통해 이루어지는 의사소통(예 공문서) • 장점 : 권한 관계가 명확해지고, 의사전달이 확실하고 편리하며, 전달자와 피전달자가 명확하여 책임의 소재가 분명함 • 단점 : 의사전달이 형식화되어 융통성이 없고, 의사소통의 속도가 느리며, 배후 사정을 소상히 전달하기 곤란함
	비공식적 의사소통 00 강원초보	• 조직 구성원 간의 친분이나 인간관계 등을 통해 비공식적으로 이루어지는 의사소통(예 개별적 만남, 친목회, 조직 내 소문) ⇨ 공식적 의사소통의 약점을 보완하게 됨(상호보완이 필요) • 장점 : 비교적 솔직하게 전달되어 지도자에게 유익한 정보를 전달하는 수단이 되며, 의사전달이 신속하고, 배후 사정을 소상히 전달할 수 있음 • 단점 : 소문이나 풍문의 형식으로 나타나므로 책임 소재가 불분명하고 통제도 어려우며, 왜곡된 정보가 유통될 수 있으며, 공식적 의사소통 기능을 마비시킬 수 있음
의사소통의 흐름에 따른 구분	일방적 의사소통	한쪽 방향으로만 이루어지는 의사소통(예 지시, 명령, 강의) ⇨ 의사소통 기술이 중요하며, 명확하고 구체적일수록 효과적임
	쌍방적 의사소통	양쪽 방향으로 이루어지는 의사소통으로 모든 참가자가 송신자이자 수신자가 됨(예 대화, 토론, 질의)
의사소통의 방향에 따른 구분	수직적 의사소통	아래위로 이루어지는 의사소통 • **하향식 의사소통** : 조직의 계층 또는 명령계통에 따라 상관이 부하에게 메시지를 전달 (상의하달식 의사소통) • **상향식 의사소통** : 부하가 상관에게 메시지를 전달(하의상달식 의사소통)
	수평적 의사소통	상하관계를 전제하지 않은 의사소통(예 회의, 사전심사제도, 회람)
의사소통의 방법에 따른 구분	언어적 의사소통	말이나 문자 등 언어적인 방법으로 이루어지는 의사소통
	비언어적 의사소통	자세, 몸짓, 표정, 침묵, 복장, 공간배열 등 비언어적인 방법으로 이루어지는 의사소통

2 **의사소통의 기법**

(1) 조하리의 창(Johari's window) [04 중등]

① 개념 : 조셉 루프트(Josep Luft)와 해리 잉햄(Harry Ingham)에 의해 개발됐다. ⇨ '자신에 관한 정보'가 자신에게 알려진 경우와 알려지지 않은 경우 그리고 타인에게 알려진 경우와 알려지지 않은 경우의 조합(결합관계)에 의해 4가지 영역으로 구성된다.

② 내용

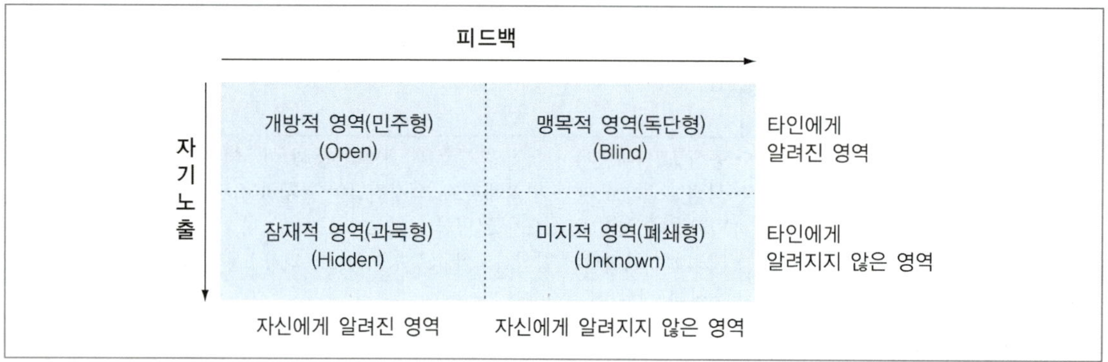

㉠ 개방적 영역(open area) : 민주형 의사소통 유형

ⓐ 자신에 관한 정보가 자신이나 타인에게 잘 알려져 있는 부분이다.

ⓑ 서로 잘 알고 상호작용하기 때문에 효과적인 의사소통이 가능하다.

ⓒ 효과적인 의사소통을 위해서는 이 부분의 영역을 넓혀 가야 하는데, 자기노출을 하고 피드백을 많이 받을 때 가능하다.

㉡ 맹목적 영역(blind area) : 독단형 의사소통 유형

ⓐ 자신에 관한 정보가 타인에게는 알려져 있지만, 자신에게는 알려져 있지 않은 부분이다.
  - 예 자신이 가지고 있는(본인은 알지 못하는) 좋지 않은 버릇, 습관, 행동특성

ⓑ 자기 이야기는 많이 하면서 상대방의 이야기는 귀 기울이지 않거나, 자기주장은 강하면서 상대방의 의견에 대해서는 불신하고 비판적이며 수용하지 않으려 한다.

ⓒ 타인으로부터 피드백을 받지 못할 때 이 부분이 넓어져 효과적인 의사소통이 이루어지기 힘들다.

㉢ 잠재적 영역(hidden area) : 과묵형(비밀형) 의사소통 유형

ⓐ 자신에 관한 정보가 자신에게는 알려져 있지만, 타인에게는 알려져 있지 않은 부분이다.
  - 예 남에게 노출하기를 꺼려하는 정보, 감정, 실수, 약점, 과거 경험 등

ⓑ 타인이 어떻게 반응할지 몰라 마음의 문을 닫고 자신의 감정과 태도를 타인에게 잘 알리려 하지 않는 '방어적인 태도'를 취하게 된다.

ⓒ 의사소통에서 자신의 의견이나 감정을 표출하지 않고 타인으로부터 정보를 얻으려는 경향이 크다.

㉣ 미지적 영역(unknown area) : 폐쇄형 의사소통 유형
  ⓐ 자신에 관한 정보가 자신과 타인에게 모두 알려져 있지 않은 부분이다.
  ⓑ 자신에 대한 견해를 표출하지도 않고 타인으로부터 피드백을 받지도 않는 경우이다.
  ⓒ 계속될 때 일상적인 의사소통이 어려워지며 자기폐쇄적으로 가기 쉽다.

(2) 대인 간의 의사소통 유형

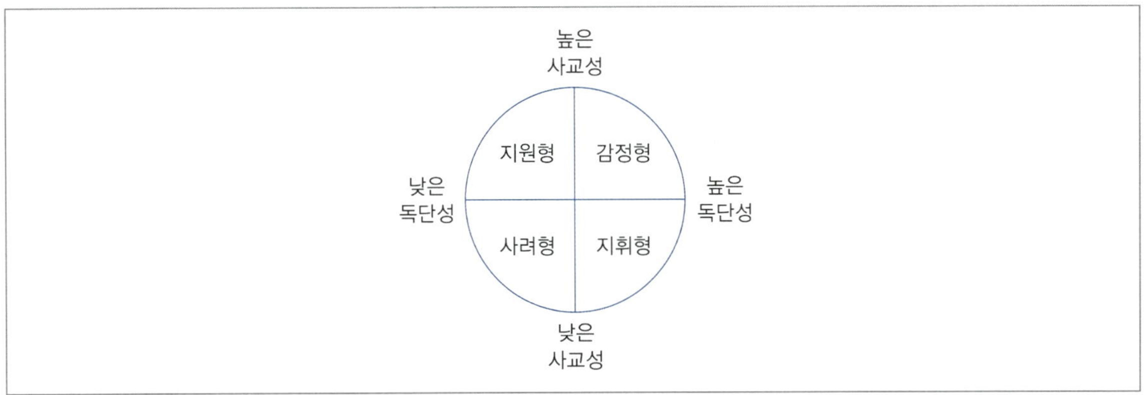

① Reece와 Brandt의 의사소통 유형 : 대인 간의 의사소통 유형을 독단성의 높고 낮음과 사교성의 높고 낮음을 기준으로 감정형, 지휘형, 사려형, 지원형으로 유형화하였다.
  ㉠ 독단성(dominance) : 책임을 맡으려는 태도를 과시하는 경향 ⇨ 독단성이 높은 사람은 스스럼없이 충고하고 강력하게 의견을 개진하며 요구사항을 분명히 전달하고 자기주장이 강하고 타인을 통제하려는 경향이 있다(한편, 독단성이 낮은 사람은 협조적이고 남을 열렬히 돕는 경향이 있으며, 또 자기주장이 약하고 타인에 의해서 쉽게 통제당하는 경향이 있다).
  ㉡ 사교성(sociability) : 자기감정을 통제하거나 표현하려는 경향 ⇨ 사교성이 높은 사람은 자신의 느낌을 자유롭게 표현하며 개방적이다(한편, 사교성이 낮은 사람은 자신의 감정을 통제하는 경향이 있으며, 보수적이고 공식적인 인간관계를 유지한다).

감정형 (emotive style)	높은 독단성과 높은 사교성을 지니고, 열정적이고 솔직담백하게 의사소통하는 유형 ⇨ 상대방의 이름을 부르고, 사적인 이야기를 하는 등 비격식을 좋아하며 자신의 의견을 극적이면서도 설득력 있게 표현함
지휘형 (director style)	높은 독단성과 낮은 사교성을 지니고, 솔직하고 엄격하며 독단적이고 단호하게 의사소통하는 유형 ⇨ 단호한 표정과 결단력 있는 음색으로 강력한 의견을 제시하며 냉담하고 격식을 차림
사려형 (reflective style)	낮은 독단성과 낮은 사교성을 지니고, 조용하고 혼자 있기를 좋아하며 의사결정을 쉽게 하지 않는 유형 ⇨ 격식을 차리고 신중한 태도로 의견을 제시하며, 서두르지 않고 계산된 의견을 개진하며 감정통제를 잘함. 또 침착하고 어떤 일에 몰두하며 초연해서 친해지기가 어려움
지원형 (supportive style)	낮은 독단성과 높은 사교성을 지니고, 민감하고 참을성이 있으며 경청을 잘 하는 유형 ⇨ 주의를 기울여 경청하고 권력의 사용을 절제하며, 친절하게 설득하고 온정을 표시함. 또 사려 깊고 신중하게 의사결정과 의사표현을 함

ⓒ **바람직한 의사소통 유형**: 가장 좋은 유형이 별도로 존재하는 것은 아니며 각기 유형별로 독특한 강점을 가진다. 그러나 이러한 강점이 과장되면 문제가 발생한다. 예를 들어, 감정형이 너무 지나치면 쉽게 흥분하고 진지하지 않게 보일 수 있는 반면, 너무 엄격한 지휘형은 남들에게 밀어붙이는 형으로 비칠 수 있다. 또, 과도한 사려형은 소심하게 보일 수 있는 반면, 지나친 지원형은 우유부단하게 비칠 수 있다.

② Hellriegel, Slocum & Woodman의 의사소통 유형

ⓐ 전달자와 수신자 간의 피드백의 수준과 개방성의 정도에 따라 5가지로 유형화했다.

ⓑ 즉, 전달자와 수신자 간에 피드백이 얼마나 효과적으로 이루어지며, 개방성의 정도는 어떠한가에 따라 의사소통을 유형화했다.

자기거부형 (self-denying style)	개인이 타인에게서 고립되어 자신의 생각, 의견, 태도, 감정을 타인에게 숨기려 하는 의사소통 유형 ⇨ 내성적인 사람의 경우
자기보호형 (self-protecting style)	자신에 대해서는 숨기면서도, 남에 대해서는 알려고 하고 타인에 대한 평가만 늘어놓는 유형 ⇨ 극단적인 경우는 자기방어적인 사람
자기노출형 (self-exposing style)	자신의 행동에 대한 반응을 상대방에게 확인시킴으로써 자신에게 관심을 유지하도록 하는 유형 ⇨ 가장 최근에 받아들인 피드백이 긍정적인가 부정적인가에 따라 심한 감정상 기복을 겪을 수 있음
자기실현형 (self-actualizing style)	자신에 대한 적당한 양의 정보를 제공하고 피드백을 요청하며, 방어적이지 않고 건설적이고 개방적인 피드백을 제공하는 유형 ⇨ 조직 의사소통에서 가장 유용한 유형으로 효과적인 피드백과 자기노출 및 타인에 대한 경청이 전제될 때 실현
자기협상형 (self-bargaining style)	의사소통하는 상대방과 자신의 내적 기분이 일치하지 않아 갈등을 느끼게 되는 문제를 자기 스스로 해결하기 위해서 자신의 인지 내에서 타협하는 유형 ⇨ 상대방의 반응이 동일한 경우에만 피드백을 제공하고 자신을 개방함

❸ 의사소통의 장애요인과 극복방안

(1) 의사소통의 장애요인

전달자와 피전달자에 의한 장애요인	• **준거체계의 차이**: 가치판단의 기준이 달라서 같은 의사소통 내용을 서로 달리 해석하는 경우 • **여과**: 의사소통이 여러 단계를 거치는 동안 내용이 왜곡되는 경우 • **선택적 지각**: 자신이 선호하거나 믿고 있는 일부 정보만을 선택해서 수용하는 경우(선택적으로 보고 듣는 경향) • **수용거부**: 전달자의 메시지를 수용하려고 하지 않는 경우(편견, 불신 등으로 인해) • **전달자의 자기방어기제**: 전달자가 자기에게 불리한 사실을 은폐하고 소통시키려 하지 않는 경우 • **전달자의 의식적 제한**: 보안상의 문제 등으로 의사소통의 비밀을 유지하는 경우 • **원만하지 못한 인간관계나 능력부족**: 원만하지 못한 인간관계나 능력부족으로 인해 의사소통이 이루어지지 않는 경우

수단 및 매개체에 의한 장애요인	• 양적 과다 : 의사소통의 내용이 양적으로 과다하여 내용 파악이 곤란한 경우 • 언어상의 문제 : 애매모호한 표현이나 전문용어를 사용하는 경우 • 정보의 유실 : 의사소통의 내용이 정보의 유실이나 불충분한 보존으로 인해 내용 파악이 곤란한 경우
조직구조에 의한 장애요인	• 집권적 계층구조 : 집권적 계층구조로서 수직적인 의사전달이 제한받는 경우 • 조직 간의 할거주의 : 조직 간의 할거주의로 인해 수평적 의사전달이 저해되는 경우 • 비공식조직의 역기능 : 비공식조직의 역기능으로 소문·풍문 등에 의해 의사소통이 왜곡되는 경우 • 의사소통의 채널 부족 : 의사소통 채널의 부족으로 개방도가 미흡한 경우 • 의사소통의 집권화(집중화) : 의사소통의 권한이 특정인에게 집중되어 의사소통의 흐름이 저하되는 경우

(2) 의사소통의 장애요인 극복방안

개인 수준	• 반복 : 같은 내용의 메시지를 다양한 경로(전화, 면담, 메모, 이메일)로 반복하여 전달 • 감정이입 : 상대방의 입장에서 메시지를 해석하고 이해 • 이해 : 상대방이 이해할 수 있는 언어(말과 글)로 전달 • 피드백 : 수신자의 메시지 이해 정도를 확인 • 경청 : 상대방의 말을 잘 듣는 것
조직 수준	• 조직 구조 : 계층 단계가 많은 조직에서는 동료 간의 횡적 의사소통이 유리(상향식·하향식 의사소통은 약하고 왜곡됨). 계층 단계가 적은 조직에서는 상하 의사소통이 쉽고, 직접적 대화가 쉽게 이루어지고, 의사소통을 굴절시키는 단계가 없어 효과적인 의사소통이 이루어질 수 있음 • 지위 차이 : 상하관계는 자유로운 의사소통을 제어하므로, 상위직의 사람들은 하위직의 사람들과 대화할 기회를 의식적으로 확대하려는 노력이 필요 • 통신망의 종류와 선택 : 개인과 개인, 집단과 집단을 연결하는 다양한 의사소통망을 선택·활용

MEMO

교육행정의 실제

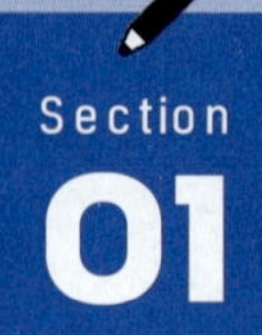

Section 01 교육제도

01 교육제도 04 초등, 06 초등

① 교육제도의 이해

(1) 교육제도의 개념

① 교육제도는 사회제도의 한 종류로서 교육의 목적·내용·방법·조직 및 행·재정 등 교육 전반에 관한 조직, 기구 및 법제 등을 말한다. **예** 의무교육제도, 학교제도, 대학입시제도

② 교육제도는 국가의 교육정책이 법규에 의해서 구체화된 것이며, 국민교육을 효율적으로 실시하기 위해 제정된 교육실시상의 법적 기제 일체이다(교육제도 법정주의; 헌법 제31조 제6항).

　　예 교육관련 법규 : 헌법, 교육기본법, 초·중등교육법, 고등교육법, 유아교육법, 평생교육법

(2) 교육제도의 원리

① 공교육의 원리

　　㉠ 국가가 모든 국민이 교육을 받을 수 있는 기회를 공적으로 보장해 준다. ⇨ 국가, 지방공공단체(학교법인 등도 포함) 등이 국민교육제도를 운영한다.

　　㉡ 의무성, 무상성, 중립성을 전제로 한다.

② 기회균등의 원리(헌법 제31조 제1항)

　　㉠ 어떠한 조건에 구애됨이 없이 모든 국민은 능력에 따라서 균등하게 교육을 받는다.

　　㉡ 장학제도, 사회보장제도

③ 의무교육의 원리(헌법 제31조 제2항, 제3항)

　　㉠ 모든 부모는 자녀에게 취학시킬 의무가 있으며(취학의 의무), 국가와 지방자치단체는 학교를 설립할 의무가 있고(학교설치의 의무), 교육을 보장할 의무가 있다(교육보장의 의무).

　　㉡ 국민교육제도 성립의 기본요건

(3) 교육제도 유형론

① 터너(Tuner)의 교육제도 유형론

  ㉠ 교육제도는 사회계층의 이동과 밀접한 관계가 있다.

  ㉡ 사회계층의 이동유형

경쟁적 이동	후원적 이동

• 엘리트의 자리가 공개경쟁을 통해서 쟁취됨
• 개인은 모든 수단과 방법을 동원하여 엘리트 지위를 획득
  예 미국의 단선형 학제
	• 경쟁방식을 탈피하고 통제된 선발과정을 통해서 엘리트의 지위가 획득됨
	• 기성 엘리트가 능력 소지자를 조기에 선발교육
	  예 영국의 복선형 학제

② 호퍼(Hopper)의 교육제도 유형론

  ㉠ 교육제도 유형

구분	구분	예
선발 방법	중앙집권적 표준화 선발 VS 지방분권적 비표준화 선발	• 프랑스, 스웨덴 : 중앙집권적 표준화 정도 높음 • 오스트레일리아, 영국 : 중간 정도 • 미국, 캐나다 : 낮음
선발 시기	조기선발 : 초등학교 졸업 단계에서 선발	영국, 프랑스
	만기선발 : 대학 단계에서 선발	미국, 캐나다, 스웨덴
	중간수준	러시아, 오스트레일리아
선발 대상	특수주의(정예주의) : 특별한 자질을 구비한 사람만을 선발	영국, 프랑스
	보편주의(대중평등주의) : 누구나 교육받을 가치를 지니고 있음	미국, 캐나다, 오스트레일리아, 스웨덴
선발 기준	집단주의 : 사회의 이익을 강조	러시아, 스웨덴, 영국, 프랑스
	개인주의 : 개인의 자아실현을 강조	미국, 캐나다, 오스트레일리아

  ㉡ 우리나라 교육선발(대입 수능시험)의 특징 : 중앙집권적 표준화, 만기선발, 보편주의, 개인주의

❷ 학교제도의 이해

(1) 학교제도의 개념

① 개념 : 각종(학교 종류별)·각급(학교급별) 학교의 전체적 조직을 말함 ⇨ 학교제도(학제)는 국가의 교육목표를 실현하려는 제도적 장치로서의 학교교육을 단계별로 구분하고, 각 단계의 교육목적과 교육기간, 교육내용을 설정하고, 종적으로는 교육단계의 접속관계를, 횡적으로는 학교교육과 학교 외 교육 및 교육과정 간의 연결관계를 규정함으로써 국민교육의 운영을 제도적으로 규정하는 역할을 담당하는 것을 말한다.

② 학교제도(학제)의 구조 : 수직적 '계통성'과 수평적 '단계성'에 따라 구성된다.
  ㉠ 계통성 : '어떤 교육을 하는가, 또는 어떤 계층(혹은 성별이나 능력)의 취학자를 대상으로 하는가'를 나타낸다(예 보통교육계통, 직업교육계통, 특수교육계통, 서민교육계통, 귀족교육계통, 인문계 학교, 실업계 학교 등).
  ㉡ 단계성 : '어떤 연령층을 대상으로 하는가, 또는 어느 정도의 교육 단계인가'를 나타낸다(예 취학 전 교육, 초등교육, 중등교육, 고등교육).
  ㉢ 우리나라 : 기본적으로 단선형인 우리나라의 6-3-3-4제는 횡적으로 구분된 초등학교, 중학교, 고등학교, 대학교라는 4개의 단계가 하나의 계통을 이루고 있다.

⑵ **학제의 유형** - 역사적으로 복선형 → 분기형 → 단선형으로 발달 ⇨ 교육의 기회균등 원칙의 발달과 밀접
  ① 복선형(cast system)
    ㉠ 개념 : 상호 관련을 갖지 않는 두 가지 이상의 학교계통이 병존하는 학교제도로, 학제 간의 이동을 인정하지 않으며, 입학 자격에 제한을 두는 경향이 있음. 사회계층이나 신분에 따라 분리된 학제. 유럽에서 발달 ⇨ 후원적 이동과 관련(Turner) ⇨ 계통성 중시
    ㉡ 장점 : 학교교육을 통한 사회계층에 대한 계획적 통제 용이
    ㉢ 단점 : 계층사회의 고정화로 인한 사회적 분열 야기, 학교 간 이동 불가
  ② 단선형(ladder system)
    ㉠ 개념 : 하나의 학교계통을 가진 단일의 학교제도 ⇨ 보통교육과 민주교육의 실현에 적합한 학제. 개인의 능력을 중시한 학제. 미국에서 발달. 우리나라 학제(예 초등학교-중학교-고등학교-대학교) ⇨ 경쟁적 이동과 관련(Turner) ⇨ 단계성 중시
    ㉡ 장점 : 민주주의적 기회균등의 이념 구현
    ㉢ 단점 : 학교교육을 통한 사회계층에 대한 계획적 통제가 어려움
  ③ 분기형 : 복선형과 단선형의 중간적 형태 ⇨ 기초교육은 단선형, 중등교육 이상은 복선형(능력 중시)

구분	복선형 학제	단선형 학제
교육관	능력주의 교육관	평등주의 교육관
강조점	계통성(계급, 신분) ⇨ 계급형 학제(cast system), 비민주적 복선형	단계성(연령, 발달단계) ⇨ 계제형 학제(ladder system), 민주적 단선형
역사	유럽형 학제(예 영국, 프랑스)	미국형 학제(예 미국, 한국, 일본)
사회이동	후원적 이동	경쟁적 이동
장점	사회계층에 대한 교육의 계획적 통제가 용이, 사회직능에 부합되는 인간 양성	교육의 기회균등 보장(⇨ 민주주의 교육이념 구현), 일관된 교육정책 시행, 수평적 학교이동(전학)이 용이
단점	전학이 불가, 계급의식 조장, 사회분열 조장, 교육적 차별 인정(기회균등 이념 구현이 어려움), 비민주적인 제도	사회계층에 대한 교육의 계획적 통제가 불가능, 기술혁신적인 메커니즘에 적응하는 인간 양성이 어려움

02 교육자치제도 ^{92 중등, 07 영양, 08 중등}

① 교육자치제의 개념과 원리

(1) 교육자치제의 개념

① 지방분권의 원리에 따라 교육행정을 일반행정으로부터 분리·독립시켜 교육행정의 조직과 운영 면에서 교육의 자주성을 보장하는 제도

② 의결기관으로서의 교육위원회, 집행기관으로서의 교육감, 민주적 통제와 전문적 지도 사이에 조화와 균형을 추구

(2) 교육자치제의 원리

① **지방분권의 원리** : 교육정책의 결정과 중요시책의 집행에서 중앙집권을 지양하고, 각 지방자치단체로 권한을 분산하고 이양하는 것. 중앙의 획일적인 통제를 지양하고, 각 지역사회의 실정에 맞고 다양한 요구에 부합하는 교육행정을 실시하려는 것 ⇨ 단체자치의 원리 **예** 교육·학예에 관한 권한 및 책임이 **지방자치**에 있다.

② **주민(민중)통제의 원리** : 교육정책을 민의에 따라 결정하고 운영하는 것. 지역주민이 그들의 대표를 통하여 교육정책을 심의·의결하는 것 ⇨ 주민자치의 원리 **예** 교육감에 대한 주민소환제, 교육위원회 제도(폐지)

③ **자주성 존중의 원리** : 지방교육행정을 일반행정에서 분리·독립시키고 교육활동을 자주적으로 결정하고 실천할 수 있도록 보장하는 것 ⇨ 교육의 자주성·독립성·전문성 보장

    예 교육행정기구, 인사, 재정, 장학 등을 일반행정과 분리하여 자주적으로 운영

④ **전문적 관리(전문성)의 원리** : 지방교육행정조직에서 교육감을 비롯한 중요한 행정적 인사 시 교육 또는 교육행정의 전문성이 보장되어야 한다는 것. 교육의 전문적 역량을 가진 사람들이 교육행정을 운영해야 한다는 것

    예 교육감 후보자의 자격(교육경력 또는 교육행정 경력이 3년 이상이거나 양 경력을 합한 경력이 3년 이상)

    🔔 지방교육자치를 크게 '민주성의 원리'와 '전문성의 원리'로 두 가지로 나누면, 전자는 지방분권의 원리, 주민통제의 원리가 해당되며, 후자는 자주성 존중의 원리, 전문적 관리의 원리가 해당된다.

② 현행 지방교육자치제도

(1) 교육감

① 지위(제18조)

    ㉠ 시·도의 교육·학예에 관한 사무의 집행기관 ⇨ 독임제 집행기관

    ㉡ 교육·학예에 관한 소관 사무로 인한 소송이나 재산의 등기 등에 대하여 당해 시·도를 대표 ⇨ 대표권

② 국가행정사무의 위임(제19조) : 국가행정사무 중 시·도에 위임하여 시행하는 사무로서 교육·학예에 관한 사무는 교육감에게 위임하여 행한다.

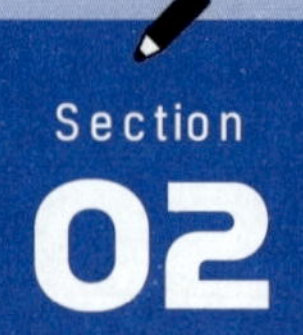

Section 02 장학행정

01 장학의 이해

1 장학의 개념

(1) 어원적 정의

① 전통적 장학

㉠ 어원 supervision = superior(위에서) + vision(보는 것) ⇨ oversight(감시, 감독, 시학)

㉡ 어원상 '우수한 사람이 위에서 바라본다.'는 감시, 감독, 시학의 의미로 사용

② 현대적 장학

㉠ service(봉사)로 변화 : 전문적 지식과 기술을 가지고 service하는 활동

㉡ 교사의 교수행위의 향상을 도모하기 위해 이루어지는 모든 활동

(2) 장학의 개념

① 장학의 개념은 적어도 두 가지의 중요한 요소를 포함하고 있다. 첫째, 장학을 어떤 관점에서 보든 궁극적으로 수업의 개선을 목적으로 한다는 점이며, 둘째, 그 대상이 교사라는 점이다.

② 이러한 요소를 고려하여 장학을 간단히 정의해 보면, '교수행위의 개선을 위해 교사에게 제공되는 장학담당자의 모든 노력'이라고 잠정적으로 말할 수 있다.

2 장학의 발전과정 01 초등, 05 중등, 09 초등

장학형태	시기	장학방법	교육행정 관련이론	사회적 분위기
관리장학	1750~1910 1910~1920 1920~1930	• 시학과 강제 • 과학적 장학 • 관료적 장학	과학적 관리론	공교육제도 확립, 분업, 기술적 전문화, 조직규율
협동장학	1930~1955	협동적 장학	인간관계론	• 진보주의 운동 • 교사중심 장학 • 자유방임적

수업장학	1955~1965 1965~1970	• 교육과정 개발 • 임상장학	행동과학론	• 스푸트니크 쇼크(1957) • 교육과정 개발 • 수업효과 증진
발달장학	1970~1980 1980~현재	• 경영으로서 장학 • 인간자원 장학 • 지도성으로서 장학	• 일반체제론 • 인간자원론	협동장학의 새로운 대안

02 장학의 유형

장학주체에 따른 장학	중앙장학(교육장학) ⇨ 지방장학(학무장학) ⇨ 지구별 자율장학 ⇨ 교내자율장학(수업장학)
장학방법에 따른 장학	동료장학, 자기장학, 전통적 장학(약식장학), 발전장학, 인간자원장학, 선택장학(차등장학)

1 교내장학 14 중등추시論, 22 중등論

(1) 임상장학(clinical supervision) – Cogan, Acheson 99 서울초보, 00 초등, 04 중등, 06 초등

① 개념

㉠ 임상장학은 교실수업에 초점을 둔 교사중심의 장학으로 교사의 수업기술 향상과 전문적 성장을 목적으로 한다.

㉡ 임상장학은 교실 내에서 교사와 장학담당자(예 장학사, 교장, 교감)가 1 : 1의 친밀한 관계 속에서 교사의 수업기술 향상과 계속적인 전문적 성장을 위하여 계획협의회, 수업관찰, 피드백협의회의 과정을 거치는 특별한 장학대안이다(주삼환 외).

㉢ 임상장학은 교사의 필요에 의하여, 교사의 요청에 의하여, 교사를 중심으로 이루어지는 장학이기 때문에 '교사중심 장학'이라고 할 수 있다(주삼환 외).

㉣ 임상장학은 종래의 장학과는 달리 교실의 수업에 한정하고, 수업 중에서도 교사가 문제점으로 삼는 부분에만 제한하여 조금씩 개선해 나가려고 한다는 점이 특징이다(주삼환 외).

② 목적

㉠ 교사의 교수기술 향상과 전문적 성장에 목적을 두고 있다.

㉡ 구체적으로 말하면, ⓐ 수업의 문제를 진단하고 해결하고, ⓑ 교사에게 수업상황에 대한 객관적 피드백을 제공해 주며, ⓒ 교사가 효과적인 수업전략을 수립할 수 있도록 도와주고, ⓓ (승진, 임기보장 등을 위한) 객관적인 교사평가 자료를 얻으며(우리나라에서는 이 항목은 적용하지 말도록 권고), ⓔ 계속적인 전문적 성장에 긍정적 태도를 갖도록 한다.

③ 특징

　㉠ **수업분석 중점** : 수업분석에 중점을 둔다. 임상장학은 교사의 교실수업에 초점을 맞추고, 교사가 문제로 삼는 수업의 문제를 분석하고 해결하고자 한다.

　㉡ **쌍방향 동료관계 지향** : 교사와 장학담당자 간의 관계는 상하관계보다는 쌍방적 동료관계를 지향한다. 장학담당자는 교사와 사전에 수업계획에 대해 충분히 협의한 후 수업을 관찰·분석·평가하며 이에 기초하여 교수활동을 개선하고자 한다.

　㉢ **친밀한 인간관계 강조** : 교사와 장학담당자 간의 친밀한 인간관계를 강조한다. 임상장학은 교사의 필요와 요청에 의해서 이루어지는 만큼 1:1의 친밀한 인간관계 속에서 진행된다.

　㉣ **자발적 노력 강조** : 교사의 자발적 노력을 강조한다. 임상장학은 교사가 수업을 개선하겠다는 적극적인 의지를 가지고 있어야 효과적이다.

④ 단계(절차)

　🔔 Cogan은 8단계를 제시하면서 추가, 삭제 등 수정할 수 있다고 했으며, 그 후 많은 사람들에 의해 ① 관찰 전 협의회, ② 수업관찰, ③ 분석과 전략, ④ 관찰 후 협의회, ⑤ 관찰 후 협의회 분석의 5단계로 압축하였다. 이것을 더 압축한 것이 ① 계획협의회, ② 수업관찰, ③ 피드백협의회의 3단계다.

　㉠ **계획협의회(1단계)**

　　ⓐ **개관** : 교사와 장학사가 사전에 친밀한 인간관계를 형성하고 임상장학을 위한 구체적인 계획을 공동으로 수립하는 단계 ⇨ 수업에 대한 교사의 관심을 확인하고, 교사의 관심을 관찰 가능한 행동으로 바꾸고, 관찰도구와 관찰행동을 결정하는 단계

　　ⓑ **주요 활동** : 수업자(교사)와 장학사 간의 인간관계 수립을 위한 대화, 수업자에게 임상장학의 필요성·특성·장학의 이점에 관해 이해시키기, 임상장학의 효율적 수행을 위한 역할분담, 함께 수업을 계획·검토와 확정, 임상장학을 위한 약정(約定) 체결

　㉡ **수업관찰(2단계)**

　　ⓐ **개관** : 계획협의회에서 약속한 대로 장학담당자가 학급을 방문하여 실제수업을 관찰하고 객관적인 자료를 수집하는 단계 ㉲ 플랜더스(Flanders)의 수업형태 분석법(언어 상호작용 분석기법)

　　ⓑ **주요 활동** : 임상장학협의회를 위해 필요한 정보와 자료수집, 수업의 관찰과 관찰내용의 기록

　㉢ **피드백협의회(3단계)**

　　ⓐ **개관** : 수집된 자료를 놓고 협의하여 수업개선과 수업기술 향상의 전략을 모색하는 단계

　　ⓑ **주요 활동** : 수업자의 수업결과에 의하여 분석된 자료의 제시, 문제점이나 우수한 점을 토의, 수업자에게 보상을 통한 강화 제공, 장학사의 장학방법에 관한 반성, 자기의 임상장학을 위한 협의

　　ⓒ **피드백협의회 형태**

자료 제시 (display)	관찰자는 관찰 중에 기록된 자료를 평가적 논평 없이 보여 준다.
분석 (analyze)	교사는 자료를 증거로 하여 수업 중에 일어난 것을 분석한다.

해석 (interpret)	장학담당자의 도움으로 교사는 관찰자료에 의하여 나타난 대로 교사와 학생의 행동을 해석한다.
대안 결정 (decide)	장학담당자의 도움을 받으며 교사는 관찰한 교수에 불만족한 점을 주의하고, 보다 만족한 측면을 강조하기 위하여 미래에 대한 예언적 접근을 한다.
교사의 대안과 전략 강화 (reinforce)	만일 교사의 변화에 대한 의도에 대하여 장학담당자와 교사 사이에 의견의 불일치가 있다면 교사로 하여금 그 의도를 수정할 수 있도록 도와주고, 그 의도에 장학담당자가 의견을 같이 한다면 변화에 대한 교사의 의도를 장학담당자는 강화한다.

⑤ 임상장학의 유의점

　㉠ 교사 평가 지양 : 교사에 대한 평가를 지양하고, 교사와 상호 신뢰하며 동료적인 인간관계가 형성되었을 때 그 효과를 높일 수 있다.

　㉡ 임상장학의 필요성 이해 : 교사는 자신의 전문성 향상을 위해 임상장학이 꼭 필요한 것이라는 점을 이해한다.

　㉢ 객관적인 자료 제공 : 임상장학에서는 수업을 관찰하여 그 자료를 정확하고 객관적으로 제공하는 일이 중요하다.

　㉣ 상호 대등한 관계 형성 : 행정 중심에서 교육과정이나 수업 중심으로, 공문에 의한 지시 중심에서 현장 중심으로, 상하관계에서 대등한 관계로, 가르치고 배우는 자 중심에서 상호 대등한 방향으로 나아가야 한다.

Plus

마이크로티칭(micro-teaching) − 소규모 수업

1. **개념**
　① 학생 수, 수업시간, 수업내용이나 수업기술 등을 모두 축소한 축소된 연습수업 ⇨ 임상장학의 축소 형태
　② 학생을 3~10명, 시간을 7~20분 정도로 축소하고, 간단한 내용을 가지고 한두 가지 수업기술의 향상에 초점을 둔 축소된 연습수업

2. **절차** : 수업(교수) → 평가(분석) → 재수업(재교수)
　① 계획 → 교수 → 관찰 → 비평 → 재계획 → 재교수 → 재관찰 → 재비평의 과정을 반복·훈련
　② 계획을 세워 수업을 하고, 이를 녹화하여 되돌려 보면서 비평하고, 이 비평에 따라 재계획을 세워 수업하고 다시 녹화하여 재비평하는 식으로 반복하면서 수업기술을 향상시키는 장학방법
　③ 즉, 수업(교수) → 평가(분석) → 재수업(재교수)의 과정을 반복하면서 교사의 수업기술을 향상하고자 함

3. **장점**
　① 비교적 편안한 환경 속에서 새로운 기법과 절차를 연습할 수 있다.
　② 특정 주제의 수업에 대해 새로운 접근 방법을 시도할 수 있다.
　③ 비디오 분석을 통해 수업결과에 대한 즉각적 피드백이 가능하다.
　④ 자신의 수업에 대한 자기평가 및 타인 평가가 가능하다.
　⑤ 수업운영에 대한 자기장학과 동료장학에 효과적이다.

4. **단점**
　① 마이크로 교수에 포함되는 기술들은 합리적인 방식으로 선택되기보다는 무작위의 방식으로 선택될 수 있다.
　② 마이크로 교수는 행동주의를 기반으로 하는 실험연구로 실제 교수 상황과는 다소 차이가 있을 수 있다.
　③ 소규모 수업 그 자체는 뚜렷한 목적이나 목표를 가지고 있지 않다.

(2) 동료장학(peer supervision) 07 초등, 18 중등論

① **개념** : 교사의 수업 개선과 전문적 성장을 위해 둘 이상의 교사가 서로 협동하는 장학의 형태이다.

② **동료장학의 형태(모형)**

　㉠ **수업연구 중심 동료장학** : ⓐ 동료 교사들이 수업과 관련된 연구과제를 공동으로 선정하고 공개수업을 통해 문제점을 개선하거나, ⓑ 경력교사와 초임교사가 짝을 이루어 상호 간에 수업을 공개·관찰하고 의견을 교환하여 수업방법의 개선을 도모하는 형태 **예** 멘토링 장학, 팀티칭 등

　㉡ **협의 중심 동료장학** : ⓐ 동료 교사들 간에 특정 주제에 관해 (공식적이거나 비공식적인) 일련의 협의를 통하여 서로 경험, 정보, 아이디어, 도움, 충고, 조언 등을 교환하거나, ⓑ 공동 관심사나 공동 과제를 서로 협의하는 형태 **예** 동학년 협의회, 동교과 협의회, 동부서 협의회 등

　㉢ **연수 중심 동료장학** : ⓐ 각종 자체 연수를 계획, 추진, 평가할 때 공동연구자로서 서로 경험, 정보, 아이디어를 교환하거나, ⓑ 때로는 강사나 자원인사로서 공동으로 협력하는 형태

③ **방법**

　㉠ **동학년 또는 동교과 교사끼리** : 초등학교에서는 같은 학년의 교사끼리, 중등학교에서는 같은 교과의 교사끼리 수업기술 향상을 위해 협동하게 할 수 있다.

　㉡ **유능한 교사와 초임교사가 짝을 이루어** : 경험 있는 유능한 교사와 초임교사가 짝을 이루어 장학의 기능을 하게 할 수도 있다(멘토링 장학).

　㉢ **관심 분야가 같은 교사끼리** : 비슷한 문제와 관심을 갖고 있는 교사끼리 팀을 구성하여 협동적으로 문제를 해결하게 하는 방안도 있다.

④ **특징**

　㉠ 교사들의 자율성과 협동성을 기초로 한다.

　㉡ 동료적 관계 속에서 교사들 간에 서로 가르치고 배우는 활동이다.

　㉢ 학교의 형편이나 교사들의 필요와 요구에 기초하여 다양하고 융통성 있게 운영된다.

　㉣ 교사들의 전문적 발달뿐만 아니라 개인적 발달, 학교의 조직적 발달까지 도모할 수 있다.

⑤ **장점(윤정일 외)**

　㉠ **이용의 편리성** : 엄격한 장학훈련이나 철저한 협의회의 절차를 거치지 않아도 되기 때문에 교사들이 이용하기 편리하다.

　㉡ **자유로운 의사교환과 피드백 가능** : 다른 장학에 비해 계층적 거리감이 적고 동료의식이 강하게 지배하기 때문에 자유로운 의사교환과 피드백이 가능하다.

　㉢ **동료관계 증진 및 교사의 전문적 성장** : 적극적인 동료관계를 증진할 수 있고, 이를 토대로 학생 교육에 대한 교사의 적극적인 자세와 전문적 성장을 도모할 수 있다.

　㉣ **수업 개선 및 학교교육의 개선** : 동료교사끼리 수업 전략을 설계하고 실천해 봄으로써 수업 개선에 크게 기여할 수 있고, 이는 결국 학교교육의 개선에도 긍정적인 효과를 가져올 수 있다.

　㉤ **학교의 인적 자원을 최대한 활용** : 수업 개선을 위해 교사들이 공동으로 노력하도록 함으로써 장학활동을 위해 학교의 인적 자원을 최대한 활용할 수 있다.

ⓑ 자신감 및 동기 유발 : 교사들의 일에 대한 자신감 및 동기 유발 등을 증가시키는 데 기여할 수 있다.

(3) 자기장학(self-directed supervision)

① 개념
　　⊙ 교사 자신의 전문적 성장을 위해 스스로 계획을 세우고 실천해 나가는 자율장학을 말한다. ⇨ 가장 이상적인 장학 형태
　　ⓒ 자기 수업의 녹음·녹화, 학생의 의견조사, 전문서적 탐독, 대학원 진학이나 각종 세미나 참여, 전문인사의 자문과 조언 등을 활용할 수 있다.

② 특징
　　⊙ 교사 자신이 스스로 계획을 세워 실천하며, 그 결과에 대하여 자기반성을 하는 활동이다.
　　ⓒ 제반 전문적인 영역에서의 교사 자신의 성장과 발달을 도모한다.
　　ⓒ 교사 자신의 자율성과 자기발전의 의지 및 능력을 기초로 한다.
　　ⓔ 장학사나 교장은 자원인사로 봉사해 주고 교사 자신이 자기 경험에 의해 개발·실천한다. ⇨ 자기실현의 욕구가 강한 경험 있고 능력 있는 교사들로 하여금 선택하게 하면 효과적이다.

③ 방법
　　⊙ **자기 수업의 분석 및 자기평가** : 자기 수업을 녹음 또는 녹화하여 이를 스스로 분석하고 평가한다.
　　ⓒ **학생을 통한 수업 반성** : 자신의 수업이나 생활지도, 특별활동지도, 학급경영 등과 관련하여 학생들과의 면담이나 학생들을 대상으로 한 의견조사를 실시한다.
　　ⓒ **전문서적 및 자료 탐독** : 교직활동 전반에 관련된 전문서적이나 전문자료를 탐독하거나 활용한다.
　　ⓔ **대학원 등의 수강** : 관련 영역에서 대학원 과정, 방송대학 과정 등의 수강을 통해 자기발전을 도모한다.
　　ⓜ **전문기관과 전문가 방문 및 상담** : 교직 전문단체, 연구기관, 학술단체 등 전문기관을 방문하거나 전문가와의 면담을 통해 자기발전의 자료나 정보를 수집한다.

(4) **약식장학**(일상장학, 전통적 장학) 98 중등, 05 초등, 07 중등

① 개념
　　⊙ 교장이나 교감이 잠깐(5~10분) 교실에 들러 교사의 수업 및 학급경영활동을 관찰하고, 이에 대해 지도·조언하는 활동을 말한다.
　　ⓒ 교장은 정기적으로 교내를 순회하고, 몇 분 동안 교실 방문을 위해서 머무르고, 중요하고 의미 있는 노트를 하고, 교사에게 적절한 피드백(⑩ 간단한 충고나 느낌을 메모하여 제시)을 제공해 준다.

② 특징
　　⊙ 원칙적으로 학교 행정가인 교장이나 교감의 계획과 주도하에 전개된다.
　　ⓒ 간헐적이고 짧은 시간 동안의 학급순시나 수업참관을 중심 활동으로 한다.
　　ⓒ 다른 장학 형태에 대하여 보완적이고 대안적인 성격을 갖는다.

③ 유의점

　　㉠ 공개적이어야 하며 학교행정가인 교장이나 교감이 담당한다.

　　㉡ 계획적으로 정해진 일정에 의해 이루어져야 한다.

　　㉢ 학습 중심적이어야 한다. 즉, 교수(teaching)가 어떻게 학습을 촉진 또는 방해했는지 등에 초점을 두어야 한다.

　　㉣ 교사와 행정가의 상호작용이 잘 이루어질 때 가장 효과적이다.

④ 의의

　　㉠ 미리 준비한 수업활동이나 학급경영활동이 아닌 평상시의 자연스러운 수업활동이나 학급경영활동을 관찰할 수 있다.

　　㉡ 교장이나 교감은 학교교육, 학교경영, 그리고 학교풍토 등 전 영역에 걸쳐 학교를 전체적으로 파악하는 데 필요한 정보를 수집할 수 있다. 그러나 교사들은 약식장학에 대한 거부반응을 보인다.

　　㉢ 교장이나 교감이 교사들의 수업활동과 학급경영활동을 포함하여 학교교육 및 경영의 전반에 관련하여 이의 개선을 위한 적극적인 의지와 노력을 보일 수 있다.

❷ 컨설팅 장학 08 초등, 12 초등

(1) 개념

① 학교교육의 개선을 개선하기 위해서 일정한 전문성을 갖춘 사람들이 학교와 학교구성원의 요청에 따라 제공하는 독립적인 자문활동을 의미한다(윤정일 외).

② 교원의 자발적 의뢰를 바탕으로 교수·학습과 관련된 전문성을 계발하기 위해 교내·외의 전문성을 갖춘 사람들이 제공하는 조언활동을 의미한다(진동섭 외).

③ 최근 학교현장에서는 수석교사의 수업컨설팅 장학, 그리고 교육과정, 생활지도, 학교폭력 예방 및 대책, 연구학교 운영 등 특정 영역별로 교육청이 학교와 전문 컨설턴트를 중개한 컨설팅 장학, 교육청 내부 자원을 활용한 컨설팅 장학, 외부 전문가를 컨설턴트로 위촉하는 등 교육활동 개선을 위한 노력을 하고 있다.

(2) 기본원리

전문성의 원리	컨설팅은 학교경영과 교육에 대해 전문성(전문적 지식과 기술체계)을 갖춘 사람에 의해 이루어져야 한다.
자발성의 원리	컨설팅은 의뢰인의 자발적인 요청에 기초해야 한다. 의뢰인(학교장이나 교사)이 자발적으로 컨설턴트의 도움을 요청해야 한다.
자문성의 원리	컨설팅은 본질적으로 자문활동이어야 한다. 즉, 컨설턴트가 의뢰인을 대신해서 교육을 담당하거나 학교를 경영하는 것이 아니며, 그 컨설팅 결과에 대한 모든 책임은 원칙적으로 의뢰인에게 있다.
독립성의 원리	컨설턴트와 의뢰인의 관계는 상호 독립적이어야 하며, 상하관계나 종속관계에 있어서는 안 된다. 독립된 개체로서 서로 인정하고 도와주는 역할수행이 이루어져야 한다. 독립성의 측면에서 보면 학교조직의 내부인보다는 외부인이 컨설턴트로 활동하는 데 좋은 위치에 있다.

일시성의 원리	의뢰인과 컨설턴트와의 관계는 특정 과제해결을 위한 일시적인 관계여야 한다. 일단 의뢰한 문제가 해결되면 컨설팅 관계는 종료되어야 한다.
교육성의 원리	컨설턴트는 의뢰인을 대상으로 문제해결에 필요한 정보를 제공하고 교육이나 훈련을 실시해야 한다.

(3) 컨설팅 장학의 과업

컨설팅 장학의 과업은 의뢰 교사의 문제에 대한 정확한 진단, 의뢰 교사의 문제를 해결할 수 있는 방안의 구안과 방안 실행에 필요한 직·간접적인 지원, 의뢰 교사를 대상으로 한 교육이나 훈련 실시, 컨설팅 장학 우수 사례의 발굴 및 비슷한 어려움에 처한 교사들에 대한 문제해결 사례와 정보 제공 등이다(진동섭 외).

(4) 기대효과

① 학교 현장의 문제해결을 직접 지원하는 장학 행정이 정착될 수 있다.
② 단위 학교의 필요와 요구에 기초한 맞춤 장학을 실현할 수 있다.
③ 장학 요원의 저변 확대 및 우수 교육 활동의 일반화에 기여한다.

③ 기타 장학

(1) 인간자원장학 – 서지오바니(Sergiovanni)와 스타래트(Starratt) 01 초등, 09 초등

개념 쏙쏙

인간관계론적 장학과 인간자원론적 장학의 차이점

1. **인간관계론적 장학(사회적 인간관/도구적 인간관)** : 의사결정 과정에 교사들이 참여 → 교사들의 직무만족도 향상 → 학교교육의 효과성 증대

2. **인간자원론적 장학(자아실현적 인간관/목적적 인간관)** : 의사결정 과정에 교사들이 참여 → 학교교육의 효과성 증대 → 교사들의 직무만족도 향상

① **개념** : 교사들을 학교의 의사결정 과정에 참여시켜 학교의 효과성을 증대시키고 이를 통해 교사의 직무만족을 높이려는 장학이다. 교사의 자발적 참여를 통해 학교 효과성과 교사 직무만족의 증대를 동시에 이끌어내는 장학이다.

② **특징**
　㉠ 교사 개인의 욕구와 학교목적 및 과업을 통합하는 데 중점을 둔다. ⇨ 기대이론과 유사
　㉡ 교사의 직무만족의 중요성을 강조한다. 교사의 직무만족을 교사가 일하게 되는 바람직한 목적으로 본다. 직무만족은 중요하고 의미 있는 일을 성공적으로 성취함으로써 생기며, 이러한 성취는 학교효과성의 중요 구성요소이다.
　㉢ 교사는 학교효과성을 증대시킬 잠재 가능성을 가진 존재이다. ⇨ Y이론에 근거
　㉣ 교사는 잠재 가능성을 개발하려고 노력한다.

　　　ⓜ 대다수의 교사는 주어진 직무 이상으로 책임감을 발휘할 수 있다.

　　　ⓗ 학교경영자의 기본 과제는 교사들이 학교의 목표달성에 능력을 최대한 발휘할 수 있는 환경을 조성하는 일이다.

　③ **절차** : 장학 → 교사의 능력향상 → 학생의 능력향상 → 인간자본 형성

⑵ 선택장학(차등장학, 절충적 장학)

　① **개념** : 교사가 여러 장학 대안 중에서 자신에게 맞는 장학방법을 선택하게 하는 장학을 말한다.

　② **방법** : 장학의 선택대안으로는 임상장학, 동료장학, 자기장학, 약식장학 등 학교나 교육청의 사정과 형편에 따라 늘릴 수도 있고 줄일 수도 있다.

　③ **선정기준** : 교사의 희망에 따르지만 적절한 대상의 선정기준은 다음과 같다.

장학 유형	적용 대상 교사	
	글래트혼(Glatthorn)	카츠(Katz)
임상장학	초임교사 및 경험이 있는 교사들 중 특별한 문제를 안고 있는 교사	초임교사(생존기 : 처음 3년 계속, 그 후 3년마다), 경력교사(갱신기 : 3년마다)
동료장학	모든 교사들	높은 동료의식을 가지고 있는 경험 있고 유능한 교사 (정착기)
자기장학	경험 있고 능숙하며 자기분석 및 지도능력을 지닌 개인적 성향의 교사	혼자 일하기를 좋아하는 경험 있고 유능한 교사(성숙기)
약식장학	모든 교사들 또는 다른 장학방법을 원하지 않는 교사들	모든 단계의 교사 또는 위 장학 유형을 선택하지 않는 교사

⑶ 발달장학

　① **개념** : 교사의 발전 정도에 따라 장학방법을 달리 적용하여 교사의 발전 수준을 높여 나가는 장학이다.

　② **방법** : 낮은 수준의 교사에게는 지시적 장학을 적용하고, 중간 수준의 교사에게는 협동적 장학을 적용하고, 높은 수준의 교사에게는 비지시적 장학을 적용한다. 물론 교사의 참여 정도도 차차 높아진다. 이렇게 차등적인 장학으로 교사의 발전 정도, 참여 정도를 높여 나간다는 의미에서 발달장학이라는 말이 나왔다.

⑷ 책임장학

　① **개념** : 교사가 무엇을 하느냐에 관심을 갖는 것이 아니라 학생이 무엇을 배우느냐에 관심을 갖는 장학 ⇨ 학생의 학습, 즉 학업성취도에 중점을 두는 장학이다. 책임적(accountable) 접근을 사용하는 장학사는 주어진 학습에서 어떤 학습목표를 강조할 것인가를 교사가 스스로 결정하도록 도와줌으로써 장학을 시작한다(McNeil).

　② **방법** : 장학사와 교사는 학습을 어떻게 평가할 것인가에 대하여 계획협의회에서 합의·결정한다. 그런 다음 장학사가 교실을 방문할 때 장학사는 주로 학생이 의도한 목적을 달성하였는지 알아보기 위한 관찰을 한다. 그리고 교수방법의 문제는 학생의 성취도를 고려한다.

Section 03 인사행정

01 교육인사행정의 이해

1 교원인사행정의 개념과 원리

(1) 교원인사행정의 개념

① 교원인사행정은 교육조직의 목적을 효과적으로 달성하는 데 필요한 유능한 교육직원의 채용과 그들의 계속적인 능력개발 및 사기앙양을 도모하는 일련의 과정이다.

② 채용과정에는 인력계획, 모집, 시험, 임용 등이 포함되며, 능력개발에는 현직교육, 근무성적평정, 승진 및 전직·전보 등이 포함되며, 사기에는 보수 및 근무환경을 포함하는 물리적 조건과 사회심리적 요인이 포함된다.

(2) 교원인사행정의 원리

① **전문성 확립의 원리** : 교직은 교육에 관한 자율성과 사회적 책임을 질 수 있는 전문성을 필요로 한다.

② **실적주의와 연공주의와의 적정 배합의 원리** : 교직은 직무수행능력과 업적 등을 중시하는 실적주의와 근무연수, 경력 등 오래 근무한 연공(서열)주의가 적정하게 강조되어야 한다.

③ **공정성 유지의 원리** : 학교급별, 지역 등의 이유로 인해 차등을 받지 않으며, 누구나 능력에 따라 동등한 기회가 부여되어야 한다.

④ **적재적소 배치의 원리** : 구성원의 능력과 적성, 흥미에 맞게 배치함으로써 구성원의 직무만족과 사기를 높여야 한다.

⑤ **적정수급의 원리** : 교원의 수요와 공급을 적정하게 조절하여야 한다.

❷ 교직원의 임용

(1) 교원의 자격(초·중등교육법 제21조, 고등교육법 제14조)

① 각급 학교에서 원아 및 학생을 직접 지도하는 자로서 국·공·사립학교에 근무하는 자

② 사설강습소는 각급 학교에서 제외되며, 각급 학교의 일반 사무직원 및 노무 종사자도 제외된다.

③ 유치원의 원장·원감, 초·중등학교의 교장·교감, 대학의 총장·부총장·학장, 교수, 부교수, 조교수, 각급 학교의 시간강사도 교원에 포함된다.

④ 교사의 자격은 대통령령으로 정하는 바에 따라 교육부 장관이 검정·수여하는 자격증을 받은 사람이어야 한다(「초·중등교육법」 제21조, 「유아교육법」 제22조).

　　㉠ 교사의 자격은 정교사(1급, 2급), 준교사, 전문상담교사(1급, 2급), 사서교사(1급, 2급), 실기교사, 보건교사(1급, 2급) 및 영양교사(1급, 2급)로 나눈다.

　　㉡ 수석교사는 위의 자격증을 소지한 사람으로서 15년 이상의 교육경력(교육전문직원으로 근무한 경력을 포함한다)을 가지고 교수·연구에 우수한 자질과 능력을 가진 사람 중에서 대통령령으로 정하는 바에 따라 교육부장관이 연수 이수 결과를 바탕으로 검정·수여하는 자격증을 받은 사람이어야 한다.

> 1. 수석교사는 교육부장관이 임용한다.
> 2. 수석교사는 최초로 임용된 때부터 4년마다 대통령령으로 정하는 업적평가 및 연수실적 등을 반영한 재심사를 받아야 하며, 심사기준을 충족하지 못한 경우 대통령령으로 정하는 바에 따라 수석교사로서의 직무 및 수당 등을 제한할 수 있다.
> 3. 수석교사는 대통령령으로 정하는 바에 따라 수업부담 경감, 수당 지급 등에 대하여 우대할 수 있다.
> 4. 수석교사는 임기 중에 교장·원장 또는 교감·원감 자격을 취득할 수 없다.
> 5. 수석교사의 운영 등 그 밖에 필요한 사항은 대통령령으로 정한다.
> － 「교육공무원법」 제29조의4(수석교사의 임용 등)

　　㉢ 유치원 교사는 2년제와 4년제, 보건교사는 3년제와 4년제로 양성한다.

　　㉣ 학교는 교육과정 운영상 필요한 경우 산학 겸임 교사, 명예교사 또는 강사를 둘 수 있다(자격증 ×, 「초·중등교육법」 제22조).

(2) 임용

① 용어 정의

　　㉠ '임용'이라 함은 신규채용, 승진, 승급, 전직, 전보, 겸임, 파견, 강임, 휴직, 직위해제, 정직, 복직, 면직, 해임 및 파면을 말한다.

　　㉡ '직위'라 함은 1인의 교육공무원에게 부여할 수 있는 직무와 책임을 말한다.

　　㉢ '직급'이라 함은 직무의 종류, 곤란성과 책임도가 상당히 유사한 직위의 군을 말한다.

　　㉣ '직렬'이라 함은 직무의 종류가 유사하고 그 책임과 곤란성의 정도가 상이한 직급의 군을 말한다.

② 임용의 유형 10 중등, 12 초등

유형	의미	이동 유형	특징
승진	• 동일직렬 내에서의 직위상승 ⇨ 승진 + 승급 • 경쟁시험 전형(공개시험이나 근무평정) • 교사 → 교감, 장학사 → 장학관, 연구사 → 연구관 • 연공서열주의(경력)와 능력주의(능력) 절충	수직적 이동 (상승이동)	• 권한과 책임 증대 • 위신 상승, 보수 증가
승급	• 동일직급 내에서의 호봉상승 • 일정기간(매1년) 경과 후 자동 상승	수직적 이동 (상승이동)	매월 1일 ⇨ 정기승급일
강임	동일직렬 내에서 바로 하위직위에 임용	수직적 이동 (하강이동)	직위폐직, 본인동의 경우
전직	• 종별과 자격 또는 직렬을 달리하는 임용 • 교사 ↔ 장학사, 초등교사 ↔ 중등교사	수평적 이동	교원인사 적체 해소
전보	• 동일직위 내에서 근무지 이동 • 보직변경(직렬의 변화 ×) • A학교 교사 ↔ B학교 교사 • 초등학교 영양교사 ↔ 중학교 영양교사	수평적 이동	• 순환근무제 • 보직교사는 전보시 보직겸임을 면(免)함

02 교원의 능력개발

1 교원능력개발평가

(1) **개념** － 「교원 등의 연수에 관한 규정(대통령령)」

① 학교 교원의 능력을 진단하여 지속적인 능력 개발 지원을 목적으로 실시하는 평가이다.

② 교원능력개발평가는 교원 상호 간의 평가 및 학생·학부모의 만족도 조사 등의 방법으로 한다.

(2) **평가원칙**

교육부장관 및 교육감은 다음 각 호의 원칙에 따라 교원능력개발평가를 하여야 한다(제19조).

① 평가대상 및 평가참여자의 범위는 평가의 공정성 및 신뢰성이 확보될 수 있도록 기준을 정할 것

② 평가방법은 계량화할 수 있는 측정방법과 서술형 평가방법 등을 함께 사용하여 평가의 객관성 및 타당성을 확보할 것

③ 평가에 참여하는 교원, 학생 및 학부모의 익명성을 보장할 것

④ 평가에 관한 학교의 자율성을 최대한 보장할 것

(3) 평가항목

교원능력개발평가는 평가대상 교원에 따라 다음 각 호의 구분에 따른 항목을 평가한다(제20조).

① 교장, 원장, 교감 및 원감 : 학교 경영에 관한 능력

② 수석교사 : 학습지도 및 생활지도 등에 관한 능력과 교사의 교수ㆍ연구 활동 지원 능력

③ 교사 : 학습지도 및 생활지도 등에 관한 능력

(4) 평가 결과의 통보 및 활용(제21조)

① 교육부장관 및 교육감은 교원능력개발평가를 하였을 때에는 그 평가 결과를 해당 교원과 해당 교원(학교의 장은 제외한다)이 근무하는 학교의 장에게 통보하여야 한다.

② 교육부장관, 교육감 및 학교의 장은 교원능력개발평가의 결과를 직무연수 대상자의 선정, 각종 연수프로그램의 개발 및 제공, 연수비의 지원 등에 활용할 수 있다.

2 학습연구년제 12 초등

(1) 개관

① 개념 : 학습연구년제란 교원들의 전문성을 향상시키기 위하여 1년 동안 학교현장 업무부담에서 벗어나 소속 학교 외에서 연구활동을 할 수 있도록 지원하는 특별연수 제도이다.

② 자격 : 교원능력개발평가 결과 우수교사

③ 법적 근거 : 「교육공무원법」 제40조 제1항, 「교원 등의 연수에 관한 규정」 제13조 제2항

> 교육부장관 또는 교육감은 교원 스스로 수립한 학습ㆍ연구계획에 따라 전문성을 계발(啓發)하기 위한 특별연수로서 교육부장관이 정하는 특별연수의 대상자를 선발할 때에는 제1항의 요건을 갖추고 제18조에 따른 교원능력개발평가 결과가 우수한 사람 중에서 선발하여야 한다.
>
> — 「교원 등의 연수에 관한 규정」 제13조 제2항

(2) 목적

① 교원능력개발평가 결과 우수교사에 대한 인센티브 제공으로(보상기제로) 교원의 전문성 신장 기회 제공

② 우수교원의 학습욕구를 지원하여 전문성 심화 및 재충전을 통해 교직에 대한 자긍심 제고 및 학교교육 발전에 공헌

(3) 기본방향

① 교원능력개발평가 결과 우수자에 대한 보상기제로 학습연구년을 부여하고, 지속적 전문성 신장을 위해 다양한 활동에 참여기회 제공

② 학습연구년 기회 제공을 통한 재충전과 교직에 대한 자긍심 제고

⑷ 기대효과

① **교원의 전문성 제고** : 교원능력개발평가 시행에 따른 합리적 보상기제를 마련하고, 다양한 연구활동을 지원함으로써 교원의 전문성을 제고

② **교직사회의 학습화 촉진** : 교직사회의 전문적 지식 축적 및 실천적 연구 결과의 공유를 통해 궁극적으로 교직사회의 학습화 촉진

③ **교원의 사기 진작** : 교원의 전문직으로서 자부심 제고, 자기계발 및 재충전으로 교직에 대한 헌신 유도 및 교원의 사기 진작

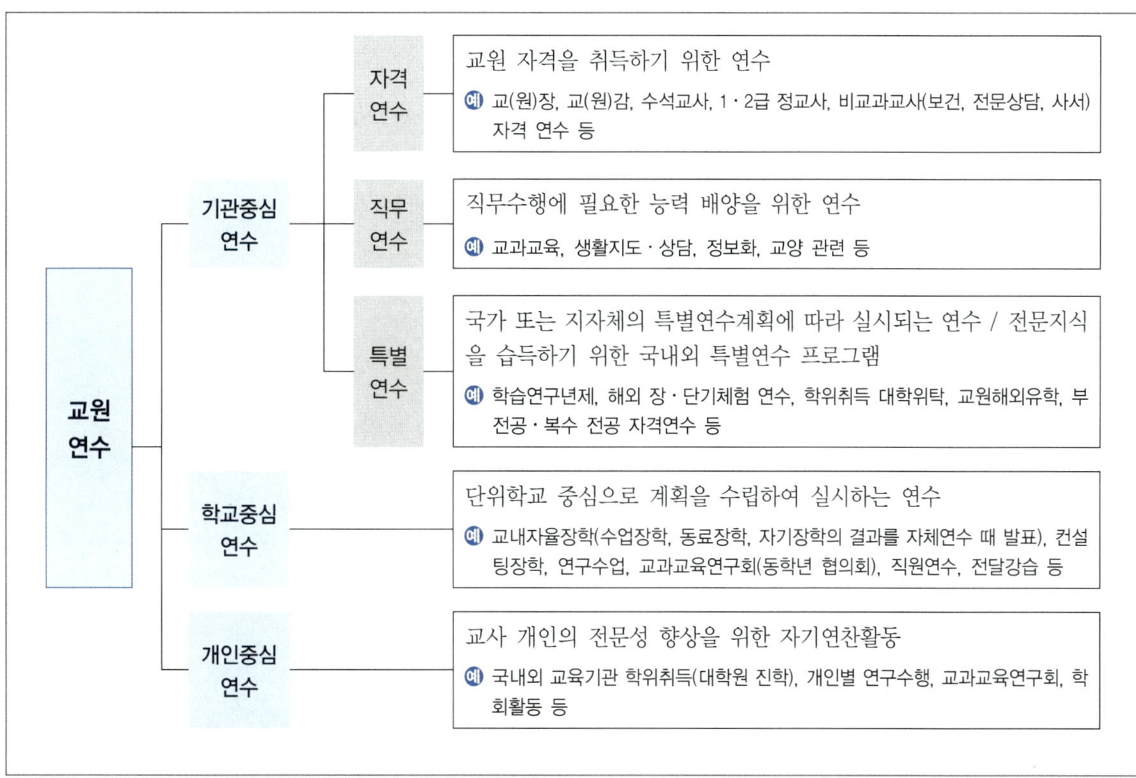

☑ **교원 연수** 22 중등論, 26 중등論

재무행정

01 교육재정

❶ 교육재정의 이해

(1) 개관

① **개념** : 교육재정은 교육에 필요한 재원을 공권력에 의해 조달하고 그것을 합목적적으로 관리·사용하는 경제행위를 말한다.

② **공경제활동** : 공공의 경제활동(정부, 지자체, 학교) ↔ 사경제활동(기업, 가계의 경제활동)

③ **교육재정의 주체** : 국가(정부), 공공단체(지방자치단체, 학교)

(2) 교육재정의 성격

① **공공성** : 국민 전체의 공공복지를 도모하는 공경제 활동이다.

② **강제성** : 정부가 공권력을 동원하여 강제적 수단으로 수입을 도모한다.

③ **수단성** : 교육활동의 지원을 목적으로 하는 수단이다.

④ **양출제입(量出制入)의 원칙** : 필요한 경비(지출)를 먼저 산출한 후 수입을 확보한다.

　🔔 학교회계는 양입제출(量入制出)의 원리이다.

⑤ **비긴급성과 장기효과성** : 교육의 효과(결과)가 장기간을 두고 나타나므로 교육재정은 긴급한 것이 아니다.

⑥ **효과의 비실측성** : 교육재정의 투자에 대한 효과를 측정하기가 어렵다.

⑦ **팽창성** : 교육경비는 계속적으로 팽창한다.

② 교육재정의 운영원리 02 중등, 05 중등, 13 중등

교육재정의 운영은 재정의 '확보 → 배분 → 지출 → 평가'의 과정으로 이루어진다. 확보, 배분, 지출, 평가의 각 단계에는 중요하게 요구되는 원리가 있다.

확보 단계	충족성 13 중등	교육활동을 운영하는 데 필요한 재원이 충분히 확보되어야 한다. ⇨ 가장 먼저 달성해야 할 원리로 '적정 교육재정 확보의 원리'라고도 불림
	자구성	지방교육 자치를 구현하기 위해 중앙정부의 지원금 외에 필요한 추가경비를 확보하기 위한 지방자치단체의 스스로의 노력이 필요하다. ⇨ 지방자치단체가 필요한 재원을 스스로 확보할 수 있도록 제도적 장치가 마련되어야 한다.
	안정성	교육활동의 장기적인 일관성·영속성을 유지하기 위하여 안정적인 재원이 확보되어야 한다.
배분 단계	효율성 13 중등	최소한의 재정으로 최대한의 교육효과(교육성과)를 이루어야 한다. 예 투자의 우선순위, 학교교육비의 기능별 배분의 적정성, 규모의 경제
	균형성 (평등성)	경비의 배분에 있어서 개인 간·지역 간 균형을 이루어야 한다. ⇨ 동등한 것은 동등하게 처리
	공정성 (공평성) 02 중등	특정 기준에 의해 교육재정 배분에 있어서 차이가 나는 것은 정당하다. ⇨ 다른 것은 다르게 처리 ⇨ 학생의 개인차(능력), 교육환경의 차이, 교육프로그램, 학교 단계, 정책 목표의 우선순위 등에 따라 차등적으로 재정 지원을 하는 것은 정당하다.
지출 단계	자율성 05 중등	교육재정 운영에 있어 단위기관(예 시·도 교육청, 교육지원청, 단위학교)의 자율성이 보장되어야 한다.
	투명성 05 중등	교육재정 운영 과정이 일반대중에게 공개되고 개방되어야 한다. ⇨ 명확한 정부의 역할과 책임, 국민의 정보이용 가능성, 예산과정(준비, 집행, 보고)의 공개, 정보의 완전성(정보의 질과 신뢰성) 보장 관점이 중시된다.
	적정성	의도한 교육결과를 산출하는 데 적절한 지원을 제공해야 한다. ⇨ 표준화된 성과를 산출할 수 있는 자원의 배분, 그리고 교육대상자의 필요를 충족시킬 수 있는 교육프로그램의 양과 질 보장 측면을 강조한다.
평가 단계	효과성	• 투입된 재원이 설정된 교육목표의 달성과 교육의 질적 향상을 가져오도록 해야 한다. • 설정된 교육목표 도달여부 및 목표달성 정도를 측정하여야 한다.
	책무성 13 중등	사용한 경비에 관하여 납득할 만한 이유를 제시할 수 있고 책임을 질 수 있어야 한다.

① 교육비 − 교육에 소요되는 비용 06~07 중등, 11 중등

구분	교육목적 관련	운영 형태	부담주체	예
총교육비	직접교육비	공교육비	공부담 교육비	국가(교부금, 보조금, 전입금 등), 지방자치단체, 학교법인 부담 경비
			사부담 교육비	입학금, 수업료, 학교운영 지원비
		사교육비	사부담 교육비	교재대, 부교재대, 학용품비, 과외비, 피복비, 단체활동비, 교통비, 숙박비 등
	간접교육비	교육기회경비, 유실소득	공부담 교육비	건물과 장비의 감가상각비, 이자 ⇨ 비영리 교육기관이 향유하는 면세의 가치
			사부담 교육비	• 학생이 취업할 수 없는 데서 오는 손실 • 교통비, 하숙비(Kiras의 구분)

개념 쏙쏙

1. **직접교육비와 간접교육비** : 교육목적과의 관련성 정도에 따른 분류
   ① 직접교육비 : 교육목적을 달성하기 위한 교육활동에 직접 지출되는 모든 공·사 교육비 ⇨ 일반적으로 '교육비'라고 할 때는 '직접교육비'만을 의미
   ② 간접교육비
      ㉠ 교육기간 중에 취업할 수 없기 때문에 유실된 또는 포기된 수입이나 소득 ⇨ '기회비용'이라고도 하며, 교육투자 수익률 측정 시 포함됨
      ㉡ 교육을 받음으로써 포기해야만 했던 취업과 그에 따른 소득발생의 기회상실비용
      ㉢ 유실소득(사부담 교육기회경비) + 비영리교육기관이 향유하는 면세의 가치(공부담 교육기회경비)
         예 학생에 의한 포기된 경비, 면세의 비용, 학교건물과 시설에 대한 감가상각비와 포기된 이자

2. **공교육비와 사교육비** : 운영형태, 즉 회계절차에 의한 분류
   ① 공교육비 : 국가나 공공단체가 합리적인 예산회계 절차에 의해 지급하는 경비
      예 교육부, 지방교육행정기관, 학교법인 등의 예산에 계상(計上)되는 모든 경비(교육행정비, 학교교육비, 입학금, 수업료 등)
   ② 사교육비 : 교육활동에 투입은 되지만 예산회계 절차를 거치지 않는 경비
      예 학부모가 부담하는 교재대, 하숙비, 교통비, 과외비 등

3. **공부담 교육비와 사부담 교육비** : 교육재원, 즉 부담주체에 따른 분류
   ① 공부담 교육비 : 국가, 지방자치단체, 학교법인 등 공공단체가 부담하는 교육비
   ② 사부담 교육비 : 학부모가 부담하는 경비, 공교육비(입학금, 수업료, 학교운영지원비 등) + 사교육비(교재대, 학용품비 등)

4. **총량교육비와 단위교육비** : 교육비의 비교단위에 따른 분류
   ① 총량교육비 : 모든 교육활동에 쓰이는 교육비의 총량 예 학교급별 교육비
   ② 단위교육비(교육원가) : 학생을 기준으로 한 학생 1인당 교육비, 교육의 최종 생산단위가 학생임을 전제로 하고 학생 1인에게 소요되는 평균경비

5. **이전적 경비와 비이전적 경비**
   ① 이전적 경비 : 경제 단위 상호 간에 소득의 이전만을 가져오는 경비 예 보조금
   ② 비이전적 경비 : 소모적 경비 예 시설비, 봉급

6. **인건비, 운영비, 시설비** : 교육비 지출 시, 사용목적에 따른 분류
   ① 인건비 : 교육활동을 수행하거나 지원하는 데 필요한 용역을 구입하기 위한 경비 ⇨ 정부예산 교육비 중에서 약 50%를 차지
   ② 운영비 : 교육활동을 수행하거나 지원하는 데 필요한 경비 ❷ 교통비, 실험·실습비
   ③ 시설비 : 교육활동을 위해 장기간 사용이 가능한 자본형성을 위한 경비

② 교육비 관리기법 98 중등, 01 초등

(1) 교육비 차이도(CD : Cost Differentials) 산출

① **개념** : 초등학교 학생의 교육비를 기준(1.00)으로 하였을 때의 중등 또는 고등교육 학생 1인당 교육비의 비율 ⇨ 중앙정부의 교육재정 배분방식 중 경상재정 수요액 산정기준에 관한 것으로, 경상재정 수요액은 학교급별 교육비를 기준으로 산정한다.

② **의의** : 예산의 합리적 배분의 기준, 특수교육비 산출의 기준이 된다. ⇨ 수직적 공정성(형평성)

학교급별 교육비 차이도 계수					
유치원	초등학교	중학교	고등학교		특수학교
			일반계	특성화고	
1.42	1.00	1.42	1.87	2.55	5.29

(2) 표준교육비(= 최저소요 교육비, 적정단위 교육비)

① **개념** : 공교육활동을 영위하기 위하여 필요한 최소한의 경비 ❷ 의무교육비
   ㉠ 일정규모의 단위학교가 그에 상응하는 인적·물적 조건, 즉 표준교육조건을 확보한 상태에서 소기의 교육목적 달성을 위한 정상적인 교육활동을 수행하는 데 필요한 최저 소요 교육비
   ㉡ 인건비와 시설비를 제외한 정상적인 교육활동 운영에 필요한 교구·시설·설비 등을 갖추고 이를 운영하는 데 소요되는 경비만을 포함한다.

② **목적** : 교육활동 계획 수립의 과학적·합리적인 기초자료로서 제공, 정확한 교육예산 편성과 지출의 공공성을 보장 ⇨ 교육의 기회균등 보장

③ **산출원칙**
   ㉠ 기회균등의 원칙 : 누구나 어떤 지역·조건하에서도 필요한 최저교육을 받을 수 있어야 한다.
   ㉡ 공비지변의 원칙 : 의무교육에 소요되는 최저교육비와 경상비 일체를 공비(公費)로 충당한다.

03 교육예산 편성기법

연대별	중점	예산제도	내용
1900년대 초반	통제지향	품목별 예산	투입 중심, 지출의 대상과 구입물품별 예산분류, 회계책임의 명확화
1950년대	관리지향	성과주의 예산	산출물 중심, 사업별로 예산분류, 사업목적이 분명
1960년대	기획지향	계획예산	예산의 정책성 중시, 계획과 예산의 연계, 자원의 합리적 배분
1970~80년대	감축지향	영기준예산	우선순위 중시, zero base에서 계속·신규사업을 검토, 예산팽창 방지

1 품목별 예산제도(LIBS : Line-Item-Budgeting System, 항목별 예산제도) 11 중등

(1) 개념

① 지출대상(품목)별로 예산을 편성하는 제도 ⇨ 지출대상을 인건비, 시설비, 운영비 등과 같이 품목별로 세분화하여 지출대상과 그 한계를 명확히 규정하는 제도

② 예산집행에 있어 유용이나 부정을 방지하고자 하는 통제 지향의 예산제도

(2) 장단점

장점	단점
• 지출항목을 중심으로 예산이 배분되어 있기 때문에 회계책임을 분명히 할 수 있다. 지출항목과 금액을 명백히 하기 때문에 회계책임을 분명히 할 수 있다. • 지출대상과 금액이 명백히 표시되어 있어 예산의 유용이나 남용을 방지할 수 있다. 또 예산에 대한 사전 및 사후통제가 가능하다. • 세밀하게 작성된 예산내역을 통해 각종 정보와 자료를 얻을 수 있다(인건비, 시설비 등).	• 세부적인 지출대상에 중점을 두기 때문에 사업의 전체적인 개요를 파악하기 어렵다. • 지출대상과 금액이 명백히 제한되어 있기 때문에 예상치 못한 사태에 신축성 있게 대응하기 어렵다. 예산에 대한 자유재량을 지나치게 제한함으로써 예산집행 시 예상치 못한 사태에 신축성 있게 대응하기 어렵다. • 예산확보를 위해 예산항목에만 관심을 기울이므로 정책이나 사업의 우선순위를 등한시할 수 있다.

2 성과주의 예산제도(PBS : Performance Budgeting System, 실적 예산제도)

(1) 개념

① 활동별(기능별) 예산제도 : 사업별·활동별로 예산을 편성하는 제도 ⇨ [단위원가 × 사업량(업무량) = 예산액] ⇨ 예산과목을 기능별(목표별·활동별)로 분류한 다음 각 기관의 세부사업별 사업량을 수량으로 표시하고, 단위원가에 사업량을 곱하여 예산액을 편성하는 기법으로 정부가 지출하는 목적에 중점을 두어 정부가 시행하고자 하는 사업의 비용을 명백히 해 주는 예산제도. 올해의 성과(실적)로 내년 예산을 편성

② **사업중심 편성** : 사업을 중심으로 예산을 편성함으로써 사업 또는 정책의 성과에 관심을 기울인 예산제도. 예산서에는 사업의 목적과 목표에 대한 기술서가 포함된다.

③ 성과주의 예산제도는 사업계획의 목적에 따라 비용을 책정하는데, 이 비용의 범위 내에서는 각 품목 간에 상호 융통을 허용한다.

Plus

예산편성의 구성요소

1. **업무단위(work unit)** : 성과주의 예산편성의 기본단위(업무측정단위). 하나의 사업수행 과정에서의 활동과 최종산물(성과, 실적)로 이루어짐 **예** 도로건설 1km

2. **단위원가(unit cost)** : 업무단위 1단위 산출에 소요되는 경비 **예** 100만 원

3. **업무량(workload)** : 업무단위로 측정한 단위 수 **예** 도로건설 100km

4. **예산액의 산정** : 단위원가 × 업무량 **예** 도로건설사업의 경우 100만 원 × 100km = 1억 원

---

(2) 예산편성 과정

① 예산과목을 기능별(목표별·활동별)로 나누고, 각 기능별로 다시 사업계획 및 세부사업으로 분류한 다음 각 세부사업에 대한 사업량(업무량)을 수량으로 표시하고, 단위사업을 수행하는 데 소요되는 원가계산을 통해 예산을 편성하는 기법

　　예 1913~1915년 리치몬드(Richmond)에서 시도된 원가예산제도, 1934년 테네시 강 유역 개발공사(TVA)의 프로그램 예산

② 교육부를 기준으로 보면, 교육을 고등교육, 중등교육, 초등교육, 사회교육으로 분류하고, 이를 다시 소관 실국 또는 교육청으로 분류한 후, 사업별로 분류하고, 이를 다시 활동별로 분류한다(기능별 분류 → 기관별 분류 → 사업별 분류). 활동별 단위원가를 계산하고, 단위원가에 업무량을 곱하여 예산액을 산출한다.

③ **올해의 성과(실적)로 내년 예산을 편성** : 매년 책정된 예산은 그해까지 집행된 내역으로 내년 예산을 분배

　　예 올해 A사업이 10억이 책정되어 8억을 썼다면 내년에는 8억만 책정 ⇨ 예산낭비 방지를 위해 '참여예산제'(예산편성에 지자체와 시민단체 참여 허용) 실시

(3) 특징

관리기능 중심의 예산편성기법 ⇨ 예산기능을 통제 중심에서 관리 중심으로 전환

① **예산편성 및 집행의 효율성과 성과 제고** : 성과에 자신이 없는 분야의 예산감축 요구

② **품목별 예산제도의 단점 보완** : 품목별 예산 전용 가능

③ **자율성 및 책임성 강화** : 집행부서가 예산편성 이후에도 목표달성을 위한 관리 노력, 성과 제고를 위한 부서의 자율성 제고

(4) 장단점

장점	단점
• 사업별 또는 활동별로 예산이 편성되므로 각 기관이 무슨 사업을 추진하는지 쉽게 이해할 수 있다. • 예산집행에 있어서 신축성과 융통성을 기할 수 있다. • 정책이나 계획수립이 용이하며, 예산심의가 편리하다. 사업별로 예산 산출 근거가 제시되기 때문에 예산심의가 편리하다. • 예산집행의 결과를 다음 회계연도에 반영함으로써 효율적인 예산편성에 기여할 수 있다.	• 업무단위의 선정과 단위원가의 계산이 어렵다. 특히 계량화가 어려운 교육 분야에 적용하는 데는 많은 어려움이 예상된다. • 예산통제가 어렵고, 회계책임이 불분명하여 공금관리에 어려움이 있다. • 성과 측정이 어렵다. 업무단위가 중간산출물에 불과한 경우가 많아 예산 성과의 질적 측면을 파악하기 어렵다. 예 순찰시간이 치안유지의 확보를 보장하지 못함 • 구체적인 개별적 사업만 나타나 있어 전략적인 목표의식이 결여된다(장기적인 계획과 연계보다는 단위사업만을 중시한다).

3 기획예산제도(PPBS : Planning Programming Budgeting System)

(1) 개념

① 장기적 기획(planning)과 단기적 예산편성(budgeting)을 세부계획(programming)을 통해 유기적으로 연관시킴으로써 한정된 재원을 합리적으로 배분하려는 제도이다. ⇨ 장기계획수립(planning) → 사업계획수립(programming) → 예산배정(budgeting)

② 1년을 단위로 운영되고 있는 전통적인 예산제도를 탈피하여 다년도 예산을 기본으로 하겠다는 5년짜리 연동예산(rolling budget)이다.

(2) 특징

계획기능 중심의 예산제도 ⇨ 계획(중·장기적 계획수립)과 예산(단기적 예산편성)을 통합, 제한된 예산을 목적과 계획달성을 위해 사용

① 품목별 예산제도의 단점과 성과주의 예산제도의 단점 보완

② 사업목표, 사업내용, 예산배정 및 평가 등을 중시

(3) 학교경영과 PPBS를 적용한 예산편성절차

① 학교경영계획을 수립한다(중·장기 목표).

② 세부계획을 수립하고 소요예산을 산출한다(단기 구체적 목표).

③ 사업예산을 조정, 배분, 확정한다.

④ 예산을 집행한다.

⑤ 예산의 효용을 분석한다.

⑷ 장단점

장점	단점
• **자원배분의 합리화** : 사업계획과 예산편성이 유기적으로 연결되어 있어 한정된 자원을 합리적으로 배분할 수 있다. • **의사결정의 일원화** : 모든 것을 중앙집권적으로 처리할 수 있기 때문에 예산편성의 의사결정 과정을 일원화할 수 있다. • **예산의 절약과 지출의 효율화** : 학교목표의 우선순위에 따라 예산을 배분함으로써 예산의 절약과 지출의 효율화를 기할 수 있다.	• **의사결정의 집권화**(하향적) : 정보가 최고 의사결정자에게 집중됨으로써 예산제도에 있어 지나치게 중앙집권화 성향을 초래할 수 있다. • **목표의 계량화 곤란** : 교육목표는 양적으로 계산할 수 없는 경우가 많다(목표달성 정도를 계량화하기 어렵다).

4 **영(零)기준 예산제도**(ZBBS : Zero-Base Budgeting System) 05 초등, 09 중등

⑴ 개념 − 미국의 피어(Pyhrr)가 창안

① 전년도 사업을 전혀 고려하지 않고 모든 사업을 제로(zero)에서 다시 시작하는 것으로 간주하여 예산을 편성하는 제도
② 매 회계연도마다 모든 사업을 처음 시작한다고 생각하고, 설정하고자 하는 사업을 평가·조정하여 예산을 편성하는 기법

⑵ 특징

감축기능 중심의 예산제도 ⇨ 예산절감이 기본목표, 제한된 예산을 고려하여 사업의 우선순위를 결정하여 집행, 예산절약과 관리에의 구성원의 참여 보장
① 전년도 예산내역을 기준으로 가감하는 점증주의 방식 탈피
② 예산편성의 신축성 확대
③ 예산의 관리기능과 계획기능의 조화 강조

⑶ 과정

① **1단계(의사결정 패키지 작성)** : 의사결정 패키지(decision package)란 요약된 사업계획서로 한 개인의 사업개요, 즉 사업명, 사업의 목적, 실천방법(1안, 2안, 3안)과 그에 따른 기대되는 성과, 소요예산, 필요인력, 사업수행 책임자 등을 간략히 기술한 것이다.
② **2단계(우선순위 결정)**
　㉠ 의사결정 패키지의 중요도에 따라 사업의 우선순위를 결정한다.
　㉡ 순위가 결정되면 제한된 예산액을 고려하여 수행 가능한 선을 결정한다.

(4) 장단점

장점	단점
• 학교경영에 전 교직원의 참여를 유도할 수 있고, 창의적이고 자발적인 사업구상과 실행을 유인할 수 있다. ⇨ Y이론 • 모든 사업을 전면적으로 재검토하기 때문에 우선순위가 낮은 사업에서 우선순위가 높은 사업으로 재원을 전환할 수 있어 합리적인 예산배분이 가능하다. • 학교경영 계획과 예산이 일치함으로써 교장의 합리적이고 과학적인 경영을 지원할 수 있다.	• 모든 사업을 제로(zero)의 상태에서 분석해야 하므로 시간과 노력의 부담이 과중되며, 우선순위를 결정하는 데 어려움이 있다. • 교원들이 예산업무에 정통하지 않아 시행착오를 할 가능성이 많다. • 사업이 기각되거나 평가절하되면 비협조적 풍토가 야기될 수 있다. • 의사결정에 전문성이 부족하면 비용 및 인원 절감에 실패할 수 있다.

04 단위학교 예산제도(SBBS) − 학교회계제도 03~04 중등, 04 초등, 10 초등

❶ 개관

(1) 개념

① 단위학교 예산제도(SBBS : School Based Budgeting System)는 단위학교 책임경영이 강조되면서 도입된 방법으로, 교장이 예산과정의 중심적인 역할을 담당하는 단위학교 중심의 분권화된 예산제도이다. ⇨ 단위학교를 중심으로 한 분권화된 예산제도로, 2001년부터 국립 및 공립 초·중등학교(특수학교 포함)에 적용, 사립학교는 제외

② 이에 따라 단위학교의 모든 세입과 세출을 일원화하여 (교사의 참여와 학교운영위원회의 심의를 통해) 학교가 자율적으로 예산을 편성·운영할 수 있도록 하는 학교회계제도를 운영하고 있다.

③ 이는 종래의 교육청 중심의 학교예산 편성 및 집행을 학교 단위의 예산편성 및 집행으로 전환하는 것으로 단위학교에서의 예산에 관한 자율적인 책임경영방안이라고 할 수 있다.

(2) 학교회계제도의 특징(운영)

① 학교회계연도 : 회계연도는 3월 1일부터 이듬해 2월 말일까지로 한다. ⇨ 학년도와 일치

② 예산배부방식 : 일상경비와 도급경비 구분 없이 표준교육비를 기준으로 총액배부한다.

③ 예산배부시기 : 학교회계연도 개시 50일 전에 일괄적으로 예산교부 계획을 각 학교에 통보한다.

④ 세출예산 편성 : 재원에 따른 사용목적 구분 없이 학교실정에 따라 자율적으로 세출예산을 편성한다.

⑤ 사용료·수수료 수입처리 : 학교시설 사용료나 수수료 수입 등을 학교 자체수입으로 처리한다.

⑥ **회계장부관리** : 학교예산에 편성되는 여러 자금(예 교육비 특별회계, 학교운영 자원회계)을 '학교회계'로 통합하고 장부도 단일화한다. ⇨ 장부기입 방식은 '복식부기' 사용

⑦ **자금의 이월** : 집행 후 잔액이 발생하면 다음 회계연도로 잔액을 이월할 수 있다.

⑶ 장점

① 모든 세입과 세출을 일원화함으로써 학교재정의 효율적인 운영이 가능하다.

② 예산편성과정에 교사와 학부모의 참여가 증대되어 학교재정운영의 투명성과 신뢰성이 높아진다(학운위 심의사항).

③ 단위학교에서 자율적인 예산운영이 가능해져서 다양한 교육활동을 효과적으로 지원하며 학교교육의 질적 수준을 높일 수 있다.

② 예산내용 및 구조

세입	① 국가의 일반회계나 지방자치단체의 교육비특별회계로부터 받은 전입금, ② 학부모부담경비(학교운영지원비, 수익자부담경비), ③ 학교발전기금으로로부터 받은 전입금, ④ 국가나 지방자치단체의 보조금 및 지원금, ⑤ 자체수입(사용료 및 수수료, 기타 수입), ⑥ 이월금, ⑦ 물품매각대금
세출	① 인건비, ② 학교운영비, ③ 일반운영비, ④ 수익자부담경비, ⑤ 예비비

Section 05 학교 · 학급경영

01 학교경영

개념 쏙쏙

1. **학교경영의 개념** : 학교의 교육목적 달성을 위한 인적 · 물적 자원과 조건을 정비하는 활동

2. **학교경영 조직** 04 초등
   ① 교원조직
   ㉠ 교육지도 조직(수평적 관계 조직) : 교수와 학습활동을 수행하는 조직으로 학년, 학급, 반 등으로 편성되어 있다. 교사는 법률이 정하는 바에 의하여 학생을 교육할 수 있는 자율성을 가지고 있으므로, 교육지도 조직의 관계는 기본적으로 수평적인 관계이다. 예 교장 → 교감 → 수석교사 → 담임교사(교과교사)
   ㉡ 교무(校務)분장 조직(수직적 관계 조직, 업무 · 사무 조직) : 상하의 위계에 따라 권한이 배분되어 있는 수직적인 관료조직이다. 예 교장 → 교감 → 보직교사(부장교사) → 평교사(계원교사)
   ㉢ 운영협의 조직(consultant organization) : 교직원의 전문적 참여를 통해 학교운영에 관한 제반 문제 협의
      예 전체 교직원회의, 보직교사 회의(부장회의), 기획 위원회, 각종 운영위원회, 각종 협의회, 교직원 친목회 등
   ㉣ 교과경영 조직 : 학급담임제, 교과담임제
   ㉤ 교무회의 : 자문기구의 성격
   ② 학생회, 학부모회 조직 : 자율적 · 민주적 단체 ➡ 후원적, 비영리적

① 학교경영혁신

(1) **단위학교 책임경영제**(SBM : School-Based Management) 96 중등, 99 중등, 09 중등

   ① 개관
   ㉠ **개념** : 학교운영에 관한 권한을 단위학교에 위임하여 학교를 자율적으로 운영하고 그 결과에 대해 책임을 지는 제도로서, 단위학교의 자율성과 책무성을 강조하기 위한 것이다. ➡ 교육과정운영, 인사 및 재정상의 권한을 단위학교 운영주체(교장, 교사, 학부모, 지역인사)에게 위임
   ㉡ **구체적인 실천방안** : 학교운영위원회, 공모교장제, 초빙교사제, 학교회계제도, 도급경비제, 학교정보공시제

② 의의

　　㉠ **교육의 효율성과 내실화 증대** : 단위학교 책임경영제에서는 학교장을 중심으로 교육당사자가 교육운영에 적극적으로 참여하게 됨으로써 교육의 효율성과 내실화를 기할 수 있다.

　　㉡ **수요자 중심의 교육 실현** : 단위학교 책임경영제를 실시하면 각 학교 실정에 맞는 교육을 실시할 수 있으므로 수요자 중심의 교육을 실현할 수 있다.

　　㉢ **교육 자치제 실현** : 단위학교 책임경영제를 실시하면 각 지역에 맞는 교육을 실시할 수 있으므로 교육자치제를 실현할 수 있다.

③ 구체적인 실천방안

　　㉠ **학교운영위원회의 설치와 운영** : 단위학교의 자율적인 운영을 위하여 모든 학교에 학부모, 교원, 지역인사가 공동으로 참여하는 학교운영위원회를 설치·운영한다.

　　㉡ **공모교장제 및 초빙교사제** : 학교운영위원회의 심의를 거쳐 교장이나 교사를 초빙할 수 있도록 하여 학교실정에 맞는 교육운영이 가능하도록 한다.

　　㉢ **학교회계제도 도입** : 학교재정의 효율적인 운영이 가능하도록 단위학교의 모든 세입과 세출을 일원화하여 학교가 자율적으로 예산을 편성·운영할 수 있도록 한다.

　　㉣ **도급경비제 실시** : 학교의 필요에 따라 용도를 변경할 수 있는 예산을 총액으로 지급하여 단위학교의 재량권을 확대한다.

(2) 학교운영위원회 99 초등추시·중등추시, 00 초등, 05 초등, 06 중등, 07 초등, 08 중등, 12 초등, 24 중등論

① 개념

　　㉠ 학교운영위원회는 학교운영에 관한 의사결정에 학부모, 교원, 지역사회 인사가 함께 참여함으로써 학교정책결정의 민주성, 합리성을 확보하고, 교육목표를 효율적으로 달성하기 위한 의사결정 기구이다.

　　㉡ 학교운영위원회는 학생과 학부모 및 지역사회의 요구를 학교교육에 적극 반영함으로써 학교운영에 대한 정책결정의 민주성·합리성·투명성을 제고하고, 학교의 자율성과 책무성을 강화하려는 제도이다(교육부; 2013학교운영위원회 핸드북).

② 도입배경

　　㉠ 학교운영의 자율성 및 책임성 증대로 단위학교 책임경영제 확립

　　㉡ 교원·학부모·지역사회 인사의 자발적 참여를 통한 자율적인 '학교공동체' 구축

③ 성격

　　㉠ 법적 성격

　　　　ⓐ **법정위원회** : 법률 「초·중등교육법」과 「초·중등교육법 시행령」 및 조례에 근거하여 모든 학교에 설치·운영

　　　　ⓑ 심의·자문기구

　　㉡ **국·공립학교** : 심의기구 ⇨ 국·공립 학교장은 심의와 다르게 시행하고자 하는 경우 학교운영위원회와 관할청에 서면으로 보고할 의무를 진다.

ⓒ 사립학교 : 필수 자문기구

ⓔ 단위학교 차원의 교육자치기구 : 학교운영의 중요한 사항에 대해 학교 구성원들이 참여하여 민주적인 절차에 따라 자율적으로 결정하는 단위학교 차원의 교육자치기구다.

ⓜ 학교 내외의 구성원이 함께 하는 학교공동체 : 학교운영위원회는 학교의 구성 주체인 교사 및 학부모와 지역사회 인사 등 학교 내외의 구성원이 학교운영의 중요한 의사결정에 함께 참여하는 학교공동체다.

ⓗ 개성 있고 다양한 교육을 꽃피울 수 있는 제도적 장치 : 학교운영위원회 제도는 학교 규모, 학교 환경 등 개별 학교가 처해 있는 실정과 특색에 맞게 다양하고 창의적인 교육을 실현할 수 있는 제도적 장치다.

④ 학교운영위원회의 자격과 선출 및 구성

ⓗ 자격과 선출

학부모위원	당해 학교에 자녀를 둔 학부모(자녀 학생이 졸업, 휴학, 전학 또는 퇴학하는 경우 자격이 상실됨). 민주적 대의절차에 따라 학부모 전체회의에서 직접 선출(예 직접투표, 서신 또는 우편투표, 직접투표와 서신 또는 우편투표를 병행), 직접 선출이 곤란한 경우에는 학급별 대표로 구성된 학부모 대표회의에서 선출 가능
교원위원	당해 학교 재직교원. 교장은 당연직 위원이며 나머지 교원위원은 교직원 전체회의에서 무기명투표로 선출(단, 사립학교는 교직원 전체회의에서 추천한 자 중 학교장이 위촉). 위원장 및 부위원장으로 선출될 수 없다.
지역위원	학부모위원 또는 교원위원의 추천을 받아 학부모위원 및 교원위원이 무기명투표로 선출

ⓛ 구성 : 5인 이상 15인 이내(매 학년도 3월 1일 기준 학생 수 고려). 위원의 정수는 다음의 범위 안에서 학교의 규모 등을 고려하여 당해 학교의 학교운영위원회규정으로 정한다(초·중등교육법시행령 제58조).

ⓒ 임기(서울의 경우) : 위원(임기 2년, 1차 연임 가능), 위원장 및 부위원장(임기 1년, 연임 가능). 단, 보궐위원은 전임자의 잔임기간

⑤ 학교운영위원의 권한과 의무

ⓗ 권한 : 학교운영 참여권, 중요사항 심의·자문권, 보고요구권(학교장이 운영위원회의 심의·의결 결과와 다르게 시행하거나 운영위원회의 심의·자문사항임에도 불구하고 심의·자문을 거치지 않고 운영하는 경우)

ⓛ 의무 : 회의 참여(학운위가 소집되었을 때 회의에 출석해서 성실히 참여해야 함), 지위 남용 금지(당해 학교와 영리를 목적으로 하는 거래를 하거나 재산상의 권리, 이익의 취득 또는 알선 금지) ⇨ 무보수 봉사직, 운영위원은 다른 학교의 위원을 겸직할 수가 없다.

⑥ 학교운영위원회의 기능 : 심의 또는 자문기능

ⓗ 심의사항(사립학교는 자문사항)

ⓐ 학교 헌장 및 학칙의 제정 또는 개정에 관한 사항(단, 사립학교는 학교법인의 요청이 있는 경우에 한하여 자문)

ⓑ 학교의 예산안 및 결산에 관한 사항

ⓒ 학교 교육과정의 운영방법에 관한 사항

ⓓ 교과용도서 및 교육자료의 선정에 관한 사항, 교복·체육복·졸업앨범 등 학부모가 경비를 부담하는 사항

ⓔ 정규 학습시간 종료 후 또는 방학기간 중의 교육활동 및 수련활동사항

ⓕ 학교운영 지원비의 조성·운용 및 사용에 관한 사항

ⓖ 「교육공무원법」 제29조의3 제8항에 따른 공모교장의 공모 방법, 임용, 평가 등(단, 사립학교는 제외)

ⓗ 「교육공무원법」 제31조 제2항에 따른 초빙교사의 추천(단, 사립학교는 제외)

ⓘ 학교급식에 관한 사항

ⓙ 대학입학 특별전형 중 학교장 추천에 관한 사항

ⓚ 학교 운동부의 구성·운영에 관한 사항

ⓛ 학교운영에 대한 제안 및 건의 사항

ⓜ 기타 대통령령, 시·도의 조례로 정하는 사항

ⓛ 심의·의결사항(국·공·사립 공통) : 학교발전 기금의 조성·운용 및 사용에 관한 사항(초·중등교육법 제33조, 초·중등교육법 시행령 제64조)

ⓐ **조성방법** : 기부자가 기부한 금품의 접수, 학부모 등으로 구성된 학교 내·외의 조직·단체 등이 그 구성원으로부터 자발적으로 갹출하거나 구성원 외의 자로부터 모금한 금품의 접수

ⓑ **조성목적** : 학교 교육시설의 보수 및 확충, 교육용 기자재 및 도서의 구입, 학교체육활동 기타 학예활동의 지원, 학생복지 및 학생 자치활동의 지원

ⓒ 운영위원회는 교육과학기술부령이 정하는 바에 따라 발전기금을 운영위원회 위원장의 명의로 조성·운용하여야 한다.

ⓓ 운영위원회는 발전기금의 관리 및 집행과 그 부수된 업무의 일부를 당해 학교의 장에게 위탁할 수 있다.

ⓔ 운영위원회는 학교의 회계연도 종료 후 20일 이내에 결산을 완료하여 그 결과를 관할청에 보고하고, 학부모에게 통지하여야 한다.

ⓕ 발전기금의 조성·운용 및 회계관리 등에 관하여 기타 필요한 사항은 교육과학기술부령으로 정한다.

⑦ **학교운영위원회의 교육적 의의**

㉠ **학교 의사결정 과정의 민주성 증진** : 학교 의사결정이 학교 구성원들의 참여와 민주적 절차에 의해 이루어지므로 학교 의사결정 과정의 민주성을 증진할 수 있다.

㉡ **단위학교의 자율성·자치성과 책무성 강화** : 학교 구성원들이 자율적으로 참여하여 학교운영에 관한 의사를 결정하므로 단위학교의 자율성과 책무성을 강화할 수 있다.

㉢ **수요자 중심의 학교 경영 풍토** : 학생과 학부모의 필요와 요구를 반영하여 학교교육 활동을 전개하게 되므로 수요자 중심의 학교 운영이 가능해진다.

㉣ **학교 경영의 전문성 및 과학성 증진** : 의사결정과정의 합리화를 통해 의사결정

㉤ **학교교육 성과의 효율성 제고에 기여**

(3) 학부모의 교육참여

① 학부모의 학교참여 모형 : Keith & Girling, Mayer

　㉠ 전문가-고객 모형(professional-client model) : 전문가인 교사와 학생을 의뢰한 고객과의 관계를 전제한다. 교사 주도하에 수직적, 일방적으로 의사소통이 이루어지고, 학부모는 문외한인 무력한 존재로서 수동적인 입장에서 교사나 학교의 요구를 수용하게 된다. 전문가인 교사의 지시에 따르거나 반응하기만 기대될 뿐, 학부모의 입장에서 주도적인 활동이나 발언권을 행사할 기회는 별로 없다.

　㉡ 옹호자 모형(advocacy model) : 학교의 교육과정의 운영이나 재정의 운용, 교사의 임용 혹은 경영방침에 관한 주요 의사결정에 학부모가 적극적으로 참여한다. 교사와의 관계에서도 개인적 입장에서보다는 학부모들이 결속하여 집단적으로 관계를 형성하고, 경우에 따라서는 학교를 귀찮은 존재로, 반대세력으로 작용할 수 있다.

　㉢ 정치활동 모형(political action model) : 옹호자 모형을 학부모들이 교내에서 개인적으로나 집단적으로 학교나 교사를 대상으로 활동하는 데 한정하고, 정치활동 모형은 개인보다는 교직단체, 여러 교육 관련 민간단체(NGO) 등이 집단적으로 그리고 교내를 대상으로 하지 않고 학교 밖의 교육청, 교육부를 포함한 정부의 관련 부처와 정당이나 정치단체 및 입법기관인 국회를 상대로 그들의 요구와 권익을 주장하고, 필요한 정책과 제도 및 법규의 개정이나 제정에 관여하는 활동을 말한다.

　㉣ 동반자 모형(partnership model) : 학교경영의 효율화와 자녀들의 학습 성취도를 향상시키기 위해 학교와 학부모 간에 책임을 분담하는 협동적 관계를 말한다. 학부모의 관심영역에 따라 학교의 재정지원, 인적 자원으로서의 봉사, 숙제 돌보기, 담임교사에 대한 조력, 급식봉사 등의 역할을 맡는다.

② 학부모 참여의 유의점

　㉠ 학부모의 참여가 학교교육과 경영에 오히려 문제가 될 때에는 이들의 참여를 어느 정도 제한할 필요가 있다.

　㉡ 학교나 교원의 입장을 이해하는 것이 아니라 자기 자녀에게만 관심을 갖는 학부모의 참여는 학교를 무시하거나 교원에 대해 적대감을 가질 수 있다.

　㉢ 대부분의 학부모는 자녀를 통해 얻은 제한된 정보를 가지고 오직 자기 자녀의 문제만을 개선하려고 할 뿐, 학교 경영과 전체 학생의 복지를 개선하는 데 기여하려고 하지는 않는다.

　㉣ 학부모는 교육에 대해 전문적 식견이나 경륜을 가진 사람들이 아니므로 학교경영자나 교원과 대등한 인식을 바탕으로 참여할 입장이 아니다.

(4) 혁신학교

① 개념

　㉠ 혁신학교는 학교단위 주도로 지역사회와 협력하여 학교의 운영을 행정 중심에서 교육과정 중심으로 변화시키고자 하는 것을 말한다.

　㉡ 다양성을 존중하며 소통하는 집단지성을 발휘하기 위해서는 학교공동체 구성원이 학교단위 경영에 책무성을 갖고 민주적으로 참여할 수 있어야 한다. 또한 배움이 중심인 전문적 학습공동체를 구현할 수 있어야 한다.

② 혁신학교의 특징

  ㉠ 입시성적이 좌우되는 기존의 좋은 학교의 개념에서 벗어나 학생과 학부모가 만족하는 다양한 배움 중심의 학교를 추구한다.

  ㉡ 이를 위해 혁신학교에서는 학생중심의 교육과정과 수업혁신, 행정중심에서 교육과정중심으로 학교운영, 교직원회와 학생회의 학교경영 참여를 촉진하는 권한위임, 학교단위 자율평가제, 주민참여 예산제 등 교육의 지속적인 성장과 발전을 추구하는 변혁적이고 선도적인 특징을 찾을 수 있다.

③ 혁신학교의 운영(특징)

  ㉠ **학습자 중심의 교육과정 운영** : 혁신학교는 학생들이 자기주도적으로 상호 협력하고 공동체와 더불어 살아가기 위한 기본적이고 실제적인 역량을 위한 학습자 중심의 교육과정을 운영한다.

  ㉡ **교육과정 중심의 학교 운영** : 혁신학교는 자율적 책무성을 바탕으로 학생들의 교육활동을 촉진하고 교사들이 수업에 집중할 수 있도록 교육과정 중심의 학교 운영을 한다.

  ㉢ **학부모 및 지역사회와 연대** : 교사들이 교수·학습 전문성을 신장할 수 있도록 지원을 확대하고, 학교의 자원뿐만 아니라 지역사회가 교육활동의 확산된 터가 될 수 있도록 학부모 및 지역사회와 연대성을 갖고 소통한다.

② 학교경영기법(조직의 혁신)

1950~60년대	기획예산제도(PPBS)	⇨ 예산운영의 합리화
1970~80년대	영기준예산제도(ZBBS), MBO	⇨ 민주화
1990년대	TQM	⇨ 총체적 질 경영

(1) 목표관리기법(MBO : Management By Objectives) 10 중등

① 개념

  ㉠ 1954년 드러커(Drucker)가 주창하고 오디온(Odiorne)이 체계화한 능력주의적·민주적 관리기법

  ㉡ 조직의 구성원들이 공동으로 참여하여 조직의 공동목표(교육목표)를 설정하고, 이에 비추어 각자의 책임영역에 따른 부서별, 개인별 세부목표를 설정하고, 정해진 기준에 따라 각 구성원의 성과를 측정하여 평가하고 보상하는 경영기법이다.

  ㉢ 이는 구성원들을 목표설정에 참여시켜 각자의 목표를 공동목표에 일치시키고 내면화하는 과정을 목표관리로 파악한 것이다.

  ㉣ **목표관리의 절차** : 조직의 목적과 공동목표 설정(양적인·행동적인 목표 설정) → 영역별·개인별로 세부목표 설정 → 조직 정비 → 과업수행 및 자기통제 실시 → 성과 측정 → 자기반성 및 보고 → 전체적인 성과 판단 → 보상

② 배경
- ㉠ 과학적 관리론의 한계점을 극복하고자 등장한 이론이다.
- ㉡ 학교의 관료화를 방지한다.
- ㉢ 학교경영의 민주화를 위한 참여의 과정을 중시한다.
- ㉣ 교직원의 의사소통을 활성화하고, 상하 간의 인화(人和)를 도모한다.

③ 학교경영과 목표관리
- ㉠ 교장, 교감, 부장교사, 교사 등 전 교직원이 공동 참여하여 학교경영 목표를 명확히 설정한다.
- ㉡ 목표달성을 위한 각 부서 및 개개인의 책임 영역을 설정한다.
- ㉢ 책임 영역에 따라 이를 실천하고 자기통제에 의해 목표달성을 확인하고 평가한다.

④ 목표관리기법의 특징
- ㉠ **교직원의 공동참여에 의한 목표설정** : 목표관리제에서는 교장과 교사들이 공동으로 목표를 설정한다. 이 때문에 목표관리는 민주적 학교경영의 한 형태이다.
- ㉡ **교직원의 책임 영역 명료화** : 학교의 목표는 구성원들의 합의로 결정되고, 각자의 역할에 대해서도 명료하게 진술되어야 한다.
- ㉢ **자기통제를 통한 목표달성** : 모든 구성원들이 목표설정에 참여하고 그 성과에 대해 책임을 가지게 되므로 자기통제를 통해 목표를 적극적으로 달성하고자 한다.
- ㉣ **목표실현을 위한 공동의 노력과 성과의 평가 및 보상** : 목표관리에서는 공동의 노력을 통한 목표달성과 이에 대한 평가 및 보상을 중요하게 생각한다.

⑤ 장단점

장점	단점
• **교육의 효율성 제고** : 모든 교육활동을 학교교육 목표에 집중시킴으로써 교육의 효율성을 제고할 수 있다. • **교직원의 참여의식 고양 및 인력자원 활용의 효율성 도모** : 교장, 교감, 학년 및 교과부장, 교사들이 함께 활동계획을 수립하고 이를 활용함으로써 교직원들의 참여의식을 높이고 인력자원 활용의 효율성을 도모할 수 있다. • **학교 관료화 방지 및 교직의 전문성 제고** : 학교운영의 분권화와 참여를 통해 학교의 관료화를 방지하고 교직의 전문성을 살릴 수 있다. • **교직원의 역할 갈등 해소** : 목표와 책임에 대한 명료한 설정으로 교직원들의 역할 갈등을 해소하고 학교관리의 문제나 장애를 조기에 발견, 치유할 수 있다. • **상하 간의 인화 도모** : 참여를 통한 의사결정을 통해 교직원 간의 의사소통을 활성화하고 상하 간의 인화를 도모할 수 있다.	• **구체적·단기적 목표달성에 치중** : 구체적이고 단기적인 목표달성에 치중하기 때문에 장기적이고 전인적 목표를 추구하는 학교교육 활동에는 부적합한 측면이 있다. • **계량적인 목표설정과 평가** : 측정 가능하고 계량적인 교육목표를 설정하고 평가하고자 하기 때문에 학교교육을 오도할 가능성이 있다. 보다 높은 수준의 목표설정을 회피하고, 계량적 측정이 용이한 분야에만 주력하는 형태가 발생한다. • **교직원의 업무 부담 가중** : 목표설정과 성과보고 등에 많은 시간과 노력이 필요하므로 교직원들의 업무 부담을 가중시키고 불만의 원인이 될 수 있다. • **폐쇄적 내부관리모형의 한계** : 학교는 다른 여러 세력의 영향이 큰 개방체제이기 때문에 폐쇄적 내부관리모형으로는 급격한 변화나 복잡한 환경에서 효용성이 제약된다 (외부 전문가의 충원을 통해 전문성 제고 ×).

(2) **총체적 질관리**(TQM : Total Quality Management) [02 초등]

① **배경**

　㉠ 제2차 세계대전 후 일본산업의 부흥을 도왔던 데밍(Deming)에 의해 소개된 관리방식

　㉡ 학생들의 학업성취도 향상과 학생의 중도 탈락이나 폭력 방지 등을 위하여 기업경영 방식을 학교교육 경영에 적용 ⇨ 학교조직 개선방안, 조직의 결과에 대한 효과성보다 체제 전체의 질로 관심 전환

② **개념** : 지속적인 품질관리를 위해 경영을 개선하려는 노력으로, 고객(수요자)의 만족수준을 높이고 제품의 질을 높게 유지하려는 것을 말한다.

③ **특징**

　㉠ **총체적 참여**(total involvement) **중시** : 학교 전 구성원들의 의사결정 참여와 팀워크(team work)를 통한 조직 운영 및 업무수행을 강조한다. ⇨ 집단의 집합적 능력 활용, 노동의 분화 극복, 공동학습을 통한 상호 동기부여

　㉡ **수요자 중심 교육 강조** : 수요자의 요구를 만족시키기 위해 품질 향상을 최우선적 목표로 한다. 이에 따라 학교조직의 유연성을 강화하고, 교사들에게 수업과 관련된 권한을 위임하며, 학교 공동체 구성원의 균등한 참여를 보장한다.

　㉢ **지속적인 질 개선 강조** : 수요자의 기대를 충족할 수 있도록 학교체제와 교육과정을 지속적으로 개선하고, 품질 향상을 위해 학교 구성원의 헌신을 강조한다. ⇨ 무결점주의(결점이 없어질 때까지 개선활동을 되풀이)

　㉣ **기타** : 자유주의, 지방분권주의 특징을 중시한다. 교육과정 결정 시 종업원의 의사결정 참여가 증대된다. 의사결정 시 하부에서 상부로 반영되는 형태이다. 학생 성취의 보상체제가 실시된다. 학생들의 협동학습이 고취된다. 교원의 행정업무 축소로 교사 본연의 임무(교수·학습)에 충실하도록 한다.

(3) **조직개발기법**(OD : Organizational Development) [01 초등]

① **개념**

　㉠ 조직개발기법(OD)이란 행동과학적인 지식과 기술을 활용하여 조직의 목적과 개인의 욕구를 결부시켜서 조직 전체의 변화와 발전을 도모하려는 노력이다. ⇨ 맥그리거(McGregor)의 Y이론적 인간관에 입각

　㉡ 따라서 조직개발은 새롭고 급격히 변화하는 기술, 시장, 도전에 잘 적응할 수 있도록 조직의 구조, 가치, 신념, 태도 등을 변화시키기 위해 고안된 복합적인 교육전략이다.

　㉢ 조직개발기법은 사회의 급속한 변화에 따른 조직변화의 필요에 직면하여 조직구성원의 문제 발견 및 해결능력을 증진시키고 변화에 잘 적응하는 관리능력을 증진시키기 위한 계획적·체계적 조직관리기법이다.

② **주창자** : 오웬스와 스타인호프(Owens & Steinhoff)

　㉠ 조직개발(조직발전)이 학교혁신의 가장 핵심적인 과정이라고 파악

　㉡ 10가지 주요 개념 제시 : 발전목표, 체제의 혁신, 체제적 접근, 인간 중심주의, 교육을 통한 혁신, 경험을 통한 혁신, 실제적인 문제 취급, 체계적인 계획, 변혁 주도자의 참여, 최고 의사결정자의 참여

③ 조직개발기법의 특징(성격)

　㉠ **행동과학의 활용** : 조직개발은 다학문적인 행동과학을 응용한 행동과학적 지식과 기술을 활용한다.

　㉡ **계획적 변화** : 조직개발은 사전에 치밀한 계획에 의해 신중히 검토된다.

　㉢ **포괄적 변화** : 조직개발은 부서별 개발이 전개되는 경우도 있지만 전체 체제의 변화에 초점을 맞춘다.

　㉣ **장기적 변화** : 조직개발은 장기간에 걸쳐서 변화를 유도하는 것이다.

　㉤ **변화담당자의 도움** : 조직을 장기적이고 포괄적으로 변화시키려면 전문적인 변화담당자의 도움이 있어야 한다.

　㉥ **계속적 과정** : 조직개발은 한 번 실시하고 끝내는 것이 아니라 반복적으로 실시하여 적용하도록 해야 한다.

　㉦ **집단지향적** : 조직개발은 과거와 같이 개인의 행동이나 태도, 가치관에 역점을 두지 않고, 조직 내의 집단 간의 상호작용에 역점을 둔다.

　㉧ **역동적 인간 상호관계 중시** : 조직개발은 구성원의 참여를 전제로 하여 역동적인 상호작용에 의해 조직을 발전시키고자 한다.

　㉨ **평등주의** : 조직개발은 집단의 관계성을 개선하는 데에 역점을 두기 때문에 계층의 차이를 무시하고 실시한다.

　㉩ **현재성** : 조직개발은 과거보다는 현재의 문제를 발견하고, 적합한 전략을 수립하여 조직을 발전시키고자 한다.

④ 조직개발기법의 유형

　㉠ **감수성 훈련(sensitive training)** : 구성원 개개인들이 참여하여 자유로운 분위기 상황 속에서 친밀한 인간관계를 토대로 진행하는 자기이해 및 자기변화 훈련

　㉡ **팀 빌딩 기법(team building)** : 조직 내에 존재하는 다양한 팀들을 개선하고 혁신하여 그 효과성을 증대시키는 전략

　㉢ **과정자문법(process consultation, P–C 방법)** : 외부 컨설턴트의 도움을 받아 집단 내 및 집단 간 의사소통, 집단문제해결 및 의사결정, 집단규범, 지도성과 권위 등을 개선하고자 하는 방법

　㉣ **그리드 훈련(grid training)** : 이상적인 9–9형의 관리자(인간과 과업에 대한 관심이 모두 매우 높은 형)가 되도록 고무하는 방법

　㉤ **조사연구－피드백 기법(survey research feedback)** : 설문지를 이용하여 분석단위(예 작업진단, 부서, 전체 조직)를 조사한 후 여기에서 얻어진 자료를 문제집단과 문제해결을 위한 구체적 행동방안을 개발하는 데 사용하는 전략

　㉥ **대면 회합(confrontation meeting)** : 조직의 여러 계층에서 나온 사람들로 구성된 집단이 조직의 건강도를 신속히 파악하여 빠른 시간 내에 이를 개선할 방향을 마련하는 기법

⑷ 과업평가검토기법(PERT : Program Evaluation and Review Technique) 04 초등, 07 초등

① 개념
　㉠ 어떤 사업수행에 필요한 세부적인 작업 활동과 단계, 이들의 상호관계 등을 검토하여 플로차트(flow chart)를 작성하고 이에 따라 업무를 추진하는 방법이다.
　㉡ 과업평가검토기법은 '활동과 단계의 구분 → 플로차트(flow chart) 작성 → 각 작업 활동의 소요시간 추정 → 전체 과제 수행시간 추정'의 절차를 거친다.

② 절차
　㉠ 플로차트(flow chart) 작성 : 활동과 단계들 간의 관계를 도표화(flow chart)한다. 이는 과업수행에 필요한 활동과 단계를 선후관계와 인과관계의 선망으로 나타낸 도표이다.
　㉡ 각 작업 활동의 소요시간 추정 : 플로차트가 작성되면 단계와 단계 사이의 구체적인 활동에 대하여 소요시간을 추정한다. 소요시간은 최단시간, 최장시간, 최적시간 등으로 구분하여 추정하고, 이 3가지 시간을 중심으로 각 작업 활동에 필요한 기대시간(expected elapse time)을 계산한다. 기대시간은 특정한 활동을 여러 번 반복할 때 기대되는 평균 활동시간을 의미한다.
　㉢ 전체 과제 수행시간 추정 : 특정한 활동에 대한 기대시간이 추정되면 전체 활동과 단계들을 수행하는 데 필요한 과제수행시간을 추정한다.

③ 장단점

장점	단점
• 작업과정의 작성에 관계자 전원이 참여하게 되므로 구성원들의 참여의식을 높이고 자발적 협조를 이끌어 낼 수 있다. • 작업과정의 전모를 파악할 수 있기 때문에 작업추진에 앞서 애로사항을 파악할 수 있다. • 특정한 과업을 추진하기 위한 세부 작업 활동의 순서와 상호관계를 유기적으로 파악할 수 있다. • 작업 요소별로 책임부서가 명확해짐으로써 원만한 작업수행이 가능하다. • 효율적인 예산통제가 가능하며, 최저비용으로 일정 단축이 가능하다. • 관리자와 과업수행자가 과업의 진전 상황을 쉽게 파악할 수 있다. • 작업을 체계적으로 관리할 수 있고 시간에 맞추어 과업을 완수할 수 있도록 해 준다.	• 관계되는 사람들 전원이 참가하여야 하고, 같이 책임을 져야 한다. • 계획에 필요한 모든 자료를 세밀하게 검토하여야 한다. • 효과적인 계획이 이루어지려면 고도의 훈련을 쌓아야 한다.

(5) 정보관리체제(MIS : Management Information System)

① 개념

    ㉠ 정보관리체제(MIS)는 의사결정자가 합리적인 의사결정을 내릴 수 있도록 필요한 정보를 적시에 신속하고 정확하게 제공하는 체제를 말한다.

    ㉡ 즉, 조직의 목표를 보다 효율적이고 효과적으로 달성할 수 있도록 의사결정에 필요한 경영정보나 회계 자료 등을 수집, 처리, 보관, 평가하였다가 적시에 제공하는 종합적인 정보관리의 체제이다.

    ㉢ 대학에서 수강신청, 등록금관리, 성적관리, 급여관리, 입시사정, 기타 강의나 연구자료 처리 등에 컴퓨터를 활용하고 있으며, 초·중등학교에서 수업계획, 재정회계관리, 시설 및 물자관리, 학생의 성적과 기록관리 등을 전산화함으로써 자원활용을 극대화하고 의사결정을 효율화하고 있다.

② 의의

    ㉠ 정보처리의 효율화를 위한 정보관리체제는 초·중·고등교육기관 및 교육행정기관에서 다양하게 활용될 수 있다. 우선, 경영평가를 위한 예산과 경비의 내역, 학생 자료철, 교과목 일람 및 시간표, 급여, 시설 목록, 학생성적 등 초보적인 자료철로 활용될 수 있다.

    ㉡ 뿐만 아니라, 이러한 기초자료를 토대로 경비분석, 교사부담 분석, 학생의 성향분석, 성적사정, 교육의 산출 등을 분석하여 학교경영에 활용할 수 있으며, 나아가 이러한 분석자료를 토대로 학교경영 목표의 우선순위 결정, 인사관리, 진학사정, 사업별 재정 및 인력소요 판단 등 예측과 통제를 위한 정보를 제공받을 수 있다.

    ㉢ 특히, 교육경영에 있어 정보관리체제는 교육활동 분석, 자원소요 추정, 시설활용도 분석, 비용-효과 분석을 위한 체제와 관련된 요소의 데이터베이스 자료 등으로 나누어 하위체제로 구성하고 이들을 체계화할 경우 그 효과가 배증될 수 있다.

02 학급경영

❶ 학급경영의 이해

(1) 개관

담임교사가 교육목표 달성을 위해 교육활동을 계획·조직·실행하는 제반 활동을 의미하며, 그 궁극적 목적은 학년별 교육과정 목표 달성을 위한 생활지도와 교수·학습의 촉진이라고 할 수 있다.

(2) 학급경영의 특징

① 교수·학습활동이 효과적으로 이루어지도록 지원하기 위한 봉사적 활동이다.

② 학급사회는 동일 연령, 동일 수준의 학생들이 모여서 공동의 목적을 추구하는 동질사회이면서, 개인차와 학급차를 지닌 이질사회이다.

③ 학급사회는 순수한 우정으로 맺어진 동지적 사회이면서, 지역사회 안에서 학교와 가정을 연결하는 교량적 사회이다.

④ 학급경영의 주체는 학급 담임교사이며, 대상은 학급구성원이다.

⑤ 학급경영은 학교경영의 최하단위이며, 교수·학습활동의 단위조직이 된다.

(3) 학급경영의 예방적 활동

① 파악(with-it-ness) : 함께 함, 완전파악

　㉠ 교사가 교실의 모든 영역에서 어떤 일이 일어나고 있는지를 항상 알고 있고, 그 사실을 학생들이 언어적, 비언어적으로 알도록 하는 것 ⇨ "교사는 머리 뒤에도 눈이 있다."

　㉡ 교사가 교실 사정에 대해 잘 알고 있는 상태

　　예 잘못된 행동은 즉시 지적하기, 누가 문제를 일으켰는지 정확히 지적하기, 가장 심각한 위반행동에 먼저 대응하기

② 중첩(overlapping) : 동시처리

　㉠ 교사가 동시에 여러 가지 일을 할 수 있는 것을 말한다.

　　예 수업 내용을 설명하면서 주의집중을 안 하고 있는 아이에게로 다가가기

　㉡ 교사가 어느 하나에도 초점을 잃지 않고 동시에 두 가지 문제에 주의집중하는 교사의 능력을 말한다.

③ 파문효과(ripple effect) : 파급효과

　㉠ 작은 일탈 행위가 큰 행위로 발전하는 것으로 교사의 즉각적인 지각으로 행동의 증가를 막을 수 있는 것을 말한다.

　㉡ 우수한 교사는 일탈 행위가 일어나는 즉시 이를 지각할 수 있는 능력이 있고, 이는 문제 행위의 증가나 확산을 예방할 수 있다.

　　예 한 학생이 다른 학생의 공을 빼앗으려는 작은 사건이 큰 사건으로 확대될 수 있다. 교사가 사건의 발생 초기에 관찰이 가능하다면 이러한 작은 일탈 행위가 큰 행위로 발전되는 것을 막을 수 있다.

④ 원활함(smoothness) : 이동관리(movement management)

　㉠ 강의나 수업이 큰 문제 없이 시작부터 끝까지 진행되는 정도를 말한다.

　㉡ 원활함을 보여주는 교사는 학급활동을 효과적으로 연결하는 처리 절차를 밟는다. 수업은 논리적인 순서로 짜여 있고 필요한 수업자료가 준비되어 있으며 시종일관 원활하게 진행된다.

　㉢ 원활함을 가진 교사는 한 학생의 질문이나 행동으로 흐트러지거나 사소한 내용을 불필요하게 반복함으로써 수업이 산만해지는 것을 피한다.

⑤ 집단경계(group alerting)

　㉠ 수업시작 전에 한 명의 학생에게만 초점을 맞추기보다 학급 전체에 주의를 환기시키는 학급경영기술을 의미한다.

　㉡ 주의를 끌기 위해 학급 전체 둘러보기, 각자 그리고 한꺼번에 대답하도록 하기, 학생이 마음을 졸이게 한 후 과제를 제시하기 등의 기법이 있다.

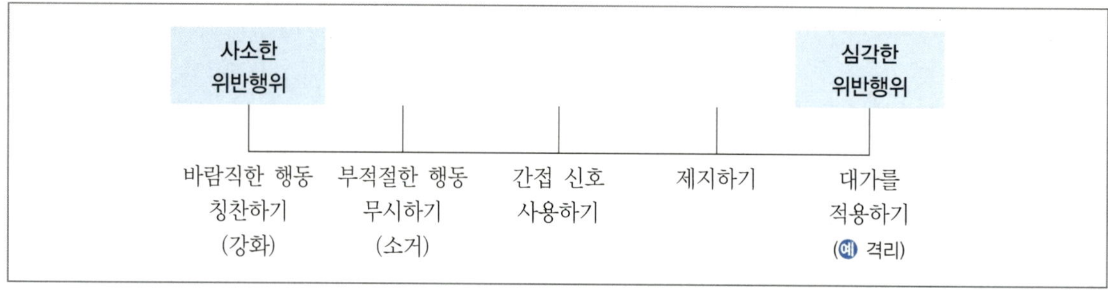

☑ 바람직하지 않은 행동에 대한 교사의 효과적인 개입전략

❷ 학급경영의 원리와 원칙 05 중등, 10 초등

(1) 학급경영의 원리

① **자유의 원리** : 학생의 인격을 존중하고 개성을 발전시켜야 한다. 즉, 학생의 발달에 대한 구속을 지양하고, 자연적 발달을 조장할 수 있는 여건을 제공해 주어야 한다.

② **협동의 원리** : 학급 집단의 안전과 이익을 위하여 협동생활을 할 수 있도록 지도해야 한다. 학업성적의 점수를 얻기 위해 필요 이상으로 경쟁을 조장해서는 안 된다.

③ **창조의 원리** : 학급 내외의 생활에서 과학하는 과정과 방법을 지도하고, 실제 활동에서 그러한 기회를 제공해야 한다.

④ **노작의 원리** : 학습활동이나 창의적 체험활동을 통해 유·무형의 창작물이 표현되고 실현될 수 있는 기회를 제공해야 한다.

⑤ **흥미의 원리** : 학습활동에 흥미를 가질 수 있도록 주변환경을 새롭게 조성하고, 자율적인 활동을 통해 성공감과 자신감을 맛볼 수 있는 조건을 제공해야 한다.

⑥ **요구의 원리** : 당면한 학생 및 가정의 요구, 사회의 요구 등을 찾아 교육적인 내용으로 충족시켜 주도록 한다.

⑦ **접근의 원리** : 학급에서 교사와 학생, 학생 상호 간에 서로 존경하고 인격적으로 대함으로써 개인과 학급이 발전될 수 있도록 지도해야 한다.

⑧ **발전의 원리** : 학급경영활동에 대한 지속적인 점검과 반성, 평가 등을 통해 학급이 보다 발전적인 방향으로 변화하도록 해야 한다.

(2) 학급경영의 원칙(원리)

① 교육적 학급경영

    ㉠ 모든 학급경영활동이 교육의 본질과 목적에 부합되도록 운영하라는 원칙이다.

    ㉡ 교육이 인간 성향의 가변성을 믿고 개인이 지닌 잠재력을 최대한 발전시키고자 하는 노력이듯, 학급경영도 학생 개개인의 인지적·정의적·신체적 능력을 최대로 개발하여 자아실현된 인간에 도달할 수 있도록 운영되어야 한다.

② 학생이해의 학급경영

    ㉠ 학급경영의 구상과 전개가 학생의 이해를 기반으로 이루어져야 한다는 원칙이다.

    ㉡ 효과적인 학급경영을 위하여 학생의 발달단계에 따른 제 특징과 학습능력 및 준비도, 그리고 집단역학과 사회적 심리의 이해를 근거로 학급의 제 활동이 구성되고 운영되어야 한다.

③ 민주적 학급경영   05 중등, 10 초등

    ㉠ 인간존중, 자유, 평등, 참여, 합의 등 민주주의 이념에 입각하여 학급을 경영하는 원칙이다.

    ㉡ 학급 구성원 개개인의 인격이 존중되고, 자유로운 학급분위기가 조성되며, 학생 스스로 결정할 수 있고 책임질 수 있는 자율적 행동을 조성하는 원리이다.

    ㉢ 학급은 민주주의적 학습의 장이라는 점에서 의의가 있다.

④ 효율적 학급경영

    ㉠ 효율적이고 능률적으로 학급을 운영하는 원칙이다.

    ㉡ 효율성(efficiency)은 학급의 자원을 경제적으로 사용하여 최대의 성과를 얻는 것을 말한다.

    ㉢ 학급자원을 경제적으로 사용하여 학급목표를 달성함과 동시에 학급구성원의 심리적 만족을 충족시키는 학급운영이 효율적인 학급경영이다.

권지수교육학 핵심요약집
핵심쏙쏙

생활지도와 상담

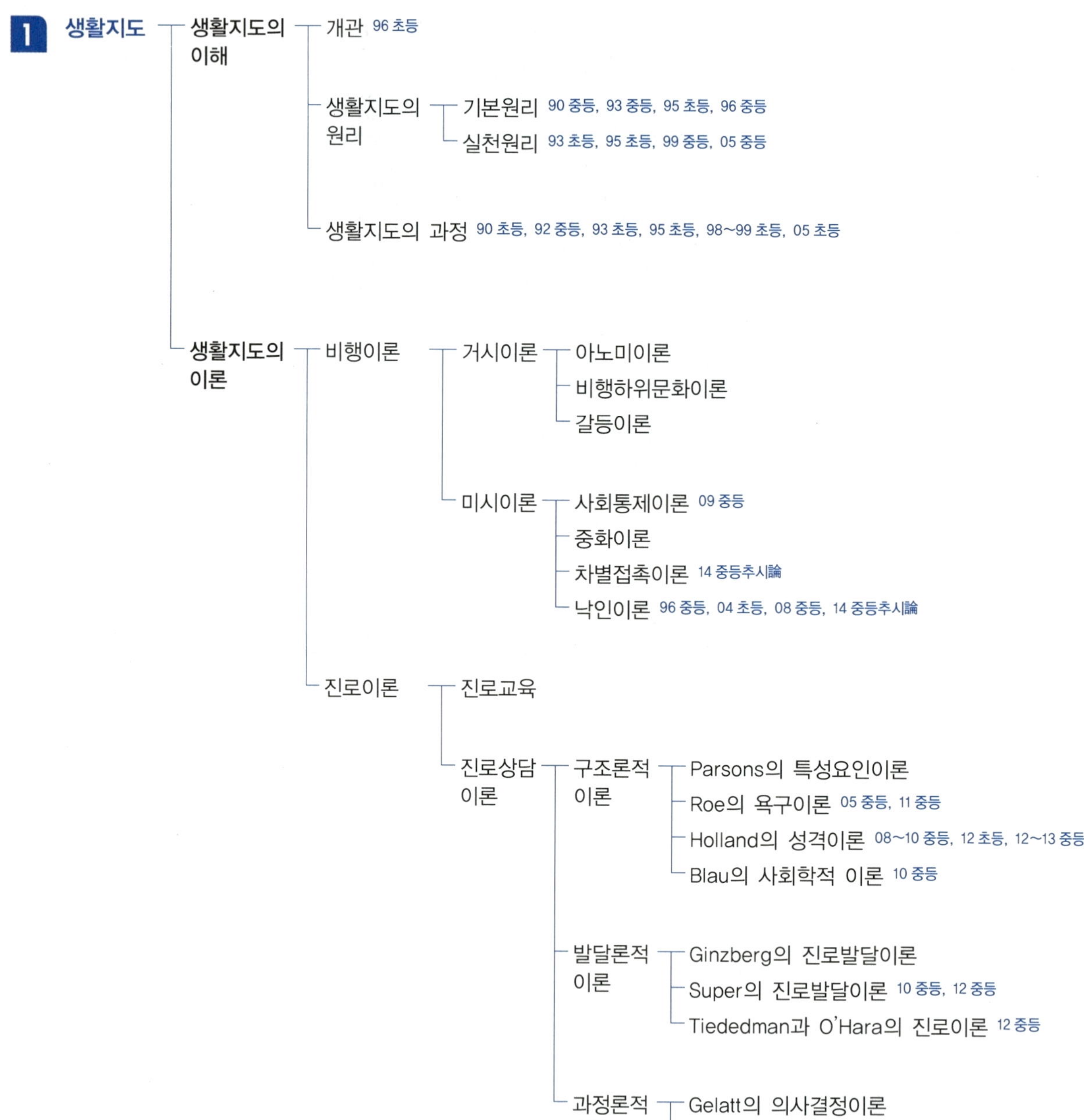

Thinking Map
생활지도와 상담
PART 06

1 생활지도

생활지도의 이해
└ 개관 96 초등
└ 생활지도의 원리
  ├ 기본원리 90 중등, 93 중등, 95 초등, 96 중등
  └ 실천원리 93 초등, 95 초등, 99 중등, 05 중등
└ 생활지도의 과정 90 초등, 92 중등, 93 초등, 95 초등, 98~99 초등, 05 초등

생활지도의 이론
└ 비행이론
  ├ 거시이론
  │ ├ 아노미이론
  │ ├ 비행하위문화이론
  │ └ 갈등이론
  └ 미시이론
    ├ 사회통제이론 09 중등
    ├ 중화이론
    ├ 차별접촉이론 14 중등추시論
    └ 낙인이론 96 중등, 04 초등, 08 중등, 14 중등추시論
└ 진로이론
  ├ 진로교육
  └ 진로상담이론
    ├ 구조론적 이론
    │ ├ Parsons의 특성요인이론
    │ ├ Roe의 욕구이론 05 중등, 11 중등
    │ ├ Holland의 성격이론 08~10 중등, 12 초등, 12~13 중등
    │ └ Blau의 사회학적 이론 10 중등
    ├ 발달론적 이론
    │ ├ Ginzberg의 진로발달이론
    │ ├ Super의 진로발달이론 10 중등, 12 중등
    │ └ Tiededman과 O'Hara의 진로이론 12 중등
    └ 과정론적 이론
      ├ Gelatt의 의사결정이론
      └ Krumboltz의 사회학습이론 11 초등

2 **상담활동**

─ **상담이해**
- 상담의 이해 96 초등, 08 중등, 10 초등
- 상담의 기본조건 91 중등, 99 초등추시·중등, 02~03 초등
- 상담의 상담기법 97~98 초등, 99 초등추시, 02 초등, 04 중등, 06~12 초등, 08~10 중등, 12 초등

─ **상담이론**

- 정신역동적 상담이론
  - Freud의 정신분석적 상담이론 10 중등, 12 중등
  - Jung의 분석심리학적 상담이론
  - Adler의 개인심리학적 상담이론 04 중등, 07 초등

- 행동중심 상담이론
  (행동주의 상담이론)
  94 초등, 99 초등추시,
  06 초등, 07~08 중등,
  11~12 중등, 14 중등추시論
  - Pavlov의 고전적 조건형성이론
  - Skinner의 조작적 조건형성이론
  - Bandura 사회적 인지학습이론

- 인지중심 상담이론
  (인지적 상담이론)
  - Williamson의 지시적 상담이론 00 중등
  - Ellis의 합리적·정서적 행동치료 00 초등추시, 02~03 중등, 03 초등, 05 초등, 08 초등, 10 중등, 12 중등
  - Beck의 인지치료 01 초등, 06 초등, 11 초등
  - Glasser의 현실치료 05~06 중등, 09~10 초등, 12~13 중등
  - Berne의 교류분석이론 01 초등, 12 초·중등

- 정서중심 상담이론
  (인본주의 상담이론)
  - Rogers의 인간중심 상담이론 91 중등, 93~94 초등, 99 초등보수, 00 초등, 01 중등, 02 초등, 03 중등, 06 초등, 10 중등, 12~13 중등, 14 중등추시論
  - Perls의 게슈탈트 상담이론 07~08 중등, 10~11 중등
  - Frankl의 실존주의 상담이론 94 중등

- 기타 상담이론
  - 해결중심 상담이론 08 중등, 10 초등, 12 초등
  - 집단상담
  - 학교상담

권지수교육학 핵심요약집

핵심쏙쏙

생활지도

Section 01

생활지도의 이해

01 생활지도의 원리

1 생활지도의 기본원리 90 중등, 93 중등, 95 초등, 96 중등

자아실현의 원리	• 생활지도는 모든 개인이 자아실현을 할 수 있도록 돕는 것이라야 한다. ⇨ 생활지도의 궁극적 목적 • 자아실현은 인간의 내적 동기를 인정하고 전인격적 발달을 통해서만 가능하다.
수용의 원리	• 학생 개인의 가치와 존엄성을 인정하고 한 인간으로서 존중하며 있는 그대로 받아들여야 한다. 일방적 지시나 억압, 명령을 배제한다. ⇨ 무조건적이고 긍정적 존중(C. Rogers) • 생활지도는 기본적으로 인간의 존엄성을 인정하고 모든 개인은 한 인간으로서 존중받아야 한다는 민주적 이념에서 출발한다.
인간관계의 원리	• 생활지도는 교사와 학생 사이의 참다운 인간관계가 형성될 때 가능하다. • 허용적인 분위기(rapport)를 조성하고, 학생을 진실하게 대하며 학생의 입장을 공감적으로 이해할 수 있어야 한다.
자율성 존중의 원리	• 생활지도는 학생의 성장을 조력하는 과정이므로 학생 스스로 문제를 파악하고 해결해 나갈 수 있도록 문제해결의 자율적 능력과 태도를 강조해야 한다. • 학생의 문제를 교사가 해결해 주는 것이 아니라 학생 자신의 자율적인 판단과 자발적인 활동을 강조한다.
적응의 원리	• 생활지도는 학생의 생활 적응을 돕는 과정이므로 학생 자신과 현실을 이해하고 생활에 능동적으로 적응할 수 있도록 해야 한다. • 현실에 순응하는 현실 순응적이고 소극적인 적응보다 개인의 능력과 인성을 계발하는 적극적이고 능동적인 적응을 강조한다.

2 생활지도의 실천원리 93 초등, 95 초등, 99 중등, 05 중등

전인성의 원리	생활지도는 개인의 생활영역 중 일부(예 도덕교육, 훈육)만을 다루는 것이 아니라, 개인의 전체적인 면, 즉 지·덕·체의 조화로운 발달을 도모하는 활동이어야 한다.
균등성의 원리	생활지도는 문제아나 부적응아만을 대상으로 하는 것이 아니라, 정상적인 모든 학생(재학생 및 퇴학생, 졸업생까지도 포함)을 대상으로 하는 것이어야 한다.
적극성의 원리	생활지도는 소극적인 치료나 교정보다는 적극적인 예방과 지도에 중점을 두어야 한다.
과학성의 원리	생활지도는 상식적 판단이나 임상적 판단에만 기초하지 말고 객관적인 방법과 자료에 기초하여야 한다(예 진학지도 : 학업성취도검사 결과, 적성검사 결과 등).

계속성의 원리	생활지도는 단 한 번의 지도로 끝나는 것이 아니라, 진급, 진학, 졸업, 취직 후에도 계속되어야 한다. ⇨ 사전(事前)조사활동 + 정치(定置)활동 + 추수(追隨)활동
협력성의 원리	생활지도는 담임교사나 상담교사는 물론 학교 전교직원과 가정 및 지역사회의 유기적인 연대와 협력이 필요하다.

02 생활지도의 과정(주요 영역) 90 초등, 92 중등, 93 초등, 95 초등, 98~99 초등, 05 초등

조사활동 (investigation service)	• 학생 개인의 이해에 필요한 기초적인 자료를 조사하고 수집하는 활동(⇨ '학생조사활동') • 가정환경, 학업성취도, 지능, 인성, 적성, 건강상태, 흥미, 장래희망 등 생활지도에 필요한 일체의 개인적 자료를 조사하고 수집 • 조사방법으로는 표준화 검사(예 지능검사, 적성검사, 학력검사, 성격검사, 흥미검사 등), 임상적 방법(예 관찰법, 면접법, 질문지법, 평정법, 사회성 측정법 등) 등이 일반적으로 활용
정보활동 (information service)	• 학생의 문제해결과 적응에 필요한 각종 자료와 정보를 제공하는 활동(⇨ '정보제공활동') • 학생들에게 제공되는 정보는 교육정보, 직업정보, 개인적·사회적 정보 등이 있음
상담활동 (counseling service)	• 생활지도에서 가장 중핵적인 활동 • 상담자와 내담자 간의 독특한 관계에서 상담과 상담의 기법을 통해 행해지는 개별적인 문제해결과정 • 상담은 전문적 조력의 과정이고, 학생의 문제해결뿐만 아니라 전인적 성장과 발달을 돕는 과정이며, 학습의 과정임
정치활동 (placement service)	• 상담결과를 이용하여 학생들을 적재적소에 배치하는 활동(⇨ '배치활동') • 교육적 정치활동(예 학교나 학과 선택, 동아리 활동의 부서 선택, 수준별 수업반 배정, 방과 후 활동 선택 등)과 직업적 정치활동(예 진로선택, 직업선택, 부업알선 등)으로 대별됨 🔔 위탁활동 상담자가 자기능력으로 해결할 수 없는 내담자의 문제를 전문기관에 맡기는 활동[예 주의력결핍과다행동장애(ADHD)를 겪고 있는 학생을 전문치료기관에 위탁] ⇨ 위탁활동은 정치활동과 구별됨
추수활동 (follow-up service)	• 정치 후 잘 적응하고 있는지 사후 점검하는 활동이면서, 생활지도의 프로그램 개선을 위한 정보를 수집하는 활동(⇨ '사후지도활동') • 전화, 면접, 관찰, 질문지, 방문지도 등의 방법을 활용

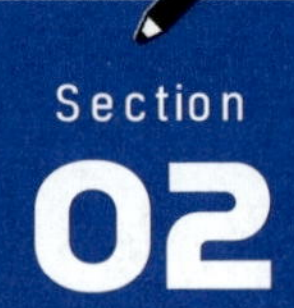

Section 02 생활지도의 이론

01 청소년 비행이론 96 중등, 04 초등, 08~09 중등, 14 중등추시論

① 거시이론

거시적 접근은 사회구조적 요인에 의해 비행이 발생한다고 하며, 사회구조에 의해서 발생된 욕구좌절 때문에 다양한 일탈적 적응방식이 생겨난다고 한다. 아노미이론, 비행하위문화이론, 갈등이론이 있다.

(1) 아노미이론 – Merton

① 비행 발생 원인 : 사회구조가 특정 사람에게는 정당한 방법으로 문화목표를 달성할 수 없게 되어 있어서 비행이 발생한다고 주장한다. 즉, 한 사회의 문화목표와 제도화된 수단 간의 괴리현상, 즉 아노미 때문에 비행이 발생한다고 본다.

② 5가지 적응유형

적응유형	문화목표	제도화된 수단	특징
동조형(순종형, confirmity)	수용	수용	문화목표와 제도화된 수단을 수용하는 사람들(열심히 노력해서 문화목표를 달성하려는 사람들) ⇨ 이상적 적응 방식 예 학교교육 의존 입시집착형
혁신형(개혁형, innovation)	수용	거부	문화목표를 수용하지만 제도화된 수단을 거부하는 사람들 ⇨ 대부분의 범죄(횡령, 사기, 강도, 절도, 탈세 등) 예 사교육 의존 입시집착형
의례형(관습형, ritualism)	거부	수용	문화목표는 거부하나 제도적 수단은 수용하는 사람들 ⇨ 절차적 규칙·규범만을 준수하고자 하는 무사 안일한 관료 예 무기력 학습형
도피형 (retreatism)	거부	거부	문화목표와 제도적 수단을 다 거부하는 사람들 ⇨ 약물중독자, 알콜중독자, 자살, 정신병, 학교 포기 청소년들이 해당 예 도피반항적 학습거부형
반역형(반발형, rebellion)	거부 (new)	거부 (new)	문화목표와 제도적 수단을 다 거부하면서 동시에 새로운 문화목표와 제도화된 수단으로 대체하려는 사람들 ⇨ 급진적 사회운동, 반문화, 히피 등 예 새로운 학습체제 구축형

(2) 비행하위문화이론 – Cohen

① 지배적인 가치가 중산층 기준에 의해 형성되어 있기 때문에 하류계층 자녀들은 상대적으로 불리한 입장에 처하게 되어 비행을 저지른다고 본다.

② 하류계층의 청소년들의 하위문화는 중산층의 지배문화에 대항하는 대응적 성격의 문화이다.

③ 코헨에 의하면, 미국사회는 지배문화가 중산층의 문화이며 중산층의 가치가 지배적 가치로 되어 있는데, 하류계층의 청소년의 경우에는 그들의 사회적 배경으로 인해 중산층의 기준에 의한 지위를 얻기가 상대적으로 곤란해진다. 따라서 이들은 지위욕구불만을 가지게 되며, 이러한 불만을 해결하기 위하여 중산층의 기준을 버리고 자신들에게 유리한 새로운 준거틀을 집단적으로 만든다는 것이다.

(3) 갈등이론 – Meier, Quinney

① 자본주의의 법과 정의는 자본가 계급에만 유리하기 때문에 자본가 계급과 노동자 계급 간의 갈등으로 인해 비행이 발생한다고 본다. 범죄나 비행의 원인을 정치적, 사회적 계급 구조에서 찾으려고 한다.

② 지배계급의 범죄(⑩ 기업범죄, 조직범죄)는 숨겨지고, 지배계급의 착취에 저항하는 노동자계급의 범죄는 낙인되어 드러나는 부도덕성이 자본주의적 행형제도의 특성이다.

❷ 미시이론

미시적 접근은 사회적 인간관계에 의해서 비행이 발생한다고 한다. 사회통제이론, 중화이론, 차별접촉이론, 낙인이론이 있다.

(1) 사회통제이론 – Hirschi 09 중등

① 비행은 비행성향을 통제해 줄 수 있는 사회적 유대(연대)가 약화될 때 발생한다고 본다. 사회적 유대(연대) 요소로는 애착, 전념, 참여, 신념 등을 꼽을 수 있으며, 사회적 유대 중 중요한 것은 가족, 학교, 지역사회의 유대이다.

② 사회적 유대(연대) 요소

애착 (attachment)	부모, 또래, 교사 등 의미 있는 타인과 정서적으로 밀착된 정도
전념 (집착, commitment)	사회적 보상이 높은 목표를 설정하고 설정한 목표를 달성하기 위해 끈기 있게 집착하는 것 ⑩ 미래의 직업을 얻기 위해 열심히 공부한다든가, 소명감을 가지고 종교적인 활동을 열심히 한다든가 하는 것
참여 (몰두, involvement)	관례적 활동에 투입하는 시간의 양 ⑩ 학생이 학업에 몰두한다, 주부는 가사일에 몰두한다, 직장인은 자기 업무에 몰두한다.
신념(belief)	사회적 규칙과 가치를 자신의 신념처럼 수용하는 것 ⇨ 내면화된 사회 통제

(2) 중화이론 – Sykes & Matza

① 비행청소년들은 자기의 행위가 나쁘다는 것을 알면서도 중화기술을 사용하여 죄의식 없이 비행을 저지른다고 본다.

② 청소년들은 인습가치(지배적인 문화)와 일탈가치 사이에서 표류하는 표류자(drifter)이다. 전통적인 비행이론은 대부분의 비행청소년들이 청소년 말기나 성인단계에 이르러 비행을 청산하고, 나이가 들어감에 따라 비행이 사라지는 표류(drift)현상을 설명하지 못한다. 표류는 사회의 통제가 느슨한 상황으로 전통적 비행이론에 따르면 대부분의 청소년들은 비행자가 되어야 한다. 그러나 실제는 비행을 저지르지 않는다. ⇨ 사회통제 무력화 이론, 표류(편류) 이론

Plus

중화기술

1. **책임의 부정** : 비행의 책임을 가정환경, 부모의 애정결핍, 빈곤, 친구 등 외적 요인으로 전가하고 자신은 잘못(책임)이 없다고 합리화하는 기술
   예 비행자가 친구 때문에 또는 부모의 애정결핍 때문이라는 외적 요인을 핑계로 삼아 자신의 책임을 부정한다.

2. **가해(피해발생)의 부정** : 자신의 행위로 피해를 본 사람이 없다고 합리화하는 기술
   예 그들은 그 정도의 피해는 감당할 만하다. 학교폭력의 가해자들이 그것은 단순한 장난이었다고 하거나, 물건을 훔치고 잠깐 빌린 거라고 생각하고, 집단 패싸움을 벌이고 단순한 다툼 또는 합의한 결투로 생각한다.

3. **피해자의 부정** : 자신의 행동은 일탈이 아니라 피해자가 응당 받았어야 할 정당한 행위라고 합리화하는 기술
   예 그들이 사태를 초래한 장본인이다. 절도범이 자신이 훔친 것은 부정축재자의 것이므로 자신의 범행은 분배적 정의의 실천이라고 생각한다. 상점의 물건을 훔치면서 가게 주인이 정직하지 못한 사람이라고 생각한다.

4. **비난자의 비난** : 비난자를 비난함으로써 자기의 일탈성을 중화한다.
   예 털어서 먼지 안 나는 사람은 없다. 선생님도 촌지를 받으면서 시험 중 부정행위로 적발된 학생이 교사를 특정 학생만 편애한다고 비난한다. 신호위반으로 적발된 운전자가 적발한 경찰을 비난한다. 어른들은 더 나쁜 일도 많이 하지 않는가라며 변명한다.

5. **대의명분에 호소(더 높은 충성심으로의 호소)** : 범죄를 저지른 학생이 자신의 행동을 또래집단에 대한 충성심이라고 생각한다.
   예 친구와의 소중한 우정을 지키기 위해 나쁜 일을 하게 되었다. 나는 동료들을 위해 그런 짓을 했다.

---

(3) 차별접촉이론 – Sutherland ⇨ 가장 많이 사용되는 이론 ^{14 중등추시論}

① 비행은 친밀한 집단 내에서 사회적 상호작용이나 모방을 통해 사회적으로 학습된 결과라고 본다.

② 모든 계층의 청소년들이 일탈집단을 직·간접적으로 자주 접하게 되면 일탈청소년이 될 수 있다.
   예 근묵자흑(近墨者黑)

(4) 낙인이론 – Lemert, Becker ⇨ 상징적 상호작용이론에 기초한 이론 99 중등, 04 초등, 08 중등, 14 중등추시論

① **개관**

㉠ **개념** : 타인이 자기 자신을 우연히 비행자로 낙인(labeling)찍었기 때문에 자기의 지위를 비행자로 규정하고 의식적·상습적으로 비행을 저지른다고 설명한다. 비행은 행위자의 내적 특성이 아니라 주위에서 비행자로 의미를 부여하며 만들어진다고 본다. 낙인을 찍는 것은 일종의 자기충족적 예언으로 작용하며, 본래 정상적인 사람도 주의의 잘못된 인식 등으로 실제로 일탈자가 될 수 있다고 본다.

> 철수가 장난삼아 던진 돌에 지나가던 아이가 중상을 입게 되었다. 이로 인해 철수는 경찰서에 신고 되고 비행청소년으로 취급되었다. 그 이후로 철수가 가졌던 자아정체감은 부정적으로 바뀌게 되었고, 결국은 일탈자가 되었다.

㉡ **의미 부여** : 비행행동은 객관적으로 일탈적인 것이 아니라 사람들에 의해 일탈행동 또는 일탈자로 규정되고 낙인찍힌 것뿐이라고 한다. 일탈자로 낙인찍히면 일탈자이고, 같은 행동을 한 사람도 일탈자로 낙인찍히지 않으면 일탈자가 아니다. 어떤 행동을 '일탈적'이라고 규정하는가에 대한 기준도 임의적인 것으로 어떤 집단의 사람에 의해서 규정된다.

② **낙인 과정(Hargreaves)** : 학생 유형화 과정 연구 ⇨ 교사에 의해 학생의 일탈행동이 형성되는 과정 연구

㉠ 모색 단계(추측 단계, speculation; 교사가 학생들을 만나 첫인상을 형성하는 단계) → ㉡ 명료화 단계(정교화 단계, elaboration; 첫인상이 실제와 같은지 확인하고 명료화하는 단계 ⇨ 가설검증 과정) → ㉢ 공고화 단계(고정화 단계, stabilization; 학생을 범주화하여 공고화하는 단계 ⇨ 학생의 정체성에 대해 비교적 안정된 개념을 가짐)

③ **낙인에 따른 교사의 차별적 기대** : 낙인에 따른 교사의 차별적 기대는 학생의 자기지각에 영향을 준다. 그래서 어떤 형태의 낙인을 하든지 자성예언(self-fulfilling prophecy) 효과를 만들어 낸다. 굿과 브로피(Good & Brophy)는 낙인에 따른 차별적 기대과정을 다음과 같이 설명한다.

㉠ 교사는 특정 학생에게서 특정한 행동과 학업성취를 기대한다.

㉡ 교사는 학생에 따라 다른 기대를 하기 때문에 다르게 행동한다.

㉢ 교사의 차별적 처치(treatment)는 각 학생에게 어떤 행동과 학업성취를 기대하는가를 말해주며, 학생의 자아개념과 성취동기 및 포부수준에 영향을 준다.

㉣ 교사의 처치가 시간이 흘러도 변함이 없고, 학생이 그것에 적극적으로 저항하거나 변화시키려고 하지 않으면, 교사의 처치는 학생의 학업성취와 행동을 형성하게 된다.

㉤ 시간이 흐름에 따라 학생의 행동과 학업성취는 본래 교사가 기대했던 것과 더 근접하게 맞아 들어가게 된다.

④ **일탈을 촉진하는 교사의 특징** : 특정 학생을 편애하는 경향, 공부를 못하거나 규율을 어기는 학생을 문제아라고 보는 고정관념 소유, 문제아를 가르치는 자신의 처지가 불쌍하다고 인식하는 경향, 가르치는 일이 지겨운 일이라고 생각, 학생과의 개별적인 만남과 접촉을 기피, 보수적인 '도덕주의'에 집착

⑤ **교육적 시사점** : 학교(교사)의 대응방식에 따라 이차적 일탈이 방지될 수 있거나 또는 야기될 수도 있다. 학교의 부주의한 징계 조치, 문제학생으로서의 유형화 및 차별적 취급 등은 자칫 문제학생을 일반 또래집단으로부터 고립시키고 일탈집단으로 몰아넣는 결과를 초래할 수 있다.

02 진로지도

❶ 진로교육(career education)

(1) 개념

① 개인이 자신의 진로를 현명하게 선택하고, 선택한 진로에 들어가서는 계속 발전해 나갈 수 있도록 돕는 과정
② 평생교육의 차원, 제4차 교육과정 때부터 교육과정에 도입
③ 2009 개정 교육과정 때부터 중학교 '선택'교과에 「진로와 직업」 교과 도입

(2) 진로교육의 과정

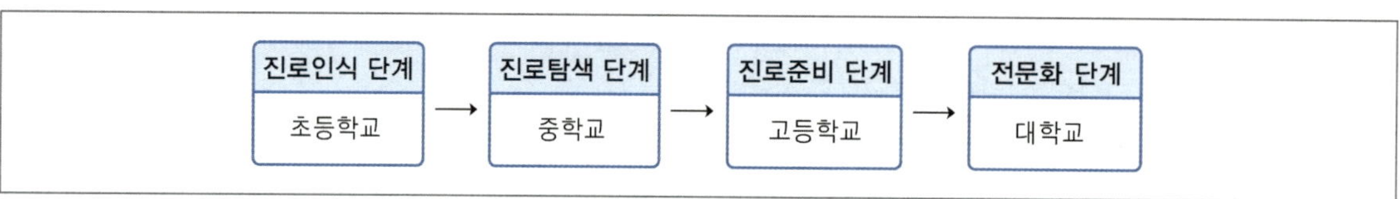

❷ 진로상담이론

개념 쏙쏙

진로상담이론의 접근방법

1. **구조론적 접근(이론)** : 개인의 심리적 특성 중에서 특별히 성격(성격구조)과 직업의 특성 간에 관련이 깊거나 상응하는 연결 구조를 강조한다. 📍 특성요인이론, Roe의 욕구이론, Holland의 성격이론, Blau의 사회학적 이론

2. **발달론적 접근(이론)** : 직업선택이나 진로발달이 전 생애에 걸쳐 이루어진다고 본다. 이 점은 직업선택을 일회적인 행위로 보는 특성요인이론과 구별되며, 진로선택요인에 있어 특성(trait)보다는 자아개념을 더 중시한다.
   📍 Ginzberg의 진로발달이론, Super의 진로발달이론

3. **과정론적 접근(이론)** : 개인의 특성이나 직업 간의 연결 관계보다는 진로선택이나 진로결정의 과정에 주목하고 있는 이론이다.
   📍 Gelatt의 의사결정이론, Krumboltz의 사회학습이론

(Ⅰ) 구조론적 이론

특성요인이론
(trait and
factor theory)
	• 개념 : 흥미나 능력, 적성 등 개인적 특성이 바로 직업의 특성과 일치하기 때문에 직업을 선택한다는 이론이다.
	• 대표자 : 파슨스(Parsons), 윌리엄슨(Williamson), 헐(Hull) 등
	• 특징
	  – 과학적 측정방법을 통해 개인의 특성(trait)을 식별하여 직업 특성에 연결시키는 것을 핵심으로 한다.
	  – 개인의 특성(trait)에 대한 객관적 자료와 직업의 특성에 관한 자료를 중시한다.
	  – 개인의 특성과 직업의 요구 간에 연결이 잘 될수록 개인적인 만족과 성공적인 직업수행의 가능성이 커진다.
	• 진로상담과정 6단계 : 분석(학생에 관한 자료를 수집하여 학생의 개인적 특성을 파악) → 종합(수집된 자료를 종합하여 학생의 특성을 총체적으로 이해) → 진단(학생이 당면하고 있는 진로선택의 문제점을 진단) → 예측(가능한 대안의 검토 및 결과 예측) → 상담(최선의 대안을 선택하고, 직업적 성공을 위한 준비나 대책을 마련할 수 있도록 도움을 줌) → 추수지도
	• 한계 : 각 발달단계에서 특성을 어떻게 지속적으로 측정 및 고려할 수 있는지의 한계는 남는다.

욕구이론
(need theory)
05 중등, 11 중등
	• 개념
	  – 매슬로우(Maslow)가 제시한 욕구단계론을 기초로, 개인의 욕구가 직업선택에 큰 영향을 미친다는 이론이다(즉, 개인의 욕구를 충족시켜주는 직업을 선택한다는 것이다). 개인의 욕구는 아동기에 부모의 양육방식에 영향을 받는다고 본다. 이에 따르면, 직업 선택은 부모와 자녀의 관계(부모의 양육방식)에서 형성된 개인의 성격과 욕구구조에 의해 결정된다고 본다.
	  – 직업에 대한 만족도는 그 직업이 얼마나 개인의 욕구를 잘 충족시켜 주는지에 달려 있다.
	    📌 **예** 부모가 자녀에게 애착이 강하면 인간지향적 성격이 형성되고 자녀는 인간지향적 직업(**예** 서비스직, 비즈니스직, 예능직 등)을 선택함. 부모가 자녀에게 무관심하거나 거부적일 때 비인간지향적 성격을 형성하고 비인간지향적 직업(**예** 기술직, 과학직 등)을 선택함
	• **직업선택에서 인성요인** : 로우(Roe)는 인성의 요인이 직업선택의 주요 변인이라고 보고 어렸을 때의 부모-자녀 관계의 상호작용에서 주요 인성적 차이를 형성한다고 보았다.
	• **직업선택에서 욕구요인** : 로우(Roe)는 직업들을 흥미에 기초해 총 8가지의 직업군으로 구분하고 책무성에 기초해 6가지 수준으로 나누었는데, 어떤 직업 분야 내에서 선택되는 수준은 개인의 욕구강도에 따라 결정된다고 한다. 욕구강도는 유전적 요소와 무의식적인 욕구충족방법과 같은 요소들로 구성되며, 개인의 지능수준과 사회-경제적 배경에 의해 영향을 받는다.
	• 대표자 : 로우(Roe), 호포크(Hoppock)
	• 부모의 양육방식과 직업지향성에 대한 가설
	
	표 아래 참조

부모의 양육방식(부모 – 자녀의 상호작용 유형)		성격 지향성	직업 지향성
정서집중형 (자녀에 대한 애착)	**과보호형** : 과잉보호적 분위기 ⇨ 자녀를 지나치게 보호함으로써 자녀에게 의존심을 키워준다.	인간지향적인 성격 형성	인간지향적 직업 선택 ⇨ Ⅰ. 서비스직, Ⅱ. 비즈니스직, Ⅲ. 단체직, Ⅶ. 일반문화직, Ⅷ. 예능직
	과요구형 : 과잉요구적 분위기 ⇨ 자녀가 남보다 뛰어나고 공부를 잘하기를 바라므로 엄격하게 훈련시키고 무리한 요구를 한다.		
수용형 (자녀 수용)	**애정형** : 애정적 분위기 ⇨ 온정적이고 관심을 기울이며 자녀의 요구에 응하고 독립심을 길러준다. 또 벌을 주기보다는 이성과 애정으로 대한다.		

회피형 (자녀 회피)	무관심형 : 무관심한 분위기 ⇨ 자녀를 수용적으로 대하지만 욕구나 필요에 대해 그리 민감하지 않다. 또 자녀에게 어떤 것을 잘 하도록 강요하지 않는다.	비인간지향적 성격 형성	비인간지향적 직업 선택 ⇨ Ⅳ. 기술직, Ⅴ. 옥외활동직, Ⅵ. 과학직
	방임형 : 무시적 분위기 ⇨ 자녀와 별로 접촉하려고 하지 않으며 부모의 책임을 회피하려고 한다.		
	거부형 : 거부적 분위기 ⇨ 자녀에게 냉담하여 자녀가 선호하는 것이나 의견을 무시한다. 또 부족한 면이나 부적합한 면을 지적하며 자녀의 욕구를 충족시켜 주려고 하지 않는다.		

- 한계
  - 실증적인 근거의 결여
  - 검증의 어려움
  - 진로상담을 위한 구체적인 절차의 부재

- 홀랜드(Holland)의 성격(인성)이론(RIASEC 6각형 모델) : 홀랜드(J. Holland)의 성격(인성)이론에서는 성격유형과 직업환경을 각각 6가지로 분류하고, 개인의 성격유형에 맞는 직업 환경을 찾아야 한다고 본다. 홀랜드는 개인의 성격유형이 직업선택에 중요한 영향을 미친다고 보았다. 즉, 사람들은 자기의 성격유형을 표출할 수 있는 직업환경을 선택한다고 보고, 6가지 성격유형과 직업환경유형을 제시하였다. 따라서 개인의 성격유형과 직업환경과의 패턴을 알면 직업선택, 직업전환, 직업적 성취, 역량, 직업만족도 등에 대해 예측이 가능하다. 개인의 성격유형과 흥미분야를 발견하고 그것을 발휘할 수 있는 직업을 찾도록 하는 것이 진로지도의 기본이다(예 홀랜드의 직업흥미검사).
- 직업적 성격유형(직업환경)과 성격 특성

직업적 성격유형	직업적 성격 특성 (선호하는/싫어하는 직업적 활동)
실재형 (현실적, Realistic)	기계를 만지거나 조작하는 것을 좋아하며, 몸을 움직이는 활동을 선호한다. 그러나 교육적인 활동이나 치료적인 활동은 좋아하지 않는다. 예 기술자, 운동선수, 정비사(기계·전기기사), 자동차 및 항공기 조종사, 엔지니어 등
탐구형 (지적, Investigate)	탐구심이 많고 논리적·분석적이며, 정확하고 지적 호기심이 많으며, 체계적인 활동을 선호한다. 그러나 사회적이고 반복적인 활동에는 관심이 부족하다. 예 과학자, 생물학자, 물리학자, 화학자, 인류학자, 사회학자, 의사 등
예술형 (심미적, Artistic)	변화와 다양성을 좋아하고, 자유롭고 창의적인 활동을 선호한다. 그러나 체계적이며 구조적인 활동에는 흥미가 없다. 예 예술가, 작곡가, 음악가, 미술가, 무용가, 디자이너, 연예인(배우), 소설가, 작가 등
사회형 (사회적, Social)	다른 사람들과 어울리는 것을 좋아하고, 다른 사람들을 도와주는 활동을 선호한다. 그러나 도구와 기계를 포함하는 질서정연하고, 체계적인 활동에는 흥미가 없다. 예 교사, 상담사, 사회복지사, 간호사, 언어치료사 등
설득형 (기업형, Enterprising)	지도력과 통솔력이 있으며, 말을 잘하고(설득적이며), 다른 사람들을 관리하는 활동을 선호한다. 그러나 관찰적·상징적·체계적 활동에는 흥미가 없다. 예 기업인, 정치가, 법조인, 영업사원, 관리자 등

성격이론
(personality theory)
08~09 중등,
12 초등, 12~13 중등

관습형 (전통적, Conventional)	계획에 따라 자료를 기록·정리·조직하는 활동을 좋아하며, 계산적인 능력을 발휘하는 활동을 선호한다. 그러나 창의적·자율적이며 모험적, 비체계적인 활동에는 매우 혼란을 느낀다. 예 회계사, 은행원, 경리사원, 사서, 법무사 등

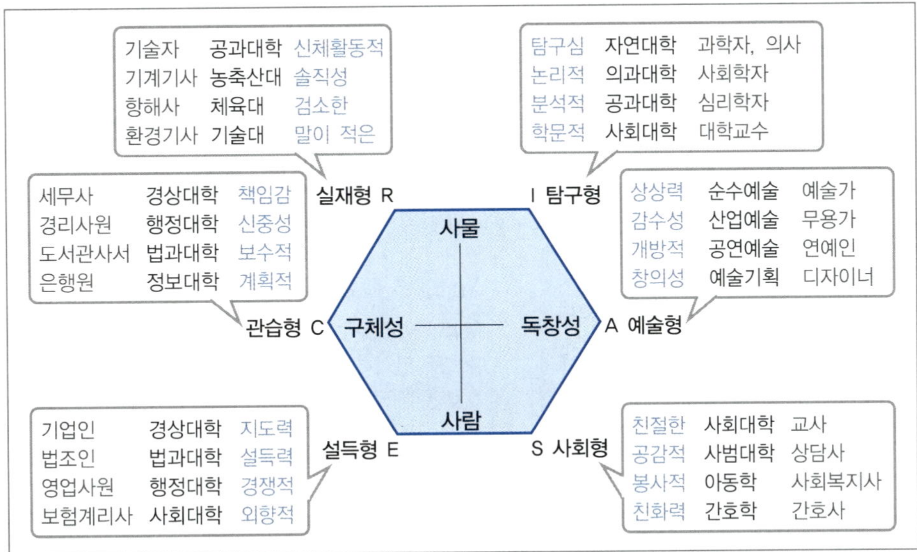

- 한계
  - 성격만 주로 강조되어 다른 중요한 개인적, 환경적 요인 경시
  - 진로상담에 적용할 수 있는 구체적인 절차를 제공하지 못함
  - 성격요인을 중시하면서도 성격의 발달과정에 대한 설명이 드러나지 않음
  - 자신의 성격에 맞지 않는 직업환경을 선택했을지라도 자신의 특성이나 환경을 바꿈으로써 직업적 수행을 잘 해나갈 가능성을 무시하고 있음
  - 홀랜드 모형의 측정 검사도구에 성적 편견이 내재되어 있음(예 실재형이나 탐구형에 여성적 직업 배제, 사회형이나 관습형에 여성적 직업 많이 나열)

사회학적 이론
(sociological theory)
10 중등

- **개념** : 가정, 학교, 지역사회 등의 사회적 요인이 직업선택에 큰 영향을 미친다고 본다. 개인을 둘러싼 사회·문화적 환경이 개인의 행동에 영향을 미친다는 사회학적 지식을 바탕으로 생성된 이론이다.
- **특징** : 이 이론의 특징은 개인이 통제할 수 없는 요인들이 직업선택에 중요한 영향을 끼친다는 것이다. 그만큼 개인의 직업선택의 재량권은 다른 이론에서 가정하는 것보다 훨씬 적다. 이 이론에 따르면, 문화나 인종의 차이에 비해 개인이 속해 있는 사회계층이 개인의 직업적 야망에 큰 영향을 미친다고 한다. 개인의 사회계층에 따라 개인은 교육정도, 직업포부수준, 지능수준 등이 다르며 이런 사회경제적 요인들이 진로 발달에 영향을 미친다. 특히 부모는 자녀의 진로선택에 중요한 영향을 주는 것으로 간주한다. 따라서 진로상담을 할 때는 내담자 가정의 사회·경제적 지위, 가정의 영향력, 학교, 지역사회, 압력집단, 역할지각 등을 고려해야 한다고 제언한다.
- **대표자** : 블라우(Blau), 홀링쉐드(Hollingshead), 폼(Form) 등

(2) 발달론적 이론

진즈버그 (Ginzberg)의 진로발달이론		• **개념** : 직업선택이란 삶의 어느 한 시기에 이루어지는 일회적인 사건이 아니라, 장기간에 걸쳐 발달하는 일련의 의사결정이라고 본다. 발달단계 초기에 이루어지는 선택과정은 개인의 흥미, 능력, 가치관에 좌우되지만, 나중에는 이 요인들과 외부적인 조건이 함께 타협됨으로써 직업선택이 이루어진다. 타협을 진업선택의 본질적 측면으로 본다. • 진로발달단계
	환상기 (6~10세)	직업선택에서 자신의 능력이나 가능성, 현실여건 등을 고려하지 않고 욕구를 중시하며, 무엇이든 하고 싶고 하면 된다는 식의 환상 속에서 비현실적인 선택을 하는 경향이 있다.
	잠정기 (11~17세)	• 직업선택에서 개인의 흥미, 능력, 가치(가치관)를 고려하지만, 현실여건을 고려하지 않는 비현실적인 시기에 해당한다. ⇨ 청소년 초기 단계 • 흥미단계 → 능력단계 → 가치단계 → 전환단계의 하위단계로 진행 　− 흥미단계(11~12세) : 자신의 흥미나 취미에 따라 직업을 선택함 　− 능력단계(12~14세) : 자신의 능력을 시험해 보고자 하며, 이 세상에는 다양한 직업이 있고, 직업에 따라 보수나 교육·훈련 유형도 각기 다르다는 사실을 처음으로 인식하게 됨 　− 가치단계(15~16세) : 직업선택 시 다양한 요인을 고려해야 함을 인식함. 자기가 좋아하는 직업에 관련된 모든 정보들을 알아보며, 그 직업이 자신의 가치관 및 생애목표에 부합하는지 평가해 봄 　− 전환단계(17~18세) : 점차 주관적 요소에서 현실적인 외부요인으로 관심을 전환함
	현실기 (18세~)	• 자신의 흥미, 능력, 가치뿐만 아니라 직업의 요구조건, 교육기회, 개인적 요인 등과 같은 현실요인을 고려하고 타협해서 결정함 ⇨ 현실적으로 직업을 선택하는 시기, 청소년 중기 단계 • 탐색단계 → 구체화 단계 → 특수화(전문화) 단계로 진행 　− 탐색단계 : 직업을 탐색하고 직업에 필요한 교육과 경험을 쌓으려고 노력 　− 구체화 단계 : 직업목표를 구체적으로 정하고, 자신의 결정에 관련된 내적·외적 요소를 종합 　− 특수화 단계 : 자신의 결정을 더욱 구체화시키고, 더욱 세밀한 계획을 세움
수퍼(Super)의 진로발달이론 10 중등, 12 중등		• **개념** : 직업발달 과정에서 본질적인 역할을 하는 것이 자아개념(self-concept)이라고 본다. 인간은 자아개념(이미지)과 일치하는 직업을 선택하며('나는 이런 사람이다.'라고 느끼고 생각하던 바를 살릴 수 있는 직업을 선택), 이런 의미에서 직업선택은 자아개념의 실행이라고 본다. 개인의 직업발달의 과정은 자아실현과 생애발달의 과정으로 본다. 진로발달은 인간의 전 생애에 걸쳐서 이루어지는 연속적인 과정으로 보고, 진로발달 5단계를 제시하였다. 진로문제(직업선택 문제)가 발생하는 원인은 자아개념의 발달수준과 진로성숙도가 낮기 때문이라고 본다. ⇨ 진즈버그의 발달이론을 비판하고 보완한 발달이론 • 수퍼의 진로발달 요인과 기본 가정

진로발달요인	기본 가정
개인차	각 개인은 흥미와 능력, 성격이 모두 다르다.
다양한 가능성	개인차에 의해 각 개인은 다양한 직업에 어울리는 자격을 갖추게 된다.
직무능력의 유형	각 직업은 특정한 능력과 성격 특성을 요구한다.
진로유형	진로유형은 부모의 사회경제적 수준, 지적 능력, 교육 등에 의해 결정된다.
직무만족	직업만족도는 자아개념을 실행할 수 있는 정도에 비례한다.

• 진로발달단계 : 생애진로 무지개

성장기 (~14세)	• 초기에는 욕구와 환상이 지배적이나 점차 흥미와 능력을 중시 • 환상기 → 흥미기 → 능력기로 진행 　－ 환상기(4~10세) : 욕구가 지배적이며 환상적 역할수행이 중시됨 　－ 흥미기(11~12세) : 진로결정에 흥미가 주요한 요인이 됨 　－ 능력기(13~14세) : 능력을 중시하면서 진로를 선택함
탐색기 (15~24세)	• 학교활동, 여가활동 등을 통해 자아를 검증하고 역할을 수행하며 직업탐색을 시도 • 잠정기 → 전환기 → 시행기로 진행 　－ 잠정기(15~17세) : 자신의 욕구, 흥미, 능력, 가치, 직업기회 등을 고려하여 잠정적으로 진로선택 　－ 전환기(18~21세) : 자아개념이 직업적 자아개념으로 전환되는 시기 ⇨ 취업에 필요한 훈련, 교육 등을 받으며 자신의 자아개념을 확립하려고 함. 자신의 자아개념을 실천하려고 함에 따라 현실적 요인을 중요시하게 됨 　－ 시행기(22~24세) : 적합하다고 판단한 직업을 시행하며 적합 여부를 시험함, 자신에게 적합해 보이는 직업을 선택해서 최초로 직업을 가지게 됨
확립기 (25~44세)	• 자신에게 적합한 분야에 종사하고 삶의 기반을 잡으려고 노력 • 시행기(정착기) → 안정기로 진행 　－ 시행기(25~30세) : 자신이 선택한 일이 적합하지 않을 경우, 적합한 일을 발견할 때까지 반복하여 변화를 시도함 　－ 안정기(31~44세) : 진로유형이 분명해지고 안정되는 시기(안정된 위치를 굳히기 위해 노력하며, 안정과 만족감, 소속감, 지위 등을 갖게 됨)
유지기 (45~65세)	안정 속에서 자신의 위치를 확고히 하고 유지하려는 시기
쇠퇴기(66세~)	직업전선에서 은퇴하여 다른 활동을 찾는 시기

• 발달이론의 교육적 함의
　－ 개인의 진로발달이란 전 생애기간에 이루어지는 연속적인 과정이기 때문에 진로상담의 최종목표를 직업선택으로 제한해서는 안 된다.
　－ 개인의 진로성숙도를 분석하여 진로성숙의 취약한 하위분야들을 보완할 수 있는 구체적 진로발달 프로그램의 개발과 적용이 필요하다.
　－ 지나치게 자아개념을 강조하고 있다는 비판을 받는다.

티이드만과 오하라
(D. Tiedeman &
R. O'Hara)의
진로이론
12 중등

• 개념
　－ 진로발달(직업발달)이란 직업 자아정체감(vocational identity)을 형성해 나가는 계속적 과정이며, 직업 자아정체감은 의사결정을 되풀이하는 과정에서 성숙된다. 직업 자아정체감이란 개인이 자신의 제반 특성을 정확히 파악하고 자신의 자아를 실현시킬 수 있는 일이 무엇인가에 대한 나름대로의 생각 또는 인식을 말한다. 티이드만과 오하라는 진로발달은 교육 또는 직업적 추구에 있어서 개인이 나아갈 방향을 선택하고, 선택된 방향에 들어가서 잘 적응하고자 발전하는 과정에서 이루어지는 자아의 발달로 개념화하고 있다.
　－ 진로발달은 직업 자아정체성을 형성하는 과정으로 정의하며, 연령과 관계없이 의사결정을 통해 직업의식이 발달한다.

<table>
<tr>
<td></td>
<td>

• 예상기(anticipation)
- **탐색기** : 자신의 능력과 여건을 예비평가하여 가능한 목표를 탐색함
- **구체화기** : 자신의 가치관, 보수나 보상 등을 고려하여 개인의 진로를 구체화함
- **선택기** : 자기가 하고 싶어 하는 일을 선택하고, 자신에게 맞지 않은 진로를 탈락시킴
- **명료화하기** : 결정된 진로에 대해 분석, 검토하고 명료하게 결론을 내림
• 실천기
- **적응기** : 선택한 조직(직장) 내에서 인정과 승인을 받기 위해 노력하며, 새로운 상황에 수용적인 자세로 임함
- **개혁기** : 인정을 받게 되면 자신의 의견이나 주장을 강하게 드러냄(자신에게 맞지 않은 부분에 대해 조직을 개혁하고자 하는 마음이 있는 시기)
- **통합기** : 개인의 욕구와 조직의 욕구를 타협하고 통합하는 시기. 개인은 집단의 일원으로서 원만하게 생활해 가면서 직업적 자아개념을 발달시키게 되는데, 이것은 분화와 통합의 과정을 통한 역동적인 평형화 과정이다.

</td>
</tr>
</table>

(3) 과정론적 이론

<table>
<tr>
<td>

**젤라트(Gelatt)의
의사결정이론**

</td>
<td>

• **개념** : 개인의 진로는 환경의 영향을 받는 것이 아니라, 개인 스스로가 합리적으로 최적의 환경을 선택해 간다고 본다. 직업선택의 기본원리는 의사결정과정과 같으며, 의사결정의 단계는 다음과 같다. ㉠ 목적의식, ㉡ 정보수집, ㉢ 가능한 대안의 열거, ㉣ 각 대안의 결과 예측, ㉤ 각 대안의 실현가능성 예측, ㉥ 가치평가, ㉦ 의사결정, ㉧ 평가 및 재투입
• **대표자** : 젤라트(Gelatt), 로스(Roth), 힐튼(Hilton)

</td>
</tr>
<tr>
<td>

**크럼볼츠
(Krumboltz)의
사회학습이론**
11 초등

</td>
<td>

• **개념** : 진로결정은 학습된 기술로서, 유전적 요인과 특별한 능력, 환경적 조건과 사건, 학습경험, 과제접근기술과 같은 진로결정요인들의 상호작용의 결과라고 본다. 이 이론은 고전적 행동주의 이론, 강화이론, 인지적 정보처리 이론에 기초하고 있다.
• **대표자** : 크럼볼츠(Krumboltz), 젤라트(Gelatt)
• **진로결정에 영향을 주는 요인 4가지(진로결정요인)**
- **유전적 요인과 특별한 능력**(genetic endowments & special abilities) : 이는 개인의 진로기회를 제한하는 타고난 특질을 말함
  - 예 인종, 성별, 신체용모, 성격, 지능, 예술적 재능 등 직업이나 교육선택에 영향을 미칠 수 있는 요인
- **환경적 조건과 사건**(environmental conditions & events) : 환경에서의 특정한 사건이 활동, 진로선호, 기술개발 등에 영향을 미친다는 것
  - 예 취업 및 훈련 기회(취업 가능한 직종의 내용, 교육훈련이 가능한 분야), 직업·취업구조, 사회정책·노동정책(노동법 포함), 교육제도, 가정의 영향, 이웃과 지역사회의 영향 등 환경에서의 특정한 사건
- **학습경험**(instrumental learning experiences) : 개인이 과거에 학습한 경험은 현재 또는 미래의 교육적, 직업적 의사결정에 영향을 미친다는 것. 진로결정과 관련된 과거의 학습경험으로 도구적, 연상적, 대리적 학습경험이 있음(도구적 학습경험 : 어떤 행동에 대해 정적 또는 부적 강화를 받을 때 나타남 / 연상적 학습경험 : 이전의 중립적 사건이나 자극을 비중립적 사건이나 자극과 연결시킬 때 일어남, 중립적 사건이나 자극을 정서적으로 받아들이는 사건이나 대상으로 연상할 때 일어남 / 대리적 학습경험 : 타인의 행동을 관찰, 모방할 때 나타남)
- **과제접근기술**(task approach skills) : 개인이 환경을 이해하고 그에 대처하며 미래를 예견하는 능력이나 경험으로, 유전적 요인, 환경적 조건이나 사건, 학습경험 간의 상호작용의 결과로 나타남. 문제해결기술, 일하는 습관, 정보수집능력, 감성적 반응, 인지적 과정 등이 포함됨

</td>
</tr>
</table>

상담활동

Section 01 상담활동의 이해

01 상담의 기본조건 91 중등, 99 중등 · 초등추시, 02~03 초등

수용 (acceptance)	• 내담자를 한 인간으로서 존중하고 있는 그대로 받아들이는 것 ⇨ "무조건적이고 긍정적 존중"(C. Rogers) • 내담자의 행동, 감정, 태도 등이 긍정적인 것이든 부정적인 것이든 하나의 사실로 그대로 수용해야 한다.
공감적 이해 (empathetic understanding)	• 상담자가 내담자의 입장에서 마치 내담자인 것처럼(as if) 이해하는 것 ⇨ "감정이입적 이해"(동정 ×), 내담자의 감정에 빠져들지 않으면서 내담자의 감정을 자신의 감정처럼 느끼는 것 • 상담자는 내담자가 표현하는 말뿐만 아니라 그 이면에 숨겨진 내담자의 감정, 신념까지 포착할 수 있어야 한다. • 상담자에게 '제3의 귀(The Third Ear)', '제3의 눈(The Third Eye)'이 요구된다. 예 내담자 : 우리 아빠는 나만 보면 야단치세요. 　　상담자 : 아빠가 너만 미워하시는 것 같아 속상하구나.
진실성 (일치성, 솔직성, genuineness, congruence)	• 상담자는 내담자를 순수하고 진실하며 정직하게 대해야 하며, 가면이나 역할연기에 얽매여 있어서는 안 된다. 또, 내담자와의 관계에서 상담자가 자신의 경험이나 감정을 솔직하게 표현해야 한다. 넓은 의미에서 경험, 인식, 의사소통 등이 모두 일치(합치)해야 한다. • 상담자의 진실성은 내담자의 진실성을 촉진하는 기폭제 역할을 한다.
신뢰 (래포 형성, trust)	• 내담자가 상담자를 믿는 것 • 신뢰가 형성되기 위해서는 래포(rapport), 즉 상담자와 내담자 간 믿을 수 있는 친밀한 분위기가 형성되어야 한다.

02 상담의 상담기법 97~98 초등, 99 초등추시, 02 초등, 04 중등, 06~10 초등, 08~09 중등, 12 초등

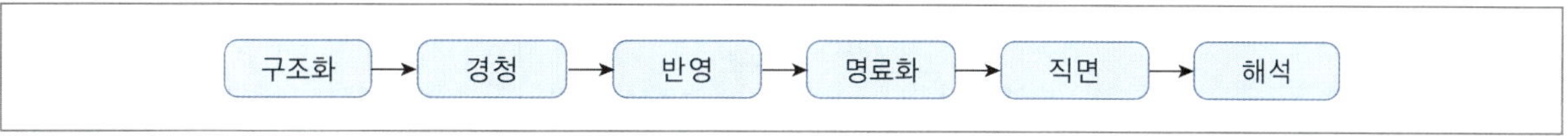

구조화 (structuring) 07 초등, 10 초등	• 개념 : 상담의 시작단계에서 상담자가 상담과정의 본질, 제한조건 및 방향에 대하여 정의를 내려 주는 것 예 상담에 적극 참여하기, 약속 시간 준수하기, 상담 연기 방법, 상담교사에게 연락하는 방법, 상담실 이용방법, 상담 기간과 횟수, 앞으로 기대되는 효과 등 • 기능 : 상담의 방향이나 초점을 잃지 않게 하며 상담을 효율적으로 진행할 수 있게 함 학생 : 상담실에는 매일 와야 해요? 교사 : 상담은 보통 1주일에 한 번 하는데, 필요하다면 더 자주 할 수도 있단다.
경청 (listening)	• 개념 : 내담자의 말과 행동에 상담자가 선택적으로 주목하는 것(언어적 + 비언어적 반응) ⇨ 상담자가 경청을 할 때 적극적으로 선택하여 듣는 것만이 중요한 것은 아니다. 상담자는 자신이 내담자의 말을 주목하여 듣고 있음을 전달해 줄 필요도 있다. 예컨대, 상담자는 내담자가 말할 때 진지한 관심이 있음을 나타내는 눈길을 보냄으로써 그와 함께 하고 있음을 알려야 한다. • 기능 : 내담자에게 생각이나 감정을 자유롭게 표현할 수 있게 북돋아 주며, 자신의 방식으로 문제를 탐색하게 하며, 상담에 대한 책임감을 느끼게 함
반영 (reflection of feeling) 02 초등, 04 중등, 10 중등	• 개념 : 내담자의 말과 행동에서 표현된 기본적인 감정을 상담자가 다른 참신한 말로 부언해 주는 것이다. 내담자의 말을 그대로 되풀이하는 것('재진술')이 아니라, 그 내용의 밑바탕에 흐르고 있는 감정을 파악하는 것이 중요하다. 상담자는 내담자가 자신의 감정을 알아차리고 경험하게 함으로써 문제해결에 이르도록 돕는다. ⇨ "정서 되돌려 주기" • 기능 : 내담자의 자기이해를 도와줄 뿐만 아니라 내담자로 하여금 자기가 이해받고 있다는 인식을 갖게 함 학생 : 친구들이 모두 저를 싫어하는 것 같아요. 저한테는 아무도 말을 걸지 않아요. 교사 : 친구들과 친하게 지내고 싶은데, 말을 거는 친구가 없어 속상한가 보구나.
재진술 (restatement) 08 중등, 12 초등	• 개념 : 재진술은 내담자의 말을 그대로 되풀이하는 것을 말한다. 이는 내담자가 말한 내용 중 일부를 반복함으로써 상담의 방향을 초점화(focusing)하는 기술이다. 내담자의 말을 요약하기 위해서는 말의 내용, 말할 때의 감정, 그가 한 말의 목적, 시기, 효과에 대해서 주의를 기울여야 한다. ⇨ "내용 되돌려 주기" ⇨ '반영'이 내담자의 메시지에 담긴 정서를 되돌려 주는 기술이라면, 재진술은 내담자의 메시지에 담긴 내용을 되돌려 주는 기술이다. • 기능 : 내담자가 말한 내용 중 일부를 반복함으로써 상담의 방향을 초점화(focusing)하는 기술 학생 : 어제 오빠랑 싸웠다고 엄마에게 혼났어요. 전 억울해요. 교사 : 엄마에게 혼나서 억울하다는 거구나. 학생 : 선생님, 저는 영희가 좋아요. 그런데 영희가 어떤 때는 저에게 웃으며 대해 주다가 어떤 때는 차갑게 대해요. 영희가 저를 좋아하는지 싫어하는지 헷갈려요. 교사 : 영희가 너를 대하는 태도가 때에 따라 달라지니까 너를 좋아하는지 아닌지 잘 모르겠다는 거구나.

명료화 (clarification) 02 초등, 06 초등, 09 초등	• 개념 : 내담자의 말에 내포된 뜻을 상담자가 자신의 언어로 내담자에게 명확하게 말해 주거나, 내담자에게 분명하게 말해 달라고 요청하는 것(⇨ 내담자가 산만하고 막연하게 말한 것을 상담자가 분명하고 간결하게 정리해서 말해 주거나, 분명하게 말해 달라고 요청하는 것). 명료화는 내담자가 말하고자 하는 의미를 상담자가 생각하고, 이 생각한 바를 다시 내담자에게 말해 준다는 점에서 단순한 재진술과는 다르다. ⇨ 내담자에게 언급해 주는 내용은 어디까지나 내담자의 표현 속에 포함되었다고 상담자가 판단하는 것, 즉 명료화의 자료는 내담자 자신은 미처 충분히 자각하지 못하는 의미나 관계임 • 기능 : 내담자가 애매하게만 느끼던 내용이나 불충분하게 이해한 자료를 상담자가 말로 정리해 준다는 점에서 내담자에게 자기가 이해를 받고 있으며 상담이 잘 진행되고 있다는 느낌을 갖게 해 준다. 그리고 내담자로 하여금 미처 생각하지 못했던 측면을 다시 생각하도록 해 주는 자극제가 된다. 학생 : 나는 태어나지 말았어야 했나 봐요. 교사 : 난 이해가 잘 안 되는데 무슨 뜻인지 자세히 설명해 줄래? 학생 : 지난 밤 꿈에 아버지와 사냥을 갔는데, 제가 글쎄 사슴인 줄 알고 쏘았는데, 나중에 가까이 가 보니까 아버지가 죽어 있었습니다. 그래서 깜짝 놀라 잠을 깨었습니다. '디어 헌터'라는 영화를 본지 며칠 안 돼서 그런 꿈을 꾸었는지 모르겠어요. 교사 : 꿈이었겠지만, 총을 잘못 쏘아서 아버지를 돌아가시게 한 죄책감 같은 것을 느꼈는지도 모르겠군요.
즉시성 (immediacy) 07 초등	• 개념 : '과거−거기'서 벌어졌던 일보다는 '지금−여기'서 벌어지는 일(상황) 또는 '지금−여기'에서의 상담자와 내담자의 관계에 직면하여 그것을 다루도록 하는 초점화 기술 ⇨ 일(상황)의 즉시성, 관계의 즉시성 • 기능 : 상담자와 내담자 간에 긴장감이 형성될 때, 내담자가 상담에 흥미를 보이지 않을 때, 내담자가 상담자에게 신뢰감을 보이지 않을 때, 상담이 방향성을 잃었을 경우, 내담자가 의존성이 있을 경우에 사용 학생 : 애들이 저를 놀리고 때려요. 어쩌죠? 선생님이라면 어떻게 하시겠어요? 선생님이 시키시는 대로 할게요. 교사 : 글쎄. 그런데 선생님은 자세한 내용을 모르니까 당황스럽고, 또 마치 너한테 해결책을 줘야 할 것 같은 기분이 들어서 부담스럽기도 하구나.
재구조화 (restructuring) 11 초등	• 개념 : (다른 사람의 동기를 살펴서) 다른 사람의 행동을 다른 관점에서 보도록 유도함으로써 합리적인 사고를 하도록 하는 기법이다. 비합리적인 사고로 인해 나타나는 비합리적 반응을 해결하기 위한 합리적인 사고를 하도록 하는 상담을 의미한다. • 기능 : 상담자는 내담자가 지각하는 상황을 보다 합리적인 방법으로 학습하도록 돕는다. 학생 : 선생님, 저는 엄마 잔소리 때문에 괴로워요. 엄마는 제가 조금만 쉬고 있어도 "공부 안 하니?" 하고, 학교 마치고 집에 조금만 늦게 가도 "왜 이렇게 늦게 오니?" 하며 야단치세요. 엄마는 칭찬은 않고 늘 꾸중만 하세요. 교사 : 엄마가 잔소리하고 야단만 쳐서 속상한 모양이구나. 그런데 그건 너에 대한 엄마의 관심의 표현일 거야. 너를 많이 사랑해서 그러시는 게 아닐까?
탈중심화	• 아동으로 하여금 현재 자신이 겪고 있는 즉시적 경험을 관찰하고 숙고하게 하는 자기관찰기회를 제공해서 자기중심에서 벗어날 수 있도록 하는 과정이다. • 또한 아동의 기대나 판단 등을 구체화할 수 있는 탐색적인 질문을 통해 어떤 사건에 반응할 때 사건 그 자체가 아니라 자신의 사고와 신념을 통해 해석된 것이란 것을 깨닫게 한다.

직면 (confronting) 99 초등추시, 02 초등, 12 초등	• 개념 : 내담자가 모르고 있거나 인정하기를 거부하는 생각과 느낌에 대하여 주목하도록 하는 방법으로, 내담자가 가지고 있는 불일치·모순·생략 등을 상담자가 내담자에게 알려주는 것이다. ⇨ 내담자에게 심리적 위협과 상처를 줄 수도 있으므로, 상담자는 시의성(時宜性), 즉 내담자가 그것을 받아들일 수 있는 준비가 되어 있는지를 면밀히 고려하여 사용해야 함 • 기능 : 내담자가 가지고 있는 불일치·모순·생략 등을 상담자가 내담자에게 기술 학생 : (온몸이 경직되면서 두 주먹을 불끈 쥐며) 저는 이 세상에서 우리 아빠를 누구보다 사랑하고 존경해요. 교사 : 너는 아빠를 사랑한다고 말하면서도 그 순간 온몸이 긴장하는구나. (가영이가 같은 반 친구와 다툰 일에 대해 괜찮다고 말하면서 울먹이며 눈시울이 약간 젖어 있다.) 교사 : 가영아, 너는 괜찮다고 말하지만 목소리가 떨리고 눈물이 글썽이네.
자기개방 (자기노출, self-disclosure)	• 개념 : 상담자가 자신의 경험이나 생각, 정보 등을 내담자에게 솔직하게 노출시키는 기술 • 기능 : 자신을 솔직하게 노출시킴으로써 친근감을 전달하고, 내담자의 깊은 이해를 발달시킴 학생 : 친구들이 저만 따돌리고 선생님들께서도 저에게 관심이 없어요. 교사 : 선생님도 예전에 친구들한테 따돌림을 당했을 때 몹시 힘들었단다.
정보제공	• 개념 : 문제 사태에 대해 정확한 정보를 제공하는 것 ⇨ 내담자가 따라야 할 해결책이나 처방을 제시하는 충고 또는 조언하기와는 구별됨 • 기능 : 내담자의 무지(無知)와 정보의 부족이 문제의 원인으로 밝혀진 경우에 적절한 기술
요약	• 개념 : 내담자가 표현했던 주요한 주제를 상담자가 정리해서 말로 나타내는 것 ⇨ 상담회기의 일부, 상담회기의 전부 혹은 전체적인 상담진행에 대한 내용을 다룰 수 있음 • 기능 : 내담자가 미처 의식하지 못한 면을 학습시키고 문제해결의 과정을 밝히며 자신의 생각과 느낌을 탐색하도록 도움. 또한 매 회기의 상담을 자연스럽게 종결하며 많은 생각들을 정리하고 통합하고 새로운 해결책을 강구하게 함. 상담자는 내담자의 말을 요약하여 줌으로써 그의 말에 주목하고 그를 이해하고 있음을 확신시킴
해석 (interpretation) 02 초등, 12 초등	• 개념 : 내담자가 자신의 문제를 새로운 각도에서 이해하도록 내담자의 행동, 사고, 감정의 의미를 설명해주는 것. 해석은 내담자의 여러 언행 간의 관계 및 의미에 대해 가설을 제시하는 것(⇨ 해석은 상담 후기에 주로 사용) ⇨ 해석의 대상은 내담자의 방어기제들, 문제에 대한 생각, 느낌, 행동양식 등 • 기능 : 내담자가 과거의 생각과는 다른 새로운 참조체제(frame of reference)를 바탕으로 자신의 문제를 바라볼 수 있도록 도와줌 내담자 : 제가 그렇게 자주 결근한 것에 대해 불안해집니다. 상담자 : 여러 번 결근한 입장에서 회사의 윗사람들이 당신을 어떻게 보고 있을지 걱정이 된다는 얘기군요. 학생 : 친구들이 모두 저를 싫어하는 것 같아요. 저한테는 아무도 말을 걸지 않아요. 교사 : 그런데 친구들이 너를 싫어한다는 것은 어떻게 알게 되었지? 학생 : 그냥 알아요. 직접 듣지는 않았지만 느낌으로 알아요. 교사 : 네 얘기를 들어보니 선생님 생각에는 그것이 사실이라기보다 너 혼자서 그럴 거라고 짐작하고 있는 것 같구나.

(자신이 공부를 못해서 친구들에게 무시당한다고 생각하는 철수는 학교에서 친구들에게 습관적으로 욕을 하고 자주 싸운다. 그러나 박 교사는 이런 철수가 자신에게 관심을 보이는 음악 선생님께는 깍듯이 인사도 하고, 음악 시간에 좋은 수업태도를 보인다는 것을 알고 있다. 박 교사는 철수와 상담을 하고 있다.)

철수 : 애들이 나보고 공부 못한다고 할 때마다 화가 나서 참을 수가 없어요.

교사 : 철수가 제일 화가 날 때는 친구들이 너를 무시한다는 느낌이 들 때구나. 무시당하는 느낌이 들면 화가 나고 그래서 욕을 하고 싸우게 되니 말이야. 그런 걸 보면 다른 사람들이 철수를 함부로 대하지 않고 존중해주고 인정해주는 것이 너에게는 정말 중요한가 보다.

Plus

반영, 명료화, 직면, 해석의 비교 02초등

학생 : 지난 밤 꿈에 아버지와 사냥을 갔는데, 제가 글쎄 사슴인 줄 알고 쏘았는데, 나중에 가까이 가 보니까 아버지가 죽어 있었습니다. 그래서 깜짝 놀라 잠을 깨었습니다. '디어 헌터'라는 영화를 본지 며칠 안 돼서 그런 꿈을 꾸었는지 모르겠어요.

1. **반영** : "그런 끔찍한 꿈을 꾸고 마음이 몹시 당황했겠군."

2. **명료화** : "꿈이었겠지만, 총을 잘못 쏘아서 아버지를 돌아가시게 한 죄책감 같은 것을 느꼈는지도 모르겠군."

3. **직면** : "너무 권위적이고 무관심한 아버지가 혹시 일찍 사고로 세상을 떠났으면 하는 생각이 마음 구석에 있었는지도 모르겠군."

4. **해석** : "부모에게 효도해야 한다는 동양문화권에서 볼 때 그런 꿈을 꾸었다는 사실에 자네 마음이 심란하기도 하겠지. 그리고 한편으로는 권위적인 존재에 대한 적개심을 간접적으로나마 인정하고 표현했다는 점도 중요하겠지."

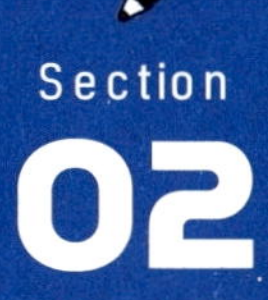

02

상담이론

개념 쏙쏙

접근방법에 따른 상담이론의 분류

1. **문제 중심적 접근** : 정신역동적 상담이론, 행동중심 상담이론, 정서중심 상담이론, 인지중심 상담이론

2. **해결 중심적 접근** : 해결 중심적 단기상담

---

01 정신역동적 상담이론

❶ 프로이트(Freud)의 정신분석적 상담이론 10 중등, 12 중등

(1) 개념

① 프로이트의 정신분석이론(심리성적 성격이론)에 근거한 상담이론

② 인간의 부적응행동의 원인을 무의식에 억압된 욕구에서 비롯된다고 보고, 내담자가 지닌 무의식의 세계를 의식화하여 문제를 치료하려는 상담방법

(2) 상담 목표

프로이트는 무의식의 작용이 심리적인 문제를 일으킨다고 보기 때문에 무의식에 억압된 내용이 무엇인지 알아내는 것이 중요하다. 따라서 '무의식의 의식화'(자신의 무의식에 대해서 아는 것)가 필요하며 이를 통해 무의식에 억압된 내용을 밝혀줄 수 있게 된다. 자신의 모습을 수용하고 자아(ego)의 기능을 강화시켜줌으로써 현실적이고 합리적으로 적응하도록 해 주어야 한다.

① 무의식의 의식화(무의식을 의식 영역으로 떠올리는 것, 내담자의 통찰)를 통해 자신의 모습을 수용하고 자아(ego)의 기능을 강화시켜 준다. 이를 통해 내담자가 현실적이고 합리적으로 적응하도록 해 준다.

② 자아(ego) 기능을 강화하여 본능(id)이나 초자아(super-ego)의 기능을 조절하고 성격의 조화로운 발달을 도모한다.

(3) 상담 기법

① **자유연상법(free association)** : 내담자로 하여금 마음속에 떠오르는 모든 것, 즉 아무리 괴상하고 사소하며 우스꽝스러울지라도 무조건 다 이야기하게 하는 것이다.

② **꿈의 분석(dream work)** : 꿈은 깨어 있을 때보다 훨씬 무의식적 자료를 많이 포함하고 있으므로 꿈의 의미를 분석·해석함으로써 내담자의 문제와 갈등을 이해하고 통찰을 얻게 된다.

③ **저항(resistance)의 분석** : 저항은 내담자가 상담의 진행을 방해하고 상담에 협조하지 않는 모든 행위이다. 상담자는 심리적 저항을 분석하고 해석하여 내담자에게 그 의미를 알려줌으로써 내담자의 통찰을 돕는다.

④ **전이(transference)의 분석** : 전이는 일종의 왜곡으로 과거의 중요한 사람에게 느꼈던 감정을 현재의 상담자에게 똑같이 느끼고 자기도 모르게 상담자에게 표현하는 현상이다. 전이야말로 내담자의 심리적 문제의 원인 그 자체를 표현하는 것이므로 상담자는 전이를 분석하고 해석함으로써 내담자의 무의식적 갈등과 문제의 의미를 통찰하도록 돕는다.

> ♠ **역전이(counter-transference)** 상담자가 내담자에게 일으키는 전이현상으로, 내담자를 마치 상담자가 겪은 과거의 어떤 중요한 인물로 느끼는 현상. 내담자를 싫어하는 감정이나 과잉애착, 과잉관여 등으로 나타난다. 효과적인 상담을 위해서는 내담자의 분노, 사랑, 아첨, 비판 등이 강력한 감정을 받을 때 발생하는 역전이를 객관적으로 처리할 수 있어야 한다.

⑤ **해석(interpretation)** : 해석은 자유연상, 꿈, 저항, 전이 등의 방법을 통해 찾아낸 무의식 세계의 정보들이 지닌 상징적 의미를 내담자에게 설명해 주는 것이다. 상담자의 해석을 통해 내담자는 이전에 몰랐던 무의식적 내용들을 차츰 의식적으로 이해하고 받아들이게 된다.

❷ 아들러(Adler)의 개인심리학적 상담이론 04 중등, 07 초등

(1) 개념

① 아들러의 '개인심리학'에 기초한 상담이론으로, 정신분석이론으로부터 발전되었다.

② 인간의 부적응행동은 비정상적인 방법으로 열등감을 해소하려고 할 때 발생한다고 보고, 내담자의 생활양식을 파악하여 바람직한 방향으로 생활양식을 바꾸도록 재교육하거나 재정향하는 상담방법

(2) 인간관

① **전인적 존재, 총체론적 존재** : 개인은 분리될 수 없는 통합된 전체이며, 인간의 개개 행동은 그가 총체적으로 선택한 '생활양식'의 관점에서 파악되어야 한다고 본다.

② **불완전한 존재, 열등한 존재** : 인간은 불완전한 존재로서 누구나 어떤 측면에서 열등감을 느끼고 있다고 본다.

③ **사회적 존재, 목적론적 존재** : 인간은 사회적 관심을 받기 위해 끊임없이 노력하는 존재이며, 현재를 바탕으로 미래지향적인 삶의 목적을 향해 노력하는 목적론적 존재이다. 목적론적 존재로서의 인간은 열등감을 극복하여 자기완성을 추구하는 존재이다.

④ 성장하는 존재, 창조적 존재 : 인간은 사회적 맥락에서 끊임없이 변화하고 발전하는 존재이며, 자유의지와 선택을 가지고 자기 자신을 보다 훌륭하게 창조하는 존재이다.

(3) 주요 개념

① **사회적 관심** : 개인이 사회적 존재로서 타인에 대한 공감, 공동체감을 느끼는 것(⑩ 지역사회에 대한 감정, 타인에 대한 감정이입, 협동, 우정, 동료애, 이웃사랑, 애타적 마음, 배려 등)을 의미한다. 사회적 관심은 공감, 타인과의 동일시, 타인지향을 의미한다.

② **열등감** : 열등감은 자기완성을 위한 필수요인이다. 열등감이 하나의 동기가 되어 열등감을 극복하고자 우월성을 추구하려고 노력할 때 심리적으로 건강하며 성장·발달한다. 심리적 건강을 위해 우리가 열등감을 지배하는 게 필요하다. 그러나 열등감이 우리의 삶을 지배할 경우 열등감의 노예가 되어 '열등감 콤플렉스'에 빠진다. 열등감 콤플렉스의 세 가지 원인은 기관열등감, 과잉보호, 양육태만이다.

③ **우월성의 추구** : 우월성이란 자기완성 혹은 자기실현을 의미한다. 우월성의 추구는 삶의 기초적인 사실로 모든 인간이 문제에 직면했을 때 부족한 것은 보충하며, 낮은 것은 높이고, 미완성의 것은 완성하며, 무능한 것은 유능한 것으로 만드는 경향성이다. 사회적 관심을 가진 바람직한 생활양식을 바탕으로 한 우월성의 추구가 건강한 삶이다.

④ **생활양식(life style)** : 삶의 대한 개인의 기본적 지향성이며 반복적인 생활패턴을 의미한다. 인간은 생활양식에 따라 생각하고 느끼고 행동한다. 생활양식은 열등감과 그것을 보상(극복)하기 위한 노력으로 나타난다 (⑩ 신체적으로 허약한 어린이는 체력을 보다 훌륭하게 발달시키는 쪽으로 보상하려고 애쓴다). 아들러는 '사회적 관심'과 '활동수준'에 따라 생활양식을 네 가지, 즉 지배형, 기생형, 회피형, 사회적 유용형으로 설명한다. 지배형, 기생형, 회피형은 바람직하지 않은 유형으로, 사회적 관심이 부족하다는 공통점이 있으나 활동수준(인생과 제를 다루는 데 있어서 개인이 보여주는 에너지의 양)에는 차이가 있다. 이러한 생활유형은 가정에서 어린 시절에 부모의 영향으로 주로 형성된다.

지배형 (ruling type)	• 사회적 관심은 낮으면서 활동수준은 높아 독단적이며 공격적이다. 타인의 복지나 배려를 고려하지 않는 반사회적 태도를 보인다. ⑩ 폭력적인 사람 • 지배형은 부모가 지배하고 통제하는 독재형으로 자녀를 양육할 때 나타나는 생활양식이다 (⑩ 가부장적 가족문화). ⇨ 민주적인 부모의 역할이 필요
기생형 (getting type)	• 사회적 관심과 활동수준이 모두 낮고, 자신의 욕구를 충족하기 위해 다른 사람에게 의존한다. 스스로 해결할 능력이 없다고 믿기 때문에 기생적인 방법으로 자신만의 욕구를 충족한다. ⑩ 마마보이, 부모의 재산을 보고 빈둥대는 사람 • 기생형은 부모가 자녀를 지나치게 과잉보호할 때 나타나는 생활양식이다. ⇨ 많은 시련과 어려움을 겪고 자신이 노력하여 떳떳하게 성취할 수 있도록 해야 한다.

회피형 (도피형, avoiding type)	• 사회적 관심과 활동수준이 모두 낮으며, 자신감이 없고 매사에 소극적이고 부정적이다. 자신감이 없기 때문에 적극적으로 직면하는 것을 피하며, 마냥 시도하지도 않고 불평만 하기 때문에 사회적 관심이 떨어져 고립된다. ㅇ 세상과 단절하여 인터넷 게임만 하는 사람 • 회피형은 부모가 자녀의 기를 꺾어 버릴 때 나타나는 생활양식이다. ⇨ 자녀가 보다 나은 삶을 위해 과감하게 도전하는 자세를 갖도록 해야 한다. 자녀의 기를 살려주는 교육이 필요하다. 또, 부모로서 사회적 관심을 갖고 매사에 적극적으로 참여하는 태도를 자녀에게 보여주는 것도 필요하다.
사회적 유용형 (socially useful type)	사회적 관심과 활동수준이 높아 자신과 타인의 욕구를 동시에 충족시키는 한편, 인생과제를 완수하기 위해 기꺼이 타인과 협동하는 심리적으로 건강한 사람의 표본이다.

⑤ **허구적 최종목적론** : 허구나 이상이 현실보다도 더 효과적으로 사람을 움직이게 한다는 것이다. 즉, 최종의 목적만이 인간의 행동을 설명할 수 있다는 것이다.

(4) 상담 목표

① 내담자의 문제해결을 위해 부족한 사회적 관심, 상식, 용기를 불어 넣어 바람직한 삶을 영위하도록 조력한다.

② 상담을 통해 내담자의 생활양식을 파악하여 바람직한 방향으로 생활양식을 바꾸도록 재교육이나 재정향을 위해 노력한다.

(5) 상담 기법

① **즉시성(immediacy)** : 지금 여기에서 일어나는 내담자의 말과 행동의 모순점을 즉각적으로 지적하는 것으로, 상담과정에서 일어나는 것이 내담자 자신의 생활양식의 표본임을 깨닫게 한다.

② **격려** : 내담자의 기를 살려주는 작업이다. 격려는 내담자가 열등감과 낮은 자아개념을 극복할 수 있게 하며, 재정향 단계에서 행동의 변화를 가져오는 데 유용하다.

③ **'마치 ~처럼' 행동하기(acting as if)** : 내담자가 마치 자신이 원하는 상황에 있는 것처럼 상상하고 행동하도록 하는 일종의 역할연기이다(허구적 최종목적론). 내담자는 '마치 ~인 것처럼' 행동해 봄으로써 새로운 감정과 자신감을 준다.

④ **자기 모습의 파악** : 내담자는 '자기 모습을 있는 그대로 파악하는' 노력을 해 봄으로써 변화하기를 원하게 된다.

⑤ **질문(the question)** : 내담자가 미처 확인하지 못한 자신의 생활양식과 증상을 통찰할 수 있는 기회를 제공하기 위한 기법이다. "당신이 좋아진다면 무엇이 달라지는가?"와 같이 개방형 질문을 통해 내담자가 깊은 수준에서 생활양식, 심리상태, 신념, 행동, 감정 등에 대해 탐색할 수 있도록 한다.

⑥ **내담자의 수프에 침 뱉기(spitting in the soup)** : 상담자가 내담자의 행동이 총체적으로 손해되는 행동이라는 사실을 내담자에게 분명하게 보여줌으로써 더 이상 손해되는 행동을 하지 못하도록 하는 기법이다.

⑦ **악동 피하기(avoiding the tar baby)** : 분노, 실망, 고통 등의 감정호소로 상담자를 통제하려는 내담자의 의도를 간파하여 그 기대와는 다르게 행동하는 기법이다. 상담자는 악동의 접촉을 피해야 하며, 내담자의 비효율적인 지각이나 행동을 언급하는 대신에 격려하고 또 격려해야 한다.

⑧ 단추 누르기 기법(push button) : 유쾌한 경험과 불쾌한 경험을 차례로 떠올리게 하여 각 경험에 수반되는 감정에 주의를 기울이는 기법이다. 상담자는 내담자에게 두 가지 단추, 즉 우울단추와 행복단추를 가지고 집에 가라고 하며, 그에게 앞으로 겪게 될 사건에 어느 단추를 쓰게 될 것인지는 자기가 통제할 수 있다고 말한다.

⑨ 역설적 의도(paradoxical intention) : 내담자의 특정 사고나 행동을 의도적으로 과장하는 기법이다. 이 기법은 내담자의 행동을 덜 매력적으로 만들어 버리고, 내담자의 눈에도 어리석은 것으로 보이게 하는 효과가 있다.

⑩ 과제 설정과 이행(task setting and commitment) : 내담자의 변화를 위해 현실적이고 소득이 있는 일련의 과제를 설정하고 수행하게 하는 기법이다. 내담자는 과제수행에서 얻게 된 성공감으로 인해 자신감과 용기를 가지게 된다.

02 행동중심 상담이론(행동주의 상담이론) 94 초등, 99 초등추시, 06 초등, 07~08 중등, 11~12 중등, 14 중등추시論

① 개관

(1) 개관

① 행동치료는 당신이 통제하는 대부분의 행동이 적응적이든지 부적응적이든지 간에 학습되었다는 전제에서 비롯된다.

② 행동치료는 인간행동의 원리나 법칙을 설명하는 학습이론에 근거한다.

③ 모든 행동은 주어진 환경에 의해 결정된다.

④ 행동치료 상담자는 당신의 바람직한 행동뿐 아니라 당신의 잘못된 행동도 학습된다고 믿는다.

(2) Pavlov의 고전적 조건형성이론

① 특정 자극이 특정 행동을 수동적으로 조건화하여 불수의적(不隨意的) 정서반응이나 생리반응을 유발한다.

② 조건자극(CS)이 무조건자극(UCS)과 연합하여 조건자극에 특정한 조건반응(CR)을 일으키게 한다.

③ 주로 정서적 반응의 학습이나 광고에 의한 학습은 주로 고전적 조건형성에 의해 학습된다.

(3) Skinner의 조작적 조건형성이론

① 작동적(조작적) 조건형성의 원리의 핵심은 사람이나 동물의 행동이 보상에 의해 강화된다는 점이다. 우연한 행동 후에 보상을 받으면 사람은 다음 행동의 결과에 대해 기대를 가지게 되며 그러한 기대는 이전 행동을 더 많이 하고 싶은 동기를 유발하게 된다. 따라서 보상이 적절하고 강할수록 그 행동의 빈도는 증가한다. 이처럼 인간의 대부분의 복잡한 행동은 작동적 조건형성에 의해서 학습된다.

② 작동적 조건형성의 원리로 설명되는 현상은 학교나 가정에서 쉽게 찾아볼 수 있다. 예컨대 직장에서 열심히 일한 다음에 월급을 받는 것, 도박을 하면서 돈을 따면 도박에서 손을 떼기 어려운 것, 컴퓨터 게임을 하면 높은 점수나 그 밖의 다른 보상이 제공됨으로써 계속 컴퓨터 게임에 빠지게 되는 것 등은 작동적으로 조건 형성이 된 현상이다. 학교에서는 공부를 잘한 학생에게 적절한 보상을 부여하며, 발표력이 부족한 학생이 발표를 조금이라도 했을 때 보상을 줌으로써 공부나 발표라는 행동의 빈도를 높일 수 있는 것도 역시 작동적 조건형성의 원리를 적용한 것이다.

(4) Bandura의 관찰학습이론(사회적 인지학습이론)

① 조건형성이 학습현상을 전부 설명해 주지는 못한다. 우리는 타인의 행동을 보고(관찰하고) 그것으로부터 배운다. 타인의 행동을 관찰함으로써 학습하는 것을 관찰학습(observational learning)이라고 한다.

② 모방의 효과

   ㉠ 타인이 하는 행동을 관찰함으로써 새로운 반응을 학습할 수 있다. 시범자(model)는 반드시 실존 인물이 아니라도 효과가 있다.

   ㉡ 타인의 행동을 관찰함으로써 어떤 특수한 행위를 억제하거나 피하게 되는 수가 있다. 교사가 많은 아동 앞에서 한 아동을 벌함으로써, 다른 아동들이 그 행동을 하지 않도록 하는 일벌백계가 이에 해당한다.

   ㉢ 모방은 또한 행동을 촉진하는 작용을 한다. 흔히 우리는 어떤 행동을 할 줄 알면서도 하지 않다가, 다른 사람이 그러한 행동을 하면 우리도 따라하게 되는 경우가 있다. 예컨대, 담배를 피울 줄 알면서도 담배를 안 피우다가 다른 사람이 피우는 것을 보고 담배를 피우게 되는 것이 촉진이다.

❷ 상담 기법

(1) 고전적 조건형성이론의 적용

① 소거(extinction) : 조건화된 반응이 일어나지 않게 하는 것으로, 부적응행동을 유발하는 무조건자극을 제거하고 조건자극만 반복해서 제시한다.

② 역조건형성(상호제지, counter conditioning) : 바람직하지 못한 반응(예 공포, 두려움)을 야기하는 (무)조건 자극에 더 강력한 새로운 자극을 연합하여 이전 반응을 제거하고 새로운 반응을 조건화하는 방법이다.

③ 체계적 둔감법(systematic desensitization) : 월페(Wölpe)가 개발한 것으로, 역조건형성을 응용하여 불안 이나 공포를 일으키는 조건자극에 이완(relaxation)반응을 결합하여 불안이나 공포를 소거하는 방법이다. 이 과정의 단계는, ㉠ 근육의 긴장을 이완하고, ㉡ 불안위계목록을 작성하며, ㉢ 위계의 목록에 따라 가장 불안을 덜 느끼는 것부터 상상과 긴장이완을 반복하여 체계적으로 불안에 대해 둔감하게 만드는 단계로 진행된다.

④ 홍수법(범람법, flood method) : 공포나 불안을 일으키는 조건자극을 장시간 충분히 경험시켜 공포나 불안을 소거하는 방법이다.

⑤ **내파치료**(내폭요법, implosive therapy) : 극심한 불안이나 공포를 일으키는 대상이나 장면을 상상하도록 하여 불안이나 공포를 이겨내도록 하는 방법이다.

⑥ **혐오치료**(aversion therapy) : 바람직하지 않은 반응(⑩ 알코올 중독)을 유발하는 자극과 혐오자극을 함께 제시하여 조건자극을 회피하도록 하는 방법이다. 공포나 불안 자체를 소거하려는 것이 아니라 그것을 이용하여 해로운 생활을 회피하도록 하는 방법이다.

(2) **조작적 조건형성이론의 적용** – 행동수정기법(응용행동분석)

① **바람직한 행동의 증가를 위한 행동수정기법**

㉠ **프리맥**(Premack)**의 원리** : 빈도가 높은 행동(좋아하는 행동)을 이용하여 빈도가 낮은 행동(싫어하지만 바람직한 행동)을 강화하는 방법이다.

㉡ **토큰강화**(token reinforcement) : 토큰(token, 상표, 쿠폰, 포인트, 스티커)을 모아 오면 자기가 좋아하는 강화물과 교환할 수 있게 하여 강화하는 방법이다.

㉢ **행동조성**(행동조형, shaping) : 차별적 강화를 이용하여 목표행동을 점진적으로 형성하는 기법이다. 학생이 한 번도 해본 적이 없거나 거의 하지 않는 행동을 여러 단계로 나누어 강화시킴으로써 점진적으로 바람직한 행동을 학습할 수 있게 하는 방법이다.

㉣ **행동계약**(behavior contract) : 특정 행동에 제공될 강화인과 벌인에 관해 사전에 협약을 맺고, 그 협약에 따라 자극을 제공하면서 행동을 수정하는 기법이다.

㉤ **용암법**(단서철회, fading) : 목표행동을 스스로 할 수 있도록 도움을 점차 줄여나가는 방법이다. 예를 들어 골프 연습시키기, 정신지체아를 교육할 때 사용하는 방법이다.

㉥ **차별강화**(선택적 강화, differential reinforcement) : 여러 행동 중 어느 하나만을 골라 선택적으로 강화하는 방법이다.

㉦ **모델링**(modeling) : 모델링은 내담자가 다른 사람의 바람직한 행동을 관찰해서 학습한 것을 수행하는 것이다. 이 기법에서 주요한 두 가지 측면은 모델이 행동을 수행하는 방법을 배우고 행동을 학습한 결과로서 모델에게 무엇이 발생한지를 아는 것이다.

② **문제행동의 교정을 위한 행동수정기법**

㉠ **타임아웃**(격리, Time-Out, TO) : 문제행동을 할 때 정적 강화의 기회(쾌 자극)를 박탈(차단)하여 문제행동을 감소시키는 방법이다. 쾌 자극이 없는 장소로 일시적으로 격리시키는 것이다.

㉡ **반응대가**(response cost) : 문제행동을 할 때마다 정적 강화물을 박탈(회수)하여 문제행동을 감소시키는 방법이다.

㉢ **소거**(강화중단, extinction) : 문제행동에 주던 강화를 중단하여 문제행동을 감소시키는 방법이다. 바람직하지 못한 행동을 하면 철저하게 무시한다. 일시적으로 '소거폭발'이 발생한다.

㉣ **상반행동강화**(incompatible behavior reinforcement) : 문제행동과 반대되는 바람직한 행동에 강화를 주어 문제행동을 감소시키는 방법이다.

    ⑭ 포만법(심적 포화, 물리게 하기, satiation) : 문제행동을 지칠 때까지 반복하게 하여 문제행동을 감소시키는 방법이다.

    ⑮ 과잉교정(overcorrection) : 문제행동을 했을 때 원상회복의 방법으로 싫어하는 행동을 하도록 하는 처벌기법이다.

    ⑯ 자극통제(stimulus control) : 문제행동을 유발할 수 있는 내·외적 조건들을 변화시켜 문제행동을 줄이고 바람직한 행동을 증가시키는 방법이다.

03 인지중심 상담이론(인지적 상담이론)

❶ Williamson의 지시적 상담이론 00 중등

(1) **개념** − 임상적 상담, 특성·요인 상담, 상담자 중심 상담, 의사결정 상담

  ① 내담자의 모든 문제에 대하여 지시적인 요소로서 문제해결을 돕는 상담방법이다.

  ② 상담자가 내담자에게 합리적인 자료(예 해석, 정보, 조언, 충고)를 제공하여 내담자가 당면한 문제를 해결할 수 있도록 돕는다.

  ③ 대표자 : 윌리엄슨(Williamson) & 다알리(Darley), 파슨스(Parsons)

(2) **이론적 가정**

  ① 내담자는 자신의 문제를 객관적으로 볼 수 없고 스스로 해결할 능력이 없다. ⇨ 특성·요인 이론

  ② 상담자가 문제해결에 대한 대부분의 책임을 진다. 즉, 상담자는 탁월한 식견, 경험과 정보를 가지고 있으므로 문제해결에 대한 암시와 충고, 조언을 할 수 있다.

  ③ 개인의 부적응 문제(개인의 특성과 환경의 부적절한 결합)는 지적 과정을 통해 수정되어야 한다.

  ④ 문제해결의 기초 단계로서 진단(診斷)을 강조한다. 내담자가 지금 어떤 상태인가를 과학적으로 파악하는 것이 중요하기 때문이다. ⇨ 의학적 모형(Patterson), 비민주적 상담(Rogers)

  ⑤ 상담목표는 상담과정보다는 문제해결 장면을 통하여 달성된다. ⇨ 임상적(臨床的) 상담

(3) **상담 과정**

  ① 분석(analysis) : 내담자를 객관적으로 이해하는 데 필요한 자료를 수집하고 분석한다.

  ② 종합(synthesis) : 분석된 자료를 체계적으로 정리·조직하여 내담자의 특성(예 자질, 경향성, 적응과 부적응 등)이 명백히 드러나도록 종합한다.

  ③ 진단(diagnosis) : 내담자가 당면한 문제의 특징과 원인을 분석, 그에 대한 결론을 내린다.

④ 예진(prognosis) : 내담자의 문제를 그대로 방치했을 때 어떻게 발전되어 나갈 것인가를 미리 예언한다.
  ⇨ 미래에 대한 예측 시도
⑤ 상담(counselling) : 상담자가 내담자로 하여금 자신의 문제를 해결할 수 있도록 조언, 안내, 충고 등을 하는 조력의 과정이다.
⑥ 추수지도(follow-up service) : 상담결과를 계속적으로 확인하고 재발에 대한 후속조치를 취한다.

⑷ 상담 기술

① 타협의 강요 : 상담자는 내담자가 환경(예 부모의 희망, 교칙)에 타협·순응할 것을 강제한다.
② 환경의 변경 : 문제가 되는 환경을 변화(예 전학)시켜 문제를 해결한다.
③ 적당한 환경의 선택 : 내담자의 개성이나 성격, 흥미에 맞는 환경을 선택(예 직업이나 진로의 선택)하도록 돕는다.
④ 태도의 변경 : 환경의 요구에 부응하도록 내담자의 심리적 변화를 일으킨다.
  예 친구와의 불화를 친근감으로 바꾸도록 노력하는 경우
⑤ 필요한 기술의 습득 : 문제해결에 필요한 기술이나 기능을 습득하도록 한다.
  예 일반 고교 진학을 위해 보충수업을 받게 하는 경우

06

② Ellis의 합리적·정서적 행동치료(인지·정서·행동치료, REBT)

00 초등추시, 02~03 중등, 03 초등, 05 초등, 08 초등, 10 중등, 12 중등

⑴ 개념

① 개념 : 인간의 부적응행동의 원인을 비합리적 신념 때문이라고 보고, 내담자의 비합리적 신념을 합리적 신념으로 바꾸어 줌으로써 내담자의 정서적, 행동적 결과를 변화시키고자 하는 상담방법이다.
② 비합리적 신념 : 합리적인 신념이란, ㉠ 논리적(logical)이고, ㉡ 실용적(pragmatic), ㉢ 현실적(reality-based)인 신념과 사고방식을 의미한다. 반대로 비합리적 신념이란 비논리적·비실용적·비현실적인 사고를 의미한다. 비합리적 신념은 '자신에 대한 당위성(I must)', '타인에 대한 당위성(others must)', '조건에 대한 당위성(conditions must)'으로 나타난다.

자신에 대한 당위성	자기 자신에 대한 당위성을 강조하는 것이다(예 "나는 항상 ~ 해야 한다). 자신에 대한 당위적 사고가 이루어지지 않을 때 자기파멸이라는 생각을 갖게 된다. 예 나는 훌륭한 사람이어야 한다. 나는 실수해서는 안 된다. 나는 실패해서는 안 된다. 나는 실직 당해서는 안 된다. 나는 항상 적절하게 행동해야 한다.
타인에 대한 당위성	자기와 밀접하게 관련된 타인에게 당위적 행동을 기대하는 것이다(예 "너는 항상 ~ 해야 한다). 타인에게 바라는 당위적 기대가 이루어지지 않을 때 인간에 대한 불신감을 갖게 된다. 이 불신감은 인간에 대한 회의를 낳아 결국 자기비관이나 파멸을 가져오게 된다. 예 부모니까 나를 사랑해야 한다. 자식이니까 내 말을 들어야 한다. 부인이니까 정숙하게 행동해야 한다. 애인이니까 자나깨나 나에게 관심을 가져야 한다. 친구니까 우정을 보여야 한다. 직장동료니까 항상 일에 협조해야 한다.

조건에 대한 당위성	자기에게 주어진 조건에 대해 당위성을 기대하는 것이다(예 "환경은 항상 ~ 해야 한다). 조건이 기대에 차지 않을 때 화를 내거나 부적절한 행동을 한다. 예 나의 가정은 항상 사랑으로 가득 차 있어야 한다. 나의 방은 항상 깨끗해야 한다. 나의 교실은 정숙해야 한다. 나의 사무실은 아늑해야 한다. 나에게 주어진 일은 3D(Dangerous, Dirty, Difficult)가 아니어야 한다.

(2) 상담 목표

① 내담자의 비합리적 · 비현실적 신념을 합리적 · 현실적 신념으로 변화시켜, 융통성 있고 생산적인 삶을 살아가도록 돕는다.

② 구체적으로, 모든 문제의 근원인 부정적인 자기대화를 제거하기 위해 자기대화를 재평가하게 한다. 모든 문제의 근원은 비합리적 · 비논리적 신념들이 내면화된 자기대화 내지 자기독백이기 때문이다.

(3) 상담 과정

비합리적인 자기대화를 제거하는 방법으로 ABCDE 기법을 활용한다.

A (Activating event, 선행사건)	인간의 정서를 유발하는 어떤 사건이나 현상 예 시험 낙방, 실연, 직장 상사로부터의 질책
B (Belief, 신념)	• A 때문에 나타나는 신념(⇨ 환경적인 자극이나 선행사건에 대해 개인이 지니는 신념) • 합리적인 신념(rB : rational Belief)일 경우에는 문제가 되지 않으나, 비합리적인 신념(irB : irrational Belief)일 경우에 문제를 유발하게 된다. ⇨ 부적응의 원인(인지)
C (Consequence, 결과)	• B 때문에 나타나는 행동결과(부정적 정서나 행동)(⇨ 선행사건과 관련된 신념으로 인해 생기는 결과) • 비합리적인 신념의 결과는 죄책감, 불안, 분노, 자기연민, 자살충동 등으로 나타난다.
D (Dispute, 논박)	비합리적 신념에 대해 도전하고 다시 생각하도록 재교육하기 위해 사용하는 논박(論駁) ⇨ 상담자의 역할(인지의 변화) • 논리성(logicality)에 근거한 논박 : 내담자 자신이 지닌 생각의 비논리성에 대해 질문하고 지적하는 것으로 '절대적 요구(must, should)'가 포함된 사고(예 반드시 그렇게 되어야 한다.)에서 '소망' 수준의 사고(예 그렇게 되면 좋겠다.)로 변화시키는 것을 말한다. 예 "인생이 당신이 원하는 대로 되어야 한다는 근거가 어디에 있습니까?", "당신이 가지고 있는 신념의 증거가 어디에 있습니까?" • 현실성(reality)에 근거한 논박 : 내담자가 자신의 생각이 현실적으로 일어날 수 없는 것임을 알게 하는 것으로 내담자가 지닌 절대적인 소망이 현실에서는 대부분 이루어지지 않는다는 점을 내담자가 깨닫도록 하는 데 목적이 있다. 예 "당신이 원하는 방식대로 인생이 풀린다는 것이 현실적으로 가능한 일입니까?" • 실용성(utility)에 근거한 논박 : 내담자가 그렇게 비합리적인 생각을 하는 것이 실제로 자신에게 어떤 도움이 되는지를 돌아보게 함으로써 내담자의 사고를 변화시키는 방법이다. 예 "당신이 그런 생각을 계속하는 게 실제 당신에게 도움이 됩니까?"
E (Effect, 효과)	논박의 결과로 나타나는 상담의 효과 예 인지적 효과(이성적 신념체계 형성), 정서적 효과(바람직한 정서 획득), 행동적 효과(바람직한 행동 습득)

(4) **상담 기법**

① **인지적 기법**: 비합리적 신념에 대한 논박

내담자가 가진 비합리적 신념이나 사고에 대해 논리성·현실성·실용성에 근거하여 논박하는 것으로, 내담자의 비합리적 신념을 수정하기 위한 가장 대표적인 방법이다.

② **정서적 기법**

  ⊙ **내담자의 불완전에 대한 무조건적인 수용**: 인간은 불완전한 존재라는 것을 수용하도록 하여 다른 사람에게 인정받지 못하더라도 그것이 곧 현실임을 받아들일 수 있도록 한다. 이럴 때 현실 속에서도 자신의 가치를 잃지 않을 수 있다.

  ⊙ **합리적·정서적 심상법(인지·정서 심상법)**: 상담자는 내담자에게 가장 최악의 상태가 일어날 때를 상상하도록 한 후 그때 느끼는 부적절한 감정을 상상해보고, 스스로 그 부적절한 감정을 적절한 감정으로 변화시키도록 연습하는 방법이다. 내담자에게 새로운 정서 패턴을 형성하도록 할 강력한 연습과정이다.

  ⊙ **수치심 공격하기(shame-attacking)**: 다른 사람들이 잘 수용할 수 없는 수치스러운 행동을 억지로 시킴으로써 수치심에 대해 무뎌지게 하는 연습이다. 이를 통해 내담자는 자신의 행동에 대해 다른 사람들이 실제로는 별로 신경 쓰지 않음에도 불구하고 스스로 수치심을 만들어 느끼고 있음을 깨닫게 된다.

  ⊙ **유머의 사용**: 내담자가 가진 비합리적 사고를 유머를 통해 보여줌으로써 별로 심각한 문제가 아님을 스스로 깨닫게 하는 방법이다. 유머와 유사한 기법으로 내담자의 부정적 감정이나 비합리적 사고에 대해 우스운 노래를 만들어 부르게 하기도 한다.

③ **행동적 기법**: 행동적 기법에는 역할연기·역할 바꾸기, 실제 생활에서 해보기, 여론조사하기, 모델링, 체계적 둔감법·이완기법·범람법 등이 포함된다.

  ⊙ **여론조사**: 자신의 코가 낮아 못생겼다고 생각하는 내담자나 자신이 실패자라고 생각하는 내담자가 주위 사람들에게 자신의 코가 어떻게 생겼는지 묻고, 자신이 실패자인지 물어서 그 결과를 보고하도록 하는 기법이다. 이 기법을 통하여 내담자는 자신의 사고를 현실적으로 검증받는 기회를 가진다.

  ⊙ **범람법(홍수법)**: 어떤 대상이나 상황에 대해 공포를 느끼는 사람에게 그 상황에 억지로 빠지게 함으로써 둔감해지도록 하는 방법이다. 예를 들면 엘리베이터를 타기 어려워하는 사람에게 일주일 동안 100번 엘리베이터를 타게 하는 등의 방법이다.

3 **Beck의 인지치료**(cognitive therapy) 01 초등, 06 초등, 11 초등

(1) **개념**

① 인간의 부적응행동의 원인을 역기능적 인지도식에서 발생하는 인지적 오류 때문이라고 보고, 부적절한 사고패턴을 변화시켜 줌으로써 긍정적인 감정, 행동, 사고를 갖도록 하는 상담방법이다.

② **부적응행동의 발생 원인**: 환경적 스트레스와 부정적 생활사건 → 역기능적 인지도식 → 인지적 오류 → 부정적 자동적 사고(ⓐ 인지삼제) → 심리적 문제

(2) 주요 개념

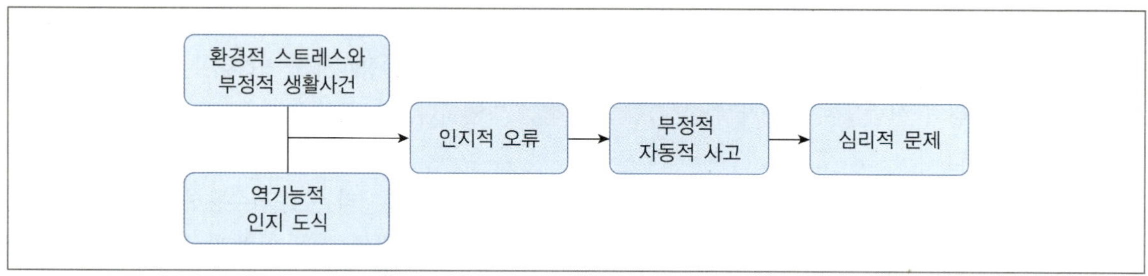

✅ 인지치료 이론에 따른 심리적 문제의 발생 과정

① 역기능적 인지도식 : 인지도식(스키마, schema)이란 세상을 살아가면서 형성된 삶에 관한 이해의 틀로서 자신과 미래, 세상을 보는 특유하고 습관적인 방식이다. 개인의 인지도식의 내용이 부정적인 것일 때 그러한 인지도식을 역기능적 인지도식이라고 하며, 이는 심리적 문제를 초래하는 근원적 역할을 한다.

② 인지적 오류(cognitve errors) : 현실을 제대로 지각하지 못하거나 사실이나 그 의미를 왜곡하여 받아들이는 것이다. ⇨ '인지적 왜곡', '추론에 나타나는 체계적 오류'라고도 함

임의적 추론 (arbitary inference)	충분한 근거(증거)도 없이 성급하게 결론을 내리는 것 📕 여자친구가 연락이 없다(⇨ 내가 싫어진 거야). 편지에 대한 답장이 없으면 자신이 배척당하고 있다고 결론을 내림
선택적 추상화 (selective abstraction)	중요한 요소들은 무시한 채 사소한 부분에만 초점을 맞추어 전체의 의미를 부정적으로 해석하는 것 ⇨ 자신이 한 일을 평가받을 때, 평가 속에 긍정적인 평가와 부정적인 평가가 함께 있는데도 부정적인 평가만 초점을 맞추는 경우 📕 발표할 때 많은 이가 긍정적 반응을 보였으나, 한두 명이 보인 부정적인 반응에 선택적인 주의를 기울여 실패했다고 단정하는 경우, 필기시험에서는 A를 받고 실기시험에서는 C를 받은 사람이 '시험을 망쳤다'고 말함
과잉일반화 (overgeneralization)	한두 번의 사건이나 경험에 근거해서 일반적인 결론을 내리는 것 📕 평소 자신을 배려하고 도와주던 배우자가 어느 특정한 때에 배려하지 않으면, 그것으로 그가 자신에게 무심하다는 결론을 내리는 경우. 한두 번의 실연으로 난 '누구에게나', '언제나' 실연당할 거야라고 결론을 내림
과대평가·과소평가 (의미확대·의미축소, magnification· minimization)	어떤 사건이나 경험을 지나치게 과대평가하거나 과소평가하는 경우 📕 낙제 점수 ⇨ 내 인생은 끝이야(의미 확대), 과수석 ⇨ 어쩌다가 운이 좋아서 된 거야(의미 축소). "물론 나는 내가 하는 일에 뛰어나지. 하지만 그게 무슨 상관이야? 나의 부모는 나를 무시하는데" ⇨ 자신의 능력에 대한 과대평가와 부모가 무시한다는 생각 때문에 초래된 자신에 대한 과소평가가 동시에 나타나 있음
사적인 것으로 받아들이기 (personalization)	자신과 관련시킬 근거가 없는 외부 사건을 자신과 관련시키는 성향 📕 자신의 행동 이외에 다른 요인이 상대의 기분을 나쁘게 할 수 있었다는 점은 생각지 않고, "그녀는 오늘 기분이 나쁜 것 같았다. 내게 화가 난 것이 틀림없다."고 간주하는 경우
이분법적 사고 (절대적 사고, absolutistic, dichotomous thinking)	모든 사건이나 경험을 이분법적인 범주의 둘 중 하나로 해석하는 것. '중간지대가 없이' 흑백논리로 현실을 파악하는 것. 완벽주의 📕 그가 나를 '사랑하느냐, 미워하느냐'만으로 생각함, 완벽하지 않으면 모든 것이 잘못되었다고 생각하거나, 순수하지 않은 것은 곧 더러운 것, 성자가 아니면 죄인이라고 생각하는 것, 크게 성공하지 않으면 완전한 실패라고 생각하는 것

③ **자동적 사고(automatic thought)** : 어떤 상황이나 사건을 접했을 때 즉각적이고 자동적으로 떠오르는 생각이나 평가를 의미한다. 자동적 사고가 부정적 사고일 때 심리적 문제가 발생한다. 우울증으로 발전되는 자동적 사고의 예(인지삼제 : cognitive triad)로는 ㉠ 자기에 대한 비관적 생각(예 나는 무가치한 사람이야.), ㉡ 미래에 대한 염세주의적 생각(예 나의 앞날은 희망이 없다.), ㉢ 세상에 대한 부정적인 생각(예 세상은 살기가 힘든 곳이야.)이 있다.

⑶ 상담 목표

역기능적 인지도식이나 인지적 왜곡을 제거하여 긍정적인 감정, 행동, 사고를 갖도록 한다.

⑷ 상담 기법 – 부정적 사고 패턴을 바꾸기

① **특별한 의미 이해하기** : 내담자가 사용하는 '패배자', '우울한', '죽고 싶은' 등과 같은 애매한 단어들의 의미가 무엇인지 내담자에게 질문하여 내담자의 사고과정을 이해하게 한다. 이런 단어들은 자동적 사고와 인지도식에 의존해서 개인에게 다른 의미를 가진다.

② **절대성에 도전하기** : 상담자는 내담자가 어떤 절대성 단어(예 '모든 사람', '언제나', '결코', '항상' 등)를 자주 사용하는가를 파악하여 내담자에게 그러한 생각이 잘못됐음을 깨닫게 한다.

③ **재귀인하기** : 과도하게 자신에게 책임소재를 귀인하는 습관을 재귀인하도록 하여 사건의 책임을 정당하게 하도록 조력한다. 내담자는 자신을 비난함으로써 많은 죄의식을 느끼거나 심한 우울을 느낄 수 있다.

④ **인지 왜곡 명명하기** : 내담자가 사용하는 인지 왜곡이 흑백논리, 지나친 일반화, 선택적 추상 등과 같은 여러 가지 인지 왜곡 중 어떤 것에 해당하는지 명명하도록 하는 것이다. 인지 왜곡 명명하기는 내담자가 자신의 추론을 방해하는 자동적 사고를 범주화하는 데 도움이 될 수 있다.

⑤ **흑백논리 도전하기** : 내담자의 이분법적 사고의 범주화를 연속선상의 다양성으로 변환시켜 그 속에서 자신의 위치를 확인하도록 함으로써 흑백논리나 이분법적 사고에서 벗어나도록 한다.

⑥ **파국에서 벗어나기** : '만약 ~하면, 어떤 일이 일어날까?(what-if?)'라는 기법으로, 마음 아프겠지만 내담자에게도 파국적인 결과가 일어날 수 있다는 것을 깨닫게 한다.

⑦ **장점과 단점 열거하기** : 내담자 자신의 특별한 신념이나 행동에 대한 장점과 단점을 열거하도록 하는 것이다. 어떤 신념에 대한 장점과 단점 열거하기는 내담자로 하여금 흑백논리에서 벗어나도록 하는 데 도움이 된다.

⑧ **인지 예행연습** : 상황을 잘 해결하는 성공적인 자신의 모습을 상상하는 것이다. 상담자는 내담자로 하여금 인지 예행연습을 통해 발생할 가능한 일들에 적절한 방식으로 대처할 수 있도록 조력한다.

④ Glasser의 현실치료(현실요법, reality therapy) 05~06 중등, 09~10 초등, 12~13 중등

(1) 개념

① 현실치료는 내담자의 기본 욕구를 파악하여 그러한 욕구를 바람직한 방식으로 충족할 수 있도록 하는 상담 방식이다. 특히 현실치료는 학교상황에서 학생들을 상담하는 데 매우 효과적임이 밝혀졌다.

② 현실치료에서는 개인의 기본적 욕구에서 비롯된 바람이 정말 무엇인가를 파악하지 못하거나, 파악했다 하더라도 그 바람을 바람직한 방식(현실적으로 책임질 수 있는 옳은 방식)으로 충족시키지 못할 때 문제 행동이 발생한다고 본다.

(2) 주요 개념

① **기본 욕구** : 인간은 다섯 가지 기본 욕구, 즉 생존의 욕구, 소속의 욕구, 힘의 욕구, 즐거움의 욕구, 자유의 욕구를 갖고 태어나며, 이를 충족하기 위해 자신의 행동을 통제하고 선택한다.

② **통제이론** : 인간은 어떤 행동을 선택할 때 자신의 기본 욕구(예 생존의 욕구, 소속의 욕구, 힘의 욕구, 즐거움의 욕구, 자유의 욕구)를 최대한 충족하기 위해 자신의 행동을 통제한다는 이론이다. 그렇게 함으로써 자신의 욕구를 충족함과 동시에 주변 환경과의 관계를 유지, 발전시켜 나간다.

③ **선택이론** : 인간은 자신의 욕구를 충족하기 위해 어떤 행동을 선택하며, 어떤 행동을 선택할 것인가는 전적으로 인간에게 달려 있다. 인간은 자신이 선택한 행동으로 인해 행복하거나 불행하게 된다.

④ **전체행동**(전행동, total behavior) : 인간의 전행동(total behavior)은 '활동하기(활동, acting; 행동하기, doing), 생각하기(생각, thinking), 느끼기(느낌, feeling), 그리고 신체반응(physiology; 생물학적 행동, biological behavior)'의 4가지로 구성되어 있으며, 이들 구성요소는 서로 유기적으로 관련되어 인간의 기본욕구를 충족시키려 한다. 행동 선택을 '자동차'에 비유하면, 엔진은 기본적 욕구이며, 활동, 생각, 느낌, 신체반응은 네 개의 바퀴가 된다. 이 중 분명하게 선택된 '활동하기(acting)'와 '생각하기(thinking)'는 앞바퀴로 자동차를 이끈다. 따라서 활동과 생각은 인간이 통제할 수 있고 행동의 방향을 잡아줄 수 있다(행동은 완전한 통제 가능, 생각은 어느 정도 통제 가능). '느끼기(feeling)'와 '신체반응(physiology)'은 뒷바퀴로 앞바퀴를 따라간다(통제 불가). 따라서 감정은 통제가 어렵고 신체반응은 통제가 더욱 어렵다.

(3) 상담 목표

① 주요 목표는 일차적으로 내담자가 정말 원하는 것이 무엇인지를 그 기본 욕구나 바람을 파악한 후, 그러한 욕구(바람)을 바람직한 방식(3R : 현실적으로 책임질 수 있는 옳은 방식)으로 충족할 수 있도록 조력하는 데 있다.

② 바람직한 방법으로 욕구를 충족할 수 있도록 하기 위해 3R, 즉 현실성(Reality), 책임감(Responsibility), 옳고 그름(공정성, Right or wrong)을 강조한다.

현실성 (Reality)	• 현실파악과 수용능력이 있어야 한다는 것 • 자신의 욕구충족이 현실적인 것인지, 현실에서 실현가능하며 수용가능한지 고려
책임감 (Responsibility)	• 책임감을 느끼며 수행해야 한다는 것 • 자신의 욕구충족 행위가 타인의 욕구충족을 방해하지 않는 범위 내에서 책임감 있는 행위인지 고려
옳고 그름(공정성) (Right or wrong)	• 옳고 그름의 도덕적 판단을 해야 한다는 것 • 타인에게 해가 되지 않는 옳은 판단을 통해 자신의 욕구를 충족해야 함

⑷ **상담과정**(상담절차, 상담기법) − 우볼딩(Wubbolding)의 WDEP 13 중등

① **욕구(바람) 파악하기(Want)** : 내담자에게 "무엇을 원하는가?"라고 질문을 하여, 내담자의 바람이나 욕구가 무엇인지를 파악하도록 한다.

② **현재행동 탐색하기(Doing)** : 내담자에게 "당신은 무엇을 하고 있습니까?"라는 질문을 통해 내담자의 현재 행동을 탐색하도록 한다.

③ **평가하기(Evaluating)** : 내담자가 3R(현실성, 책임감, 옳고 그름)을 기준으로 자신의 행동을 스스로 평가하도록 한다.

④ **계획하기(Planning)** : 내담자의 행동 중 잘못된 행동을 찾아 바람직한 방법으로 자신의 바람과 욕구를 충족시킬 수 있도록 계획하고 실행한다.

5 **Berne의 교류분석이론**(transactional analysis) 01 초등, 12 초 · 중등

⑴ **개념**

① 교류분석은 '자신의 삶의 입장에 따라 서로가 주고받고 있는 의사소통을 이해하고 분석하는 방법'을 의미한다. 자기를 분석하여 이해함으로써 자기통제, 자율성, 책임감을 높이고 건전한 대인관계를 맺게 하는 것이다.

② 교류분석에서는 우리 각자가 세 가지의 분리된 자아상태, 즉 부모(parent), 성인(adult), 아동(child) 자아상태를 가지고 있다고 가정한다. 교류분석이론에서 부모자아, 성인자아, 아동자아는 모두 의식 영역에 존재하며, 일상생활에서 쉽게 사용할 수 있는 것이다.

③ 이 접근방식에서 사용하는 주요한 네 가지 분석방법은 구조분석(structural analysis), 교류분석(transactional analysis), 게임분석(game analysis), 각본분석(script analysis)이다. 구조분석은 내담자의 성격을 구성하는 자아상태를 분석하는 것이다. 교류분석은 내담자와 타인 간의 상호 의사소통 과정을 분석하는 것이다. 게임분석은 정형화되고 반복되는 이면교류를 분석하는 것이다. 각본분석은 내담자가 강압적으로 사용하는 구체적인 인생각본을 분석하는 것이다.

(2) 상담 목표 – 자율성의 성취 ⇨ PAC 자아의 조정능력 발휘

교류분석 상담자는 내담자가 자각, 자발성, 친밀성을 회복하여 자율성을 성취하도록 조력함으로써 건전한 대인관계를 맺도록 한다.

① 내담자의 성격을 구성하고 있는 세 가지 자아상태, 즉 부모자아, 성인자아, 아동자아 상태가 건전하게 발달되도록 하는 데 있다.

② 내담자가 대하는 상대방이 어떤 자아상태에서 이야기하는가를 파악하여 그가 전달한 메시지에 따라 보완적 교류가 될 수 있도록 하는 데 있다.

③ 내담자가 현재 자신의 행동과 인생의 방향과 관련하여 새로운 결단을 내리도록 하는 데 있다. 즉 내담자가 지금까지 부정적인 생활자세로 살아왔다면 재결단을 통해 자기긍정-타인긍정의 생활자세로 바꾸어 생활해 나갈 수 있도록 해야 한다.

(3) 상담 기법

① **구조분석** : 구조분석은 내담자의 성격을 구성하는 세 가지 자아상태, 즉 부모자아, 성인자아, 아동자아의 상태를 분석하는 것이다. 구조분석을 통해 세 가지 자아상태가 어떻게 구성되어 있는지 알고, 자신을 이해할 수 있게 한다. PAC의 세 자아가 상황에 맞게 원활하게 전환되지 못하고 어느 한 틀에 고정될 때 부적응이 발생한다. 잘 적응된 사람은 상황에 맞도록 세 가지 자아상태 간에 균형을 유지하면서 자아상태의 조절을 결정한다.

부모자아 **(P : Parent ego)**	• 개인이 자신이나 타인에게 강요하는 당위적인 명령으로 구성되어 있는 자아상태다[Freud의 초자아(superego)에 해당]. 부모자아는 아동이 주로 자신의 실제 부모의 양육태도, 제도적 혹은 사회적 가치에 의해 형성된다(4~6세 발달). • 부모자아 상태는 '비판적 부모자아'(CP : Critical Parent ego)와 '양육적 부모자아(NP : Nurturing Parent ego)'로 구성되어 있다. 　− **비판적 부모자아** : 비판적·통제적·지배적 이상의 추구가 특징 ⇨ '…해야 한다' 또는 '…해서는 안 된다'라는 완고한 아버지 마음의 표현 　− **양육적 부모자아** : 보살피고 보호적이며 친절함이 특징 ⇨ '…해 줄게'라는 친절한 어머니 마음의 표현
성인자아 **(A : Adult ego)**	• 개인이 현실세계와 관련해서 기능하는 성격의 부분이다[Freud의 자아(ego)에 해당]. 현실적, 객관적, 논리적, 비감정적 자아상태다(2~4세에 형성되어 7~12세에 발달). • 성인자아 상태는 객관적으로 현실을 검증하고 문제를 해결하며, 다른 두 자아상태를 중재한다. • 그러므로 성인자아 상태는 성격의 균형을 위해 중심적 역할을 하며, 성격의 전체적인 적응과정에 가장 기여하는 부분이다.
아동자아 **(C : Child ego)**	• 어린애같이 쾌락적이고 충동적이며 흥미를 추구하는 자아상태이다[Freud의 원초아(id)에 해당]. 자발성, 창의성, 충동, 즐거움, 기쁨, 유쾌함 등이 아동자아 상태의 특성이다(1~3세까지 발달). • 아동자아 상태는 '순종적(적응적) 아동자아'(AC : Adapted Child ego)와 '자유로운(자연적) 아동자아'(FC : Free Child ego)로 구성되어 있다. 　− **순종적(적응적) 아동자아** : 부모나 권위자의 요구에 복종하는 자아로서 순종적, 의존적, 소극적이며, 수줍고 지나치게 타인을 의식하며 착한 모범생의 특성을 지님 　− **자유로운(자연적) 아동자아** : 자연적, 감정적, 충동적, 자기중심적, 본능적, 적극적, 직관적, 자발적, 순진, 자유분방, 창조적이다.

② **교류분석** : 교류분석은 내담자와 타인 간의 의사소통과정을 분석하는 것이다. 교류분석을 통해 부적절한 교차교류(교차적 교류)나 이면교류(저의적 교류)를 중단하도록 촉진시킨다.

상보교류 (complementary transaction)	• 자극과 반응이 동일한 자아에서 이루어지는 의사 교류(수신된 자아상태와 반응하는 자아상태가 일치할 때 나타나는 의사 교류) • 서로 기대한 대답이 오가며, 서로의 자아상태가 서로의 욕구를 충족시키는 평행선을 이루는 교류 ⇨ 인정이나 어루만짐이 서로에게 보완적이기 때문에 대화가 계속됨 • 상보교류는 건강한 인간관계에서 나오는 자연스런 의사소통임 아들 : 엄마, 오늘밤엔 엄마랑 같이 잘래요. 엄마 : 무서운 영화를 보더니 엄마랑 같이 자고 싶은 모양이구나. 아빠 : 머리 자르러 언제 갈래? 아들 : 이 만화 끝나면 가요.
교차교류 (crossed transaction)	• 자극과 반응이 서로 다른 자아에서 이루어지는 의사 교류(수신된 자아상태와 반응하는 자아상태가 일치하지 않을 때 나타나는 의사 교류) • 상대방이 예상 외의 반응을 보임으로써 갈등, 불쾌, 거부감을 유발하고, 대화 단절로 이어질 수 있는 교류 학생 : 선생님, 보고서 제출시간을 연기해 주시면 안 되나요? 교사 : 안 된다. 정해진 기간 내에 제출해야 해.
이면교류 (ulterior transaction)	• 의사소통하는 현실적 자아와 실제로 작용하는 자아가 다른 의사 교류(동시에 이중적인 메시지가 전달되는 교류) • 겉으로 드러난 메시지와 달리 그 이면에 다른 메시지(동기)를 감추고 있는 경우 ⇨ 겉으로 드러난 메시지는 언어적으로 전달되며 이를 사회적 메시지라고 함. 언어 이면에 작용하는 감춘 메시지는 심리적 메시지라고 함. 의사소통에서 교류의 결과는 내면의 자극인 심리적 메시지에 의해 결정됨 [사회적 메시지] 자녀 : 엄마, 오늘 아빠가 몇 시에 들어오세요? 엄마 : 9시 전에 들어오실 것 같은데… [심리적 메시지] 자녀 : 나는 오늘 저녁에 아빠랑 신나게 게임을 하고 싶어요. 엄마 : 엄마도 아빠랑 이야기를 나누고 싶단다.

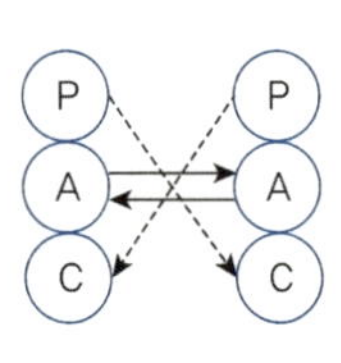

③ 게임분석 : 게임분석은 반복되는 이면교류인 게임을 분석하는 것이다. 내담자가 심리적 게임을 중단하고 직접적이며 진솔한 친밀감을 갖고 교류할 수 있도록 도와준다.

> 예 [대화] 상사 : (지각한 부하에게) 지금이 몇 시인가?
> 　　　　부하 : (질문의 의도를 알면서도) 예, 9시 20분입니다.
> 　　[이면] 상사 : '또 지각이군.'
> 　　　　부하 : '또 비꼬는군.'

④ 각본분석 : 내담자가 강박적으로 사용하는 구체적인 인생각본을 분석하여 부정적인 세 가지 삶의 입장(생활자세)을 '자기긍정－타인긍정'의 입장으로 변화시킨다. 내담자가 지금까지 부정적인 삶의 태도로 살아왔다면 생활각본을 변화시키는 '재결단'이 필요하다. '나도 당신도 이만하면 괜찮다'는 자세로 바꾸어 우리에게 주어진 인생이라는 시간을 보다 알차고 소중하게 보낼 수 있는 인간관계를 이루어 나갈 것을 강조한다.

자기긍정 － 타인긍정 (I'm OK-You're OK)	'나도 이만하면 괜찮고 당신도 그만하면 괜찮다.'는 자신과 타인에 대한 긍정적 삶의 태도와 상호존중의 입장이다. ⇨ 승리자 각본
자기긍정 － 타인부정 (I'm OK-You're not OK)	'나는 잘났고, 너는 별 볼일 없다'는 생활자세로 투사적 입장이다.
자기부정 － 타인긍정 (I'm not OK-You're OK)	'나는 별 볼일 없고, 너 잘났어'하는 생활자세로 내사적 입장이다.
자기부정 － 타인부정 (I'm not OK-You're not OK)	'나도 별 볼일 없고, 너도 별 볼일 없다'는 입장으로 비관적이고 부정적인 태도다.

04 정서중심 상담이론(인본주의 상담이론)

① Rogers의 인간중심 상담이론

91 중등, 93~94 초등, 99 초등보수, 00 초등, 01 중등, 02 초등, 03 중등, 06 초등, 10 중등, 12~13 중등, 14 중등추시論

(1) 개념

① 인간은 스스로 성장할 수 있는 잠재능력이 있다는 가정에 기초하여, 내담자가 스스로 자신의 문제를 직접 해결하도록 돕는 상담이론이다. ⇨ 실존주의 철학에 토대

② 자아이론에 근거한 것으로 내담자인 학생이 위주가 되며, 상담자인 교사는 학생이 자신의 문제를 해결하는 데 있어 보조자(촉진자)의 역할만 한다. 상담자가 허용적인 분위기(rapport)를 조성하여 학생이 자기성찰과 수용을 통해서 스스로 문제를 해결해 나갈 수 있도록 한다.

③ 인간의 부적응은 외부적 기준과 내면적 욕구와의 괴리(불일치), 자기개념과 경험과의 괴리(불일치), 현실적 자아와 이상적 자아와의 괴리(불일치)에서 발생한다. ⇨ 외적으로 부여된 가치조건에 따라 살아가게 되면 자기개념과 경험 간의 불일치가 생기기 쉽다. '지금-여기'에서 경험하는 것들(예 그림 그리기에 대한 흥미)은 자기개념(예 판·검사가 되어 부모를 기쁘게 해 주는 데서 자신의 의미를 찾으려고 하는 것)과 불일치되므로 결국 부정된다. 이러한 불일치가 많을수록 '지금-여기'에서 부정되는 경험들이 많아지게 되어, 이 과정이 되풀이될수록 잠재력을 실현할 수 없음은 물론이고 심리적 문제와 부적응이 커지게 된다.

(2) 인간관

① **유기체로서 자아실현 경향성을 지닌 존재** : 인간은 유기체로서 자신의 잠재력을 실현하려는 경향성을 가지고 태어난다(실현 경향성). 따라서 인간중심 상담에서 상담자는 전문적인 기법을 동원해서 내담자의 문제를 해결해 주는 것이 아니라 내담자 스스로가 자신의 문제를 해결해 나가도록 촉진해 주는 역할을 한다.

② **'되어가는 과정'으로서의 존재, '지금-여기'** : 지금 그리고 여기에서 사람이 어떻게 생각하고 느끼느냐가 인간의 행동을 결정하는 유일한 요소이다. 현재의 나를 결정짓는 것은 어제 가졌던 비관적인 생각들이 아니라 바로 지금의 현상적 장(phenomenal field)에서 가지고 있는 나와 세상에 대한 희망이다.

(3) 주요 개념

① **자아(자기, self)** : 개인은 외적 대상을 지각하고 경험하면서 그것에 의미를 부여하는 존재이다. 인간은 성장해 가는 과정에서 '나는 어떤 사람인가?'에 관한 물음을 가지며 그에 대한 답을 찾아 나가는데, 이러한 물음에 대해 내린 답이 그 사람의 자기개념이 된다.

② **실현 경향성** : 실현 경향성이란 인간이 자신의 잠재력을 실현하려는 타고난 경향성을 말한다. 즉, 모든 사람들은 태어날 때부터 그 무엇도 될 수 있는 가능성과 잠재력을 가지고 있다는 것이다. 따라서 적절한 환경만 제공된다면(if~then) 인간은 스스로 자기를 실현하게 된다. 상담자가 해주려는 것은 바람직한 사회 환경(무조건적이고 긍정적인 존중, 공감적 이해, 순수성)을 제공해 주는 것이다. 그런 환경 속에서 인간은 내적인 자기실현 경향과 일치하는 방식으로 자기실현을 하려 하며, 궁극적으로 충분히 기능하는 인간(fully functioning person)에 이를 수 있다.

③ **가치 조건화** : 인간은 의미 있는 대상(예 부모)으로부터 인정받고 '긍정적 자기존중'을 얻기 위해 가치 조건화 태도를 형성하게 된다. 가치 조건화란 가치가 있고 없음을 규정짓는 외부적인 조건화를 말한다. 외적으로 규정된 조건들에 들어맞을 때 가치가 있는 것이며, 조건에 부합되지 않으면 가치가 없다는 것이다. 이렇게 형성된 가치의 조건화는 유기체가 경험을 통해 실현 경향성을 성취하는 것을 방해하는 주요한 원인이 된다.

(4) 상담 목표

① 내담자가 자신의 문제를 스스로 해결하고 자기를 실현하도록 돕는 데 있다(fully functioning person : 자아실현인, 만발기능인, 충분히 기능하는 인간). 성장과정에서 가치 조건에 물들여져 위축되고 왜곡된 자기 개념을 보다 확장시키고 융통성 있게 변화시켜야 한다. 바로 '지금-여기'에서 진행되는 모든 내적인 경험들을 왜곡 없이 수용할 수 있을 때, 심리적 문제는 경험으로 해결되고 비로소 내담자는 자신의 참 모습을 발견할 수 있게 된다.

② 상담자는 아무런 가치 조건도 부여하지 않고 내담자를 있는 그대로 존중하고 수용함으로써 내담자에게 부여된 가치 조건들을 해제해 나간다. 그 어떠한 예외도 없이 상담자가 이러한 태도를 일관되게 유지해 나갈 때 내담자는 비로소 참다운 자기를 발견하고 거기에 의미를 부여할 수 있는 것이다.

(5) 상담 기법(상담자의 태도) - 가치 조건화의 해제

① **진실성**(genuineness), **진지성**(sincerity), **일치성**(congruence) : 상담자는 내담자와의 관계에서 경험하는 것을 솔직하게 그대로 표현해야 한다. 내담자에게 느끼는 긍정적·부정적 감정을 모두 표현할 수 있으며, 이를 통해 내담자는 자기와 경험 간의 불일치를 좁힐 수 있게 된다.

② **무조건적인 긍정적 존중**(unconditional positive regard) : 내담자의 내면 경험을 특정한 가치 조건에 입각해서 판단·평가하는 것이 아니라 있는 그대로 무조건적으로 존중하고 수용해 주어야 한다. 이를 통해 가치 조건들을 해제하고 자신의 경험들에 새로운 의미와 중요성을 부여할 수 있게 된다.

③ **공감적 이해**(empathetic understanding) : 상담자가 내담자의 감정에 빠져들지 않으면서 내담자의 감정을 자기의 감정인 것처럼 느끼는 것을 의미한다(공감의 'as if'적 속성). 공감적 이해를 통해 내담자는 자유로운 자기이해와 자기수용, 참된 성장의 길로 나아갈 수 있게 된다.

❷ Perls의 게슈탈트(형태주의) 상담이론 07~08 중등, 10~11 중등

(1) 개념

① 게슈탈트(gestalt)는 '형태', '외형(外形)', '전체'라는 뜻으로, 전체 장면의 의미를 중시한다. 즉, 게슈탈트는 개체의 욕구나 감정이 하나의 의미 있는 전체로 조직된 것을 의미한다. 인간은 자기 조정능력에 의해 매 순간 자신에게 가장 필요한 욕구와 감정의 순서대로 게슈탈트를 형성하고 조정하며 욕구와 감정을 해결한다. 그런데 이 때 개체가 완결된 형태로 게슈탈트를 형성하지 못하거나 자연스럽게 조정·해결하지 못하면 그 개체는 심리적·신체적 장애를 겪게 된다.

② 상담자는 내담자가 현재 느끼고 경험하는 것을 무엇이 방해하는지 알 수 있도록 도움으로써 내담자가 '지금(now)-여기(here)'를 완전히 경험할 수 있도록 돕는 상담방법이다.

(2) 인간관

① **실존주의적 존재** : 게슈탈트 상담이론은 펄스(Frederick S. Perls; 1893~1970)에 의해 제시된 이론으로 '지금－여기(here-and-now)'와 경험의 전체성, 인간의 자유와 책임, 그리고 '과정으로서의 존재'를 강조한다는 점에서 실존주의적 존재다.

② **현상학적 존재** : 경험의 즉시성이나 객관적 사실보다는 인간의 주관적 지각이나 경험, 주관적으로 결정되는 의미를 강조한다는 점에서는 현상학적 존재이다.

(3) 주요 개념

① **게슈탈트(gestalt)** : 게슈탈트는 개체의 욕구나 감정이 하나의 의미 있는 전체로 조직된 것을 의미한다. 개체가 원결된 형대로 게슈탈트를 형성하지 못하거나 자연스럽게 조정 · 해결하지 못하면 그 개체는 심리적 · 신체적 장애를 겪게 된다.

② **전경과 배경** : 사람이 대상을 지각할 때 지각의 초점이 되는 부분이 전경이고, 관심 밖에 있는 부분을 배경이라고 한다. 이것을 정서적 측면에 적용하면 어떤 상황에서 사람의 욕구와 필요의 초점이 되는 부분을 전경, 그 밖의 부분은 배경이라고 할 수 있다.

③ **알아차림(자각)** : 알아차림이란 개체가 자신의 욕구나 감정을 지각하고 그것을 게슈탈트로 형성하여 전경으로 떠올리는 행위를 의미한다. 알아차림이 원활해지려면 개체는 과거나 미래에 지나치게 빠져 있지 않고 현재 자신의 욕구와 경험에 초점을 맞추며 현재의 경험과 감정, 그리고 행동을 책임질 수 있어야 한다.

④ **미해결 과제** : 미해결 과제란 개체가 게슈탈트를 형성하지 못했거나 형성된 게슈탈트가 적절히 해소되지 못하여 배경으로 물러나지 못한 상태를 의미한다. 과거의 미해결 과제를 현재까지도 전경으로 떠올리고 있으면, 개체는 현재 자신의 경험과 욕구를 명확히 알아차릴 수 없고 그 순간의 타인 또는 환경과 진실하게 접촉할 수도 없다.

⑤ **접촉** : 접촉이란 전경으로 떠오른 게슈탈트를 해소하기 위해 현재를 있는 그대로 경험하고 환경과 상호작용하는 행위를 의미한다.

(4) 상담 목표

① 상담자는 내담자가 자신의 욕구와 감정을 분명히 알아차리고 이를 환경과의 접촉을 통해 항상 잘 해소할 수 있도록 도와주어야 한다.

② 내담자의 개인적 각성을 증진시키고, 내담자가 여기－지금(here & now)의 삶을 진실하게 살아가도록 도와줌으로써, 내담자가 잘 통합된 인간이 되도록 한다.

(5) 상담 기법

① **언어표현 바꾸기** : 내담자가 간접적이고 모호한 단어를 사용하는 것 대신에 내담자 자신과 자신의 성장에 책임감을 주는 단어들을 사용하게 한다.

> 예 '그것'과 '당신' 대신 '나'로 바꾸기(⇨ 대명사를 일인칭인 '나'로 바꾸는 것은 개인에게 상황에 대한 책임감을 부여함), '내가 ~할 수 없다' 대신 '나는 ~하지 않겠다'로 바꾸기(⇨ "내가 ~할 수 없다." 대신 "나는 ~하지 않겠다."로 대체하도록 권유하면 내담자는 자신의 결정에 책임을 지고 자신의 힘을 수용하게 됨), '내가 ~해야 한다' 대신 '나는 ~하기를 선택한다'로 바꾸기 (⇨ "내가 ~해야 한다."를 언급하는 빈도와 그것들의 사용에서 오는 긴급함, 요구, 불안을 함축하지만, "나는 ~하기를 선택한다."라는 표현은 내담자에게 선택에 대한 책임감을 줌), '나는 ~가 필요하다' 대신 '나는 ~을 바란다'로 바꾸기(⇨ "나는 ~을 바란다."라는 표현이 "나는 ~가 필요하다."라는 표현보다 더 정확하고, 덜 긴급하고, 불안을 덜 야기함)

② **빈 의자 기법** : 빈 의자 두 개를 이용하여 문제의 인물이 옆에 앉아 있다고 가정하고 그에 대한 감정과 갈등을 이야기해 보고, 또 의자를 바꿔 문제의 인물의 입장에서 말해 보게 하는 기법이다. 대인관계의 갈등을 해결하는 데 유용하다.

③ **환상 기법** : 실제 장면을 연상하는 환상을 통해 지금-여기로 경험을 재현하는 방법이다. 주장하는 것을 두려워하는 내담자의 경우 지금 주장해야 할 상황에 있는 것처럼 상상하게 하고, 그가 수동적이었을 때의 느낌과 그가 원하는 대로 요청할 수 있었을 때의 느낌을 비교한다.

④ **신체 행동을 통한 자각** : 특히 내담자의 신체 행동이 언어적 표현과 일치하지 않을 때 그러한 불일치를 지적하여 내담자의 자각을 확장시키는 방법이다. 의사소통에 있어서 언어적인 수준뿐만 아니라 말의 배후에 있는 목소리의 크기, 고저, 강약, 전달속도와 같은 의미까지도 예리하게 듣도록 한다.

❸ Frankl의 실존주의 상담이론 94 중등

(1) 개념

① **정의** : 내담자의 존재를 그대로 수용하여 이해하면서 그의 역량을 스스로 계발하도록 돕는 상담이론
② **현상학적 방법** : 내담자의 실존 또는 있는 그대로의 경험을 이해하고 연구하기 위해 현상학적 방법을 채택함
③ **목표** : 인간 존재의 불안(不安)을 가장 중요한 문제로 간주하고, 인간 존재의 참된 의미를 찾아 자아를 실현하며 보다 창조적인 삶을 살아갈 수 있도록 돕는 것을 목표로 하는 상담이론

(2) 이론적 가정

① 인간은 본성적으로 의지의 자유(自由), 의미(意味)를 추구하는 존재이며, 주체적으로 삶을 감당해 나간다.
  ⇨ 인간의 자기책임, 자기존재의 의미, 삶의 의미 결정은 오직 자기 자신만이 할 수 있다.
② 인간 존재의 가장 중요한 문제는 불안(不安) 문제이다.
③ 인간 존재의 불안은 시간의 유한성과 죽음, 주체성의 결핍으로부터 비롯되며, 부적응행동은 인간이 타고난 경향성을 실현하지 못한 결과로서, 삶에서 보람을 찾는 능력이 없어 나타나는 실존적 신경증이다.

④ 문제해결 방법은 인간의 타고난 가능성(경향성)을 포함한 인간 존재의 가치와 삶의 의미를 찾고 자아실현을 하는 것이다.

⑤ 상담관계는 상담자와 내담자의 '만남'의 관계이며, 만남의 관계에서 내담자는 향상적인 급진적 변화를 통해 치료의 효과를 거둔다.

(3) 상담 기법

① **의미요법(logotherapy)** : 인간은 '의미에의 의지(will to meaning)'를 지닌 존재

   ㉠ 프랭클(Frankl)의 『실존분석과 의미치료』

   ㉡ 의미 없는 삶을 살아가는(일종의 신경증) 사람들을 치료하기 위한 방법 ⇨ 건설적이고 주관적인 창조적 활동이나 경험을 통해 삶의 긍정적 의미를 발견

   ㉢ 기본원리 : 어떤 조건에서의 삶도 의미가 있다. 사람에게는 이러한 삶의 의미를 찾으려는 의지가 있으며 이 의지를 달성했을 때 행복해진다. 제한된 상황에서도 우리는 삶의 의미를 찾는 자유가 있다.

② **현존분석(daseinanalysis)** : 개인에 대한 현상학적 이해를 중시

   ㉠ 빈스방거(Binswanger)

   ㉡ 내담자의 증상이나 심리적 타격에 관심을 두지 않고 증상에 관한 내담자의 태도에 관심을 둠

      예 불안의 문제는 기대불안(불안에 대한 불안)

   ㉢ 내담자의 내적 생활사를 밝혀 그 세계 내의 존재의 구조를 분석하고 내담자의 내적 세계의 의미를 해석하는 방법

(4) 특징

① 내담자의 증상 자체나 과거의 심리적 타격에 관심을 두는 것이 아니라, 증상에 관한 내담자의 태도에 관심을 둔다.

② 불안에 대한 문제를 기대불안(예기불안)으로 본다. 이는 전에 불안을 일으킨 상태가 재발하지 않을까 하는 불안에 대한 불안이다.

③ 기대불안에 대한 치료방법

   ㉠ 역설적 지향의 방법(역설적 의도, paradoxical intention) : 불안이나 공포를 회피하지 않고 정면으로 대결하여 극복하는 방법 **예** 불면증 환자에게 잠을 자지 말도록 한다.

   ㉡ 반성제거법(dereflection, 역반영, 방관) : 쓸데없는 걱정에 사로잡혀 있는 경우 보완적 방법으로 다른 것을 생각해 보게 하는 것 ⇨ 내담자의 '과잉된 주의(지나친 자기−관찰)'를 내담자 자신의 외부로 관심을 돌림으로써 그 개인의 의식을 긍정적이고 생산적인 면으로 전환할 수 있게 하여 치료하는 방법

      예 불면증이 일어날 때 주말여행 계획을 생각해 보게 한다.

   ㉢ 소크라테스 대화법(socratic dialogue) : 대화(질문)을 통해 내담자의 잠재성, 장점과 단점, 현실책임 등을 이해하거나 반성하게 함으로써 자기통찰을 얻도록 돕는 것. 내담자와 대화 도중 내담자가 놓치고 있는 자신의 내면 세계를 스스로 발견하도록 그의 무의식을 파고드는 것

      예 비슷한 처지에서 고통을 극복한 타인의 경험을 들려주어 내담자에게 숨겨진 자신감과 희망을 발견하게 한다.

  ② 태도수정기법(modification of attitude) : 내담자의 삶에 대한 부정적인 태도, 무의미한 태도를 변화시키기 위해 논증, 긍정적 암시, 단순책략의 기법을 활용하는 것

논증 (argument)	내담자가 타인에게 책임을 전가하지 않고 자신에게 책임이 있음을 인식하도록 논쟁하기
긍정적 암시 (positive suggestion)	내담자가 자신의 문제를 성공적으로 해결할 수 있는 능력을 소유하고 있음을 인식시키기
단순책략 (simple trick)	내담자로 하여금 자신이나 주변 인물에 대한 긍정적 특성을 작성하게 함으로써 긍정적인 태도를 형성시키기

  ⑩ 호소(appeal) : 의지가 약한 내담자들을 위한 기법으로 상담자가 제안한 것을 내담자가 받아들여 수행하도록 함으로써 내담자의 약한 의지를 강화해 주는 방법

 ④ 상담의 최종 목적은 내담자로 하여금 인생의 적극적인 가치를 자기 속에서 발견하여 인생의 목표를 긍정적으로 지향하게 하는 것이다.

05   기타 상담이론

❶ 해결중심 상담이론(단기상담, SFBC : Solution Focused Brief Counseling) 08 중등, 10 초등, 12 초등

(1) 개념

① 내담자가 호소하는 한두 가지 핵심문제를 중심으로 빠른 시간 내에 변화할 수 있도록 돕는 상담이다.

② 문제의 원인을 규명하기보다는 학생이 가진 자원(강점, 성공경험, 예외상황)을 활용하면서 해결방법에 중점을 두어 단기간 내에 상담목적을 성취하는 상담모델이다.

(2) 인간관

인간은 자신 안에 자신의 문제해결능력과 자원을 지니고 있다고 본다. ⇨ 구체적이며 실현가능한 목표를 세우고 이에 집중하게 함으로써 문제를 해결할 수 있도록 돕는다.

(3) 상담의 기본원리

① 문제의 원인을 분석하기보다 문제의 해결에 초점을 둔다. '왜'라는 질문 대신에 행동을 변화시키기 위해 '무엇을 할 것인가'에 관심을 둔다.

② 특정 상담이론에 내담자를 맞추기보다 내담자의 문제에 따라 여러 가지 상담방법을 적용한다. 효과가 있으면 계속하고 없으면 다른 것을 시도한다.

③ 과거보다는 현재와 미래에 초점을 둔다. 성공에 초점을 둘 때 해결방법이 보인다.

④ 문제를 가진 모든 사람은 해결책 또한 가지고 있다.

⑤ 작은 변화가 큰 변화를 일으킨다.

⑥ 모든 문제 상황에는 '예외'가 있고 그것이 해결책으로 가는 실마리가 된다.

⑦ 내담자가 표현하는 것을 최대한 활용한다.

⑷ 상담 목표

① **내담자에게 맞는 해결방법을 찾아 문제를 해결하도록 돕기** : 상담자의 도움을 찾게 한 바로 그 문제를 극복하도록 돕는 것이다. 내담자들이 가장 절실하게 느끼는 불편함을 없애고, 합리적이고 적절한 수준에서 기능하도록 돕는 것이 가장 주된 목표이다.

② **내담자의 대처기술의 개발** : 여기에 덧붙여, 내담자들이 미래의 문제들을 더 잘 다루고 또 가능하면 미리 예방할 수 있도록 대처기술들을 개발하게 하는 것도 단기상담의 주요 목표가 된다.

⑸ 상담 기법 08 중등, 10 초등

① **목표 세우기(goal setting)**

　㉠ 학생 자신에게 중요한 것을 목표로 정한다.

　㉡ 작고 현실적인 것을 목표로 삼는다.

　㉢ 구체적이고 명확하며 행동적인 것을 목표로 정한다.

　㉣ 목표는 긍정적인 표현으로 기술한다. 부정적인 진술은 비활동적으로 만든다.

② **상담 전 변화에 대한 질문** : 상담 약속 후 지금까지 발생한 변화에 대하여 질문하고 변화를 발견하기 위한 접근방법이다. 상담 전 변화가 있는 경우 내담자의 해결능력을 인정하고, 그러한 사실을 강화하고 확대할 수 있도록 격려한다.

③ **척도질문(scaling questions)** : 숫자의 마력을 이용하여 내담자의 문제의 심각성, 목표의 성공가능성, 성취정도, 자신감 등을 수치로 표현하는 것이다.

④ **예외질문(exceptions)** : 문제가 발생하지 않은 예외적 상황을 찾아내어 성공의 확신을 심어주는 것이다.

⑤ **기적질문(miracle question)** : 문제가 해결된 상태를 상상해 보도록 하는 방법으로, 바뀐 현실을 꿈꾸고 희망을 갖게 하는 역할을 한다. 문제에 대한 집착으로부터 벗어나서 '문제 중심'에서 '해결 중심' 영역으로 전환하게 만드는 데 효과적이다.

⑥ **관계질문(relational question)** : 내담자와 중요한 관계에 있는 사람들을 활용하여 하는 질문으로, 내담자가 객관적인 시각에서 자신의 문제를 바라볼 수 있도록 해 준다. 자신의 희망, 힘, 한계, 가능성 등을 지각하는 방식은 자신에게 중요한 타인이 자신을 어떻게 보고 있을 것이라는 생각과 밀접한 관계가 있다.

⑦ **대처질문** : 어려운 상황에서도 어떻게 견디며 대처해 왔는지 질문하는 것으로, 대처질문을 통해 내담자에게 문제를 해결할 수 있는 힘이 있음을 깨닫게 한다.

⑧ **악몽질문** : 유일한 문제중심적·부정적 질문으로, 상황의 악화를 통해 해결의지를 부각시킨다.

② 집단상담(group counseling)

(1) 개념

① 한 사람의 전문적 상담자가 동시에 몇 명(4~8명)의 내담자를 대상으로 개인의 관심사나 대인관계, 사고 및 행동양식의 변화를 도모하려는 집단적 상호작용 과정을 말한다.

② 내담자로 하여금 자신과 타인의 관계를 통하여 자기 자신과 타인을 이해하고, 자신의 문제를 통찰하여 문제 해결능력을 증진하고자 실시한다. 즉, 상담과정에서의 집단 역동성을 통해 자신에 대한 통찰력, 타인에 대한 이해를 증진시킨다.

(2) 상담 목표

① **자기문제에의 직면, 해결의 권장** : 개인이 타인과의 관계에서 자신의 문제를 해결하도록 도와준다.

② **자신과 타인의 이해** : 자신과 타인을 잘 이해하게 된다.

③ **감정의 바람직한 표현, 발산의 촉진** : 개인이 타인과의 관계에서 바람직한 감정 표현 능력을 증진한다.

④ **기타** : 집단생활에서 자아개념의 강화 및 협동심을 함양한다. 대인관계 기술의 향상을 가져온다.

(3) 장단점

장점	단점
• 구성원의 공통된 관심사를 상담하여 구성원의 일체감, 공동체 의식을 높일 수 있다. • 소속감, 동료의식이 강화되며, 시간과 경제성이 높다. • 많은 사람에게 자신을 비춰 봄으로써 자기 이해에 도움이 될 뿐만 아니라 타인도 이해하고 수용하는 마음을 갖게 된다. • 구성원들 스스로가 경청, 수용, 지지, 대립, 해석 등 상담자의 역할을 하기 때문에 개인적으로 위로와 지지를 받는 등 발전을 할 수 있다.	• 집단경험 자체에 끌려 목적 달성보다 습관적으로 집단상담을 옮겨 다니는 현실 도피를 할 수가 있다. • 심각한 정신적 문제의 경우에는 적합하지 않다. • 구성원 개개인에게 모두 만족을 줄 수 없다. • 모든 학생에게 적합한 것은 아니다. 심한 정서적 혼란, 동료 간 적대감이 심한 자는 곤란하다. • 시간적으로나 문제별로 집단을 구성하는 데 어려움이 있다. • 개인에게 집단의 압력이 가해지면 오히려 개인의 개성이 상실될 우려가 있다. • 도움이 필요한 특정인에게 개별적 주의가 어렵다.

3 학교상담(school counseling)

(1) 개념

① 학생의 건강한 인성발달과 최적의 능력 개발을 조력하기 위해 학교에서 이루어지는 전문교육활동으로서 생활지도의 주요한 영역 중의 하나이다. Gybers에 의해 제안된 종합적 학교상담모형이다.

② 학습, 진로, 성격, 비행, 성, 가족, 학교 적응 등 학생들이 겪는 발달상의 주요 영역에 대한 예방교육, 개인상담, 집단상담, 외부기관 의뢰 등의 활동을 하며, 학생, 학부모, 교사집단을 돕는다. 즉, 종합적이고 예방적이고 발달적이며, 학생이 부적응 문제를 보이기 이전에 다양한 형태의 서비스를 제공하여 문제를 예방하도록 한다.

(2) 학교상담의 영역

학업발달 영역	• 내적 동기를 개발한다. • 효율적인 학습기술을 개발한다. • 미래에 대한 목적의식과 그것을 달성하는 방법을 개발한다. • 자신의 강점과 능력을 기반으로 좀 더 효율적으로 공부하는 방법을 이해한다. • 문제해결 기술을 개발한다.
개인·사회적 발달 영역	• 신체적, 정서적, 지적 성장과 발달을 이해한다. • 자기개념과 사회적 개념을 개발한다. • 또래관계를 이해하고 발달시킨다. • 학교, 가족, 자신에 대한 긍정적 태도를 갖는다. • 부모와 의사소통하는 방법을 배운다. • 삶의 스트레스, 도전, 패배와 성공을 대처하는 방법을 배운다. • 삶의 계속적인 변화에 대처하는 방법을 배운다.
진로발달 영역	• 직업의 차이와 변화하는 남녀의 역할에 관해 이해한다. • 개인적인 흥미와 기호를 인지한다. • 일과 놀이에서 타인들과 협동하고 공존하는 법을 배운다. • 일을 한다는 것의 의미와 학교활동이 미래의 계획과 어떻게 관련되는지를 이해한다. • 다소 먼 미래에나 경험할 수 있는 세계에 관해 인지한다.

How to
JUMP?

교육사회학

교육사회학

1 교육사회학 이론

- **구교육사회학**
  - **기능이론** (94 중등, 99 초등보수, 01 초·중등, 03 초등, 04~07 중등, 07~09 초등, 11~13 중등, 15 중등추시論)
    - 개관 — 개요, 사회를 보는 관점, 주요 주장
    - 주요 이론
      - 도덕사회화 06 중등, 08 초등
      - 사회화기능론
      - 학교사회화 01 초등, 07 중등
      - 기술기능이론 09 초등, 12 중등
      - 인간자본론 95 중등, 99 중등·초등보수, 07 초등, 13 중등
      - 발전교육론 94 중등, 96 중등, 11 초등
      - 근대화이론
  - **갈등이론** (95 중등, 98~99 중등, 99 초등보수, 00 초등, 05 중등, 11 초등)
    - 개관 — 개요, 사회를 보는 관점, 주요 주장
    - 주요 이론
      - 경제적 재생산이론 04 중등, 08 중등, 12 중등
      - 종속이론
      - 급진적 저항이론 02 초등, 04 초등, 10 초등, 11~12 중등
      - 지위경쟁이론 98 초등, 99~00 중등, 00 초등, 02~04 중등, 06 초등, 09 중등, 12 중등
- **신교육사회학**
  - 개관 — 영국(해석학적 관점), 미국(교육과정 사회학), 교육이론의 특징
  - 주요 이론
    - 문화적 재생산이론 99 초등보수, 02~03 중등, 06 초등, 06 중등, 09 초등, 11 초등
    - 문화적 헤게모니이론 04 초등, 10 중등
    - 사회구성체이론(자본주의 국가론) 00 초등추시, 07 중등, 12~13 중등
    - 문화제국주의이론
    - 저항이론 00 중등, 05 중등, 07 초등, 11 초등
    - 자율이론(문화전달이론) 04 중등, 06 초등, 08 초등, 10 초등, 12 초등, 13 중등
    - 상징적 상호작용이론 05 중등, 08 중등, 10 초등
    - 학교에서 상호작용 연구
      - Hargreaves의 교사·학생 상호작용론
      - McNeil의 방어적 수업 06 초등, 13 중등
      - 상호작용 연구의 한계

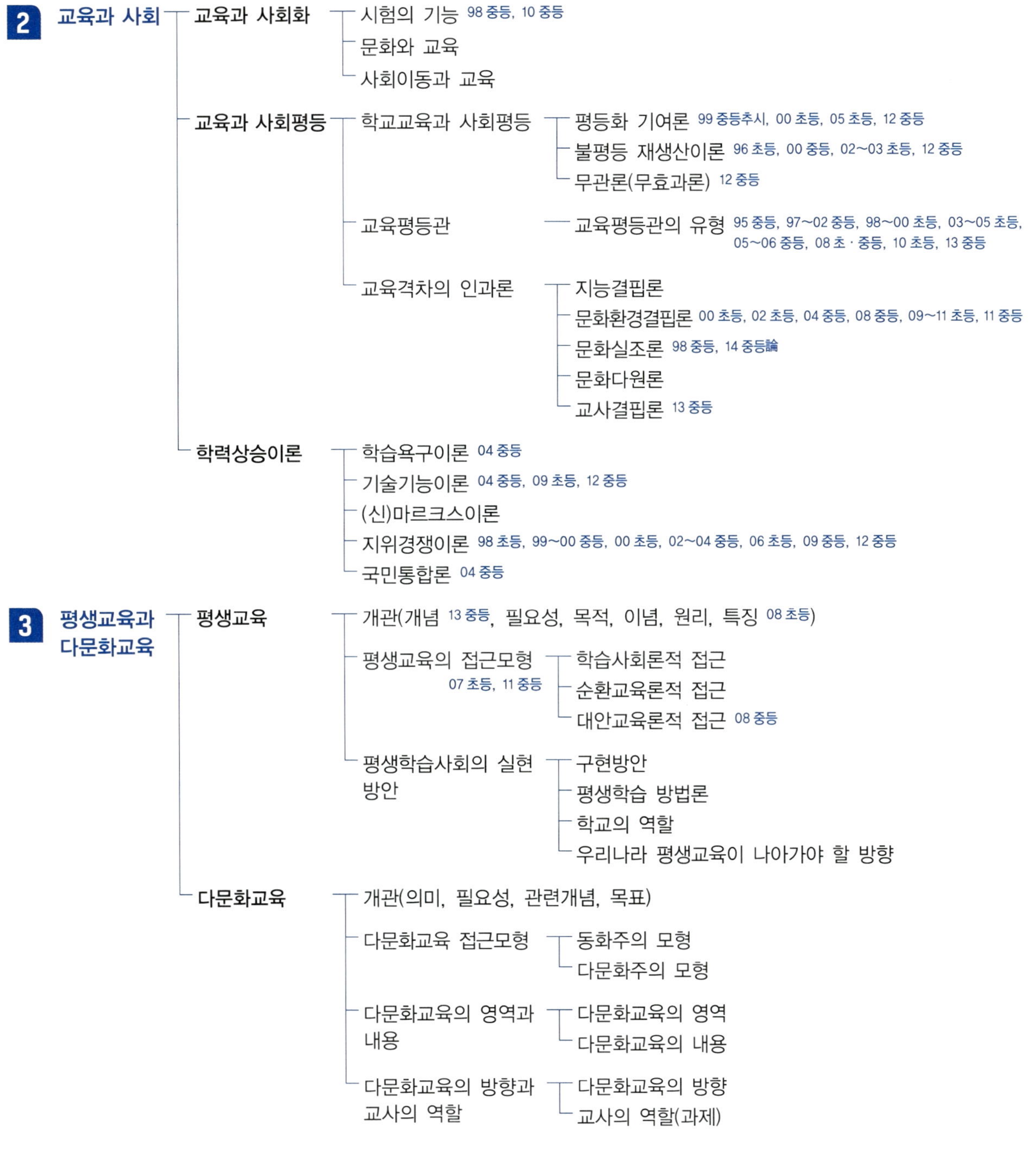

2 교육과 사회
- 교육과 사회화
  - 시험의 기능 98 중등, 10 중등
  - 문화와 교육
  - 사회이동과 교육
- 교육과 사회평등
  - 학교교육과 사회평등
    - 평등화 기여론 99 중등추시, 00 초등, 05 초등, 12 중등
    - 불평등 재생산이론 96 초등, 00 중등, 02~03 초등, 12 중등
    - 무관론(무효과론) 12 중등
  - 교육평등관
    - 교육평등관의 유형 95 중등, 97~02 중등, 98~00 초등, 03~05 초등, 05~06 중등, 08 초·중등, 10 초등, 13 중등
  - 교육격차의 인과론
    - 지능결핍론
    - 문화환경결핍론 00 초등, 02 초등, 04 중등, 08 중등, 09~11 초등, 11 중등
    - 문화실조론 98 중등, 14 중등論
    - 문화다원론
    - 교사결핍론 13 중등
- 학력상승이론
  - 학습욕구이론 04 중등
  - 기술기능이론 04 중등, 09 초등, 12 중등
  - (신)마르크스이론
  - 지위경쟁이론 98 초등, 99~00 중등, 00 초등, 02~04 중등, 06 초등, 09 중등, 12 중등
  - 국민통합론 04 중등

3 평생교육과 다문화교육
- 평생교육
  - 개관(개념 13 중등, 필요성, 목적, 이념, 원리, 특징 08 초등)
  - 평생교육의 접근모형 07 초등, 11 중등
    - 학습사회론적 접근
    - 순환교육론적 접근
    - 대안교육론적 접근 08 중등
  - 평생학습사회의 실현방안
    - 구현방안
    - 평생학습 방법론
    - 학교의 역할
    - 우리나라 평생교육이 나아가야 할 방향
- 다문화교육
  - 개관(의미, 필요성, 관련개념, 목표)
  - 다문화교육 접근모형
    - 동화주의 모형
    - 다문화주의 모형
  - 다문화교육의 영역과 내용
    - 다문화교육의 영역
    - 다문화교육의 내용
  - 다문화교육의 방향과 교사의 역할
    - 다문화교육의 방향
    - 교사의 역할(과제)

권지수교육학 핵심요약집

핵심쏙쏙

교육사회학 이론

Section 01 구교육사회학

01 기능이론(functionalism)

94 중등, 99 초등보수, 01 초 · 중등, 03 초등, 04~07 중등, 07~09 초등, 11~13 중등, 15 중등추시論

❶ 개관

(1) 개념

사회를 유기체에 비유하여 설명하는 관점이다. 기능이론은 구조와 기능, 통합, 안정, 합의의 논리를 중심으로 '어떻게 사회의 유지와 존속이 가능한가?'에 대한 설명을 제공한다.

(2) 사회를 보는 관점

① 사회는 유기체와 마찬가지로 여러 부분으로 구성되어 있으며, 사회의 각 부분은 사회 전체의 존속을 위하여 각각의 고유한 기능을 수행한다. ⇨ 구조와 기능

② 사회의 각 부분들은 유기적으로 통합되어 있고, 한 부분의 변화는 다른 부분에 영향을 미치며, 각 부분들은 동등하며 상호의존적인 관계에 있다. ⇨ 통합

③ 사회는 항상 균형과 안정을 유지하려는 속성을 지니고 있고, 어떤 충격에 의하여 안정이 깨뜨려지면 이를 회복하기 위해 노력하며, 얼마간의 사회 변화나 갈등은 새로운 균형으로 나아가기 위한 부수적인(비정상적인, 일탈적인) 과정일 뿐이며 본질적인 것은 아니다. ⇨ 안정

④ 사회의 중요한 가치나 신념체계에 대하여 사회 구성원들 간에 합의가 이루어져 있으며, 합의는 기본적으로 가정이나 학교의 사회화 과정을 통해 형성된다. ⇨ 합의

⑤ 사회를 구성하고 있는 각 부분 간에는 우열이 있을 수 없으며, 각기 수행하는 기능상의 차이가 있을 뿐이다.

⑥ 계층은 기능의 차이에 바탕을 둔 차등적 보상체제의 결과이다.

(3) 학교교육에 대한 기능이론의 주요 주장

① 학교교육은 전체 사회의 한 하위체제로서 사회화와 선발·배치 기능을 수행한다. 새로운 세대에게 기존 사회의 생활양식과 가치 및 규범을 전수하며(사회화 기능), 재능 있는 사람을 분류하고 선발하여 교육시켜 적재적소에 배치한다(선발·배치 기능).

② 교육은 위대한 평등장치이므로 교육의 기회를 균등하게 제공하고(기회의 평등), 개인의 능력과 노력에 따라 차등적 보상이 주어지며(능력/업적주의), 그 결과 사회적 지위와 계층이 분화된다. ⇨ 계층분화는 정당한, 필연적 결과

③ 학교에서 가르치는 내용은 사회 구성원들의 합의에 의한 것으로 보편적이며 객관적으로 가르칠 만한 내용이다.

④ 학교에서의 성공과 실패는 사회구조적인 요인에 의한 것이라기보다는 학생 개인의 능력과 노력에 의한 것이다.

Plus

교육의 선발·배치 기능 15 중등추시論

1. 선발은 학생들을 능력의 종류와 수준에 따라 분류함으로써 학습자에 대한 진단기능을 한다.

2. 학교는 선발을 통해 학생들의 능력에 맞는 교육적 경험을 부여하고 이를 토대로 사회진출을 가능하게 함으로써 직업세계가 필요로 하는 사람들을 분류하는 여과기능을 한다.

3. 선발은 능력과 성취에 따라 사회적 지위와 소득을 배분함으로써 개인적으로는 개인의 능력을 극대화할 수 있는 기회를 부여하며 사회 평등화에 기여한다.

4. 선발은 사회적 성취에 따라 사회경제적 지위를 배분함으로써 사회적으로는 인력활용을 극대화할 수 있게 해준다.

⑷ 기능이론에 대한 비판

① 인간을 사회화의 주체가 아닌 객체로 봄으로써 학생을 수동적인 존재, 사회의 종속적 존재로 파악한다.

② 학생들의 인지적 측면에서의 성취를 강조한 나머지 학력경쟁을 가열시켜 고학력화를 부채질하고 인간성을 메마르게 한다.

③ 교육선발이 능력본위로 이루어진다고 가정함으로써 선발과정의 귀속적 측면을 소홀히 다루고 있다.

④ 교육의 본질적 기능보다는 수단적·외재적 기능을 중시한다.

⑤ 학생의 개별성보다는 공통성 내지 유사성을 강조함으로써 학생의 자유와 개성, 다양성을 소홀히 한다.

⑥ 사회의 통합과 합의를 지나치게 강조한 나머지 집단 간의 갈등을 잘 다루지 못한다.

⑦ 사회 개혁보다는 기존 질서 범위 내에서 안정을 지향하는 보수적 입장을 취한다.

② 주요 이론

⑴ 뒤르켐(E. Durkheim)의 도덕 사회화 이론 06 중등, 08 초등

① 교육의 개념 : 사회화

  ㉠ 교육을 사회화(socialization)의 관점에서 정의한다. ⇨ 교육은 천성(天性)이 비사회적 존재인 개인을 사회적 존재로 만드는 과정이며, 학교교육의 핵심은 사회의 보편적 가치를 가르치는 도덕교육이다(⇨ 도덕적 사회화가 궁극적인 목적)

  ㉡ 학교교육의 목적은 사회의 보편적 가치(집합의식, 집합표상)를 가르치는 '보편적 사회화'를 통해 아노미를 극복하고 도덕적 사회화(현대 산업사회에 알맞은 도덕적 질서를 확립)를 달성하는 것이다.

② 사회화의 유형

㉠ 사회화 유형

유형	의미
보편적 사회화	• 한 사회의 공통된 감성과 신념, 즉 집합의식(집합표상)을 내면화하는 것 예 한국인, 미국인 • 전체적 사회가 요구하는 신체적·도덕적·지적 특성을 함양하는 것 • 보편적 사회화를 통해 그 사회의 특성을 유지하고 구성원들의 동질성을 확보할 수 있게 됨
특수 사회화	• 특정 직업세계에서 요구하는 가치와 규범, 능력 등을 내면화하는 것 예 한국의 교사, 미국의 교사 • 개인이 속하게 되는 직업세계와 특수환경이 요구하는 신체적·도덕적·지적 특성을 함양하는 것 • 사회가 분화·발전함에 따라 요구되는 지식과 기술의 습득

㉡ 보편적 사회화와 특수 사회화의 관계 : 산업화가 진행됨에 따라 사회는 점차 분화되기 때문에 다양한 직업교육(특수 사회화)은 불가피하지만, 전문화된 교육이 증가하면 할수록 사회전체의 동질성 유지를 위한 보편교육(보편적 사회화)은 필수적이므로, 보편교육이 교육의 핵심을 이루게 된다. ➪ 보편적 사회화 중시

⑵ **파슨스**(T. Parsons)**의 사회화 기능론**(구조기능주의)

① 개관

㉠ 파슨스는 기능주의 이론을 체계적인 이론으로 발전시킨 사람으로, '구조-기능적 분석'으로 사회체제이론(theory of social system)을 형성하였다.

㉡ 파슨스는 뒤르켐과 마찬가지로 학교교육의 사회화 기능을 강조하는 동시에 산업사회에서의 인력배치기능을 부각시킴으로써 사회적 선발기능을 강조하였다.

② 사회체제이론(theory of social system)

㉠ 체제 요소 : 사회는 사회체제(사회구조-정치·경제·사회 등 제반 기관의 활동을 통하는 체제), 문화체제(문화-상징으로서의 가치·신념·규범 등), 인성체제(개인-사회적 존재로서의 품성과 관련된 특성)로 구성되어 있으며, 이 세 가지 체제 요소는 상호의존적인 관계를 형성하며 상호 유기적으로 영향을 준다.

㉡ 사회의 기능 : '사회는 어떻게 유지·발전하는가?'라는 질문 제기 ➪ 사회가 균형을 유지하기 위해서는 4가지 기능(A-G-I-L이론)이 필수적이다.

적응 (Adaptation)	존속에 필요한 자원을 확보하고 환경에 적응하는 진보적 기능 예 생산조직: 회사, 기업체 ➪ 경제
목표달성 (Goal-Attainment)	목표달성을 위해 상황의 제반 요소를 통제하는 기능 예 정치조직: 정부, 정당 ➪ 정치
통합 (Integration)	일탈자를 제재하고 사회단위 간의 연대를 유지·통합하는 기능 예 통합조직: 법원, 경찰 ➪ 사회
잠재유형 유지 (Latent pattern maintenance and tension management)	사회문화의 형태를 유지·존속시키는 보수적 기능 예 유형유지조직: 학교, 종교, 가정 ➪ 문화

③ 학교교육의 사회적 기능 : 역할 사회화, 사회적 선발
  ㉠ 역할 사회화 : 역할 사회화란 아동들이 장차 성인이 되어 담당하게 될 역할수행에 필요한 정신적 자세와 자질을 학습하는 것으로, 뒤르켐의 '특수 사회화'와 유사하다.
  ㉡ 사회적 선발 : 학업성취도를 두 가지 측면, 즉 인지적 차원의 학업성취도와 인성적 차원의 학업성취도로 구분하였으며, 그 성취도에 따라 성인사회의 직업적 역할이 분배되는 것으로 보았다.

인지적 차원의 학업성취도	지식과 기술 등에 대한 학습의 정도 ⇨ 인지적 사회화
인성적 차원의 학업성취도	교사에 대한 존경심, 협동, 질서 준수 등 사회적 규범에 대한 학습의 정도 ⇨ 인성적 사회화

(3) 드리븐(R. Dreeben)의 학교 사회화(규범적 사회화) 01 초등, 07 중등

① 개관
  ㉠ 뒤르켐이 도덕사회화론에서 주장했던 '보편적 사회화와 특수 사회화', 파슨스가 사회화기능론에서 주장했던 '인지적 사회화와 인성적 사회화'를 바탕으로 학교에서 학생들은 현대 산업사회에서 생활하는 데 요구되는 네 가지 사회규범을 습득한다고 보았다.
  ㉡ 드리븐은 학교가 무엇보다 강조해야 할 일은 학생들을 사회인으로 만드는 것이라고 보고, 규범학습을 강조하였다. ⇨ 학교는 현대 산업사회에서 요청되는 핵심적인 규범을 효과적으로 사회화하기 위한 기관이다.

② 규범의 내용

독립성 (independence)	• 학문적 학습활동에 적용되는 규범으로, 학생들이 과제를 스스로 수행하고 자신의 행동에 대해 책임져야 한다는 것을 배우는 것을 말한다. • 학교에서 과제를 스스로 처리하게 하고 자신의 행동에 대해 책임지게 함으로써 습득된다. 또, 부정행위에 대한 규제와 공식적 시험을 통하여 습득된다. 예 시험 시 좌석 분리(평가를 개인별로 실시), 시험 중 부정행위에 대한 처벌, 독립적으로 숙제하기
성취성 (achievement)	• 사람은 자기의 노력이나 의도보다는 성과(성취)에 따라 대우받는다는 것을 배우는 것을 말한다. • 학생들이 할 수 있는 최선을 다해 그들의 과제를 수행해야 한다는 전제를 받아들이고 그 전제하에 행동할 때 습득된다. 또, 다른 사람들의 성과와 비교하여 자신의 성과를 판단하는 것을 학습할 때 습득된다. • 이 규범은 교수−학습−평가라는 체제 속에서 형성되는데, 공동으로 수행하는 활동에도 적용된다는 점에서 독립성과 구별된다. 예 공동으로 수행하는 과외활동이나 운동과 같은 경쟁에서 성공을 경험하는 기회를 제공함으로써 학습된다. 또, 과제의 성과에 따라 다른 보상을 제공함으로써 학습된다.
보편성 (universalism)	• 모두에게 적용되는 보편적인 규범(규칙)을 배우는 것을 말한다. • 동일 연령의 학생들이 같은 학습내용과 과제를 공유함으로써 형성된다. 또, 학교와 학급에서 규칙을 정하고 특별히 인정되는 사정이 아닌 한 정해진 규칙을 모두에게 엄격하게 적용함으로써 학습된다. 예 학교에서 한 학생이 과제물을 늦게 제출했을 경우, 교사는 그 학생의 개인적인 사정을 고려하지 않고 과제물 제출이 늦은 것에 대해 조치를 한다.

특수성 (특정성) (specificity)	• 특별히 인정되는 예외적 상황이 있을 때 그에 맞게 규칙을 적용하는 것을 배우는 것을 말한다. • 학년이 올라감에 따라 자신의 흥미와 적성에 맞는 분야를 집중적으로 교육받는 과정에서 학습된다. 또, 장애가 있는 경우나 아파서 입원하는 경우, 학교 대표팀의 일원으로 경기에 출전하게 된 경우 등과 같이 특별히 인정되는 경우에 다른 규칙을 적용하는 것이 왜 필요한지 이해하고 받아들일 수 있는 기회를 제공함으로써 학습된다. 📵 학교에서 한 학생이 과제물을 늦게 제출했을 경우, 그 학생이 학교 대표팀의 일원으로 경기에 출전하였기 때문에 과제제출이 늦어졌다면 교사는 그것을 이해하고 감점을 주지 않는다.

⑷ 기술기능이론(technical-functional theory) – 클라크와 커(Clark & Kerr) 09 초등, 12 중등

① 복잡한 산업사회에서 기술수준의 향상과 직업의 분화(전문화)로 인해 사람들의 학력수준이 높아진다고 본다.

② 학교교육의 팽창은 기술변화와 직업분화에 대한 단순한 반영으로 해석한다.

③ 고학력 사회는 고도 산업사회의 결과이고, 학교는 산업사회를 지탱하는 핵심장치이다.

④ 그러나, 과잉학력현상으로 인해 직장에서 대학 전공과 관련 없는 일을 하거나, 학력수준에 비해 낮은 직업에 종사하는 현상을 설명하지 못한다(⇨ 과잉학력현상 설명 ✕). '한 사회의 직업기술수준과 학력수준은 일치한다'는 기술기능이론의 주장은 잘못되었다.

🔔 **과잉학력현상** 고학력자들이 자신의 학력과 일치하는 직업보다 낮은 지위의 직업에 종사하거나 실업자로 전락하는 현상

⑸ 인간자본론(human capital theory, 교육투자 효율화 이론) – 슐츠(Schultz), 베커(Becker)

95 중등, 99 중등 · 초등보수, 07 초등, 13 중등

① 교육을 개인과 사회 모두에게 높은 소득을 가져다주는 투자의 한 형태로 파악한다.

② 인간자본에 투자하면 고도의 지식과 기술을 습득하여 생산성을 높여주므로 개인의 소득향상은 물론 사회의 발전에도 기여한다고 보는 이론이다. ⇨ 교육수준의 향상 → 개인의 생산성 증대 → 개인의 소득능력 향상 (경제적 이익 보장) → 사회·경제적 발전

③ 학력에 따른 수입의 차이는 교육에 의한 지식과 기술의 차이, 즉 생산성의 차이 때문이라고 본다.

④ 인간도 하나의 생산수단이며, 교육은 새로운 자본재로서 사회의 투자 대상이 된다.

⑹ 발전교육론 94 중등, 96 중등, 11 초등

① 교육을 국가의 정치·경제·사회의 발전을 위한 중요한 수단으로 간주한다.

② 교육의 비본질적(수단적·외재적) 기능을 중시하며, 국가의 정치·경제·사회의 각 부분의 발전을 촉진하기 위해 교육의 양과 질을 계획적으로 조절한다.

③ 발전교육론은 1950년대와 1960년대에 가장 활발하였다. 📵 '교육입국', '교육을 통한 조국 건설' 등

⑺ **근대화이론**(modernization theory) – 맥클랜드(McClelland), 인켈스(Inkeles)

① 한 사회가 근대화되기 위해서는 학교교육을 통해 사회 구성원들에게 근대적 가치관을 함양해야 한다고 본다.

⇨ 학교교육 → 사회 구성원들에게 근대적 가치관과 태도를 함양 → 정치·경제·사회·문화의 근대화 달성

② 근대화를 이루는 중요한 가치로 '성취동기'를 제시한다.

⑻ **신기능이론** – 알렉산더(Alexander)

① 기능이론의 근본적 결점(⑩ 기존의 사회체제를 정당화, 분업화된 구조가 효율적이라는 가정, 집단 간 합의를 중시함으로써 집단 간 갈등의 존재 부정)을 극복하고자 제기 ⇨ 세계화 시대의 교육현상에 대한 유용한 해석틀 제공, 학교교육을 비판하면서 동시에 학교교육의 강화를 주장

② 집단 간 갈등의 존재를 긍정

③ 교육팽창을 생태학적 세계 체제이론의 관점에서 국제경쟁에 대한 각 사회의 적응과정으로 파악

㉠ 교육개혁을 통해 수월성 성취와 사회적 기능 수행 중시

㉡ 교육을 통한 사회개혁과 국가적 발달 추구 중시 ⇨ 고급인력 육성을 강조

---

02 **갈등이론**(contradiction theory) 95 중등, 98~99 중등, 99 초등보수, 00 초등, 05 중등, 11 초등

❶ 개관

⑴ **개요**

사회의 본질을 갈등과 변동, 강제의 과정으로 이해하는 관점이다. 인간의 욕구는 무한한데 자원의 희소성으로 인해 인간 간의 갈등은 불가피하며 사회는 계속 변동한다. 일정 기간 사회가 안정을 유지하는 것은 지배집단의 억압과 강제 때문이다.

⑵ **사회를 보는 관점**

① 모든 사회는 언제나 이견(불일치)과 갈등 속에 있으며, 갈등은 사회진보의 원동력이다. 자원의 희소성, 사회집단 간의 목적과 계획의 불일치, 지배집단과 피지배집단 간의 이해 대립으로 인해 갈등이 비롯된다. ⇨ 갈등

② 모든 사회는 언제나 변화의 과정에 있다. 집단 간의 계속적인 투쟁과 갈등은 사회를 항상 유동적 상태에 있게 한다. ⇨ 변화(변동)

③ 모든 사회는 그 구성원의 일부에 대한 다른 일부의 강제에 토대를 두고 있다. 강제는 투쟁의 과정에서 승리한 권력집단이 피지배집단을 통치하고 일시적인 안정과 사회질서를 유지하는 수단으로, 힘에도 의존하지만 피지배집단들에게 압제의 정당성을 얻도록 선전과 교화의 수단을 쓰기도 한다. ⇨ 강제(억압)

(3) 학교교육에 대한 갈등이론의 주요 주장

① 교육은 지배집단의 문화를 정당화하고 주입하며, 기존의 불평등한 사회구조를 재생산한다.

② 교육은 특정집단(지배집단)의 이익을 대변하며, 지배집단의 문화자본을 전수한다.

③ 학교는 기존 질서를 정당화하는 장치에 불과하며, 능력주의 선발은 허구이다. ⇨ 학교교육을 통한 계층이동이 불가능

④ 학교교육은 사회의 불평등 구조를 재생산하고 정당화하므로, 학교의 개혁은 무의미하고 사회의 거시적 개혁만이 필요하다.

(4) 갈등이론의 공헌과 비판

① 공헌점

  ㉠ 학교와 사회의 모순을 명확하게 지적하였다.

  ㉡ 자본주의 사회의 학교교육에 대한 비판적 인식을 높여 주었다. ⇨ 학교는 사회적 불평등을 재생산하고, 지배집단의 문화와 이데올로기를 대변하는 도구이다.

  ㉢ 학교제도의 문제점을 학교 내에서가 아니라 학교와 사회와의 관련 속에서 찾고 있다.

② 비판점

  ㉠ 교육이 생산관계에 의해 일방적으로 결정된다는 경제적 결정론에 빠져 있다.

  ㉡ 기존 교육에 대한 강력한 비판에 비해 그에 대한 대안의 제시가 없다.

  ㉢ 사회구조를 이분법(지배자－피지배자)에 따라 단순화하고 교육을 지배자에게만 봉사하는 것으로 규정함으로써 교육의 본질적 모습을 왜곡·과장하고 있다.

  ㉣ 개인의 자유의지를 무시하고 사회적 조건만 지나치게 강조한다.

  ㉤ 자본주의 사회의 학교교육에 대한 비판은 있으나 사회주의 사회의 학교교육에 대한 비판은 없다.

  ㉥ 학교교육의 공헌(◉ 업적주의적 사회이동 가능, 유능한 인재의 선발, 공동체의식을 통한 사회적 결속)을 전혀 무시하고 있다.

  ✅ **기능이론과 갈등이론의 비교**

구분	기능이론	갈등이론
사회관	• 사회를 유기체에 비유 ⇨ 사회를 긍정적으로 파악 • 안정성, 통합성, 상호의존성, 합의성 • 사회는 전문가사회, 업적사회, 경쟁적 사회 ⇨ 개인의 능력에 따라 계층이동 가능	• 사회는 갈등과 경쟁의 연속 ⇨ 사회를 부정적으로 파악 • 세력다툼, 이해상충, 저항, 변동 • 사회는 후원적 사회 ⇨ 개인 능력 ×, 부모의 사회경제적 배경에 따라 자녀들의 지위 결정
핵심요소	구조와 기능, 통합, 안정, 합의	갈등, 변동(변화), 강제(억압)
교육의 기능	• 사회화, 선발, 배치 ⇨ 학교교육을 통한 계층이동 가능, 학교는 위대한 평등장치 • 사회유지·발전	• 불평등한 사회구조를 재생산 ⇨ 학교교육을 통한 계층이동이 불가능 • 지배집단의 문화를 정당화·주입

사회-교육의 관계	긍정적·낙관적 ⇨ 학교의 순기능에 주목	부정적·비판적 ⇨ 학교의 역기능에 주목
이론적 특징	• 체제유지 지향적, 현상유지 ⇨ 보수적 • 부분적·점진적 문제해결 ⇨ 개혁 • 안정 지향 • **교육과정** : 지식의 절대성 ⇨ 보편성, 객관성	• 체제비판을 통한 변화 ⇨ 진보적 • 전체적·급진적 문제해결 ⇨ 혁명 • 변화 지향 • **교육과정** : 지식의 상대성 ⇨ 사회·역사적 맥락 중시
대표자	뒤르켐, 파슨스	보울스, 진티스, 카노이, 일리치, 라이머, 프레이리
대표적 이론	• 합의론적 기능주의 • 기술기능이론 • 근대화 이론 • 인간자본론 • 발전교육론	• 경제적 재생산이론 • 종속이론 • 급진적 저항이론
공통점	• 거시이론 ⇨ 교육은 기존의 사회구조와 문화를 그대로 반영 • 교육을 정치, 경제의 종속변수로 파악 • 교육의 본질적(내적) 기능보다 수단적(외적) 기능을 중시	
한계점	• 사회 또는 경제구조가 인간을 지배하고 있다고 본다. 교육을 정치·경제의 종속변수로 취급 • **수동적 인간관** : 인간은 사회적으로 만들어지고 움직여지는 인형 같은 존재 • **거시적 접근의 한계** : 학교 내의 상호작용 연구 소홀 • 학교의 교육과정을 암흑상자로 간주하고 투입산출에 의한 외형적 입장에서만 연구	

② 주요 이론

(1) **경제적 재생산이론**(economic reproduction theory) − 보울스와 진티스(Bowles & Gintis)

04 중등, 08 중등, 12 중등

① **입장** : 학교교육이 자본주의의 경제적 불평등 구조를 재생산하고 정당화한다. ⇨ 학교교육은 자본주의 경제구조를 반영하고 있어 부모의 사회경제적 지위를 재생산하는 역할을 한다.

② **대응이론**(correspondence theory) : 학교가 자본주의 경제구조를 재생산할 수 있는 것은 학교교육과 경제적 생산체제가 서로 대응하기 때문이며, 이것을 대응원리(correspondence principle)라고 한다.

③ **대응원리**(correspondence principle)

　㉠ **개념** : 노동의 사회적 관계와 교육의 사회적 관계가 서로 대응한다. 즉, 작업장에서의 사회적 관계가 학교에서의 사회적 관계에 그대로 반영

      ⓛ 주요 내용

        ⓐ 노동이 외적 보상인 임금을 획득하기 위해 이루어지듯이 교육도 학습결과로 주어지는 외적 보상인 성적, 졸업장의 취득을 위해 이루어진다.

        ⓑ 노동자가 작업내용에 대해 결정권이 없듯이 학생도 교육과정에 대해 아무런 결정권이 없다.

        ⓒ 노동현장이 분업화되어 있듯이 학교도 계열을 구분하고 지식을 과목별로 잘게 나눈다.

        ⓓ 다양한 수준의 직업구조가 있듯이 다양한 수준의 교육으로 나뉜다.

    ④ **차별적 사회화**: 학교는 잠재적 교육과정을 통해 학생의 계급적 위치에 기초한 성격적 특징을 차별적으로 사회화시킨다. 지배와 종속의 사회관계를 학생들에게 내면화시킨다. ⇨ 상류계층의 학생 − 자유, 창의성, 내면화된 통제규범 중시 / 하류계층의 학생 − 순종, 복종, 통제된 행동과 규칙준수 강조

(2) **종속이론** − 카노이(Carnoy)

① 제국주의적 관점에서 교육을 이해하는 입장이다.

② 한 나라의 정치·경제가 타국에 종속되어 있으면 학교교육도 타국에 종속될 수밖에 없다는 이론이다.

(3) **급진적 저항이론**(radical resistance theory) 02 초등, 04 초등, 10 초등, 11~12 중등

① **대표자**: 일리치(Illich)의 『학교 없는(탈학교) 사회(Deschooling Society)』(1971), 라이머(Reimer)의 『(인간주의) 학교는 죽었다(School is Dead)』(1971), 프레이리(Freire)의 『페다고지』, 실버맨(Silberman)의 『교실의 위기』

② **이론적 특징**: 교육을 통한 의식화 및 인간성 해방을 강조

    ㉠ **프레이리(P. Freire)**: 전통적 학교교육에서의 은행저금식 교육(banking education)을 비판하고 그 대안으로 문제제기식 교육(problem posing education, 의식화 교육)을 통해 피지배집단으로 하여금 불평등 구조를 타파할 수 있는 힘을 육성할 것을 주장

    ㉡ **일리치(Illich)**: 탈학교운동 주장

        ⓐ **현대 교육의 문제**: 교육이 학교와 동일시되고 교육을 학교의 산물로 받아들인 결과 이수증서에 의존하고 있다. 또한 기회균등을 위해 추진되어 왔던 의무취학은 결국 학교에 의한 교육독점 현상을 초래했으며 기회의 배분을 독점하고 있다. ⇨ 일리치는 학교는 입시 위주, 지식 위주의 교육을 하기 때문에 인간의 자유로운 성장이나 자아실현, 전인교육 등을 저해한다는 측면에서 학교교육을 비난하였고, 학교는 해체되어야 한다고 보았다.

        ⓑ **대책**: 의무교육 폐지와 학력에 기초한 채용 폐지 등과 같은 학교교육과 미래의 취업 간에 존재하는 밀접한 연계성을 파괴시킬 수 있는 혁명(탈학교사회화)을 제안

        ⓒ **학습망(learning webs) 주장**: 탈학교사회의 형성을 위해서 일리치는 기존의 학교제도를 대치할 수 있는 학습망을 제안한다. 학습망이란 현재의 획일적인 학교중심의 교육에서 벗어나 학습의 네트워크(network)를 통한 다양한 학습방법과 과정을 말한다. 학습망에는 교육자료에 대한 참고자료망, 교육자에 대한 참고자료망, 동료연결망, 기술교환망이 있다.

교육자료에 대한 참고자료망	학습자가 학습에 필요한 자료에 쉽게 접근할 수 있도록 한다.
교육자에 대한 참고자료망	학습자가 원하는 전문가, 준전문가, 프리랜서 등 교육자들의 인명록을 갖추어 놓는다.
동료연결망	함께 학습하기를 원하는 학습동료를 쉽게 찾을 수 있도록 지원한다.
기술교환망	기능을 가지고 있는 사람들의 인명록을 비치하여 기능 교환이 이루어질 수 있도록 한다.

⑷ **지위경쟁이론**(지위집단이론) − 베버(Weber), 콜린스(Collins)

98 초등, 99~00 중등, 00 초등, 02~04 중등, 06 초등, 09 중등, 12 중등

① 학력이 사회적 지위획득의 수단이기 때문에 사람들이 경쟁적으로 높은 학력을 취득하는 탓으로 학력은 계속 상승된다고 보는 이론이다.

② 학력은 지위획득을 위한 합법적 수단이고, 졸업장은 개인의 능력과 노력 수준을 나타내는 공인된 품질증명서이다.

Section 02 신교육사회학

01 개관

1 연구 주제 및 교육이론의 특징

(1) 연구 주제 – 교육과 학교의 내적 과정

① 학교지식(교육과정, 교육내용) : 교사가 학생에게 가르치는 교육내용 ⇨ 교육과정은 사회적·정치적 산물, 지배계급의 이익·문화 반영

② 교사와 학생의 상호작용

(2) 교육이론의 특징

① 신교육사회학자들은 교육에 있어서의 이념과 가치를 중요시한다.

② 지식, 진리, 진리의 타당성을 모두 사회의 구성물로 본다. 지식은 영구불변적인 것이 아니고 특정한 시대의 사회적, 역사적 상황에서 구성된 것이라고 보는 상대주의적 입장을 취한다.

③ 교사가 판단하는 학생들의 능력, 이와 관련하여 평가되는 학교에서의 성공과 실패도 모두 사회적 산물이라고 주장한다. **예** 자기충족적 예언 효과

④ 신교육사회학자들은 교육의 조직과 교육과정에 대해서도 관심을 가진다. 특히 교육과정은 지식사회학에 기초한 신교육사회학자들이 교육이념과 함께 가장 중요시하는 영역이다. 학생들에게 어떤 지식을 왜 어떤 방법으로 가르쳐야 할 것이냐의 문제는 그들의 중요한 관심사이며, 그것은 바로 교육과정의 문제이다.

2 대표자 – Young, Bernstein

(1) 영(Young) – 신교육사회학을 출범시킨 학자, 『지식과 통제(Knowledge and Control)』(1971)

권력과 지식의 위계화를 연결 ⇨ 지식의 위계화는 사회집단의 계층화를 반영한다.

① 학교에서 가르치는 지식은 사회적·역사적으로 선정·조직된 것이다.

② 높은 지위를 지니고 있는 지식(권력집단의 지식)의 특징 ⇨ 문자로 표현, 지식을 아는 과정과 그 산출방법 및 평가방법이 개인적이다. 학습자의 직접적인 경험과 유리된 추상성, 실생활과의 관련이 적다.

③ '높은 지위를 지니고 있는 지식'이 학교교육의 내용을 차지하므로, 학교교육에 있어 유리한 집단은 권력집단이 되고, 그 결과 피지배층 자녀의 학업성취도는 낮을 수밖에 없다.

⑵ 번스타인(Bernstein)

① 교육자율이론 주장 : '결정론'에 반대 ⇨ 학교는 문화의 생산에 자율성을 지니고 있다.

② 사회언어학적 연구 : 가정의 구어양식(의사소통의 형태)을 통한 계층 재생산에 관심

    ㉠ 영국의 하류계층의 제한된 어법(restricted linguistic codes)과 중류계층의 세련된 어법(elaborated linguistic codes)은 가정에서의 사회화를 통해 학습된다.

    ㉡ 학교학습은 세련된 어법의 구어양식을 매개로 해서 이루어지기 때문에 제한된 어법을 사용하는 하류계층의 자녀가 중류계층의 자녀보다 학업성취도가 낮을 수밖에 없다.

어법	의미	주사용계층
세련된 어법 (공식어)	• 보편적 의미(말의 복잡함, 어휘의 다양, 언어의 인과성 · 논리성 · 추상성 탁월) • 문장이 길고 수식어 많다. 문법 적절, 전치사 · 관계사 많이 사용, 감정이 절제된 언어 예 얘야. 수업시간에 떠들면 안 되거든. 조용히 좀 해주겠니!	중류계층
제한된 어법 (대중어)	• 구체적 의미(내용보다는 형식 측면, 화자의 정서적 유대를 통한 의사소통, 구체적 표현) • 문장이 짧고 수식어 적다. 문법 졸렬, 속어 · 비어 많음, 문장 이외에 표정, 목소리 크기, 행동으로 감정을 표현 예 입닥쳐. 이 ××야.	하류계층 (노동계층)

07

---

02 신교육사회학의 주요 이론들

❶ 문화적 재생산이론 – 부르디외(P. Bourdieu) 99 초등보수, 02~03 중등, 06 초 · 중등, 09 초등, 11 초등

⑴ 개념

학교교육을 지배구조 혹은 계급구조의 문화적 재생산 관계로 파악한다. 즉, 학교는 지배집단의 문화자본을 재생산하고 정당화하는 역할을 수행함으로써 지배계급에 유리한 기존 질서를 재생산한다.

⑵ 문화자본(cultural capital)의 종류

① 아비투스적 문화자본(= 체화된 문화자본)

    ㉠ 아비투스(habitus) : 개인에게 내면화되고 체화된 문화적 취향(의미체계, 문화능력)으로서, 특정한 사회적 환경에 의해 획득된 성향, 사고, 인지, 판단과 행위 도식을 의미한다. ⇨ 이런 취향은 사회적 지위, 교육환경, 계급위상에 따라 후천적으로 습득되는 취향이므로, 자신이 속한 계급적 취향과 사회의 계급구조를 반영한다.

ⓒ 상징적 폭력 : 문화자본은 학교문화 구성과 학생선발에서 능력 분류의 준거가 된다. 특정 계급의 의미체계(문화)를 다른 계급에게 강제하고 주입하며 정당화하는 것은 '상징적 폭력'이다. 학교교육은 상징적 폭력(지배계층의 문화를 다른 계층의 학생들에게 강제하고 주입시키는 것)을 통해 자본주의 사회의 구조적 모순과 불평등을 정당화하고 재생산한다.

② 제도화된 문화자본

ⓐ 시험성적, 졸업장, 자격증, 학위증서 등 교육제도를 통해 공식적 가치를 인정받는 문화자본

ⓒ 학업성취도와 관련된 교육결과에 대한 사회적 희소가치 분배의 기준이 되는 문화자본

③ 객관화된 문화자본

ⓐ 고서, 예술품, 골동품 등 법적 소유권 형태로 존재하는 문화자본

ⓒ 교육내용 구성의 원천이 되는 상징재 형식의 문화자본

(3) 문화적 재생산의 경로

① 아비투스−상징적 폭력을 통한 재생산 : 학교가 지배계급의 문화적 취향을 정규 교육과정에 담아 모든 학생들에게 주입하는 상징적 폭력을 행사한다. 이를 통해 지배계급의 문화가 보편적 가치로 인식되어 지배계급에 유리한 기존 질서가 정당화되고 재생산된다.

② 제도화된 문화자본을 통한 재생산 : 학교가 지배계급의 문화를 가르치기 때문에 지배계급의 자녀들은 높은 학업성취와 학력을 통해 자연스럽게 높은 사회적 지위를 차지한다.

❷ 문화적 헤게모니이론 − 애플(Apple) 04 초등, 10 중등

(1) 개념

하부구조(경제)가 상부구조(교육)를 결정하는 것이 아니라 헤게모니와 같은 상부구조가 학교교육을 통제한다.
⇨ 학교의 문화적 재생산의 기능 중시

(2) 이론의 특징

① 한 사회의 헤게모니(hegemony)가 그 사회체제를 유지하는 데 중요한 기능을 수행한다. 헤게모니는 사회질서나 체제를 유지하는 문화적 도구이며, 사회통제의 한 형태이다.

② 헤게모니란 지배집단이 지닌 의미와 가치체계(ideology)를 말하며, 학교의 교육과정에는 이러한 헤게모니가 깊숙이 잠재되어 있다.

③ 학교는 문화적·이념적 헤게모니의 매개자로서 표면적·잠재적 교육과정을 통하여 보이지 않는 가운데 사회를 통제한다.

3 사회구성체이론(자본주의 국가론) - 알튀세르(L. Althusser) 00 초등추시, 07 중등, 12~13 중등

(1) 개념

자본주의 국가는 이념적 국가기구를 통해 국가가 중립적이라고 믿게 만들어 피지배계급으로부터 능동적인 동의를 이끌어 냄으로써 기존의 불평등관계를 정당화하고 있다.

(2) 이론의 개요

① 국가의 중요성을 강하게 부각시켰다. 즉, 전통적 마르크스 이론에서 상부구조의 한 부분 정도로 취급했던 국가를 국가기구(state apparatus)라는 개념으로 확대시켰다.

이념적 국가기구	학교(교육), 대중매체(신문, 라디오, 텔레비전 등), 교회(종교), 가정, 법률, 정치, 노동조합, 문화(문학, 예술, 스포츠 등) ⇨ 규범과 가치와 관련된 모든 것들
강제적(억압적) 국가기구	경찰, 군대, 정부, 사법제도 ⇨ Marx가 본 국가

② 자본주의 사회가 존속, 즉 재생산되기 위하여 억압적 국가기구만이 아니라 이념적 국가기구도 작동하여야 무리 없이 원만하게 재생산될 수 있다.

③ 교육은 이념적 국가기구의 한 부분이지만 핵심적인 기능을 수행한다. 의무적 국민교육 제도야말로 지배 이데올로기를 국민들에게 전파·내면화하기 위한 가장 강력한 재생산장치이다.

4 저항이론(resistance theory) - 윌리스(Willis) 00 중등, 05 중등, 07 초등, 11 초등

(1) 개관

① **대표자**: 윌리스(Willis)『학교와 계급재생산(Learning to Labor : how working kids get working class jobs)』, 1978

② **이론의 특징**

㉠ 인간은 사회의 불평등한 구조에 저항·비판·도전하는 능동적인 존재이다. 피지배집단(노동계급)의 일상적인 삶의 경험 속에 지배 이데올로기를 거부하고 극복할 수 있는 잠재적 힘이 있다고 본다. ⇨ 반학교문화 형성

㉡ 노동계급의 학생들(사나이, lads)이 기존의 학교문화에 저항하고 모순을 극복하기 위해 간파(penetration)를 일상생활 속에서 실천하는 반학교문화(counter-school culture ❹ 선생님한테 '개기기', '거짓말하기', '까불기', '익살떨기', '수업시간에 딴전 피우기', '엉뚱한 반에 들어가 앉기', '장난거리를 찾아 복도 배회하기', '몰래 잠자기' 등)를 형성하기도 한다. 이런 간파는 제약(limitation)을 통해 저지·중지되기도 한다.

㉢ **저항의 긍정적 의미 부여**: 하류계층 자녀는 지배 이데올로기에 저항하는 반학교문화 형성을 통해 사회 불평등과 모순에 도전한다. '비행'은 부정적 행위가 아니라 지배 이데올로기에 대항하는 '저항의 몸짓'으로 긍정적인 의미가 부여된다.

ⓔ 반학교문화(counter-school culture): 노동계급의 학생들(lads)이 자발적으로 형성한 문화 ⇨ 클로워드(Cloward)의 '비행하위문화'와 유사한 개념

   ⓐ 교사나 비저항적 학생들('얌전이', 'ear hole')을 경멸하고 학교의 권위와 지적 활동의 가치 및 규칙 등 기존의 학교문화를 거부하고 저항하는 문화

   ⓑ 노동계급의 학생들로 하여금 학교공부를 거부하고 나아가 사회적 관계에 저항하게 만드는 요인

ⓜ 학교교육이 사회계급 구조의 불평등을 그대로 이행하는 단순한 반영물이 아니라, 사회모순과 불평등에 도전하는 역할을 수행한다.

(2) 주요 개념 - 간파와 제약

간파 **(모순간파,** **penetration)**	• 자신이 처한 삶의 조건과 위치를 꿰뚫어보고 현실의 모순을 폭로하는 것이다. • 노동계급 학생들은 이미 부모, 친척 등을 통하여 직업세계에 대한 정보와 경험이 학교교육의 내용과 다르다는 것을 터득함으로써 그들이 속하게 될 직업적 위치를 파악하고 있다. • 노동계급의 학생들('사나이'들)은 어차피 공부해 봤자 성공할 가능성이 거의 없다는 것을 간파하고 학업이나 진로지도 등 학교교육을 거부하고 자신들만의 반학교문화를 형성한다. • 잦은 싸움과 학업거부를 통해 드러나는 그들의 반학교문화는 제도와 규율로부터 자신들만의 상징적·물리적 공간을 쟁취하기 위한 저항행위로 볼 수 있다.
제약 **(한계,** **limitation)**	• 제약은 간파의 발전과 표출을 혼란시키고 방해하는 이런저런 장해요소와 이데올로기적 영향으로, 간파는 제약을 통해 저지·중지되기도 한다. 간파의 발전을 막는 것은 '사나이'들이 자신들의 장래인 노동계급을 자랑스럽게 생각한다는 사실이다. • 제약은 노동계급의 학생들이 노동계급을 자랑스럽게 여기고 남성 우월주의와 인종주의적 태도를 견지하면서 스스로 육체노동직을 선택하는 것을 말한다. 이것은 기존의 질서를 인정하고 재생산하는 것일 뿐이다. • 지적 활동과 비판적 사고를 통해 사회구조적인 변화를 꾀할 수 있다는 사실을 간과하고 새로운 가치와 담론을 형성하는 데 실패한다. • 결국 노동계급 학생들의 저항행위는 자신의 삶에 아무런 긍정적 영향을 끼치지 못한 상태로 현존하는 사회의 불평등 구조를 재생산하는 것으로 종결된다.

⑤ 자율이론(교육상대성이론, 문화전달이론) – 번스타인(B. Bernstein) 04 중등, 06 초등, 08 초등, 10 초등, 12 초등, 13 중등

⑴ 개관

사회언어분석에서 출발하여 교육과정의 조직형성과 사회적 지배원리의 관계에 관해 연구 ⇨ 학교는 문화의 생산에 상대적 자율성을 지니고 있다. 학교가 갖는 상대적 자율성으로 인해 지배계급 문화의 정체가 드러나지 않고 정당화되며 하류층에게 상징적 폭력으로 작용한다.

⑵ 주요 내용

① 교육과정 조직형태를 규정하는 요소
- ㉠ 분류 : 과목 간, 전공분야 간, 학과 간의 구분 ⇨ 내용들 사이의 관계, 경계유지의 정도 ⇨ 분류가 강하면 타 분야와의 교류는 제한되고 '교육의 코드(code of education)'가 중시되어 교육의 자율성은 상당 정도 유지되지만, 분류가 약하면 타 분야와의 교류가 활발하고 '생산의 코드(code of production)'가 중시되어 교육의 자율성은 약화된다.
- ㉡ 구조 : 과목 또는 학과 내 조직의 문제(예 계열성의 엄격성, 시간 배정의 엄격성) ⇨ 구조화가 철저하면 교사의 자율성(재량권)이 축소되어 교사나 학생의 욕구 반영이 어렵고, 느슨하면 교사의 자율성(재량권)이 확대되어 욕구 반영이 상대적으로 쉽다.

② 분류와 구조의 조합차원과 교육과정 유형
- ㉠ 분류가 강한 경우(강한 분류와 강한 구조 또는 약한 구조) : 집합형 교육과정 ⇨ 교육과 생산의 관계가 분명하여 교육의 코드가 중시되어 교육의 자율성 보장
- ㉡ 분류가 약한 경우(약한 분류와 강한 구조 또는 약한 구조) : 통합형 교육과정 ⇨ 교육과 생산의 관계가 불분명하여 생산의 코드가 중시되어 교육의 자율성 상실
- ㉢ 교육과정의 조직형성 : 이러한 교육과정의 결정은 구중간계급과 신중간계급 간의 계급적 갈등에서 비롯되며, 교육과정이 어떻게 결정되든 지배계급에 유리한 내용으로 조직되기 때문에 피지배계층의 이익 실현과는 무관한 것이 된다.

③ 수업의 유형
- ㉠ 보이는 교수법(가시적 교수법) : 전통적 교수법, 강한 분류와 강한 구조의 집합형 교육과정 ⇨ 학습내용상 위계질서가 뚜렷하고 놀이와 학습을 엄격히 구분함(배울 만한 가치 있는 내용과 그렇지 못한 내용이 명백하게 구분됨) ⇨ 교사의 자율성(재량권) 축소
- ㉡ 보이지 않는 교수법(비가시적 교수법) : 진보주의 교수법, 약한 분류와 약한 구조의 통합형 교육과정 ⇨ 학습내용상 위계질서가 뚜렷하지 않고 놀이와 학습을 구분하지 않음(공부가 놀이가 되고 놀이가 공부가 됨) ⇨ 교사의 자율성(재량권) 확대
- ㉢ 두 교수법의 마찰 : 번스타인에 따르면, 보이지 않는 교수법에 의한 열린교육은 보이는 교수법에 의한 전통적인 지식교육과 마찰을 일으킨다. 이러한 교수법에서의 갈등은 단순한 교육관의 차이에서 비롯된 것이 아니라 계급 간의 갈등, 즉 구중간계급과 신중간계급 간의 갈등에서 비롯된다.

구분		집합형 교육과정	통합형 교육과정
교육과정의 형성	조직형태	강한 분류(종적 관계 중시)	약한 분류(횡적 교류 활발)
	교육과정 예시	분과형 교육과정	중핵 교육과정
	영향 세력 (지배집단)	구중간집단	신중간집단
	사회질서와의 관계	교육과 생산(경제)의 관계가 분명 ⇨ 교육의 자율성 보장	교육과 생산(경제)의 관계가 불분명(통합) ⇨ 교육의 자율성 상실
		교육의 코드(code of education)가 중시	생산의 코드(code of production)가 중시
문화전달방식 (수업)	수업유형	보이는 교수법(가시적 교수법) • 전통적 교수법 • 강한 분류, 즉 집합형 교육과정 전수 • 학습내용상 위계질서가 뚜렷 • 놀이와 학습을 엄격히 구분	보이지 않는 교수법(비가시적 교수법) • 진보주의 교수법 • 약한 분류, 즉 통합형 교육과정 전수 • 학습내용상 위계질서가 뚜렷하지 않음 • 놀이와 학습을 엄격하게 구분 ×
	교사의 자율성	교사의 자율성(재량권) 축소	교사의 자율성(재량권) 확대

6 **상징적 상호작용이론**(symbolic interaction theory) 05 중등, 08 중등, 10 초등

(1) 상징적 상호작용이론

상징적 상호작용론에서는 인간은 상황을 주관적으로 해석하여 의미를 부여하고, 그것에 따라 능동적으로 자신의 행위를 조종하는 주체라고 본다. 또한 개인의 자아의식 형성은 사회에서의 상호작용의 결과라고 본다. 우리는 타인과의 상호작용을 통하여 의미를 이해하고, 사회적으로 주어진 의미를 중심으로 우리의 생활을 조직하게 된다.

(2) 주요 내용

① 미드(Mead) : 중요한 타자(동일시, 모형학습의 대상), 일반화된 타자(대상으로서의 나, 즉 me에 반영된 다른 사람의 모습) ⇨ 타인의 입장에서 생각할 수 있는 역할취득(role taking)은 자아나 사회의 생성 발전에 매우 중요한 단계 **예** 교사가 학생의 입장에서 생각하는 능력이 없다면 수업은 성공할 수 없다.

  ㉠ 자아의 형성과정을 역할취득의 수준에 따라 3단계로 제시

놀이(유희) 단계 (play stage)	어린이는 극히 제한된 중요한 타자(**예** 아빠, 엄마, 친구)의 입장에 서서 생각한다.
게임 단계 (game stage)	운동경기를 할 때처럼 동시에 여러 타자들의 입장에서 자기를 조망(眺望)할 수 있다. 즉, 어린이는 어떤 조정된 행동에 대하여 여러 타인들로부터 여러 개의 자아상들을 추출해 낼 수 있게 되고 이들과 협력할 수 있게 된다.
일반화된 타자 형성 단계	한 사회 내에 분명히 존재하는 공통적인 입장인 일반화된 타자(generalized others)의 입장에서 생각한다. 보다 넓은 공동체의 입장에서 자기를 인식할 수 있고, 타인들과의 협력도 가능해진다.

ⓒ 자아는 'I'와 'me'로 구성되며, 이 두 가지 차원의 변증법적 산물

주체적 자아 (I)	• 자유와 자율에 의해서 행동을 선택하고 자기를 형성하는 자아 • 불확정적이고 예측 불가능하며, 창의성·신기성·자유로운 성격을 띤 자아
사회적 자아 (me)	• 타자의 거울에 비친 자아, 남들의 조직화된 태도가 내면화된 자아 • 일반화된 타자가 내면화된 것으로 사회통제의 힘을 갖는다.

② 쿨리(Cooley) : 거울자아이론(looking-glass self) ⇨ 거울에 비친 자아, 영상자아

  ㉠ 자아개념은 고정된 것이 아니고 주위의 타인들(거울)과의 상호작용을 통해 형성된 것으로, 타인이 자신을 어떻게 평가하는지를 상상하고 그로부터 자신에 대한 이미지 혹은 자아감정과 태도를 이끌어낸다는 영상자아(looking-glass self)이론을 주장했다. 즉, 자아개념은 타인들이 자신을 어떻게 생각하느냐에 영향받는다.

  ㉡ 타인들이 자기를 귀한 존재로 보고 대우해 주면 긍정적 자아개념이, 하찮은 존재로 대우해 주면 부정적·열등적인 자아개념이 형성된다.

  ㉢ 자아가 집단적 맥락 속의 상호작용으로부터 나타난다고 보고 자아의 발생과 유지에 중요한 역할을 하는 집단을 1차적 집단(primary group)이라고 불렀다.

  ㉣ **중요한 거울** : 주위에서 자신이 비쳐지는 거울들 중에서 가장 중요시되는 거울들 ⓔ 부모, 교사, 또래 친구

③ 상징적 상호작용이론의 전제

  ㉠ 인간의 사고능력은 사회적 상호작용에 의해서 형성된다. 인간은 사회적 상호작용을 통하여 인간 고유의 독특한 행위와 사고능력을 행사하도록 해주는 의미와 상징을 습득한다.

  ㉡ 모든 인간은 자기자신과 상호작용할 수 있는 능력, 즉 반성적 또는 자기작용적 자아를 지녔다.

④ 이론의 특징

  ㉠ 인간끼리의 상호작용은 사회적 행위이다.

  ㉡ 사회구조나 정치구조 또는 사회의 신념체계는 교사·학생 간의 상호작용을 통해 영향을 미친다.

  ㉢ 교실에서의 교사·학생의 상호작용은 교사의 리더십 유형, 학생의 친구 유형, 교실 여건, 교사의 기대수준, 학교문화 등에 따라 달라진다. 즉, 학교가 사회계급 구조의 불평등을 이행하는 단순한 반영물이 아니라 사회불평등과 모순에 도전할 수 있는 잠재적 힘을 가졌다고 보는 견해이다. ⇨ 반학교문화, Apple

(3) 이론의 교육적 적용 – 낙인(stigma)이론, 피그말리온 효과, Bernstein의 언어연구, Flanders의 수업형태 분석법

① 교사와 학생 간 상호작용

  ㉠ 교사의 행동에 영향을 미치는 요인

    ⓐ **교사의 자아개념 유형** : 학급에서 주도권을 쥐고 학급상황을 규정하는 쪽은 교사이므로, 교사의 자아개념에 따라 교사의 학생지도에서의 역할은 달라진다.

    ⓑ **학생들에 대한 지식** : 교사가 학생에 관해 갖고 있는 지식, 즉 교사가 학생들을 어떻게 규정하느냐에 따라 교사의 역할은 달라진다.

ⓛ 학생의 행동에 영향을 미치는 요인

ⓐ 교사에 관한 지식 : 학생들은 그들 나름대로 교사에 대한 기대가 있으며 '이상적' 교사상을 가지고 있다. 학생들의 이상적 교사상은 교사를 평가하고 등급을 매기는 기준이 된다.

ⓑ 학생의 자아개념 : 학생들이 상황을 어떻게 인식하는지, 수업을 통해 학습하고자 하는 것이 무엇인지 등에 대한 학생들의 인식이 수업에 영향을 미친다.

② 하그리브스(Hargreaves)의 상호작용론 : 교사의 자기개념(자아개념, 교사역할) 유형 06 초등, 13 중등

하그리브스는 학급에서 주도권을 쥐고 학급상황을 규정하는 쪽은 교사이므로, 교사가 어떤 자기개념을 가지고 학생을 어떻게 규정하는가에 따라 교사의 유형을 3가지로 구분하였다.

맹수조련사형 (lion-tamers)	• 학생은 거칠고 아무 것도 모르는 존재이므로, 교사는 이들에게 필요한 지식을 가르치고, 윤리적 행동을 훈련시켜 길이 잘 든 모범생으로 만드는 것이 교사의 역할이라고 생각 ⇨ 학생을 모범생으로 만들기 • 그러므로 교사는 담당교과의 충분한 지식을 갖추고 있어야 하며, 학생을 다룰 줄 알아야 하며, 학생은 교사의 지시에 충실히 따라야 한다고 생각한다.
연예인형 (entertainers)	• 학생들이 학습에 흥미를 느끼도록 교수자료를 풍부하게 만들고 시청각 기법을 활용하는 등, 즐겁게 배우도록 하는 것이 교사의 역할이라고 생각 ⇨ 즐겁게 배우도록 하기 • 이러한 교사들은 학생들을 친구처럼 대하면서 격의 없는 관계를 유지하려고 노력한다.
낭만가형 (romantics)	• 학생은 누구나 학습하기를 좋아하므로 학습할 수 있는 여건을 조성하고, 학습자가 스스로 선택할 수 있도록 다양한 학습기회를 만들어 주는 것이 교사의 역할이라고 생각 • 그러므로 수업내용도 교사가 독단적으로 정하지 않고 학생과 상의하여 결정하는 것이 좋다고 생각한다. 이러한 교사들은 기본적으로 학생들의 학습능력과 학습의지를 신뢰하는 것이 특징이다.

③ 맥닐(McNeil)의 방어적 수업 : 다인수 학급상황에서 강의법을 통한 교사의 생존전략

㉠ 한 명의 교사가 수십 명의 학생들을 가르치는 다인수 학급상황에서 교사는 학급 내의 규율을 유지하고 학생들로부터 자신을 지키기 위해 교육내용을 독특한 방식으로 제시하고 학생의 반응을 줄이는 방식으로 수업을 진행하는데, 이러한 수업방식을 '방어적 수업'이라고 한다.

㉡ 방어적 수업에서는 모든 주제가 교사에 의해 통제된 단순한 정보로 환원되고, 학생의 토론이 거의 없으며, 교육시설이나 자료들이 거의 사용되지 않는다. 또, 교과서에 포함되어 있는 내용조차 왜곡하거나 생략한다.

생략 (omission)	• 논쟁의 여지가 있는 주제는 몰라도 된다고 하면서 생략하는 방식이다("이 부분은 몰라도 돼."). ⇨ 일정 부분이나 한 단원 전체를 생략하고 넘어간다. 반대의견이나 토론이 있을 만한 자료나 관점을 생략한다. • 예를 들어, 사회교과 수업에서 제2차 세계대전 당시 미국의 개입에 대해 저항이 있었다는 점과, 루즈벨트의 뉴딜정책을 싫어했던 사람들과 트루먼의 히로시마 원폭 투하 결정에 반대했던 사람들 등은 언급되지 않고 생략한다.

신비화 (mystifying)	• 이해가 안 되는 복잡한 주제는 전문가만이 알 수 있다고 말하며 신비화시키는 방법이다("이건 전문가만 아는 거야. 그러니 그냥 외워."). ➡ 노트 베껴 쓰기 지시 • 복잡한 논의를 막기 위해 수업내용을 신비화한다. 신비화는 학생들이 스스로 지식을 추구하거나, 깊이 파고들지 못하도록 하여 외부(교사)에서 제공하는 정보에 의존하는 태도를 형성하게 한다. ➡ 교사로의 의존 심화 유도 • 예를 들어, 금본위제, 국제통화기금 등을 언급할 때에는 그 용어들을 그대로 노트에 베껴 쓰라고 한다. 그러고 나서 학생들은 그 용어를 알아야 하고 다음 시험 때까지 기억해야 한다고 하면서 전문가가 아닌 사람은 그 주제에 대해서 깊이 들어가기가 힘들다고 말한다.
단편화 (fragmentation)	• 어떤 주제든지 서로 연결되지 않는 단편들이나 목록들로 환원시키는 방법이다("지식을 잘게 쪼개서 가르친다."). ➡ 지식을 잘게 쪼개기 • 교사는 수많은 지식을 효과적으로 전달하기 위해서 그리고 그 정보를 사실로 보이게 하여 토론이나 반대의견을 금지시키기 위해 단편적인 지식과 목록을 사용한다.
방어적 단순화 (defensive simplification)	• 수업에 흥미가 없거나 어려운 주제는 가능한 한 단순화시켜 간단히 언급만 하고 넘어가는 방법이다("이거 별로 어렵지 않을 거야. 그리고 깊이 들어가지 않아도 돼."). ➡ '빈칸 채우기' 연습, '주제의 개요'만 말해 주기 • 학생들의 능력이나 수업에 대한 관심이 부족하다고 생각할 때 즐겨 사용하는 수업전략이다. • 예를 들어, 수요와 공급, 산업화, 도시화 문제 등이다. 그 주제를 다루려면, 모든 학생들이 일정한 수준을 이해할 때까지 시간을 들여서 다양한 해석과 발견들을 비교하고 반복해서 설명해 주거나 뚜렷한 경험(영화, 소그룹토론 등)을 시킬 수밖에 없다.

MEMO

How to
JUMP?

교육과 사회

Section 01

교육과 사회화

01 문화와 교육

❶ 문화(culture)의 개념

① 일정한 사회집단이 공동으로 가지고 있는 사고, 감정, 행동양식을 포함하는 모든 생활양식
② 사회가 이룩해 놓은 모든 기술적, 예술적, 학문적 업적과 같은 유형·무형의 전 생활양식

❷ 문화변동(cultural changes, 문화변화)

(1) 개념

① 하나의 문화 유형이 대내외적인 원인으로 인하여 다른 유형으로 근본적으로 변화하는 것
② 어떤 문화가 하나의 형태로부터 다른 형태로 변화하는 것

(2) 유형

문화전계 (enculturation)	한 개인이 그 집단의 문화를 획득하여 내면화하는 과정으로, 특정 문화가 그 문화를 담당한 세대로부터 다음 세대로 전달되고 계승되는 것을 말한다. ⇨ 문화화(enculturation), 사회화(socialization)와 유사한 개념이다. • 문화전계가 기존문화의 전승을 통하여 문화적 정체성을 강화시킨다면, 문화접변은 외래의 새로운 문화를 받아들임으로써 문화적 생동감을 고취시켜 준다. • 정상적인 사회라면 문화전계가 중심이고 문화접변은 부수적인 것이다. 그 반대라면 문화적 정체성을 상실하고 문화적 혼란에 빠지게 된다.
문화접변 (acculturation)	한 문화가 다른 문화와 접촉하여 한쪽 또는 양쪽의 문화가 변하는 현상으로, '문화이식'이라고도 한다. ⇨ 문화제국주의론(Carnoy) 예 문화전파는 문화접변보다 광의의 개념으로, 개인의 접촉에서 발생하는 모든 종류의 문화모방, 문화차용, 문화전이, 자극적 전파 등을 포함한다.
문화지체 (cultural lag)	문화구성 부분 간의 변동 속도의 차이로 인해 생기는 문화적 격차로, 문화요소 간의 부조화 현상을 말한다. 예 물질문화와 정신문화와의 부조화 현상
문화실조 (cultural deprivation)	인간 발달에서 요구되는 문화적 요소의 결핍과 과잉 및 시기적 부적절성에서 일어나는 지적·사회적·인간적 발달의 부분적 상실·지연·왜곡현상을 말한다. ⇨ 보상교육(결과적 평등관) 실시로 보충 예 농촌의 학생들이 도시의 학생들보다 학업성취도가 떨어지는 현상

02 시험의 기능 98 중등, 10 중등

1 교육적 기능(Montgomery; 1978)

자격 부여	시험은 성취 수준을 기준으로 일정한 능력이나 자격을 부여한다. 수능시험은 대학수학능력이 어느 정도인지에 대한 자격을 부여하며, 각종 임용시험이나 면허시험은 그 시험이 요구하는 지위의 자격을 부여한다.
선발 기능	시험은 상급학년 또는 상급학교의 진학에 적절한 자를 선발하는 기능을 한다. 상급학교의 진학이 졸업 후의 취업이나 사회적 지위획득에까지 영향을 미칠 경우 시험은 학생들 간의 경쟁을 촉진하게 된다.
경쟁촉진 기능	시험이 상대적 기준으로 학생을 판정하고 선발하는 기능을 수행할 경우 학생들에게 지나친 경쟁을 유발하고 사회적 긴장을 조성할 수 있다. 과열된 경쟁은 점수경쟁, 등수경쟁, 학력경쟁(학벌경쟁)으로 이어진다. 시험의 '경쟁촉진 기능'은 입시 위주의 한국교육이 당면한 가장 큰 문제이다.
목표와 유인 기능	시험은 학생들에게 학습목표를 제시해 주고, 그 목표에 도달하고자 하는 동기를 촉발하는 유인으로 작용한다. 시험문제의 범위와 수준이 학생들의 학습목표와 범위를 지시하고, 학습의욕을 자극한다.
교육과정 결정 기능	시험에 출제되는 것을 중심으로 가르치고 배우는 선택적 교수와 선택적 학습이 일어나기 때문에 시험이 교육과정을 결정하는 기능을 한다. 학교에서 시험의 출제비중을 기준으로 교과목을 중심과목과 주변과목으로 분류하는 것도 교육과정 결정 기능에서 비롯된다.
학업성취의 확인 및 미래학습의 예언	전통적으로 중시해 오던 시험의 기능으로, 교수활동의 종결단계에 실시하여 교육의 결과를 확인하고, 이를 토대로 학생의 미래학습을 예언한다.

2 사회적 기능

사회적 선발 기능	시험의 결과가 개인의 능력과 노력을 반영한다고 판단할 경우 시험의 결과에 따라 사회적 지위와 보상이 부여되는 사회적 선발의 기능을 담당한다. 예 평소의 시험성적이 "내신제"를 통하여 상급학교입학에 연결되고, 직장 입사 시에도 성적증명을 선발의 자료로 삼는다.
지식의 공식화와 위계화	시험에 출제되고 정답으로 규정되는 지식은 그 사회가 공식적으로 인정하는 지식이 된다. 이로 인해 시험에 출제되는 지식과 그렇지 않은 지식 사이에는 자연히 위계화가 이루어지게 된다.
사회통제 기능	시험에 출제되는 지식은 공식적으로 인정받는 가치 있는 지식이 된다. 그러므로 시험에 사고방식과 행동을 통제할 수 있는 지식과 규범을 출제할 경우 시험을 통한 사회통제가 가능해진다.
기존 질서의 정당화와 재생산	기존 질서를 정당화하는 지식을 학교 시험에 출제할 경우, 학생들은 이 지식을 공식적이고 가치 있는 것으로 받아들이게 되므로 시험을 통해 기존 질서를 정당화하고 재생산하게 된다.

③ 시험에 관한 학자의 견해

(1) 부르디외(Bourdieu)

시험은 지배계급의 문화와 가치관을 주입하여 기존 질서를 정당화하고 재생산하는 기능을 수행한다. "시험은 지배문화와 지배문화의 가치관을 주입시키는 가장 효과적인 도구이다."

(2) 푸코(M. Foucault)

① 시험의 기능 : 시험을 통해 인간을 규격화함으로써 사람을 정상과 비정상으로 구분하고, 사람들을 기존 질서에 순응하도록 길들인다고 본다.

② 시험의 특징

㉠ 학생들의 개별적인 행동, 성격, 태도 등을 규격화한다.

㉡ 시험은 개인의 능력을 양적으로 측정하고, 측정된 결과에 따라 서열화한다.

㉢ 시험 결과 위치한 서열에 따라 학생들은 자신을 객체화한다.

㉣ 시험 결과는 개인별로 기록되어 문서로 저장된다.

03　사회이동과 교육

① 기능이론적 관점

(1) 개관

학교교육이 사회계층이동에 긍정적·결정적인 역할을 한다.

① 학교교육은 사회상승이동의 중요한 통로, 상승이동으로 통하는 엘리베이터, 출세의 왕도이다.

② 평등한 사회계층이동을 위해서는 교육기회가 균등해야 한다.

(2) 블라우와 던컨(Blau & Duncan)의 학교효과모형

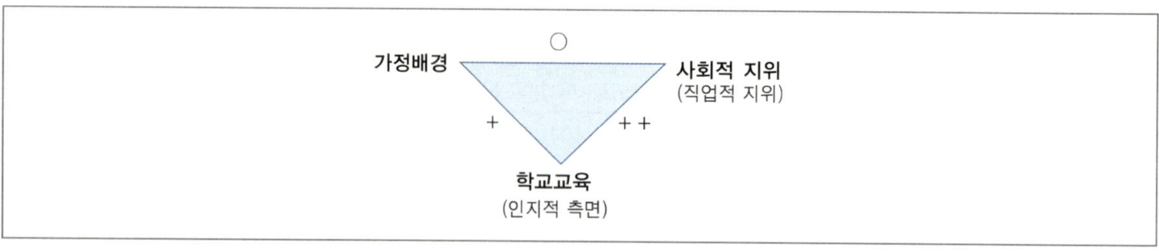

① 직업지위획득을 결정하는 결정변수를 아버지의 교육, 아버지의 직업, 본인의 교육, 본인의 첫 번째 직업경험 등 네 가지로 파악하였다. ⇨ 아버지의 교육과 아버지의 직업은 가정배경요인, 본인의 교육과 본인의 첫 번째 직업경험은 자신의 노력(훈련과 경험)을 의미한다.

② 가정배경은 어느 정도 학교교육에 영향을 줄 수 있다.

③ 사회적 성취에 가정배경이 영향을 주지 못한다.

④ 교육을 받으면 받을수록 좋은 직업을 얻을 수 있으며, 학교교육은 사회적 출세에 결정적인 역할을 하고 있다.

(3) 위스콘신 모형 – 스웰(Sewell)과 하우저(Hauser)

① 가정배경이 어떻게 교육 및 직업적 성취에 영향을 미치는지를 밝히고자 하였다.

② 주로 객관적인 변인(가정배경, 학력)만을 사용한 Blau & Duncan의 모형에 사회심리적 변인(중요한 타자의 영향)을 추가하였다.

③ 사회심리학적 관점에서 교육과 직업 포부에 영향을 미치는 것은 '의미 있는 타인(significant others)', 부모의 격려가 학생들의 사회경제적 배경 및 능력과 교육 포부 사이에 개입하는 강력한 매개변인이다.

④ **연구 결과** : 아버지의 지위가 아들의 지위나 학교교육에 미치는 직접적인 영향은 나타나지 않았으나, 중요한 타자의 영향을 매개로 하여 직업 및 학교교육 포부수준에 간접적인 영향을 미치는 것으로 나타났다.

✅ 사회이동과 교육의 관계(기능론적 관점)

Blau & Duncan	객관적인 변인, 즉 학교교육(본인의 노력)이 사회이동(출세)에 결정적인 역할
Sewell	사회심리적 변인, 즉 '의미 있는 타인들(부모)'의 격려가 노력과 직업지위의 매개변인으로 작용

❷ 갈등론적 관점

(1) 개관

① 학교교육이 사회계층이동에 무기능적·부정적인 역할을 한다.
  ㉠ 개인의 사회적 지위는 가정의 사회·경제적인 배경에 의해서 결정된다.
  ㉡ 학교교육은 현존하는 사회지배계층의 이해관계를 유지하기 위한 하나의 사회적 조정 장치이고 계층재생산의 매개변수에 불과하다.

② 학교는 지위이동을 통하여 평등을 실현시키기보다는 현존하는 불평등구조를 유지·존속시키는 역할을 담당한다.

(2) 보울스와 진티스(Bowles & Gintis)의 학교교육 효과모형

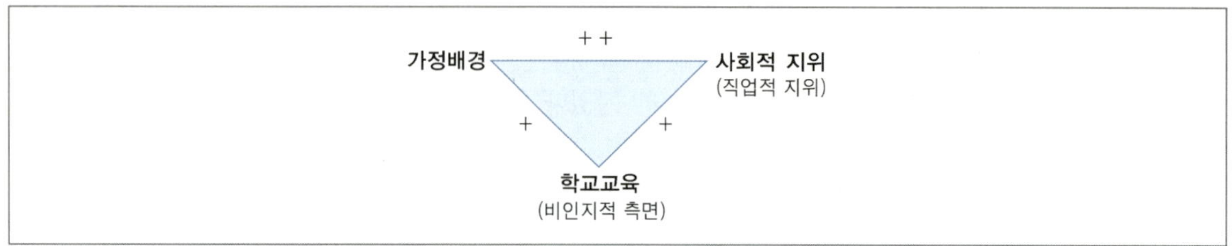

① 학교교육은 사회적 성취에 어느 정도 영향을 미친다.
② 가정환경은 학교교육에 일정한 영향력을 행사한다.
③ 개인의 사회적 성취는 가정배경에 의해 좌우된다.

(3) 연줄모형 – 스탠튼–살라자와 돈부쉬(Stanton–Salazar & Dornbusch)

① 사회적 자본(social capital, 연줄, 사회적 네트워크)의 개념을 사용하여 학생의 교육 및 직업에 대한 기대와 목표가 학업성취나 제도적 권위를 가진 사람들(예 교사, 카운슬러, 중상류층 친구)과의 사회적 관계 형성에 어떻게 관련되는지를 밝히고 있다.
② 사회적 자본은 제도적 후원과 필요한 정보를 얻어낼 수 있는 사회적 관계를 말한다.
③ 제도적 권위를 가진 사람들과 맺어진 연줄이 교육성취에 영향을 준다. ⇨ 학업성취가 높은 학생들은 보다 많은 사회적 자본, 즉 연줄을 가지고 있다.
④ 연줄을 학교기관 속에서 학생들에게 영향을 줄 수 있는 교사나 친구에 국한하고 있다는 점에서 직업획득 과정을 밝히는 데는 한계가 있다는 비판을 받는다.

(4) 노동시장 분단론 연구

① 학교교육이 직업성취에 미치는 효과가 언제, 어디서나 누구에게나 같지 않은 이유는 노동시장이 동질적이지 않고, 분단되어 있으며, 인적 특성에 따른 차별이 존재하기 때문이다.
② 노동시장이 동질적이고 경쟁적이라는 기능이론자들(특히 인간자본론자들)의 가설은 잘못되어 있다고 주장한다. ⇨ 노동시장은 분단되어 있고 차별이 존재한다고 주장
③ 노동자의 인적 특성(예 성별, 계급, 인종, 출신 지역)에 따라 차별이 존재하며, 교육의 임금 결정 효과도 달라진다.

✅ 사회이동과 교육의 관계(갈등론적 관점)

Bowles & Gintis	가정의 사회·경제적 배경이 사회적 지위를 결정
Stanton–Salazar & Dornbusch	연줄모형 ⇨ 학교 내의 사회적 자본(사회적 네트워크)이 교육 및 직업 획득에 영향(학생의 능력 ×)
노동시장 분단론	개인의 능력이 아닌 인적 특성이 지위획득에 영향

02 교육과 사회평등

01 교육과 사회평등

① 평등화 기여론(기능이론) 99 중등추시, 00 초등, 05 초등, 12 중등

(1) 개념

학교교육 자체가 사회평등화를 실현할 수 있는 제도적 장치라고 보는 견해이다. 학교야말로 모든 사람의 삶의 기회를 평등하게 만드는 가장 중요한 기관이라는 것이다.

(2) 대표적 학자

① 호레이스 만(Horace Mann) : 교육은 '위대한 평등장치'이다.

② 해비거스트(Havighurst) : 교육은 사회적 상승이동을 촉진 ⇨ 사회평등에 기여

③ 블라우와 던컨(Blau & Duncan)의 직업지위 획득모형 : 교육은 직업지위 획득의 결정적 요인 ⇨ 교육을 통한 계층상승과 사회평등에의 기여가 가능

④ 인간자본론(평등주의 옹호론) : 교육은 소득분배의 평등화를 위한 중요 장치

② 불평등 재생산이론(갈등이론) 96 초등, 00 중등, 02~03 초등, 12 중등

(1) 개념

학교교육은 지배층의 이익에 봉사하는 장치로 사회적 불평등을 재생산한다고 보는 이론이다.

(2) 대표적 연구사례 – 보울스와 진티스(Bowles & Gintis), 카노이(Carnoy)의 연구, 라이트와 페론(Wright & Perrone)의 연구

① 보울스와 진티스(Bowles & Gintis)

㉠ 가정배경이 학업성취에 가장 큰 영향을 미치는 요인이다.

㉡ 학교교육은 지배층의 이익에 봉사, 불평등 구조를 재생산 ⇨ 교육은 계급 간의 사회이동을 불가능하게 한다.

② **카노이(Carnoy)의 연구** : 교육수익률(교육의 경제적 가치)의 교육단계별 변화 분석을 통해 교육이 지배층의 이익에 봉사한다는 것을 규명

   ⊙ 교육수익률이 높은 경우(학교발달 초기)는 학교교육기회가 제한 : 학교에 대한 경쟁이 치열하여 중상류층이 주로 다니고 하류층은 다니지 못한다. ⇨ 냉각(cool out)기능

   ⓛ 교육수익률이 낮은 경우(학교발달 후기)는 학교교육기회가 보편화 : 하류층에게도 교육기회 개방 ⇨ 가열(warm up)기능

   ⓒ 결론 : 교육은 가진 자에게만 봉사하고 못 가진 자에게는 도움을 주지 못한다.

❸ 무효과론(무관론) 12 중등

(1) 개념

① 학교교육은 평등화에 관한 한 의미가 없다.

② 교육은 사회평등화보다 다른 가치를 추구한다.

(2) 대표자 – 젠크스(Jencks), 버그(Berg), 앤더슨(Anderson), 부동(Boudon), 치스위크와 민서(Chiswick & Mincer), 써로우(Thurow)

젠크스(Jencks)는 가정배경, 지적 능력, 교육 수준, 직업지위를 다 동원해도 개인 간의 소득차이를 제대로 설명할 수 없었다. 즉, "학교는 평등화에 관한 한 의미가 없다(School doesn't matter)."고 결론지었다.

02 **교육평등관** 95 중등, 97~02 중등, 98~00 초등, 03~05 초등, 05~06 중등, 08 초·중등, 10 초등, 13 중등

구분	평등 유형	강조점
기회의 평등	허용적 평등	• 모든 사람에게 교육받을 기회 허용(동등한 출발점행동 보장, 동등한 취학기회 보장, 기회균등교육) ⇨ 개인의 능력에 따른 결과의 차별 인정(능력주의, 업적주의) ⇨ 헌법 제31조 제1항, 교육기본법 제4조 • 의무교육제도
	보장적 평등	• 교육(취학)을 가로막는 경제적·지리적·사회적 장애 제거, 실질적인 교육기회 보장 ⇨ 영국의 1944년 교육법(중등교육 무상화) • 무상의무교육제도(경제적 장애 극복), 학비보조 및 장학금 제도 운영(경제적 장애 극복), 학교를 지역적으로 유형별 균형 있게 설립(지리적·사회적 장애 극복), 근로청소년을 위한 야간학급 및 방송통신학교의 설치(지리적·사회적 장애 극복) • Husen의 연구 : 교육기회 확대에는 성공했으나 계층 간의 분배구조 변화에는 실패

내용의 평등	과정의 평등 (조건의 평등)	• 학교의 교육 여건(학교시설, 교육과정, 교사의 자질, 학생의 수준)에 있어서 학교 간 차이가 없어야 한다. • 고교평준화 정책(1974) • 콜맨(Coleman) 보고서 : 학교의 교육조건을 평등하게 해도 학생들의 학업성취에는 영향을 주지 못했다. ⇨ 문화환경결핍론
	결과의 평등 (보상적 평등)	• 교육 받은 결과, 즉 도착점행동이 같아야 진정한 교육평등이 실현 ⇨ 최종적으로 학교를 떠날 때 학력이 평등해야 하며, 이를 위해 우수한 학생보다 열등한 학생에게 더 많은 투자를 해야 한다. ⇨ Head Start Project(미국), Sure Start Program(영국), Fair Start Program(캐나다), Angel Plan Program(일본), EAZ(Education Action Zone)와 EiC(Excellence in City), 교육우선지구(영국, EPA ⇨ EAZ & EiC), 우리나라의 교육복지 투자우선지역 사업, WE start와 농어촌지역 학생 대학입시 특별전형제 • 존 롤즈(Rawls)의 『정의론』에 근거 : 공정성의 원리, Mini-Max(역차별)의 원리 ⇨ 능력이 낮은 학생에게 더 많은 자본과 노력을 투입, 출발점행동의 문화실조(아동의 불이익)를 (사회가) 보상 • 능력이 낮은 학생에게 더 좋은 교육 여건 제공(학생 간 격차 해소), 학습부진아에 대한 방과 후 보충지도(학생 간 격차 해소), 저소득층 취학 전 아동을 위한 보상교육(계층 간 격차 해소), 교육복지 투자우선지역 사업(지역 간 격차 해소), 농어촌지역 학생 특별전형제(지역 간 격차 해소)

03   교육격차 인과론(학업성취 격차이론)

❶ 교육격차 설명 모형 − 결핍모형, 기회모형

(1) **결핍모형** − 학생이 지닌 속성의 차이로 교육격차의 발생 원인을 설명

① **지능이론**(intelligence theory) : 유전적 요소(생득적 능력)와 지적 능력의 차이 중시

② **문화실조론**(cultural deprivation theory) : 후천적 요소(생후 경험)와 가정의 문화적 환경 차이 중시 ⇨ 학생의 문화적 경험 부족이 학습 실패의 중요 원인임

(2) **기회모형** − 교육에 투입되는 자원을 교육격차의 발생 원인으로 제시

① **교육기회 불평등** : 사교육 및 가정배경(경제적 자본, 문화적 자본, 사회적 자본)에 따른 교육기회의 불평등이 교육격차의 발생 원인이라고 봄

② **교육재원 불평등** : 학교의 물질적 조건(예 시설, 기구, 도서, 학습자료 등)과 인적 조건[예 교사 1인당 학생 수와 같은 교사−학생 비율, 남녀 혼성학급·동성학급, 동질학급·이질학급, 복수인종 학급·단일인종 학급 등과 같은 학생의 구성형태(학생집단)]의 차이가 교육격차의 발생 원인이라고 봄 ⇨ 콜맨(Coleman) 보고서는 교육재원의 격차가 교육격차를 초래하는 원인이 아니라고 봄. 단, 학생집단의 영향력은 인정하여 콜맨은 흑백통합학교가 학업성적 향상에 가장 효과적이라고 제안함

2 **관련 이론**

(1) 지능결핍론(IQ deficit theory)

① 지능지수(IQ)가 학업성취를 예언해 준다고 전제 ⇨ 교육격차는 개인의 낮은 지능지수로부터 기인한다고 보는 이론

② 지능지수와 학업성취도 간의 상관관계 : $r = 0.50 \sim 0.70$

③ 지능지수는 타고난 지적 능력일 뿐만 아니라 후천적 환경의 우열에 따라 달라진다.

④ 대표자
  ㉠ 젠센(Jensen; 1969) : 인간형성은 유전요인이 약 80%이고, 나머지 20%가 사회적, 문화적, 신체적 제 환경에 영향을 받는다.
  ㉡ 아이젠크(Eysenck; 1971) : 개인의 지능적 유전은 80% 정도이고, 환경은 약 20% 정도라고 하여 유전이 인간형성에 큰 힘을 가지고 있다고 하였다.

(2) 문화환경결핍론(cultural deficit theory) 00 초등, 02 초등, 04 중등, 08 중등, 09~11 초등, 11 중등

① 개념 : 학업성취의 격차는 부모의 사회경제적 배경에 기인한 것으로, 가정배경(가정환경)의 상대적 결핍 (즉, 가정의 문화환경, 언어모형, 지각·태도의 차이나 상대적 결핍 등)이 개인차를 가져와 학업성취의 차이를 낳는다고 봄 예 콜맨 보고서

② 대표적인 연구 : Coleman 보고서, 영국의 Plowden 보고서, Jencks의 연구

③ 콜맨(Coleman) 보고서 「Equality of Educational Opportunity」(1966) : 미국 전 지역 6만 명의 교사와 64만 명의 초·중등학생을 대상으로 한 설문조사 ⇨ 학생의 학업성취에 미치는 변인을 가정배경 변인, 학교특성(학교 환경) 변인, 학생집단 변인으로 상정
  ㉠ 학생의 가정배경(가정의 경제수준, 문화적 환경상태)이 학생의 학업성취에 가장 큰 영향을 미치는 요인이며, 이것은 학생이 학교에 다니는 동안 계속된다.

경제적 자본 (financial capital)	학생의 학업성취를 도울 수 있는 물적 자원, 부모의 경제적 지원 능력 예 소득, 재산, 직업
인적 자본(인간자본, human capital)	부모의 학력, 학생의 학업성취를 돕는 인지적 환경 제공 예 부모의 지적 수준, 교육 수준
사회적 자본 (social capital)	부모와 자식 간의 관계 ⇨ 학업성취에 가장 큰 영향 요인 ※ 가정에 다른 자본이 아무리 많을지라도 사회적 자본으로 실행되지 않으면 학생의 교육적 성취에 적절한 영향을 미치지 못한다. 예 가정 내 사회적 자본 : 자녀에 대한 부모의 관심, 노력, 교육적 노하우, 기대수준 등 / 가정 밖 사회적 자본 : 부모의 친구관계, 어머니의 취업 여부, 이웃과의 교육정보 교류 정도 등

  ㉡ 가정배경 → 학생집단의 사회구조(친구들) → [교사의 질 → 학생구성 특성 → 기타 학교변인(학교의 물리적 시설, 교육과정 등)] 순으로 학업성취에 영향을 미친다([ ]는 10%).
  ㉢ 학생이 환경을 통제할 수 있다는 신념과 태도, 즉 자아개념은 학생의 성적과 매우 관계가 깊다.
  ㉣ 학교교육은 학생들의 학업성취에 별로 공헌을 하고 있지 못하며, 사회적 평등을 위한 기능을 제대로 수행하고 있지 못하다.

④ 영국의 플라우덴(Plowden) 보고서(1967) : 학업성취의 격차 원인은 부모의 태도, 가정환경, 학교특성 순으로 영향을 미친다.

⑤ 젠크스(Jencks)의 연구(1972) : 학업성취에 영향을 주는 요인은 가정배경(60%), 유전(인지능력, 35~50%), 인종차, 학교의 질(4%)의 순서이다.

(3) 문화실조론과 문화다원론

① 문화실조론 ^{98 중등, 14 중등論}

　㉠ 개념 : 학업성취의 격차는 학교학습에 필요한 문화적 경험 부족과 그로 인한 인지능력, 언어능력의 결손에서 비롯된다고 봄. 즉, 학교교육의 핵심을 이루는 문화를 배우지 못한 학생들은 학교에서 요구되는 언어양식, 사고양식, 학습동기 등이 결핍되어 있어 학업성취의 차이가 발생한다고 봄 ⑩ 도농 간 학업성취 격차

　㉡ 이론의 전제 : 환경론의 입장(환경의 차이가 교육격차의 차이 발생 원인), 기능이론의 입장, 교육내용은 객관적·보편적·절대적 지식, 서구 중심적 세계관, 학교교육을 통한 계층 상승 가능 ⇨ 문화우월주의 입장

　㉢ 내용 : 이들은 학교에서 가르치는 지식은 객관적이며 보편적 가치를 지닌 것으로 보기 때문에, 학교에서 적절한 학업성취를 하지 못하는 학생들은 배워야 할 것을 배우지 못한 결핍된 존재로 본다. 문화실조론자들은 서구 산업사회 백인 중산층 문화를 가장 이상적인 것으로 보고, 이러한 문화를 배우지 못하면 학업결손이 생긴다고 본다. 이들은 하류층의 삶 자체가 열악한 문화공간을 형성하고 있기에, 학교에서 요구하는 언어양식, 사고양식 및 학습동기가 결핍되어 있다고 보고, 이러한 이유로 하류계층의 아동들의 학업성취가 떨어진다고 주장한다. ⇨ 가장 이상적인 문화인 '서구 산업사회 백인 중산층 문화'의 실조가 학습결손의 주원인(⑩ 농촌, 하류층, 흑인 집단의 학업성취도가 상대적으로 낮은 이유는 '백인 중산층 문화'의 결손 때문)

　㉣ 영향(학습결손 극복방안) : 문화실조의 문제는 학교에 의해 해결이 가능하다고 본다. ⇨ 불우계층의 저학력 아동에 대한 보상교육 프로그램(⑩ Project Head Start, Middle Start Project) ⇨ 결과적 평등에 대한 정책 확대(문화실조론은 불우한 계층의 아동들에 대한 지원을 강조함으로써 교육의 결과적 평등에 관한 논의를 확대시켰으나, 지나치게 서구 백인 중심의 문화를 강조하였다는 점에서 비판을 받음)

② 문화다원론

　㉠ 개념 : 학교가 특정계층의 문화를 가르침으로써 그 문화와 다른 문화권에서 살아와 그 문화에 익숙지 않은 학생들의 학업성취가 낮게 나타난다는 입장

　㉡ 이론의 전제 : 현상학·해석학·상호작용이론·갈등이론의 입장. 문화에는 우열이 없고 다만 다를 뿐이다. ⇨ 문화상대주의 입장

　㉢ 내용 : 이들은 문화실조론과 달리 문화에는 우열이 없고 다만 다를 뿐이라고 주장한다. 현상학·해석학·상호작용이론·갈등이론의 입장에서 학력이 낮은 집단의 아동들이 쓰는 언어나 그들의 가치, 인지양식을 결핍으로 보지 않는다. 다만, 학교에서 강조하는 내용과 그들의 문화가 다르기 때문에 학업성취가 낮게 나오는 것이므로, 그들의 학업성취가 낮은 것은 그들의 문제가 아니라 편향된 문화를 가르치는 학교의 문제라고 본다.

　㉣ 영향(학습결손 극복방안) : 학교의 교육과정이 특정한 집단의 것으로 편향되지 않고, 여러 집단의 문화를 균형 있게 다루어 주어야 한다.

(4) 교사결핍론(teacher deficit theory) – 학교 내적 원인 [13 중등]

① **개념** : 교육의 격차는 학교 자체의 사회적 특성이나 교사·학생의 대인지각의 차이에서 비롯된다는 이론

② **로젠탈과 제이콥슨(Rosenthal & Jacobson)의 연구결과** : 교사의 학생에 대한 기대수준이 학생의 학업성취에 강력한 예언력을 갖는다. ⇨ 자기충족적 예언 효과(self-fulfilling prophecy) = 피그말리온 효과(Pygmalion effect)

  ㉠ 로젠탈과 제이콥슨은 교사의 기대가 학생에게 미치는 영향에 대한 연구의 결과로 교사의 기대에 따른 자기충족적 예언 효과(이를 피그말리온 효과라고도 함)를 발표하였다.

  ㉡ 자기충족적 예언 효과(피그말리온 효과)란 학생은 교사가 원하거나 기대하거나 바라는 대로 되어 가는 경향이 있다는 것이다. 어떤 학생을 능력보다 우수하다고 보면, 그 학생은 교사의 그러한 기대에 부응해 가려는 경향이 있다는 것이다. 따라서 교사의 학생에 대한 기대수준이 학생의 학업성취에 강력한 예언력을 갖는다.

  ㉢ 연구에 의하면, 기대효과는 연령이 낮을수록, 사회경제적 지위가 낮을수록, 성적 하위집단이나 성적 상위집단보다 성적 중위집단에서 크게 나타난다.

③ **블룸(Bloom)의 완전학습이론** : 학습의 격차는 교사의 교수·학습방법에서 기인한다. ⇨ 교수·학습방법만 적절하게 제시되고 학습시간만 충분히 주어진다면 학급의 95% 학생이 90%의 학습효과를 달성할 수 있다.

④ **리스트(Rist)의 연구** : 교사의 사회계층에 따른 학생 구분(**에** 우수학생, 중간학생, 열등학생)이 학업성취에 영향

(5) 학생문화와 학교풍토 – 학생문화와 학교풍토가 학생의 학업성취에 영향을 미침

① **콜맨(Coleman)의 학생문화**

  ㉠ 콜맨은 『청소년 사회(The Adolescent Society)』(1961)라는 저서에서 학생문화(student culture)가 학생들의 성적에 영향을 준다고 주장하였다. 학교에서 학생들이 공통적으로 가지고 있는 가치관, 태도, 생활양식 같은 학생문화가 학생들의 생활태도에 영향을 주어 성적에 영향을 미친다는 것이다.

  ㉡ 미국의 고등학교 학생들은 대개 운동선수와 학생회장과 같은 인기를 가치롭게 여기는 문화를 가지고 있고 학구적 활동은 낮게 평가하기 때문에 미국 학생들의 성적을 향상시키려면 이들의 비학구적 문화를 깨뜨리거나 약화시켜야 한다고 주장하였다.

  ㉢ 이러한 주장은 학생문화를 지나치게 부정적으로 본다는 비판을 받았다. 학생들은 콜맨이 관찰한 바와 같이 비학구적이고 스포츠나 좋아하는 것은 아니라는 주장도 나왔다.

② **맥딜(McDill; 1967)의 연구** : 콜맨의 연구결과 재검토

  ㉠ 이 연구에 따르면, 학생문화는 성적에 영향을 주기는 하지만 그리 큰 것은 되지 못한다. 이들은 학생들의 태도점수와 수학성적 사이에 극히 낮은 상관관계가 있음을 확인하였다.

  ㉡ 반면에, 학생들의 지능지수, 사회경제적 지위, 소망수준이 학생문화보다 성적에 훨씬 큰 영향을 주는 사실을 확인하였다.

③ **브루코버(Brookover) 등의 학교풍토에 관한 연구(1975)** : 학교의 분위기를 학교풍토(school climate)의 개념으로 정리하고, 이것이 학업성취에 미치는 영향을 분석한 연구

㉠ 내용 : 학교의 학교풍토(심리적 풍토)인 학생의 학업적 성공에 대한 교사의 기대, 학생의 학습능력에 대한 교사의 평가, 교사의 평가와 기대에 대한 학생의 지각, 학생의 무력감 등이 학생의 학업성취에 뚜렷한 영향을 준다(학교풍토 : 학생 간 학업성취도 차이를 설명하는 주요 요소).

㉡ 학교풍토의 구성

  ⓐ 학생풍토 : ㉮ 학구적 무력감, ㉯ 학생이 지각한 현재의 평가 및 기대, ㉰ 학업성취를 강조하는 학구적 규범, ㉱ 장래의 평가 및 기대, ㉲ 교사의 기대압력과 규범에 대한 지각

  ⓑ 교사풍토 : ㉮ 대학 진학에 대한 능력, 평가, 기대, 교육의 질, ㉯ 고교 졸업에 대한 현재의 기대와 평가, ㉰ 학력 증진에 대한 교사와 학생의 기대 일치도, ㉱ 교장의 기대에 대한 교사의 지각, ㉲ 학구적 무력감

  ⓒ 교장 풍토 : ㉮ 질적 교육에 대한 부모의 관심 및 기대지각, ㉯ 학력증진을 위한 노력, ㉰ 현재 학교의 질적 상태에 대한 학부모와 교장의 평가, ㉱ 학생에 대한 현재의 기대 및 지각

④ 브루코버(Brookover)의 학교풍토에 관한 연구(1979) : 학교사회의 투입요소(학생구성, 교직원), 학교의 사회적 구조, 학교풍토, 학교 산출변인(성적, 자아개념, 자신감)의 관계를 규명 ⇨ 체제접근모형

㉠ 개념 : 학교의 사회체제를 분석하기 위해 '투입-과정-산출 모형'을 도입 ⇨ 학생의 학업성취의 차이는 학교의 사회체제에서 파생되는 사회적·문화적 특성, 학교의 학습풍토와 함수관계에 있다.

  ☑ **학교 사회체제 구성요소**

학교의 사회심리적 규범	학교 구성원이 학교교육에 대해 가지는 기대, 평가, 감정, 신념 ⇨ 학교의 역사적 전통에서 파생된 것으로 학교의 문화적 풍토를 형성
학교의 조직구조	학교의 행정조직, 학급 내 학습집단 구성형태 등
학급 내 수업실천행위	학급 내 의사소통방식, 보상방식, 수업자료 제공, 수업시간 등 ⇨ 학교의 학구적 규범

㉡ 내용

  ⓐ '투입-과정-산출 모형'의 구성요소 : 학교의 사회체제를 분석하기 위해 '투입-과정-산출 모형'을 도입

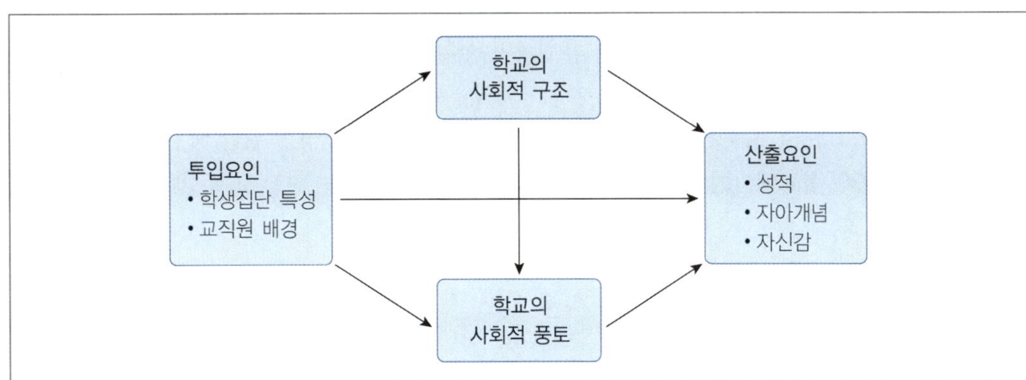

투입변인	• 학생집단특성 • 교직원(교장, 교사, 행정직원) 배경
과정변인	• 학교의 사회적 구조(예 학교에 대한 교사의 만족도, 학부모 참여도, 교장의 수업지도 관심도, 학습프로그램 의 다양성, 학급의 개방·폐쇄성 등) • 학교의 사회적 풍토(예 학생, 교사, 교장의 학교에 대한 기대, 지각, 평가 등)
산출변인	학습효과(예 성적, 자아개념, 자신감 등)

  ⓑ '투입－과정－산출 모형'의 해석

   ㉮ 투입변인 : 학생과 교직원의 구성 특성은 학교의 사회적 구조 및 학습풍토와 밀접한 관계를 가지며, 아울러 학생의 학업성취, 자아개념, 자신감에 영향을 준다.

   ㉯ 과정변인 : 학교 내에서 구성원의 상호작용은 구성원 상호 간의 적절한 역할 지각, 기대, 평가 등으로 나타나며, 이로 인해 학생들은 학교 사회체제 속에서 교장, 교사, 동료 학생들이 갖는 기대나 역할, 학구적 규범에 따라 행동하게 된다. 이러한 방식으로 학생들은 사회체제에 가장 적합하고 수행가능한 행동양식을 구축한다. 이러한 상호작용 과정은 학업성취나 자아개념, 자신감에 지대한 영향을 주게 된다.

 ⓒ 정리

  ⓐ 학생의 배경 및 학생집단 구성(인종 구성비)은 학업성취의 상당한 부분을 설명해 주고 있다. 그러나 학교의 사회심리적 요인을 통제한 후에 이러한 요인들이 학업성취를 설명하는 부분은 매우 적다고 밝히고 있다.

  ⓑ 학교풍토의 하위변인 중에서 학업성취에 가장 큰 영향을 주는 것은 학생의 학구적 무력감, 학생에 대한 현재의 평가 및 기대, 학구적 규범 등이다.

  ⓒ 학교의 학습환경 및 풍토요소는 학생의 출신배경에 못지않게 학업성취에 영향을 주는데, 이것은 학교의 문화적·규범적·사회심리적 풍토요인이 학교의 학업성취에 영향을 주고 있음을 뜻한다.

 ⓔ 시사점(결론)

  ⓐ 학생의 학업성취의 차이는 학교 사회체제가 만들어 내는 학교의 학교풍토(학습풍토)에 크게 영향을 받는다. 학교풍토를 구성하는 요인들이 복합적으로 작용하여 성적에 영향을 준다.

  ⓑ 그러나 이러한 요인들은 학생들의 사회계층배경에 영향을 받는 것들이고, 학생의 현재 성적에 의해서도 영향을 강하게 받는 것들이기 때문에, 학교풍토 조성을 위한 매우 특별한 조치를 취하지 않는 보통의 학교에서는 브루코버처럼 "학교가 성적차를 낼 수 있다."고 주장하기는 어려운 것으로 보인다.

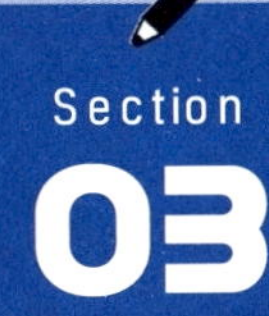

Section 03 학력상승이론(교육팽창이론)

이론	주장(학력상승의 원인)	대표자	비판
학습욕구이론 04 중등	• 학교가 학습욕구(자아실현욕구)를 충족시켜 주는 기관으로 전제, 강한 학습욕구에 의해 학력상승이 일어난다고 보는 이론 • 인구의 증가와 경제발전으로 인한 경제적 여유의 증대	Maslow	학교가 학습욕구를 충족시키는 기관임을 입증하기 어려움
기술기능이론 09 초등, 04 중등, 12 중등	• 과학기술의 부단한 향상, 즉 기술수준의 향상과 직업의 분화(전문화) ⇨ 사람들의 학력수준 상승 • 과학기술이 변화하는 한 학교교육 기간은 계속 늘어나게 되고, 학력 또한 계속 상승 • 학교는 산업사회를 지탱하는 핵심장치이며, 직종수준에 알맞게 학교제도도 발달	Clark, Kerr	과잉학력현상 설명 × ⇨ 과잉학력현상으로 인해 직장에서 대학 전공과 관련 없는 일을 하거나, 학력수준에 비해 낮은 직업에 종사하는 현상을 설명 ×
(신)마르크스이론 (상응이론)	• 자본주의 경제체제 유지 • 학교교육제도는 자본가의 요구에 맞는 기술인력을 공급하고, 자본주의에 적합한 사회규범을 주입시키는 핵심장치	Bowles & Gintis	자본계급의 이익 이외의 학습자 자신의 이익 등과 같은 다른 측면에 대한 고려 ×
지위경쟁이론 98 초등, 99~00 중등, 00 초등, 02~04 중등, 06 초등, 09 중등, 12 중등	• 학력이 사회적 지위획득의 수단 → 사람들이 경쟁적으로 높은 학력을 취득하는 탓 → 학력은 계속 상승 ⇨ '졸업장병', '학력주의 사회' • 과잉학력현상을 설명	Weber, Dore, Collins	학교교육의 내용적 측면, 경쟁의 긍정적 측면에는 무관심
국민통합론 04 중등	• 교육은 국민으로서의 정체감을 형성시키는 주요 요인 • 국가의 형성과 이에 따른 국민 통합의 필요성 ⇨ 초등교육의 의무화 & 중등교육의 확대	Bendix, Ramirez	고등교육의 팽창과 과잉교육의 문제를 설명 ×

MEMO

How to
JUMP?

CHAPTER 03

평생교육과 다문화교육

Section 01 평생교육

01 개관

1 개념 13 중등

(1) 일반적 정의

① 일생을 통한 교육으로 전 생애(요람에서 무덤까지)를 통한 수직적 교육과 가정·학교·사회에 걸쳐서 이루어지는 수평적 교육을 통합한 교육을 총칭한다.

② 학교의 사회화, 사회의 학교화를 이루려는 교육이며, 전 생애를 통해 학습기회를 제공하려는 교육이다.

(2) 랭그랑(Lengrand)이 처음 사용

UNESCO 성인교육위원회(1965), 인간의 일생을 통해서 행해지는 교육의 과정을 보장하는 활동원리로서 평생교육 구상을 제시 ➡ '앎과 삶의 통합' 강조

① 수직적 차원의 통합(전 생애성) : 교육기회의 통합, 생활주기(시간)에 있어 연계 통합 ➡ 인생의 모든 단계에 교육기회를 균등하게 재분배

② 수평적 차원의 통합(전 사회성) : 교육자원의 통합, 생활공간(장소)에 있어 연계 통합 ➡ 가정, 학교, 사회 교육에 관한 등가치적(等價値的) 인식

2 평생교육의 접근모형(정책모형) 07 초등, 11 중등

(1) 학습사회론적 접근

교육기회가 다양화되고, 학습자가 자기주도적으로 학습할 수 있는 학습사회 건설을 통해서 모든 이에게 실질적인 교육권을 보장하는 것이 평생교육의 궁극적 목표이다.

① 허친스(Hutchins) : 『학습사회(The learning society)』(1968) ➡ 교육의 목적은 인간의 정신적 계발을 통하여 인간을 계발하는 것, 즉 인적 자원(manpower)이 아니라 인간(manhood)이 되게 하는 것이다. 따라서 교육은 민주주의자를 만드는 일이나 한국인을 만드는 일 등과 같은 '현재'의 일(socialization)로부터 일정한 거리를 두고 노동으로부터 분리된 여가를 통하여 미래의 인격을 형성하는 자유교육(liberal education)이어야 한다. 학습사회는 이처럼 전통적 의미에서의 자유교양교육이 사회 곳곳에 편재된 사회이다.

② 포르(Faure) : 『존재를 위한 학습(Learning to Be)』(1972) ⇨ 평생교육을 실천하는 구체적 방향으로 자유교양교육을 중시하는 학습사회의 형성을 강조하고 있다. 자유교양교육의 실천방향으로 기능적 교육과 함께 정치적·사회적·문화적 대중계몽 교육을 강조하고 있으며, 학습의 목표를 '완전한 인간(complete man)'의 육성에 두고 있다.

③ 카네기 고등교육위원회 : 『학습사회를 지향하여(Toward a Learning Society)』(1973) ⇨ 노동과 직업교육을 중심에 두는 학습사회화 주장 ⇨ 자유교양교육을 중시한 허친스와 포르의 주장과는 달리, 생활의 중심을 노동에 두고 직업교육을 포함하는 광의의 입장에서 학습사회론을 전개하고 있다.

④ 유네스코(UNESCO) 21세기 세계교육위원회 종합보고서 : 『학습 : 내재된 보물』(1996) − 들로어(Delors)가 제시 ⇨ 21세기 교육의 핵심을 '생활을 통한 학습(learning throughout life)'에 두고, 그 실천을 위한 교육적 원리로 '네 개의 기둥(4 polars)'을 제시

Plus

1. **알기 위한 학습(learning to know)** : 지식교육 ⇨ 교양교육, 전문교육, 학습하는 방법의 학습
   ① 이것은 인간 개개인의 삶에 의미를 주는 살아 있는 지식의 습득을 위한 학습을 말한다.
   ② 보편화되고 객관적인 지식의 내용 습득보다 실생활의 문제해결과 학습방법에 대한 학습을 의미하며, 문제분석력 및 집중력, 평가 관련 사고력을 습득하기를 요구한다.
   ③ 전 생애를 거쳐 교육의 혜택을 받을 수 있게 해 주며, 가장 기본적이고 기초적인 학습내용이라고 볼 수 있다.

2. **행동하기 위한 학습(learning to do)** : 직업교육 ⇨ 체험활동
   ① 이것은 개인의 환경에 대한 창조적인 대응능력의 획득에 대한 학습을 말한다.
   ② 이것은 직업기술의 획득뿐만 아니라 여러 상황에 대처하고 팀을 이루어 일할 수 있는 능력의 획득과 관련된다.
   ③ 이런 학습은 학교의 지식이 사회의 작업장으로 전이되는 과정으로, 앎으로서의 학습에서 행동으로 옮기는 실천의 학습이다.

3. **함께 살기 위한 학습(learning to live together)** : 다른 사람과 조화로운 삶의 영위
   ① 이것은 공동체 속에서 다른 사람(지역, 외국 사람)과 조화 있는 삶을 영위하며 공존하고 참여할 수 있는 능력을 학습하는 것을 말한다. 이것은 타인을 이해하고 상호의존성을 인정하면서 이루어진다.
   ② 교육에서는 기본예절과 공동체의식의 형성 및 타지역 문화와 가치관에 대한 문화상대주의적 태도를 육성하는 교육이 매우 중요하다.
   ③ 함께 살기 위한 학습은 다원주의·상호 이해·평화의 가치를 존중하는 정신으로 타인들과 함께 공동과업을 수행하고 갈등을 관리하는 법을 배우면서 얻어진다.

4. **존재하기 위한 학습(learning to be)** : 가장 궁극적인 목적
   ① 이것은 교육의 궁극적 목표로서 각 개인의 전인적 발전(곧 마음과 몸, 지능, 미적 감각, 개인적 책임감, 정신적 가치의 모든 면에서의 조화로운 발전)을 통하여 이룩된다(앞의 세 가지 교육적 기능의 총체로서 나타나는 것).
   ② UNESCO 보고서는 교육은 각 개인으로 하여금 "자신의 문제를 풀고, 스스로 결정하며, 자신의 책임을 모두 질 수 있도록 해야 한다."고 선언하고 있다.
   ③ 이것은 개인의 인성을 보다 잘 성장시키고, 항상 보다 큰 자율성·판단력·책임감을 가지고 행동할 수 있게 해 준다. 따라서 교육은 인간의 어떤 잠재력(예 추리력, 기억력, 미적 감각, 체력, 의사소통 기술 등)도 소홀히 해서는 안 된다.
   ④ 이러한 조건하에서 교육이 이루어진다면 교육의 전인성이나 인간성의 문제는 쉽게 해결될 수 있을 것이다. 왜냐하면 교육 본연의 목적에 근거한 합리적인 학습이 일어날 수 있기 때문이다.

(2) **순환교육론적 접근** – 비가역적 생애주기에 충실한 교육체제에서 탈피하여 가역적 생애주기를 충족시킬 수 있는 교육정책 모델

　① OECD(경제협력개발기구)가 제안(1973) : 초기에는 노동자에게 기술혁신, 직업구조 변화에 대응하게 하는 훈련을 중시하였으나, 오늘날에는 가정생활, 여가시간, 노후생활 등을 위한 교육으로 그 개념이 확대

　② 직업－교육, 일－여가를 반복(가역적 생애주기)하는 교육정책

(3) **대안교육론적 접근** – 제3세계를 중심으로 인간해방을 추구하는 평생교육론 ^{08 중등}

　① 일리치(Illich) : 학습망(learning network)을 통한 학습 ⇨ 교육자료에 대한 참고자료망, 기술교환망, 동료연결망, 교육자에 대한 참고자료망을 제시

　② 프레이리(Freire) : 비판적 문해교육을 통한 인간해방

❸ 평생교육의 이념

(1) 다베(R. H. Dave)와 스캐거(Skager)

> 다베(Dave)는 유네스코의 교육연구소를 중심으로 활동했던 평생교육론자로서 평생교육의 이념과 이론적 배경 형성에 크게 기여하였다. 그는 자신이 정리한 평생교육의 20개 개념특성 가운데 가장 핵심적인 특성을 총체성(totality), 통합성(integration), 유연성(flexibility), 민주성(democratization) 네 가지로 요약하였다.
>
> －『평생교육개론』(김종서 외 3인 공저, 173p)

① 전체성(총체성, totality) : 학교교육과 학교 외 교육(예 가정, 학원, 사회교육 등)에 중요성과 정통성을 부여

② 통합성(integration) : 다양한 교육활동의 유기적·협조적 관련성을 중시, 수직적 교육 + 수평적 교육

수직적 교육	요람에서 무덤까지, 태내·유아·노인교육 ⇨ 교육기회의 통합
수평적 교육	모든 기관(학교, 직장, 대중매체, 도서관 등)과 모든 장소(가정, 학교, 사회, 직장 등)에서의 교육 ⇨ 교육자원의 통합, 학교 본위의 교육관 지양

③ 융통성(유연성, flexibility) : 어떤 환경과 처지에서도 학습이 가능하도록 다양한 여건과 제도를 조성
　예 원격교육, E-learning, U-learning, M-learning

④ 민주성(democratization) : 학습자가 원하는 종류와 양의 교육을 자유롭게 받을 수 있도록 뷔페(buffet)식의 다양한 교육과정을 제공한다. ⇨ 학습자(수요자) 중심 교육, '모두를 위한 교육'

⑤ 교육 가능성(교육력, educability) : 학습이 효율적으로 전개되도록 학습방법, 체험의 기회, 평가방법 등의 개선에 주목하고 자기주도적 학습을 도모한다.

⑵ 「**평생교육법**」**상의 이념**(제4조) – 기회균등, 자율성, 중립성, 상응한 사회적 대우

① 모든 국민은 평생교육의 기회를 균등하게 보장받는다(능력에 따라 ×).

② 평생교육은 학습자의 자유로운 참여와 자발적인 학습을 기초로 이루어져야 한다.

③ 평생교육은 정치적·개인적 편견의 선전을 위한 방편으로 이용되어서는 아니 된다.

④ 일정한 평생교육 과정을 이수한 자에게는 그에 상응한 자격 및 학력인정 등 사회적 대우를 부여해야 한다.

④ 페다고지와 안드라고지의 비교 – 노울즈(M. S. Knowles)

기본 가정	페다고지	안드라고지
학습자	• 학습자는 의존적 존재 • 교사가 학습내용, 시기, 방법을 전적으로 결정	• 인간은 점차 자기주도적으로 성숙 • 교사들은 이러한 변화를 자극시키고 지도할 책임을 짐 • 상황에 따라 의존적일 수 있지만 자기주도적이고자 하는 강한 욕구 소유
학습자 경험 및 학습방법	• 학습자 경험을 중요시하지 않음 • 학습방법은 강의, 읽기, 과제부과, 시청각자료 제시 같은 전달식 방법	• 인간의 경험은 자신뿐만 아니라 다른 사람에게도 학습자원으로 활용 가능 • 학습방법에는 실험, 토의, 문제해결, 모의게임, 현장학습 등 활용
학습 준비도	• 사회가 학습해야 한다고 요구하는 것을 학습 • 같은 연령이면 동일한 내용을 학습 • 같은 연령의 학습자들이 단계적으로 학습해 나갈 수 있도록 교육과정을 표준화	• 실제 생활에 관련된 문제를 대처해 나갈 필요성을 느낄 때 학습 • 학습프로그램은 실제 생활에의 적용을 중심으로 조직되고 학습자의 학습준비도에 따라 계열화
교육과 학습에 대한 관점	• 교육은 교과내용을 습득하는 과정 • 교과과정은 여러 가지 교과가 논리적으로 체계 있게 조직된 것 • 교과목 중심의 학습	• 교육은 학습자가 자신의 잠재력을 계발하는 과정 • 학습경험은 능력개발 중심으로 조직

5 평생교육에 있어 학교의 역할

⑴ **평생교육의 담당** − 학교시설 개방, 평생교육 프로그램의 운영(방과 후 학교)

⑵ **평생교육기관과의 연계** − 평생교육기관과의 학점 상호 인정

⑶ **평생학습능력의 신장** − 자기주도적 학습능력의 신장(Knowles), 메타인지적 학습(학습하는 방법의 학습), 기초·기본 능력의 강화(문해교육)

① 기초 문해(단순 문해, 글월 문해) : 읽고 쓰고 셈하기 등 3R's 능력
② 기능 문해(생활 문해) : 삶을 영위할 수 있는 능력, 현재 사회의 문화 이해 및 직업적·사회적 적응에 불편을 느끼지 않을 정도의 의사소통 능력

　🔔 **문해교육의 비교** 비판적 문해(Freire), 다문화 문해(포스트모더니즘), 문화 문해(본질주의 교육)

6 평생교육의 특징

① 개인 차원 및 사회 공동체 차원에서 삶의 질을 높이는 것이 평생교육의 궁극적 목적이다.
② 태아에서부터 무덤에 이르기까지 한 개인의 생존기간 전체에 걸쳐서 이루어지는 교육을 수직적으로 통합한다.
③ 모든 기관(학교, 직장, 대중매체, 도서관, 자원단체 등)과 모든 장소(학교, 가정, 사회, 직장 등)에서 이루어지는 교육을 수평적으로 통합한다.
④ 발달단계에 따라 강조되는 시기의 차이는 있으나, 평생에 걸쳐 일반교육과 전문교육의 조화와 균형을 유지한다.
⑤ 계획적 학습인 의도적 교육과정과 우발적 학습인 잠재적 교육과정을 모두 포함한다.
⑥ 인생의 각 발달단계에서 반드시 학습해야 할 과업으로서 발달과업(developmental tasks)에 따른 계속적 학습을 중시한다.
⑦ 평생교육은 학습자의 자기주도적 학습과 문제해결학습을 강조한다.
⑧ 국민 전체의 평생에 걸친 교육기회의 균등화 및 확대에 노력한다.
⑨ 개인과 사회의 필요에 적극 대처하고 누구나 쉽게 접근이 가능하다. ⇨ 방송통신학교의 출현
⑩ 학교교육을 평생교육의 관점에서 재해석한다. ⇨ 학교의 교육 독점 방식에서 탈피, 학교는 어디까지나 평생교육의 일환으로 취급되고 해석되어야 한다.
⑪ 사회를 교육적 환경으로 만들기 위해 노력한다. ⇨ '학습사회화'

02 평생교육의 구현

❶ 구현방안 −「평생교육법」, 「평생교육법 시행령」

(1) 다양한 학습지원제도

① 유·무급 학습휴가 실시 : '순환교육'의 한 형태

② 도서비·교육비·연구비 등 학습비 지원 : 학습자에게 직접 지원함(voucher system)이 원칙

> **제8조【학습휴가 및 학습비 지원】** 국가·지방자치단체와 공공기관의 장 또는 각종 사업의 경영자는 소속직원의 평생학습 기회를 확대하기 위하여 유급 또는 무급의 학습휴가를 실시하거나 도서비·교육비·연구비 등 학습비를 지원할 수 있다.

③ 전문인력 정보은행제(강사 정보은행제)

　㉠ 강사에 관한 인적 정보를 수집하여 제공·관리하는 제도

　㉡ 정보의 수집, 제공 및 관리는 본인의 동의가 있는 경우에만 할 수 있으며, 교육부 장관 및 지방자치단체의 장은 전문인력 정보은행제의 운영업무를 진흥원 및 시·도 진흥원에 위탁할 수 있다(「평생교육법 시행령」 제13조).

④ 학습계좌(제) : 국민의 개인적 학습경험을 종합적으로 집중·관리하는 제도로 국민의 평생교육을 촉진하고 인적 자원의 개발·관리가 목적 ⇨ 성인용 학습기록부(「평생교육법」 제23조)

⑤ 평생교육사 : 평생교육 담당 전문인력 ⇨ 교육부 장관이 자격 부여(1급·2급·3급 / 1·2급은 승급과정, 2·3급은 양성과정), 필요사항은 대통령령으로 정한다.

　㉠ **역할** : 평생교육의 기획·진행·분석·평가 및 교수업무를 수행

　㉡ **직무범위**(「평생교육법 시행령」 제17조)

　　ⓐ 평생교육 프로그램의 요구분석·개발·운영·평가·컨설팅

　　ⓑ 학습자에 대한 학습정보 제공, 생애 능력개발 상담·교수

　　ⓒ 그 밖에 평생교육 진흥 관련 사업계획 등 관련업무

(2) 다양한 평생교육기관 운영

구분	교육부 장관	교육감	관할청
인가	• 사내대학(종업원 수 200명 이상, 고용주가 부담) • 원격대학(방송대학, 방송통신대학, 사이버대학)		
등록		학교형태 평생교육시설	
신고		• 원격교육 형태 시설(10명 이상, 30시간 이상 교수) • 사업장 부설(종업원 수 100명 이상) • 시민사회단체 부설(회원수 300명 이상) • 언론기관 부설 • 지식·인력개발 사업 관련 평생교육시설	
보고			학교부설 평생교육시설

📖 지식·인력개발사업 관련 평생교육시설은 부설기관이 아니라 독립 시설이다.

(3) 평생학습사회를 위한 실현방안

학점은행제	「학점인정 등에 관한 법률」에 근거, 학교 및 학교 밖에서 이루어지는 다양한 형태의 학습경험 및 자격을 학점으로 인정하고, 학점이 누적되어 일정한 기준(전문학사 80학점 이상, 학사 140학점 이상)이 충족되면 학위취득도 가능하게 한 제도
독학학위제	• 「독학에 의한 학위취득에 관한 법률」(1990)에 의거, 고교 졸업자 중 국가가 시행하는 단계별 시험에 합격하면 학사학위를 취득할 수 있는 제도 • 교양과정 인정시험(1단계) → 전공기초과정 인정시험(2단계) → 전공심화과정 인정시험(3단계) → 학위취득 종합시험(4단계)으로 진행 : 4단계는 반드시 응시해야 하지만, 1단계~3단계 시험의 경우 자격요건에 따라 시험과목의 전부 또는 일부를 면제받을 수 있다.
문하생학력인정제	「문화재보호법」에 따라 인정된 중요 무형문화재 보유자와 그 문하생으로서 일정한 전수교육을 받은 자에 대한 학점 및 학력인정제도
민간자격인증제	「자격기본법」에 따라 국가 외의 법인·단체 또는 개인이 운영하는 민간자격 중에서 사회적 수요에 부응하는 우수한 민간자격을 국가에서 공인해 주는 제도
직업능력인증제	직업인으로서 갖추어야 할 기초 직업능력(직무 기초 소양 및 직업 수행능력)을 분야별·수준별로 기준(직무능력표준 : NCS, 산업현장에서 직무를 수행하기 위하여 요구되는 지식·기술·소양 등의 내용을 국가가 산업부문별·수준별로 체계화한 것)을 설정하고, 객관적 측정을 통하여 해당 능력의 소지 여부를 공식적으로 인증해 주는 제도 ⇨ 학력중심 사회 극복, 취업과 승진의 근거로 활용
대학시간 등록제	전일제 학생 외에 추가적으로 학생들을 모집하여 대학교육을 제공 ⇨ 성인들에 대한 교육기회 확대

② 평생학습 방법론

(1) 평생학습의 강조점

① 적응적 학습(adaptive learning) : 변화하는 환경에 반응하거나 대처하는 학습 ⇨ 경험과 반성을 통한 학습
② 예견적 학습(anticipatory learning) : 미래의 부정적 결과를 예견하고 예방 ⇨ 학습에 대한 비전−성찰−실천의 방법
③ 메타학습(meta learning) : ①과 ②의 도구성을 넘어 그것이 가지는 가치와 전제들에 대하여 비판적으로 성찰함으로써 학습하는 과정을 학습
④ 실천학습(action learning) : 실제 업무 중에 발생한 문제해결학습 ⇨ 해결책을 찾아 실행

(2) 평생학습 방법의 원리

① 자기주도성 : 남의 도움을 받지 않고 각 개인이 학습의 전 과정을 관리한다. ⇨ 자기주도적 학습(Knowles)
② 상호성 : 자기주도적 학습의 전제로서 학습자와 교사의 상호 대등한 상호작용적 활동이 이루어진다. ⇨ 계약학습
③ 다양성 : 평생교육의 대상은 다양하고 그에 따라 다양한 교육과정과 학습방법이 요구된다.
④ 원격성 : 정보통신기술의 발전에 힘입어 원격교육의 기술적 지원이 가능해짐에 따라 기존 교육체제에 비해 시간과 공간의 제약에서 자유롭다.

(3) 평생학습 방법의 유형

① 콜브(Kolb)의 경험학습(experiential learning)
   ㉠ 듀이(Dewey)의 경험과 반성을 중심으로 한 학습의 순환모형(경험−관찰−반성−행위)을 토대로 성인학습을 위한 이론을 전개
   ㉡ 경험학습의 순환(cycle)은 구체적 경험, 반성적 관찰, 추상적 개념화, 능동적(활동적) 실험 등의 4단계를 거쳐 진행
   ㉢ 경험학습의 4가지 양식(학습유형)을 정보지각방식(perception)과 정보처리방식(processing)에 따라 수렴형, 확산형(분산형), 동화형(융합형), 적응형(조절형)으로 제시

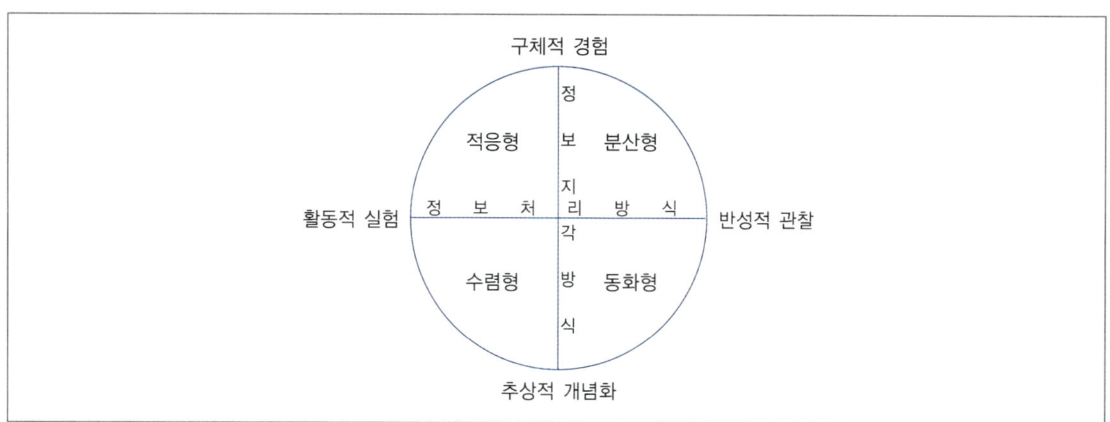

구분		정보처리방식	
		활동적 실험	반성적 관찰
정보 지각 방식	구체적 경험	적응형(accommodator, 조절형) : 구체적인 경험을 통해 지각하고, 활동적인 실험을 통해 정보를 처리하는 유형 ⇨ 계획 실행이 뛰어나고 새로운 경험을 추구하고 새로운 상황에 잘 적응함. 논리적으로 분석하기보다는 느낌에 따라 행동하며, 모험적이고 감각적이고 실험적인 특성을 지님. 지도력이 탁월함	분산형(diverger, 발산형) : 구체적인 경험을 통해 지각하고, 반성적으로 관찰하며 정보를 처리하는 유형 ⇨ 상상력이 뛰어나고 한 상황을 여러 관점에서 조망하며 풍부한 아이디어를 냄. 흥미 분야가 넓어 다양한 분야에 대해 정보를 수집함. 학습과정에서 교수자나 동료학습자와 좋은 인간관계를 맺을 수 있으며, 정서적인 특징을 가짐
	추상적 개념화	수렴형(converger) : 추상적으로 개념화하여 지각하고, 활동적으로 실험하면서 정보를 처리하는 유형 ⇨ 느낌보다 이성에 의존하며, 가설 설정과 연역적 추론이 뛰어나고, 이론을 실제에 잘 적용하여 의사결정능력이나 문제해결능력이 뛰어남. 사고지향적이어서 사회문제나 사람들과의 관계에 능숙하지 못한 대신 기술적인 과제와 문제를 잘 다룸	동화형(assimilator, 융합형) : 추상적으로 개념화하여 지각하고, 반성적으로 관찰하며 정보를 처리하는 유형 ⇨ 논리성과 치밀성이 뛰어나고 귀납적 추리와 이론화에 강함. 여러 아이디어를 잘 종합해 내고 다각적으로 이해할 수 있어 이론적 모형을 잘 만듦. 과학적이고 체계적인 사고를 하며, 분석적·추상적 사고에도 강함

② 노울즈(Knowles)의 자기주도적 학습(self-directed learning)

  ㉠ 노울즈가 성인학습의 한 형태로 주장 : 안드라고지(andragogy)는 성인교육을 이해하는 개념에, 자기주도적 학습은 안드라고지를 실현하는 구체적인 도구에 해당

  ㉡ 학습의 전 과정을 학습자가 주도권을 가지고 스스로 진행하는 학습 ⇨ 메타인지 중시

    🔔 학습의 전 과정 학습 project 설정 → 학습목표 설정 → 학습전략 수립 → 학습 진행 → 성취 평가

  ㉢ 학습자의 주도적 역할, 학습자 스스로 학습하는 능력이 핵심 : 독학(獨學)이든 전통적인 수업이든 어떤 경우에도 학습의 통제권(locus of control)은 학습자 자신에게 있어야 하며 그가 주도권을 행사하는 학습이어야 한다.

Section 02

다문화교육

01 개관

1 다문화교육의 개요

(1) 개념

① 다양한 인종, 민족, 계층, 문화 집단의 학생들에게 균등한 교육적 기회를 보장하는 것을 목표로 하는 교육이다. 긍정적인 문화교류적인 태도와 인식, 그리고 행동을 발달시키도록 돕는 것에 초점을 둔다.

② 자기 문화에 대한 정체성을 바탕으로 타 문화에 대해 개방적이고 이해적인 태도를 길러 미래의 문화사회에 적응하게 만드는 교육을 말한다.

③ 특정 문화로 동화되도록 하는 문화적 용광로(melting pot)의 아이디어를 거부하고 다양성에 가치를 두는 사회, 즉 문화의 '샐러드 그릇(salad bowl)'을 지향한다.

(2) 다문화교육의 목표(J. Banks; 2006)

① 다문화교육은 자기 이해의 심화를 추구한다. 개인들로 하여금 다른 문화의 관점을 통해 자신의 문화를 바라보게 함으로써 자기 이해를 증진시키고자 한다.

② 다문화교육은 주류 교육과정에 대안을 제시하는 것을 목표로 한다. 주류와 소수의 교육과정과 학교문화 간 차이를 줄이고자 노력한다.

③ 다문화교육은 모든 학생들이 다문화사회에서 요구되는 지식과 기능, 태도를 습득하는 것을 목표로 한다. 예를 들어 미국의 경우 주류 백인 학생들은 흑인 영어의 독특함과 풍부함을 배우고, 흑인 학생들은 표준영어를 말하고 쓸 수 있어야 한다.

④ 다문화교육은 다문화가정 자녀들이 인종적·신체적·문화적 특성 때문에 겪는 고통과 차별을 감소시키는 것을 목표로 한다.

⑤ 다문화교육의 목표는 학생들이 전 지구적인 테크놀로지 세계에서 살아가는 데 필요한 읽기, 쓰기, 그리고 수리적 능력을 습득하도록 돕는 것이다. 다문화적 자료와 정보는 학생들에게 의미 있고 학습의욕을 고취시킬 뿐만 아니라 이를 통해 습득한 기능은 성인으로서 직업을 구하고 살아가는 데 실질적인 도움을 준다.

⑥ 다문화교육은 학생들이 자신의 공동체에서 제 구실을 하는 데 필요한 지식, 태도, 기능을 다양한 집단의 학생들이 습득하도록 도와주는 것이다.

❷ 다문화교육의 접근모형(정책모형)

(1) 동화주의(assimilation) 관점

① 이주민에게 자신의 문화적 정체성을 포기하고 주류문화에 동화되거나 융합되도록 요구하는 관점을 말한다.
　　📖 문화 용광로(melting pot)
② 각 소수집단의 차이를 그대로 두는 것보다는 하나의 문화로 합치는 것을 이상적으로 여기므로 소수집단이 자신의 문화적 정체성을 버리고 주류문화에 통합되도록 돕는다.
③ 이민자가 주류사회의 언어를 배우고 그들의 자녀가 정규학교에 취학하도록 지원한다.
④ 소수집단 구성원에게 특정 문화(주류문화)의 정체성을 강요한다는 점에서 비민주적이라는 비판이 제기된다.
　　⇨ 소수집단 문화의 가치는 무시되고 소수집단 구성원은 열등한 존재로 경시됨

(2) 다문화주의(multiculturalism) 관점

① 한 사회 내에서 소수자들이 자신의 문화적 정체성을 유지하면서 공존하는 것을 허용하는 관점을 말한다.
　　📖 문화의 샐러드 그릇(salad bowl)
② 문화의 다양한 가치를 인정하고 개인에게 문화를 선택할 권리를 부여한다.
③ '통합을 위한 교육'과 '다양성을 위한 교육' 사이의 균형 문제가 제기된다. ⇨ 문화적 다양성을 존중하면서도 사회통합이 가능하도록 '통합성 속의 다양성(Banks)' 구현이 요구됨

02　다문화교육의 내용과 방향

❶ 다문화교육의 영역과 차원 - 뱅크스(J. Banks; 2002)

영역	내용
내용 통합	다문화교육에서는 사회의 다양한 집단과 구성원의 역사, 문화, 가치와 관련된 내용을 교육과정에 반영한다.
지식 구성 과정	암묵적 문화적 관점이나 편견들이 지식이 구성되는 과정에 영향을 미친다는 사실을 학생들에게 이해시키고 지식에 대한 비판적 해석 능력을 개발하도록 한다. 📖 콜럼부스의 신대륙 발견을 개척자들의 시각뿐만이 아니라 아메리카 원주민의 관점에서 재해석하게 하는 수업을 통해 지식의 가치 내재적인 속성을 비판적으로 인식하도록 도울 수 있다.
편견 감소	교수법과 자료를 활용하여 학생들이 다른 문화 집단에 대해 긍정적이고 우호적인 태도와 가치를 발달시키도록 한다. 📖 다른 인종이나 종족의 얼굴 모양의 다양성을 인지시킨다거나, 비주류 인종집단의 피부색에 대한 선호를 강화시키는 방법, 소수집단과 관련된 내용을 교육과정에 포함시키고, 인종과 민족적으로 이질적인 집단을 구성하여 협동학습을 시키는 전략 등

공평한 교수법	다양한 학생들의 배움에 적합한 교수법을 사용하여, 다양한 인종이나 민족 및 사회 계층을 가진 학생들의 평등한 학업성취를 위한 교수법을 개발해야 한다.
학교문화와 조직	다양한 배경을 지닌 학생들이 학교에서 교육적 평등과 문화적 능력을 경험할 수 있도록 학교의 문화와 조직을 재구조화한다.

② 다문화가정

(1) 다문화가정의 유형

① 국제결혼 가정
② 외국인 근로자 가정
③ 새터민(북한 이탈주민) 가정

(2) 다문화가정의 아동이 보이는 문제

① 학습부진 문제
② 정서적 적응 문제(따돌림, 정체성의 혼란 등)

③ 다문화교육의 방향

(1) 타 문화에 대한 이중적 잣대를 버리고 이해의 관점을 가져야 한다.

① 외면적으로는 외국문화를 싫어하면서 내면적으로는 선진국의 물질문명을 맹신적으로 모방하는 태도를 탈피해야 한다.
② 인종에 있어 미국이나 유럽의 백인에게는 우호적이나 유색인종은 멸시하는 인종차별의 이중적 논리를 탈피해야 한다.
③ 여러 인종과 민족이 활발히 교류하는 국제시대의 일원이므로 다른 나라 사람들의 문화나 종교, 정치 등에 대해서 이중적 잣대를 버려야 한다.

(2) 다문화교육의 궁극적 대상은 외국인이 아니라 미래사회의 주인공이 될 우리 사회의 청소년이다.

① 다양한 문화를 이해하고 수용할 줄 아는 힘을 길러주고 다른 문화와 공존할 수 있는 방법을 체득할 수 있도록 해야 한다.
② 타 문화를 자기 문화로 편입시키거나 동화시키는 교육이 되어서는 안 되고, 다양한 문화가 공존하는 교육의 장으로 나아가야 한다.

⑶ **다문화교육은 공교육의 한계를 극복하고 새로운 교육의 방식을 실험하는 개혁운동이다.**

① 학생 개개인의 다양한 문화적 환경을 인정하고 문화적 접촉 기회를 제공하면서 타 문화에 대해 유연하고 통합적인 사고방식을 강조한다.

② 사고의 변화는 학교를 넘어서 사회의 여러 기관과의 연계를 통해 확산된다. 특히 교육의 범위나 대상은 학교에 한정되어서는 안 된다.

⑷ **지역사회의 여러 단체들과의 문화기관들이 협력하여 다문화교육의 이해와 체험이 가능한 프로그램을 구상해야 한다.**

① 다문화교육에 활용할 수 있는 교재의 개발과 미디어 개발이 가장 시급하다.

② 범국가적 차원에서 다문화교육에 필요한 교재와 자료를 개발하고 후원하는 지원체제가 요구된다.

④ 교육적 적용 – 다문화교육을 위해 교사가 해야 할 일

① 다문화교육을 담당할 수 있는 적절한 지식, 태도, 기능을 습득한다.

② 수업 시간에 사용하는 교과서 및 학습 자료에 인종차별적 요소가 있는지 파악하고 이를 개선한다.

③ 수업에서 다문화가정 학생들에 의해 만들어진 여러 가지 자료를 활용하고, 그들의 견해에 관심을 가진다.

④ 교사의 기대는 학생들의 성취도에 지대한 영향을 미치므로 다문화가정의 자녀들이 높은 학업 성취를 이루도록 그들의 가능성을 인정하고 격려해 준다.

⑤ 협동학습으로 수업 시간에 다양한 배경의 학생들이 어울려 학습할 수 있는 장을 마련한다.

MEMO

How to
JUMP?

권지수교육학 핵심요약집
핵심쏙쏙

교육철학

교육철학

1 교육철학의 이해

─ 교육철학의 기초
  ─ 교육철학의 개관 ── 개념 93 초등, 11 중등, 연구영역, 지식의 종류 99 중등추시, 03 중등, 04 초등, 교육철학과 교육과학
  ─ 교육철학의 기능 ── 분석적 · 평가적 · 사변적 · 통합적 기능
    95 중등, 04 중등

─ 교육의 개념과 목적
  ─ 교육의 개념 ─ 정범모의 공학적 개념
    └ 피터스의 성년식 개념 08 중등, 12 중등, 15 중등論
  ─ 교육의 목적 ─ 내재적 목적 04~05 중등, 06 초등, 13 중등, 15 중등論
    └ 외재적 목적

2 전통 철학사상
─ 관념론 97 초등
─ 실재론
─ 프래그머티즘 ── 프래그머티즘 99 초등, 듀이 01 중등, 03 중등, 06 초등, 10 중등, 11 초등

3 **현대 교육철학**

- **20세기 전반 교육철학**
  - 진보주의 97~98 중등, 99 초등, 02~03 초등, 05 중등
  - 본질주의 94 초·중등, 99 초등보수, 02 중등, 06 중등
  - 항존주의 95 중등, 99 초등보수, 11 초등
  - 재건주의

- **20세기 후반 교육철학**
  - 실존주의 97 중등, 00 초등보수, 02 중등, 03 초등, 06 초등, 09 중등, 12 중등
  - 분석철학 04 중등, 07 초등, 09 중등, 12 초등
  - 비판이론 99 초등, 09 중등, 11 중등, 12 초등
  - 포스트모더니즘 97 중등, 00~01 초등, 03 중등, 04 초등, 05 중등, 07 중등, 09 중등, 10 초등

권지수교육학 핵심요약집

핵심쏙쏙

교육철학의 이해

Section 01

교육철학의 기초

01 교육철학의 개관

① 교육철학의 연구영역

⑴ **존재론**(ontology, 형이상학; metaphysics) − '무엇이 실재하는가?'(사변철학)

① 개념 : '무엇이 실재하는가?'(What is real) ⇨ 존재의 본질 또는 궁극적 실재 탐구

② 분류

　㉠ 관념론(유심론) : 궁극적 실재는 관념 또는 정신 **예** Platon(이데아)

　㉡ 실재론(유물론) : 궁극적 실재는 물질 **예** Aristoteles(사물의 본질은 개개의 사물 속에 내재)

　㉢ 프래그머티즘 : 궁극적 실재는 계속되는 변화 그 자체 **예** Dewey

⑵ **가치론**(axiology) − '무엇이 가치 있는가?'(규범철학)

① 개념 : '무엇이 가치 있는가?'(What is valuable) ⇨ 가치의 본질 탐구 ⇨ 진·선·미·추·정의·불의 등 가치의 근거와 판단기준 탐구 ⇨ 있어야 할 당위 또는 이상 제시(있는 그대로의 사실 탐구 ×)

② 분류

　㉠ 윤리학 : 인간의 행위와 관련된 도덕적 가치 탐구 **예** 올바른 행위란 어떤 것이며, 그 판단 근거는?

　㉡ 미학 : 예술이 표현하려는 미적 가치 탐구 **예** 아름다움의 개념과 근거, 방식 탐구

⑶ **인식론**(epistemology) − '우리는 어떻게 아는가?'(지식론)

① 개념 : '우리는 어떻게 아는가?'(How to know) ⇨ 안다는 것은 무엇이고, 어떻게 지식을 얻을 수 있으며, 어떤 것이 참된 지식이고 거짓된 지식인가, 그리고 그것을 판단하는 근거는 무엇인가 등에 관하여 탐구

② 분류

　㉠ 합리론 : 인식의 근원은 타고난 이성 **예** Platon(이성을 통해 이데아를 인식·회상), Descartes

　㉡ 경험론 : 지식은 감각적 경험을 통해 얻어지는 것

　　예 Aristoteles(지식은 감각적 경험에 의해 얻어지는 것이며, 이성은 감각적 경험에 의해 발달), Bacon

　㉢ 논리학 : 지식 탐구의 방법적 원리 탐구(인식론의 일부) **예** 연역법, 귀납법, 논리실증주의, 분석철학

❷ 지식의 종류(Ryle) − 지식의 표현형태에 따라 99 중등추시, 03 중등, 04 초등

(1) 명제적 지식(propositional knowledge, 선언적 지식, 정적 지식)

① **개념** : 어떤 명제가 진(眞)임을 아는 지식(I know that P), "~임을 안다."(X가 P임을 안다)로 표현 ⇨ 도식(schema)의 형태로 저장

② **특정한 사상(事象)에 관계된 신념(belief)에 해당하는 지식, 탐구 결과로 생성된 지식** : 결과로서의 지식, 내용으로서의 지식

③ **성립 요건** : 신념조건, 진리조건, 증거조건(Platon) + 방법조건(Ryle) ⇨ 쉐플러(Scheffler)는 증거조건과 방법조건을 포함하는가의 여부에 의해 '강한 의미의 앎(knowing in the strong sense, 증거와 방법조건을 포함하는 앎)'과 '약한 의미의 앎(knowing in the weak sense, 증거와 방법조건을 포함하지 않는 앎)'으로 나누었다.

성립 요건	의미	제시자
신념조건	• 지식의 내용을 믿어야 한다. (핵심 조건) • X는 P임을 믿는다. 예 나(X)는 '지구가 둥글다(P)'는 것을 믿는다.	플라톤(Platon)의 『메논(Menon)』
진리조건	• 지식의 내용이 진실이어야 한다. • P는 진(眞)이다. 예 지구가 둥글다는 것은 참이다.	
증거조건	• 지식이 진리라는 것은 증거를 통해 입증되어야 한다. • X는 P가 참임에 대한 증거 E를 갖고 있어야 한다. 예 멀리서 다가오는 배는 윗부분부터 보인다.	
방법조건	• 증거는 객관적으로 타당한 방법에 의하여 획득된 것이어야 한다. • X는 E를 얻은 타당한 방법을 제시할 수 있어야 한다.	라일(Ryle)

④ **종류** : 지식의 검증방법에 따른 구분 ⇨ 사실적 지식, 규범적 지식, 논리적 지식

구분	의미
사실적 (경험적) 지식	• 사실이나 현상을 기술하거나 설명하는 지식 : 객관적으로 존재하거나 존재한다고 가정하는 세계에 관한 지식 • 경험적 증거나 관찰에 의해 진위 판명 • 가설적·개연적 지식, 경험적 지식, 귀납적 지식 예 장미는 빨갛다. 일본은 섬나라이다. 철이 공기 중에서 산소를 만나면 녹이 슨다. **경험적(과학적) 지식** : 신념·진리·증거·방법조건을 모두 충족 예 지구는 둥글다. **형이상학적(사변적) 지식** : 신념·진리 조건만을 충족 예 귀신은 존재한다.
규범적 (평가적) 지식	• 가치나 규범을 나타내는 지식, (도덕적·미적) 주장이나 가치판단을 내포하는 지식 • 평가적 용어(예 좋다, 나쁘다, 옳다, 그르다, 바람직하다)를 포함하는 진술로 구성 • 준거 또는 근거에 의해 정당화되며, 가설적 타당성(절대적 타당성 ×)을 지닌 지식 • 진위 판명이 어렵다. 예 거짓말은 나쁘다. 음주는 건강에 좋다. 사회주의는 바람직한 사회제도이다.

논리적 (개념적) 지식	• 문장 요소들 간의 의미상 관계를 나타내는 지식 ⇨ 분석적 지식, 형식적 지식 • 개념과 개념 간의 논리적 관계에 의해 진위 판명 • 의미에 관한 사고가 요구되며, 경험적 세계에 대한 정보를 제공하지 못한다. • 논리적 규칙을 제공하며, 무모순성의 조건과 일관성의 조건이 요구된다. 　예 총각은 결혼하지 않은 성년의 남자이다. 할머니는 어머니의 어머니이다. 한 점으로 같은 거리에 있는 점들의 집합을 원이라고 한다.

(2) **방법적 지식**(procedural knowledge, 절차적 지식, 묵시적 지식, 역동적 지식)

① 개념 : 어떤 과제의 절차와 방법에 대한 지식(I know how~), "~할 줄 안다."(know how)로 진술, 반드시 언어로 표현될 필요는 없다. 예 빨래를 할 줄 안다. 컴퓨터를 다룰 줄 안다. 영어회화를 할 줄 안다.

② 특정한 능력(ability)을 기르는 데 사용되는 지식, 무엇을 알고 있는가보다 무엇을 할 수 있는가와 관련된 지식 : 다양한 지식과 정보를 효과적으로 활용하는 지식, 과제 수행에 요구되는 규칙과 원리 습득을 전제

③ 문제해결학습, 발견학습, 탐구학습, 구성주의, 자기주도적 학습, 수행평가 등에서 중시

02　교육철학의 기능　95 중등, 04 중등

기능	내용
분석적 기능	• 언어의 의미와 논리적 관계를 명백히 하거나 각종 가치판단 기준을 밝히는 행위 ⇨ 애매모호성을 없애거나 줄이는 일, 동어반복과 논리적 모순을 가려내는 일, 함의와 논리적 가정 등을 밝히는 일을 포함함 　예 '철수가 착하다 또는 훌륭하다'라는 말의 의미 • 교육에 관해 의사소통을 명확히 하고 올바른 사고를 전개하기 위해서는 무엇보다도 언어의 의미나 가치판단의 기준을 분명히 하는 것이 필요
평가적 기능	• 어떤 기준에 비추어 실천, 이론, 주장, 원리가 만족스러운가를 밝히는 행위(가치판단) 　예 옳다, 옳지 않다, 바람직하다, 나쁘다, 해야 한다 • 평가적 활동을 위해서는 분석적 기능(평가기준을 명료화함)의 도움이 필요 ⇨ 분석적 기능이 좌표 혹은 원리를 명백히 하는 노력이라면, 평가적 기능은 그 좌표 혹은 원리대로 교육을 이루고자 하는 노력 　예 '한국은 교육의 기회 균등이 이루어지고 있는가?'(평가적 질문) ⇒ '교육의 기회 균등'의 개념 분석이 선행되어야 함(분석적 기능)
사변적 기능	• 어떤 문제를 해결하기 위해 새로운 의견, 제안, 가설, 원리, 이론 등을 창출하려는 노력 　예 어떤 지식관, 아동관, 교사관을 구안하고, 그에 따라 교육은 이러저러한 것이라든지 또는 이러저러 해야 한다고 제안하거나 주장하는 일 • 분석적 기능이 가치판단 기준을 밝히는 행위라면, 평가적 기능은 가치판단을 하는 행위이며, 사변적 기능은 대안을 제시하는 행위
통합적 기능	• 하나의 현상이나 과정을 전체로서 파악하고 여러 부분과 차원을 통합하여 이해하려는 행위 ⇨ 나무도 보고 숲도 볼 수 있는 종합적인 안목 • 교육현상을 이해하기 위해 다양한 학문(예 심리학, 사회학, 행정학, 철학 등)의 서로 다른 관점을 통합하여 이해하는 노력이 필요. 또 교육의 목표와 이를 달성하는 데 적합한 교육내용·교육방법, 이를 뒷받침하는 교육제도나 행정기관 등을 상호 유기적으로 통합하여 효율성을 높임

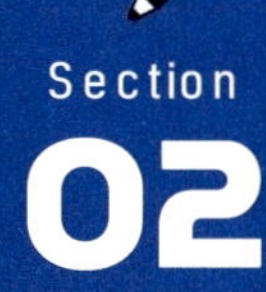

Section

02

교육의 개념과 목적

01 　교육의 개념

❶ 정범모의 교육개념 − 공학적 개념(조작적 정의) − "교육은 인간행동의 계획적 변화이다."(정범모, 『교육과 교육학』; 1968)

(1) 인간행동

① 교육의 관심사는 '인간'이며, 그중에서도 '인간행동'이다.

② 여기서 '행동'은 과학적 혹은 심리학적 개념으로서, 바깥으로 드러나는 외현적·표출적 행동(overt behavior) 뿐만 아니라 지식, 사고력, 태도, 가치관, 동기, 성격 특성, 자아개념 등과 같은 내면적·불가시적 행동(covert behavior)이나 특성을 포함한다.

③ 교육이 인간을 대상으로 한다고 할 때의 인간은 '인간행동'으로 구체화되어야 하며, 인간행동은 과학적으로 규정될 필요가 있는 것이다.

(2) 변화

① 교육은 인간행동의 '변화'에 관심을 두는 활동이다.

② '변화'는 인간행동을 어떻게 하는가에 대한 답변이며 또한 교육학과 다른 학문(예 정치학, 사회학, 경제학, 심리학 등)을 구분하는 핵심 준거를 제공해 준다.

③ '변화'는 '육성, 조성, 함양, 계발, 교정, 개선, 성숙, 발달, 증대' 등을 포함하는 포괄적인 개념이다.

④ 인간의 변화가 선천적으로 결정되어 있지 않다는 것을 전제하는 것이며, 교육이 참된 의미를 지니려면 인간행동의 변화를 실제로 일으킬 수 있는 힘, 즉 '교육력'을 지녀야 한다. 그것도 비교적 단시일에 변화를 일으킬 수 있는 것이라야 하며 지속적인 효과를 발휘할 수 있는 것이어야 한다.

(3) 계획적

① 인간행동의 변화는 '계획적으로' 일어난 변화이어야 한다. ⇨ '교육'과 '교육이 아닌 것(예 학습, 성숙)'을 구분하는 결정적인 기준이 된다.

② 세 가지 기준, 즉 敎育目標(敎育目的 : 변화시키고자 하는 인간행동에 관한 명확한 설정), 敎育理論(인간행동의 변화를 이끌 수 있는 이론), 敎育課程(교육 프로그램 : 그 이론에 기반한 구체적인 프로그램)을 만족시키는 변화만이 '계획적'인 변화이다.

③ '계획적'이라는 준거는 교육과 교육 아닌 것을 구분하는 결정적 준거일 뿐만 아니라 교육이 본래의 임무를 다할 수 있기 위한 가장 중요한 조건이기도 하다.

❷ 피터스의 교육개념 − 성년식 개념(규범적 정의)

− '문명된 삶의 형식에로의 입문(성년식, initiation)'(Peters, 『윤리학과 교육』; 1966)

(1) 정의

"교육은 교육의 개념 안에 붙박여 있는 가치를 도덕적으로 온당한 방식에 의해 의도적으로 전달하는 행위이다.", "교육의 개념 안에 붙박여 있는 세 가지 준거를 모두 충족시키는 방향으로, 가치 있는 활동 또는 사고와 행동의 양식으로 사람들을 입문시키는 성년식이라고 할 수 있다." ⇨ 가치활동에의 입문, 공적 전통에의 입문, 문화유산에의 입문

(2) 교육의 준거 08 중등, 12 중등, 15 중등論

준거	내용
규범적 준거	• 교육에 헌신하려는 사람에게 가치 있는 것의 전달과정 ⇨ 내재적 가치 ⇨ "교육은 가치 있는 것을 전달함으로써 그것에 헌신하는 사람을 만든다." • 교육이 추구하려는 내재적 가치는 교육의 개념 속에 들어 있는 바람직성, 규범성, 가치성, 좋음 등과 가치를 의미 • 외재적 가치를 추구하는 것은 교육이 아니다. ♠ 외재적 가치를 추구할 때의 문제 　1. 정당화의 문제: 외재적 가치는 '필요(need)'를 수반하는데, 이 경우 '무엇을 위한 필요인가?'라는 의문이 제기된다. ⇨ '필요'는 '무엇'의 가치에 의해 결정되므로 '무엇'이 어떤 점에서 가치 있는가를 규명해야 할 필요가 있다. 　2. 대안의 문제: '그 필요를 충족시키는 수단이 꼭 교육이어야만 하는가?'하는 문제 예 국가발전을 기업투자로 할 수 있지 않은가? 　3. 도덕의 문제: 국가발전이 가치 있는 일이고(정당화), 그것이 교육을 통해서밖에 할 수 없다고 하더라도(대안), '국가발전을 위해서 피교육자를 조형해도 좋은가'라는 도덕적 문제는 여전히 남아 있다. ⇨ 인간은 어떤 경우에도 인간으로서 존중받아야 하기 때문이다.
인지적 준거	• 규범적 준거(내재적 가치)가 내용면에서 구체화된 것 ⇨ 지식, 이해, 인지적 안목(지식의 형식) • "교육은 지식과 이해, 그리고 모종의 인지적 안목을 길러주는 일이며, 이런 것들은 무기력한 것이어서는 안 된다." 즉, 지식과 정보 등이 유리되어 있는 상태가 아니라 사물 전체를 조망할 수 있는 포괄적이고 통합된 안목이 형성된 상태를 의미한다. ⇨ '보는 것'으로서의 교육, 즉 계명(啓明)을 의미 • 교육은 신념체계를 변화시키는 전인적 교육이어야 하며, 제한된 기술이나 사고방식을 길러 주는 전문화된 훈련(training)과는 구별된다.
과정적 준거	• 규범적 준거(내재적 가치)가 제시되는 방법상의 원리를 제시한 것 • 교육은 교육내용을 도덕적으로 온당한 방법, 즉 학습자의 의식과 자발성을 토대로 하여 전수되어야 한다. ⇨ "교육은 교육받는 사람의 의식과 자발성을 전제로 하며, 몇 가지 전달 과정은 교육의 과정으로 용납될 수 없다." • 학습자의 의식과 자발성을 유도하기 위해서는 아동에게 흥미(interest)가 있어야 한다. ⇨ 흥미는 심리적 의미(하고 싶어 하는 것, Dewey)가 아니라 규범적 의미(유익한 것)를 지닌 것 예 아동의 흥미를 존중한다는 것은 아동으로 하여금 내재적으로 가치 있는 것에 접하게 함으로써 그 내재적인 가치를 추구하도록 이끌되, 그 과정에서 현재 그의 흥미를 존중해야 한다는 의미로 이해되어야 한다. • 조건화(conditioning)나 세뇌(brain-washing)의 방식과는 다르다.

> **Plus**
>
> **교육의 내재적 정당화**(선험적 정당화) − "왜 지식의 형식, 사고와 이해의 여러 형식들을 배워야 하는가?"
>
> 1. 지식의 형식에 대한 추구는 내재적으로 정당화될 수 있다. '왜 지식의 형식을 배워야 하는가'라는 질문과 대답은 지식의 형식을 떠나서는 무의미하며, '지식의 형식'의 가치는 그 질문이 의미 있게 성립하기 위해서는 논리적 가정으로서 받아들이지 않으면 안 되기 때문에 정당화된다.
>
> 2. 지식의 형식들은 인간이 오랜 세월 동안 누적적으로 발전시켜온 경험의 상이한 측면을 각각 개념적으로 체계화한 것, 우리 삶의 공적 전통(public tradition)을 체계화한 것이다. ⇨ 우리가 이 세상을 살아가기 위해서는 좋든 싫든 간에 지식의 형식에 입문하지 않으면 안 되기 때문이다. ⇨ 지식의 형식은 삶을 원만하게 살아가기 위해 요구되는 우리 삶의 선험적이고 논리적 전제 조건이다.

③ 뒤르켐의 교육개념 − 사회화 개념 − '어린 세대를 대상으로 한 체계적 사회화'(Durkheim, 『교육과 사회학』)

🔔 뒤르켐의 교육의 개념은 특정한 사회를 염두에 두고서야 비로소 의미 있게 규정될 수 있다.

(1) 사회화

① 교육은 이기적, 반사회적 존재로서의 개인이 집단의식을 내면화함으로써 사회적 존재로 형성하는 과정을 가리킨다. 이 과정은 사회의 입장에서 보면, '그 자체의 존속을 위한 필요불가결한 조건'을 마련하는 수단이며, 개인의 입장에서 보면, 출생할 때와 전혀 다른 존재로 변형, 창조되는 길이다.

② 집단의식 : 동일한 사회의 평균 시민에 공통된 신념과 정조의 총체, 집단적 관념과 정조의 분위기

(2) 교육과 사회와의 긴밀성

교육은 사회 속에서 일어날 뿐만 아니라, 사회가 존속하는 데 '필요불가결한 조건'이 된다. 그러므로 교육은 사회와의 관련을 떠나서는 이해될 수 없으며, 교육을 이해하는 것은 곧 사회를 이해하는 것이다.

(3) 사회의 성격 문제

사회는 개인들이 존재하고 소멸하는 것과 무관하게 계속되며 지역의 변동에 관계없이 존재하는 '정신적 실체'이다. 즉, 사회는 인구나 지역과 같은 '경험적 실체'가 아니라 집단의식이라는 정신적 내용으로 구성되어 있다. 집단의식은 관념적이지만, 사회는 관념의 형태로 존재하는 것이 아니라 관례, 풍습, 행동 양식 등 '사회 제도'와 관련하여 그것의 정신적 기저로 작용한다. 그리하여 한 사회 안에서의 공통된 삶의 현실, 즉 한 사회의 동질성을 유지하게 된다.

(4) 개인과 사회의 관계(개인과 집단의식의 관계)

사회 또는 집단의식은 개인을 초월한 그 자체의 실체로서 존재하며 그것은 구성원인 개인으로 환원될 수 없다. 그리고 개인은 사회의 일방적인 영향력을 거의 수동적으로 내면화할 수밖에 없다. 이기적이고 충동적인 존재인 개인이 사회의 집단의식의 영향을 받으며 사회적인 존재로 변모되어 간다. 그렇다고 집단의식이 개인을 획일화하는 것도 아니다. 집단의식의 영향 안에서 얼마든지 자유로운 발달을 이룩할 수 있으며 그것을 가능하게 해 준다. '자유는 진정한 권위에서 태어난 딸이다.'

(5) 교육(즉, 사회화)의 책임을 맡은 부모와 교사의 권위 문제

이기적, 반사회적 존재를 사회적 존재로 변형시키는 데는 어떤 형태의 것이든지 강요가 불가피하게 요청된다. 이 강요가 소기의 성과를 거두기 위해서는 그 일을 담당하는 사람에게 권위가 있어야 한다. 교육에 있어서 부모나 교사의 권위는 그 개인적 업적이나 자질에 의하여 보장되는 것이 아니라, 그에게 업무를 위임한 '사회'에 의하여 보장된다. 이 점에서 부모나 교사의 권위는 성격상 성직자의 그것과 유사하다.

(6) 교육의 이중적 측면

한 사회에서의 교육은 '하나이면서 동시에 여러 개'라는 이중의 측면이 있다. 한 사회가 존속하려면 그 구성원들 사이에 어느 정도의 동질성이 유지되어야 하지만, 동시에 사회에는 각각 상이한 행동양식과 정신적 자질을 요구하는 수많은 이질적인 집단들이 있다. 사회가 정상적으로 기능하려면 이 동질성과 이질성이 동시에 보장되어야 한다.

02 교육의 목적

① 내재적(본질적, intrinsic) 목적 04~05 중등, 06 초등, 13 중등, 15 중등論

(1) 개념

교육이 다른 것의 수단이 아닌 교육의 개념 혹은 교육의 활동 그 자체가 가지고 있는 목적, 교육의 개념이나 활동 속에 붙박여 있는 목적

- **예** 합리성의 발달, 지식의 형식 추구, 자율성 신장 등 ⇨ 교육의 목적을 '합리적인 마음의 계발'이라고 할 때, 교육과 '합리적인 마음의 계발' 사이에는 개념적 혹은 논리적 관계가 성립한다. 즉, 합리적인 마음의 계발은 교육 '개념'의 한 부분을 이루고 있고 교육활동 '안'에 들어 있기 때문에 '내재적 목적'이라고 한다.

(2) 피터스가 강조한 교육의 목적

① 피터스(Peters)가 중시한 교육의 목적 : 교육의 목적은 교육의 세 가지 개념적 준거, 즉 규범적, 인지적, 과정적 준거를 실현하는 일이다. 교육받은 인간인 자유인(free man)은 교육의 준거를 충족시킨 사람이며, 자유인을 기르는 자유교육은 그런 준거를 충족시키는 교육이다.

② 교육활동에 있어서 내려온 오랫동안의 공적 전통을 수용하는 것과 관련된 목적
  ㉠ 인간을 이성적 존재로 보고 그 특성을 계발하는 것을 중시하는 서양교육의 지적 전통으로부터 유래
  ㉡ '그 자체가 목적인 활동(학문을 위한 학문)'을 중시한 아리스토텔레스(Aristoteles)의 자유교육의 개념으로부터 '지식교육을 통한 합리적인 마음의 계발'을 강조한 피터스(Peters)에 이르기까지 중시된 목적

③ 교사의 역할은 현재 가르치고 있는 교육내용을 그 의미가 충분히 살아나도록 가르치는 일이다.

> **Plus**
>
> **자유교육**(liberal education)**의 의미**
>
> 1. 합리성 혹은 지식 추구의 교육(Aristoteles, Peters, Hirst ⇨ 무지와 편견과 같은 마음의 속박에서 해방)
>
> 2. 개인의 자율성 함양 교육(White ⇨ 집단이나 전체의 위협에서 개인이 자유롭고 자율적인 선택을 할 수 있는 교육)
>
> 3. 정치적 자유주의 교육(Rousseau)

08

② 외재적(수단적, extrinsic) 목적

(1) 개념

① 교육이 다른 활동의 목적을 위한 수단으로 사용되는 것 ⇨ 교육의 바깥에 있는 목적
  ⓔ 국가발전, 경제성장, 사회통합, 직업 준비, 생계유지, 출세 등

② 교육은 수단－목적의 관계로 연결되어 있거나 다른 무엇을 위한 필요 때문에 행해진다. ⇨ 교육과 다른 활동은 개념적·논리적으로(conceptually or logically) 별개의 것이며, 경험적·사실적으로(empirically or factually) 관계를 맺는다.
  🔔 교육의 목적이 국가발전이라고 할 때, '교육'과 '국가발전'의 개념 간에는 의미상 아무런 관련이 없으며, 교육개념을 아무리 분석해도 '국가발전'이라는 뜻이 들어 있지 않다. 그러나 교육과 국가발전은 경험적·사실적으로 관련되어 있어서 교육을 잘하게 되면 사실상 국가발전에 도움이 되는 것이다.

③ 교육이 사회의 현실과 필요를 적극적으로 수용해야 한다는 주장과 관련된 목적

⑵ 내재적 목적과 외재적 목적의 비교

내재적(본질적) 목적	외재적(수단적) 목적
교육과정이나 교육개념 속에 존재하는 목적	교육활동 외부에 존재하는 목적
교육활동 그 자체가 목적	교육활동은 목적달성을 위한 수단(도구)
교육과 목적이 개념적·논리적으로(conceptually or logically) 관계를 형성	교육과 목적이 경험적·사실적으로(empirically or factually) 관계를 형성
합리성의 발달, 지식의 형식 추구, 비판적 사고의 발달, 사율성 신장, 도덕적 탁월성, 미적 경험의 발달, 자아실현, 인격 완성 등	국가발전, 경제성장, 사회통합, 직업 준비, 생계 유지, 출세, 입시수단 등
인문교육(자유교양교육) 중시	직업교육(전문교육) 중시
현실 그 자체를 중시	미래생활 대비를 중시
교육의 가치지향적 입장 중시	교육의 가치중립적 입장 중시
위기지학(爲己之學, 자기성찰과 완성을 위한 공부) 강조	위인지학(爲人之學, 입신출세, 처세술, 사회적 성공을 위한 공부), 경세지학(經世之學, 사회변혁) 강조
• 소크라테스(Socrates) : "너 자신을 알라" • 듀이(Dewey) : 현재 교육활동 그 자체가 목적 • 피터스(Peters) : 성년식 • 로저스(Rogers) : 자아실현, 전인형성을 위한 공부	• 소피스트(Sophist) : 처세술을 위한 공부 • 스펜서(Spencer) : 지상에서의 행복(생활준비설) • 그린(Green) : 교육은 도구 • 랭포드(Langford) : 교육은 주어진 목표달성 수단

⑶ 내재적 목적과 외재적 목적의 관계

① **내재적 목적의 한계** : 교육은 사회적 활동인 만큼 사회적 요구나 필요에서 벗어날 수 없다는 한계가 있다.

② **외재적 목적의 한계** : 교육은 수단-목적의 관계로 연결되어 있거나 다른 무엇을 위한 필요에 의해서 행해진다. 이 경우 교육활동은 심하게 왜곡되거나 명목상으로만 교육일 뿐 실제적으로 교육이 아닌 다른 활동으로 변질되고 마는 문제가 있다.

③ **바람직한 방향** : 올바른 교육의 목적을 정립하기 위해서는 내재적 목적을 훼손하지 않으면서 외재적 목적을 고려하는 방향이어야 할 것이다.

⑷ 교육의 정당화(justification) - 교육받아야 할 이유

① **정당화의 개념** : 어떤 사람의 행동이나 판단이 옳다는 것을 입증하는 것 ⇨ 합리성과 공적 근거를 전제

② **교육의 정당화**

  ㉠ 수단적 정당화(도구적 정당화) : 교육받아야 할 이유를 외부에서 찾음

  ㉡ 비도구적 정당화(내재적 정당화) : 교육받아야 할 이유를 지적 활동 안에서 찾음

선험적 정당화 **(Peters)**	'경험을 초월함'을 뜻하는 것으로, 개인의 의식적인 사고에 의하여 받아들여지는가 아닌가와 무관하게 성립하는 정당화 • **권태의 결여** : 지적 활동은 매력적이고 신비한 것이어서 학습자를 몰입하게 만들어 권태로부터 벗어나게 해 줌 • **이성의 가치** : 지적 활동은 이성적 삶을 향유하도록 해 줌
윤리적 정당화	인간 존중의 차원에 따른 정당화로 자기 자신의 윤리적 의무를 다하고 타인과 공동체의 발달을 위해 교육이 필요함 • **자기 자신을 위한 교육** : 자신의 마음 계발을 위한 교육 • **타인을 위한 교육** : 타인과 공동체 존중을 위한 교육
공리주의적 **정당화**	쾌락과 유용성을 위해 교육이 필요함 • **쾌락** : 비수단적인 것으로 쾌락(몰입) 그 자체를 추구함 • **유용성** : 수단적인 가치와 관련 ⇨ 교육을 통해 획득한 지식은 장기적으로 개인과 공동체에 큰 이익을 가져다 줌 • **화이트헤드(Whitehead)** : 유용성(utility)을 일상적(실용적) 의미가 아닌 지적 탐구를 가능하게 하기 위한 유용성의 의미로 중시 ⇨ 비도구적 정당화에 해당

MEMO

How to
JUMP?

전통 철학사상

Section 01 관념론

01 관념론(이상주의) ^{97 초등}

❶ 개관

(1) 개념

① 우주의 궁극적 실재(reality)는 관념(idea), 정신(spirit), 마음(mind)이라고 주장하는 철학설이다.

② 관념론은 관념주의(idealism), 이상주의, 유심론(spiritualism) 등과 동의어로 사용된다.

(2) 관념론의 사상

① 실재의 문제(실재론) : 관념론의 창시자라 할 수 있는 플라톤에 따르면 진정한 실재는 이데아(idea), 즉 관념에 있다. 실재는 인간(또는 신)의 정신 속에 있는 관념(idea)을 통해서만 존재한다. 우주나 물질, 자연계는 정신적 표상(image)에 불과하다.

② 인식의 문제(인식론) : 진리란 감각적 경험에 의하여 입증되거나 검증된다기보다는 논리적 사유에 의하여 지지되기 때문에, 한 가지 신념이나 사실이 진리가 되는 준거는 그것들이 다른 신념이나 사실들과 모순되지 않게 관계를 유지하면서 한 체계 속에 논리정연하게 포괄되어 있을 때라고 본다. ⇨ 감각적 경험보다 이성적 사유 중시(정합설)

> **Plus**
>
> **진리정합설**(整合說, coherence theory of truth)
>
> 1. 인식은 기존 지식체계에 근거한 활동이며, 진리란 어떤 거대한 논리적 체계 안에서의 타당성 유무를 따지는 것이다.
>
> 2. 지식체계와의 정합성, 무모순성을 중시한다.

③ 가치의 문제(가치론) : 정신적 가치를 절대적이고 영원한 가치로 본다.

❷ 전개 과정

플라톤(Platon), 데카르트(Descartes), 버클리(Berkeley), 칸트(Kant), 피히테(Fichte), 프뢰벨(Fröbel), 헤겔(Hegel), 나토르프(Natorp), 혼(Horne)

02 관념론(이상주의)의 교육이론

1 교육이론

(1) 교육목적

개인의 완성과 이상사회 실현 ⇨ 정신적 가치, 절대적 가치의 추구를 교육의 지상목표로 삼으며, 인격교육, 도덕교육, 정신교육을 강조한다.

(2) 교육내용

일반 교양교육 중시 ⇨ 논리학, 형이상학, 미술, 문학 등의 정신적·이상적 교과를 강조한다.

(3) 교육방법

교사중심 교육, 아동의 자발적 참여 유도 ⇨ 교사가 인격적 모델이 되어야 하고, 학습자 자신의 내적 자아탐구가 바탕이 되어야 한다.

(4) 지식관

참된 지식은 영구불변하는 것으로, 정신적 실재 속에 있는 것이다. 인간은 지성의 작용에 의해 이를 깨달아야 한다.

(5) 교사관

교사는 문화와 실재 세계를 구현해 주는 사람이다.

2 장단점

(1) 장점

현실을 초월한 궁극적 가치를 지향함으로써 회의주의, 상대주의를 극복하였다.

(2) 단점

산업사회의 요구에 따른 직업교육, 기술교육을 충족시킬 수 없다. 또, 관념론이 추구하는 이상이 너무 유토피아적인 이상이어서 현실세계와는 거리감이 있다.

Section 02 실재론

01 실재론(현실주의)

❶ 개관

(1) 개념

① 우주의 궁극적 실재(reality)가 물질(matter, materie)이라고 보는 철학설이다.

② 실재론은 실재주의, 현실주의, 유물론 등과 동의어로 사용된다.

(2) 실재론의 사상

① 실재의 문제(실재론) : 우주의 궁극적 실재는 인간의 정신과 무관하게 존재하는 물질이라고 본다. 외적, 객관적 세계는 인간의 의식 또는 관념으로부터 독립하여 실재한다고 주장한다.

② 인식의 문제(인식론) : 외부 세계의 모든 실재는 우리와 관계없이 객관적 실재로 존재하며 우리의 감각적 경험을 통하여 접근할 수 있는 것이라고 생각한다. 객관적인 사물의 질서나 체계가 인간과 관계없이 존재하는 것으로 인간은 그 실재로부터 지식을 얻을 수 있다고 본다. ⇨ 감각적 경험을 통해 외부 세계 인식(대응설 : 진리란 실재와 합치된 지식)

> **Plus**
>
> **진리대응설**(correspondence theory of truth)
>
> 1. "하나의 명제(진리)는 하나의 사실과 대응할 때 참이다."로 표현된다.
>
> 2. 판단과 사실의 대응, 사물과 지성의 일치를 중시한다.

③ 가치의 문제(가치론) : 가치는 자연의 질서 속에 내재해 있는 것으로 본다. 따라서 '자연적 질서에 따라서 행동하라'는 것은 그 자체가 가치적인 방향을 말하는 것이며, 부자연스러운 것은 바람직하지 않은 것으로 간주된다.

❷ 전개 과정

아리스토텔레스(Aristoteles), 토마스 아퀴나스(Thomas Aquinas), 로크(Locke), 베이컨(Bacon), 허친스(Hutchins), 아들러(Adler), 브로우디(Broudy) ⇨ 항존주의

02 실재론(현실주의)의 교육이론

1 교육이론

(1) 교육목적

이상적 생활의 구현 ⇨ 교육의 목적은 이상적 생활(자기실현)을 즐기는 데 있다. 실재론에서는 사물의 형상이 사물 안에 내재되어 있다고 보기 때문에 사물에 내재하는 자연의 법칙을 탐구할 수 있도록 지적 능력을 갖추게 하는 것이 교육의 목적이 된다.

(2) 교육내용

과학적 지식 중시 ⇨ 수학, 자연과학, 사회과학 등 과학적 지식을 중요한 교육의 내용으로 하고, 사물의 법칙은 그 유형에 따라 달라지므로 교과의 선을 유지하는 것을 강조한다.

(3) 교육방법

교사중심 교육, 과학적 방법 중시 ⇨ 사실에 대한 과학적 방법, 관찰과 실험을 중시하고 지력의 훈련을 중시한다. 교사의 주도권을 중시한다.

2 장단점

(1) 장점

객관적 사실에 대한 자아실현, 현실생활에 필요한 지식을 중시하였다. ⇨ 실재론은 과학적 지식과 과학적 방법을 중시하고 고전보다는 현대어를, 언어주의에서 탈피하여 사물중심으로, 교과서중심보다는 실험과 관찰을 중심으로 하는 교육관을 낳고 있다. 또 기본적 지식과 현실적 진리를 사랑하고 자아실현을 추구하며, 자연의 법칙을 교육에 적용시킴으로써 과학적 사고를 신장케 하는 등 교육에 지대한 공헌을 하였다.

(2) 단점

교사중심, 주입식 교육으로 보수적·전통적 지식의 전달에 치우쳤다. 또, 경험적 지식을 강조함으로써 창조적 이성의 기능과 역할을 소홀히 하였다.

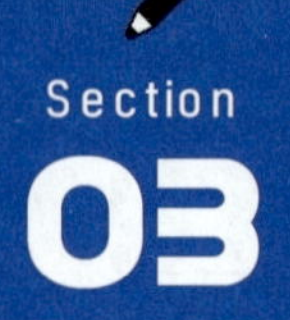

Section 03 프래그머티즘

01 프래그머티즘(실용주의) ^{99 초등}

1 개관

(1) 개념

① 경험과 변화만이 유일한 실재(reality)라고 본다. 인간은 경험을 통해 세계를 파악하므로 인간과 별개로 존재하는 객관적이고 보편적인 실재는 없다고 본다. 따라서 가치를 상대적으로 보며, 인간의 사회적, 생물적 본성을 인정하여 개개인은 자신의 욕구와 유용성을 만족시켜 주는 것을 참이라고 본다.

② 모든 진리는 그것이 실제적으로 어떤 효과 또는 유용성, 실용성 여하에 따라 결정된다고 본다.

③ 프래그머티즘은 실험주의(experimentalism), 도구주의(instrumentalism), 기능주의(functionalism), 경험주의(empiricism) 등으로 불린다.

(2) 관념론의 사상

① **실재의 문제(실재론)** : 경험과 변화만이 유일한 실재이다.

② **인식의 문제(인식론)** : 경험을 통해서 아는 것이 핵심이다. 안다는 것 자체는 무의미하고 오직 우리의 경험과 상호작용에 의해서만, 즉 경험을 통하여 아는 것만이 유의미하고 가치로운 것으로 본다.

③ **가치의 문제(가치론)** : 경험에 의해서 그 실용성과 유용성(utility)이 입증되는 것만이 가치로운 것으로 본다. 즉, 실재적 효과를 불러일으키는 것만이 가치로서 받아들이는 것이다. 프래그머티즘을 실용주의라고 번역한 것도 프래그머티즘의 가치론에서 근거한 것이다.

> **Plus**
>
> **프래그머티즘의 사상적 기저**(오천석)
>
> 프래그머티즘의 사상적 기저를 정리하면, ① 변화의 사실, ② 진리의 상대성, ③ 관념의 실행 실적 또는 결과, ④ 실험의 우수성, ⑤ 경험의 중요성, ⑥ 비판적 지성의 역할, ⑦ 생활방식으로서의 민주주의, ⑧ 자아실현의 이상, ⑨ 수단 또는 과정의 철학 등으로 요약할 수 있다.

2 전개 과정

퍼스(Peirce), 제임스(James), 듀이(Dewey), 킬패트릭(Kilpatrick)

02 프래그머티즘(실용주의)의 교육이론

1 교육이론

(1) 교육은 생활이다(생활중심교육)

교육은 현재의 생활 그 자체이지 미래 생활을 위한 준비가 아니다. 학교는 생활 자체와 분리될 수 없다.

(2) 교육은 경험의 재구성 과정이다(경험중심교육)

인간은 경험을 통해 지식을 획득한다. 교육의 과정은 계속적인 경험의 재구성 과정이다.

(3) 교육은 성장이다

듀이에 따르면, 성장의 조건은 미성숙(미숙성, immaturity)과 가소성(plasticity)이다. 미성숙은 완성되지 못했다는 의미로 아동의 성장 가능성을 나타내며, 아동은 미성숙을 해소하기 위해 사회생활에 강렬한 흥미와 관심을 기울이게 된다. 가소성은 환경의 변화에 맞게 자신을 변화시킬 수 있는 능력을 말하며, 일종의 탄력성이다. 이는 아동이 경험으로부터 뭔가를 배울 수 있도록 만들어 준다. 따라서 성장의 원리란 아동의 미성숙(미숙성)과 가소성에 근거를 두고, 아동의 내부로부터 성장하려는 힘의 발로를 억압하지 않고 자유롭게 활동하게 하는 원리를 의미한다.

(4) 행함에 의한 학습

교육은 행동을 통한 학습을 전제로 해야 한다. 모든 학습은 가만히 앉아서 받아들이는 학습(learning by sitting), 또는 듣기만 하는 학습(learning by listening)이 아니고 행동에 의한 학습(learning by doing)이어야 한다.

(5) 아동의 흥미

모든 경험과 활동은 아동의 흥미를 중심으로 이루어져야 한다. 노력과 훈련의 중요성도 인정하지만 흥미를 더 중요시해야 하나 서로 상응되는 것으로 흥미가 있으면 노력하게 된다.

(6) 아동중심교육

경험의 주체가 아동이므로 아동이 교육의 중심에 서게 된다. 아동은 수용력과 잠재력을 가진 발전적 성장체이다. 아동의 자발적 참여를 통한 교육이 이루어져야 한다.

(7) 민주주의 중시

민주주의는 다양한 능력을 가진 다양한 인간을 존중하는 제도이다. 따라서 아동 개개인의 흥미와 관심이 존중되는 교육을 하기 위해서는 민주주의적 원리를 중시해야 한다.

② 장단점

(1) 장점

민주적 교육이념을 구축하고 아동중심, 경험중심 교육사상의 발전에 이바지하였다.

(2) 단점

영구불변의 진리에 대한 가치를 소홀히 하였으며, 사회를 지나치게 낙관적으로 보았다.

---

03 듀이(Dewey) 01 중등, 03 중등, 06 초등, 10 중등, 11 초등

① 인간관

인간은 생물학적이고 사회적 존재이다. 인간의 본성은 충동·습관·지성(지력)이다.

충동 (drives)	신경조직의 생득적·본능적 작용 방식 또는 욕구 ⇨ 맹목적이고 능동적임. 인간행동의 근본 동기
습관 (habits)	• 충동을 가진 인간이 환경과의 상호작용을 통해 획득한 효율적인 행동방식 • 인간은 욕구충족을 위해 그 대상에 맞는 습관(개인적 습관)을 형성, 개인적 습관과 습관이 모여 '사회적 습관'을 형성, 사회적 습관이 역사적 전통으로 굳어지면 '문화'가 형성
지성(지력)	반성적 사고의 능력 ⇨ 개인적 습관과 사회적 습관 사이의 충돌과 불일치를 조정하고 새로운 적응을 가능하게 만드는 힘, 인간의 충동을 목적적 활동으로 전환시키는 사고활동

② 듀이의 사상

(1) 인식론 – 상대론적 인식론

경험(doing)을 통해 아는 것(knowing)이 핵심이다. 지식 그 자체는 무의미하다. 지식은 환경과의 상호작용에서 갖게 되는 반성적 사고(reflective thinking)를 통해 획득된다.

① **경험의 의미** : 경험과 사고의 이원론적 대립을 극복하고 일원론적으로 인식 ⇨ 경험과 사고와 단절되거나 별개의 것이 아니라 사고를 포함하는 개념

> **Plus**
>
> 1. 전통적 인식론은 아는 것과 하는 것, 이론과 실제, 마음과 육체 등을 이원론적 대립으로 설명한다. 경험과 이성도 서로 대립적으로 인식된다.
>
> 2. 이런 이원론적 대립을 극복하기 위해 듀이는 경험의 두 측면('해보는 것'과 '당하는 것' ⇨ 환경과의 접촉, 신체적 접촉이라는 '감각적 요소')과 사고(thinking ⇨ 반성적 사고, 지적인 사고활동이라는 '관념적 요소')를 연결선상의 개념으로 설명하고 있다.

㉠ 모든 경험은 능동적인 측면 '해보는 것(trying)'과 수동적인 측면 '당하는 것(undergoing)'의 결합으로 이루어진다.

㉡ '사고한다(thinking)'는 것은 바로 경험의 두 측면의 관련을 정확히 파악하려는 노력을 의미한다. 따라서 경험이 가치 있는 것이 되려면 거기에는 비록 불완전하나마 사고가 반드시 개입되어야 한다.

구체적 경험의 사례	경험의 능동적 측면 (해보는 것)	경험의 수동적 측면 (당하는 것)	경험의 가치 (경험의 능동과 수동적 측면을 연결하는 사고)
어린아이가 엄마가 마시고 있는 뜨거운 커피에 손을 대는 경험	어린아이가 커피에 손을 갖다 대는 측면	뜨거움을 느끼는 측면	손을 대보는 행위 때문에 뜨거움을 느끼게 되었다고 생각(thinking)하는 것

㉢ 경험 속에 사고가 차지하는 비중에 따라 '시행착오적 경험'과 '반성적 경험'이 구분된다.

시행착오적 경험	경험의 두 측면의 관련이 수많은 반복에 의해 이러이러한 행동이 이러이러한 결과와 연결되어 있다는 것을 막연하게 알고 있는 상태
반성적 경험	시행착오적 경험에 내재되어 있던 사고가 능동과 수동 사이의 세밀한 관계를 파악하는 수준에 이르게 된 상태

㉣ 반성적 사고(reflective thinking)의 과정 : 'How we think'

1단계	제안(suggestion) ⇨ 암시의 단계	과거의 유사한 경험에 의해 습득된 지식이나 습관에 의해 문제해결 방안이 자동적으로 마음에 떠오르는 단계
2단계	곤란이나 혼란을 문제로 지성화 (intellectualization)하기 ⇨ 지성적 정리단계	주어진 문제가 무엇인지를 분명하게 파악하는 단계
3단계	주도적 아이디어 또는 가설(hypothesis)의 설정 ⇨ 지도적 관념의 단계	문제에 대한 적절한 해결책이 아이디어로 떠오르는 단계
4단계	추리작업(reasoning) ⇨ 추리작용의 단계	문제해결을 위한 아이디어로 인해 일어날 수 있는 결과들에 대해 예측해 보기
5단계	행동에 의한 가설의 검증 (testing)	외적 행동에 의한 실험적 검증을 통해 추론된 결과들을 실제적으로 검증해 보는 단계
6단계	전망의 단계	미래에 대한 전망의 단계

② 경험의 특징 : 상호작용성과 계속성(연속성)

  ㉠ 상호작용성의 원리(공간적 측면) : 경험은 인간 유기체와 환경의 상호작용이다. 즉, 경험은 인간이 생존을 위해 환경과의 상호작용을 통해 당면하는 문제해결과정이다. ⇨ 경험의 생성(획득) 원리

    ⓐ 경험은 유기체와 환경이 병렬적으로 존재하는 것(유기체＋환경＝경험)이 아니라, 유기체와 환경이 만나서 상호작용한 결과(유기체×환경＝경험)를 뜻한다.

    ⓑ 따라서 유기체와 환경은 이원론적으로 구분되는 상호 대립적인 관계 속에 있지 않고 연속성을 띠고 있다.

    ⓛ **계속성의 원리(시간적 측면)** : 경험은 계속적으로 재구성, 성장한다. ⇨ 현재의 경험은 과거의 경험에 영향을 받으며 미래의 경험에 영향을 준다. ⇨ 경험의 확대(성장) 원리

        ⓐ 경험은 시작과 발전, 종결로 이루어진 하나의 활동이다. 경험의 종결 상태에 이르게 되었을 때를 가리켜 듀이는 주체가 '하나의 경험(an experience)'을 갖게 되었다고 한다.

        ⓑ 이러한 하나의 경험은 또 다른 경험의 토대가 되면서 경험에서 경험으로 이르는 계속적인 성장을 가능하게 한다.

        ⓒ 경험의 이러한 특징으로 인하여 교육은 계속적인 경험의 성장으로 규정할 수 있다.

Plus

교육적 경험의 준거(Dewey)

모든 경험이 다 교육적인 것은 아니며 비교육적인 경험도 존재한다. 그러므로 교육과 경험은 직접적으로 동일시될 수는 없다. 어떤 경험이라도 이후의 경험의 성장을 막거나 왜곡하는 결과를 가져온다면 그 경험은 비교육적인 것이다. 그러므로 교육적 경험은 가치로운 경험, 성장하는 경험이어야 한다. 교육적 경험의 준거는 ① 지속성이 있어야 하며, ② 여러 경험들이 의미 있게 통합되는 결과를 낳아야 하며, ③ 가치와 의미를 지녀야 하며, ④ 후속되는 경험에 새로운 방향을 제시하면서 통제력을 가지는 경험이어야 한다.

---

③ **지식의 가치** : 지식의 가치는 현실적합성(실생활에의 유용성) 여부에 의해서 판단된다.

    ㉠ 듀이에게 있어서 학교는 학생의 경험이 계속적으로 성장할 수 있도록 도와주기 위한 특수 환경이다. ⇨ 학교는 본질상 사회 환경과 동일해야 하지만, 사회 환경보다 단순화된 교육환경이고, (무가치한 것이) 정화된 행동 환경이며, 균형된 환경이라는 점에서 구별된다.

    ㉡ 학교에서 배우는 교과는 학습자의 경험 속에서 성장해가는 발달 과정에 관심을 가지고 마련되어야 한다.

    ㉢ (교과) 학습은 '구체적인 것에서 추상적인 것'으로 진행되어야 한다.

        ⓐ 전통적으로 '구체적인 것'은 사물이나 활동을, '추상적인 것'은 사고를 뜻하는 것이나, 듀이는 활동과 사고는 각각 분리되어 존재하지 않고 단지 개념적으로만 구분 가능하다고 본다. ⇨ 활동과 사고는 존재론적으로 연결되어 있다.

        ⓑ 듀이는 구체적인 것과 추상적인 것을 대립보다는 연속적인 것으로 이해할 수 있는 방식으로 의미를 새롭게 규정한다. ⇨ 구체적인 것과 추상적인 것의 의미는 절대적인 것이 아니라 상대적인 것이며, 그 구별은 주로 실생활과의 관련 여부이다.

구분	전통적 의미 (대립적 개념)	듀이의 견해	
		개념 (연속선상의 개념)	구분 (실생활과의 관련 여부)
구체적인 것	사물이나 활동	다른 것들과 분명하게 구별되어서 그 자체로서 직접 파악되는 의미	실제적인 문제 해결에 대한 수단으로 활용될 때의 사고
추상적인 것	사고 (thinking)	먼저 더 친숙한 용어나 사물을 마음에 끌어들인 다음, 이것에 비추어서만 새롭게 이해되는 의미	하나의 사고가 다른 사고 또는 더 많은 사고 작용의 수단으로 활용될 때의 사고

ⓒ 교육적 함의 : 교육은 구체적인 것(실제적 조작)에서 시작하여 점차 지적인 문제로 관심을 전환해야
하며, 마지막으로 추상적인 것으로 사고 그 자체에 관하여 관심을 갖도록 진행되어야 한다. ⇨ 이는
학습자의 교과발달의 세 단계와 상응하는 것

교과발달단계	의미	행함(doing)의 유형
1. 놀이와 일	몸과 손을 움직여서 실제로 일을 해보는 놀이나 일	구체적인 활동
2. 정보교과 (역사와 지리)	공간적으로(지리) 그리고 시간적으로(역사) 학생의 경험을 확대시켜 주는 교과지식 ⇨ 현재의 역사나 지리과목 ×	언어적 상호작용 (의사소통) 활동
3. 과학적 · 논리적 지식	합리적인 사고를 통하여 학습이 가능한, 그리고 논리적인 형식을 따라 조직된 모든 교과 ⇨ 현재의 과학과목 ×	합리적인 사고 활동

④ **지식의 상대성** : 지식은 절대적인 것이 아니고, 현실에의 적응 여부에 따라 언제든지 수정 · 변화할 수 있다.

(2) 가치론 – 가치 상대주의

① 경험에 의해 그 실용성과 효용성이 입증된 것만이 가치 있는 것이다.
② 진리 또는 윤리 · 도덕적 규범의 절대적 가치를 부정한다. 개인과 사회의 성장과 발전(진보)에 유용한 것만이
가치 있는 것이다.

(3) 교육관

① 교육의 본질
  ㉠ **교육은 생활이다**(education is life) : 교육은 미래 생활 준비 ×, 현재 생활 그 자체
  ㉡ **교육은 성장이다**(education is growth) : 성장의 전제는 미성숙(immaturity)과 가소성(plasticity) ⇨
  연속적으로 성장하는 과정이 교육
  ㉢ **교육은 계속적인 경험의 재구성이다**(education is a continuous reconstruction of experience) : 환
  경과의 상호작용을 통한 계속적인 경험의 재구성이 곧 성장
  ㉣ **교육은 사회적 과정이다**(education is a social process) : 교육이 생활이고 성장이라면, 이는 곧 사회
  공동체 안에서 이루어진다. 그리고 우리가 추구하는 이상적 사회는 민주주의 사회이다.
  ㉤ 교육은 학생들의 자발적 활동과 능동적 참여 과정이다.
  ㉥ 교육은 전인적(全人的) 과정이다.
② **교육내용** : '경험의, 경험에 의한(learning by doing), 경험을 위한' 교육
  ㉠ 경험은 아동이 환경과의 상호작용 과정에서 직면하는 문제해결 과정
  ㉡ 경험은 반성적 사고(reflective thinking) 과정 ⇨ 지식은 문제해결의 도구
③ **교육방법** : 문제해결학습(problem solving method) ⇨ 사회화의 과정

(4) 학교관 – 학교를 통한 사회개혁 ⇨ 민주주의 구현

① 축소사회로서의 학교(학교는 사회적 기관의 하나) : 학교는 이상적 사회, 즉 민주주의 사회의 축소판

② 학교교육은 사회진보와 개혁의 근본적인 방법

(5) 주요 저서

『나의 교육신조』(1897), 『민주주의와 교육』(1916), 『학교와 사회』, 『경험과 교육』

CHAPTER 03

현대 교육철학

Section 01
20세기 전반의 교육철학

01 진보주의(progressivism, 1920년대) 97~98 중등, 99 초등, 02~03 초등, 05 중등

❶ 개념

① 전통교육을 비판하고 아동중심 교육을 적극적으로 실천하기 위해 등장한 교육개혁운동(신교육운동)이다.

② 아동을 교육의 출발점으로 삼고, 아동의 흥미와 욕구, 경험을 존중하는 교육을 강조한다. ⇨ 철학적 기초 : 자연주의와 프래그머티즘

> 🔔 **진보주의 교육의 슬로건**
> 1. 아동 개인의 필요 충족(meeting individual needs)
> 2. 경험을 통한 학습(learning by doing)

❷ 진보주의 교육이론과 비판

> **개념 쏙쏙**
>
> **흥미(interest)의 의미와 종류(J. Dewey)**
>
> **1. 흥미의 의미**
> ① 흥미란 어원적으로 '사이에 존재하는 것'을 뜻하는 것으로, '거리가 있는 두 개의 사물을 연결하는 것'을 의미한다. 자아와 사물의 활동적 동일성을 의미하며, 사람과 재료들 그리고 자기 행위와 결과 사이의 거리감을 없애는 것을 말한다.
> ② 교육적 흥미란 학생이 현재 지닌 능력·성향(출발점행동)과 교사가 설정한 최종목표 사이에 있는 것으로, 목표달성의 수단이며, 학생이 몰입해 있는 상태를 의미한다.
>
> **2. 흥미의 종류**
> ① 『학교와 사회』(1989) : ㉠ 회화(會話)와 교류의 흥미, ㉡ 사물을 탐구하고 발견하는 흥미, ㉢ 사물을 제작하고 구성하는 흥미, ㉣ 예술적 표현의 흥미
> ② 『교육에서의 흥미와 노력』(1913) : ㉠ 사회적 흥미, ㉡ 지적 흥미, ㉢ 신체적 흥미, ㉣ 구성적 흥미

(1) 진보주의 교육원리(Kneller; 1971)

① **교육은 생활 그 자체** : 교육은 미래 생활을 위한 준비가 아니라 현재의 생활 그 자체이다. 아동은 경험을 통해 학습하므로 교육은 생활과 직접적으로 관련 있는 것이어야 한다.

② **아동의 흥미 존중** : 학습은 아동의 흥미와 직접 관련되어야 한다. 따라서 학습과정은 교사나 교과서에 의해 일방적으로 정해져서는 안 되며, 아동의 흥미와 욕구가 반영된 것이어야 한다.

③ **문제해결식 학습** : 교육방법은 교과내용의 주입보다는 문제해결식 학습이어야 한다. 지식은 능동적 활동을 통해 획득되며 행동으로도 옮겨져야 한다. ⇨ 문제해결학습, 구안법(project법)

④ **교사는 조력자** : 교사는 아동을 지시하는 입장이 아니라 조력하는 역할을 해야 한다. 교사는 아동이 자신의 발달단계와 능력에 맞게 자유롭게 학습하도록 하되, 곤경에 처해 있을 때는 도와주어야 한다.

⑤ **경쟁보다는 협동 장려** : 학교는 경쟁보다는 협동을 장려하는 곳이어야 한다. 학교는 학생들에게 사랑과 동료의식, 공동체적 가치를 심어 주도록 해야 한다.

⑥ **민주주의 강조** : 민주주의만이 성장에 필요한 사상과 인격의 상호작용을 허용하고 촉진한다. 따라서 학교생활 그 자체가 민주적으로 운영되어야 하며, 그것을 실천할 수 있는 과외 활동이 권장되어야 한다.

(2) 진보주의 교육이론

① **교육목적** : 현실 생활에 적응할 수 있는 전인적 인간 양성(전인교육) ⇨ 교육은 경험의 계속적인 재구성을 통한 성장

② **교육내용** : 현실 생활의 경험 ⇨ 경험중심 교육과정(경험을 통한 학습, learning by doing)

③ **교육내용 조직 원리** : 심리적 배열 ⇨ 아동의 발달단계에 따라 배열

④ **교육방법** : 문제해결학습(Dewey), 구안법(project method)

(3) 진보주의 교육이론 비판(Kneller; 1971)

① 아동의 흥미와 자유를 지나치게 존중한 나머지 아동이 어려운 과목을 피하고 쉬운 과목만을 선택하게 하였다. ⇨ 방임주의와 교육의 질적 저하

② 현재의 경험을 강조한 나머지 미래에 대한 교육의 준비성을 너무 소홀히 하였다.

③ 아동중심·생활중심 교육이 지나쳐 교육의 명확한 목표설정이 어려웠고, 문제해결 방식은 비효율적인 시행착오와 산만한 수업분위기를 조성하곤 하였다.

④ 다수의 협동적 노력을 강조한 나머지 우수한 소수의 창의성이나 지도성을 무시하였다.

⑤ 민주주의 이외의 사상체계에 대한 객관적 이해를 소홀히 하였다.

02 **본질주의**(essentialism, 1930년대) 94 초·중등, 99 초등보수, 02 중등, 06 중등

❶ 개념

① 본질주의는 진보주의가 지나치게 아동의 흥미와 욕구를 존중한 나머지 본질적 문화유산의 전달을 망각하고 있다고 비판하면서 등장하였다.

> ♠ **본질주의 용어** 본질파 운동의 창시자인 데미아쉬케비치(M. Demiashkevich)가 처음 사용 ⇨ 인간 문화, 즉 사회전통 가운데 '가장 기본적인 요소' 및 '본질적인 요소'를 주장한다는 말에서 유래

② 본질주의는 교육은 인류가 쌓아 온 문화유산 중에서 가장 본질적인 것을 체계적으로 조직하여 전달하는 것이어야 한다고 주장한 교육사조이다.

> ♠ **본질주의 교육의 슬로건**
> 1. "교육은 인류가 쌓아 놓은 과거의 문화유산에서 가장 기본적이며 '본질적인 것(essentials)'을 간추려서 다음 세대에 전달함으로써 역사 발전의 원동력을 기르는 것이다."
> 2. "사려 깊게 교육받은 인간이라면 누구나 알아야 할 본질적인 요소가 있다."

❷ 본질주의 교육이론과 비판

(1) 본질주의 교육원리(Kneller; 1971)

① **학습의 훈련성** : 학습은 원래 강한 훈련을 수반하는 것이어야 한다. 따라서 학생들이 싫어하는 경우에도 인내하고 학습하게 해야 한다. 흥미는 어떤 과제나 교과를 해결해 내도록 훈련받는 과정이나 그 결과로 생겨난다고 주장한다.

② **교사의 주도성** : 교육의 주도권은 교사에게 있어야 한다. 미성숙자인 학생은 성인의 지도와 통제를 받아야 성숙한 인격과 능력을 갖출 수 있다.

③ **교과의 철저한 이수** : 교육과정의 핵심은 소정의 교과를 철저하게 이수하는 것이다. 아동이 흥미를 가지고 배우는 내용에 몰입해야 한다. 이런 흥미는 교과의 논리적 체계와 자신의 도덕적 훈련에 의한 결과로 수반된다.

④ **학문적 훈련방식의 유지** : 학교는 전통적인 학문적 훈련방식을 계속 유지해야 한다. 학생이 배워야 할 것은 교과나 지식의 본질적인 개념들이며, 이런 개념들은 전통적인 학문적 훈련방식으로 가르쳐야 한다.

(2) 본질주의 교육이론

① **교육목적** : 인류의 본질적인 문화유산 전달, 미래 생활 준비로서의 교육

② **교육내용** : 본질적인 문화유산
   ㉠ **전기** : 기초지식(3R's), 인문과학(교양교육) ⇨ 교과중심 교육과정
   ㉡ **후기** : 자연과학(수학, 물리학) ⇨ 학문중심 교육과정

③ 교육내용 조직원리 : 논리적 배열 ⇨ 교과의 논리적 체계에 따라 배열

④ 교육방법

  ㉠ 전기 : 교사중심 수업, 명제적 지식 강조 ⇨ 강의법

  ㉡ 후기 : 아동중심 수업, 방법적 지식 강조 ⇨ 발견학습(Bruner), 탐구학습(Massialas)

(3) 본질주의 교육이론 비판(김정환; 1982)

① **사회과학의 경시** : 본질주의는 학문적 훈련을 중시하기 때문에 인문과학과 자연과학을 중시하고, 사회의 비인간화 문제의 해결방안을 논의하는 사회과학을 경시하였다.

② **참여의식의 결여** : 본질주의는 교사의 주도권과 지식의 전수를 강조함으로써 학생의 자발적 참여의식과 학습동기를 약화시켰다. 이는 결국 민주시민의 필수 요건인 독립심, 비판적 사고, 협동정신 등을 경시하게 한다.

③ **항존주의 관점에서 비판** : 본질주의는 기본적인 지식과 기술의 전수에만 급급해 시간과 공간을 초월한 영원한 진리와 가치의 교육에 소홀하였다.

④ **재건주의 관점에서 비판** : 본질주의는 오늘날 인류가 풀어야 할 과제와 관련하여 미래의식과 사회혁신의 자세가 모자란다.

---

03   **항존주의**(perennialism, 영원주의, 1940년대)   94 초 · 중등, 99 초등보수, 02 중등, 06 중등

① 개념

① 항존주의는 진보주의(프래그머티즘)를 전면적으로 부정하면서 등장한 교육사조이다.

  🔔 **항존주의**(perennialism) 항존(恒存, perennial)은 라틴어 '페르(per)'에서 나온 말로 '영원', '불변'이라는 뜻을 가지고 있다. 항존주의는 진리의 절대성과 불변성, 영원성을 믿는 신념을 말한다.

② 항존주의는 영원불변의 절대적 진리를 통해 인간의 이성을 계발하는 것을 교육의 최대목적으로 삼는 교육철학사조이다. ⇨ 자유교양교육을 교육적 이상으로 받아들이며 전통과 고전의 원리를 강조

② 항존주의 교육이론과 비판

(1) 항존주의 교육원리(Kneller; 1971)

① **교육의 동일성** : 인간성은 변하지 않기 때문에 교육의 본질도 변하지 않으며, 교육도 언제 어디서나 동일해야 한다.

② **이성의 계발** : 이성이 인간의 최고 속성이기 때문에 교육은 이성을 계발시키는 데 집중되어야 한다. 인간은 이성을 통해 본능적 욕망을 통제해야 한다.

③ **영원불변의 진리** : 교육의 과업은 현실세계가 아니라 영원불변의 진리에 학생들을 적응시키는 것이어야 한다.

④ **생활의 준비** : 교육은 생활의 모방이 아니라 생활의 준비다. 학교는 학생들이 문화적 유산의 훌륭한 업적을 습득할 수 있도록 준비된 인위적 환경이 되어야 한다.

⑤ **기본과목의 학습** : 학생들은 세계의 영원성에 익숙하게 하는 기본적인 과목들을 배워야 한다. 학교는 이성의 훈련과 지성의 계발을 위한 자유교육 혹은 교양교육을 해야 한다.

⑥ **위대한 고전 읽기** : 학생들은 인간의 위대한 소망과 성취를 나타낸 위대한 고전들(The Great Books)을 읽어야 한다. 인류의 지혜가 담긴 고전을 통해 학생들은 진리를 발견하게 된다.

(2) 항존주의 교육이론

① **교육목적** : 이성의 철저한 도야를 통한 참된 인간성(도덕성) 회복

② **교육내용** : 고전[古典, ⓔ '위대한 책들(The Great Books)'], 형이상학 등 일반 교양교육 ⇨ 교과 중심 교육과정 [파이데이아(Paideia) 교육과정]

③ **교육내용의 조직원리** : 논리적 배열

④ **교육방법** : 교사중심 수업 ⇨ 이성(지성)의 도야 강조

(3) 항존주의 교육이론 비판(김정환; 1982)

① **엘리트주의적, 주지주의적 경향이 강함** : 항존주의는 지적 훈련을 매우 강조하지만 모든 인간이 지적인 탁월성을 발휘할 수는 없다. 지력의 계발에만 열중하면 개인의 능력 차이를 무시하게 되고 각 개인의 자유로운 성장을 가로막게 될 위험이 있다.

② **현실을 경시함** : 항존주의의 교육은 위대한 고전들을 강조함으로써 현실의 학문을 무시하고 고전의 지식들을 영원한 것으로 만든다.

③ **비민주적임** : 항존주의는 유일하고 절대적인 가치체계를 숭상하기 때문에 가치의 다양성을 인정하는 민주주의의 기본이념을 위협할 수 있다.

04 재건주의(reconstructionism, 1950~60년대)

1 개념

① 재건주의는 인류가 처한 문화적 위기를 극복하고 교육을 통한 사회개조와 이상적인 문화건설을 강조하는 교육사조이다.

② 재건주의는 진보주의, 본질주의, 항존주의의 단점을 배격하고 장점을 종합하여 새로운 사회를 건설하고자 한다.

2 재건주의 교육이론과 비판

(1) 재건주의 교육원리(Kneller; 1971)

① **새로운 사회질서 창조** : 교육은 문화의 기본적 가치를 실현시키는 새로운 사회질서를 창조하는 일에 전념해야 하며, 동시에 현대 세계의 사회적·경제적 세력과 조화를 이루어야 한다.

② **민주적인 사회 건설** : 새로운 사회는 진정으로 민주적인 사회가 되어야 하며, 이러한 사회는 민주적인 방법으로 실현되어야 한다(이상적인 사회는 민주주의 사회). ⇨ 재건주의는 민주적인 질서가 자리 잡고 부(富)의 공정한 분배가 이루어지는 복지사회를 이상으로 추구

③ **사회적 자아실현 추구** : 교육은 사회적 자아실현을 추구하고, 학생·학교·교육은 사회적·문화적 힘에 의해 재구성되어야 한다.

④ **새로운 사회건설의 긴급성과 타당성** : 교사는 재건주의자들이 제시하는 새로운 사회건설의 긴급성과 타당성을 학생들에게 민주적인 방법(예 참여와 의사소통, 토론 등)으로 확신시켜 주어야 한다.

⑤ **교육의 목적과 수단의 개조** : 교육의 목적과 수단은 문화적 위기를 극복할 수 있도록 철저하게 개조되어야 하고, 행동과학의 연구가 발견해 낸 제반 원리들에 맞아야 한다.

(2) 재건주의 교육이론

① **교육목적** : 개인의 사회적 자아실현과 사회의 민주적 개혁 ⇨ 사회 중심적·미래 중심적 교육

② **교육내용** : 사회적 자아실현을 위해 가치 있는 경험들

    예 학교는 문화적 유산을 비판적으로 검토하여 사회적 재건에 활용 가능한 내용들을 취급

③ **교육내용의 조직 원리** : 절충적 배열(논리적 배열 + 심리적 배열)

④ **교육방법** : 협동학습, 학교와 지역사회의 밀접한 관련성 중시, 민주주의적 방법 예 참여와 의사소통, 토론 등

(3) 재건주의 교육이론 비판(김정환; 1982)

① 미래 사회를 세울 바람직한 가치관에 대한 논증 결여 : 재건주의는 미래 사회를 어떤 가치관에 입각해서 세울 것인가에 대한 논증을 결여하고 있다. 재건주의가 추구하는 복지사회가 어떤 가치를 추구하는 사회인지 분명하지 않다.

② 행동과학을 유일한 방법으로 여기는 데서 오는 문제 : 인간은 매우 복합적이고 유동적인 특성을 가지고 있어 행동과학만으로 설명되지 않는 부분이 있다. 무엇보다 행동과학은 인간이 믿어야 할 최상의 가치가 무엇인지 제시하지 못한다.

③ 민주적 방식에 대한 지나친 기대 : 민주적인 것은 좋은 것으로 여겨지지만 그것이 최선의 방법인가에 대해서는 여전히 의문이 남는다(예 중우정치, 소수의견 무시).

Section 02

2O세기 후반의 교육철학

01 실존주의(existentialism) 97 중등, 00 초등보수, 02 중등, 03 초등, 06 초등, 09 중등, 12 중등

① 개관

(1) 개념

① 실존주의는 1, 2차 세계대전을 거치면서 대두된 철학으로 인간의 실존성과 주체성을 강조하는 철학이다.

② 실존주의에서 말하는 실존은 바로 '나'로 존재하는 인간의 구체적인 삶의 현실이며 주체적인 삶의 본모습이다.

⇨ 배경 : 현대문명 비판, 인간성 회복 주창, 현상학

(2) 실존주의의 두 명제(사르트르)

① **실존은 본질에 앞선다** : 인간의 존재가 먼저 있고, 자신의 본질에 대한 규정은 뒤에 오게 된다는 말로, 오직 나의 실존만이 나에게 본질을 부여한다는 것이다. ⇨ 도구는 제작자의 의도에 의해 만들어지지만, 인간은 오직 나의 자유로운 선택과 주체적인 결단에 의해 나 자신을 형성해 간다.

② **실존은 주체성이다** : 인간은 자신의 실존을 자각하고 자신의 본질을 결정하는 데 완전히 자유롭다는 말이다. ⇨ 인간은 본질을 가지고 세상에 태어난 것이 아니라 아무런 규정도 없이 세상에 내던져진 존재다. 인간은 자유로운 선택에 의해 자신의 삶을 스스로 결정하며 그 결과에 대해 스스로 책임을 진다.

② 실존주의 교육사상과 비판

(1) 실존주의 교육사상의 특징

① **자아실현적 인간 형성** : 개인이 자유로운 선택과 판단에 의해 행동하고 그에 책임질 수 있는 자아실현적 인간 형성, 전인교육을 교육의 목적으로 삼는다. 지식은 그 자체가 목적이 아니라 인간의 자아실현을 위한 수단에 불과하다.

② **학생의 개성과 주체성 존중** : 인간은 자신의 존재의미를 결정한 후 본질을 규명하므로 학생의 개성과 주체성을 존중하는 교육을 강조한다. ⇨ 획일화·집단화·보편화하는 현대 교육의 경향 반대

③ 인격적 만남의 교육 : 만남은 교육에 선행한다. 나와 너의 인격적 만남이 있을 때 진정한 교육이 가능하다. 따라서 교사와 학생, 학생과 학생이 있는 교육현장은 인격적 만남의 장이어야 한다.

④ 비연속적·단속적 교육 중시 : 만남은 어느 순간에 온다. 인간은 '위기, 각성, 충고, 상담, 만남, 모험과 좌절' 등과 같은 비연속적 요소에 의해 비약적으로 성장한다. 따라서 지속적 교육은 단속적 교육형식을 통해 보충되고 확장되어야 한다.

⑤ 교사의 역할 : 교사는 주어진 지식을 일방적으로 주입하는 사람이 아니라, 학생 각자의 특수성(개성)에 맞는 적절한 만남을 예비하는 사람이다. ⇨ 교사의 자질 : 무조건적이고 긍정적인 존중, 공감적 이해, 진실성 등

⑥ 삶의 어두운 면도 인정하는 교육 : 죽음, 좌절, 공포, 갈등과 같은 인간 삶의 어두운 면도 보여 줘서 적극적인 삶의 의미를 느끼도록 한다.

(2) 대표적인 실존주의 교육자

① 볼노브(O. F. Bollnow) : 비연속적(단속적) 교육 중시 ⇨ 인간이 한계상황에서 겪게 되는 위기, 만남, 각성, 충고, 상담, 모험과 좌절 등의 비연속적 경험은 자기 성장의 교육적 계기

② 부버(M. Buber) : 만남(encounter)의 교육 ⇨ 인간은 관계 형성을 통해 자신의 실존을 형성해 가는 창조자

　　예 나(I)와 그것(it)의 만남 ⇨ 대화법 ⇨ 나(I)와 너(you)의 만남

> "인간의 관계는 '나(I)−그것(it)'의 대상적 관계와 '나(I)−너(you)'의 인격적 관계로 나누어 볼 수 있다. '나−그것'의 관계는 인간 대 인간의 관계가 아닌 수단−목적의 관계를 말하며, 그 관계는 어떤 제3의 목적, 즉 경제적 목적이나 정치적 목적 등에 의해 매개된다. 그 결과 그 목적이 사라지면 그 만남도 사라지게 된다. '나'는 '그것'을 수단적 관계를 통해서 이용할 뿐 그 관계를 통해 '나'의 경험이 성장하지는 않는다. 그러기에 이러한 수단적 관계를 통해서는 결코 교육이 이루어질 수 없다. 이와 대비되는 '나−너'의 관계는 인격적 관계로서, 그 관계 사이에 어떤 도구적 가치도 개입하지 않는 인격적 소통의 관계를 말한다. 이는 교육이 지향하는 인간 형성의 관계이며, 또한 학습자와 지식의 관계이기도 하다. '나'와 '너'가 인격적으로 만날 때 나는 너를 통해 하나가 되는 것이며, 가치관과 삶이 바뀌어 나의 내면과 경험의 전인적 변화, 즉 성장을 경험하게 되는 것이다."
>
> — 『나와 너(Ich und Du)』(1973)

(3) 비판

① 교과내용의 전달을 통한 계획적이고 연속적인 형성이나 성장보다는 만남, 각성, 모험 등을 통한 비약적인 변화를 추구하다 보면 교육내용이나 교육방법 등을 경시하기 쉽다.

② 만남을 통한 비약적인 변화는 전혀 불가능한 것은 아니지만, 일반적인 교육방식으로 보기는 어렵다.

③ 인간의 사회적 존재양상의 측면을 객관적으로 분석하지 못했다.

Plus

현상학과 해석학

1. **현상학(phenomenology)** : 인식 과정을 탐구 ⇨ '의미부여 작용' 01 초등, 10 중등
   ① 개념
      ㉠ 인식주체의 인식 과정(경험)을 탐구하는 철학을 의미한다.
      ㉡ 실증주의에 반발하여 등장한 것으로, 후설(Hussearl)의 현대철학 방법론으로 창시되어(『논리연구』; 1975), 하이데거의 '인간존재의 이해', 메를로 퐁티의 '인간의 경험과 학습에 대한 이해'로 발전하였다. ⇨ 실증주의 부정, 지식의 상대성·주관성·가치추구성 중시
   ② 특징
      ㉠ 인간의식의 지향성 : 인간의식은 능동성을 지니고 있어 대상을 있는 그대로 받아들이지 않고 자신의 개념과 이미지를 결합하여 파악한다. 인간의 의식 지향성으로 인해 모든 외부의 대상은 객관적 대상물이 아니라 인간의 의식작용에 의해 새롭게 구성되어 나타나는데, 이것을 현상이라고 한다. ⇨ 인간이 구성해 낸 지식은 개인의 주관적 신념과 사회적·역사적 환경이 반영됨
      ㉡ 지식의 상대성·주관성(보편적 진리관 부정) : 앎이란 의식 밖의 객관적 대상 때문이 아니라 인간의 내재적인 '의미부여 작용'을 통해 이루어진다. 즉, 인간의 외부의 대상에 대해 의식작용을 통해 구성함으로써 이루어지게 된다. ⇨ 지식은 의식작용의 구성적 산물(주관이 대상을 의식한다. 인식주체를 떠난 객관적 지식은 불가능하다.)
      ㉢ 생활세계 중시 : 인간이 대상에게 부여하는 의미는 구체적 생활 속에서 경험을 통해 획득된다고 보아 생활세계를 중시한다.
   ③ 시사점
      ㉠ 기존의 객관적 지식관에 대한 새로운 인식 요구 : 현상학은 지식이 인식주체와 분리될 수 없다고 본다. 지식을 얻는 과정에서 주관적 요소가 필수적이기 때문에 객관적이고 보편적 지식은 불가능해진다. 따라서 기존의 지식에 관한 새로운 인식이 요구된다.
      ㉡ 교육방법에 대한 재검토 요구 : 현상학은 지식이 학습자에 의해 다르게 받아들여질 수 있다고 본다. 따라서 교육방법에서도 학습자에게 강제적으로 주입하는 방법보다 학습자의 주관을 중요시해야 함을 시사한다.
      ㉢ 현장학습 및 체험학습 중시 : 현상학에서 인간은 구체적 생활 속에서 의미를 형성하기 때문에 구체적인 생활환경 속에서의 현장학습, 체험학습이 요구된다.

2. **해석학(hermeneutics)** : 인식 대상을 탐구 ⇨ '이해(understanding)'의 문제를 다루는 철학 09 초등
   ① 개념
      ㉠ 텍스트(text)는 물론 모든 인간행위의 의미를 이해하려는 방법론이다. ⇨ 언어, 의사소통, 대화에 관심을 둠
      ㉡ 본래 해석학은 작품의 의미와 가치를 탐구하려는 방법론에서 출발 ⇨ 대표자 : 슐라이어마허(Schleiermacher), 딜타이(Dilthey), 하이데거(Heidegger), 하버마스(Habermas), 가다머(Gadamer)
   ② 특징
      ㉠ 의미부여 행위자(이해하는 존재)로서의 인간의 주체성 강조 : 인간행동의 규칙성에 입각한 일반화를 부정하며, 이해는 인간의 실존방식의 하나라고 본다.
      ㉡ 맥락이나 상황 중시 : 텍스트 해석에서 사회나 집단의 문화적·역사적 맥락이나 상황을 중시한다.
      ㉢ 이해의 근원으로서의 선이해 중시 : 해석자는 그가 해석하는 바에 대한 예비적 이해(선이해)를 가지고 해석한다.
      ㉣ 전통은 이해의 기반 : 가르친다는 것은 전통 안에서의 대화이고, 교사는 전통의 해석자이다.
      ㉤ 교육과 학습의 의미 : 교육은 이해에 목적을 둔 대화나 게임이고, 학습은 텍스트를 해석하는 것이다.
   ③ 교육적 의의 및 시사점
      ㉠ 대화의 중요성 강조 : '해석'을 이해의 핵심으로 파악함으로써 교육활동에서의 대화의 중요성을 강조한다. 교사와 학생 간 대화와 토론은 이해의 지평을 확장하는 중요한 과정이다.
      ㉡ 교육내용에 대한 이해 강조 : 교육내용으로서의 텍스트는 절대적 지식체계가 아니라 이해해야 하는 것이다.
      ㉢ 의미 발견의 교수학습 과정 강조 : 교수학습 과정은 미리 계획되는 활동이 아니라 학생들이 자발적으로 의미를 발견해 나가는 과정이다.
      ㉣ 교사의 역할 : 교사는 학생들의 현재 지식과 관심(선이해)에 비추어 텍스트에 접근하도록 유도해야 한다.

02 분석철학(분석적 교육철학, analytic philosophy) 04 중등, 07 초등, 09 중등, 12 초등

① 개념

① 분석철학은 사고의 명료화를 위해 언어의 의미를 엄밀하게 분석하고자 하는 철학사조이다. 교육의 주요 개념이나 용어에 대한 철학적 분석을 토대로 교육에 대한 사고나 판단을 명료하게 해 준다.
② 분석철학은 어떤 명제의 진실성을 경험과 논리에 의해 검증하거나(논리실증주의), 일상적인 언어를 분석하여 그 의미를 밝히고 그 언어를 사용하는 사람들의 삶을 이해하고자 한다(일상 언어학파).

② 분석적 교육철학의 의의와 비판

(1) 의의

① 분석철학은 교육의 개념이나 용어에 대한 철학적 분석을 함으로써 교육에 대한 사고나 판단을 명료하게 하는 데 기여하였다.
② 분석철학은 지식의 성격에 대한 탐구를 통해 교육내용(교과)을 논리적으로 선정·조직하는 데 도움을 주었다.
   ⇨ 지식의 형식(forms of knowledge) 이론
③ 분석철학은 교육의 윤리적 차원을 분명히 해 주었다. 분석적 방법을 사용하여 교화, 훈련, 자유, 권위 등의 개념을 분석하고, 이것들이 교육의 상황에서 정당하게 사용될 수 있는지를 검토하였다.
④ 분석철학은 교사들의 태도에 영향을 주었다. 분석철학은 교사들에게 명료하게 생각하고 말하도록 촉구한다.

(2) 비판

① 전통철학이 가졌던 사변적·규범적 기능을 거부함으로써 교육의 이념이나 목표를 정립하는 일을 소홀하게 만들었다.
② 교육철학의 객관적 가치중립성을 추구한 나머지 바람직한 세계관이나 윤리관을 적극적으로 주장하지 못함으로써 교사들의 교육관 정립에 기여하지 못했다.

03 비판이론(비판적 교육철학, critical theory) 99 초등, 09 중등, 11 중등, 12 초등

1 개념

① 비판이론은 네오마르크시즘을 사상적 토대로 1923년 프랑크푸르트 대학의 사회연구소를 중심으로 출현한 프랑크푸르트 학파의 사회철학을 말한다.

② 프랑크푸르트 학파는 자본주의 사회의 문화와 이데올로기를 연구하여 인간을 이데올로기적 속박으로부터 해방시키고자 한다.

③ 교육이 자본주의 이데올로기를 전달하여 지배계층의 사회구조를 재생산하고 있다고 보며, 학교는 교육과정을 통해 학생들에게 그릇된 이데올로기를 주입함으로써 학생의 주체적이고 자유로운 사고를 억압한다고 한다.

🔔 **도구적 이성과 해방적 이성의 의미**
1. 도구적 이성 : 자기 보존의 목적에 따라 대상을 정복·지배하려는 이기적 이성
2. 해방적 이성 : 인간 존재의 보편적 주체를 존중하는 초개인적·초월적 이성

2 비판이론의 교육론과 비판

(I) 교육이론(신좌파)

① **교육목표** : 인격적 목표와 사회적 목표를 동시에 추구한다. 인격적 목표는 각자가 자신의 삶의 주체가 되고 개성을 실현하면서 인격을 성숙시키는 데 둔다. 사회적 목표는 자율적이고 의식화된 인간의 육성을 통해 이상사회를 건설하는 데 둔다.

② **교육내용** : 정치교육, 인문교육, 여성해방교육, 사회과학교육, 이상사회 구상 등이다.

　㉠ **정치교육** : 지배체제의 이데올로기를 비판하는 의식화 교육

　㉡ **여성해방교육** : 성차별과 성의 해방 문제를 다루는 교육

　㉢ **사회과학교육** : 사회구조와 그 역사적 발전과정을 거시적 시각에서 보는 역사교육

　㉣ **이상사회 구상** : 그들이 바라는 복지사회에 대한 꿈을 키우는 교육

③ **교육방법** : 학교와 사회의 관계 회복, 학습자의 교육적 주체성 존중, 갈등현장 견학, 친교, 갈등상황에 대한 문헌 접근이다.

　㉠ **학교와 사회의 관계 회복** : 사회의 문제를 학교로 끌어들여 그에 대한 인식을 깊게 하는 일

　㉡ **학습자의 교육적 주체성 존중** : 학습자의 흥미, 자유, 자치 등을 존중하는 교육

　㉢ **갈등현장 견학** : 농성, 데모, 파업 등 사회적 집단행동을 직접 보게 하여 문제의 초점이 무엇인가를 따져보게 하는 일

　㉣ **친교** : 동지적 유대감을 키워 주기 위한 대화

　㉤ **갈등상황에 대한 문헌 접근** : 여러 갈등현장의 문제들을 생생하게 기록한 문헌들을 접하는 일

(2) 의의

① 실증주의 문제점을 비판하고, 교육의 가치지향성(인격적 자아실현성·이상사회 구현) 부각
② 사회비판의 규범적 토대를 '의사소통적 합리성' 개념을 통해 새로이 정립 ⇨ 이성에 기초한 '대화를 통한 문제해결'을 제시
③ 교육철학의 관심 영역을 학교 현장에 집중함으로써 현장 교육개선에 기여
④ 학교교육의 도구적 기능(사회 불평등 구조의 재생산)을 규명

(3) 비판

① 학교교육의 순기능(문화전승·사회 유지발전 및 자아실현에 기여)을 평가절하
② 교육을 지나치게 사회·정치·경제의 논리에 따라 해석하는 경향

❸ 비판이론가의 교육사상

(1) 하버마스(J. Habermas) − 제2세대 ⇨ 절충주의 이론

① **이론 개요** : 변증법적 사회이론(사회철학) ⇨ 자연과학적 실증적 방법 부정, 마르크스 사상을 비판적으로 계승(마르크스의 결정론 비판 + 의사소통)
② **교육목적** : 이성(理性, 자기반성적 사고)에 의한 합리적인 사회 건설 ⇨ 자기반성을 통하여 사회생활의 왜곡을 폭로하고 제거함으로써 해방적 사회 구현
③ **의사소통적 합리성(이성) 중시** : 이상적 담화 상황(ideal speech situation, 참가자 간에 평등한 발언 기회가 보장되는 상황 ⇨ 강제 없는 자유토론에 의한 합의, 곧 진리를 도출), 상호주관성(inter-subjectivity)의 획득과정

   ⊙ **합리적 효율성의 추구에 따른 생활세계의 병리현상 증폭** : 하버마스는 목적보다 수단을 중시하는 도구적 이성을 비판하고 합리적 의사소통을 중시한다. 근대사회가 추구해 온 과학과 기술에 의한 합리적 효율성은 목적 달성을 위한 수단의 효율성만 따지기 때문에 삶의 의미상실이나 아노미, 심리적 노이로제와 같은 생활세계의 병리현상을 증폭시켰다고 비판한다.

   ⊙ **의사소통의 합리성 회복** : 하버마스에 따르면, 이러한 문제의 해결은 의사소통의 합리성을 회복하여 목적의 규범성과 정당성을 검증할 때 가능하다고 보며, 이를 위해 '의사소통적 합리성'을 강조한다. 합리적 의사소통이란 이상적 담화상황을 의미하는 것으로, 대화 당사자 간에 평등한 발언 기회가 보장되는 상황에서, 타당한 근거에 바탕을 둔 자유토론에 의해 합의, 곧 진리를 도출하는 대화를 의미한다.

(2) 프레이리(P. Freire) – 제2세대 ⇨ 『페다고지(피압박자들을 위한 교육)』(1968)

① 개관

ㄱ **비인간화** : '비인간화'는 사람과 사람 간에 억압–피억압의 관계에서 발생하며, 이 억압적 상황이 해소될 때 '인간화'가 성취될 수 있다. 억압적 관계를 해소하는 일은 억압받는 자들이 주체가 되어 의식을 바꾸는 일, 즉, '의식화' 교육, '인간화' 교육을 통해 성취될 수 있다.

ㄴ **침묵의 문화**(culture of silence) : 침묵의 문화란 피억업자들이 억압자들의 가치관, 문화, 행동양식을 내면화한 결과, 억압자들처럼 말하고 생활하는 문화적 종속 상태를 말한다. 이러한 침묵의 문화는 교육에서 은행 저금식 교육의 형태로 나타난다.

ㄷ **실존적 이중성** : 실존적 이중성이란 피억압자들이 억압자들의 이미지를 스스로 내면화한 상태를 말한다. 실존적 이중성을 지닌 사람들은 자기들이 처한 억압적 상황에 대해 숙명론적 태도를 취하며, 사회 전체의 질서에 대한 진지한 성찰과 인식이 부족하며, 억압자들이 만든 피억업자에 대한 부당한 이미지를 사실로 받아들인다.

② 학교교육의 방향

ㄱ **은행 저금식 교육**(banking education) : 은행 저금식 교육은 학생이라는 텅 빈 저금통장에 교사가 지식이라는 돈을 저축하는 식의 교육을 말한다. 교사가 특정 지식을 일방적으로 설명하면 학생들은 그것을 암기하고 반복하며 저장한다. 이러한 주입식 교육에서는 교사와 학생의 관계가 수직적이며, 인간을 주어진 현실에 단지 적응하는 객체적 존재로 전락시킨다.

ㄴ **문제 제기식 교육**(problem posing education) : 문제 제기식 교육이란 비인간화와 억압적 상황을 변혁하는 교육방식으로, 세계(현실)를 향해 문제를 제기하고 비판하며 해답을 찾아가는 교육을 말한다.

ⓐ **교육목적** : 은행 저금식 교육의 목적이 억압적 현실을 지속시키는 데 있다면, 문제 제기식 교육의 목적은 억압적 상황을 '억압적 상황'으로 인식하고, 이를 변혁하는 데 있다.

ⓑ **교육내용** : 은행 저금식 교육에서 '지식'은 단편적인 정보들의 집합을 가리킨다면, 문제 제기식 교육에서 지식은 행위의 주체와 그 주변 세계를 향해 질문을 던지고 해답을 탐구해 가는 과정 자체를 가리킨다. 교육내용은 학생들이 제기하는 문제들이며, 저장되어야 할 내용이 아니라 해결되어야 할 문제이다.

ⓒ **교육방법** : 은행 저금식 교육이 단편적인 정보들을 전달하고 주입하는 일이라면, 문제 제기식 교육은 교사와 학생이 공동의 탐구자로서 대화를 통해 지식을 재현하고 재창조한다. 교사와 학생이 대화를 통해 함께 지식을 탐구하는 것을 강조하며, 현상 이면에 어떤 힘이 작용하는지 파헤쳐 밝혀낸다.

ⓓ **교육결과** : 프레이리는 문제 제기식 교육을 통해 인간이 의식화되면 의식을 실천하는 존재로 변한다고 보았다.

구분	은행 저금식 교육 (banking education)	문제 제기식 교육 (problem posing education)
교육목적	지배문화에 종속, 지배이데올로기의 유지·존속 ⇨ 사회구조의 유지(보수적)	현실에 대한 문제제기 및 비판(의식화) ⇨ 자유와 해방을 위한 교육(혁명적)
학생관	미성숙자, 방관자 ⇨ 수동적 존재	비판적 사고자 ⇨ 자율적 존재
교사-학생관	주체(예금주)-객체(은행, 통장)적 관계	주체-주체적 관계
교재(지식)	인식의 대상 ⇨ 제3자(국가)가 구성	대화의 매개체 ⇨ 교사와 학생이 구성
교육방법	수동적 전달(주입), 비대화적	능동적 탐구, 대화적

③ **의식화** : 의식화란 불합리한 사회적 요인의 분석하고 비판하는 능력을 말하며, 자기를 객체화·비인간화시키는 상황을 인지하고 그 상황의 변혁을 통해 새로운 세계와 존재를 실현해 나가는 과정이다. 의식화는 문제제기식 교육을 통해 다음 단계로의 발달이 진행된다. '사회현실에 대한 문제 제기'와 '자유로운 대화'를 의식화 교육의 주된 요소로 강조한다.

본능적 의식의 단계	원초적 욕구충족에 매몰되어 자신을 억압하는 것을 의식하지 못하는 단계 ⇨ 따라서 억압적 현실에 대한 문제의식도 존재하지 않음
반본능적(주술적) 의식의 단계	침묵 문화의 지배적 의식 수준의 단계(제3세계나 폐쇄사회에서 주로 나타남) ⇨ 사회문화적 상황을 주어진 것으로 숙명처럼 수용, 자기 자신을 비하 또는 부정
반자각적(소박한) 의식의 단계	대중적 의식의 단계 ⇨ 삶의 상황에 대한 의문을 제기하지만, 아직 소박한 수준으로 대중지도자들에게 쉽게 조작될 수 있는 단계
비판적 의식의 단계	의식화 과정을 통해 형성된 비판의식의 단계 ⇨ 비인간적 사회구조에 대한 합리적이고 격렬한 비판의식을 소유 ⇨ 사회문화적 환경에 대한 심각한 문제의식, 정확한 상황인식, 논리적 사고, 개방적 태도, 토론에서의 자신감 등이 이 단계의 일반적 특성이다.

④ **교사자질론** : '감히 가르치려는 활동을 하려고 나서는 교사들'에게 요구되는 자질들

겸손	모든 것을 아는 사람도 없고, 아무것도 모르는 사람도 없다. 겸손하지 않으면 자신보다 능력이 낮다고 판단되는 사람들에게 존경심을 가지고 그들의 말을 들어주기는 매우 어렵다.
사랑	사랑은 무방비의 사랑이 아니라 '무장된 사랑'이다. 무장된 사랑이 없다면 쥐꼬리만한 봉급과 교사들에 대한 홀대 등 정부의 멸시와 모든 부조리 속에서 살아남을 수 없다.
용기	두려움이 없는 상태라기보다는 두려움을 껴안고 그것을 이겨낸 상태의 마음이다. 따라서 두려움 없는 용기는 있을 수 없다.
관용	관용은 우리가 서로 다른 것에서 배우고 서로 다른 것을 존경하도록 가르친다. 관용은 존중, 절제, 윤리를 요구한다. 아이들의 차이를 인정해야 진정한 교육이 가능하다.

04 포스트모더니즘(postmodernism) 97 중등, 00~01 초등, 03 중등, 04 초등, 05 중등, 07 중등, 09 중등, 10 초등

❶ 개관

(1) 개념

① 포스트모더니즘은 계몽사상적 이성 혹은 합리성을 거부하고 보편적 이론이나 사상의 거대한 체제의 해체를 주장하는 경향을 의미한다.

② 20세기 후반의 후기 산업사회, 정보화사회, 소비사회의 새로운 특징들을 대변하고 정당화하는 새로운 문화논리를 말한다. ▷ Derrida, Lyotard, Deleuze, Lacan, Foucault, Habermas, Kuhn 등

> **개념 쏙쏙**
>
> **포스트모더니즘**
>
> 1. **포스트모더니즘 용어** : 토인비(A. Toinbee)가 처음 사용(1950년대 초), 리오타르(J. F. Lyotard)가 학술적 용어로 처음 사용(1979년)
>
> 2. 인류문명의 전개과정을 암흑(Dark) 시대 → 중세(Middle) 시대 → 모던(Modern) 시대 → 포스트모던(Postmodern, 20세기 초반부터 시작) 시대로 구분
>
> 3. **포스트모던 시대의 특징** : 유럽문명의 기초(합리주의, 계몽주의) 붕괴, 고난의 시기
>
> | 모더니즘 | 포스트모더니즘 |
> | --- | --- |
> | 20C 산업화 시대의 논리 | 20C 이후 탈산업화 시대의 논리 |
> | 주류(majority) 문화 | 비주류(minority) 문화 |
> | 제1세계(서양, 백인, 남성, 중산층 이상, 성인, 인간) | 비서양, 유색인종, 여성, 하류층, 아동, 사물 |
> | 이데올로기 문제 | 비이데올로기 문제(일상생활) |
> | 전체 · 보편 문화(대서사) | 부분 · 특수 문화(소서사) |
> | 규격 · 정형 · 정전(正典) | 탈규격 · 탈정형 · 탈정전 |
> | 문화객관주의 | 문화상대주의(다원주의) |

(2) 특징

① **반합리주의(반이성주의)** : 포스트모더니즘은 인간의 이성 혹은 합리성의 절대성을 거부하고 개인의 감정과 정서를 중요시한다.

② **상대적 인식론** : 포스트모더니즘은 진리의 보편타당성을 부정하고 모든 인식활동은 인식주체의 상대적 관점에서 이루어질 수밖에 없다고 주장한다. ▷ 반정초주의, 다원주의 표방

③ **탈정전화(脫正典化)** : 포스트모더니즘은 정전(正典)이란 의미가 없으며, 고급문화와 저급 대중문화의 구분 또한 무의미하다는 입장이다. 오히려 사고방식의 차이, 생활방식의 차이를 권유한다. ▷ 문화다원주의

④ **유희적 행복감의 향유** : 포스트모더니즘은 역사적 · 도덕적 중압감에서 벗어나 유희적 행복감을 향유하는 것이 인간의 본질에 부합하는 바람직한 삶의 모습이라고 본다.

⑤ 소서사(작은 이야기) : 포스트모더니즘은 대서사(거대 담론, grand narratives ⓔ 진보, 해방, 복지, 정의 등)를 거부하고, 소서사(작은 담론, little narratives ⓔ 여성문제, 인종문제, 빈민문제, 청소년문제 등)에 관심을 둔다.

(3) 푸코(Michel Foucault)의 훈육론

① 지식과 권력의 결합관계

   ㉠ 근대국가는 폭력에 의한 지배가 상당 부분 효율성을 상실하자 이데올로기, 즉 지식을 통한 내면적 통제라는 새로운 통제방법이 필요하게 되었다.

   ㉡ 그래서 권력은 끊임없이 지식(이데올로기)을 생산해 내고, 지식(또는 지식인)은 자신의 정당성을 유지하기 위해 권력을 필요로 한다. 이와 같은 과정을 통해 권력과 지식은 뗄 수 없는 공범관계가 된다. ⇨ 지식이 곧 권력인 것이다.

② 훈육론(규율론)

   ㉠ 개념 : 길들여진 인간을 만들어 내기 위해 권력이 사용하는 다양한 기법과 전술을 통틀어서 푸코는 '훈육(규율)'이라고 표현했다. 교육이 바로 이러한 훈육의 역할을 한다.

   ㉡ 훈육을 위한 도구 : 관찰(감시), 규범적 판단, 시험(검사)

관찰(감시)	규율이 효과적으로 행사되기 위해 그 구성원들을 관찰하고 감시 ⇨ 학교는 그 구성원들을 눈에 잘 띄게 감시할 수 있도록 설계된 원형감옥(panopticon)과 유사
규범적 판단	일정한 규범을 정하고 이에 위반되었을 때 처벌을 가하는 방식으로 구성원을 통제
시험(검사)	시험을 통해 사람을 '정상'(모범생)과 '비정상'(문제학생)으로 규격화하여 구분하며, 사람들을 기존 질서에 순응하도록 길들임

❷ 포스트모더니즘의 교육적 의미와 한계

(1) 포스트모더니즘이 현대 교육에 주는 의미

① 전통적 지식관의 전환 요구 : 포스트모더니즘은 객관적이고 보편타당한 지식관을 거부하고, 지식은 특정한 사회적·역사적 상황 속에서 형성되고 재구성되는 것이라고 본다. 이것은 보편타당한 것으로 간주되었던 교과지식이 성격을 전반적으로 재검토할 필요가 있음을 시사한다.

② 기존 교육과정에 대한 심각한 비판 제기 : 포스트모더니즘은 보편적 지식과 가치를 전달하는 단일한 교육과정을 거부하고, 사람들의 다양한 관심과 가치를 존중하고 반영할 수 있는 다양한 교육과정을 요구한다.

③ 전통적 학생관의 수정 요구 : 포스트모더니즘은 학생을 수동적인 존재로 간주하지 않고, 학습내용을 재해석하고 재창조하는 능동적이고 주체적인 존재로 규정한다. 따라서 교사는 학생들의 관심, 흥미, 행동 등에 주의를 기울여야 하고, 학생들을 수업에 적극 참여시켜 비판적인 능력과 창의성을 신장할 수 있도록 해야 한다.

④ 전통적 교육방법의 전환 요구 : 포스트모더니즘은 전통적인 교육의 일방적인 전달과 주입식 교육방법을 탈피하고, 교사와 학생, 학생과 학생 간의 개방적이고 비판적인 대화와 토론, 협동, 자율적인 참여와 창의적인 탐구의 방법으로 전환해야 한다고 제안한다. 그리고 학생 간의 협동학습을 장려한다.

⑤ 학생중심의 교육 지향 : 포스트모더니즘은 인간의 능동적 지식 구성을 강조하므로 학생의 자발적인 학습을 강조하는 학생중심교육을 요구한다.

⑥ 학교문화 해석의 다양성 요구 : 포스트모더니즘은 각 문화집단의 다원성을 인정하고 존중하므로 학교는 사회문화의 다양성과 다원성에 보다 민감해야 하며, 교사나 학생, 지역사회의 다양한 가치관과 신념들을 존중해야 한다.

⑦ 공교육 체제의 변화 요구 : 포스트모더니스트들은 전체적이고 획일적인 전통적 공교육 체제는 더 이상 적합하지 않다고 생각한다. 포스트모더니즘은 새로운 사회적 조건에 적합한 보다 유연하고 다양한 교육체제를 요구한다(例 열린교육, 대안교육, 홈스쿨링).

☑ 모더니즘 교육과 포스트모더니즘 교육의 비교

구분	모더니즘 교육	포스트모더니즘 교육
교육내용 (진리·가치관)	절대적·보편적·객관적 지식(가치)관	상대적·다원적·주관적 지식(가치)관
교육과정의 구성	지식 자체의 논리적 특성	지식의 사회적·문화적 맥락성(상황성)
교육환경	전체(보편) 문화, 거대 담론(대서사)	다양한 가치와 신념을 지닌 소수문화 인정, 국지 담론(소서사)
교육방법	객관주의 교수	구성주의 학습
교육평가	객관식 지필평가	수행평가
교육제도	공교육 중시	공교육의 재개념화

⑵ 포스트모더니즘의 한계

① 전통교육을 대치할 만한 대안적 이론을 제시하고 있지 못하다.

② 다양한 교육적 가치에 대한 합의가 어렵다.

③ 교육에 대한 전체 방향이나 비전을 상실하고 있다.

④ 도덕적 주장의 정당성을 부정하는 경향이 있고, 교육의 인간화보다 비인간화를 부추길 가능성이 있다.

How to
JUMP?

교육사

권지수교육학 핵심요약집

핵심쏙쏙

서양 교육사

Section 01 고대 교육사상

01 고대 교육사상 1

❶ 소피스트(sophist)

(1) 기본 사상

① 주관적·상대적·쾌락주의적 진리관 : 보편타당한 진리 부정, 가치판단의 기준은 개인의 감각적 경험과 유용성(utility) ⇨ '욕망의 자기 주장'

② 개인주의 : "인간(I)은 만물의 척도"(Protagoras)

③ 실용주의 : 지식은 개인의 출세를 위한 도구

(2) 교육관

처세술을 위한 교육, 교육내용으로 수사학 및 웅변술 중시, 정치적 수단으로서의 교육, 주입식·암기식 교육

> "말의 힘 때문에 우리는 악인을 논파하고 선인을 극찬한다. 이 힘으로 우리는 무지한 사람을 교육시키고 현명한 사람을 평가한다. 왜냐하면 말을 잘한다는 것은 건전한 지성의 가장 확실한 지표로 받아들여지고 있고, 참되고 합법적이며 공정한 이야기는 훌륭하고 성실한 외적 이미지이기 때문이다." ⇨ 말(언어)은 인격의 표현이며, 대중을 직접 만나는 지도자의 자질로 도덕적 웅변을 강조
>
> — 이소크라테스(Isocrates, B.C. 436~338)

❷ 소크라테스(Socrates)

(1) 진리관

① 가치판단의 기준으로 영혼(이성) 중시 : 인간은 태어날 때부터 보편적 진리를 인식할 수 있는 싹(영혼)을 소유하고 있다. ⇨ 이성적 존재

② 보편적·객관적·절대적 진리관 : 사회 혼란(⑩ 정치 갈등, 윤리도덕의 문란)의 원인을 주관적·상대적 인식론에서 찾음 ⇨ 개별적 행위 이면에 내재된 본질적인 진리(선의 본질) 습득과 실천을 통한 진리(윤리)의 보편적 기초 정립을 위해 노력

⑵ **교육관**

① **교육목적** : 지덕복 합일(知德福 合一)의 도덕적 인간 양성

② **교육방법** : 대화법·문답법("너 자신을 알라.") ⇨ 보편적 진리 획득

단계	교육방법	내용	비고
1(파괴)	반어법(反語法) - 소극적 대화	무의식적 무지 ⇨ 의식적 무지	대화법(문답법) 명제 : '너 자신을 알라'
2(생산)	산파법(産婆法) - 적극적 대화	의식적 무지 ⇨ 합리적 진리	

> **Plus**
>
> **반어법과 산파법**
>
> 예컨대, 학생들에게 '정의'라는 관념을 가르칠 때 소크라테스는 "정의란 무엇인가?"라고 묻는다. 학생이 대답하면, 그는 학생의 대답이 들어맞지 않는 몇 가지 사례들을 제시하면서 다시 정의가 무엇인지를 묻는다. 이렇게 몇 번을 되풀이하면 학생은 자신이 가지고 있던 '정의'라는 관념이 진리가 아님을 깨닫게 된다. 이를 '무지의 자각'이라고 한다. 여기까지의 소크라테스의 질문은 학생이 가지고 있는 고정관념을 깨트리기 위한 것으로 '반어법(반문법)'이라 한다.
>
> 일단 자신의 무지를 자각하는 순간 학생은 "참된 정의란 무엇인가?"라는 강한 의문을 가지게 된다. '정의'의 참된 의미를 알고자 하는 이 욕구야말로 학생으로 하여금 어려움을 이기면서 진리를 추구하게 하는 원동력이 된다. 소크라테스는 다시 적절한 질문을 함으로써 학생이 스스로 진리에 도달하도록 유도한다. 이렇게 진리에 이르게 하는 질문의 과정을 '산파술(산파법)'이라고 한다.

③ **지와 덕의 관계** : 덕(德)은 지식, 악행은 무지(無知)의 결과이다. 덕(德, 선한 행위)은 선(善)의 본질에 대한 지식에서 비롯되기에 덕은 곧 지식이며, 지식이기에 가르칠 수 있으며, 누구나 진리인 선을 알게 되면 선을 행할 수 있다(지행합일).

④ **계발주의 교육 방법의 시초** : 산파술(産婆術)로서의 교육방법

　㉠ 교육은 지식의 주입(input)이 아닌 사고력의 계발 과정(output)이다.

　㉡ 교육이란 갖지 못했던 지식을 밖에서 안으로 집어넣는 것이 아니라 이미 알고 있는 것을 밖으로 이끌어 내는 과정이다.

　㉢ 이처럼 학습자는 스스로 진리를 인식할 수 있는 능력이 있으며, 또한 탐구능력을 지닌 존재라고 볼 수 있다.

⑤ **교사의 역할** : 진리의 산파(産婆)이자 동반자적 존재로서의 교사

　㉠ 학습자로 하여금 반성과 성찰을 통해 자신이 지닌 주관적 지식의 한계를 인식하여 객관적 진리를 인식할 수 있도록 안내하는 산파(産婆) 역할 ⇨ '등에(쇠파리)'로서의 교사 역할을 강조하여, 목숨을 걸고라도 청소년을 무지에서 자각시키려고 해야 함을 역설, 이는 정신적 각성자로서의 교사상으로 실존주의 교사상과 유사함

　㉡ 일방적인 지식의 전달자가 아니라 대화와 공동의 사색을 통해 진리를 함께 추구하는 동반자적 존재

　㉢ 교사는 학습자가 지식을 회상(상기)하도록 탐구의 과정을 안내하고 필요한 조력을 제공해야 하는 존재

⑶ **영향**

질문법, 토의법, 발견학습, 탐구학습의 원리에 영향

02 고대 교육사상 2

1 플라톤(Platon)

(1) 개관

이상주의(관념론, idealism), 이원론적 세계관(세계는 이데아의 모방)

(2) 교육관

① 교육의 목적 : 이데아의 실현(회상설) ⇨ 4주덕(지혜, 용기, 절제 + 정의)

② 교육단계론 : 『국가론』

개인	덕	사회	교육 단계
머리(이성)	지혜	지배계급(철학자)	(35세~) 행정실무 경험
			(30~35세) 변증법, 철학
가슴(의지)	용기	수호계급(군인)	(20~30세) 4과[음악, 기하학, 산수(수학), 천문학]
허리 이하(욕망)	절제	생산계급(노동자)	(18~20세) 군사훈련
	정의		(~18세) 체육, 음악, 3R's

③ 이데아에 이르는 과정 : 분선이론(선분이론, line theory)

인식의 대상	가시계(可視界) : 현상		예지계(睿智界) : 실재	
	그림자	시각적 사물	수학적 지식(개념)	형상(이데아)
마음의 상태	환상(상상)	믿음	사고(오성)	지식(지성·이성)
	견해		지식	

④ 특징 : 최초의 여성교육 옹호자 & 공교육 지지자, 귀족교육론(위로부터의 교육, 서민교육 부정), 아카데미아(무상교육), 연역법 선호

✅ **플라톤(Platon)과 이소크라테스(Isocrates)의 교육사상 비교**

구분	플라톤(Platon)	이소크라테스(Isocrates)
개관	이상주의 교육사상, 철학적 전통을 대표	현실주의 교육사상, 수사학적 전통을 대표
교육적 인간상	철학자 ⇨ 사고의 영웅·엘리트, 이데아(진리)를 알 수 있는 사람, 현실보다는 이상세계의 인간, 끊임없는 사색으로 진리를 추구하는 사람	웅변가 ⇨ 아테네의 지성인(평균인), 말(언어)의 미덕을 갖춘 사람, 훈련과 교육으로 다져진 현실의 평범한 인간, 도덕적 인품을 바탕으로 합리적 지식과 아이디어로 대중을 설득하여 아이디어를 실천에 옮기는 사람
교육내용	초등교육의 토대 위에 수학, 철학(변증법) 중시 ⇨ 철학을 가장 중시	초등교육의 토대 위에 문법, 수사학 중시 ⇨ 수사학 교육의 중요성 강조(말은 인간의 지성을 가늠하는 척도이자 선한 영혼의 외적 표현)

교육방법	상기설(회상설) ⇨ 지식은 발견하는 것이지 만드는 (창조하는) 것이 아니다.	가장 우수한 표본을 연구하고 비판하는 호메로스식 표본과 모방의 교육방법을 통해 스스로 창조의 작업을 공유하고자 함
공통점	• 인간의 선천적인 능력을 인정하였다. 다만, 천부적 본성이 훈련과 연습을 통해 조정될 수 있다고 이소크라테스는 보았지만, 플라톤은 교육을 통해 드러날 뿐이지 조정되는 것은 아니라고 보았다. • 자신에게 주어진 사명을 멸망해 가는 아테네를 구원하여 이끌어 갈 젊은이들을 교육하는 것으로 파악하였다.	

② 아리스토텔레스(Aristoteles)

(1) 개관

현실주의(실재론, realism), 일원론적 세계관(이상은 현실 속에 내재, 개별적 존재 속에 이데아가 구현)

(2) 교육관

① **교육론** : 교육은 내부로부터의 발달에 의한 자기실현 과정이다. ⇨ 개인적 관점의 교육 중시
② **교육의 목적** : 현세에서의 '행복(eudaimonia)'된 삶(훌륭한 시민 양성 ×) ⇨ 교육의 3요소 : 신체(본성, 신체교육), 습관(인격교육), 이성(지력교육)
③ **자유교육(liberal education)론** : 영혼을 자유롭게 하는 교육(직업교육 ×), 노예가 아닌 자유민을 위한 교육
④ **기타** : 여성교육 부정, 리케이온(소요학파), 귀납법 선호

구분	플라톤(Platon)	아리스토텔레스(Aristoteles)
사상	이원론(Idea−현상계), 이상주의, 관념론	일원론(이상은 현실 속에 내재), 현실주의, 실재론, 경험론
교육목적	• 이데아의 실현 ⇨ 진선미의 절대적 가치 추구 • **훌륭한 시민 양성** : 심신 조화, 선미한 인간 • 국가 정의(철인, 군인, 평민의 조화)와 개인 정의(지혜, 용기, 절제의 조화)의 실현 ⇨ 개인의 완성 = 사회의 완성 • 4주덕 : 지혜(이성), 용기(격정), 절제(욕망), 정의	• 행복의 실현(eudaimonia) ⇨ 인생 목적 • 이성(理性)의 훈련을 바탕으로 중용(中庸)의 덕(arete)을 갖춘 자유인의 양성 • **교육의 3요소** : 자연적 요소(본성, nature), 습관(habit), 이성(reason)
내용	자유교양교육, 도덕교육	교양교육, 자유교육(liberal education) ⇨ 자유교양교육의 출발점
방법	• 주관적·내성적·연역적 방법 • 대화법(회상설, 상기설)에 의한 교육 • 4단계 교육 : 음악과 체육 → 산수·음악·기하학·과학(천문학) → 철학(형이상학)과 변증법	• 과학적·객관적·논리적(귀납적)·변증법적 방법 • 3단계 교육 : 신체적 발육(본성) → 도덕적 습관 형성(습관) → 이성 도야(이성)

특징	• 아카데미(Academy) 대학 설립 ➡ 무보수로 교육 • **여성교육 중시**: 최초의 여성교육 옹호자 • **계급에 따른 차별교육**: 서민교육 부정, 교육의 기회균등 무시 ➡ 귀족(엘리트)교육, 철인 정치론	• 리케이온(Lykeion) 대학 설립 ➡ 소요학파(逍遙學派, 산보하며 수업) • 여성교육 부정, 교육대상에서 노예 제외
저서	『국가론』, 『향연』, 『소크라테스의 변명』	『니코마코스 윤리학』, 『변증론(Topica)』, 『정치학』
영향	중세 교부(敎父)철학, 신인문주의 교육(19C)에 영향	중세 스콜라 철학과 실학주의(17C), 항존주의(20C)에 영향

Section

02 근대 교육사상

01 근대 교육사상 1

1 근대 교육사상의 전개 과정

르네상스(14C~15C) (구)인문주의 (Humanism)		종교개혁 (16C)		실학주의 (17C)		계몽주의 (18C)		낭만주의 (19C) 신인문주의	
개인적 인문주의	비토리노	신교	루터, 칼뱅	인문적 실학주의	라블레, 밀턴, 비베스	자연주의	루소	계발주의	페스탈로치, 헤르바르트, 프뢰벨
사회적 인문주의	에라스무스	구교	로욜라, 라살	사회적 실학주의	몽테뉴, 로크	범애주의	바제도우, 잘쯔만	국가주의	피히테, 크리크, 슐라이마허
키케로 주의				감각적 (과학적) 실학주의	코메니우스	합리주의	칸트, 볼테르	과학적 실리주의 (실증주의)	스펜서

2 루소(Rousseau)

(1) 루소의 교육사상

루소의 교육사상은 한마디로 인간의 '자연적 본성을 따르는 교육'이다. 이는 인간을 다른 동물과 구별되게 하는 인간의 유전적 특징, 성별의 차이, 연령별 차이 그리고 개인별 차이 등의 네 가지 요소에 대한 고려를 포함한다. 루소의 교육원리는 이 네 가지 요소의 고려 위에서 구상된 것이다.

⑵ 루소의 교육원리

① **자연인을 위한 교육** : 가장 핵심적 원리

　㉠ '자연인'이란 인간의 자연적 본성이 최대한 발달된 전인적 인간을 말한다(특정 국가나 사회의 요구가 반영된 '시민'의 개념과 대비됨. 현실에서는 사회제도와 개인의 자연적 본성이 갈등을 일으키는 경우가 많음). 즉, 루소에게 진정한 교육이란 한마디로 아동이 원래 가지고 있는 자연적 본성의 발달을 의미한다.

　㉡ 그러므로 자연인을 기른다는 것은 문명과 단절된 숲속의 야만인을 만드는 것이 아니라, 아동이 자신의 눈으로 보고 자신의 가슴으로 느끼며, 자신의 이성이 아닌 어떤 권위에 의해서도 지배당하지 말아야 한다는 것이다.

> ♣ **자연인(noble savage)**
> 1. 현존하는 문명사회의 인위적 허세와 지적 귀족주의, 이기주의에서 벗어난 순수한 자연상태의 인간
> 2. 계몽사상의 합리주의자들이 추구했던 지적 인간이 아니라 감성이 순수하고 자연성을 유지한 개인
> 3. 특정 국가나 사회의 요구가 반영된 '시민'이나 특정 직업기술을 갖춘 '직업인'이 아니라 자유교육의 이상인 온전한 인간, 즉 전인(全人)

② **소극적 교육(negative education)의 원리** : '자연인을 위한 교육'의 실현을 위해 요청되는 원리

　㉠ 소극적 교육이란 교사가 앞장서서 끌고 가는 식의 적극적인 교육이 아니라, 아동의 자발적 성장을 뒤에서 밀어 주는 식의 교육을 말한다. 이는 아동이 주도적으로 체험하고 느끼고 깨닫도록 도와주는 교육이다. 또한 교사나 부모가 미리 짜놓은 틀에 맞춰 변형시키는 외부로부터의 주형(鑄型)이 아니라 아동 내면으로부터의 성장을 촉진하는 교육이다.

　㉡ 소극적 교육에서의 교사의 역할은 아동의 성장과 변화 과정을 관찰하면서 필요한 도움을 주어 성장을 촉진하는 보조자이다.

③ **아동중심 교육(아동중심주의)**

　㉠ 아동이 능동적 학습자가 되어야 한다는 소극적 교육의 원리와 관련된 것으로, 아동의 타고난 자연적 본성을 최대한 발달시킨다는 원리의 또 다른 표현이다. 즉, 교육은 미래의 삶을 위한 준비가 아니라, 그때그때의 생활 실천을 통해서 인생의 선악에 잘 견딜 수 있는 인간을 형성하는 것이라는 생각을 말한다.

　㉡ 그러므로 루소는 어른으로서 살아가는 데 필요한 것들을 준비하기 위하여 아동의 현재의 관심과 욕구를 억압하고 희생하는 당대의 교육적 관행을 비판함으로써 아동기를 어른들의 억압에서 해방시켰다.

④ **발달단계에 따른 교육** : 연령별 차이에 따른 교육

　㉠ 루소는 각각의 연령대가 그 자체의 교육적 특징을 가지고 있다고 보고, 전 교육기간을 네 시기로 구분하여 각 시기의 주요 특징을 밝히고 그에 맞는 교육방안을 처방하고 있다.

　㉡ 제1편에서 제4편까지는 주인공 '에밀'의 성장과정을 연령대에 따라 구분한 '연령별 차이'에 관한 것이고, 마지막 제5편은 '에밀'의 배우자가 될 '소피'의 교육, 즉 여성교육을 다룬 것으로서 교육에서 고려해야 할 '성별 차이'에 관한 것이다.

☑ 『에밀』에 나타난 발달단계별 교육중점 및 교육내용

구성	발달단계	교육중점	세부내용
제1편	유아기 (1~5세) ⇨ 동물적 시기	신체단련	• 사는 것은 활동하는 것이다. ⇨ 체육 중시 • 지육과 덕육은 불필요, 친모(親母)가 직접 양육 • 자유로운 신체활동에 대한 일체의 구속 거부 ⇨ 맨발, 냉수목욕, 견디는 훈련
제2편	아동기 (6~12세) ⇨ 야만인의 시기	감각교육 ⇨ 소극적 교육의 시기	• 5감각기관(눈, 귀, 코, 혀, 피부)의 단련 : 감각은 모든 정신기능(주의, 기억, 사고 등)의 바탕, 훈련 방법으로 '관찰'을 중시 • 언어의 습득 : 독서 금지, '세계와 사물이 최선의 책' • 놀이를 통한 자발적 학습 • 소극적 교육 : '덕이나 진리를 가르쳐 주는 것이 아니라, 심성을 악덕으로부터, 지력을 오류로부터 보호' ⇨ 사회로부터 격리 • 자연벌 : 실학적 단련주의, 경교육 ⇨ 도덕적 가치 주입 금지
제3편	(청)소년기 (13~15세) ⇨ 농부, 로빈슨 크루소의 시기	지식교육	• 지적 호기심을 이용한 자기활동 : 필요 → 활동 → 경험 → 지식 • 과학 공부부터 시작 : 지리 → 천문학 → 물리학(과학은 배워야 하는 것이 아니라 스스로 발견해야 하는 것) • 실질 도야 : 생활에 유용한 것. 교수 ⇨ 목공술 등 노작교육을 통한 노동에 대한 이해 도모 • 독서 불필요 : 『로빈슨 크루소』(Robinson Cruseo) ⇨ 자연 속에서 스스로 모든 문제를 해결하는 방법을 제시
제4편	청년기 (16~20세) − 제2의 탄생기 ⇨ 합리적 사고의 시기	도덕 · 종교교육 ⇨ 적극적 교육의 시기	• 사회생활 준비 : 『플루타크 영웅전』 ⇨ 사회 타락 과정을 이해, 훈화교육은 금지 • 인간관계와 사회제도에 대한 지식 습득 : 사회학, 심리학, 윤리학, 정치학을 연구 • 발달된 이성으로 성의 충동(정념)을 통제 • 도덕 · 종교교육 : 내적 정신생활의 충실 도모 ⇨ 도덕, 미술, 종교, 철학 등을 학습 ⇨ 적극적 교육 예 '사보아 보좌신부의 신앙 고백'(제도적 종교 비판, 자연종교론 주장)
제5편	결혼기 ⇨ 사회인의 시기	여성교육론 − 소피교육	현모양처론 강조 : 여자의 1차 임무는 남자를 즐겁게 하는 것, 순종 · 겸양 · 청결 · 수예 · 가사 등이 주된 교육내용 ⇨ 여성교육에 대해 소극적이고, 무용론(無用論)적 입장, 즉 남녀별학(男女別學)의 입장

02 근대 교육사상 2

❶ 페스탈로치(J. H. Pestalozzi; 1746~1827)

(1) 개관

① 페스탈로치는 교육의 본질을 '인간성을 계발하는 일'이라고 보았다. '인간성' 속에는 도덕적·지적·신체적 제 능력들이 모두 포함되므로, 이를 계발한다는 것은 결국 머리, 가슴, 손으로 상징되는 지적 능력(head), 정의적 능력(heart), 신체적 능력(hand)을 유기적으로 조화롭게 발달시키는 것을 의미한다.

② 그러므로 그가 추구한 교육의 목적은 특정 직업을 위한 것이거나 특정 사회의 요구를 충족하기 위한 것이 아니라 개인의 전인적 완성을 추구하는 것임을 발견하게 된다.

③ 그러나 페스탈로치는 개인의 인격적 완성을 추구하는 교육이 또한 인간을 개조하고 사회를 개혁하는 가장 효과적인 길이라 생각했다. 즉, 교육의 본질은 인간성을 계발하는 것이지만, 그 일 또한 개인과 사회를 개혁하는 수단으로 기능한다는 것이다. ⇨ 교육은 개인과 사회를 개혁하는 수단 ⇨ 교성(敎聖)

④ 페스탈로치는 '인간성'이 자연 속에서 계발되는 것이 아니라 사회적 맥락 속에서 개발될 수 있다고 봄으로써 사회의 교육적 기능을 강조했다. 그는 인간의 성장과 발달이 식물의 성장에서 볼 수 있듯이 일련의 진화적 발달단계에 따라 이루어진다는 루소의 견해를 받아들였지만, 루소와 달리 아동의 지적·정신적 성장을 자극하기 위해서는 사회에 의존해야 한다는 것을 강조하였다. 그는 일상생활 속에서의 교육 가능성을 굳게 믿었다.

(2) 교육관

① **교육목적** : 인간성 계발(인간 도야)을 통한 사회개혁 ⇨ 평등교육론

　　㉠ 인간의 모든 능력, 즉 3H(Heart, Head, Hand)의 조화로운 계발 ⇨ 전인교육, 능력심리학에 토대

머리(Head)	지적 능력 ⇨ 정신력(精神力, Geisteskraft) ⓓ 수, 형, 어를 통한 사고력 함양
가슴(Heart)	도덕적 능력 ⇨ 심정력(心情力, Herzenskraft) ⓓ 도덕·종교교육을 통한 '사랑'을 육성
손(Hand)	신체적 능력 ⇨ 기술력(技術力, Kunskraft) ⓓ 기술·신체·직업 교육을 통해 사회생활에 필요한 지식과 기술 도야

　　㉡ 도덕적 인간 형성을 통한 불평등한 사회개혁

② **교육내용** : 직관(直觀)의 3요소

수(數, Zahl)	계산, 수학 ⇨ 사물의 종류, 논리적 사고력을 도야함
형(形, Form)	도화(圖畫, 그리기), 습자(習字, 글씨쓰기), 측량 ⇨ 사물의 형태(모습), 직관력과 공간에 대한 감각 능력을 도야함
어(語, Sprache)	언어교과(읽기, 말하기, 문법) ⇨ 사물의 이름(개념), 언어 능력을 도야함

③ 교육방법(교육원리) : 나토르프(Natorp)

　㉠ 자발성의 원리 : 아동의 능력을 스스로 내부로부터 계발 ⇨ 주입식 교육 배제

　　ⓐ 아동 내부에 있는 자연의 힘을 자발적으로 발전시키는 것을 교육의 기본원리로 삼는다는 뜻이다.

　　ⓑ 즉, 주입식 방법이 아닌 계발식 방법이 페스탈로치 교육원리의 본질이라는 뜻이다.

　㉡ 방법의 원리

　　ⓐ 인간성 발달을 촉진하는 최적의 방안을 찾아서 교육한다는 원리이다.

　　ⓑ 인간성의 발달은 일정한 과정을 거쳐서 이루어지므로, 그것을 촉진하는 올바른 순서가 중요하다. 예컨대, 우리의 인식은 '막연한 감각인상'에서 '대상을 식별'하는 단계('감각인상이 식별'되는 단계), 식별된 인상이 '명료화'되는 단계, 명료화된 인상이 '명확한 관념'으로 정의되는 단계를 거쳐서 이루어진다. 그러므로 교사는 사물에 대한 아동의 인식을 촉진하기 위해 각각의 단계가 효과적으로 이루어지도록 여러 가지 방법을 강구해야 한다.

　　　　예 '무지개는 일곱 색깔이다.'라는 관념의 형성 : 공중에 떠 있는 색깔의 띠를 식별하는 단계(감각인상의 식별단계) → 그 띠 속에 서로 다른 색깔들을 찾아내는 단계(명료화 단계) → 그 색깔들이 빨강, 주황, 노랑, 초록, 파랑, 남색, 보라의 일곱 가지라고 이름 붙이는 단계(명확한 관념 형성)

　　ⓒ 방법의 원리에 의하면, 교수활동은 그 내용이 무엇이건 간에 기본요소로부터 출발하여 그것과 연결되는 다른 요소로 넘어가고, 마지막으로 이것들을 종합하는 세 단계를 거쳐서 이루어져야 하며, 교과내용은 구체적인 것에서 추상적인 것으로, 단순한 것에서 복잡한 것으로, 그리고 이미 알고 있는 것에서 아직 모르는 것으로 나아갈 수 있도록 배열되어야 한다.

도덕적 도야	무규율 단계(자연상태) → 타율 단계(사회상태) → 자율 단계(도덕상태)로 전개
지적 도야	수 → 형 → 어, 직관교육에서 개념교육으로, '막연한 감각인상'에서 '명확한 관념'으로
신체적 도야	반복 연습을 통한 도야

　㉢ 사회의 원리

　　ⓐ 사회생활과 사회적 관계가 인간을 교육하는 힘을 가지고 있으며, 그 힘을 활용하는 것을 교육의 기본원리로 삼는다는 뜻이다. ⇨ 가정교육(안방교육의 원리)의 사회화 ⇨ 가정에서의 모자(母子) 관계가 모든 사회관계, 교육관계의 기초

　　ⓑ "환경이 사람을 만들고 사람이 환경을 만든다."는 것이 페스탈로치의 생각이다. 그는 특히 가정생활에서 볼 수 있는 모자 간의 신뢰와 사랑이 도덕교육의 기초가 된다고 보았으며, 교사와 학생 간에도 모자관계와 같은 신뢰감이 형성되어야 함을 강조했다. 이것은 결국 일상생활 속의 사회적 관계를 활용하는 것이 교육의 기본원리임을 함축하고 있다.

　㉣ 조화의 원리

　　ⓐ 지적 능력, 정의적 능력, 신체적 기능의 조화로운 발달을 추구한다는 것을 교육의 기본원리로 삼는다는 뜻이다. ⇨ 3H의 조화 ⇨ 플라톤(Platon)과 로크(Locke)의 능력심리학의 영향을 받았다. 3가지 능력의 조화로운 계발을 강조하였으나 그중에서도 도덕성(Heart), 즉 덕육(德育)을 제일 중시했다.

　　ⓑ 이것은 페스탈로치의 교육원리가 전인발달을 추구하는 것이었음을 지적한 것이다.

ⓜ 직관의 원리

ⓐ 아동 자신의 직접 경험 또는 직접 체험을 교육의 기본원리로 삼는다는 뜻이다.

ⓑ 페스탈로치는 모든 인식이 직관에서 출발하며 직관이 인식의 절대적 기초라고 생각했다. 그는 직관을 외적 직관과 내적 직관으로 구분했다. 외적 직관은 감각기관을 통해 외계(外界)의 인상을 받아들이는 것을 말하며, 내적 직관은 자신의 마음의 눈으로 세계의 본질을 체험하는 것을 말한다. 이러한 외적·내적 직관을 활용하는 것을 교육의 기본원리로 삼았다(코메니우스는 감각적 직관을 외계의 인상을 수동적으로 수용하는 과정임을 강조하였으나, 페스탈로치는 외계의 사물이나 현상의 본질을 이해하려는 능동적인 인식의 과정으로 이해함).

ⓒ 그가 실물교육이나 노작교육을 강조한 것도 직관의 원리에 입각한 것이라고 볼 수 있다.

🔔 **합자연의 원리** '자발성의 원리, 방법의 원리, 사회의 원리, 조화의 원리'를 묶어 합자연의 원리라고도 한다.

(3) 특징 – 루소(Rousseau) 교육원리의 수정

루소(Rousseau)	페스탈로치(Pestalozzi)
소극적 교육관 : 교육은 아동 개인의 직접적 경험의 결과	적극적 교육관 : 교육을 통한 아동 능력 계발 가능
학교교육을 부정	학교교육을 긍정 : 좋은 가정교육의 연장
개인 중심 교육	개인과 사회의 조화로운 발달 강조
일상적인 삶이 가지는 교육적 가능성 부정 : 최선의 교육을 위해서는 탁월한 능력과 인격을 갖춘 부모를 둔 이상적인 가정이 반드시 필요	일상적인 삶이 가지는 교육적 가능성 긍정 : 평범한 농부의 가정도 인간적인 유대와 일거리가 있는 한 훌륭한 교육의 장이 될 수 있고, 그를 통해 최선의 교육이 가능 ➪ 생활 도야
정원사로서의 교사 : 아동 성장의 협조자, 안내자	교사의 적극적 역할론 강조 : 교사는 '교육의 대기술'을 가지고 아동과 사회를 매개하고 아동을 성인 수준으로 육성하는 자

② 헤르바르트(J. F. Herbart; 1776~1841)

(1) 개관

교육학(사변적 교육학)의 체계 확립 ➪ 교육학의 아버지

① **교육학 체계화** : 『교육학 강의 개요』 서문에서 "과학으로서의 교육학은 실천철학과 심리학에 의존한다. 실천철학은 교육의 목적을, 심리학은 교육의 길, 즉 교육의 수단과 장애를 교시한다."고 함으로써 실천철학(윤리학)으로부터 교육의 목적을, 심리학으로부터 교육 및 수업의 방법을 도출하여 독립된 과학으로서의 교육학을 성립시켰다.

② **교육목적** : 『교육의 목적으로부터 연역된 일반교육학』

헤르바르트는 교육원리가 교육의 목적에서 연역되어 나와야 한다고 생각했다. 그는 자신의 교육원리를 이론화하는 데 교육의 목적이 무엇인지를 생각하고 그 목적을 달성하기 위한 방법론을 체계화했다. 그에 따르면, 교육의 최고 목적은 학생의 도덕성을 함양하는 것이다.

③ **교육내용과 교육방법** : 표상심리학(페스탈로치의 능력심리학 비판) ➪ 다면적 흥미의 계발

⑵ **교육관**

① **교육목적** : 도덕적 품성, 즉 5도념의 도야 ⇨ 내면적 자유, 완전성, 호의(好意, 선의지), 정의(正義, 권리), 보상(報償, 형평 또는 공정성) 등 다섯 가지 도덕적 이념이 서로 결합하여 도덕성을 이룬다고 보고, 이를 육성하는 것이 교육의 목적이라고 본다.

🔔 헤르바르트(Herbart)는 교육의 최고 목적을 학생의 도덕성 함양에 두었다. 도덕성 함양은 교육의 모든 세부적인 목적들을 포괄하는 최고의 목적이며, 인간의 가치는 지식이나 기술에 의해 터득되는 것이 아니고 의지(意志)의 선악(善惡)에 의해서 평가된다. 의지는 사고권(circle of thought), 즉 사고의 범위에서 나온다. 도덕적 의지 또는 선의지도 올바른 도덕적 관념에서 나오기 때문에 구체적인 교육목표는 올바른 사고권을 형성하는 것이다.

  ㉠ **내면적 자유**(idea of inner freedom) : 도덕적 행위를 결정하는 개인의 의지가 자유라는 생각을 말한다. 이는 어떻게 행동해야 하는지에 대한 판단(도덕적 판단)과 그것을 실천에 옮기는 의지(도덕적 의지)가 일치하도록 의지를 훈련함으로써 성취될 수 있다.

  ㉡ **완전성**(idea of perfection or completeness) : 의지가 행동으로 실천될 수 있도록 의지의 강력, 충실, 조화의 세 가지 조건을 구비하는 것 ⇨ 의지의 완전성이 실현된 상태 ⇨ 교사의 관심사가 되는 이념(교사는 학생들이 현재의 수준에 만족하지 않고 보다 완전하고 완벽한 것을 추구하기 위하여 자신의 역량을 키우도록 가르쳐야 하기 때문)

  ㉢ **호의**(好意 또는 선의지, idea of good will) : 타인의 행복을 자기 의지의 대상으로 삼는 것, 타인에 대한 태도로 표현된다.

  ㉣ **정의**(正義 또는 권리, idea of rights) : 다른 사람의 의지를 나의 의지와 동등하게 존중하는 것 ⇨ 서로 다른 두 의지가 충돌할 경우 정의에 입각하여 조화롭고 합리적으로 해결하려는 생각을 의미 ⇨ 두 개의 의지가 상호 양보하고 조화를 이룬 상태

  ㉤ **보상**(報償 또는 균형, 공정성, idea of equality) : 의지의 결과로 생긴 행동에 대하여 책임을 지는 것 ⇨ 자신이 행한 선과 악에 따라 응분의 보상 또는 대가를 받아야 한다는 생각을 의미 ⇨ 대가 없이 부당한 이득을 취하거나 잘못을 저지르고도 책임을 지지 않는 것을 용납하지 않는 생각

② **교육내용** : 아동의 다면적(多面的) 흥미

  ㉠ **흥미**(興味, interest) : 교육적 활동을 적극적으로 하게 하는 마음이 일어나는 것으로, 마음으로 하여금 그것의 대상이 되는 사물에 주의를 기울일 때 수반되는 특별한 정신상태, 즉 정신적 흥분과 쾌감을 뜻한다.

    ⓐ 교육의 실질적 목표가 사고권의 형성이라면, 이를 위한 수단이 '흥미'이다.

    ⓑ 흥미는 마음으로 하여금 그것의 대상이 되는 사물에 '주의를 기울이게' 함으로써 그 사물의 표상이 의식 속에 두드러지게 해준다.

    ⓒ 어떤 대상에 흥미를 갖는다는 것은 거기에 '주의를 기울이고 있다'는 뜻이며, 그 주의는 '원초적(무의식적) 주의'와 '통각적(의식적, 선택적) 주의'로 구분된다. 통각적 주의가 교육장면에서 필요한 학습이 필수조건이다.

원초적 주의	큰 소리나 밝은 색깔 같은 강한 자극에 무의식적으로 주의를 기울이는 것
통각적 주의	우리의 의식이 특정 대상에 선택적으로 주의를 기울이는 것

ⓓ 통각적 주의가 언제나 한 가지 대상이나 주제에만 고정되어 있다면 교육적으로 바람직하지 않다. 이는 마음이 편협하다는 뜻이며, 그 아이의 마음은 한 방향으로만 발달하게 될 것이기 때문이다. 그러므로 '다면적 흥미'를 갖는 것이 중요하며, 교육적으로 아동이 삶의 모든 측면에 흥미를 가질 수 있도록 그의 마음을 계발해 주는 것이 가장 이상적인 것이다.

ⓔ 이처럼 교육적 흥미의 조건은 영속성, 직접성, 다면성이다.

ⓕ 흥미는 전심(專心, concentration)과 치사(致思, correlation, 숙고)를 통해 형성된다.

전심	마음이 하나의 대상에 집중하는 것을 말한다. 이때 그 대상을 제외한 다른 것들은 의식역에서 사라진다. 전심의 과정을 통해 의식은 그 대상을 보다 분명하게 파악하게 된다.
치사	전심의 과정을 통해 파악한 대상을 이미 마음속에 들어 있는 다른 관념들과 비교하면서 조정하고 관계를 맺는 과정이다.

ⓖ 전심과 치사의 두 과정은 마치 호흡처럼 번갈아 가면서 이루어져야 하며, 그럴 때 새로운 관념을 받아들이고 그것을 통일된 하나의 관념 덩어리로 통합하는 것이 가능해진다.

ⓗ 이런 생각을 바탕으로 헤르바르트는 교수활동이 따라야 할 과정을 명료-연합-계통-방법이라는 4단계로 제시했다.

Ⓛ 흥미의 종류 : 신체적 흥미를 제외

지적(인식적) 흥미	의미	자연물에 대한 지식과 관련된 흥미로서 물리적 세계와의 접촉을 통해서 획득되며, 학교교육에서 자연, 지리, 수학 등을 포함하는 과학영역의 교과를 통해 길러진다.
	경험적 흥미	사실에 관한 흥미, 골동품 수집가나 식물학자들에게서 볼 수 있는 것처럼 사물이나 사실들을 경험하는 데에 대한 흥미
	추구적(사변적) 흥미	사물들 또는 사실들 간의 관계나 법칙에 대한 흥미. 논리학자나 수학자들처럼 개별 사실들 간의 관계를 일반법칙으로 파악하려는 흥미
	심미적 흥미	사물이나 그들 간의 관계를 미적으로 관조하고 평가하는 흥미. 시인이나 미술가, 조각가에게서 볼 수 있는 것처럼 세계의 미적인 측면을 드러내 보이는 흥미
정의적 (교제적/윤리적) 흥미	의미	마음에 대한 공감과 관련된 흥미. 다른 사람들과의 사회적 교섭을 통하여 획득, 학교교육에서 역사와 문학을 포함하는 역사영역의 교과를 통해 길러지는 흥미
	동정적(공감적) 흥미	동료 인간으로서의 다른 개인들에 대한 흥미. 타인의 마음, 그들의 고통과 쾌락에 공감을 느끼는 것과 관련된 흥미
	사회적 흥미	집단, 조직, 국가 등 개인들의 집합체인 사회에 대한 흥미. 사회집단의 행복과 불행에 공감을 느끼는 것과 관련된 흥미
	종교적 흥미	신(神)과 같은 초월적 존재에 대한 흥미

③ 교육방법 : 다면적 흥미의 조화로운 계발 ⇨ 관리, 교수, 훈련

♠ **다면적 흥미** 헤르바르트가 말하는 '다면적 흥미'는 '흥미의 분산'을 의미하는 것이 아니라, 흥미의 대상은 다양할지라도 그 다양한 대상에 대한 흥미들은 하나의 통일된 전체를 이루고 있어야 한다는 것으로, '조화로운 다면적 흥미'를 의미한다.

㉠ 관리(regierung) : 교수를 위한 예비 단계

ⓐ 소극적 관리 : 감시, 명령, 금지, 처벌 등에 의하여 학습 준비 태세 형성

ⓑ 적극적 관리 : 일정한 과제를 주어 아동을 활동시키는 것

㉡ 교수(unterricht) : 교육목적 달성을 위한 최선의 방법, 교재(서적)를 매개 ⇨ 교육적 교수와 비교육적 교수

ⓐ 교육적 교수 : 지식, 기능, 의지 전달을 통해 도덕적 품성을 도야

ⓑ 비교육적 교수 : 지식, 기능만 전달

ⓒ 4단계 교수법(인식의 과정) : 명료 → 연합 → 계통 → 방법

교수단계	의미	정신 작용	Ziller	Rein
명료 (clearness)	대상에 대한 뚜렷한 인식, 개개의 관념의 명확한 구별 ⇨ 정적 전심	전심(專心) : 일정한 대상에 몰입되어 명확한 관념을 파악하는 것	분석	예비
연합 (association)	신·구 관념의 결합 ⇨ 동적 전심		종합	제시
			연합	비교
계통 (system)	연합된 관념을 체계적으로 조직 ⇨ 정적 치사	치사(致思) : 파악된 개념을 통합하여 반성을 통해 통일하는 작용	계통 (체계)	개괄 (총괄)
방법 (method)	체계화된 지식을 활용하고 응용 ⇨ 동적 치사		방법	응용

㉢ 훈련(zucht, 훈육) : 교재를 매개로 하지 않고 아동의 도덕적 품성 도야를 위한 직접적인 활동 ⇨ 내부적·자율적 방법 예 교훈, 교사의 모범(가장 중요), 훈육(상벌)

보존적 훈련 (유지적 훈련)	교사가 시범 보인 방향으로 아동의 의지를 유지
규정적 훈련	교사가 미리 규정한 규칙에 따라 아동이 준수하도록 훈련
결정적 훈련	교사가 아동의 심리 상태를 예상하고, 아동 스스로 결정하도록 훈련
후원적 훈련	아동이 자율적으로 올바른 선택을 하도록 교사가 후원

MEMO

How to
JUMP?

한국 교육사

Section 01

고등교육기관의 이해

01 고구려의 태학(太學)

1 개관

소수림왕 2년(372)에 설립(『삼국사기』)된 우리나라 최초의 관학(官學)이자 고등교육기관으로, 학교교육의 효시(嚆矢)이다. 태학의 설립은 국가체제 정비와 관련되어 있으며, 새로운 관료체제 형성을 위해 중국 남북조(특히 전진 혹은 동진)와의 교류를 통해 받아들인 것으로 보인다. 그 역사적 뿌리는 한(漢)대의 태학제도에서 찾을 수 있다.

2 내용

(1) 입학자격

상층 계급의 귀족 자제만이 입학하였으며, 15세에 입학하여 9년간 수학하였다.

(2) 교육목적

유교교육에 의한 관리 양성

(3) 교육내용

① 오경(시경, 서경, 예기, 춘추, 주역), 삼사(사기, 한서, 후한서), 삼국지, 진춘추(晉春秋), 옥편(玉篇), 자통(字統), 자림(字林), 문선(文選) 등
② 경당이나 중국 태학의 기록에서 오경(五經) 등의 유학 경전이 주(主)가 된 것으로 추측

(4) 편제

조의두(皁衣頭, 태학의 책임자), 태학박사(교사), 조의선인(皁衣仙人, 학생)

(5) 성격

중국 고전(유교) 중심으로 교육하였으며, 전통을 유지하려 했고, 인격교육을 중시하였다.

02 통일신라시대의 국학(國學)

❶ 개관

(I) 개관

국립 유교대학(신문왕 2년) – 국내의 역사 기록에서 운영규정을 확인할 수 있는 최초의 대학이다.

① 문묘(文廟)를 설치한 최초의 학교 : 성덕왕 16년(717)에 당으로부터 김수충(金守忠)이 공자, 십철(十哲), 72
제자의 화상(畵像)을 모셔 와 안치하고 처음으로 예를 행했다.
② 당(唐)의 국자감 제도를 모방했다.

(2) 설립

신문왕 2년(682) – 예부(禮部)에서 관리

❷ 내용

(I) 목적

국가의 인재 양성(관리 양성)과 유교이념의 보급(문묘 향배)이 그 목적이다.

(2) 입학자격 및 수업연한

① 15~30세까지의 귀족 자제 입학 : 무위자(無位者, 관직에 오르지 않은 자)로부터 대사(大舍, 12등급)까지의
귀족 자제들
② 수업연한은 9년으로서 실력이 저능(低能)한 자는 퇴학
③ 장학금(녹읍, 祿邑) 및 당(唐) 유학(10년 기간) 혜택, 졸업 시 성적에 따라 관직(10~12등급) 부여

(3) 직제

경(총장 또는 학장), 박사(교수), 조교(교수 보조), 대사와 사(행정 보조)

(4) 교육내용

논어(論語)와 효경(孝經)은 필수교과, 3분과제 운영, 최초로 기술과 교육 실시

유학과	교양과목	논어, 효경 ⇨ 필수
	전공과목	제1분과(예기, 주역), 제2분과(춘추좌씨전, 모시), 제3분과(상서, 문선)
기술과(잡과)		논어, 효경 + 의학, 율학, 산학, 천문학

(5) 졸업시험으로 독서삼품과(讀書三品科)를 실시 – 최초의 평가제도, 문관등용방법

03 **고려시대 - 국자감(國子監), 십이공도(十二公徒)**

1 국자감(國子監)

(1) 개관

국립종합대학 및 국학향사(國學享祀)의 효시(예 최치원, 설총을 문묘에 배상하여 제사 지냄)이다. ⇨ 인재 양성이 목적

① 철저한 문치주의 원칙과 신분에 따라 입학자격을 엄격히 제한

② 조직 : 문묘(文廟), 돈화당(강학), 재(齋, 기숙사)

③ 직제

   ㉠ 관리직 : 판사(최고책임자, 예종 때 대사성으로 개칭), 제주(실질적 관리 책임), 사업(司業, 학문연구 총괄)

   ㉡ 교수직 : 박사, 조교

(2) 내용

① 교육내용 : 경사 6학(신분에 따른 구분) ⇨ 초기에는 유학과 위주, 후기에 잡학과 설치

   ☑ **국자감의 교육과정**

구분	학교명	입학자격	교육내용		교사	정원	수업연한
유학과 (경학)	국자학	문무관 3품 이상 자손	• **공통필수** : 논어, 효경 • **전공과목** : 주역, 상서, 주례, 예기, 의례 등 9경		• 박사 • 조교	각 300명 (시대에 따라 증감)	9년
	태학	문무관 5품 이상 자손					
	사문학	문무관 7품 이상 자손					
잡학과 (기술과)	율학	문무관 8품 이하 자손, 서민 자제, 문무관 7품 이상 자손 중 원하는 자	율령(律令) : 법률 집행		박사	율학 40명, 서·산학 각 15명	6년
	서학		팔서(八書) : 문서 정리				
	산학		산수(算數) : 회계 관리				

② 국자감(관학) 진흥책

   ㉠ 성종 : 도서관(수서원, 비서원) ⇨ 학술 진흥

   ㉡ 숙종 : 출판 전담기관인 서적포 설치

   ㉢ 예종 : 문무 7재(유학 6재＋무학 1재), 양현고(장학재단), 학문연구소(청연각, 보문각)

     ⓐ 문무 7재 운영(교육내용에 따른 구분) : 유학 6재와 무학 1재로 구성된 교과별 전문 강좌인 문무 7재 (七齋)를 운영하여 문무 일치 교육을 도모하였다.

구분	재(전문강좌)명과 강의 분야	인원
유학(6재)	여택재(주역 또는 역경), 대빙재(상서 또는 서경), 경덕재(모시 또는 시경), 구인재(주례), 복응재(대례 또는 예기), 양정재(춘추)	70명
무학(1재)	강예재 ⇨ 북방민족인 여진족 침입 대비로 개설	8명

ⓑ **양현고 설치** : 장학재단인 양현고를 설치하여 교육 재정을 확충하였다.

ⓒ **국자감의 위상 강화** : 국자감의 위상을 재정립하기 위해 지금까지 아무런 제약이 없었던 과거 응시 자격을 국자감 3년 의무수학으로 바꾸어 놓았다. ⇨ 공교육의 정상화

ⓓ **삼사(三舍)제도 실시** : 국자감의 편제를 외사(外舍)・내사(內舍)・상사(上舍)로 구분하고 교육의 성과에 따라 승급하는 삼사(三舍)제도를 실시하였다.

ⓔ 교육연구기관(학문연구소)인 청연각(궁궐 안)과 보문각(궁궐 밖)을 설치했다.

ⓔ **인종** : 식목도감(拭目都監)을 설치하고 '학식(學式)'을 상정하여 국자감의 구체적인 학규(學規)를 제정했다.
⇨ 경사육학(京師六學) 체제 확립

ⓜ **공민왕** : 9재 설치

③ **국자감의 변화**

㉠ 무인(武人)의 난(亂, 1170)을 계기로 문치주의는 위기를 맞고 국자감 교육도 크게 위축됐다.

㉡ 충렬왕 때(1274) 몽고의 내정 간섭에 대항하는 주체의식에서 국자감을 국학(國學)으로 개칭하고, 안향은 섬학전(贍學田) 제도를 창설하여 국학 진흥을 위해 노력했다.

㉢ 국자감의 명칭이 성균관(成均館), 즉 순수한 유학기관으로 변화하면서 유학부와 잡학부의 분화가 나타나고, 잡학(雜學)은 해당 관서에서 전담하게 되면서 조선조로 이어졌다.

❷ 12공도(十二公徒)

(1) 개관

① **개요**

㉠ 고려시대 개경에 있었던 12개의 사립 고등교육기관(사립대학)으로, 그 최초는 최충이 설립한 9재학당(문헌공도)이며, 나중에 설립된 11도를 합하여 통칭하는 말이다.

㉡ 등장 배경은 계속된 전쟁으로 인한 국자감의 부진과 과거에 치중한 사회풍조, 향학(鄕學)의 불비(不備) 등의 사회적 배경과 사학(私學)의 조직적인 운영방식을 들 수 있다.

㉢ 하나의 학풍과 학벌을 형성(좌주문생제도)하면서, 관학인 국자감이 부진하고 향교와 학당이 수립되기 전의 고려 문화와 유교 교육에 큰 공헌을 하였다.

㉣ 예종의 국학부흥정책으로 인해 교육적 기능이 중등 수준으로 약화되었고, 고려의 마지막 왕인 공양왕 3년(1391)에 폐지되었다.

도명(徒名)	설립자	최종 관직	도명(徒名)	설립자	최종 관직
문헌공도	최충	대사중서령	문충공도	은정	시중
홍문공도 (웅천도)	정배걸	시중	양신공도	김의진, 박명보	평장사
광헌공도	노단	참정	충평공도	류감	시랑
남산도	김상빈	죄주(祭酒)	정헌공도	문정	시랑
정경공도	황영	평장사	서시랑도	서석	시랑
서원도	김무체	복사(僕射)	귀산도	?	?

② **최충의 9재학당(문헌공도)**

ⓐ **문종7년(1053) 최충이 설립** : 거란과 수차에 걸친 전쟁으로 국가에서 교육에 관심을 기울일 여유가 없자 최충은 교육적 문제를 해결하기 위해 사학을 개설하였다.

ⓑ 9재학당은 최충이 학반(學班)을 9재로 나눈 데서 비롯된 것으로, 유학 경전을 단위로 하여 악성(樂聖), 대중(大中), 성명(誠明), 경업(敬業), 조도(造道), 솔성(率性), 진덕(進德), 대화(大和), 대빙(待聘)으로 구분하였다.

ⓒ 교육목적은 인의(仁義)와 인륜도덕이었다.

ⓓ 교육방법은 하과(夏課, 하계강습회), 각촉부시(刻燭賦詩, 모의과거시험), 조교제도 등을 들 수 있다.

③ **설립과 감독**

ⓐ 12도는 개인에 의해 설립되었으나 국가에서 교육을 감독하였다.

ⓑ 인종 11년(1133)에는 각 도(徒)의 학생이 소속된 문도에서 이탈하여 다른 문도로 옮기면 동당감시(東堂監試)에 응시할 자격을 박탈하여, 함부로 다른 문도로 전학할 수 없게 하였다.

(2) 내용

① **교육목적** : 인격 완성과 과거 준비 ⇨ 일종의 과거시험 준비 교육기관 내지는 관리 양성소의 기능을 담당

② **교육내용** : 9경(九經)과 삼사(三史) 및 제술(製述) 등을 주로 하고, 시부(詩賦)와 사장(詞章)도 가르쳤다.

04 조선시대의 성균관(成均館)

❶ 개관

국립 고등교육기관 ⇨ 인재 및 고급관리 양성, 유교이념의 보급

❷ 내용

(1) 입학자격

생원과 진사(정식 입학)	소과 합격자, 200명 정원 ⇨ 상재생(上齋生)
승보생(陞補生)	사학(四學) 성적 우수자 , 음서제도(공신 자손, 2품 이상 관리의 자제) ⇨ 하재생(下齋生)

(2) 학습순서

구재지법(단계적 학습 : 대학−논어−맹자−중용−예기−춘추−시경−서경−역경) ⇨ 오경(五經)보다 사서(四書)에 대한 교육을 중시

(3) 교육내용

강독(講讀)	• 교재는 사서오경 • 노장(老莊), 불서(佛書), 백가자집(百家子集)은 잡서(雜書)로 인정하여 독서 금지
제술(製述)	초순에는 의(疑)·의(義)·논(論)을 짓고, 중순에는 부(賦)·표(表)·송(頌)을 지으며, 하순에는 대책(對策)·기(記)를 지음
서체(書體)	해서(楷書)만을 사용

(4) 평가

① 종류 : 일고(日考, 매일 추첨하여 유생이 읽는 글을 장부에 기록), 순고(旬考, 10일에 한번, 즉 초순, 중순, 종순에 실시), 월고(月考, 매월 1회 실시), 연고(年考, 3월 3일과 9월 9일에 시행하는 것이 원칙)

② 성적 평정 : 대통(大通), 통(通), 약통(略通), 조통(粗通) 등 4단계, 또는 대통−통−약통−조통−불통(不通)의 5단계로 평가 ⇨ 조통 이하는 벌함

대통(大通)	끊어 읽기가 분명하고 뜻풀이가 정통하여 여러 책을 넘나들며 막힘이 없음
통(通)	끊어 읽기가 능하고 한 경전에서 뜻풀이가 자세함
약통(略通)	끊어 읽기가 능하고 한 경전의 한 장의 뜻이 통함
조통(粗通)	끊어 읽기가 능하고 한 장(章)의 대충의 뜻도 통했지만 자세히 알지 못함

⑸ 유생(儒生)들의 자치활동 허용

재회(齋會)	유생들의 모임(학생회) ⇨ 대표는 장의(掌議)
정치적 의사표현	유소(儒疏)제도 ⇨ 소두(疏頭)가 지휘
단체행동	권당(단식투쟁, 시험거부), 공재(空齋, 수업거부 또는 기숙사에서 나와 철야농성), 공관(자퇴결의, 동맹휴학)

⑹ 교관

교관 직제 (태조 7년, 1398)	홍문관 또는 예문관 정2품의 지사 1명, 동지사 2명이 있었고, 그 아래 대사성(정3품) 1명, 제주(종 3품) 2명, 악정(정4품) 3명, 직강(정5품) 4명, 전적(정6품) 13명, 박사(정7품) 3명, 학정(정8품) 3명, 학록(정9품) 3명, 학유(종9품) 3명이 있었음
교관	대사성(성균관의 최고 책임자), 학정(유생의 품행 지도)

⑺ 재정 – 양현고 제도

① 제사비인 문묘비(文廟費), 유생의 식비인 공궤비(供饋費), 학비인 섬학전(贍學田) 등으로 지급된다.
② 수입원은 학전(學田)을 비롯한 왕의 특별 하사품과 노비 등이다.

Section 02 인재선발방식의 이해

01 신라와 통일신라

❶ 신라의 화랑도(花郎徒)

(1) 성격

비형식적 사설 교육기관(청소년 단체)이었으나, 진흥왕대 이후 체계화된 인재양성제도의 필요성에 따라 국가의 보조 및 지원을 받음으로써 삼국통일의 주역이 되었다.

(2) 교육이념

화랑도의 정신은 신라의 고유사상, 즉 풍류사상(예 유오산수 무원부지)과 외래사상(유·불·선)의 융합이다.

(3) 교육대상

14~18세의 상류층(왕족 또는 귀족) 자제 및 평민 자제들

(4) 교육목적

문무(文武) 겸비한 인재 양성, 즉 세속오계(世俗五戒)에 충실한 용감한 무인(武人)과 종교적·도덕적 실천인 양성

(5) 교육과정

생활(경험) 중심 교육과정(『삼국사기』) ⇨ 전인교육 실시, 인물본위의 평가방식

① 상마이도의(相磨以道義) : 도의(道義 예 세속5계)로써 서로 닦는다. ⇨ 이성·인격 도야

② 상열이가락(相悅以歌樂) : 시와 음악(예 향가)으로써 서로 즐긴다. ⇨ 정서 도야

③ 유오산수 무원부지(遊娛山水 無遠不至) : 명산(名山)과 대천(大川)을 찾아다니며 즐기고 멀리 가보지 아니한 곳이 없다. ⇨ 풍류사상, 심신 단련(국토순례), 직관 교육, 비형식적 생활 교육

② **통일신라시대의 독서삼품과**(독서출신과) − 원성왕 4년(788)에 설치

(1) **국학의 졸업시험, 문관 등용방법** − 최초의 평가제도(⇨ 과거제도의 예비)

(2) **중국 한대**(漢代)**의 향거이선법**(鄕擧里選法), **위진 남북조시대의 9품중정제**(九品中正制)**와 유사**

(3) **유학의 독서능력**(유학지식의 고 · 하)**에 따라 상 · 중 · 하품으로 구분**

　① **특품** : 『오경』, 『삼사』, 『제자백가서』에 모두 능통한 자는 각 단계를 뛰어넘어 발탁('초탁'이라고 한다.)
　② **상품** : 『춘추좌씨전』이나 『예기』, 『문선』을 읽고 그 뜻에 능통하고 『논어』, 『효경』에 밝은 이
　③ **중품** : 『곡예(예기)』, 『논어』, 『효경』을 읽은 사람
　④ **하품** : 『곡예』, 『효경』을 읽은 사람

(4) **교육사적 의의**

　① **인재 등용방식의 변화** : 인물 본위에서 실력 · 시험 본위로의 변화
　② **신라사회의 권력 교체** : 골품제도의 붕괴 ⇨ 정치의 문무 교체로 인한 봉건화

---

02 **고려와 조선**

① **고려의 과거제도**(科擧制度)

(1) **광종 때**(958) **후주의 귀화인 한림학사 쌍기의 건의로 실시**(⇨ 능력 본위의 관리등용제도)

(2) **시험과목**

　① 문과(명경과, 제술과) · 승과 · 잡과만 실시 : 명경보다 제술 중시(경학보다 문학을 숭상)
　② 무과(武科)는 실시하지 않음 : 숭문천무사상(崇文淺武思想)의 결과

(3) **응시자격**

　① 양민(良民)이면 누구나 응시 가능 : 부모의 상중(喪中)에 있는 사람은 상(喪)이 끝날 때까지 응시 불가. 평민에게는 10번, 관리에게는 5번의 응시 기회 부여
　② 승려는 승과만 응시 가능

⑷ **특징**

① 좌주문생제(座主門生制) : 지공거(은문)와 문생(門生, 급제자)이 부자(父子)의 예(禮)를 갖춤 ⇨ 문벌(門閥) 형성의 배경
② 과거제도와 학교교육은 밀접하게 관련 : 학교의 학과목과 과거의 시험과목은 동일 ⇨ 학교는 과거시험 준비기관으로 전락

⑸ **과거제도의 예외**

구분	내용
음서제도 (蔭敍制度)	• 조상의 음덕(蔭德)으로 그 자손이 관리가 될 수 있게 한 제도 ⇨ 문벌(文閥) 형성의 배경 • 부(父)나 조부(祖父)가 관직생활을 했거나 국가에 공훈(功勳)을 세웠을 경우에 그 자손을 관리가 될 수 있게 한 제도 ⇨ 5품 이상인 관리의 자제들에게 과거 없이 관직에 등용하게 한 제도
천거제도 (薦擧制度)	학식과 재능, 덕행이 뛰어났으면서도 가세(家勢) 등이 미약하여 벼슬에 오르지 못하고 있는 인물을 추천에 의해 특별히 등용하는 제도
성중애마 (成衆愛馬)	내시(內侍)와 숙위(宿衛) 등 왕을 가까이 모시는 특수 직책을 이용해 고위관직으로 진출할 수 있게 하는 보선(補選)제도
남반(南班)· 잡로(雜路)	하급관리가 고위직으로 진출할 수 있게 한 제도 ⇨ 고려 후기의 신분제 동요에 따른 상황을 반영한 제도

⑹ **영향**

① 긍정적 의의 : 능력 본위의 관리등용 가능
② 부정적 의의
　㉠ 학교가 과거시험 준비기관으로 전락
　㉡ 유교경전을 암기하는 주입식 교육풍토 조성
　㉢ 사대주의(事大主義) 및 상고주의(尙古主義) 경향의 심화
　㉣ 과도한 경쟁으로 부정부패 조성
　㉤ 시험과목의 제한으로 인한 폭넓은 사상의 발전 저해

❷ 조선의 과거제도(科擧制度)

(1) 시험과목의 종류 – 문과, 무과, 잡과 실시

종류	구분		내용	성격
문과	소과 (생진과)	생원시	• 유교경전(예 4서 5경)을 외는 명경(明經) 시험 • 시험과목 : 오경의(五經義)와 사서의(四書疑) 2편	• 성균관 입학시험 (오늘날 대입수능시험) • 초시－복시 2단계 • 백패(白牌) 수여
		진사시	• 문장[예 부(賦), 고시(古詩), 명(銘), 잠(箴)]을 짓는 제술(製述) 시험 • 시험과목 : 부(賦) 1편 + 고시(古詩), 명(銘), 잠(箴) 등 다양한 문장 형식 중 1편	
	대과(문과)		• 원점 300점을 취득한 유생들을 대상으로 실시 • 초시－복시(회시)－전시의 3단계 / 홍패(紅牌) 수여	• 성균관 졸업시험 • 문관 선발시험
무과	단일과		초시－복시－전시의 3단계 / 홍패(紅牌) 수여	무관 선발시험
잡과	단일과		초시(해당 관아 주관)－복시(해당 관아 & 예조)의 2단계	기술관 선발시험

📑 『경국대전(經國大典)』과 『대전회통(大典會通)』은 문과·무과·잡과와 문과의 예비시험인 생원시와 진사시만을 규정하고 있으며, '대과'와 '소과'라는 용어 자체가 없다.

📑 초시－복시－전시는 시험단계를, 초장·중장·종장은 시험과목에 따른 구분을 말한다.

(2) 실시 시기

① **식년시** : 정기시험, 매 3년(子·卯·午·酉年)마다, 문과·무과·잡과 모두 실시

② **특별시** : 부정기 시험 ⇨ 국가에 경사가 있을 때나 특별한 필요 발생 시 실시

(3) 주무 기관

문과는 예조, 무과는 병조, 잡과는 4과만 해당 관청(초시)과 해당 관청 & 예조(복시)에서 실시

(4) 과거제도의 예외 인정

① **음서제도** : 문무관 2품 이상의 자제에게 과거 면제 혜택 부여

② **취재제도** : 하급관리 임용시험 예 이조취재, 병조취재, 예조취재

③ **천거제도** : 3품 이상의 고관이 재능 있는 인재를 추천 예 조광조의 '현량과'

⑸ 고려시대와 조선시대의 과거제도 비교

구분	고려시대	조선시대
종류	문과, 잡과, 승과(무과 ×) • 문과 : 제술과(문예시험), 명경과(경전시험) ⇨ 명경보다 제술 중시 • 잡과 : 기술관 시험 ⇨ 예부 관리	문과, 무과, 잡과(승과는 부분적 실시 후 폐지) • 문과 : 3차시 　－ 소과 : 성균관 입학시험, 생원(명경업), 진사(제술업) ⇨ 명경 중시 　－ 대과 : 관리임용시험 ⇨ 제술 중시 • 무과 : 소과·대과 구분 ×, 3차시 • 잡과 : 기술관시험, 4학만 실시, 전시 × 　⇨ 해당관청(초시), 해당관청 & 예조(복시)
실시 방법	단층제 ⇨ 3층제(향시, 회시, 전시)	3층제(초시, 복시, 전시)
응시 자격	평민(양민)이면 누구나 가능	양민(단, 상공인, 승려, 서얼 제외)
실시 시기	매년 → 3년에 한번(식년시, 성종) → 격년(현종) → 매년 또는 격년	• 정기시험 : 식년시 • 부정기시험 : 특별시
예외 제도	음서제(5품 이상 자제)	음서제(2품 이상 자제)
특징	• 좌주문생제도 • 동당감시(東堂監試)라고도 불림	취재(取才) : 시취(試取), 특정직(서리, 군사, 기술관)의 임용 또는 승진 시험

❸ 조선시대 실학자들이 제안한 선발방법

⑴ 유형원의 공거제(貢擧制)

과거제 폐지의 대안으로 주장, 일종의 천거제(薦擧制) ⇨ 학교교육과 관리선발을 일원화한 것으로, 학교교육은 취재(取才) 과정의 역할을 담당함

① 추천과 시험을 병행하여 관리를 등용하는 제도

② 학교교육은 취재(取才)의 과정 : 학교교육과 관리선발을 일원화(연계) ⇨ 태학(太學)과 연계된 관리수습기관으로 진사원(進士院)을 설치

③ 절차 : 태학에서 1년 이상 수학한 우수한 학생을 학교의 추천과 진사원의 시험에 의하여 선발, 진사원 입학 ⇨ 진사원에서 1년간 관리 수습 교육 ⇨ 능력과 인격에 따라 차등을 두어 관직에 임명

⑵ 이익의 과천합일제(科薦合一制)

과거제 개혁안 ⇨ 과거제와 천거제 병행 실시 주장

① 과거제 개혁 : 매 5년마다 식년시(정기시험) 실시, 특별시는 폐지 ⇨ 과거제 일부를 수용

② 천거제 병행 : 해당 지방 관리가 학생 관찰 후 추천하는 방식[향거이선제(鄕擧里選制)]과 향약을 기반으로 향장(鄕長)이 합석하여 서로 의논한 후 추천하는 방식[공거제(貢擧制)]을 병용 실시

Section 03 조선시대의 교육사상

01 성리학(性理學)

개념 쏙쏙

유학의 발전과정

춘추전국시대	한(漢)·당(唐)	송(宋)	명(明)	청(靑)
원시 유교(선진 유학)	훈고학	주자학(성리학, 理學)	양명학(心學)	고증학
		유교철학: '신(新)유학'으로 불림		
공자(仁), 맹자(仁義), 순자(禮法)	경전의 자구 해석	이론철학 (사변철학, 존재론)	실천철학	문헌비평(유교과학)

① 개관 - 조선 전기 교육에 영향

(1) 개념

우주의 근원(이기론)과 인간의 심성 문제(심성론, 4단7정론)를 형이상학적으로 해명하려는 철학

① **이기론**(理氣論, 우주론, 존재론) : '우주는 어떻게 이루어져 있는가'를 설명하는 틀로, 이(理)와 기(氣)라는 용어를 사용하여, 세계와 모든 사물 및 인간은 이와 기의 결합으로 존재한다는 주장이다. 이와 기의 관계를 보는 관점에 따라 주리론(主理論)과 주기론(主氣論)으로 나뉜다.

이(理)	• 사물생성의 근본원리, 보편, 원론, 자연법칙, 도덕법칙, 절대적이며 영원한 것이다. • 이(理)의 최고 형태는 태극(太極)이다.
기(氣)	• 사물 생성의 근본 재료, 형상, 개별적이며 가변적인 것이다. • 기(氣)의 최고 형태는 음양(陰陽)과 오행(五行)이다.
주리론 (主理論)	• 이기이원론(理氣二元論)을 바탕으로 생멸하는 기(氣)보다 항존불변하는 이(理)를 중시한다. • 심성론(心性論)의 입장에서는 천부적인 선한 본성인 사단(四端)은 이(理)의 발동이고, 선과 악이 섞여 있는 칠정(七情)은 기(氣)의 발동이라는 이기호발설(理氣互發說)을 주장한다. • 대표적인 학자는 이황이다.

주기론 (主氣論)	• 이기일원론(理氣一元論)을 바탕으로 모든 현상은 기(氣)가 움직이는 데 따라 다르게 나타나며, 이(理)는 단순히 기를 주재하는 보편적 원리에 불과하다고 주장한다. • 심성론(心性論)의 입장에서는 사단(四端)과 칠정(七情)은 모두 기(氣)가 발동한 것이며, 사단은 칠정 가운데 선한 측면만을 가리키는 것에 불과하다는 기발이승일도설(氣發理乘一途說)을 주장한다. • 대표적인 학자는 이이이다.

② 심성론(心性論)

　㉠ 이기론에 바탕을 둔 인간이해는 본연지성(本然之性)과 기질지성(氣質之性)의 개념을 중심으로 하는 인성론으로 체계화되었다.

본연지성	• 모든 인간의 마음속에 본래 존재하고 있는 이(理)로서, 도덕적으로 선한 본성을 의미한다. • 사단(四端)은 인간의 본성에서 우러나오는 마음씨, 즉 선천적이며 도덕적인 능력을 말한다. 　예 측은지심(惻隱之心), 수오지심(羞惡之心), 사양지심(辭讓之心), 시비지심(是非之心)
기질지성	• 인간 형성에 관여하는 기(氣)에 의해 형성된 것으로, 육체와 감각적 작용으로 나타나는 인간 본능을 의미한다. • 칠정(七情)은 인간의 본성이 사물을 접하면서 표현되는 인간의 자연적인 감정이다. 　예 희(喜, 기쁨), 노(怒, 노여움), 애(哀, 슬픔), 구(懼, 두려움), 애(愛, 사랑), 오(惡, 미움), 욕(欲, 욕망)

　㉡ 인간의 본연성을 밝히고, 그 본연성에 근거하여 어떻게 삶을 영위할 것인가를 탐구하였으며, 현실의 인간행위는 인간의 본연성과는 많은 괴리를 보임을 의심하고 탐구하였다.

　㉢ 사단칠정(四端七情)에 관한 논쟁은 마음을 설명하는 두 가지 개념인 사단과 칠정의 관계를 이기론에 비추어 설명하려는 시도이다. ⇨ 현대 교육에 있어 인성교육에 시사점 제공

⑵ 유사 개념

　이학(理學), 주자학(朱子學), 송학(宋學), 도학(道學)

② 교육관

⑴ 궁극적 목표

　성인(聖人)이 되는 것 ⇨ 현실적으로는 군자(君子)

⑵ 실천방법

　① 존심양성(存心養性) : 항상 선한 마음을 가지고 천부의 본성을 기름(性卽理)
　② 궁리(窮理) : 거경궁리(居敬窮理) ⇨ 경(敬)의 자세로 지식을 확실히 함 예 서원(書院)

(3) 교육내용 – 사서오경(사서 > 오경), 소학

① 『대학(大學)』: 철학서 ⇨ 유학의 입문서, 수기치인(修己治人)의 원리 규명

  🔔 『대학』(예기 42장)과 『맹자』(예기 31장) 5경의 하나인 『예기(禮記)』(총 49장으로 구성)의 일부를 주희(朱熹)가 별개의 책으로 편찬한 것이다. 『소학』에 대응한 대학 교육의 목적과 방법을 분명히 한 책으로, 강령(綱領)과 조목(條目)이 뚜렷이 제시되어 있고 체계가 엄밀하여 의론체(議論體)인 『논어』와 『맹자』와 차별된다. 교육의 목적인 3강령[명명덕(明明德), 신민(新民), 지어지선(止於至善)]과 그 달성하는 방법인 8조목[격물(格物), 치지(致知), 성의(誠意), 정심(正心), 수신(修身), 제가(齊家), 치국(治國), 평천하(平天下)]을 제시하면서 『시경』과 『서경』 등의 말을 인용하여 해설하고 있다.

② 『논어(論語)』: 도덕론 ⇨ 유교사상의 뿌리

  🔔 『논어(論語)』 유가(儒家)의 성전(聖典)으로 사서(四書) 중의 하나로, 중국 최초의 어록(語錄) ⇨ 공자와 그 제자와의 문답(問答)을 주로 하고 공자의 언행(言行)을 모아 만든 책이다.

③ 『맹자(孟子)』: 정치론 ⇨ 유교사상의 발현, 왕도정치(王道政治)의 이상

④ 『중용(中庸)』: 철학서 ⇨ 유학의 결론

  🔵 "하늘이 명(命)한 것을 성(性, 성품)이라 하고, 성품에 따르는 것을 도(道)라 하고, 도를 닦는 것을 교(敎)라고 한다."

(4) 대표적인 사상가 – 퇴계 이황, 율곡 이이

구분	이황	이이
세계관(이기론)	• 이기이원론적 주리론(이상 중시) • 이귀기천(이>기)	• 이기일원론적 주기론(현실 중시) • 이기지묘, 이통기국(이≒기)
인간관(심성론)	이기호발설(理氣互發說)	기발이승일도설(氣發理乘一途說)
핵심 사상	경(敬)사상	성(誠)사상
교육관	• 입지 ⇨ 작성(作聖) • 거경, 궁리, 잠심자득(潛心自得) • 궁행(躬行, 개인적 실천) • 위기지학 : 내적 인격 수양 • 지행병진(지행호진) • 발달단계에 따른 교육 : 태교 ⇨ 유아기(효경, 가례) ⇨ 소년기(소학, 대학) ⇨ 청년기(심경, 주자서절요)	• 입지 ⇨ 작성(作聖) • 거경, 명지(궁리) • 역행(力行) : 사회경장(社會更張) 사상 ⇨ 진보주의의 생활 중심 교육 • 위인지학 : 외적 실천 • 지행일치(지행합일) • 독서교육 중시 : 소학−대학·근사록−논어−맹자−중용−5경−역사서·성리학서
군왕교육	성학십도	성학집요
영향	위정척사, 의병운동	실학, 개화사상

02 실학(實學)

1 개관 - 조선 후기 교육에 영향

(1) 등장 배경

① 전쟁으로 피폐해진 조선의 실정(失政)

② 성리학(유학) 중심의 세계관에 대한 비판

③ 양명학(知行合一)과 고증학(문헌비평학)의 유입

④ 중국으로부터 서양 문물과 서학(西學)의 유입

성리학	양반 중심, 중국 중심, 비실용성(사변윤리), 유교경전 암송, 전근대성, 주관적 자연관
실학	서민 지향, 민족 주체성 중시, 실용성(실천윤리), 과학적 사고, 근대성, 객관적 자연관

(2) 교육원리

① **교육기회 개방확대론** : 신분적 차별윤리[계급편파 교육, 지방편파 교육, 성(性)편파 교육]의 유교적 질서를 철폐하고 교육기회균등을 강조, 개인차를 고려한 능력별 교육

　　㉠ 유형원 : 반상(班常)의 차별 철폐와 신분을 초월하여 학생은 학생으로 동등해야 함을 강조

> "지금 지방의 향교에서 양반은 동재(東齋)에 거처하고 서민은 서재(西齋)에 거처하게 된다. 그래서 비록 서재가 비어 있어도 양반은 들어가기를 꺼려하고, 동재가 비록 비어 있어도 서민은 그곳에 들어갈 수 없으니 심히 무리한 일이다. 마땅히 한 가지로 하여 편의에 따라서 들어가 거처하게 하고, 등급을 정하여 차별하게 해서는 안 된다."
> "국속(國俗)에 양반, 서얼, 서족은 각각 그 품류(品類)를 구분하여 나이로 차례를 정함은 어찌된 까닭입니까?"라고 묻는다면, "예에, 천하(天下)에 나면서부터 귀한 자가 없다고 하였고 천자(天子)의 아들도 입학하면 나이로 차례를 정하였는데, 하물며 사대부(士大夫)의 아들에 있어서야……."
>
> ─『반계수록』

　　㉡ 이익 : 지역 차별이 교육기회나 관리등용에 미치는 폐해를 지적

> "인재가 나는 것은 사방이 모두 같다. 멀고 가까움이 무슨 관계가 있겠는가. 그런데 먼 곳 사람들이 진출하지 못하는 것은 국가에서 특히 인재를 지역으로써 택하고 인재로써 택하지 않기 때문이다."
>
> ─『곽우록』

　　㉢ 홍대용 : 교육기회나 관리등용에 있어 신분, 가문, 적서(嫡庶), 지역 간의 차이에서 오는 일체의 사회적 차별을 철폐하고 능력의 차이만을 인정할 것을 주장

> "재능과 학식만 있으면 비록 농상(農商)의 자식이 낭묘(廊廟, '궁전')에 들어가 일하여도 방자할 것이 없으며, 재능과 학식이 없으면 공경(公卿)의 자식이 하인이 되어도 한탄할 것이 없다."
>
> ─『임하경륜』

    ⓔ 이덕무 : 지배층 위주의 폐쇄적 교육에서 신분과 직업에 관계없이 인간 도야를 목적으로 하는 개방적 교육으로의 전환을 주장

 ② **학제개혁론** : 과거제 비판의 대안으로 공교육 중시의 단계적 학제개혁론을 전개

   ㉠ 유형원 : 교육의 합리화, 공교육의 강화, 초등교육의 강조 ⇨ 중앙과 지방의 이원적인 4단계 학제안을 제시

   ㉡ 홍대용 : 관 주도의 의무교육과 선발적 교육관에 근거한 단계적 학제안 제시

 ③ **민족지향적 교육의식**

   ㉠ 새로운 자아의식의 각성을 통한 민족 주체성 확립을 중시 : 자연과학적 세계관을 바탕으로 '명분론적 화이관(華夷觀)'의 허실을 비판하고 '화이일야(華夷一也)'라는 수평적 세계관을 새롭게 확립

   ㉡ 민족적 자주의식은 사회적 각성과 국학 연구에 대한 관심으로 발전 : 자문화의식에 따른 국사교육의 중요성을 강조

     ⓐ 유득공 : 「이십일도회고시(二十一都懷古詩)」를 지어 노래로 우리 역사를 공부

     ⓑ 정약용 : 국사를 과거시험 과목에 포함 ⇨ 매 식년(式年)마다 시행

 ④ **무실론(務實論)적 실학교육론** : 성리학적 학문체계를 공리공담(空理空談), 고담준론(高談峻論)의 허학(虛學)으로 규정·배격하고, 생산과 실리실용에 직결되는 실용주의 교육을 중시

   ㉠ 정약용 : "문예(文藝)는 우리가 행하는 도(道)에 있어서 좀이다."

   ㉡ 박지원 : "독서를 하고서도 실용을 모른다면 학문한 것이 아니며, 학문하는 것을 귀하게 생각하는 까닭은 그것이 실용을 위한 것이기 때문이다."

   ㉢ 안정복 : "학문하는 요체는 무실(務實)의 두 글자를 행하는 것에 불과하다."

❷ 대표적 사상가

(1) 유형원

 ① 덕행인·능력인 양성 ⇨ 교육기회균등(신분제 타파)

 ② **4단계 학제개혁안** : 서울과 지방으로 학교제도 이원화

 ③ **공거제** : 과거제 대안(일종의 '천거제'), 학교교육과 관리 선발을 일원화 ⇨ 학교교육은 취재(取才)의 과정

	초등		중등		중등		고등	서울과 지방 이원화
서울	방상	→	사학	→	중학	→	태학 →	• 초등은 국민보통 교육
지방	향상	→	읍학	→	영학		진사원	• 중등 이후는 능력주의(양반에 한함)

 ④ 향약(鄕約, 사회교육)과 학교교육의 분리

(2) 이익

① **교육목적** : 양사(養士)가 목적 ⇨ 주체성 있는 역사의식인
② **교육이념** : 숭례(崇禮) 중시, 근검과 남녀유별(男女有別)의 이념
③ **교육방법** : 일신전공(日新全功)의 교육방법 － 득사(得師), 호문(好問), 서독질의(書牘質疑) ⇨ 소크라테스의 대화법
④ **교육과정 개혁** : 『동사강목』과 『퇴계집』 ⇨ 한국학을 본 궤도에 올려놓음
⑤ **학교제도 개혁** : 4단계 학제개혁안

서민	향학(鄕學) → 태학 → 전강(殿講, 과거) → 사제(賜第, 관리선발)
사대부	사학(四學) → 태학 → 전강(殿講) → 사제(賜第)

⑥ **과거제도 개혁** : 과천합일제 ⇨ 식년시 5년마다 & 별시는 폐지 ＋ 지방관리의 추천(향거이선제)
⑦ 사회개혁(노비, 과거, 문벌 등 6좀 타파), 가정교육 중시

(3) 안정복

실학시대의 최고 역사가 ⇨『동사강목』[국사의 독자성 강조, 야사(野史)도 수용], 『하학지남』(초학자들 대상, 고전 입문서), 『여범』(여성의 행동규범)

(4) 이덕무

①『사소절』 저술 ⇨『소학』을 한국 실정에 맞게 저술 ◉ 사전(士典) · 부의(婦儀) · 동규(童規)로 구성, 국민독본
② **구성**
　㉠ **사전(士典)** : 5권, 선비들의 윤리와 행실
　㉡ **부의(婦儀)** : 2권, 부녀자들의 도리
　㉢ **동규(童規)** : 1권, 아동교육 방법 ⇨ 교육의 기회균등(서민 자녀도 교육), 보통교육 강조, 초등교육과정 제시[최세진의 『훈몽자회』와 이만운의 『기년아람』, 연간 수업일수 300일(150일 경전교육, 150일 역사교육)]

(5) 홍대용

① 기(氣)철학적 인간평등론 ⇨ 실용교육과 과학기술교육
② **신분차별 철폐** : 능력에 따라 적재적소에 인물 배치
③ **관(官) 주도의 의무교육제도 실시** : 8세 이상의 아동은 신분 구별 없이 초등교육기관인 재(齋)에 입학하게 함
④ **주요 저서** : 『임하경륜(林下經綸)』, 『주해수용(籌解需用)』

⑹ 정약용

① 수기 위천하인(≒ Brameld의 사회적 자아실현인) 양성 ⇨ 실학의 집대성

② 학문의 근본으로 성의(誠意)와 신독(愼獨) 강조 : 지식교육보다 사람 만들기 교육(정의교육, 인격교육) 중시
   ⇨ EQ 후에 IQ 교육(공자, 루소)

③ 덕행[德行, 인간됨의 근거 ⇨ 孝(임금), 悌(어른), 慈(대중)중시], 경술(經術, 10경의 지식을 국가 관리에 활용),
   문예(文藝, 6예 중 書와 數 강조), 기예(技藝, 과학기술교육)를 강조

④ 국학(國學), 국사와 우리나라 선현의 글(예 고려사, 반계수록, 서애집, 성호사설, 퇴계집, 율곡집, 이충무공전서, 연려실기
   술)과 『아학편』(『천자문』을 대체한 아동문자 학습서, 2000자문, 아동 발달단계를 고려한 주제별 구성, 이해
   위주)

⑤ 오학론(五學論) : 당시 학문적 경향 비판

성리학	공리공론(空理空論)의 이기설(理氣說)에 너무 편중되어 있다.
훈고학	경전(經典)의 자의(字意)와 훈독(訓讀)에 너무 치중되어 있다.
문장학	문자적 유희나 미사여구(美辭麗句)에 치중되어 있다.
과거학	실생활을 외면하고 사변적인 일에만 허송하게 하고 있다. 과거시험방식, 시험과목, 시험실시시기 등 모든 면에서 개혁이 필요하다.
술수학	도선의 비결(秘訣)이나 정감록 등의 사설(邪說)이 백성을 미혹(迷惑)케 한다.

⑥ 불가독설(不可讀說) : 천자문, 사략, 통감절요의 독서 금지

천자문	문자가 체계적으로 배열 ×, 암기 위주의 학습, 아동들의 이해수준 고려 ×
사략(史略)	중국 역사의 요약본으로 허구적 내용(예 천황의 존재) 포함
통감절요	강용이 편찬한 역사서로 중국에서도 인정하지 않음

⑦ 주요 저서 : 『경세유표(국가기구개혁)』, 『목민심서』(지방관 도리), 『흠흠신서』(법과 형옥 개혁)

⑺ 최한기

① 실학과 개화사상의 가교(架橋) 역할

② 사상 : 기일원론적 기학(氣學), 통기(通氣 : 기로써 객관적 대상물을 접촉하여 인식하는 것)와 추측(감각적
   경험을 분별하고 헤아리는 추리작용) 중시

기(氣)	우주의 궁극적 실재 ⇨ 운화기(運化氣, 활동·변화하는 작용측면), 형질기(形質氣, 운화기 활동의 결과)
이(理)	기(氣)에 예속 ⇨ 유행지리(流行之理, 객관적 자연법칙), 추측지리(推測之理, 인간의 사유활동, 공부의 기본 원리)

③ 인간관
  ㉠ 후천적 노력에 의해 발전하는 존재
  ㉡ **인간평등과 존엄**: 누구나 평등 ⇨ 기를 바탕으로 대상물을 인식, 추리 능력이 있어 동물보다 우수
  ㉢ **염습론(染習論)**: 경험은 지식과 사고의 근간, 유아기의 경험과 습관은 '흰 비단에 물을 들이는 것과 같다'
    ⇨ 로크의 백지설과 흡사
④ **교육관**
  ㉠ **교육목적**: 인도(人道)의 구현 ⇨ 교양인과 실용인의 조화
  ㉡ **교육내용**: 경험중심 교육 ⇨ 경험을 통해 지식이 생긴다(행을 통해 지가 생김).
  ㉢ **교육방법**: 경험을 통한 학습(감각 → 기억 → 추리의 학습과정), 추측을 통한 사고력 증진, 개인차 존중
⑤ **특징**: 아동 교육의 중시(염습론), 생활중심교육, 수학교육(만물의 근원적 출발이 되는 교과) 중시

(8) 박지원

① **교육적 인간상**: 높은 도덕적 의식을 가진 경제인
② 법고창신(法古創新), 이용후생(利用厚生) 중시
③ **민족주체성 강조**: 천자문, 사략, 통감절요 등 불가독설(不可讀說) 주장

권지수교육학 핵심요약집

핵심쏙쏙

교육연구

권지수교육학 핵심요약집
핵심 쏙쏙

01

교육연구의 이해

교육연구의 이해

01 교육연구의 이해

1 개관

(1) 교육연구의 개념

① 과학적인 분석방법을 적용하여 교육문제의 개선과 효과의 증진을 위한 일련의 활동을 말한다.

② 과학적 방법의 체계적·학구적인 적용이며, 넓은 의미에서 교육문제의 해결과정이다.

(2) 교육연구의 분류

양적 연구	• 개념 – 관찰 가능한 자료에 입각하여 일반적인 법칙을 찾아내려는 연구 ⇨ 자연과학적이고 실증적인 패러다임에 기초한 연구 – 인간 현상도 자연 현상과 같이 관찰 가능하고 객관적인 법칙의 지배를 받는다고 봄 ⇨ 자연과학적 방법을 사회과학에 적용할 수 있다는 가정, 일원론적 접근 • 유형 – 실험연구(experimental research) : 독립변인이 종속변인에 미치는 영향, 즉 인과관계를 규명하기 위한 연구 – 준실험연구(quasi-experimental research, 유사실험 연구) : 연구 대상을 무작위로 표집할 수 없거나 무작위로 배출할 수 없는 상황에서 독립변인을 조작하여 종속변인에 미치는 영향을 분석하기 위한 연구 – 상관연구(correlation research) : 두 개 혹은 두 개 이상의 변인 사이에 어느 정도 관계가 있는가를 규명하려는 연구
질적 연구	• 개념 – 일반적인 법칙을 찾아내려는 것이 아니라 어떤 대상이나 현상이 지닌 의미를 이해하고 정리하고자 하는 연구 ⇨ 현상학, 해석학 등에 근거한 연구 – 인간 현상은 자연 현상과 달리 객관적이고 보편적인 법칙의 지배를 받지 않으며, 객관적인 자료에 의하여 수량화될 수 없다고 봄 ⇨ 이원론적 접근 • 유형 – 전기적 연구(biographical study) : 특정 개인이 경험했던 사건을 연구하는 방법 – 현상학적 연구(phenomenological study) : 특정 사건을 경험한 사람들이 그 사건에 부여한 의미를 연구하는 방법 – 사례연구(case study) : 특정 사례를 중심으로 문제나 특성을 집중적으로 조사하고 분석하는 연구 – 문화기술적 연구(ethnographic study) : 특정 집단 구성원들의 문화를 포괄적으로 기술하고 분석하기 위한 방법 ⇨ 심층면접과 참여관찰을 통한 자료수집

❷ 교육연구의 절차

① 연구문제 선정(문제발견) → ② 연구문제 분석(문헌고찰/선행연구고찰) → ③ 가설 설정 → ④ 연구계획 수립 → ⑤ 연구 실행(도구제작, 실험·실천, 자료수집) → ⑥ 검증 및 평가(자료분석, 결과평가) → ⑦ 결과 보고

---

02 표집(sampling) 방법

❶ 확률적 표집(probability sampling)

(1) 개념

특정한 표집을 얻을 확률을 객관적으로 알 수 있도록 설계하여 표집하는 방법, 모집단(전집)을 구성하고 있는 모든 요소들이 표집될 확률을 갖고 있다고 전제 ⇨ 실험연구와 같은 양적 연구에서 주로 사용

(2) 표집방법

① 단순무선표집(simple random sampling) : 제비뽑기식 표집, 난선(난수표)표집, 주사위표집

  ㉠ 특별한 선정 기준 없이 아무렇게나 무작위로 뽑는 방법, 모집단 전체에 번호를 부여하고 무작위로 선택
    ⇨ 확률적 표집방법 중에서 가장 널리 사용

  ㉡ 연구자의 편견을 가장 잘 배제할 수 있는 표집. 표집오차는 유층표집에 비해 크다.

② 체계적 표집(systematic sampling) : 동간격표집, 계통표집

  ㉠ 일정한 간격으로 표집하는 방법 ⇨ 간격의 크기는 전집의 수(N)를 표본수(S)로 나눈 값

  ㉡ 모집단 전체에 일련번호를 부여하고 첫 번째 숫자는 단순무선표집과 같은 방법으로 표집한 뒤, 그 다음부터는 간격을 똑같이 하여 표집한다.

    예 전집의 크기(N)가 60이고, 필요한 표본수(S)를 10이라 한다면 표집간격은 60÷10=6이 된다. 1과 6 사이에서 무선적으로 5를 선택했다면 표집번호는 5, 11, 17, 23, 29, 35, 41, 47, 53, 59 등 모두 10개가 된다.

③ 유층표집(stratified sampling)

  ㉠ 모집단을 동질적인 몇 개의 하위집단으로 나누고 각 하위집단으로부터 무선표집하는 방법 ⇨ 표집오차가 가장 작다.

    예 입시교육 개선을 위한 의견청취를 위해 40대 가운데 교사집단, 주부집단, 은행가집단으로 각각 표집한 경우, 한국 교육의 공정성 여부를 묻는 설문조사를 위해 학생집단, 교사집단, 학부모집단으로 나눈 다음 각 집단에서 100명씩 표집한 경우, 교실환경 개선방향에 대한 의견조사를 위해 전국 중등교사를 대도시, 중·소도시, 농어촌 지역으로 나눈 다음 각 지역에 근무하는 교사를 각각 100명씩 표집한 경우

  ㉡ 하위집단의 내부는 동질적이나, 하위집단 간은 이질적이다.

④ 군집표집(cluster sampling) : 덩어리표집, 집략표집

ⓐ 모집단을 이질적인 몇 개의 하위집단(자연적으로 형성된 집단)으로 나누고 이 하위집단을 단위로 무선
표집하는 방법 ⇨ 각 하위집단은 모집단의 축도(縮圖)가 되며, 최종 표본 추출 단위가 사례가 아니라
집단이다.

　　　🄔 한국 교육의 공정성 여부를 묻는 설문조사를 위해 전국 지역 중에서 서울 지역의 학생, 교사, 학부모의 의견을 묻는 경우

ⓑ 하위집단의 내부는 이질적이나, 하위집단 간은 동질적이다.

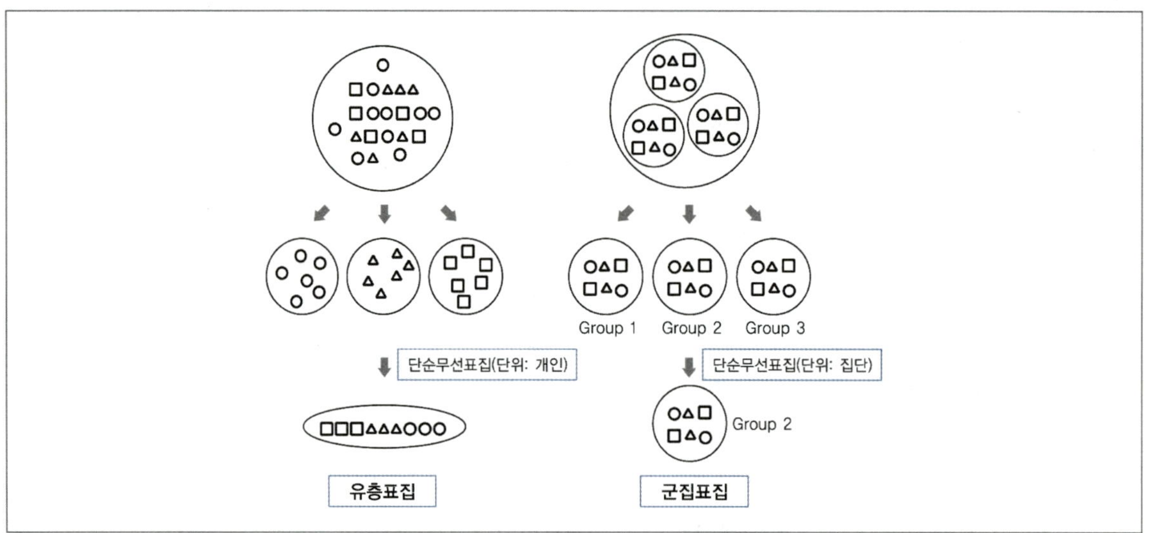

❷ 비확률적 표집(non-probability sampling)

(1) 개념

전집의 요소들이 뽑힐 확률을 고려하지 않고, 연구자의 주관적인 판단에 의해서 임의적으로 표집하는 방법,
표집오차를 계산할 수 없기 때문에 표집의 대표성이 문제된다. ⇨ 주로 질적 연구에서 사용

(2) 표집방법

① 의도적 표집(purposive sampling, 주관적 판단 표집) : 모집단을 잘 대표하리라고 믿는 사례들을 연구자의
주관적 판단에 의해서 의도적으로 표집하는 방법 ⇨ 문화기술지와 같은 질적 연구에서 주로 사용

② 우연적 표집(accidental sampling, 편의적 표집) : 특별한 표집 계획 없이 연구자가 임의로 손쉽게 구할
수 있는 대상들 중에서 표집하는 방법 ⇨ 시간적 여유가 없을 때 사용 🄔 길거리에서 인터뷰하기

③ 눈덩이 표집(snow-ball sampling) : 최초의 조사 대상자로부터 다른 사람을 연속적으로 소개받으면서 표
집을 해나가는 방법 ⇨ 비밀스럽고 비공개적인 현상(🄔 동성연애 현상 실태 조사)을 통해서 정보를 수집하고자
할 때 사용

교육연구의 방법

01 교육연구의 방법

1 기술적 연구(descriptive research)

(1) 개념

인위적인 조작이나 통제를 가하지 않고 있는 그대로 기술하고 해석하는 연구

(2) 유형

사례연구	• 개념 : 특정한 개인이나 집단 또는 기관을 대상으로 어떤 문제나 특성을 심층적으로 조사·분석하는 연구 ⇨ 질적 연구방법 • 특성 − **총합성** : 특정 개인의 신체적·심리적·환경적 요인, 생활사 등 모든 요인을 종합적·체계적·집중적으로 연구 − **개별성** : 연구대상은 한 개인이 당면하고 있는 개별적인 사례나 문제 − **다각성** : 면접, 관찰, 실험 등 문제해결에 도움이 되는 모든 방법을 이용 − **치료성** : 개인과 집단의 당면 문제 교정을 위한 연구(일반적인 법칙을 발견하기 위한 연구가 아님) 예 가계연구, 소년범죄, 학교 등에 적용
발달연구	• 개념 : 시간의 경과에 따른 유기체의 발달과정에 따른 변화과정을 연구 ⇨ 개인 내 변화와 개인 간 변화를 탐구 예 Piaget의 인지발달연구, Kohlberg의 도덕성 발달연구 • 유형 − **종단적 연구법(longitudinal method)** : 동일한 연구 대상을 오랜 기간 추적하면서 관찰하는 방법 ⇨ 대표성을 고려한 비교적 소수의 사람을 표집, 한 개인의 성장과 발달에 따른 변화를 파악할 수 있음 ⇨ 발달의 개인차 파악 − **횡단적 연구법(cross-sectional approach)** : 일정 시점에서 여러 연령층의 대상들을 선택해서 연구하는 방법 ⇨ 서로 비슷한 변인을 가진 다수의 사람을 표집, 시간의 흐름에 따른 성장의 특성을 밝혀서 그 일반적 성향을 알 수 있음 ⇨ 발달의 일반적 경향 파악
델파이 조사방법	특정 전문가 집단을 대상으로 익명의 반복적인 설문지 조사를 통해 의견을 수렴해내는 방법

2 실험연구(experimental research)

(1) 개념

가설을 세우고 조건(변인)을 인위적으로 조작·통제하여 연구하는 방법(영가설을 사용함 ⇨ 기각될 것을 전제함) ⇨ 연구대상을 무작위로 표집(random sampling), 독립변인 조작, 외생변인(가외변인, 매개변인) 통제

(2) 주요 개념

변인	• 독립변인 : 실험 계획에 도입되는 환경요인이나 조건, 예언할 수 있는 변인, 실험자가 인위적으로 조작할 수 있는 변인 ⇨ 실험처치(treatment) • 종속변인 : 독립변인의 변화에 따라서 나타나는 결과, 실험처치에 대한 유기체의 모든 행동 반응 • 가외변인(외생변인, 매개변인, 오염변인) : 독립변인 이외의 변인 중 종속변인에 영향을 미치는 변인 • 회귀분석 : 변인들 중 하나를 종속변인으로, 나머지를 독립변인으로 하여 변인들 간의 상호관계의 본질을 규명하는 통계적 기법 ⇨ 회귀는 기울기를 의미함 • 가설(hypothesis) : 변인들 간의 관계에 대해서 잠정적으로 내린 결론 　－ 영가설(H_O) : 두 통계치(ⓔ 모집단과 표본 또는 서로 다른 두 표본 간의 평균) 간에 '아무런 차이가 없다'라는 가설로, 기각될 것을 전제로 한 가설 ⇨ 연구에서 검증받는 잠정적 진리나 사실 　－ 대립가설(H_A, H_1 : 연구가설, 실험가설, 상대가설) : 연구자가 긍정되기를 기대하는 예상이나 주장하려는 내용의 가설로, 영가설에 대립하여 설정한 가설 ⇨ 영가설이 부정되었을 때 진리로 남는 잠정적 진술
실험군/ 통제군	• 실험군(실험집단) : 일정한 실험조건을 작용시켜 그에 따른 반응의 변화를 관찰하고자 하는 연구 대상 집단 ⇨ 실험처치를 가한 집단 • 통제군(비교군, 대조군, 통제집단) : 실험군과의 비교의 대상이 되는 아무런 조건을 가하지 않은 집단 ⇨ 실험처치를 가하지 않은 집단
조건의 통제	독립변인 이외의 모든 자극변인(가외변인, 매개변인)을 동일하게 하거나 제거해 주는 것

(3) 실험연구의 타당성

내적 타당도 (internal validity)	• 의미 : 독립변인이 순수하게 종속변인에 영향을 미치는 정도 • 내적 타당도를 저해하는 요인 : 가외변인(매개변인, 외생변인, 오염변인) 　－ 역사(history) : 사전검사와 사후검사 사이에 발생한 실험변인 이외의 특수한 사건 　　ⓔ 우울증 치료 프로그램의 효과 연구 중 실험집단의 대상자가 로또에 당첨된 경우, 수학 교과에 대한 흥미도 연구 중 갑자기 우리나라에서 필즈상 수상자가 나타남 　－ 성숙(maturation) : 실험처치 이외에 시간의 경과에 따라 나타나는 피험자의 내적 변화(생물학적·심리학적 변화) 　　ⓔ 나이 증가, 피로 누적, 흥미 감소 　－ 검사(testing, 검사받은 경험) : 사전검사를 받은 경험이나 기억이 사후검사에 주는 영향(검사도구가 같을 때 나타나는 효과 ⇨ 이월효과) 　　ⓔ 사전검사와 사후검사를 동일한 문제로 한 경우, 피험자들이 사전검사를 받을 때 사후검사를 예상하는 경우 　－ 측정도구(검사도구, instrumentation) : 측정도구의 변화나 채점자(관찰자)의 변화로 인하여 실험에서 얻은 측정치에 변화가 생기는 것 ⇨ 전후 동형검사를 사용하지 않았을 때 발생 　　ⓔ 추리력 측정에 있어 사전검사는 추리력 검사를, 사후검사는 암기력 검사를 실시했을 경우, 협동학습이 학업성취도에 미치는 효과 연구에서 사전검사보다 사후검사를 더 쉽게 만든 경우

<table>
<tr><td></td><td>

    – 피험자 선발(selection) : 실험집단과 통제집단의 피험자를 선발할 때 두 집단 간에 동질성이 결여되어 나타나는 현상(실험군과 통제군을 동질적으로 선발하지 못한 경우)

       예 실험집단은 우수한 학생을, 통제집단은 일반 학급의 학생을 선발했을 경우

    – 실험적 도태(피험자 탈락, experimental mortality) : 피험자가 실험과정에서 중도 탈락하는 현상

    – 통계적 회귀(statistical regression) : 극단적인 점수를 기초로 하여 피험자를 선정할 때 나타나는 통계적 현상 ⇨ 피험자를 선발할 때 극단적으로 높거나 낮은 사람을 선발하면, 실험처치의 효과에 관계없이 그 피험자들의 점수가 다음 검사에서 전집의 평균으로 돌아가려는 현상

    – 선발–성숙 상호작용(selection-maturation interaction) : 피험자의 선발 요인과 성숙 요인의 상호작용에 의해 실험의 결과가 달라지는 것 ⇨ 실험집단과 통제집단의 피험자들이 어떤 기준이 되는 특성이 동질적이라 하더라도 다른 특성(**예** 성숙)에서는 이질적일 수 있고, 이 차이가 실험결과에 영향을 미치는 것

       예 실험집단은 남학생을, 통제집단은 여학생을 선정하는 경우 사전검사의 측정치가 같아도 사후검사는 성숙의 영향을 받을 수 있음

</td></tr>
<tr><td>

**외적
타당도
(external
validity)**

</td><td>

• 의미 : 실험결과의 일반화(generalization) 가능성 문제 ⇨ 현재의 실험조건을 떠나서 다른 대상, 다른 상황, 다른 시기 등에 어느 정도 일반화시킬 수 있는가를 검토하는 것

• 외적 타당도를 저해하는 요인 : 어떤 특수한 실험에서 얻은 실험결과를 그 실험이 진행된 맥락과는 다른 상황, 다른 대상, 다른 시기 등에 일반화시킬 때 제약을 주는 요인

    – 검사실시와 실험처치 간의 상호작용 효과(검사의 반발적 영향) : 사전검사의 실시로 인해 실험처치에 대한 피험자의 관심이 증가 또는 감소됨으로써 실험결과에 영향을 미치는 것

    – 피험자의 선발(잘못된 선정)과 실험처치 간의 상호작용 효과 : 실험여건(**예** 지역사회 환경, 학교의 입지조건, 교풍, 학교의 행정조직)을 고려하지 않고 실험집단을 선발하였을 때 나타나는 실험집단과 실험변인의 상호작용을 말함. 피험자의 유형에 따라 실험처치의 영향이 다르게 나타나는 현상

       예 산골 학교에서 학교 환경의 오염의 영향에 관한 실험을 하는 경우 전국의 모든 학교에 적용하기 어려움

    – 실험상황에 대한 반발효과 : 실험상황과 일상생활 사이의 이질성 때문에 실험결과를 그대로 일반화하기가 어렵게 되는 것

    – 중다처치에 의한 간섭효과 : 한 피험자가 여러 가지 실험처치를 받는 경우에, 이전의 처치에 의한 경험이 이후의 처치를 받을 때까지 계속 남아 있음으로써 일어나는 효과 ⇨ 이월효과(carry-over effect)

    – 변인들의 특이성 : 사용된 특정한 실험설계에 대한 고려 없이 연구결과를 일반화하려는 경향으로 독립변인에 대한 조작적 정의가 불분명하거나 성급한 일반화 시에 발생함

    – 처치방산(처치확산, treatment diffusion) : 다른 처치집단들(**예** 실험집단 간, 실험집단과 통제집단 간)이 함께 의사소통하고 서로를 통해 학습할 때 발생함

    – 실험자 효과 : 실험자 자신이 연구결과의 일반화에 미치는 영향 ⇨ 실험자 개인 특성 효과(성별, 나이, 불안수준 등 실험자가 지닌 개인적 특성이 미치는 영향)와 실험자 편견 효과(실험자가 보고 느끼고 행동하는 방식이 연구결과에 미치는 영향, 즉 실험자가 바라는 방향대로 연구를 진행할 때 나타나는 효과)가 있음

</td></tr>
</table>

♣ 내적 타당도와 외적 타당도의 관계

1. 서로 상충하는 면이 있기 때문에 어느 하나가 높아지면 다른 하나는 상대적으로 낮아지는 경향을 보인다.

2. 대체로 내적 타당도가 높은 실험은 외적 타당도가 낮고, 반대로 외적 타당도가 높은 실험은 내적 타당도가 낮아진다. 그러나 원칙적으로 내적 타당도가 없는 실험에 대해서는 외적 타당도를 따질 필요가 없다.

⑷ 실험설계

① **개념** : 실험설계는 연구 절차에 대한 계획서를 의미한다.

🔔 **실험설계에 사용하는 기호체제** R : 무선 표집 또는 무선 배치, X : 실험처치, 독립변인, O : 관찰, 측정, 검사

② **실험설계 방법** : 준실험설계(주로 학교 현장에서 사용)와 진실험설계(실험연구에서 사용)

　㉠ **준실험설계** : 집단을 임의적으로 선정해서 이질적으로 구성하는 것(⇨ 무선표집 ×)

　　ⓐ **단일집단 사후검사설계(일회적 사례연구)** : 어느 한 집단의 피험자에게 실험처치를 가하고, 그 후에 피험자의 행동을 관찰(검사)한다. ⇨ 한 집단에 대해 실험처치를 가한 후에 사후검사를 함

> (실험집단) X　　　O

　　ⓑ **단일집단 전후검사설계** : 한 집단을 연구 대상으로 선정해서 실험처치를 가하기 전에 사전검사를 하고, 처치를 가한 후에 사후검사를 실시하여, 두 검사결과의 차이를 살펴봄으로써 실험처치의 효과를 검토하는 방법이다. ⇨ 한 집단에 대해 사전검사를 하고, 실험처치를 가한 후에 사후검사를 실시하여, 이 두 검사결과를 비교함(⇨ 처치 전후로 어떤 변화가 있었는지 알 수 있음)

> (실험집단) O_1　X　O_2

　　ⓒ **이질집단 사후검사설계** : 실험처치 X의 효과를 확인하기 위하여 X를 경험한 집단과 경험하지 못한 집단을 단순히 비교하는 방법이다. ⇨ 실험집단은 실험처치를 가한 후에 사후검사를 실시하고, 통제집단은 실험처치를 가하지 않고 사후검사를 실시하여, 이 두 검사결과를 비교함

> (실험집단) X　　　O_1
> (통제집단)　　　　O_2

　　ⓓ **이질통제집단 전후검사설계** : 학교나 학급과 같이 기존의 집단을 자연상태 그대로 유지한 채 적당히 실험집단과 통제집단으로 잡아 연구에 이용한다. ⇨ 실험집단은 사전검사를 한 다음 실험처치 후 사후검사를 하고, 통제집단은 사전검사를 한 다음 실험처치 없이 사후검사를 하여, 이 두 검사 결과를 비교함 ⇨ 현장교육연구에서 가장 널리 사용됨

> (실험집단) O_1　X　O_2
> (통제집단) O_3　　　O_4

ⓛ 진실험설계 : 구성원을 무선으로 뽑아 실험집단과 통제집단을 동질적으로 구성하는 것(⇨ 무선표집 ○)

ⓐ 전후검사 통제집단 설계

- 가능한 한 무선적인 방법으로 피험자를 표집한다.
- 피험자들을 실험집단과 통제집단에 무선적으로 배치한다.
- 실험집단과 통제집단에 각각 사전검사(O_1, O_3)를 실시한다.
- 실험집단(O_1)은 실험처치(X)를 가하나 통제집단(O_3)은 실험처치를 주지 않는다.
- 실험집단과 통제집단에 각각 사후검사(O_2, O_4)를 실시한다.

실험집단 (R)　O_1　X　O_2 통제집단 (R)　O_3　　O_4	실험설계에서의 기대 $O_1 = O_3$, $O_2 > O_1$, $O_2 > O_4$

ⓑ 솔로몬 4집단 설계

- '사전 사후검사 통제집단 설계'가 지니는 문제점(사전검사를 실시하는 것이 실험결과의 일반화를 제한할 수 있다)을 보완하기 위해 고안된 것이다.
- 복잡하긴 하지만, 실험의 타당성을 확보한다는 점에서 가장 이상적인 실험설계이다.
- 피험자의 선발과 실험처치 간의 상호작용에 따른 문제, 실험적 상황에 대한 반발효과의 문제가 발생한다.

실험집단 (R)　O_1　X　O_2 통제집단 (R)　O_3　　O_4 실험집단 (R)　　　X　O_5 통제집단 (R)　　　　O_6

ⓒ 사후검사 통제집단 설계

- 실험집단과 통제집단을 무선적으로 표집하되 사전검사를 실시하지 않는 방법이다.
- 사전검사가 불필요하거나 실시하기 어려운 경우, 검사실시 비용이 많이 드는 경우, 피험자의 익명성이 요구되는 경우, 사전검사와 실험처치의 상호작용이 예상되는 경우에 유용하게 사용할 수 있다.

실험집단 (R)　X　O_1 통제집단 (R)　　O_2

❸ 현장연구(action research, 실천연구, 실행연구, 현장개선연구)

교육현장의 문제(⑩ 학습동기 증진방안, 문제행동 수정방안, 과학수업에서 인터넷을 활용하는 방안)를 해결하거나 교육 실제에 관한 정보를 수집하기 위해 수행되는 일종의 응용연구, 교육 문제를 해결하기 위해 교육 분야의 행위당사자(⑩ 교사, 교육행정가, 교육전문가)가 주체가 되어 추진하는 연구 ⇨ 질적 연구방법, 실행가설을 사용함

❹ 문화기술적 연구(ethnographic study)

(1) 개념

특정한 문화 현상을 이해하기 위한 질적 연구의 하나(⑩ A 고등학교에서 학생들에 의해 자발적으로 구성된 독서동아리에 대한 연구), 거시적 혹은 미시적 관점에서 어떤 특정 집단 구성원들의 행동, 삶의 방식, 신념, 가치 등을 현지인의 관점에서 이해하고 자세히 기술하기 위한 연구방법

(2) 특징

① 문화적 주제를 다룬다
② 현상학적 입장에서 연구를 수행한다 : 한 집단의 구성원들이 자신의 행동과 경험을 어떻게 해석하는지 그 구성원의 관점(내부자적 관점)에서 이해하려 한다.
③ 자연적 상황에서 연구를 수행한다 : 학급이나 학교와 같이 어떤 자연집단을 연구 대상으로 하며, 연구 상황을 조작하거나 통제하지 않고 자연 그대로의 상황에서 연구를 수행하는 비실험적 연구이다.
④ 현장 속에서 연구한다 : 연구자는 집단의 공유된 문화 패턴이 그대로 나타나는 현장에서 많은 시간을 보내며 참여관찰과 심층면접을 통해 연구한다.

02 가설의 검증

❶ 가설 검증

⑴ 가설 검증(hypothesis testing)

가설 검증이란 통계적 분석에서 영가설을 기각할 것인지, 기각하지 않을 것인지를 결정하는 과정이다.

⑵ 가설 검증의 오류

가설 검증에 의한 결정	H_O의 진위	
	진(眞)	위(僞)
H_O의 부정	제1종의 오류(α오류)	올바른 결정($1-\beta$)
H_O의 긍정	올바른 결정($1-\alpha$)	제2종의 오류(β오류)

① 제1종의 오류(α오류)

    ㉠ 영가설(H_O)이 참(眞)일 때 이를 부정하는 오류 ⇨ 실제로는 효과나 차이가 없는데도 불구하고 효과나 차이가 있다고 그릇된 결론을 내릴 확률

    ㉡ '참(眞)'인 영가설을 '거짓(僞)'이라고 오판하는 오류 ⇨ 대립가설을 잘못 받아들이는 경우

        예 비타민 C가 지능지수를 높이는 효과가 없는데도(이 경우 영가설은 참) 비타민 C가 지능지수를 높이는 효과가 있다는 결론(즉, 영가설을 기각)을 내릴 확률이다.

② 제2종의 오류(β오류)

    ㉠ 영가설(H_O)이 거짓(僞)일 때 이를 긍정하는 오류

    ㉡ '거짓'인 영가설을 '참'이라고 오판하는 오류 ⇨ 대립가설을 잘못 기각하는 경우

⑶ 가설 검증 절차

① 연구가설(대립가설 : H_A, H_1) 설정

    예 집단 A의 평균과 집단 B의 평균은 차이가 있을 것이다.

② 영가설(H_O) 설정

    예 집단 A의 평균과 집단 B의 평균은 차이가 없을 것이다.

③ α 혹은 유의수준(significance level) 설정(유의수준은 보통 0.05 혹은 0.01로 설정)

    예 α 혹은 유의수준이 0.05라는 것은 영가설이 참인 조건(즉, 차이가 없는 조건)에서 100회 실험을 한다고 할 때 대략 5회 정도는 영가설을 잘못 기각한다는 것을 의미한다.

④ 표본통계치 계산

    예 집단 A의 평균과 집단 B의 평균을 계산한 다음 표본통계치를 구한다.

⑤ 영가설이 참일 때 표본의 결과(예 집단 A의 평균과 집단 B의 평균 차이)를 얻을 확률을 계산한다.

⑥ 위에서 구한 확률수준이 α와 같거나 낮으면 영가설을 기각한다. 반대로 확률수준이 α보다 높으면 영가설을 기각하지 않는다.

　㉠ 통계적 유의성(statistical significance)은 α수준에서 영가설이 기각되었음을 뜻하며, 영가설이 기각되었을 경우 '통계적으로 유의한 차이가 있다.'라고 한다. 통계적으로 유의하다는 것은 우연적 요인에 의해 기대되는 것보다 더 큰 차이가 있다는 것을 의미한다.

　　⑩ 실험집단과 통제집단의 성적이 α=0.05 수준에서 통계적으로 유의한 차이가 있다는 것은 영가설이 참일 확률이 5%보다 낮기 때문에 영가설이 기각되었다는 것(P < 0.05)을 의미한다.

　㉡ 통계적 유의성은 실제적 유의성(practical significance)과 구분된다. 실제적 유의성이란 연구결과의 영향성을 의미한다. 그런데 연구결과가 통계적으로 유의하다고 해서 실제적인 측면에서도 반드시 중요하다는 것을 의미하지는 않는다. 연구결과가 통계적으로 유의한 경우에도 실제적인 측면에서 아무런 의미를 갖지 못할 수도 있고, 반대로 통계적으로는 유의하지 않는데도 불구하고 실제적인 측면에서는 매우 중요할 수도 있다.

　㉢ 연구결과를 해석할 때는 통계적 유의성은 물론 실제적 유의성에도 관심을 가져야 한다.

② 가설 검증 방법

(1) CR검증(Z검증)

① CR치 : 영가설의 긍정과 부정을 추정하는 한계점

② 유의수준(유의도, 의의도, P) : 참(眞)인 영가설을 거짓(僞)이라고 오판할 확률(제1종 오류를 범할 확률), 영가설이 참일 때 이를 부정(잘못 기각)하는 확률(범위 : 0≤P≤1) ⇨ 어느 수준에서 의의가 있는가를 추정할 때의 수준, 가설의 기각 범위[⑩ 5% 수준(0.05), 1% 수준(0.01)] ⇨ 연구자가 오판을 했을 때 그 영향력이 심각할 경우 유의수준을 낮추어야 함(⑩ 수질검사의 심각한 오판은 오염된 물을 마셔도 된다고 판단하는 경우이며, 이 경우 유의수준을 낮춰야 함)

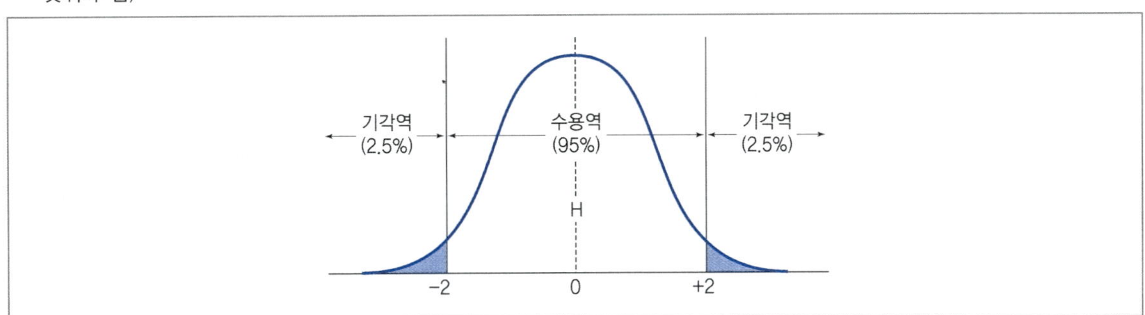

✅ **영가설의 수용역과 기각역(5% 수준의 경우)**

🔔 **'유의수준(P) < 0.05'의 해석** 예를 들어, '두 초등학교 교사 집단 간에 교직만족도에 차이가 없다.'라는 영가설이 있다면, 이 영가설 아래서 100번 연구를 하였을 때 5번 이하의 연구가 그런 결과를 얻었다는 뜻이다. 즉, 두 집단에 대한 연구결과만큼의 직업만족도 차이가 나타날 확률은 0.05 이하의 확률로서 매우 드문 경우이므로 영가설을 기각하고 대립가설을 채택한다는 의미이다.

③ 유의수준(P)의 해석방법

　㉠ P>0.05 : 5% 유의수준에서 두 통계치 간에 유의한 차가 없다. ⇨ 영가설 수용

　㉡ P<0.05 : 5% 유의수준에서 두 통계치 간에 유의한 차가 있다. ⇨ 영가설 기각

　㉢ P>0.01 : 1% 유의수준에서 두 통계치 간에 유의한 차가 없다. ⇨ 영가설 수용

　㉣ P<0.01 : 1% 유의수준에서 두 통계치 간에 유의한 차가 있다. ⇨ 영가설 기각

　㉤ CR치(Z수치)와 유의수준(유의도, 의의도, P)의 수준

CR(Z)	P	대략적인 판단
1.65	0.10 또는 10%	의의 없다.
1.96	0.05 또는 5%	의의 있다.
2.33	0.02 또는 2%	의의 있다.
2.58	0.01 또는 1%	매우 의의 있다.
2.81	0.005 또는 0.5%	매우 의의 있다.
3.29	0.001 또는 0.1%	매우 의의 있다.

　ⓐ CR치가 크면 클수록 보다 의미 있는 차이를 나타낸다. 따라서 영가설은 기각된다.

　ⓑ CR치가 2.58보다 크면 1% 수준에서 영가설을 기각시킨다.

　ⓒ CR치가 1.96~2.58일 때는 5% 수준에서 영가설을 기각시킨다.

(2) t검증 – 변량분석의 특수한 상황

① 의미 : 하나의 독립변인이 두 가지의 다른 상태를 가질 때(독립변인이 1개, 비교집단이 2개일 경우), 종속변인의 두 평균치 간의 차이(의미 있는 차이가 있는지)를 검증하는 방법 ⇨ 표본집단의 사례 수가 40보다 적을 때 사용

　예 두 가지 교수법(협동학습, 강의법)이 학생들의 학업성취(평균성적)에 미치는 영향, 두 가지 다른 식사요법이 체중감소에 미치는 영향에 차이가 있는지 여부를 검증

② 유형

　㉠ 독립표본 t검증(independent samples t-test) : 상관이 없는 2개의 독립집단 간의 평균 차이를 검증하는 방법

　　예 협동학습 수업을 받은 집단과 강의식 수업을 받은 집단을 선정하여, 수업방법이 학업성적에 미친 영향을 연구하는 경우, 남녀 고등학생들의 도덕성에 대한 차이 연구, 국공립학교 교사들과 사립학교 교사들의 교직만족도 차이 연구

　　✓ **수업방법을 독립변인으로 하고 성적을 종속변인으로 한 독립표본 t검증 결과**(P<0.05)

집단	사례 수	평균	표준편차	자유도	t
협동학습 수업	30	23.30	4.04	58	2.60
강의식 수업	30	20.63	3.94		

　㉡ 종속표본 t검증(dependent samples t-test) : 상관이 있는 두 집단 간의 평균 차이를 검증하는 방법(연구대상이 지니고 있는 매개변수를 완벽하게 통제하기 위해 사용)

ⓐ 동일 대상을 반복 측정하는 경우(예 사전−사후검사 설계)

> 예 동일한 학생들을 대상으로 협동학습 수업을 받기 전보다 수업을 받은 후, 수업방법이 그 학생들의 학업성적에 미친 영향을 연구하는 경우, 수줍음을 타는 중학교 1학년 여학생 20명을 대상으로 수줍음 개선 프로그램의 효과를 알아보고자 할 경우(연구대상자 20명에게 사전검사 실시 → 프로그램 처치 → 사후검사 실시)

ⓑ 남녀 비교 시, 남녀 표본을 남녀 모집단에서 독립적으로 추출하는 것이 아니라 부부 모집단이나 남매 모집단에서 추출하는 경우 ⇨ 이때 남녀 표본은 서로 관계를 가지고 있으며 두 모집단 역시 관계가 있음

☑ **수업방법을 독립변인으로 하고 성적을 종속변인으로 한 종속표본 t검증 결과**($P < 0.05$)

집단	사례 수	평균	표준편차	자유도	t
사전검사	30	81.10	10.28	29	1.24
사후검사	30	82.03	10.02		

(3) F검증(변량분석)

① 의미 : 독립변인이 두 가지 이상의 상태(주로 세 가지 이상의 상태)를 가질 때(독립변인이 1개 또는 2개, 비교집단이 3개 이상일 경우), 종속변인의 평균치 간의 차이(의미 있는 차이가 있는지)를 검증하는 방법

> 예 세 종류의 교수법(협동학습, 강의법, 문제중심학습)이 학생들의 수학 학업성취(평균성적)에 미치는 영향 ⇨ 비교집단이 셋 이상일 때 사용하며, 표본집단의 사례 수는 관계치 않음 ⇨ 종속변인이 동간척도 이상이어야 하며, 정규분포를 이루며, 분산이 동일해야 한다.

② 유형

ㄱ 변량분석(analysis of variance) : 실험집단이 동질적일 때 실험효과에 대한 차이의 검증방법

ⓐ 일원변량분석 : 하나의 독립변인이 두 가지 이상의 상태를 가질 때 종속변인의 평균치 간의 차이를 검증하는 방법

> 예 한 중학교에서(1개의 독립변인) 학년의 차(독립변인의 3가지 상태)가 학년별 영어성적에 미치는 영향(⇨ 1학년, 2학년, 3학년의 영어성적의 평균치를 구해 학년의 차가 영어성적의 변화에 어떤 영향을 미치는지를 분석), 교수법(협동학습, 강의법, 문제중심학습)이 수학 학업성취에 미치는 영향

ⓑ 이원변량분석 : 두 개의 독립변인이 두 가지 이상의 상태를 가질 때 종속변인의 평균치 간 차이를 검증하는 방법

> 예 두 중학교에서(2개의 독립변인) 학년의 차(독립변인의 3가지 상태)가 학년별 영어성적에 미치는 영향, 교수법(협동학습, 강의법, 문제중심학습)과 성별(남, 여)이 수학 학업성취에 미치는 영향, 성공경험의 정도(상, 중, 하)와 외적 보상의 정도(상, 하)가 학업성취에 어떤 영향을 미치는지를 알기 위해 6개의 집단을 표집하여 이를 집단성적의 평균치를 구해 분석하는 방법

ㄴ 공변량분석(analysis of covariance) : 실험집단이 동질적이지 않을 때, 각 집단의 표집조건을 동질화하여 차이를 검증하는 방법 ⇨ 변량분석을 위해서는 여러 집단을 표집해야 하는데, 표집오차를 줄이기 위해서는 각 집단은 무선으로 표집하여 그 조건을 동일하게 유지하여야 독립변인이 종속변인에 미친 영향만을 검증할 수 있음. 그러나 실험집단을 무선표집할 수 없는 경우, 독립변인 외에 종속변인에 영향을 줄 수 있는 변인의 영향을 통계적으로 제거한 다음 평균의 차이를 검증하는 방법이 공변량분석

> 예 세 가지 교수법(독립변인의 3가지 상태)이 학업성취에 미치는 영향을 연구하기 위해 각각 3학급을 사용하였는데, 이 세 집단은 학습결과에 영향을 주는 지능수준의 차이가 있었다. 이때 지능의 영향을 통계적으로 통제한 다음 집단들 평균치 간의 차이를 검증하는 방법

(4) x^2 검증(카이자승법)

① 의미 : 어떤 집단의 관찰빈도(관찰된 빈도)와 기대빈도(이론적으로 기대되는 빈도)를 비교하여 검증하는 방법, 관찰된 빈도가 이론적으로 기대되는 빈도와 같은지 다른지 또는 그 차이가 우연인 것인지 의미 있는 것인지를 분석하는 방법

② 유형

  ㉠ 독립성 검증(independence test) : 두 변인들이 관련되는가를 검증하는 방법 ⇨ 하나의 모집단에서 표본을 추출한 다음 연구대상을 2개의 변인을 기준으로 분류하고, 두 변인이 관련이 있다면 관련된 정도를 상관계수로 나타낸다.

  예 성별과 흡연이 관계가 있는지를 확인하기 위하여 고등학생 200명을 표집하여 연구한 경우

  ㉡ 동질성 검증(homogeneity test, 비율에 관한 동질성 검증) : 여러 집단 간에 빈도 차이가 있는가를 검증하는 방법 ⇨ 집단 간의 차이 검증이 목적이며, 여러 모집단에서 표본을 추출한다.

  예 교사의 성별에 따라 교원평가에 찬성하는 비율이 다른가를 확인하기 위해 남교사 집단에서 500명, 여교사 집단에서 600명을 표집하여 연구한 경우

✔ 여러 가지 통계적 검증분석 방법 비교

구분	변인 수	내용
요인분석	1개	
상관관계분석	2개	두 변인 간 관계 ⇨ 공통요인의 정도, 상관계수(r)로 표현
회귀분석 (실험연구)	2개	두 변인이 독립변인과 종속변인일 때 ⇨ 인과관계(예언의 정도), 결정계수(r^2)로 표현
		집단 간 '평균'(동간 또는 비율척도)의 차이를 검증하는 방법 • T검증 : 독립변인의 집단 수가 2이고, 사례 수가 40보다 작을 때 − 독립표본 t검증(단일표본 t검증) : 두 독립집단 간의 평균 차이를 검증하는 방법(두 집단 간에 상관이 없음을 의미) − 종속표본 t검증(대응표본 t검증) : 두 집단 사이에 상관이 있을 경우 평균 차이를 검증하는 방법 • Z검증 : 독립변인의 집단 수가 2이고 사례 수가 40보다 클 때 • F검증 : 독립변인의 집단 수가 3 이상일 때 − 집단이 동질집단이면 ⇨ 변량분석(일원변량분석) − 집단이 이질집단이면 ⇨ 공변량분석
경로분석	3개 이상	그림으로 표시
카이자승(x^2) 검증		질적 변인, 즉 빈도(명명척도)로 주어진 자료 분석

📑 독립변인과 종속변인과의 관계를 분석하는 것을 회귀분석이라고 하며, F검증이나 T검증, Z검증 등은 종속변인의 차이를 분석하는 변량분석(T검증이나 Z검증은 F검증의 특수형태)에 해당한다.

참고문헌

박도순 외(2004), 교육과정 및 교육평가, 문음사

박승배(2007), 교육과정학의 이해, 학지사

권대훈(2015), 교육심리학의 이론과 실제, 학지사

권대훈(2016), 교육평가, 학지사

김대현 외(2011), 교육과정과 교육평가, 학지사

김수천(2001), 교육과정과 교과, 교육과학사

김석우(2015), 교육평가의 이해, 학지사

김재춘(2016), 교육과정, 교육과학사

김재춘 외(2004), 교육과정과 교육평가, 교육과학사

김창걸(2002), 교육학, 박문각

노혜란 외(2012), 교육방법 및 교육공학, 교육과학사

류지헌 외(2013), 교육방법 및 교육공학, 학지사

박성익 외(2015), 교육방법의 교육공학적 이해, 교육과학사

박은숙 외(2015), 교육방법 및 교육공학, 학지사

백영균 외(2015), 교육방법 및 교육공학, 학지사

변영계 외(2003), 교육방법 및 교육공학, 학지사

성태제(2019), 교육평가의 기초, 학지사

소경희(2017), 교육과정의 이해, 교육과학사

송인섭 외(2001), 교육과정과 교육평가, 양서원

신명희 외(2007), 교육심리학의 이해, 학지사

신종호 외(2015), 교육심리학, 교육과학사

이건인 외(2008), 교육심리학, 학지사

이성진(1997), 교육심리학, 교육과학사

이홍우(2010), 교육과정 탐구, 박영사

이화여자대학교 교육공학과(2003), 21세기 교육방법 및 교육공학, 교육과학사

임규혁(2007), 교육심리학, 학지사

전성연 외(2007), 현대 교수학습의 이해, 학지사

홍후조(2016), 알기 쉬운 교육과정, 학지사

한혜정 외(2016), 교육과정, 학지사

황정규(1997), 학교학습과 교육평가, 교육과학사

김계현 외(2007), 학교상담과 생활지도, 학지사

김병성(2017), 교육사회학, 학지사

김병성(2003), 교육연구방법론, 문음사

김석우(2015), 교육평가의 이해, 학지사

김신일(2015), 교육사회학, 교육과학사

김영화(2017), 교육사회학, 교육과학사

김정환(1982), 교육의 철학과 과제, 박영사

김창걸(2002), 교육학, 박문각

남정걸(2015), 교육행정 및 교육경영, 학지사

박재문(2001), 한국교육사, 학지사

성태제(2004), 교육연구방법의 이해, 학지사

송병순 외(2003), 교육사회학, 문음사

신득렬 외(2014), 쉽게 풀어 쓴 교육철학 및 교육사, 양서원

신차균 외(2013), 교육철학 및 교육사의 이해, 학지사

신현석 외(2015), 교육행정 및 교육경영, 학지사

윤정일 외(2007), 교육행정학 원론, 학지사

이돈희(1988), 교육철학개론, 교육과학사

이용남 외(2004), 교육 및 상담심리학, 교육과학사

주삼환(2015), 교육행정 및 교육경영, 학지사

진동섭(2018), 교육행정 및 학교경영의 이해, 교육과학사

황정규(1997), 학교학습과 교육평가, 교육과학사

2027 권지수교육학 핵심요약집

핵심쏙쏙

초판인쇄 | 2026. 4. 15.　**초판발행** | 2026. 4. 20.
편저자 | 권지수　**발행인** | 박 용　**발행처** | (주)박문각출판
등록 | 2015년 4월 29일 제2019-000137호
주소 | 06654 서울시 서초구 효령로 283 서경빌딩
전화 | 교재주문·학습문의 (02)6466-7202

이 책의 무단 전재 또는 복제 행위는 저작권법 제136조에 의거, 5년 이하의 징역 또는 5,000만 원 이하의 벌금에 처하거나 이를 병과할 수 있습니다.

정가 40,000원
ISBN 979-11-7519-976-7

저자와의
협의하에
인지생략